O SER E O NADA

Dados Internacionais de Catalogação na Publicação (CIP)
(Câmara Brasileira do Livro, SP, Brasil)

Sartre, Jean-Paul, 1905-1980.
 O ser e o nada – Ensaio de ontologia fenomenológica /
Jean-Paul Sartre ; tradução de Paulo Perdigão. 24. ed. –
Petrópolis, RJ : Vozes, 2015. (Coleção Pensamento Humano)
 Título original: L'être et le néant – essai d'ontologie
phénoménologique.
 Bibliografia.

 12ª reimpressão, 2025.

 ISBN 978-85-326-1762-0
 1. Existencialismo 2. Psicologia existencial I. Título.

96-5416   CDD-111.5

Índices para catálogo sistemático:
 1. Nada : Filosofia   111.5
 2. O ser : Filosofia   11.5

Jean-Paul Sartre

O ser e o nada

Ensaio de Ontologia Fenomenológica

Tradução e notas de Paulo Perdigão

EDITORA VOZES

Petrópolis

© Éditions Gallimard, 1943

Tradução do original em francês intitulado
L'être et le néant – Essai d'ontologie phénoménologique

Direitos de publicação em língua portuguesa no Brasil:
1997, Editora Vozes Ltda.
Rua Frei Luís, 100
25689-900 Petrópolis, RJ
www.vozes.com.br
Brasil

Todos os direitos reservados. Nenhuma parte desta obra poderá ser reproduzida ou transmitida por qualquer forma e/ou quaisquer meios (eletrônico ou mecânico, incluindo fotocópia e gravação) ou arquivada em qualquer sistema ou banco de dados sem permissão escrita da editora.

CONSELHO EDITORIAL

Diretor
Volney J. Berkenbrock

Editores
Aline dos Santos Carneiro
Edrian Josué Pasini
Marilac Loraine Oleniki
Welder Lancieri Marchini

Conselheiros
Elói Dionísio Piva
Francisco Morás
Teobaldo Heidemann
Thiago Alexandre Hayakawa

Secretário executivo
Leonardo A.R.T. dos Santos

PRODUÇÃO EDITORIAL

Anna Catharina Miranda
Eric Parrot
Jaison Scota
Marcelo Telles
Mirela de Oliveira
Natália França
Rafael de Oliveira
Priscilla A.F. Alves
Samuel Rezende
Verônica M. Guedes

Diagramação: Sheilandre Desenv. Gráfico
Capa: André Esch

ISBN 978-85-326-1762-0 (Brasil)
ISBN 2-07-025757-6 (França)

Este livro foi composto e impresso pela Editora Vozes Ltda.

Ao Castor

SUMÁRIO

Nota do tradutor, 11
Introdução: EM BUSCA DO SER, 13
    I. A ideia de fenômeno, 13
    II. O fenômeno de ser e o ser do fenômeno, 17
    III. O *cogito* pré-reflexivo e o Ser do *percipere*, 19
    IV. O ser do *percipi*, 27
    V. A prova ontológica, 31
    VI. O ser-em-si, 34

Primeira Parte: O PROBLEMA DO NADA, 41
Capítulo 1: A origem da negação, 43
    I. A interrogação, 43
    II. As negações, 46
    III. Concepção dialética do nada, 53
    IV. Concepção fenomenológica do nada, 59
    V. Origem do nada, 65
Capítulo 2: A má-fé, 94
    I. Má-fé e mentira, 94
    II. As condutas de má-fé, 103
    III. A "fé" da má-fé, 118

Segunda Parte: O SER-PARA-SI, 123
Capítulo 1: Estruturas imediatas do Para-si, 125
    I. Presença a Si, 125
    II. Facticidade do Para-si, 132

III. O Para-si e o ser do valor, 139

IV. O Para-si e o ser dos possíveis, 153

V. O eu e o circuito da ipseidade, 161

Capítulo 2: A temporalidade, 165

I. Fenomenologia das três dimensões temporais, 165

II. Ontologia da Temporalidade, 193

III. Temporalidade original e temporalidade psíquica: A reflexão, 218

Capítulo 3: A transcendência, 244

I. O conhecimento como tipo de relação entre o Para-si e o Em-si, 245

II. Da determinação como negação, 254

III. Qualidade e quantidade, potencialidade, utensilidade, 262

IV. O tempo do mundo, 284

V. O conhecimento, 299

Terceira Parte: O PARA-OUTRO, 303

Capítulo 1: A existência do Outro, 305

I. O problema, 305

II. O obstáculo do solipsismo, 307

III. Husserl, Hegel, Heidegger, 319

IV. O olhar, 345

Capítulo 2: O corpo, 408

I. O corpo como ser-Para-si: a facticidade, 411

II. O corpo-Para-outro, 452

III. A terceira dimensão ontológica do corpo, 468

Capítulo 3: As relações concretas com o Outro, 479

I. A primeira atitude para com o Outro: o amor, a linguagem, o masoquismo, 482

II. A segunda atitude para com o Outro: a indiferença, o desejo, o ódio, o sadismo, 502

III. O ser-com (*Mitsein*) e o Nós, 544

Quarta Parte: TER, FAZER E SER, 567

Capítulo 1: Ser e fazer: a liberdade, 569

I. A condição primordial da ação é a liberdade, 569

II. Liberdade e facticidade: a situação, 630

III. Liberdade e responsabilidade, 720

Capítulo 2: Fazer e ter, 725

I. A psicanálise existencial, 725

II. Fazer e ter: a posse, 748

III. Da qualidade como reveladora do ser, 779

Conclusão

I. Em-si e Para-si: esboços metafísicos, 799

II. Perspectivas morais, 809

Bibliografia de Sartre, compilada por Paulo Perdigão, 813

Índice onomástico, 821

Índice terminológico, 827

NOTA DO TRADUTOR

A presente tradução, a primeira em português de *L'Être et le Néant* (1943), segue os seguintes critérios:

1. Respeitamos o uso de aspas, itálicos, parênteses, travessões, hífens, bem como a pontuação e a paragrafação do original, por singular que sejam.

2. Embora no original os substantivos Para-Si, Em-Si e Para-Outro e os substantivos em alemão figurem ora em maiúscula, ora em minúscula, uniformizamos a grafia em maiúscula.

3. As notas de rodapé do autor estão numeradas. As do tradutor, com asteriscos, indicam erratas, edições em português das obras citadas (quando houver), correlatos aproximativos de provérbios (quando não foi possível lograr um equivalente satisfatório) e significações aproximativas de termos ou sentenças em grego, latim e alemão.

4. No caso do conjunto terminológico técnico, palavras não dicionarizadas em português trazem o termo correspondente ou o neologismo francês original entre parênteses *somente na primeira vez* em que aparecem no texto. Podem ser também consultadas no breve índice terminológico ao final do volume.

5. Na medida do possível, preferimos a solução eufônica, para evitar aglutinações de efeito sonoro desagradável, como, por exemplo, o caso de *néantité* – vertido como "estado de nada", em vez de "nadidade" – ou *chosisme* – vertido como "modo de coisa", em vez de "coisismo".

6. Quanto à versão de excertos de obras de outros autores, recorremos a traduções já efetuadas em português, quando houver, e devidamente registradas em rodapé.

7. Além do índice terminológico, constam ainda do final do volume o índice onomástico e uma bibliografia completa de Jean-Paul

Sartre (textos editados em livro, com as respectivas traduções em português, se houver).

Agradeço em particular a supervisão de Márcia Pacheco Marques, que acompanhou toda a tradução, conferindo os originais.

Também de grande valia a colaboração de Orlando dos Reis, que releu e corrigiu o texto completo, e ainda de Jaime Clasen e Renato Kirchner, da Editora Vozes, o filósofo Gerd Bornheim e Márcia de Sá Cavalcante, pelas informações prestadas, críticas e sugestões, além do editor Antonio De Paulo. Por fim, por participações diversas, agradecimentos a Catherine Arnaud, Charles Feitosa, Geraldo Mayrink, João Browne de Oliveira, Lúcia Senra Souza e Otávio Velozo.

Paulo Perdigão

INTRODUÇÃO
EM BUSCA DO SER

I
A IDEIA DE FENÔMENO

O pensamento moderno realizou progresso considerável ao reduzir o existente à série de aparições que o manifestam. Visava-se com isso suprimir certo número de dualismos que embaraçavam a filosofia e substituí-los pelo monismo do fenômeno. Isso foi alcançado?

Certo é que se eliminou em primeiro lugar esse dualismo que no existente opõe o interior ao exterior. Não há mais um exterior do existente, se por isso entendemos uma pele superficial que dissimulasse ao olhar a verdadeira natureza do objeto. Também não existe, por sua vez, essa verdadeira natureza, caso deva ser a realidade secreta da coisa, que podemos pressentir ou supor mas jamais alcançar, por ser "interior" ao objeto considerado. As aparições que manifestam o existente não são interiores nem exteriores: equivalem-se entre si, remetem todas as outras aparições e nenhuma é privilegiada. A força, por exemplo, não é um *conatus**
metafísico e de espécie desconhecida que se disfarçasse detrás de seus efeitos (acelerações, desvios etc.): é o conjunto desses efeitos. Analogamente, a corrente elétrica não tem um reverso secreto: não é mais que o conjunto das ações físico-químicas que a manifestam (eletrólise, incandescência de um filamento de carbono, deslocamento da agulha do galvanômetro etc.). Nenhuma dessas ações basta para revelá-la. Nem indica algo *atrás* dela: designa a si mesma e a série total. Segue-se, evidentemente, que o dualismo do ser e do aparecer não pode encontrar legitimidade na filoso-

---
* Em latim: impulso [N.T.].

fia. A aparência remete à série total das aparências e não a uma realidade oculta que drenasse para si todo o *ser* do existente. E a aparência, por sua vez, não é uma manifestação inconsistente deste ser. Enquanto foi possível acreditar nas realidades numênicas, a aparência se mostrou puro negativo. Era "aquilo que não é o ser"; não possuía outro ser, salvo o da ilusão e do erro. Mas este mesmo ser era emprestado, consistia em uma falsa aparência, e a maior dificuldade que se podia encontrar era a de manter suficiente coesão e existência na aparência para que ela não se reabsorvesse por si mesma no seio do ser não fenomênico. Mas se nos desvencilharmos do que Nietzsche chamava "a ilusão dos trás-mundos" e não acreditarmos mais no ser-detrás-da-aparição, esta se tornará, ao contrário, plena positividade, e sua essência um "aparecer" que já não se opõe ao ser, mas, ao contrário, é a sua medida. Porque o ser de um existente é exatamente o que o existente *aparenta*. Assim chegamos à ideia de *fenômeno* como pode ser encontrada, por exemplo, na "Fenomenologia" de Husserl ou Heidegger: o fenômeno ou o relativo-absoluto. O fenômeno continua a ser relativo porque o "aparecer" pressupõe em essência alguém a quem aparecer. Mas não tem a dupla relatividade da *Erscheinung** kantiana. O fenômeno não indica, como se apontasse por trás de seu ombro, um ser verdadeiro que fosse, ele sim, o absoluto. O que o fenômeno é, é absolutamente, pois se revela *como é*. Pode ser estudado e descrito como tal, porque é *absolutamente indicativo de si mesmo*.

Ao mesmo tempo vai acabar a dualidade de potência e ato. Tudo está em ato. Por trás do ato não há nem potência, nem *hexis***, nem virtude. Recusamos a entender por "gênio", por exemplo – no sentido em que se diz que Proust "tinha gênio" ou "era" um gênio – uma potência singular de produzir certas obras que não se esgotasse justamente na sua produção. O gênio de Proust não é nem a obra considerada isoladamente nem o poder subjetivo de produzi-la: é a obra considerada como conjunto das mani-

---

* Vocábulo alemão designando fenômeno [N.T.].
** Do grego Ἕξις. Sartre elimina o "h" e escreve "exis", no sentido de "o estar passivo" [N.T.].

festações da pessoa. Por isso, enfim, podemos igualmente rejeitar o dualismo da aparência e da essência. A aparência não esconde a essência, mas a revela: ela *é* a essência. A essência de um existente já não é mais uma virtude embutida no seio deste existente: é a lei manifesta que preside a sucessão de suas aparições, é a razão da série. Ao nominalismo de Poincaré, que definia uma realidade física (a corrente elétrica, por exemplo) como a soma de suas diversas manifestações, Duhem opunha, com razão, sua própria teoria, segundo a qual o conceito é a *unidade sintética* dessas manifestações. E, sem dúvida, a fenomenologia é também um nominalismo. Mas a essência, como razão da série, é, definitivamente, apenas o liame das aparições, ou seja, é ela mesma uma aparição. Isso explica por que pode haver uma intuição das essências (a *Wesenschau* de Husserl, por exemplo)*. Assim, o ser fenomênico se manifesta, manifesta tanto sua essência quanto sua aparência e não passa de série bem interligada dessas manifestações.

Conseguimos suprimir *todos* os dualismos ao reduzir o existente às suas manifestações? Parece mais que os convertemos em novo dualismo: o do finito e infinito. O existente, com efeito, não pode se reduzir a uma série *finita* de manifestações, porque cada uma delas é uma relação com um sujeito em perpétua mudança. Mesmo que um objeto se revelasse através de uma só *Abschattung***, somente o fato de tratar-se aqui de um *sujeito* implica a possibilidade de multiplicar os pontos de vista *sobre* esta *Abschattung*. É o bastante para multiplicar ao infinito a *Abschattung* considerada. Além do que, se a série de aparições fosse finita, as primeiras a aparecer não poderiam *reaparecer*, o que é absurdo, ou então todas seriam dadas de uma só vez, mais absurdo ainda. Sabemos bem, com efeito, que nossa teoria do fenômeno substituiu a *realidade* da coisa pela *objetividade* do fenômeno e fundamentou tal objetividade em um recurso ao infinito. A realidade desta taça consiste em que ela *está* aí e *não é* o que eu sou. Traduziremos isso dizendo que a série de suas aparições está ligada por uma

---

* *Wesenschau*: em alemão, a intuição da essência [N.T.].
** O vocábulo alemão *Abschattung* (literalmente = "isolamento") designa em Husserl a percepção do objeto em determinada perspectiva ou perfil (não apenas no sentido configurativo) [N.T.].

razão que não depende de meu bel-prazer. Mas a aparição, reduzida a si mesma e sem recurso à série da qual faz parte, não seria mais que uma plenitude intuitiva e subjetiva: a maneira como o sujeito é afetado. Se o fenômeno há de se mostrar *transcendente*, é preciso que o próprio sujeito transcenda a aparição rumo à série total da qual ela faz parte. É preciso que capte o vermelho através da sua impressão de vermelho. O vermelho, ou seja, a razão da série: *a* corrente elétrica através da eletrólise, etc. Mas se a transcendência do objeto se baseia na necessidade que a aparição tem de sempre se fazer transcender, resulta que um objeto coloca, por princípio, como infinita a série de suas aparições. Assim, a aparição, *finita*, indica-se a si própria em sua finitude, mas, ao mesmo tempo, para ser captada como aparição-do-que-aparece, exige ser ultrapassada até o infinito. Esta nova oposição, a do "finito e infinito", ou melhor, do "infinito no finito", substitui o dualismo do ser e do aparecer: o que aparece, de fato, é somente um *aspecto* do objeto, e o objeto acha-se totalmente neste aspecto e totalmente fora dele. Totalmente *dentro*, na medida em que se manifesta *neste* aspecto: indica-se a si mesmo como estrutura da aparição, ao mesmo tempo razão da série. Totalmente *fora*, porque a série em si nunca aparecerá nem pode aparecer. Assim, de novo o fora se opõe ao dentro, e o "ser-que-não-aparece" à aparição. Da mesma maneira, certa "potência" torna a habitar o fenômeno e a lhe conferir a própria transcendência que tem: a potência de ser desenvolvido em uma série de aparições reais ou possíveis. O gênio de Proust, mesmo reduzido às obras produzidas, nem por isso deixa de equivaler à infinidade de pontos de vista possíveis de se adotar sobre esta obra, o que chamaremos de "inesgotabilidade" da obra proustiana. Mas tal inesgotabilidade, que implica uma transcendência e um recurso ao infinito, não será uma "exis" no momento exato em que a captamos no objeto? Por último, a essência está radicalmente apartada da aparência individual que a manifesta porque, por princípio, a essência é o que deve poder ser manifestado por uma série de manifestações individuais.

Ganhamos ou perdemos ao substituir, assim, uma diversidade de oposições por um dualismo único que as fundamenta? Logo veremos. Por enquanto, a primeira consequência da "teoria do fenômeno" é que a aparição não remete ao ser tal como o fenômeno kantiano ao número. Já que nada tem por trás e só indica a si mesma (e a série total das aparições), a aparição não pode ser *sustentada* por outro ser além do seu, nem poderia ser a tênue película de nada que separa o ser-sujeito do ser-absoluto. Se a essência da aparição é um "aparecer" que não se opõe a nenhum ser, eis aqui um verdadeiro problema: *o do ser desse aparecer*. Problema esse que vai nos ocupar aqui, ponto de partida de nossas investigações sobre o ser e o nada.

II
O FENÔMENO DE SER E O SER DO FENÔMENO

A aparição não é sustentada por nenhum existente diferente dela: tem o seu *ser* próprio. O ser primeiro que encontramos em nossas investigações ontológicas é, portanto, o ser da aparição. Será ele mesmo uma aparição? Em princípio, assim parece. O fenômeno é o que se manifesta, e o ser se manifesta a todos de algum modo, pois dele podemos falar e dele temos certa compreensão. Assim, deve haver um *fenômeno de ser*, uma aparição do ser, descritível como tal. O ser nos será revelado por algum meio de acesso imediato, o tédio, a náusea etc., e a ontologia será a descrição do fenômeno de ser tal como se manifesta, quer dizer, sem intermediário. Contudo, convém fazer a toda ontologia uma pergunta prévia: o fenômeno de ser assim alcançado é idêntico ao ser dos fenômenos? Quer dizer: o ser que a mim se revela, aquele que me *aparece*, é da mesma natureza do ser dos existentes que me aparecem? Pareceria não haver dificuldade: Husserl mostrou como é sempre possível uma redução eidética, quer dizer, como sempre podemos ultrapassar o fenômeno concreto até sua essência, e, para Heidegger, a "realidade humana" é o ôntico-ontológica, quer dizer, pode sempre ultrapassar o fenômeno até seu ser. Mas a passagem do objeto singular para a essência é a passagem do homogêneo para o homogêneo. Dá-se o mesmo com a passagem do existente para o fenômeno de ser? Transcender o existente rumo ao fenômeno de ser será verdadeiramente ultrapassá-lo para *seu* ser, tal como se ultrapassa o vermelho particular para *sua* essência? Vejamos melhor.

Em um objeto singular podemos sempre distinguir qualidades como cor, odor, etc. E, a partir delas, sempre se pode determinar uma essência por elas compreendida, como o signo implica a significação. O conjunto "objeto-essência" constitui um todo organizado: a essência não está *no* objeto, mas é o sentido do objeto, a razão da série de aparições que o revelam. Mas o ser não é nem uma qualidade do objeto captável entre outras, nem um sentido do objeto. O objeto não remete ao ser como se fosse uma significação: seria impossível, por exemplo, definir o ser como uma *presença* – porque a *ausência* também revela o ser, já que não estar *aí* é ainda ser. O objeto não *possui* o ser, e sua existência não é uma participação no ser, ou qualquer outro gênero de relação com ele. Ele *é*, eis a única maneira de definir seu modo de ser; porque o objeto não mascara o ser, mas tampouco o desvela: não o mascara porque seria inútil tentar apartar certas qualidades do existente para encontrar o ser atrás delas, e porque o ser é o ser de todas igualmente; não o desvela, pois seria inútil dirigir-se ao objeto para apreender seu ser. O existente é fenômeno, quer dizer, designa-se a si como conjunto organizado de qualidades. Designa-se a si mesmo, e não seu ser. O ser é simplesmente a condição de todo desvelar: é ser-para-des-velar, e não ser desvelado. Que significa então essa ultrapassagem ao ontológico de que fala Heidegger? Com toda certeza posso transcender esta mesa ou cadeira para seu ser e perguntar sobre o ser-mesa ou o ser-cadeira. Mas, neste instante, desvio os olhos do fenômeno-mesa para fixar o fenômeno-ser, que já não é condição de todo desvelar – mas sim ele mesmo desvelado, aparição, e, como tal, necessita por sua vez de um ser com base no qual possa se desvelar.

Se o ser dos fenômenos não se soluciona em um fenômeno de ser e, contudo, não podemos *dizer* nada sobre o ser salvo consultando este fenômeno de ser, a relação exata que une o fenômeno de ser ao ser do fenômeno deve ser estabelecida antes de tudo. Podemos fazer isso mais facilmente considerando o conjunto das observações precedentes como que diretamente inspirado pela intuição reveladora do fenômeno de ser. Levando em conta *não o ser* como condição de desvelar, mas o ser como aparição que pode ser determinada em conceitos, compreendemos antes de tudo que o conhecimento não pode por si fornecer a razão do ser, ou melhor, que o ser do fenômeno não pode se reduzir ao fenômeno do ser. Em resumo, o fenômeno de ser é "ontológico", no sentido em que chamamos de *ontológica* a prova de Santo Anselmo e Descartes. É um apelo ao ser; exige, enquanto fenômeno, um fundamento que seja transfenomenal. O fenômeno de ser exige a transfenomenalidade do ser. Não significa que o ser se encontre escondido *atrás* dos fenômenos (vimos que o fenômeno não pode mascarar o ser), nem que o fenômeno seja uma aparência que remeta a um ser distinto (o fenômeno é *enquanto aparência*, quer dizer, indica a si mesmo sobre o fundamento do ser). As precedentes considerações presumem que o ser do fenômeno, embora coextensivo ao fenômeno, deve escapar à condição fenomênica – na qual alguma coisa só existe enquanto se revela – e que, em consequência, ultrapassa e fundamenta o conhecimento que dele se tem.

III
O *COGITO* PRÉ-REFLEXIVO E O SER DO *PERCIPERE*

Podemos ser levados a responder que as dificuldades antes citadas dependem de certa concepção do ser, de um tipo de realismo ontológico totalmente incompatível com a própria noção de *aparição*. O que mede o ser da aparição é, com efeito, o fato de que ela *aparece*. E, tendo limitado a realidade ao fenômeno, podemos dizer que o fenômeno *é* tal como aparece. Por que então não levar a ideia *in extremis* e dizer que o ser da aparição é seu aparecer? Apenas uma maneira de escolher palavras novas para revestir o velho *esse est percipi** de Berkeley. Com efeito, foi o que fez Husserl, depois de efetuar a redução fenomenológica, ao considerar o noema como *irreal* e declarar que seu *esse* é um *percipi*.

Não parece que a célebre fórmula de Berkeley possa nos satisfazer. E por duas razões essenciais, uma referente à natureza do *percipi* e outra à do *percipere***.

Natureza do percipere – Se, de fato, toda metafísica presume uma teoria do conhecimento, em troca toda teoria do conhecimento presume uma metafísica. Significa, entre outras coisas,

---
* Em latim: ser é ser percebido [N.T.].
** Em latim: perceber [N.T.].

que um idealismo empenhado em reduzir o ser ao conhecimento que dele se tem deve, previamente, comprovar de algum modo o ser do conhecimento. Ao contrário, se começamos por colocar o ser do conhecimento como algo dado, sem a preocupação de fundamentar seu ser, e se afirmamos em seguida que *esse est percipi*, a totalidade "percepção-percebido", não sustentada por um ser sólido, desaba no nada. Assim, o ser do conhecimento não pode ser medido pelo conhecimento: escapa ao *percipi*[1]. E assim o ser-fundamento do *percipere* e do *percipi* deve escapar ao *percipi*: deve ser transfenomenal. Voltamos ao ponto de partida. Pode-se concordar conosco, todavia, que o *percipi* remete a um ser que escapa às leis da aparição, desde que esse ser transfenomenal seja o ser do sujeito. Assim, o *percipi* remeteria ao *percipiens** – o conhecido ao conhecimento e este ao ser cognoscente enquanto *é*, não enquanto é conhecido, quer dizer, à consciência. Foi o que compreendeu Husserl: porque, se o noema é para ele um correlato irreal da noese, que tem por lei ontológica o *percipi*, a noese, ao contrário, surge-lhe como *realidade,* cuja principal característica é a de dar-se à reflexão, que a *conhece* como "havendo estado já aí antes". Pois a lei de ser do sujeito cognoscente é *ser-consciente*. A consciência não é um modo particular de conhecimento, chamado sentido interno ou conhecimento de si: é a dimensão de ser transfenomenal do sujeito.

Tentemos compreender melhor esta dimensão de ser. Dizíamos que a consciência é o ser cognoscente enquanto *é* e não enquanto é conhecido. Significa que convém abandonar a primazia do conhecimento, se quisermos fundamentá-lo. E, sem dúvida, a consciência pode conhecer e conhecer-se. Mas, em si mesma, ela é mais do que só conhecimento voltado para si.

Toda consciência, mostrou Husserl, é consciência *de* alguma coisa. Significa que não há consciência que não seja posicionamento** de um objeto transcendente, ou, se preferirmos, que a

---

1. Conclui-se que toda tentativa de substituir o *percipere* por outra *atitude* da realidade humana resultaria também infrutífera. Se admitíssemos que o ser se revela ao homem no "fazer", seria também necessário comprovar o ser do fazer fora da ação.
* Em latim: aquele que percebe [N.T.].
** Em fenomenologia, sinônimo de "tese" (do grego *thésis*): ato de colocar algo como existente no mundo [N.T.].

consciência não tem "conteúdo". É preciso renunciar a esses "dados" neutros que, conforme o sistema de referências escolhido, poderiam constituir-se em "mundo" ou em "psíquico". Uma mesa não está *na* consciência, sequer a título de representação. Uma mesa está *no* espaço, junto à janela etc. A existência da mesa, de fato, é um centro de opacidade para a consciência; seria necessário um processo infinito para inventariar o conteúdo total de uma coisa. Introduzir essa opacidade na consciência seria levar ao infinito o inventário que a consciência pode fazer de si, convertê-la em coisa e recusar o *cogito*. O primeiro passo de uma filosofia deve ser, portanto, expulsar as coisas da consciência e restabelecer a verdadeira relação entre esta e o mundo, a saber, a consciência como consciência posicional *do* mundo. Toda consciência é posicional na medida em que se transcende para alcançar um objeto, e ela se esgota nesta posição mesma: tudo quanto há de *intenção* na minha consciência atual está dirigido para o exterior, para a mesa; todas as minhas atividades judicativas ou práticas, toda a minha afetividade do momento, transcendem-se, visam a mesa e nela se absorvem. Nem toda consciência é conhecimento (há consciências afetivas, por exemplo), mas toda consciência cognoscente só pode ser conhecimento de seu objeto.

Contudo, a condição necessária e suficiente para que a consciência cognoscente seja conhecimento *de* seu objeto é que seja consciência de si como sendo este conhecimento. É uma condição necessária: se minha consciência não fosse consciência de ser consciência de mesa, seria consciência desta mesa sem ser consciente de sê-lo, ou, se preferirmos, uma consciência ignorante de si, uma consciência inconsciente – o que é absurdo. É uma condição suficiente: basta que eu tenha consciência de ter consciência desta mesa para que efetivamente tenha consciência dela. Não basta, decerto, para que eu possa afirmar que esta mesa existe *em si* – mas sim que ela existe *para mim*.

Que será esta consciência de consciência? Tanto nos iludimos com a primazia do conhecimento que estamos prontos a fazer da consciência de consciência uma *idea ideae** à maneira de Spinoza,

---

* Em latim: ideia da ideia [N.T.].

quer dizer, um conhecimento de conhecimento. Alain, para expressar a evidência de que "saber é ter consciência de saber", traduziu-a nestes termos: "Saber é saber que se sabe". Assim, estaria definida a *reflexão* ou consciência posicional da consciência, ou, melhor ainda, o *conhecimento da consciência*. Uma consciência completa e dirigida para algo que não ela, ou seja, a consciência refletida (*réfléchie*). Portanto, ela se transcenderia, e, como consciência posicional *do* mundo, esgotar-se-ia visando seu objeto. Só que este objeto seria uma consciência.

Não parece aceitável essa interpretação da consciência de cons-ciência. A redução da consciência ao conhecimento, com efeito, pre-sume introduzir na consciência a dualidade sujeito-objeto, típica do conhecimento. Mas, se aceitamos a lei da díade cognoscente-conhecido, será necessário um terceiro termo para que o cognoscente se torne por sua vez conhecido, e ficaremos frente a este dilema: ou paramos em um termo qualquer da série conhecido – cognoscente conhecido – cognoscente conhecido do cognoscente etc., e então a totalidade do fenômeno cai no desconhecido, quer dizer, esbarramos sempre com uma reflexão não consciente de si como derradeiro termo – ou então afirmamos a necessidade de regressão ao infinito (*idea ideae ideae* etc.), o que é absurdo. Assim, a necessidade de fundamentar ontologicamente o conhecimento traria a necessidade nova de fundamentá-lo epistemologicamente. Mas será preciso introduzir a lei da dualidade na consciência? Consciência de si não é dualidade. Se quisermos evitar regressão ao infinito, tem de ser relação imediata e não cognitiva de si a si.

Por outro lado, a consciência reflexiva (*réflexive*) posiciona* como seu objeto a consciência refletida: no ato de reflexão (*réflexion*), emito juízos sobre a consciência refletida, envergonho-me ou me orgulho dela, aceito-a ou a recuso, etc. A consciência imediata de perceber não me permite julgar, querer, envergonhar-me. Ela não *conhece* minha percepção, não a *posiciona*: tudo que há de intenção na minha consciência atual acha-se voltado para fora, para

---

* O verbo "posicionar" é usado por Sartre no sentido fenomenológico: a consciência tética (posicional) posiciona seu objeto como existente [N.T.].

o mundo. Em troca, esta consciência espontânea de minha percepção é *constitutiva* de minha consciência perceptiva. Em outros termos, toda consciência posicional do objeto é ao mesmo tempo consciência não posicional de si. Se conto os cigarros desta cigarreira, sinto a revelação de uma propriedade objetiva do grupo de cigarros: *são doze*. Esta propriedade aparece à minha consciência como propriedade existente no mundo. Posso perfeitamente não ter qualquer consciência posicional de contar os cigarros. Não me "conheço enquanto contador". Prova é que crianças capazes de fazer espontaneamente uma soma não podem *explicar* em seguida como o conseguiram: os testes de Piaget que mostraram isso constituem excelente refutação da fórmula de Alain: "Saber é saber que se sabe". E, todavia, no momento em que estes cigarros se revelam a mim como sendo doze, tenho consciência não tética de minha atividade aditiva. Com efeito, se me perguntam "o que você está fazendo?", responderei logo: "contando"; e esta resposta não remete somente à consciência instantânea que posso alcançar pela reflexão, mas àquelas que passaram sem ter sido objeto de reflexão, àquelas que são para sempre *irrefletidas* (*irréfléchies*) no meu passado imediato. Assim, não há primazia da reflexão sobre a consciência refletida esta não é revelada a si por aquela. Ao contrário, a consciência não reflexiva torna possível a reflexão: existe um *cogito* pré-reflexivo que é condição do *cogito* cartesiano. Ao mesmo tempo, a consciência não tética de contar é condição mesmo de minha atividade aditiva. Senão, como a adição seria tema unificador de minhas consciências? Para que este tema presida toda uma série de sínteses de unificações e reconhecimentos, é necessário que esteja presente a si, não como coisa, mas como intenção operatória que só pode existir enquanto "reveladora-revelada", para empregar expressão de Heidegger. Assim, para contar é preciso ter consciência de contar.

    Sem dúvida, pode-se dizer, mas há aqui um círculo-vicioso. Não será necessário que eu conte *de fato* para ter consciência de contar? É verdade. Contudo, não há esse círculo-vicioso, ou, se preferirmos, é da própria natureza da consciência existir "em círculo". O que se pode exprimir assim: toda existência consciente existe como consciência de existir. Compreendemos agora por que a consciência primeira de consciência não é posicional: identifica-se com a consciência da qual é consciência. Ao mesmo tempo, define-se como consciência de percepção e como percepção. As necessidades de sintaxe nos obrigam até aqui a falar de "consciência não posicional *de si*". Mas não podemos continuar usando esta expressão, na qual o *de si* suscita ainda uma ideia de conhecimento. (Daqui por diante colocaremos o "de" entre parênteses, para indicar que satisfaz apenas a uma imposição gramatical.)

Esta consciência (de) si não deve ser considerada uma nova consciência, mas *o único modo de existência possível para uma consciência de alguma coisa*. Assim como um objeto extenso está obrigado a existir segundo as três dimensões, também uma intenção, um prazer, uma dor não poderiam existir exceto como consciência imediata (de) si mesmos. O ser da intenção só pode ser consciência, do contrário a intenção seria coisa na consciência. Portanto, não se deve entender aqui que alguma causa exterior (uma perturbação orgânica, um impulso inconsciente, uma outra *Erlebnis**) pudesse produzir um evento psíquico – um prazer, por exemplo –, nem que tal evento, assim determinado em sua estrutura material, fosse obrigado, por outro lado, a se produzir como consciência (de) si. Seria fazer da consciência não tética uma *qualidade* da consciência posicional (no sentido de que a percepção, consciência posicional desta mesa, teria por acréscimo a qualidade de consciência (de) si) e recair assim na ilusão do primado teórico do conhecimento. Além disso, seria fazer do evento psíquico uma coisa e *qualificá-lo* de consciente, tal como, por exemplo, posso qualificar de cor-de-rosa este mata-borrão. O prazer não pode distinguir-se – sequer logicamente – da consciência de prazer. A consciência (de) prazer é constitutiva do prazer, como sendo o modo mesmo de sua existência, matéria de que é feito e não uma forma que se impusesse posteriormente a uma matéria hedonista. O prazer não pode existir "antes" da consciência de prazer – sequer em forma de virtualidade, potência. Um prazer em potência só poderia existir como consciência (de) ser em potência; não há virtualidades de consciência a não ser como consciência de virtualidades.

---

* A palavra alemã *Erlebnis* designa a experiência interna, uma "vivência" da consciência. Os substantivos em alemão se grafam com inicial maiúscula. Sartre nem sempre respeita essa regra [N.T.].

Reciprocamente, como mostrei há pouco, devemos evitar definir o prazer pela consciência que tenho dele. Seria cair em um idealismo da consciência que nos devolveria por rodeios à primazia do conhecimento. O prazer não deve se dissolver detrás da consciência que tem (de) si: não é uma representação, é um acontecimento concreto, pleno e absoluto. Não é *de maneira alguma* uma qualidade da consciência (de) si, assim como a consciência (de) si não é uma qualidade do prazer. Não há *antes* uma consciência que recebesse *depois* a afecção "prazer", tal como se colore a água – do mesmo modo como não há antes um prazer (inconsciente ou psicológico) que recebesse depois a qualidade de consciente, como um feixe de luz. Há um ser indivisível, indissolúvel – não uma substância que conservasse suas qualidades como seres menores, mas um ser que é existência de ponta a ponta. O prazer é o ser da consciência (de) si e a consciência (de) si é a lei de ser do prazer. É o que exprime Heidegger muito bem quando escreve (falando do *Dasein*, de fato, e não da consciência)*: "O 'como' (*essentia*) deste ser, na medida em que é possível em geral falar dele, deve ser concebido a partir de seu ser (*existentia*)".

Significa que a consciência não se produz como exemplar singular de uma possibilidade abstrata, mas que, surgindo no bojo do ser, cria e sustenta sua essência, quer dizer, a ordenação sintética de suas possibilidades.

Significa também que o tipo de ser da consciência é o reverso do que nos revela a prova ontológica: como a consciência não é *possível* antes de ser, posto que seu ser é fonte e condição de toda possibilidade, é sua existência que implica sua essência. Eis o que bem exprime Husserl falando de sua "necessidade de fato". Para que haja essência do prazer, é necessário haver antes o *fato* da consciência (d)esse prazer. E seria inútil tentar invocar pretensas leis da consciência, cujo conjunto articulado constituiria sua essência: uma lei é objeto transcendente de conhecimento; pode

---

* A tradução de *Ser e tempo*, de Heidegger, por Márcia de Sá Cavalcante (Petrópolis: Vozes, 4. ed., 1993), define "Dasein" como "pre-sença" (que "não é sinônimo de existência nem de homem", mas "evoca o processo de constituição ontológica de homem, ser humano e humanidade"). Em geral, as línguas neolatinas optam pela expressão "ser-aí" [N.T.].

haver consciência de lei, mas não lei da consciência. Pelas mesmas razões, é impossível designar em uma consciência outra motivação além de si mesma. Caso contrário, seria necessário conceber a consciência, na medida em que é efeito, como não consciente (de) si. Seria preciso que, de algum modo, fosse ser sem ser consciente (de) ser. Cairíamos na frequente ilusão que faz da consciência um semi-inconsciente ou passividade. Mas consciência é consciência de ponta a ponta. Só poderia, pois, ser limitada por si mesma.

Esta determinação da consciência por si não deve ser concebida como gênese, vir-a-ser, porque, no caso, seria preciso que ela fosse anterior à própria existência. Tampouco deve-se conceber esta criação de si como ato. Senão, com efeito, a consciência seria consciência (de) si como ato, o que não é. A consciência é plenitude de existência, e tal determinação de si por si é uma característica essencial. Seria prudente até não abusar da expressão "causa de si", que faz supor progressão, relação de si-causa e si-efeito. Melhor dizer simplesmente: a consciência existe por si. E não se deve entender com isso que a consciência "se extraia do nada". Não poderia haver "nada de consciência" *antes* da consciência. "Antes" da consciência só se pode conceber plenitude de ser, em que nenhum elemento pode remeter a uma consciência ausente. Para haver nada de consciência é preciso uma consciência que haja sido e não é mais, e uma consciência-testemunha que coloque o nada da primeira consciência para uma síntese de reconhecimento. A consciência é anterior ao nada e "se extrai" do ser[2].

Pode-se ter dificuldade em aceitar tais conclusões. Mas, pensando melhor, elas parecerão bem claras: o paradoxal não é que haja existências por si, mas sim que só estas existam. Realmente impensável é a existência passiva, ou seja, que se perpetue sem ter a força de se produzir ou conservar. Neste ponto de vista, nada mais incompreensível que o princípio de inércia. De fato, a consciência "viria" de onde, se pudesse "vir" de alguma coisa? Dos limbos do inconsciente ou do fisiológico. Mas, se perguntarmos

---

2. Não significa de modo algum que a consciência seja fundamento de seu ser. Ao contrário, como veremos adiante, há uma contingência plenária do ser da consciência. Queremos apenas indicar: 1º, que nada é causa da consciência; 2º, que ela é causa de sua própria maneira de ser.

como esses limbos podem existir por sua vez, e de onde tiram sua existência, voltaremos ao conceito de existência passiva, ou seja, não poderemos compreender de modo algum como tais dados não conscientes, que não extraem sua existência de si, podem, não obstante, perpetuá-la, e ainda encontrar força para produzir uma consciência. Isso explica a grande aceitação obtida pela prova *a contingentia mundi**.

Assim, renunciando à primazia do conhecimento, descobrimos o *ser* do cognoscente e encontramos o absoluto, o mesmo absoluto que racionalistas do século XVII tinham definido e constituído logicamente como objeto de conhecimento. Mas, exatamente por se tratar de absoluto de existência e não de conhecimento, escapa à famosa objeção de que um absoluto conhecido não é mais absoluto, por se tornar relativo ao conhecimento que dele se tem. Realmente, o absoluto, aqui, não é resultado de construção lógica no terreno do conhecimento, mas sujeito da mais concreta das experiências. E não é *relativo* a tal experiência, porque *é* essa experiência. É também um absoluto não substancial. O erro ontológico do racionalismo cartesiano foi não ver que, se o absoluto se define pela primazia da existência sobre a essência, não poderia ser substância. A consciência nada tem de substancial, é pura "aparência", no sentido de que só existe na medida que aparece. Mas, precisamente por ser pura aparência, um vazio total (já que o mundo inteiro se encontra fora dela), por essa identidade que nela existe entre aparência e existência, a consciência pode ser considerada o absoluto.

IV
O SER DO *PERCIPI*

Parece que chegamos ao fim de nossa investigação. Reduzimos as coisas à totalidade conexa de suas aparências, e depois constatamos que as aparências reivindicam um ser que já não seja aparência. O *percipi* nos remeteu a um "percipiens", cujo ser se nos revelou como consciência. Alcançamos assim o fundamen-

---

* Em latim: prova "pela contingência do mundo" [N.T.].

to ontológico do conhecimento, o ser primeiro ao qual todas as demais aparições aparecem, o absoluto em relação ao qual todo fenômeno é relativo. Não se trata do sujeito, no sentido kantiano do termo, mas da própria subjetividade, imanência de si a si. Até agora escapamos ao idealismo. Para este, o ser se mede pelo conhecimento, o que submete à lei da dualidade; não há outro ser além do ser *conhecido*, trate-se ele do próprio pensamento. Este só aparece a si através de seus próprios produtos, ou seja, só o captamos como significação de pensamentos realizados; e o filósofo em busca do pensamento deve interrogar as ciências constituídas para encontrá-lo, a título de condição de sua possibilidade. Nós, ao contrário, captamos um ser que escapa ao conhecimento e o fundamenta, um pensamento que não se dá como representação ou como significação dos pensamentos expressados, mas é captado diretamente enquanto é – e este modo de captação não é fenômeno de conhecimento, mas estrutura do ser. Eis-nos agora no terreno da fenomenologia husserliana, ainda que o próprio Husserl nem sempre tenha sido fiel à sua intuição primeira. Ficamos satisfeitos? Encontramos um ser transfenomenal, mas será este o ser ao qual remetia o fenômeno de ser, será realmente o ser do fenômeno? Em outros termos, o ser da consciência basta para fundamentar o ser da aparência enquanto aparência? Tiramos do fenômeno o seu ser para entregá-lo à consciência, esperando que ela o restituísse depois. Será capaz disso? É o que nos dirá um exame das exigências ontológicas do *percipi*.

Em primeiro lugar, há um ser da coisa percebida enquanto percebida. Mesmo que eu quisesse reduzir esta mesa a uma síntese de impressões subjetivas, seria necessário constatar que a mesa se revela, *enquanto mesa*, através dessa síntese, da qual é o limite transcendente, a razão e o objetivo. A mesa está frente ao conhecimento e não poderia ser assimilada ao conhecimento que dela se tem, caso contrário seria consciência, ou seja, pura imanência, e desapareceria *como* mesa. Pelo mesmo motivo, ainda que uma pura distinção de razão a apartasse da síntese de impressões subjetivas através da qual a captamos, ao menos a mesa não poderia *ser* esta síntese: seria reduzi-la a uma atividade sintética de conexão. Portanto, na medida em que o conhecido não pode ser absorvido pelo conhecimento, é preciso que lhe seja reconhecido um *ser*. Este ser, dizem-nos, é o *percipi*. Em primeiro lugar, reconheçamos que o ser do *percipi* não pode se reduzir ao do *percipiens* – quer dizer, à consciência – assim como a mesa não se reduz à conexão das representações. Quando muito, poder-se-ia se dizer que é *relativo* a este ser. Mas tal *relatividade* não dispensa um exame do ser do *percipi*.

Pois bem: o modo de ser do *percipi* é *passivo*. Portanto, se o ser do fenômeno reside em seu *percipi*, este ser é passividade. Relatividade e passividade seriam as estruturas características do *esse* reduzido ao *percipi*. Mas que é passividade? Sou passivo quando recebo uma modificação da qual não sou a origem – quer dizer, não sou nem o fundamento nem o criador. Assim, meu ser sustenta uma maneira de ser da qual não é a fonte. Só que, para sustentá-la, é necessário que eu exista, e, por isso, minha existência se situa sempre para além da passividade. "Suportar passivamente", por exemplo, é uma conduta que *tenho* e compromete minha liberdade tanto quanto o "rejeitar resolutamente". Se hei de ser para sempre "aquele-que-foi-ofendido", é preciso que eu persevere em meu ser, quer dizer, assuma eu mesma minha existência. Mas, por isso, retomo de certo modo, por minha conta, e assumo minha ofensa, deixando de ser passivo com relação a ela. Daí a alternativa: ou bem não sou passivo em meu ser, e então me converto em fundamento das minhas afecções, mesmo que não tenham se originado em mim – ou sou afetado de passividade até em minha existência mesmo, meu ser é um ser recebido, e então tudo desaba no nada. Assim, a passividade é fenômeno duplamente relativo: relativo à atividade daquele que atua e à existência daquele que padece. Isso presume que a passividade não diga respeito ao ser do existente passivo: é relação de um ser a outro ser e não de um ser ao nada. É impossível que o *percipere* afete o *perceptum** do ser, porque, para ser afetado, o *perceptum* teria de ser já dado de alguma maneira e, portanto, existir antes de haver recebido ser. Pode-se conceber uma *criação*, desde que o ser criado se retome, se separe do criador para fechar-se imediatamente em si e assumir seu ser: nesse sentido, cabe dizer que um livro existe *contra* seu

---

* Em latim: o percebido [N.T.].

autor. Mas se o ato de criação deve prosseguir indefinidamente, o ser criado fica sustentado até em suas partes mais íntimas, carece de qualquer independência própria, não é *em si mesmo* senão nada, então a criatura não se distingue de modo algum de seu criador, reabsorve-se nele; trata-se de falsa transcendência, e o criador não pode ter sequer a ilusão de sair da sua subjetividade[3].

Por outro lado, a passividade do paciente exige igual passividade no agente – é o que expressa o princípio da ação e reação: justamente porque podemos destroçar, apertar, cortar nossa mão, pode nossa mão destroçar, cortar, apertar. Que parte da passividade pode ser destinada à percepção, ao conhecimento? Ambos são pura atividade, pura espontaneidade. Justamente por ser espontaneidade pura, porque nada pode capturá-la, a consciência não pode agir sobre nada. Assim, o *esse est percipi* exigiria que a consciência, pura espontaneidade que não pode agir sobre nada, desse o ser a um nada transcendente, conservando seu nada de ser: total absurdo. Husserl tentou evitar tais objeções introduzindo a passividade na *noese*: é a *hylé*, ou fluxo puro do vivido e matéria das sínteses passivas. Mas apenas acrescentou uma dificuldade suplementar às já citadas. De fato, foram reintroduzidos dados neutros cuja impossibilidade acabamos de mostrar. Sem dúvida, não são "conteúdos" de consciência, mas nem por isso ficam mais inteligíveis. A *hylé*, com efeito, não poderia ser consciência, pois se desvaneceria em translucidez e não poderia oferecer a base impressionável (*impressionnelle*)* e resistente que deve ser ultrapassada até o objeto. Mas, se não pertence à consciência de onde extrai seu ser e sua opacidade? Como pode conservar ao mesmo tempo a resistência opaca das coisas e a subjetividade do pensamento? Seu *esse* não pode advir de um *percipi*, porque ela mesma não é percebida e porque a consciência a transcende rumo aos objetos. Mas se a *hylé* o recolhe de si própria, deparamos de novo com o problema insolúvel da relação entre a consciência e os existentes independentes dela. E, mesmo se concordarmos com Husserl sobre a existência de um estrato hilético na noese, não se

---

3. É por essa razão que a doutrina cartesiana da substância encontra sua culminância lógica no espinozismo.
* Designando material subjetivo de impressões [N.T.].

poderia entender como a consciência seria capaz de transcender esta subjetividade rumo à objetividade. Dando à *hylé* os caracteres da coisa e da consciência, Husserl supôs facilitar a passagem de uma à outra, mas só logrou criar um ser híbrido que a consciência recusa e não poderia fazer parte do mundo.

Mas, além disso, como vimos, o *percipi* presume que a lei de ser do *perceptum* seja a relatividade. É possível conceber o ser do conhecido relativo ao conhecimento? Que pode significar a relatividade de ser, para um existente, senão que este tem seu ser em outra coisa que não si mesmo, quer dizer, *em um existente que ele não é*? Decerto não seria inconcebível um ser exterior a si, desde que entendamos que este ser seja *sua própria* exterioridade. Mas não é o caso. O ser percebido está frente à consciência, ela não pode alcançá-lo, ele não pode penetrá-la, e, como está apartado dela, existe apartado de sua própria existência. De nada serviria convertê-lo em irreal, à maneira de Husserl; ainda que a título de irreal, é necessário que exista.

Assim, as determinações de *relatividade* e *passividade*, que podem referir-se a maneiras de ser, de modo algum se aplicam ao ser. O *esse* do fenômeno não pode ser seu *percipi*. O ser transfenomenal da consciência não pode fundamentar o ser transfenomenal do fenômeno. Eis o erro dos fenomenistas: tendo reduzido, com razão, o objeto à série conexa de suas aparições, acreditaram ter reduzido seu ser à sucessão de suas maneiras de ser, e por isso o explicaram por conceitos que só podem ser aplicados a maneiras de ser, pois designam relações em uma pluralidade de seres já existentes.

V
A PROVA ONTOLÓGICA

Não se dá ao ser o que lhe é devido: pensamos ter ficado dispensados de conceder a transfenomenalidade ao ser do fenômeno por ter descoberto a transfenomenalidade do ser da consciência. Veremos, ao contrário, que esta transfenomenalidade requer a do ser do fenômeno. Há uma "prova ontológica" proveniente, não do *cogito* reflexivo, mas do ser *pré-reflexivo* do *percipiens*. É o que tentaremos demonstrar.

Toda consciência é consciência *de* alguma coisa. Esta definição pode ser entendida em dois sentidos bem diferentes: ou a consciência é constitutiva do ser de seu objeto, ou então a consciência, em sua natureza mais profunda, é relação a um ser transcendente. Mas a primeira acepção da fórmula se autodestrói: ser consciência *de* alguma coisa é estar diante de uma presença concreta e plena que *não é* a consciência. Sem dúvida, pode-se ter consciência de uma ausência. Mas esta ausência aparece necessariamente sobre um fundo de presença. Pois bem: como vimos, a consciência é uma subjetividade real, e a impressão é uma plenitude subjetiva. Mas esta subjetividade não pode sair de si para colocar um objeto transcendente conferindo-lhe a plenitude impressionável. Assim, se quisermos, a qualquer preço, que o ser do fenômeno dependa da consciência, será preciso que o objeto se distinga da consciência, não pela *presença*, mas por sua *ausência*, não por sua plenitude, mas pelo seu nada. Se o ser pertence à consciência, o objeto não é a consciência, não na medida em que é outro ser, mas enquanto é um não ser. É o recurso ao infinito do qual falávamos na primeira seção desta obra. Para Husserl, por exemplo, a animação do núcleo hilético pelas únicas intenções que podem encontrar seu preenchimento (*Erfülllung*)* nesta hylé não bastaria para fazer-nos sair da subjetividade. As intenções verdadeiramente objetivadoras são as intenções vazias, que apontam, para além da aparição presente e subjetiva, a totalidade infinita da série de aparições. Entendamos, além disso, que visam a série na medida em que as aparições não podem dar-se todas ao mesmo tempo. A impossibilidade de princípio de que os termos da série, em número infinito, existam simultaneamente frente à consciência, e ao mesmo tempo a ausência real de todos esses termos, exceto um, constituem o fundamento da objetividade. Presentes, essas impressões – que fossem em número infinito – se fundiriam no subjetivo: é sua ausência que lhes confere o ser objetivo. Assim, o ser do objeto é puro não ser. Define-se como *falta*. É aquilo que se esconde e, por princípio, jamais será dado, aquilo que se dá por perfis fugazes e sucessivos. Mas como o não ser pode ser funda-

---

* Em alemão: total preenchimento, que Husserl usa para referir-se ao conteúdo intuitivo que preenche uma representação [N.T.].

mento do ser? Como o subjetivo ausente e *aguardado* se torna, por isso mesmo, objetivo? Uma imensa alegria que espero, uma dor que receio, adquirem por esse fato certa transcendência, não nego. Mas esta transcendência na imanência não nos faz sair do subjetivo. É verdade que as coisas se dão por perfis – quer dizer, simplesmente por aparições. E também que cada aparição remete a outras. Mas cada uma já é, por si mesma, um *ser transcendente*, e não matéria impressionável subjetiva – uma *plenitude de ser*, e não falta – uma *presença*, e não ausência. Seria inútil um jogo de prestidigitação, fundamentando a *realidade* do objeto na plenitude subjetiva impressionável e sua *objetividade* no não ser: jamais o objetivo sairá do subjetivo, nem o transcendente da imanência, nem o ser do não ser. Mas, dir-se-á, Husserl define precisamente a consciência como transcendência. De fato: é sua tese, sua descoberta essencial. Mas, a partir do momento em que faz do noema um irreal, correlato à noese, e cujo *esse* é um *percipi*, mostra-se totalmente infiel a seu princípio.

A consciência é consciência *de* alguma coisa: significa que a transcendência é estrutura constitutiva da consciência, quer dizer, a consciência nasce tendo por objeto um ser que ela não é. Chamamos isso de prova ontológica. Sem dúvida, dir-se-á, essa exigência da consciência não prova que ela deva ser satisfeita. Mas a objeção não se sustenta ante uma análise do que Husserl denomina intencionalidade, por ignorar seu caráter essencial. Dizer que a consciência é consciência de alguma coisa significa que não existe ser para a consciência fora dessa necessidade precisa de ser intuição reveladora de alguma coisa, quer dizer, um ser transcendente. Não apenas a subjetividade pura, se dada previamente, não lograria se transcender para colocar o objetivo, como também uma subjetividade "pura" se esvaneceria. O que se pode chamar propriamente de subjetividade é a consciência (de) consciência. Mas é preciso que esta consciência (de ser) consciência se qualifique de algum modo, e ela só pode se qualificar como intuição reveladora, caso contrário, nada será. Ora, uma intuição reveladora pressupõe algo revelado. A subjetividade absoluta só pode se constituir frente a algo revelado, a imanência não pode se definir exceto na captação de algo transcendente. Parece que deparamos aqui com um eco da refutação kantiana do idealismo problemático. Mas melhor pensar em Descartes. Estamos no plano do ser, não do conhecimento; não se trata de mostrar que os fenômenos do sentido interno presumem a existência de fenômenos objetivos e espaciais, mas que a consciência implica seu ser um ser não consciente e transfenomenal. Em particular de nada serviria replicar que, de fato, a subjetividade pressupõe a objetividade e se constitui a si ao constituir o objetivo: já vimos que a subjetividade é incapaz disso. Dizer que a consciência é consciência *de* alguma coisa é dizer que deve se produzir como revelação-revelada de um ser que ela não é e que se dá como já existente quando ela o revela.

Partimos assim da pura aparência e chegamos ao pleno ser. A consciência é um ser cuja existência coloca a essência, e, inversamente, é consciência de um ser cuja essência implica a existência, ou seja, cuja aparência exige *ser*. O ser está em toda parte. Por certo, poderíamos aplicar à consciência a definição que Heidegger reserva ao *Dasein* e dizer que é um ser para o qual, em seu próprio ser, está em questão o seu ser, mas seria preciso completá-la mais ou menos assim: *a consciência é um ser para o qual, em seu próprio ser, está em questão o seu ser enquanto este ser implica outro ser que não si mesmo.*

Entenda-se, o ser transfenomenal dos fenômenos, não um ser numênico que se mantivesse oculto atrás dele. O ser que a consciência implica é o ser desta mesa, deste maço de cigarros, desta lâmpada, do mundo em geral. A consciência exige apenas que o ser do que *aparece* não exista *somente* enquanto aparece. O ser transfenomenal do que existe *para a consciência* é, em si mesmo, *em si*.

VI
O SER-EM-SI

Podemos ser agora mais precisos quanto ao *fenômeno de ser*, a que recorremos para nossas precedentes observações. A consciência é revelação-revelada dos existentes, e estes comparecem a ela fundamentados pelo ser que lhes é próprio. Mas a característica do ser de um existente é não se revelar a *si*, em pessoa, à consciência: não se pode despojar um existente de seu ser; o ser é o fundamento sempre presente do existente, está nele em toda parte e em parte alguma; não existe ser que não seja ser de alguma maneira ou captado através dessa maneira de ser que o manifesta e encobre ao mesmo tempo. Contudo, a consciência sempre pode ultrapassar o existente, não em direção a seu ser, mas ao *sentido* desse ser. Por isso podemos denominá-lo ôntico-ontológico, já que uma característica de sua transcendência é transcender o ôntico rumo ao ontológico. O sentido do ser do existente, na medida em que se revela à consciência, é o fenômeno de ser. Este sentido tem, por sua vez, um ser que fundamenta aquilo que se manifesta. É neste ponto de vista que podemos compreender o famoso argumento da escolástica de que há círculo vicioso em toda a preposição concernente ao ser, pois todo juízo sobre o ser já implica o ser. Mas, de fato, não existe tal círculo vicioso por não ser necessário ultrapassar de novo o ser desse sentido na direção de seu sentido: o sentido do ser vale para o ser de todo fenômeno, compreendendo o próprio. Como notamos, o fenômeno do ser não é o ser. Mas indica o ser e o exige – ainda que, para dizer a verdade, a prova ontológica a que nos referimos não seja válida *especial* ou *unicamente* para ele: há *uma* prova ontológica válida para todo domínio da consciência. Prova suficiente para justificar todos os ensinamentos que podemos extrair do fenômeno de ser. Como todo fenômeno primeiro, o fenômeno de ser se revela imediatamente à consciência. Temos a todo instante aquilo que Heidegger denomina uma compreensão pré-ontológica, ou seja, não acompanhada de determinação em conceitos ou elucidação. Agora, trata-se de consultar esse fenômeno e tentar determinar o sentido do ser. Todavia, é preciso notar:

1º Que esta elucidação do sentido do ser só vale para o ser do fenômeno. Sendo radicalmente outro o ser da consciência, seu sentido exigirá uma elucidação particular a partir da revelação-revelado de outro tipo de ser, o Para-si, que definiremos adiante e se opõe ao ser Em-si do fenômeno;

2º Que a elucidação do sentido do ser Em-si, a ser tentada, só pode ser provisória. Os aspectos que nos serão revelados presumem outras significações que precisamos compreender e determinar posterior-mente. Em particular, as reflexões precedentes nos permitiram distinguir duas regiões absolutamente distintas e separadas de ser: o ser do *cogito pré-reflexivo* e o ser do fenômeno. Mas, ainda que o conceito de ser tenha a particularidade de cindir-se em duas regiões incomunicáveis, é preciso explicar como ambas podem ser colocadas sob a mesma rubrica. Isso vai requerer o exame desses dois tipos de ser, e é evidente que só poderemos captar de fato o sentido de um ou outro quando estabelecermos suas verdadeiras relações com a noção de ser em geral e as relações que os unem. Pelo exame da consciência não posicional (de) si, concluímos, com efeito, que o ser do fenômeno não poderia de modo algum *agir* sobre a consciência. Com isso descartamos uma concepção *realista* das relações do fenômeno com a consciência. Mas mostramos também, pelo exame da espontaneidade do cogito não reflexivo, que a consciência não poderia sair de sua subjetividade se esta lhe fosse previamente dada, nem agir sobre o ser transcendente ou suportar sem contradição os elementos de passividade necessários para constituir a partir deles um ser transcendente: assim, descartamos a solução *idealista* do problema. Parece que fechamos todas as portas e ficamos condenados a ver o ser transcendente e a consciência como totalidades fechadas e sem comunicação possível. Será necessário mostrar que o problema comporta outra solução, além do realismo e do idealismo.

Porém, há certo número de características a serem determinadas de imediato, porque, na maioria, surgem do que acabamos de dizer.

A clara visão do fenômeno de ser é frequentemente obscurecida por um preconceito generalizado que chamaremos de "criacionismo". Como se supunha que Deus dera o ser ao mundo, o ser parecia sempre afetado por certa passividade. Mas uma criação *ex nihilo* não pode explicar o surgimento do ser, o qual, concebido em subjetividade, divina que seja, permanece como modo de ser intrassubjetivo. Essa subjetividade não poderia sequer ter a *representação* de uma objetividade e, em consequência, ser afetado por essa *vontade* de criar o objetivo. Por outro lado, o ser, mesmo colocado subitamente fora do subjetivo pela fulguração de que fala Leibniz, só pode se afirmar como ser para e contra seu criador, senão se fundiria com este: a teoria da criação contínua, tirando do ser o que os alemães chamam de "selbstständigkeit"*, faz o ser desvanecer-se na subjetividade divina. Se existe frente a Deus, o ser é sua própria sustentação e não conserva o menor vestígio de criação divina. Em uma palavra: mesmo se houvesse sido criado, o ser-Em-si seria *inexplicável* pela criação, porque retomaria seu ser depois dela. Equivale a dizer que o ser é incriado. Mas não se deve concluir que o ser se cria a si, pois isso faria supor ser anterior a si mesmo. O ser não pode ser *causa sui* à maneira da consciência. O ser é *si*-mesmo. Significa que não é passividade nem atividade. Duas noções *humanas* designando condutas humanas ou instrumentos de condutas humanas. Existe atividade quando um ser consciente dispõe de meios com vistas a um fim. E chamamos passivos os objetos sobre os quais nossa atividade se exerce, na medida em que não remetem espontaneamente ao fim que o destinamos. Em suma, o homem é ativo e os meios que emprega, passivos. Levados ao absoluto, tais conceitos perdem todo significado. Em particular, o ser não é ativo: para que haja fim e meios, é preciso haver ser. Com mais razão ainda, não poderia ser passivo, pois para isso é necessário também haver ser. A consistência-em-si do ser acha-se para além do ativo e do passivo. Da mesma forma, além da negação e da afirmação. Afirmação é sempre afirmação *de* alguma coisa, quer dizer, o ato afirmativo se distingue da coisa afirmada. Mas, se supomos uma afirmação em que o afirmado vem preencher o afirmante e se confunde com ele, tal afirmação não pode se afirmar, por excesso de plenitude e inerência imediata do noema à noese. Esclarecendo melhor, se definimos o ser com relação à consciência, ele é precisamente isto: o noema na noese, ou seja, a inerência a si, sem a menor distância. Nesse ponto de vista, não deveria ser chamado de "imanência", porque imanência é, apesar de tudo, *relação* a si, distância mínima que se pode tomar de si a si. Mas o ser não é relação a si – ele é *si*.

Imanência que não pode se realizar, afirmação que não pode se afirmar, atividade que não pode agir, por estar pleno de si mesmo. É como se, para libertar a afirmação *de* si no seio do ser, fosse necessária uma descompressão do ser. Não devemos entender

---

* Em alemão: autossuficiência [N.T.].

tampouco, por outro lado, que o ser seja *uma* afirmação de si indiferenciada: a indiferença do Em-si acha-se além de uma infinidade de afirmações de si, na medida em que há uma infinidade de maneiras de se afirmar. Resumiremos dizendo que *o ser é em si*.

Mas, se o ser é em si, significa que não remete a si, tal como a consciência (de) si: é este *si* mesmo. A tal ponto que a reflexão perpétua que constitui o si se funde em uma identidade. Por isso, o ser está, no fundo, além do *si*, e nossa primeira fórmula não pode ser senão uma aproximação, devido às necessidades da linguagem. De fato, o ser é opaco a si mesmo exatamente porque está pleno de si. Melhor dito, *o ser é o que é*. Na aparência, esta fórmula é estritamente analítica. De fato, está longe de se reduzir ao princípio de identidade, na medida em que este é o princípio incondicionado de todos os juízos analíticos. Em primeiro lugar, designa uma região singular do ser: a do *ser Em-si* (*Ensoi*). (Veremos que o ser do *Para-si* (*Pour-soi*) se define, ao contrário, como sendo o que não é e não sendo o que é.) Trata-se, portanto, de um princípio regional e, como tal, sintético. Além disso, é preciso opor à fórmula "o ser Em-si *é* o que é" a que designa o ser da consciência: esta, de fato, como veremos, *tem-de-ser* o que é. Daí a concepção especial que se deve dar ao "é" da frase "o ser *é* o que é", que existem seres que hão de ser o que são, o fato de ser o que se é não constitui de modo algum característica puramente axiomática: é um princípio contingente do ser-Em-si. Neste sentido, o princípio de identidade, princípio dos juízos analíticos, é também princípio regional sintético do ser. Designa a opacidade do ser-Em-si. Opacidade que não depende de nossa *posição* com respeito ao Em-si, no sentido de que seríamos obrigados a *apreendê-lo* ou *observá-lo* por estarmos "de fora". O ser-Em-si não possui um *dentro* que se oponha a um *fora* e seja análogo a um juízo, uma lei, uma consciência de si. O Em-si não tem segredo: é *maciço*. Em certo sentido, podemos designá-lo como síntese. Mas a mais indissolúvel de todas: síntese de si consigo mesmo. Resulta, evidentemente, que o ser está isolado em seu ser e não mantém relação alguma com o que não é. Os trânsitos, os vir-a-ser, tudo que permite dizer que o ser não é ainda o que será e já é o que não é, tudo é negado por princípio. Porque o ser é ser do devir e, por isso, acha-se para-além do devir. É o que é; isso significa que, por si mesmo, sequer poderia não ser o que é; vimos, com efeito, que não implicava nenhuma negação. É plena positividade. Desconhece, pois, a *alteridade*; não se coloca jamais como *outro* a não ser si mesmo; não pode manter relação alguma com o outro. É indefinidamente si mesmo e se esgota em sê-lo. Desse ponto de vista, veremos mais tarde que escapa à temporalidade. Ele é, e, quando se desmorona, sequer podemos dizer que não é mais. Ou, ao menos, só uma consciência pode tomar consciência dele como já não sendo, pre-cisamente porque essa consciência é temporal. Mas ele mesmo não existe como se fosse algo que falta ali onde antes era: a plena positividade do ser se restaurou sobre seu desabamento. Ele era, e agora outros seres são – eis tudo.

Por último – e será nossa terceira característica –, o ser-Em-si *é*. Significa que o ser não pode ser derivado do possível, nem reduzido ao necessário. A necessidade concerne à ligação das proposições ideais, não à dos existentes. Um existente fenomênico, enquanto existente, jamais pode ser derivado de outro existente. É o que chamamos a *contingência* do ser-Em-si. Mas o ser-Em-si tampouco pode derivar de um *possível*. O possível é uma estrutura do *Para-si*, ou seja, pertence a outra região do ser. O ser-Em-si jamais é possível ou impossível: simplesmente *é*. Será isso expresso pela consciência – em termos antropomórficos – dizendo-se que o ser-Em-si é supérfluo (*de trop*), ou seja, que não se pode derivá-lo de nada, nem de outro ser, nem de um possível, nem de uma lei necessária. Incriado, sem razão de ser, sem relação alguma com outro ser, o ser-Em-si é supérfluo para toda a eternidade.

O ser é. O ser é em si. O ser é o que é. Eis as três características que o exame provisório do fenômeno de ser nos permite designar no ser dos fenômenos. Por ora é impossível ir mais longe em nossa investigação. Não é o exame do Em-si – que não é jamais senão aquilo que é – o meio capaz de nos fazer estabelecer e explicar suas relações com o Para-si. Portanto, partimos das "aparições" e viemos progressivamente a estabelecer dois tipos de seres: o Em-si e o Para-si, sobre os quais só temos por enquanto informações superficiais e incompletas. Uma vastidão de perguntas permanece sem resposta: qual o *sentido* profundo desses dois tipos de seres? Por que razões pertencem ambos ao *ser* em geral? Qual o sentido do ser, na medida em que compreende essas duas regiões de ser radicalmente cindidas? Se o idealismo e o realismo fracassam na explicação das relações que unem de fato essas regiões incomunicáveis de direito, que solução podemos dar ao problema? E como o ser do fenômeno pode ser transfenomenal?

Para tentar responder a essas perguntas, escrevemos esta obra.

PRIMEIRA PARTE
O problema do nada

CAPÍTULO 1
A ORIGEM DA NEGAÇÃO

I
A INTERROGAÇÃO

Nossas investigações nos levaram ao seio do ser. Mas esbarraram também em um impasse, pois não foi possível estabelecer um liame entre as duas regiões de ser descobertas. Sem dúvida, isso decorre do fato de termos escolhido má perspectiva para conduzir nossa indagação. Descartes enfrentou problema similar quando teve de estudar as relações entre alma e corpo. Aconselhava então que buscássemos a solução no terreno onde de fato se operaria a união da substância pensante com a substância extensa, ou seja, na imaginação. Conselho valioso: sem dúvida, nossa preocupação não é a de Descartes nem concebemos a imaginação como ele, mas podemos aproveitar o critério que desaconselha apartar previamente dois termos de uma relação para tentar reuni-los em seguida: essa relação é síntese. Daí, os *resultados* da análise não podem coincidir com os *momentos* dessa síntese. Laporte diz que caímos na abstração se pensamos em estado isolado naquilo que não foi feito para existir isoladamente. Ao oposto, o concreto é uma totalidade capaz de existir por si mesma. Husserl também pensa assim: para ele, o vermelho é uma abstração, porque a cor não pode existir sem a figura. Ao contrário, a "coisa" espaço-temporal, com suas determinações todas, é um concreto. Neste ponto de vista, a consciência é abstrata, pois esconde uma origem ontológica no Em-si, e, reciprocamente, o fenômeno é também abstrato, já que precisa "aparecer" à consciência. O concreto só pode ser a totalidade sintética da qual tanto a consciência como o fenômeno são apenas momentos. É o homem no mundo, com essa união específica do homem com o mundo que Heidegger, por exemplo, chama "ser-no-mundo". Interrogar a "experiência", como Kant, acerca de suas condições de possibilidade, ou efetuar uma redução fenomenológica, como Husserl, que reduzirá o mundo ao estado de correlato noemático da consciência, será começar deliberadamente pelo abstrato. Mas não se vai conseguir recuperar o concreto pela adição ou organização dos elementos abstraídos, tanto como não se pode, no sistema de Spinoza, chegar à substância pela soma infinita de seus modos. A relação entre as regiões de ser nasce de uma fonte primitiva, parte da própria estrutura desses seres e que já descobrimos em nossa primeira investigação. Basta abrir os olhos e interrogar com toda ingenuidade a totalidade homem-no--mundo. Descrevendo-a, podemos responder a estas duas perguntas: 1º) Qual é a relação sintética que chamamos de ser-no-mundo? 2º) Que devem ser o homem e o mundo para que seja possível a relação entre eles? Na verdade, as duas perguntas invadem uma à outra e não podem ser respondidas separadamente. Mas cada uma das condutas humanas, sendo conduta do homem no mundo, pode nos revelar ao mesmo tempo o homem, o mundo e a relação que os une, desde que as encaremos como realidades apreensíveis objetivamente, não como inclinações subjetivas que só podem ser compreendidas pela reflexão.

Não vamos nos limitar ao estudo de uma só conduta. Ao contrário, tentaremos descobrir várias e penetrar, de conduta em conduta, no sentido profundo da relação "homem-mundo". Mas antes de tudo convém escolher uma conduta primeira, capaz de servir de fio condutor da nossa investigação.

Ora, a própria investigação nos oferece a conduta desejada: o homem que *eu* sou, se o apreendo tal qual é neste momento no mundo, descubro que se mantém frente ao ser em uma atitude interrogativa. No momento em que pergunto "há uma conduta capaz de me revelar a relação do homem com o mundo?", faço uma interrogação. Posso encará-la de modo objetivo, pois pouco importa que o indagador seja eu mesmo ou o leitor que me lê e interroga junto comigo. Mas, por outro lado, essa pergunta não é apenas o conjunto objetivo de palavras postas no papel: é indiferente aos signos que a expressam. Em suma, uma atitude humana dotada de significação. O que nos revela?

Em toda interrogação ficamos ante o ser que interrogamos. Toda interrogação presume, pois, um ser que interroga e outro ao qual se interroga. Não é a relação primitiva do homem com o ser-Em-si, mas, ao oposto, fica nos limites dessa relação e a pressupõe. Por outro lado, interrogamos o ser interrogado *sobre* alguma coisa. Esse *sobre o que* faz parte da transcendência do ser: interrogo o ser sobre suas maneiras de ser ou seu ser. Neste ponto de vista, a interrogação corresponde à espera: espero uma resposta do ser interrogado. Ou seja, sobre o fundo de uma familiaridade pré-interrogativa com o ser, espero uma revelação de seu ser ou maneira de ser. A resposta será sim ou não. A existência de duas possibilidades igualmente objetivas e contraditórias distingue por princípio a interrogação da afirmação ou negação. Há interrogações que, aparentemente, não comportam resposta negativa – como, por exemplo, a que fizemos antes: "Esta atitude nos revela o quê?" Mas, na verdade, sempre se pode responder com um "nada", "ninguém" ou "nunca". Portanto, quando indago "há uma conduta capaz de revelar a relação do homem com o mundo?", admito *por princípio* a possibilidade de resposta negativa, como: "Não, tal conduta não existe". Significa aceitarmos o fato transcendente da não existência dessa conduta. Mas talvez sejamos levados a não crer na existência objetiva de um não ser; pode-se dizer apenas que, neste caso, o fato remete à minha subjetividade: o ser transcendente me ensinaria que a conduta procurada é pura ficção. Mas, em primeiro lugar, chamar essa conduta de pura ficção equivale a mascarar a negação sem suprimi-la. "Ser pura ficção" corresponde aqui a "não ser mais que ficção". Além disso, destruir a realidade da negação é o mesmo que fazer desvanecer a realidade da resposta. Esta, com efeito, é dada pelo próprio ser; logo, é ele que me revela a negação. Para o investigador existe portanto a possibilidade permanente e objetiva de uma resposta negativa. Com relação a isso, aquele que interroga, pelo fato mesmo de interrogar, fica em estado de não determinação: *não sabe* se a resposta será afirmativa ou negativa. Assim, a interrogação é uma ponte lançada entre dois não seres: o não ser do saber, no homem, e a possibilidade de não ser, no ser transcendente. Por fim, a pergunta encerra a existência de uma verdade. Pela própria pergunta o investigador afirma esperar resposta objetiva, como se lhe fosse dito: "É assim e não de outro modo". Em suma, a verdade, a título de diferenciação de ser, introduz um terceiro não ser como determinante da pergunta: o não ser limitador. Tríplice não ser que condiciona toda interrogação e, em particular, a interrogação metafísica – que é *nossa* interrogação.

Partimos em busca do ser e parecia que tínhamos sido levados a seu núcleo pela série de nossas indagações. Eis que uma olhada na própria interrogação, quando supúnhamos alcançar nossa meta, nos revela de repente estarmos rodeados de nada. A possibilidade permanente do não ser, fora de nós e em nós, condiciona nossas perguntas sobre o ser. E é ainda o não ser que vai circunscrever a resposta: aquilo que o ser *será* vai se recortar necessariamente sobre o fundo daquilo que *não é*. Qualquer que seja a resposta, pode ser formulada assim: "O ser é *isso*, e, fora disso, *nada*".

Portanto, acaba de surgir novo componente do real: o não ser. Nosso problema se complica, porque já não temos de tratar só das relações entre ser humano e ser-Em-si, mas também entre ser e não ser e não ser humano e não ser transcendente. Mas, vejamos melhor.

II
AS NEGAÇÕES

Pode-se objetar que o ser-Em-si não fornece respostas negativas. Não dizíamos que estava além da afirmação e da negação? Além disso, a experiência trivial, reduzida a si, parece não revelar qualquer não ser. Penso que há na minha carteira mil e quinhentos francos, mas só encontro mil e trezentos: pode-se afirmar que a experiência não revelou em absoluto o não ser de mil e quinhentos francos, mas apenas que contei treze notas de cem francos. A negação propriamente dita é atribuível a mim: só apareceria em nível de um ato judicativo pelo qual estabeleço comparação entre o resultado esperado e o resultado obtido. Assim, a negação seria simplesmente uma qualidade do juízo, e a espera do investigador uma espera do juízo-resposta. Quanto ao Nada, teria sua origem nos juízos negativos, tal como um conceito a estabelecer a unidade transcendente desses juízos, função proposicional do tipo "X" não é". Vemos aonde leva essa tese: observe-se que o ser-Em-si é plena positividade e em si mesmo não contém qualquer negação. Por outro lado, esse juízo negativo, a título de ato subjetivo, é rigorosamente identificado ao juízo afirmativo: não se vê que Kant, por exemplo, distinguiu em sua textura interna o ato judicativo negativo do ato afirmativo; nos dois casos ocorre uma síntese de conceitos; simplesmente, tal síntese, acontecimento pleno e concreto da vida psíquica, ocorre em um caso por meio da cópula "e" e em outro pela cópula "não é"; do mesmo modo, a operação manual de triagem (separação) e a operação manual de agregação (união) são condutas objetivas com a mesma realidade de fato. Assim, a negação estaria "no final" do ato judicativo, sem estar por isso "dentro" do ser. Tal como um irreal encerrado entre duas realidades plenas, nenhuma das quais o requer como seu: o ser-Em-si, interrogado sobre a negação, remeteria ao juízo, já que não é senão aquilo que é – e o juízo, plena positividade psíquica, remeteria ao ser, já que formula uma negação concernente a este, logo transcendente. A negação, resultado de operações psíquicas concretas, sustentada na existência por essas mesmas operações, incapaz de existir por si, possuiria a existência de um correlato noemático: seu *esse* residiria exatamente no seu *percipi*. E o Nada, unidade conceitual dos juízos negativos, não teria a menor realidade salvo a que os estoicos conferiam a seu *lecton**. Podemos aceitar essa concepção?

A questão pode ser posta nestes termos: se a negação, como estrutura da proposição judicativa, acha-se na origem do nada, ou, ao contrário, se é este nada, como estrutura do real, que origina e fundamenta a negação. Desse modo, o problema do ser nos remeteu ao da interrogação como atitude humana, e o problema da interrogação agora nos leva ao ser da negação.

É evidente que o não ser surge sempre nos limites de uma espera humana. É porque eu esperava encontrar mil e quinhentos francos que *não* encontro *senão* mil e trezentos. E é porque o físico *espera* a confirmação de sua hipótese que a natureza pode

---

* Em grego, uma abstração ou algo com existência puramente nominal, como espaço ou tempo [N.T.].

lhe dizer não. Seria portanto inútil contestar que a negação aparece sobre o fundo primitivo de uma relação entre o homem e o mundo; o mundo não revela seus não seres a quem não os colocou previamente como possibilidades. Significa que os não seres devam ser reduzidos à pura subjetividade? Ou que devemos lhes dar a importância e tipo de existência do *lecton* estoico e do noema husserliano? Não cremos.

Para começar, é falso que a negação seja somente qualidade do juízo: a questão se formula por um juízo interrogativo, mas não se trata de juízo e sim de conduta pré-judicativa; posso interrogar com o olhar, com o gesto; por meio da interrogação me mantenho de certo modo frente ao ser, e esta relação com o ser é uma relação de ser, da qual o juízo constitui apenas expressão facultativa. Da mesma forma, o que o investigador questiona no ser não é necessariamente um *homem*: tal concepção da interrogação, tornando-a um fenômeno intersubjetivo, a descola do ser a que adere e deixa-a pairando no ar, como pura modalidade de diálogo. Deve-se entender que a interrogação dialogada, ao contrário, é uma espécie particular do gênero "interrogação" e que o ser interrogado não é em primeiro lugar um ser pensante: se meu carro sofre uma pane, interrogarei o carburador, as velas, etc.; se meu relógio para, posso perguntar ao relojoeiro sobre as causas do defeito, mas ele, por sua vez, interrogará os diversos mecanismos da peça. O que espero do carburador, o que o relojoeiro espera das engrenagens do relógio, não é um juízo, mas uma revelação de ser com base na qual possa emitir um juízo. E se *espero* uma revelação de ser, significa que estou preparado ao mesmo tempo para a eventualidade de um não ser. Se interrogo o carburador, considero possível que no carburador *não haja nada*. Portanto, minha interrogação encerra por natureza certa compreensão pré-judicativa do não ser; em si, é uma relação do ser com o não ser, sobre o fundo da transcendência original, quer dizer, uma relação do ser com o ser.

Se a natureza própria da interrogação é obscurecida pelo fato de que as indagações são feitas com frequência por um homem a outros homens, convém notar que muitas condutas não judicativas trazem na sua pureza original essa compreensão imediata do não ser sobre o fundo de ser. Por exemplo, se encaramos a *des-*

truição, vamos reconhecer que é uma *atividade* apta sem dúvida a empregar o juízo como instrumento, mas não poderia ser definida como única ou mesmo principalmente judicativa. Por bem: ostenta a mesma estrutura da interrogação. Em certo sentido, sem dúvida, o homem é o único ser pelo qual pode realizar-se uma destruição. Uma rachadura geológica, uma tempestade, não destroem – ou, ao menos, não destroem *diretamente*: apenas modificam a distribuição das massas de seres. Depois da tempestade, não há *menos* que antes: há *outra coisa*. Até essa expressão é imprópria, porque, para colocar a alteridade, falta um testemunho capaz de reter de alguma maneira o passado e compará-lo ao presente sob a forma do *já não*. Na ausência desse testemunho, há ser, antes como depois da tempestade: isso é tudo. E se o ciclone pode trazer a morte de seres vivos, esta morte não será destruição, a menos se vivida como tal. Para haver destruição, é necessário primeiramente uma relação entre o homem e o ser, quer dizer, uma transcendência; e, nos limites desta relação, que o homem apreenda *um* ser como destrutível. O que pressupõe um recorte limitativo de um ser no ser, e isso – como vimos a propósito da verdade – já constitui uma nadificação. O ser considerado é isso e, fora disso, *nada*. O soldado de artilharia a quem se determina uma meta aponta seu canhão nessa direção, *com exclusão* de todas as outras. Mas ainda assim, isso nada seria se o ser não tivesse sido descoberto como *frágil*. Que é a fragilidade senão certa probabilidade de não ser para um ser em circunstâncias determinadas? Um ser é frágil se traz em seu ser uma possibilidade definida de não ser. Mas, uma vez mais, a fragilidade *chega* ao ser através do homem, porque a limitação individualizadora a que nos referimos condiciona a fragilidade: *um* ser é frágil, e não *todo* ser, sempre além de toda destruição possível. Assim, a relação de limitação individualizadora que o homem mantém com um ser, sobre o fundo primeiro de sua relação com o ser, faz chegar a esse ser a fragilidade, enquanto aparição de uma possibilidade permanente de não ser. Mas não é tudo: para haver destrutibilidade, é necessário que o homem se determine diante dessa possibilidade de não ser, seja positiva ou negativamente; é preciso que tome medidas para realizá-la (a destruição propriamente dita) ou então, pela negação do não ser, que a mantenha sempre em nível de simples possibilidade (medidas de proteção). É assim o homem que torna as cidades destrutíveis, precisamente porque as coloca como frágeis e preciosas e toma um conjunto de medidas de proteção quanto a elas. Somente por causa dessas medidas é que um sismo ou erupção vulcânica podem *destruir* as cidades ou construções humanas. E o sentido primeiro e a razão final da guerra acham-se contidos mesmo na menor das construções humanas. Portanto, é necessário reconhecer que a destruição é essencialmente humana e *é o homem* que destrói suas cidades por meio dos sismos ou diretamente, destrói suas embarcações por meio dos ciclones ou diretamente. Ao mesmo tempo, porém, a destruição implica uma compreensão pré-judicativa do nada enquanto tal e uma conduta *diante* do nada. Além do que, a destruição, embora chegando ao ser pelo homem, é um *fato objetivo* e não um pensamento. A fragilidade está impressa no ser mesmo deste vaso, e sua destruição seria um fato irreversível e absoluto, que a mim só caberia comprovar. Há uma transfenomenalidade do não ser, como há a do ser. O exame da conduta "destruição" nos leva, pois, aos mesmos resultados do exame da conduta interrogativa.

Mas, se quisermos decidir com segurança, basta considerar um juízo negativo em si e perguntar se faz aparecer o não ser no seio do ser ou limita-se a afirmar uma descoberta anterior. Tenho encontro com Pedro às quatro. Chego com atraso de quinze minutos; Pedro é sempre pontual; terá esperado? Olho o salão, os clientes, e digo: "Não está". Há uma intuição da ausência de Pedro ou será que a negação só intervém com o juízo? À primeira vista, parece absurdo falar aqui de intuição, porque, precisamente, não poderia haver intuição de *nada*, e a ausência de Pedro é esse nada. Contudo, a consciência popular testemunha tal intuição. Não se costuma dizer, por exemplo: "Em seguida, vi que ele não estava"? Será um simples deslocamento da negação? Vejamos melhor.

Sem dúvida, o bar, por si mesmo, com seus clientes, suas mesas, bancos, copos, sua luz, a atmosfera esfumaçada e ruídos de vozes, bandejas entrechocando-se e passos, constitui uma plenitude de ser. E todas as intuições de detalhe que posso ter estão carregadas desses odores, sons, cores, fenômenos dotados de um ser transfenomenal. Analogamente, a presença real de Pedro em um lugar que desconheço é também plenitude de ser. Parece que deparamos com plenitude por toda parte. Mas é preciso notar que, na percepção, ocorre sempre a constituição de uma forma sobre um fundo. Nenhum objeto, nenhum grupo de objetos está especificamente designado para organizar-se em fundo ou forma: tudo depende da direção da minha atenção. Quando entro nesse bar em busca de Pedro, todos os objetos assumem uma organização sintética de fundo sobre a qual Pedro é dado como "devendo aparecer". E esta organização do bar em fundo é uma primeira nadificação. Cada elemento do lugar, pessoa, mesa, cadeira, tenta isolar-se, destacar-se sobre o fundo constituído pela totalidade dos outros objetos, e recai na indiferenciação desse fundo, diluindo-se nele. Porque o fundo só é visto por acréscimo, objeto de atenção puramente marginal. Assim, essa primeira nadificação de todas as formas, que aparecem e submergem na total equivalência de um fundo, é condição necessária à aparição da forma principal, no caso a pessoa de Pedro. E essa nadificação se dá à minha intuição; sou testemunha do sucessivo desvanecimento de todos os objetos que vejo, em particular desses rostos que por um instante me retêm ("Será Pedro?") e que se decompõem de imediato, precisamente porque "não são" o rosto de Pedro. Porém, se descobrisse enfim Pedro, minha intuição seria preenchida por um elemento sólido, ficaria logo fascinado por seu rosto e todo o bar se organizaria à sua volta, em presença discreta. Mas, precisamente, Pedro não está. Não significa que descubro sua ausência em algum lugar do estabelecimento. Na realidade, Pedro está ausente de todo o bar: sua ausência fixa o bar na sua evanescência, o bar mantém-se como *fundo*, persiste em se oferecer como totalidade indiferenciada unicamente à minha atenção marginal, desliza para trás, continua a sua nadificação. Só se faz fundo para uma forma determinada, leva-a aonde quer que seja diante de si, apresenta-a a mim por todo lado, e essa forma que desliza constantemente entre meu olhar e os objetos sólidos e reais do bar é precisamente um perpétuo desvanecer-se, é Pedro que se destaca como nada sobre o fundo de nadificação do bar. De modo que é oferecida à intuição uma espécie de ofuscação do nada, é o nada do fundo, cuja nadificação atrai e exige a aparição da forma, é a forma "nada", que desliza na superfície do fundo como *nada*. Portanto, o fundamento para o juízo "Pedro não está" é a captação intuitiva de dupla nadificação. E, decerto, a ausência de Pedro pressupõe uma relação primeira entre mim e o bar; há uma infinidade de pessoas sem qualquer relação com o bar, à falta de uma espera real que as constate como ausentes. Mas, precisamente, eu esperava ver Pedro, e minha espera fez *chegar* a ausência de Pedro como acontecimento real alusivo a este bar; agora, é fato objetivo que *descobri* tal ausência, que se mostra como relação sintética entre Pedro e o salão onde o procuro; Pedro ausente *infesta* este bar e é a condição de sua organização nadificadora como *fundo*. Ao contrário, juízos que posso formular como passatempo – "Wellington não está no bar, Paul Valéry tampouco, etc." – são meras significações abstratas, puras aplicações do princípio de negação, sem fundamento real nem eficácia, que não logram estabelecer relação *real* entre o bar, Wellington ou Valéry: nestes casos, a relação "não está", é apenas *pensada*. Basta para mostrar que o não ser não vem às coisas pelo juízo de negação: ao contrário, é o juízo de negação que está condicionado e sustentado pelo não ser.

E como poderia ser de outro modo? Como seria sequer possível a forma negativa do juízo, fosse tudo plenitude de ser e positividade? Por um momento supusemos que a negação pudesse surgir da comparação entre o resultado esperado e o resultado obtido. Mas vejamos: há aqui um primeiro juízo, ato psíquico concreto e positivo, a constatar um fato – "Há mil e trezentos francos na minha carteira" – e há aqui outro, também uma comprovação de fato e afirmação: "Esperava encontrar mil e quinhentos francos". Eis, portanto, fatos reais e objetivos, fatos psíquicos positivos, juízos afirmativos. Onde teria lugar a negação? Seria a aplicação pura e simples de uma categoria? E se pretenderá que o espírito possua em si o *não* como forma de escolha e separação? Neste caso, porém, tira-se da negação até a menor suspeita de negatividade. Se admitirmos que a categoria do não, categoria existente de fato no espírito, procedimento positivo e concreto para revirar e sistematizar nossos conhecimentos, é desencadeada de súbito pela presença em nós de certos juízos afirmativos e vem repentinamente marcar com seu selo certos pensamentos resultantes desses juízos, teremos com isso despojado cuidadosamente a negação de toda função negativa. Porque negação é recusa de existência. Por meio dela, um ser (ou modo de ser) é primeiro colocado e depois relegado ao nada. Se negação for categoria, apenas um rótulo indiferentemente aplicado a certos juízos, de onde se extrairá sua possibilidade de nadificar um ser, fazendo-o surgir de repente e ter uma designação, para relegá-lo ao nada? Se os juízos anteriores são constatações de fato, como as que havíamos feito, por exemplo, é preciso que a negação seja uma livre invenção que nos libere desse muro de positividade que nos encerra: é uma brusca solução de continuidade que de modo algum pode *resultar* das afirmações anteriores, um acontecimento original e irredutível. Mas estamos aqui na esfera da consciência. E consciência não pode produzir negação salvo sob forma de consciência de negação. Nenhuma categoria pode "habitar" a consciência e nela residir como coisa. O *não*, brusca descoberta intuitiva, aparece como consciência (de ser), consciência do não. Em resumo, se há ser por toda parte, então não é somente inconcebível o Nada, como quer Bergson: jamais do ser será derivada a negação. A condição necessária para que seja possível dizer *não* é que o não ser seja presença perpétua, em nós e fora de nós. É que o nada *infeste* o ser.

Mas de onde vem o nada? E se é a condição primeira da conduta interrogativa, de toda indagação filosófica ou científica em geral, qual será a primeira relação entre o ser humano e o nada, qual a primeira conduta nadificadora?

III
Concepção dialética do nada

Ainda é cedo para entender o *sentido* desse Nada diante do qual fomos subitamente lançados pela interrogação. Mas há algumas conclusões precisas que já podem ser tiradas. Em particular, as que estabelecem as relações do ser com o não ser que o invade. Comprovamos, com efeito, certo paralelismo entre condutas humanas frente ao ser e as que o homem tem frente ao nada – e caímos na tentação de considerar ser e não ser componentes complementares do real, à maneira da sombra e da luz: em suma, duas noções rigorosamente contemporâneas, de tal modo unidas na produção dos existentes que seria inútil considerá-las isoladamente. O ser puro e o não ser puro seriam abstrações cuja reunião estaria na base das realidades concretas.

Decerto, é o ponto de vista de Hegel. Com efeito, ele estuda na Lógica as relações entre ser e não ser, denominando essa lógica "o sistema das determinações puras do pensamento". E dá sua definição[4]: "Os pensamentos, tais como geralmente os representamos, não são pensamentos puros, porque se entende por ser pensado um ser cujo conteúdo é empírico. Na lógica, os pensamentos são captados de tal modo que não têm outro conteúdo senão o do pensamento puro, por este engendrado". Por certo, essas determinações são "o que há de mais íntimo nas coisas", mas, ao mesmo tempo, quando as consideramos "em si e por si", deduzimo-las do próprio pensamento e descobrimos nelas mesmas sua verdade. Não obstante, a lógica hegeliana se esforçará em "pôr em evidência o caráter incompleto das noções (que ela) considera alternadamente e a obrigação de elevar-se, para entendê-las, a uma noção mais completa, que as transcende integrando-as[5]". Pode-se aplicar a Hegel o que Le Senne diz da filosofia de Hamelin: "Cada um dos termos inferiores depende do termo superior, tal como o abstrato depende do concreto que lhe é necessário para realizá-lo". O verdadeiro concreto, para Hegel, é o Existente, com sua essência; é a Totalidade produzida pela integração sintética de todos os momentos abstratos que nela são transcendidos, a exigir seu complemento. Neste sentido, o Ser será abstração mais abstrata e mais pobre, se o considerarmos em si mesmo, quer dizer, suprimindo-lhe seu transcender para a Essência. Com efeito: "O Ser se refere à Essência tal como o imediato ao mediato. As coisas, em geral, 'são', mas seu ser consiste em manifestar sua essência. O Ser passa à Essência; o que pode ser exprimido assim: 'O ser pressupõe a Essência'. Embora a Essência, com relação ao Ser, apareça como mediada, é todavia a origem verdadeira. O Ser retorna a seu fundamento; o Ser se transcende em essência"[6].

---

4. Introdução, v. P. c. 2. ed. E. § XXIV, apud Lefebvre: *Morceaux choisis*.
5. LAPORTE: *Le problème de l'abstraction*. Paris: Presses Universitaires, 1940, p. 25.
6. *Esquema da lógica*, escrito por Hegel entre 1808 e 1811, para servir de base a seus cursos no ginásio de Nurembergue.

Assim, o Ser, cindido da Essência que é seu fundamento, torna-se "a simples imediação vazia". E desse modo o define a *Fenomenologia do Espírito**, que apresenta o Ser puro, "do ponto de vista da verdade", como sendo o imediato. Se o começo da lógica há de ser imediato, encontraremos então esse começo no *Ser*, que é "a indeterminação que precede toda determinação, o indeterminado como ponto de partida absoluto".

Mas, em seguida, o Ser assim determinado "passa ao" seu contrário. "Esse Ser puro – escreve Hegel na *Lógica menor* – é a abstração pura e, por conseguinte, a negação absoluta, a qual, tomada também em seu momento imediato, é o não ser". Com efeito, não é o nada simples identidade consigo mesmo, completo vazio, ausência de determinações e conteúdo? O ser puro e o nada puro são, portanto, a mesma coisa. Ou melhor, são diferentes, para dizer a verdade. Mas, "como aqui a diferença ainda não está determinada, pois ser e não ser constituem o momento imediato, essa diferença, tal como neles se acha, não poderia ser mencionada: é apenas um simples modo de pensar"[7]. Isso significa concretamente que "não há nada no céu e na terra que não contenha em si o ser e o nada"[8].

Ainda é cedo para discutir a concepção hegeliana: só o conjunto dos resultados da nossa investigação permitirá tomar posição a respeito. Convém apenas observar que, para Hegel, o ser se reduz a uma significação do existente. O ser acha-se envolvido pela essência, seu fundamento e origem. Toda a teoria de Hegel se baseia na ideia de que é necessário um trâmite filosófico para recobrar, no início da lógica, o imediato a partir do mediatizado, o abstrato a partir do concreto que o fundamenta. Mas já advertimos que o ser não está com relação ao fenômeno como o abstrato com relação ao concreto. O ser não é uma "estrutura entre outras", um momento do objeto: é a própria condição de todas as estruturas e momentos, o fundamento sobre o qual irão se manifestar os

---

* *Phänomenologie des Geistes* (1807). – Em português: Vozes, 2 volumes, 1992 [N.T.].
7. Hegel: P. c. – E. 988.
8. HEGEL. Lógica maior, capítulo 1. In: *Enciclopédia das Ciências Filosóficas*. São Paulo: Editorial Atena.

caracteres do fenômeno. E, analogamente, não é admissível que o ser das coisas "consista em manifestar sua essência". Porque, então, seria necessário um ser desse ser. Se, por outro lado, o ser das coisas "consistisse" em manifestar, Hegel não teria como estabelecer um momento puro do Ser em que não encontrássemos sequer um traço dessa estrutura primeira. É certo que o ser puro é determinado pelo entendimento, isolado e coagulado em suas próprias determinações. Mas se o transcender para a essência constitui o caráter primeiro do ser e se o entendimento se limita a "determinar e perseverar nas determinações", não se vê como, precisamente, ele não determina o ser enquanto "consistente em manifestar". Dir-se-á que, para Hegel, toda determinação é negação. Mas o entendimento, neste sentido, limita-se a negar a seu objeto ser *outro* que não si mesmo. Isso basta, sem dúvida, para impedir todo trâmite dialético, mas não deveria bastar para fazer desaparecer até o embrião do transcender. Na medida em que o ser se transcende *em outra coisa*, escapa às determinações do entendimento; mas, enquanto *ele mesmo se* transcende – ou seja, é no mais profundo de si origem de seu próprio transcender –, só pode, ao contrário, aparecer tal como *é* ao entendimento que o fixa em suas determinações próprias. Afirmar que o ser não é senão o que é seria ao menos deixar o ser intato, na medida em que ele *é* seu transcender. Acha-se nisso a ambiguidade da noção hegeliana do "transcender", que ora parece consistir em um surgimento do mais profundo do ser considerado, ora em um movimento externo pelo qual este ser é arrastado. Não basta afirmar que o entendimento só encontra no ser aquilo que o ser é; é preciso ainda explicar como o ser, que é o que é, não pode ser *senão isso*. Tal explicação encontraria sua legitimidade considerando o fenômeno de ser enquanto tal e não os procedimentos negadores do entendimento.

Mas o que convém examinar aqui é sobretudo a afirmação de Hegel de que ser e nada constituem dois contrários cuja diferença, em nível da abstração considerada, não passa de simples "modo de pensar".

Opor o ser ao nada, como a tese à antítese, à maneira do entendimento hegeliano, equivale a supor entre ambos uma contemporaneidade lógica. Assim, dois contrários surgem ao mesmo tempo como os dois termos-limites de uma série lógica. Mas é preciso prevenir para o fato de que os contrários só podem desfrutar dessa simultaneidade porque são igualmente positivos (ou negativos). Todavia, o não ser não é o contrário do ser: é o seu contraditório. Isso implica uma posterioridade lógica do nada sobre o ser, pois o ser é primeiro colocado e depois negado. Portanto, não é possível que ser e não ser sejam conceitos de igual conteúdo, já que, ao contrário, o não ser pressupõe um trâmite irredutível do espírito: qualquer que seja a primitiva indiferenciação do ser, o não ser é essa mesma indiferenciação *negada*. O que permite a Hegel "fazer passar" o ser ao nada é ter introduzido implicitamente a negação em sua definição mesma de ser. Isso é óbvio, porque uma definição é negativa, já que Hegel nos disse, retomando uma fórmula de Spinoza, que *omnis determinatio est negatio**. Pois ele não escreve o mesmo? "Nenhuma determinação ou conteúdo que distinguisse o ser de outra coisa, que nele colocasse um conteúdo, permitiria mantê-lo em sua pureza. O ser é pura indeterminação e vazio. Nele *nada* se pode apreender..." Assim, é o próprio Hegel quem introduz no ser essa negação que logo reencontrará quando o passar ao não ser. Há aqui apenas um jogo de palavras sobre a noção de negação. Porque, se nego ao ser toda determinação e conteúdo, só posso fazê-lo afirmando que o ser, pelo menos, *é*. Portanto, negue-se ao ser tudo que se quiser, não se pode fazer com que ele *não seja*, só pelo fato de negarmos que seja isso ou aquilo. A negação não poderia atingir o núcleo de ser do ser, absoluta plenitude e total positividade. Ao contrário, o não ser é uma negação que visa esse núcleo de densidade plenária. É em seu próprio miolo que o não ser se nega. Quando Hegel escreve[9] "(o ser e o nada) são abstrações vazias e cada uma é tão vazia quanto a outra", esquece que o vazio é vazio *de* alguma coisa[10] . Ora, o ser é vazio *de* toda determinação que não seja a da identidade consigo mesmo; mas o não ser é vazio *de ser*. Em resumo, é preciso recordar aqui, contra Hegel, que o ser *é* e o nada *não é*.

---

* Em latim: toda determinação é negação [N.T.].
9. P. c. 2ª E.§ LXXXVII.
10. Mais estranho ainda porque Hegel foi o primeiro a advertir que "toda negação é negação determinada", quer dizer, recai sobre o conteúdo.

Assim, mesmo quando o ser não fosse suporte de alguma qualidade diferenciada, o nada lhe seria logicamente posterior, já que pressupõe o ser para negá-lo, e porque a qualidade irredutível do *não* vem se acrescentar a essa massa indiferenciada de ser para liberá-la. Significa não apenas que temos de recusar colocar *ser* e *não ser* no mesmo plano, como também que devemos evitar colocar o nada como abismo original de onde surgiria o ser. O uso que fazemos da noção de nada em sua forma familiar pressupõe sempre uma especificação prévia do ser. A esse respeito, é de se notar que o idioma nos ofereça um nada de *coisas* ("*nada*") e um nada de seres humanos ("*ninguém*"). Mas a especificação vai ainda mais longe na maioria dos casos. Diz-se, designando uma coleção particular de objetos: "Não toque em nada" – quer dizer, precisamente, nada desta coleção. Analogamente, quem é indagado sobre eventos bem específicos da vida privada ou pública responde: "*Nada sei*" – e este nada comporta o conjunto de fatos sobre os quais foi feita a pergunta. O próprio Sócrates, com sua famosa frase "só sei que nada sei", designa com esse *nada* precisamente a totalidade de ser considerada enquanto Verdade. Se, adotando por um instante o ponto de vista das cosmogonias ingênuas, perguntássemos o que "havia" antes que existisse um mundo e respondêssemos "*nada*", seríamos obrigados a reconhecer que esse "antes", tanto como esse "nada", teria efeito retroativo. Aquilo que negamos *hoje*, *nós* que estamos instalados no ser, é que houvesse ser antes deste ser. A negação emana aqui de uma consciência que remonta às suas origens. Se eliminássemos desse vazio original seu caráter de ser vazio *deste mundo* e de todo conjunto que houvesse tomado a forma de mundo, assim como também seu caráter de *antes*, que pressupõe um *depois* com relação ao qual eu o constituo como antes, então a própria negação desvanecer-se-ia, dando lugar a uma total indeterminação impossível de conceber, mesmo e sobretudo a título de nada. Assim, invertendo a fórmula de Spinoza, poderíamos dizer que toda negação é determinação. Significa que o ser é anterior ao nada e o fundamenta. Entenda-se isso não apenas no sentido de que o ser tem sobre o nada uma precedência lógica, mas também que o nada extrai concretamente do ser a sua eficácia. Expressávamos isso ao dizer que *o nada invade o ser*. Significa que o ser não tem qualquer necessidade do nada para se conceber, e que se pode examinar sua noção exaustivamente sem deparar com o menor vestígio do nada. Mas, ao contrário, o nada, que *não é*, só pode ter existência emprestada: é do ser que tira seu ser; seu nada de ser só se acha nos limites do ser, e a total desaparição do ser não constituiria o advento do reino do não ser, mas, ao oposto, o concomitante desvanecimento do nada: *não há não ser salvo na superfície do ser*.

IV
CONCEPÇÃO FENOMENOLÓGICA DO NADA

É verdade que se pode conceber de outro modo a complementaridade do ser e do nada. Pode-se ver em um e outro dois componentes igualmente necessários do real, mas sem "fazer passar" o ser ao nada, como Hegel, nem insistir, como fizemos, na posteridade do nada: ao contrário, se colocará acento sobre forças recíprocas de expulsão que ser e não ser exerceriam um sobre o outro, o real sendo, de certo modo, a tensão resultante dessas forças antagônicas. É para esta nova concepção que se orienta Heidegger[11].

Não custa perceber o progresso que sua teoria do Nada representa com relação à de Hegel. Em primeiro lugar, ser e não ser já não são mais abstrações vazias. Em sua obra principal*, Heidegger mostrou a legitimidade da interrogação sobre o ser: este já não tem esse caráter de universal escolástico que ainda conservava em Hegel; há um sentido do ser que precisamos elucidar; há uma "compreensão pré-ontológica" do ser, envolvida em cada conduta da "realidade humana", ou seja, cada um de seus projetos. Do mesmo modo, as aporias que se costuma levantar quando um filósofo aborda o problema do Nada se revelam sem importância: não têm valor salvo na medida que limitam o uso do entendimento e apenas mostram que esse problema não pertence *à ordem* do entendimento. Ao contrário, existem numerosas atitudes da "realidade humana" que implicam uma "compreensão"

---

11. HEIDEGGER. *Que é metafísica?*, 1929. – Em português: São Paulo: Livraria Duas Cidades, 1969.
* *Ser e tempo*, 1927 [N.T.].

do nada; o ódio, a proibição, o pesar, etc. Há inclusive para o *Dasein* possibilidade permanente de encontrar-se "frente" ao nada e descobri-lo como fenômeno: é a angústia. Contudo, ainda que estabelecendo as possibilidades de captação concreta do Nada, Heidegger não cai no erro de Hegel e não conserva no Não ser um ser, mesmo abstrato: o Nada não é, o Nada se *nadifica*. Está sustentado e condicionado pela transcendência. Sabemos que, para Heidegger, o ser da realidade humana se define como "ser-no-mundo". E o mundo é o complexo sintético das realidades-utensílios na medida em que estas se indicam mutuamente segundo círculos cada vez mais amplos e na medida em que o homem, a partir deste complexo, faz-se anunciar o que é. Significa ao mesmo tempo que a "realidade humana" surge enquanto investida pelo ser e "se encontra" (*sich befinden*) no ser – e, ao mesmo tempo, que a realidade humana faz com que esse ser que a assedia se distribua à sua volta em forma de mundo. Mas a realidade humana não pode fazer aparecer o ser como totalidade organizada em mundo a menos que o transcenda. Toda determinação, para Heidegger, é transcendência, pois subentende recuo, tomada de ponto de vista. Este transcender o mundo, condição do próprio surgimento do mundo como tal, é operado *para si mesmo* pelo *Dasein*. Com efeito, a característica da ipseidade (*selbstheit*) é que o homem se acha sempre separado do que é por toda espessura de ser que ele não é. O homem se anuncia a si do outro lado do mundo, e volta a se interiozar a partir do horizonte: o homem é "um ser das lonjuras". É no movimento de interiorização que atravessa todo o ser que o ser surge e se organiza como mundo, sem que haja prioridade do movimento sobre o mundo ou do mundo sobre o movimento. Mas esta aparição do si-mesmo para além do mundo, quer dizer, além da totalidade do real, é uma emergência da "realidade humana" no nada. É somente no nada que pode ser transcendido o ser. Ao mesmo tempo, o ser se organiza em mundo do ponto de vista do transmundano, o que significa que a realidade humana surge como emergência do ser no não ser e, por outro lado, que o mundo se acha "em suspenso" no nada. A angústia é a descoberta desta dupla e perpétua nadificação. E a partir dessa transcendência do mundo, o *Dasein* irá captar a contingência do mundo, ou seja, formulará a pergunta: "Por que há o ente, e não antes o nada?" A contingência do mundo aparece à realidade humana quando esta se instala no nada para apreendê-lo.

Portanto, eis aqui o nada sitiando o ser por todo lado; eis que o nada se apresenta como aquilo pelo qual o mundo ganha seus contornos de mundo. A solução satisfaz?

Certo, não há como negar que a apreensão do mundo como mundo é nadificadora. Assim que o mundo aparece como mundo, mostra-se como *não sendo senão isso*. O oposto necessário desta apreensão é portanto a emergência da "realidade humana" no nada. Mas de onde vem o poder da "realidade humana" de emergir no nada? Sem dúvida, Heidegger tem razão ao insistir no fato de que a negação se fundamenta no nada. Mas, se o nada fundamenta a negação, é porque compreende o *não* como sua estrutura essencial. Em outras palavras, o nada não fundamenta a negação como sendo um vazio indiferenciado ou alteridade que não se apresenta como alteridade[12]. O nada acha-se na origem do juízo negativo porque ele próprio é negação. Fundamenta a negação como *ato* porque é negação como *ser*. O nada não pode ser nada, a menos que se nadifique expressamente como nada do mundo; quer dizer, que, na sua nadificação, dirige-se expressamente a este mundo de modo a se constituir como negação do mundo. O nada carrega o ser em seu coração. Mas como a emergência capta esta negação nadificadora? A transcendência, que é "projeto de si Para-além de...", está longe de fundamentar o nada; ao contrário, o nada é que se encontra no seio da transcendência e a condiciona. Mas a característica da filosofia heideggeriana é usar, para descrever o *Dasein*, termos positivos que mascaram negações implícitas. O *Dasein* está "fora de si, no mundo", é um "ser das lonjuras", é "cura"*, é "suas próprias possibilidades", etc. Tudo isso quer dizer que o *Dasein* "*não é*" em si, que "*não está*" a uma proximidade imediata de si, que "transcende" o mundo na medida em que se põe como *não sendo em si* e *não sendo o mundo*. Neste sentido, Hegel tem razão, contra Heidegger, ao dizer que o Espírito é

---

12. O que Hegel chamaria de "alteridade imediata".
* Sartre usa a expressão *souci* (cuidado e seus derivados) para o alemão *Sorge* e o latim *cura*, sem derivado em português [N.T.].

negativo. Só que se pode fazer a um e outro a mesma pergunta de forma diferente; pode-se indagar a Hegel: "Não basta colocar o espírito como mediação e negativo; é preciso mostrar a negatividade como estrutura do ser do espírito. Que deve ser o espírito para constituir-se como negativo?" E pode-se perguntar a Heidegger: "Se a negação é a estrutura primeira da transcendência, qual deve ser a estrutura primeira da 'realidade humana' para que possa transcender o mundo?" Em ambos os casos é-nos apresentada uma atividade negadora sem a preocupação de fundamentá-la em um ser negativo. E Heidegger, além disso, faz do Nada espécie de correlato intencional da transcendência, sem notar que já o tinha inserido na própria transcendência como sua estrutura original.

Além do mais, que serve afirmar que o Nada fundamenta a negação e em seguida desenvolver uma teoria do não ser que, por hipótese, suprime do Nada toda negação concreta? Se venho a emergir no nada para além do mundo, nada extramundano poderia fundamentar os pequenos "lagos" de não ser que encontramos a toda hora no seio do ser? Digo que "Pedro não está", que "não tenho mais dinheiro", etc. Será mesmo necessário transcender o mundo até o nada e retornar em seguida ao ser para fundamentar esses juízos cotidianos? E como a operação pode se efetuar? Não se trata, de modo algum, de fazer com que o mundo deslize no nada, mas, simplesmente, de negar um atributo a um sujeito, mantendo-se nos limites do ser. Dir-se-á que cada atributo recusado, cada ser que se nega, é tragado por um único e mesmo nada extramundano, que o não ser é como a plenitude do que não é, que o mundo se acha em suspenso no não ser, como o real no bojo dos possíveis? Nesse caso, seria necessário que cada negação tivesse por origem um transcender particular: o transcender do ser para o outro. Mas que é esse transcender senão pura e simplesmente a mediação hegeliana? E já não perguntamos em vão a Hegel qual o fundamento nadificador da mediação? Por outro lado, mesmo que a explicação fosse válida para negações radicais e simples que recusam a um objeto determinado todo tipo de presença no seio do ser ("O centauro *não existe*"; "*Não há* razão para que se atrase"; "Os antigos gregos *não praticavam* a poligamia"), negações que, a rigor, podem contribuir para constituir o Nada como lugar geométrico de todos os projetos fracassados, de todas as representações inexatas, de todos os seres desaparecidos ou cuja ideia é apenas inventada, tal interpretação do não ser já não seria válida para certo tipo de realidades – na verdade, as mais frequentes – que encerram em seu ser o não ser. De fato, como admitir que parte delas esteja no universo e parte fora, no nada extramundano?

Tomemos, por exemplo, a noção de distância, que condiciona a determinação de um lugar, a localização de um ponto. É fácil ver que possui um momento negativo: dois pontos distam entre si quando *separados* por certa longitude. Significa que a longitude, atributo positivo de um segmento de reta, intervém aqui a título de negação de uma proximidade absoluta e indiferenciada. Talvez se queira reduzir a distância a *não ser senão* a longitude do segmento cujos limites seriam os pontos considerados, A e B. Mas não se vê que, nesse caso, mudou-se a direção da atenção e, sob igual vocábulo, deu-se à intuição um objeto diferente? O complexo organizado constituído pelo segmento de reta *com* seus termos limites pode, com efeito, oferecer dois objetos diferentes ao conhecimento. De fato, pode-se fazer do *segmento* objeto imediato da intuição; nesse caso, tal segmento representa uma tensão plena e concreta, cuja longitude é um atributo positivo e na qual os pontos A e B só aparecem como um momento do conjunto, ou seja, na medida em que se acham implicados pelo próprio segmento como tais limites; então, a negação, expulsa do segmento e sua longitude, refugia-se nos dois *limites*: dizer que o ponto B é limite do segmento é dizer que o segmento *não se estende* além dele. A negação é aqui estrutura secundária do objeto. Ao contrário, se a atenção se dirige aos pontos A e B, estes se destacam como objetos imediatos da intuição, sobre fundo de espaço. O segmento se desvanece como objeto pleno e concreto, é captado a partir dos dois pontos como o vazio, o negativo que os separa: a negação escapa dos pontos, que deixam de ser *limites*, para impregnar a própria longitude do segmento, a título de *distância*. Assim, a forma total, constituída pelo segmento e seus dois termos com a negação intraestrutural, pode ser captada de duas maneiras. Ou melhor, existem duas formas, e a condição para o aparecimento de uma é a desagregação da outra, assim como, na percepção, tal objeto é constituído como *forma* reduzindo aquele outro à condição de *fundo*, e reciprocamente. Em ambos os casos, encontramos a mesma quantidade de negação, que se desloca ora para a noção de limites, ora para a de distância, mas que em nenhum caso pode ser suprimida. Dir-se-á que a ideia de distância é psicológica e designa apenas a extensão que precisamos *atravessar* para ir do ponto A ao ponto B? Responderemos que a mesma negação está inclusa nesse *"atravessar"*, noção que expressa justamente a resistência passiva do afastamento. Admitiremos, com Heidegger, que a "realidade humana" é "à distância-de-si" (*déséloignante*)*, ou seja, surge no mundo como a que cria e ao mesmo tempo faz desvanecer as distâncias (*ent-fernend*). Mas essa distância-de-si, mesmo sendo condição necessária para que "haja" em geral distância, encerra em si a distância como estrutura negativa que deve ser superada. Em vão tentaremos reduzir a distância ao simples resultado de uma *medida*: ao longo da descrição precedente, constatou-se que os dois pontos e o segmento compreendido entre eles têm a unidade indissolúvel do que os alemães denominam uma "Gestalt". A negação é o cimento que realiza a unidade. Define precisamente a relação imediata que une esses dois pontos e os apresenta à intuição como unidade indissolúvel da distância. Reduzir a distância à medida de uma longitude é apenas encobrir a negação, *razão de ser* da medida.

O que acabamos de mostrar pelo exame da *distância* podíamos ter feito igualmente com realidades como ausência, alteração, alteridade, repulsão, pesar, distração, etc. Existe infinita quantidade de realidades que são não apenas objetos de juízo, mas sim experimentadas, combatidas, temidas, etc., pelo ser humano e, em sua infraestrutura, são habitadas pela negação como condição necessária de sua existência. Vamos chamá-las de negatividades (*négatités*). Kant entreviu sua importância quando se referia aos conceitos *limitativos* (imortalidade da alma), espécie de síntese entre negativo e positivo, nas quais a negação é condição de positividade. A função da negação varia segundo a natureza do objeto considerado: todos os intermediários são possíveis entre realidades plenamente positivas (que, todavia, retêm a negação como condição de nitidez de seus contornos e aquilo que as mantém

---

* Na versão inglesa, *remote-from-itself*. Em espanhol, *des-alejadora* [N.T.].

no que são) e realidades cuja positividade não passa de aparência a dissimular um buraco de nada. Em todo caso, é impossível relegar tais negações a um nada extramundano, já que se acham dispersas no ser, sustentadas pelo ser, e são condições da realidade. O nada ultramundano constata a negação absoluta; mas acabamos de descobrir uma abundância de seres ultramundanos que possuem tanta realidade e eficiência quanto outros seres, mas encerram em si o não ser. Requerem explicação nos limites do real. O nada, não sustentado pelo ser, dissipa-se *enquanto nada*, e recaímos no ser. O nada não pode se nadificar a não ser sobre um fundo de ser: se um nada pode existir, não é antes ou depois do ser, nem de modo geral, fora do ser, mas no bojo do ser, em seu coração, como um verme.

V
Origem do nada

Convém agora lançar um olhar retrospectivo e medir o caminho percorrido. Colocamos primeiramente a questão do ser. Depois, voltando a esta questão, concebida como tipo de *conduta* humana, passamos a interrogá-la. Concluímos então que, se a negação não existisse, nenhuma pergunta poderia ser formulada, sequer, em particular, a do ser. Mas essa negação, vista mais de perto, nos remeteu ao Nada como sua origem e fundamento: para que haja negação no mundo e, por conseguinte, possamos interrogar sobre o Ser, é necessário que o Nada se dê de alguma maneira. Compreendemos que não se podia conceber o Nada *fora* do ser, nem como noção complementar e abstrata, nem como meio infinito onde o ser estivesse em suspenso. É preciso que o Nada seja dado no miolo do Ser para que possamos captar esse tipo particular de realidades que denominamos Negatividades. Mas esse Nada intramundano não pode ser produzido pelo ser-Em-si: a noção de Ser como plena positividade não contém o Nada como uma de suas estruturas. Sequer se pode dizer que o Nada seja excludente do Ser: carece de qualquer relação com ele. Daí a questão que agora se apresenta com particular urgência: se o Nada não pode ser concebido nem fora do Ser nem a partir do Ser, e, por outro lado, sendo não ser, não pode tirar de si a força necessária para "nadificar-se", *de onde vem o Nada?*

Se quisermos nos aproximar do problema, devemos admitir primeiro que não se pode conceder ao nada a propriedade de "nadificar-se". Porque, embora o verbo "nadificar" tenha sido cunhado para suprimir do Nada a mínima aparência de ser, há que convir que só o *Ser* pode se nadificar, pois, como quer que seja, para nadificar-se é preciso ser. Ora, o Nada *não é.* Se podemos falar dele, é porque possui somente aparência de ser, um ser emprestado, como observamos atrás. O Nada não é, o Nada "*é tendo sido*"*; o Nada não se nadifica, o Nada "*é nadificado*". Resulta, pois, que deve existir um Ser – que não poderia ser o ser-Em-si – com a propriedade de nadificar o Nada, sustentá-lo com seu próprio ser, escorá-lo perpetuamente em sua própria existência, *um ser pelo qual o nada venha às coisas.* Mas como há de ser este Ser com relação ao Nada para que, por meio dele, o Nada venha às coisas? Em primeiro lugar, deve-se observar que não pode ser passivo com relação ao Nada: não pode recebê-lo; o Nada não poderia *advir* a esse ser salvo por meio de outro Ser – o que nos obrigaria a uma regressão ao infinito. Mas, por outro lado, o Ser pelo qual o Nada vem ao mundo não pode *produzir* o Nada indiferente a esta produção, como a causa estoica produz seu efeito sem se alterar. Seria inconcebível um Ser que fosse plena positividade e mantivesse e criasse fora de si um Nada de ser transcendente, porque não haveria nada no Ser por meio do qual este pudesse se transcender para o Não Ser. O Ser pelo qual o Nada vem ao mundo deve nadificar o Nada em seu Ser, e, assim mesmo, correndo o risco de estabelecer o Nada como transcendente no bojo da imanência, caso não nadifique o Nada em seu ser *a propósito de seu ser.* O Ser pelo qual o Nada vem ao mundo é um ser para o qual, em seu Ser, está em questão o Nada de seu ser: *o ser pelo qual o Nada vem ao mundo deve ser seu próprio Nada.* E por isso deve-se entender não um ato nadificador, que requisesse por sua vez um fundamento no Ser, e sim uma característica ontológica do

---

* Em francês, *est été*. Sartre usa "ser" como verbo transitivo, na voz passiva. Alusão ao "Das Gewesene" de Heidegger, que, em *Introdução à metafísica* (Tempo Brasileiro, 1969), Emmanuel Carneiro Leão traduz como "passado-presente". A versão espanhola traduz como: *la Nada 'es sida'*. A inglesa como: *is made-to-be* [N.T.].

Ser requerido. Falta averiguar em que delicada e estranha região do Ser encontraremos o Ser que é seu próprio Nada.

Seremos ajudados em nossa investigação por um exame mais completo da conduta que nos serviu de ponto de partida. Portanto, devemos voltar à interrogação. Vimos, como se recordará, que toda interrogação coloca por essência a possibilidade de resposta negativa. Na pergunta interrogamos um ser sobre seu ser ou maneira de ser. E esse modo de ser ou esse ser está velado: fica sempre em aberto a possibilidade de que se revele como Nada. Mas, da mesma forma como um Existente sempre pode revelar-se como *nada*, toda interrogação subentende um recuo nadificador com relação ao dado, que se converte em simples *apresentação*, oscilando entre o ser e o Nada. Importa, pois, que o interrogador tenha a possibilidade permanente de desprender-se das séries causais que constituem o ser e só podem produzir ser. Com efeito, se admitíssemos que a interrogação é determinada pelo determinismo universal, deixaria de ser não apenas inteligível, mas até concebível. De fato, uma causa real produz efeito real, e o ser causado está todo comprometido pela causa na positividade: na medida em que depende da causa em seu ser, nele não poderia haver o menor germe de nada; e, na medida em que o interrogador deve poder operar, com relação ao interrogado, uma espécie de recuo nadificador, escapa à ordem causal do mundo e se desgarra do Ser. Significa que, por duplo movimento de nadificação, o interrogador nadifica com relação a si o interrogado, colocando-o em estado *neutro*, entre ser e não ser, e ele próprio se nadifica com relação ao interrogado, descolando-se do ser para poder extrair de si a possibilidade de um não ser. Assim, com a interrogação, certa dose de negatividade é introduzida no mundo: vemos o Nada irisar o mundo, cintilar sobre as coisas. Mas, ao mesmo tempo, a interrogação emana de um interrogador que se motiva em seu ser como aquele que pergunta, desgarrando-se do ser. A interrogação é, portanto, por definição, um processo humano. Logo, o homem se apresenta, ao menos neste caso, como um ser que faz surgir o Nada no mundo, na medida em que, com esse fim, afeta-se a si mesmo de não ser.

Essas observações podem servir de fio condutor ao exame das negatividades de que falamos atrás. Sem dúvida, são realidades transcendentes: a distância, por exemplo, impõe-se como algo que precisamos levar em conta, atravessar com esforço. Porém, essas realidades são de natureza muito particular: todas assinalam imediatamente uma relação essencial entre realidade humana e mundo. Originam-se em um ato do ser humano, seja uma espera, seja um projeto; todas assinalam um aspecto do ser na medida em que este aparece ao ser humano que se engaja no mundo. E as relações entre homem e mundo indicadas pela negatividade nada têm a ver com as relações *a posteriori* que se desprendem de nossa atividade empírica. Não se trata tampouco dessas relações de *utensilidade* pelas quais os objetos do mundo, segundo Heidegger, se revelam à "realidade humana". Toda negatividade aparece mais como se fora uma das condições essenciais dessa relação de utensilidade. Para que a totalidade do ser se ordene à nossa volta em forma de utensílios, fragmentando-se em complexos diferenciados que remetem uns aos outros e têm poder de *servir*, é preciso que a negação surja, não como coisa entre coisas, mas como rubrica categorial que presida a ordenação e repartição das grandes massas de seres em forma de coisas. Assim, a aparição do homem no meio do ser que "o investe" faz com que se descubra um mundo. Mas o momento essencial e primordial dessa aparição é a negação. Alcançamos assim o termo inicial deste estudo: o homem é o ser pelo qual o nada vem ao mundo. Mas essa interrogação acarreta outra: que deve ser o homem em seu ser para que através dele o nada venha ao ser?

Ser só pode gerar ser, e, se o homem estiver nesse processo de geração, dele despontará unicamente ser. Para ser capaz de interrogar tal processo, ou seja, questioná-lo, o homem precisa abarcá-lo com o olhar como sendo um conjunto, quer dizer, colocar-se *fora do ser* e, ao mesmo tempo, debilitar a estrutura de ser do ser. Contudo, não é possível à "realidade humana" nadificar, mesmo provisoriamente, a massa de ser colocada à sua frente. Pode modificar, sim, sua *relação* com o ser. Para a realidade humana, tanto faz deixar fora de circuito um existente particular ou ficar sem ligação com ele. No caso, escapa ao ser, mantém-se fora de seu alcance, imune à sua ação, recolhida *para além de um nada*. Seguindo os estoicos, Descartes deu um nome a essa possibilidade que a realidade humana tem de segregar um nada que a isole: *liberdade*. Mas, aqui, liberdade não passa de simples palavra. Se quisermos nos aprofundar, não vamos nos contentar com a resposta e indagar: como há de ser a realidade humana se o nada vem ao mundo através dela?

Ainda não é possível abordar o problema da liberdade em toda amplitude[13]. Com efeito, os passos até aqui dados mostram bem claro que a liberdade não é uma faculdade da alma apta a ser encarada e descrita isoladamente. Queremos definir o ser do homem na medida em que condiciona a aparição do nada, ser que nos apareceu como liberdade. Assim, condição exigida para nadificação do nada, a liberdade não é uma *propriedade* que pertença entre outras coisas à essência do ser humano. Por outro lado, já sublinhamos que a relação entre existência e essência não é igual no homem e nas coisas do mundo. A liberdade humana precede a essência do homem e torna-a possível: a essência do ser humano acha-se em suspenso na liberdade. Logo, aquilo que chamamos liberdade não pode se diferençar do *ser* da "realidade humana". O homem não é *primeiro* para ser livre *depois*: não há diferença entre o ser do homem e seu *"ser-livre"*. Portanto, não se trata aqui de abordar de frente questão que só pode ser tratada exaustivamente à luz de rigorosa elucidação do ser humano; precisamos enfocar a liberdade em conexão com o problema do nada e na medida estrita em que condiciona a aparição deste.

Em primeiro lugar, a realidade humana não pode se desgarrar do mundo – como faz na interrogação, na dúvida metódica, na dúvida cética, na ἐποχή* etc. – a menos que, por natureza, seja desgarramento de si mesma. Foi o que notou Descartes, ao fundamentar a dúvida sobre a liberdade, exigindo para nós a possibilidade de suspender nossos juízos – e também o que viu Alain, depois dele. Neste sentido, Hegel afirma a liberdade do espírito, na medida em que espírito é mediação, ou seja, o Negativo. Por outro lado, um dos rumos da filosofia contemporânea é ver na consciência humana algo como um escapar-se a si: daí o sentido da transcendência heideggeriana; e a intencionalidade de Husserl

---

13. Cf. Quarta Parte, capítulo 1.
* Em grego: por entre parênteses, de Husserl [N.T.].

e Brentano também possui, em mais de um aspecto, o caráter de arrancamento de si mesma. Mas não vamos encarar ainda a liberdade como intraestrutura da consciência: faltam-nos instrumentos e técnica para isso. Interessa por ora uma operação temporal, porque a interrogação, como a dúvida, é uma conduta: presume que o ser humano primeiro repouse no bojo do ser para em seguida dele se desgarrar por um recuo nadificador. Portanto, eis aqui, como condição de nadificação, uma relação consigo mesmo ao longo de um processo temporal. Queremos mostrar que, assimilando a consciência a uma sequência causal indefinidamente continuada, vamos transformá-la em plenitude de ser – como revela a inutilidade dos esforços do determinismo psicológico para se dissociar do determinismo universal e constituir-se como série à parte. O quarto de uma pessoa ausente, os livros que folheava, os objetos que tocava, não são por si mais que *livros, objetos*, isto é, realidades plenas: mesmo os rastros deixados pelo ausente só podem ser decifrados em uma situação na qual a pessoa já esteja designada como ausente; o livro manuseado, de páginas gastas, não é por si um livro que Pedro folheou e não folheia mais: é um volume de páginas dobradas, usadas, que só pode remeter a si ou aos objetos presentes – a luz que o ilumina, a mesa que o sustenta – caso o tomemos como motivação presente e transcendente da minha percepção ou até como fluxo sintético e regulado das minhas impressões sensíveis. De nada serviria invocar uma associação por contiguidade, como Platão em *Fédon**, que faria aparecer uma imagem da pessoa ausente à margem da percepção da lira ou cítara que antes tocava. Se a considerarmos em si e no espírito das teorias clássicas, essa imagem é determinada plenitude, fato psíquico concreto e positivo. Logo, será preciso formular um juízo negativo de duas faces: subjetivamente, para indicar que imagem *não é* percepção, e objetivamente, para negar que Pedro, cuja imagem formo, *esteja aí* no presente. É o famoso problema das características da imagem verdadeira, que preocupou tantos psicólogos, de Taine e Spaier. Como se vê, a associação não suprime o problema mas o desloca ao nível reflexivo. De qualquer modo, exige uma negação, ou seja, ao menos um recuo nadificador da consciência

---

* Em português: Coleção *Os Pensadores*. São Paulo: Abril Cultural, 1972 [N.T.].

com relação à imagem captada como fenômeno subjetivo, justamente para designá-lo como não sendo mais que isso. Pois bem: tentei demonstrar em outro lugar[14] que, se colocamos *primeiro* a imagem como percepção renascente, torna-se impossível distingui-la das percepções verdadeiras *depois*. A imagem deve conter em sua própria estrutura uma tese nadificadora. Constitui-se como imagem designando seu objeto como existente *em outro lugar* ou *não* existente. Traz dupla negação: é primeiro nadificação do mundo (na medida em que não é o mundo que neste momento oferece como objeto real de percepção o objeto captado como imagem), depois nadificacão do objeto da imagem (na medida em que é designado como não real) e, ao mesmo tempo, nadificação de si mesma, imagem (na medida em que não é um processo psíquico concreto e pleno). Para explicar como posso captar a ausência de Pedro no quarto, em vão serão invocadas as famosas "intenções vazias" de Husserl, em grande parte constitutivas da percepção. De fato existem, entre as diferentes intenções perceptivas, relações de *motivação* (mas motivação não é causação), umas plenas, ou seja, preenchidas por aquilo que visam, outras vazias. Mas, precisamente, como a matéria que deveria preencher as intenções vazias *não é*, não pode motivá-las em suas estruturas. E, como as demais estruturas são plenas, tampouco podem motivar intenções vazias enquanto tal. Por outro lado, essas intenções são naturezas psíquicas, e seria errôneo vê-las como coisas, ou seja, recipientes dados de antemão, que poderiam ser, conforme o caso, vazios ou plenos, por natureza indiferentes a seu estado de vacuidade ou plenitude. Parece que nem sempre Husserl escapou desta ilusão coisificante. Para que uma intenção seja vazia, é preciso que seja consciente de si como vazia, e precisamente vazia *da* matéria que visa. Uma intenção vazia se constitui na medida em que designa sua matéria como inexistente ou ausente. Em suma: intenção vazia é uma consciência de negação que se transcende a um objeto por ela designado como ausente ou não existente. Assim, qualquer que seja a explicação que lhe dermos, a ausência de Pedro requer, para ser constatada ou sentida, um momento negativo pelo qual a

---

14. *L'Imagination*. Paris: Librairie Félix Alcan, 1936. – Em português: *A imaginação*. São Paulo: Difusão Europeia do Livro, 1967.

consciência, na ausência de toda determinação anterior, constitui-se como negação. Ao conceber, a partir de minhas percepções do quarto que Pedro ocupou, aquele que não mais se acha presente, sou induzido necessariamente a um ato de pensamento que não pode ser determinado ou motivado por qualquer estado precedente; em suma, induzido a operar em mim uma ruptura com o ser. E, na medida em que continuamente uso de negatividades para isolar e determinar os existentes, ou seja, para pensá-los, a sucessão de minhas "consciências" é um perpétuo desengate do efeito com relação à causa, porque todo processo nadificador exige que sua fonte esteja em si mesmo. Enquanto meu estado presente for prolongamento do estado anterior, qualquer fissura pela qual puder deslizar a negação estará inteiramente fechada. Todo processo psíquico de nadificação implica, portanto, uma ruptura entre o passado psíquico imediato e o presente. Ruptura que é precisamente o nada. Pelo menos, dir-se-á, resta a possibilidade de implicação sucessiva entre os processos nadificadores. Minha constatação da ausência de Pedro poderia ainda ser determinante da minha decepção por não vê-lo; não se excluiu a possibilidade de um determinismo de nadificações. Mas, tirando o fato de que a primeira nadificação da série deve ser desligada necessariamente dos processos positivos anteriores, que significado pode ter uma motivação do nada pelo próprio nada? Um ser pode *nadificar-se* perpetuamente, porém, na medida em que se nadifica, renuncia a ser origem de outro fenômeno, mesmo uma segunda nadificação.

Falta explicar essa separação, esse desgarramento das consciências, condição de toda negação. Se consideramos a consciência anterior como motivação, vemos com evidência que *nada* deslizou entre ela e o estado presente. Não houve solução de continuidade no fluxo do desenvolvimento temporal: caso contrário, voltaríamos à inadmissível concepção da divisibilidade infinita do tempo e do ponto temporal ou instante como limite da divisão. Também não houve intercalação brusca de um elemento opaco que separasse o anterior do posterior, tal como uma faca que reparte em duas uma fruta. Nem ainda *enfraquecimento* da força motivadora da consciência anterior, que continua sendo o que era e nada perde de sua imediatez. O que separa o anterior do posterior é precisamente *nada*. E este nada é absolutamente intransponível, justamente por ser nada; porque, em todo obstáculo a transpor, há algo positivo que deve ser transposto. Mas, no caso que nos ocupa, seria inútil buscar uma resistência a vencer, um obstáculo a transpor. A consciência anterior acha-se sempre *aí* (ainda que com a modificação da "preteridade" ["passéité"]) e mantém sempre uma relação de interpretação com a consciência presente; mas, sobre o fundo dessa relação existencial, essa consciência anterior está fora de jogo, fora de circuito, entre parênteses, tal como, aos olhos de quem pratica a ἐποχή fenomenológica, o mundo acha-se dentro dele e fora dele. Assim, a condição para a realidade humana negar o mundo, no todo ou em parte, é que carregue em si o nada como o que separa seu presente de todo seu passado. Mas não basta, porque este *nada* ainda não teria o sentido do nada: uma suspensão de ser que permanecesse inominável, que não fosse consciência de suspender o ser, viria de fora da consciência e teria por efeito cindi-la em dois, reintroduzindo a opacidade no bojo dessa lucidez absoluta[15]. Além do mais, esse nada não seria negativo de maneira alguma. O nada, como vimos, é fundamento da negação porque a carrega oculta em si, é negação como ser. Portanto, é necessário que o ser consciente se constitua com relação a seu passado separado dele por um nada; que seja consciente desta ruptura de ser, não como fenômeno padecido, e sim como estrutura da consciência que é. A liberdade é o ser humano colocando seu passado fora de circuito e segregando seu próprio nada. Bem entendido que esta necessidade básica de ser seu próprio nada não surge à consciência de modo intermitente e por ocasião de negações singulares: não existe momento da vida psíquica em que não apareçam, ao menos a título de estruturas secundárias, condutas negativas ou interrogativas; e é continuamente que a consciência vive como nadificação de seu ser passado.

Sem dúvida, pode-se retrucar aqui com uma objeção que temos usado com frequência: se a consciência nadificadora só existe como consciência de nadificação, então deveríamos definir e descrever um modo perpétuo de consciência, presente *como* consciência: a consciência de nadificação. Ela existe? Eis, portanto,

---

15. Cf. Introdução, III.

nova questão: se a liberdade é o ser da consciência, a consciência deve existir como consciência de liberdade. Qual a forma desta consciência? Na liberdade, o ser humano *é* seu próprio passado (bem como seu próprio devir) sob a forma de nadificação. Se nossa análise está no rumo certo, deve haver para o ser humano, na medida que é consciente de ser, determinada maneira de situar-se frente a seu passado e seu futuro como sendo esse passado e esse futuro e, ao mesmo tempo, como não os sendo. Podemos dar uma resposta imediata: é na angústia que o homem toma consciência de sua liberdade, ou, se se prefere, a angústia é o modo de ser da liberdade como consciência de ser; é na angústia que a liberdade está em seu ser colocando-se a si mesma em questão.

Kierkegaard, descrevendo a angústia antes da culpa, caracteriza-a como angústia frente à liberdade. Mas Heidegger, que, como se sabe, sofreu profundamente a influência de Kierkegaard[16], considera a angústia, ao contrário, como captação do nada. Duas descrições da angústia que não parecem contraditórias, mas, ao contrário, implicam-se mutuamente.

Em primeiro lugar, há que se dar razão a Kierkegaard: a angústia se distingue do medo porque medo é medo dos seres do mundo, e angústia é angústia diante de mim mesmo. A vertigem é angústia na medida em que tenho medo, não de cair no precipício, mas de me jogar nele. Uma situação que provoca medo, pois ameaça modificar de fora minha vida e meu ser, provoca angústia na medida em que desconfio de minhas reações adequadas a ela. A armação de artilharia que precede um ataque pode provocar medo no soldado que sofre um bombardeio, mas a angústia começará quando ele tentar prever as ações contra o bombardeio e se perguntar se poderá "suportar". Igualmente, o convocado que se incorpora a seu regimento no início da guerra, pode, em certos casos, ter medo da morte; mas, mais comumente, ele tem "medo de ter medo", ou seja, angustia-se diante de si mesmo. Quase sempre as situações perigosas ou ameaçadoras têm facetas: serão captadas por um sentimento de medo ou de angústia

---

16. WAHL, Jean. Kierkegaard et Heidegger. In: *Études Kierkegaardiennes* (1938).

conforme se encare seja a situação agindo sobre o homem, seja o homem agindo sobre a situação. O homem que acaba de receber "um rude golpe", tendo perdido em quebra da bolsa grande parte de seus bens, pode temer a pobreza que o ameaça. Irá angustiar-se logo depois, quando, esfregando nervosamente as mãos (reação simbólica à ação que se impõe mas permanece ainda inteiramente indeterminada), exclama: "Que fazer? Mas que fazer?" Neste sentido, medo e angústia são mutuamente excludentes, já que o medo é apreensão irrefletida (*irréfléchie*) do transcendente e angústia apreensão reflexiva de si; uma nasce da destruição da outra, e o processo normal, no caso, é um trânsito constante de uma à outra. Mas há também situações em que a angústia aparece em estado puro, ou seja, jamais precedida ou seguida pelo medo. Se, por exemplo, ganho novo *status* e sou incumbido de missão delicada e lisonjeira, posso me angustiar com a ideia de que talvez não consiga cumpri-la, sem ter o mínimo medo das consequências de meu possível fracasso.

Que significa angústia, nos exemplos que dei? Retomemos o caso da vertigem. A vertigem se anuncia pelo medo: ando por uma trilha estreita e sem parapeito, à beira de um precipício. O precipício me aparece como algo *a evitar*, representa um perigo de morte. Ao mesmo tempo, imagino certo número de causas independentes do determinismo universal e capazes de converter essa ameaça em realidade: posso escorregar em uma pedra e cair no abismo; a terra friável do caminho pode desabar aos meus pés. Através dessas previsões, apareço a mim mesmo como uma coisa, sou passivo com relação a tais possibilidades, que me atingem de fora, na medida em que sou *também* objeto do mundo, submetido à atração universal, e elas não são *minhas* possibilidades. Nesse momento surge o *medo*, que é captação de mim mesmo, a partir da situação, como transcendente destrutível em meio aos transcendentes, objeto que não tem em si a origem de sua futura desaparição. Será uma reação de ordem reflexiva: "prestarei atenção" às pedras do caminho, ficarei o mais longe possível da borda. Sei que estou repelindo com todas as forças a situação ameaçadora e projeto diante de mim certo número de condutas futuras destinadas a afastar as ameaças do mundo. Estas condutas são *minhas* possibilidades. Escapo ao medo exatamente por me situar em um plano onde *minhas* possibilidades próprias substituem probabilidades transcendentes, nas quais a atividade humana não tem lugar. Mas essas condutas, precisamente por serem *minhas* possibilidades, não me aparecem como determinadas por causas estranhas a mim. Não apenas não é rigorosamente certo que venham a ser eficazes, como também, sobretudo, que venham a ser mantidas, já que não têm existência suficiente por si; pode-se dizer, abusando da expressão de Berkeley, que "seu ser é um ser-mantido" e que sua "possibilidade de ser não é senão um dever-ser-mantido"[17]. Por isso, sua possibilidade tem como condição necessária a possibilidade de condutas contraditórias (*não* prestar atenção às pedras do caminho, correr, pensar em outra coisa) e a possibilidade de condutas contrárias (lançar-me no precipício). O possível que converto em *meu* possível concreto só pode surgir destacando-se sobre o fundo do conjunto dos possíveis lógicos que a situação comporta. Mas estes possíveis recusados, por sua vez, não têm outro ser além de seu "ser-mantido"; sou eu quem os mantém no ser e, inversamente, seu não ser presente é um "não dever-ser-mantido". Nenhuma causa exterior os separará. Somente eu sou a fonte permanente de seu não ser e neles me comprometo: para fazer surgir *meu* possível, posiciono os demais possíveis a fim de nadificá-los. Isso não causaria angústia se pudesse me captar, em minhas relações com esses possíveis, como causa que produz seus efeitos. Neste caso, o efeito definido com meu possível estaria rigorosamente determinado. Mas então deixaria de ser *possível* e se transformaria simplesmente em porvir. Assim, portanto, se quisesse evitar angústia e vertigem, bastaria que me fosse possível considerar os motivos (instinto de conservação, medo anterior etc.) que me fazem recusar a situação encarada como *determinante* de minha conduta precedente, do modo como a presença de certa massa em um ponto dado é determinante como relação aos trajetos efetuados por outras massas: bastaria que captasse em mim rigoroso determinismo psicológico. Mas me angustio precisamente porque minhas condutas não passam de *possíveis*, e isso significa exatamente: embora constituindo um conjunto de motivos *para* repelir a situação, ao mesmo tempo capto esses mo-

---

17. Voltaremos aos possíveis na Segunda Parte.

tivos como insuficientemente eficazes. No mesmo instante que me apreendo como tendo *horror* ao precipício, sou consciente deste horror como *não determinante* de minha conduta futura. Em certo sentido, o horror exige conduta prudente e, em si mesmo, esboça tal conduta; em outro sentido, designa como apenas possíveis os desenvolvimentos posteriores da conduta, exatamente porque não apreendo o horror como *causa* desses desenvolvimentos, e sim como exigência, apelo etc. Mas vimos que a consciência de ser é o ser da consciência. Logo, não se trata aqui de contemplação do horror já constituído, que eu pudesse fazer posteriormente: o ser mesmo do horror é o de aparecer a si como *não sendo causa* da conduta que impõe. Em resumo, para evitar o medo, que me entrega um devir transcendente rigorosamente determinado, refugio-me na reflexão, que só tem a me dar um devir indeterminado. Significa que, ao constituir certa conduta como *possível*, dou-me conta, precisamente por ela ser *meu* possível, que nada pode me obrigar a mantê-la. Porém, encontro-me decerto já no devir, e é em direção àquele que serei em instantes, ao dobrar a curva do caminho, que me dirijo com todas as minhas forças – e, nesse sentido, existe já uma relação entre meu ser futuro e meu ser presente. Mas, no miolo dessa relação, deslizou um nada: *não sou* agora o que serei depois. Primeiro, não o sou, pois o tempo me separa do que serei. Segundo, porque o que sou não, fundamenta o que serei. Por fim, porque nenhum existente atual pode determinar rigorosamente o que hei de ser. Contudo, como já sou o que serei (senão não estaria disposto a ser isso ou aquilo), *sou o que serei à maneira de não sê-lo.* Sou levado ao futuro através do meu horror, que se nadifica à medida que constitui o devir como possível. Chamaremos precisamente de *angústia* a consciência de ser seu próprio devir à maneira de não sê-lo. E exatamente a nadificação do horror como *motivo*, que tem por efeito reforçar o horror como *estado*, traz como contrapartida positiva a aparição de outras condutas (em particular, a de me lançar no precipício) como *meus possíveis* possíveis. Se *nada* me constrange a salvar minha vida, *nada* me impede de me jogar no abismo. A conduta decisiva emanará de um eu que ainda não sou. Assim, o eu que sou depende em si mesmo do eu que ainda não sou, na medida exata em que o eu que ainda não sou independe do eu que sou. E a vertigem surge como captação dessa dependência. Aproximo-me do precipício e meu olhar procura a mim mesmo lá no fundo. A partir daí, jogo com meus possíveis. Meus olhos, percorrendo o abismo de alto a baixo, mimetizam minha possível queda, realizando-a simbolicamente; ao mesmo tempo, a conduta suicida, pelo fato de converter-se em "meu possível" possível, faz surgir por sua vez motivos possíveis para adotá-la (o suicídio fará cessar a angústia). Felizmente, tais motivos, por sua vez, só pelo fato de serem motivos de um possível, mostram-se ineficazes, não determinantes: não podem *produzir* o suicídio, assim como meu horror à queda não pode *me determinar* a evitá-la. Em geral, esta contra-angústia faz cessar a angústia, transformando-a em indecisão. Por sua vez, a indecisão chama a decisão: afasto-me bruscamente da borda do precipício e retomo o caminho.

O exemplo que acabamos de analisar mostrou o que se pode chamar de "angústia ante o futuro". Existe outra: a angústia ante o passado. É a do jogador que livre e sinceramente decidiu parar de jogar e, ao se aproximar do "tapete verde", vê "naufragarem" suas decisões. Costuma-se descrever o fenômeno como se a visão da mesa de jogo despertasse uma tendência que entraria em conflito com nossa decisão anterior e, apesar desta, acabaria por nos arrastar. Além de constituída por termos coisificantes e de povoar o espírito de forças antagônicas (por exemplo, a famosa "luta da razão contra as paixões" dos moralistas), essa descrição não atenta à verdade dos fatos. Na realidade – e aí estão as cartas de Dostoievski para prová-lo –, nada há em nós que se assemelhe a um *debate* interior, como se tivéssemos de pesar motivos e móveis antes de tomar uma decisão. A resolução anterior de "não jogar mais" acha-se sempre *aí*, e, na maioria dos casos, o jogador diante da mesa de jogo a ela recorre em busca de ajuda: não quer mais jogar, ou melhor, tendo tomado a decisão na véspera, acredita que continua não querendo mais jogar, acredita na eficácia da decisão. Mas apreende na angústia exatamente sua total ineficácia. A resolução passada acha-se aí, sem dúvida, porém congelada, ineficiente, *ultrapassada* pelo próprio fato de que tenho consciência *dela*. Uma decisão que ainda é *minha*, na medida em que realizo perpetuamente minha identidade comigo mesmo através do fluxo temporal; mas que já não é *minha* pelo fato de que existe *para* minha consciência. Dela me liberto, e ela fracassa na missão que lhe dei. Também aqui, *sou* essa decisão à maneira de não sê-lo. Mais uma vez, o que o jogador capta neste instante é a ruptura permanente do determinismo, o nada que o separa de si mesmo: eu tinha desejado tanto não jogar mais que, ontem mesmo, tive uma apreensão sintética da situação (ameaça de ruína, desespero de meus parentes) como algo que *me proíbe* de jogar. Parecia-me ter criado assim uma *barreira real* entre o jogo e mim, mas eis que – percebo de repente – essa apreensão sintética não passa de recordação de uma ideia, lembrança de um sentimento: para que aquela decisão venha de novo me prestar ajuda, *é preciso que eu a refaça ex nihilo e livremente*; é apenas um de meus possíveis, assim como o fato de jogar é outro, nem mais nem menos. O medo de desolar minha família tem de ser *recuperado* por mim, recriado como medo vivido, pois se mantém à minha retaguarda como um fantasma sem ossos, na dependência de que eu lhe empreste minha carne. Estou só e desnudo, tal como diante da tentação do jogo, na véspera, e, depois de erguer pacientemente barreiras e muros e me enfurnado no círculo mágico de uma decisão, percebo com angústia que *nada* me impede de jogar. E essa angústia *sou eu*, porque, só pelo fato de me conduzir à existência como consciência de ser, faço-me como *não sendo mais* esse passado de boas decisões *que sou*.

Seria inútil objetar que essa angústia depende da ignorância do determinismo psicológico subjacente: eu ficaria ansioso por desconhecer os móveis reais e eficazes que, à sombra do inconsciente, determinam minha ação. Responderemos, em primeiro lugar, que a angústia não surgiu como *prova* da liberdade humana, a qual nos aparece como condição necessária à interrogação. Queríamos apenas mostrar que existe uma consciência específica de liberdade e esta consciência é angústia. Buscamos estabelecer a angústia, em sua estrutura essencial, como consciência de liberdade. Nesse ponto de vista, a existência de um determinismo psicológico não poderia invalidar os resultados da nossa descrição: ou bem, com efeito; a angústia é ignorância ignorada desse determinismo – e então se apreende efetivamente como liberdade –, ou bem é consciência de ignorar as causas reais de nossos atos. Neste caso, a angústia adviria do fato de pressentirmos, soterrados no fundo de nós mesmos, motivos monstruosos a desencadear de súbito atos repreensíveis. Mas aí apareceríamos a nós como *coisas do mundo*, seríamos para nós mesmos nossa própria situação transcendente, e a angústia se desvaneceria para dar lugar ao *medo*, que é essa apreensão sintética do transcendente como temível.

A liberdade que se revela na angústia pode caracterizar-se pela existência do *nada* que se insinua entre os motivos e o ato. Não é *porque* sou livre que meu ato escapa à determinação dos motivos, mas, ao contrário, a estrutura ineficiente dos motivos é que condiciona minha liberdade. E se se indagar que *nada* é esse que fundamenta a liberdade, responderemos que não se pode descrevê-lo, posto que ele *não é*, mas ao menos podemos captar seu sentido, na medida em que *é tendo sido* pelo ser humano em suas relações consigo mesmo. Corresponde à necessidade que tem o motivo de só aparecer como tal enquanto correlação de uma consciência *de* motivo. Em suma, a partir do momento em que renunciamos à hipótese dos conteúdos de consciência, devemos admitir que não existe motivo *na* consciência: existe, sim, *para* a consciência. E, pelo fato de só poder surgir como aparição, o motivo se constitui a si como ineficaz. Sem dúvida, não tem a exterioridade da coisa espaçotemporal: pertence sempre à subjetividade e é apreendido co-mo *meu*, mas, por natureza, é transcendência na imanência, e a consciência lhe escapa pelo fato mesmo de designá-lo, pois cabe à consciência, neste momento, conferir-lhe sua significação e importância. Assim, o *nada* que separa motivo e consciência se caracteriza como transcendência na imanência; ao produzir-se a si como imanência, a consciência nadifica o nada que a faz existir para si como transcendência. Mas esse nada, condição de toda negação transcendente, só pode ser elucidado a partir de duas outras nadificações primordiais: 1º) a consciência *não é* seu próprio motivo, sendo *vazia* de todo conteúdo, o que nos remete a uma estrutura nadificadora do cogito pré-reflexivo: 2º) a consciência está frente a seu passado e futuro tal como frente a um si-mesmo que ela é à maneira de não sê-lo, e isso nos leva a uma estrutura nadificadora da temporalidade.

Ainda não podemos elucidar esses dois tipos de nadificação, já que não dispomos no momento das técnicas necessárias. Basta observar que a explicação definitiva da negação só poderá ser dada com uma descrição da consciência (de) si e da temporalidade.

Convém sublinhar aqui que a liberdade manifestada pela angústia se caracteriza por uma obrigação perpetuamente renovada de refazer o *Eu* que designa o ser livre. Quando mostramos, há pouco, que meus possíveis eram angustiantes porque dependia só de *mim*, com efeito, mantê-los em sua existência, não significava que derivavam de um *eu* – este sim, ao menos – dado de antemão e que passasse de uma consciência a outra, no fluxo temporal. O jogador que precisa ter novamente a percepção sintética de uma *situação*, a qual lhe impediria de jogar, deve reinventar ao mesmo tempo o *eu* capaz de apreciar essa situação e que "está em situação". Esse eu, como seu conteúdo *a priori* e histórico, é a *essência* do homem. E a angústia, como manifestação da liberdade frente a si, significa que o homem acha-se sempre separado de sua essência por um nada. Devemos retomar aqui a frase de Hegel: "Wesen ist was gewesen ist", ou seja, "a essência é o é tendo sido". A essência é tudo que se pode indicar do ser humano por meio das palavras: isso *é*. Por isso, é a totalidade dos caracteres que *explicam* o ato. Mas o ato está sempre além dessa essência, só é ato humano quando transcende toda explicação que se lhe dê, precisamente porque tudo que se possa designar no homem pela fórmula "isso é", na verdade, por esse fato mesmo, *é tendo sido*. O homem leva consigo, continuamente, uma compreensão pré-judicativa de sua essência, mas, por isso, acha-se separado dela por um nada. A essência é tudo que a realidade humana apreende de si mesmo como *tendo sido*. E aqui aparece a angústia como captação do si-mesmo na medida em que este existe como modo perpétuo de arrancamento àquilo que é; ou melhor, na medida em que o si-mesmo se faz existir como tal. Porque jamais podemos captar uma *Erlebnis* como consequência viva dessa *natureza* que é a nossa. O fluxo de nossa consciência constitui, em seu transcurso, essa natureza, que no entanto se mantém sempre à nossa retaguarda e nos infesta enquanto objeto permanente de nossa compreensão retrospectiva. Esta natureza, na medida em que é exigência sem ser recurso, é captada como angustiante.

Na angústia, a liberdade se angustia diante de si porque *nada* a solicita ou obstrui jamais. Dir-se-á que a liberdade está sendo aqui definida como estrutura permanente do ser humano: mas, se a angústia manifesta tal estrutura, deveria então ser um estado permanente de minha afetividade. Ora, ao contrário, é totalmente excepcional. Como explicar a raridade do fenômeno?

Em primeiro lugar, note-se que as situações mais correntes de nossa vida, em que captamos nossos possíveis como tais na e pela realização ativa desses possíveis, não se manifestam através da angústia porque sua estrutura exclui a apreensão angustiada. Com efeito, angústia é reconhecimento de uma possibilidade como *minha possibilidade*, ou seja, constitui-se quando a consciência se vê cortada de sua essência pelo nada ou separada do futuro por sua própria liberdade. Significa que um nada nadificador me deixa sem desculpas, e, ao mesmo tempo, que o que eu projeto como meu ser futuro está sempre nadificado e reduzido à categoria de mera possibilidade, porque o futuro que sou permanece fora de meu alcance. Mas convém notar que, nesses casos, fizemos uso de uma forma temporal pela qual me aguardo no futuro, "marco encontro comigo mesmo para além desta hora, dia ou mês". A angústia é o temor de não me achar nesse encontro, o temor de sequer querer comparecer a ele. Mas também posso me ver comprometido em atos que revelam minhas possibilidades no instante que elas se realizam. No ato de acender este cigarro, capto minha possibilidade concreta, ou, se preferirmos, meu desejo de fumar; pelo gesto de aproximar de mim este papel e esta caneta, capto como minha possibilidade mais imediata a ação de trabalhar neste livro: eis-me comprometido nesta possibilidade, que descubro no mesmo momento em que a ela me lanço. Sem dúvida, neste momento continua sendo minha possibilidade, já que posso a qualquer instante largar o trabalho, afastar o papel, tampar a caneta. Mas tal possibilidade de interromper a ação é rechaçada a segundo plano porque a ação que a mim se revela através de meu ato tende a cristalizar-se como forma transcendente e relativamente independente. A consciência do homem *em ação* é consciência irrefletida. É consciência *de* alguma coisa, e o transcendente que a ela se revela é de natureza particular: é uma *estrutura de exigência* do mundo que, correlativamente, revela em si complexas relações de utensilidade. No ato de escrever as letras que escrevo, a frase total, ainda inacabada, revela-se como exigência passiva de ser escrita. A frase é o sentido mesmo das letras que escrevo e seu poder não é posto em questão porque, justamente, não posso escrever as palavras sem transcendê-las até a frase total, que descubro ser a condição necessária do sentido das palavras que escrevo. Simultaneamente, e na mesma cena do ato, um complexo indicativo de utensílios se revela e se organiza (caneta-tinta-papel-linhas-margem, etc.), complexo esse que não pode ser captado por si mesmo, mas surge como exigência passiva no bojo da transcendência por mim descoberta pela frase a ser escrita. Assim, na quase totalidade dos atos cotidianos, estou comprometido, apostei em meus possíveis e os descubro realizando-os – e isso no próprio ato de realizá-los como exigências, algo urgente, utensilidades. E, sem dúvida, em todo ato dessa espécie, permanece a possibilidade de questionar o ato, na medida em que remete a fins mais distantes e essenciais, tais como suas significações finais e minhas possibilidades essenciais. Por exemplo: a frase que escrevo é a significação das letras escritas, mas o livro inteiro que pretendo concluir é a significação das frases. E este livro é uma possibilidade que pode me angustiar: é verdadeiramente *meu* possível, e não sei se amanhã irei continuá-lo: amanhã, com relação a ele, minha liberdade pode exercer seu poder nadificador. Só que esta angústia encerra a apreensão do livro enquanto tal como *minha* possibilidade: preciso me colocar diretamente diante dele e vivenciar minha relação com ele. Significa que não devo fazer apenas perguntas objetivas a seu respeito – como "devo escrever este livro?" –, porque me levam apenas a significações objetivas mais amplas, do gênero: "Será oportuno escrevê-lo *neste momento?*", "Não estará repetindo aquele outro livro?", "O assunto é de interesse suficiente?", "Terá sido bastante meditado?", etc. Significações que permanecem transcendentes e surgem como pluralidade de exigências do mundo. Para que minha liberdade venha a se angustiar com este livro que escrevo, é preciso que ele apareça em sua relação comigo, ou seja, que eu descubra, por um lado, minha *essência* como *aquilo que fui* (fui um "querer escrever este livro", pois o concebi, achei de interesse escrevê-lo e me tornei de tal modo que já não posso ser *compreendido* sem levar em conta o fato de que este livro *foi* meu possível essencial); por outro lado, que eu descubra o nada que separa minha liberdade dessa essência (fui um "querer escrever este livro", mas *nada*, sequer aquilo que fui, pode me obrigar a escrevê-lo); e, por fim, que eu descubra o nada que me separa do que serei (descubro a possibilidade permanente de abandonar o livro como condição mesmo da possibilidade de escrevê-lo e sentido da minha liberdade). Na própria constituição do livro como meu possível, é preciso que capte minha liberdade como possível destruidora daquilo que sou, no presente e futuro. Ou seja, preciso situar-me no plano da reflexão. Enquanto permaneço no plano da ação, o livro a escrever não passa da significação remota e pressuposta do ato que revela meus possíveis, algo subentendido no ato, não tematizado* e designado para si, algo que "não questiona". O livro não é concebido como necessário ou contingente, mas apenas como sentido permanente e longínquo a partir do qual posso compreender o que agora estou escrevendo. Por isso, é concebido como *ser* – quer dizer: somente ao designá-lo como *fundo existente* sobre o qual emerge minha frase atual e existente é que posso conferir a esta um sentido determinado. Pois bem: a cada instante somos lançados no mundo e ficamos comprometidos. Significa que agimos antes de designar nossos possíveis, e estes, que se revelam realizados ou em vias de se realizar, remetem a sentidos que, para serem postos em questão, requerem atos especiais. O despertador que toca de manhã remete à possibilidade de ir ao trabalho, *minha* possibilidade. Mas captar o chamado do despertador como chamado é levantar-se. Assim, o ato de levantar da cama é tranquilizador, porque evita a pergunta: "Será que o trabalho é *minha* possibilidade?" – e, em consequência, não me deixa em condições de captar a possibilidade do quietismo, da recusa ao trabalho e, em última instância, da morte e da negação do mundo. Em resumo, na medida em que apreender o sentido da campainha do despertador já é ficar de pé a seu chamado, tal apreensão me protege contra a angustiante intuição de que sou eu – eu e mais ninguém – quem confere ao despertador seu poder de exigir meu despertar. Da mesma forma, o que se poderia chamar de moralidade cotidiana exclui a angústia ética. Há angústia ética quando me considero em mi-

---

* Tematizar: corresponde ao *Thematisieren* de Heidegger. Segundo Husserl, a tarefa da fenomenologia é tematizar, ou seja, sair da esfera da simples descrição dos objetos imediatamente dados para alcançar seu modo de ser mais originário [N.T.].

nha relação original com os valores. Estes, com efeito, são exigências que reclamam um fundamento. Mas fundamento que não poderia ser de modo algum o *ser*, pois todo valor que fundamentasse sua natureza ideal sobre seu próprio ser deixaria por isso de ser valor e realizaria a heteronomia de minha vontade. O valor extrai seu ser de sua exigência, não sua exigência de seu ser. Portanto, não se entrega a uma intuição contemplativa que o apreenderia como *sendo* valor e, por isso mesmo, suprimisse seus direitos sobre minha liberdade. Ao contrário: o valor só pode se revelar a uma liberdade ativa que o faz existir como valor simplesmente por reconhecê-lo como tal. Daí que minha liberdade é o único fundamento dos valores e *nada*, absolutamente nada, justifica minha adoção dessa ou daquela escala de valores. Enquanto ser pelo qual os valores existem, sou injustificável. E minha liberdade se angustia por ser o fundamento sem fundamento dos valores. Além disso, porque os valores, por se revelarem por essência a uma liberdade, não podem fazê-lo sem deixar de ser "postos em questão", já que a possibilidade de inverter a escala de valores aparece, complementarmente, como *minha* possibilidade. A angústia ante os valores é o reconhecimento de sua idealidade.

Mas, em geral, minha atitude frente aos valores é eminentemente tranquilizadora. Estou, de fato, comprometido em um mundo de valores. A percepção angustiada dos valores como algo sustentado no ser por minha liberdade é fenômeno posterior e mediatizado. O imediato é o mundo com seu caráter de urgência, e, neste mundo em que me engajo, meus atos fazem os valores se erguerem como perdizes: é por minha indignação que me é dado o antivalor "baixeza", e, por minha admiração, o valor "grandeza". Sobretudo, minha obediência a uma multidão de tabus, que é real, me revela esses tabus como existentes de fato. Os burgueses que se autodenominam "gente honesta" não ficam honestos depois de contemplar os valores morais, mas sim porque, desde que surgem no mundo, são lançados em uma conduta cujo sentido é a honestidade. Assim, a honestidade adquire um ser e não é questionada; os valores estão semeados em meu caminho na forma de mil pequenas exigências reais, similares aos cartazes que proíbem pisar na grama.

Portanto, naquilo que denominaremos mundo do imediato, que se dá à nossa consciência irrefletida, não aparecemos *primeiro* para sermos lançados *depois* a tal ou qual atividade. Nosso ser está imediatamente "em situação", ou seja, *surge* no meio dessas atividades e se conhece primeiramente na medida em que nelas se reflete. Descobrimo-nos, pois, em um mundo povoado de exigências, no seio de projetos "em curso de realização": escrevo, vou fumar, tenho encontro com Pedro esta noite, não devo esquecer de responder a Simão, não tenho direito de esconder a verdade de Cláudio por mais tempo. Todas essas pequenas esperas passivas pelo real, todos esses valores banais e cotidianos tiram seu sentido, na verdade, de um projeto inicial meu, espécie de eleição que faço de mim mesmo no mundo. Mas, precisamente, esse projeto meu para uma possibilidade inicial, que faz com que haja valores, chamados, expectativas e, em geral, um mundo, só me aparece para além do mundo, como sentido e significação abstratos e lógicos de minhas empresas. De resto, existem concretamente despertadores, cartazes, formulários de impostos, agentes de polícia, ou seja, tantos e tantos parapeitos de proteção contra a angústia. Porém, basta que a empresa a realizar se distancie de mim e eu seja remetido a mim mesmo porque devo me aguardar no futuro, descubro-me de repente como aquele que dá ao despertador seu sentido, que se proíbe, a partir de um cartaz, de andar por um canteiro ou gramado, aquele que confere poder à ordem do chefe, decide sobre o interesse do livro que está escrevendo – enfim, aquele que faz com que existam os valores, cujas exigências irão determinar sua ação. Vou emergindo sozinho, e, na angústia frente ao projeto único e inicial que constitui meu ser, todas as barreiras, todos os parapeitos desabam, nadificados pela consciência de minha liberdade: não tenho nem posso ter qualquer valor a recorrer contra o fato de que sou eu quem mantém os valores no ser; nada pode me proteger de mim mesmo; separado do mundo e de minha essência por esse nada que *sou*, tenho de realizar o sentido do mundo e de minha essência: eu decido, sozinho, injustificável e sem desculpas.

A angústia, portanto, é a captação reflexiva da liberdade por ela mesma. Nesse sentido, é mediação, porque, embora consciência imediata de si, surge da negação dos chamados do mundo, aparece se me desgarro do mundo em que havia me comprometido de modo a me apreender como consciência dotada de compreensão pré-ontológica de sua essência e de sentido pré-judicativo de seus possíveis. Opõe-se ao "espírito de seriedade", que capta os valores a partir do mundo e reside na substancialização tranquilizadora e coisista dos valores. Na seriedade, defino-me a partir do objeto, deixando de lado *a priori*, como impossíveis, todas as empresas que não vou realizar e captando como proveniente do mundo e constitutivo de minhas obrigações e meu ser o sentido que minha liberdade deu ao mundo. Na angústia, capto-me ao mesmo tempo como totalmente livre e não podendo evitar que o sentido do mundo provenha de mim.

Contudo, não se deve crer que basta passar ao plano reflexivo e encarar seus possíveis longínquos ou imediatos para captar-se em *pura* nagústia. Em cada caso de reflexão, a angústia nasce como estrutura da consciência reflexiva na medida em que esta leva em consideração a consciência refletida; mas continua válido o fato de que posso adotar condutas a respeito de minha própria angústia – em particular, condutas de fuga. Tudo se passa, com efeito, como se nossa conduta essencial e imediata com relação à angústia fosse conduta de fuga. O determinismo psicológico, antes de ser uma concepção teórica, é em primeiro lugar uma conduta de fuga, ou, se preferirmos, o fundamento de todas as condutas de fuga. É uma conduta refletida com relação à angústia; afirma existirem em nós forças antagônicas cujo tipo de existência é comparável ao das coisas; tenta suprimir os vazios que nos rodeiam, restabelecer os vínculos entre passado e presente, presente e futuro; nos prove de uma *natureza* produtora de nossos atos e converte estes mesmos atos em transcendências, dotando-as de uma inércia e uma exterioridade que atribuem seu fundamento a algo que não os próprios atos e são eminentemente tranquilizadoras por constituírem um jogo permanente de *desculpas*; nega essa transcendência da realidade humana que a faz emergir na angústia para além de sua própria essência; ao mesmo tempo, reduzindo-nos *a não ser jamais senão o que somos*, reintroduz em nós a positividade absoluta do ser-Em-si, e, assim, nos reintegra ao seio do ser.

Mas tal determinismo, defesa reflexiva contra a angústia, não se dá como *intuição* reflexiva. Nada pode contra a *evidência* da liberdade e assim se apresenta como crença de fuga, termo ideal no rumo do qual podemos fugir da angústia. Isto se manifesta, no terreno filosófico, pelo fato de os psicólogos deterministas não pretenderem fundamentar sua tese sobre os puros dados da observação interna. Apresentam-na como hipótese satisfatória, cujo valor está em dar conta dos fatos – ou como postulado necessário ao estabelecimento de toda psicologia. Admitem a existência de uma consciência imediata de liberdade, que seus adversários lhes opõem sob o nome de "prova por intuição do senso íntimo". Simplesmente, fazem o debate recair sobre o *valor* desta revelação interna. Assim, a intuição que nos permite captar-nos como causa primeira de nossos estados e atos não é discutida por ninguém. Continua valendo o fato de estar ao alcance de qualquer um de nós tentar mediatizar a angústia mantendo-se acima dela e julgando-a como uma ilusão decorrente da nossa ignorância sobre as causas reais de nossos atos. O problema agora será o do grau de crença nessa mediação. Angústia julgada será angústia desarmada? Evidentemente, não; contudo, nasce aqui um fenômeno novo, um processo de alheamento com relação à angústia, o qual, mais uma vez, pressupõe em si um poder nadificador.

Por si só, o determinismo não bastaria para fundamentar esse alheamento, já que não passa de postulado ou hipótese. É um esforço de fuga mais concreto, que se opera no próprio terreno da reflexão. Em primeiro lugar, é uma tentativa de alheamento quanto aos possíveis contrários ao *meu* possível. Quando me constituo como compreensão de um possível enquanto *meu*, é preciso que reconheça sua existência no fim do meu projeto e o apreenda como sendo eu mesmo, lá adiante, aguardando-me no futuro, separado de mim por um nada. Nesse sentido, capto-me como origem primeira de meu possível, e isto é o que ordinariamente se denomina consciência de liberdade; é tal estrutura da consciência e somente ela que tem em vista os partidários do livre-arbítrio ao se referir à intuição do sentido íntimo. Mas ocorre que, ao mesmo tempo, esforço-me para *me alhear* da constituição dos outros possíveis que contradizem o *meu*. Para dizer a verdade, não posso deixar de colocar sua existência pelo mesmo movimento que engendra como meu o possível escolhido, não posso evitar constituí-los como possíveis *viventes*, ou seja, *dotados da possibilidade de ser meus possíveis*. Mas esforço-me para vê-los dotados de um ser transcendente e puramente lógico, como coisas, em suma. Se encaro no plano reflexivo a possibilidade de escrever este livro como possibilidade *minha*, faço surgir entre esta possibilidade e minha consciência um nada de ser que a constitui como possibilidade e que eu apreendo precisamente na possibilidade permanente de que a possibilidade de não escrevê-lo seja a *minha* possibilidade. Mas tento me conduzir com relação a essa possibilidade de não escrevê-lo como se estivesse diante de um objeto observável e me compenetro daquilo que quero ver nele: trato de captá-la como algo que deve ser citado apenas para constar, algo que não me concerne. É preciso que seja uma possibilidade externa com relação a mim, tal como o movimento com relação a esta bola imóvel. Se me fosse possível, os possíveis antagônicos ao *meu* possível, constituídos como entidades lógicas, perderiam sua eficácia; já não seriam ameaçadores, pois seriam *exterioridades*, cercariam meu possível como eventualidades puramente *concebíveis*, quer dizer, concebíveis no fundo *por* um outro, ou como *possíveis de outro que se encontrasse no mesmo caso*. Pertencem à situação objetiva como uma estrutura transcendente; ou, se preferirmos, para usar a terminologia de Heidegger: *eu* escreverei este livro, mas poder-*se*-ia também não escrevê-lo. Assim eu dissimularia de mim mesmo o fato de que esses possíveis são *eu mesmo* e as condições imanentes da possibilidade de meu possível. Conservariam apenas suficientes ser para manter em meu possível seu caráter de gratuidade, de livre possibilidade de um ser livre, mas ficariam desarmados de seu caráter ameaçador: não me *interessariam*; o possível elegido apareceria, devido à eleição, como meu único possível concreto, e, em consequência, o nada que dele me separa e lhe confere justamente sua possibilidade seria preenchido.

Mas a fuga da angústia não é apenas empenho de alheamento ante o devir: tenta, além disso, desarmar a ameaça do passado. Neste caso, tento escapar de minha própria transcendência, na medida em que sustenta e ultrapassa minha essência. Afirmo que sou minha essência à maneira de ser do Em-si. Ao mesmo tempo, todavia, recuso-me a considerar essa essência como sendo historicamente constituída e como se compreendesse o ato, tal como o círculo implica suas propriedades. Capto essa essência ou tento captá-la como começo primordial de meu possível, e não admito que tenha em si mesma um começo; afirmo então que um ato é livre quando reflete exatamente minha essência. Mas, além disso, essa liberdade – que me inquietaria se fosse liberdade *frente* ao Eu –, tento reconduzi-la ao seio da minha essência, quer dizer, de meu Eu. Trata-se de encarar o Eu como um pequeno Deus que me habitasse e possuísse minha liberdade como uma virtude metafísica. Já não seria meu ser que seria livre enquanto ser, mas meu Eu que seria livre no seio de minha consciência. Ficção eminentemente tranquilizadora, pois a liberdade estaria enterrada no seio de um ser opaco: na medida em que minha essência não é translucidez e é transcendente na imanência, a liberdade se torna uma de suas propriedades. Em resumo, trata-se de captar minha liberdade em meu Eu como se fosse a liberdade *de outro*[18]. Veem-se os temas principais desta ficção: meu Eu se converte na origem de seus atos tal como o outro na origem dos seus, a título de pessoa já constituída. Decerto, vive e se transforma, até se admite que cada um de seus atos possa contribuir para transformá-lo. Mas essas transformações harmoniosas e contínuas são concebidas segundo esse tipo biológico. Assemelham-se às que posso constatar em meu amigo Pedro quando o revejo após uma separação. Foram essas exigências tranquilizadoras que Bergson satisfez expressamente ao conceber sua teoria do Eu profundo, que perdura e se organiza, é constantemente contemporâneo da consciência que dele tenho e não pode ser transcendido por esta, que se encontra na origem de nossos atos – não como um poder cataclísmico, mas como um pai engendra seus filhos, de modo que o ato, sem fluir da essência como uma consequência rigorosa, sem ser previsível sequer, com ela mantém uma relação tranquilizadora, uma semelhança familiar: vai mais longe que a essência, mas no mesmo rumo; conserva decerto uma inegável irredutibilidade, mas nele nos reconhecemos e nos captamos, como um pai pode reconhecer-se e captar-se no filho continuador de sua obra. Assim, por uma projeção da liberdade – que apreendemos em nós mesmos – em um objeto psíquico que é o Eu, Bergson contribuiu para mascarar nossa angústia, mas somente às custas da própria consciência. Constituiu e descreveu, desse modo, não a nossa liberdade como aparece a si, mas *a liberdade do outro*.

---

18. Cf. Terceira Parte, cap. 1.

Eis, portanto, o conjunto de processos pelos quais tentamos mascarar a angústia: captamos nosso possível evitando considerar os outros possíveis, que convertemos em possíveis de um outro indiferenciado; não queremos ver esse possível sustentado no ser por uma pura liberdade nadificadora, mas tentamos apreendê-lo como engendrado por um objeto já constituído, que não é senão o nosso Eu, encarado e descrito como se fosse a *pessoa* de um outro. Queremos conservar da intuição primeira aquilo que ela nos entrega como nossa independência e responsabilidade, mas procurando deixar à sombra tudo que há nela da nadificação original: sempre prontos, ademais, para nos refugiar-nos na crença no determinismo, caso tal liberdade nos pese ou necessitemos de uma desculpa. Assim, escapamos da angústia tentando captar-nos *de fora*, como *um outro* ou como *uma coisa*. Aquilo que se costuma chamar de revelação do senso íntimo ou intuição primeira de nossa liberdade nada tem de original: é um processo já construído, expressamente destinado a mascarar a angústia, verdadeiro "dado imediato" de nossa liberdade.

Por meio dessas diferentes construções, logramos sufocar ou dissimular nossa angústia? Certo é que não poderíamos suprimi-la, porque *somos* angústia. Quanto a velá-la, além de que a própria natureza da consciência e sua translucidez nos impedem de tomar a expressão ao pé da letra, convém observar o tipo particular de conduta que queremos significar com isso: podemos mascarar um objeto exterior porque existe independentemente de nós; pela mesma razão, podemos afastar dele nosso olhar ou nossa atenção, ou seja, fixar simplesmente os olhos em outro objeto qualquer; a partir desse momento, cada realidade – a minha e a do objeto – retoma sua vida própria, e a relação acidental que unia a consciência à coisa desaparece sem alterar por isso nem uma nem outra existência. Mas se aquilo que quero velar *sou eu*, a questão assume outra fisionomia; não posso querer "não ver" certo aspecto de meu ser, com efeito, salvo se estiver precisamente ciente do aspecto que não quero ver. Significa que preciso indicá-lo em meu ser para poder afastar-me dele: melhor dito, é necessário que pense nele constantemente para evitar pensar nele. Não se deve entender por isso apenas que, por necessidade, devo levar perpetuamente comigo aquilo de que quero fugir, mas também que devo encarar o objeto de minha fuga para evitá-lo, o que significa que angústia, enfoque intencional da angústia e fuga da angústia rumo a mitos tranquilizadores precisam ser dados na unidade de uma mesma consciência. Em resumo, fujo para ignorar, mas não posso ignorar que fujo, e a fuga da angústia não passa de um modo de tomar consciência da angústia. Assim, esta não pode ser, propriamente falando, nem mascarada nem evitada. Fugir da angústia e ser angústia, todavia, não podem ser exatamente a mesma coisa: se eu sou minha angústia para dela fugir, isso pressupõe que sou capaz de me desconcentrar com relação ao que sou, posso ser angústia sob a forma de "não sê-la", posso dispor de um poder nadificador no bojo da própria angústia. Este poder nadifica a angústia enquanto dela fujo e nadifica a si enquanto *sou angústia para dela fugir*. É o que se chama de *má-fé*. Não se trata, pois, de expulsar a angústia da consciência ou constituí-la em fenômeno psíquico inconsciente; simplesmente, posso ficar de má-fé na apreensão da angústia que sou, e esta má-fé, destinada a preencher o nada que *sou* na minha relação comigo mesmo, implica precisamente esse nada que ela suprime.

Chegamos ao fim de nossa primeira descrição. O exame da negação não pode levar-nos mais longe. Revelou a existência de um tipo particular de conduta: a conduta frente ao não ser, que presume uma transcendência especial a ser estudada à parte. Eis-nos portanto em presença de dois ek-stases* humanos: o ek-stase que nos joga no ser-Em-si e o que nos engaja no não ser. Parece que nosso primeiro problema, concernente apenas às relações entre o homem e o ser, complicou-se consideravelmente; mas não é tampouco impossível que, levando até o fim nossa análise da transcendência para o não ser, venhamos a obter informações preciosas para a compreensão de *toda* transcendência. E, por outro lado, o problema do nada não pode ser excluído de nossa indagação: se o homem se *comporta* frente ao ser-Em-si – e nossa interrogação filosófica é exemplo desse comportamento –, isso significa que ele *não é* esse ser. Reencontramos, portanto, o não ser como condição de transcendência para o ser. Desse modo, é preciso fixar-nos no problema do nada e não abandoná-lo antes de sua completa elucidação.

---

* Do grego *ekstasis*: situação de estar fora de si mesmo. Para Heidegger, identifica-se ao próprio ato de existência (do latim *ex-sistere*: sair de si) [N.T.].

Ocorre somente que o exame da interrogação e da negação já deu o que podia. Fomos remetidos desse exame à liberdade empírica como nadificação do homem no seio da temporalidade e condição necessária à apreensão transcendente das negatividades. Falta fundamentar essa liberdade empírica, que não pode ser a primeira nadificação e fundamento de toda nadificação. Com efeito, contribui para constituir transcendências na imanência, que condicionam todas as transcendências negativas. Mas o próprio fato de que as transcendências da liberdade empírica se constituem na imanência *como transcendências* nos mostra que se trata de nadificações secundárias, que presumem a existência de um nada original: são apenas um estágio na regressão analítica que nos conduz desde as transcendências chamadas "negatividades" até o ser que é seu próprio nada. É preciso evidentemente encontrar o fundamento de toda negação em uma nadificação que se exerça *no âmago mesmo da imanência*; é na imanência absoluta, na subjetividade pura do *cogito* instantâneo que devemos descobrir o ato original pelo qual o homem é para si mesmo seu próprio nada. Que há de ser a consciência em seu ser para que o homem, nela e a partir dela, surja no mundo como o ser que é seu próprio nada e pelo qual o nada vem ao mundo?

Parece faltar aqui o instrumento que permitirá resolver esse novo problema: a negação só compromete diretamente a liberdade. Convém encontrar na própria liberdade a conduta que possibilite ir mais longe. Já havíamos encontrado tal conduta, que levará ao umbral da imanência, permanecendo porém suficientemente objetiva para permitir inferir objetivamente suas condições de possibilidade. Não assinalávamos há pouco que, na má-fé, *somos-angústia-para-dela-fugir*, na unidade de uma mesma consciência? Se é possível a má-fé, então é necessário encontrar na mesma consciência a unidade do ser e do não ser, o ser-para-não ser. Portanto, a má-fé será o objeto de nossa interrogação. Para que o homem possa questionar, é preciso que possa ser seu próprio nada, ou seja, o homem não pode estar na origem do não ser no ser a menos que seu ser se tenha repassado de nada, em si e por si mesmo: assim aparecem as transcendências do passado e do futuro no ser temporal da realidade humana. Mas a má-fé é instantânea. Como deve ser, pois, a consciência na instantaneidade do *cogito* pré-reflexivo, se o homem há de poder ser de má-fé?

CAPÍTULO 2
A MÁ-FÉ

I
MÁ-FÉ E MENTIRA

O ser humano não é somente o ser pelo qual se revelam negatividades no mundo. É também o que pode tomar atitudes negativas com relação a si. Na introdução, definimos a consciência como "um ser para o qual, em seu próprio ser, ergue-se a questão de seu ser enquanto este ser implica um outro ser que não si mesmo". Mas, depois da elucidação da conduta interrogativa, sabemos que a fórmula também pode ser: "A consciência é um ser para o qual, em seu próprio ser, acha-se a consciência do nada de seu ser". Na proibição ou veto, por exemplo, o ser humano nega uma transcendência futura. Mas esta negação não é verificativa. Minha consciência não se limita a *encarar* uma negatividade. Constitui-se a si em sua carne, como nadificação de uma possibilidade que outra realidade humana projeta como *sua* possibilidade. Por isso, deve surgir no mundo como um *Não*, e é efetivamente como um Não que o escravo vê de saída seu amo, ou o prisioneiro tentando fugir vê a sentinela que o vigia. Existem inclusive homens (guardiães, vigilantes, carcereiros, etc.) cuja realidade social é unicamente a do Não e viverão e morrerão sem ter sido outra coisa sobre a terra. Outros, por trazerem o Não na própria subjetividade, igualmente se constituem, enquanto pessoa como negação perpétua: o sentido e função do que Scheler chama de "homem de ressentimentos" é o Não. Mas existem condutas mais sutis, cuja descrição nos introduziria mais fundo na intimidade da consciência: a ironia é uma delas. Na ironia, o homem nadifica, na unidade de um só ato, aquilo mesmo que diz; faz crer para não ser acreditado; afirma para negar e nega para afirmar; cria um objeto positivo que, no entanto, não possui outro ser senão seu nada. Assim, as atitudes de negação com relação a si permitem nova pergunta: que deve ser o homem em seu ser para que lhe seja possível negar-se? Mas não se trata de tomar em sua universalidade a atitude de "negação de si". As condutas a incluir neste rótulo são variadas e correríamos o risco de só reter sua forma abstrata. Convém escolher e examinar determinada atitude que, ao mesmo tempo, seja essencial à realidade humana e de tal ordem que a consciência volte sua negação para si, em vez de dirigi-la para fora. Atitude que parece ser a *má-fé*.

Costuma-se igualá-la à mentira. Diz-se indiferentemente que uma pessoa dá provas de má-fé ou mente a si mesma. Aceitemos que má-fé seja mentir a si mesmo, desde que imediatamente se faça distinção entre mentir a si mesmo e simplesmente mentir. Admitimos que a mentira é uma atitude negativa. Mas esta negação não recai sobre a consciência, aponta só para o transcendente. A essência da mentira, de fato, implica que o mentiroso esteja completamente a par da verdade que esconde. Não se mente sobre o que se ignora; não se mente quando se difunde em erro do qual se é vítima; não se mente quando se está equivocado. O ideal do mentiroso seria, portanto, uma consciência cínica, que afirmasse em si a verdade, negando-a em suas palavras e negando para si mesma esta negação. Mas essa dupla atitude negativa recai em um transcendente: o fato enunciado é transcendente, porque não existe, e a primeira negação incide sobre uma *verdade*, ou seja, um tipo particular de transcendência. Quanto à negação íntima que opero correlativamente à afirmação da verdade para mim, recai em *palavras*, isto é, sobre um acontecimento do mundo. Além disso, a disposição íntima do mentiroso é positiva; poderia ser objeto de um juízo afirmativo: o mentiroso pretende enganar e não tenta dissimular essa intenção ou mascarar a translucidez da consciência; ao contrário, refere-se a ela quando se trata de decidir condutas secundárias, exerce explicitamente um controle regulador sobre todas as atitudes. Quanto à intenção fingida de dizer a verdade ("Não queria te enganar, é verdade, juro", etc.), sem dúvida é objeto de uma negação íntima, mas também não é reconhecida pelo mentiroso como *sua* intenção. Dissimulada, imitadora, é a intenção do personagem que ele representa aos olhos de seu interlocutor – mas esse personagem, precisamente porque *não é*, é transcendente.

Assim, a mentira não põe em jogo a intraestrutura da consciência presente; todas as negações que a constituem recaem sobre objetos que, por esse fato, são expulsos da consciência; não requer, portanto, fundamento ontológico especial, e as explicações solicitadas pela existência da negação em geral são válidas sem alteração quando enganamos o outro. Sem dúvida, definimos a mentira ideal, e sem dúvida comumente o mentiroso é mais ou menos vítima de sua mentira, ficando meio persuadido por ela: mas essas formas correntes e vulgares da mentira são também adulteradas, intermediárias entre mentira e má-fé. A mentira é conduta de transcendência.

Porque mentira é fenômeno normal do que Heidegger chama de *mit-sein**. Presume minha existência, a existência do *outro*, minha existência *para* o outro e a existência do outro *para* mim. Assim, não há dificuldade em conceber o mentiroso fazendo com toda lucidez o projeto da mentira, dono de inteira compreensão da mentira e da verdade que altera. Basta que uma opacidade de princípio disfarce suas intenções para o *outro*, e este possa tomar a mentira por verdade. Pela mentira, a consciência afirma existir por natureza como *oculta ao outro*, utiliza em proveito próprio a dualidade ontológica do eu e do eu do outro.

Não pode se dar o mesmo no caso da má-fé, se esta, como dissemos, é mentir a si mesmo. Por certo, para quem pratica a má-fé, trata-se de mascarar uma verdade desagradável ou apresentar como verdade um erro agradável. A má-fé tem na aparência, portanto, a estrutura da mentira. Só que – e isso muda tudo – na má-fé eu mesmo escondo a verdade de mim mesmo. Assim, não existe neste caso a dualidade do enganador e do enganado. A má-fé implica por essência, ao contrário, a unidade de *uma* consciência. Não significa que não possa estar condicionada pelo *mit--sein*, como em geral se dá com todos os fenômenos da realidade humana, mas o *mit-sein* só pode solicitar a má-fé apresentando-se

---

* Em alemão: ser-com [N.T.].

como uma *situação* que a má-fé permite transcender; a má-fé não vem de fora da realidade humana. Não se sofre a má-fé, não nos infectamos com ela, não se trata de um *estado*. A consciência se afeta a si mesma de má-fé. São necessários uma intenção primordial e um projeto de má-fé; esse projeto encerra uma compreensão da má-fé como tal e uma apreensão pré-reflexiva (da) consciência afetando-se de má-fé. Segue-se primeiramente que aquele a quem se mente e aquele que mente são uma só e mesma pessoa, e isso significa que eu, enquanto enganador, devo saber a verdade que me é disfarçada enquanto enganado. Melhor dito, devo saber muito precisamente essa verdade, *para* poder ocultá-la de mim com o maior cuidado; e isso se dá não em dois momentos diferentes da temporalidade – o que, a rigor, permitiria restabelecer um semblante de dualidade – mas na estrutura unitária de um só projeto. Como então é possível subsistir a mentira se está suprimida a dualidade que a condiciona? A esta dificuldade se agrega outra, que deriva da total translucidez da consciência. Aquele que se afeta de má-fé deve ter consciência (de) sua má-fé, pois o ser da consciência é consciência de ser. Logo, parece que devo ser de boa-fé, ao menos no que toca a ser consciente de minha má-fé. Mas então todo o sistema psíquico se aniquila. Com efeito, se tento deliberada e cinicamente mentir a mim mesmo, fracasso completamente: a mentira retrocede e desmorona ante o olhar; fica arruinada, *por trás*, pela própria consciência de mentir-me, que se constitui implacavelmente mais aquém de meu projeto como sendo sua condição mesma. Trata-se de um fenômeno *evanescente*, que só existe na e por sua própria distinção. Decerto, tais fenômenos são frequentes, e veremos que há, de fato, uma "evanescência" da má-fé; é evidente que esta oscila perpetuamente entre a boa-fé e o cinismo. Todavia, se a existência da má-fé é bastante precária, se pertence a esse gênero de estruturas psíquicas que poderiam chamar-se "metaestáveis", nem por isso deixa de ostentar uma forma autônoma e duradoura; pode até ser o aspecto normal da vida para grande número de pessoas. Pode-se *viver* na má-fé, o que não significa que não se tenham bruscos despertares de cinismo ou boa-fé, mas sim implica um estilo de vida constante e particular. Nossa perplexidade, portanto, parece ser a maior possível, já que não podemos nem rechaçar nem compreender a má-fé.

Para escapar a essas dificuldades, costuma-se recorrer ao inconsciente. Na interpretação psicanalítica, por exemplo, usa-se a hipótese de uma censura, concebida como linha de demarcação – com alfândega, serviço de passaportes, controle de divisas etc. – de modo a restabelecer a dualidade do enganador e do enganado. O instinto – ou, se preferirmos, as tendências primordiais e os complexos de tendências constituídos por nossa história individual – representa aqui a *realidade*. O instinto não é nem *verdadeiro* nem *falso*, porque não existe *para si*. Simplesmente *é*, como esta mesa, nem verdadeira nem falsa, apenas real. Quanto às simbolizações conscientes do instinto, não devem ser tomadas por aparências, mas por fatos psíquicos reais. A fobia, o lapso, o sonho existem realmente a título de fatos de consciência concretos, assim como palavras e atitudes do mentiroso são condutas concretas e realmente existentes. Simplesmente o sujeito está diante desses fenômenos como o enganado frente às condutas do enganador: constata-os na sua realidade e deve interpretá-los. Há uma *verdade* das condutas do enganador: se o enganado pudesse vinculá-las à situação em que se acha o enganador e seu projeto de mentira, estes tornar-se-iam partes integrantes da verdade, a título de condutas mentirosas. Analogamente, há uma verdade dos atos simbólicos que o psicanalista descobre ao relacioná-los à situação histórica do paciente, aos complexos inconscientes que expressam, ao obstáculo da censura. Assim, o sujeito se engana sobre o *sentido* de suas condutas, capta-as em sua existência concreta mas não em sua *verdade*, porque não pode derivá-las de uma situação primordial e uma constituição psíquica que permanecem estranhas a ele. De fato, pela distinção entre o "Id" e o "Eu", Freud cindiu em dois a massa psíquica. *Sou* eu, mas não sou o "Id". Não tenho posição privilegiada com relação a meu psiquismo não consciente. *Sou* meus próprios fenômenos psíquicos, na medida em que os constato em sua realidade consciente: por exemplo, sou este impulso de roubar tal livro dessa vitrine, formo corpo com esse impulso, ilumino-o e me determino em função dele a cometer o roubo. Mas não *sou* esses fatos psíquicos na medida em que os recebo passivamente e sou obrigado a erguer hipóteses sobre sua origem e verdadeira significação, exatamente como o cientista conjetura sobre a natureza e essência de um fenômeno exterior: esse roubo, por exemplo, que interpreto como impulso imediato determinado pela escassez, o interesse ou o preço do livro que irei roubar, é na *verdade* um processo derivado de autopunição, mais ou menos vinculado a um complexo de Édipo. Existe, pois, uma verdade do impulso ao roubo, que só pode ser alcançada por hipóteses mais ou menos prováveis. O critério dessa verdade será a extensão dos fatos psíquicos conscientes que ela possa explicar; será também, de um ponto de vista mais pragmático, o êxito da cura psiquiátrica que venha a possibilitar. Por fim, a descoberta dessa verdade necessitará do concurso do psicanalista, *mediador* entre minhas tendências inconscientes e minha vida consciente. Somente um *outro* aparece capacitado a efetuar a síntese entre a tese inconsciente e a antítese consciente. Não posso me conhecer salvo por intermédio do outro, e isso significa que estou, em relação a *meu* "Id", na posição de *outro*. Se tenho noções de psicanálise, posso tentar, em circunstâncias particularmente favoráveis, psicanalisar--me a mim mesmo. Mas a tentativa só terá êxito se eu desconfiar de todo tipo de intuição e aplicar ao meu caso, *de fora*, esquemas abstratos e regras aprendidas. Quanto aos resultados, sejam eles obtidos por meus próprios esforços ou com o concurso de um especialista, jamais terão a certeza dada pela intuição, mas apenas a probabilidade sempre crescente das hipóteses científicas. A hipótese do complexo de Édipo, como a hipótese atômica, não passa de uma "ideia experimental"; não se distingue, como diz Pierce, do conjunto das experiências que permite realizar e dos efeitos que permite prever. Assim, a psicanálise substitui a noção de má-fé pela ideia de uma mentira sem mentiroso; permite compreender como posso não mentir a mim, mas *ser mentido*, pois me coloco, em relação a mim mesmo, na situação do outro; substitui a dualidade do enganador e do enganado, condição essencial à mentira, pela dualidade do "Id" e do "Eu", e introduz em minha subjetividade mais profunda a estrutura intersubjetiva do *mit-sein*. Tais explicações serão satisfatórias?

Considerada mais de perto, a teoria psicanalítica não é tão simples como parece à primeira vista. Não é certo que o "Id" se apresente como uma coisa em relação à hipótese do psicanalista, porque a coisa é indiferente às conjeturas que sobre ela se façam, e o "Id", ao contrário, é *tocado* por essas conjeturas ao se aproximarem da verdade. Freud, de fato, assinala resistências quando, ao final do primeiro período, o médico se acerca da verdade. Resistências que são condutas objetivas, captadas de fora: o paciente mostra desconfiança, nega-se a falar, dá informações fantasiosas sobre seus sonhos, às vezes até se esquiva à cura psicanalítica. Porém, cabe indagar que parte do paciente pode resistir assim. Não pode ser o "Eu", encarado como conjunto psíquico dos fatos de consciência: o "Eu" não poderia suspeitar, com efeito, que o psiquiatra se aproxima de seu alvo, porque está colocado ante o *sentido* de suas próprias reações exatamente como o próprio psiquiatra. No máximo, pode apreciar objetivamente o grau de probabilidade das hipóteses emitidas, como poderia fazê-lo um testemunho dessa psicanálise, conforme a extensão dos fatos subjetivos que explicam. Por outro lado, quando a probabilidade parecesse acercar-se da verdade, não poderia afligir-se com isso, porque, quase sempre, foi ele mesmo quem, por decisão *consciente*, comprometeu-se na via da terapêutica psicanalítica. Dir-se-ia que o paciente se inquieta pelas revelações cotidianas do analista e tenta esquivar-se, ao mesmo tempo que finge aos próprios olhos prosseguir na cura? Nesse caso, não se pode mais recorrer ao inconsciente para explicar a má-fé: ela está aí, em plena consciência, com suas contradições todas. Mas, por outro lado, não é assim que o psicanalista explica as resistências: para ele, são surdas e profundas, vêm de longe, têm raízes na própria coisa que se quer elucidar.

Contudo, essas resistências não poderiam emanar tampouco do complexo que se deve esclarecer. O complexo, enquanto tal, seria mais um colaborador do analista, pois tende a expressar-se na consciência clara, recorre a astúcias frente à censura e quer iludi-la. O único plano em que podemos situar a rejeição do sujeito é o da censura. Só ela pode captar as perguntas ou revelações do analista como mais ou menos próximas das tendências reais que almeja reprimir: só ela, porque é a única que *sabe* o que reprime.

Sem dúvida, se rejeitarmos a linguagem e a mitologia coisificante da psicanálise, veremos que a censura, para agir com discernimento, deve saber o que reprime. Com efeito, se renunciarmos a todas as metáforas que representam a repressão como choque de forças cegas, será preciso admitir que a censura deve *escolher* e, para escolher, deve *representar-se*. Não fosse assim, como poderia liberar impulsos sexuais lícitos e permitir que necessidades (fome, sede, sono) viessem a se expressar na consciência clara? E como explicar que possa *relaxar* sua vigilância e até ser *enganada* pelos disfarces do instinto? Mas não basta que distinga as tendências malignas; é necessário, além disso, que as apreenda como algo *que deve ser reprimido*, o que subentende, ao menos, uma representação da própria atividade. Em suma, como a censura poderia discernir impulsos reprimíveis sem ter consciência de discerni-los? Seria possível conceber um saber ignorante de si? Saber é saber que se sabe, dizia Alain. Melhor dito: todo saber é consciência de saber. Assim, as resistências do paciente encerram, em nível da censura, uma representação do reprimido enquanto tal, uma compreensão da meta à qual tendem as perguntas do analista e um ato de ligação sintética pelo qual a censura possa comparar a *verdade* do complexo reprimido e a hipótese psicanalítica que o persegue. Por sua vez, essas operações presumem que a consciência seja consciente (de) si. Mas como será essa consciência (de) si da censura? É preciso que seja consciência (de) ser consciência da tendência a reprimir, mas *para não ser consciência disso*. E que significa isso, senão que a censura deve ser de má-fé? Nada ganhamos com a psicanálise, porque ela, para suprimir a má-fé, estabeleceu entre inconsciente e consciência uma consciência autônoma e de má-fé. Seus esforços para estabelecer uma verdadeira dualidade – e mesmo uma trindade (Es, Ich, Ueberich, expressos pela censura*) – resultou apenas em terminologia verbal. A própria essência da ideia reflexiva de "dissimular-*se*" alguma coisa implica a unidade de um só psiquismo e, por conseguinte, uma dupla atividade no seio da unidade, tendendo, por um lado, a manter e assinalar o que deve ser ocultado, e, por outro, a repeli-lo e velá-lo; cada aspecto dessa atividade complementa o outro, ou seja, encerra-o em seu ser. Separando pela censura o consciente do inconsciente, a psicanálise não conseguiu dissociar as duas fases do ato, já que libido é um *conatus*** cego para a expressão consciente e fenômeno consciente é um resultado passivo e fraudulento: a psicanálise

---

* Em alemão: *Id, Ego* e *Superego* [N.T.].
** Mantemos a origem latina do português "conação", usado em psicologia para designar tendência consciente para atuar ou fatos da atividade (conjunto de fenômenos psíquicos tendentes à ação, como instinto, hábito, desejo, vontade) [N.T.].

apenas localizou essa dupla atividade de repulsão e atração em nível da censura. Por outro lado, para dar conta da unidade do fenômeno total (repressão da tendência que se disfarça e "passa" sob forma simbólica), falta estabelecer conexões compreensíveis entre os diferentes momentos. Como a tendência reprimida pode "disfarçar-se", já que não contém: 1º, a consciência de ser reprimida; 2º, a consciência de ter sido rechaçada por ser o que é; 3º, um projeto de disfarce? Nenhuma teoria mecânica da condensação ou transferência pode explicar modificações cuja tendência é afetada por si mesma, porque a descrição do processo de disfarce subentende um recurso velado à finalidade. Igualmente, como dar conta do prazer ou angústia que acompanham a gratificação simbólica e consciente da tendência, se a consciência não inclui, mais além da censura, uma compreensão obscura do fim a alcançar, enquanto simultaneamente desejado e proibido? Por rejeitar a unidade consciente do psíquico, Freud viu-se obrigado a subentender por toda parte uma unidade mágica religando os fenômenos à distância e sobre os obstáculos, tal como a participação primitiva une a pessoa enfeitiçada e a figurinha de cera talhada à sua imagem. O *trieb** inconsciente, por participação, é afetado pelo caráter de "reprimido" ou "maldito" que por ele se estende, o colore e provoca magicamente suas simbolizações. Igualmente, o fenômeno consciente é todo colorido por seu sentido simbólico, ainda que não possa apreendê-lo por si e em clara consciência. Mas, à parte sua inferioridade de princípio, a explicação pela magia não suprime a coexistência – em nível do inconsciente, da censura e da consciência – de duas estruturas contraditórias e complementares, que se misturam e se destroem reciprocamente. Hipostasiou-se e "coisificou-se" a má-fé, sem evitá-la. Isso levou um psiquiatra vienense, Stekel, a livrar-se da obediência psicanalítica e escrever em *A mulher frígida*: "Toda vez que pude levar o bastante longe minhas investigações, comprovei que o núcleo da psicose era consciente". Além disso, os casos a que alude em sua obra testemunham uma má-fé patológica de que o freudianismo não daria conta. Trata-se, por exemplo, de mulheres que se tornaram frígidas por decepção conjugal, ou seja, lograram mascarar o prazer buscado pelo ato

---

* Em psicanálise: pulsão instintiva. Sartre escreve *triebe* [N.T.].

sexual. Note-se, em primeiro lugar, que não se trata de dissimular complexos profundamente soterrados em trevas semifisiológicas, mas condutas objetivamente verificáveis que elas não podem deixar de constatar quando as realizam: frequentemente, de fato, o marido revela a Stekel que sua mulher deu sinais objetivos de prazer, os quais a mulher, interrogada, empenha-se veementemente em negar. Trata-se de atividade de alheamento. Do mesmo modo, confissões que Stekel sabe provocar ensinam que essas mulheres patologicamente frígidas se empenham em abstrair-se de antemão do prazer que temem: muitas, por exemplo, no ato sexual, desviam seus pensamentos para ocupações cotidianas, fazem contas domésticas. Como é possível falar aqui em inconsciente? Mas se a mulher frígida *alheia* sua consciência do prazer que experimenta, não faz isso cinicamente e de pleno acordo consigo mesma, mas *para provar a si* ser frígida. Estamos sem dúvida ante um fenômeno de má-fé, porque os esforços tentados para não aderir ao prazer experimentado pressupõem o reconhecimento de que o prazer foi experimentado e que, precisamente, esses esforços o implicam *para negá-lo*. Mas não mais estamos no terreno da psicanálise. Assim, de um lado, a explicação pelo inconsciente, por romper com a unidade psíquica, não poderia dar conta de fenômenos que à primeira vista parecem dela depender. E, de outro, existe uma infinidade de condutas de má-fé que negam explicitamente tal explicação, porque sua essência requer que só possam aparecer na translucidez da consciência. Reencontramos, intato, o problema que tentávamos eludir.

II
AS CONDUTAS DE MÁ-FÉ

Se quisermos sair dessa dificuldade, convém examinar mais de perto condutas de má-fé e tentar uma descrição que talvez nos permita estabelecer com mais nitidez as condições de possibilidade de má-fé, ou seja, responder à questão inicial: "Que há de ser o homem em seu ser para poder ser de má-fé?"

Eis, por exemplo, o caso de uma mulher que vai a um primeiro encontro. Ela sabe perfeitamente as intenções que o homem que lhe fala tem a seu respeito. Também sabe que, cedo ou tarde, terá de tomar uma decisão. Mas não quer sentir a urgência disso: atém-se apenas ao que de respeitoso e discreto oferece a atitude do companheiro. Não a apreende como tentativa de estabelecer os chamados "primeiros contatos", ou seja, não quer ver as possibilidades de desenvolvimento temporal apresentadas por essa conduta: limita-a ao que é no presente, só quer interpretar nas frases que ouve o seu sentido explícito, e se lhe dizem "eu te amo muito", despoja a frase de seu âmago sexual: vincula aos discursos e à conduta de seu interlocutor significações imediatas, que encara como qualidades objetivas. O homem que fala parece sincero e respeitoso, como a mesa é redonda ou quadrada, o revestimento de parede azul ou cinzento. E qualidades assim atribuídas à pessoa a quem ouve são então fixadas em uma permanência coisificante que não passa de projeção do estrito presente no fluxo temporal. A mulher não se dá conta do que deseja: é profundamente sensível ao desejo que inspira, mas o desejo nu e cru a humilharia e lhe causaria horror. Contudo, não haveria encanto algum em um respeito que fosse apenas respeito. Para satisfazê-la, é necessário um sentimento que se dirija por inteiro à sua *pessoa*, ou seja, à sua liberdade plenária, e seja reconhecimento de sua liberdade. Mas é preciso, ao mesmo tempo, que tal sentimento seja todo inteiro desejo, quer dizer, dirija-se a seu corpo como objeto. Portanto, desta vez ela se nega a captar o desejo como é, sequer lhe dá nome, só o reconhece na medida em que transcende para a admiração, a estima, o respeito, e se absorve inteiramente nas formas mais elevadas que produz, a ponto de já não constar delas a não ser como uma espécie de calor e densidade. Mas eis que lhe seguram a mão. O gesto de seu interlocutor ameaça mudar a situação, provocando uma decisão imediata: abandonar a mão é consentir no flerte, comprometer-se; retirá-la é romper com a harmonia turva e instável que constitui o charme do momento. Trata-se de retardar o mais possível a hora da decisão. O que acontece então é conhecido: a jovem abandona a mão, mas *não percebe* que a abandona. Não percebe porque, casualmente, nesse momento ela é puro espírito. Conduz seu interlocutor às regiões mais elevadas da especulação sentimental, fala da vida, de sua vida, mostra-se em seu aspecto essencial: uma pessoa, uma consciência.

E, entrementes, realizou-se o divórcio entre corpo e alma: a mão repousa inerte entre as mãos cálidas de seu companheiro, nem aceitante, nem resistente – uma coisa.

Diremos que essa mulher está de má-fé. Mas, em seguida, vemos que recorre a vários procedimentos para nela se manter. Desarmou as ações do companheiro, reduzindo-as a não ser mais do que são, ou seja, a existir à maneira do Em-si. Mas ela se permite desfrutar o desejo, na medida em que o apreenda como não sendo o que é, ou seja, o reconheça em sua transcendência. Por último, sem deixar de sentir profundamente a presença do próprio corpo – talvez a ponto de se abalar – ela se vê como *não sendo* o próprio corpo e o contempla do alto, como objeto passivo, com o qual podem *ocorrer* certos fatos, mas que é incapaz de provocá-los ou evitá-los, pois seus possíveis todos estão de fora. Que unidade encontramos nesses aspectos da má-fé? Certa arte de formar conceitos contraditórios, quer dizer, que unam em si determinada ideia e a negação dessa ideia. O conceito de base assim engendrado utiliza a dupla propriedade do ser humano de ser *facticidade* e *transcendência*. Na verdade, dois aspectos da realidade humana que são e devem ser muito bem coordenados. Mas a má-fé não pretende coordená-los ou superá-los em uma síntese. Para ela, trata-se de afirmar a identidade de ambos, conservando suas diferenças. É preciso afirmar a facticidade como *sendo* transcendência e a transcendência como *sendo* facticidade, de modo que se possa, no momento que captamos uma, deparar bruscamente com a outra. O protótipo das fórmulas de má-fé será dado por certas frases célebres, concebidas justamente para produzir o maior efeito, no espírito da má-fé. Por exemplo, o título de uma obra de Jacques Chardonne: "O amor é bem mais que amor". Faz-se aqui a unidade entre o amor *presente* em sua facticidade, "contato de duas epidermes", sensualidade, egoísmo, mecanismo proustiano do ciúme, luta adleriana dos sexos etc., e o amor como *transcendência*, o "rio de fogo" de Mauriac, chamado do infinito, eros platônico, surda intuição cósmica de Lawrence etc. Partimos da facticidade para nos encontrarmos de súbito – além do presente e da condição fatual do homem, além do psicológico – em plena metafísica. Ao contrário, o título de uma peça de Sarment,

Sou grande demais para mim*, que também ostenta caracteres da má-fé, nos coloca primeiro em plena transcendência para de repente nos aprisionar nos estreitos limites de nossa essência fatual. Idênticas estruturas se acham na famosa frase "ele se tornou o que era"**, ou no seu inverso não menos conhecido, "como a eternidade o transforma afinal nele mesmo"***. Claro que essas fórmulas têm apenas *aparência* de má-fé, e foram explicitamente concebidas dessa forma paradoxal para surpreender o espírito e desconcertá-lo com um enigma. Mas é exatamente esta aparência que interessa. Importa que tais fórmulas não constituam noções novas e solidamente estruturadas; ao contrário, estão construídas de forma a permanecer em perpétua desagregação e tornar possível perpétuo deslizamento do presente naturalista à transcendência e vice-versa. Nota-se, de fato, o uso que a má-fé pode fazer desses juízos tendentes a estabelecer que eu não sou o que sou. Se não fosse o que *sou*, poderia, por exemplo, encarar seriamente a crítica que me fazem, interrogar-me com escrúpulo e talvez me visse forçado a reconhecer sua verdade. Mas, precisamente, pela transcendência, escapo a tudo que sou. Sequer tenho de discutir se a censura está bem ou mal fundamentada, no sentido em que Susana diz a Fígaro: "Mostrar que tenho razão seria reconhecer que posso estar errada". Estou em um plano onde nenhuma crítica pode me atingir, pois o que verdadeiramente *sou* é minha transcendência: fujo, me liberto, deixo meus andrajos nas mãos de meu censor. Só que a ambiguidade necessária à má-fé advém da afirmação de que *sou* minha transcendência à maneira de ser da coisa. E só assim, de fato, posso me sentir livre da censura. Nesse sentido, nossa jovem purifica o desejo, livrando-o do que possa ter de humilhante, ao querer levar em conta apenas sua pura transcendência, chegando a evitar dar-lhe nome sequer. Mas, ao contrário, o "sou grande demais para mim", ao mostrar a transcendência transformada em facticidade, é fonte de infinidade de desculpas para nossos fracassos ou fraquezas. Da mesma forma, a jovem *coquette* mantém a transcendência na medida em que o respeito

---

* Em francês: *Je suis trop grand pour moi* [N.T.].
** Em francês: *Il est devenu ce qu'il était* [N.T.].
*** Verso de Mallarmé. Em francês: *Tel qu'en lui-même enfin l'éternité le change* [N.T.].

e a estima manifestados pelas condutas de seu pretendente já se acham no plano do transcendente. Mas ela detém a transcendência nesse ponto, empastando-a com toda a facticidade do presente: o respeito não é mais que respeito, transcender coagulado que já não se transcende para nada.

Porém, esse conceito metaestável de "transcendência-facticidade", embora um dos instrumentos de base da má-fé, não é único no gênero. Vamos recorrer igualmente a outra duplicidade da realidade humana: *grosso modo*, o ser-Para-si encerra complementarmente um ser-Para-outro. Quaisquer que sejam minhas condutas, sempre posso fazer convergir dois pontos de vista, meu e do outro. A conduta não apresentará exatamente a mesma estrutura em um caso e outro. Mas, como veremos, e como se pode sentir, não há entre esses dois aspectos de meu ser uma diferença de aparência, como se eu fosse a verdade de mim para mim, e o outro só possuísse de mim uma imagem deformada. A idêntica dignidade de ser que meu ser tem para o outro e para mim permite uma síntese perpetuamente desagregadora e perpétuo jogo de evasão entre Para-si e Para-outro. Viu-se também o uso que a jovem fazia de nosso ser-no-meio-do-mundo, ou seja, nossa presença inerte como objeto passivo entre outros objetos, de modo a descarregar-se de súbito das funções de seu ser-no-mundo – isto é, ser que faz com que haja um mundo ao se projetar para além do mundo, rumo às próprias possibilidades. Registrem-se, por último, as sínteses embaraçadoras que jogam com a ambiguidade nadificante dos três ek-stases temporais, afirmando ao mesmo tempo que sou o que fui (o homem que *se detém* deliberadamente em um período de sua vida e se nega a considerar as mudanças posteriores) e que não sou o que fui (o homem que, diante de recriminações e rancores, desvincula-se totalmente do passado, insistindo em sua liberdade e *re*-criação perpétua). Em todos esses conceitos, que só têm papel transitivo nos raciocínios e são eliminados da conclusão – assim como os imaginários no cálculo dos físicos – deparamos sempre com a mesma estrutura: trata-se de constituir a realidade humana como ser que é o que não é e não é o que é.

Mas que será mesmo necessário para que esses conceitos de desagregação possam ganhar ao menos uma falsa aparência de existência e aparecer um instante que seja à consciência, ainda que em processo de evanescência? Breve exame da noção de sinceridade, antítese da má-fé, será esclarecedor. Com efeito, a sinceridade mostra-se como exigência e, portanto, não é *estado*. Mas que ideal se busca nesse caso? É necessário que o homem não seja *para si* senão o que *é*. Em suma, que seja plena e unicamente o que *é*. Porém, não é precisamente a definição do Em-si, ou, se preferirmos, o princípio de identidade? Ter por ideal o ser das coisas não será confessar ao mesmo tempo que esse ser não pertence à realidade humana e o princípio de identidade, longe de ser axioma universalmente universal, não passa de princípio sintético que desfruta a universalidade apenas regional? Assim, para que conceitos de má-fé possam iludir, ainda que por um instante, e a franqueza dos "corações puros" (Gide, Kessel) possa ter valor de ideal para a realidade humana, é preciso que o princípio de identidade não represente um princípio constitutivo da realidade humana – e que a realidade humana não seja necessariamente o que é, e possa ser o que não é. Que significa isso?

Se o homem é o que é, a má-fé será definitivamente impossível, e a franqueza deixará de ser seu ideal para tornar-se seu ser. Mas o homem é o que é? E, de modo geral, como se pode *ser* o que se é, quando se é como consciência de ser? Se a franqueza ou sinceridade é valor universal, resulta que sua máxima "é preciso ser o que se é" não serve apenas de princípio regulador dos juízos e conceitos pelos quais expresso o que sou. Não formula só um ideal do conhecer, mas um ideal de *ser*; propõe como protótipo do ser uma absoluta adequação do ser consigo mesmo. Nesse sentido, é preciso que *nos façamos ser* o que somos. Mas que *somos*, afinal, se temos obrigação constante de nos fazermos ser o que somos, se nosso modo de ser é dever ser o que somos? Vejamos esse garçom. Tem gestos vivos e marcados, um tanto precisos demais, um pouco rápidos demais, e se inclina com presteza algo excessiva. Sua voz e seus olhos exprimem interesse talvez demasiado solícito pelo pedido do freguês. Afinal volta-se, tentando imitar o rigor inflexível de sabe-se lá que autômato, segurando a bandeja com uma espécie de temeridade de funâmbulo, mantendo-a em equilíbrio perpetuamente instável, perpetuamente interrompido, perpetuamente restabelecido por ligeiro movimento do braço e da mão. Toda sua conduta parece uma brincadeira. Empenha-se em encadear seus movimentos como mecanismos regidos uns pelos outros. Sua mímica e voz parecem mecanismos, e ele assume a presteza e rapidez inexorável das coisas. Brinca e se diverte. Mas brinca de quê? Não é preciso muito para descobrir: brinca de *ser* garçom. Nada de surpreendente: a brincadeira é uma espécie de demarcação e investigação. A criança brinca com seu corpo para explorá-lo e inventariá-lo, o garçom brinca com sua condição para *realizá-la*. Obrigação que não difere da que se impõe aos comerciantes: sua condição é toda feita de cerimônia, os clientes exigem que a realizem como cerimônia, existe a dança do dono da mercearia, do alfaiate, do leiloeiro, pela qual se empenham em persuadir seus clientes de que não passam de dono de mercearia, leiloeiro, alfaiate. Um vendedor que se alheia em sonhos é ofensivo para os compradores, pois já não é completamente vendedor. A cortesia exige que se circunscreva à função, assim como o soldado em posição de sentido faz-se coisa-soldado com um olhar direto, mas que nada vê, e não foi feito para ver, porque é o regulamento, e não o interesse do momento, que decide o ponto que deve fixar (o olhar "fixo a dez passos de distância"). Vemos quantas precauções são necessárias para aprisionar o homem no que é, como se vivêssemos no eterno temor de que escape, extravase e eluda sua condição. Acontece que, paralelamente, o garçom não pode ser garçom, de imediato e por dentro, à maneira que esse tinteiro *é* tinteiro, esse copo *é* copo. Não que não possa formar juízos reflexivos ou conceitos sobre sua condição. Sabe muito bem o que esta "significa": a obrigação de levantar-se às cinco, varrer o chão do café antes de abrir, ligar a cafeteira etc. Conhece os direitos contidos nessa condição: a gorjeta, direitos sindicais, etc. Mas todos esses conceitos e juízos remetem ao transcendente. São possibilidades abstratas, direitos e deveres conferidos a um "sujeito de direito". E é exatamente o sujeito que *devo ser* e não sou. Não porque não o queira ou seja outro. Sobretudo, não há medida comum entre o ser da condição e o meu. A condição é uma "representação" para os outros e para mim, o que significa que só posso sê-la *em representação*. Porém, precisamente, se represento, já não o sou: acho-me separado da condição tal como o objeto do sujeito – separado *por nada*, mas um nada que dela me isola, me impede de sê-la, me permite apenas *julgar sê-la*, ou seja, imaginar que a sou. Por isso, impregno de nada essa condição. Por mais que cumpra as funções de garçom, só posso ser garçom de forma neutralizada, como um ator interpreta Hamlet, fazendo mecanicamente *gestos típicos* de meu estado e vendo-me como garçom imaginário através desse gestual tomado como "analogon"[19]. Tento realizar o ser-Em-si do garçom, como se não estivesse justamente em meu poder conferir a meus deveres e direitos de estado seu valor e urgência, nem fosse de minha livre-escolha levantar toda manhã às cinco ou continuar deitado, com risco de ser despedido do emprego. Como se, pelo fato de manter existindo esse papel, eu não transcendesse de ponta a ponta o ser-Em-si que pretendo ser ou não me constituísse como um *mais além* de minha condição. Todavia, não resta dúvida que, em certo sentido, *sou* garçom – caso contrário, poderia designar-me diplomata ou jornalista. Porém, se o sou, não pode ser à maneira do ser-Em-si, e sim *sendo o que não sou*. Não se trata apenas, por outro lado, de condições sociais; jamais sou qualquer de minhas atitudes ou condutas. Loquaz é aquele que *brinca* de loquacidade, porque não pode *ser* loquaz: o aluno atento que quer *ser* atento, o olhar preso no professor, todo ouvidos, a tal ponto se esgota em brincar de ser atento que acaba por não ouvir mais nada. Eternamente ausente de meu corpo e meus atos, sou, a despeito de mim mesmo, aquela "divina ausência" de que fala Valéry. Não posso dizer que *sou* quem está aqui nem que não o *sou*, no sentido em que se diz "o que está em cima da mesa é uma caixa de fósforos": seria confundir meu "ser-no-mundo" com "ser-no-meio-do-mundo". Nem dizer que *sou* quem está de pé ou sentado: seria confundir meu corpo com a totalidade idiossincrática da qual é apenas uma das estruturas. Por toda parte, escapo ao ser – e, não obstante, sou.

Mais eis um modo de ser que só concerne a mim: estou triste. Essa tristeza que sou, não o serei à maneira de ser o que sou? Contudo, que será ela, senão a unidade intencional que vem reunir e animar o conjunto de minhas condutas? É o sentido desse olhar embaciado que lanço sobre o mundo, desses ombros curvados, dessa cabeça baixa, dessa flacidez que domina meu corpo todo. No entanto, sei, no exato momento que executo cada condu-

---

[19]. Cf. *L'Imaginaire*: N.R.F., 1940. Conclusão. Em português: *O imaginário*. São Paulo: Ática, 1996.

ta dessas, que poderia não executá-las. Se de repente aparecesse um estranho, ergueria a cabeça, retomando meu porte ativo e vivaz – e que sobraria de minha tristeza, senão o fato de que iria complacentemente reencontrá-la, assim que o estranho fosse embora? Por outro lado, a própria tristeza já não será uma *conduta*? Não será a consciência que se afeta de tristeza como recurso mágico contra uma situação de urgência[20]. E, mesmo nesse caso, sentir-se triste não será, sobretudo, fazer-se triste? Que assim seja, pode-se dizer. Mas, apesar de tudo, dar-se o *ser* da tristeza não será *receber* esse ser? Afinal, pouco importa de onde o receba. O fato é que uma consciência que se afeta de tristeza *é* triste, exatamente por causa disso. Mas é compreender mal a natureza da consciência: ser-triste não é um ser já feito que me dou, como posso dar um livro a um amigo. Não tenho qualificação para *me afetar de ser*. Se me faço triste, tenho de fazer-me triste de um extremo a outro de minha tristeza, não posso aproveitar o élan adquirido e deixar fluir minha tristeza sem recriá-la ou sustentá-la, à maneira de um corpo inerte que prosseguisse seu movimento depois do choque inicial: não existe inércia alguma na consciência. Se me faço triste, significa que não *sou* triste: o ser da tristeza me escapa pelo ato e no ato mesmo pelo qual me afeto dela. O ser-Em-si da tristeza infesta perpetuamente minha consciência (de) ser triste, mas como valor que não posso realizar, sentido regulador de minha tristeza, e não como sua modalidade constitutiva.

Dir-se-á que minha consciência, ao menos, *é*, qualquer que seja o objeto ou estado do qual se faça consciência? Mas como distinguir da tristeza minha consciência (de) ser triste? Não será uma coisa só? É verdade que, em certo sentido, minha consciência *é*, entendendo-se por isso que faz parte da totalidade de ser sobre a qual podem ser formulados juízos. Deve-se notar, porém, como fez Husserl, que minha consciência aparece originariamente ao outro como ausência. É o objeto sempre presente como *sentido* de todas as minhas atitudes e condutas – e sempre ausente, porque se dá à intuição do outro como perpétua questão, ou melhor, perpétua liberdade. Quando Pedro me olha, sei, sem dúvida, que me olha: seus olhos – coisas

---

20. PAUL, Hermann. *Esquisse d'une théorie des émotions*, 1939. – Em português: *Esboço de uma teoria das emoções*. Rio de Janeiro: Zahar.

do mundo – estão fixos no meu corpo – coisa do mundo: aqui está um fato objetivo, que posso dizer que *é*. Mas é também um fato *do mundo*. O sentido desse olhar já não o é, e isso me desassossega: por mais que faça – sorrisos, promessas, ameaças –, nada poderá *desprender* a aprovação, o livre-juízo que estou buscando; sei que este acha-se sempre mais além, como posso sentir em minhas próprias condutas, as quais já não possuem o caráter *operário* que mantêm com relação às coisas – e estas já não são para mim, na medida em que as relaciono a um outro, mas simples *apresentações* que aguardam ser constituídas em graciosas ou desgraciosas, sinceras ou insinceras etc., por uma apreensão sempre além de todos os meus esforços para provocá-la e que jamais será provocada, a menos que, por si, empreste a esses esforços sua força. Uma apreensão que só é na medida em que se faz provocar por si mesma pelo exterior: *que é como sua própria mediadora com o transcendente*. Assim, o fato objetivo do ser-Em-si da consciência do outro se põe para desvanecer-se em negatividade e liberdade: a consciência do outro é como não sendo: seu ser-Em-si do "aqui" e do "agora" consiste em não ser.

A consciência do outro é o que não é.

Por outro lado, minha própria consciência não me aparece em seu ser como a consciência do outro. Ela é porque se faz, pois seu ser é consciência de ser. Mas isso significa que o fazer sustenta o ser: a consciência deve ser seu próprio ser, nunca é sustentada pelo ser, mas quem sustenta o ser no seio da subjetividade – o que significa, uma vez mais, que está habitada pelo ser, mas não é o ser: *ela não é o que é*.

Nessas condições, que significa o ideal de sinceridade senão tarefa irrealizável, cujo sentido está em contradição com a estrutura de minha consciência? Ser sincero, dizíamos, é ser o que se é. Pressupõe que não sou originariamente o que sou. Mas aqui está naturalmente subentendido o "deves, logo podes" de Kant. Posso *chegar a ser* sincero: meu dever e meu esforço de sinceridade implicam nisso. Mas, precisamente, constatamos que a estrutura original do "não ser o que se é" torna impossível de antemão todo devir rumo ao ser-Em-si, ou o "ser o que se é". E essa impossibilidade não é disfarçada frente à consciência: ao contrário, é o próprio tecido de que se faz a consciência, o desassossego constante que experimentamos, nossa incapacidade de nos reconhecermos e nos constituirmos como sendo o que somos, a necessidade pela qual transcendemos o ser, a partir do momento que nos colocamos como certo ser através de um juízo legítimo, fundamentado na experiência interna ou corretamente deduzido de premissas *a priori* ou empíricas. E transcendemos o ser, não rumo a outro ser, mas rumo ao vazio, rumo ao *nada*. Então, como podemos criticar o outro por não ser sincero, ou rejubilar-nos por nossa sinceridade, já que a sinceridade se mostra ao mesmo tempo impossível? Como sequer esboçar, no discurso, na confissão, no exame de consciência, um esforço de sinceridade, destinado por essência ao fracasso, uma vez que, ao mesmo tempo que o anunciamos, temos compreensão pré-judicativa de sua inanidade? De fato, quando me examino, trata-se de determinar exatamente o que sou, de modo a decidir sê-lo sem rodeios – talvez para me pôr, em seguida, à procura de meios aptos a me modificar. Mas isso não significa que almejo me constituir como coisa? Não irei determinar o conjunto de motivos e móveis que me levaram a realizar tal ou qual ação? Ora, é o mesmo que postular um determinismo causal que constitui o fluxo de minhas consciências como série de estados físicos. Irei descobrir em mim "tendências", ainda que para me confessar envergonhado? Não será esquecer deliberadamente que se realizam com meu concurso e que não são forças da natureza, mas sou eu quem lhes confere sua eficácia com uma perpétua decisão sobre seu valor? Irei formular um juízo sobre meu caráter, minha natureza? Não será ocultar, ao mesmo tempo, aquilo que de resto já sei: julgo um passado do qual meu presente escapa por definição? Prova é que o mesmo homem que, na sinceridade, afirma ser o que, na verdade, foi, indigna-se com o rancor alheio e tenta desarmá-lo, dizendo que não será mais o que foi. Ficamos espantados e aflitos com sanções de tribunais que atingem um homem que, na sua nova liberdade, *não é mais* o culpado que era. Ao mesmo tempo, porém, exige-se desse homem que se reconheça como *sendo* esse culpado. Então, que é a sinceridade senão precisamente um fenômeno de má-fé? Não mostramos, com efeito, que a má-fé almeja constituir a realidade humana como ser que é o que não é e não é o que é?

Um homossexual tem frequentemente intolerável sentimento de culpa, e toda sua existência se determina com relação a isso. Pode-se concluir que esteja de má-fé. De fato, com frequência esse homem, sem deixar de admitir sua inclinação homossexual ou confessar uma a uma as faltas singulares que cometeu, nega-se com todas as forças a se considerar *pederasta*. Seu caso é sempre "à parte", singular; intervêm elementos de jogo, acaso, má sorte; erros passados que se explicam por certa concepção de beleza que as mulheres não podem satisfazer; deve-se ver no caso efeitos de inquieta busca, mais que manifestações de tendência profundamente enraizada etc. Decerto, um homem cuja má-fé acerca-se do cômico, uma vez que, reconhecendo os fatos que lhe imputam, nega-se a admitir a consequência que se impõe. Assim, seu companheiro, seu mais severo censor, irrita-se com essa duplicidade: o censor só cobiça uma coisa, e depois poderá até se mostrar indulgente – que o culpado se reconheça culpado, que o homossexual confesse sem rodeios, não importa se humilde ou reivindicativo: "sou um pederasta". Perguntamos: quem está de má-fé, o homossexual ou o campeão da sinceridade? O homossexual reconhece suas faltas, mas luta com todas as forças contra a esmagadora perspectiva de que seus erros o constituam como *destino*. Não quer se deixar ver como coisa: tem obscura e forte compreensão de que um homossexual não é homossexual como esta mesa é mesa ou este homem ruivo é ruivo. Acredita escapar a todos os erros, desde que os coloque e os reconheça; melhor ainda: a duração psíquica, por si, exime-o de cada falta, constitui um porvir indeterminado, faz com que renasça como novo. Estará errado? Não reconhece, por si mesmo, o caráter singular e irredutível da realidade humana? Sua atitude encerra, portanto, inegável compreensão da verdade. Ao mesmo tempo, porém, tem necessidade desse perpétuo renascer, dessa constante evasão para viver: precisa colocar-se constantemente fora de alcance para evitar o terrível julgamento da coletividade. Assim, joga com a palavra ser. Teria razão realmente se entendesse a frase "não sou pederasta" no sentido de que "não sou o que sou", ou seja, se declarasse: "Na medida em que uma série de condutas se define como condutas de pederasta e que assumi tais condutas, sou pederasta. Na medida em que a realidade humana escapa a toda definição por condutas, não sou". Mas o homossexual se desvia dissimuladamente para outra acepção da palavra "ser": entende "não ser" no sentido de "não ser em si". Declara "não sou pederasta" no sentido em que esta mesa não é um tinteiro. Está de má-fé.

Mas o campeão da sinceridade não ignora a transcendência da realidade humana e sabe, se necessário, reivindicá-la em proveito próprio. Até a ela recorre e a coloca na sua exigência presente: por acaso não almeja, em nome da sinceridade – logo, da liberdade –, que o homossexual se volte para si e se reconheça homossexual? Não dá a entender que tal confissão atrairá para si a indulgência? Que significa isso, senão que o homem que se reconhece homossexual já não será *o mesmo* homossexual que ele identifica como tal? Por isso, ele fugirá para a região da liberdade e da boa vontade. Exige-se, portanto, que seja o que é para não mais ser o que é. Esse o sentido profundo da frase "Pecado confessado, metade perdoado". Exige do culpado que se constitua como coisa, exatamente para não mais tratá-lo como coisa. Contradição constitutiva da exigência de sinceridade. De fato, quem não vê o que há de ofensivo para o outro e tranquilizador para mim em uma frase como "bah! é um pederasta", que cancela de um golpe uma inquietante liberdade e, doravante, pretende constituir todos os atos do outro como consequências a fluir rigorosamente de sua essência? Contudo, é o que o censor exige da vítima: que se constitua enquanto coisa, entregue sua liberdade como um feudo, para em seguida devolvê-la, tal como o soberano faz com seu vassalo. O campeão da sinceridade, na medida em que almeja se tranquilizar, quando pretende julgar, e exige que uma liberdade, enquanto liberdade, constitua-se como coisa, está de má-fé. Trata-se apenas de um episódio dessa luta mortal das consciências, que Hegel denomina "relação de amo e escravo". Dirigimo-nos a uma consciência para exigir, em nome de sua natureza de consciência, que se destrua radicalmente como consciência, fazendo-a aguardar, para depois dessa destruição, um renascer.

Que seja, pode-se dizer. Mas nosso homem abusa da sinceridade para torná-la uma arma contra o outro. Não se deve buscar sinceridade nas relações do *mit-sein*, mas onde aparece pura, nas relações da pessoa consigo mesma. Porém, quem não vê que a sinceridade objetiva se faz da mesma maneira? Quem não vê que o homem sincero se constitui como coisa exatamente a fim de escapar dessa condição de coisa pelo próprio ato de sinceridade? O homem que se confessa malvado trocou sua inquietante "liberdade-para-o-mal" por um caráter inanimado de malvado: ele *é* mal, adere a si, é o que é. Mas, ao mesmo tempo, evade-se dessa *coisa*, pois é ele que a contempla e dele depende mantê-la ante seus olhos ou deixá-la desmoronar-se em uma infinidade de atos particulares. Extrai um *mérito* de sua sinceridade – e um homem digno já não é mau enquanto mau, mas enquanto se acha mais além da maldade. Ao mesmo tempo, a maldade fica desarmada, pois nada é exceto no plano do determinismo e, ao confessá-la, coloco minha liberdade frente a si; meu porvir é virgem, tudo me é permitido. Assim, a estrutura essencial da sinceridade é igual à da má-fé, uma vez que o homem sincero se faz o que é *para não sê-lo*. Isso explica a Verdade, reconhecida por todos, de que podemos chegar à má-fé por sermos sinceros. Seria, diz Valéry, o caso de Stendhal. A sinceridade total e constante como esforço constante para aderir-se a si mesmo é, por natureza, um esforço constante para dessolidarizar-se consigo mesmo, a pessoa se liberta de si pelo próprio ato pelo qual se faz objeto para si. Inventariar perpetuamente o que se é equivale a renegar-se a si e refugiar-se em uma esfera onde nada mais se é que um olhar puro e livre. A má-fé, dizíamos, tem por objetivo colocar-se fora de alcance; é fuga. Vemos agora ser necessário usar os mesmos termos para definir a sinceridade. E então?

Acontece que, em última instância, o objetivo da sinceridade e o da má-fé não são tão diferentes assim. Decerto, há uma sinceridade que se refere ao passado e não nos interessa aqui: sou sincero se confesso *ter tido* tal ou qual prazer ou intenção. Veremos que, se tal sinceridade é possível, deve-se ao fato de, em sua queda no passado, o ser do homem se constituir como ser-Em-si. Mas só nos interessa agora a sinceridade que visa a si mesma na imanência presente. Qual seu objetivo? Fazer com que eu confesse o que sou para coincidir finalmente com meu ser; em suma, fazer-me à maneira do Em-si o que sou à maneira do "não ser o que sou". Seu postulado é que, no fundo, já sou à maneira do Em-si o que hei de ser. Assim, encontramos no fundo da sinceridade um incessante jogo de espelho e reflexo, perpétuo trânsito do ser que é o que é ao ser que não é o que é – e, inversamente, do ser que não é o que é ao ser que é o que é. E qual o objetivo da má-fé? Fazer com que eu seja o que sou, à maneira do "não ser o que se é", ou não ser o que sou, à maneira do "ser o que se é". Deparamos aqui com o mesmo jogo de espelhos. De fato, para que haja intenção de sinceridade, é preciso que, originariamente e ao mesmo tempo, eu seja e não seja o que sou. A sinceridade não determina uma maneira de ser ou qualidade particular, mas, devido a essa qualidade, almeja a me fazer passar de um modo de ser a outro. Este segundo modo de ser, ideal da sinceridade, acha-se por natureza fora de meu alcance; e, no momento em que me empenho em alcançá-lo, tenho a compreensão obscura e pré-judicativa de que não o alcançarei. Mas, igualmente, para poder sequer conceber uma intenção de má-fé, preciso, por natureza, escapar ao meu ser no meu ser. Se eu fosse um homem triste ou covarde assim como esse tinteiro é tinteiro, sequer seria concebível a possibilidade de má-fé. Não apenas não poderia escapar ao meu ser, como sequer poderia imaginar poder escapar. Mas, se a má-fé é possível, a título de simples projeto, é porque, justamente, não há diferença tão aguda entre ser e não ser, quando se trata de meu ser. A má-fé só é possível porque a sinceridade é consciente de errar seu objetivo por natureza. Não posso tentar me captar como *não sendo covarde*, sendo-o, a menos que este "ser covarde" esteja sendo "colocado em questão" no mesmo momento em que é, a menos que ele próprio seja *uma* questão, a menos que, no mesmo momento em que quero captá-lo, escape-me por todo lado e se nadifique. A condição para poder tentar um esforço de má-fé é que, em certo sentido, eu *não seja* esse covarde que não quero ser. Mas se *eu não fosse* covarde, à maneira simples do não-ser-o-que-não-se-é, seria "de boa-fé" ao declarar não ser covarde. Assim, é preciso, além disso, que eu seja de alguma maneira esse covarde inapreensível e evanescente que não sou. Não se entenda com isso que eu deva ser "um pouco" covarde, no sentido de que "um pouco" significa "covarde até certo ponto e não covarde até certo ponto". Não: devo ser e não ser covarde a cada vez, totalmente e em todos os aspectos. Assim, neste caso, a má-fé exige que eu não seja o que sou, quer dizer, que haja uma diferença imponderável a separar o ser do não ser no modo de ser da realidade humana. Mas a má-fé não se limita a negar qualidades que possuo, a não ver o ser que sou: tenta também me constituir como sendo o que não sou. Capta-me positivamente, como corajoso, não o sendo. E isso só é possível, repetimos, se eu for o que não sou, ou seja, se o não ser, em mim, não tiver ser sequer a título de não ser. Sem dúvida, é necessário que eu *não seja* corajoso, senão a má-fé já não seria uma fé *má*. Mas, além disso, é preciso que meu esforço de má-fé encerre a compreensão ontológica de que, mesmo no modo habitual de meu ser, aquilo que *sou* não o sou verdadeiramente, e não há tal diferença entre o ser de "ser-triste", por exemplo – o que *sou* à maneira do não ser o que sou –, e o "não ser" do não ser-corajoso que busco dissimular. Além do que, e sobretudo, é preciso que a própria negação de ser seja objeto de perpétua nadificação, que o próprio sentido do "não ser" fique sendo perpetuamente questionado na realidade humana. Se eu *não fosse* corajoso, da mesma forma como este tinteiro não é mesa, quer dizer, se estivesse isolado em minha covardia, cravado nela, incapaz de relacioná-la com seu contrário; se eu não fosse capaz de *me determinar* como covarde, ou seja, negar em mim a coragem, escapando assim à covardia no próprio momento em que a coloco; se não me fosse por princípio *impossível* coincidir com meu *não-ser-corajoso*, tanto como com meu *ser-covarde*, todo projeto de má-fé me estaria vedado. Assim, para que a má-fé seja possível, é necessário que a própria sinceridade seja de má-fé. A condição de possibilidade da má-fé é que a realidade humana, em seu ser mais imediato, na intraestrutura do *cogito* pré-reflexivo, seja o que não é e não seja o que é.

III
A "FÉ" DA MÁ-FÉ

Até agora só indicamos as condições que tornam concebível a má-fé, as estruturas de ser que permitem formar conceitos de má-fé. Não podemos nos limitar a isso: ainda não distinguimos a má-fé da mentira: os conceitos anfibológicos descritos poderiam, sem dúvida, ser usados por um mentiroso para desconcertar seu interlocutor, ainda que sua anfibolia, fundada sobre o ser do homem e não em qualquer circunstância empírica, possa e deva transparecer a todos. O verdadeiro problema da má-fé decorre, evidentemente, do fato de que a má-fé é *fé*. Não pode ser mentira cínica nem evidência, sendo a evidência possessão intuitiva do objeto. Mas, se denominamos crença a adesão do ser ao seu objeto, quando este não está dado ou é dado indistintamente, então a má-fé é crença, e o problema essencial da má-fé um problema de crença. Como podemos crer de má-fé em conceitos que forjamos expressamente para nos persuadir? Observe-se, com efeito, que o projeto de má-fé deve ser ele próprio de má-fé: não sou de má-fé apenas ao fim do meu esforço, depois de ter construído meus conceitos anfibológicos e deles me persuadir. Para dizer a verdade, não me persuadi: na medida em que pude estar persuadido, estive assim sempre. Foi preciso que, no momento mesmo em que me dispus a me fazer de má-fé, já fosse de má-fé com relação a essas próprias disposições. Se eu as representasse como de má-fé, seria cinismo; acreditá-las sinceramente inocentes teria sido de boa-fé. A decisão de ser de má-fé não ousa dizer seu nome, acredita-se e não se acredita de má-fé. E, desde a aparição da má-fé, decide ela mesma sobre toda atitude ulterior e, em certo modo, sobre a *Weltanschauung** da má-fé. Porque a má-fé não conserva as normas e critérios da verdade tal como aceitos pelo pensamento crítico de boa-fé. De fato, o que ela decide inicialmente é a natureza da verdade. Com a má-fé aparecem uma verdade, um método de pensar, um tipo de ser dos objetos; e esse mundo de má-fé, que de pronto cerca o sujeito, tem por característica ontológica o fato de que, nele, o ser é o que não é e não é o que é. Em consequência, surge um tipo singular de evidência: a evidência *não persuasiva*. A má-fé apreende evidências, mas está de antemão resignada a não ser preenchida por elas, não ser persuadida e transformada em boa-fé: faz-se humilde e modesta, não ignora – diz – que fé é decisão, e que, após cada intuição, é preciso decidir e *querer aquilo que é*. Assim, a má-fé, em seu projeto primitivo, e desde sua aparição, decide sobre a natureza exata de suas exigências, delineia-se inteira na resolução de *não pedir demais*, dá-se por satisfeita quando mal persuadida, força por decisão suas adesões a verdades incertas. Esse projeto inicial de má-fé é uma decisão de má-fé sobre a natureza da fé. Entendamos bem que não se trata de uma deci-

---

* Em alemão: mundividência, cosmovisão [N.T.].

são reflexiva e voluntária, e sim de uma determinação espontânea de nosso ser. *Fazemo-nos* de má-fé como quem adormece e somos de má-fé como quem sonha. Uma vez realizado esse modo de ser, é tão difícil sair dele quanto alguém despertar a si próprio: a má-fé é um tipo de ser no mundo, como a vigília ou o sonho, e tende por si a perpetuar-se, embora sua estrutura seja do tipo *metaestável*. Mas a má-fé é consciente de sua estrutura e tomou precauções, decidindo que a estrutura metaestável era a estrutura do ser e a não persuasão a estrutura de todas as convicções. Resulta, portanto, que se a má-fé é fé e implica seu primeiro projeto sua própria negação (determina-se a estar mal persuadida para persuadir-se de que sou o que não sou), é preciso que, em sua origem, seja possível uma fé que queira estar mal convencida. Quais as condições dessa fé?

Creio que meu amigo Pedro tem amizade por mim. Creio de *boa-fé*. Creio e não tenho intuição acompanhada de evidência, pois o próprio objeto, por natureza, não se presta à intuição. *Creio*, ou seja, deixo-me levar por impulsos de confiança, decido acreditar neles e ater–me a tal decisão, levo-me, enfim, como se estivesse certo disso – e tudo na unidade sintética de uma mesma atitude. O que assim defino como boa-fé é o que Hegel denominaria o *imediato*, é a fé do carvoeiro. Hegel mostraria em seguida que o imediato atrai a mediação e que a crença, ao fazer-se *crença para si*, passa ao estado de não crença. Se *creio* que meu amigo Pedro gosta de mim, significa que sua amizade me aparece como sendo o sentido de todos os seus atos. A crença é uma consciência particular *do sentido* dos atos de Pedro. Mas se eu sei que creio, a crença me surge como pura determinação subjetiva, sem correlato exterior. É o que faz da própria palavra "crer" um termo indiferentemente usado para indicar a inquebrantável firmeza da crença ("Meu Deus, creio em ti") e seu caráter inerme e estritamente subjetivo ("Pedro é meu amigo? Não sei: creio que sim"). Mas a natureza da consciência é de tal ordem que, nela, o mediato e o imediato são um único e mesmo ser. Crer é saber que se crê, e saber que se crê é já não crer. Assim, crer é já não crer, porque nada mais é senão crer, na unidade de uma mesma consciência não tética de si. Decerto, forçamos aqui a descrição do fenômeno ao designá-lo com a palavra *saber*; a consciência não tética não é *saber*; mas, por sua própria translucidez, acha-se na origem de todo saber. Assim, a consciência não tética (de) crer é destruidora da crença. Mas, ao mesmo tempo, a própria lei do *cogito* pré-reflexivo implica que o ser do crer deva ser a consciência de crer. Assim, a crença é um ser que se coloca em questão em seu próprio ser, só pode realizar-se destruindo-se, só pode manifestar-se a si negando-se – um ser para o qual ser é aparecer, e, aparecer, negar-se. Crer é não crer. Vê-se a razão disso: o ser da consciência consiste em existir por si, logo, em fazer-se ser e, com isso, superar-se. Nesse sentido, a consciência é perpetuamente fuga a si, a crença se converte em não crença, o imediato em mediação, o absoluto em relativo e o relativo em absoluto. O ideal da boa-fé (crer no que se crê) é, tal como o da sinceridade (ser o que se é), um ideal de ser-Em-si. Toda crença é crença insuficiente: não se crê jamais naquilo que se crê. E, por conseguinte, o projeto primitivo da má-fé não passa da utilização dessa autodestruição do fato da consciência. Se toda crença de boa-fé é uma impossível crença, há agora lugar para toda crença impossível. Minha incapacidade de *crer* que sou corajoso já não me aborrecerá, pois, justamente, nenhuma crença pode crer jamais o suficiente. Definirei então como *minha* crença essa crença impossível. Sem dúvida, não poderia dissimular para mim o fato de que creio para não crer e não creio *para* crer. Mas a sutil e total nadificação da má-fé por ela mesma não poderia me surpreender: existe no fundo de toda fé. E então? No momento em que quero *crer*-me corajoso, *sei* que sou covarde? E essa certeza viria a destruir minha crença? Mas, *primeiramente*, não *sou* mais corajoso que covarde, entendendo-se isso ao modo de ser do Em-si. Em segundo lugar, não *sei* que sou corajoso; tal apreensão de mim só pode ser acompanhada de *crença*, pois ultrapassa a pura certeza reflexiva. Em terceiro lugar, é certo que a má-fé não chega a crer no que almeja crer. Mas precisamente enquanto aceitação do não crer no que se crê é que ela é de má-fé. A boa-fé quer escapar do "não-crer-no-que-se-crê" refugiando-se no ser; a má-fé escapa ao ser refugiando-se no "não-crer-no-que-se-crê". A má-fé desarmou de antemão toda crença, as que pretende adquirir e, ao mesmo tempo, as demais, de que quer fugir. Ao *querer* tal autodestruição da crença, da qual a ciência se evade rumo à evidência, a má-fé arruína as crenças que se lhe opõem e se revelam também como não sendo senão crença. Assim, podemos compreender melhor o fenômeno primeiro da má-fé.

Na má-fé, não há mentira cínica nem sábio preparo de conceitos enganadores. O ato primeiro de má-fé é para fugir do que não se pode fugir, fugir do que se é. Ora, o próprio projeto de fuga revela à má-fé uma desagregação íntima no seio do ser, e essa desagregação é o que ela almeja ser. Para dizer a verdade, as duas atitudes imediatas que podemos adotar frente ao nosso ser acham-se condicionadas pela própria natureza desse ser e sua relação imediata com o Em-si. A boa-fé busca escapar à desagregação íntima de meu ser rumo ao Em-si que deveria ser e não é. A má-fé procura fugir do Em-si refugiando-se na desagregação íntima de meu ser. Mas essa própria desagregação é por ela negada, tal como nega ser ela mesma de má-fé. Ao fugir pelo "não–ser-o-que-se-é" do Em-si que não sou, à maneira de ser o que não se é, a má-fé, que se nega como má-fé, visa o Em-si que não sou, à maneira do "não-ser-o-que-não-se-é"[21]. Se a má-fé é possível, deve-se a que constitui a ameaça imediata e permanente de todo projeto do ser humano, ao fato de a consciência esconder em seu ser um permanente risco de má-fé. E a origem desse risco é que a consciência, ao mesmo tempo e em seu ser, é o que não é e não é o que é. À luz dessas observações, podemos abordar agora o estudo ontológico da consciência, na medida em que não é a totalidade do ser humano, mas o núcleo instantâneo deste ser.

---

21. Embora seja indiferente ser de boa ou má-fé, porque a má-fé alcança a boa-fé e desliza pela própria origem de seu projeto, não significa que não se possa escapar radicalmente da má-fé. Mas isso pressupõe uma reassunção do ser deteriorado por si mesmo, reassunção que denominaremos autenticidade e cuja descrição não cabe aqui.

SEGUNDA PARTE
O ser-para-si

CAPÍTULO 1
ESTRUTURAS IMEDIATAS DO PARA-SI

I
Presença a Si

A negação nos remeteu à liberdade, esta à má-fé, e a má-fé ao ser da consciência como sua condição de possibilidade. Convém, portanto, à luz das exigências que estabelecemos nos capítulos precedentes, retomar a descrição que tínhamos tentado na introdução desta obra; ou seja, é necessário voltar ao terreno do *cogito* pré-reflexivo. Mas o *cogito* só nos entrega aquilo que pedimos. Descartes o havia questionado em seu aspecto funcional: *"Eu duvido, eu penso"*. E, por querer passar sem fio condutor desse aspecto funcional à dialética existencial, caiu no erro substancialista. Alertado por esse erro, Husserl permaneceu receosamente no plano da descrição funcional. Por isso, nunca ultrapassou a pura descrição da aparência enquanto tal, encerrou-se no *cogito*, e merece ser chamado, apesar de seus protestos, mais de fenomenista que de fenomenólogo; e seu fenomenismo beira a toda hora o idealismo kantiano. Heidegger, querendo evitar tal fenomenismo descritivo, que conduz ao isolamento megárico e antidialético das essências, aborda diretamente a analítica existencial, sem passar pelo *cogito*. Mas o *Dasein*, por ter sido privado desde a origem da dimensão da consciência, jamais poderá reconquistar essa dimensão. Heidegger dota a realidade humana de uma compreensão de si, que define como "pro-je-to ek-stático" de suas próprias possibilidades. E não entra em nossos propósitos negar a existência desse projeto. Mas que seria uma compreensão que, em si, não fosse consciência (de) compreensão? Esse caráter ek-stático da realidade humana recai em um Em-si coisista e cego se não surge da consciência de ek-stase. Para falar a verdade, é preciso partir do *co-*

gito, mas cabe dizer, parodiando uma fórmula célebre, que o *cogito* nos conduz, mas na condição de que possamos deixá-lo. Nossas precedentes indagações, que recaíam sobre as condições de possibilidade de certas condutas, não tinham outro objetivo senão nos colocar em condições de interrogar o cogito sobre seu ser e nos fornecer o instrumento dialético que nos permitisse encontrar no próprio *cogito* o meio de escaparmos da instantaneidade rumo à totalidade de ser que constitui a realidade humana. Voltemos, pois, à descrição da consciência não tética (de) si, examinemos seus resultados e indaguemos que significa, para a consciência, a necessidade de ser o que não é e não ser o que é.

"O ser da consciência – escrevíamos na Introdução – é um ser para o qual, em seu ser, está em questão o seu ser". Significa que o ser da consciência não coincide consigo mesmo em uma adequação plena. Essa adequação, que é a do Em-si, expressa-se por uma fórmula simples: o ser é o que é. Não há no Em-si uma só parcela de ser que seja distância com relação a si. Não há, no ser assim concebido, o menor esboço de dualidade: é o que queremos expressar dizendo que a densidade de ser do Em-si é infinita. É o pleno. O princípio de identidade pode ser chamado sintético, não apenas porque limita seu alcance a uma região definida do ser, mas sobretudo porque reúne em si o infinito da densidade. "A é A" significa: A existe sob uma compressão infinita, em uma densidade infinita. A identidade é o conceito-limite da unificação; não é verdade que o Em-si necessite de uma unificação sintética de seu ser: no extremo limite de si mesma, a unidade se dissipa e passa à identidade. O idêntico é o ideal do uno, e o uno vem ao mundo pela realidade humana. O Em-si é pleno de si mesmo, e não poderíamos imaginar plenitude mais total, adequação mais perfeita do conteúdo ao continente: não há o menor vazio no ser, a menor fissura pela qual pudesse deslizar o nada.

A característica da consciência, ao contrário, é ser uma descompressão de ser. Impossível, de fato, defini-la como coincidência consigo mesma. Desta mesa, posso dizer que é pura e simplesmente *esta* mesa. Mas, de minha crença, não posso me limitar a dizer que é crença: minha crença é consciência (de) crença. Costuma-se afirmar que o olhar reflexivo altera o fato de consciência ao qual se dirige. O próprio Husserl admite que o fato de "ser vista" acarreta para cada

"Erlebnis" uma modificação total. Mas supomos ter mostrado que a condição primordial de toda reflexibilidade é um *cogito* pré-reflexivo. Decerto, esse *cogito* não posiciona objeto algum, permanece intraconsciente. Mas nem por isso deixa de ser homólogo ao *cogito* reflexivo, na medida em que aparece como sendo a necessidade primordial que tem a consciência irrefletida de ser vista por si mesma; comporta originariamente, portanto, esse caráter dirimente de existir para um testemunho, embora esse testemunho para o qual a consciência existe seja ela mesma. Assim, pelo simples fato de minha crença ser captada como crença, *já não é apenas crença*, ou seja, já não é mais crença: é crença perturbada. Assim, o juízo ontológico "a crença é consciência (de) crença" não pode em nenhuma hipótese ser tomado como juízo de identidade: o sujeito e o atributo são radicalmente diferentes, embora na unidade indissolúvel de um mesmo ser.

Que assim seja, dir-se-á, mas, pelo menos, deve-se observar que consciência (de) crença é consciência (de) crença. Reencontramos neste nível a identidade do Em-si. Tratar-se-ia apenas de escolher convenientemente o plano em que captaríamos nosso objeto. Mas não é verdade: afirmar que consciência (de) crença é consciência (de) crença é dissociar consciência e crença, suprimir o parênteses e fazer da crença um objeto para a consciência: é dar um brusco salto ao plano da reflexão. Com efeito, uma consciência (de) crença que não fosse senão consciência (de) crença deveria tomar consciência (de) si como consciência (de) crença. A crença se converteria em pura qualificação transcendente e noemática da consciência: a consciência teria liberdade de se determinar como quisesse com relação a essa crença: teria semelhança com esse olhar impassível que, segundo Victor Cousin, a consciência lança sobre os fenômenos psíquicos para iluminá-los um a um. Mas a análise da dúvida metódica tentada por Husserl pôs em relevo, claramente, o fato de que somente a consciência reflexiva pode dissociar-se daquilo que a consciência refletida coloca. Somente ao nível reflexivo se pode tentar uma ἐποχή, um colocar entre parênteses, e recusar o que Husserl denomina *mit-machen**. A

---

* Em alemão: fazer com, colaborar [N.T.].

consciência (de) crença, mesmo alterando irreparavelmente a crença, não se distingue da crença, *existe para* realizar o ato de fé. Assim, somos obrigados a admitir que a consciência (de) crença é crença. Desse modo, captamos em sua origem esse duplo jogo de remissão: a consciência (de) crença é crença, e a crença é consciência (de) crença. Em nenhuma hipótese podemos dizer que a consciência é consciência, ou que a crença é crença. Cada um dos termos remete ao outro e passa pelo outro, sendo, todavia, diferente do outro. Como vimos, nem a crença, nem o prazer, nem a alegria podem existir *antes* de ser conscientes; a consciência é a medida de seu ser; mas também é verdade que a crença, pelo próprio fato de só poder existir *perturbada*, existe desde a origem escapando de si mesma, rompendo a unidade de todos os conceitos nos quais possamos querer encerrá-la.

Assim, consciência (de) crença e crença constituem um único e mesmo ser, cuja característica é a imanência absoluta. Mas, se quisermos captá-lo, ele desliza entre os dedos e nos achamos frente a um esboço de dualidade, um jogo de reflexos, porque a consciência é reflexo (*reflet*); mas, precisamente enquanto reflexo, ela é refletidora (*réfléchissant*), e, se tentamos captá-la como refletidora, ela se desvanece e recaímos no reflexo. Esta estrutura do reflexo-refletidor desconcertou os filósofos que quiseram explicá-la por um recurso ao infinito, seja postulando, como Spinoza, uma *idea-ideae* que requer uma *idea-ideae-ideae* etc., seja, como Hegel, definindo a reversão sobre si própria como sendo o verdadeiro infinito. Mas a introdução do infinito na consciência, além de coagular e obscurecer o fenômeno, não passa de uma teoria explicativa destinada expressamente a reduzir o ser da consciência ao ser do Em-si. A existência objetiva do reflexo-refletidor, se a aceitarmos como se dá, obriga-nos, ao contrário, a conceber um modo de ser diferente do Em-si: não uma unidade que contenha uma dualidade, nem uma síntese que transcenda e capte os momentos abstratos da tese e da antítese, mas uma dualidade que *é* unidade, um reflexo que *é* sua própria reflexão. Se, com efeito, buscamos alcançar o fenômeno total, ou seja, a unidade dessa dualidade ou consciência (de) crença, somos logo remetidos a um dos termos, e esse termo, por sua vez, nos remete à organização unitária da imanência. Mas se, ao contrário, queremos partir da dualidade como tal e postular consciência e crença como uma díade, reencontramos a *idea-ideae* de Spinoza e nos perdemos do fenômeno pré-reflexivo que queremos estudar. Porque a consciência pré-reflexiva é consciência (de) si. E o que precisa ser estudado é esta noção mesma do *si*, porque define o próprio ser da consciência.

Notemos antes de tudo que é impróprio o termo Em-si, que colhemos da tradição para designar o ser transcendente. No limite da consciência consigo mesmo, com efeito, o *si* se desvanece para dar lugar ao ser idêntico. O *si* não pode ser propriedade do ser-Em-si. Por natureza, é *refletido*, como indica suficientemente a sintaxe e, em particular, o rigor lógico da sintaxe latina e as distinções estritas que a gramática estabelece entre o uso do "ejus" e do "sui"*. O *si* remete, mas remete precisamente ao *sujeito*. Indica uma relação do sujeito consigo mesmo, e essa relação é exatamente uma dualidade, mas uma dualidade particular, pois requer símbolos verbais particulares. Por outro lado, o *si* não designa o ser nem como sujeito nem como predicado. De fato, se considero o "se" de "ele se aborrece", por exemplo, constato que se entreabre para deixar surgir atrás de si o próprio sujeito. O "se" não é o sujeito, pois o sujeito sem relação consigo mesmo se condensaria na identidade do Em-si; tampouco é uma articulação consistente do real, pois deixa aparecer o sujeito por detrás. Na verdade, o *si* não pode ser apreendido como existente real: o sujeito não pode *ser* si, porque a coincidência consigo mesmo faz desaparecer o si, como vimos. Mas também não pode *não ser si*, já que o si é indicação do próprio sujeito. O *si* representa, portanto, uma distância ideal na imanência entre o sujeito e si mesmo, uma maneira de *não ser sua própria coincidência*, de escapar à identidade colocando-a como unidade; em suma, um modo de ser em equilíbrio perpetuamente instável entre a identidade enquanto coesão absoluta, sem traço de diversidade, e a unidade enquanto síntese de uma multiplicidade. É o que chamamos de *presença a si*. A lei de ser do *Para-si*, como fundamento ontológico da consciência, consiste em ser si mesmo sob a forma de presença a si.

Esta presença a si tem sido considerada comumente como uma plenitude de existência, e um preconceito muito difundido

---

* Em latim: dele (*ejus*) e si (*sui*) [N.T.].

entre os filósofos faz com que seja conferida à consciência a mais elevada dignidade de ser. Mas tal postulado não pode ser mantido depois de uma descrição mais avançada da noção de presença. Com efeito, toda *presença a* encerra dualidade, e, portanto, separação, ao menos virtual. A presença do ser a si mesmo implica um desgarramento do ser com relação a si. A coincidência do idêntico é a verdadeira plenitude do ser, justamente porque nessa coincidência não há lugar para qualquer negatividade. Sem dúvida, o princípio de identidade pode envolver o princípio de não contradição, como observou Hegel. O ser que é o que é deve poder ser o ser que não é o que não é. Mas, em primeiro lugar, esta negação, como todas as demais, vem à superfície do ser pela realidade humana, como demonstramos, e não por uma dialética própria do ser. Além disso, esse princípio só pode denotar somente as relações do ser com o *exterior*, uma vez que, justamente, regula as relações do ser com o que ele não é. Trata-se, pois, de um princípio constitutivo das *relações externas*, tais como podem aparecer a uma realidade humana presente ao ser-Em-si e engajada no mundo; não concerne às relações internas do ser; tais relações, na medida em que encerram uma alteridade, não existem. O princípio de identidade é a negação de qualquer tipo de relação no âmago do ser-Em-si. Ao contrário, a presença a si pressupõe que uma fissura impalpável deslizou pelo ser. Se o ser é presença a si, significa que não é inteiramente si. A presença é uma degradação imediata da coincidência, pois pressupõe separação. Mas, se indagarmos agora *"que é* que separa o sujeito de si mesmo?", seremos obrigados a admitir que é *nada*. Comumente, o que separa é uma distância no espaço, um lapso de tempo, uma diferença psicológica ou simplesmente a individualidade de dois copresentes – em suma, uma realidade *qualificada*. Mas, no caso que nos ocupa, *nada* pode separar a consciência (de) crença da crença, porque a crença *nada mais* é que a consciência (de) crença. Introduzir na unidade do *cogito* pré-reflexivo um elemento qualificado exterior a esse *cogito* seria romper sua unidade, destruir sua translucidez; haveria então na consciência algo do qual ela não seria consciência e que não existiria em si como consciência. A separação que separa a crença dela mesma não se deixa captar ou sequer ser concebida à parte. Se tentamos descobri-la, desvanece: deparamos com a crença enquanto pura imanência. Mas se, ao contrário, queremos captar a crença enquanto tal, acha-se aí a fissura, aparecendo quando não queremos vê-la e desaparecendo quando tentamos contemplá-la. Portanto, essa fissura é o negativo puro. A distância, o lapso de tempo, a diferença psicológica podem ser captadas em si e encerram, como tais, elementos de positividade; têm apenas uma simples *função* negativa. Mas a fissura na consciência é um nada à exceção daquilo que nega, e só pode ter e ser na medida em que não a vemos. Esse negativo que é nada de ser e conjuntamente poder nadificador é o *nada*. Em parte alguma poderíamos captá-lo com tal pureza. Em qualquer outra parte é necessário, de um modo ou de outro, conferir-lhe o ser-Em-si enquanto nada. Mas o nada que surge no âmago da consciência *não é: é tendo sido*. A crença, por exemplo, não é contiguidade de um ser com outro ser; é sua *própria* presença a si, sua própria descompressão de ser. Senão, a unidade do Para-si desmoronaria na dualidade de dois Em-si. Desse modo, o Para-si deve ser seu próprio nada. O ser da consciência, enquanto consciência, consiste em existir *à distância de si* como presença a si, e essa distância nula que o ser traz em seu ser é o Nada. Logo, para que exista um *si*, é preciso que a unidade deste ser comporte seu próprio nada como nadificação do idêntico. Pois o nada que desliza na consciência é o *seu* nada, o nada da crença como crença em si, crença cega e plena, como "fé do carvoeiro"*. O para-si é o ser que se determina a existir na medida em que não pode coincidir consigo mesmo.

Compreende-se então, ao interrogar sem fio condutor esse *cogito* pré-reflexivo, que não tenhamos *encontrado* o nada em parte alguma. Não *encontramos*, não *descobrimos* o nada à maneira pela qual podemos encontrar, descobrir um ser. O nada está sempre *em-outro-lugar*. É uma obrigação para o Para-si existir somente sob a forma de um em-outro-lugar com relação a si mesmo, existir como um ser que se afeta perpetuamente de uma inconsistência de ser. Por outro lado, esta inconsistência não remete a outro ser; não passa de uma perpétua remissão de si a si, do reflexo ao refletidor, do refletidor ao reflexo. Contudo, tal remissão não

---

* Expressão francesa proverbial designando crença sem razão, simples e ingênua [N.T.].

acarreta no âmago do Para-si um movimento infinito; é dada na unidade de um só ato: o movimento infinito só pertence ao olhar reflexivo que almeja captar o fenômeno como totalidade e se vê remetido do reflexo ao refletidor e do refletidor ao reflexo, sem poder parar. Assim, o nada é esse buraco no ser, essa queda do Em-si rumo a si, pela qual se constitui o Para-si. Mas esse nada não pode "ser tendo sido" salvo se a sua existência emprestada seja correlata a um ato nadificador do ser. Este ato perpétuo pelo qual o Em-si se degenera em presença a si é o que denominaremos ato ontológico. O nada é o ato pelo qual o ser coloca em questão seu ser, ou seja, precisamente a consciência ou Para-si. É um acontecimento absoluto que vem ao ser pelo ser e que, sem ter ser, é perpetuamente sustentado pelo ser. Estando o ser-Em-si isolado de seu ser por sua total positividade, nenhum ser pode produzir ser e nada pode chegar ao ser pelo ser, salvo o nada. O nada é a possibilidade própria do ser e sua única possibilidade. E mesmo esta possibilidade original só aparece no ato absoluto que a realiza. O nada, sendo nada de ser, só pode vir ao ser pelo próprio ser. Sem dúvida, vem ao ser por um ser singular, que é a realidade humana. Mas este ser se constitui como realidade humana na medida em que não passa do projeto original de seu próprio nada. A realidade humana é o ser, enquanto, no seu ser e por seu ser, fundamento único do nada no coração do ser.

II
FACTICIDADE DO PARA-SI

Todavia, o Para-si *é*. Pode-se dizer: é, mesmo que apenas a título de ser que não é o que é e é o que não é. É, porque, quaisquer que sejam os obstáculos que venham a fazê-lo fracassar, o projeto da sinceridade é o menos concebível. É, a título de acontecimento, no sentido em que posso dizer que Filipe II *é tendo sido*, que meu amigo Pedro é, existe; é, enquanto aparece em uma condição não escolhida por ele, na medida em que Pedro é burguês francês de 1942, que Schmitt *era* operário berlinense de 1870; *é*, enquanto lançado em um mundo, abandonado em uma "situação"; é, na medida em que é pura contingência, na medida em que, para ele, como para as coisas do mundo, como para esse muro, esta árvore, este copo, pode-se fazer a pergunta original: "Por que este ser é assim, e não de outro modo?" É, na medida em que existe nele algo do qual não é fundamento: sua *presença ao mundo*.

Esta captação do ser por si mesmo como não sendo seu próprio fundamento acha-se no fundo de todo *cogito*. É digno de nota, a esse respeito, que tal captação se revele imediatamente ao *cogito reflexivo* de Descartes. Com efeito, quando Descartes quer tirar proveito de sua descoberta, apreende a si mesmo como ser imperfeito, "porque duvida". Mas, neste ser imperfeito, constata a presença da ideia de perfeição. Portanto, capta um desnível entre o tipo de ser que pode conceber e o ser que é. Tal desnível ou falta de ser acha-se na origem da segunda prova da existência de Deus. Se, na verdade, nos descartamos da terminologia escolástica, que resta dessa prova? O sentido muito claro de que o ser que possui em si a ideia de perfeição não pode ser seu próprio fundamento, pois, se o fosse, teria se produzido em conformidade com essa ideia. Em outras palavras: um ser que fosse seu próprio fundamento não poderia sofrer o menor desnível entre o que ele é e o que ele concebe, pois se produziria a si conforme sua compreensão do ser e só poderia conceber-se como é. Mas esta apreensão do ser como falta de ser frente ao ser é, antes de tudo, uma captação pelo *cogito* de sua própria contingência. Penso, logo sou. Sou o quê? Um ser que não é seu próprio fundamento, um ser que, enquanto ser, poderia ser outro que não o que é, na medida em que não explica seu ser. É esta intuição primeira de nossa própria contingência que Heidegger apresenta como motivação primeira para a passagem do inautêntico ao autêntico*. É inquietude, apelo à consciência (*Ruf des Gewissens*), sentimento de culpabilidade. Para falar a verdade, a descrição de Heidegger deixa transparecer bem claro o cuidado de fundamentar ontologicamente uma Ética com a qual não pretende se preocupar, assim como de conciliar seu humanismo com o sentido religioso do transcendente. A intuição de nossa contingência não é assimilável a um sentimento de culpabilidade. Nem por isso é menos verdade que, em nossa apreensão de nós mesmos, aparecemos com caracteres de um fato injustificável.

---

* Corrigi o que certamente é erro de impressão do original, onde se lê: *de l'authentique à l'authentique* (do autêntico ao autêntico), que não faz sentido [N.T.].

Mas não nos captamos, há pouco[22], como consciência – ou seja, um "ser que existe por si"? Como podemos, na unidade de um mesmo surgimento ao ser, ser este ser que existe por si como não sendo o fundamento de seu ser? Ou, em outros termos, de que modo o Para-si – que, na medida em que *é*, não é seu próprio ser, no sentido de "ser seu próprio fundamento" – pode, enquanto Para-si, ser fundamento de seu próprio nada? A resposta se encontra na própria pergunta.

Se, de fato, o ser é fundamento do nada enquanto nadificação de seu próprio ser, não significa que seja fundamento de seu ser. Para fundamentar seu próprio ser, seria necessário que existisse à distância de si, o que implicaria certa nadificação do ser fundamentado, bem como do ser que fundamenta, uma dualidade que fosse unidade: recairíamos no caso do Para-si. Em resumo, todo esforço para conceber a ideia de um ser que fosse fundamento de seu ser resulta, a despeito dele próprio, na formação da ideia de um ser que, contingente enquanto ser-Em-si, seria fundamento de seu próprio nada. O ato de causação pelo qual Deus é *causa sui* constitui um ato nadificador, como toda re-tomada de si por si mesmo, na medida exata em que a relação primeira de necessidade é uma reversão sobre si, uma reflexividade. E esta necessidade original, por sua vez, aparece sobre o fundamento de um ser contingente, precisamente aquele que *é para* ser causa de si. Quanto aos esforços de Leibniz para definir o necessário a partir do possível – definição retomada por Kant –, são concebidos do ponto de vista do conhecimento e não do ponto de vista do ser. A passagem do possível ao ser, do modo como Leibniz a concebe (o necessário é um ser cuja possibilidade pressupõe existência), marca a passagem de nossa ignorância ao conhecimento. Aqui, com efeito, possibilidade só pode ser possibilidade aos olhos de nosso pensamento, uma vez que precede a existência. É possibilidade externa com relação ao ser do qual é possibilidade, pois o ser deriva de tal possibilidade como consequência de um princípio. Mas assinalamos antes que a noção de possibilidade pode ser considerada sob dois aspectos. De fato, podemos fazê-la uma indicação subjetiva (a possibilidade de que Pe-

---

22. Cf. Introdução, parte III.

dro tenha morrido significa minha ignorância quanto ao seu destino), e, nesse caso, é o testemunho que decide sobre o possível em presença do mundo; o ser tem sua possibilidade fora de si, no puro olhar que conjetura sobre suas possibilidades de ser; a possibilidade pode perfeitamente ser-*nos* dada antes do ser, mas é dada *a nós* e não é possibilidade *deste* ser; não pertence à bola de bilhar que corre sobre o pano verde a possibilidade de ser desviada por uma prega no tecido; a possibilidade do desvio também não pertence ao tecido; só pode ser estabelecida sinteticamente por um testemunho como uma relação externa. Mas a possibilidade também pode nos aparecer como estrutura ontológica do real: aí, então, pertence a certos seres como *sua* possibilidade; é a possibilidade que eles *são*, que têm-de-ser. Nesse caso, o ser mantém no ser suas próprias possibilidades, é o fundamento dessas possibilidades, e, assim, não cabe derivar de sua possibilidade a necessidade de ser. Em uma palavra: Deus, se existe, é contingente.

Logo, o ser da consciência, na medida em que este ser é Em-si *para* se nadificar em Para-si, permanece contingente; ou seja, não pertence à consciência o direito de conferir o ser a si mesma, nem o de recebê-lo de outros. Com efeito, além do fato de que a prova ontológica, como a prova cosmológica, fracassa na intenção de constituir um ser necessário, a explicação e o fundamento de meu ser, na medida em que sou *tal* ser, não poderiam ser encontrados no ser necessário. A premissa "tudo que é contingente deve achar fundamento em um ser necessário, e eu sou contingente" assinala um desejo de fundamentar e não a vinculação explicativa a um fundamento real. De modo algum daria conta, na verdade, *desta* contingência, mas apenas da ideia abstrata de contingência em geral. Além disso, trata-se de valor e não de fato[23]. Mas, se o ser-Em-si é contingente, recupera-se a si mesmo convertendo-se em Para-si. O Em-si é, para se perder em Para-si. Em suma, o ser *é* e não pode senão ser. Mas a possibilidade própria do ser – a que se revela no ato nadificador – é ser fundamento de si como consciência pelo ato sacrifical que o nadifica; o Para-si é o Em-si que se perde como Em-si para fundamentar-se como consciência. Assim, a consciência ob-

---

[23]. Esse raciocínio se baseia explicitamente, com efeito, nas *exigências da razão*.

tém de si própria seu ser consciente e só pode remeter a si mesma, na medida em que é sua própria nadificação: mas *o que* se nadifica em consciência, sem que possamos considerá-lo fundamento da consciência, é o Em-si contingente. O Em-si não pode fundamentar nada; ele se fundamenta a si conferindo a si a modificação do Para-si. É fundamento de si na medida em que *já não é* Em-si; e deparamos aqui com a origem de todo fundamento. Se o ser-Em-si não pode ser seu próprio fundamento nem o dos outros seres, o fundamento em geral vem ao mundo pelo Para-si. Não apenas o Para-si, como Em-si nadificado, fundamenta a si mesmo, como também surge com ele, pela primeira vez, o fundamento.

Segue-se que este Em-si, tragado e nadificado no acontecimento absoluto que é a aparição do fundamento ou o surgimento do Para–si, permanece no âmago do Para-si como sua contingência original. A consciência é seu próprio fundamento, mas continua contingente o *existir* de uma consciência em vez de puro e simples Em-si ao infinito. O acontecimento absoluto, ou Para-si, é contingente em seu próprio ser. Se decifro os dados do *cogito* pré--reflexivo, comprovo, certamente, que o Para-si remete a si. Seja o que for, este si existe à maneira de consciência de ser. A sede remete à consciência de sede que ela *é*, bem como a seu fundamento – e inversamente. Mas a totalidade "refletido-refletidor", se pudesse ser dada, seria contingente e Em-si. Só que esta totalidade é inatingível, posto que não posso dizer nem que a consciência de sede é consciência de sede, nem que a sede é sede. Ela está aí, como totalidade nadificada, como unidade evanescente do fenômeno. Se apreendo o fenômeno como pluralidade, esta pluralidade se indica a si mesma como unidade totalitária e, portanto, seu sentido é a contingência; quer dizer, posso me perguntar: "Por que sou sede? Por que sou consciência desse copo? Desse Eu?" Mas, uma vez que considero esta totalidade em si mesma, ela se nadifica aos meus olhos, ela *não é*; ela é para não ser, e retorno ao Para-si captado como fundamento de si em seu esboço de dualidade: tenho esta cólera porque me produzo como consciência de cólera; suprima esta causa de si que constitui o ser do Para-si e não encontrará mais nada, sequer a "cólera-em-si", porque a cólera existe por natureza como Para-si. Assim, o Para-si acha-se sustentado por uma perpétua contingência, que ele retoma por sua conta e assimila sem poder suprimi-la jamais. Esta contingência perpetuamente evanescente do Em-si que infesta o Para-si e o une ao ser-Em-si, sem se deixar captar jamais, é o que chamaremos de *facticidade* do Para-si. É esta facticidade que nos permite dizer que ele *é*, que ele *existe*, embora não possamos jamais *alcançá-la* e a captemos sempre através do Para-si. Assinalamos anteriormente que nada podemos ser sem brincar de sê-lo[24]. "Se sou garçom – escrevíamos –, isso só pode ocorrer sob o modo de *não sê-lo*". E é verdade: se pudesse *ser* garçom, eu me constituiria subitamente como um bloco contingente de identidade. E tal não ocorre: este ser contingente e Em-si me escapa sempre. Mas, para que eu possa dar livremente um sentido às obrigações que meu estado comporta, é necessário que, em certo sentido, no âmago do Para-si como totalidade perpetuamente evanescente, seja dado o ser-Em-si como contingência evanescente de minha *situação*. É o que resulta do fato de que, se tenho de *brincar de ser* garçom para sê-lo, também seria inútil brincar de ser diplomata ou marinheiro: não o seria. Esse *fato* incaptável de minha condição, esta impalpável diferença que separa a comédia realizadora da pura e simples comédia, é o que faz com que o Para-si, ao mesmo tempo que escolhe o *sentido* de sua situação e se constitui como fundamento de si em situação, *não escolha* sua posição. É o que faz com que eu me apreenda ao mesmo tempo como totalmente responsável por meu ser, na medida em que sou seu fundamento, e, ao mesmo tempo, como totalmente injustificável. Sem a facticidade, a consciência poderia escolher suas vinculações com o mundo, da mesma forma com que, na República de Platão, as almas escolhem sua condição: eu poderia me determinar a "nascer operário" ou "nascer burguês". Mas, por outro lado, a facticidade não pode me constituir como *sendo* burguês ou *sendo* operário. Ela sequer é, propriamente falando, uma *resistência* do fato, porque eu lhe conferiria seu sentido e sua resistência ao retomá-la na infraestrutura do *cogito* pré-reflexivo. A facticidade é apenas uma indicação que dou a mim mesmo do ser que devo alcançar para ser o que sou. Impossível captá-la em sua bruta nudez, pois tudo que acharemos dela já se acha reassumido e livremente construído. O simples *fato* de

---

24. Primeira Parte, capítulo 2, seção II: as condutas de má-fé.

"estar aí", junto a esta mesa, neste aposento, já constitui o puro objeto de um conceito-limite e, como tal, não pode ser alcançado. Contudo, acha-se contido em minha "consciência de estar aí", como sua pura contingência, Em-si nadificado sobre o fundo do qual o Para-si se produz como consciência de estar aí. O Para-si, ao aprofundar-se em si como consciência de estar aí, só descobrirá *motivações*, ou seja, será perpetuamente remetido a si mesmo e sua constante liberdade (Estou aqui para... etc.). Mas a contingência que repassa tais motivações, na medida em que fundamentam totalmente si mesmas, é a facticidade do Para-si. A relação entre o Para-si, que é seu próprio fundamento enquanto Para-si, e a facticidade, pode ser chamada corretamente de necessidade de fato. E, com efeito, esta necessidade de fato é o que Descartes e Husserl apreendem como o que constitui a evidência do *cogito*. O Para-si é necessário enquanto se fundamenta a si mesmo. E, por isso, é o objeto refletido de uma intuição apodítica: não posso duvidar que sou. Mas, na medida em que esse Para-si, como tal, poderia não ser, tem toda a contingência do fato. Assim como minha liberdade nadificadora se apreende pela angústia, o Para-si é consciente de sua facticidade: tem o sentimento de sua gratuidade total, apreende-se como estando aí *para nada*, como sendo *supérfluo*.

Não se deve confundir facticidade com essa substância cartesiana cujo atributo é o pensamento. Decerto, a substância pensante só existe na medida em que pensa, e, sendo coisa criada, participa da contingência do *ens creatum*. Mas ela *é*. Conserva o caráter de Em-si em sua integridade, embora o Para-si seja seu atributo. É o que se denomina a ilusão substancialista de Descartes. Para nós, ao contrário, a aparição do Para-si, ou acontecimento absoluto, remete certamente ao esforço de um Em-si para fundamentar-*se*: corresponde a uma tentativa do ser para eliminar a contingência de seu ser: mas tal tentativa resulta na nadificação do Em-si, porque o Em-si não pode fundamentar-*se* sem introduzir o *si*, ou remissão reflexiva e nadificadora, na identidade absoluta de seu ser, e, por conseguinte, sem converter-se em *Para-si*. O Para-si corresponde, portanto, a uma destruição descompressora do Em-si, e o Em-si se nadifica e se absorve em sua tentativa de se fundamentar. Não é, pois, uma substância que tivesse por atributo o Para-si e produzisse o pensamento sem esgotar-se nesta produção. Permanece simplesmente no Para-si como uma lembrança do ser, como sua injustificável *presença ao mundo*. O ser-Em-si pode fundamentar seu nada, mas não o seu ser; em sua descompressão, nadifica-se em um Para-si que se torna, enquanto Para-si, seu próprio fundamento; mas sua contingência de Em-si permanece inalcançável. É o que *resta* de Em-si no Para-si como facticidade e é o que faz com que o Para-si só tenha uma necessidade de fato; ou seja, é o fundamento de seu *ser-consciência* ou *existência*, mas de modo algum pode fundamentar sua *presença*. Assim, a consciência não pode, de nenhuma forma, impedir-se de ser, e, todavia, é totalmente responsável pelo seu ser.

III
O Para-si e o ser do valor

Um estudo da realidade humana deve começar pelo *cogito*. Mas o "Eu penso" cartesiano está concebido em uma perspectiva instantaneísta (*instantanéiste*) da temporalidade. Pode-se encontrar no âmago do *cogito* um meio de transcender esta instantaneidade? Se a realidade humana se limitasse ao ser do "Eu penso", teria apenas uma verdade do instante. E é bem verdade que, em Descartes, trata-se de uma totalidade instantânea, já que, por si mesma, não erige qualquer pretensão quanto ao futuro, e é necessário um ato de "criação" contínua para fazê-la passar de um instante a outro. Mas é possível conceber sequer uma verdade do instante? E o *cogito* não encerra à sua maneira o passado e o futuro? Heidegger está de tal modo persuadido de que o "Eu penso" de Husserl é uma viscosa e fascinante "armadilha para cotovias" que evitou completamente recorrer à consciência em sua descrição do *Dasein*. Seu propósito é mostrá-lo imediatamente como "cura" (*souci*), ou seja, escapando a si no projeto de si rumo às possibilidades que ele *é*. É esse projeto de si fora de si que denomina "compreensão" (*Verstand*) e lhe permite estabelecer a realidade humana como "reveladora-revelada". Mas esta tentativa de mostrar *primeiro* o escapar a si do *Dasein* vai deparar, por sua vez, com dificuldades insuperáveis: não se pode suprimir *primeiro* a dimensão "consciência", nem que seja para restabelecê-la em seguida. A compreensão perde sentido se não for consciência de compreensão. Minha possibilidade só pode existir como *minha* possibilidade caso minha consciência escape de si em direção a ela. Senão, todo o sistema do ser e suas possibilidades cairá no inconsciente, ou seja, no Em-si. Eis que somos lançados de volta ao *cogito*. É preciso partir dele. Podemos ampliá-lo sem perder os benefícios da evidência reflexiva? Que nos revelou a descrição do Para-si?

Encontramos primeiro uma nadificação com a qual o ser do Para-si é afetado em seu ser. E esta revelação do nada não nos pareceu ter ultrapassado os limites do *cogito*. Mas, vejamos melhor.

O Para-si não pode manter a nadificação sem se determinar como *falta de ser*. Significa que a nadificação não coincide com uma simples introdução do vazio na consciência. Não foi um ser exterior que expulsou o Em-si da consciência, mas o próprio Para-si é que se determina perpetuamente a *não ser* Em-si. Significa que só pode fundamentar-se a partir do Em-si e contra o Em-si. Deste modo, a nadificação, sendo nadificação do ser, representa a vinculação original entre o ser do Para-si e o ser do Em-si. O Em-si concreto e real acha-se inteiramente presente no âmago da consciência como aquilo que ela se determina a não ser. O *cogito* deve nos levar necessariamente a descobrir esta presença total e inatingível do Em-si. E, sem dúvida, o fato desta presença será a própria transcendência do Para-si. Mas, precisamente, é a nadificação que origina a transcendência concebida como vínculo original entre o Para-si e o Em-si. Entrevemos assim um meio de sair do *cogito*. E veremos mais adiante, com efeito, que o sentido profundo do *cogito* é, em essência, remeter para fora de si. Mas ainda é cedo para descrever esta característica do Para-si. O que a descrição ontológica revelou imediatamente é que este ser é fundamento de si enquanto falta de ser, quer dizer, que determina seu ser por um ser que ele não é.

Todavia, há muitas maneiras de não ser, e algumas delas não dizem respeito à natureza íntima do ser que não é o que não é. Se, por exemplo, afirmo que um tinteiro não é um pássaro, tinteiro e pássaro permanecem intocados pela negação. Esta é uma relação externa que só pode ser estabelecida pelo testemunho de uma realidade humana. Ao contrário, há um tipo de negação que estabelece uma relação interna entre o que se nega e aquilo ao qual isso é negado[25]. De todas as negações internas, a que penetra mais profundamente no ser e constitui *em seu ser* o ser *ao qual* nega, juntamente com o ser negado, é a *falta de*. Esta falta não pertence à natureza do Em-si, todo positividade. Só aparece no mundo com o surgimento da realidade humana. É unicamente no mundo humano que podem haver faltas. Uma falta pressupõe uma trindade: aquilo que falta, ou o faltante (*le manquant*); aquilo ao qual falta o que falta, ou o existente; e uma totalidade que foi desagregada pela falta e seria restaurada pela síntese entre o faltante e o existente: o faltado (*le manqué*). O ser que se dá à intuição da realidade humana é sempre aquele *ao qual falta alguma coisa*, ou existente. Por exemplo: se digo que a lua não está cheia e lhe falta um quarto, formulo esse juízo sobre a intuição plena de uma lua crescente. Assim, o que se dá à intuição é um Em-si que, em si mesmo, não é nem completo nem incompleto, mas *é* simplesmente o que *é*, sem relação com outros seres. Para que este Em-si seja captado como lua crescente, é necessário que uma realidade humana transcenda o dado rumo ao projeto da totalidade alcançada – no caso, o disco da lua cheia – e em seguida retorne ao dado para constituí-lo como lua crescente, ou seja, para alcançá-lo em seu ser a partir da totalidade, que se converte em seu fundamento. E, nesse mesmo transcender, o *faltante* será posicionado como aquilo cuja adição sintética ao existente reconstituirá a totalidade sintética do faltado. Nesse sentido, o *faltante* tem a mesma natureza do existente; bastaria inverter a situação para que se convertesse em um existente ao qual falta aquilo que falta, ao passo que o existente se tornaria o faltante. Esse faltante, enquanto complemento do existente, é determinado em seu ser pela totalidade sintética do faltado. Assim, *no mundo humano*, o ser incompleto que se dá à intuição como faltante é constituído em seu ser pelo faltado – ou seja, por aquilo que ele não é; a lua cheia é que confere à lua crescente seu ser como crescente; o que não é determina o que é; encontra-se no ser do existente, como

---

25. A esse tipo de negação pertence a oposição hegeliana. Mas esta oposição deve se fundamentar sobre a negação interna primitiva, ou seja, sobre a falta. Por exemplo: se o não essencial se converte por sua vez em essencial, é por ser experimentado como falta no âmago do essencial.

correlato de uma transcendência humana, o conduzir-se para fora de si rumo ao ser que ele não é, bem como a seu *sentido*.

A realidade humana, pela qual a falta aparece no mundo, deve ser ela própria uma falta. Porque a falta só pode vir ao ser pela falta; o Em-si não pode ser motivo de falta no Em-si. Em outros termos, para que o ser seja faltante ou faltado, é necessário que um ser se faça sua própria falta; somente um ser falto pode transcender o ser rumo ao faltado.

Para comprovar que a realidade humana é falta, bastaria a existência do desejo como fato humano. Realmente, como explicar o desejo se quisermos considerá-lo um *estado* psíquico, ou seja, um ser cuja natureza é ser o que é? Um ser que é o que é, na medida em que o consideramos como sendo o que é, de nada precisa para se completar. Um círculo inacabado só necessita do acabamento caso seja ultrapassado pela transcendência humana. Em si, é completo e perfeitamente positivo enquanto curva aberta. Um estado psíquico que existisse com a suficiência dessa curva não poderia ter por adição o menor "recurso a" outra coisa: seria ele mesmo, sem qualquer relação com o que ele não é; para constituí-lo como fome ou sede, seria preciso uma transcendência exterior que o ultrapassasse rumo à totalidade "fome saciada", assim como ultrapassa a lua crescente rumo à lua cheia. A questão não será resolvida fazendo-se do desejo um *conatus* concebido à maneira de uma força física. Pois tampouco o *conatus*, mesmo se lhe concedemos a eficácia de uma causa, poderia possuir em si os caracteres de apetência por outro estado. O *conatus*, como *produtor* de estados, não poderia se identificar com o desejo enquanto "recurso a" um estado. Recorrer ao paralelismo psicofisiológico também não permitiria eliminar essas dificuldades: a sede como fenômeno orgânico, como necessidade "fisiológica" de água, não existe. O organismo privado de água apresenta certos fenômenos positivos: por exemplo, certo espessamento coagulante do líquido sanguíneo, que, por sua vez, acarreta outros fenômenos. O conjunto é um estado positivo do organismo que nos remete apenas a si mesmo, exatamente como o espessamento de uma solução cuja água se evapora não pode ser tomado em si como desejo de água manifestado pela solução. Se supomos uma correspondência exata entre o mental e o fisiológico, tal correspondência só pode se estabelecer sobre um fundo de identidade ontológica, como observou Spinoza. Em decorrência, o ser da sede psíquica será o ser-Em-si de um *estado*, e novamente somos remetidos a uma testemunha-transcendência. Mas então a sede será desejo *para* esta transcendência e não para ela mesma: será desejo aos olhos do outro. Se o desejo há de poder ser desejo para si mesmo, é necessário que ele próprio seja a transcendência, isto é, seja por natureza um escapar de si rumo ao objeto desejado. Dito de outro modo: é necessário que seja uma falta – mas não uma falta-objeto, uma falta padecida, criada por um transcender alheio: é preciso que seja sua própria falta de... O desejo é falta de ser, acha-se impregnado em seu ser mais íntimo pelo ser que deseja. Assim, revela a existência da falta no ser da realidade humana. Mas, se a realidade humana é falta, através dela surge no ser a trindade do existente, do faltante e do faltado. Que são exatamente os três termos dessa trindade?

Aquilo que desempenha aqui o papel de existente é o que se dá ao *cogito* como o imediato do desejo; por exemplo, é esse Para-si que captamos como não sendo o que é e sendo o que não é. Mas, que pode ser o faltado?

Para responder à questão, devemos retornar à ideia de falta e determinar melhor o vínculo que une o existente ao faltante. Vínculo esse que não pode ser de simples contiguidade. Se aquilo que falta, em sua ausência mesmo, acha-se tão profundamente presente no âmago do existente, é porque o existente e o faltante são ao mesmo tempo captados e transcendidos na unidade de uma só totalidade. E aquilo que se constitui a si mesmo como falta só pode fazê-lo transcendendo-se rumo a uma forma maior desagregada. Assim, a falta é uma aparição sobre o fundo de uma totalidade. Pouco importa, além disso, que esta totalidade tenha sido originariamente dada e esteja desagregada no presente ("Os braços da Vênus de Milo estão faltando...") ou que jamais tenha sido realizada ("Falta-lhe coragem"). O que importa é somente que faltante e existente sejam dados ou captados como algo a se nadificar na unidade da totalidade faltada. Todo faltante falta sempre *a... para...* E o que é dado na unidade de um surgimento primitivo é o *para*, concebido como não sendo ainda ou não sendo mais, ausência rumo à qual se transcende ou é transcendido o existente truncado, o qual, por isso mesmo, constitui-se como truncado. Qual é o *para* da realidade humana?

O Para-si, como fundamento de si, é o surgimento da negação, fundamenta-se na medida em que nega *de si* certo ser ou maneira de ser. Aquilo que nega ou nadifica, como sabemos, é o ser-Em-si. Mas não qualquer ser-Em-si: a realidade humana é, antes de tudo, seu próprio nada. Aquilo que nega ou nadifica de si como Para-si só pode ser o *si*. E, como é constituída em seu sentido por esta nadificação e esta presença em si do que ela nadifica a título de nadificado, resulta que o sentido da realidade humana se constitui pelo *si-como-ser-Em-si* faltado. Na medida em que, em sua relação primitiva consigo mesmo, a realidade humana não é o que é, esta relação não é primitiva e só pode extrair seu sentido de uma relação primeira que é a *relação nula* ou identidade. É o si concebido como o que é que permite captar o Para-si enquanto não sendo o que é; a relação negada na definição do Para-si – e que, como tal, deve ser posicionada primeiro – é uma relação dada como perpetuamente ausente entre o Para-si e si mesmo, à maneira da identidade. O sentido dessa perturbação sutil pela qual a sede escapa e já não é sede, na medida em que é consciência de sede, é uma sede que poderia ser sede e a infesta. O que falta ao Para-si é o si – ou o si-mesmo como Em-si.

Todavia, não se deveria confundir este Em-si faltado com o da facticidade. O Em-si da facticidade, no seu fracasso para se fundamentar, é reabsorvido em pura presença do Para-si ao mundo. O Em-si faltado, ao contrário, é pura ausência. O fracasso do ato fundamental, além disso, fez surgir do Em-si o Para-si como fundamento de seu próprio nada. Mas o sentido do ato fundamental faltado permanece transcendente. Em seu ser, o Para-si é fracasso, porque fundamenta si mesmo *apenas* enquanto nada. Para dizer a verdade, este fracasso é seu próprio ser; mas o Para-si não tem sentido, a menos que apreenda a si mesmo como fracasso *em presença* do ser que não conseguiu ser, isto é, do ser que seria fundamento de seu ser e não mais apenas fundamento de seu nada, ou seja, deste ser que seria seu próprio fundamento *enquanto* coincidência consigo mesmo. Por natureza, o *cogito* remete àquilo que lhe falta e ao faltado, uma vez que é *cogito* infestado pelo ser, como bem observou Descartes; e esta é a origem da transcendência: a realidade humana é seu próprio transcender rumo àquilo que lhe falta, transcende-se rumo ao ser particular que ela seria caso fosse o que é. A realidade humana não é algo que existisse primeiro para só depois ser falta disso ou daquilo: existe primeiramente como falta e em vinculação sintética imediata com o que lhe falta. Assim, o acontecimento puro pelo qual a realidade humana surge como presença ao mundo é a captação de si enquanto *sua própria falta*. A realidade humana se capta em sua vinda à existência como ser incompleto. Apreende-se como ser na medida em que não é, em presença da totalidade singular que lhe falta, que ela é sob a forma de não sê-lo e que é o que é. A realidade humana é perpétuo transcender para uma coincidência consigo mesmo que jamais se dá. Se o *cogito* tende para o ser, é porque, por sua própria aparição, ele se transcende rumo ao ser qualificando-se em seu ser como o ser ao qual falta, para ser o que é, a coincidência consigo mesmo. O *cogito* está indissoluvelmente ligado ao ser-Em-si, não como um pensamento ao seu objeto – o que tornaria o Em-si relativo –, mas como falta para aquilo que defina sua falta. Nesse sentido, a segunda prova cartesiana é rigorosa: o ser imperfeito se transcende rumo ao ser perfeito; o ser que fundamenta apenas o seu nada se transcende rumo ao ser que fundamenta o seu ser. Mas o ser rumo ao qual se transcende a realidade humana não é um Deus transcendente: acha-se em seu próprio âmago, trata-se de si própria enquanto totalidade.

Com efeito, esta totalidade não é o puro e simples Em-si contingente do transcendente. Se aquilo que a consciência capta como o ser em direção ao qual se transcende fosse puro Em-si, ela coincidiria com a nadificação da consciência. Mas a consciência não se transcende rumo à sua nadificação, não almeja perder-se no Em-si da identidade no limite de seu transcender. É para o Para-si enquanto tal que o Para-si reivindica o ser-Em-si.

Assim, este ser perpetuamente ausente que impregna o Para-si é ele mesmo coagulado no Em-si. É a impossível síntese do Para-si e do Em-si: um ser que seria seu próprio fundamento, não enquanto nada, mas enquanto ser, e manteria em si a translucidez necessária da consciência, ao mesmo tempo que a coincidência consigo mesmo do ser-Em-si. Conservaria em si essa reversão sobre si que condiciona toda necessidade e todo fundamento. Mas essa reversão seria feita sem distância, já não seria presença a si, mas identidade consigo mesmo. Em suma, este ser seria precisamente o *si* que, como demonstramos, só pode existir como relação perpetuamente evanescente; mas o seria enquanto ser substancial. Assim, a realidade humana surge como tal em presença de sua própria totalidade ou si enquanto falta desta totalidade. E esta totalidade não pode ser dada por natureza, pois reúne em si os caracteres incompatíveis do Em-si e do Para-si. E que não nos acusem de inventar ao bel-prazer um ser desta espécie: quando, por um movimento ulterior da meditação, tal totalidade tem seu ser e ausência absoluta hipostasiados como transcendência para além do mundo, recebe o nome de Deus. Não seria Deus um ser que é o que é, enquanto toda positividade e fundamento do mundo, e, ao mesmo tempo, um ser que não é o que é e é o que não é, enquanto consciência de si e fundamento necessário de si? A realidade humana é sofredora em seu ser, porque surge no ser como perpetuamente impregnada por uma totalidade que ela é sem poder sê-la, já que, precisamente, não poderia alcançar o Em-si sem perder-se como Para-si. A realidade humana, por natureza, é consciência infeliz, sem qualquer possibilidade de superar o estado de infelicidade.

Mas que é exatamente em seu ser este ser rumo ao qual se transcende a consciência infeliz? Podemos dizer que não existe? Essas contradições que nele descobrimos provam apenas que não pode ser *realizado*. E nada pode ter validade contra esta verdade evidente: a consciência só pode existir comprometida neste ser que a sitia por todos os lados e a repassa com sua presença fantasma – este ser que ela é e, todavia, não é. Podemos dizer que é um ser *relativo* à consciência? Seria confundi-lo com o objeto de um *posicionamento* (*tese*). Este ser não é posicionado pela consciência diante de si; não há consciência *deste* ser, pois este infesta a consciência não tética (de) si, determina-a como seu sentido de ser e a consciência não é consciência *deste* ser, assim como tampouco é consciência *de* si. Contudo, este ser também não poderia escapar à consciência: na medida em que a consciência se dirige ao ser como consciência (de) ser, este ser está aí. E, precisamente, não é a consciência que confere sentido a este ser, do modo como faz com este tinteiro ou aquele lápis; mas, sem este ser que ela é sob a forma de não sê-lo, a consciência não seria consciência, ou seja, falta: ao contrário, é do ser que extrai para si mesmo sua significação de consciência. O ser surge juntamente com a consciência, ao mesmo tempo em seu âmago e fora dele, e é a transcendência absoluta na imanência absoluta; não há prioridade do ser sobre a consciência nem da consciência sobre o ser: *constituem uma díade*. Sem dúvida, este ser não poderia existir sem o Para-si, mas tampouco o Para-si poderia existir sem aquele. Com relação a este ser, a consciência se mantém no modo de *ser* este ser, porque ele é a própria consciência, mas enquanto ser que ela não pode ser. É consciência, no âmago da própria consciência e fora de seu alcance, como uma ausência, um irrealizável, e sua natureza consiste em encerrar em si sua própria contradição; sua relação com o Para-si é uma imanência total que culmina em total transcendência.

Por outro lado, não se deve conceber este ser como presente à consciência apenas com os caracteres abstratos que nossas investigações estabeleceram. A consciência concreta surge em situação, e é consciência singular e individualizada *desta* situação e (de) si mesmo em situação. A esta consciência concreta está presente o si, e todos os caracteres concretos da consciência têm seus correlatos na totalidade do si. O si é individual e impregna o Para-si como seu acabamento individual. Um sentimento, por exemplo, é sentimento em presença de uma norma, ou seja, de um sentimento do mesmo tipo, mas que fosse o que é. Esta norma ou totalidade do si afetivo está diretamente presente como falta *padecida* no próprio âmago do sofrimento. Sofremos, e sofremos por não sofrer o bastante. O sofrimento de que *falamos* jamais é exatamente aquele que sentimos. Aquilo que chamamos de sofrimento "nobre", "bom" ou "verdadeiro" e que nos comove é o sofrimento que lemos no rosto dos outros, ou, melhor ainda, nos retratos, na face de uma estátua, em uma máscara trágica. Um sofrimento que tem *ser*. É-nos apresentado como um todo compacto e objetivo, que não aguardava nossa chegada para ser e excede a consciência que temos dele; está aí, no meio do mundo, impenetrável e denso, como esta árvore ou esta pedra, perdurando; enfim, é o que é. Dele podemos dizer: este sofrimento que se expressa por esse ríctus, esse franzir de sombrancelhas. Acha-se sustentado e é expresso pela fisionomia, mas não é criado por ela. Colocou-se sobre a fisionomia, está mais além tanto da passividade como da atividade, tanto da negação como da afirmação: simplesmente é. E, todavia, não pode ser salvo como consciência de si. Bem sabemos que essa máscara não exprime o esgar inconsciente de quem dorme, nem o ríctus de um morto: remete a possíveis, a uma situação no mundo. O sofrimento é a relação consciente a esses possíveis, a esta situação, porém solidificado, fundido no bronze do ser: e é enquanto tal que nos fascina: é como uma aproximação degradada deste sofrimento-em-si que impregna nosso próprio sofrimento. O sofrimento que *eu* experimento, ao contrário, nunca é sofrimento bastante, posto que se nadifica como Em-si pelo próprio ato com que se fundamenta. Escapa como sofrimento rumo à consciência de sofrer. Jamais posso ser *surpreendido* por ele, porque o sofrimento só é na medida exata em que o experimento. Sua translucidez o priva de toda profundidade. Não posso observá-lo como observo o sofrimento da estátua, porque eu o constituo e o conheço. Se fosse necessário sofrer, gostaria que meu sofrimento se apoderasse de mim e me inundasse como uma tempestade: mas, ao contrário, é preciso que eu o traga à existência em minha livre espontaneidade. Gostaria de sê-lo e padecê-lo ao mesmo tempo, mas este sofrimento enorme e opaco que me transportaria para fora de mim continuamente me roça com sua asa e não posso captá-lo, só encontro a *mim* mesmo; a mim, que lamento e gemo; a mim, que devo representar sem trégua a farsa de sofrer de modo a realizar este sofrimento que sou. Agito os braços, grito, para que seres Em-si – sons, gestos – circulem pelo mundo, conduzidos pelo sofrimento Em-si que não posso ser. Cada lamento, cada fisionomia de quem sofre aspira a esculpir uma estátua Em-si do sofrimento. Mas esta estátua jamais existirá, salvo pelos outros e para os outros. Meu sofrimento sofre por ser o que não é, por não ser o que é; a ponto de encontrar-se consigo mesmo, escapa, separado de si por nada, por esse nada do qual é o fundamento. Por não ser o bastante, tagarela, mas seu ideal é o silêncio. O silêncio da estátua, do homem abatido que abaixa a cabeça e cobre o rosto sem dizer nada. Mas este homem silencioso só se cala *para mim*. Em si mesmo, tagarela inesgotavelmente, porque as palavras da linguagem interior são como esboços do "si" do sofrimento. Somente a meus olhos é que ele está "esmagado" pelo sofrimento: em si mesmo, sente-se responsável por esta dor que ele deseja sem desejar e não deseja desejando, e está impregnada por perpétua ausência – a ausência do sofrimento imóvel e mudo que é o *si*, a totalidade concreta e inatingível do Para-si que sofre, o *para* da Realidade-humana sofredora. Como se vê, este sofrimento-si que visita meu sofrimento jamais é posicionado por este. E meu sofrimento real não é um *esforço* para alcançar o si. Mas só pode *ser* sofrimento como consciência (de) *não ser suficientemente* sofrimento em presença deste sofrimento pleno e ausente.

Podemos agora determinar com mais nitidez o ser do si: é o valor. Com efeito, o valor é afetado por esse duplo caráter – que os moralistas explicaram de modo muito insuficiente – de ser incondicionalmente e de não ser. Enquanto valor, com efeito, o valor tem ser; mas este existente normativo, enquanto realidade, não tem exatamente ser. Seu ser é ser valor, quer dizer, não ser ser. Assim, o ser do valor, enquanto valor, é o ser daquilo que não tem ser. O valor, portanto, parece incaptável: se o apreendemos como ser, corremos o risco de ignorar totalmente sua irrealidade e convertê-lo, como fazem os sociólogos, em uma exigência de fato entre outros fatos. Nesse caso, a contingência do ser mata o valor. Mas, inversamente, se nos atemos à idealidade dos valores, suprimiremos seu ser, e, à falta de ser, eles se desmoronam. Sem dúvida, como mostrou Scheler, posso alcançar a intuição dos valores a partir de exemplificações concretas: posso captar a nobreza em um ato nobre. Mas o valor assim captado não se dá como situado no ser ao mesmo nível do ato que valoriza – à maneira, por exemplo, da essência "vermelho" com relação ao vermelho singular. O valor é dado como algo mais além dos atos considerados, como, por exemplo, o limite da progressão infinita dos atos nobres. O valor está para além do ser. Contudo, para não nos enredarmos em palavras, é preciso reconhecer que este ser para além do ser ao menos possui ser de alguma maneira. Tais considerações bastam para admitir que é pela realidade humana que o valor aparece no mundo. Mas o valor tem por sentido ser aquilo rumo ao qual um ser transcende seu ser: todo ato valorizado é arrancamento do próprio ser rumo a... Sendo sempre e em qualquer parte o Para-além de todos os transcenderes, o valor pode ser considerado a unidade incondicionada de todos os transcenderes do ser. Desse modo, forma díade com a realidade que originariamente transcende seu ser e pela qual o transcender chega ao ser, ou seja, a realidade humana. Vê-se também que o valor, sendo o mais-além incondicionado de todos os transcenderes, deve ser originariamente o mais-além do próprio ser que transcende, porque esta é a única maneira com que pode ser o mais-além original de todos os transcenderes possíveis. Se todo transcender deve poder transcender-se, é necessário, com efeito, que o ser que transcende seja *a priori* transcendido *enquanto* fonte dos transcenderes; desse modo, o valor, captado em sua origem, ou valor supremo, é o mais-além e o *para* da transcendência. É o mais-além que transcende e fundamenta todos os meus transcenderes, mas ao qual não posso transcender jamais, já que, precisamente, meus transcenderes o pressupõem. É o *faltado* de todas as faltas, não o faltante. O valor é o si na medida em que este impregna o âmago do Para-si como aquilo para o qual o Para-si é. O valor supremo, rumo ao qual a consciência se transcende a cada instante pelo seu próprio ser, é o ser absoluto do si, com seus caracteres de identidade, pureza, permanência etc., e na medida em que é fundamento de si. É o que nos permite conceber porque o valor pode ser e não ser ao mesmo tempo. É como o sentido e o mais-além de todo transcender, o Em-si ausente que impregna o ser-Para-si. Mas, quando o consideramos, vemos que o valor é ele próprio um transcender deste ser-Em-si, porque *confere ser a si mesmo*. Acha-se mais-além de seu próprio ser, porque, sendo seu ser do tipo coincidência-consigo-mesmo, transcende de imediato este ser, sua permanência, sua pureza, sua consistência, sua identidade, seu silêncio, demandando essas qualidades a título de presença a si. E, reciprocamente, se começarmos considerando o valor como presença a si, esta presença é imediatamente solidificada, coagulada em Em-si. Além disso, o valor, em seu ser, é a totalidade faltada rumo à qual um ser se faz ser. Surge para um ser, não na medida em que este é o que é, em plena contingência, mas enquanto é fundamento da própria nadificação. Nesse sentido, o valor impregna o ser na medida em que este se fundamenta e não na medida em que é: impregna a *liberdade*. Significa que a relação entre o valor e o Para-si é de natureza muito particular: o valor é o ser que há de ser enquanto fundamento de seu nada de ser. E, se o Para-si há de ser este ser, não o será por causa de uma coerção externa, nem porque o valor, tal como o "primeiro motor" de Aristóteles, exercesse sobre ele uma atração de fato, nem em virtude de um caráter recebido de seu ser, mas porque se faz ser, em seu ser, como tendo-de-ser este ser. Em suma, o *si*, o Para-si e sua relação mútua se mantêm nos limites de uma liberdade incondicionada – no sentido de que *nada* faz existir o valor, salvo esta liberdade que simultaneamente faz com que eu mesmo exista – e ao mesmo tempo nos limites da facticidade concreta, na medida em que, fundamento de seu nada, o Para-si não pode ser fundamento de seu ser. Portanto há uma total contingência do *ser-para-o-valor*, que recairá imediatamente sobre toda moral para trespassá-la e torná-la relativa – e, ao mesmo tempo, uma livre e absoluta necessidade[26].

O valor, em seu surgimento original, não é *posicionado* pelo Para-si: é consubstancial com este – a tal ponto que não há consciência que não seja impregnada por *seu* valor, e que, em sentido amplo, a realidade humana inclui o Para-si e o valor. Se o valor infesta o Para-si sem ser posicionado por este, é porque não é objeto de uma tese: com efeito, seria necessário para isso que o Para-si fosse para si mesmo objeto de posicionamento, pois valor e Para-si só podem surgir na unidade consubstancial de

---

26. Talvez sejamos tentados a traduzir em termos hegelianos a trindade aqui considerada, fazendo do Em-si a tese, do Para-si a antítese e do Em-si-Para-si ou Valor a síntese. Mas é preciso observar que, se ao Para-si *falta* o Em-si, ao Em-si não falta o Para-si. Portanto, não há reciprocidade na oposição. Em resumo, o Para-si permanece não essencial e contingente com relação ao Em-si, e é esta não essencialidade que denominamos atrás a sua facticidade. Além disso, a síntese ou Valor seria certamente um retorno à tese, e, portanto, um retorno a si, mas, como o valor é totalidade irrealizável, o Para-si não é um momento que possa ser transcendido. Como tal, sua natureza o aproxima muito mais das realidades "ambíguas" de Kierkegaard. Por outro lado, deparamos aqui com um duplo jogo de oposições unilaterais: em um sentido, ao Para-si falta o Em-si, ao qual não falta o Para-si; mas, em outro sentido, ao Em-si falta seu possível (ou o Para-si faltante), ao qual não falta o Em-si.

uma díade. Assim, o Para-si, como consciência não tética (de) si, não existe *frente* ao valor, no sentido em que, para Leibniz, a mônada existe "sozinha, frente a Deus". O valor, portanto, não é *conhecido*, nesse estágio, porque o conhecimento posiciona o objeto frente à consciência. É somente dado com a translucidez não tética do Para-si, que se faz ser como consciência de ser; acha-se por toda parte e em parte alguma, no âmago da relação nadificadora "reflexo-refletidor", presente e inatingível, vivido simplesmente como o sentido concreto dessa falta que constitui meu ser presente. Para que o valor se converta em objeto de uma tese, é necessário que o Para-si ao qual infesta compareça ante o olhar da reflexão. A consciência reflexiva, de fato, posiciona a *Erlebnis* refletida em sua natureza de falta e, ao mesmo tempo, resgata o valor como sentido inalcançável do faltado. Assim, a consciência reflexiva pode ser chamada, propriamente falando, de consciência moral, uma vez que não pode surgir sem desvelar ao mesmo tempo os valores. Daí que permaneço livre, em minha consciência reflexiva, para dirigir minha atenção aos valores ou para negligenciá-los – exatamente como depende de mim olhar mais particularmente, sobre esta mesa, minha caneta ou meu maço de cigarros. Mas, sejam ou não objeto de uma atenção circunstanciada, os valores *são*.

Não é preciso concluir, todavia, que o olhar reflexivo seja o único capaz de fazer aparecer o valor, nem que, por analogia, projetamos os valores de nosso Para-si no mundo da transcendência. Se o objeto da intuição é um fenômeno da realidade humana, porém transcendente, apresenta-se de imediato com seu valor, pois o Para-si do outro não é um fenômeno escondido que se desse somente como conclusão de um raciocínio por analogia. Manifesta-se originariamente a meu Para-si, e inclusive, como veremos, sua presença como Para-outro é condição necessária para a constituição do Para-si como tal. E, nesse surgimento do Para-outro, o valor é dado tal como no surgimento do Para-si, embora em modo de ser diferente. Mas não podemos abordar o encontro objetivo dos valores no mundo antes de elucidar a natureza do Para-outro. Adiamos, portanto, o exame da questão até a terceira parte deste livro.

IV
O Para-si e o ser dos possíveis

Vimos que a realidade humana é falta e que como Para-si, o que lhe falta é certa coincidência consigo mesmo. Concretamente, cada Para-si (*Erlebnis*) particular é falta de certa realidade particular e concreta cuja assimilação sintética o transformaria em *si*. É falta *de*... *para*..., tal como o disco desfalcado da lua é falta *do* que necessitaria *para* se completar e transformar-se em lua cheia. Assim, o faltante surge no processo de transcendência e se determina por um retorno ao existente a partir do faltado. O faltante assim definido é transcendente e complementar com relação ao existente. Portanto, ambos são da mesma natureza: o que falta à lua crescente para ser lua cheia é precisamente um fragmento de lua; o que falta ao ângulo obtuso ABC para formar dois ângulos retos é o ângulo agudo CBD. Logo, o que falta ao Para-si para se integrar ao si é Para-si. Mas não pode se tratar de modo algum de um Para-si alheio, ou seja, um Para-si que eu não sou. Com efeito, posto que o ideal surgido é a coincidência do si, o Para-si faltante é um Para-si que eu *sou*. Mas, por outro lado, se eu fosse identidade, o conjunto se tornaria Em-si. Sou o Para-si faltante à maneira de ter-de-ser o Para-si que não sou, de modo a me identificar a ele na unidade do si. Assim, a relação transcendente original do Para-si com o si esboça perpetuamente uma espécie de projeto de identificação do Para-si com um Para-si ausente que ele *é* e que lhe *falta*. O que é dado como o faltante próprio de cada Para-si e se define rigorosamente como o faltante desse Para-si preciso e de nenhum outro é o possível do Para-si. O possível surge como fundo de nadificação do Para-si. Não é concebido tematicamente *a posteriori* como meio de reconstituir o si. Mas o surgimento do Para-si como nadificação do Em-si e descompressão do ser fazem aparecer o possível como um dos aspectos desta descompressão; ou seja, como um modo de ser o que se é, à distância de si. Assim, o Para-si só pode aparecer impregnado pelo valor e projetado para seus possíveis próprios. Contudo, assim que nos remete a seus possíveis, o *cogito* nos expulsa do instante rumo àquilo que é à maneira de não sê-lo.

Porém, para compreender melhor como a realidade humana é e ao mesmo tempo não é suas próprias possibilidades, devemos voltar à noção de *possível* e tentar elucidá-la.

Ocorre com o possível o mesmo que com o valor: há a maior dificuldade em compreender seu ser, posto que é dado como anterior ao ser do qual é possibilidade pura e, no entanto, pelo menos enquanto possível, necessita de um ser. Não se diz: "É possível que ele venha"? Desde Leibniz, denominamos usualmente "possível" um acontecimento que não esteja comprometido em uma série causal existente, na qual pudesse ser precisado com certeza, e que não encerre nenhuma contradição, nem consigo mesmo, nem com o sistema considerado. Assim definido, o possível só é possível aos olhos do conhecimento, pois não estamos em condições nem de afirmar nem de negar o possível em questão. Daí duas atitudes frente ao possível: pode-se considerar, como Spinoza, que só existe em relação à nossa ignorância e se desvanece quando esta se desvanece. Nesse caso, o possível não passa de um estágio subjetivo no caminho do conhecimento perfeito; não tem outra realidade salvo a de um modo psíquico; enquanto pensamento confuso ou truncado, tem um ser concreto, mas não enquanto propriedade do mundo. Porém, cabe também fazer da infinidade dos possíveis objeto dos pensamentos do entendimento divino, à maneira de Leibniz, o que lhes confere uma maneira de realidade absoluta, reservando à *vontade* divina o poder de tornar real o melhor sistema dentre eles. Nesse caso, embora o encadeamento das percepções da mônada seja rigorosamente determinado e um ser onisciente possa estabelecer com certeza a decisão de Adão a partir da própria fórmula de sua substância, não é absurdo dizer: "É possível que Adão não colha a maçã". Significa apenas que existe, a título de pensamento no entendimento divino, outro sistema de copossíveis, de tal ordem que, nele, Adão figura como não tendo comido o fruto da Árvore do Conhecimento. Mas será tal concepção tão diferente assim daquela de Spinoza? Na verdade, a realidade do possível é unicamente a do *pensamento* divino. Significa que o possível tem ser enquanto pensamento que não se realizou. Sem dúvida, a ideia de subjetividade foi levada aqui a seu extremo limite, pois se trata da consciência divina, não da minha; e se, de saída, tomamos a precaução de confundir subjetividade e finitude, a subjetividade se desvanece quando o entendimento se torna infinito. Nem por isso é menos certo que o possível seja um pensamento que *só é pensamento*. O próprio Leibniz parece ter querido conferir uma autonomia e uma espécie de peso próprio aos possíveis, já que diversos dos fragmentos metafísicos publicados por Couturat mostram possíveis se organizando em sistemas de copossíveis, e o mais pleno e mais rico tendendo por si mesmo a se realizar. Mas há aqui apenas um esboço de doutrina, e Leibniz não a desenvolveu – sem dúvida porque não podia ser desenvolvido: atribuir aos possíveis uma tendência ao ser significa ou que o possível já é pleno ser e tem o mesmo tipo de ser do ser – no sentido em que se pode dar ao broto uma tendência a se tornar flor –, ou que o possível, no âmago do entendimento divino, já é uma ideia-força, e que o máximo de ideias-força organizado em sistema desencadeia automaticamente a vontade divina. Mas, nesse último caso, não saímos do subjetivo. Portanto, se o definimos como não contraditório, o possível só pode possuir ser como pensamento de um ser anterior ao mundo real ou anterior ao conhecimento puro do mundo tal como é. Em ambos os casos, o possível perde sua natureza de possível e se reabsorve no ser subjetivo da representação.

Mas este ser-representado do possível não poderia levar em conta sua natureza, posto que, ao contrário, a destrói. No uso corrente que fazemos do possível, de modo algum o captamos como um aspecto de nossa ignorância ou uma estrutura não contraditória pertencente a um mundo não realizado e à margem deste mundo. O possível nos surge como uma propriedade dos seres. Só depois de olhar o céu decretarei "é possível que chova", e não entendo aqui o "possível" como "sem contradição com o presente estado do céu". Esta possibilidade pertence ao céu como uma ameaça, representa um transcender das nuvens que percebo rumo à chuva, e tal transcender é transportado pelas próprias nuvens, o que não significa que será realizado, mas apenas que a estrutura de ser da nuvem é transcendência para a chuva. A possibilidade é dada aqui como pertencente a um ser particular, do qual é um *poder*, como bem indica o fato de nos referirmos indiferentemente a um amigo que aguardamos: "É possível que venha", ou "ele *pode vir*". Assim, o possível não poderia ser reduzido a uma realidade subjetiva. Também não é anterior ao real ou ao verdadeiro, mas é propriedade concreta de realidades já existentes. Para que a chuva seja possível, é necessário que haja nuvens no céu. Suprimir o ser para estabelecer o possível em sua pureza é uma tentativa absurda; a passagem frequentemente citada do não ser ao ser, passando pelo possível, não corresponde ao real. Decerto, o estado possível ainda não é; mas é o estado possível de certo existente que sustenta com seu ser a possibilidade e o não ser de seu estado futuro.

Certamente, essas observações correm o risco de nos levar à "potência" aristotélica. Seria escapar de Caribdes e cair em Cila*, evitar a concepção puramente *lógica* do possível para cair em uma concepção *mágica*. O ser-Em-si não pode "ser em potência" nem "ter potências". Em si, é o que é, na plenitude absoluta de sua identidade. A nuvem não é "chuva em potência"; é, em si, certa quantidade de vapor d'água que, em dada temperatura e dada pressão, é rigorosamente o que é. O Em-si está em ato. Mas podemos entender bem claramente de que modo a visão científica, em sua tentativa de desumanizar o mundo, tomou os possíveis como *potências* e deles se desembaraçou convertendo-os em puros resultados subjetivos de nosso cálculo lógico e nosso não saber. O primeiro passo científico é correto: o possível vem ao mundo pela realidade humana. Essas nuvens só podem se transformar em chuva caso eu as transcenda rumo à chuva, assim como o disco mutilado da lua crescente só carece de uma porção caso eu a transcenda até a lua cheia. Mas seria preciso, a seguir, fazer do possível simples dado de nossa subjetividade psíquica? Assim como não poderia haver falta no mundo se a mesma não viesse ao mundo por um ser que é sua própria falta, também não poderia haver possibilidade no mundo se esta não viesse por um ser que é para si mesmo sua própria possibilidade. Mas, para ser exato, a possibilidade não pode, por essência, coincidir com o puro *pensamento* das possibilidades. Se, com efeito, a possibilidade não for dada primeiro como estrutura objetiva dos seres ou de um ser particular, o pensamento, não importa como o encaremos, não po-

---

* Referência a criaturas da mitologia grega: dois monstros que se escondiam em cada lado de um penhasco; quem escapasse de um fatalmente seria tragado pelo outro [N.T.].

deria conter em si o possível enquanto conteúdo de pensamento. De fato, se considerarmos os possíveis no âmago do entendimento divino, como conteúdo do pensamento divino, eis que se transformam pura e simplesmente em *representações concretas*. Por hipótese, podemos admitir – embora não se possa compreender de que modo tal poder negativo chegaria a um ser todo positivo – que Deus tenha o poder de negar, ou seja, formular juízos negativos a respeito de suas representações: nem assim entenderíamos como iria converter essas representações em *possíveis*. Quando muito, a negação teria por efeito a constituição das representações como "sem correspondência real". Mas dizer que o Centauro não existe não quer dizer de forma alguma que ele é possível. Nem a afirmação nem a negação podem atribuir a uma representação o caráter de possibilidade. E se quisermos que esse caráter possa ser dado por uma síntese de negação e afirmação, mesmo assim deve-se notar que síntese não é soma e que é preciso considerar tal síntese uma totalidade orgânica dotada de significação própria, e não entendê-la a partir dos elementos dos quais é síntese. Igualmente, a pura constatação subjetiva e negativa de nossa ignorância quanto à relação de uma de nossas ideias com a realidade não levaria em consideração o caráter de possibilidade desta representação: apenas poderia nos colocar em estado de indiferença a respeito dela, e não conferir à representação esse *direito* sobre o real, que é a estrutura fundamental do possível. Se acrescentarmos que certas tendências me levam a aguardar de preferência isso ou aquilo, diremos que, longe de explicar a transcendência, pelo contrário, a presumem: é necessário, como vimos, que existam como falta. Além disso, se o possível não for dado de alguma maneira, tais tendências poderão nos incitar a *desejar* que minha representação corresponde adequadamente à realidade, mas não irão me conferir um direito sobre esta realidade. Em resumo, a captação do possível como tal pressupõe um transcender original. Todo esforço para estabelecer o possível a partir de uma subjetividade que fosse o que é, ou seja, que estivesse fechada em si mesmo, acha-se por princípio destinado ao fracasso.

Mas, se é verdade que o possível é opção sobre o ser e só pode vir ao mundo por um ser que é sua própria possibilidade, isso exige que a realidade humana tenha necessidade de ser o seu ser sob a forma de opção sobre seu ser. Existe possibilidade quando, em vez de ser simplesmente o que sou, eu sou como direito de ser o que sou. Mas esse mesmo direito me separa daquilo que tenho o direito de ser. O direito de propriedade só aparece quando alguém contesta minha propriedade, quando, em certo sentido, ela de fato já deixa de ser minha; o gozo tranquilo do que possuo é um fato puro e simples, não um direito. Assim, para que exista possibilidade, é necessário que a realidade humana, na medida em que é si mesmo, seja outra coisa que não si mesmo. Esse possível é este elemento do Para-si que lhe escapa por natureza na medida em que é Para-si. O possível é um novo aspecto da nadificação do Em-si em Para-si.

Se o possível, de fato, só pode vir ao mundo por um ser que seja sua própria possibilidade, é porque o Em-si, sendo por natureza o que é, não pode "ter" possíveis. Sua relação com uma possibilidade só pode ser estabelecida a partir do exterior por um ser que se ache frente às próprias possibilidades. A possibilidade de ser detida por uma prega no pano verde não pertence nem à bola de bilhar que rola, nem ao pano: só pode surgir na organização em sistema da bola e do pano por um ser que tenha uma compreensão dos possíveis. Mas esta compreensão não pode lhe vir *de fora*, ou seja, do Em-si, nem se limitar a ser apenas um pensamento como modo subjetivo da consciência; deve coincidir com a estrutura objetiva do ser que compreende os possíveis. Compreender a possibilidade enquanto possibilidade ou ser suas próprias possibilidades é uma única e mesma necessidade para o ser que, em seu ser, coloca em questão o seu ser. Mas, precisamente, ser sua própria possibilidade, ou seja, ser definido por ela, é definir-se por esta parte de si que não é, definir-se como evasão de si rumo a... Em suma, a partir do momento em que almejo estar a par de meu ser imediato, enquanto simplesmente é o que não é e não é o que é, vejo-me arremessado para fora, rumo a um sentido que se acha fora de alcance e não poderia de modo algum ser confundido com uma representação subjetiva imanente. Descartes, ao se captar pelo *cogito* como *dúvida*, mal pode esperar definir essa dúvida como dúvida metódica ou simplesmente como dúvida, pois se limita àquilo que apreende o puro olhar instantâneo. A dúvida só pode ser entendida a partir da possibilidade sempre aberta de que uma evidência a "suprima"; só pode captar-se como dúvida enquanto remete às possibilidades do ἐποχή, ainda não realizadas, mas sempre abertas. Nenhum fato de consciência é, propriamente falando, *esta* consciência – mesmo se, como Husserl, dotarmos bem artificialmente esta consciência de protensões intraestruturais que, sem ter em seu ser meio algum de transcender a consciência, da qual constituem uma estrutura, vergam-se lastimavelmente sobre si mesmas e assemelham-se a moscas que batem de nariz na janela, sem poder transpor o vidro. Desde que pretendemos definir a consciência como dúvida, percepção, sede, etc. ela nos remete ao nada do que ainda não é. A consciência (de) ler não é consciência (de) ler esta carta, essa palavra, esta frase, nem mesmo esse parágrafo – mas consciência (de) ler *esse livro*, o que me remete a todas as páginas ainda não lidas, a todas as páginas já lidas, o que, por definição, arranca a consciência de si mesmo. Uma consciência que só fosse consciência do que é seria obrigada a soletrar letra por letra.

Concretamente, cada *Para-si* é falta de certa coincidência consigo mesmo. Significa que está impregnado pela presença daquilo com que deveria coincidir para ser *si mesmo*. Mas, como esta coincidência em Si é também coincidência com o Si, o que falta ao Para-si, enquanto ser cuja assimilação a si o tornaria Si, é também Para-si. Vimos que o Para-si era "presença a si": o que falta à presença a si só pode lhe faltar como presença a si. A relação determinante entre o Para-si e seu possível é um afrouxamento nadificador do nexo de presença a si: esse afrouxamento se estende à transcendência, pois a presença a si que falta ao Para-si é presença a si que *não é*. Assim, o Para-si, na medida em que não é *si mesmo*, é uma presença a si à qual falta certa presença a si, e, precisamente, é a falta desta presença que constitui o Para-si. Toda consciência é *falta de... para...* Mas devemos entender que a falta não vem de fora, como a fatia de lua que falta à lua crescente. A falta do Para-si é uma falta que ele *é*. O que constitui o ser do Para-si como fundamento de seu próprio nada é o esboço de uma presença a si que falta ao Para-si. O possível é uma ausência constitutiva da consciência na medida em que esta se faz a si mesmo. A sede, por exemplo, jamais é suficientemente sede, na medida em que se faz sede: acha-se repassada pela presença do Si, ou Sede-si. Mas, infestada por este valor concreto, coloca-se em questão em seu ser como carente de certo Para-si que a realizaria como *sede saciada* e lhe conferiria o ser-Em-si. Este Para-si faltante é o Possível. Não é certo, com efeito, que uma Sede propenda a seu aniquilamento enquanto sede: não há consciência que vise sua supressão como tal. Contudo, a sede é uma falta, como observamos. Como sede, almeja *saciar-se*, mas esta sede saciada, que se realizaria por assimilação sintética em um ato de coincidência do Para-si-desejo (ou Sede) com o Para-si-reflexão (ou ato de beber), não é visada enquanto supressão da sede, pelo contrário: é sede transportada à plenitude de ser, a sede que capta e incorpora a repleção, tal como a forma aristotélica capta e transforma a matéria; torna-se sede eterna. É muito posterior e reflexivo o ponto de vista do homem que bebe para livrar-se da sede, bem como do homem que vai a bordéis para livrar-se do desejo sexual. A sede, o desejo sexual, no estado irrefletido e ingênuo, querem desfrutar de si mesmos, buscam esta coincidência consigo mesmo que é a satisfação, na qual a sede se conhece como sede ao mesmo tempo que o beber a sacia, na qual, pelo próprio fato de saciar-se, a sede perde seu caráter de falta ao se fazer sede na e pela satisfação. Assim, Epicuro está ao mesmo tempo certo e errado: por si mesmo, de fato, o desejo é um vazio. Mas nenhum projeto irreflexivo tende simplesmente a suprimir esse vazio. Por si mesmo, o desejo tende a perpetuar-se; o homem se apega encarniçadamente a seus desejos. O que o desejo almeja é ser um vazio preenchido que forma sua repleção assim como um molde forma o bronze vertido dentro dele. O possível da consciência de sede é a consciência de beber. Sabe-se, além disso, que a coincidência do *si* é impossível, porque o Para-si alcançado pela realização do Possível se fará a si mesmo como Para-si, ou seja, com outro horizonte de possíveis. Daí a decepção constante que acompanha a repleção, o famoso "não era mais do que isso?", que não visa o prazer concreto obtido pela satisfação, mas a evanescência da coincidência com o si. Entrevemos aqui a origem da temporalidade, uma vez que a sede é seu possível ao mesmo tempo que *não o é*. Esse nada que separa a realidade humana de si mesmo encontra-se na fonte do tempo. Logo voltaremos a isso. O que se deve notar é que o Para-si está separado da Presença a si que lhe falta e é seu possível próprio, separado em certo sentido por *Nada*, e, em outro, pela totalidade do existente no mundo, na medida em que o Para-si faltante (ou possível) é Para-si enquanto *presença a* certo estado do mundo. Nesse sentido, o ser para além do qual o Para-si projeta a coincidência com o si é o mundo, ou distância de ser infinita para além da qual o homem deve encontrar seu possível. Denominaremos "*Circuito da ipseidade*" a relação do Para-si com o possível que ele é, e "*mundo*" a totalidade de ser na medida em que é atravessada pelo circuito da ipseidade.

Podemos agora esclarecer o modo de ser do possível. O possível é aquilo que falta ao Para-si *para* ser si mesmo. Não convém dizer, consequentemente, que o possível *é* enquanto possível. Salvo se entendermos por ser o ser de um existente que "*é tendo sido*", enquanto não é tendo sido, ou, se preferirmos, a aparição à distância daquilo que sou. Não existe como pura representação, ainda que negada, e sim como real falta de ser, a qual, a título de falta, acha-se para além do ser. O possível tem o ser de uma falta, e, como tal, falta-lhe ser. O possível não é, o possível se possibiliza; na exata medida em que o Para-si se faz ser, o Possível determina por esboço esquemático de uma ubiquação de nada que o Para-si está Para-além de si. Naturalmente, não é tematicamente posicionado de modo prévio: esboça-se para além do mundo e confere seu sentido à minha percepção presente, na medida em que esta é apreensão do mundo no circuito da ipseidade. Mas tampouco é ignorado ou inconsciente: esboça os limites da consciência não tética (de) si enquanto consciência não tética. A consciência irrefletida (de) sede é captação *do* copo d'água como desejável, sem posicionamento centrípeto do Si como objeto final do desejo. Mas a repleção possível aparece como correlato não posicional da consciência não tética (de) si, no horizonte do copo-no-meio-do-mundo.

V
O EU E O CIRCUITO DA IPSEIDADE

Tentamos mostrar em um artigo de *Recherches Philosophiques** que o Eu não pertence ao domínio do Para-si. Não voltaremos à questão. Notemos somente a razão da transcendência do

---

* La transcendence de l'Ego: esquisse d'une description phénoménologique. In: *Recherches Philosophiques*, vol. VI. Paris, 1936-1937. Escrito em 1934 e reeditado em 1965 pela Librairie Philosophique Vrin (Paris). Em português: *A transcendência do Ego*. Petrópolis: Vozes, 2013.

Ego: como polo unificador das *Erlebnisse*, o Ego é Em-si, não Para-si. Com efeito, se fosse "da consciência", seria para si mesmo seu próprio fundamento na translucidez do imediato. Mas então seria o que não seria e não seria o que seria – o que não é, de modo algum, o modo de ser do Eu. Com efeito, minha consciência do Eu jamais o esgota, e tampouco é ela que o faz vir à existência: o Eu sempre dá-se como *tendo sido* aí antes dela – e, ao mesmo tempo, como possuidor de profundidades que hão de revelar-se pouco a pouco. Assim, o Ego aparece à consciência como Em-si transcendente, um existente do mundo humano, e não como *da* consciência. Mas não se deve concluir que o Para-si seja pura e simples contemplação "impessoal". Simplesmente, longe de ser o polo personalizante de uma consciência que, sem ele, permaneceria no estágio impessoal, o Ego é, ao contrário, a consciência em sua ipseidade fundamental que permite a aparição do ego, em certas condições, como fenômeno transcendente desta ipseidade. Com efeito: vimos que é impossível dizer que o Em-si seja *si*. Simplesmente *é*. E, nesse sentido, dir-se-á que o Eu – do qual se fez erroneamente habitante da consciência – é o "eu" da consciência, mas sem ser o seu próprio *si*. Assim, por ter hipostasiado o ser-refletido do Para-si em um Em-si, fixaremos e destruiremos o movimento de reflexão sobre si: a consciência será sua própria remissão ao Ego, como é ao próprio *si*, mas o Ego já não remeterá a nada; terá transformado a relação de reflexividade em simples relação centrípeta, o centro passando a ser, por outro lado, um núcleo de opacidade. Mostramos, ao contrário, que o *si*, por princípio, não pode habitar a consciência. É, se quisermos, *a razão* do movimento infinito pelo qual o reflexo remete ao refletidor e este ao reflexo; por definição, é um ideal, um limite. E o que o faz surgir como limite é a realidade nadificadora da presença do ser ao ser na unidade do ser como tipo de ser. Assim, desde que surge, a consciência, pelo puro movimento nadificador da reflexão, faz-se *pessoal*: pois o que confere a um ser a existência pessoal não é a posse de um Ego – que não passa do *signo* da personalidade –, mas o fato de existir para si como presença a si. Mas, além disso, esse primeiro movimento reflexivo carrega um segundo movimento, ou ipseidade. Na ipseidade, meu possível se reflete sobre minha consciência e a determina como aquilo que é. A ipseidade representa um grau de nadificação mais avançado que a pura presença a si do *cogito* pré-reflexivo, no sentido de que o possível que sou não é pura presença ao Para-si, como reflexo-refletidor, e sim *presença-ausente*. Mas, por isso mesmo, a existência da *remissão* como estrutura de ser do Para-si fica mais nitidamente marcada ainda. O Para-si é si mesmo *lá longe*, fora de alcance, nas lonjuras das suas possibilidades. E esta livre necessidade de ser longe do que é em forma de falta constitui a ipseidade, ou segundo aspecto essencial da pessoa. E como definir a pessoa, com efeito, senão como livre relação com si mesmo? Quanto ao mundo, ou seja, a totalidade dos seres enquanto existem no interior do circuito da ipseidade, só poderia ser aquilo que a realidade humana transcende rumo a si mesmo; ou, para adotar a definição de Heidegger: "Aquilo a partir do que a realidade humana se faz anunciar o que é"[27]. Com efeito, o possível, que é *meu* possível, é Para-si possível e, como tal, presença ao Em-si como consciência *do* Em-si. O que busco frente ao mundo é a coincidência com um Para-si que sou e que é consciência *do* mundo. Mas esse possível, que está presente-ausente *não teticamente* à consciência presente, não está presente a título de objeto de uma consciência posicional – senão, seria refletido. A sede saciada que *infesta* minha sede atual não é consciência (de) si como sede saciada: é consciência tética do *copo-que-é-bebido* e consciência não posicional (de) si. Portanto, ela se faz transcender para o copo *do qual é* consciência; e, como correlato desta possível consciência não tética, o copo-bebido infesta o copo cheio como seu possível e o constitui como copo-para-beber. Assim, o mundo é *meu* por natureza, na medida em que é correlato Em-si do nada, ou seja, do obstáculo necessário para além do qual me reencontro como aquilo que sou sob a forma de "ter-de-sê-lo". Sem mundo não há ipseidade nem pessoa; sem a ipseidade, sem a pessoa, não há mundo. Mas este pertencer do mundo à pessoa jamais é *posicionado* no plano do *cogito* pré-reflexivo. Seria absurdo dizer que o mundo, na medida em que é conhecido, é conhecido como meu. Todavia, esta qualidade de "pertencer-a-mim" (*moiité*) do mundo é uma estrutura fugitiva e sempre presente *vivida* por

---

27. Veremos no capítulo III desta mesma parte o que esta definição – que provisoriamente adotamos – oferece de insuficiente e de errônea.

mim. O mundo (é) meu porque está infestado por possíveis, e a consciência de cada um desses possíveis é um possível (de) si que *eu sou*; esses possíveis, enquanto tais, é que conferem ao mundo sua unidade e seu sentido de mundo.

O exame das condutas negativas de má-fé nos permitiu abordar o estudo ontológico do *cogito*, e o ser do *cogito* nos apareceu como sendo o ser-Para-si. Este ser se transcendeu aos nossos olhos até o valor e os possíveis; não pudemos contê-lo nos limites substancialistas da instantaneidade do *cogito* cartesiano. Mas, precisamente por isso, não podemos nos contentar com os resultados que acabamos de obter: se o *cogito* recusa a instantaneidade e se transcende rumo a seus possíveis, isso só pode ocorrer no transcender temporal. É "no tempo" que o Para-si é seus próprios possíveis no modo de "não ser"; é no tempo que meus possíveis aparecem nos limites do mundo que tornam meu. Portanto, se a realidade humana se capta a si mesma como temporal, e se o sentido de sua transcendência é sua temporalidade, não podemos esperar que o ser do Para-si seja elucidado antes que tenhamos descrito e fixado a significação do Temporal. Só então poderemos abordar o estudo do problema que nos ocupa: o da relação originária entre a consciência e o ser.

CAPÍTULO 2
A TEMPORALIDADE

I
Fenomenologia das três dimensões temporais

A temporalidade é evidentemente uma estrutura organizada, e esses três pretensos "elementos" do tempo, passado, presente, futuro, não devem ser encarados como uma coleção de "dados" ("data") cuja soma deve ser efetuada – como, por exemplo, uma série infinita de "agoras" na qual uns ainda não são, outros não são mais –, e sim como momentos estruturados de uma síntese original. Senão, vamos deparar antes de tudo com esse paradoxo: o passado não é mais, o futuro não é ainda; quanto ao presente instantâneo, todos sabem que não existe: é o limite de uma divisão infinita, como o ponto sem dimensão. Assim, toda a série se aniquila, e duplamente, já que o "agora" futuro, por exemplo, é um nada enquanto futuro e se realizará em nada quando passar ao estado de "agora" presente. O único método possível para estudar a temporalidade é abordá-la como uma totalidade que domina suas estruturas secundárias e lhes confere significação. É o que nunca esqueceremos. Contudo, não podemos nos lançar em um exame do ser do Tempo sem elucidar previamente por uma descrição pré-ontológica e fenomenológica o sentido geralmente obscuro de suas três dimensões. Será preciso somente considerar esta descrição fenomenológica como um trabalho provisório, cujo fim é apenas nos dar acesso a uma intuição da temporalidade global. E, sobretudo, deve-se fazer aparecer cada dimensão *sobre o fundo* da totalidade temporal, retendo sempre na memória a "Unselbstständigkeit"* desta dimensão.

---

* Em alemão: não autonomia [N.T.].

A) O Passado

Toda teoria sobre a memória encerra uma pressuposição sobre o ser do passado. Tais pressuposições, nunca elucidadas, obscureceram o problema da memória e da temporalidade em geral. É preciso, então, de uma vez por todas, colocar a pergunta: qual é o *ser* de um ser passado? O senso comum oscila entre duas concepções igualmente vagas: o passado, diz-se, não é mais. Desse ponto de vista, parece que se quer atribuir o ser somente ao presente. Esta pressuposição ontológica engendrou a famosa teoria das impressões cerebrais: já que o passado não é mais, pois desvaneceu-se no nada, se a recordação continua existindo, é preciso que seja a título de modificação *presente* de nosso ser; por exemplo, uma impressão marcada agora em um grupo de células cerebrais. Assim, tudo é presente: o corpo, a percepção presente e o passado como impressão presente no corpo; tudo está *em ato*: porque a impressão não tem existência virtual *enquanto* recordação; é integralmente impressão *atual*. Se a recordação ressurge, é no presente, em consequência de um processo presente, ou seja, como ruptura de um equilíbrio protoplasmático no grupo celular considerado. Eis o paralelismo psicofisiológico, que é instantâneo e extratemporal, para explicar como esse processo fisiológico é correlato a um fenômeno estritamente físico mas igualmente presente: a aparição da imagem-recordação na consciência. A noção mais recente de *engrama* não faz mais que adornar esta teoria com uma terminologia pseudocientífica. Mas, se tudo é presente, como explicar a *passividade* da recordação, ou seja, o fato de que, em sua intenção, uma consciência que se rememora transcende o presente para visar um acontecimento lá onde ele *foi*? Assinalamos em outra obra* que não há meio algum de distinguir a imagem da percepção se começamos fazendo da imagem uma percepção renascente. Encontramos aqui as mesmas impossibilidades. Mas, além disso, nos privamos do meio de distinguir imagem e recordação: nem a "fragilidade" da recordação, nem sua palidez, nem seu caráter incompleto nem as contradições que ostenta frente

---

* *L'imagination*. Paris: Librairie Félix Alcan, 1936. – Em português, *A imaginação*. São Paulo: Difusão Europeia do Livro, 1967 [N.T.].

aos dados da percepção podem distingui-la da imagem-ficção, pois esta apresenta os mesmos caracteres; e, por outro lado, esses caracteres, sendo qualidades *presentes* da recordação, não poderiam fazer-nos sair do presente para ir ao passado. Em vão se invocará a qualidade de pertencer-a-mim da recordação, como Claparède, ou sua "intimidade", como James. Ou bem esses caracteres manifestam somente uma atmosfera presente que envolve a recordação – e então permanecem presentes e remetem ao presente – ou bem são já uma relação com o passado enquanto tal, e então pressupõem o que se quer explicar. Acreditou-se ser possível se livrar facilmente do problema reduzindo o reconhecimento a um esboço de localização e esta a um conjunto de operações intelectuais facilitadas pela existência de "contextos sociais da memória". Tais operações existem, sem dúvida alguma, e devem ser objeto de um estudo psicológico. Mas, se a relação com o passado não é dada de alguma maneira, essas operações não poderiam criá-la. Em uma palavra, se começamos fazendo do homem um insular encerrado na ilha instantânea de seu presente, e se todos os seus modos de ser, assim que aparecem, estão destinados por essência a um perpétuo presente, suprimiu-se radicalmente todos os meios de compreender sua relação originária com o passado. Assim como os "geneticistas" não lograram constituir a extensão com elementos inextensos, tampouco lograremos constituir a dimensão "passado" com elementos tomados exclusivamente do presente.

A consciência popular, por outro lado, tem tal dificuldade de negar existência real ao passado que admite, juntamente com esta primeira tese, outra concepção, também imprecisa, segundo a qual o passado teria uma espécie de existência honorária. Ser passado, para um acontecimento, seria simplesmente estar recolhido, perder a eficiência sem perder o ser. A filosofia bergsoniana retomou tal ideia: entrando no passado, um acontecimento não deixa de ser, apenas deixa de agir, mas permanece "em seu lugar", em sua data, para toda a eternidade. Assim, restituímos o ser ao passado, e está certo; até afirmamos que a duração é multiplicidade de interpenetração e que o passado se organiza continuamente com o presente. Mas com isso não encontramos qualquer razão para esta organização ou esta interpenetração; não explicamos como o passado pode "renascer" e infestar-nos, em suma, como pode existir *para nós*. Se é inconsciente, como quer Bergson, e se o inconsciente é o não atuante, como pode inserir-se na trama de nossa consciência presente? Terá força própria? Mas então esta força será presente, já que atua sobre o presente? Como emana do passado enquanto tal? Devemos inverter a questão, como Husserl, e mostrar na consciência presente um jogo de "retenções" que engatam as consciências de outrora, conservam-nas em sua data e impedem que sejam aniquiladas? Mas se o *cogito* husserliano se dá previamente como instantâneo, não há meio de sair dele. No capítulo anterior, vimos que as protensões se chocam em vão contra os vidros do presente, sem poder rompê-los. Ocorre o mesmo com as retenções. Ao longo de toda sua carreira filosófica, Husserl foi obcecado pela ideia de transcendência e ultrapassamento. Mas os instrumentos filosóficos de que dispunha, em particular sua concepção idealista da existência, privaram-no de meios para se dar conta desta transcendência: sua intencionalidade é apenas uma caricatura. A consciência husserliana, na verdade, não pode se transcender nem para o mundo, nem para o futuro, nem para o passado.

Assim, nada ganhamos outorgando o ser ao passado, pois, nos termos desta concessão, o passado deveria ser para nós como não sendo. Que o passado *seja*, como querem Bergson e Husserl, ou *não seja mais*, como quer Descartes, isso carece de importância se começamos por cortar as pontes entre ele e nosso presente.

Com efeito, se conferimos ao presente um privilégio como "pre-sença ao mundo", colocamo-nos, para abordar o problema do passado, na perspectiva do ser intramundano. Pensamos existir primeiro como contemporâneo desta cadeira ou desta mesa, e fazemos existir pelo mundo a significação do temporal. Mas, se nos colocamos no meio do mundo, perdemos toda possibilidade de distinguir o que *não é mais* daquilo que *não é*. Contudo, dir-se-á, aquilo que não é mais, pelo menos foi, enquanto que aquilo que não é não tem nexo de espécie alguma com o ser. É verdade. Mas a lei de ser do instante intramundano, como vimos, pode ser expressa por essas simples palavras: "O ser é" – que indicam uma plenitude maciça de positividades, onde nada do que *não é* pode ser representado de alguma forma, sequer por um vestígio, um vazio, um sinal, uma "histerese" (*hystérésis*). O ser que é se esgota inteiramente no ato de ser; nada tem a ver com o que não é e com o que não é mais. Nenhuma negação, seja radical ou suavizada em "não... mais", pode ter lugar nesta densidade absoluta. Posto isso, o passado bem pode existir à sua maneira: as pontes estão cortadas. O ser nem mesmo "esqueceu" seu passado: seria ainda uma forma de conexão. O passado lhe escapuliu como um sonho.

Se a concepção de Descartes e a de Bergson podem ser rechaçadas ombro a ombro, é porque ambas incidem na mesma objeção. Que se trate de nadificar o passado ou conservar sua existência de um deus doméstico, esses autores consideraram seu destino *à parte*, isolando-o do presente; e, qualquer que fosse sua concepção da consciência, conferiram a esta a existência de Em-si, tomaram-na como sendo aquilo que é. Não há por que se admirar depois que tenham fracassado na tentativa de religar o passado ao presente, pois o presente assim concebido irá negar com todas as forças o passado. Se houvessem considerado o fenômeno temporal em sua totalidade, teriam visto que "meu" passado é antes de tudo *"meu"*, ou seja, existe em função de certo ser que eu *sou*. O passado não é *nada*, também não é o presente, mas em sua própria fonte acha-se vinculado a certo presente e certo futuro. Esta qualidade de pertencer-a-mim de que falava Claparède não é uma nuança subjetiva que vem romper a recordação: é uma relação ontológica que une o passado ao presente. Meu passado não aparece jamais no isolamento de sua "preteridade"; seria até absurdo considerar que pudesse *existir* como tal: é originariamente passado *deste* presente. E é assim que deve ser elucidado previamente.

Escrevo que Paulo, em 1920, era aluno da Escola Politécnica. *Quem* é que "era"? Paulo, evidentemente; mas que Paulo? O jovem de 1920? Mas o único tempo do verbo ser que convém a Paulo considerado em 1920 – na medida em que lhe atribuímos a qualidade de estudante politécnico – é o presente. Na medida em que ele foi, é preciso dizer: "ele é". Se é um Paulo transformado em passado quem foi aluno da Politécnica, toda relação com o presente fica rompida: o homem que sustentava esta qualificação, o sujeito, ficou lá atrás, com seu atributo, em 1920. Se quisermos manter a possibilidade de uma rememoração, será necessário, nesta hipótese, admitir uma síntese recognitiva que venha do presente para manter o contato com o passado. Síntese impossível de se conceber, se não for um modo de ser originário. À falta de tal síntese, será preciso abandonar o passado em seu altivo isolamento. Além disso, que significaria semelhante cisão da personalidade? Proust admite sem dúvida a pluralidade sucessiva dos Eus, mas esta concepção, tomada ao pé da letra, faz-nos recair nas dificuldades insuperáveis que os associacionistas encontraram em sua época. Talvez possa se sugerir a hipótese de uma permanência na mudança: aquele que foi aluno da Politécnica é esse mesmo Paulo que existia em 1920 e existe hoje. É aquele de quem, após termos dito "*é* aluno da Politécnica", agora dizemos: "*é* ex-aluno da Politécnica". Mas esse recurso à permanência não nos livra do embaraço: se nada vier tomar ao revés o fluir dos "agoras", de modo a constituir a série temporal, e, nesta série, caracteres permanentes, a permanência nada mais será que certo conteúdo instantâneo e sem espessura de cada "agora" individual. É preciso que haja um passado e, por conseguinte, algo ou alguém que *era* esse passado, para que haja uma permanência; longe de poder constituir o tempo, esta o pressupõe para revelar-se nele e revelar com ela a mudança. Voltamos, pois, ao que entrevíamos antes: se a remanência existencial do ser sob a forma de passado não surge originariamente de meu presente atual, se meu passado de ontem não for como uma transcendência para trás de meu presente de hoje, perderemos toda esperança de religar o passado ao presente. Assim, se digo que Paulo *foi* ou *era* aluno da Politécnica, refiro-me a esse Paulo que presentemente *é* e que também *é* quadragenário. Não é o adolescente que *era* aluno. Deste, enquanto foi, deve-se dizer: *é*. O quadragenário é que *era*. Para dizer a verdade, o homem de trinta anos também o *era*. Mas que seria o homem de trinta anos, por sua vez, sem o quadragenário que o foi? E o próprio quadragenário, é no extremo limite de seu presente que ele *"era"* aluno da Politécnica. E finalmente, é o ser mesmo da *Erlebnis* que tem a missão de ser quadragenário, homem de trinta anos, adolescente, à maneira de *tê-lo sido*. Desta *Erlebnis*, dizemos hoje que *é*; do quadragenário* e do adolescente também se disse, em seu tempo, que *são*; hoje, fazem parte do passado, e o passado

---

* Seria mais certo dizer: do homem de trinta anos... [N.T.].

mesmo *é*, no sentido de que, atualmente, é o passado de Paulo ou desta *Erlebnis*. Assim, os tempos particulares do perfeito designam seres que existem todos realmente, ainda que em modos de ser diversos, mas dos quais um *é* e, ao mesmo tempo, *era o outro*; o passado se caracteriza como passado *de* algo ou de alguém; *tem-se* um passado. É este utensílio, esta sociedade, este homem que *têm* seu passado. Não há primeiro um passado universal que depois se particularizasse em passados concretos. Mas, ao contrário, o que encontramos primeiro são *passados particulares*. E o verdadeiro problema – que abordaremos no capítulo seguinte – será saber por qual processo esses passados individuais podem se unir para formar *o* passado.

Talvez alguém possa objetar que facilitamos as coisas ao escolher um exemplo em que o sujeito que "era" continua existindo hoje. Citaremos outros casos. Por exemplo, de Pedro, que já morreu, posso dizer: "amava a música". Nesse caso, tanto o sujeito quanto o atributo são passados. E não há um Pedro atual a partir do qual possa surgir este ser-passado. Estamos de acordo. Até a ponto de reconhecer que o gosto pela música jamais foi *passado* para Pedro. Ele sempre foi contemporâneo desse gosto, que era *seu* gosto: sua personalidade viva não sobreviveu ao gosto, nem ele a ela. Em consequência, o passado, aqui, é Pedro-amante-da-música. E posso formular a pergunta que fiz antes: *de quem* é passado desse Pedro-passado? Não poderia sê-lo com relação a um presente universal, que é pura afirmação de ser; é, portanto, o passado de *minha* atualidade. E, de fato, Pedro foi para-mim, e eu fui para-ele. Como veremos, a existência de Pedro me alcançou até a medula, fez parte de um presente "no-mundo, para-mim e para-outro" que era *meu* presente durante a vida de Pedro – um presente que eu fui. Assim, os objetos concretos desaparecidos são passados enquanto fazem parte do passado concreto de um sobrevivente. "O que há de terrível na Morte – diz Malraux – é que transforma a vida em Destino". Deve-se entender com isso que a morte reduz o Para-si-Para-outro ao estado de simples Para-outro. Do ser de Pedro morto, hoje, eu sou o único responsável, na minha liberdade. E os mortos que não puderam ser salvos e transportados a bordo do passado concreto de um sobrevivente não são *passados*; eles e seus passados estão aniquilados.

Há, portanto, seres que "têm" passados. Há pouco citamos indiferentemente um instrumento, uma sociedade, um homem. Estávamos certos? Pode-se atribuir originariamente um passado a todos os existentes finitos, ou apenas a certas categorias? Isso pode ser mais facilmente determinado se examinarmos mais de perto esta noção muito particular de "ter" um passado. Não se pode "ter" um passado como se "tem" um automóvel ou uma estrebaria. Ou seja, o passado não pode ser possuído por um ser presente que lhe permaneça estritamente exterior, assim como, por exemplo, permaneço exterior à minha esferográfica. Em suma, no sentido em que a posse exprime ordinariamente uma relação *externa* do possuidor ao possuído, a expressão de posse é insuficiente. As relações externas dissimulariam um abismo intransponível entre passado e presente, que de fato seriam dois dados sem comunicação real. Sequer a interpenetração absoluta do presente pelo passado, tal como a concebe Bergson, resolve a dificuldade, porque esta interpenetração, que é organização do passado com o presente, vem, no fundo, do próprio passado e não é mais que uma relação de *habitação*. O passado pode ser concebido, então, como existindo *no* presente; mas nos privamos dos meios de apresentar esta imanência sem ser como a de uma pedra no fundo do rio. O passado pode decerto infestar o presente, mas não pode *sê-lo*; é o presente que *é* seu passado. Assim, se estudamos as relações entre passado e presente a partir do passado, jamais poderemos estabelecer entre ambos relações *internas*. Por conseguinte, um Em-si, cujo presente é o que é, não poderia "ter" passado. Os exemplos citados por Chevallier em defesa de sua tese, em particular os fatos de histerese, não permitem estabelecer uma ação do passado da matéria sobre seu estado presente. Com efeito, não há um deles que não possa ser interpretado pelos meios comuns do determinismo mecanicista. Desses dois pregos, diz Chevallier, um acaba de ser fabricado e nunca foi usado, o outro foi torcido, depois destorcido a golpes de martelo: apresentam aspecto rigorosamente igual. Contudo, ao primeiro golpe, um deles se cravará direito na parede, e o outro voltará a se entortar: ação do passado. Em nosso entender, é preciso certa má-fé para ver aqui a ação do passado; esta explicação inteligível do ser que é densidade pode ser facilmente substituída pela única explicação possível: as aparências exteriores de ambos os pregos são semelhantes, mas suas estruturas moleculares presentes diferem sensivelmente. E o estado molecular presente é a cada instante o efeito rigoroso do estado molecular anterior, o que não significa para o cientista que haja "trânsito" de um instante a outro com permanência do passado, mas apenas conexão irreversível entre os conteúdos de dois instantes do tempo físico. Dar como prova desta permanência do passado a remanência da imantação em um fragmento de metal doce não significa demonstrar algo mais digno de crédito: trata-se, com efeito, de um fenômeno que sobrevive à sua causa, não de subsistência da causa enquanto causa *em estado passado*. Muito tempo depois que a pedra atravessou a água e bateu no fundo do mar, ondas concêntricas ainda percorrem a superfície: não recorremos a não se sabe qual ação do passado para explicar o fenômeno; o mecanismo é quase visível. Não parece que os fatos de histerese ou remanência necessitem de explicação de outro tipo. De fato, está bem claro que a expressão *"ter"* um passado, que deixa supor um modo de possessão em que o possuidor pudesse ser passivo e, como tal, não surpreende se aplicada à matéria, deve ser substituída por *"ser* seu próprio passado". Não há passado salvo para um presente que só pode existir sendo lá atrás seu passado, ou seja: só têm passado os seres de tal ordem que, em seu ser, está em questão seu ser passado, seres que *têm-de-ser* seu passado. Tais observações nos permitem negar *a priori* o passado ao Em-si (o que tampouco significa que devamos confiná-lo ao presente). Não colocaremos assim um fecho na questão do passado dos *seres vivos*. Apenas vamos observar que, se fosse necessário – o que não é absolutamente certo – conceder um passado à vida, isso só poderia acontecer depois de demonstrar que o ser da vida é de tal ordem que comporta um passado. Em suma, provar previa-mente que a matéria viva é *outra coisa* que não um sistema físico-químico. O esforço inverso – o de Chevallier –, que consiste em dar maior ênfase ao passado como constitutivo da originalidade da vida, é um ὕστερον πρότερον* totalmente desprovido de significação. Somente para a Realidade Humana é manifesta a existência de um passado, porque ficou estabelecido que ela *tem-de-ser o*

---

* Em grego: anterior-posterior [N.T.].

que é. É pelo Para-si que o passado chega ao mundo, porque seu "Eu sou" existe sob a forma de um "Eu *me* sou".

Portanto, que significa "era"? Vemos, primeiramente, que é um transitivo. Se digo "Paulo está cansado", pode-se contestar que a cópula tenha valor ontológico; talvez nela se queira ver apenas uma indicação de inerência. Mas quando dizemos "Paulo *estava* cansado", a significação essencial do pretérito salta aos olhos: o Paulo atual é realmente responsável por ter estado cansado no passado. Se não sustentasse este cansaço com seu ser, sequer teria esquecido aquele estado, pois haveria um "não-ser-mais" rigorosamente idêntico a um "não ser". O cansaço estaria *perdido*. O ser presente é, pois, o fundamento de seu próprio passado; e é esse caráter de fundamento que o "era" manifesta. Mas não se deve entender que o presente fundamento o passado à maneira da indiferença e sem ser profundamente modificado por ele: "era" significa que o ser presente tem-de-ser em seu ser o fundamento de seu passado *sendo* ele próprio esse passado. Que significa isso? Como o presente pode *ser* o passado?

O nó da questão reside evidentemente no termo "era", que, servindo de intermediário entre presente e passado, não é em si mesmo nem inteiramente presente nem inteiramente passado. Com efeito, não pode ser nem um nem outro, já que, em tal caso, estaria contido no interior do tempo que denotaria seu ser. O termo "era" designa, pois, o salto ontológico do presente ao passado e representa uma síntese original desses dois modos de temporalidade. Como entender esta síntese?

Antes de tudo, vejo que o termo "era" é um modo de ser. Nesse sentido, eu *sou* meu passado. Não o tenho, eu o sou: aquilo que dizem acerca de um ato que pratiquei ontem ou de um estado de espírito que manifestei não me deixa indiferente: fico magoado ou lisonjeado, reajo ou pouco me importo, sou afetado até a medula. Não me desassocio de meu passado. Sem dúvida, com o passar do tempo posso tentar esta desassociação, posso declarar que "não sou mais o que era", arguir uma mudança, um progresso. Mas se trata de reação secundária, que se dá como tal. Negar minha solidariedade de ser com meu passado a respeito desse ou daquele ponto particular é afirmá-la para o conjunto de minha vida. No extremo limite, no instante infinitesimal de minha morte, não serei mais que meu passado. Somente ele me definirá. É o que Sófocles quis expressar quando, em *As Traquínias*, faz Dejanira dizer: "Antigo é o refrão corrente entre os homens segundo o qual não se pode julgar a vida dos mortais e dizer se foi feliz ou infeliz antes de sua morte". É também o sentido da frase de Malraux antes citada: "A morte transforma a vida em Destino". É, por fim, o que aterroriza o crente quando ele constata com pavor que, no momento da morte, a sorte está lançada, já não resta uma só carta a jogar. A morte nos reúne conosco mesmos, assim como a eternidade nos transformou em nós mesmos. No momento da morte, *somos*, ou seja, somos sem defesa frente aos juízos do próximo; pode-se decidir *na verdade* aquilo que somos, já não temos qualquer chance de escapar às contas que uma inteligência onisciente pudesse fazer. E o arrependimento da última hora é um esforço total para rachar todo este ser que lentamente foi se agarrando e solidificando *sobre nós*, uma derradeira reação para nos dissociarmos daquilo que *somos*. Em vão: a morte coagula essa reação junto com o resto, e a reação nada mais faz do que entrar em composição com o que a precedeu, como um fator entre outros, como uma determinação singular que só se entende a partir da totalidade. Pela morte o Para-si se converte para sempre em Em-si, na medida em que deslizou integralmente no passado. Assim, o passado é a totalidade sempre crescente do Em-si que somos. Enquanto ainda não morremos, todavia, ainda não somos este Em-si sob o modo de identidade. *Temos-de-sê-lo*. Comumente, meu rancor com relação a alguém cessa com a morte deste: porque o morto se reuniu a seu passado, *é* seu passado, sem ser por isso responsável por ele. Enquanto vive, é objeto do meu rancor, ou seja, eu repreendo seu passado não apenas à medida que *o é*, mas também enquanto o reassume a cada instante e o sustenta no ser, enquanto é *responsável* por ele. Não é verdade que o rancor coagule o homem naquilo que era, senão sobreviveria à morte: o rancor se dirige ao homem vivo, que é livremente em seu ser aquilo que era. Sou meu passado, e, se não o fosse, meu passado não existiria nem *para* mim nem para *ninguém*. Já não teria qualquer relação com o presente. Isso não significa, de modo algum, que meu passado não seria, mas que seu ser seria indecifrável. Sou aquele por quem meu passado vem a esse mundo. Mas deve-se entender que não lhe *dou* o ser. Em outros termos, meu passado não existe a título de "minha" representação. Meu passado não existe porque eu o "represento", mas é porque eu *sou* meu passado que ele entra no mundo, e, a partir de seu ser-no-mundo, é que posso representá-lo, segundo certo processo psicológico. Meu passado é o que tenho-de-ser, mas por natureza difere, todavia, dos meus possíveis. O possível, que também tenho-de-ser, permanece, enquanto possível concreto meu, como aquele cujo contrário é igualmente possível, embora em grau menor. O passado, ao oposto, é aquele que é, sem nenhuma possibilidade de qualquer tipo; aquele que consumiu suas possibilidades. *Tenho-de-ser* aquilo que já não depende de modo algum de meu poder-ser, aquilo que já é em si tudo o que pode ser. O passado que sou, tenho-de-sê-lo sem nenhuma possibilidade de não sê-lo. Assumo sua total responsabilidade, como se pudesse modificá-lo, e, todavia, não posso ser outra coisa senão ele. Veremos mais tarde que conservamos continuamente a possibilidade de modificar a *significação* do passado, na medida em que este é um ex-presente *que teve um futuro*. Mas, do conteúdo do passado enquanto tal, nada posso subtrair, e a ele nada posso adicionar. Em outros termos, o passado que *eu era* é o que é, é um Em-si como as coisas do mundo. E a relação de ser que tenho de sustentar com o passado é uma relação do tipo do Em-si. Ou seja, de identificação consigo mesmo.

Mas, por outro lado, não sou meu passado. Não o *sou*, já que eu o *era*. O rancor alheio sempre me surpreende e me indigna: como se pode odiar, na pessoa que *sou*, aquela que eu *era*? A sabedoria ancestral insistiu muito nesse fato: nada posso enunciar a meu respeito que não tenha se tornado falso quando o enuncio. Hegel não menosprezou este argumento. O que quer que faça, o que quer que diga, no momento que pretendo sê-lo, já o *fiz* ou *disse*. Mas examinemos melhor este aforismo: significa que todo juízo que formule sobre mim já é falso ao ser enunciado, ou seja, que já me tornei *outra coisa*. Mas que devemos entender por *outra coisa*? Se entendemos um modo da realidade humana que desfrute o mesmo tipo existencial daquele ao qual negamos a existência presente, equivale a dizer que cometemos um erro atribuindo o predicado ao sujeito e resta outro predicado atribuível: apenas teria sido necessário apontá-lo no futuro imediato. Da mesma forma, um caçador que aponta para uma ave *ali onde a vê* erra o alvo, porque a ave já não está neste lugar quando a bala chega. Atingirá o alvo, ao contrário, se apontar um pouco mais para adiante, ali onde a ave ainda não chegou. Se a ave não está mais neste ponto, é porque *já está* em outro; de qualquer modo, *está* em algum lugar. Mas veremos que esta concepção eleática do movimento é profundamente errônea: se podemos verdadeiramente dizer que a flexa *está* em A-B, então o movimento é uma sucessão de imobilidades. Analogamente, se concebemos um instante infinitesimal, que já não é, no qual fui o que já não sou, constituímo-nos como uma série de estados fixos que se sucedem como imagens de uma lanterna mágica. Se *não* sou o que enuncio ser, não é por causa de ligeiro desnível entre o pensamento judicativo e o ser, de um atraso do juízo com relação ao fato, mas sim porque, em princípio, no meu ser imediato, em presença de meu presente, eu não *o sou*. Em suma, a causa pela qual não *sou* o que era não é uma mudança, um devir concebido como passagem ao heterogêneo processada na homogeneidade do ser; mas, ao contrário, se pode haver um devir, é porque, por princípio, meu ser é heterogêneo com relação às minhas maneiras de ser. A explicação do mundo pelo devir, concebido como síntese do ser e do não ser, é fácil de ser dada. Mas teríamos atentado para o fato de que o ser em devir não poderia ser esta síntese a menos que a fosse para si mesmo em um ato que fundamentasse seu próprio nada? Se eu já não sou o que era, é necessário, contudo, que tenha-de-sê-lo na unidade de uma síntese nadificadora que eu mesmo sustento no ser, caso contrário, eu não teria relação de espécie alguma com o que já não sou, e minha plena positividade excluiria o não ser, essencial ao devir. O devir não pode ser um *dado*, um modo de ser imediato do ser, porque, se concebemos tal ser, em seu núcleo o ser e o não ser só poderiam estar justapostos, e nenhuma estrutura imposta ou *externa* poderia fundir um no outro. A conexão entre ser e não ser só pode ser interna: é no ser enquanto ser que deve despontar o não ser, é no não ser que deve surgir o ser, e isso não poderia ser um fato, uma lei natural, e sim um surgimento do ser que é seu próprio nada de ser. Assim, portanto, se não *sou* meu próprio passado, isso não se dá pelo modo originário do devir, mas na medida em que *tenho-de-sê-lo para não sê-lo* e que *tenho-de-não-sê-lo para sê-lo*. Isso deve nos esclarecer a natureza do modo "era": se não sou o que era, isso não ocorre porque já tenha mudado, o que faria supor um tempo já dado, mas sim porque sou, com relação a meu ser, à maneira de uma conexão interna de *não sê-lo*.

Assim, é na medida em que *sou* meu passado que posso não sê-lo; é inclusive esta necessidade de ser meu passado o único fundamento possível do fato de que não o sou. Senão, a cada instante eu nem o seria, nem não o seria, exceto aos olhos de uma testemunha rigorosamente externa, a qual, por sua vez, teria-de-ser ela mesma seu passado à maneira de *não sê-lo*.

Tais observações podem nos fazer compreender o que há de inexato no ceticismo de origem heracliteana, que insiste unicamente no fato de que já não sou o que digo ser. Sem dúvida, tudo que se pode dizer que sou, não o sou. Mas é incorreto afirmar que não o sou *já*, porque não o fui nunca, se entendemos por isso "ser Em-si"; e, por outro lado, não se segue tampouco que eu me equivoque dizendo sê-lo, pois é necessário que eu o seja para não sê-lo: eu o sou à maneira do "era".

Assim, tudo quanto se pode dizer que *sou* no sentido de sê-lo em si, com densidade compacta (temperamental, funcionário público, insatisfeito), é sempre *meu passado*. Somente no passado sou o que sou. Mas, por outro lado, aquela densa plenitude de ser está atrás de mim, há uma distância absoluta que a separa de mim e a deixa cair fora de meu alcance, sem contato, sem aderências. Se era ou se fui feliz, é o que não sou. Mas isso não significa que *seja* infeliz: simplesmente, só posso *ser* feliz no passado; não é *porque* tenho um passado que carrego meu ser atrás de mim dessa maneira, mas o passado é justamente *esta* estrutura ontológica que me obriga a ser o que sou *por detrás*. É o que significa o "era". Por definição, o Para-si existe com a obrigação de assumir seu ser e nada pode ser senão Para-si. Mas, precisamente, não pode assumir seu ser salvo por uma retomada deste ser, que o coloca *à distância* deste ser. Pela própria afirmação de que *sou* à maneira do Em-si, escapo a esta afirmação, pois ela encerra uma negação de sua própria natureza. Assim, o Para-si é sempre para além daquilo que é, pelo fato de ser Para-si e ter-de-sê-lo. Mas, ao mesmo tempo, é decerto *seu* ser e não outro o que permanece por detrás. Assim, compreendemos o sentido do "era", que caracteriza simplesmente o tipo de ser do Para-si, ou seja, a relação do Para-si com seu ser. O passado é o Em-si que sou enquanto *ultrapassado*.

Falta estudar o modo mesmo com que o Para-si "era" seu próprio passado. Sabemos que o Para-si aparece no ato originário pelo qual o Em-si se nadifica para se fundamentar. O Para-si é seu próprio fundamento na medida em que se faz o fracasso do Em-si para ser o seu fundamento. Mas nem por isso chega a livrar-se do Em-si. O Em-si ultrapassado permanece e o impregna como sua contingência original. O Para-si não pode alcançá-lo jamais, nem pode se captar como *sendo* isso ou aquilo, mas tampouco pode evitar ser à distância de si aquilo que é. Esta contingência, este peso à distância do Para-si, que ele *não é* jamais, porém tem-de--sê-lo como peso ultrapassado e conservado na própria ultrapassagem, é a *facticidade*, mas também o passado. Facticidade e passado são duas palavras para designar uma única e mesma coisa. O passado, com efeito, tal como a facticidade, é a contingência invulnerável do Em-si que tenho-de-ser, sem nenhuma possibilidade de não sê-lo. É o inevitável da necessidade de fato, não a título de necessidade, mas em virtude do fato. É o ser de fato que não pode determinar o conteúdo de minhas motivações, mas as paralisa com sua contingência, porque elas não podem suprimi-lo nem modificá-lo: ao contrário, é o que levam necessariamente consigo para alterar, o que conservam para evitar, aquilo que têm-de-ser em seu próprio esforço para não ser, aquilo a partir do qual elas se fazem o que são. Daí por que, a cada instante, eu não *seja* diplomata ou marinheiro, que eu seja professor, embora só possa interpretar este ser, sem poder encontrá-lo jamais. Se não posso voltar ao passado, isso não ocorre por um poder mágico que o coloque fora de alcance, mas simplesmente porque ele é Em-si e eu Para-mim; o passado é o que sou sem poder vivê-lo. O passado é substância. Nesse sentido, o *cogito* cartesiano deveria ser formulado assim: "Penso, logo era". A aparente homogeneidade do passado e do presente é que nos engana. Porque a vergonha que experimentei ontem era Para-si quando a experimentava. Supomos então que permaneceu Para-si hoje, e erroneamente se conclui que, se não posso retornar a ela, é porque *não é mais*. Mas precisamos inverter a relação para chegar à verdade: entre passado e presente há uma heterogeneidade absoluta, e, se não posso voltar ao passado, é porque ele *é*. E a única maneira pela qual eu poderia sê-lo seria ser eu mesmo Em-si, de modo a perder-me nele sob a forma de identificação, o que me é negado por essência. Com efeito, esta vergonha que ontem experimentei e era vergonha Para-si, é sempre vergonha no presente e, por essência, ainda pode ser descrita como Para-si. Mas já *não é* Para-si em seu ser, porque já não existe como reflexo-refletidor. Descritível como Para-si, simplesmente *é*. O passado se dá como Para-si convertido em Em-si. Esta vergonha, enquanto a vivo, não é o que é. No presente eu a *era*, e posso dizer: *era* uma vergonha; tornou-se o que era, atrás de mim; tem a permanência e constância do em-si, é eterna em sua data, possui a total aderência do Em-si a si mesmo. Em certo sentido, portanto, o passado, que é simultaneamente Para-si e Em-si, *assemelha-se* ao valor ou ao si-mesmo, que descrevemos no capítulo precedente; como este, representa certa síntese entre o ser que é o que não é e não é o que é e o ser que é o que é. Nesse sentido é que podemos falar de um valor evanescente do passado. Daí por que a lembrança nos apresenta o ser que éramos com uma plenitude de ser que lhe confere uma espécie de poesia. Esta dor que *tínhamos*, ao se coagular no passado, não deixa de apresentar o sentido de um Para-si, e, contudo, existe em si mesmo, com a fixidez silenciosa de uma dor alheia, uma dor de estátua. Já não precisa comparecer frente a si para se fazer existir. Agora é; e, ao contrário, seu caráter de Para-si, longe de ser o modo de ser de seu ser, transforma-se simplesmente em uma maneira de ser, em uma qualidade. É por ter contemplado o psíquico *no passado* que os psicólogos acharam que a consciência fosse uma qualidade capaz ou não de afetá-lo, sem modificá-lo em seu ser. O psíquico passado *primeiramente é*, e é Para-si depois, tal como Pedro é louro, ou esta árvore um carvalho.

Mas, precisamente por isso, o passado, que *se assemelha* ao valor, *não é* o valor. No valor, o Para-si torna-se si transcendendo e fundamentando seu ser; há uma retomada do Em-si pelo si; por esse fato, a contingência do ser cede lugar à necessidade. O passado, ao contrário, é primeiramente Em-si. O Para-si acha-se sustentado no ser pelo Em-si; sua razão de ser já não é mais ser Para-si: converteu-se em Em-si e por isso nos aparece em sua contingência. Não há qualquer *razão* para que nosso passado seja esse ou aquele: aparece na totalidade de sua série, como o fato puro que é preciso levar em conta enquanto fato, como *gratuito*. É, em suma, o valor invertido, o Para-si retomado e fixado pelo Em-si, penetrado e enceguecido pela densidade plenária do Em--si, condensado pelo Em-si a ponto de já não poder existir como reflexo para o refletidor nem como refletidor para o reflexo, mas apenas como uma indicação Em-si da díade reflexo-refletidor. Por isso, o passado pode, a rigor, ser o objeto visado por um Para-si que queira *realizar* o valor e escapar à angústia decorrente da perpétua ausência do si. Mas é radicalmente distinto, por essência, do valor: é precisamente o indicativo, do qual nenhum imperativo pode ser deduzido; o fato contingente e inalterável que eu *era*.

Assim, o passado é um Para-si recapturado e inundado pelo Em-si. Como pode acontecer isso? Descrevemos o que significa *ser passado* para um acontecimento e *ter um passado* para uma realidade humana. Vimos que o Passado é uma lei ontológica do Para-si, ou seja, que tudo aquilo que pode ser um Para-si deve sê-lo lá longe, atrás de si, fora de alcance. É nesse sentido que podemos aceitar a frase de Hegel: "Wesen ist was gewesen ist". Minha essência está no passado – é a lei de seu ser. Mas não explicamos por que um acontecimento concreto do Para-si *se torna* passado. Como um Para-si que *era* seu passado se converte no Passado que um novo Para-si tem-de-ser? O trânsito ao passado é modificação de ser. Que modificação é esta? Para entender isso, é preciso captar primeiro a relação entre o Para-si *presente* e o ser. Assim, como podíamos prever, o estudo do Passado nos remete ao do Presente.

B) O Presente

À diferença do Passado, que é Em-si, o Presente é Para-si. Qual o seu ser? Há uma antinomia própria do Presente: por um lado, definimo-lo facilmente pelo *ser*; é presente aquilo que é, em contraste com o futuro, que não é ainda, e com o passado, que não é mais. Mas, por outro lado, uma análise rigorosa, que pretenda desembaraçar o presente de tudo que não o seja, quer dizer, do passado e do futuro imediato, só encontraria de fato um instante infinitesimal, ou seja, como observou Husserl em suas *Leçons sur la conscience interne du temps**, o limite ideal de uma divisão levada ao infinito: um nada. Assim, como toda vez que abordamos o estudo da realidade humana de um ponto de vista novo, deparamos com essa díade indissolúvel: O Ser e o Nada.

Qual a significação primeira do Presente? Está claro que aquilo que existe no presente se distingue de qualquer outra existência por seu caráter de *presença*. Quando se faz uma chamada, o soldado ou o aluno respondem "presente!", no sentido de *"adsum"***. E o *presente* se opõe ao *ausente* tanto quanto ao *passado*. Assim, o sentido do *presente* é presença a... Convém, pois, indagar *a que* o presente é presença e *quem* está presente. Isso nos levará sem dúvida a elucidar em seguida o ser mesmo do presente.

Meu presente consiste em ser presente. Presente a quê? A esta mesa, a este quarto, a Paris, ao mundo; em suma, ao ser-Em-si. Mas, inversamente, o ser-Em-si estará presente *a mim* e ao ser-Em-si que ele não é? Se assim fosse, o presente seria uma relação recíproca de presenças. Mas é fácil ver que não é assim. A presença a... é uma relação interna do ser que está presente com os seres aos quais está presente. Em caso algum pode se tratar de simples relação externa de contiguidade. Presença a... significa existência fora de si junto a... Aquilo que pode ser presente a... deve ser de tal modo em seu ser que possa haver neste uma relação de ser com os demais seres. Só posso estar presente a esta cadeira se estiver unido a ela em uma relação ontológica de síntese, se estiver lá, no ser desta cadeira, como *não sendo* esta cadeira. O ser que é presente a... não pode, portanto, ser "Em-si" em repouso; o Em-si não pode ser presente, assim como não pode ser passado: pura e simplesmente *é*. Não pode se tratar de simultaneidade, qualquer que seja, entre um Em-si e outro Em-si, exceto do ponto de vista de um ser que fosse copresente a ambos os Em-sis e tivesse em si

---

* Original alemão: *Vorlesungen zur Phänomenologie des Inneren Zeitbewusstseins*, escritos em 1905 e 1910, publicados em 1928. Sem tradução em português [N.T.].

** Em latim: estar presente, assistir a [N.T.].

mesmo o poder de presença. O Presente, pois, só pode ser presença do Para-si ao ser-Em-si. E esta presença não poderia ser efeito de um acidente, uma concomitância; ao contrário, pressupõe toda concomitância e deve ser uma estrutura ontológica do Para-si. Esta mesa deve estar presente a esta cadeira em um mundo que a realidade humana infesta como uma presença. Em outros termos, não se poderia conceber um tipo de existente que fosse *primeiramente* Para-si para ser *depois* presente ao ser. Mas o Para-si se faz presença ao ser fazendo-se ser Para-si, e deixa de ser presença deixando de ser Para-si. Esse Para-si se define como presença ao ser.

A que ser se faz presença o Para-si? A resposta é clara: O Para-si é presença a todo ser-Em-si. Ou melhor, a presença do Para-si é que faz com que haja uma totalidade de ser-Em-si. Porque, por esse mesmo modo de presença ao ser enquanto ser, fica descartada toda possibilidade de que o Para-si seja *mais presente* a um ser privilegiado que aos demais seres. Ainda que a facticidade de sua existência faça com que esteja *aí* mais do que em outro lugar, ser *aí* não é ser *presente*. O *ser-aí* determina somente a perspectiva pela qual se realiza a presença à totalidade do Em-si. Desse modo, o Para-si faz com que os seres sejam *para* uma mesma presença. Os seres se revelam como copresentes em um mundo onde o Para-si os une com seu próprio sangue, pelo total sacrifício ek-stático de si que denominamos presença. "Antes" do sacrifício do Para-si seria impossível dizer se os seres existiam juntos ou separados. Mas o Para-si é o ser pelo qual o presente entra no mundo; os seres do mundo são copresentes, com efeito, na medida em que um mesmo Para-si se acha ao mesmo tempo presente a todos. Assim, o que se chama ordinariamente Presente, para os Em-si, distingue-se claramente de seu ser, embora *não seja mais* que seu ser: é somente sua copresença na medida em que um Para-si lhes é presente.

Sabemos agora *que é presente* e *a que* o presente é presente. Mas que é *presença*?

Vimos que não poderia ser a pura coexistência de dois existentes, concebida como simples relação de exterioridade, pois isso exigiria um terceiro termo para estabelecer tal coexistência. Esse terceiro termo existe no caso da coexistência das coisas no meio do mundo: é o Para-si que estabelece esta coexistência fazendo-se copresente a todas elas. Mas, no caso da Presença do Para-si ao ser-Em-si, não poderia haver terceiro termo. Nenhuma testemunha, sequer Deus, poderia *estabelecer* esta presença: o próprio Para-si não poderia conhecê-la se ela *já não fosse*. Todavia, a presença não poderia ser à maneira do Em-si. Significa que originariamente o Para-si é presença ao ser na medida em que é para si mesmo sua própria testemunha de coexistência. Como entender isso? Sabemos que o Para-si é o ser que existe em forma de testemunha de seu ser. Mas o Para-si é presente ao ser se está intencionalmente dirigido fora de si para este ser. E deve aderir ao ser o mais estreitamente possível, sem identificação. Tal aderência, como veremos no próximo capítulo, é realista, pelo fato de que o Para-si nasce a si em uma conexão originária com o ser: é para si mesmo testemunha de si como *não sendo* este ser. E por isso está fora de si, rumo ao ser e no ser, como não sendo este ser. É o que poderíamos deduzir, por outra parte, da própria significação de Presença: Presença a um ser implica estar em conexão com este ser por um nexo de interioridade, senão nenhuma conexão do Presente com o ser seria possível; mas esse nexo de interioridade é um nexo negativo: nega ao ser presente que seja o ser ao qual se está presente. Caso contrário, o nexo de interioridade iria se desvanecer em pura e simples identificação. Assim, a presença do Para-si ao ser pressupõe que o Para-si seja testemunha de si em presença do ser como não sendo o ser; a presença ao ser é presença do Para-si na medida em que este não é. Porque a negação não recai sobre uma diferença de maneira de ser que distinguisse o Para-si do ser, mas sobre uma diferença de ser. É o que se exprime sucintamente dizendo que o Presente *não é*.

Que significa este não ser do Presente e do Para-si? Para entendê-lo, é preciso voltar ao Para-si, a seu modo de existir, e esboçar brevemente uma descrição de sua relação ontológica com o ser. Do Para-si enquanto tal jamais se poderia dizer: ele *é*, no sentido em que se diz, por exemplo, *é* uma hora da tarde, ou seja, no sentido da total adequação do ser consigo mesmo, que posicione e suprima o si e ofereça os aspectos exteriores da passividade. Porque o Para-si tem a existência de uma aparência acoplada à testemunha de um reflexo que remeta ao refletidor, sem que haja qualquer objeto do qual o reflexo seja reflexo. O Para-si não tem ser, porque seu ser está sempre à distância: está lá longe, no refletidor, se consideramos a aparência, a qual só é aparência ou reflexo *para* o refletidor; está lá longe, no reflexo, se consideramos o refletidor, o qual só é em si pura função de refletir *esse* reflexo. Mas, além disso, em si mesmo, o Para-si não é o ser, porque se faz ser explicitamente para si como não sendo o ser. O Para-si é consciência de... como negação íntima de... A estrutura de base da intencionalidade e da ipseidade é a negação, como relação *interna* entre o Para-si e a coisa; o Para-si se constitui fora, a partir da coisa, como negação desta coisa; assim, sua primeira relação com o ser-Em-si é negação; ele "é" à maneira do Para-si, ou seja, como existente disperso, na medida em que se revela a si mesmo como não sendo o ser. Escapa duplamente ao ser, por desagregação íntima e negação expressa. E o presente é precisamente esta negação do ser, esta evasão do ser na medida em que o ser está *aí* como aquilo de que se evade. O Para-si é presente ao ser em forma de fuga; o Presente é uma fuga perpétua frente ao ser. Assim, determinamos o sentido primeiro do Presente: o Presente *não é*; o instante presente emana de uma concepção realista e coisificante do Para-si; é tal concepção que leva a exprimir o Para-si por meio do que *é* e daquilo a que está presente – por exemplo, por meio deste ponteiro de relógio. Nesse sentido, seria absurdo dizer que é uma hora da tarde para o Para-si; mas o Para-si pode estar presente a um ponteiro que marque uma da tarde. O que falsamente se denomina Presente é o ser ao qual o presente é presença. É impossível captar o Presente em forma de instante, pois o instante seria o momento em que o presente *é*. Mas o presente não é, faz-se presente em forma de fuga.

Mas o presente não é somente não ser presente do Para-si. Enquanto Para-si, este tem seu ser fora de si, adiante e atrás. Atrás, *era* seu passado; adiante, *será* seu futuro. É fuga fora do ser copresente e do ser que era, rumo ao ser que será. Enquanto presente, não é o que é (passado) e é o que não é (futuro). Eis-nos, portanto, remetidos ao Futuro.

C) O Futuro

Observemos, antes de tudo, que o Em-si não pode ser futuro nem conter uma parte de futuro. A lua cheia não é futuro quando olho a lua crescente, salvo "no mundo" que se revela à realidade humana: é pela realidade humana que o futuro chega ao mundo. Em si, esse quarto crescente é o que é. Nada há nele em potência. É ato. Não há pois nem passado nem futuro como fenômeno de temporalidade originário do ser-Em-si. O futuro do Em-si, se existisse, existiria *Em-si*, cindido do ser, como o passado. Mesmo se admitíssemos, como Laplace, um determinismo total que permitisse *prever* um estado futuro, seria ainda necessário que esta circunstância futura se perfilasse sobre um desvelamento prévio do porvir enquanto tal, um ser-por-vir do mundo – caso contrário, o tempo é uma ilusão e o cronológico dissimula uma ordem estritamente lógica de dedução. Se o futuro se perfila no horizonte do mundo, só pode ser por um ser que é seu próprio porvir, ou seja, que é por-vir para si mesmo, cujo ser está constituído por um vir-a--si de seu ser. Encontramos aqui estruturas ek-státicas análogas às que descrevemos para o Passado. Somente um ser que tem-de-ser seu ser, em vez de sê-lo simplesmente, pode ter um porvir.

Mas que significa exatamente ser seu futuro? E que tipo de ser possui o porvir? É preciso primeiro renunciar à ideia de que o porvir existe como *representação*. Em princípio, o futuro raramente é "repre-sentado". Quando isso acontece, como diz Heidegger, está tematizado e deixa de ser meu porvir para transformar-se no objeto indiferente de minha representação. Além disso, mesmo representado, não pode ser o "conteúdo" de minha representação, pois tal conteúdo, se houvesse, deveria ser presente. Dir-se-á que esse conteúdo presente é animado por uma intenção "futurizadora" (futurante)? Não faz sentido. Mesmo se esta intenção existisse, seria preciso que fosse ela mesma presente – e neste caso o problema do porvir não teria solução – ou então que transcendesse o presente até o porvir, e aí o ser desta intenção seria por-vir e seria necessário reconhecer no devir um ser diferente do simples *percipi*. Por outro lado, se o Para-si estivesse limitado a seu presente, como poderia representar o futuro para si? Como poderia ter conhecimento ou pressentimento dele? Nenhuma ideia forjada poderia fornecer um equivalente. Se começamos confinando o Presente no Presente, é óbvio que dele não sairemos jamais. De nada serviria considerá-lo "pleno de futuro". Ou bem esta expressão nada significa, ou bem designa uma eficiência atual do presente, ou indica a lei de ser do Para-si como aquele que é futuro para si mesmo; e, nesse último caso, registra somente o que é preciso descrever e explicar. O Para-si só pode estar "pleno de futuro", ou ser "espera do porvir" ou "conhecimento do porvir" sobre o fundo de uma relação originária e pré-judicativa de si a si: não se pode conceber para o Para-si a menor possibilidade de uma previsão temática, sequer a dos estados determinados do universo científico, salvo se ele for o ser que vem a si mesmo a partir do porvir, o ser que se faz existir a si mesmo como tendo seu ser fora de si, no porvir. Eis um exemplo simples: esta posição que assumo na quadra de tênis só tem sentido pelo gesto que farei em seguida com minha raquete para devolver a bola por cima da rede. Mas não obedeço à "clara representação" do gesto futuro nem à "firme vontade" de realizá-lo. Representação e vontade são ídolos inventados pelos psicólogos. É o gesto futuro que, mesmo sem ser tematicamente posicionado, reverte-se sobre as posições que adoto para iluminá-las, vinculá-las e modificá-las. Na quadra de jogo, estou logo devolvendo a bola, em um só arremesso, lá adiante, como se faltasse a mim mesmo, e as posições intermediárias que adoto não passam de meios para me acercar deste estado futuro, para nele me fundir, cada uma só tendo sentido *por* este estado futuro. Não há momento de minha consciência que não seja igualmente definido por uma relação interna com um futuro; que eu escreva, fume, beba ou repouse, o sentido de minhas consciências está sempre à distância, lá adiante, fora de mim. Nesse sentido, Heidegger tem razão de dizer que o "Dasein" é "sempre infinitamente mais do que seria se o limitássemos a seu puro presente". Melhor ainda: tal limitação seria impossível, porque então se teria feito do Presente um Em-si. Por isso se disse com razão que a finalidade é a causalidade invertida, ou seja, a eficiência do estado futuro. Mas geralmente esquecemos de tomar esta fórmula ao pé da letra.

Não se deve entender por futuro um "agora" que ainda não é. Recairíamos no Em-si e, sobretudo, iríamos encarar o tempo como um continente dado e estático. O futuro é *o que tenho-de-ser* na medida em que posso não sê-lo. Recordemos que o Para-si se faz presente frente ao ser como não sendo este ser e tendo sido seu ser no passado. Esta presença é fuga. Não se trata de uma presença demorada e em repouso junto ao ser, mas sim de uma evasão fora do ser rumo a... E esta fuga é dupla, porque, fugindo do ser que ela não é, a Presença foge do ser que ela era. Foge para *quê*? Não esqueçamos que o Para-si, na medida em que se faz presente ao ser para dele fugir, é falta. O Possível é aquilo *de que* carece o Para-si para ser si mesmo, ou, se preferirmos, é a aparição à distância daquilo que sou. Compreende-se então o sentido da fuga que é Presença: é fuga rumo a *seu ser*, ou seja, rumo ao si mesmo que ela será por coincidência com o que lhe falta. O Futuro é a falta que a extrai, enquanto falta, do Em-si da Presença. Se nada lhe faltasse, recairia no ser e perderia inclusive a *presença ao ser* para adquirir, em troca, o isolamento da completa identidade. É a falta enquanto tal que lhe permite ser presença; é porque está fora de si mesmo, rumo a algo que falta e que está para além do mundo, que a Presença pode ser fora de si mesmo, como presença a um Em-si que ela não é. O Futuro é o ser determinante que o Para-si tem-de-ser Para-além do ser. Há um futuro porque o Para-si tem-de-ser seu ser, em vez de simplesmente sê-lo. Este ser que o Para-si tem-de-ser não pode ser à maneira dos Em-sis copresentes, senão apenas seria, sem ter-de-ser sido; não cabe, pois, imaginá-lo como um estado completamente definido ao qual faltasse somente a presença, do mesmo modo como Kant diz que a existência nada agrega ao objeto do conceito. Mas tampouco pode não existir, senão o Para-si não passaria de um *dado*. É aquilo que o Para-si se faz ser a si mesmo captando-se perpetuamente para si como inacabado com relação a ele. É o que impregna à distância a díade reflexo-refletidor e faz com que o reflexo seja captado pelo refletidor (e reciprocamente) como um Ainda-não. Mas, precisamente, é necessário que esse faltante se dê na unidade de um mesmo surgimento com o Para-si que falta, senão nada haveria com relação a que o Para-si se captasse como Ainda-não. O Futuro é revelado ao Para-si como aquilo que o Para-si ainda não é, na medida em que o Para-si se constitui não teticamente para si como um Ainda-não na perspectiva desta revelação e se faz ser como um projeto de si mesmo fora do Presente rumo ao que não é ainda. E decerto o

Futuro pode ser sem esta revelação. E esta revelação exige, por sua vez, ser revelada a si, ou seja, exige a revelação do Para-si a si mesmo, caso contrário o conjunto Revelação-revelado cairia no inconsciente, quer dizer, no Em-si. Assim, somente um ser que é para si mesmo seu revelado, ou seja, cujo ser está em questão para si, pode ter um Futuro. Mas, reciprocamente, tal ser só pode ser para si na perspectiva de um Ainda-não, pois capta-se a si mesmo como um nada, quer dizer, como um ser cujo complemento de ser está à distância de si. À distância, ou seja, para além do ser. Assim, tudo que o Para-si é para além do ser é o Futuro.

Que significa esse "Para-além"? Para entendê-lo, é preciso notar que o futuro tem uma característica essencial do Para-si: é presença (futura) ao ser. E Presença desse Para-si *em particular*, do Para-si do qual é futuro. Quando digo *"eu* serei feliz", aludo a esse Para-si presente que será feliz, a essa *Erlebnis* atual, com tudo que *era* e arrasta atrás de si. E ela o será como presença ao ser, quer dizer, como Presença futura do Para-si a um ser cofuturo. De sorte que aquilo que me é dado como sentido do Para-si presente é comumente o ser cofuturo na medida em que se revelará ao Para-si futuro como aquilo ao qual esse Para-si será presente. Porque o Para-si é consciência tética *do* mundo em forma de presença, e não consciência tética *de* si. Assim, o que se revela ordinariamente à consciência é o *mundo futuro*, sem que ela se atente ao fato de que é o mundo na medida em que irá aparecer a uma consciência, o mundo posicionado como futuro pela presença de um Para-si por-vir. Esse mundo só tem sentido como futuro na medida em que sou presente a ele como *um outro* que *serei*, em outra posição física, afetiva, social etc. Contudo, é ele que está ao término de meu Para-si presente e para além do ser-Em-si, e por isso temos a tendência de apresentar primeiramente o futuro como um estado do mundo e, em seguida, fazer-nos aparecer sobre esse fundo de mundo. Se escrevo, tenho consciência *das* palavras como escritas e como devendo ser escritas. Só as palavras parecem ser o futuro que me espera. Mas o fato de que apareçam como *a escrever* pressupõe que escrever, enquanto consciência não tética (de) si, é a possibilidade que eu sou. Assim, o Futuro, como presença futura de um Para-si a um ser, arrasta consigo o ser-Em-si rumo ao futuro. Este ser a que o Para-si estará presente é o sentido do

Em-si copresente ao Para-si presente, assim como o futuro é o sentido do Para-si. O Futuro é presença a um ser cofuturo, porque o Para-si só pode existir fora de si, junto ao ser, e porque o futuro é um Para-si futuro. Mas, desse modo, pelo Futuro, um porvir chega ao mundo, ou seja, o Para-si *é* seu sentido como Presença a um ser que está Para-além do ser. Pelo Para-si, é revelado um Para--além do ser, junto ao qual o Para-si tem-de-ser o que é. Segundo a fórmula célebre, devo mudar para "me tornar o que era", mas devo mudar em um mundo também *mudado*. E em um mundo mudado a partir do que agora é. Significa que dou ao mundo possibilidades próprias a partir do estado que nele capto: o determinismo aparece sobre o fundo do projeto futurizador (futurant) de mim mesmo. Assim, o futuro irá se distinguir do imaginário, no qual igualmente sou aquilo que não sou e também encontro meu sentido em um ser que tenho-de-ser, mas onde esse Para-si que tenho-de-ser emerge do fundo de nadificação do mundo, *ao lado* do mundo do ser.

Mas o Futuro não é unicamente presença do Para-si a um ser situado Para-além do ser. É algo que aguarda o Para-si que sou. Esse algo sou eu mesmo: quando digo que *eu* serei feliz, fica entendido que quem será feliz é meu presente, arrastando seu passado. Assim, o Futuro sou eu na medida em que me aguardo como presente a um ser Para-além do ser. Eu me projeto ao Futuro para me fundir com aquilo que me falta, ou seja, com aquilo cuja adjunção sintética a meu Presente me faria ser o que sou. Assim, o que o Para-si tem-de-ser como presença ao ser Para-além do ser é sua própria possibilidade. O Futuro é o ponto ideal em que a compressão súbita e infinita da facticidade (Passado), do Para–si (Presente) e de seu possível (Futuro) faria surgir por fim o *Si* como existência em si do Para-si. E o projeto do Para-si rumo ao futuro que ele *é* um projeto rumo ao Em-si. Nesse sentido, o Para-si tem-de-ser seu futuro, porque não pode ser fundamento do que é salvo adiante de si e Para-além do ser: a natureza mesmo do Para-si consiste em dever ser "um vazio sempre futuro"*. Por isso, jamais terá *chegado a ser*, no Presente, o que tem-de-ser, no

---

* Em francês: *un creux toujours futur*. Hemistíquio de Paul Valéry [N.T.].

Futuro. Todo o futuro do Para-si presente cai no Passado como futuro, juntamente com esse mesmo Para-si. Será futuro passado de certo Para-si, ou futuro anterior. Esse futuro *não se realiza*. O que se realiza é um Para-si *designado* pelo Futuro e que se constitui em conexão com esse futuro. Por exemplo, minha posição final na quadra de tênis determinou, do fundo do porvir, todas as minhas posições intermediárias e, finalmente, foi alcançada por uma posição última idêntica à que era no porvir como sentido de meus movimentos. Mas, precisamente, esse "alcançar" é puramente ideal, não se opera realmente: o futuro não se deixa alcançar, desliza ao Passado como ex-futuro, e o Para-si presente se revela em toda sua facticidade, como fundamento de seu próprio nada e, outra vez, como falta de novo futuro. Daí esta decepção ontológica que aguarda o Para-si toda vez que desemboca no futuro: "Como a República era bela sob o Império". Ainda que meu presente seja rigorosamente idêntico em seu conteúdo ao futuro rumo ao qual me projetava Para-além do ser, não é *esse* presente ao qual me projetava, porque eu me projetava rumo ao futuro enquanto futuro, ou seja, enquanto ponto de reunião com meu ser, enquanto lugar de aparição do *Si*.

Estamos agora em melhores condições para interrogar o Futuro sobre seu ser, já que esse Futuro que tenho-de-ser é simplesmente minha *possibilidade* de presença ao ser Para-além do ser. O Passado é, com efeito, o ser que sou fora de mim, mas o ser que sou sem possibilidade de não sê-lo. É o que denominamos: ser seu passado *detrás* de si. O Futuro que tenho-de-ser, ao contrário, é de tal ordem em seu ser que somente *posso* sê-lo: porque minha liberdade o corrói em seu ser por debaixo. Significa que o Futuro constitui o sentido de meu Para–si presente, como o projeto de sua possibilidade, mas não determina de modo algum meu Para-si por-vir, já que o Para-si está sempre abandonado nesta obrigação nadificadora de ser o fundamento de seu nada. O Futuro não faz mais que pré-esboçar os limites nos quais o Para-si se fará ser como fuga presentificadora (*présentificante*) ao ser rumo ao outro futuro. É o que eu seria se não fosse livre, e o que só posso *ter-de-ser* porque sou livre. O Futuro, ao mesmo tempo que aparece no horizonte para me anunciar o que sou a partir do que serei ("O que está fazendo?"; "*Estou* pregando esse tapete, pendurando esse quadro na parede"), por sua natureza de futuro presente-para-si, desarma-se, já que o Para-si que será, o será à maneira de se determinar a si mesmo a ser, e o Futuro, convertido em futuro passado como pré-esboço desse Para-si, só poderá solicitar-lhe, a título de passado, que seja aquilo que se faz ser. Em suma, sou meu Futuro na perspectiva constante da possibilidade de não sê-lo. Daí a angústia que descrevemos atrás e que provém do fato de que não sou suficientemente esse futuro que tenho-de--ser e confere seu sentido a meu presente: isso porque sou um ser cujo sentido é sempre problemático. Em vão pretenderá o Para-si encadear-se a seu Possível como ser que ele é fora de si, mas o é *com certeza*: o Para-si só pode ser problematicamente seu Futuro, pois dele se acha separado por um Nada que ele é; em suma, é livre, e sua liberdade é o próprio limite de si mesmo. Ser livre é estar condenado a ser livre. Assim, o Futuro não tem ser enquanto Futuro. Não é *Em-si*, e também não tem o modo de ser do Para-si, já que é o *sentido* do Para-si. O Futuro não é, o Futuro se *possibiliza* (*possibilise*). Futuro é a contínua possibilização (*possibilisation*) dos Possíveis como sentido do Para-si presente, na medida em que esse sentido é problemático e escapa radicalmente, como tal, ao Para-si presente.

O Futuro assim descrito não corresponde a uma série homogênea e cronologicamente ordenada de instantes por-vir. Decerto, há uma hierarquia de meus possíveis. Mas esta hierarquia não corresponde à ordem da Temporalidade universal tal como se estabelecerá sobre as bases da Temporalidade original. Eu *sou* uma infinidade de possibilidades, porque o sentido do Para-si é complexo e não pode ser contido em uma fórmula. Mas tal ou qual possibilidade é mais determinante, para o sentido do Para-si presente, do que tal ou qual outra que esteja mais próxima do tempo universal. Por exemplo, esta possibilidade de ir às duas horas ver um amigo que não encontro há dois anos é verdadeiramente um Possível que eu *sou*. Mas os possíveis mais próximos – possibilidades de ir de táxi, de ônibus, de metrô, a pé – permanecem indeterminados no presente. Eu *não sou* qualquer dessas possibilidades. Há também lacunas na série de minhas possibilidades. Na ordem do conhecimento, as lacunas serão preenchidas pela constituição de um tempo homogêneo e sem falhas; na ordem da ação, pela vontade, ou seja, pela eleição racional e tematizadora (*thématisant*), em função de minhas possibilidades, de possibilidades que não são e jamais serão *minhas* possibilidades e que irei realizar à maneira da total indiferença *para alcançar* um possível que sou.

II
Ontologia da Temporalidade

A) A temporalidade estática

Nossa descrição fenomenológica dos três ek-stases temporais há de nos permitir abordar agora a temporalidade como estrutura totalitária que organiza em si as estruturas ek-státicas secundárias. Mas este novo estudo deve ser feito sob dois pontos de vista diferentes.

A temporalidade geralmente é tida como indefinível. Contudo, todos admitem que é, antes de tudo, sucessão. E a sucessão, por sua vez, pode ser definida como uma ordem cujo princípio ordenador é a relação antes-depois. Uma multiplicidade ordenada segundo o antes e o depois, eis a multiplicidade temporal. Convém então, para começar, tomar em consideração a constituição e as exigências dos termos *antes* e *depois*. É o que chamaremos de *estática* temporal, pois essas noções de antes e depois podem ser encaradas em seu aspecto estritamente ordinal, independente da mudança propriamente dita. Mas o tempo não é somente uma ordem fixa para uma multiplicidade determinada: observando melhor a temporalidade, constatamos o *fato* da sucessão, ou seja, o fato de que tal depois *se torna* um antes, o Presente *se torna* passado e o futuro se converte em futuro-anterior. Será conveniente examinar isso em segundo lugar, sob o nome de *Dinâmica* temporal. Sem dúvida alguma, o segredo da constituição estática do tempo deve ser procurado na dinâmica temporal. Mas é preferível dividir as dificuldades. Em certo sentido, de fato, pode-se dizer que a estática temporal pode ser vista à parte, como certa estrutura formal da temporalidade – o que Kant denomina *ordem* do tempo –, e que a dinâmica corresponde ao fluir temporal, ou, segundo a terminologia Kantiana, ao *curso* do tempo. Convém, portanto, considerar separadamente a ordem e o curso.

A ordem "antes-depois" se define, antes de tudo, pela irreversibilidade. Chamaremos de sucessiva uma série tal que os termos só possam ser encarados um por um e em um único sentido. Mas, precisamente porque os termos da série se revelam *um por um* e cada um exclui os demais, quis-se ver no *antes* e no *depois* formas de separação. E, com efeito, é certo que o tempo me separa, por exemplo, da realização de meus desejos. Se estou obrigado a esperar sua realização, é porque esta se acha situada *depois* de outros acontecimentos. Sem a sucessão dos "depois", eu seria *imediatamente* o que quero ser, não haveria distância entre mim e mim mesmo, nem separação entre a ação e o sonho. É essencialmente sobre esta virtude separadora do tempo que romancistas e poetas tanto insistem, bem como sobre uma ideia vizinha, que pertence, por outro lado, à dinâmica temporal: a de que todo "agora" está destinado a se tornar um "outrora". O tempo corrói e escava, separa, foge. E também, a título de separador – separando o homem de sua dor ou do objeto de sua dor –, ele cura.

"Deixe o tempo trabalhar", disse o rei a Don Rodrigo. De modo geral, ficamos impressionados, sobretudo, pela necessidade de que todo ser se divida em uma dispersão infinita de *depois* sucessivos. Mesmo os *permanentes*, mesmo esta mesa que se mantém invariável enquanto eu mudo, deve estender e refratar seu ser na dispersão temporal. O tempo me separa de mim mesmo, daquilo que fui, do que quero ser, do que quero fazer, das coisas e do outro. E se escolhe o tempo como medida prática da distância: estamos a meia-hora de tal cidade, a uma hora de tal outra, faltam três dias para concluir tal trabalho etc. Resulta dessas premissas uma visão temporal do mundo e do homem que se dissolverá em uma fragmentação de antes e depois. A unidade dessa fragmentação, o átomo temporal, será o *instante*, que tem seu lugar *antes* de certos instantes determinados e *depois* de outros, sem comportar o antes ou o depois no interior de sua própria forma. O instante é indivisível e intemporal, já que a temporalidade é sucessão; mas o mundo se dissolve em uma poeira infinita de instantes, e é um problema para Descartes, por exemplo, saber *como* pode haver trânsito de um instante a outro: porque os instantes estão justapostos, ou seja, separados por *nada*, e, todavia, sem comunicação. Igualmente, Proust indaga como seu Eu pode passar de um instante a outro; como, por exemplo, após uma noite de sono, ele reencontra precisamente seu Eu da véspera, e não outro qualquer; e, mais radicalmente, os empiristas, depois de negar a permanência do Eu, tentam em vão estabelecer uma aparência de unidade transversal através dos instantes da vida psíquica. Assim, quando se considera isoladamente o poder diluidor da temporalidade, é preciso admitir que o fato de haver existido em dado instante não constitui um direito de existir no instante seguinte, nem sequer uma hipoteca ou uma opção sobre o porvir. E o problema, então, é explicar como há um mundo, ou seja, mudanças conexas e permanências no tempo.

Todavia, a temporalidade não é unicamente, nem mesmo primeiramente, separação. Para atentar a isso, basta considerar com mais precisão a noção de *antes* e *depois*. Dizíamos que A está *depois* de B. Acabamos de estabelecer uma relação expressa de *ordem* entre A e B, o que pressupõe sua unificação no âmago desta ordem mesmo. Não houvesse entre A e B outra relação além dessa, bastaria ao menos para assegurar sua conexão, pois permitiria ao pensamento ir de um a outro e uni-los em um juízo de sucessão. Assim, portanto, se o tempo é separação, ao menos é uma separação de tipo especial: uma divisão que reúne. Que assim seja, dir-se-á, mas esta relação unificadora é, por excelência, uma relação externa. Quando os associacionistas quiseram concluir que as impressões mentais não estavam unidas umas às outras salvo por vínculos puramente externos, não reduziram finalmente todos os nexos associativos à relação antes-depois, concebida como simples "contiguidade"?

Sem dúvida. Mas Kant não mostrou que era necessário a unidade da experiência e, portanto, a unificação da mudança temporal, para que o menor nexo de associação empírica fosse sequer concebível? Vejamos melhor a teoria associacionista. É acompanhada de uma concepção monista do ser que o faz, por toda parte, ser-Em-si. Cada impressão da mente é em si mesmo aquilo que é, isola-se em sua plenitude presente, não comporta qualquer traço de porvir, nenhuma falta. Hume, ao lançar seu famoso desafio, preocupa-se em estabelecer esta lei, que sustenta ser extraída da experiência: é possível examinar à vontade uma impressão forte ou branda, sem que nada se encontre nela salvo ela mesma, de sorte que toda conexão entre um antecedente e um consequente, por constante que possa ser, permanece ininteligível. Suponhamos, pois, um conteúdo temporal A existindo como ser-Em-si, e um conteúdo temporal B, posterior ao primeiro e existindo do mesmo modo, ou seja, com o pertencer-a–si da identidade. Deve-se notar, antes de tudo, que esta identidade consigo mesmo obriga cada um deles a existir sem qualquer separação de si, sequer temporal, e portanto na eternidade ou no instante, o que dá no mesmo, pois o instante, não sendo definido interiormente pela conexão antes-depois, é intemporal. Nessas condições, pergunta-se como o estado A pode ser *anterior* ao estado B. De nada serviria responder que não são os *estados* que são anteriores ou posteriores, mas os *instantes* que os contêm: porque os instantes são *Em-si*, por hipótese, como os estados. Mas a anterioridade de A com relação a B presume, na própria natureza de A (instante ou estado) um inacabamento que remete a B. Se A é anterior a B, somente em B pode receber tal determinação. Senão, nem o surgimento nem a aniquilação de B, isolado em seu instante, poderia conferir a A, isolado no seu, a menor qualidade particular que fosse. Em suma, se A há de ser anterior a B, é necessário que seja, em seu próprio ser, *em B* como futuro de si mesmo. E, reciprocamente, se B há de ser posterior a A, deve achar-se atrás de si em A, que lhe conferirá seu sentido de posterioridade. Portanto, se concedemos *a priori* o ser Em-si a A e a B, é impossível estabelecer entre eles o menor nexo de sucessão. Tal nexo seria, com efeito, uma relação puramente externa e, como tal, seria preciso admitir que ficaria no ar, desprovido de substrato, sem poder capturar A ou B, em uma espécie de nada intemporal.

    Resta a possibilidade de que essa relação antes-depois só possa existir para uma testemunha que a estabeleça. Somente que, se tal testemunha puder estar *ao mesmo tempo* em A e em B, terá de ser ela mesmo temporal, e o problema continuará, agora com relação a ela. Ou então, ao contrário, pode transcender o tempo por um dom de ubiquidade temporal que equivale à intemporalidade. É a solução que encontraram igualmente Descartes e Kant:

para eles, a unidade temporal em cujo âmago se revela a relação sintética antes-depois é conferida à multiplicidade dos instantes por um ser que escapa à temporalidade. Ambos partem da pressuposição de um tempo que seria forma de divisão e se dissolve em pura multiplicidade. Como a unidade do tempo não pode ser dada no próprio tempo, eles a atribuem a um ser extratemporal: em Descartes, Deus e sua criação contínua; em Kant, o Eu Penso e suas formas de unidade sintética. Só que, para o primeiro, o tempo é unificado por seu conteúdo material, conservado na existência por uma perpétua criação *ex nihilo*, e, para o segundo, ao contrário, os conceitos do entendimento puro se aplicam à própria forma do tempo. Em todo caso, sempre um *intemporal* (Deus ou o Eu Penso) é encarregado de dotar os *intemporais* (os instantes) de sua temporalidade. A temporalidade se transforma em simples relação externa e abstrata entre substâncias intemporais: pretende-se reconstruí-la integralmente com matérias atemporais. É evidente que tal reconstrução, feita de saída contra o tempo, não pode levar em seguida ao temporal. Com efeito, ou iremos temporalizar implícita e sub-repticiamente o intemporal, ou então, se conservarmos escrupulosamente sua intemporalidade, o tempo se converterá em pura ilusão humana, em um sonho. Se, de fato, o tempo é *real*, é preciso que Deus "espere amadurecer as uvas"; é preciso que esteja à frente, no porvir, e ontem, no passado, de modo a operar a conexão dos momentos, pois é necessário que venha a captá-los onde se acham. Assim, sua pseudointemporalidade dissimula outros conceitos: o da infinidade temporal e o da ubiquidade temporal. Mas estes só podem ter sentido para uma forma sintética de arrancamento-de-si que de modo algum corresponde ao ser-Em-si. Se, ao contrário, apoiarmos, por exemplo, a onisciência de Deus em sua extratemporalidade, então não há necessidade alguma de esperar que as uvas amadureçam para *ver* que amadureceram. Mas então a necessidade de aguardar, e, por conseguinte, a temporalidade, só podem representar uma ilusão resultante da finitude humana; a ordem cronológica não passa da percepção confusa de uma ordem lógica e eterna. Tal argumento pode ser aplicado sem alteração alguma ao "Eu penso" kantiano. E de nada serviria objetar que, em Kant, o tempo possui uma unidade enquanto tal, já que surge, como forma *a priori*, do intemporal; porque o problema é menos o de levar em conta a unidade total de seu surgimento do que as conexões intratemporais do antes e depois. Pode-se falar de uma temporalidade virtual que a unificação fez passar ao ato? Mas esta sucessão virtual é menos compreensível ainda que a sucessão real a que nos referíamos. Que seria uma sucessão que aguarda a unificação para se tornar sucessão? Pertenceria a quem ou a quê? E, sem embargo, se já não está dada em alguma parte, como poderia o intemporal segregá-la sem perder nisso toda intemporalidade, como poderia sequer a sucessão emanar do intemporal sem quebrantá-lo? Por toda parte, a própria ideia de unificação é aqui incompreensível. Com efeito, supusemos dois Em-sis isolados em seu lugar, em sua data. Como unificá-los? Trata-se de uma unificação *real*? Nesse caso, ou apenas brincamos com palavras – e a unificação não irá capturar dois Em-sis isolados em suas respectivas identidade e acabamento –, ou será preciso constituir uma unidade de novo tipo, precisamente a unidade ek-stática: cada estado será fora-de-si, Para-além, de modo a ser *antes* ou *depois* do outro. Apenas será necessário romper o seu ser, descomprimi-lo, em suma, temporalizá-lo, não apenas aproximar um do outro. Mas como a unidade intemporal do Eu Penso, como a simples faculdade de pensar será susceptível de operar esta descompressão do ser? Devemos dizer que a unificação é *virtual*, ou seja, que projetamos Para-além das impressões um tipo de unidade bem similar ao noema husserliano? Mas como um intemporal que tenha de unir intemporais poderia conceber uma unificação do tipo da sucessão? E se, como então será preciso admitir, o *esse* do tempo é um *percipi*, como se constitui o *percipitur**? Em suma, como um ser de estrutura a-temporal poderia apreender como temporais (ou intencionar como tais) Em-sis isolados em sua própria intemporalidade? Assim, a temporalidade, na medida em que é simultaneamente forma de separação e forma de síntese, não se deixa derivar de um intemporal nem se impor *de fora* aos intemporais.

    Leibniz, em reação contra Descartes, e Bergson, em reação contra Kant, pretenderam por sua vez só encontrar na tempora-

---

* Em latim: aquilo que é "percebido" [N.T.].

lidade pura relação de imanência e coesão. Leibniz considera o problema do trânsito de um instante a outro, e sua solução, a criação contínua, como falso problema com solução inútil: Descartes, segundo ele, teria esquecido a *continuidade* do tempo. Ao afirmar a continuidade do tempo, impedimo-nos de concebê-lo formado de instantes, e, não havendo o instante, também não há relação de antes e depois entre instantes. O tempo é uma vasta continuidade de fluência (*écoulement*) a qual não cabe de forma alguma destinar elementos existentes em princípio como Em-si.

Isso é esquecer que o antes-depois também consiste em uma forma que separa. Se o tempo é uma continuidade *dada* com inegável tendência à separação, a pergunta de Descartes pode ser feita de outro modo: de onde vem a potência coesiva da continuidade? Sem dúvida, não há primeiro elementos justapostos em um contínuo. Mas isso porque, precisamente, há *antes de tudo* unificação. Como diz Kant, a linha reta não é um pontilhado infinito, porque eu a traço como linha reta, realizando-a na unidade de um único ato. Sendo assim, quem *traça* o tempo? Esta continuidade, em suma, é um *fato* que precisamos levar em conta. Não poderia ser uma solução. Que se recorde, por outro lado, a famosa definição de Poincaré: uma série *a, b, c,* diz ele, é contínua quando se pode escrever $a = b$, $b = c$, $a \div c$. Esta definição é excelente na medida em que nos faz pressentir, justamente, um tipo de ser que é o que não é e não é o que é: em virtude de um axioma, $a = c$; em virtude da própria continuidade, $a \div c$. Assim, *a* é e não é equivalente a *c*. E *b*, igual a *a* e igual a *c*, é diferente de si mesmo na medida em que *a* não é igual a *c*. Mas esta engenhosa definição não passa de puro jogo de palavras se a encaramos na perspectiva do Em-si. E, se nos oferece um tipo de ser que, ao mesmo tempo, é e não é, não nos fornece nem os princípios nem o fundamento dele. Está tudo por se fazer. No estudo da temporalidade, em particular, compreende-se bem que serviço pode nos prestar a continuidade, intercalando entre o instante *a* e o instante *c*, por mais próximos que sejam, um intermediário *b*, de tal ordem que, segundo a fórmula $a = b$, $b = c$, $a \div c$, esse intermediário seja simultaneamente indiscernível de *a* e indiscernível de *c*, que são perfeitamente discerníveis um do outro. É ele que realizará a relação antes-depois, é ele que estará antes de si mesmo, na medida em que é indiscernível de *a* e de *c*. Em boa hora. Mas como pode existir um ser assim? De onde provém sua natureza ek-stática? Como permanece inconclusa essa cisão que nele se esboça? Como ele não rompe em dois termos, um dos quais iria se fundir em *a* e outro em *c*? Como não constatar um problema em sua unidade? Talvez um exame mais aprofundado das condições de possibilidades deste ser nos houvesse mostrado que somente o Para-si poderia existir desse modo na unidade ek-stática de si. Mas, precisamente, este exame não foi esboçado, e a coesão temporal, em Leibniz, dissimula no fundo a coesão por imanência absoluta do lógico, ou seja, a identidade. Mas, precisamente, se a ordem cronológica é contínua, não pode ser simbolizada na ordem de identidade, pois o contínuo não é compatível com o idêntico.

Analogamente, Bergson, com sua duração que é organização melódica e multiplicidade de interpenetração, não parece ver que uma organização de multiplicidade presume um ato organizador. Tem razão, contra Descartes, ao suprimir o *instante*; mas Kant tem razão, contra ele, quando afirma que não há síntese *dada*. Esse passado bergsoniano, que adere ao presente e até o penetra, é pouco mais que uma figura de retórica. É o que bem indicam as dificuldades que Bergson encontrou em sua teoria da memória. Porque, se o Passado, como afirma, é o não atuante, só pode permanecer atrás, jamais poderá penetrar o presente em forma de recordação, a menos que um ser presente tenha assumido a tarefa de existir também ek-staticamente no Passado. E, sem dúvida, aquilo que dura, segundo Bergson, é um único e mesmo ser. Mas, justamente, isso acentua a necessidade de esclarecimentos ontológicos. Porque, para terminar, não sabemos se é o ser que dura ou se a duração é que é o ser. E, se a duração *é* o ser, então Bergson deveria nos dizer qual a estrutura ontológica da duração: e se, ao contrário, é o ser que dura, seria preciso mostrar aquilo que em seu ser permite durar.

Que podemos concluir, ao término desta discussão? Antes de tudo, o seguinte: a temporalidade é uma força dissolvente, mas no âmago de um ato unificador; é menos uma multiplicidade real – que, em consequência, não poderia receber qualquer unidade e, portanto, sequer existiria como multiplicidade – do que uma quase-multiplicidade, um esboço de dissociação no núcleo da unidade. Não é preciso tentar considerar separadamente um ou outro desses dois aspectos: contemplando primeiro a unidade temporal, corremos o risco de não compreender mais a sucessão irreversível como *sentido* desta unidade; mas, tomando a sucessão desagregadora como caráter original do tempo, arriscamos não poder sequer entender que haja *um* tempo. Assim, portanto, se não há qualquer prioridade da unidade sobre a multiplicidade, nem da multiplicidade sobre a unidade, é preciso conceber a temporalidade como uma unidade que *se* multiplica, ou seja, é necessário que a temporalidade só possa ser uma relação de ser no âmago do próprio ser. Não podemos encará-la como um continente cujo ser fosse *dado*, pois seria renunciar para sempre à esperança de compreender como este ser-Em-si pode fragmentar-se em multiplicidade, ou como o Em-si dos continentes mínimos, ou instantes, pode se reunir na unidade de *um* tempo. A temporalidade *não é*. Só um ser com certa estrutura de ser pode ser temporal na unidade de seu ser. O antes e o depois, como observamos, só são inteligíveis como relação interna. O antes se faz determinar como antes lá adiante, no depois, e reciprocamente. Em suma, o antes só é inteligível caso seja o ser que é *antes* de si mesmo. Ou seja, a temporalidade só pode designar o modo de ser de um ser que é si-mesmo fora de si. A temporalidade deve ter a estrutura da ipseidade. Com efeito, somente porque o si é si lá adiante, fora de si, em seu ser, pode ser antes ou depois de si, pode ter, em geral, um antes e um depois. Não há temporalidade salvo como *intraestrutura* de um ser que tem-de-ser o seu ser, ou seja, como intraestrutura do Para-si. Não que o Para-si tenha prioridade ontológica sobre a temporalidade. Mas a temporalidade é o ser do Para-si na medida em que este tem-de-sê-lo ek-staticamente. A temporalidade não é, mas o Para-si se temporaliza existindo.

Reciprocamente, nosso estudo fenomenológico do Passado, do Presente e do Futuro nos permite mostrar que o Para-si só pode ser sob a forma temporal.

O Para-si, surgindo no ser como nadificação do Em-si, se constitui simultaneamente em todas as dimensões possíveis de nadificação. Qualquer que seja o ângulo pelo qual o consideremos, é o ser que se prende a si mesmo apenas por um fio, ou, mais precisamente, é o ser que, sendo, faz existirem todas as dimensões possíveis de sua nadificação. No mundo antigo, a profunda coesão e a dispersão do povo judeu era designada como "diáspora". É a palavra que nos servirá para designar o modo de ser do Para-si: diaspórico (*diasporique*). O Em-si só tem uma dimensão do ser; mas a aparição do nada como aquilo que *é tendo sido* no coração do ser complica a estrutura existencial, fazendo surgir a miragem ontológica do Si. Veremos mais tarde que a reflexão, a transcendência e o ser-no-mundo, o ser-Para-outro, representam diversas dimensões da nadificação, ou, se preferirmos, diversas relações originárias do ser consigo mesmo. Assim, o nada introduz a quase-multiplicidadeno âmago do ser. Esta quase multiplicidade é o fundamento de todas as multiplicidades intramundanas, porque uma multiplicidade pressupõe uma unidade primeira em cujo bojo se esboça a multiplicidade. Nesse sentido, não é verdade, como pretende Meyerson, que haja um escândalo do diverso, e que a responsabilidade desse escândalo caiba ao real. O Em-si não é diverso, não é multiplicidade, e, para que receba a multiplicidade como característica de seu ser-no-meio-do-mundo, é necessário o surgimento de um ser que seja presente simultaneamente a cada Em-si isolado em sua identidade. É pela realidade humana que a multiplicidade vem ao mundo, é a quase-multiplicidade no cerne do ser-Para-si que faz com que o número se revele no mundo. Mas qual o sentido dessas dimensões múltiplas ou quase-múltiplas do Para-si? São as suas diferentes relações com seu próprio ser. Quando se é o que se é, pura e simplesmente, não há mais que uma só maneira de ser o próprio ser. Mas, a partir do momento em que não se é mais o próprio ser, surgem simultaneamente diferentes maneiras de sê-lo não o sendo. O Para-si, para nos atermos aos primeiros ek-stases – aqueles que, ao mesmo tempo, assinalam o sentido originário da nadificação e representam a nadificação *mínima* – pode e deve simultaneamente: 1º) não ser o que é; 2º) ser o que não é; 3º) na unidade de uma perpétua remissão, ser o que não é e não ser o que é. Trata-se decerto de três dimensões ek-státicas, estando o sentido do ek-stase na distância a si. É impossível conceber uma consciência que não exista conforme essas três dimensões. E, se o *cogito* descobre primeiro uma delas, não significa que seja a primeira apenas que se revela com mais facilidade. Mas, por si mesmo, é *Unselbständig** e imediatamente deixa ver as demais. O Para-si é um ser que deve existir simultaneamente em todas as dimensões. Aqui, a *distância*, concebida como distância de si, não é nada real, nada que *seja* de maneira geral como Em-si: é simplesmente nada, o nada que *é tendo sido* como separação. Cada dimensão é uma maneira de se projetar em vão para o Si, de ser o que se é Para-além de um nada, uma maneira diferente de ser esse enfraquecimento (*fléchissement*) de ser, esta frustração de ser que o Para-si tem-de-ser. Consideremos isoladamente cada uma.

Na primeira, o Para-si tem-de-ser seu ser atrás de si, como aquilo que é sem ser fundamento disto. Seu ser está lá, contra ele, mas separado dele por um nada, o nada da facticidade. O Para-si como fundamento de seu nada – e, como tal, necessário – está separado de sua contingência originária, na medida em que não pode nem suprimi-la nem fundir-se nela. É para si mesmo, mas à maneira do irremediável e do gratuito. Seu ser é para ele, mas ele não é para este ser, porque, precisamente, esta reciprocidade do reflexo-refletidor (*reflet-reflétant*) faria desaparecer a contingência originária daquilo que *é*. Precisamente porque o Para-si se capta em forma de ser, está à distância, como um jogo de reflexo-refletidor que deslizou no Em-si e no qual não é mais o reflexo que faz existir o refletidor nem o refletidor que faz existir o reflexo. Este ser que o Para-si tem-de-ser se dá, por isso, como algo sobre o qual é impossível voltar, precisamente porque o Para-si não pode fundamentá-lo à maneira do reflexo-refletidor, mas sim pode fundamentar apenas a conexão deste ser consigo mesmo. O Para-si não fundamenta o ser deste ser, mas somente o fato de que este ser possa ser *dado*. Trata-se de uma necessidade incondicional: qualquer que seja o Para-si considerado, ele *é* em certo sentido; é porque pode ser nomeado, porque é possível afirmar ou negar certos caracteres a seu respeito. Mas, na medida em que é Para-si, jamais é o que é. Aquilo que ele é, acha-se atrás de si, como o perpétuo *ultrapassado*. É precisamente esta facticidade

---

* Em alemão: não autônoma [N.T.].

ultrapassada que denominamos o Passado. O Passado é, portanto, uma estrutura necessária do Para-si, porque o Para-si não pode existir a não ser como um transcender nadificador, e esse transcender requer um ultrapassado. É portanto impossível, qualquer que seja o momento que consideremos um Para-si, captá-lo como ainda-não-tendo Passado. Não devemos crer que o Para-si exista primeiro e surja no mundo na absoluta novidade de um ser sem passado, para depois e pouco a pouco constituir um Passado. Mas, qualquer que seja o surgimento do Para-si no mundo, ele vem ao mundo na unidade ek-stática de uma relação com seu Passado: não há um começo absoluto que se converta em passado sem ter passado, mas sim, como o Para-si, enquanto Para-si, tem-de-ser seu passado, ele vem ao mundo *com* um Passado. Tais observações permitem considerar sob luz um pouco diferente o problema do nascimento. Com efeito, parece chocante que a consciência "apareça" em determinado momento, que venha a "habitar" o embrião; em suma, que haja um momento em que o vivente em formação não tenha consciência e um momento em que nele se aprisione uma consciência sem passado. Mas esse "escândalo" cessará se não for possível haver consciência sem passado. Não quer dizer, todavia, que toda consciência pressuponha uma consciência anterior fixada no Em-si. Essa relação entre o Para-si presente e o Para-si *feito* Em-si disfarça a relação primitiva de Preteridade que é uma relação entre o Para-si e o Em-si puro. Com efeito, o Para-si surge no mundo como nadificação do Em-si, e é por este acontecimento absoluto que se constitui o Passado enquanto tal, como relação originária e nadificadora entre Para-si e Em-si. O que constitui originariamente o ser do Para-si é essa relação com um ser que *não é* consciência, que existe na noite total da identidade e que o Para–si, todavia, é obrigado a ser, fora de si, atrás de si. Com respeito a este ser, ao qual em caso algum se pode *reduzir* o Para-si e com relação ao qual o Para-si representa uma novidade absoluta, o Para-si sente profunda solidariedade de ser, assinalada pela palavra *antes*: o Em-si é o que o Para-si era *antes*. Nesse sentido, compreende-se bem que nosso passado não nos apareça limitado por um traço preciso e sem rebarbas – o que ocorreria se a consciência pudesse surgir no mundo *antes* de ter um passado –, mas sim que se perca, ao contrário, em um progressivo obscurecimento até chegar a trevas que, contudo, também são *nós mesmos*; compreende-se o sentido ontológico desta chocante solidariedade com o feto, solidariedade que não podemos negar nem compreender. Porque, afinal, esse feto *era* eu, representa o limite de fato de minha memória, mas não o limite de direito de meu passado. Há um problema metafísico do nascimento, na medida em que posso me inquietar para saber como *de tal* embrião nasci *eu*; e esse problema é talvez insolúvel. Mas não é um problema ontológico: não temos que indagar por que pode haver nascimento das consciências, porque a consciência só pode aparecer a si mesma como nadificação do Em-si, ou seja, como *sendo já nascida*. O nascimento, como relação de ser ek-stática com o Em-si que ele não é, e como constituição *a priori* da preteridade, é uma lei de ser do Para-si. Ser Para-si é *ser nascido*. Mas não cabe fazer depois questões *metafísicas* sobre o Em-si do qual nasceu o Para-si, tais como: "De que modo havia um Em-si *antes* do nascimento do Para-si?"; "Como o Para-si nasceu *deste* Em-si e não de outro?" etc. Todas essas questões não levam em conta que o passado em geral só pode existir pelo Para-si. Se há um *antes*, é porque o Para-si surgiu no mundo, e é a partir do Para-si que podemos estabelecê-lo. Na medida em que o Em-si é feito copresente ao Para-si, aparece um *mundo*, em lugar dos isolamentos do Em-si. E nesse mundo é possível efetuar uma designação e dizer: *este* objeto, *aquele* objeto. Nesse sentido, o Para-si, na medida em que seu surgimento ao ser faz com que exista um mundo de copresenças, também faz aparecer seu "antes" como copresente a Em-sis em um mundo, ou, se preferirmos, em um estado de mundo que passou. De sorte que, em certo sentido, o Para-si aparece como nascido *do* mundo, pois o Em-si do qual nasceu está em meio do mundo como copresente passado entre copresentes passados: há surgimento, no mundo e a partir do mundo, de um Para-si que não era antes e que nasceu. Mas, em outro sentido, é o Para-si que faz com que exista um antes de maneira geral, e, neste antes, copresentes unidos na unidade de um mundo passado, de tal ordem que se possa *designar* um ou outro dizendo: *este* objeto. Não há *primeiramente* um tempo universal no qual apareça de súbito um Para-si ainda desprovido de Passado. Mas sim, a partir do *nascimento* como lei de ser originária e *a priori* do Para-si, revela-se um mundo com um tempo universal e no qual se pode designar um momento em que o Para-si ainda não era e um momento em que o Para-si aparece, seres *dos quais* o Para-si não nasceu e um ser *do qual* nasceu. O nascimento é o surgimento da relação absoluta de Preteridade como ser ek-stático do Para-si no Em-si. Pelo nascimento aparece um Passado do Mundo. Voltaremos a isso. Por ora, basta notar que a consciência ou Para-si é um ser que surge ao ser Para--além do irreparável que é, e que este irreparável, na medida em que está atrás do Para-si, no meio do mundo, é o Passado. O Passado, como ser irreparável que tenho-de-ser, sem nenhuma possibilidade de não sê-lo, não entra na unidade "reflexo-refletidor" da *Erlebnis*: acha-se fora dela. Todavia, não é tampouco aquilo *de que* se tem consciência, no sentido de que, por exemplo, a cadeira percebida é aquilo de que há consciência perceptiva. No caso da percepção da cadeira, há tese, ou seja, captação e afirmação da cadeira como o Em-si que a consciência não é. O que a consciência tem-de-ser à maneira de ser do Para-si é o não-ser-cadeira. Porque seu "não-ser-cadeira", como veremos, é na forma de consciência (de) não ser, ou seja, aparência de não ser para uma testemunha que está aí apenas para testemunhar esse não ser. A negação, portanto, é explícita e constitui o nexo de ser entre o objeto percebido e o Para-si. O Para-si não é mais que esse Nada translúcido que é negação da coisa percebida. Mas, embora o Passado esteja *fora*, o nexo não é aqui do mesmo tipo, pois o Para-si se dá como sendo o Passado. Por isso, não pode haver *tese* do Passado, já que só posicionamos aquilo que não somos. Assim, na percepção do objeto, o Para-si se assume para si como não sendo objeto, enquanto que, na revelação do Passado, o Para-si se assume como *sendo* o Passado e só está separado dele por sua natureza de Para-si, que só pode ser nada. Assim, não há *tese* do Passado, e, contudo, o Passado não é imanente ao Para-si. Impregna o Para-si no próprio momento que o Para-si se assume como não sendo tal ou qual coisa particular. Não é objeto do *olhar* do Para-si. Tal olhar, translúcido a si mesmo, dirige-se, para além da coisa, rumo ao porvir. O Passado, enquanto coisa que *somos* sem posicionar, enquanto aquilo que impregna sem ser notado, está detrás do Para-si, fora de seu campo temático, o qual se acha à sua frente, como aquilo que ele ilumina. O Passado é "posicionado contra" o

Para-si, assumido como aquilo que este tem-de-ser, sem poder ser afirmado, negado, tematizado ou absorvido por ele. Não, decerto, que o Passado não possa ser objeto de tese para mim, nem mesmo que não seja comumente tematizado. Mas, neste caso, é objeto de uma indagação explícita, e então o Para-si se afirma como *não sendo* esse Passado que posiciona. O Passado não está mais *atrás*: não deixa de ser Passado, mas eu deixo de sê-lo; de modo primário, eu era meu Passado sem conhecê-lo (mas não sem ter consciência dele); de modo secundário, conheço meu passado, mas já não o sou. Como é possível, dir-se-á, que eu tenha consciência de meu Passado sem ser de modo tético? Todavia, o Passado acha-se *lá*, constantemente; é o próprio sentido do objeto que vejo e já vi, dos rostos familiares que me rodeiam; é o começo desse movimento que continua no presente e que eu não teria como dizer que é circular se não houvesse sido eu mesmo, no Passado, testemunha de seu início: é a origem e trampolim de todas as minhas ações; é esta espessura de mundo, constantemente dada, que me permite me orientar e situar; é eu mesmo enquanto vivo como pessoa (há também uma estrutura por-vir do Ego); em suma, é meu nexo contingente e gratuito com o mundo e comigo mesmo, na medida em que o vivo continuamente como total derrelição. Os psicólogos o denominam *saber*. Mas, à parte o fato de que, por esse termo, eles o "psicologizam", privam-se do meio para explicá-lo. Porque o Saber está por toda parte e condiciona tudo, mesmo a memória: em resumo, a memória intelectual pressupõe o saber – e que será esse saber, se o entendemos como fato presente, senão uma memória intelectual? Esse saber flexível, insinuante, mutável, que tece a trama de todos os nossos pensamentos e se compõe de mil indicações vazias, mil designações que apontam para atrás de nós, sem imagem, sem palavras, sem tese, é meu Passado concreto na medida em que eu o era, meu Passado enquanto irreparável profundidade-por-detrás de todos os meus pensamentos e sentimentos.

Em sua segunda dimensão de nadificação, o Para-si capta-se como certa falta. Ele *é* essa falta e também o *faltante*, pois tem-de-ser o que é. Beber ou ser bêbado significa jamais ter parado de beber, ter-de-ser todavia bêbado Para-além do bêbado que sou. E quando "parei de beber", *bebi*: o conjunto desliza ao passado. Bebendo presentemente, sou, portanto, o bêbado que tenho-de-ser e que não sou; toda designação de mim mesmo me escapa no Passado, caso precise ser pesada e plena, caso precise ter a densidade do idêntico. Se me alcança no Presente, é porque se esquarteja a si mesmo no Ainda-não, porque me designa como totalidade inconclusa que não pode se concluir. Esse Ainda-não é corroído pela liberdade nadificadora do Para-si. Não é apenas ser-à-distância: é atenuação de ser. Aqui, o Para-si, que estava adiante de si na primeira dimensão de nadificação, está agora detrás de si. Adiante, detrás: jamais *si*. É o próprio sentido dos dois ek-stases, Passado e Futuro, e por isso o valor em si é por natureza repouso em si, a intemporalidade: A eternidade que o homem procura não é a infinidade da duração desta vã perseguição do si pela qual eu mesmo sou responsável: é o repouso em si, a a-temporalidade da consciência absoluta consigo mesmo.

Por fim, na terceira dimensão, o Para-si, disperso no jogo perpétuo do refletido-refletidor (*reflété-reflétant*), escapa a si mesmo na unidade de uma só fuga. Aqui, o ser está em toda parte e em lugar algum: onde quer que tentemos captá-lo, está em frente, escapou. Esse *chassé-croisé** no âmago do Para-si é *a Presença* ao ser.

Sendo Presente, Passado e Futuro *ao mesmo tempo*, dispersando seu ser em três dimensões, o Para-si, apenas pelo fato de se nadificar, é temporal. Nenhuma dessas dimensões tem prioridade ontológica sobre as demais, nenhuma pode existir sem as outras duas. Contudo, apesar de tudo, convém colocar acento no ek-stase presente – e não, como Heidegger, no ek-stase futuro –, porque o Para-si, enquanto revelação a si mesmo, *é* seu futuro como aquilo que tem-de-ser-para-si em um transcender nadificador, e, como revelação a si, é falta e está impregnado por seu futuro, ou seja, aquilo que é para si lá adiante, à distância. O Presente não é ontologicamente "anterior" ao Passado e ao Futuro: é condicionado por eles na mesma medida em que os condiciona, mas é o vão de não ser indispensável à forma sintética total da temporalidade.

---

* Expressão francesa designando um passo de balé no qual cada dançarino ocupa sucessivamente o lugar onde se achava o outro à sua frente, como se buscasse a si sem se encontrar [N.T.].

Assim, a temporalidade não é um tempo universal que contenha todos os seres e, em particular, as realidades humanas. Não é tampouco uma lei de desenvolvimento que se imponha de fora ao ser. Também não é o ser, mas sim a intraestrutura de ser que é sua própria nadificação, ou seja, o *modo de ser* próprio do ser-Para-si. O Para-si é o ser que tem-de-ser seu ser na forma diaspórica da temporalidade.

B) Dinâmica da temporalidade

O fato de que o surgimento do Para-si se opere necessariamente segundo as três dimensões da temporalidade nada nos ensina sobre o problema da *duração*, que pertence à dinâmica do tempo. À primeira vista, o problema parece duplo: por que o Para-si sofre esta modificação de seu ser que o faz *tornar-se* Passado? E por que um novo Para-si surge *ex nihilo* para tornar-se o Presente desse Passado?

Esse problema foi por muito tempo encoberto por uma concepção do ser humano como Em-si. O nervo da refutação kantiana do idealismo de Berkeley e um argumento favorito de Leibniz é que a mudança presume por si a permanência. Se supomos então certa permanência intemporal que permaneça *através* do tempo, a temporalidade se limita a não ser mais que a medida e a ordem da mudança. Sem mudança não há temporalidade, pois o tempo não pode ficar preso ao permanente e ao idêntico. Se, por outro lado, como em Leibniz, a própria mudança é dada como explicação lógica de uma relação de consequências a premissas, ou seja, como desenvolvimento dos atributos de um sujeito permanente, então já não há mais temporalidade real.

Mas esta concepção repousa sobre muitos erros. Em primeiro lugar, a subsistência de um elemento permanente *junto* àquilo que muda não pode permitir à mudança constituir-se como tal, exceto aos olhos de uma testemunha que fosse ela mesma unidade do que muda e do que permanece. Em resumo, a *unidade* da mudança e do permanente é necessária à constituição da mudança como tal. Mas esse termo unidade, de que Leibniz e Kant abusaram, não significa aqui grande coisa. Que significará esta unidade de elementos díspares? Não passará de uma vinculação puramente exterior? Então, carece de sentido. É necessário que seja unidade de *ser*. Mas esta unidade de ser requer a exigência de que o permanente *seja* o que muda; e, daí, é antes de tudo ek-stática e remete ao Para-si enquanto ser ek-estático por essência; além disso, destrói o caráter de *Em-si* da permanência e da mudança. E não se diga que permanência e mudança são tomadas aqui como fenômenos e só têm um ser *relativo*: o Em-si não se opõe aos fenômenos, como o númeno. Um fenômeno é Em-si, nos próprios termos de nossa definição, quando é o que é, mesmo se relacionado a um sujeito ou outro fenômeno. E, por outro lado, a aparição da *relação* a determinar os fenômenos em conexão com os outros, pressupõe, antecedentemente, o surgimento de um ser ek-estático que possa ser o que não é de modo a fundamentar o "em outro lugar" e a relação.

Recorrer à permanência para fundamentar a mudança é, além disso, perfeitamente inútil. O que se quer mostrar é que uma mudança absoluta já não é mudança propriamente dita, porque não resta *nada* que mude – ou com relação ao qual haja mudança. Mas, com efeito, basta que aquilo que mude *seja* seu antigo estado, em seu modo passado, para que a permanência se torne supérflua; nesse caso, a mudança pode ser absoluta, pode se tratar de uma metamorfose que afete a totalidade do ser: não deixará, por isso, de se constituir como mudança em relação a um estado anterior, que ela será no Passado sob o modo do *"era"*. Esse nexo com o passado substitui a pseudonecessidade da permanência, e com isso o problema da duração pode e deve se dirigir às mudanças absolutas. Por outro lado, não há outras mudanças, mesmo que "no mundo". Até certo limite, elas são inexistentes; passado tal limite, estendem-se à forma total, como mostraram as experiências dos Gestaltistas.

Mas, além disso, quando se trata da realidade humana, o necessário é a mudança pura e absoluta, a qual, por outro lado, pode perfeitamente ser mudança sem *nada* que mude, e que é a própria duração. Ainda que admitindo, por exemplo, a presença absolutamente vazia de um Para-si a um Em-si permanente, como simples consciência desse Para-si, a própria existência da consciência iria implicar a temporalidade, porque ela teria-de-ser aquilo que é, sem mudança, à maneira do "haver sido". Não haveria, portanto, eternidade, mas sim necessidade constante, para o Para-si presente, de tornar-se Passado de um novo Presente, isso em virtude do próprio ser da consciência. E se nos dissessem que esta perpétua retomada do Presente ao Passado por um novo Presente implicaria uma mudança interna do Para-si, responderíamos que, então, é a temporalidade do Para-si que fundamenta a mudança, e não a mudança que fundamenta a temporalidade. Portanto, nada pode esconder esses problemas que parecem à primeira vista insolúveis: por que o Presente se torna Passado? Qual é esse novo Presente que surge então? de onde vem e por que sobrevém? E sublinhemos que está em questão aqui, como demostra nossa hipótese de uma consciência "vazia", não a necessidade de que uma permanência salte de instante em instante mantendo-se materialmente como permanência, mas sim a necessidade para o ser, qualquer que seja, de se metamorfosear integralmente, de uma só vez, em forma e conteúdo, de se precipitar no passado e ao mesmo tempo se produzir, *ex nihilo*, rumo ao futuro.

Mas haverá mesmo dois problemas? Vejamos melhor: o Presente não poderia *passar* sem converter-se no *antes* de um Para-si que se constitui como o *depois*. Portanto, há apenas um fenômeno: o surgimento de novo Presente preterificando (*passéifiant*) o Presente que ele *era*, e Preterificação (*Passéification*) de um Presente conduzindo a aparição de um Para-si para o qual esse Presente se converterá em passado. O fenômeno do devir temporal é uma modificação global, pois um Passado que fosse Passado *de* nada já não seria Passado, e um Presente deve ser necessariamente Presente *desse* Passado. Além disso, esta metamorfose não atinge apenas o Presente puro: o Passado anterior e o Futuro são igualmente afetados. O Passado do Presente que sofreu a modificação da Preteridade torna-se Passado de um Passado, ou Mais--que-Perfeito. No que concerne a este, fica de súbito suprimida a heterogeneidade do Presente e do Passado, pois o que se distinguia do Passado como Presente se transformou em Passado. No curso da metamorfose, o Presente continua sendo Presente desse Passado, mas se torna Presente passado desse Passado. Significa, primeiro, que tal presente é homogêneo com relação à série do

Passado que dele remonta até o nascimento; em segundo lugar, que já não é mais seu Passado ao modo do ter-de-sê-lo, mas sim ao modo do ter-tido-de-sê-lo (*avoir eu à l'être*). O nexo entre Passado e Mais-que-Perfeito é um nexo à maneira do Em-si: e este nexo aparece sobre o fundamento do Para-si presente, que sustenta a série do Passado e dos Mais-que-Perfeitos, soldados em um único bloco.

O Futuro, por outro lado, embora afetado igualmente pela metamorfose, não deixa de ser futuro, ou seja, permanece fora do Para-si, adiante, Para-além do ser, mas se converte em futuro de um passado, ou futuro anterior. Pode manter dois tipos de relações com o novo Presente, conforme se trate do Futuro imediato ou do Futuro remoto. No primeiro caso, o Presente se dá como *sendo* esse Futuro com relação ao Passado: "Eis aqui o que eu esperava". É o Presente de seu Passado à maneira do Futuro anterior desse Passado. Mas, ao mesmo tempo que é Para-si como Futuro desse Passado, realiza-se como Para-si e, portanto, como não sendo o que o Futuro prometia ser. Há desdobramento: o Presente se torna Futuro anterior do Passado negando ser *esse* Futuro. E o Futuro primitivo não se realiza: já não é futuro com relação ao Presente, sem deixar de ser futuro com relação ao Passado. Transforma-se no Copresente irrealizável do Presente e conserva uma *idealidade* total. "Era isso que eu esperava?" Continua sendo futuro idealmente copresente do presente, como Futuro irrealizado do Passado desse Presente.

No caso em que o Futuro é remoto, continua sendo futuro com relação ao novo Presente, mas, se o Presente não se constitui a si mes-mo como falta *desse* Futuro, perde seu caráter de possibilidade. Nesse caso, o Futuro anterior se torna possível indiferente com relação ao novo Presente, e não *seu* Possível. Nesse sentido, não mais se possibiliza, mas recebe o ser-Em-si enquanto possível. Torna-se Possível *dado*, ou seja, Possível Em-si de um Para-si convertido em Em-si. Ontem, havia sido possível – como meu Possível – que eu partisse segunda-feira próxima para o campo. Hoje, esse Possível já não é mais *meu* Possível, permanece como objeto tematizado de minha contemplação a título do Possível sempre futuro *que fui*. Mas seu único nexo com meu Presente consiste em que tenho-de-ser à maneira do "era" esse Presente convertido em Passado do qual não deixou de ser o Possível, para além de meu Presente. Mas Futuro e Presente passado se solidificaram em Em-si sobre o fundamento de meu Presente. Assim, o Futuro, no decorrer do processo temporal, passa ao Em-si sem jamais perder seu caráter de Futuro. Enquanto não é alcançado pelo Presente, torna-se simplesmente Futuro *dado*. Quando alcançado, é afetado pelo caráter de *idealidade*; mas esta idealidade é idealidade *Em-si*, pois se apresenta como falta *dada* de um passado *dado*, e não como faltante que um Para-si presente tem-de-ser à maneira do *não ser*. Quando o Futuro é ultrapassado, permanece para sempre, à margem da série dos Passados, como Futuro anterior: Futuro anterior de tal ou qual Passado convertido em Mais-que--Perfeito, Futuro ideal dado como copresente a um Presente convertido em Passado.

Falta examinar a metamorfose do Para-si presente em Passado, com o surgimento conexo de novo Presente. Seria errôneo acreditar que há abolição do Presente anterior com o surgimento de um Presente *Em-si* que retivesse uma *imagem* do Presente desaparecido. Em certo sentido, conviria quase inverter os termos para achar a verdade, porque a preterificação do ex-presente é passagem ao Em-si, enquanto a aparição de novo presente é nadificação deste Em-si. O Presente não é um novo Em-si; é o que não é, aquilo que está Para-além do ser; é aquilo que só podemos dizer que "é" no Passado: o Passado não é abolido, é aquilo que se converteu no que era, é o Ser do Presente. Por fim, como demonstramos suficientemente, a relação entre Presente e Passado é uma relação de ser, e não de representação.

Em consequência, a primeira característica que chama a atenção é a recuperação do Para-si pelo Ser, como se aquele já não tivesse mais forças para sustentar seu próprio nada. A fissura profunda que o Para-si tem-de-ser fica preenchida; o Nada que deve "ser tendo sido" deixa de sê-lo, é expulso, na medida em que o Para-si preterificado se torna uma *qualidade* do Em-si. Se experimentei tal ou qual tristeza no passado, já não é mais na medida em que eu a experimentei; esta tristeza já não tem a exata medida de ser que pode ter uma aparência que se faz sua própria testemunha; ela é porque foi; o ser lhe vem quase que por uma necessidade externa. O Passado é uma fatalidade pelo avesso: o Para-si pode se fazer como bem quiser, mas não pode escapar à necessidade de ser irremediavelmente para um novo Para-si aquilo que quis ser. Por isso, o Passado é um Para-si que deixou de ser presença transcendente ao Em-si. Sendo ele próprio Em-si, caiu *no meio do mundo*. Aquilo que tenho-de-ser eu o sou como presença ao mundo que não sou, mas aquilo que eu *era*, eu o era no meio do mundo, à maneira das coisas, a título de existente intramundano. Todavia, esse mundo no qual o Para-si tem-de-ser o que era não pode ser o mesmo ao qual está atualmente presente. Assim se constitui o Passado do Para-si como presença passada a um estado passado do mundo. Ainda que o mundo não tenha sofrido qualquer variação, enquanto o Para-si "passava" do Presente ao Passado, é captado, ao menos, como havendo sofrido a mesma mudança formal que acabamos de descrever no âmago do ser-Para-si. Mudança que não passa de um reflexo da verdadeira mudança interna da consciência. Em outras palavras, o Para-si que cai no Passado como ex-presença ao ser convertida em Em-si transforma-se em um ser "no-meio-do-mundo", e o mundo é *retido* na dimensão passada como aquele no meio do qual o Para-si passado é em-si. Como a Sereia, cujo corpo humano termina em rabo de peixe, o Para-si extramundano termina atrás de si como *coisa no mundo*. Estou irado, melancólico, tenho complexo de Édipo ou complexo de inferioridade, para sempre, mas no passado, sob a forma do "era", no meio do mundo, tal como sou funcionário público, ou maneta, ou proletário. No passado, o mundo me enclausura e eu me perco no determinismo universal, mas transcendo radicalmente meu passado rumo ao porvir, na própria medida que eu "o era".

Um Para-si que exprimiu todo seu nada foi retomado pelo Em-si e se diluiu no mundo – este o Passado que tenho-de-ser, a vicissitude do Para-si. Mas esta vicissitude se produz em unidade com a aparição de um Para-si que se nadifica como Presença ao mundo e tem-de-ser o Passado que transcende. Qual o sentido desse surgimento? Devemos evitar ver aqui a aparição de um novo ser. Tudo ocorre como se o Presente fosse um perpétuo buraco no ser, imediatamente preenchido e perpetuamente renascente: como se o Presente fosse uma perpétua fuga ante a ameaça de ser enviscado no "Em-si" até a vitória final do Em-si que o arrastará a um Passado que já não é passado de qualquer Para-si. Esta vitória é a da morte, porque a morte é a detenção radical da Temporalidade pela preterificação de todo o sistema, ou, se preferirmos, a recapturação da Totalidade humana pelo Em-si.

Como podemos explicar esse caráter dinâmico da temporalidade? Se não é – como esperamos ter mostrado – uma qualidade contingente que se agrega ao ser do Para-si, será preciso poder demonstrar que sua dinâmica é uma estrutura essencial do Para--si, concebido como o ser que tem-de-ser seu próprio nada. Ao que parece, voltamos ao nosso ponto de partida.

Mas, na verdade, não há problema. Se supomos ter achado um, deve-se a que, apesar de nossos esforços para pensar o Para-si como tal, não logramos evitar fixá-lo no Em-si. Com efeito, somente se partimos do Em-si a aparição da mudança pode constituir um problema: se o Em-si é o que é, como pode deixar de sê-lo? Mas se, ao contrário, partimos de uma compreensão adequada do Para-si, já não seria a mudança o que conviria explicar: seria sobretudo a permanência, se puder existir. Se, com efeito, considerarmos nossa descrição da *ordem* do tempo, à parte de tudo que pudesse lhe advir de seu curso, está claro que uma temporalidade reduzida à sua ordem iria tornar-se de imediato temporalidade *Em-si*. O caráter ek-stático do ser temporal em nada mudaria, já que esse caráter se acha também no passado, não como constitutivo do Para-si, mas como qualidade suportada pelo Em-si. Com efeito, se encaramos um Futuro enquanto pura e simplesmente Futuro de um Para-si, o qual é Para-si de certo passado, e se consideramos que a mudança é um problema novo com relação à descrição da temporalidade como tal, então conferimos ao Futuro, concebido como *esse* Futuro, uma imobilidade instantânea, fazemos do Para--si uma qualidade fixa que pode ser designada; o conjunto, por fim, converte-se em totalidade *feita*, o futuro e o passado restringem o Para-si, impondo-lhe limites dados. O conjunto, como temporalidade que *é*, encontra-se petrificado em torno de um núcleo sólido que é o instante presente do Para-si, e o problema, então, consiste em explicar como deste instante pode surgir outro instante, com seu cortejo de passado e futuro. Escapamos à instantaneidade, na medida em que o instante seria a única realidade Em-si, limitada por um nada de porvir e um nada de passado, mas recaímos nela ao admitir implicitamente uma sucessão de totalidades temporais, cada uma delas centrada em torno de um instante. Em uma palavra, dotamos o instante de dimensões ek-státicas, mas nem por isso o suprimimos, o que significa que fazemos com que a totalidade temporal seja suportada pelo intemporal; o tempo, se *é*, volta a se tornar um sonho.

Mas a mudança pertence naturalmente ao Para-si, na medida em que esse Para-si é espontaneidade. Uma espontaneidade da qual se po-de dizer: ela *é*, ou, simplesmente, *esta* espontaneidade deveria se deixar definir por ela mesma, ou seja, deveria ser fundamento não só de seu nada de ser como também de seu ser, e, simultaneamente, o ser iria recuperá-la para fixá-la em algo dado. Uma espontaneidade que se posiciona como espontaneidade está obrigada, por esse mesmo fato, a negar aquilo que posiciona, senão o seu ser se converteria em algo adquirido, e, em virtude da aquisição, iria perpetuar-se no ser. E essa mesma negação é algo adquirido que ela deve negar sob pena de se enviscar em um prolongamento inerte de sua existência. Dir-se-á que tais noções de prolongamento e aquisição já presumem a temporalidade, o que é verdade. Mas a espontaneidade constitui ela mesma o adquirido por meio da negação, e a negação por meio do adquirido, porque ela não pode ser sem se temporalizar. Sua natureza peculiar consiste em não aproveitar o adquirido que ela constitui ao se realizar como espontaneidade. É impossível conceber a espontaneidade de outro modo, salvo se a estreitarmos em um instante e, desse modo, a fixarmos no Em-si, ou seja, se supusermos um tempo transcendente. Seria inútil objetar que nada podemos pensar sem ser sob a forma temporal e que nossa exposição contém uma petição de princípio, pois temporalizamos o ser para, logo a seguir, dele fazer surgir o tempo: em vão nos seriam recordadas passagens da *Crítica** em que Kant demonstra que uma espontaneidade intemporal é inconcebível, mas não contraditória. Ao contrário, nos parece que uma espontaneidade que não se evadisse de si mesma nem

---

* Kritic der Reinen Vernunft (1781). Edição completa em português: *Crítica da razão pura*. Lisboa: Fundação Calouste Gulbenkian, 1985 [N.T.].

se evadisse desta própria evasão, uma espontaneidade da qual se pudesse dizer "*é* isto" e se deixasse encerrar em uma denominação imutável, seria precisamente uma contradição e equivaleria finalmente a uma essência particular afirmativa, eterno sujeito que jamais é predicado. E é precisamente seu caráter de espontaneidade que constitui a própria irreversibilidade de suas evasões, posto que, exatamente, desde que aparece, aparece para se negar, e a ordem "posicionamento-negação" não é reversível. O próprio posicionamento, com efeito, se realiza em negação sem alcançar jamais a plenitude afirmativa, caso contrário iria esgotar-se em um Em-si instantâneo, e é somente a título de *negado* que passa ao ser na totalidade de sua realização. A série unitária dos "adquiridos-negados" tem, por outro lado, prioridade ontológica sobre a *mudança*, pois esta é simplesmente a relação entre os conteúdos materiais da série. Mas já demonstramos a própria irreversibilidade da temporalização* como necessária à forma inteiramente vazia e *a priori* de uma espontaneidade.

Expusemos nossa tese utilizando o conceito de espontaneidade, que nos pareceu mais familiar aos nossos leitores. Mas podemos agora retomar essas ideias na perspectiva do Para-si e com nossa própria terminologia. Um Para-si que não durasse permaneceria sem dúvida como negação do Em-si transcendente e nadificação de seu próprio ser sob a forma do "reflexo-refletidor". Mas esta nadificação se converteria em algo *dado*, ou seja, iria adquirir a contingência do Em-si, e o Para-si deixaria de ser o fundamento de seu próprio nada; já não seria mais algo que tem-de-ser, porém, na unidade nadificadora da díade reflexo-refletidor, apenas *seria*. A fuga do Para-si é negação da contingência, pelo próprio ato que o constitui como fundamento de seu nada. Mas esta fuga constitui precisamente como contingência aquilo que foge: o Para-si que foge é deixado no lugar. Não poderia se nadificar, já que eu o *sou*, mas tampouco poderia ser fundamento de seu próprio nada, porque só pode sê-lo na fuga: o Para-si está *completado*. O que vale para o Para-si enquanto presença a... também convém naturalmente à totalidade da temporalização. Esta totalidade nunca *é*

---

* No original, *temporisation*, óbvio erro de impressão. O certo seria *temporalisation* [N.T.].

acabada, é totalidade que se nega e foge, despreendimento de *si* na unidade de um mesmo surgimento, totalidade inapreensível que, no momento de se dar, já está Para-além desse dom de si.

Assim, o tempo da consciência é a realidade humana que se temporaliza como totalidade, a qual é para si mesmo seu próprio inacabamento; é o nada deslizando em uma totalidade como fermento destotalizador. Esta totalidade que corre atrás de si e se nega ao mesmo tempo, que não poderia encontrar em si mesmo qualquer limite a seu transcender, por ser seu próprio transcender e porque se transcende rumo a si mesmo, em nenhum caso poderia existir nos limites de um instante. Jamais há instante no qual se possa afirmar que o Para-si é, porque, precisamente, o Para-si jamais é. E a temporalidade, ao contrário, temporaliza-se totalmente como negação do instante.

III
Temporalidade original e temporalidade psíquica: A reflexão

O Para-si dura em forma de consciência não tética de durar. Mas posso "sentir o tempo passar" e captar a mim mesmo como unidade de sucessão. Nesse caso, tenho consciência *de* durar. Esta consciência é tética e se parece muito com um conhecimento, tal como a duração que se temporaliza aos meus olhos está muito próxima a um objeto de conhecimento. Que relação pode existir entre a temporalidade original e esta temporalidade psíquica que encontro assim que me apreendo "durando"? Esse problema nos leva de imediato a outro, pois a consciência *de* duração é consciência de uma consciência que dura; por conseguinte, levantar a questão da natureza e dos direitos desta consciência tética de duração equivale a questionar a natureza e os direitos da reflexão. Com efeito, é à reflexão que a temporalidade aparece em forma de duração psíquica, e todos os processos de duração psíquica pertencem à consciência refletida. Portanto, antes de indagarmos de que modo uma duração psíquica pode se constituir em objeto imanente de reflexão, devemos tentar responder a esta pergunta preliminar: como é possível a reflexão para um ser que só pode ser no passado? A reflexão é dada por Descartes e Husserl como um tipo de intuição privilegiada, porque capta a consciência em um ato de imanência presente e instantâneo. Conservará sua certeza caso o ser a conhecer seja *passado* com relação a ela? E, como toda nossa ontologia tem seu fundamento em uma experiência reflexiva (*réflexive*), não correrá o risco de perder todos os seus direitos? Mas, na verdade, será mesmo o ser passado que deve se fazer objeto das consciências reflexivas? E a própria reflexão, se é Para-si, deve se limitar a uma existência e uma certeza instantâneas? Só podemos resolver essas questões se voltarmos ao fenômeno reflexivo para determinar sua estrutura.

A reflexão é o Para-si consciente *de* si mesmo. Como o Para-si já é consciência não tética (de) si, costumamos representar a reflexão como uma consciência nova, que surge bruscamente, apontada para a consciência refletida e vivendo em simbiose com esta. Reconhece-se aqui a velha *idea ideae* de Spinoza.

Mas, além de ser difícil explicar o surgimento *ex nihilo* da consciência reflexiva, é impossível dar conta da unidade absoluta entre ela e a consciência refletida, unidade que, por si só, torna concebíveis os direitos e a certeza da intuição reflexiva. Com efeito, não poderíamos definir aqui o *esse* do refletido como um *percipi*, já que, precisamente, seu ser é de tal ordem que não precisa ser percebido para existir. E sua relação primária com a reflexão não pode ser a relação unitária de uma representação com um sujeito pensante. Se o existente conhecido há de ter a mesma dignidade de ser do existente cognoscente, é na perspectiva do realismo ingênuo, em suma, que deve ser descrita a relação entre esses dois existentes. Mas, então, iremos encontrar precisamente a dificuldade máxima do realismo: de que maneira dois todos isolados, independentes e providos desta suficiência de ser que os alemães denominam *Selbstständigkeit* podem manter relações entre si, em particular esse tipo de relações internas que chamamos de conhecimento? Se concebemos *primeiramente* a reflexão como consciência autônoma, *jamais* poderemos reuni-la depois à consciência refletida. Serão sempre duas, e se supondo o impossível, a consciência reflexiva pudesse ser consciência *da* consciência refletida, tratar-se-ia apenas de um nexo *externo* entre as duas consciências; quando muito, poderíamos imaginar que a reflexão, isolada em si, possuísse algo como uma imagem da consciência refletida, e recairíamos no idealismo: a consciência reflexiva e, em particular, o *cogito*, perderiam sua certeza e não obteriam em troca senão certa probabilidade, ainda por cima mal definível. Portanto, convém que a reflexão se una ao refletido por um nexo de ser, que a consciência reflexiva *seja* a consciência refletida.

Mas, por outro lado, não poderia se tratar aqui de total identificação entre reflexivo e refletido, a qual iria suprimir de súbito o fenômeno da reflexão e só deixaria subsistir a díade fantasma "reflexo-refletidor". Mais uma vez encontramos aqui esse tipo de ser que define o Para-si: a reflexão exige, se há de ser evidência apodíctica, que o reflexivo *seja* o refletido. Mas, na medida em que a reflexão é *conhecimento*, é necessário que o refletido seja *objeto* para o reflexivo, o que presume separação de ser. Assim, é preciso, ao mesmo tempo, que o reflexivo seja e não seja o refletido. Já havíamos descoberto esta estrutura ontológica no próprio âmago do Para-si. Mas ela não tinha então o mesmo significado. Pressupunha, com efeito, uma "unselbstständigkeit" radical nos dois termos "refletido e refletidor" da dualidade esboçada, ou seja, uma tal incapacidade desses termos de se posicionarem separadamente que a dualidade permanecia perpetuamente evanescente e cada termo, ao se posicionar para o outro, *convertia-se* no outro. Mas, no caso da reflexão, ocorre de modo um pouco diferente, porque o "reflexo-refletidor" refletido existe para um "reflexo-refletidor" reflexivo. Em outras palavras, o refletido é *aparência* para o reflexivo, sem deixar de ser por isso testemunha (de) si, e o reflexivo é *testemunha* do refletido, sem deixar por isso de ser aparência para si mesmo. Inclusive, o refletido é aparência para o reflexivo *na medida* em que se reflete em si, e o reflexivo só pode ser testemunha enquanto consciência (de) ser, ou seja, na medida exata que essa testemunha que ele é seja reflexo para um refletidor que ele também é. Refletido e reflexivo tendem, portanto, à "Selbstständigkeit", e o *nada* que os separa os divide mais profundamente que o nada do Para-si que separa o reflexo do refletidor. Apenas é preciso notar: 1º, que a reflexão como testemunha só pode ter seu ser de testemunha na e pela aparência, ou seja, é profundamente afetada em seu ser por sua reflexividade e, como tal, jamais pode alcançar a "Selbstständigkeit" que almeja, posto que extrai seu ser de sua função e sua função do Para-si refletido; 2º, que o refletido é profundamente alterado pela reflexão, no sentido de que é consciência (de) si como consciência refletida *de* tal ou qual fenômeno transcendente. O refletido sabe que é visto; não poderíamos compará-lo melhor, para usar uma imagem concreta, do que a um homem que escreve, inclinado sobre uma mesa, e que, enquanto escreve, sente-se observado por alguém às suas costas. Portanto, de certo modo, já tem consciência (de) si mesmo como tendo um *fora*, ou melhor, o esboço de um *fora*; ou seja, ele se faz a si mesmo objeto para..., de modo que seu sentido de ser o refletido é inseparável do sentido de ser o reflexivo, existe lá adiante, à distância de si, na consciência que o reflete. Nesse sentido, possui tão pouca "Selbstständigkeit" quanto o próprio reflexivo. Husserl nos diz que o refletido "se dá como havendo sido antes da reflexão". Mas não devemos nos enganar: a "Selbstständigkeit" do irrefletido enquanto irrefletido, em relação a toda reflexão possível, não passa ao fenômeno de reflexão, porque, precisamente, o fenômeno perde seu caráter de irrefletido. Tornar-se refletida, para uma consciência, é sofrer profunda modificação em seu ser e perder precisamente a "Selbstständigkeit" que possuía enquanto quase-totalidade "refletida-refletidora". Por fim, na medida em que um nada separa o refletido do reflexivo, esse nada, que não pode tirar seu ser de si mesmo, deve *ser tendo sido*. Devemos entender por isso que somente uma estrutura de ser unitária pode ser seu próprio nada, em forma de *ter-de-sê-lo*. Nem o reflexivo nem o refletido, com efeito, podem decretar esse nada separador. Mas a reflexão é *um ser*, tal como o Para–si irrefletido; não uma adição de ser; *um ser que tem-de-ser seu próprio nada*; não é a aparição de uma consciência nova dirigida para o Para-si; é uma modificação intraestrutural que o Para-si realiza em si; em suma, é o mesmo Para-si que se faz existir à maneira reflexiva-refletida, em vez de apenas reflexa-refletidora: e esse novo modo de ser deixa subsistir, por outro lado, o modo reflexo-refletidor, a título de estrutura interna primária. Aquele que reflexiona sobre mim não é sabe-se lá qual puro olhar intemporal; sou eu, eu que perduro, engajado no circuito de minha ipseidade, em perigo no mundo, com minha historicidade. Simplesmente, esta historicidade, este ser no mundo e esse circuito de ipseidade, o Para-si que sou, vive tudo isso à maneira do desdobramento reflexivo.

Como vimos, o reflexivo está separado do refletido por um nada. Assim, o fenômeno de reflexão é uma nadificação do Para-si que não lhe vem de fora, mas que ele *tem-de-ser*. De onde pode vir esta nadificação mais avançada? Qual pode ser sua motivação?

No surgimento do Para-si como presença a si, há uma dispersão original: o Para-si se perde lá fora, junto ao Em-si e nos três ek-stases temporais. Está fora de si mesmo e, no mais íntimo de si, este ser-Para-si é ek-stático, já que deve buscar seu ser em outro lugar, no refletidor, caso se faça reflexo, no reflexo, caso se posicione como refletidor. O surgimento do Para-si ratifica o fracasso do em-si que não pode ser seu próprio fundamento. A reflexão mantém-se como possibilidade permanente do Para-si como tentativa de recuperação do ser. Pela reflexão, o Para-si que se perde fora de si tenta interiorizar-se em seu ser: é um segundo esforço para se fundamentar; trata-se, para ele, *de ser para si mesmo o que é*. Com efeito, se a quase-dualidade reflexo-refletidor fosse reunida em uma totalidade por uma testemunha que fosse ela mesma, seria a seus próprios olhos aquilo que é. Trata-se, em suma, de superar o ser que foge de si sendo o que é à maneira de não sê-lo, o ser que transcorre sendo seu próprio transcorrer e escapa entre os próprios dedos, para dele fazer algo *dado*, um dado que, por fim, *é o que é*: trata-se de reunir na unidade de um olhar esta totalidade inacabada que só não é acabada porque é para si mesma seu próprio inacabamento; trata-se de escapar da esfera da perpétua remissão que tem-de-ser para si mesma remissão, e, precisamente porque escapou das malhas dessa remissão, *fazê-la ser* como remissão *vista*, ou seja, remissão que é o que é. Mas, ao mesmo tempo, é necessário que este ser que se recupera e se fundamenta como algo dado, ou seja, que confere a si a contingência do ser para preservá-la fundamentando-a, seja ele próprio aquilo que é recuperado e fundamentado, aquilo que é preservado da desagregação ek-stática. A motivação da reflexão consiste em dupla tentativa simultânea de objetivação e interiorização. Ser para si mesmo como o objeto-Em-si na unidade absoluta de interiorização – eis o que o ser-reflexão tem-de-ser.

Este esforço para ser para si mesmo seu próprio fundamento, para recobrar e dominar sua própria fuga em interioridade, para *ser* finalmente esta fuga, em vez de temporalizá-la como fuga de si mesmo, deve terminar em fracasso, e este fracasso é precisamente a reflexão. De fato, é *ele mesmo* o ser que há de recuperar este ser que se perde, e ele deve ser esta recuperação à maneira de ser que é sua, ou seja, ao modo de ser do Para-si, e, portanto, da fuga. É *enquanto Para-si* que o Para-si tentará ser o que é, ou, se preferirmos, será *para si* o que é-Para-si. Assim, a reflexão, ou tentativa de recobrar o Para-si por reversão sobre si, culmina na aparição do Para-si para o Para-si. O ser que almeja encontrar fundamento no ser não consegue ser mais que fundamento de seu próprio nada. O conjunto permanece, portanto, como Em-si nadificado. E, ao mesmo tempo, a reversão do ser sobre si só pode fazer aparecer uma *distância* entre aquilo que se reverte sobre si e aquilo sobre o que se opera essa reversão. Essa reversão sobre si é desprendimento de si para reverter-se. É essa reversão que faz aparecer o nada reflexivo. Porque a necessidade de estrutura do Para-si exige que ele só possa ser recuperado em seu ser por um ser que exista em forma de Para-si*. Desse modo, o ser que opera a recuperação deve se constituir à maneira do Para-si, e o ser a recuperar deve existir como Para-si. E esses dois seres devem ser *o mesmo ser*; mas, precisamente, enquanto *se* recupera, este faz existir entre si e si mesmo, na unidade do ser, uma distância absoluta. Esse fenômeno de reflexão é uma possibilidade permanente do Para-si, porque a cisão reflexiva está em potência no Para-si refletido: basta, com efeito, que o Para-si refletidor se posicione *para ele* como testemunha *do* reflexo, e que o Para-si reflexo se posicione *para ele* como reflexo desse refletidor... Assim, a reflexão, como esforço de recuperação de um Para-si por um Para-si que é ele mesmo ao modo de não sê-lo, é um estágio de nadificação intermediária entre a existência do Para-si puro e simples e a existência para outro

---

* No original, "sans forme de Pour-soi", que não faz sentido, logo, evidente errata [N.T.].

como ato de recuperação de um Para-si por um Para-si que ele não é ao modo de não sê-lo[28].

A reflexão assim descrita poderá ser limitada em seus direitos e seu alcance pelo fato de que o Para-si se temporaliza? Cremos que não.

Convém distinguir duas espécies de reflexão, se quisermos captar o fenômeno reflexivo nas suas relações com a temporalidade: a reflexão pode ser pura ou impura. A reflexão pura, simples presença do Para-si reflexivo ao Para-si refletido, é ao mesmo tempo forma originária da reflexão e sua forma ideal; é aquela sobre o fundamento da qual aparece a reflexão impura, e também aquela que jamais é previamente *dada*, que é preciso alcançar por uma espécie de catarse. A reflexão impura ou cúmplice, da qual falaremos mais adiante, encerra a reflexão pura, mas a transcende por avançar mais longe em suas pretensões.

Quais os atributos e direitos evidentes da reflexão pura? Evidentemente, o reflexivo *é* o refletido. Saindo disso, não teremos qualquer meio de legitimar a reflexão. Mas o reflexivo é o refletido em toda imanência, mesmo na forma de "não-ser-Em-si". É o que bem demonstra o fato de que o refletido não é totalmente objeto para a reflexão, mas sim *quase-objeto*. Com efeito, a consciência refletida ainda não se mostra como algo *fora* da reflexão, ou seja, um ser sobre o qual se pode "adotar um ponto de vista", com relação ao qual pode-se tomar distância, aumentar ou reduzir a distância que separa um do outro. Para que a consciência refletida seja "vista de fora" e a reflexão possa se orientar em relação a ela, seria preciso que o reflexivo não fosse o refletido, ao modo de não ser o que não é: esta cisão só será realizada na existência *para outro*. Não há dúvida que a reflexão é um conhecimento, está provida de um caráter posicional; ela afirma a consciência refletida. Mas toda afirmação, como logo veremos, é condicionada por uma negação:

---

28. Encontramos aqui esta "cisão do igual a si mesmo" que Hegel considera própria da consciência. Mas esta cisão, em vez de conduzir, como na *Fenomenologia do Espírito*, a uma integração mais elevada, só faz por escavar mais profunda e irremediavelmente o nada que separa a consciência de si. A consciência é hegeliana, mas esta é a maior ilusão de Hegel.

afirmar *este* objeto é simultaneamente negar que eu seja este objeto. Conhecer é *fazer-se* outro. Ora, precisamente, o reflexivo não pode se fazer inteiramente outro com relação ao refletido, porque *é-para-ser* o refletido. Sua afirmação é detida no meio do caminho, já que sua negação não se realiza completamente. Portanto, o reflexivo não se desprende completamente do refletido e não pode abarcá-lo "de um ponto de vista". Seu conhecimento é totalitário, é uma intuição fulgurante e sem relevo, sem ponto de partida ou de chegada. Tudo é dado ao mesmo tempo, em uma espécie de proximidade absoluta. Aquilo que comumente denominamos *conhecer* presume relevos, planos, uma ordem, uma hierarquia. Até mesmo as essências matemáticas nos são reveladas com uma orientação em relação a outras verdades, a certas consequências; nunca se revelam com todas as características ao mesmo tempo. Mas a reflexão que nos entrega o refletido, não como algo dado, mas como o ser que temos-de-ser, em uma indistinção sem ponto de vista, é um conhecimento transbordado por si mesmo e sem explicação. Ao mesmo tempo, é um conhecimento que jamais se surpreende consigo mesmo, nada nos *ensina*, simplesmente *posiciona*. No conhecimento de um objeto transcendente, com efeito, há *revelação* do objeto, e o objeto revelado pode nos decepcionar ou surpreender. Mas, na revelação reflexiva, há posicionamento de um ser que já era revelação em seu ser. A reflexão se limita a fazer existir para si essa revelação; o ser revelado não se revela como algo dado, mas com o caráter de um "já revelado". A reflexão é mais *reconhecimento* do que conhecimento. Pressupõe uma compreensão pré-reflexiva do que almeja recuperar, como motivação original da recuperação.

Mas, se o reflexivo *é* o refletido, se esta unidade de ser fundamenta e limita os direitos da reflexão, convém acrescentar que o próprio refletido *é* seu passado e seu porvir. Não resta dúvida de que o reflexivo, embora perpetuamente excedido pela totalidade do refletido que ele é à maneira do não ser, estende seus direitos apodícticos a esta totalidade que ele é. Assim, a conquista reflexiva de Descartes, o *cogito*, não deve ser limitada ao instante infinitesimal. Por outro lado, é isso que poderíamos concluir do fato de que o *pensamento* é um ato que compromete o passado e se faz pré-esboçar pelo porvir. *Duvido*, logo sou, diz Descartes.

Mas que restaria da dúvida metódica se pudéssemos limitá-la ao instante? Talvez uma suspensão do juízo. Mas suspensão de juízo não é dúvida, é apenas uma estrutura necessária à dúvida. Para que haja dúvida, é preciso que esta suspensão seja motivada pela insuficiência das razões para afirmar ou negar – o que remete ao passado – e seja deliberadamente mantida até a intervenção de elementos novos, o que já é projeto de porvir. A dúvida aparece sobre o fundo de uma compreensão pré-ontológica do *conhecer* e de exigências concernentes à verdade. Esta compreensão e essas exigências, que conferem à dúvida toda a sua significação, comprometem a totalidade da realidade humana e seu ser no mundo, pressupõem a existência de um *objeto* de conhecimento e dúvida, ou seja, uma permanência transcendente no tempo universal; portanto, a dúvida é uma *conduta* que representa um dos modos de ser-no-mundo da realidade humana. Descobrir-se duvidando já é estar adiante de si mesmo, no futuro (que encobre o objetivo, a cessação e a significação dessa dúvida) estar atrás de si, no passado (que oculta as motivações constituintes da dúvida e suas fases de desenvolvimento) e estar fora de si, no mundo (como presença ao objeto de que se duvida). As mesmas observações poderiam ser aplicadas a qualquer constatação reflexiva: leio, sonho, percebo, atuo. Elas devem nos conduzir a negar evidência apodíctica à reflexão, e aí o conhecimento originário que tenho de mim se desfaz no provável e minha própria existência não passa de uma probabilidade, porque meu ser-no-instante não é um ser – ou então aquelas observações devem estender os direitos da reflexão à totalidade humana, ou seja, ao passado, ao porvir, à presença, ao objeto. Ora, se examinamos acuradamente, a reflexão é o Para-si que tenta se recuperar como totalidade, em perpétuo inacabamento. É a afirmação do desenvolvimento do ser que é para si sua própria revelação. Como o Para-si se temporaliza, daí resulta: 1º, que a reflexão, como modo de ser do Para-si, deve ser como temporalização, e é ela mesmo seu passado e seu porvir; 2º, que, por natureza, estende seus direitos e sua certeza às possibilidades que eu *sou* e ao passado que eu *era*. O reflexivo não é captação de algo refletido instantâneo, mas tampouco é instantaneidade. Não significa que o reflexivo conheça *com* seu futuro o futuro do refletido, ou *com* seu passado o passado da consciência a conhecer. Ao contrário, é pelo futuro e o passado que o reflexivo e o refletido se distinguem na unidade de seu ser. O futuro do reflexivo, com efeito, é o conjunto das possibilidades próprias que o reflexivo tem-de-ser como reflexivo. Enquanto tal, não poderia conter uma consciência do futuro refletido. As mesmas observações valeriam para o passado reflexivo, ainda que este se fundamente, em última instância, no passado do Para-si originário. Mas a reflexão – se extrai sua significação de seu porvir e seu passado – já está ek-staticamente, enquanto presença fugitiva a uma fuga, em todo o decorrer desta fuga. Em outros termos, o Para-si que se faz existir à maneira do desdobramento reflexivo, enquanto Para-si, extrai seu sentido de suas possibilidades e seu porvir; nesse sentido, a reflexão é um fenômeno diaspórico (*diasporique*); mas, na medida em que *presença a si*, é presença presente a todas as suas dimensões ek-státicas. Falta explicar, dir-se-á, por que esta reflexão, que se pretende apodíctica, pode cometer tantos erros precisamente acerca desse passado que lhe outorgamos o direito de conhecer. Respondo que não comete erro algum, na medida exata em que apreende o passado como aquilo que impregna o presente em forma não temática. Quando digo "leio, duvido, espero etc.", como já mostramos, excedo muito meu presente rumo ao passado. Ora, em nenhum desses casos posso me enganar. A natureza apodíctica da reflexão não admite dúvidas, na medida em que apreende o passado exatamente como é para a consciência refletida que tem-de-sê-lo. Se, por outro lado, posso cometer muitos erros ao recordar, no modo reflexivo, meus sentimentos ou ideias passadas, é porque estou no plano da memória: nesse momento, já não *sou* meu passado, mas o tematizo. Não estamos mais no ato reflexivo.

Assim, a reflexão é consciência *das três* dimensões ek-státicas. É consciência não tética (de) fluência e consciência tética *de* duração. Para ela, o passado e o presente do refletido se põem na existência como um *quase-fora*, no sentido de que não são retidos apenas na unidade de um Para-si que os esgota em seu ser tendo--de-sê-los, mas também *para* um Para-si que deles está separado por um nada, para um Para-si que, embora existindo com eles na unidade de um ser, não tem-de-ser o ser que eles são. Também para a reflexão, a fluência tende a *ser* como um fora esboçado na imanência. Mas a reflexão pura continua a descobrir a temporalidade apenas em sua não substancialidade originária; em sua negação de ser Em-si, descobre os possíveis *enquanto possíveis*, suavizados pela liberdade do Para-si, revela o presente como transcendente, e, se o passado lhe aparece como Em-si, ainda é sobre o fundamento da presença. Por fim, descobre o Para-si em sua totalidade destotalizada como individualidade incomparável que *é ela mesma* à maneira do ter-de-sê-lo; descobre o Para-si como o "refletido por excelência", o ser que jamais é a não ser como *si mesmo*, e que é sempre esse "si mesmo" a distância de si, no porvir, no passado, no mundo. A reflexão, portanto, capta a temporalidade na medida em que esta se revela como o modo de ser único e incomparável de uma ipseidade, ou seja, como historicidade.

Mas a duração psicológica que conhecemos e de que fazemos uso cotidianamente, como sucessão de formas temporais organizadas, é o oposto da historicidade. Com efeito, é o tecido concreto das unidades psíquicas da fluência. Esta alegria, por exemplo, é uma forma organizada que aparece depois de uma tristeza, e antes houve aquela humilhação por que passei ontem. É entre essas unidades de fluência, qualidades, estados, atos, que se estabelecem comumente as relações de antes e depois, e são essas unidades que podem inclusive servir para *datar*. Assim, a consciência reflexiva do homem-no-mundo se encontra, em sua existência cotidiana, frente a objetos psíquicos que são o que são, aparecem na trama contínua de nossa temporalidade como desenhos e motivos em uma tapeçaria, e se sucedem à maneira das coisas do mundo no tempo universal, ou seja, substituindo-se uns aos outros, sem manter entre si outras relações além daquelas puramente externas de sucessão. Falamos de uma alegria que *tenho* ou *tive*; diz-se que é *minha* alegria, como se eu fosse seu suporte e ela se destacasse de mim tal qual os modos finitos de Spinoza se destacam sobre o fundo do atributo. Até se diz que *experimento* esta alegria, como se ela viesse a se imprimir como um selo no tecido de minha temporalização, ou, melhor ainda, como se a presença em mim desses sentimentos, ideias ou estados fosse uma espécie de *visitação*. Não poderíamos chamar de ilusão esta duração psíquica constituída pela fluência concreta de organizações autônomas, ou seja, em suma, pela sucessão de *fatos* psíquicos, *fatos* de consciência: é sua realidade, com efeito, que constitui o objeto da psicologia; praticamente, é em nível do fato psíquico que se estabelecem as relações concretas entre os homens, reivindicações, ciúmes, rancores, sugestões, lutas, astúcias etc. Todavia, não é concebível que o Para-si irrefletido que se historializa *(historialise)* em seu surgimento *seja ele mesmo* essas qualidades, estados e atos. Sua unidade de ser dissolver-se-ia em multiplicidade de existentes exteriores uns aos outros; o problema ontológico da temporalidade reapareceria, e, desta vez, se-ríamos privados dos meios de solucioná-lo, porque, se é possível ao Para-si ser seu próprio passado, seria absurdo exigir de minha alegria que fosse a tristeza que a precedeu, mesmo à maneira do "não ser". Os psicólogos apresentam uma representação degradada desta existência ek-stática quando afirmam que os fatos psíquicos são relativos uns aos outros e que o trovão ouvido após longo silêncio é captado como "trovão-após-longo-silêncio". É uma boa observação, mas, com isso, ficam impossibilitados de explicar esta relatividade na sucessão, dela suprimindo todo fundamento ontológico. Na verdade, se captamos o Para-si em sua historicidade, a duração psíquica se desvanece, os estados, qualidades e atos desaparecem, dando lugar ao ser-Para-si enquanto tal, que é apenas a individualidade única, da qual é indivisível o processo de historialização *(historialisation)*. É o Para-si que flui, que se convoca do fundo do porvir, que carrega o passado que era; é ele que historia sua ipseidade, e sabemos que é, no modo primário ou irrefletido, consciência do mundo e não *de* si. Assim, as qualidades ou estados não poderiam ser seres em seu ser (no sentido em que a unidade de fluência *alegria* seria "conteúdo" ou "fato" de consciência); deste ser só existem colorações internas não posicionais, as quais não passam de si mesmo, na medida que é Para-si, e não podem ser captadas fora dele.

Portanto, estamos frente a duas temporalidades: a temporalidade original, da qual *somos* a temporalização, e a temporalidade psíquica, que aparece ao mesmo tempo como incompatível com o modo de ser de nosso ser e como uma realidade intersubjetiva, objeto de ciência, objetivo das ações humanas (no sentido, por exemplo, em que faço o possível para "ser amado" por Ana, "inspirar seu amor por mim"). Esta temporalidade psíquica, evidentemente *derivada*, não pode proceder diretamente da temporalidade original, a qual nada mais constitui senão a si mesmo. Quanto à temporalidade psíquica, é incapaz de *se* constituir, por ser apenas uma ordem sucessiva de fatos. Por outro lado, a temporalidade psíquica não poderia aparecer ao Para-si irrefletido, pura presença ek-stática ao mundo: revela-se à reflexão, e a reflexão deve constituí-la. Mas de que modo a reflexão poderia fazê-lo, sendo pura e simples descoberta da historicidade que é?

É preciso distinguir aqui a reflexão pura da reflexão impura ou constituinte: porque é a reflexão impura que constitui a sucessão dos fatos psíquicos, ou *psiquê*. E o que se dá primeiramente na vida cotidiana é a reflexão impura ou constituinte, embora inclua a reflexão pura como sua estrutura original. Mas esta só pode ser alcançada como resultado de uma modificação que opera sobre si em forma de catarse. Não cabe aqui descrever a motivação e a estrutura desta catarse. O que importa é a descrição da reflexão impura na medida em que é constituição e revelação da temporalidade psíquica.

A reflexão, como vimos, é um tipo de ser no qual o Para-si é para ser a si mesmo o que é. A reflexão, portanto, não é um surgimento caprichoso na pura indiferença do ser, mas se produz na perspectiva de um *para*. Com efeito, vimos que o Para-si é o ser que, em seu ser, é fundamento de um para. A significação da reflexão é, portanto, seu ser-para. Em particular, o reflexivo é o refletido que se nadifica *para* se recuperar. Nesse sentido, o reflexivo, na medida em que tem-de-ser o refletido, escapa ao Para-si, que ele é como reflexivo, em forma de "ter-de-sê-lo". Mas, se fosse apenas para ser o refletido que tem-de-ser, o reflexivo escaparia ao Para-si para reencontrá-lo; em qualquer parte, e como quer que se afete, o Para-si está condenado a ser-Para-si. De fato, é isso mesmo que a reflexão pura descobre. Mas a reflexão impura, que é o movimento reflexivo primeiro e espontâneo (mas não *original*), é-para-ser o refletido como Em-si. Sua motivação está em si mesmo, em um duplo movimento – que já descrevemos – de interiorização e objetivação: captar o refletido como Em-si para se fazer ser este Em-si captado. A reflexão impura, portanto, não é captação do refletido como tal, a não ser em um circuito de ipseidade no qual se mantém em relação imediata com um Em-si que tem-de-ser. Mas, por outro lado, este Em-si que tem-de-ser é o *refletido*, na medida em que o reflexivo tenta apreendê-lo como Em-si. Significa que existem três formas na reflexão impura: o reflexivo, o refletido, e um Em-si que o reflexivo tem-de-ser na medida em que seria o refletido, e não é outro senão o *Para* do fenômeno reflexivo. Este Em-si está pré-esboçado por trás do refletido-Para-si por uma reflexão que atravessa o refletido para retomá-lo e fundamentá-lo; é como a projeção no Em-si do refletido-Para-si enquanto significação: seu ser não consiste em ser, mas em *ser-tendo-sido*, como o nada. É o refletido enquanto puro objeto para o reflexivo. Desde que a reflexão adota um ponto de vista sobre o reflexivo, desde que sai desta intuição fulgurante e sem relevo em que o refletido se dá sem ponto de vista ao reflexivo, desde que se posiciona como *não sendo* o refletido e determina *o que este é*, a reflexão faz aparecer um Em–si susceptível de ser determinado, qualificado, por trás do refletido. Este Em-si transcendente, ou sombra projetada do refletido no ser, é o que o reflexivo *tem-de-ser* na medida em que é aquilo que o refletido *é*. De forma alguma se confunde com o *valor* do refletido, que se dá à reflexão na intuição totalitária e indiferenciada – nem com o *valor* que impregna o reflexivo como ausência não tética e o Para da consciência reflexiva, na medida em que esta é consciência não posicional (de) si. É o objeto necessário de toda reflexão; para que surja, basta que a reflexão encare o refletido como objeto: a própria decisão pela qual a reflexão se determina a considerar o refletido como objeto faz aparecer o Em-si como objetivação transcendente do refletido. E o ato pelo qual a reflexão se determina a tomar o refletido como objeto é, em si mesmo: 1º, posicionamento do reflexivo como *não sendo* o refletido; 2º, tomada de ponto de vista com relação ao refletido. Na realidade, por outro lado, esses dois momentos são apenas um, porque a negação concreta que o reflexivo se faz ser em relação ao refletido se manifesta precisamente *no* e *pelo* fato de adotar um ponto de vista. O ato objetivador (*objectivant*), como se vê, está no estrito prolongamento do desdobramento reflexivo, pois esse desdobramento se realiza por aprofundamento do nada que separa o reflexo do refletidor. A objetivação retoma o movimento reflexivo como não sendo o refletido *para* que o refletido apareça como objeto para o reflexivo.

Só que esta reflexão é de má-fé, porque, parece-se romper o nexo que une o refletido ao reflexivo, parece-se declarar que o reflexivo *não é* o refletido, à maneira de não ser o que não se é – ao passo que, no surgimento reflexivo original, o reflexivo não é o refletido à maneira de não ser o que se é –, isso ocorre *para* que a reflexão retome em seguida a afirmação de identidade e afirme a respeito deste Em-si que "eu *o* sou". Em suma, a reflexão é de má-fé na medida em que se constitui como revelação do *objeto que sou para mim*. Mas, em segundo lugar, esta nadificação mais radical não é um acontecimento real e metafísico: o acontecimento real, terceiro processo de nadificação, é o *Para-outro*. A reflexão impura é um esforço abortado do Para-si para *ser outro permanecendo si mesmo*. O objeto transcendente surgido detrás do Para-si refletido é o único ser a respeito do qual o reflexivo, nesse sentido, pode dizer que *não é*. Mas é uma sombra do ser. *É tendo sido*, e o reflexivo tem-de-sê-lo para não sê-lo. É esta sombra do ser, correlato necessário e constante da reflexão impura, que os psicólogos estudam sob o nome de *fato psíquico*. O fato psíquico, portanto, é a sombra do refletido na medida em que o reflexivo tem-de-sê-lo ek-staticamente ao modo de não sê-lo. Assim, a reflexão é impura quando se dá como "intuição do Para-si em Em-si"; o que a ela se revela não é a historicidade temporal e não substancial do refletido; é, Para-além desse refletido, a própria substancialidade das formas organizadas de fluência. A unidade desses seres virtuais denomina-se *vida psíquica* ou *psique*, Em-si virtual e transcendente que subentende a temporalização do Para-si. A reflexão pura jamais é senão um quase-conhecimento; da Psique, somente, pode ter conhecimento reflexivo. Encontraremos, naturalmente, em cada objeto psíquico, caracteres do refletido real, mas degradados como Em-si. É o que nos demonstrará uma breve descrição *a priori* da Psique.

1º) Por Psique entendemos o *Ego*, seus estados, qualidades e atos. O *Ego*, sob a dupla forma gramatical do Eu e do Mim, representa nossa *pessoa*, enquanto unidade psíquica transcendente. Já o descrevemos antes. É enquanto *Ego* que somos sujeitos de fato e de direito, ativos e passivos, agentes voluntários, possíveis objetos de um juízo de valor ou responsabilidade.

As qualidades do *Ego* representam o conjunto das virtualidades, latências, potências que constituem nosso caráter e nossos hábitos (no sentido grego de ἕξις. É uma "qualidade" ser irascível, trabalhador, ciumento, ambicioso, sensual etc. Mas também é preciso reconhecer qualidades de outro tipo que têm origem em nossa história e chamaremos de *hábitos:* posso estar *envelhecido, cansado, amargurado, enfraquecido, progredindo;* posso me sentir "adquirindo segurança depois de um sucesso", ou, ao contrário, "tendo contraído os gostos, hábitos e a sexualidade de um doente" (após longa enfermidade).

Em contraste com as qualidades, que existem "em potência", os *estados* se revelam existindo em ato. O ódio, o amor, o ciúme são estados. Uma enfermidade, na medida em que é captada pelo doente como realidade psicofisiológica, é um estado. Da mesma maneira, muitas características que aderem do exterior à minha pessoa podem converter-se em *estados,* enquanto as vivencio: a ausência (com relação a tal pessoa específica), o exílio, a desonra, o triunfo são estados. Vê-se o que distingue a qualidade do estado: após minha ira de ontem, minha "irascibilidade" sobrevive como simples disposição latente de me agastar. Ao contrário, depois da ação de Pedro e do ressentimento que me causou, meu ódio sobrevive como uma realidade *atual,* ainda que, neste momento, meu pensamento esteja ocupado com outra coisa. A qualidade, além disso, é uma disposição de ânimo inata ou adquirida que contribui para *qualificar* minha pessoa. O estado, ao contrário, é muito mais acidental e contingente: é *algo que me acontece.* Existem, contudo, intermediários entre estados e qualidades: por exemplo, o ódio de Pozzo di Borgo a Napoleão, embora existente de fato e representando uma relação afetiva contingente entre Pozzo e Napoleão I, era constitutivo da *pessoa* Pozzo.

É preciso entender por *atos* toda atividade sintética da pessoa, ou seja, toda disposição de meios com vistas a fins, não na medida em que o Para-si é suas próprias possibilidades, mas na medida em que o ato representa uma síntese psíquica transcendente que o Para-si deve viver. Por exemplo, o treinamento do pugilista é um ato, porque excede e sustenta o Para-si, o qual, por outro lado, realiza-se neste e por este treinamento. Ocorre o mesmo com a pesquisa do cientista, o trabalho do artista, a campanha eleitoral do político. Em todos os casos, o ato como ser psíquico representa uma existência transcendente e a face objetiva da relação entre o Para-si e o mundo.

2º) O "Psíquico" se revela unicamente a uma categoria especial de atos cognitivos: os atos do Para-si reflexivo. Com efeito, no plano irrefletido o Para-si é suas próprias possibilidades de modo não tético, e, como suas possibilidades são presenças possíveis ao mundo Para-além do estado dado do mundo, aquilo que se revela teticamente, mas não tematicamente, através delas, é um estado de mundo sinteticamente conexo com o estado dado. Em consequência, as modificações trazidas ao mundo se revelam teticamente nas coisas presentes como potencialidades objetivas que têm-de-ser realizadas tomando nosso corpo como instrumento de sua realização. É assim que o homem em estado de irascibilidade vê no rosto de seu interlocutor a qualidade objetiva de ser um convite a levar um soco. Daí expressões como "saco de pancadas"*. Nosso corpo só aparece aqui como um médium em transe. Por meio dele é que certa potencialidade das coisas têm-de-se-realizar (bebida-a-ponto--de-ser-bebida, socorro-a-ponto-de-ser-prestado, animal-nocivo-a-ponto-de-ser-aniquilado etc.), e a reflexão que surge entrementes capta a relação ontológica entre o Para-si e seus possíveis, mas como *objeto*. Assim, o *ato* surge como objeto virtual da consciência reflexiva. É portanto impossível para mim ter ao mesmo tempo e no mesmo plano consciência *de* Pedro e *de* minha amizade por ele: essas duas existências estão sempre separadas por uma espessura de Para-si. E esse próprio Para-si é uma realidade oculta: no caso da consciência não refletida, ele *é,* mas não teticamente, e se desfaz ante o objeto do mundo e suas potencialidades. No caso do surgimento reflexivo, é transcendido rumo ao objeto virtual que o reflexivo tem-de-ser. Só uma consciência reflexiva *pura* pode descobrir o Para-si refletido em sua realidade. Denominamos *Psique* a totalidade organizada desses existentes virtuais e transcendentes que constituem um cortejo permanente para a reflexão impura e são o objeto natural das pesquisas *psicológicas.*

3º) Os objetos, embora virtuais, não são abstratos, não são visados no vazio pelo reflexivo, mas se revelam o Em-si concreto

---

* Sartre usa as expressões "tête à gifles" e "menton qui attire les coups", sem equivalentes em português [N.T.].

que o reflexivo tem-de-ser Para-além do refletido. Vamos denominar *evidência* a presença imediata e "em pessoa" do ódio, do exílio, da dúvida metódica, no Para-si reflexivo. Para nos convencermos de que esta presença existe, basta lembrar os casos de nossa experiência pessoal em que tentamos recordar um amor morto, uma certa atmosfera intelectual que vivemos outrora. Nesses diferentes casos, tínhamos nítida consciência de visar *no vazio* esses diferentes objetos. Podíamos formar conceitos particulares a seu respeito, tentar uma descrição literária, mas sabíamos que estavam longe disso. Analogamente, há períodos de intermitência para um amor vivo, durante os quais *sabemos* que amamos, mas não *sentimos* isso. Essas "intermitências do coração" foram muito bem descritas por Proust. Ao contrário, é possível captar um amor na sua plenitude e contemplá-lo. Mas, para isso, é necessário um modo de ser particular do Para-si refletido: posso apreender minha amizade por Pedro *através* da minha simpatia do momento, que se torna o refletido de uma consciência reflexiva. Em suma, não há outro meio de presentificar *(présentifier)* essas qualidades, estados ou atos, a não ser apreendendo-os através de uma consciência refletida, da qual constituem a sombra projetada e a objetivação no Em-si.

Mas esta possibilidade de tornar presente um amor prova, melhor que qualquer argumento, a transcendência do psíquico. Quando bruscamente descubro e *vejo* meu amor, simultaneamente o apreendo *diante* da consciência. Posso assumir pontos de vista sobre ele, posso julgá-lo, não estou comprometido com ele como o reflexivo está com o refletido. Por isso mesmo, capto-o como *não sendo* um Para-si. É infinitamente mais denso, mais opaco, mas consistente que esta transparência absoluta. Por isso, a *evidência* com que o psíquico se revela à intuição da reflexão impura não é apodíctica. Com efeito, há um desnível entre o futuro do Para-si refletido, constantemente desgastado e suavizado por minha liberdade, e o futuro denso e ameaçador de meu amor, que lhe confere precisamente seu sentido de *amor*. Com efeito, se eu não captasse no objeto psíquico seu futuro de amor como algo interrompido, ainda seria amor? Não teria descido ao nível do capricho? E o próprio capricho não compromete o futuro, na medida em que se revela tendo-de-permanecer capricho e jamais apto a se converter em amor? Assim, o futuro sempre nadificado do Para--si impede toda determinação Em-si do Para-si como Para-si que ama ou odeia; e a sombra projetada do Para-si refletido possui, naturalmente, um futuro degradado em Em-si, que dela faz parte integrante ao determinar seu sentido. Mas, em correlação com a nadificação contínua de Futuros refletidos, o conjunto psíquico organizado com seu futuro permanece somente *provável*. Não se deve entender por isso uma qualidade externa proveniente de uma relação com meu conhecimento e capaz de se transformar eventualmente em certeza, mas sim uma característica ontológica.

4º) O objeto psíquico, sendo a sombra projetada do Para-si refletido, possui em forma degradada os caracteres da consciência. Em particular, aparece como totalidade acabada e provável onde o Para-si se faz existir na unidade diaspórica de uma totalidade destotalizada. Significa que o Psíquico apreendido através das três dimensões ek-státicas da temporalidade aparece como constituído pela síntese de Passado, Presente e Porvir. Um amor, um empreendimento, é a unidade organizada dessas três dimensões. Com efeito, não basta dizer que um amor "tem" um porvir, como se o futuro fosse exterior ao objeto que caracteriza: o porvir faz parte integrante da forma organizada da fluência "amor", pois o que confere ao amor seu sentido de amor é o seu ser no futuro. Mas, pelo fato de que o psíquico é Em-si, seu presente não poderia ser fuga, nem seu porvir possibilidade pura. Nessas formas de fluência, há uma prioridade essencial do Passado, aquilo que o Para-si *era* e já presume a transformação do Para-si em Em-si. O reflexivo projeta um psíquico dotado das três dimensões temporais, mas constitui essas três dimensões unicamente com aquilo que o refletido *era*. O Futuro já *é*: senão, como poderia meu amor ser amor? Só que ainda não é *dado*: é um "agora" ainda não revelado. Perde, portanto, seu caráter de *possibilidade-que-tenho-de--ser;* meu amor, minha alegria, *não-têm-de-ser* seu futuro, pois o *são* na tranquila indiferença da justaposição, tal como essa caneta é ao mesmo tempo pena e, na outra extremidade, tampa. De modo similar, o Presente é captado em sua qualidade real de *ser-aí*. Só que este ser-aí é constituído como *tendo-sido-aí (ayant-été-là)*. O Presente já está todo constituído e armado da cabeça aos pés, é um "agora" que o instante traz e leva como uma roupa feita: é uma carta que sai do jogo e a ele volta. A passagem de um "agora" do futuro ao presente e do presente ao passado não lhe causa qualquer modificação, pois, de qualquer modo, futuro ou não, ele já é passado. É o que se nota bem no recurso ingênuo com que os psicólogos apelam ao inconsciente para distinguir os três "agoras" do psíquico: denominam *presente*, com efeito, o agora presente à consciência. Os que passaram ao futuro têm exatamente os mesmos caracteres, mas aguardam nos limbos do inconsciente, e, se os tomássemos nesse meio indiferenciado, seria impossível distinguir neles o passado do futuro: uma recordação que sobrevive no inconsciente é um "agora" passado, e, ao mesmo tempo, enquanto aguarda ser evocado, um "agora" futuro. Assim, a forma psíquica não é *"a ser"*; já está *feita*, toda completa, passada, presente e futura, ao modo do *"tem sido" (a été)*. Já não se trata, para os "agoras" que a compõem, senão de sofrer um por um, antes de retornar ao passado, o batismo da consciência.

Resulta que na forma psíquica coexistem duas modalidades de ser contraditórias, porque ela é *já feita* e aparece na unidade coesiva de um organismo, e, ao mesmo tempo, só pode existir por uma sucessão de "agoras" que tendem, cada um, a isolar-se em Em-si. Esta alegria, por exemplo, passa de um instante a outro porque seu futuro já existe como resultado terminal e sentido *dado* de seu desenvolvimento, não como aquilo que tem-de-ser, mas aquilo que ela "tem sido" já no futuro.

Com efeito, a coesão íntima do psíquico não passa da unidade de ser do Para-si hipostasiada no Em-si. Um ódio não tem partes: não é uma soma de condutas e de consciências, mas se revela através de condutas e consciências como unidade temporal sem partes de suas aparições. Só que a unidade de ser do Para-si se explica pelo caráter ek-stático de seu ser: tem-de-ser em plena espontaneidade aquilo que será. O psíquico, ao contrário, "é tendo sido". Significa que é incapaz de se determinar por si mesmo a existir. É sustentado frente ao reflexivo por uma espécie de inércia; e os psicólogos têm insistido frequentemente em seu caráter "patológico". Nesse sentido, Descartes pode falar das "paixões da alma"; esta inércia faz com que o psíquico, embora não esteja no mesmo plano do ser que os existentes do mundo, possa ser apreendido em relação com estes. Um amor surge como "provocado" pelo objeto amado. Por conseguinte, a coesão total da forma psíquica torna-se ininteligível, uma vez que não *tem-de-ser* esta coesão, não é sua própria síntese e sua unidade tem caráter de algo dado. Na medida em que um ódio é uma sucessão dada de "agoras" já feitos e inertes, nele encontramos o germe de uma divisibilidade ao infinito. E, contudo, esta divisibilidade acha-se disfarçada, negada, na medida em que o psíquico é a objetivação da unidade ontológica do Para-si. Daí uma espécie de coesão mágica entre os "agoras" sucessivos do ódio, os quais surgem como *partes* somente para negar em seguida sua exterioridade. Esta ambiguidade ilumina a teoria de Bergson sobre a consciência que dura e é "multiplicidade de interpenetração". O que Bergson alcança aqui é o psíquico, não a consciência concebida como Para-si. De fato, que significa "interpenetração"? Não a ausência de direito de toda divisibilidade. Para que haja interpenetração, com efeito, é necessário que haja partes que se interpenetrem. Só que essas partes, que, de direito, deveriam recair em seu isolamento, deslizam umas nas outras por uma coesão mágica totalmente inexplicada, e esta fusão total desafia, no momento, qualquer análise. Bergson não pensa de modo algum em fundamentar sobre uma estrutura absoluta do Para-si esta propriedade do psíquico: apenas a comprova como algo dado; é uma simples "intuição" que lhe revela ser o psíquico uma multiplicidade interiorizada. O que acentua ainda mais seu caráter de inércia, de *datum* passivo, é o fato de existir sem *ser para* uma consciência, tética ou não. Tal interpenetração *é,* sem ser consciência (de) ser, uma vez que, em sua atitude natural, o homem a desconhece inteiramente e precisa recorrer à intuição para captá-la. Assim, um objeto do mundo pode existir sem ser visto e só revelar-se depois, quando forjamos os instrumentos necessários para descobri-lo. Para Bergson, os caracteres da duração psíquica são puro fato contingente da experiência: são assim porque os encontramos assim, e isso é tudo. Desse modo, a temporalidade psíquica é um *datum* inerte, bem próximo da duração bergsoniana, que *padece* de sua coesão íntima sem constituí-la, é perpetuamente temporalizada sem *se* temporalizar; na qual a interpenetração de fato, irracional e mágica, de elementos que não *são* mais unidos por uma relação ek-stática de ser, só pode ser comparada à ação mágica de uma feitiçaria à distância e dissimula uma multiplicidade de "agoras" já constituídos. E esses caracteres não resultam de um erro de psicólogos, de uma falha de conhecimento, mas são constitutivos da temporalidade psíquica, hipóstase da temporalidade original. Com efeito, a unidade absoluta do psíquico é a projeção da unidade ontológica e ek-stática do Para-si. Mas, como esta projeção se faz no Em-si, que é o que é na proximidade sem distância da identidade, a unidade ek-stática se fragmenta em uma infinidade de "agoras" que são o que são e, exatamente por isso, tendem a isolar-se em sua identidade-Em-si. Assim, participando ao mesmo tempo do Em-si e do Para-si, a temporalidade psíquica oculta uma contradição condenada ao fracasso. E isso não deve nos surpreender: produzida pela reflexão impura, é natural que *seja tendo sido* aquilo que não é e não seja aquilo que *é tendo sido*.

Isso ficará mais claro em um exame das relações que as formas psíquicas mantêm umas com as outras no âmago do tempo psíquico. Antes de tudo, devemos notar que a interpenetração é que efetivamente rege a conexão dos sentimentos, por exemplo, no âmago de uma forma psíquica complexa. Todos conhecem esses sentimentos de amizade "matizados" de inveja, esses ódios "penetrados", apesar de tudo, pela estima, essas amizades amorosas que os romancistas tanto descrevem. Também é verdade que captamos uma amizade matizada de inveja tal como uma xícara de café com um pouco de leite. Sem dúvida, a comparação é grosseira. Contudo, é certo que a amizade amorosa não se dá como simples especificação do gênero amizade, de modo como o triângulo isósceles é uma especificação do gênero triângulo. A amizade surge penetrada inteiramente pelo amor total, e, todavia, não é amor, não "se faz" amor: caso contrário, perderia sua autonomia de amizade. Mas ela se constitui como objeto inerte e Em-si que a linguagem tem dificuldade em designar e no qual o amor Em-si e autônomo se estende magicamente através da amizade toda, tal como a perna se estende através do mar inteiro na σύγχυσις estoica*.

---

* Em grego: mistura, confusão [N.T.].

Mas os processos psíquicos também encerram a ação à distância de formas anteriores sobre formas posteriores. Não poderíamos conceber esta ação à distância à maneira da causalidade simples que se acha, por exemplo, na mecânica clássica e presume a existência totalmente inerte de um corpo móvel contido no instante; nem tampouco conceber a causalidade física ao modo estabelecido por Stuart Mill e que se define pela sucessão constante e incondicionada de dois estados, cada qual, em seu ser próprio, exclui o outro. Na medida em que o psíquico é objetivação do Para-si, possui uma espontaneidade degradada, captada como qualidade interna e dada de sua forma e, por outro lado, inseparável de sua força coesiva. Portanto, não poderia surgir rigorosamente como *produto* da forma anterior. Mas, por outro lado, esta espontaneidade tampouco poderia se determinar a si mesma a existir, pois só é captada como uma determinação entre outras de um existente dado. Segue-se que a forma anterior tem de gerar à distância uma forma de igual natureza que se organiza espontaneamente como forma de fluência. Não existe aqui ser que *tenha-de-ser* seu futuro e seu passado, mas apenas sucessões de formas passadas, presentes e futuras, todas existindo à maneira do "tendo sido" (*ayant-été*) e mutuamente se influenciando à distância. Esta influência irá se manifestar seja por penetração, seja por motivação. No primeiro caso, o reflexivo apreende como um único objeto dois objetos psíquicos já anteriormente dados em separado. Daí resulta seja um objeto psíquico novo, em que cada característica será a síntese de outros dois precedentes, seja um objeto em si mesmo ininteligível que surge ao mesmo tempo como sendo totalmente um e totalmente o outro, sem que haja alteração de um ou de outro. Na motivação, ao contrário, os dois objetos permanecem em seus respectivos lugares. Mas um objeto psíquico, sendo forma organizada e multiplicidade de interpenetração, só pode agir integralmente e de cada vez sobre outro objeto íntegro. Segue-se uma ação total e à distância de um sobre o outro, por influência mágica. Por exemplo, minha humilhação de ontem motiva integralmente meu humor da manhã de hoje etc. O fato de que esta ação à distância seja totalmente mágica e irracional prova, melhor que qualquer análise, a inutilidade dos esforços dos psicólogos intelectualistas para reduzi-la – permanecendo no plano psicológico – a uma causalidade inteligível, através de uma análise intelectual. Assim, Proust busca perpetuamente descobrir por decomposição intelectualista, na sucessão temporal dos estados psíquicos, nexos de causalidade racional entre eles. Mas, no fim dessas análises, só pode nos oferecer resultados como o seguinte:

"Pois logo que (Swann) podia imaginá-la (Odette) sem horror, que revia a bondade em seu sorriso, e *o ciúme não acrescentava a seu amor o desejo de arrebatá-la a qualquer outro*, este amor *se tornava de novo* um gosto pelas sensações que lhe dava a pessoa de Odette, pelo prazer que tinha em admirar como um espetáculo, ou interrogar como um fenômeno, o erguer-se de um de seus olhares, a formação de um de seus sorrisos, a emissão de uma entonação de sua voz. E esse prazer, diferente de todos os outros, *acabara por criar em Swann uma necessidade dela* que só ela podia aplacar com a sua presença ou as suas cartas. [...] Assim, *pela própria química de seu mal,* depois que *fabricara ciúme com o seu amor,* recomeçava a *fabricar* ternura, piedade para com Odette."*

Esse texto concerne evidentemente ao psíquico. Com efeito, vemos sentimentos individualizados e separados por natureza atuando uns sobre os outros. Mas Proust busca esclarecer suas ações e classificá-las, tornando inteligíveis assim as alternativas pelas quais Swann há de passar. Não se limita a descrever as constatações que ele mesmo pode fazer (a passagem por "oscilação" do ciúme odiento ao amor terno), mas almeja explicá-las.

Quais os resultados desta análise? Fica suprimida a inteligibilidade do psíquico? É fácil ver que, ao contrário, esta redução um pouco arbitrária das grandes formas psíquicas a elementos mais simples acentua a irracionalidade mágica das relações que os objetos psíquicos sustentam entre si. De que modo o ciúme "acrescentaria" ao amor o "desejo de arrebatá-la a qualquer outro"? E como esse desejo, uma vez adicionado ao amor (sempre

---

* PROUST, Marcel. *Em busca do tempo perdido (A la recherche du temps perdu). – No caminho de Swann.* Vol. I (*Du côté de chez Swann,* 1913) [Tradução de Mário Quintana. Porto Alegre: Editora Globo, 1948. Grifos e parágrafo de Sartre (N.T.)].

a imagem do leite "acrescentado" ao café), pode impedi-lo de *se tornar de novo* "um gosto pelas sensações que lhe dava a pessoa de Odette"? E como o prazer pode *criar* uma necessidade? E de que forma o amor pode *fabricar* este ciúme, o qual, em troca, lhe *acrescentará* o desejo de arrebatar Odette a qualquer outro? E como, liberto desse desejo, o amor poderá de novo *fabricar* ternura? Proust tenta constituir aqui um "quimismo" simbólico, mas as imagens químicas de que se serve são apenas capazes de mascarar motivações e atos irracionais. É uma tentativa de nos induzir a uma interpretação mecanicista do psíquico, a qual, sem ser mais inteligível, deformaria completamente sua natureza. Todavia, Proust não deixa de nos mostrar, entre os estados, estranhas relações quase inter-humanas (criar, fabricar, acrescentar) que por pouco não fazem supor que esses objetos psíquicos são agentes animados. Nas descrições de Proust, a análise intelectualista mostra a toda hora seus limites: só pode efetuar suas decomposições e classificações superficialmente e sobre um fundo de irracionalidade total. É preciso deixar de reduzir o irracional da causalidade psíquica: esta causalidade é a degradação na magia – em um Em-si que é o que é em seu próprio lugar – de um Para-si ek-stático que é seu ser à distância de si. A ação mágica à distância e por influência é o resultado desse relaxamento dos nexos de ser. O psicólogo deve descrever esses nexos irracionais e tomá-los como um dado primeiro do mundo psíquico.

    Assim, a consciência reflexiva se constitui como consciência *de* duração e, deste modo, a duração psíquica aparece à consciência. Esta temporalidade psíquica como projeção no Em-si da temporalidade original é um ser virtual cuja fluência fantasma não cessa de acompanhar a temporalização ek-stática do Para-si, na medida em que esta é captada pela reflexão. Mas desaparece totalmente caso o Para-si permaneça no plano irrefletido, ou se a reflexão impura se purifica. A temporalidade psíquica é semelhante à temporalidade original no fato de aparecer como modo de ser de objetos concretos e não como um limite ou regra preestabelecida. O tempo psíquico não passa da coleção conexa dos objetos temporais. Mas sua diferença essencial em relação à temporalidade original reside no fato de que ele *é*, enquanto aquela se temporaliza. Enquanto tal, o tempo psíquico só pode ser constituído com o passado, e o futuro só pode ser um passado que venha depois do passado presente; ou seja, a forma vazia antes-depois é hipostasiada e comanda as relações entre objetos igualmente passados. Ao mesmo tempo, esta duração psíquica, que não pode ser por si mesma, deve perpetuamente *ser tendo sido*. Perpetuamente oscilante entre a multiplicidade de justaposição e a coesão absoluta do Para-si ek-stático, esta temporalidade é composta de "agoras" que são tendo sido e permanecem no lugar a eles designado, mas se influenciam à distância na sua totalidade; é o que a assemelha bastante à duração mágica bergsoniana. Assim que nos colocamos no plano da reflexão impura, ou seja, da reflexão que busca determinar o ser que sou, um mundo inteiro aparece, a povoar esta temporalidade. Esse mundo, presença virtual, objeto provável de minha intenção reflexiva, é o mundo psíquico ou psique. Em certo sentido, sua existência é puramente ideal; em outro, esse mundo *é*, uma vez que *é tendo sido*, uma vez que se revela à consciência: é "minha sombra", é aquilo que se revela quando quero *me ver;* assim como, além disso, pode ser aquilo a partir do qual o Para-si se determina a ser o que tem-de-ser (não irei à casa desta ou daquela pessoa "por causa" da antipatia que sinto por ela; decido agir dessa ou daquela maneira levando em conta meu amor ou meu ódio; recuso-me a discutir política porque conheço meu temperamento irascível e não quero correr o risco de me irritar). Esse mundo fantasma existe como *situação real* do Para-si. Com esse mundo transcendente que se aloja no porvir infinito da indiferença anti-histórica se constitui precisamente como unidade virtual de ser a temporalidade chamada "interna" ou "qualitativa", objetivação em Em-si da temporalidade original. Eis aqui o primeiro esboço de um "fora": o Para-si se vê quase conferindo um fora aos próprios olhos; mas esse fora é puramente virtual. Veremos mais tarde o ser-Para-outro *realizar* o esboço desse "fora".

CAPÍTULO 3
A TRANSCENDÊNCIA

Para chegar a uma descrição a mais completa possível do Para-si, escolhemos como fio condutor o exame das condutas negativas. Como vimos, com efeito, a possibilidade permanente do não ser, fora de nós e em nós mesmos, condiciona as questões que podemos colocar e as respostas que podemos lhes dar. Mas nosso primeiro objetivo não era apenas revelar as estruturas negativas do Para-si. Em nossa Introdução, tínhamos encontrado um problema, e era esse problema que queríamos resolver: qual a relação original entre a realidade humana e o ser dos fenômenos, ou ser-Em-si? Desde a Introdução, com efeito, nos vimos obrigados a rejeitar tanto a solução realista quanto a solução idealista. Ao mesmo tempo, parecia-nos que o ser transcendente não podia, de forma alguma, agir sobre a consciência e que a consciência não podia "construir" o transcendente objetivando elementos tomados de sua subjetividade. Em seguida, concluímos que a relação original com o ser não podia ser a relação externa que unisse duas substâncias primitivamente isoladas. "A relação entre as regiões do ser é um surgimento primitivo – escrevíamos – que faz parte da própria estrutura desses seres". O concreto se nos revelou como totalidade sintética da qual tanto a consciência quanto o fenômeno constituem apenas articulações. Mas se, em certo sentido, a consciência considerada em seu isolamento é uma abstração, se os fenômenos – mesmo o fenômeno de ser – são igualmente abstratos, na medida em que não podem existir como fenômeno sem *aparecer* a uma consciência, o ser dos fenômenos, como Em-si que é o que é, não poderia ser considerado uma abstração. Só necessita de si mesmo para ser, não remete senão a si mesmo. Por outro lado, nossa descrição do Para-si mostrou, ao contrário, como este se acha o mais longe possível de uma substância e do Em-si; vimos que era sua própria nadificação e só podia ser na unidade ontológica de seus ek-stases. Portanto, se a relação entre o Para-si e o Em-si há de ser originariamente constitutiva do próprioser colocado em relação, não devemos entender com isso que tal relação possa ser constitutiva do Em-si, mas sim do Para-si. É somente no Para-si que devemos buscar a chave dessa relação com o ser que denominamos, por exemplo, conhecimento. O Para-si é responsável em seu ser por sua relação com o Em-si, ou, se preferirmos, ele se produz originariamente sobre o fundamento de uma relação com o Em-si. Já pressentíamos isso ao definir a consciência como "um ser para o qual, em seu próprio ser, está em questão o seu ser, enquanto este ser implica outro ser que não si mesmo". Porém, depois de formular esta definição, adquirimos novos conhecimentos. Em particular, captamos o sentido profundo do Para-si como fundamento de seu próprio nada. Não será agora a vez de utilizar esses conhecimentos para determinar e explicar esta relação ek-stática entre Para-si e Em-si, à base da qual podem aparecer *o conhecer* e o *agir* em sua generalidade? Não estaremos agora em condições de responder à nossa pergunta inicial? Para ser consciência não tética (de) si, a consciência deve ser consciência tética *de* alguma coisa, como já sublinhamos. Mas o que estudamos até aqui é o Para-si como modo de ser original da consciência não tética (de) si. Não seremos levados, desse modo, a descrever o Para-si em suas próprias relações com o Em-si, na medida em que estas são constitutivas de seu ser? Não estaremos em condições, já agora, de encontrar resposta a questões como estas: sendo o Em-si aquilo que é, como e por que o Para-si tem-de-ser em seu ser conhecimento do Em-si? E o que é o conhecimento em geral?

I
O CONHECIMENTO COMO TIPO DE RELAÇÃO ENTRE O PARA-SI E O EM-SI

Só existe conhecimento intuitivo. A dedução e o pensamento discursivo, chamados impropriamente de conhecimentos, não passam de instrumentos que conduzem à intuição. Quando alcançamos a intuição, os meios utilizados para isso desaparecem diante dela; no caso em que não podemos atingi-la, razão e pensamento discursivo ficam sendo como placas indicativas que apontam em direção a uma intuição fora de alcance; se, por fim, ela foi alcançada, mas não é uma modalidade presente de minha consciência, as máximas que utilizo permanecem como resultados de operações anteriormente efetuadas, tal como o que Descartes denominava "recordações de ideias". E, se indagarmos o que é intuição, Husserl responderá, de acordo com a maioria dos filósofos, que é a presença da "coisa" (*Sache*) em pessoa na consciência. O conhecimento, portanto, pertence ao tipo de ser que descrevemos no capítulo precedente com o nome de "presença a...". Mas concluímos, precisamente, que o Em-si jamais pode ser *presença* por si mesmo. De fato, ser-presente é um modo de ser ek-stático do Para-si. Logo, somos obrigados a inverter os termos de nossa definição: a intuição é a presença da consciência à coisa. Devemos, pois, voltar agora ao problema da natureza e do sentido desta presença.

Estabelecemos, em nossa Introdução, recorrendo ao conceito não elucidado de "consciência", a necessidade que tem a consciência de ser consciência *de* alguma coisa. Com efeito, é por meio daquilo de que é consciência que esta se distingue aos próprios olhos e pode ser consciência (de) si; uma consciência que não fosse consciência de alguma coisa seria consciência (de) nada. Mas agora já temos elucidado o sentido ontológico da consciência, ou Para-si. Assim, podemos situar o problema em termos mais precisos e indagar: que pode significar esta necessidade que tem a consciência de ser-consciência *de* alguma coisa, se a encaramos no plano ontológico, ou seja, na perspectiva do ser-Para-si? Sabemos que o Para-si é fundamento de seu próprio nada sob a forma da díade fantasma reflexo-refletidor. O refletidor não existe senão para refletir o reflexo, e o reflexo só é reflexo na medida em que remete ao refletidor. Assim, os dois termos esboçados da díade apontam um para o outro, e cada qual compromete seu ser no ser do outro. Mas, se o refletidor não é mais que o refletidor *desse* reflexo, e se o reflexo só pode ser caracterizado por seu "*ser--para* se refletir *nesse* refletidor", os dois termos da quase-díade, recostando seus dois nadas um contra o outro, nadificam-se conjuntamente. É preciso que o refletidor reflita alguma coisa para que o conjunto não se desfaça no nada. Mas, por outro lado, se o reflexo fosse *alguma coisa*, independentemente de seu ser-para-ser-refletido, seria necessário que fosse qualificado, não como reflexo, mas como Em-si. Seria introduzir a opacidade no sistema "reflexo-refletidor", e, sobretudo, rematar a cisão esboçada. Porque, no Para-si, o reflexo *é também* o refletidor. Porém, se o reflexo é qualificado, separa-se do refletidor e sua aparência se separa de sua realidade: o *cogito* se torna impossível. O reflexo não pode ser ao mesmo tempo "algo-a-refletir" e *nada*, a menos que se faça qualificar por alguma coisa que não ele, ou, se preferirmos, que se reflita enquanto relação com um fora que ele não é. O que define o reflexo para o refletidor é sempre *aquilo ao qual o reflexo é presença*. Mesmo uma alegria, captada no plano do irrefletido, não passa da presença "refletida" a um mundo risonho e aberto, cheio de felizes perspectivas. Mas as linhas que precedem já nos fazem concluir que o *não ser* é estrutura essencial da presença. A presença pressupõe uma negação radical como presença àquilo que não se é. É presente a mim aquilo que não sou. Por outro lado, verificamos que esse "não ser" está subentendido *a priori* em toda teoria do conhecimento. É impossível construir a noção de objeto se não temos originariamente uma relação negativa que designe o objeto como aquilo que *não é* a consciência. Isso facilitava o uso da expressão "não eu", que virou moda por uns tempos, sem que se pudesse encontrar, naqueles que a empregavam, o menor cuidado em fundamentar esse "não" que qualificava originariamente o mundo exterior. De fato, nem o nexo das representações, nem a necessidade de certos conjuntos subjetivos, nem a irreversibilidade temporal, nem o recurso ao infinito podem servir para constituir o objeto como tal, ou seja, servir de fundamento a uma negação ulterior que viesse a dividir o não eu e o opusesse ao eu como tal, se justamente esta negação não fosse dada *previamente* nem fosse o fundamento *a priori* de toda experiência. Antes de qualquer comparação, antes de qualquer construção, a coisa é o que está presente à consciência como *não sendo* a consciência. A relação original de presença, como fundamento do conhecimento, é negativa. Mas, como a negação vem ao mundo pelo Para-si e a coisa é o que é, na indiferença absoluta da identidade, a coisa não pode ser aquilo que se revela como não sendo o Para-si. A negação vem do próprio Para-si. Não se deve conceber esta negação segundo um tipo de juízo que recaísse sobre a própria coisa e negasse, a seu respeito, que fosse o Para si: esse tipo de negação só seria concebível se o Para-si fosse uma substância feita e acabada, e, mesmo nesse caso, só poderia derivar de um terceiro termo que estabelecesse de fora uma relação negativa entre dois seres. Mas, pela negação original, é o Para-si que se constitui como *não sendo* a coisa. De modo que a definição dada há pouco da consciência pode ser formulada da seguinte maneira, na perspectiva do Para-si: "O Para-si é um ser para o qual, em seu próprio ser, está em questão o seu ser, enquanto este ser é essencialmente um certo modo de *não ser* um ser que, ao mesmo tempo, ele posiciona como outro que não si mesmo." O conhecimento aparece, portanto, como um modo de ser. O conhecer não é uma relação estabelecida *a posteriori* entre dois seres, nem uma atividade de um desses seres, nem uma qualidade, propriedade ou virtude. É o próprio ser do Para-si enquanto presença a..., ou seja, enquanto tem-de-ser seu ser fazendo-se não ser certo ser ao qual está presente. Significa que o Para-si só pode ser à maneira de um reflexo que se faz refletir como não sendo determinado ser. O "algo" que deve qualificar o refletido, para que a díade "reflexo-refletidor" não se desfaça no nada, é negação pura. O refletido se faz qualificar *fora*, junto a determinado ser, como *não sendo* este ser; é precisamente o que denominamos "ser consciência *de* alguma coisa".

Mas precisamos definir mais precisamente o que entendemos por esta negação original. Convém, com efeito, distinguir dois tipos de negação: a externa e a interna. A primeira aparece como puro nexo de exterioridade estabelecido entre dois seres por uma testemunha. Por exemplo, quando digo "a xícara não é o tinteiro", é evidente que o fundamento desta negação não está nem na xícara*, nem no tinteiro. Ambos os objetos são o que são, e isso é tudo. A negação é como um nexo categorial e ideal que estabeleço entre eles, sem modificá-los de modo algum, sem enriquecê-los ou empobrecê-los em qualidade: os objetos sequer são roçados de leve por esta síntese negativa. Como esta não serve para enriquecê-los ou constituí-los, permanece estritamente externa. Mas já se pode adivinhar o sentido da outra negação (a interna), se levarmos em conta frases como "não sou rico" ou

---

* Sartre escreve "na mesa" por engano [N.T.].

"não sou bonito". Pronunciadas com certa melancolia, não significam apenas que estamos nos negando certa qualidade, mas que a própria negação vem influir, em sua estrutura interna, no ser positivo ao qual negamos a qualidade. Quando digo "não sou bonito", não me limito a negar a mim, tomado como todo concreto, determinada virtude que, por esse fato, transfere-se ao nada, deixando intata a totalidade positiva de meu ser (dá-se o mesmo quando digo "o vaso não é branco, é cinza", ou "o tinteiro não está na mesa, mas na lareira"): tento dar a entender que o "não ser bonito" é certa virtude negativa de meu ser, que me caracteriza por dentro e, enquanto negatividade, é uma qualidade real de mim mesmo (não ser bonito), qualidade negativa que explicará tanto minha melancolia, por exemplo, quanto meus insucessos mundanos. Entendemos por negação interna uma relação de tal ordem entre dois seres que aquele que é a negação do outro qualifica o outro, por sua própria ausência, no âmago de sua essência. A negação torna-se assim um nexo de ser essencial, uma vez que pelo menos um dos seres sobre os quais recai é de tal ordem que remete ao outro, comporta o outro em seu coração como uma ausência. Contudo, é claro que esse tipo de negação não pode ser aplicado ao ser-Em-si. Pertence por natureza ao Para-si. Somente o Para-si pode ser determinado em seu ser por um ser que ele não é. E, se a negação interna pode surgir no mundo – como quando se diz que uma pérola é falsa, uma fruta não está madura, um ovo não está fresco etc. – isso acontece pelo Para-si, como toda negação em geral. Então, se o conhecer pertence somente ao Para-si, isso se deve ao fato de que somente é próprio ao Para-si aparecer a si como não sendo aquilo que conhece. E, como aqui aparência e ser constituem a mesma coisa – já que o Para-si tem o ser de sua aparência –, devemos concluir que o Para-si encerra em seu ser o ser do objeto que ele não é, na medida em que em seu ser está em questão o seu ser como não sendo *este* ser.

É preciso evitar aqui uma ilusão que poderia ser assim formulada: para me constituir como *não sendo* tal ou qual ser, é necessário ter previamente, seja da maneira que for, um conhecimento deste ser, porque não posso julgar minhas diferenças com relação a um ser do qual nada sei. É verdade que, em nossa existência empírica, não podemos saber em que diferimos de um japonês ou um inglês, de um operário ou um soberano, antes de ter alguma noção desses diferentes seres. Mas essas distinções empíricas não poderiam nos servir de base aqui, pois abordamos o estudo de uma relação ontológica que vem a tornar possível toda experiência e almeja elucidar de que modo um objeto em geral pode existir para a consciência. Portanto, é impossível para mim ter qualquer experiência do objeto, como objeto distinto de mim, antes de constituí-lo como objeto. Mas, ao contrário, o que torna possível toda experiência é um surgimento *a priori* do objeto para o sujeito, ou, uma vez que o surgimento é o fato original do Para-si, um surgimento original do Para-si como presença ao objeto que ele não é. Convém, então, inverter os termos da fórmula precedente: a relação fundamental pela qual o Para-si tem-de-ser como não sendo *este* ser particular ao qual está presente é o fundamento de todo conhecimento deste ser. Mas é preciso descrever melhor esta primeira relação se quisermos torná-la compreensível.

O que continua verdadeiro no enunciado da ilusão intelectualista que criticamos no parágrafo precedente é o fato de que não posso me determinar a não ser um objeto originariamente cindido de qualquer nexo comigo. Não posso negar que sou *tal* ser, *à distância* deste ser. Se concebo um ser inteiramente fechado em si, este ser, em si mesmo, será simplesmente o que é, e, por isso, nele não haverá lugar seja para uma negação, seja para um conhecimento. De fato, um ser só pode *dar a conhecer a si mesmo* aquilo que ele não é a partir do ser que ele não é. Significa, no caso da negação interna, que o Para-si aparece a si como não sendo o que não é lá longe, no e sobre o ser que ele não é. Nesse sentido, a negação interna é um nexo ontológico concreto. Não se trata aqui de uma dessas negações empíricas, nas quais as qualidades negadas se distinguem primeiramente por sua ausência ou mesmo por seu não ser. Na negação interna, o Para-si se aniquila sobre aquilo que nega. As qualidades negadas são precisamente o que há de mais presente ao Para-si; é delas que o Para-si toma sua força negativa e a renova perpetuamente. Nesse sentido, é necessário vê-las como um fator constitutivo de seu ser, porque este deve estar lá adiante, fora de si, sobre elas, deve *sê-las* para negar sê-las. Em suma, o termo-origem da negação interna é o Em-si, a coisa que *está lá;* e fora dela nada há, a não ser um vazio, um nada que só se distingue da coisa por uma pura negação, cujo conteúdo é fornecido por *esta* coisa mesmo. A dificuldade que o materialismo encontra para fazer derivar o conhecimento do objeto decorre do fato de querer produzir uma substância a partir de outra substância. Mas esta dificuldade não pode nos deter, pois afirmamos que, fora do Em-si, há *nada,* salvo um reflexo desse nada, o qual é polarizado e definido pelo Em-si, na medida em que é precisamente o nada *deste* Em-si, o nada individualizado que só é nada porque *não é* o Em-si. Assim, nessa relação ek-stática que é constitutiva da negação interna e do conhecimento, o Em-si em pessoa é polo concreto em sua plenitude, e o Para-si não passa do vazio no qual se destaca o Em-si. O Para-si está fora de si mesmo, no Em-si, pois se faz definir por aquilo que ele não é; o nexo primeiro entre o Em-si e o Para-si é, portanto, um nexo de ser. Mas esse nexo não é uma *falta,* nem uma *ausência.* No caso da ausência, com efeito, eu me faço determinar por um ser que não sou e que não é, ou não está aí: quer dizer, o que me determina é um vazio no meio do que denominaria minha plenitude empírica. Ao contrário, no conhecimento, tomado como nexo de ser ontológico, o ser que não sou representa a plenitude absoluta do Em-si. E eu sou, ao contrário, o nada, a ausência que se determina a existir a partir dessa plenitude. Significa que, nesse tipo de ser que denominamos conhecimento, o único ser que podemos encontrar e está perpetuamente *aí* é o *conhecido.* O cognoscitivo não é, não se deixa captar. Não passa daquilo que faz com que haja um *ser-aí* do conhecido, uma presença – porque, por si mesmo, o conhecido não é presente nem ausente, simplesmente é. Mas esta presença do conhecido é presença a *nada,* uma vez que o cognoscitivo é puro reflexo de um não ser; assemelha-se, portanto, à presença *ab-soluta,* através da translucidez total do cognoscitivo conhecido. A exemplificação psicológica e empírica desta relação originária nos é dada por casos de *fascinação.* Nesses casos, que representam com efeito o fato imediato do conhecer, o cognoscitivo nada mais é, em absoluto, que uma pura negação, não se encontra nem se recupera em parte alguma, ou seja, *não é;* a única qualificação que pode sustentar é a de que *não é,* precisamente, tal objeto fascinante. Na fascinação, nada mais há que um objeto gigante em um mundo deserto. Contudo, a intuição fascinada jamais se dá como *fusão* com o objeto. Porque a condição para que haja fascinação é que o objeto se destaque com relevo absoluto sobre um fundo de vazio, isto é, que eu seja precisamente negação imediata do objeto e nada mais que isso. É esta mesma negação pura que encontramos na base das intuições panteístas que Rousseau às vezes descreveu como acontecimentos psíquicos concretos de sua história. Dizia então que se "fundia" com o universo, que somente o mundo se encontrava de súbito presente, como presença absoluta e totalidade incondicionada. Decerto, podemos compreender esta presença total e deserta do mundo, seu puro "ser-aí"; admitimos sem a menor dúvida que, nesse momento privilegiado, nada mais havia senão o mundo. Mas isso não significa, como pretende Rousseau, que haja fusão da consciência com o mundo. Tal fusão significaria a solidificação do Para-si no Em-si, e, ao mesmo tempo, a desaparição do mundo e do Em-si como presença. Verdade é que, na intenção panteísta, só há no mundo aquilo que faz com que o Em-si esteja presente como mundo, ou seja, uma negação pura que é consciência não tética (de) si como negação. E, precisamente porque o conhecimento não é *ausência*, mas *presença*, nada há que separe o cognoscitivo do conhecido. Costuma-se definir a intuição como presença imediata do conhecido ao cognoscitivo, mas raramente se meditou sobre as exigências da noção de *imediato*. Imediato é ausência de todo mediador: e não poderia ser diferente, caso contrário seria conhecido apenas o mediador, e não aquilo que é mediado. Mas, se não podemos colocar intermediário algum, é necessário que se recuse, ao mesmo tempo, a continuidade e a descontinuidade como tipo de presença do cognoscitivo ao conhecido. Não podemos admitir, com efeito, que haja continuidade entre cognoscitivo e conhecido, já que ela presume um termo intermediário que seja, ao mesmo tempo, cognoscitivo e conhecido, o que suprime a autonomia do cognoscitivo em relação ao conhecido ao comprometer o ser do cognoscitivo no ser do conhecido. Desaparece então a estrutura do objeto, pois este exige ser negado absolutamente pelo Para-si enquanto ser do Para-si. Mas tampouco podemos considerar a relação originária entre Para-si e Em-si como relação de *descontinuidade*. Sem dúvida, a separação entre dois elementos descontínuos é um vazio, ou seja, um nada, mas um nada *realizado*, ou seja, *Em-si*. Esse nada substancializado é, como tal, uma espessura não condutora, destrói o imediato da presença, pois converteu-se em *alguma coisa* enquanto nada. A presença do

Para-si ao Em-si, não podendo ser expressa em termos de continuidade ou de descontinuidade, é pura *identidade negada*. Para melhor entender, uma comparação: quando duas curvas são tangentes entre si, apresentam um tipo de presença sem intermediários. Mas nesse caso o olho só apreende *uma única linha* ao longo da mútua tangência. Se esconderrmos as duas curvas e deixarmos visível apenas a longitude AB em que são tangentes uma à outra, será impossível distingui-las. Porque, com efeito, o que as separa é *nada:* não há continuidade nem descontinuidade, mas pura identidade. Fazendo reaparecer de repente as duas figuras, iremos captá-las de novo como duas curvas em toda sua extensão: e isso não advém de brusca separação de fato, que de súbito seria efetuada entre elas, mas porque os dois movimentos pelos quais *traçamos* as duas curvas a fim de percebê-las encerram, cada um deles, uma negação como ato constitutivo. Assim, o que separa as duas curvas no próprio lugar de sua tangência é *nada*, sequer uma distância: é pura negatividade como contrapartida de uma síntese constituinte. Tal imagem nos fará melhor compreender a relação de imediato que une originariamente o cognoscitivo e o conhecido. Acontece geralmente, com efeito, que uma negação recai sobre um "algo" que preexiste à negação e constitui sua matéria: por exemplo, se digo que o tinteiro não é a mesa, mesa e tinteiro são objetos já constituídos cujo ser-Em-si será o suporte do juízo negativo. Mas, no caso da relação "cognoscitivo-conhecido", nada há por parte do cognoscitivo que possa servir de suporte da negação: "não há" qualquer diferença, qualquer princípio de distinção para deixar cognoscitivo e conhecedor separados *Em-si*. Mas, na indistinção total do ser, há apenas uma negação que sequer é, uma negação que *tem-de-ser*, que nem mesmo se coloca como negação. De sorte que, finalmente, o conhecimento e o próprio cognoscitivo não constituem senão o fato de que "há" ser, de que o ser-Em-si se *revela* e se destaca em relevo sobre o fundo desse nada. Nesse sentido, podemos chamar o conhecimento de pura solidão do conhecido. Significa que o fenômeno original do conhecimento *nada acrescenta* ao ser e nada cria. Por ele o ser não é enriquecido, pois o conhecimento é negatividade pura: faz somente *com que haja* ser. Mas esse fato do "com que haja" ser não é uma determinação interna do ser – que é aquilo que é –, e sim da negatividade. Nesse sentido, toda revelação de um caráter positivo do ser é a contrapartida de uma determinação ontológica do Para-si em seu ser, como negatividade pura. Por exemplo, como veremos adiante, a revelação da espacialidade do ser constitui uma única e mesma coisa com a apreensão não posicional do Para-si por si mesmo como *inextenso*. E o caráter inextenso do Para-si não é uma misteriosa virtude positiva de espiritualidade que se disfarçasse sob uma denominação negativa: é uma relação ek-stática por natureza, porque é pela extensão e na extensão do Em-si transcendente que o Para-si se faz anunciar e realiza sua própria inextensão. O Para-si não poderia ser primeiro inextenso para depois entrar em relação com um ser extenso, pois, não importa como o consideremos, o conceito de inextenso não poderia ter sentido por si mesmo; tal conceito nada mais é que a negação da extensão. Se, por impossível que seja, pudéssemos suprimir a extensão das determinações reveladas do Em-si, o Para-si não se tornaria *espacial*, não seria extenso nem inextenso, e se tornaria impossível caracterizá-lo de qualquer maneira com relação à extensão. Nesse caso, a extensão é uma determinação transcendente que o Para-si tem de apreender, na exata medida em que se nega a si mesmo como extenso. Por isso, o termo que melhor nos parece significar essa relação interna entre conhecer e ser é "realizar", que há pouco usamos, com seu duplo sentido ontológico e gnosiológico. Realizo um projeto na medida que lhe dou ser, mas *realizo* também minha situação na medida que a vivencio, que a faço ser com meu ser; "realizo" a grandiosidade de uma catástrofe, a dificuldade de um empreendimento. Conhecer é *realizar* nos dois sentidos do termo. É fazer que haja ser tendo-de-ser a negação refletida deste ser: o *real* é *realização*. Denominaremos transcendência esta negação interna e realizante que, determinando o Para-si em seu ser, desvela o Em-si.

II
DA DETERMINAÇÃO COMO NEGAÇÃO

A *qual* ser o Para-si é presença? Notemos, antes de tudo, que a questão está mal colocada: o ser é o que é, não pode possuir em si mesmo a determinação "este", que responde à pergunta "qual"? Em suma, a questão só tem sentido se colocada em um mundo. O Para-si, por conseguinte, não pode ser mais presente a um "isto" do que a um "aquilo". Contudo, nossos exemplos mostraram um Para-si que nega concretamente ser *tal* ou *qual* ser singular. Mas era porque descrevíamos a relação de conhecimento levando mais em conta, sobretudo, elucidar sua estrutura de negatividade. Nesse sentido, pelo próprio fato de ser desvelada com exemplos, esta negatividade já era secundária. A negatividade, como transcendência originária, não se determina a partir de um *isto*, mas faz com que exista um *isto*. A presença originária do Para-si é *presença* ao ser. Podemos dizer então que é presença a *todo* o ser? Mas assim recairíamos em nosso erro precedente. Porque a totalidade só pode vir ao ser pelo Para-si. Com efeito, uma totalidade subentende uma relação interna de ser entre os termos de uma quase multiplicidade, da mesma forma que uma multiplicidade subentende, para ser multiplicidade, uma relação interna totalizadora entre seus elementos; nesse sentido, a própria adição é um ato sintético. A totalidade só pode vir aos seres por um ser que tem-de-ser, na presença a eles, sua própria totalidade. É exatamente o caso do Para-si, totalidade destotalizada que se temporaliza em perpétuo inacabamento. É o Para-si, em sua presença ao ser, que faz com que exista *todo o ser*. Entendamos bem, com efeito, que *este* ser determinado só pode ser definido como *isto* sobre um fundo de presença de *todo* o ser. Não significa que *um* ser tenha necessidade de *todo* o ser para existir, mas sim que o Para-si se realiza como presença realizadora a este ser, sobre o fundo original de uma presença realizadora ao *todo*. Mas, reciprocamente, a totalidade, sendo relação ontológica interna dos "istos", só pode se desvelar no e pelos *"istos"* singulares. Significa que o Para-si se realiza como presença realizadora a todo o ser, enquanto presença realizadora aos "istos" – e presença realizadora aos "istos" singulares, enquanto presença realizadora a todo o ser. Em outras palavras, a presença ao *mundo* do Para-si só pode se realizar por sua presença a uma ou várias coisas particulares, e, reciprocamente, sua presença a uma coisa particular só pode se realizar sobre o fundo de uma presença ao mundo. A percepção só se articula sobre o fundo ontológico da presença ao mundo, e o mundo se desvela concretamente como fundo de cada percepção singular. Falta explicar como o surgimento do Para-si ao ser pode fazer com que haja um *todo* e os *istos*.

A presença do Para-si ao ser como *totalidade* decorre do fato de que o Para-si tem-de-ser, à maneira de ser o que não é e não ser o que é, sua própria totalidade como totalidade destotalizada. Com efeito, na medida em que o Para-si se faz ser, na unidade de um mesmo surgimento como *tudo* aquilo que não é o ser, o ser se mantém diante dele como tudo aquilo que o Para-si não é. A negação originária, com efeito, é negação radical. O Para-si, que se mantém frente ao ser como sua própria totalidade, sendo ele mesmo o todo da negação, é negação do todo. Assim, a totalidade acabada, ou mundo, se revela como constitutiva do ser da totalidade inacabada pela qual o ser da totalidade surge ao ser. É por meio do *mundo* que o Para-si se faz anunciar a si mesmo como totalidade destotalizada, o que significa que, por seu próprio surgimento, o Para-si é revelação do ser como totalidade, na medida em que tem-de-ser sua própria totalidade da maneira destotalizada. Assim, o próprio sentido do Para-si está fora, no ser, mas é pelo Para-si que o sentido do ser aparece. Esta totalização do ser *nada acrescenta* ao ser; é somente a maneira com que o ser se desvela como não sendo o Para-si, a maneira como *há* ser; totalização esta que aparece *fora do Para-si*, escapando a todo alcance, como aquilo que determina o Para-si em seu ser. Mas o fato de desvelar o ser como totalidade não significa alcançar o ser, do mesmo modo como o fato de se contar *duas* taças sobre a mesa não alcança essas taças em sua existência ou sua natureza. Não se trata, contudo, de pura modificação subjetiva do Para-si, uma vez que é somente por este, ao contrário, que toda subjetividade é possível. Mas, se o Para-si há de ser o nada pelo qual "há" ser, só pode haver ser originariamente como totalidade. Assim, portanto, o conhecimento é *o mundo;* para falar como Heidegger: o mundo e, fora disso, *nada*. Só que esse "nada" não é originariamente aquilo em que emerge a realidade humana. Esse *nada* é a própria realidade humana como negação radical pela qual o mundo se desvela. Por certo, a única apreensão do mundo como totalidade faz aparecer *ao lado do mundo* um nada que sustenta e enquadra esta totalidade. É inclusive esse nada que determina a totalidade como tal, enquanto nada absoluto deixado fora da totalidade: é justamente por isso que a totalização nada acrescenta ao ser, pois não passa do resultado da aparição do nada como limite do ser. Esse nada, porém, *nada* é, caso contrário a realidade humana, captando-se a si mesma como excluída do ser e perpetuamente Para-além do ser, seria permutação com o nada. Tanto faz dizer que a realidade humana é aquilo pelo qual o ser se desvela como totalidade, ou que a realidade humana é aquilo que faz com que *não haja* nada fora do ser. Esse nada, como possibilidade de que haja um Para-além do mundo – na medida em que (1) esta possibilidade desvela o ser como mundo, e (2) a realidade humana tem-de-ser esta possibilidade – constitui, com a presença originária ao ser, o circuito da ipseidade.

Mas a realidade humana só se faz totalidade inacabada das negações enquanto extravasa uma negação concreta que ela tem-de-ser como presença real ao ser. Com efeito, se a realidade humana fosse pura consciência (de) ser negação sincrética e não diferenciada não poderia se determinar a si mesmo, e, portanto, ser totalidade concreta, embora destotalizada, de suas determinações. Só é totalidade na medida que escapa, por todas as suas outras negações, à negação concreta que presentemente é: seu ser não pode *ser* sua própria totalidade salvo na medida em que transcende a estrutura parcial que é, rumo ao todo que tem-de-ser. Senão, seria o que simplesmente é, e não poderia, de modo algum, ser considerado totalidade ou não totalidade. Logo, no sentido em que uma estrutura negativa parcial deve aparecer sobre o fundo das negações indiferenciadas que eu sou – e das quais faz parte – eu me faço anunciar, pelo ser-Em-si, uma certa realidade concreta que tenho-de-não-ser. O ser que atualmente *não sou*, enquanto aparece sobre o fundo da totalidade do ser, é o *isto*. O isto é o que não sou presentemente, enquanto tenho-de-não-ser o que quer que seja do ser; é o que se desvela sobre o fundo indiferenciado de ser para me anunciar a negação concreta que tenho-de--ser sobre o fundo totalizador de minhas negações. Esta relação originária entre o todo e o "isto" está na fonte da relação entre o fundo e a forma que a *"Gestalttheorie"** deixou clara. O "isto" aparece sempre sobre um fundo, ou seja, sobre a totalidade indiferenciada do ser, na medida em que o Para-si é negação radical e sincrética

---

* Em alemão: Teoria da Gestalt (Forma) [N.T.].

dessa totalidade. Mas pode sempre se diluir nesta totalidade indiferenciada ao surgir outro isto. Porém, a aparição do isto, ou da forma sobre o fundo, sendo correlata à aparição de minha própria negação concreta sobre o fundo sincrético de uma negação radical, requer que eu seja e, ao mesmo tempo, não seja esta negação totalitária, ou, se preferirmos, que eu seja tal negação à maneira do "não ser" e não a seja à maneira do ser. Somente assim, com efeito, a negação presente aparecerá sobre o fundo da negação radical que ela é. Caso contrário, com efeito, estaria inteiramente desligada dela, ou então se fundiria com ela. A aparição do isto sobre o *todo* é correlata a certo modo que tem o Para-si de ser negação de si mesmo. Há um *isto* porque ainda não sou minhas negações futuras e já não sou minhas negações passadas. A revelação do *isto* pressupõe que "seja colocado o acento" sobre certa negação, com o recuo das outras no desvanecimento sincrético do fundo, ou seja, que o Para-si só possa existir como negação que se constitui sobre o recuo em totalidade da negação radical. O Para-si *não é* o mundo, a espacialidade *(spatialité)*, a permanência, a matéria, em suma, o Em-si em geral, mas sua maneira de não sê-los é o ter-de-não-ser esta mesa, esse vaso, este quarto, sobre o fundo total de negatividade. O *isto* pressupõe, assim, uma negação da negação – mas uma negação que tem-de-ser a negação radical que ela nega, uma negação que não cessa de se vincular a ela por um fio ontológico e permanece prestes a fundir-se com ela pelo surgimento de outro isto. Nesse sentido, o "isto" se desvela como isto pelo "recuo ao fundo do mundo" de todos os outros "istos"; sua determinação – origem de *todas* as determinações – é uma negação. Entenda-se bem que esta negação – vista do lado do isto – é totalmente ideal. Nada agrega ao ser e nada lhe suprime. O ser encarado como "isto" é o que é, e não cessa de sê-lo, não "se torna..." Enquanto tal, não pode ser fora de si mesmo, *no* todo, como estrutura do todo, e tampouco ser fora de si mesmo, no todo, para negar de si mesmo sua identidade com o todo. A negação só pode vir ao *isto* por um ser que tenha-de-ser, ao mesmo tempo, presença ao todo do ser e ao isto, ou seja, por um ser ek-stático. E a negação constitutiva do *isto*, como deixa intato o *isto* enquanto ser-Em-si, como não opera uma síntese real de todos os istos em totalidade, é uma negação do tipo *externo*, e a relação entre o isto e o todo é uma relação de exterioridade. Assim, vemos aparecer a determinação como negação externa correlata à negação interna, radical e ek-stática que *eu sou*. Isso explica o caráter ambíguo do *mundo* que se desvela ao mesmo tempo como totalidade sintética e coleção puramente aditiva de todos os "istos". Com efeito, na medida em que o mundo é totalidade que se desvela como aquilo sobre o qual o Para-si tem-de-ser radicalmente seu próprio nada, o mundo se oferece como sincretismo indiferentista. Mas, na medida em que esta nadificação radical está sempre Para-além de uma nadificação concreta e presente, o mundo parece sempre prestes a se abrir como uma caixa para deixar aparecer um ou vários "istos" que *já eram* – no âmago de indiferenciação do fundo – aquilo que são agora como forma diferenciada. Assim, ao nos acercarmos progressivamente de uma paisagem que se nos revelava em grandes massas, vemos aparecer objetos que se revelam como tendo sido já aí, a título de elementos de uma coleção descontínua de *"istos";* assim também nas experiências da *gestaltheorie*, o fundo contínuo, ao ser apreendido como forma, estilhaça-se em multiplicidade de elementos descontínuos. Portanto, o mundo, como correlato a uma totalidade destotalizada, aparece como totalidade evanescente, no sentido de que jamais é uma síntese real, mas limitação ideal, obtida pelo nada, de uma coleção de *istos*. Assim, o *contínuo*, como qualidade formal do fundo, deixa aparecer o descontínuo como tipo da relação externa entre o *isto* e a totalidade. É justamente esta evanescência perpétua da totalidade em coleção, do contínuo em descontínuo, que denominamos *espaço*. O espaço, com efeito, não poderia ser um *ser*. É uma relação móvel entre seres que não têm qualquer relação entre si. É a total independência dos Em-sis, na medida em que se desvela, a um ser que é presença a "todo" o Em-si, como independência *de uns com relação aos outros;* é a maneira única pela qual seres que se mostram como não tendo qualquer relação entre si podem se revelar ao ser pelo qual a relação vem ao mundo; ou seja, a exterioridade pura. E, como esta exterioridade não pode pertencer nem a um nem a outro dos *istos* considerados, e, por outro lado, enquanto negatividade puramente local, é destrutiva de si, não pode ser por si mesmo, nem "ser tendo sido". O ser espacializador *(spatialisante)* é o Para-si enquanto copresente ao todo e ao isto; o espaço não é o mundo, mas a instabilidade do mundo, captado como totalidade enquanto pode sempre se desagregar em multiplicidade externa. O espaço não é o fundo nem a forma, mas a idealidade do fundo na medida em que é sempre capaz de desagregar-se em formas; não é o contínuo nem o descontínuo, mas a passagem permanente do contínuo ao descontínuo. A existência do espaço é a prova de que o Para-si, ao fazer com que *haja* ser, *nada* acrescenta ao ser, é a idealidade da síntese. Nesse sentido, é ao mesmo tempo totalidade, na medida em que extrai do mundo sua origem, e *nada*, por resultar em abundância de *istos*. Não se deixa apreender pela intuição concreta, porque não *é*, mas sim é continuamente espacializado (*spatialisé*). Depende da temporalidade e aparece na temporalidade, uma vez que não pode vir ao mundo salvo por um ser cujo modo de ser é a temporalização, pois o espaço é a maneira como este ser se perde ek-staticamente para realizar o ser. A característica espacial do *isto* não se agrega sinteticamente ao isto, mas é somente seu *"sítio"*, ou seja, sua relação de exterioridade com o fundo, na medida em que essa relação pode desmoronar-se em multiplicidade de relações externas com outros *istos*, quando o próprio fundo se desagrega em multiplicidade de formas. Nesse sentido, seria inútil conceber o espaço como uma forma imposta aos fenômenos pela estrutura *a priori* de nossa sensibilidade: o espaço não poderia ser uma forma, porque é *nada;* ao contrário, é o sinal de que nada, salvo a negação – e isso sempre como tipo de relação externa que deixa intacto aquilo que une –, pode vir ao Em-si pelo Para-si. Quanto ao Para-si, se não é espaço, é porque se apreende precisamente como não sendo ser-Em-si, na medida em que o Em-si a ele se revela sob o modo de exterioridade que denominamos extensão. É precisamente ao negar de si a exterioridade, captando-se como ek-stático, que o Para-si espacializa o espaço. Porque o Para-si não está com o Em-si em uma relação de justaposição ou de exterioridade indiferente: sua relação com o Em-si, como fundamento de todas as relações, é a negação interna, e ele é, ao contrário, aquilo pelo qual o ser-Em-si vem à exterioridade de indiferença com relação a outros seres existentes em um mundo. Quando a exterioridade de indiferença é hipostasiada como substância existente em si e por si – o que só pode se produzir em um estágio inferior do conhecimento – torna-se objeto de um tipo particular de estudos, sob o nome de geometria, e converte-se em pura especificação da teoria abstrata das multiplicidades.

Falta determinar o tipo de ser que possui a negação externa enquanto esta vem ao mundo pelo Para-si. Sabemos que não pertence ao *isto*: esse jornal não nega por si mesmo ser a mesa sobre a qual está, caso contrário seria ek-staticamente fora de si, na mesa que estaria negando, e sua relação com ela seria uma negação interna; por isso mesmo, deixaria de ser Em-si para se tornar Para-si. A relação determinativa do *isto* não pode pertencer, portanto, nem ao *isto* nem ao *aquilo*; ela os sitia sem tocá-los, sem lhes conferir o mais leve traço de novo caráter: deixa-os do modo que são. Nesse sentido, devemos alterar a famosa fórmula de Spinoza – *"Omnis determinatio est negatio"* –, cuja riqueza Hegel proclamava infinita, e dizer que, sobretudo, toda negação que não pertença ao ser que tem-de-ser suas próprias determinações é negação ideal. Aliás, seria inconcebível que fosse de outro modo. Mesmo que, à maneira de um psicologismo empiriocriticista, considerássemos as coisas como conteúdos puramente subjetivos, não se poderia conceber que o sujeito realizasse negações sintéticas internas entre esses conteúdos, exceto no caso de *sê-los* em uma imanência ek-stática radical que removesse toda esperança de um trânsito à objetividade. Com mais razão ainda, não podemos imaginar que o Para-si opere negações sintéticas deformantes entre transcendentes que ele não é. Nesse sentido, a negação externa constitutiva do isto não pode parecer um caráter *objetivo* da coisa, se entendemos por objetivo o que pertence por natureza ao Em-si, ou aquilo que, de uma maneira ou outra, constitui *realmente* o objeto como é. Mas não devemos concluir que a negação externa tenha uma existência subjetiva, tal como o puro modo de ser do Para-si. Esse tipo de existência do Para-si é pura negação interna; a existência nele de negação externa seria dirimente com relação à sua existência mesmo. Por conseguinte, a negação externa não pode ser uma maneira de dispor e classificar fenômenos que não passassem de fantasmas subjetivos, nem pode "subjetivizar" (*subjectiviser*) o ser, já que seu desvelar é constitutivo do Para-si. Sua própria exterioridade exige, portanto, que permaneça "no ar", *exterior* tanto ao Para-si como ao Em-si. Mas, por outro lado, precisamente por ser exterioridade, não pode ser por si, recusa todos os suportes; é "unselbstständig" por natureza e, portanto, não pode se referir a qualquer substância. É um *nada*. Precisamente porque o tinteiro não é a mesa – nem o cachimbo, nem o copo etc. – é que podemos captá-lo como tinteiro. E, contudo, se digo "o tinteiro não é a mesa", não *penso nada*. Assim, a determinação é um *nada* que, a título de estrutura interna, não pertence à coisa nem à consciência, mas cujo ser é *ser-citado* pelo Para-si através de um sistema de negações internas, nas quais o Em-si se revela em sua indiferença a tudo aquilo que não seja si mesmo. Conforme o Para-si se faz anunciar pelo Em-si aquilo que não é, ao modo da negação interna, a indiferença do Em-si, enquanto indiferença que o Para-si tem-de-não-ser, revela-se no mundo como determinação.

III
Qualidade e quantidade, potencialidade, utensilidade

A qualidade nada mais é que o ser do *isto* quando considerado fora de toda relação externa com o mundo ou com os outros *istos*. Quase sempre tem sido concebida como simples determinação subjetiva, e seu ser-qualidade confundido então com a subjetividade do psíquico. O problema pareceu estar então, sobretudo, em explicar a constituição de um polo-objeto, concebido como a unidade transcendente das qualidades. Mostramos que esse problema é insolúvel. Uma qualidade não se objetiva, caso seja subjetiva. Supondo que tenhamos projetado a unidade de um polo-objeto para além das qualidades, cada uma destas, quando muito, dar-se-ia diretamente como efeito subjetivo da ação das coisas sobre nós. Mas o amarelo do limão não é um modo subjetivo de apreensão do limão: *é* o limão. Também não é verdade que o objeto *x* apareça como forma vazia que retém juntas qualidades díspares. De fato, o limão está integralmente estendido através de suas qualidades, e cada uma destas acha-se estendida através de todas as demais. A acidez do limão é amarela, o amarelo do limão é ácido; come-se a cor de um doce, e o gosto desse doce é o instrumento que desvela sua forma e cor ao que denominaríamos intuição alimentar; reciprocamente, se enfio o dedo em um vidro de geleia, o frio pegajoso da geleia é a revelação aos meus dedos de seu gosto açucarado. A fluidez, a tibieza, a cor azulada, a mobilidade ondulante da água de uma piscina se dão juntas, umas através das outras, e é esta interpenetração total que denominamos *isto*. Foi o que mostraram claramente as experiências dos pintores, Cézanne em particular: não é verdade, como supõe Husserl, que uma necessidade sintética una incondicionalmente cor e forma; a forma é que é cor e luz; se o pintor faz variar qualquer um desses fatores, os outros também variam, não porque estejam ligados por não se sabe que lei, mas porque, no fundo, são um único e mesmo ser. Nesse sentido, toda qualidade do ser é todo o ser; é a presença de sua absoluta contingência, sua irredutibilidade de indiferença; a captação da qualidade nada acrescenta ao ser, a não ser o fato de que *há ser como isto*. Nesse sentido, a qualidade não é um aspecto exterior do ser, pois o ser, não tendo um "dentro", não poderia ter um "fora". Simplesmente, para haver qualidade, é preciso que *haja* ser para um nada que, por natureza, *não seja* o ser. Todavia, o ser não é *em si* qualidade, mesmo que não seja nem mais nem menos que isso. Mas a qualidade é o *ser íntegro* se revelando nos limites do "há". Não é o *fora* do ser; é todo o ser, na medida em que não pode haver ser *para* o ser, mas somente para aquele que se faz não ser o ser. A relação do Para-si com a qualidade é relação ontológica. A intuição da qualidade não é a contemplação passiva de algo dado, e a mente não é um Em-si que permaneça o que é nesta contemplação, ou seja, permaneça à maneira da indiferença em relação ao *isto* contemplado. Mas o Para-si se faz anunciar pela qualidade aquilo que não é. Perceber o vermelho como cor desse caderno é refletir-se a si mesmo como negação interna desta qualidade. Ou seja, a apreensão da qualidade não é "preenchimento" (*Erfüllung*), como quer Husserl, mas informação de um vazio como vazio determinado *desta* qualidade. Nesse sentido, a qualidade é presença perpetuamente fora de alcance. As descrições do conhecimento são com muita frequência alimentárias. Ainda resta muito de pré-lógica na filosofia epistemológica, e ainda não nos desembaraçamos desta ilusão primitiva (da qual iremos tratar mais adiante) segundo a qual conhecer é comer, ou seja, ingerir o objeto conhecido, preencher-se com ele (*Erfüllung*) e digeri-lo ("assimilação"). Daremos melhor conta do fenômeno original da percepção insistindo no fato de que a qualidade se mantém, com respeito a nós, em relação de proximidade absoluta – *"está aí"*, nos infesta –, sem se dar ou se recusar; mas é preciso acrescentar que tal proximidade encerra uma distância. A qualidade é o imediatamente fora de alcance, aquilo que, por definição, indica-nos a nós mesmos como um vazio. Aquilo cuja contemplação só faz por aumentar nossa sede de ser, tal como a visão de alimentos fora de alcance aumentava a fome de Tântalo. A qualidade é a indicação do que não somos e do modo de ser que nos é negado. A percepção do branco é consciência da impossibilidade de princípio de que o Para-si exista como cor, ou seja, exista sendo o que é. Nesse sentido, não apenas o ser não se distingue de suas qualidades, como também toda apreensão de qualidade é apreensão de um *isto*; a qualidade, qualquer que seja, se nos revela como um ser. O odor que aspiro de repente, os olhos fechados, antes sequer de relacioná-lo a um objeto odorante já é um *ser-odor* e não uma impressão subjetiva; a luz que fere meus olhos de manhã, através das pálpebras fechadas, já é um ser-luz. Isso fica evidente por pouco que se reflita no fato de que a qualidade *é*. Enquanto ser que é o que é, pode *aparecer* a uma subjetividade, mas não pode se inserir na trama desta subjetividade, que é o que não é e não é o que é. Dizer que a qualidade é um ser-qualidade não significa, de modo algum, dotá-la de um suporte misterioso análogo à substância, mas simplesmente notar que seu modo de ser é radicalmente diverso do modo de ser "para si". O ser da brancura ou da acidez, com efeito, de forma alguma poderia ser captado como ek-stático. Se perguntarmos, agora, como é possível que o "isto" tenha "tais" qualidades, podemos responder que, na realidade, o *isto* se libera como totalidade sobre fundo de mundo e se revela como unidade indiferenciada. O Para-si é que pode negar a si diferentes pontos de vista frente ao *isto* e desvela a qualidade como um novo *isto* sobre fundo de coisa. A cada ato negador, pelo qual a liberdade do Para-si constitui espontaneamente seu ser, corresponde um desvelar total do ser "por um perfil". Esse perfil nada mais é que uma relação entre a coisa e o Para-si realizada pelo próprio Para-si. É a determinação absoluta da negatividade: pois não basta que o Para-si, por uma negação originária, não *seja* o ser, nem que não seja *este* ser; é necessário ainda, para que sua determinação como nada de ser seja plenária, que o Para-si se realize como certa maneira insubstituível de não ser *este* ser; e tal determinação absoluta, determinação da qualidade como perfil do isto, pertence à liberdade do Para-si; ela *não é;* ela é como "a ser". Qualquer um pode constatar isso levando em conta até que ponto o desvelar de *uma* qualidade da coisa aparece sempre como gratuidade de fato captada *através* de uma liberdade: não posso fazer com que esta pele não seja verde, mas sou eu quem me faço captá-la como verde-rugoso, ou rugosidade-verde. Só que a relação forma-fundo, aqui, é bastante diferente da relação entre *isto* e o mundo. Porque a forma, em vez de aparecer sobre um fundo indiferenciada, está inteiramente penetrada pelo fundo, retém em si o fundo como sua própria densidade indiferenciada. Se apreendo a pele como verde, sua "luminosidade-rugosidade" se desvela como fundo interno indiferenciada e plenitude de ser do verde. Não há aqui qualquer abstração, no sentido em que abstração separa o que está unido, pois o ser aparece sempre íntegro em seu perfil. Mas a realização do ser condiciona a abstração, porque abstração não é apreensão de uma qualidade "no ar", mas de uma qualidade isto, na qual a indiferenciação do fundo interno tende ao equilíbrio absoluto. O verde abstrato não perde sua densidade de ser – caso contrário, seria apenas um modo subjetivo do Para-si –, mas a luminosidade, a forma, a rugosidade etc., que se revelam através dele se fundem no equilíbrio nadificador da pura e simples massividade (*massivité*). A abstração, contudo, é um fenômeno de presença ao ser, já que o ser abstrato conserva sua transcendência. Mas só poderia se realizar como presença ao ser Para-além do ser: é um transcender. Esta presença do ser só pode ser realizada em nível da possibilidade e na medida em que o Para-si tem-de-ser suas próprias possibilidades. O abstrato se desvela como o sentido que a qualidade tem-de-ser enquanto copresente à presença de um Para-si porvindouro. Assim, o verde abstrato é o sentido-porvindouro do *isto* concreto enquanto este se me revela por seu "verde-luminoso-rugoso". É a possibilidade própria desse perfil enquanto ela se revela através das possibilidades que eu sou; ou melhor, enquanto *é* tendo *sida*. Mas isso nos remete à utensilidade (*ustensilité*) e à temporalidade do mundo; voltaremos a isso. Por ora, basta dizer que o abstrato infesta o concreto como uma possibilidade fixada no Em-si que o concreto tem-de-ser. Qualquer que seja nossa percepção, como contato original com o ser, o abstrato está sempre *aí*, mas *por-vir*, e o apreendo no porvir e com meu porvir: é correlato à possibilidade própria de minha negação presente e concreta enquanto possibilidade de *não ser mais* que esta negação. O abstrato é o sentido do *isto* na medida em que se revela ao porvir através de minha possibilidade de fixar em Em-si a negação que tenho-de-ser. Se nos lembrarem das aporias clássicas da abstração, responderemos que provêm do fato de se supor como distintas a constituição do isto e o ato de abstração. Sem dúvida, se o *isto* não comporta seus próprios abstratos, não há possibilidade de extraí-los dele imediatamente. Mas é na própria constituição do *isto* como *isto* que se opera a abstração como revelação do perfil a meu porvir. O Para-si é "abstrator", não porque possa realizar uma operação psicológica de abstração, mas porque surge como presença ao ser com um porvir, ou seja, com um Para-além do ser. Em-si, o ser não é concreto nem abstrato, nem presente nem futuro: é o que é. Contudo, a abstração não o enriquece: não passa da revelação de um nada de ser Para-além do ser. Mas desafiamos quem for a formular as clássicas objeções à abstração sem derivá-las implicitamente da consideração do ser como um *isto*.

A relação originária dos *istos* entre si não poderia ser interação nem causalidade, ou sequer o surgimento sobre o mesmo fundo de mundo. Se, de fato, supomos o Para-si presente a um *isto*, os demais *istos* existem ao mesmo tempo "no mundo", mas indiferencialmente: constituem o fundo sobre o qual o *isto* considerado se destaca em relevo. Para que uma relação qualquer se estabeleça entre um *isto* e outro *isto*, é necessário que o segundo isto se desvele surgindo do fundo do mundo por ocasião de uma negação expressa que o Para-si tem-de-ser. Mas convém, ao mesmo tempo, que cada *isto* seja mantido à distância do outro como *não sendo* o outro, por uma negação de tipo puramente externo. Assim, a relação originária entre *isto* e *aquilo* é uma relação externa. *Aquilo* aparece como não sendo *isto*. E esta negação externa se desvela ao Para-si como um transcendente, está fora, é *Em-si*. Como compreendê-la?

A aparição do *isto-aquilo* só pode se produzir, em princípio, como totalidade. A relação primeira é aqui a unidade de uma totalidade desagregável; o Para-si se determina em bloco a não ser "isto-aquilo" sobre o fundo de mundo. O "isto-aquilo" é minha morada inteira enquanto lhe estou presente. Esta negação concreta não desaparecerá com a desagregação do bloco concreto em isto e aquilo. Ao contrário, é a própria condição da desagregação. Mas, sobre esse fundo de presença e por esse fundo de presença, o ser faz aparecer sua exterioridade de indiferença: esta se desvela a mim no fato de que a negação que sou é uma unidade-multiplicidade, mais que uma totalidade indiferenciada. Meu surgimento negativo ao ser se fragmenta em negações independentes que só têm como nexo entre si o fato de serem negações que tenho-de--ser, ou seja, que tomam sua unidade interna de mim, e não do ser. Sou presente a esta mesa, a essas cadeiras, e, como tal, eu me constituo sinteticamente como negação polivalente; mas esta negação puramente interna, na medida em que é negação *do* ser, é trespassada por zonas de nada; ela se nadifica a título de negação, é negação destotalizada. Através dessas estrias de nada que tenho--de-ser como meu próprio nada de negação, aparece a indiferença do ser. Mas tenho de realizar esta indiferença por esse nada de negação que tenho-de-ser, não na medida em que sou originariamente presente ao isto, mas enquanto sou também presente ao aquilo. É na minha presença e por minha presença à mesa que realizo a indiferença da cadeira – a qual, presentemente, também tenho-de-não-ser – como uma ausência de trampolim, uma pausa de meu impulso rumo ao não ser, uma ruptura do circuito. *Aquilo* aparece junto ao isto, no âmago de um desvelar totalitário, como aquilo de que não posso em absoluto me aproveitar para me determinar a não ser isto. Assim, o corte vem do ser, mas *só há* corte e separação pela presença do Para-si a todo o ser. A negação da unidade das negações, na medida em que é desvelar da indiferença do ser e capta a indiferença do isto com relação ao aquilo e do aquilo com relação ao *isto*, é o desvelar da relação originária dos *istos* como negação externa. Isto não é aquilo. Esta negação externa na unidade de uma totalidade desagregável se exprime pela palavra "e". "Isto não é aquilo" se escreve "isto *e* aquilo". A negação externa tem o duplo caráter de ser-Em-si e ser idealidade pura. É Em-si por não pertencer absolutamente ao Para-si; é inclusive através da interioridade absoluta de sua negação própria (já que, na intuição estética, apreendo um objeto imaginário) que o Para-si descobre a indiferença do ser como exterioridade. Não se trata de modo algum, por outro lado, de uma negação que o ser tenha-de-ser: não pertence a nenhum dos *istos* considerados; pura e simplesmente *é*; é o que é. Mas, ao mesmo tempo, não é de forma alguma um caráter do *isto*, não é como uma de suas qualidades. É até mesmo totalmente independente dos *istos*, precisamente por não pertencer a nenhum deles. Porque a indiferença do ser é *nada*; não podemos pensá-la ou sequer percebê-la. Significa pura e simplesmente que a nadificação ou as variações do *aquilo* não podem absolutamente comprometer os *istos;* nesse sentido, tal negação é somente um *nada* Em-si separando os istos, e esse nada é a única maneira pela qual a consciência pode realizar a coesão de identidade que caracteriza o ser. Esse nada ideal e Em-si é a *quantidade*. Com efeito, a quantidade é exterioridade pura; não depende absolutamente dos termos adicionados, e é apenas a afirmação de sua independência. Contar é fazer uma discriminação ideal no interior de uma totalidade desagregável e já dada. O número obtido pela adição não pertence a qualquer dos *istos* contados, nem tampouco à totalidade desagregável enquanto se desvela como totalidade. Esses três homens que conversam à minha frente, não os conto por captá-los de saída como "grupo em conversação"; e o fato de contá-los como *três* deixa perfeitamente intata a unidade concreta do grupo. Não é uma propriedade concreta do grupo ser "grupo de três". Nem é uma propriedade de seus membros. De nenhum deles pode-se dizer que seja três, sequer que seja o *terceiro* – porque a qualidade de terceiro não passa de reflexo da liberdade do Para-si que conta: cada um deles pode ser o terceiro, mas nenhum o é. A relação de quantidade é, portanto, uma relação Em-si de exterioridade, mas puramente negativa. E, precisamente porque não pertence nem às coisas nem às totalidades, ela se isola e se destaca na superfície do mundo como um reflexo do nada sobre o ser. Sendo pura relação de exterioridade entre os istos, é ela mesma exterior aos istos e, por fim, exterior a si própria. É a incaptável indiferença do ser – que só pode aparecer se *há* ser, e, embora pertencente ao ser, só pode advir-lhe de um Para-si, na medida em que esta indiferença não pode se desvelar salvo pela exteriorização ao infinito de uma relação de exterioridade que deve ser exterior ao ser e a si mesmo. Assim, espaço e quantidade são um único e mesmo tipo de negação. Somente pelo fato de que *isto* e *aquilo* se desvelam como não tendo qualquer relação comigo, que sou minha própria relação, espaço e quantidade vêm ao mundo, pois um e outro são a relação de coisas que não têm qualquer relação, ou, se preferirmos, são o nada de relação captado como relação pelo ser que é sua própria relação. Por isso, pode-se ver que aquilo que Husserl denomina *categorias* (unidade-multiplicidade-relação do todo à parte; mais ou menos; em volta; junto a; a seguir; primeiro, segundo etc.; um, dois, três etc.; em e fora de etc.) não passam de mesclas ideais de coisas, que as deixam inteiramente intatas, sem enriquecê-las ou empobrecê-las uma vírgula, e indicam somente a infinita diversidade das maneiras como a liberdade do Para-si pode realizar a indiferença do ser.

Tratamos o problema da relação original entre o Para-si e o ser como se o Para-si fosse simples consciência instantânea, tal como pode se revelar ao *cogito* cartesiano. Para dizer a verdade, já tínhamos encontrado a fuga a si do Para-si enquanto condição necessária à aparição dos *istos* e dos abstratos. Mas o caráter ek-stático do Para-si estava ainda apenas implícito. Se procedemos assim visando à clareza da exposição, não devemos concluir por isso que o ser se desvela a um ser que seja primeiramente presença para só depois constituir-se como futuro. Mas é a um ser que surge como por-vir para si mesmo que o ser-Em-si se desvela. Significa que a negação que o Para-si se faz ser em presença do ser tem uma dimensão ek-stática de porvir: é enquanto não sou o que sou (relação ek-stática às minhas próprias possibilidades) que tenho-de-não-ser o ser-Em-si como realização reveladora do *isto*. Significa que sou presença ao isto no inacabamento de uma totalidade destotalizada. Que resulta daqui para a revelação do *isto*?

Uma vez que sou sempre Para-além do que sou, por-vir de mim mesmo, o isto ao qual sou presente me aparece como algo que transcendo rumo a mim mesmo. O percebido é originariamente o transcendido, é como um condutor do circuito da ipseidade, e aparece nos limites desse circuito. Na medida em que me faço ser negação do *isto*, fujo desta negação rumo a uma negação complementar cuja fusão com a primeira deverá fazer aparecer o Em-si que sou; e esta negação possível está em conexão de ser com a primeira; não é uma negação qualquer, mas precisamente a negação complementar de minha presença à coisa. Mas, como o Para-si se constitui, enquanto presença, como consciência não posicional (de) si, faz-se anunciar a si, fora de si, pelo ser, aquilo que não é; recupera seu ser fora, ao modo "reflexo-refletidor"; a negação complementar, que ele é como sua possibilidade própria, é, portanto, negação-presença, ou seja, o Para-si tem-de-sê-la como consciência não tética (de) si e como consciência tética de ser-para-além-do-ser. E o ser-para-além-do-ser está vinculado ao *isto* presente, não por uma relação qualquer de exterioridade, mas por um nexo preciso de complementação que se mantém em exata correlação com a relação entre o Para-si e seu porvir. E, antes de tudo, o *isto* se desvela na negação de um ser que se faz não ser isto, não a título de simples presença, mas como negação que é porvir a si mesmo, que é sua própria possibilidade para além de seu presente. E esta possibilidade que infesta a pura presença como seu sentido fora de alcance e aquilo que lhe falta para ser *em si* é, antes de tudo, como uma projeção da negação presente a título de comprometimento. Com efeito, toda negação que não estivesse para além de si mesmo, no futuro, como possibilidade que lhe advém e rumo à qual foge, o sentido de um comprometimento perderia toda significação de negação. O que o Para-si nega, nega "com dimensão de porvir", trata-se de uma negação externa – isto não é aquilo, esta cadeira não é uma mesa –, trata-se de uma negação interna referida a si mesmo. Dizer que "isto não é aquilo" é posicionar a exterioridade do isto com relação ao aquilo, seja para agora e o porvir, seja para o estrito "agora"; mas, no último caso, a negação tem um caráter *provisório* que constitui o porvir como pura exterioridade com relação à determinação presente "isto *e* aquilo". Nos dois casos, o sentido vem à negação a partir do futuro; toda negação é ek-stática. Enquanto o Para-si se nega no porvir, o *isto* de que se faz negação se desvela como lhe advindo do porvir. A possibilidade de que a consciência seja não teticamente como consciência (de) poder-não-ser-isto se desvela como *potencialidade* do isto de ser o que é. A primeira potencialidade do objeto, como correlato do comprometimento, estrutura ontológica da negação, é a *permanência,* que perpetuamente lhe advém do fundo do porvir. A revelação da mesa como mesa exige uma permanência *de* mesa que lhe advém do futuro e não é um *dado* puramente constatado, mas uma potencialidade. Esta permanência, por outro lado, não advém à mesa de um futuro situado no infinito temporal: o tempo infinito ainda não existe; a mesa não se desvela como tendo a possibilidade de ser indefinidamente mesa. O tempo aqui tratado não é finito nem infinito: simplesmente, a potencialidade faz aparecer a dimensão do futuro.

Mas o sentido por-vir da negação é ser o que falta à negação do Para-si para converter-se em negação *em si*. Nesse sentido, a negação é, no futuro, precisão da negação presente. É no futuro que se desvela o sentido exato do que tenho-de-não-ser como correlato da negação exata que tenho-de-ser. A negação polimorfa do *isto*, em que o verde está formado por uma totalidade "rugosidade-luz", obtém seu sentido somente se tiver que ser negação *do* verde, ou seja, de um ser-verde cujo fundo tende ao equilíbrio de indiferentismo: em suma, o sentido-ausente de minha negação polimorfa é uma negação cerceada de um verde mais puramente verde sobre fundo indiferenciado. Assim, o verde puro vem ao "verde-rugosidade-luz" do fundo do porvir, como seu sentido. Captamos aqui o sentido do que vimos denominando *abstração*. O existente não *possui* sua essência como uma qualidade presente. É inclusive negação da essência: o verde *jamais é* verde. Mas a essência vem do fundo do porvir ao existente como um sentido que nunca é dado e o infesta sempre. É o puro correlato à idealidade pura de minha negação. Nesse sentido, nunca há operação abstrativa, se entendemos por isso um ato psicológico e afirmativo de seleção, operado por uma mente constituída. Longe de se abstrair certas qualidades partindo das coisas, é preciso ver, ao contrário, que a abstração, como modo de ser originário do Para-si, é necessária para que haja em geral coisas e um mundo. O abstrato é uma estrutura do mundo necessária ao surgimento do concreto, e o concreto só é concreto na medida em que ruma ao seu abstrato e se faz anunciar, pelo abstrato, aquilo que é: o Para-si é revelador-abstrativo em seu ser. Vê-se que, por esse ponto de vista, a permanência e o abstrato são idênticos. Se a mesa, enquanto mesa, tem uma potencialidade de permanência, é na medida em que tem-de-ser mesa. A permanência é pura possibilidade para um "isto" de ser conforme sua essência.

Vimos, na segunda parte desta obra, que o possível que eu sou e o presente de que fujo acham-se entre si em uma relação entre aquilo que falta e aquilo ao qual falta este faltante. A fusão ideal entre o faltante e o faltado, como totalidade irrealizável, obsidia o Para-si e o constitui, em seu próprio ser, como nada de ser. Como dizíamos, é o Em-si-Para-si, ou *valor*. Mas este valor, no plano irrefletido, não é captado teticamente pelo Para-si; é somente condição de ser. Se nossas deduções forem exatas, esta indicação perpétua de uma fusão irrealizável deve aparecer, não como estrutura da consciência irrefletida, mas como indicação transcendente de uma estrutura ideal do objeto. Esta estrutura pode ser facilmente desvelada; correlativamente à indicação de uma fusão da negação polimorfa com a negação abstrata que é seu sentido, deve desvelar-se uma indicação transcendente e ideal: a de uma fusão do isto existente com sua essência por-vir. E esta fusão deve ser tal que o abstrato seja fundamento do concreto, e, simultaneamente, o concreto fundamento do abstrato; em outros termos, a existência concreta, "em carne e osso", deve *ser* a essência, a essência deve se produzir a si mesma como concreção total, ou seja, com a plena riqueza do concreto, sem que, todavia, possamos encontrar nela nada mais que ela mesma, em sua total pureza. Ou, se preferirmos, a forma deve ser por si mesma – e totalmente – sua própria matéria. E, reciprocamente, a matéria deve se produzir como forma absoluta. Esta fusão impossível e perpetuamente indicada da essência com a existência não pertence nem ao presente nem ao porvir; indica, sobretudo, a fusão entre passado, presente e porvir, e se apresenta como síntese *a se operar* da totalidade temporal. É o valor enquanto transcendência; é o que denominamos a *beleza*. A beleza representa, portanto, um estado ideal do mundo, correlativo a uma realização ideal do Para-si, em que a essência e a existência das coisas se desvelariam como identidade a um ser que, nesse mesmo desvelar, fundir-se-ia consigo mesmo na unidade absoluta do Em-si. É precisamente porque o belo não é só uma síntese transcendente a operar, mas algo que só pode se realizar na e pela totalização de nós mesmos, é precisamente por isso que *queremos* o belo e captamos o universo como *carente* do belo, na medida em que nós mesmos nos captamos como falta. Mas, assim como o Em-si-Para-si não é uma possibilidade própria do Para-si, tampouco o belo é uma potencialidade das coisas. O belo infesta o mundo como um irrealizável. E, na medida em que o homem *realiza* o belo no mundo, ele o faz ao modo imaginário. Significa que, na intuição estética, apreendo um objeto imaginário através de uma realização imaginária de mim mesmo como totalidade Em-si e Para-si. Comumente, o belo, como valor, não é tematicamente explicitado como valor-fora-de-alcance-do-mundo. É implicitamente apreendido nas coisas como uma ausência; desvela-se implicitamente através da *imperfeição* do mundo.

Essas potencialidades originárias não são as únicas que caracterizam o *isto*. Com efeito, na medida em que o Para-si tem--de-ser seu ser para-além de seu presente, é desvelamento de um mais-além-do-ser qualificado que vem ao isto do fundo do ser. Enquanto o Para-si é Para-além da lua crescente, junto a um ser-para-além-do-ser que é a lua cheia futura, a lua cheia se converte em potencialidade da lua crescente; enquanto o Para-si é Para-além do botão, junto à flor, a flor é potencialidade do botão. A revelação dessas novas potencialidades encerra uma relação originária com o passado. No passado se descobriu pouco a pouco o nexo entre a lua crescente e a lua cheia, entre o botão e a flor. E o passado do Para-si é para o Para-si como um saber. Mas esse saber não permanece como um dado inerte. Está detrás do Para-si, sem dúvida, incognoscível e fora de alcance. Mas, na unidade ek-stática de seu ser, é a partir desse passado que o Para-si se faz anunciar o que é no porvir. Meu saber acerca da lua me escapa enquanto conhecimento temático. Mas eu *o sou*, e minha maneira de ser – pelo menos em certos casos – é fazer vir a mim o que já não sou mais sob a forma do que não sou ainda. Esta negação do *isto* – aquilo que fui – eu o sou duplamente: à maneira do não ser mais e à maneira do não ser ainda. Sou Para além da lua crescente como possibilidade de uma negação radical da lua com esfera cheia, e, correlativamente ao retorno de minha negação futura rumo ao meu presente, a lua cheia volta-se à lua crescente para determiná-la em *isto* como negação: a lua cheia é o que falta à crescente, e essa falta é que faz crescente a crescente. Assim, na unidade de uma mesma negação ontológica, atribuo a dimensão de futuro à lua crescente enquanto crescente – sob a forma de permanência e essência – e a constituo como crescente pela determinante reversão a si daquilo que lhe falta. Assim se constitui a gama de potencialidades que vai desde a permanência até as *potências*. A realidade humana, ao se transcender rumo à sua própria possibilidade de negação, faz-se ser aquilo pelo qual a negação por transcendência vem ao mundo; é pela realidade humana que a *falta* vem às coisas em forma de "potência", "inacabamento", "adiamento", "potencialidade".

Contudo, o ser transcendente da falta não pode ter a natureza da falta ek-stática na imanência. Vejamos melhor. O Em-si não tem-de-ser sua própria potencialidade ao modo do ainda-não. O desvelar do Em-si é originariamente desvelar da identidade de indiferença. O Em-si é o que é, sem qualquer dispersão ek-stática de seu ser. Portanto, não tem-*de-ser* sua permanência ou sua essência ou o faltante que lhe falta, tal como eu tenho-de-ser meu porvir. Meu surgimento no mundo faz surgir correlativamente as potencialidades. Mas essas potencialidades se fixam no próprio surgimento, são corroídas pela *exterioridade*. Reencontramos aqui esse duplo aspecto do transcendente que, em sua própria ambiguidade, deu nascimento ao espaço: uma totalidade que se dispersa em relações de exterioridade. A potencialidade se reverte, do fundo do porvir, sobre o *isto*, para determiná-lo, mas a relação do *isto* como Em-si à sua potencialidade é uma relação de exterioridade. A lua crescente é determinada como *faltada* ou *privada de* em relação à lua cheia. Mas, ao mesmo tempo, desvela-se como sendo plenamente o que é, esse signo concreto no céu, que de nada necessita para ser o que é. Ocorre o mesmo com esse botão ou este palito de fósforo, que é o que é, para o qual seu sentido de ser-fósforo permanece exterior, aquilo que *pode* sem dúvida se inflamar, mas que, no presente, não passa desse palito branco de ponta preta. As potencialidades do *isto*, embora em rigorosa conexão com ele, apresentam-se como Em-si e em estado de indiferença com relação a ele. Este tinteiro *pode* ser quebrado, arremessado contra o mármore da lareira, onde será destruído. Mas esta potencialidade está inteiramente separada dele, pois não é mais que o correlato transcendente à *minha* possibilidade de lançá-lo contra o mármore da lareira. Em si mesmo, não é quebrável nem inquebrável:

apenas *é*. Não significa que eu possa considerar um *isto* fora de toda potencialidade: pelo simples fato de que sou meu próprio futuro, o *isto* se desvela dotado de potencialidades; captar o fósforo como palito branco de ponta preta não é despojá-lo de toda potencialidade, mas conferir-lhe novas (uma nova permanência, uma nova essência). Para que o *isto* fosse inteiramente desprovido de potencialidades, seria necessário que eu fosse puro presente, o que é inconcebível. Só que o *isto* tem diversas potencialidades que são *equivalentes*, ou seja, acham-se em estado de equivalência em relação a ele. É porque, com efeito, o *isto* não tem-de-sê-las. Além disso, meus possíveis não são, mas se possibilizam, porque estão corroídos por dentro pela minha liberdade. Ou seja, qualquer que seja meu possível, seu contrário é igualmente possível. Posso quebrar este tinteiro, mas também posso guardá-lo na gaveta; posso ter em vista, para-além da lua crescente, a lua cheia, mas igualmente requerer a permanência da lua crescente como tal. Em consequência, o tinteiro se acha dotado de possíveis equivalentes: ser guardado em uma gaveta, ser quebrado. Essa lua crescente pode ser uma curva aberta no céu, ou uma esfera em adiamento. Essas potencialidades, que se voltam sobre o *isto* sem ser tendo sido por ele e sem ter-de-sê-lo, denominamos *probabilidades*, para assinalar que existem ao modo de ser do Em-si. Meus possíveis não são: eles se possibilizam. Mas os prováveis não se "probabilizam" *(probabilisent):* enquanto prováveis, *são Em-si*. Nesse sentido, o tinteiro *é*, mas seu *ser-tinteiro* é um provável, pois o "ter-de-ser-tinteiro" do tinteiro é uma pura aparência que se funde em seguida em relação de exterioridade. Essas potencialidades ou probabilidades que são o sentido do ser Para-além do ser, precisamente porque *são Em-si Para-além do ser*, são *nadas*. A essência do tinteiro *é tendo sido* como correlato da negação possível do Para-si, mas não é o tinteiro nem tem-de-sê-lo: enquanto é Em-si, é negação hipostasiada, reificada, ou seja, precisamente, é um nada, pertence à faixa de nada que rodeia e determina o mundo. O Para-si revela o tinteiro como tinteiro. Mas esta revelação se faz Para-além do ser do tinteiro, nesse futuro que não é; todas as potencialidades do ser, da permanência à potencialidade qualificada, definem-se como aquilo que o ser *ainda não é*, sem que jamais tenha verdadeiramente de *sê-las*. Aqui, ainda, o conhecimento nada agrega ao ser e nada lhe suprime, não o adorna com qualquer qualidade nova. Faz com que haja ser transcendendo-o rumo a um nada que só mantém com ele relações negativas de exterioridade: esse caráter de puro nada da potencialidade sobressai nos esforços da ciência, a qual, propondo-se a estabelecer relações de simples exterioridade, suprime radicalmente o potencial, ou seja, a essência e as potências. Mas, por outro lado, sua necessidade como estrutura significativa da percepção aparece claramente o bastante para não ser preciso insistir: o conhecimento científico, com efeito, não pode superar nem suprimir a estrutura potencializadora *(potentialisante)* da percepção; ao contrário, ele a pressupõe.

Tentamos mostrar como a presença do Para-si ao ser desvela este como *coisa;* e, para clareza da exposição, mostramos as diferentes estruturas da coisa: o isto e a espacialidade, a permanência, a essência e as potencialidades. É evidente, todavia, que esta exposição sucessiva não corresponde a uma prioridade real de alguns desses momentos sobre outros: o surgimento do Para-si faz a coisa desvelar-se com a totalidade de suas estruturas. Por outro lado, não há uma dessas estruturas que não implique todas as demais: o *isto* não tem sequer anterioridade lógica sobre a essência; ao contrário, a pressupõe, e, reciprocamente, a essência é essência *do* isto. Analogamente, o isto como ser-qualidade só pode aparecer sobre fundo de mundo, mas o mundo é coleção dos *istos;* e a relação desagregadora entre o mundo e os *istos* é a espacialidade. Não há aqui, portanto, qualquer forma substancial, qualquer princípio de unidade que se mantenha *detrás* dos modos de aparição do fenômeno: tudo se dá de uma vez e sem qualquer primazia. Pelas mesmas razões, seria errôneo conceber qualquer primazia do *representativo*. Nossas descrições, com efeito, nos levaram a pôr em relevo a *coisa no mundo,* e, por isso, poderíamos ser tentados a crer que o mundo e a coisa se desvelam ao Para-si em uma espécie de intuição contemplativa: seria somente como posteridade que os objetos ficariam dispostos uns em relação aos outros em uma ordem prática de utensilidade. Tal erro será evitado se levarmos em consideração que o mundo aparece no interior do circuito da ipseidade. O mundo é o que separa o Para-si de si mesmo, ou, para empregar uma expressão heideggeriana: é aquilo a partir do que a realidade humana se faz anunciar o que é. Esse projeto rumo a si do Para-si, que constitui a ipseidade, não é absolutamente um repouso contemplativo. É uma falta, como dissemos, mas não uma falta *dada:* é uma falta que tem-de-ser por si mesmo sua própria falta. Deve-se compreender bem, com efeito, que uma falta *constatada* ou falta Em-si se desvanece em exterioridade, como sublinhamos nas páginas precedentes. Mas um ser que se constitui a si mesmo como falta não pode se determinar a não ser aí, sobre *aquilo* que lhe falta e que ele *é*; em suma, por um perpétuo arrancamento a si rumo ao si que tem-de-ser. Significa que a falta só pode ser por si mesmo sua própria falta como *falta recusada:* o único nexo propriamente *interno* entre aquilo a que falta... com o que falta é a recusa. Com efeito, na medida em que o ser a que falta... *não é* o que lhe falta, captamos nele uma negação. Mas, se esta negação não há de se desvanecer em pura exterioridade – e, com ela, toda possibilidade de negação em geral –, seu fundamento está na necessidade que tem o ser a que falta... de *ser* o que lhe falta. Assim, o fundamento da negação é negação de negação. Mas esta negação-fundamento não é algo *dado,* assim como não o é a falta, da qual ela é um momento essencial: trata-se de algo como tendo-de-ser; o Para-si, na unidade fantasma "reflexo-refletidor", faz-se ser sua própria falta, ou seja, projeta-se rumo à sua falta rejeitando-a. É somente como falta *a suprimir* que a falta pode ser falta interna para o Para-si, e o Para-si só pode realizar sua própria falta tendo-de-sê-la, ou seja, sendo projeto rumo à sua supressão. Assim, a relação entre o Para-si e seu porvir jamais é estática ou dada; mas o porvir vem ao presente do Para-si para determiná-lo em seu próprio âmago, enquanto o Para-si já está lá, no porvir, como sua supressão. O Para-si não pode ser falta *aqui* se não for *lá adiante* supressão da falta; mas uma supressão que ele tem-de-ser à maneira do não sê-lo. É esta relação originária que permite a seguir verificar empiricamente faltas particulares como faltas *padecidas* ou *suportadas*. É fundamento, em geral, da afetação; é também aquilo que se tentará explicar psicologicamente instalando no psíquico ídolos e fantasmas que denominamos *tendências* ou *apetites*. Essas tendências ou forças, inseridas por violência na psique, não são compreensíveis em si mesmas, pois o psicólogo as considera como existentes Em-si, ou seja, seu próprio caráter de *força* é contradito por seu repouso íntimo de indiferença, e sua unidade se dispersa em pura relação de exterioridade. Só podemos captá-las a título de projeção no Em-si de uma relação de ser imanente do Para-si consigo mesmo, e esta relação ontológica é precisamente a *falta*.

Mas essa falta não pode ser captada teticamente e conhecida pela consciência irrefletida (assim como tampouco aparece à reflexão impura e cúmplice, que a apreende como objeto psíquico, ou seja, como tendência ou sentimento). Só é acessível à reflexão purificadora, da qual não nos ocupamos aqui. No plano da consciência *do* mundo, portanto, essa falta só pode aparecer em projeção, como caráter transcendente e ideal. Com efeito, se o que falta ao Para-si é presença ideal a um ser-para-além-do-ser, o ser-para-além-do-ser é originariamente captado como falta-de-ser. Assim, o mundo se desvela infestado por ausências a realizar, e cada *isto* aparece com um cortejo de ausências que o indicam e o determinam. Essas ausências, no fundo, não diferem das potencialidades. Simplesmente, podemos captar melhor sua significação. Assim, as ausências indicam o *isto* como *isto*, e, inversamente, o *isto* indica as ausências. Sendo cada ausência ser-para-além-do-ser, ou seja, Em-si ausente, cada *isto* remete a outro estado de seu ser e a outros seres. Mas, é claro, tal organização em complexos indicativos se fixa e petrifica em Em-si, já que se trata de Em-si; todas essas indicações mudas e petrificadas, que recaem na indiferença do isolamento ao mesmo tempo que surgem, assemelham-se ao sorriso de pedra, aos olhos vazios de uma estátua. De modo que as ausências que aparecem por trás das coisas não aparecem como ausências que *tenham-de-ser-presentificadas* pelas coisas. Tampouco pode-se dizer que se desvelem como tendo-de-ser realizadas *por mim*, pois o "mim" é uma estrutura transcendente da psique, que só aparece à consciência reflexiva. São exigências puras que se erguem como "vazios a preencher" no meio do circuito da ipseidade. Simplesmente, seu caráter de "vazios a preencher pelo Para-si" se manifesta à consciência irrefletida por uma urgência direta e pessoal que é *vivida* como tal, sem ser referida a *alguém* ou tematizada. No e pelo próprio fato de serem vividas como pretensões se revela o que denominamos, em outro capítulo, sua ipseidade. São as *tarefas*; e esse mundo é um mundo de *tarefas*. Com relação às tarefas, o *isto* que elas indicam é ao mesmo tempo "isto *dessas* tarefas" – ou seja, o Em-si único por elas determinado e que elas indicam como algo que podem *cumprir* –, e aquilo que de modo algum tem-de-ser essas tarefas, pois existe na unidade absoluta da identidade. Esta conexão no isolamento, essa relação de inércia no dinâmico, é o que chamaremos de relação de meios ao fim. É um ser-para degradado, laminado pela exterioridade, cuja idealidade transcendente só pode ser concebida como correlato ao ser-para que o Para-si tem-de-ser. E a coisa, enquanto repousa, por sua vez, na quieta beatitude da indiferença e, contudo, indica Para-além de si tarefas a cumprir que lhe anunciam o que ela tem-de-ser, é o instrumento ou utensílio. A relação originária das coisas entre si, que aparece sobre o fundamento da relação quantitativa dos istos, é, portanto, a relação de *utensilidade*. E esta utensilidade não é posterior nem está subordinada às estruturas antes indicadas: em certo sentido, ela as pressupõe; em outro, é pressuposta por elas. A coisa não é primeiramente coisa para ser utensílio depois, nem é primeiro utensílio para revelar-se em seguida como coisa: é *coisa-utensílio*. É certo, contudo, que a pesquisa ulterior do cientista a revelará como puramente coisa, ou seja, despojada de toda utensilidade. Mas é porque o cientista só trata de estabelecer puras relações de exterioridade; o resultado desta indagação científica, por outro lado, é que a própria coisa, despojada de toda instrumentaridade (*instrumentalité*), evapora-se para terminar em exterioridade absoluta. Vemos em que medida é preciso corrigir a fórmula de Heidegger: decerto o mundo aparece no circuito da ipseidade, mas, sendo esse circuito não tético, a anunciação do que sou também não pode ser tética. Ser no mundo não é escapar do mundo rumo a si mesmo, mas escapar do mundo rumo a um Para-além do mundo que é o mundo futuro. O que o mundo me anuncia é unicamente "mundano". Segue-se que, se a remissão ao infinito dos utensílios jamais remete a um Para-si que sou, a totalidade dos utensílios é o correlato exato às minhas possibilidades. E, como eu *sou* minhas possibilidades, a ordem dos utensílios no mundo é a imagem projetada no Em-si de minhas possibilidades, ou seja, do que sou. Mas jamais posso decifrar esta imagem mundana: a ela me adapto na e pela ação; é necessária a cisão reflexiva para que eu possa ser objeto para mim mesmo. Portanto, não é por inautenticidade que a realidade humana se perde no mundo;

para a realidade humana, ser-no-mundo é perder-se radicalmente no mundo pela própria revelação que faz com que haja um mundo, é ser remetida sem tréguas, sem sequer a possibilidade de um "a propósito de que", de utensílio em utensílio, sem outro recurso além da revolução reflexiva. De nada serviria objetar que a cadeia dos "por-causa--de-que" depende dos "por-causa-de--quem" (*Worumwillen*). Decerto, o "Worumwillen" nos remete a uma estrutura do ser que ainda não elucidamos: o Para-outro. E o "para quem" aparece constantemente detrás dos instrumentos. Mas esse *por-causa-de-quem*, cuja constituição é diferente do "por-causa-de-que", não interrompe a cadeia. É um elo da cadeia, simplesmente, e, quando encarado na perspectiva da instrumentalidade, não permite escapar ao Em-si. Por certo, esse uniforme de trabalho é para o operário. Mas é para que o operário possa consertar o telhado sem se sujar. E por que não deve se sujar? Para não gastar na compra de roupas a maior parte de seu salário. Pois, com efeito, esse salário lhe é concedido como a quantidade mínima de dinheiro que lhe permita abastecer seu sustento; e, precisamente, ele "se sustenta" para poder aplicar sua força de trabalho na reparação de telhados. E por que deve reparar o telhado? Para que não chova no escritório onde empregados fazem trabalho de contabilidade etc. Isso não significa que devamos captar sempre o outro como instrumento de um tipo particular, mas simplesmente que, mesmo se considerarmos o outro a partir do mundo, nem assim escaparemos à remissão ao infinito dos complexos de utensilidade.

 Assim, na medida em que o Para-si é sua própria falta como denegação, correlativamente a seu ímpeto rumo a si mesmo, o ser se lhe desvela sobre fundo de mundo como coisa-utensílio, e o mundo surge como fundo indiferenciado de complexos indicativos de utensilidade. O conjunto dessas remissões carece de significação, mas no sentido de que não há sequer possibilidade de se colocar nesse plano o problema da significação. Trabalha-se para viver e vive-se para trabalhar. A questão do *sentido* da totalidade "vida-trabalho" – "Por que trabalho, eu que vivo?", "Por que viver, se é para trabalhar?" – só pode ser posta no plano reflexivo, já que encerra uma descoberta do Para-si por si mesmo.

Resta explicar por que, como correlativo à pura negação que sou, a utensilidade pode surgir no mundo. Como ocorre que eu não seja negação estéril e indefinidamente repetida do *isto* enquanto puro *isto*? Como esta negação pode revelar uma pluralidade de tarefas que são minha imagem, se não sou mais que o puro nada que tenho-de-ser? Para responder a esta pergunta, devemos recordar que o Para-si não é pura e simplesmente um porvir que vem ao presente. Tem-de-ser também seu passado em forma do "era". E a implicação ek-stática das três dimensões temporais é de tal ordem que, se o Para-si é um ser que se faz anunciar por seu porvir o sentido do que era, é também, no mesmo surgimento, um ser que tem-de-ser seu *será* nas perspectivas de certo "era" do qual foge. Nesse sentido, é sempre preciso buscar a significação de uma dimensão temporal *em outra parte*, em outra dimensão; foi o que chamamos de *diáspora*; pois a unidade de ser diaspórica não é pura pertença *dada*: é a necessidade de *realizar* a diáspora, fazendo-se condicionar lá adiante, fora, na unidade de si. Portanto, a negação que sou e que desvela o "isto" tem-*de*-ser à maneira do "era". Esta pura negação, que, enquanto simples *presença*, não é, tem seu ser atrás de si, como passado ou facticidade. Enquanto tal, deve-se reconhecer que jamais é negação sem raízes. Ao contrário, é negação *qualificada*, se quisermos entender com isso que traz sua qualificação atrás de si como o ser que tem-de-não-ser sob a forma do "era". A negação surge como negação não tética do passado, ao modo da determinação interna, enquanto se faz negação tética do *isto*. E o surgimento se produz na unidade de um duplo "ser para", posto que a negação se produz à existência, ao modo reflexo-refletidor, como negação *do* isto, para escapar do passado que ela é, e escapa do passado *para* desprender-se do *isto*, dele fugindo em seu ser rumo ao porvir. É o que chamaremos de *ponto de vista* do Para-si sobre o mundo. Esse ponto de vista, comparável à facticidade, é qualificação ek-stática da negação como relação originária com o Em-si. Mas, por outro lado, como vimos, tudo aquilo que o Para-si é, o é ao modo do "era", como pertence ek-stático ao mundo. Não é no futuro que encontro *minha* presença, já que o futuro me entrega o mundo correlato a uma consciência por-vir; meu ser me aparece, sim, no passado, ainda que não tematicamente, nos limites do ser-Em-si, ou seja, em relevo no meio do mundo. Sem dúvida, este ser ainda é consciência de..., ou seja, Para-si; mas é um Para-si coagulado em Em-si, e, por conseguinte, uma consciência *do* mundo decaída no meio do mundo. O sentido do realismo, do naturalismo e do materialismo está no passado: essas três filosofias são descrições do passado como se fosse presente. O Para-si, portanto, é dupla evasão do mundo: escapa a seu próprio ser-no-meio-do-mundo como presença a um mundo do qual foge. O possível é o livre fim da evasão. O Para-si não pode fugir rumo a um transcendente que ele não é, mas apenas rumo a um transcendente que ele é. Isso remove toda possibilidade de interrupção desta fuga perpétua; cabe-se usar uma imagem vulgar, mas que permitirá captar melhor meu pensamento, imagine-se um asno que puxa uma carreta e tenta alcançar uma cenoura presa à extremidade de um varal colocado à frente da carroça. Todos os esforços do asno para comer a cenoura fazem avançar o veículo inteiro, incluindo a cenoura, que se mantém sempre à mesma distância do asno. Do mesmo modo, corremos atrás de um possível que nosso próprio trajeto faz aparecer, que não passa de nosso trajeto e, por isso mesmo, define-se como fora de alcance. Corremos rumo a nós mesmos, e somos, por tal razão, o ser que jamais pode se alcançar. Em certo sentido, o trajeto é desprovido de significação, posto que o termo nunca aparece, mas é inventado e projetado à medida que corremos em sua direção. E, em outro sentido, não podemos negar-lhe esta significação que o trajeto rejeita, porque, apesar de tudo, o possível é o sentido do Para-si: portanto, há e não há sentido na evasão.

Bem, nesta fuga mesmo do passado que sou rumo ao porvir que sou, o porvir se prefigura com relação ao passado, ao mesmo tempo que confere a este todo seu sentido. O porvir é o passado ultrapassado como Em-si dado, rumo a um Em-si que seria seu próprio fundamento, ou seja, que seria enquanto eu teria-de-sê-lo. Meu possível é a livre recuperação de meu passado na medida em que esta recuperação pode salvá-lo, conferindo-lhe seu fundamento. Fujo do ser sem fundamento que eu era rumo ao ato fundador que não posso ser salvo à maneira do "serei". Assim, o possível é a falta que o Para-si se faz ser, ou seja, aquilo que falta à negação presente enquanto negação *qualificada* (quer dizer, negação que tem sua qualidade fora de si, no passado). Enquanto tal, o possível é ele próprio qualificado. Não a título de algo *dado*, que seria sua própria qualidade no mundo do Em-si, mas como indicação da recuperação que fundamentaria a qualificação ek-stática que o Para-si *era*. Assim, a sede é tridimensional: é fuga presente de um estado de vazio que o Para-si era. E é esta própria fuga que confere ao estado *dado* seu caráter de vazio ou de falta: no passado, a falta não poderia ser falta, pois o *dado* não pode "faltar" a menos que seja transcendido rumo a... por um ser que é sua própria transcendência. Mas esta evasão é fuga rumo a..., e é esse "rumo a" que lhe dá seu sentido. Enquanto tal, a evasão é em si *falta que se faz a si mesmo*, ou seja, ao mesmo tempo constituição do dado, no passado, como falta ou potencialidade, e livre recuperação do dado por um Para-si que se faz ser falta sob a forma "reflexo-refletidor", ou seja, como consciência de falta. E esse *rumo a que* se evade a falta, enquanto se faz condicionar em seu ser-falta por aquilo que lhe falta, é a possibilidade de ser sede que já não seja falta, ou seja, sede-repleção. O possível é indicação de repleção, e o valor, como ser-fantasma que rodeia e penetra de ponta a ponta o Para-si, é indicação de uma sede que seria ao mesmo tempo *dada* – tal como ela "era" – e recuperada – do mesmo modo como o jogo do "reflexo-refletidor" a constitui ek-staticamente. Trata-se, como se vê, de uma plenitude que se determina a si mesmo como sede. A relação ek-stática passado-presente fornece o esboço desta plenitude com a estrutura "sede" como seu sentido, e o possível que sou deve prover-lhe com a própria densidade, sua carne de plenitude, como reflexão. Assim, minha presença ao ser, que o determina como *isto*, é negação do isto *enquanto* também sou *falta qualificada junto ao isto*. E, na medida em que meu possível é presença possível ao ser para além do ser, a qualificação de meu possível desvela um ser-para-além-do-ser como o ser cuja copresença é copresença rigorosamente ligada a uma repleção por-vir. Assim se desvela no mundo a *ausência* como ser a-realizar, enquanto este ser é correlativo ao ser-possível *que me falta*. O copo d'água aparece como devendo-ser-bebido, ou seja, como correlato a uma sede captada não teticamente e em seu próprio ser como devendo ser saciada. Mas essas descrições, todas elas envolvendo uma relação com o futuro do mundo, ficarão mais claras se mostrarmos agora de que modo, sobre o fundamento da negação originária, o tempo do mundo, ou tempo universal, desvela-se à consciência.

IV
O TEMPO DO MUNDO

O tempo universal vem ao mundo pelo Para-si. O Em-si não dispõe de temporalidade precisamente porque é Em-si, e a temporalidade é o modo de ser unitário de um ser que está perpetuamente à distância de si para si. O Para-si, ao contrário, é temporalidade, mas não consciência *de* temporalidade, salvo quando se produz a si mesmo na relação "reflexivo-refletido". Ao modo irrefletido, descobre a temporalidade *no* ser, ou seja, fora. A temporalidade universal é objetiva.

A) O Passado

O "isto" não aparece como um presente que em seguida tenha de se tornar passado e que, anteriormente, era futuro. Este tinteiro, quando o percebo, já tem em sua existência suas três dimensões temporais. Desde que o capto como permanência, ou seja, como essência, está já no futuro, embora eu não lhe esteja presente em minha presença atual, mas como por-vir-a-mim-mesmo. E, simultaneamente, só posso apreendê-lo como já tendo estado aí, no mundo, enquanto eu mesmo já estava aí como presença. Nesse sentido, não existe "síntese de reconhecimento", se entendemos por isso uma operação progressiva de identificação que, pela organização sucessiva dos "agoras", conferisse uma *duração* à coisa percebida. O Para-si dispõe a explosão de sua temporalidade por toda a extensão do Em-si revelado, como se a dispusesse ao longo de um muro imenso e monótono cujo fim não conseguimos ver. Sou esta negação original que tenho-de-ser, à maneira do ainda-não e do já, ao lado do ser que é o que é. Assim, portanto, se supomos uma consciência surgindo em um mundo imóvel, ao lado de um ser único que fosse imutavelmente o que é, este ser iria se desvelar com um passado e um porvir de imutabilidade que dispensariam qualquer "operação" de síntese e não seriam mais que seu próprio desvelar. A *operação* só seria necessária se o Para-si tivesse que reter e, ao mesmo tempo, constituir seu próprio passado. Mas, pelo simples fato de que *é* seu próprio passado, assim como seu próprio porvir, o desvelar do Em-si só pode ser temporalizado. O "isto" se desvela de modo temporal, não porque se refratasse através de uma forma *a priori* do sentido interno, mas porque se desvela a um desvelar cujo próprio ser é temporalização (*temporalisation*). Todavia, a a-temporalidade do ser está *representada* em seu próprio desvelar: enquanto captado por e em uma temporalidade que se temporaliza, o *isto* aparece originariamente como temporal; mas, enquanto é o que é, recusa *ser* sua própria temporalidade e somente *reflete* o tempo; além disso, devolve a relação ek-stática interna – que está na fonte da temporalidade – como pura relação objetiva de exterioridade. A permanência, como compromisso entre a identidade intemporal e a unidade ek-stática de temporalização, aparecerá, portanto, como puro deslizamento de instantes Em-si, pequenos nadas separados uns dos outros e reunidos por uma relação de simples exterioridade, na superfície de um ser que conserva uma imutabilidade a-temporal. Logo, não é verdade que a intemporalidade do ser nos escapa: pelo contrário, está *dada no tempo* e fundamenta a maneira de ser do tempo universal.

Portanto, enquanto o Para-si "era" o que é, o utensílio ou coisa lhe aparece como tendo sido *já aí*. O Para-si não pode ser presença ao *isto* salvo como presença que *era*; toda percepção é em si, e sem qualquer "operação", um reconhecimento. E o que se revela através da unidade ek-stática do Passado e do Presente é um ser idêntico. Não é captado como sendo *o mesmo* no passado e no presente, mas sim como sendo *ele*. A temporalidade não é senão um órgão de visão. Contudo, o isto *já era* esse ele que *é*. Assim, aparece tendo um passado. Só que recusa *ser* esse passado, apenas o *tem*. A temporalidade, enquanto captada objetivamente, é portanto puro fantasma, pois não surge como temporalidade do Para-si, nem como temporalidade que o Para-si tem-de-ser. Ao mesmo tempo, o Passado transcendente, sendo Em-si a título de transcendência, não poderia ser como o que o Presente tem-de-ser, e se isola em um espectro de *Selbstständigkeit*. E, como cada momento do Passado é um "tendo-sido Presente", este isolamento prossegue no próprio interior do Passado. De sorte que o *isto* imutável se desvela através de um pestanejar e um fracionamento ao infinito de Em-sis espectrais. É assim que esse copo ou esta mesa se revelam a mim: não duram, *são;* e o tempo flui sobre eles. Dir-se-á, sem dúvida, que não *vejo* suas mudanças. Mas isso é introduzir aqui, inoportunamente, um ponto de vista científico. Tal ponto de vista, que nada justifica, é contradito por nossa própria percepção: *o cachimbo*, *o lápis*, todos esses seres que se mostram integralmente em cada um de seus "perfis" e cuja permanência é totalmente indiferente à multiplicidade dos perfis, também são, embora se revelando na temporalidade, transcendentes a toda temporalidade. A "coisa" existe de imediato, como "forma", ou seja, como um todo não afetado por quaisquer das variações superficiais e parasitárias que nela podemos ver. Cada *isto* se desvela com uma lei de ser que determina seu "umbral", ou seja, o nível de mudança no qual deixará de ser o que é, simplesmente para não ser mais. E esta lei de ser, que exprime a "permanência", é uma estrutura imediatamente desvelada de sua essência; determina uma potencialidade-limite do isto – a de desaparecer do mundo. Voltaremos a isso. Assim, o Para-si capta a temporalidade *sobre* o ser, como puro reflexo que se move à superfície do ser sem qualquer possibilidade de modificá-lo. O cientista irá determinar em conceito esta nadificação absoluta e espectral do tempo, com o nome de homogeneidade. Mas a apreensão transcendente e sobre o Em-si da unidade ek-stática do Para-si temporalizador *(temporalisant)* se opera como captação de uma forma vazia de unidade temporal, sem qualquer ser que fundamente esta unidade *sendo-a*. Assim, portanto, aparece, no plano Presente-Passado, esta curiosa unidade da dispersão absoluta que é a temporalidade externa, em que cada antes e cada depois é um "Em-si" isolado dos outros por sua exterioridade de indiferença, e em que, sem embargo, esses instantes são reunidos na unidade de ser de um mesmo ser, este ser comum, ou Tempo, não sendo mais que a própria dispersão, concebida como necessidade e substancialidade. Esta natureza contraditória só poderia *aparecer* sobre o duplo fundamento do Para-si e do Em-si. A partir daqui, para a reflexão científica, na medida em que esta aspira a hipostasiar a relação de exterioridade, o Em-si será concebido – ou seja, pensado no vazio –, não como uma transcendência observada através do tempo, mas como um conteúdo que passa de instante a instante; melhor ainda, como uma multiplicidade de conteúdos exteriores uns aos outros e rigorosamente *semelhantes* entre si.

Até agora, nossa descrição da temporalidade universal foi tentada a partir da hipótese de que nada vem do ser, exceto sua imutabilidade intemporal. Mas, precisamente, *algo* vem do ser: aquilo que, à falta de expressão melhor, denominaremos abolições e aparições. Essas aparições e abolições devem ser objeto de elucidação puramente metafísica e não ontológica, pois não se poderia conceber sua necessidade a partir das estruturas de ser do Para-si nem daquelas do Em-si: sua existência é a de um fato contingente e metafísico. Não sabemos exatamente o que vem do ser no fenômeno da aparição, posto que esse fenômeno já é o fato de um isto temporalizado. Todavia, a experiência nos ensina que há surgimentos e aniquilamentos de diversos *"istos"*, e, como agora sabemos que a percepção desvela o Em-si e, fora do Em-si, *nada*, podemos considerar o Em-si o fundamento desses surgimentos e aniquilamentos. Vemos com clareza, além disso, que o princípio de identidade, como lei de ser do Em-si, exige que a abolição e a aparição sejam totalmente exteriores ao Em-si aparecido ou abolido: senão, o Em-si seria e não seria ao mesmo tempo. A abolição não poderia ser esta perda de ser que é um *fim*. Somente o Para-si pode conhecer essas perdas, porque é para si mesmo seu próprio fim. O ser, quase-afirmação em que o afirmante está revestido pelo afirmado, existe sem finitude interna, na tensão peculiar de sua "afirmação-si-mesmo". Seu "até então" lhe é totalmente exterior. Assim, a abolição não significa a necessidade de um "depois", que só pode se manifestar em um mundo e para um Em-si, mas sim de um "quase-depois". Esse quase-depois pode ser assim exprimido: o ser-Em-si não pode operar a mediação entre si mesmo e seu nada. Analogamente, as aparições não são *aventuras* do ser-que-aparece. Esta anterioridade a si mesmo que a aventura faria pressupor só pode ser encontrada no Para-si, para o qual tanto a aparição como o fim são aventuras internas. O ser é o que é. O ser é, sem "pôr-se a ser", sem infância, sem juventude: o ser-que-aparece não é novidade para si; é logo de saída ser, sem relação com um antes que tivesse-de-ser à maneira do *não sê-lo* e como pura ausência. Aqui também encontramos uma quase sucessão, ou seja, uma exterioridade completa do ser-que-aparece com relação ao seu nada.

Mas, para que esta exterioridade absoluta seja dada sob a forma do "há", já é necessário um mundo; quer dizer, o surgimento de um Para-si. A exterioridade absoluta do Em-si com relação ao Em-si faz com que o próprio nada que é o quase-antes da aparição ou o quase-depois da abolição sequer possa encontrar lugar na plenitude do ser. É somente na unidade de um mundo e sobre fundo de mundo que pode aparecer um *isto* que *não era*, ou pode ser desvelada essa relação-ausência-de-relação que é a exterioridade; o nada de ser que é a anterioridade com relação a um ser-que-aparece que "não era" só pode vir a um mundo retrospectivamente, por um Para-si que é seu próprio nada e sua própria anterioridade. Assim, o surgimento e a aniquilação do *isto* são fenômenos ambíguos: o que vem ao ser pelo Para-si é, também neste caso, um puro nada, o não-ser-ainda e o não-ser-mais. O ser considerado não é o fundamento disto, e tampouco o mundo como totalidade captada *antes* ou *depois*. Mas, por outro lado, na medida em que o surgimento se desvela no mundo por um Para-si que é seu próprio antes e seu próprio depois, a aparição se dá primeiramente como uma aventura; captamos o *isto*-que-aparece como sendo já aí, no mundo, como sua própria ausência, enquanto que nós mesmos já éramos presentes a um mundo em que ele estava ausente. Assim, a coisa pode surgir de seu próprio nada. Não se trata de uma visão conceitual da mente, mas de uma estrutura originária da percepção. As experiências da *Gestalt-theorie* mostram claramente que a pura aparição é sempre captada como surgimento dinâmico; o ser-que-aparece *vem correndo* ao ser, do fundo do nada. Temos aqui, ao mesmo tempo, a origem do "princípio de causalidade". O ideal da causalidade não é a negação do ser-que-aparece enquanto tal, como pretende um Meyerson, nem tampouco a notificação de um nexo permanente de exterioridade entre dois fenômenos. A causalidade primeira é a captação do ser-que-aparece antes que apareça, como sendo já aí, em seu próprio nada, para preparar sua aparição. A causalidade é simplesmente a captação primeira da temporalidade do ser-que-aparece como modo ek-stático de ser. Mas o caráter *aventuroso* do acontecimento, como constituição ek-stática da aparição, desagrega-se na própria percepção; o antes e o depois se fixam em seu nada-Em-si, e o ser-que-aparece em sua indiferença de identidade; o não-ser do ser-que-aparece, no instante anterior, desvela-se como plenitude indiferente do ser existente neste instante; a relação de causalidade se desagrega em pura relação de exterioridade entre "istos" anteriores ao ser-que-aparece e o próprio ser-que-aparece. Assim, a ambiguidade da aparição e da desaparição advém do fato de que estas se mostram – tal como o mundo, o espaço, a potencialidade e a utensilidade, como o próprio tempo universal – com o aspecto de totalidades em perpétua desagregação.

Tal é, portanto, o passado do mundo, feito de instantes homogêneos e reunidos uns aos outros por pura relação de exterioridade. Por seu passado, como já tínhamos observado, o Para-si se fundamenta no Em-si. No Passado, o Para-si convertido em Em-si se revela sendo no meio do mundo: ele *é*, perdeu sua transcendência. E, por esse fato, seu ser se preterifica *no* tempo: não há qualquer diferença entre o Passado do Para-si e o passado do mundo que lhe foi copresente, a não ser o fato de que o Para-si tem-de-ser seu próprio passado. Assim, não há mais que *um* Passado, que é passado do ser, ou passado *objetivo, no* qual eu era. Meu passado é passado no mundo, pertencente à totalidade do ser passado, aquilo que sou e do qual fujo. Significa que há coincidência, para uma das dimensões temporais, entre a temporalidade ek-stática que tenho-de-ser e o tempo do mundo como puro nada dado. É pelo Passado que pertenço à temporalidade universal, e é pelo presente e o futuro que dela escapo.

B) O Presente

O presente do Para-si é presença ao ser, e, como tal, não é. Mas é desvelar *do* ser. O ser que aparece à Presença se dá como *sendo no Presente.* Por esta razão é que o Presente se dá de modo antinômico como não sendo quando é vivido, e como sendo a medida única do Ser enquanto se desvela como sendo o que é no Presente. Não que o ser não vá além dos limites do Presente, mas esta superabundância de ser só pode ser captada através do órgão de apreensão que é o Passado, ou seja, aquilo que não é mais. Assim, esse livro sobre minha mesa *é* no presente e *era* (idêntico a si mesmo) no Passado. O Presente, pois, desvela-se através da temporalidade originária como o ser universal, e, ao mesmo tempo, nada é – nada mais que o ser; é puro deslizamento ao longo do ser, puro nada.

As reflexões precedentes poderiam dar a entender que nada vem do ser ao presente, à exceção de seu ser. Mas isso seria esquecer que o ser se desvela ao Para-si ora como imóvel, ora em movimento, e que as noções de movimento e repouso estão em relação dialética. Mas o movimento não poderia derivar ontologicamente da natureza do Para-si, nem de sua relação fundamental com o Em-si, nem do que podemos descobrir originariamente no fenômeno do Ser. Seria concebível um mundo sem movimento. Por certo, não se poderia encarar a possibilidade de um mundo sem mudança, salvo a título de possibilidade puramente formal, mas mudança não é movimento. Mudança é alteração da qualidade do *isto;* como vimos, produz-se em bloco pelo surgimento ou desagregação de uma forma. O movimento, ao contrário, presume a permanência da quididade. Se um *isto* tivesse de ser trasladado de um lugar para outro e, ao mesmo tempo, tivesse de sofrer durante esta trasladação uma alteração radical de seu ser, tal alteração seria negadora do movimento, pois já *nada* estaria em movimento. O movimento é pura mudança de lugar de um *isto* que permanece de resto inalterado, como demonstra suficientemente o postulado da homogeneidade do espaço. O movimento, que não poderia ser deduzido de qualquer característica essencial dos existentes em presença, que foi negado pela ontologia eleática e necessitou, na ontologia cartesiana, do famoso recurso ao "piparote", tem, portanto, o valor exato de um fato, participa inteiramente da contingência do ser e deve ser aceito como um dado. Decerto, veremos em seguida ser necessário um Para-si para que "haja" movimento, o que torna particularmente difícil a designação exata do que vem do ser no movimento puro; mas, de todo modo, está fora de dúvida que o Para-si, aqui como em outros casos, *nada acrescenta* ao ser; neste, como em outros casos, é sobre o fundo de puro Nada que o movimento se põe em relevo. Mas se, pela própria natureza do movimento, estamos impedidos de tentar uma *dedução,* ao menos é possível e até necessário fazer uma *descrição* do mesmo. Assim, que devemos conceber como *sentido* do movimento?

Supõe-se que o movimento é simples *afecção* do ser, porque o móvel, *depois* do movimento, volta a se achar tal como era anteriormente. Comumente se colocou como princípio o fato de que a translação não deforma a figura transladada, sendo aparentemente tão evidente que o movimento adere ao ser sem modificá-lo: é verdade, como vimos, que a quididade do isto permanece inalterada. Nada mais típico desta concepção que a resistência encontrada por uma teoria como a de Fitzgerald sobre a "contração" ou a de Einstein sobre "as variações da massa", porque pareciam atacar mais particularmente aquilo que constitui o ser do móvel. Daí procede, evidentemente, o princípio da relatividade do movimento, que se compreende perfeitamente bem se este for uma característica exterior do ser e nenhuma modificação infraestrutural o determinar. O movimento torna-se então uma relação a tal ponto *externa* entre o ser e sua periferia que equivaleria dizer que o ser está em movimento e sua periferia em repouso, ou, reciprocamente, que a periferia está em movimento e o ser considerado em repouso. Desse ponto de vista, o movimento não aparece como ser nem como modo de ser, mas como uma relação inteiramente desubstancializada.

Mas o fato de que o móvel seja idêntico a si mesmo ao partir e ao chegar, ou seja, nos dois estados que enquadram o movimento, em nada predetermina aquilo que era quando estava *móvel*. Daria no mesmo dizer que a água que ferve no esterilizador não sofre qualquer transformação durante a ebulição, sob pretexto de que apresenta as mesmas características quando está fria e depois de resfriada. O fato de ser possível designar diferentes posições sucessivas ao móvel durante seu movimento, e o fato de que, em cada posição, ele pareça semelhante a si mesmo, tampouco devem nos deter, pois essas posições definem o espaço percorrido e não o próprio movimento. Ao contrário, é esta tendência matemática a tratar o móvel como ser em repouso que se desloca ao longo de uma linha, sem sair de seu repouso, aquela tendência que se acha na origem das aporias eleáticas.

Assim, a afirmação de que o ser permanece imutável em seu ser, esteja em repouso ou em movimento, deve surgir como simples postulado que não poderíamos aceitar sem crítica. Para tal crítica, voltemos aos argumentos eleáticos, em particular ao da flecha. Dizem-nos que a flecha, ao passar pela posição AB, "é" exatamente como seria uma flecha em repouso, com a extremidade pontiaguda em A e a extremidade oposta em B. Isso parece evidente se admitirmos que o movimento se superpõe ao ser e, em consequência, nada vem revelar se o ser está em movimento ou repouso. Em suma, se o movimento é um acidente do ser, movimento e repouso são indiscerníveis. Os argumentos que se costumam opor à mais famosa das aporias eleáticas, a de Aquiles e a Tartaruga, não têm importância aqui. Com efeito, para que serve objetar que os Eleatas levaram em conta a divisão ao infinito do espaço sem considerar igualmente a do tempo? Não se trata aqui de *posição* ou de instante, mas de *ser*. Aproximamo-nos de uma concepção correta do problema quando respondemos aos Eleatas que eles consideraram, não o movimento, mas sim o espaço que subentende o movimento. Mas nos limitamos então a indicar a questão sem resolvê-la: com efeito, que há de ser o ser do móvel para que sua quididade permaneça inalterada, e, contudo, ele seja distinto em seu ser de um ser em repouso?

Se buscamos esclarecer nossas resistências aos argumentos de Zenão, constatamos que eles têm por origem certa concepção natural do movimento: admitimos que a flecha "passa" por AB, mas nos parece que *passar* por um lugar não equivale a *permanecer aí*, ou seja, *ser aí*. Só que, em geral, cometemos grave confusão ao estimar que o móvel nada mais faz que *passar* por AB (ou seja, nunca *é aí*), e, ao mesmo tempo, continuamos a supor que, em si mesmo, ele *é*. Em decorrência, o móvel seria Em-si e, ao mesmo tempo, não seria em AB. É a origem da Aporia dos Eleatas: como poderia a flecha não *ser* em AB, uma vez que, em AB, a flecha *é?* Em outros termos, para evitar a aporia eleática, será necessário renunciar ao postulado, geralmente aceito, segundo o qual o ser em movimento conserva seu ser-Em-si. Estar somente passando por AB é ser-de-passagem. Que significa passar? É ao mesmo tempo estar em um lugar e não estar nele. Em momento algum pode-se dizer que o ser-de passagem *é* aí, sob pena de detê-lo bruscamente; mas tampouco se poderia dizer que ele não é, ou que *não é aí*, ou que é *em outra parte*. Sua relação com o lugar não é uma relação de *ocupação*. Mas, como vimos antes, o *lugar* de um "isto" em repouso é sua relação de exterioridade com o fundo, na medida que essa relação pode desmoronar em multiplicidade de relações externas com outros "istos", quando o próprio fundo se desagrega em multiplicidade de formas[29]. O fundamento do espaço é, portanto, a exterioridade recíproca que vem ao ser pelo Para-si e cuja origem é o fato de que o ser é o que é. Em resumo, é o ser que define seu lugar, revelando-se a um Para-si como indiferente aos demais seres. E esta indiferença nada mais é que sua própria identidade, sua ausência de realidade ek-stática, enquanto captada por um Para-si que já é presença a outros "istos". Logo, pelo simples fato de que o *isto* é o que é, ele *ocupa* um lugar, *é* em um lugar, ou seja, é posto em relação pelo Para-si com os demais istos como *não tendo relações com eles*. O espaço é o nada de relação captado como relação por um ser que é sua própria relação. O fato de *passar* por um lugar em vez de ser aí, portanto, só pode ser interpretado em termos de ser. Significa que, estando o lugar fundamentado pelo ser, o ser já não é suficiente para fundamentar seu lugar: apenas o esboça; suas relações de exterioridade com os demais "istos" não podem ser estabelecidas pelo Para-si, porque é necessário que este as estabeleça a partir de um isto que *é*. Mas, todavia, essas relações não podem se aniquilar, pois o ser a partir do qual se estabelecem não é puro nada. Simplesmente, no próprio "agora" em que estabelece tais relações, esse ser já é exterior a elas; ou seja, simultaneamente à revelação dessas relações, desvelam-se *já* novas relações de exterioridade cujo fundamento é o isto considerado e que estão em relação de exterioridade com as primeiras. Mas esta exterioridade contínua das relações espaciais que definem o lugar do ser só podem encontrar seu fundamento no fato de que o *isto* considerado é exterior a si mesmo. Com efeito, dizer que o *isto* passa por um lugar significa que já não está aí quando ainda está aí, ou seja, que está, com relação a si, não em uma relação ek-stática de ser, mas em pura relação de exterioridade. Assim, há "lugar" na medida em que o "isto" se desvela exterior aos demais "istos". E há *passagem* por esse lugar na medida em que o ser já não se resume nesta exterioridade, mas, ao contrário, já é exterior a ela. Assim, o movimento é o ser de um ser que é exterior a si mesmo. A única questão metafísica que se coloca por ocasião do movimento é a da exterioridade a si. Que devemos entender por isso?

---

29. Capítulo III, seção II.

No movimento, o ser *em nada* muda ao passar de A a B. Significa que sua *qualidade*, enquanto representa o ser que se desvela como *isto* ao Para-si, não se transforma em outra qualidade. O movimento de modo algum é assimilável ao porvir; não altera a qualidade em sua *essência*, assim como tampouco a *atualiza*. A qualidade permanece exatamente o que é: sua maneira de ser é que muda. Esta bola vermelha que rola sobre a mesa de bilhar não cessa de *ser* vermelha, mas a maneira como é agora esse vermelho que *é* não é a mesma como era quando estava em repouso: o vermelho permanece em suspenso entre a abolição e a permanência. Com efeito, enquanto já em B, é exterior ao que era em A, há aniquilamento do vermelho; mas, enquanto se reencontra em C, uma vez passado B, é exterior a este aniquilamento mesmo. Assim, pela abolição escapa ao ser, e pelo ser à abolição. Existe, pois, uma categoria de "istos" no mundo aos quais é próprio jamais ser, sem que por tal razão sejam nadas. A única relação que o Para-si pode captar originariamente nesses *istos* é a relação de exterioridade a si. Pois, sendo a exterioridade o *nada*, é preciso que haja um ser que seja para si mesmo sua própria relação para que exista "exterioridade a si". Em suma, é impossível definir em puros termos de Em-si aquilo que se revela a um Para-si como exterioridade-a-si. Tal exterioridade só pode ser descoberta por um ser que, para si mesmo, já é *ali* o que é *aqui*, ou seja, por uma consciência. Esta exterioridade-a-si, que aparece como pura enfermidade do ser – ou seja, como a impossibilidade que existe para certos istos de serem ao mesmo tempo si mesmos e seu próprio nada – deve ser registrada por algo que seja como um *nada no mundo*, ou seja, um nada substancializado. Com efeito, não sendo a exterioridade-a-si de forma alguma ek-stática, a relação do móvel consigo mesmo é pura relação de indiferença e só pode ser descoberta por uma testemunha. É uma abolição que não pode se fazer e uma aparição que não pode se fazer. Esse nada que mede e significa a exterioridade-a-si é a *trajetória*, como constituição de exterioridade na unidade de um mesmo ser. A trajetória é a linha que se traça, ou seja, uma brusca aparência de unidade sintética no espaço, uma simulação que se desmorona em seguida em multiplicidade infinita de exterioridade. Quando o *isto* está em repouso, o espaço *é;* quando está em movimento, o espaço *se engendra* ou *se torna*. A trajetória jamais *é,* porque é *nada:* evapora de imediato em puras relações de exterioridade entre diversos lugares, ou seja, na simples exterioridade de indiferença ou espacialidade. O movimento também *não é*; é o menor-ser de um ser que não consegue se abolir nem ser completamente; é o surgimento, no âmago mesmo do Em-si, da exterioridade de indiferença. Essa pura vacilação de ser é uma aventura contingente do ser. O Para-si não pode captá-la a não ser através do ek-stase temporal e em uma identificação ek-stática e permanente do móvel consigo mesmo. Esta identificação não presume qualquer operação e, em particular, qualquer "síntese de reconhecimento"; nada mais é, para o Para-si, do que a unidade ek-stática do Passado com o Presente. Assim, a identificação *temporal* do móvel consigo mesmo, através do posicionamento constante de sua própria exterioridade, faz com que a trajetória se desvele, ou seja, faz surgir o espaço sob a forma de um devir evanescente. Pelo movimento, o espaço se engendra no tempo; o movimento traça a linha, como traço de exterioridade a si. A linha se desvanece ao mesmo tempo que o movimento, e esse espectro de unidade temporal do espaço se fundamenta continuamente no espaço intemporal, ou seja, na pura multiplicidade de dispersão, que *é* sem vir-a-ser.

O Para-si é, no presente, presença ao ser. Mas a identidade eterna do permanente não permite captar esta presença como reflexo sobre as coisas, já que nada vem a diferenciar aquilo que é daquilo que era na permanência. A dimensão *presente* do tempo universal seria, pois, incaptável, se não houvesse o movimento. É o movimento que determina em presente puro o tempo universal. Em primeiro lugar, porque este se revela como vacilação *presente:* no passado, já não passa de uma linha evanescente, um sulco deixado por um navio em movimento e que se desfaz; no futuro, não é em absoluto, por não poder ser seu próprio projeto: é como o avanço continuado de uma lagartixa na parede. Seu ser, por outro lado, tem a ambiguidade incaptável do instante, pois não se poderia dizer que é ou que não é; além disso, apenas aparece quando já está transcendido e é exterior a si. Portanto, sintoniza perfeitamente com o Presente do Para-si: a exterioridade a si do ser que não pode ser nem não ser devolve ao Para-si a imagem – projetada no plano do Em-si – de um ser que tem-de-ser o que não é e tem-de-não-ser o que é. Toda a diferença é a que separa a exterioridade a si – na qual o ser não é para ser sua própria exterioridade, mas, ao contrário, "é ser" pela identificação de uma testemunha ek-stática – do puro ek-stase temporalizador, em que o ser tem-de-ser o que não é. O Para-si se faz anunciar seu Presente pelo móvel; é seu próprio presente em simultaneidade com o movimento atual; é o movimento que será encarregado de *realizar* o tempo universal, na medida em que o Para-si se faz anunciar seu próprio presente pelo presente do móvel. Esta realização colocará em destaque a exterioridade recíproca dos instantes, posto que o presente do móvel se define – devido à própria natureza do movimento – como exterioridade a seu próprio passado e exterioridade a esta exterioridade. A divisão ao infinito do tempo está fundamentada nesta exterioridade absoluta.

C) O Futuro

O futuro originário é possibilidade desta presença que tenho-de-ser, Para-além do real, a um Em-si para além do Em-si real. Meu futuro carrega, como copresença futura, o esboço de um mundo futuro, e, como vimos, o que se desvela ao Para-si que serei é esse mundo futuro, e não as possibilidades mesmas do Para-si, só cognoscíveis ao olhar reflexivo. Sendo meus possíveis o sentido do que sou, surgindo ao mesmo tempo como um Para-além do Em-si ao qual sou presença, o futuro do Em-si que se revela a meu futuro está em conexão direta e estreita com o real ao qual sou presença. É o Em-si presente modificado, pois meu futuro não passa de minhas possibilidades de presença a um Em-si que terei modificado. Assim, o futuro do mundo se desvela a meu futuro. É constituído pela gama das potencialidades, que vai desde a simples permanência e a essência pura da coisa até as potências. Desde que retenho a essência da coisa, captando-a como mesa ou tinteiro, já estou lá adiante, no futuro, primeiramente porque sua essência não pode ser senão uma copresença à minha possibilidade ulterior de não-ser-mais-que-esta-negação, depois porque sua permanência e utensilidade mesmas de mesa ou tinteiro nos remetem ao futuro. Já desenvolvemos o bastante tais observações para ser preciso insistir. Queremos sublinhar apenas que toda coisa, desde sua aparição como coisa-utensílio, aloja no futuro algumas de suas estruturas e propriedades. A partir da aparição do mundo e dos "istos", *há* um futuro universal. Só que, como observamos antes, todo "estado" futuro do mundo permanece estranho a ele, em plena exterioridade recíproca de indiferença. Há *futuros* do mundo que se definem como *acaso* e se convertem em prováveis autônomos, futuros esses que não se probabilizam, mas *são* enquanto prováveis, como *"agoras"* totalmente constituídos, com seu conteúdo bem determinado, mas ainda não realizados. Esses futuros pertencem a cada "isto" ou coleção de "istos", mas estão *fora*. Que será então o *porvir* universal? Devemos entendê-lo como o marco abstrato desta hierarquia de equivalências que são *os* futuros, continente de exterioridades recíprocas que é ele mesmo exterioridade, soma de Em-sis que é ela mesmo Em-si. Significa que, qualquer que seja o provável que venha a prevalecer, há e haverá um porvir, mas, por esse fato, este porvir indiferente e exterior ao presente, composto de "agoras" indiferentes uns aos outros e reunidos pela relação substantificada antes-depois (enquanto tal relação, esvaziada de seu caráter ek-stático, já não tem senão o sentido de uma negação externa), é uma série de continentes vazios reunidos uns aos outros pela unidade de dispersão. Nesse sentido, ora o porvir aparece como uma urgência e uma ameaça, na medida em que unifica estreitamente o futuro de um *isto* a seu presente pelo projeto de minhas próprias possibilidades Para-além do copresente; ora esta ameaça se desagrega em pura exterioridade e já não capto o porvir salvo sob o aspecto de puro continente formal, indiferente ao que o preenche e homogêneo com o espaço, enquanto simples lei de exterioridade; ora, enfim, o porvir se descobre como um nada Em-si, enquanto dispersão pura Para-além do ser.

Assim, as dimensões temporais através das quais nos é dado o *isto* intemporal, com sua a-temporalidade mesmo, assumem qualidades novas quando aparecem sobre o objeto: o ser-Em-si, a objetividade, a exterioridade de indiferença, a dispersão absoluta. O Tempo, enquanto se revela a uma temporalidade ek-stática que se temporaliza, é em toda parte transcendência a si e remissão do antes ao depois e do depois ao antes. Mas o Tempo, enquanto se faz captar sobre o Em-si, não tem-*de-ser* esta transcendência a si; esta, sim, é tendo sido no Tempo. A coesão do Tempo é puro espectro, reflexo objetivo do projeto ek-stático do Para-si rumo a si mesmo e da coesão em movimento da Realidade humana. Mas esta coesão não tem *qualquer razão de ser* se considerarmos o Tempo por si mesmo; ela se desmorona de imediato em uma multiplicidade de instantes que, considerados separadamente, perdem toda natureza temporal e se reduzem pura e simplesmente à total a-temporalidade do *isto*. Assim, o Tempo é puro nada Em-si que só pode aparentar ter um *ser* pelo próprio ato no qual o Para-si o ultrapassa para utilizá-lo. Mas este ser é o de uma forma singular que se destaca sobre fundo indiferenciado de tempo e que denominaremos *lapso*. Com efeito, nossa primeira apreensão do tempo objetivo é *prática:* é *sendo* minhas possibilidades Para-além do ser copresente que descubro o tempo objetivo como correlato no mundo do nada que me separa de meu possível. Desse ponto de vista, o tempo aparece como forma finita, organizada, no âmago de uma dispersão indefinida; o *lapso* de tempo é compressão de tempo no miolo de uma absoluta descompressão, e é o projeto de nós mesmos rumo a nossos possíveis que realiza a compressão. Essa compressão de tempo é, certamente, uma forma de dispersão e de separação, pois expressa no mundo a distância que me separa de mim mesmo. Mas, por outro lado, como jamais me projeto a um possível salvo através de uma série organizada de possíveis dependentes, que são o que tenho-de-ser para ser..., e como a revelação não temática e não posicional desses possíveis é dada na revelação não posicional do possível principal ao qual me projeto, o tempo se desvela a mim como forma temporal objetiva, como escalonamento organizado dos prováveis: esta forma objetiva ou lapso é como a *trajetória* de meu ato.

Assim, o tempo aparece por *trajetórias*. Mas, do mesmo modo como as trajetórias espaciais se descomprimem e se desmoronam em pura espacialidade estática, também a trajetória temporal desaba desde que não seja simplesmente vivida como aquilo que subtende* objetivamente à nossa espera por nós mesmos. Com efeito, os prováveis que se revelam a mim tendem naturalmente a se isolar como *prováveis Em-si* e a ocupar uma

---

* No original, por errata, lê-se *sous-entend* (subentende) no lugar de *sous-tend* (subtende) [N.T.].

fração rigorosamente separada do tempo objetivo; o *lapso* de tempo se desvanece e o tempo se revela como jogo iridescente de nada à superfície de um ser rigorosamente a-temporal.

V
O CONHECIMENTO

Este breve esboço da revelação do mundo ao Para-si nos permite certas conclusões. Admitimos com o idealismo que o ser do Para-si é conhecimento do ser, mas acrescentando que há um ser deste conhecimento. A identidade entre o ser do Para-si e o conhecimento não decorre do fato de que o conhecimento seja a medida do ser, mas de que o Para-si se faz anunciar o que é pelo Em-si, ou seja, do fato de que é, em seu ser, relação com o ser. O conhecimento nada mais é que a presença do ser ao Para-si, e o Para-si nada mais que o *nada* que realiza esta presença. Assim, o conhecimento é, por natureza, ser ek-stático, e por isso se confunde com o ser ek-stático do Para-si. O Para-si não existe primeiro para conhecer depois, e tampouco pode-se dizer que somente existe enquanto conhece ou é conhecido, pois isso o faria desvanecer em uma infinidade determinada de conhecimentos particulares. Mas é o surgimento absoluto e primeiro do Para-si em meio do ser e Para-além do ser – a partir do ser que ele não é e como negação deste ser e nadificação de si – que constitui o conhecimento. Em resumo, por uma inversão radical da posição idealista, o conhecimento se reabsorve no ser: não é um atributo, nem uma função, nem um acidente do ser; pois *só existe* ser. Desse ponto de vista, parece necessário abandonar inteiramente a posição idealista e, em particular, torna-se possível encarar a relação entre o Para-si e o Em-si como relação ontológica fundamental; no final deste livro, poderemos até considerar esta articulação do Para-si com relação ao Em-si como esboço perpetuamente móvel de uma quase-totalidade que podemos chamar de *Ser.* Do ponto de vista desta totalidade, o surgimento do Para-si não é somente o acontecimento absoluto para o Para-si, como também *algo que ocorre ao Em-si,* a única aventura possível do Em-si: com efeito, tudo se passa como se o Para-si, por sua própria nadificação, se constituísse em "consciência de...", ou seja, por sua própria transcendência, escapasse à lei do Em-si, na qual a afirmação está revestida pelo afirmado. O Para-si, por sua negação de si, converte-se em afirmação *do* Em-si. A afirmação intencional é como o reverso da negação interna; só pode haver afirmação por um ser que é seu próprio nada e de um ser que não é o ser afirmante. Mas então, na quase-totalidade do Ser, a afirmação *ocorre* ao Em-si: a aventura do Em-si é *ser afirmado*. Esta afirmação, que não podia ser operada como afirmação de si pelo Em-si sem destruir seu ser-Em-si, ocorre ao Em-si realizada pelo Para-si; é como um ek-stase passivo do Em--si, que o deixa inalterado e, contudo, efetua-se nele a partir dele. Tudo se passa como se houvesse uma Paixão do Para-si, que se perderia a si mesmo para que a afirmação "mundo" pudesse chegar ao Em-si. E, por certo, tal afirmação não existe senão *para* o Para-si; ela é o próprio Para-si e desaparece com ele. Mas não está *no* Para-si, pois é o ek-stase mesmo, e, se o Para-si é um de seus termos (o afirmante), o outro termo, o Em-si, é *realmente* presente a ele; é fora, sobre o ser, que há um mundo que se revela a mim.

Ao realista, por outro lado, concederemos que é o próprio ser que é presente à consciência no conhecimento, e que o Para-si *nada* agrega ao Em-si, a não ser o próprio fato de que *haja* Em-si, ou seja, a negação afirmativa. Com efeito, assumimos a tarefa de mostrar que o mundo e a coisa-utensílio, o espaço e a quantidade, assim como o tempo universal, são puros nadas substancializados que de modo algum modificam o ser puro que se revela através deles. Nesse sentido, tudo é dado, tudo me é presente sem distância e em sua completa realidade; *nada* do que vejo vem de mim; *nada* há fora do que vejo ou do que poderia ver. O ser está por toda parte à minha volta, parece que posso tocá-lo, agarrá-lo; a *representação*, como acontecimento psíquico, é pura invenção dos filósofos. Mas deste ser que "me cerca" por todos os lados e do qual *nada* me separa estou separado precisamente por *nada*, e esse nada, por ser nada, é intransponível. "Há" ser porque sou negação do ser, e a mundanidade *(mondanité)*, a espacialidade, a quantidade, a utensilidade, a temporalidade, só vêm ao ser porque sou negação do ser; nada acrescentam ao ser, são puras condições nadificadas do "há", nada fazem senão realizar o "há". Mas essas condições que *nada são* me separam mais radicalmente do ser do que o fariam as deformações prismáticas através das quais eu ainda poderia esperar descobri-lo. Dizer que há ser é nada, e contudo, é operar total metamorfose, posto que *não há* ser exceto para um Para-si. Não é em sua qualidade própria que o ser é *relativo* ao Para-si, nem em seu ser, e com isso escapamos ao relativismo kantiano; mas é relativo em seu "há", uma vez que, em sua negação interna, o Para-si afirma aquilo que não pode se afirmar e conhece o ser *tal como é*, quando o "tal como é" não poderia pertencer ao ser. Nesse sentido, o Para-si é presença imediata ao ser e, ao mesmo tempo, desliza com distância infinita entre ele mesmo e o ser. Pois o conhecer tem por ideal o ser-o-que-se-conhece, e, por estrutura originária, o não-ser-o-conhecido. Mundaneidade, espacialidade etc., nada mais fazem do que expressar esse não ser. Assim, encontro-me por toda parte entre mim mesmo e o ser, como um nada que *não é* o ser. O mundo é humano. Podemos ver a posição muito particular da consciência: o ser está por toda parte, contra mim, à minha volta, pesa sobre mim, assedia-me, e sou perpetuamente remetido de ser em ser; esta mesa que aí está é ser e *nada* mais; este rochedo, esta árvore, essa paisagem: ser e, fora disso, *nada*. Quero captar este ser e não encontro senão *eu mesmo*. O conhecimento, intermediário entre o ser e o não ser, remete-me ao ser absoluto se pretendo fazê-lo subjetivo e me remete a mim mesmo quando suponho captar o absoluto. O sentido mesmo do conhecimento é ser o que não é e não ser o que é, porque, para conhecer o ser tal como é, seria necessário ser este ser; mas não há esse "tal como é" salvo porque não sou o ser que conheço, e, se me convertesse nele, o "tal como é" desvanecer-se-ia e já nem sequer poderia ser pensado. Não se trata aqui de ceticismo – o qual pressupõe precisamente que o "tal como é" pertence ao ser –, nem de relativismo. O conhecimento nos coloca em presença do absoluto, e há uma verdade do conhecimento. Mas esta verdade, embora nos entregue nem mais nem menos que o absoluto, permanece estritamente humana.

Talvez cause surpresa o fato de tratarmos do problema do conhecimento sem colocar a questão do corpo e dos sentidos, ou mesmo a ela não nos referirmos uma só vez. Não entra em nosso propósito desconhecer ou negligenciar o papel do corpo. Mas importa antes de tudo, em ontologia como em qualquer outra área, observar no discurso uma ordem rigorosa. E o corpo, qualquer que possa ser sua função, aparece antes de tudo como algo *conhecido*. Portanto, não poderíamos nos referir a ele ou discuti-lo antes de definir o conhecer, nem fazer derivar dele, seja do modo que for, o conhecer em sua estrutura fundamental. Além disso, o corpo – nosso corpo – tem por caráter particular ser essencialmente o *conhecido pelo outro*: o que conheço é o corpo dos outros, e o essencial do que *sei* de meu corpo decorre da maneira como os outros o veem. Assim, a natureza do *meu* corpo me remete à existência do Outro e a meu ser-Para-outro. Descubro com ele, para a realidade humana, outro modo de existência tão fundamental quanto o ser-Para-si, que denominaremos ser-Para-outro. Se almejo descrever de forma exaustiva a relação do homem com o ser, é necessário agora abordar o estudo desta nova estrutura de meu ser: o Para-outro. Pois a realidade humana, em um único e mesmo surgimento, deve ser em seu ser Para-si-Para-outro.

TERCEIRA PARTE
O para-outro

CAPÍTULO 1
A EXISTÊNCIA DO OUTRO

I
O PROBLEMA

Descrevemos a realidade humana a partir das condutas negativas e do *cogito*. Seguindo esse fio condutor, descobrimos que a realidade humana é Para-si. Será *tudo* que é? Sem sair de nossa atitude de descrição reflexiva, podemos encontrar modos de consciência que parecem indicar, mesmo se conservando estritamente Para-si, um tipo de estrutura ontológica radicalmente diverso. Esta estrutura ontológica é *minha*; é de *mim* mesmo que cuido, e, no entanto, esse cuidado (*cura*) "para-mim" revela um ser que é *meu* sem ser-para-mim.

Consideremos, por exemplo, a vergonha. Trata-se de um modo de consciência cuja estrutura é idêntica a todas que descrevemos anteriormente. É consciência não posicional (de) si como vergonha e, como tal, um exemplo do que os alemães denominam *Erlebnis*; é acessível à reflexão. Além disso, sua estrutura é intencional; é apreensão vergonhosa *de* algo, e esse algo sou *eu*. Tenho vergonha do que *sou*. A vergonha, portanto, realiza uma relação íntima de mim comigo mesmo: pela vergonha, descobri um aspecto de *meu* ser. E, todavia, ainda que certas formas complexas e derivadas da vergonha possam aparecer no plano reflexivo, a vergonha não é originariamente um fenômeno de reflexão. Com efeito, quaisquer que sejam os resultados que se possam obter na solidão pela *prática* religiosa da vergonha, a vergonha, em sua estrutura primeira, é vergonha *diante de alguém*. Acabo de cometer um gesto desastrado ou vulgar: esse gesto gruda em mim, não o julgo nem o censuro, apenas o vivencio, realizo-o ao modo do Para-si. Mas, de repente, levanto a cabeça: alguém estava ali e me viu. Constato subitamente toda a vulgaridade de meu gesto e sinto vergonha. Decerto, minha vergonha não é reflexiva, pois a presença do outro à minha consciência, ainda que à maneira de um catalisador, é incompatível com a atitude reflexiva: no campo da minha reflexão, só posso encontrar a consciência que é minha. O Outro é o mediador indispensável entre mim e mim mesmo: sinto vergonha de mim *tal como apareço* ao Outro. E, pela aparição mesmo do Outro, estou em condições de formular sobre mim um juízo igual ao juízo sobre um objeto, pois é como objeto que apareço ao Outro. Contudo, este objeto que apareceu ao Outro não é uma imagem vã na mente de Outro. Esta imagem, com efeito, seria inteiramente imputável ao Outro e não poderia me "tocar". Eu poderia sentir irritação ou ódio diante dela, como diante de um mau retrato meu, que me desse uma feiúra ou uma vileza de expressão que não tenho; mas tal imagem não poderia me alcançar até a medula: a vergonha é, por natureza, *reconhecimento*. Reconheço que *sou* como o Outro me vê. Não se trata, contudo, de comparação entre o que sou para mim e o que sou para o Outro, como se eu encontrasse em mim, ao modo de ser do Para-si, um equivalente do que sou para o Outro. Em primeiro lugar, esta comparação não se encontra em nós a título de operação psíquica concreta: a vergonha é um arrepio imediato que me percorre da cabeça aos pés sem qualquer preparação discursiva. Depois, tal comparação é impossível: não posso relacionar o que sou, na intimidade sem distância, sem recuo, sem perspectiva, do Para-si, com este ser injustificável e Em-si que sou para o Outro. Não há aqui padrão ou tabela de correspondência. A própria noção de *vulgaridade* encerra, por outro lado, uma relação intermonadária. Não se é vulgar sozinho. Assim, o Outro não apenas me revelou o que sou: constituiu-me em novo tipo de ser que deve sustentar qualificações novas. Este ser não estava em mim em potência antes da aparição do Outro, pois não teria encontrado lugar no Para-si; e, mesmo se algo se satisfizesse em me dotar de um corpo inteiramente constituído *antes* que esse corpo fosse para os outros, nem minha vulgaridade nem minha inépcia poderiam alojar-se nele em potência, pois estas são significações e, como tais, transcendem o corpo e remetem ao mesmo tempo a uma testemunha capaz de compreendê-las e à totalidade de minha realidade humana. Mas este novo ser que aparece para o Outro não reside *no* Outro: eu sou responsável por ele, como bem demonstra o sistema educativo que consiste em "envergonhar as crianças" pelo que são. Assim, a vergonha é vergonha *de si diante do Outro;* essas duas estruturas são inseparáveis. Mas, ao mesmo tempo, necessito do Outro para captar plenamente todas as estruturas de meu ser; o Para-si remete ao Para-outro. Contudo, se quisermos captar em sua totalidade a relação do ser do homem com o ser-Em-si, não podemos nos contentar com as descrições esboçadas nos capítulos precedentes desta obra; devemos responder a duas perguntas bem mais relevantes: primeiro, sobre a existência do Outro; depois, sobre minha relação de *ser* com o ser do Outro.

II
O OBSTÁCULO DO SOLIPSISMO

É curioso que o problema dos outros jamais tenha preocupado deveras os realistas. Na medida em que o realista "toma tudo como dado", parece-lhe, sem dúvida, que o Outro é dado também. Em meio ao real, com efeito, que haverá de mais real que o Outro? É uma substância pensante da mesma essência que eu, a qual não poderia dissipar-se em qualidades secundárias e qualidades primárias, e cujas estruturas essenciais encontro em mim mesmo. Todavia, na medida em que o realismo quis prestar contas do conhecimento por uma ação do mundo sobre a substância pensante, não cuidou de estabelecer uma ação imediata e recíproca das substâncias pensantes entre si: é por intermédio do mundo que elas se comunicam; entre a consciência do outro e a minha, meu corpo como coisa do mundo e o corpo do Outro são intermediários necessários. A alma do Outro está separada da minha, portanto, por toda a distância que, antes de tudo, separa minha alma de meu corpo, logo, meu corpo do corpo do Outro, e, por fim, o corpo do Outro de sua alma. E, se não é certo que a relação entre o Para-si e o corpo seja uma relação de exterioridade (vamos tratar mais tarde desse problema), ao menos é evidente que a relação de meu corpo com o corpo do Outro é uma relação de exterioridade indiferente. Se as almas são separadas por seus corpos, são distintas como este tinteiro é distinto deste livro; ou seja, não se pode conceber qualquer presença imediata de uma à outra. E, ainda que admitíssemos uma presença imediata de minha alma ao corpo do Outro, restaria toda a espessura de um corpo para que sua alma fosse alcançada. Assim, portanto, se o realismo fundamenta sua certeza sobre a presença "em pessoa" da coisa espaçotemporal à minha consciência, não poderia postular a mesma evidência para a realidade da alma do Outro, pois, como admite, esta alma não se revela em pessoa à minha: é uma ausência, uma significação; o corpo a indica sem entregá-la; em suma, em uma filosofia fundamentada na intuição, não tenho qualquer intuição da alma do Outro. Se não estamos brincando com as palavras, significa que o realismo não deixa qualquer lugar à intuição do *outro*: de nada serviria dizer que, ao menos, o corpo do Outro nos é revelado e esse corpo é certa presença do Outro ou parte dele: é verdade que o corpo pertence à totalidade que denominamos "realidade humana" como uma de suas estruturas. Mas, precisamente, só é *corpo do homem* enquanto existe na unidade indissolúvel desta totalidade, do mesmo modo como o órgão só é órgão vivo na totalidade do organismo. A posição do realismo, ao nos entregar o corpo, não envolvido na totalidade humana, mas à parte, como uma pedra, uma árvore ou um pedaço de cera, matou o corpo de modo tão inegável como o fisiologista que, com seu escalpelo, separa um pedaço de carne da totalidade do ser vivo. Não é o *corpo do Outro* que está presente à intuição realista: é *um* corpo. Um corpo que, sem dúvida, tem aspectos e uma "ἕξις" particulares, mas pertence, contudo, à grande família dos corpos. Se é verdade que, para um realismo espiritualista, a alma é mais fácil de se conhecer do que o corpo, o corpo será mais fácil de conhecer do que a alma do Outro.

Para dizer a verdade, o realista não se ocupa muito com esse problema: é que tem a existência do Outro como certa. Por isso, a psicologia realista e positivista do século XIX, dando por admitida a existência de meu próximo, dedica-se exclusivamente a estabelecer os meios de que disponho para conhecer esta existência e decifrar sobre o corpo as nuanças de uma consciência que me é estranha. O corpo, dir-se-á, é um objeto cuja "ἕξις" requer uma interpretação particular. A hipótese que melhor explica o comportamento do Outro é a de uma consciência análoga à minha, cujas diferentes emoções nele se refletem. Falta elucidar *como* estabelecemos tal hipótese: nos dirão que ora por analogia com o que sei de mim mesmo, ora pela experiência que nos ensina a decifrar, por exemplo, a súbita coloração de um rosto como prenúncio de golpes e gritos furiosos. Admitimos que tais procedimentos podem somente nos dar um conhecimento *provável* do Outro: continua sendo possível que o Outro não passe de um corpo. Se os animais são máquinas, por que não o seria o homem que vejo passando na rua? Por que não seria válida a hipótese radical dos behavioristas? O que apreendo nesse rosto nada mais seria que efeito de certas contrações musculares, e estas, por sua vez, efeito de um influxo nervoso cujo trajeto me é conhecido. Por que não reduzir o conjunto dessas reações a reflexos simples ou condicionados? Mas a maioria dos psicólogos permanece convicta da existência do Outro como realidade totalitária de estrutura idêntica à sua. Para eles, a existência do Outro é certa, e provável o conhecimento que temos dela. Vê-se o sofisma do realismo. Na verdade, é preciso inverter os termos desta afirmação e reconhecer que, se o Outro só nos é acessível pelo conhecimento que temos dele, e se tal conhecimento é apenas conjectural, então a existência do Outro também é somente conjectural, e o papel da reflexão crítica consiste em determinar seu grau exato de probabilidade. Assim, por curiosa inversão, por ter posicionado a realidade do mundo exterior, o realista se vê forçado a voltar ao idealismo quando encara a existência do Outro. Se o corpo é um objeto real que atua realmente sobre a substância pensante, o Outro se converte em pura representação, cujo *esse* é um simples *percipi*, ou seja, cuja existência é medida pelo conhecimento que temos dela. As teorias mais modernas da *Einfühlung*, da *simpatia* e das *formas* servem apenas para aperfeiçoar a descrição de nossos meios de presentificar o Outro, mas não colocam o debate em seu verdadeiro terreno: que o Outro seja primeiramente *sentido* ou apareça na experiência como forma singular anterior a todo hábito, e na ausência de qualquer inferência analógica, continua valendo o fato de que o objeto significante e sentido, a forma expressiva, remete pura e simplesmente a uma totalidade humana cuja existência permanece pura e simplesmente conjectural.

Se o realismo nos remete assim ao idealismo, não seria mais aconselhável adotar logo a perspectiva idealista e crítica? Já que o Outro é "minha representação", não seria melhor questionar esta representa-ção no âmago de um sistema que reduza o conjunto dos objetos a um agrupamento conexo de representações e meça toda a existência pelo conhecimento que tenho dela?

Contudo, encontraremos pouca ajuda em um Kant: preocupado, com efeito, em estabelecer as leis universais da subjetividade, que são as mesmas para todos, não abordou a questão das *pessoas*. O sujeito é somente a essência comum dessas pessoas; não poderia nos permitir determinar sua multiplicidade, da mesma forma como, para Spinoza, a essência do homem não permite determinar a dos homens concretos. À primeira impressão, portanto, parece que Kant situou o problema do Outro entre aqueles alheios à sua crítica. Contudo, vejamos melhor: o Outro, como tal, é dado em nossa experiência; é um objeto, e um objeto particular. Kant adotou o ponto de vista do sujeito puro para determinar as condições de possibilidade não somente de um objeto em geral, mas das diversas categorias de objetos: o objeto físico, o objeto matemático, o objeto belo ou feio, e aquele que ostenta caracteres teleológicos. Desse ponto de vista, foi possível criticá-lo por lacunas em sua obra e querer, por exemplo, na trilha de um Dilthey, estabelecer condições de possibilidade do objeto histórico, ou seja, tentar uma crítica da razão histórica. Analogamente, se é verdade que o Outro representa um tipo particular de objeto que se descobre em nossa experiência, é necessário, na própria perspectiva de um kantismo rigoroso, indagar como é possível o conhecimento do Outro, ou seja, estabelecer as condições de possibilidade da experiência dos outros.

Seria totalmente errôneo, com efeito, assimilar o problema do Outro e o das realidades numênicas. Decerto, se existem "outros" e são semelhantes a mim, a questão de sua existência inteligível pode ser colocada para eles do mesmo modo como a de minha existência numênica se coloca para mim; certamente, também, a mesma resposta valerá para eles e para mim: esta existência numênica só pode ser pensada, não concebida. Mas, quando encaro o Outro em minha experiência cotidiana, de modo algum encaro uma realidade numênica, assim como não capto ou encaro minha realidade inteligível quando tomo conhecimento de minhas emoções ou pensamentos empíricos. O Outro é um fenômeno que remete a outros fenômenos: a uma ira-fenômeno que o Outro sente contra mim, a uma série de pensamentos que lhe aparecem como fenômenos de seu senso íntimo; o que encaro no outro nada mais é que aquilo que encontro em mim mesmo. Só que esses fenômenos são radicalmente distintos de todos os demais.

Em primeiro lugar, a aparição do Outro na minha experiência se manifesta pela presença de formas organizadas, tais como a mímica e a expressão, os atos e as condutas. Essas formas organizadas remetem a uma unidade organizadora que se situa, por princípio, fora de nossa experiência. É o ódio do Outro, enquanto aparece a seu senso íntimo e se recusa por princípio à minha apercepção, que constitui a significação e talvez seja a causa da série de fenômenos que capto em minha experiência com o nome de expressão ou mímica. O Outro, como unidade sintética de suas experiências e como vontade, tanto como paixão, vem organizar *minha* experiência. Não se trata da pura e simples ação de um númeno incognoscível sobre minha sensibilidade, mas da constituição, por um ser que não sou eu, de grupos conexos de fenômenos no campo de minha experiência. E esses fenômenos, à diferença de todos os outros, não remetem a experiências possíveis, mas a experiências que, por princípio, estão fora de minha experiência e pertencem a um sistema que me é inacessível. Mas, por outro lado, a condição de possibilidade de toda experiência é a de que o sujeito organize suas impressões em sistema conexo. Também só encontramos nas coisas "aquilo que nelas colocamos". O Outro, portanto, só pode aparecer organizando nossa experiência de modo contraditório: haveria nesse caso superdeterminação do fenômeno. Podemos utilizar ainda aqui a causalidade? Esta questão é bem adequada para destacar o caráter ambíguo do Outro em uma filosofia kantiana. Com efeito, a causalidade só poderia vincular entre si fenômenos. Mas, precisamente, a raiva que o Outro sente é um fenômeno, e a expressão enfurecida que percebo é outra. Pode haver entre ambos um nexo causal? Seria conforme à sua natureza fenomenal; e, nesse sentido, não me privo de considerar o rubor do rosto de Paulo como efeito de sua raiva: faz parte de minhas afirmações correntes. Mas, por outro lado, a causalidade só faz sentido se vincular fenômenos de *uma só* experiência e contribuir para constituí-la. Poderá servir de ponte entre duas experiências radicalmente separadas? Deve-se aqui observar que, empregando a causalidade a esse título, farei com que perca sua natureza de unificação *ideal* das aparições empíricas: a causalidade kantiana é unificação dos momentos de *meu* tempo na forma de irreversibilidade. Como podemos admitir que irá unificar meu tempo e o tempo do outro? Que relação temporal podemos estabelecer entre a decisão de se expressar, fenômeno aparecido na trama da experiência do Outro, e a expressão, fenômeno de *minha* experiência? Simultaneidade? Sucessão? Mas como um instante de *meu* tempo poderá estar em relação de simultaneidade ou sucessão com um instante do tempo do Outro? Ainda que uma harmonia preestabelecida e, por outro lado, incompreensível na perspectiva kantiana, efetuasse uma correspondência entre os dois tempos considerados, de instante a instante, nem por isso deixariam de ser *dois* tempos sem relação, já que, para cada um deles, a síntese unificadora dos momentos é um ato do sujeito. A universalidade dos tempos, em Kant, não passa da universalidade de um conceito; significa apenas que cada temporalidade deve possuir uma estrutura definida e que as condições de possibilidade de uma experiência temporal são válidas para todas as temporalidades. Mas esta identidade da essência temporal não impede tampouco a diversidade incomunicável dos tempos, assim como a identidade da essência do homem não impede a diversidade incomunicável das consciências humanas. Assim, sendo por natureza impensável a relação das consciências, o conceito de *Outro* não poderia *constituir* nossa experiência: será preciso classificá-lo, junto com os conceitos teleológicos, entre os conceitos *reguladores*. O Outro pertence, pois, à categoria dos "como se"; é uma hipótese *a priori* que só tem por justificativa a unidade que permite operar em nossa experiência e não poderia ser pensada sem contradição. Com efeito, se é possível conceber, a título de puro exercício de conhecimento, a ação de uma realidade inteligível sobre nossa sensibilidade, sequer chega a ser pensável, ao contrário, que um fenômeno, cuja realidade é estritamente relativa à sua aparição na experiência do Outro, venha *realmente* a agir sobre um fenômeno de *minha* experiência. E, ainda que admitíssemos que a ação de um inteligível pudesse se exercer ao mesmo tempo sobre minha experiência e sobre a do Outro (no sentido de que a realidade inteligível afetasse o Outro na mesma medida em que afetasse a mim), não deixaria de ser radicalmente impossível estabelecer ou mesmo postular um paralelismo ou uma tabela de correspondência entre dois sistemas que se constituem espontaneamente[30].

Mas, por outro lado, a qualidade de conceito regulador convém ao conceito de outro? Não se trata, com efeito, de estabelecer uma unidade mais forte entre os fenômenos de minha experiência por meio de um conceito puramente formal que só permitiria descobertas de detalhe nos objetos que me aparecem. Não se trata de uma espécie de hipótese *a priori* que não transcenda o campo de minha experiência e incite indagações novas nos limites mesmos desse campo. A percepção do objeto-Outro remete a um sistema coerente de representações, e esse sistema *não é o meu*. Significa que o Outro, na minha experiência, não é um fenômeno que remeta à minha experiência, mas se refere por princípio a fenômenos situados fora de toda experiência possível para mim. E, decerto, o conceito de outro permite descobertas e previsões no âmago de meu sistema de representações, uma compreensão da trama dos fenômenos: graças à hipótese dos *outros*, posso prever *esse* gesto a partir de *tal* expressão. Mas esse conceito não se apresenta como essas noções científicas (os imaginários, por exemplo) que intervêm no curso de um cálculo de física como instrumentos, sem estar presentes no enunciado empírico do problema e para serem eliminados dos resultados. O conceito de Outro não é puramente instrumental: longe de existir *para* servir à unificação dos fenômenos, pode-se dizer, ao contrário, que certas categorias de fenômenos parecem existir somente *para* ele. A existência de um sistema de significações e experiências radicalmente distinto do meu é o marco fixo *indicado*, em seu próprio fluxo, por séries diversas de fenômenos. E essa moldura, exterior por princípio à minha experiência, preenche-se pouco a pouco. Este *outro*, cuja relação comigo não podemos captar e que jamais é dado, nós o

---

30. Mesmo se admitirmos a metafísica kantiana da natureza e a tabela dos princípios estatuída por Kant, será possível conceber físicas radicalmente diferentes a partir desses princípios.

constituímos aos poucos como objeto concreto: não é o outro o instrumento que serve para prever um acontecimento de minha experiência, mas os acontecimentos de minha experiência é que servem para constituir o outro enquanto outro, ou seja, enquanto sistema de representações fora de alcance, como objeto concreto e cognoscível. O que encaro constantemente *através* de minhas experiências são os sentimentos do Outro, as ideias do Outro, as volições do Outro, o caráter do Outro. É porque, com efeito, o Outro não é somente aquele que vejo, mas aquele *que me vê*. Encaro o Outro enquanto sistema conexo de experiências fora de alcance, no qual figuro como um objeto entre outros. Mas, na medida em que me esforço para determinar a natureza concreta desse sistema de representações e o lugar que ocupo a título de objeto, transcendo radicalmente o campo de minha experiência: ocupo-me de uma série de fenômenos que, por princípio, jamais poderão ser acessíveis à minha intuição e, em consequência, ultrapasso os direitos de meu conhecimento; busco vincular entre si experiências que jamais serão minhas experiências e, por conseguinte, esse trabalho de construção e unificação de nada podem servir para a unificação de minha própria experiência: na medida em que o Outro é uma ausência, escapa à *natureza*. Não poderíamos, portanto, qualificar o *Outro* de conceito regulador. Decerto, Ideias como a do Mundo, por exemplo, escapam, também por princípio, à minha experiência: mas, ao menos, a ela se referem e só têm sentido por causa dela. O Outro, ao contrário, apresenta-se, em certo sentido, como negação radical de minha experiência, já que é aquele para quem eu sou, não sujeito, mas objeto. Portanto, como sujeito de conhecimento, esforço-me para determinar como objeto o sujeito que nega meu caráter de sujeito e me determina como objeto.

Assim, o *Outro*, na perspectiva idealista, não pode ser considerado como conceito constitutivo nem como conceito regulador de meu conhecimento. É concebido como *real* e, contudo, não posso conceber sua relação real comigo; eu o construo como objeto e, contudo, ele não me é dado pela intuição; posiciono-o como *sujeito* e, contudo, é a título de objeto de meus pensamentos que o considero. Portanto, restam apenas duas soluções para o idealista: ou desembaraçar-se inteiramente do conceito de Outro e provar que ele é inútil à constituição de minha experiência, ou afirmar a existência real do Outro, ou seja, posicionar uma comunicação real e extraempírica entre as consciências.

A primeira solução é conhecida pelo nome de solipsismo: contudo, se for formulada, em conformidade com sua denominação, como afirmação de minha *solidão* ontológica, é pura hipótese metafísica, perfeitamente injustificada e gratuita, pois equivale a dizer que, fora de mim, *nada* existe; transcende, pois, o campo estrito de minha experiência. Mas, caso se apresente, mais modestamente, como recusa de aban-donar o terreno sólido da experiência, como tentativa positiva de não fazer uso do conceito de outro, é perfeitamente lógica e permanece no plano do positivismo crítico; e, ainda que se oponha às tendências mais profundas de nosso ser, tira sua justificativa da noção de *Outros*, considerada na perspectiva idealista. Uma psicologia que se pretende exata e objetiva, como o "behaviorismo" de Watson, nada mais faz que adotar o solipsismo como hipótese de trabalho. Não se trata de negar, no campo de minha experiência, a presença de objetos que podemos denominar "seres psíquicos", mas somente praticar uma espécie de ἐποχή acerca da existência de sistemas de representações organizados por um sujeito fora de minha experiência.

Frente a tal solução, Kant e a maioria dos pós-kantianos continuam afirmando a existência do Outro. Mas só podem se referir ao senso comum ou às nossas tendências profundas para justificar sua afirmação. Sabe-se que Schopenhauer trata o solipsista como "louco enclausurado em um fortim inexpugnável". Uma confissão de impotência. Com efeito, pela posição da existência do Outro, fazemos de súbito sobressair as molduras do idealismo e recaímos em um realismo metafísico. Em primeiro lugar, ao estabelecer uma pluralidade de sistemas fechados que só podem se comunicar por fora, restauramos implicitamente a noção de substância. Sem dúvida, esses sistemas são não substanciais, já que são simples sistemas de representações. Mas sua exterioridade recíproca é exterioridade *Em-si*; ela é sem ser conhecida; sequer captamos seus efeitos de maneira segura, posto que a hipótese solipsista permanece sempre possível. Limitamo-nos a posicionar esse nada Em-si como fato absoluto: com efeito, não é relativo ao nosso conhecimento do Outro, mas, ao contrário, é ele que condiciona esse conhecimento. Assim, portanto, mesmo que as consciências sejam apenas puras conexões conceituais de fenômenos, mesmo que a regra de sua existência seja o *percipere* e o *percipi*, isso não muda o fato de que a *multiplicidade* desses sistemas relacionais *(relationnels)* é multiplicidade Em-si e os transforma imediatamente em sistemas Em-si. Mas, além disso, se estabeleço que minha experiência da ira do Outro tem por correlato em outro sistema uma experiência subjetiva de ira, restituo o sistema da imagem verdadeira, da qual Kant tinha tanta preocupação de se livrar. Sem dúvida, trata-se de relação de conveniência entre dois fenômenos, a ira percebida nos gestos e mímicas e a ira apreendida como realidade fenomenal no sentido íntimo, e não de relação entre um fenômeno e uma coisa Em-si. Mas permanece o fato de que o critério da verdade é aqui a conformidade entre o pensamento e seu objeto, e não a concordância das representações entre si. Com efeito, precisamente porque todo recurso ao númeno é aqui descartado, o fenômeno do ódio experimentado está para o do ódio constatado assim como o *real objetivo* está para sua imagem. O problema é, de fato, o da representação adequada, pois há algo *real* e um modo de apreensão desse algo real. Caso se tratasse de minha própria ira, eu poderia, com efeito, considerar suas manifestações subjetivas e manifestações fisiológicas objetivamente verificáveis como duas séries de efeitos de uma única causa, sem que uma das séries representasse a *verdade* ou *realidade* da ira e a outra somente seu efeito ou sua imagem. Mas, se uma das séries de fenômenos reside no outro e se a outra série reside em mim, uma funciona como realidade da outra, e o esquema realista da verdade é o único aplicável aqui.

Assim, abandonamos a posição realista do problema somente porque resultava necessariamente no idealismo; situamo-nos deliberadamente na perspectiva idealista e nada ganhamos com isso, pois esta, ao contrário, na medida em que recusa a hipótese solipsista, resulta em um realismo dogmático e totalmente injustificado. Vejamos se podemos compreender esta inversão brusca das doutrinas e extrair desse paradoxo algum ensinamento que venha a facilitar uma colocação correta do problema.

Na origem da questão da existência do Outro há uma pressuposição fundamental: o Outro, com efeito, é o *Outro*, ou seja, o eu que *não sou seu*; captamos aqui, portanto, uma negação como estrutura constituinte do ser-outro. A pressuposição comum ao idealismo e ao realismo é que a negação constituinte é negação de exterioridade. O Outro é aquele que não é o que eu sou e que é o que eu não sou. Esse não ser indica um nada como elemento de separação *dado* entre o Outro e eu. Entre o Outro e eu *há* um nada de separação. Esse nada não tem origem em mim ou no Outro, nem em uma relação recíproca entre o Outro e eu; mas, ao contrário, é originariamente o fundamento de toda relação entre o Outro e eu, enquanto ausência primeira de relação. Pois, com efeito, o Outro me aparece empiricamente por ocasião da percepção de um corpo, e esse corpo é um Em-si exterior a meu corpo; o tipo de relação que une e separa esses dois corpos é a relação espacial como relação de coisas que não têm relação entre si, como exterioridade pura enquanto se revela. O realista que acredita captar o *Outro* através de seu corpo considera, portanto, que se acha separado do Outro como um corpo de outro corpo, o que significa que o sentido ontológico da negação contida no juízo "Não sou Paulo" é do mesmo tipo que o da negação contida no juízo "A mesa não é a cadeira". Assim, sendo a separação das consciências imputável aos corpos, há como que um espaço original entre consciências diversas, ou seja, precisamente, um nada *dado*, uma distância absoluta e passivamente suportada. O idealismo, é certo, reduz meu corpo e o corpo do Outro a sistemas objetivos de representação. Meu corpo, para Schopenhauer, nada mais é que "o objeto imediato". Mas nem por isso se suprime a distância absoluta entre as consciências. Um sistema total de representações – ou seja, cada mônada –, só podendo ser limitado por si mesmo, não poderia manter relação com aquilo que não é. O sujeito cognoscente não pode limitar outro sujeito nem se fazer limitar por ele. Está isolado por sua plenitude positiva e, por conseguinte, entre si mesmo e outro sistema igualmente isolado se mantém uma separação *espacial* como tipo mesmo de exterioridade. Assim, é ainda o *espaço* que separa implicitamente minha consciência da consciência do outro. É preciso também acrescentar que o idealista, sem se dar conta, recorre a um "terceiro homem" para fazer surgir esta negação de exterioridade. Porque, como vimos, toda relação externa, na medida em que não é constituída por seus próprios termos, requer uma testemunha que a estabeleça. Assim, tanto para o idealista como para o realista, impõe-se uma conclusão: pelo fato de que o Outro nos é revelado em um mundo espacial, é um espaço real ou ideal que nos separa do outro.

Esta pressuposição traz consigo uma grave consequência: se, com efeito, devo ser, com relação ao outro, à maneira da exterioridade de indiferença, o surgimento ou abolição do outro não me afetaria mais em meu ser do que um Em-si pode ser afetado pela aparição ou desaparição de outro Em-si. Por conseguinte, a partir do momento que o outro não pode agir sobre meu ser por meio de seu ser, o único modo como pode se revelar a mim é aparecendo como *objeto* à minha consciência. Mas deve-se entender com isso que devo constituir o outro como unificação que minha espontaneidade impõe a uma diversidade de impressões, ou seja, que sou aquele que constitui o outro no campo de sua experiência. Portanto, o outro não poderia ser para mim mais do que uma *imagem*, ainda que, por outro lado, toda a teoria do conhecimento que erigi procure rejeitar esta noção de imagem; e somente uma testemunha exterior ao mesmo tempo a si mesmo e ao outro poderia comparar a imagem com o modelo e decidir se é verdadeira. Essa testemunha, por outro lado, para ser autorizada, não deveria estar, por sua vez, em uma relação de exterioridade para comigo e o outro, caso contrário iria nos conhecer somente por imagens. Seria necessário que, na unidade ek-stática de seu ser, estivesse ao mesmo tempo *aqui*, sobre mim, como negação *interna* de mim mesmo, e *lá*, sobre o outro, como negação *interna* do outro. Assim, esse recurso a Deus, que se encontra em Leibniz, é pura e simplesmente recurso à negação de interioridade; é o que a noção teológica de *criação* dissimula: Deus, ao mesmo tempo, é e não é eu mesmo e o outro, posto que nos cria. Convém, com efeito, que Deus *seja* eu mesmo para captar minha realidade sem intermediário e em uma evidência apodíctica, e que não seja eu, para manter sua imparcialidade de testemunha e poder ser e não ser o outro. A imagem da criação é a mais adequada aqui, porque, no ato criador, vejo até o fundo aquilo que criei – pois aquilo que crio é meu – e, contudo, o que crio se opõe a mim enclausurando-se em si mesmo em uma afirmação de objetividade. Assim, a pressuposição espacializadora não nos deixa qualquer escolha: é preciso recorrer a Deus ou cair em um probabilismo que deixa a porta aberta ao solipsismo. Mas esta concepção de um Deus que *é* suas criaturas nos faz cair em nova dificuldade: a que manifesta o problema das substâncias no pensamento pós-cartesiano. Se Deus é eu e o Outro, que garante então minha existência própria? Se a criação deve ser *contínua*, permaneço eu sempre em suspenso entre uma existência distinta e uma fusão panteísta com o Ser Criador. Se a criação é um ato original e se me desprendi de Deus, então nada mais garante que devo minha existência a Deus, porque este já não estará unido a mim salvo por uma relação de exterioridade, tal como o escultor à sua estátua acabada, e, mais uma vez, não poderá me conhecer a não ser por imagens. Nessas condições, a noção de Deus, ao mesmo tempo que nos revela a negação de interioridade como único nexo possível entre as consciências, demonstra toda sua insuficiência: Deus não é necessário nem suficiente como garantia da existência do Outro; além disso, a existência de Deus como intermediário entre eu e o Outro presume já, em conexão de interioridade, a presença de um outro a mim mesmo, posto que Deus, sendo dotado das qualidades essenciais de um Espírito, aparece como quintessência do Outro, e deve poder estar já em conexão de interioridade comigo para que um fundamento real da existência do outro seja válido para mim. Parece, pois, que uma teoria positiva da existência do Outro deveria poder, ao mesmo tempo, evitar o solipsismo e prescindir do recurso a Deus, caso encare minha relação originária com o Outro como negação de interioridade, ou seja, como negação que estabelece a distinção originária entre o Outro e mim, na medida exata em que me determina por intermédio do Outro e determina o Outro por meu intermédio. Será possível encarar a questão por este aspecto?

III
Husserl, Hegel, Heidegger

Parece que a filosofia dos séculos XIX e XX compreendeu que não se podia evitar o solipsismo se começamos por encarar o eu e o Outro como duas substâncias separadas: toda união dessas substâncias, com efeito, deve ser considerada impossível. É por isso que o exame das teorias modernas nos revela um esforço para captar no próprio âmago das consciências um nexo fundamental e transcendente com relação ao Outro, nexo esse que seria constitutivo de cada consciência em seu próprio surgimento. Mas, se a filosofia parece abandonar o postulado da negação externa, conserva sua consequência essencial, ou seja, a afirmação de que minha conexão fundamental com o outro é realizada pelo *conhecimento*.

Com efeito, quando Husserl, nas *Méditations Cartésiennes** e em *Formale und Transzendentale Logik*, preocupa-se em refutar o solipsismo, supõe tê-lo conseguido mostrando que o recurso ao Outro é condição indispensável à constituição de um mundo. Sem entrar nos pormenores da doutrina, nos limitaremos a indicar sua articulação fundamental: para Husserl, o mundo, tal como se revela à consciência, é intermonadário. O Outro não está presente somente como tal aparição concreta e empírica, mas como condição permanente de sua unidade e sua riqueza. Tanto faz considerar esta mesa ou esta árvore ou essa parede na solidão ou acompanhado, o Outro está sempre aí como uma camada de significações constitutivas pertencentes ao próprio objeto que considero; em suma, como a verdadeira garantia de sua objetividade. E, como nosso eu psicofísico é contemporâneo do mundo, faz parte do mundo e cai com o mundo sob o impacto da redução fenomenológica, o Outro aparece como necessário à própria constituição desse eu. Se devo duvidar da existência de Pedro, meu amigo – ou dos outros em geral –, na medida em que esta existência está, por princípio, fora de minha experiência, é preciso duvidar também de meu ser concreto, de minha realidade empírica de professor dotado de tais ou quais inclinações, hábitos e caráter. Não há privilégio para *meu* eu: meu Ego empírico e o Ego empírico do Outro aparecem ao mesmo tempo no mundo; e a significação geral de "outro" é necessária à constituição de cada um desses "egos". Assim, cada objeto, longe de estar, como em Kant, constituído por uma simples relação com o *sujeito*, aparece em minha experiência concreta como polivalente; revela-se originariamente dotado de sistemas de referências a uma pluralidade indefinida de consciências; é *à* mesa, *junto à* parede, que o Outro se revela a mim, como

---

* Em português: *Meditações cartesianas – Introdução à fenomenologia*. Porto: Rés Editora [N.T.].

aquele a que se refere perpetuamente o objeto considerado, tal qual por ocasião das aparições concretas de Pedro ou Paulo.

Certamente, esses pontos de vista assinalam um progresso em relação às doutrinas clássicas. É incontestável que a coisa-utensílio, desde sua descoberta, remete a uma pluralidade de Para-sis. Voltaremos a isso. Também é certo que a significação de "outro" não pode derivar da experiência ou de um raciocínio por analogia efetuado por ocasião da experiência: bem ao contrário, é à luz do conceito de *Outro* que a experiência é interpretada. Quer dizer então que o conceito de Outro é *a priori*? Mais adiante tentaremos decidir. Mas, apesar dessas vantagens indiscutíveis, a teoria de Husserl não parece sensivelmente diversa da de Kant. Com efeito, se meu Ego empírico não é mais certo que o do Outro, é porque Husserl conservou o sujeito transcendental, radicalmente distinto do Ego e bastante similar ao sujeito kantiano. Logo, o que deveria ser demonstrado não é o paralelismo dos "Egos" empíricos, que nada põe em dúvida, mas o dos sujeitos transcendentais. Pois, com efeito, o Outro *jamais* é esse personagem empírico que se encontra em minha experiência: é o sujeito transcendental ao qual esse personagem remete por natureza. O verdadeiro problema, portanto, é o da conexão entre sujeitos transcendentais Para-além da experiência. Se nos retrucam que, desde a origem, o sujeito transcendental remete a outros sujeitos *para a constituição* do conjunto noemático, será fácil responder que remete a eles como remete a *significações*. O Outro seria aqui uma categoria suplementar que permitiria constituir um mundo, e não um ser real existente Para-além desse mundo. E, sem dúvida, a "categoria" de Outro presume, em sua própria significação, uma remissão do outro lado do mundo a um sujeito; mas tal remissão só poderia ser hipotética, tem o puro valor de um conteúdo de conceito unificador; vale no e pelo mundo, seus direitos se limitam ao mundo e, por natureza, o Outro está fora do mundo. Além disso, Husserl impede a possibilidade mesmo de compreender o que possa significar o *ser* extramundano do Outro, posto que define o *ser* como simples indicação de uma série infinita de operações a efetuar. Não haveria melhor modo de avaliar o ser pelo conhecimento. Porém, mesmo admitindo que o conhecimento em geral sirva de medida para o ser, o ser do outro se mede em sua realidade pelo conhecimento que o Outro tem de si mesmo e não pelo que tenho dele. O que tenho de alcançar é o Outro, não na medida em que tenho conhecimento dele, mas na medida em que ele tem conhecimento de si mesmo, o que é impossível: com efeito, isso presumiria a identificação em interioridade entre mim mesmo e o Outro. Portanto, reencontramos aqui esta distinção de princípio entre o outro e mim mesmo, que não provém da exterioridade de nossos corpos, mas do simples fato de que cada um de nós existe em interioridade e de que um conhecimento válido da interioridade só pode se fazer em interioridade, o que impede por princípio todo *conhecimento* do Outro tal como ele se conhece, ou seja, tal como ele é. Husserl, por outra parte, tanto entendeu isso que define o "Outro", tal como se revela à nossa experiência concreta, como uma *ausência*. Mas, ao menos na filosofia de Husserl, de que modo ter intuição plena de uma ausência? O Outro é objeto de intenções vazias; por princípio, o Outro se nega e foge: a única realidade que resta é, portanto, a da *minha* intenção; o Outro é o noema vazio que corresponde ao meu olhar em direção a ele, na medida em que aparece concretamente em minha experiência: é um conjunto de operações de unificação e constituição de minha experiência, na medida em que aparece como conceito transcendental. Husserl responde ao solipsista que a existência do Outro é tão certa como a do mundo, compreendendo no mundo minha existência psicofísica; mas o solipsista diz a mesma coisa: ela pode ser tão certa quanto, responderá, mas não será mais certa. A existência do mundo, acrescentará, é medida pelo conhecimento que dele tenho; não seria diferente para com a existência do Outro.

Anteriormente, supus poder escapar ao solipsismo recusando o conceito de Husserl sobre a existência de um "Ego" transcendental*. Parecia-me, então, que nada mais restava na minha consciência que fosse privilegiado com relação ao outro, já que a tinha esvaziado de seu sujeito. Mas, na verdade, embora continue convicto de que a hipótese de um sujeito transcendental é inútil e prejudicial, o fato de abandonarmos tal hipótese não faz avançar um só passo a questão da existência do outro. Mesmo se, à parte do Ego empírico, *nada mais* houvesse além da consciência *deste*

---

* Em *A transcendência do Ego*: Petrópolis: Vozes, 2013 [N.T.].

Ego – ou seja, um campo transcendental sem sujeito –, não mudaria o fato de que minha afirmação do outro postula e requer a existência de um similar campo transcendental Para-além do mundo: e, por conseguinte, a única maneira de escapar ao solipsismo seria, ainda aqui, provar que minha consciência transcendental, em seu próprio ser, é afetada pela existência extramundana de outras consciências do mesmo tipo. Assim, por ter reduzido o ser a uma série de significações, o único nexo que Husserl pode estabelecer entre meu ser e o ser do Outro é o do *conhecimento*; portanto, não escapou, mais do que Kant, ao solipsismo.

Se, em vez de observar as regras da sucessão cronológica, nos ativermos às de uma espécie de dialética intemporal, a solução que Hegel dá ao problema, no primeiro volume da *Fenomenologia do Espírito*, parece realizar um progresso importante sobre a que Husserl propõe. Com efeito, já não é indispensável a aparição do Outro para a constituição do mundo e de meu "ego" empírico, e sim para a própria existência de minha consciência como consciência de si. Enquanto consciência de si, com efeito, o Eu apreende-se a si mesmo. A igualdade "eu = eu", ou "Eu sou eu", é precisamente a expressão desse fato. Em primeiro lugar, esta consciência de si é pura identidade consigo mesmo; pura existência Para-si. Tem a certeza de si mesmo, mas tal certeza ainda carece de verdade. Com efeito, esta certeza seria verdadeira somente na medida em que sua própria existência Para-si lhe aparecesse como objeto independente. Assim, a consciência de si é, primeiramente, tal qual uma relação sincrética e sem verdade entre um sujeito e um objeto ainda não objetivado, que é esse sujeito mesmo. Uma vez que seu impulso é para realizar seu conceito se tornando consciente de si sob todos os aspectos, tende a fazer-se válida exteriormente outorgando a si objetividade e existência manifesta: trata-se de explicitar o "Eu sou eu" e de produzir-se a si mesmo como objeto a fim de alcançar o último estágio do desenvolvimento – estágio esse que, em outro sentido, é naturalmente o primeiro motor do devir da consciência e é a consciência de si em geral, que se reconhece nas outras consciências de si e é idêntica a elas e a si mesmo. O mediador é o *Outro*. O Outro aparece comigo, já que a consciência de si é idêntica a si mesmo pela exclusão de todo Outro. Assim, o primeiro fato é a pluralidade das consciências, e esta pluralidade é realizada sob a forma de dupla e recíproca relação de exclusão. Eis-nos em presença do nexo de negação por interioridade que há pouco exigíamos. Nenhum nada externo e Em-si separa minha consciência da consciência do Outro, mas eu é que excluo o Outro pelo próprio fato de ser eu: o Outro é aquele que me exclui sendo si mesmo, aquele que eu excluo sendo eu mesmo. As consciências estão assentadas diretamente umas sobre as outras, em uma recíproca imbricação de seu ser. Isso nos permite, ao mesmo tempo, definir a maneira como o Outro se me aparece: é aquele que eu não sou, e, portanto, revela-se como objeto não essencial, com um caráter de negatividade. Mas este Outro é também uma consciência de si. Enquanto tal, aparece-me como objeto comum, imerso no ser da vida. E é assim, igualmente, que apareço ao Outro: como existência concreta, sensível e imediata. Hegel se coloca aqui, não no terreno da relação unívoca que vai de mim (apreendido pelo *cogito*) ao Outro, mas sim da relação recíproca que define como "a captação de si de um no outro". Com efeito, é somente na medida em que se opõe ao Outro que cada um é absolutamente Para-si; afirma contra o Outro e frente ao Outro seu direito de ser individualidade. Assim, o *cogito* mesmo não poderia ser um ponto de partida para a filosofia; com efeito, só poderia nascer em consequência de minha própria aparição a mim como individualidade, e esta aparição está condicionada pelo reconhecimento do Outro. Ao invés de o problema do Outro se colocar a partir do *cogito*, é, ao contrário, a existência do Outro que faz o *cogito* possível como o momento abstrato em que o eu se apreende como objeto. Assim, o "momento" que Hegel denomina *ser para o Outro* é um estágio necessário do desenvolvimento da consciência de si; o caminho da interioridade passa pelo outro. Mas o Outro só tem interesse para mim na medida em que é outro Eu, um Eu-objeto para Mim, e, inversamente, na medida em que reflete meu Eu, ou seja, enquanto sou objeto para ele. Por esta necessidade que tenho de não ser objeto para mim salvo lá adiante, no Outro, devo obter do outro o *reconhecimento* de meu ser. Mas, se minha consciência *Para-si* deve ser mediada consigo mesmo por outra consciência, seu ser-Para-si – e, por conseguinte, seu ser em geral – depende do Outro. Eu sou tal como apareço ao Outro. Além disso, uma vez que o Outro é tal como me aparece e meu ser depende dele, o modo como apareço a mim mesmo – ou seja, o momento do desenvolvimento de minha consciência de mim – depende do modo como o Outro se me aparece. O valor do reconhecimento de mim pelo Outro depende do valor do reconhecimento do Outro por mim. Nesse sentido, na medida em que o Outro me apreende vinculado a um corpo e imerso na *vida,* eu mesmo não passo de *um outro.* Para me fazer reconhecido pelo Outro, devo arriscar minha própria vida. Arriscar a vida, com efeito, é revelar-se não vinculado à forma objetiva ou a qualquer existência determinada; é revelar-se não vinculado à vida. Mas, ao mesmo tempo, busco a *morte* do Outro. Significa que almejo me fazer mediado por outro que seja somente outro, isto é, por uma consciência dependente, cujo caráter essencial é não existir a não ser para o Outro. Tal ocorrerá no momento mesmo em que irei colocar minha vida em risco, porque, no embate contra o Outro, fiz a abstração de meu ser sensível *arriscando-o;* o Outro, ao contrário, prefere a vida e a liberdade, demonstrando assim que não pode ser capaz de se pôr como não vinculado à forma objetiva. Permanece, pois, ligado às coisas externas em geral; aparece a mim e a si mesmo como não essencial. É o *Escravo,* e eu o *Senhor;* para ele, a essência sou eu. Aparece assim a famosa relação "Senhor-Escravo", que tão profundamente influenciou Marx. Não vamos entrar aqui nos detalhes. Basta assinalar que o Escravo é a Verdade do Senhor; mas este reconhecimento unilateral e desigual é insuficiente, pois a verdade de sua certeza de si é para o Senhor consciência não essencial; portanto, o Senhor não está seguro de *ser* tal certeza *Para-si* enquanto *verdade.* Para que esta *verdade* seja alcançada, é necessário "um momento no qual o senhor faça com relação a si o que faz com relação ao Outro, e no qual o escravo faça com relação ao Outro o que faz com relação a si"[31]. Nesse momento surgirá a consciência de si em geral, que se reconhece em outras consciências de si e é idêntica a elas e a si mesmo.

Assim, a intuição genial de Hegel é a de me fazer dependente do Outro *em meu ser.* Eu sou – diz ele – um ser Para-si que só é Para-si por meio do Outro. Portanto, o outro me penetra em

---

31. *Fenomenologia do Espírito.*

meu âmago. Não poderia colocá-lo em dúvida sem duvidar de mim mesmo, pois "a consciência de si é real somente enquanto conhece seu eco (e seu reflexo) no Outro"[32]. E, como a própria dúvida encerra uma consciência que existe Para-si, a existência do Outro condiciona minha tentativa de colocá-la em dúvida, do mesmo modo como, em Descartes, minha existência condiciona a dúvida metódica. Assim, o solipsismo parece definitivamente soterrado. Ao passar de Husserl a Hegel, cumprimos imenso progresso: em primeiro lugar, a negação que constitui o Outro é direta, interna e recíproca; depois, interpela e penetra em cada consciência em seu mais profundo ser; o problema se coloca em nível do ser íntimo, do Eu universal e transcendental; é em meu ser essencial que dependo do ser essencial do Outro, e, em vez de se dever opor meu ser para mim a meu ser Para-outro, o ser-Para-outro aparece como condição necessária a meu ser para mim.

Todavia, esta solução, malgrado sua amplitude, apesar da riqueza e profundidade das visões de detalhe tão copiosas na teoria do Senhor e do Escravo, será suficiente para nos satisfazer?

Decerto, Hegel colocou a questão do ser das consciências. Estuda o ser-Para-si e o ser-Para-outro, e mostra cada consciência encerrando a *realidade* da outra. Mas também é certo que esse problema ontológico se mantém formulado em geral em termos de conhecimento. A grande mola-mestra da luta das consciências é o esforço de cada uma para transformar sua certeza de si em *verdade*. E sabemos que esta verdade só pode ser alcançada na medida em que minha consciência se torna *objeto* para o Outro, ao mesmo tempo que o Outro se torna *objeto* para minha consciência. Assim, à questão suscitada pelo idealismo – como o Outro pode ser objeto para mim? –, Hegel responde sem sair do próprio terreno do idealismo: se há em verdade um Eu para o qual o *Outro* é objeto, é porque há um *Outro* para quem o Eu é objeto. Permanece aqui o conhecimento como medida do ser, e Hegel sequer concebe a possibilidade de haver um ser-Para-outro que não seja redutível finalmente a um "ser-objeto". Também a consciência de si universal,

---

32. *Propedêutica* (No original, *Philosophische Propedeutik*, de 1840 – Em português, *Propedêutica filosófica*. Lisboa, Portugal: Edições 70 [N.T.]).

que busca desembaraçar-se através de todas essas fases dialéticas, é assimilável, como o próprio Hegel admite, a uma pura forma vazia: o "Eu sou eu". "Esta proposição sobre a consciência de si – escreve ele – é vazia de todo conteúdo[33]". E ainda, em outra parte: "(É) o processo de abstração absoluta que consiste em transcender toda existência imediata e que desemboca no ser puramente negativo da consciência idêntica a si mesmo". O próprio limite desse conflito dialético, a consciência de si universal, não é enriquecido no meio desses avatares: ao oposto, acaba inteiramente despojado, já nada mais é que um "Eu sei que outro me sabe como eu mesmo". Sem dúvida, é porque, para o idealismo absoluto, o ser e o conhecimento são idênticos. Mas onde nos leva esta assimilação?

Em primeiro lugar, esse "Eu sou eu", pura fórmula universal de identidade, nada tem em comum com a consciência concreta que tentamos descrever em nossa Introdução. Tínhamos determinado que o ser da consciência (de) si não podia se definir em termos de conhecimento. O conhecimento começa com a *reflexão*, mas o jogo do "reflexo-re-fletidor" não é uma díade sujeito-objeto, sequer em estado implícito; não depende *em seu ser* de qualquer consciência transcendente, pois seu modo de ser é precisamente ser em questão para si mesmo. Mostramos, em seguida, no primeiro capítulo de nossa Segunda Parte, que a relação entre o reflexo e o refletidor de modo algum é uma relação de identidade e não pode ser reduzida ao "Eu = Eu", ou ao "Eu *sou* eu" de Hegel. O reflexo se faz não ser o refletidor; trata-se de um ser que se nadifica em seu ser e procura em vão fundir-se consigo mesmo como *si*. Se é verdade que esta descrição é a única que permite compreender o fato originário de consciência, concluímos que Hegel não logrou atentar a esse redobramento abstrato do Eu, que considera equivalente à consciência de si. Por fim, havíamos logrado eliminar da pura consciência irrefletida o Eu transcendental que a obscurecia, e mostramos que a ipseidade, fundamento da existência pessoal, é totalmente diferente de um Ego ou uma remissão do Ego a si mesmo. Não poderia se tratar, portanto, de definir a consciência em termos de egologia (*égologie*) transcendental. Em suma,

---

33. *Propedêutica.*

a consciência é um ser concreto e *sui generis*, não uma relação abstrata e injustificável de identidade; é ipseidade e não sede de um Ego opaco e inútil; seu ser é susceptível de ser alcançado por uma reflexão transcendental, e há uma *verdade* da consciência que não depende do Outro, pois o próprio *ser* da consciência, sendo independente do conhecimento, preexiste à sua *verdade*. Nesse terreno, tal como para o realismo ingênuo, é o ser que mede a verdade, pois a verdade de uma intuição reflexiva se mede de acordo com sua conformidade com o ser: a consciência *estava aí* antes de ser conhecida. Portanto, se a consciência se afirma frente ao Outro, é porque reivindica o reconhecimento de seu ser, e não de uma verdade abstrata. Com efeito, é difícil conceber que o embate inflamado e perigoso entre o senhor e o escravo tenha por único dote o reconhecimento de uma fórmula tão pobre e abstrata como o "Eu sou eu". Haveria, por outro lado, um engano neste mesmo embate, posto que o propósito finalmente alcançado seria a consciência de si universal, a "intuição do si existente por si". Aqui, como sempre, a Hegel deve se opor Kierkegaard, que representa as reivindicações do indivíduo enquanto tal. É seu acabamento como indivíduo que o indivídio reclama, é o reconhecimento de seu ser concreto e não a explicitação objetiva de uma estrutura universal. Sem dúvida, os *direitos* que exijo do outro situam a universalidade do *si*; o "dizer respeito a" (*respectabilité*) das pessoas requer o reconhecimento de minha pessoa como universal. Mas é meu ser concreto e individual que desliza neste universal e o preenche; é para este ser-*aí* que reclamo os direitos; o particular é aqui suporte e fundamento do universal; nesse caso, o universal não poderia ter significação se não existisse *para a intenção* do individual.

Desta assimilação entre ser e conhecimento vai resultar também grande número de erros ou impossibilidades. Vamos resumi-los aqui sob *duas rubricas*, ou seja, formularemos contra Hegel uma dupla acusação de otimismo.

Em primeiro lugar, Hegel nos parece pecar por um otimismo epistemológico. Com efeito, parece-lhe que a *verdade* da consciência de si pode aparecer, ou seja, que pode ser realizado um acordo objetivo entre as consciências, com o nome de reconhecimento de mim pelo Outro e do Outro por mim. Este reconhecimento pode ser simultâneo e recíproco: "Eu sei que o outro me sabe como si mesmo". E produz *em verdade* a universalidade da consciência de si. Mas o enunciado correto do problema do Outro torna impossível essa passagem ao universal. Se, com efeito, o Outro deve me devolver meu "si-mesmo", é preciso que, pelo menos ao fim da evolução dialética, haja uma medida comum entre o que sou para ele, o que ele é para mim, o que sou para mim e o que ele é para ele. Por certo, esta homogeneidade não existe no ponto de partida, como admite Hegel: a relação "Senhor-Escravo" não é recíproca. Mas Hegel afirma que a reciprocidade deve ser capaz de se estabelecer. Isso porque, com efeito, comete de início uma confusão – tão engenhosa que parece voluntária – entre *objetividade* e *vida*. O Outro, diz, se me aparece como objeto. Mas o objeto é: *Eu* no Outro. E, quando pretende definir melhor esta objetividade, discerne nela três elementos[34]: "Essa captação de si de um no outro é: 1º – O momento abstrato da identidade consigo mesmo; 2º – Cada um, todavia, também tem a particularidade de manifestar-se ao outro enquanto objeto externo, enquanto existência concreta e sensível imediata; 3º – Cada um é absolutamente para si e individual enquanto oposto ao outro..." Vê-se que o momento abstrato da identidade consigo mesmo é dado no conhecimento do outro. É dado com outros dois momentos da estrutura total. Mas, curioso em um filósofo da Síntese, Hegel não se pergunta se esses três elementos não reagiriam um sobre o outro de modo a constituir uma forma nova e refratária à análise. Ele precisa seu ponto de vista em *Fenomenologia do Espírito,* declarando que o Outro aparece primeiro como não essencial (é o sentido do terceiro momento acima citado) e como "consciência imersa no ser da vida". Mas trata-se de pura coexistência do momento abstrato e da *vida*. Basta, portanto, que eu ou o Outro arrisquemos nossa vida para que, no próprio ato de nos oferecermos ao perigo, tenhamos realizado a separação analítica da vida e da consciência: "O que o Outro é para cada consciência, esta o é para o Outro; cada uma cumpre em si mesmo e por sua vez, por sua própria atividade e pela atividade do outro, esta pura abstração do ser para si... Apresentar-se como pura abstração da consciência de si

---

34. *Propedêutica.*

é revelar-se como pura negação de sua forma objetiva, como desligada de qualquer existência determinada..., como não ligada à vida[35]". Sem dúvida, Hegel dirá mais adiante que, pela experiência do risco e do perigo de morte, a consciência de si aprende que a vida lhe é tão essencial como a consciência pura de si; mas isso por um ponto de vista muito diferente, e permanece o fato de que podemos sempre, no Outro, separar de sua *vida* a pura *verdade* da consciência de si. Assim, o escravo capta a consciência de si do senhor, é sua *verdade*, mesmo quando, como vimos, tal verdade ainda não é adequada[36].

Mas será a mesma coisa dizer que o Outro se me aparece por princípio como objeto e dizer que se me aparece como vinculado a alguma existência particular, imerso na *vida*? Se permanecemos aqui em nível das puras hipóteses lógicas, vamos observar primeiro que o Outro pode muito bem ser dado a uma consciência em forma de objeto sem que este objeto esteja precisamente vinculado a este objeto contingente que denominamos um corpo vivo. De *fato*, nossa experiência só nos apresenta indivíduos conscientes e vivos; mas, de direito, é preciso observar que o Outro é objeto para mim porque é outro, e não porque apareça por ocasião de um corpo-objeto; caso contrário, recairíamos na ilusão espacializadora de que falávamos antes. Assim, o que é essencial ao outro enquanto Outro é a objetividade e não a vida. Hegel, por outro lado, havia partido desta constatação lógica. Mas, se é verdade que a conexão de uma consciência com a vida não deforma em sua natureza o "momento abstrato da consciência de si", que permanece aí, imerso, sempre passível de ser descoberto, ocorrerá o mesmo com a objetividade? Dito de outro modo, já que sabemos que uma consciência *é* antes de ser conhecida, uma consciência conhecida não será totalmente modificada pelo próprio fato de ser conhecida? Aparecer como objeto para uma consciência será ser ainda consciência? É fácil responder a esta pergunta: o ser da consciência de si é de tal ordem que em seu ser está em questão o seu ser; significa que é pura interioridade. É perpetuamente remissão a um *si mesmo* que ela tem-de-ser. Seu ser se define pelo

---

35. *Fenomenologia do Espírito*.
36. Ibid.

fato de que ela *é* este ser à maneira do ser o que não é e não ser o que é. Seu ser, portanto, é a exclusão radical de toda objetividade: sou aquele que não pode ser objeto para si mesmo, aquele que sequer pode conceber para si a existência em forma de objeto (salvo no plano do desdobramento reflexivo – mas vimos que a reflexão é o drama do ser que não pode ser objeto para si mesmo). Isso ocorre, não devido a uma falta de perspectiva, uma prevenção intelectual ou um limite imposto ao meu conhecimento, mas porque a objetividade reclama uma negação explícita: o objeto é aquilo que eu me faço não ser, quando sou aquele que me faço ser. Estou por toda parte, não poderia escapar de mim mesmo, recapturo-me por detrás, e, ainda que pudesse tentar fazer-me objeto, seria ainda eu mesmo no âmago deste objeto que sou, e, no próprio epicentro deste objeto, teria-de-ser o sujeito que o encara. Por outro lado, é o que Hegel pressentia ao dizer que a existência do Outro é necessária para que eu seja objeto para mim. Mas, ao postular que a consciência de si se exprime pelo "Eu sou eu", ou seja, ao assimilá-la ao conhecimento de si, não atentou para as consequências a serem tiradas dessas primeiras constatações, pois introduzia na própria consciência algo como um objeto em potencial, que o Outro teria somente de resgatar, sem modificá-lo. Mas se, precisamente, ser objeto é *não-ser-eu mesmo*, o fato de ser objeto para uma consciência modifica radicalmente a consciência, não naquilo que ela é para si, mas na sua aparição ao Outro. A consciência do Outro é o que posso simplesmente contemplar e que, por esse fato, se me aparece como puro dado, em lugar de ser aquilo que tem-de-ser o que eu sou. É aquilo que se dá a mim no tempo universal, ou seja, na dispersão original dos momentos, em vez de se me aparecer na unidade de sua própria temporalização. Pois a única consciência capaz de me aparecer em sua própria temporalização é a *minha* consciência, que só pode fazê-lo renunciando a toda objetividade. Em suma, o *Para-si* é incognoscível para o outro como Para-si. O objeto que capto com o nome de outro se me aparece em uma forma radicalmente *outra*; o Outro não é *Para-si* do modo como se me aparece, e eu não apareço a mim do modo como sou *Para-outro;* sou incapaz de me captar para mim como sou para o Outro, tanto quanto incapaz de captar o que o Outro é Para-si a partir do objeto-Outro que se me aparece.

Então, de que forma poderia se estabelecer um conceito universal reunindo, sob o nome de consciência de si, minha *consciência para mim e (de) mim* e meu *conhecimento* do Outro? Mais ainda: segundo Hegel, o Outro é objeto e eu me capto como objeto no Outro. Sendo assim, uma dessas afirmações destrói a outra: para que eu pudesse aparecer a mim mesmo como objeto no Outro, seria necessário que eu captasse o Outro enquanto sujeito, ou seja, que eu o apreendesse em sua interioridade. Mas, na medida em que o Outro se me aparece como objeto, minha objetividade para ele não poderia aparecer a mim: sem dúvida, capto o fato de que o objeto-Outro *se refere a mim* por intenções e atos, mas, pelo próprio fato de ser objeto, o espelho-outro se obscurece e já nada mais reflete, pois essas intenções e atos são coisas do mundo, apreendidas no Tempo do Mundo, constatadas, contempladas, e cuja significação é objeto para mim. Assim, somente posso me aparecer como qualidade transcendente à qual se referem os atos e intenções do outro; mas, precisamente, uma vez que a objetividade do Outro destrói minha objetividade para ele, é como sujeito interno que eu me capto enquanto sendo aquele ao qual se referem suas intenções e atos. Deve-se entender essa captação de mim por mim mesmo em puros termos de consciência, e não de conhecimento: tendo-de-ser o que sou em forma de consciência ek-stática (de) mim, capto o Outro como um objeto que remete a mim. Assim, o otimismo de Hegel termina em fracasso: entre o objeto-Outro e o eu-sujeito não há qualquer medida comum, tanto quanto não o há entre a consciência (de) si e a consciência *do* Outro. Não posso me conhecer *no* Outro, se o Outro for primeiramente objeto para mim, e tampouco posso captar o Outro em seu verdadeiro ser, ou seja, na sua subjetividade. Nenhum conhecimento universal pode ser tirado das relações entre as consciências. É o que denominaremos sua separação ontológica.

Mas há em Hegel outra forma de otimismo, mais fundamental. É o que convém chamarmos de otimismo ontológico. Para ele, com efeito, a verdade é verdade do Todo. E Hegel se coloca do ponto de vista da verdade, ou seja, do Todo, para encarar o problema do Outro. Assim, quando o monismo hegeliano considera a relação das, não se situa em qualquer consciência particular. Embora o Todo esteja a realizar, já está aí como verdade de tudo que é verdadeiro; também, quando Hegel escreve que toda consciência, sendo idêntica a si mesma, é outra que não o Outro, colocou-se no todo, fora das consciências, considerando-as do ponto de vista do Absoluto. Pois *as* consciências são momentos do todo, momentos que são, por si mesmos, *Unselbstständig**, e o todo é mediador entre as consciências. Daí um otimismo ontológico paralelo ao otimismo epistemológico: a pluralidade pode e deve ser transcendida rumo à totalidade. Mas, se Hegel pode afirmar a realidade desse transcender, é porque já o havia colocado desde o começo. Com efeito, esqueceu sua própria consciência; ele *é* o Todo, e, nesse sentido, se tão facilmente resolve o problema *das* consciências, é porque, para ele, nunca houve verdadeiro problema a esse respeito. Com efeito, não coloca a questão das relações entre sua própria consciência e a do Outro, mas, fazendo inteiramente abstração da sua própria, estuda pura e simplesmente a relação entre as consciências dos outros, ou seja, a relação entre consciências que já são objetos para ele, e cuja natureza, a seu ver, é ser precisamente um tipo particular de objetos – o sujeito-objeto –, e que, do ponto de vista totalizante em que se situa, são rigorosamente equivalentes entre si, ainda que cada uma esteja separada das demais por um privilégio particular. Mas, se Hegel se esquece de si mesmo, não podemos esquecer Hegel. Significa que somos reenviados ao *cogito*. Com efeito, se, como determinamos, o ser de minha consciência é rigorosamente irredutível ao conhecimento, então não posso transcender meu ser rumo a uma relação recíproca e universal, na qual poderia captar como equivalentes, ao mesmo tempo, meu ser e o ser dos outros: ao contrário, devo me estabelecer *em meu ser* e colocar o problema do Outro a partir de meu ser. Em resumo, o único ponto de partida seguro é a interioridade do *cogito*. Deve-se entender com isso que cada um há de poder, partindo de sua própria interioridade, reencontrar o ser do Outro como transcendência que condiciona o próprio ser desta interioridade, o que pressupõe necessariamente que a multiplicidade das consciências é, por princípio, intransponível, porque posso, sem dúvida, transcender-me *rumo a* um Todo, mas não me estabelecer nesse Todo para me contemplar e contemplar o Outro.

---

* Em alemão: dependentes [N.T.].

Nenhum otimismo lógico ou epistemológico poderia, portanto, fazer cessar o escândalo da pluralidade das consciências. Se Hegel supôs tê-lo conseguido, é porque nunca apreendeu a natureza desta dimensão particular de ser que é a consciência (de) si. A tarefa a que uma ontologia pode se propor é descrever esse escândalo e fundamentá-lo na própria natureza do ser: mas ela é impotente para superá-lo. Como iremos ver depois, é possível talvez refutar o solipsismo e mostrar que a existência do outro é evidente e certa para nós. Mas, ainda que tenhamos conseguido fazer a existência do Outro participar da certeza apodíctica do *cogito* – ou seja, de minha própria existência –, nem por isso logramos "transcender" o Outro rumo a alguma totalidade intermonadária. A dispersão e a luta das consciências permanecerão como são: simplesmente descobrimos seu fundamento e seu verdadeiro terreno.

Que nos trouxe esta longa crítica? Simplesmente o seguinte: se for possível refutar o solipsismo, minha relação com o Outro é, antes de tudo e fundamentalmente, uma relação de ser a ser, e não de conhecimento a conhecimento. Vimos, com efeito, o revés de Husserl, que, nesse plano particular, mede o ser pelo conhecimento, e o revés de Hegel, que identifica o conhecimento com o ser. Mas reconhecemos igualmente que Hegel, embora sua visão seja obscurecida pelo postulado do idealismo absoluto, soube colocar o debate em seu verdadeiro nível. Parece que Heidegger, em *Ser e tempo*, tirou partido das meditações de seus antecessores e compenetrou-se profundamente desta dupla necessidade: 1º – a relação entre as "realidades humanas" deve ser uma relação do ser; 2º – tal relação deve fazer com que as "realidades humanas" dependam umas das outras, em seu ser essencial. Ao menos sua teoria atende a essas duas exigências. Com seu modo brusco e algo rude de romper os nós górdios antes de tentar desatá-los, Heidegger responde à questão colocada com uma pura e simples *definição*. Descobriu diversos momentos – inseparáveis, por outro lado, salvo por abstração – no "ser-no-mundo" que caracteriza a realidade humana. Esses momentos são: "mundo", "ser-em" e "ser". Descreveu o *mundo* como "aquilo pelo qual a realidade humana se faz anunciar aquilo que é"; definiu o "ser-em" como *Befindlichkeit* e *Verstand**; falta falar do *ser*, ou seja, o modo como a realidade

---

* *Grosso modo*, respectivamente, "situação afetiva" e "compreensão" [N.T.].

humana é seu ser-no-mundo. É o *Mit-Sein*, diz Heidegger; ou seja, o "ser-com". Assim, a característica de ser da realidade-humana é ser o seu ser *com* os outros. Não se trata de um acaso; eu não sou *primeiro* para que uma contingência me faça *encontrar* o Outro depois: trata-se de uma estrutura essencial de meu ser. Mas esta estrutura não se estabelece de fora e de um ponto de vista totalizante, como em Hegel: é certo que Heidegger não parte do *cogito*, no sentido cartesiano da descoberta da consciência por si mesmo; mas a realidade-humana que a ele se revela e cujas estruturas busca determinar por conceitos é a sua própria. *Dasein ist je meines**, escreve. É explicitando a compreensão pré-ontológica que tenho de mim mesmo que apreendo o ser-com-o-outro como característica essencial de meu ser. Em suma, descubro a relação transcendente com o Outro como constituinte de meu próprio ser, do mesmo modo como descobri que o ser-no-mundo mede minha realidade-humana. Sendo assim, o problema do Outro não passa de um falso problema: o Outro deixa de ser tal existência particular que encontro no mundo – e que não poderia ser indispensável à minha própria existência, já que eu existia antes de encontrá-la –, e se torna o limite ex-cêntrico (*ex-centrique*) que contribui para a constituição de meu ser. O que me revela originariamente o ser do Outro é o exame de meu ser na medida em que este me arremessa para fora de mim rumo a estruturas que, ao mesmo tempo, escapam-me e me definem. Além disso, notemos que o tipo de conexão com o Outro mudou: com o realismo, o idealismo, Husserl, Hegel, o tipo de relação entre as consciências era o *ser-para*; o Outro se me aparecia e até me constituía na medida em que ele era *para* mim ou que eu era *para* ele; o problema era o reconhecimento mútuo de consciências situadas umas frente às outras, que apareciam *no mundo* e se enfrentavam. O *"ser-com"* tem significação completamente diferente: o "com" não designa a relação recíproca de reconhecimento e luta resultante da aparição *no meio* do mundo de uma outra realidade-humana que não a minha. Expressa sobretudo uma espécie de solidariedade ontológica para a exploração desse mundo. O Outro não está vinculado originariamente a mim como uma realidade ôntica que aparece no meio do mundo, entre

---

* Em alemão: O *Dasein* é a cada vez meu [N.T.].

os "utensílios", como um tipo de objeto particular: nesse caso, já estaria degradado, e a relação que o vinculasse comigo jamais poderia adquirir reciprocidade. O Outro não é *objeto*. Em sua conexão comigo, permanece como realidade-humana; o ser pelo qual ele me determina em meu ser é o seu puro ser apreendido como "ser-no-mundo" – e sabemos que o "no" deve ser entendido no sentido de "colo", "habito", e não no sentido de *insum**; ser-no--mundo é frequentar o mundo, não estar nele enviscado. E é em meu "ser-no-mundo" que o Outro me determina. Nossa relação não é uma oposição *frente a frente*, mas sobretudo uma interdependência *de viés*: enquanto faço com que um mundo exista como complexo de utensílios, do qual me sirvo para os desígnios de minha realidade humana, faço-me determinar em meu ser por um ser que faz com que o mesmo mundo exista como complexo de utensílios para os desígnios de sua realidade. Por outro lado, não se deve entender este *ser-com* como pura colaterabilidade passivamente recebida por meu ser. Para Heidegger, ser é ser suas próprias possibilidades, é fazer-se ser. Portanto, o que eu me faço ser é um modo de ser. Tanto é verdade que sou responsável pelo meu ser-Para-outro, na medida em que o realizo livremente na autenticidade ou na inautenticidade. É em total liberdade e por uma escolha original, por exemplo, que realizo meu ser-com sob a forma do "se" impessoal (*on*). E, se me perguntam de que modo meu "ser-com" pode existir para mim, devo responder que revelo a mim, através do mundo, aquilo que sou. Em particular, quando existo à maneira da inautenticidade, à maneira do "se" impessoal, o mundo é devolvido a mim como um reflexo impessoal de minhas possibilidades inautênticas em forma de utensílios e complexos de utensílios que pertencem "a todo mundo" e me pertencem na medida em que sou "todo mundo": roupas feitas, transportes em comum, parques, jardins, lugares públicos, abrigos feitos para que *qualquer um* possa se abrigar etc. Assim, eu me revelo a mim como *qualquer um* pelo complexo indicativo de utensílios que me indica como um *worumwillen***, e o estado inautêntico – que é

---

* Em latim: colo e habito designam "morar", "habitar". *Insum* indica "encontrar--se em" [N.T.].
** *Worumwillen*: Em função de [N.T.].

meu estado habitual enquanto não realizo a conversão à autenticidade – me revela meu "ser-com", não como relação de uma personalidade única com outras personalidades igualmente únicas, não como conexão mútua de "os mais insubstituíveis dos seres", mas como total intercambialidade (*interchangeabilité*) dos termos da relação. Falta ainda a determinação dos termos; não estou oposto ao Outro, porque não sou "eu": o que temos é a unidade social do *se*. Colocar o problema no plano da dos sujeitos individuais é cometer um ὕστερον πρότερον; colocar o mundo de cabeça para baixo: autenticidade e individualidade saem lucrando: eu não seria minha própria autenticidade, a não ser que, sob influência da voz da consciência (*Ruf des Gewissens*) e com a decisão-resoluta (*Entschlossenheit*), eu me arremessasse para a morte como minha possibilidade mais própria. Nesse momento, revelo-me a mim na autenticidade, e também elevo os outros ao autêntico junto comigo.

A imagem empírica que melhor poderia simbolizar a intuição heideggeriana não é a do conflito, mas a de uma equipe de remo. A relação originária entre o Outro e minha consciência não é a do "você" e "eu", e sim a do "nós"; e o ser-com heideggeriano não é a posição clara e distinta de um indivíduo frente a outro indivíduo, não é o *conhecimento*, e sim a surda existência em comum de um integrante da equipe e seus companheiros, esta existência que o ritmo dos remos ou os movimentos regulares do timoneiro irão fazer que seja sentida pelos remadores e para eles se tornará *manifesta* através do fim comum a alcançar, do barco ou bote a ser ultrapassado e do mundo inteiro (espectadores, performance etc.) que perfila no horizonte. É sobre o fundo comum desta coexistência que o brusco desvelar de meu ser-para-a-morte irá de súbito me destacar em uma absoluta "solidão em comum", elevando ao mesmo tempo os outros a esta solidão.

Desta vez obtivemos o que queríamos: um ser que encerra em seu ser o ser do Outro. E, todavia, não podemos nos considerar satisfeitos. Em primeiro lugar, a teoria de Heidegger nos oferece mais a indicação da solução a encontrar do que esta solução mesmo. Ainda que admitíssemos sem reservas esta substituição do "ser-com" pelo "ser-para", permaneceria sendo para nós uma simples afirmação sem fundamento. Sem dúvida, encontramos em nosso ser certos estados empíricos – em particular, o que os alemães designam com um termo intraduzível, *Stimmung** – que parecem revelar uma coexistência de consciências, em vez de uma relação de oposição. Mas é precisamente esta coexistência que precisa ser explicada. Por que se converte no fundamento único de nosso ser? Por que é o tipo fundamental de nossa relação com os outros? Por que Heidegger supõe estar autorizado a passar desta constatação empírica e ôntica do ser-com à posição da coexistência como estrutura ontológica de meu "ser-no-mundo"? E que tipo de ser possui esta coexistência? Em que medida se mantém a negação que faz do Outro *um Outro* e o constitui como não essencial? Se a suprimirmos inteiramente, não iremos incidir em um monismo? E, se devemos conservá-la como estrutura essencial da relação com o Outro, que modificação teremos de fazê-la sofrer para que perca o caráter de *oposição* que tinha no ser-Para-outro e adquira esse caráter de conexão solidarizadora (*solidarisante*) que constitui a própria estrutura do ser-com? E como poderemos passar daí à experiência concreta do Outro no mundo, tal como, por exemplo, quando vejo de minha janela um transeunte na rua? Decerto, sinto-me tentado a me conceber em destaque sobre o fundo indiferenciado do humano, seja pelo impulso de minha liberdade, seja pela eleição de minhas possibilidades próprias – e talvez esta concepção encerre uma importante parte de verdade. Mas, ao menos com esta forma, suscita objeções consideráveis.

Em primeiro lugar, o ponto de vista ontológico coincide aqui com o ponto de vista abstrato do sujeito kantiano. Dizer que *a* realidade humana – ainda que seja *minha* realidade humana – "é-com" por estrutura ontológica equivale a dizer que é-com por natureza, ou seja, a título essencial e universal. Mesmo que tal afirmação estivesse comprovada, não permitiria explicar qualquer *ser-com* concreto; em outras palavras, a coexistência ontológica, que aparece como estrutura de meu "ser-no-mundo", de modo algum pode servir de fundamento a um ser-com ôntico, como, por exemplo, a coexistência que aparece em minha amizade com

---

* Literalmente, "sintonização"; equivale ao sentido grego de compartir experiências ou sentimento com outro [N.T.].

Pedro, ou no casal que formo com Ana. O que precisa ser demonstrado, com efeito, é que o "ser-com-Pedro" ou o "ser-com-Ana" é uma estrutura constitutiva de meu ser concreto. Mas isso é impossível, do ponto de vista em que Heidegger se situou. Na relação "com", captada no plano ontológico, o Outro, com efeito, não poderia ser concretamente determinado, tal como ocorre com a realidade humana encarada diretamente e da qual é o alter-ego: é um termo abstrato e, por isso, *Unselbständig*, que não tem em si, de forma alguma, o poder de converter-se *neste* Outro, Pedro ou Ana. Assim, a relação do *Mitsein* não poderia nos servir absolutamente para resolver o problema psicológico e concreto do reconhecimento do Outro. Há dois planos incomunicáveis e dois problemas que exigem soluções distintas. Dir-se-á que não passa de um dos aspectos da dificuldade que enfrenta Heidegger para passar, em geral, do plano ontológico ao plano ôntico, do "ser-no-mundo" em geral à minha relação com *este* utensílio particular, de meu ser-para-a-morte, que faz de minha morte minha possibilidade mais essencial, a *esta* morte "ôntica" que terei, pelo encontro com tal ou qual existente externo. Mas esta dificuldade pode, a rigor, ser disfarçada em todos os demais casos, já que, por exemplo, é a realidade humana que faz com que exista um mundo no qual se dissimule uma ameaça de morte que lhe diga respeito; melhor ainda: se o mundo *é*, deve-se a que é "mortal", no sentido em que se diz que um ferimento é mortal. Mas a impossibilidade de passar de um plano a outro sobressai, ao contrário, por ocasião do problema do outro. Pois, com efeito, se, no surgimento ek-stático de seu ser-no-mundo, a realidade humana faz com que um mundo exista, não se poderia dizer, por essa razão, que seu ser-com faz surgir uma outra realidade humana. Certamente, sou o ser pelo qual "há" (*es gibt*) o ser. Dir-se-á que sou o ser pelo qual "há" uma outra realidade humana? Se por isso entendermos que sou o ser pelo qual há *para mim* uma outra realidade humana, trata-se de puro e simples truísmo. Se quisermos dizer que sou o ser pelo qual há os outros em geral, recaímos no solipsismo. Com efeito, esta realidade humana "com a qual" sou acha-se também "no-mundo-comigo", é o fundamento livre de um mundo (como acontece que esse mundo seja o *meu*? Do ser-com não se pode deduzir a identidade dos mundos "nos quais" as realidades humanas são);

esta realidade humana é suas próprias possibilidades. É, portanto, *Para-si*, sem esperar que eu faça existir seu ser na forma do "há". Assim, posso constituir um mundo como "mortal", mas não uma realidade-humana como ser concreto que é suas próprias possibilidades. Meu ser-com captado a partir de "meu" ser só pode ser considerado como pura exigência fundamentada em *meu* ser, a qual não constitui a menor prova da existência do Outro, a menor ponte entre mim e o Outro.

Mais exatamente, esta relação ontológica entre mim e um outro abstrato, pelo próprio fato de que define em geral minha relação com o Outro, longe de facilitar uma relação particular e ôntica entre mim e Pedro, torna radicalmente impossível toda conexão concreta entre meu ser e um outro singular revelado em minha experiência. Com efeito, se minha relação com o Outro é *a priori*, esgota toda possibilidade de relação com o Outro. Relações empíricas e contingentes não poderiam ser especificações nem casos particulares dessa relação com o Outro; só há especificações de uma lei em duas circunstâncias: ou bem a lei se extrai por indução de fatos empíricos e singulares, o que não é o caso, ou bem é *a priori* e unifica a experiência, como os conceitos kantianos. Mas, nesse caso, precisamente, só tem alcance nos limites da experiência: não encontro nas coisas senão aquilo que nelas coloquei. Ora, o ato de relacionar dois "seres-no-mundo" concretos não poderia pertencer à *minha* experiência; escapa, portanto, ao domínio do *ser-com*. Mas, como precisamente a lei *constitui* seu próprio domínio, exclui *a priori* qualquer fato real que não seja por ela construído. A existência de um tempo como forma *a priori* de minha sensibilidade iria me excluir *a priori* de toda conexão com um tempo numênico que tivesse caracteres de um ser. Assim, a existência de um "ser-com" ontológico e, por conseguinte, *a priori*, torna impossível toda conexão ôntica com uma realidade-humana concreta que surgisse *Para-si* como um transcendente absoluto. O "ser-com" concebido como estrutura de meu ser é algo que me isola de modo tão inegável como os argumentos do solipsismo. É porque a *transcendência* heideggeriana é um conceito de má-fé: almeja, sem dúvida, superar o idealismo, e o consegue na medida em que este nos apresenta uma subjetividade em repouso em si mesmo e contemplando suas próprias imagens. Mas o idealismo assim superado não passa de uma forma bastarda de idealismo, uma espécie de psicologismo empiriocriticista. Sem dúvida, a realidade humana heideggeriana "existe fora de si". Mas, precisamente, esta existência fora de si é a definição do *si*, na doutrina de Heidegger. Não se assemelha nem ao ek-stase platônico, no qual a existência é realmente alienação, existência no outro, nem à visão em Deus de Malebranche, nem à nossa própria concepção do ek-stase e da negação interna. Heidegger não escapa ao idealismo: sua fuga para fora de si, como estrutura *a priori* de seu ser, isola-o de modo tão inegável quanto a reflexão kantiana sobre as condições *a priori* de nossa experiência; com efeito, o que a realidade humana encontra ao fim inacessível desta fuga para fora de si é ainda o si: a fuga para fora de si é fuga rumo ao si, e o mundo aparece como pura distância de si a si. Em consequência, seria inútil buscar em *Ser e tempo* a superação simultânea de todo idealismo e todo realismo. E as dificuldades que encontra o idealismo em geral quando se trata de fundamentar a existência de seres concretos semelhantes a nós, que escapam, enquanto tais, à nossa experiência, e não dependem, em sua própria constituição, de nosso *a priori*, surgem também ante a tentativa* de Heidegger de fazer a "realidade-humana" sair de sua solidão. Parece escapar disso porque toma o "fora-de-si" ora como "fora-de-si-rumo-a-si", ora como "fora-de-si-rumo-ao-outro". Mas esta segunda acepção do "fora-de-si", que Heidegger introduz sorrateiramente nas sutilezas de seu raciocínio, é estritamente incompatível com a primeira: no próprio âmago de seus ek-stases, a realidade-humana permanece solitária. E isso porque – daí o novo proveito que iremos tirar do exame crítico da doutrina heideggeriana – a existência do Outro tem a natureza de um fato contingente e irredutível. Nós *encontramos* o Outro, não o constituímos. E se, todavia, esse fato há de nos aparecer sob o ângulo da necessidade, não o será com a necessidade própria das "condições de possibilidade de nossa experiência", ou, se preferirmos, com a necessidade ontológica: a necessidade da existência do outro deve ser, caso exista, uma "necessidade contingente", ou seja, do mesmo tipo da *necessidade de fato* com a qual se impõe o *cogito*. Se o Outro há de poder ser-nos

---

* No original, por errata, lê-se *tentation* (tentação) [N.T.].

dado, o será por uma apreensão direta que conserve no encontro seu caráter de facticidade – assim como o próprio *cogito* deixa toda sua facticidade ao meu próprio pensamento – e que, todavia, participe da apodicticidade (*apodicticité*) do próprio *cogito*, ou seja, de sua indubitabilidade (*indubitabilité*).

Essa longa exposição doutrinal não terá sido inútil, portanto, se nos permitir precisar as condições necessárias e suficientes para que seja válida uma teoria da existência do Outro.

1) Tal teoria não deve oferecer uma nova *prova* da existência do Outro, um argumento melhor que outros contra o solipsismo. Com efeito, se havemos de rejeitar o solipsismo, não poderá ser porque é impossível ou, se preferirmos, porque nada é verdadeiramente solipsista. A existência do Outro será sempre duvidosa, a menos que, precisamente, só duvidarmos do Outro em palavras e abstratamente, assim como ao escrever "duvido de minha própria existência" sem sermos sequer capazes de meditar sobre isso. Em suma, a existência do Outro não deve ser uma *probabilidade*. A probabilidade, com efeito, só pode dizer respeito aos objetos que aparecem em nossa experiência ou cujos efeitos novos podem aparecer em nossa experiência. Só há probabilidade se uma confirmação ou uma invalidação for possível a cada instante. Se o Outro, por princípio e em seu "Para-si", existe fora de minha experiência, a probabilidade de sua existência como *Outro si* jamais poderá ser confirmada ou invalidada, acreditada ou desacreditada, sequer ser calculada: perde, portanto, seu próprio ser de probabilidade para converter-se em pura conjetura de romancista. Do mesmo modo, Lalande mostrou que uma hipótese sobre a existência de seres vivos no planeta Marte permanece puramente conjetural e sem qualquer chance de ser verdadeira ou falsa enquanto não dispusermos de instrumentos ou teorias científicas que nos permitam produzir fatos confirmando ou invalidando tal hipótese[37]. Mas, por princípio, a estrutura do outro é de tal ordem que jamais qualquer experiência nova poderá ser concebida, nenhuma teoria nova virá a confirmar ou invalidar a hipótese de sua existência, nenhum instrumento virá a revelar fatos novos que me incitem

---

37. *Les Théories de l'Induction et de l'Expérimentation.*

a afirmar ou rejeitar esta hipótese. Assim, portanto, se o Outro não me é imediatamente presente e sua existência não é tão certa quanto a minha, toda conjetura a seu respeito carece totalmente de sentido. Mas, precisamente, não conjeturo a existência do Outro: eu a afirmo. Uma teoria da existência do outro, portanto, deve simplesmente me interrogar em meu ser, esclarecer e precisar o sentido desta afirmação, e, sobretudo, longe de inventar uma prova, explicitar o próprio fundamento desta certeza. Em outras palavras, Descartes não *provou* sua própria existência. Porque, de fato, eu sempre soube que existo, jamais deixei de praticar o *cogito*. Igualmente, minhas resistências ao solipsismo – tão intensas quanto as que uma tentativa de colocar o *cogito* em dúvida poderia suscitar – provam que sempre soube da existência do outro, que sempre tive uma *compreensão* total, embora implícita, de sua existência, que esta compreensão "pré-ontológica" encerra uma inteligência mais segura e profunda da natureza do Outro e de sua relação de ser com meu ser do que todas as teorias que puderam ser elaboradas fora dessa compreensão. Se a existência do Outro não é uma conjetura inútil, pura ficção, é porque existe algo como um *cogito* que lhe diz respeito. É esse *cogito* que deve ser esclarecido pela explicitação de suas estruturas e a determinação de seu alcance e seus direitos.

2) Mas, por outro lado, o revés de Hegel nos mostrou que o único ponto de partida possível era o *cogito* cartesiano. Somente este, de outra parte, coloca-nos no terreno desta necessidade de fato que é a da existência do Outro. Assim, aquilo que, à falta de melhor termo, chamaremos de *cogito* da existência do outro se confunde com meu próprio *cogito*. É preciso que o *cogito*, examinado mais uma vez, me arremesse para fora dele rumo ao outro, tal como me arremessou para fora dele rumo ao Em-si; e isso, não me revelando uma estrutura *a priori* de mim mesmo que me remetesse a um outro igualmente *a priori*, e sim descobrindo a presença concreta e indubitável de *tal* ou *qual* outro concreto, da mesma forma como já havia revelado minha existência incomparável, contingente mas necessária, e concreta. Assim, é ao Para-si que precisamos pedir que nos entregue o Para-outro; é à imanência absoluta que precisamos pedir que nos arremesse à transcendência absoluta: no mais profundo de mim mesmo devo encontrar,

não *razões para crer* no Outro, mas o próprio Outro enquanto aquele que eu não sou.

3) E o que o *cogito* deve nos revelar não é um objeto-Outro. Há muito já devíamos saber que dizer *objeto* é o mesmo que dizer *provável*. Se o Outro é objeto para mim, remete-me à probabilidade. Mas a probabilidade se fundamenta unicamente na congruência ao infinito de nossas representações. O Outro, não sendo uma representação, nem um sistema de representação, nem uma unidade necessária de nossas representações, não pode ser *provável*; não pode ser *primeiro* objeto. Portanto, se o Outro é *para nós*, não pode sê-lo seja como fator constitutivo de nosso conhecimento do mundo, seja com fator constitutivo de nosso conhecimento do eu, mas sim na medida em que "interessa" a nosso ser, e isso, não enquanto contribuísse *a priori* para constituí-lo, mas enquanto o interessa concreta e "onticamente" nas circunstâncias empíricas de nossa facticidade.

4) Se se trata de tentar com relação ao Outro, de certo modo, o que Descartes tentou com relação a Deus com sua extraordinária "prova pela ideia de perfeição", inteiramente movida pela intuição da transcendência, veremos-nos obrigados a rejeitar, para nossa apreensão do Outro como Outro, certo tipo de negação que denominamos negação externa. O Outro deve aparecer ao *cogito* como *não sendo* eu. Tal negação pode ser concebida de duas maneiras: ou bem é pura negação externa e irá separar o Outro de mim tal como uma substância de outra substância – nesse caso, toda captação do Outro é, por definição, impossível –, ou bem será pura negação interna, o que significa conexão sintética e ativa de dois termos, cada um dos quais se constitui negando ser o outro. Esta relação negativa será, portanto, recíproca e de dupla interioridade. Significa, em primeiro lugar, que a multiplicidade dos "outros" não poderia ser uma *coleção* e sim uma *totalidade* – nesse sentido, damos razão a Hegel – porque cada Outro encontra seu ser no outro; mas também significa que esta totalidade é de tal ordem que, por princípio, é impossível para nós adotarmos o "ponto de vista do todo". Vimos, com efeito, que nenhum conceito abstrato de consciência pode surgir da comparação entre meu ser-para-mim e minha objetividade para o Outro. Além disso,

esta totalidade – como a do Para-si – é totalidade destotalizada, pois, sendo a existência-Para-outro negação radical do outro, não é possível qualquer síntese totalitária e unificadora.

É a partir dessas observações que tentaremos abordar por nosso lado a questão do Outro.

IV
O OLHAR

Esta mulher que vejo andando em minha direção, este homem que passa na rua, esse mendigo que ouço cantar de minha janela são *objetos* para mim, sem a menor dúvida. Assim, é verdade que ao menos uma das modalidades da presença do Outro a mim é a *objetividade*. Mas vimos que, se esta relação de objetividade é a relação fundamental entre o Outro e mim, a existência do Outro permanece meramente conjetural. Ora, não é somente conjetural, mas *provável*, que esta voz que ouço seja a de um homem e não o canto de um fonógrafo, é infinitamente *provável* que o transeunte que vejo seja um homem e não um robô aperfeiçoado. Significa que minha apreensão do Outro como objeto, sem sair dos limites da probabilidade e por causa desta probabilidade mesmo, remete por essência a uma captação fundamental do Outro, na qual este já não irá se revelar a mim como objeto, e sim como "presença em pessoa". Em suma, para que o Outro seja objeto provável e não um sonho de objeto, é necessário que sua objetividade não remeta a uma solidão originária e fora de meu alcance, mas sim a uma conexão fundamental em que o Outro se manifeste de modo diferente daquele com que é captado pelo conhecimento que dele tenho. As teorias clássicas têm razão ao considerar que todo organismo humano percebido *remete* a alguma coisa, e que aquilo a que remete é o fundamento e a garantia de sua probabilidade. Mas seu erro é acreditar que essa remissão indica uma existência separada, uma consciência que estivesse detrás de suas manifestações perceptíveis, assim como o númeno está detrás da *Empfindung** kantiana. Exista ou não esta consciência em estado separado, não

---

* Em alemão: sensação [N.T.].

é a ela que remete o rosto que vejo; ela não é a *verdade* do objeto provável que percebo. A remissão de fato a um surgimento geminado em que o Outro é presença para mim ocorre fora do conhecimento propriamente dito, ainda que este seja concebido como uma forma obscura e inefável, do tipo da intuição; em suma, em que o Outro é para mim presença a um "ser-em-par-com-outro". Em outros termos, o problema do Outro tem sido geralmente encarado como se a relação primeira pela qual o Outro se revela fosse a objetividade, ou seja, como se o Outro se revelasse primeiro – direta ou indiretamente – à nossa percepção. Mas, como esta percepção, por sua própria natureza, *refere-se* a outra coisa que não si mesmo e não pode remeter seja a uma série infinita de aparições do mesmo tipo – como o faz, para o idealismo, a percepção da mesa ou da cadeira –, seja a uma entidade isolada que se situe por princípio fora de meu alcance, sua essência deve ser a referência a uma relação primeira de minha consciência com a do Outro, na qual este deve me aparecer diretamente como sujeito, ainda que em conexão comigo – relação essa que é a relação fundamental, do mesmo tipo de meu ser-Para-outro.

Contudo, não pode tratar-se aqui de alguma experiência mística ou algo inefável. É na realidade cotidiana que o Outro nos aparece, e sua probabilidade se refere à realidade cotidiana. Portanto, o problema torna-se mais preciso: será que existe na realidade cotidiana uma relação originária com o Outro que possa ser constantemente encarada e, por conseguinte, possa me ser revelada fora de toda referência a um incognoscível religioso ou místico? Para sabê-lo, é preciso interrogar mais nitidamente esta aparição banal do Outro no campo de minha percepção: uma vez que *ela* se refere a essa relação fundamental, deve ser capaz de nos revelar, pelo menos a título de realidade visada, a relação à qual se refere.

Estou em um jardim público. Não longe de mim há um gramado e, ao longo deste gramado, assentos. Um homem passa perto dos assentos. Vejo este homem e o capto ao mesmo tempo como um objeto e como um homem. Que significa isso? Que quero dizer quando afirmo que este objeto *é um homem*?

Se eu fosse pensar tratar-se apenas de um boneco, aplicaria as categorias que geralmente me servem para agrupar as "coisas" espaçotemporais. Quer dizer, captaria essa figura como situada "junto" aos assentos, a 2,20m do gramado, exercendo certa pressão sobre o solo etc. Sua relação com os demais objetos seria do tipo puramente aditivo; significa que poderia fazê-la desaparecer sem que as relações dos outros objetos entre si fossem sensivelmente modificadas. Em resumo, nenhuma relação nova apareceria *por meio dela* entre essas coisas de meu universo: agrupadas e sintetizadas *por mim* em complexos instrumentais, iriam desagregar-se *por ela* em multiplicidades de relações de indiferença. *Ao invés*, perceber tal figura como *homem* é captar uma relação não aditiva entre ele e o assento, é registrar uma organização *sem distância* das coisas de meu universo em torno deste objeto privilegiado. Por certo, o gramado continua à distância de 2,20m dele, mas está também vinculado a ele, *como gramado*, em uma relação que transcende a distância e ao mesmo tempo a contém. Ao invés de os dois termos da distância serem indiferentes, intermutáveis e estar em relação de reciprocidade, a distância se *estende a partir* do homem que vejo *até* o gramado, como surgimento sintético de uma relação unívoca. Trata-se de uma relação *sem partes*, estabelecida de uma só vez, e cujo interior se estende uma espacialidade que não é a *minha* espacialidade, porque, em vez de ser um agrupamento dos objetos *em minha direção*, trata-se de uma orientação *que me escapa*. Decerto, esta relação sem distância e sem partes não é de forma alguma a relação originária que busco entre o Outro e eu: em primeiro lugar, concerne somente ao homem que vejo e às coisas do mundo; além disso, ainda é objeto de conhecimento: poderia exprimi-la, por exemplo, dizendo que este homem *vê* o gramado, ou que se prepara, apesar do cartaz que o proíbe disso, para caminhar sobre a relva etc. Por fim, a relação conserva um puro caráter de probabilidade: primeiro, é *provável* que este objeto seja um homem; segundo, mesmo na certeza de que se trate de um homem, permanece somente provável que ele *veja* o gramado no mesmo momento que eu o percebo: pode estar pensando em outra coisa, sem tomar consciência nítida do que o cerca, pode ser cego etc. Todavia, esta relação nova entre o objeto-homem e o objeto-gramado tem um caráter particular: ela me surge inteira e de uma só vez, pois, está aí, no mundo, como objeto que posso conhecer (trata-se, com efeito, de uma relação objetiva que exprimo ao dizer: Pedro deu uma olhada no relógio, Joana olhou pela janela etc.), e, ao mesmo tempo, como algo que me escapa inteiramente; na medida em que o objeto-homem é o termo fundamental desta relação e que esta *ruma em sua direção*, a relação me escapa, e já não posso me colocar no centro; a distância que se estende entre o gramado e o homem que vejo, através do surgimento sintético desta relação primeira, é uma negação da distância que eu estabeleço – como puro tipo de negação externa – entre esses dois objetos. Revela-se a mim como pura *desintegração* das relações que apreendo entre os objetos de meu universo. E esta desintegração não é realizada por mim: aparece-me como relação que encaro no vazio através das distâncias que estabeleço originariamente entre as coisas. É como se o fundo das coisas, que me escapa por princípio, fosse-lhe conferido de fora. Assim, a aparição, entre os objetos de *meu* universo, de um elemento de desintegração deste universo, é o que denomino a aparição de *um homem* no meu universo. O Outro é, antes de tudo, a fuga permanente das coisas rumo a um termo que capto ao mesmo tempo como objeto a certa distância de mim e que me escapa na medida em que estende à sua volta suas próprias distâncias. Mas esta desagregação avança pouco a pouco; se existe entre o gramado e o outro uma relação sem distância e criadora de distância, então existe necessariamente uma relação entre o Outro e a estátua sobre seu pedestal *no meio* do gramado, entre o Outro e os grandes castanheiros que ladeiam o caminho; é um espaço inteiro que se agrupa ao redor do outro, e este espaço é constituído *com meu espaço*; é um reagrupamento, ao qual assisto e que me escapa, de todos os objetos que povoam meu universo. Esse reagrupamento não para aí; a relva é coisa qualificada: é *essa* relva verde que existe para o Outro; nesse sentido, a própria qualidade do objeto, seu verde profundo e cru, acha-se em relação direta com este homem; esse verde dirige para o Outro uma face que me escapa. Capto *a relação* entre o verde e o Outro como uma relação objetiva, mas não posso captar o verde *como* aparece ao outro. Assim, de súbito, apareceu um objeto que me roubou o mundo. Tudo está em seu lugar, tudo existe sempre para mim, mas tudo é atravessado por uma fuga invisível e fixa rumo a um objeto novo. A aparição do outro no mundo corresponde, portanto, a um deslizamento fixo de todo o universo, a uma descentralização do mundo que solapa por baixo a centralização que simultaneamente efetuo.

Mas o *Outro* ainda é objeto *para mim*. Pertence às *minhas* distâncias: o homem está lá, a vinte passos de mim, vira-*me* as costas. Enquanto tal, acha-se a 2,20m do gramado, a seis metros da estátua; por conseguinte, a desintegração de meu universo está contida nos limites deste universo mesmo, não se trata de uma fuga do mundo rumo ao nada ou para fora de si mesmo. Melhor dito, parece que o mundo tem uma espécie de escoadouro no meio de seu ser e escorre perpetuamente através desse orifício. O universo, o escoamento e o orifício, tudo está novamente recuperado, reapreendido e fixado em objeto: tudo isso está aí *para mim* como estrutura parcial do mundo, ainda que se trate, de fato, da desintegração total do universo. Geralmente, por outro lado, é-me permitido conter essas desintegrações em limites mais estreitos: eis, por exemplo, um homem que lê enquanto anda. A desintegração do universo que ele representa é puramente virtual: tem ouvidos que não escutam, olhos que nada veem senão seu livro. Entre seu livro e ele capto uma relação inegável e sem distância, do tipo daquela que há pouco vinculava o transeunte e a relva. Mas, desta vez, a forma fechou-se em si mesmo: tenho um objeto pleno para captar. No meio do mundo, posso dizer "homem-lendo", como diria "pedra fria" ou "chuva fina"; capto uma "Gestalt" fechada, na qual a *leitura* constitui a qualidade essencial e que, para o resto, cega e surda, deixa-se conhecer e perceber como pura e simples coisa espaçotemporal, aparentemente em pura relação de exterioridade indiferente com o resto do mundo. A própria qualidade "homem-lendo", enquanto relação entre o homem e o livro, é simplesmente uma pequena fenda particular em meu universo; no âmago desta forma sólida e visível ocorre um esvaziamento particular. A forma só é maciça na aparência; seu sentido próprio é ser, no meio de meu universo, a dez passos de mim, no âmago desta massividade (*massivité*), a forma de uma fuga rigorosamente consolidada e localizada.

Nada isso, portanto, nos faz abandonar, de qualquer modo, o terreno em que o Outro é *objeto*. Quando muito, lidamos com um tipo de objetividade particular, bem próximo daquele que Husserl designa como *ausência,* porém sem sublinhar que o Outro se define, não como ausência de uma consciência com relação ao corpo que vejo, mas pela ausência do mundo que percebo situada no próprio âmago de minha percepção desse mundo. O Outro é, nesse plano, um objeto do mundo que se deixa definir pelo mundo. Mas esta relação de fuga e ausência do mundo com relação a mim é apenas provável. Se é ela que define a objetividade do Outro, então a qual presença original do Outro poderá se referir? Podemos responder logo: se o Outro-objeto se define em conexão com o mundo como o objeto que *vê* o que vejo, minha conexão fundamental com o Outro-sujeito deve poder ser reconduzida à minha possibilidade permanente de *ser visto* pelo outro. É na revelação e pela revelação de meu ser-objeto para o Outro que devo poder captar a presença de seu ser-sujeito. Porque, assim como o Outro é para meu ser-sujeito um objeto provável, também só posso me descobrir no processo de me tornar objeto provável para um sujeito certo. Esta revelação não pode resultar do fato de que *meu* universo é objeto para o objeto-Outro, como se o olhar do outro, depois de vagar pelo gramado e os objetos em torno, viesse, seguindo um caminho definido, a pousar em mim. Sublinhei que eu não poderia ser objeto para um objeto: é necessária uma conversão radical do Outro, que o faça escapar à objetividade. Portanto, eu não poderia considerar o olhar que o outro me lança como uma das manifestações possíveis de seu ser objetivo: o Outro não poderia *me* olhar como olha a relva. E, por outro lado, minha objetividade não poderia resultar *para mim* da objetividade do mundo, porque, precisamente, sou aquele pelo qual *há* um mundo; ou seja, aquele que, por princípio, não poderia ser objeto para si mesmo. Assim, essa relação que denomino "ser-visto-pelo-outro", longe de ser uma das relações significadas, entre outras, pela palavra *homem*, representa um fato irredutível que não se poderia deduzir seja da essência do Outro-objeto, seja de meu ser-sujeito. Mas, ao contrário, se o conceito de Outro-objeto há de ter sentido, só pode resultar da conversão e da degradação desta relação originária. Em suma, aquilo a que se refere minha apreensão do outro no mundo como *sendo provavelmente* um homem é minha possibilidade permanente de *ser-visto-por-ele*, ou seja, a possibilidade permanente para um sujeito que me vê de substituir o objeto visto por mim. O "ser-visto-pelo-outro" é a *verdade* do "ver-o-outro". Assim, a noção de Outro não poderia, em qualquer circunstância, ter por objetivo uma consciência solitária e extramundana, na qual sequer posso pensar: o homem se define com relação ao mundo e com relação a mim; é este objeto do mundo que determina um escoamento interno do universo, uma hemorragia interna; é o sujeito que a mim se revela nesta fuga de mim mesmo rumo à objetivação. Mas a relação originária entre eu e o Outro não é somente uma verdade ausente que viso através da presença concreta de um objeto em meu universo; é também uma relação concreta e cotidiana que experimento a cada instante: a cada instante o Outro *me olha*. Não é fácil, portanto, tentar, com exemplos concretos, a descrição desta conexão fundamental que deve constituir a base de toda teoria do Outro. Se o Outro é, por princípio, *aquele que me olha*, devemos poder explicitar o sentido do olhar do outro.

Todo olhar endereçado a mim se manifesta em conexão com a aparição de uma forma sensível em nosso campo perceptivo, mas, ao contrário do que se possa crer, não está vinculado a qualquer forma determinada. Sem dúvida, o que *mais comumente* manifesta um olhar é a convergência de dois globos oculares em minha direção. Mas isso também ocorreria por ocasião de um roçar de galhos de árvore, de um ruído de passos seguido de silêncio, do entreabrir de uma janela, do leve movimento de uma cortina. Durante um assalto, os homens que rastejam atrás de uma moita captam como *olhar a evitar*, não dois olhos, mas toda uma casa de fazenda branca que se recorta contra o céu no alto da colina. É óbvio que o objeto assim constituído só manifesta o olhar, por enquanto, com o caráter de provável. É somente provável que, por trás do matagal que se mexe, haja alguém escondido que me espreita. Mas esta probabilidade não deve nos deter por ora: voltaremos ao assunto adiante. O que importa, antes de tudo, é definir o olhar em si mesmo. O matagal, a casa de fazenda, não são o olhar: representam somente o *olho*, pois o olho não é captado primeiramente como órgão sensível de visão, mas como suporte para o olhar. Jamais remetem, portanto, aos olhos de carne do homem que me espreita atrás da cortina, atrás de uma janela da casa de fazenda: por si mesmos, já se tratam de olhos. Por outro lado, o olhar não é uma qualidade entre outras do objeto que funciona como olho, nem a forma total deste objeto, nem uma relação "mundana" que se estabelecesse entre este objeto e eu. Ao contrário, longe de perceber o olhar *nos* objetos que o manifestam, minha apreensão de um olhar endereçado a mim aparece sobre um fundo de destruição dos olhos que "me olham": se apreendo o olhar, deixo de perceber os olhos; estes estão aí, permanecem no campo de minha percepção, como puras *apresentações*, mas não faço uso deles; estão neutralizados, excluídos, não são objeto de uma tese, mantêm-se no estado de "fora de circuito" em que se acha o mundo para uma consciência que efetua a redução fenomenológica prescrita por Husserl. Jamais podemos achar belos ou feios, ou notar a cor de olhos quando estes nos veem. O olhar do outro disfarça seus olhos, parece *adiantar-se* a eles. Tal ilusão provém do fato de que os olhos, como objetos de minha percepção, permanecem a uma distância precisa que se estende de mim até eles – em suma, estou presente aos olhos sem distância, mas eles estão distantes do lugar onde "me encontro" –, ao passo que o olhar está sem distância em cima de mim e, ao mesmo tempo, mantém-me à distância, ou seja, sua presença imediata a mim estende uma distância que dele me afasta. Portanto, não posso dirigir minha atenção ao olhar sem que, ao mesmo tempo, minha percepção se decomponha e passe a segundo plano. Produz-se aqui algo análogo ao que tentei demonstrar, em outro trabalho, sobre o tema do imaginário[38]: dizia então que não podemos perceber e imaginar ao mesmo tempo; terá de ser uma coisa ou outra. Agora diria: não podemos perceber o mundo e captar ao mesmo tempo um olhar lançado sobre nós; terá de ser uma coisa ou outra. Porque perceber é *olhar*, e captar um olhar não é apreender um objeto-olhar no mundo (a menos que esse olhar não esteja dirigido a nós), mas tomar consciência de *ser visto*. O olhar que os *olhos* manifestam, não importa sua natureza, é pura remissão a mim mesmo. O que capto imediatamente ao ouvir o ranger de galhos atrás de mim não é a *presença de alguém*, mas o fato de que sou vulnerável, tenho um corpo que pode ser ferido, ocupo um lugar e de modo algum posso escapar ao espaço onde estou sem defesa; em suma, o fato de que *sou visto*. Assim, o olhar é, antes de tudo, um interme-

---

38. *O Imaginário*.

diário que remete de mim a mim mesmo. Qual a natureza deste intermediário? Que significa para mim: ser visto?

Imaginemos que, por ciúmes, curiosidade ou vício, eu tenha chegado ao ponto de grudar meu ouvido em uma porta ou olhar pelo buraco de uma fechadura. Estou sozinho e em nível da consciência não tética (de) mim. Significa, em primeiro lugar, que não há um *eu* a habitar minha consciência. Nada, portanto, a que possa relacionar meus atos a fim de qualificá-los. Esses atos não são de modo algum *conhecidos;* eu *sou meus atos,* e, apenas por isso, eles carregam em si sua total justificação. Sou pura consciência *das* coisas, e as coisas, tomadas no circuito de minha ipseidade, oferecem-me suas potencialidades como réplica de minha consciência não tética (de) minhas possibilidades próprias. Significa que, detrás desta porta, uma cena se apresenta como "para ser vista", uma conversa como "para ser ouvida". A porta, a fechadura, são ao mesmo tempo instrumentos e obstáculos: mostram-se como "para manusear com cuidado"; a fechadura se revela como "para olhar de perto e meio de viés" etc. Assim sendo, "faço o que tenho de fazer"; nenhum ponto de vista transcendente vem conferir a meus atos um caráter de *algo dado* sobre o qual fosse possível se exercer um juízo: minha consciência adere aos meus atos, ela *é* meus atos, os quais são comandados somente pelos fins a alcançar e os instrumentos a empregar. Minha atitude, por exemplo, não tem qualquer "fora"; é puro processo de relacionamento entre o instrumento (buraco da fechadura) e o fim a alcançar (cena a ser vista), pura maneira de me perder no mundo e ser sorvido pelas coisas tal como a tinta por um mata-borrão, de modo que um complexo-utensílio orientado para um fim venha a se destacar sinteticamente sobre o fundo de mundo. A ordem é o inverso da ordem causal: é o fim a alcançar que organiza todos os momentos que o precedem; o fim justifica os meios, e os meios não existem por si mesmos e desvinculados do fim. Por outro lado, o conjunto só existe em relação a um livre projeto de minhas possibilidades: é precisamente o ciúme, como possibilidade que *sou*, que organiza esse complexo de utensilidade, transcendendo-o rumo a si mesmo. Mas eu não conheço este ciúme, eu o *sou*. Somente o complexo mundano de utensilidade poderia me fazer conhecê-lo, caso eu o contemplasse em vez de sê-lo. Este conjunto no mundo, com sua dupla e inversa determinação – não há cena *a ser vista* atrás da porta se eu não estiver com ciúmes, mas meus ciúmes nada seriam sem o simples fato objetivo de que *há uma cena a ser vista* atrás da porta – é o que denominaremos *situação*. Tal situação reflete ao mesmo tempo minha facticidade e minha liberdade: por ocasião de certa estrutura objetiva do mundo que me rodeia, ela faz repercutir minha liberdade sob a forma de tarefas a executar livremente; não há qualquer constrangimento nisso, pois minha liberdade corrói meus possíveis e, correlativamente, as potencialidades do mundo apenas se indicam e se oferecem. Além disso, não posso verdadeiramente me definir como *estando* em situação: primeiro, porque não sou consciência posicional de mim mesmo; segundo, porque sou meu próprio nada. Nesse sentido – posto que sou o que não sou e não sou o que sou –, não posso sequer me definir como *estando* verdadeiramente no ato de escutar atrás das portas; escapo a esta definição provisória de mim mesmo através de toda minha transcendência: acha-se aqui, como vimos, a origem da má-fé; assim, não somente não posso *conhecer-me*, como também meu próprio ser me escapa – embora eu *seja* este próprio escapar a meu ser – e não sou absolutamente nada; nada há *aí* salvo um puro nada que rodeia e faz ressaltar certo conjunto objetivo que se recorta no mundo, um sistema real, uma disposição de meios com vistas a um fim.

    Eis que ouço passos no corredor: alguém me olha. Que significa isso? Fui de súbito atingido em meu ser e surgem modificações essenciais em minhas estruturas – modificações que posso captar e determinar conceitualmente por meio do *cogito* reflexivo.

    Em primeiro lugar, eis que passo a existir enquanto *eu* para minha consciência irrefletida. É inclusive esta irrupção do eu o fato que mais comumente se descreve: eu *me* vejo porque *alguém* me vê, como se costuma dizer. Esta forma de descrição não é inteiramente exata. Mas, examinemos melhor: enquanto considerávamos o Para-si em sua solidão, era possível sustentar que a consciência irrefletida não pode ser habitada por um eu: a título de objeto, o eu só se revelava à consciência reflexiva. Mas eis que o eu vem frequentar a consciência irrefletida. Ora, a consciência irrefletida é consciência *do* mundo. Portanto, para ela, o eu existe no mesmo nível dos objetos do mundo; aquele papel que só incumbia à consciência reflexiva – a presentificação *(présentification)* do eu – pertence agora à consciência irrefletida. Só que a consciência reflexiva tem diretamente o eu por objeto. A consciência irrefletida não capta a *pessoa* diretamente ou como seu objeto: a pessoa está presente à consciência *enquanto é objeto para outro*. Significa que, de súbito, tenho consciência de mim escapando-me de mim mesmo, não enquanto sendo o fundamento de meu próprio nada, mas enquanto tendo meu fundamento fora de mim. Não sou para mim mais do que pura remissão ao Outro. Todavia, não se deve entender com isso que o objeto é o Outro e que o *Ego* presente à minha consciência é uma estrutura secundária ou uma significação do objeto-Outro; o Outro não é objeto neste caso, e não pode ser objeto, como demonstramos, a menos que, ao mesmo tempo, o eu deixe de ser objeto-Para-outro e se desvaneça. Assim, não viso ao Outro como objeto, nem ao meu *Ego* como objeto para mim; sequer posso dirigir uma intenção vazia rumo a este *Ego* como objeto presentemente fora de meu alcance; com efeito, meu *Ego* está separado de mim por um nada que não posso preencher, posto que o apreendo *enquanto não é para mim* e existe por princípio para o *Outro;* portanto, não o viso como se pudesse ser-me dado um dia, mas, ao contrário, como algo que me foge por princípio e jamais me pertencerá. E, contudo, eu o *sou*; não o rejeito como uma imagem estranha, pois acha-se presente a mim como um eu que *sou* sem *conhecer;* é na vergonha (em outros casos, no orgulho) que o descubro. A vergonha ou o orgulho me revelam o olhar do Outro e, nos confins desse olhar, revelam-me a mim mesmo; são eles que me fazem *viver,* não *conhecer,* a situação do ser-visto. Pois bem: a vergonha, como sublinhamos no início deste capítulo, é vergonha de *si,* é o reconhecimento de que efetivamente *sou* este objeto que o Outro olha e julga. Só posso ter vergonha de minha liberdade quando esta me escapa para converter-se em objeto *dado*. Assim, originariamente, o nexo entre minha consciência irrefletida e meu *ego*-sendo-visto não é um nexo de conhecimento, mas de ser. Eu sou, Para-além de todo conhecimento que possa ter, esse eu que o Outro conhece. E esse eu que sou, eu o sou em um mundo que o Outro me alienou, porque o olhar do Outro abraça meu ser e, correlativamente, as paredes, a porta, a fechadura; todas essas coisas-utensílios, no meio das quais estou, viram para o Outro uma face que me escapa por princípio. Assim, sou meu *Ego* para o Outro no meio de um mundo que escoa em direção ao outro. Há pouco definíamos como hemorragia interna esse escoamento de *meu* mundo rumo ao Outro-objeto: isso porque, com efeito, a sangria fora estancada e localizada pelo próprio fato de que eu fixara como objeto de *meu* mundo este outro rumo ao qual esse mundo dessangrava. Assim, nenhuma gota de sangue se perdia, tudo era recuperado, sitiado, localizado, embora em um ser no qual eu não podia penetrar. Aqui, ao contrário, a fuga não tem limites, perde-se no exterior, o mundo escoa para fora do mundo e eu escoo para fora de mim; o olhar do Outro me faz ser Para-além de meu ser nesse mundo, no meio de um mundo que é, ao mesmo tempo, *este* mundo e Para-além deste mundo. Que tipo de relações posso manter com este ser que sou e que a vergonha me revela?

Em primeiro lugar, uma relação de ser. Eu *sou* este ser. Nem por um instante penso em negá-lo; minha vergonha é a confissão disso. Mais tarde, poderei usar da má-fé a fim de disfarçá-lo de mim, mas a má-fé também é uma confissão, pois se trata de um esforço para recusar o ser que sou. Mas não sou este ser que sou à maneira do "ter-de-ser" ou do "era": não o fundamento em seu ser; não posso produzi-lo diretamente, mas ele tampouco é o efeito indireto e rigoroso de meus atos, como ocorre quando minha sombra no chão ou minha imagem refletida no espelho se movem conforme os gestos que faço. Este ser que sou conserva certa indeterminação, certa imprevisibilidade. E essas características novas não decorrem somente do fato de que não posso *conhecer* o outro, mas proveem também, e sobretudo, do fato de que o outro é livre; ou, para ser exato e invertendo os termos, a liberdade do outro revela-se a mim através da inquietante indeterminação de ser que sou para ele. Assim, este ser não é meu possível, não está sempre em questão no cerne de minha liberdade: ao contrário, é o limite de minha liberdade, seu "reverso", nesse sentido em que nos referimos ao "reverso da moeda"; tal ser me é dado como um fardo que carrego sem que jamais possa virar o rosto para conhecê-lo, sem sequer poder sentir seu peso; se podemos compará-lo à minha sombra, trata-se de uma sombra que se projetaria sobre uma matéria móvel e imprevisível, de tal ordem que nenhuma tabela de referências permitiria calcular as deformações resultantes desses movimentos. Porém, trata-se efetivamente de *meu* ser e não de uma imagem de meu ser. Trata-se de meu ser tal como é escrito na e pela liberdade do Outro. Tudo se passa como se eu tivesse uma dimensão de ser da qual estivesse separado por um nada radical, e esse nada é a liberdade do Outro; o Outro, enquanto tem-de-ser seu ser, tem-de-fazer meu ser-para-ele ser; assim, cada uma de minhas livres condutas me engaja em um novo meio, no qual a própria matéria de meu ser é a imprevisível liberdade de um Outro. Contudo, por causa de minha vergonha mesmo, reivindico como sendo minha esta liberdade de um Outro, afirmo uma unidade profunda das consciências, não esta harmonia de mônadas que por vezes tomamos como garantia de objetividade, e sim uma unidade de ser, uma vez que aceito e desejo que os outros me confiram um ser que reconheço.

Mas a vergonha me revela que *sou* este ser. Não ao modo do *era* ou do "ter-de-ser", mas do *Em-si*. Quando estou só, não posso efetivar meu "ser-que-está-sentado"; no máximo, pode-se dizer que, ao mesmo tempo, eu sou e não sou este ser. Basta que o Outro me olhe para que eu seja o que sou. Não para mim mesmo, é certo: jamais poderei efetivar este ser-que-está-sentado que apreendo no olhar do outro, pois permanecerei sempre consciência; mas, para o Outro, sim. Mais uma vez a fuga nadificadora do Para-si se coagula, mais uma vez o Em-si se recompõe sobre o Para-si. Porém, uma vez mais, esta metamorfose se opera *à distância*: para o Outro, *eu estou sentado* assim como este tinteiro *está sobre* a mesa; para o Outro, *estou reclinado* para o buraco da fechadura, assim como esta árvore *está inclinada* pelo vento. Assim, para o outro, fico despojado de minha transcendência. Pois, com efeito, para quem quer que se faça testemunha de minha transcendência, ou seja, determine-se como *não sendo* esta transcendência, ela se torna transcendência puramente constatada, transcendência-dada; quer dizer, adquire uma natureza apenas pelo fato de que o Outro – não por uma deformação qualquer ou uma refração que impusesse através de suas categorias – confere a essa transcendência um lado de *fora*. Se existe um Outro, qualquer que seja, quaisquer que sejam suas relações comigo, ainda que aja sobre mim somente pelo puro surgimento de seu ser, eu tenho um lado de *fora*, uma *natureza;* meu pecado original é a existência do Outro; e a vergonha – tal como o orgulho – é a apreensão de mim mesmo como natureza, embora esta natureza me escape e seja incognoscível como tal. Não que, propriamente dito, eu sinta perder minha liberdade para converter-me em *coisa*, mas minha natureza está aí, fora de minha liberdade vivida, como atributo dado deste ser que sou para o outro. Capto o olhar do outro no próprio cerne de meu *ato*, como solidificação e alienação de minhas próprias possibilidades. Com efeito, essas possibilidades que *sou* e que constituem a condição de minha transcendência, sinto-as, seja pelo medo ou pela espera ansiosa ou prudente, como dadas a um outro, em outra parte, para serem transcendidas, por sua vez, pelas próprias possibilidades dele. E o Outro, como olhar, é exatamente isso: minha transcendência transcendida. Sem dúvida, *sou* sempre minhas possibilidades, ao modo da consciência não tética (de) tais possibilidades; mas, ao mesmo tempo, o olhar me aliena dessas possibilidades: até então, eu captava teticamente essas possibilidades sobre o mundo e no mundo, a título de potencialidade dos utensílios; o canto sombrio no corredor me devolvia a possibilidade de me esconder, como simples qualidade em potencial de sua penumbra, como um convite de sua escuridão; esta qualidade ou utensilidade do objeto pertencia só a ele e se mostrava como propriedade objetiva e ideal, registrando seu pertencer real a esse complexo que denominamos *situação*. Mas, com o olhar do Outro, uma organização nova dos complexos vem se sobrepor à primeira. Com efeito, captar-me como *sendo visto* é captar-me como sendo visto *no mundo* e a partir do mundo. O olhar não me destaca no universo: vem me buscar no cerne de minha situação e só apreende de mim relações indecomponíveis com os utensílios; se sou visto sentado, devo ser visto "sentado-em-uma-cadeira"; se sou captado reclinado, é como "reclinado-para-o-buraco-da-fechadura" etc. Mas, de súbito, essa alienação de mim que é o *ser-visto* encerra a alienação do mundo que organizo. Sou visto sentado nesta cadeira enquanto não a vejo, enquanto é impossível que a veja, enquanto ela me escapa para se organizar em um complexo novo e orientado de outro modo, juntamente com outras relações e outras distâncias, no meio de outros objetos que, analogamente, têm para mim uma face secreta. Desse modo, eu, que, enquanto sou meus possíveis, sou o que não sou e não sou o que sou, a partir de agora *sou* alguém. E esse que sou – e me escapa por princípio – eu o sou *no meio do mundo*, na medida em que me escapa. Por isso, minha relação com o objeto, ou potencialidade do objeto, decompõe-se sob o olhar do Outro e me aparece no mundo como minha possibilidade de utilizar o objeto, na medida em que tal possibilidade me escapa por princípio, ou seja, na medida em que é transcendida pelo outro rumo às possibilidades deste. Por exemplo: a potencialidade do canto escuro torna-se possibilidade dada de me esconder nesse canto, pelo simples fato de que o Outro* pode transcendê-la rumo à sua própria possibilidade de iluminar o canto com sua lanterna. Esta possibilidade está aí, e eu a apreendo, mas como ausente, como *no Outro*, por minha angústia e minha decisão de renunciar a este esconderijo *"pouco seguro"*. Assim, minhas possibilidades são presentes à minha consciência irrefletida na medida em que o Outro *me espreita*. Se o vejo disposto a tudo, com a mão no bolso, onde há uma arma, e seu dedo prestes a soar o alarme para o posto policial "ao menor gesto de minha parte", apreendo minhas possibilidades de fora e através dele, ao mesmo tempo que *sou* essas possibilidades; mais ou menos como quando apreendemos nosso pensamento objetivamente através da própria linguagem, ao mesmo tempo que pensamos esse pensamento *para* expressá-lo na linguagem. Esta tendência a fugir, que me domina e arrasta, e que eu *sou*, leio-a nesse olhar espreitador e naquele outro olhar: a arma apontada para mim. O Outro capta essa tendência minha, na medida em que a previu e já se preparou para ela. Capta-a enquanto a transcende e a desarma. Mas eu não apreendo esse transcender: apreendo apenas a morte de minha possibilidade. Morte sutil, porque a possibilidade de me esconder continua sendo ainda *minha* possibilidade; na medida em que a *sou*, ela mantém-se sempre viva; e o canto escuro não cessa de me fazer sinais, de me reenviar sua potencialidade. Mas, se a utensilidade se define como o fato de "poder ser transcendido para...", então minha possibilidade torna-se utensilidade. Minha possibilidade de me refugiar no canto

---

* No original, decerto por errata, lê-se *l'auteur* (o autor) [N.T.].

escuro torna-se aquilo que o Outro pode transcender rumo à sua possibilidade de me desmascarar, identificar-me, prender-me. *Para o outro*, minha possibilidade é, ao mesmo tempo, um obstáculo e um meio, como todos os utensílios. Obstáculo, porque o obrigará a novas ações (avançar sobre mim, acender sua lanterna). Meio, porque, uma vez descoberto em um beco sem saída, "estou capturado". Em outros termos, todo ato feito contra o Outro pode, por princípio, ser para o Outro um instrumento que lhe servirá contra mim. E capto precisamente o Outro, não na clara visão do que ele pode fazer de meu ato, mas em um medo que *vive* todas as minhas possibilidades como ambivalentes. O Outro é a morte oculta de minhas possibilidades, na medida em que vivo esta morte oculta no meio do mundo. A conexão entre minha possibilidade e o utensílio não é outra senão a que vincula dois instrumentos ajustados externamente um ao outro, com vistas a um fim que me escapa. A escuridão do canto sombrio e minha possibilidade de ali me esconder são transcendidas *ao mesmo tempo* pelo outro quando ele, antes que eu possa esboçar um gesto para me refugiar, ilumina o canto com sua lanterna. Assim, no brusco abalo que me agita quando capto o olhar do Outro, ocorre que, de súbito, vivo uma alienação sutil de todas as minhas possibilidades, que se arrumam longe de mim, no meio do mundo, com os objetos do mundo.

Mas daí resultam duas importantes consequências. A primeira é que minha possibilidade se converte, fora de mim, em *probabilidade*. Na medida em que o Outro a apreende corroída por uma liberdade que ele não é, da qual se faz testemunha e cujos efeitos calcula, é pura indeterminação no jogo dos possíveis, sendo precisamente assim que a advinho. Mais tarde, quando estivermos em conexão direta com o Outro por meio da linguagem e gradualmente nos inteirarmos do que pensa de nós, é isso que poderá ao mesmo tempo nos fascinar e horrorizar: "Juro que o farei!"; "Pode ser. Se você diz, quero crer; é possível que o faça". O sentido desse diálogo subentende que o Outro está originariamente situado frente à minha liberdade como frente a uma propriedade dada de indeterminação, e frente a meus possíveis como frente a meus prováveis. Isso porque, originariamente, sinto-me estando aí, *para o Outro*, e este esboço-fantasma de meu ser me atinge no cerne de mim mesmo, pois, pela vergonha, a raiva e o medo, não cesso de me assumir como tal. Não cesso de me assumir às cegas, já que *não conheço* o que assumo: simplesmente o sou.

Por outro lado, o conjunto utensílio-possibilidade de mim mesmo frente ao utensílio aparece-me como transcendido e organizado em mundo pelo outro. Com o olhar do Outro, a "situação" me escapa, ou, para usar de expressão banal, mas que traduz bem nosso pensamento: *já não sou dono da situação*. Ou, mais exatamente, continuo sendo o dono, mas a situação tem uma dimensão real através da qual me escapa, através da qual inversões inesperadas fazem-na *ser* diferente do modo como me aparece. Por certo, pode acontecer que, na estrita solidão, eu execute um ato cujas consequências sejam rigorosamente opostas às minhas previsões e desejos: por exemplo, pego delicadamente uma bandeja para sustentar esse vaso frágil. Mas esse gesto tem por efeito derrubar uma estatueta de bronze que parte o vaso em mil pedaços. Nada acontece aqui que eu não pudesse prever, se tivesse sido mais atento, se tivesse notado a disposição dos objetos etc.: *nada que me escape por princípio*. Ao contrário, a aparição do outro faz surgir na situação um aspecto não desejado por mim, do qual não sou dono e que me escapa por princípio, posto que é *para o Outro*. Foi o que Gide chamou apropriadamente de "a parte do diabo". É o *avesso* imprevisível, mas real. A arte de um Kafka se dedica a descrever esta imprevisibilidade em *O processo* e *O castelo**: em certo sentido, tudo o que fazem K. e o agrimensor lhes pertence de direito, e, enquanto atuam sobre o mundo, os resultados obtidos são rigorosamente conformes às suas previsões: são atos bem-sucedidos. Mas, simultaneamente, a *verdade* desses atos lhes escapa a toda hora; os atos têm por princípio um sentido que é seu *verdadeiro sentido* e que nem K. nem o agrimensor conhecerão jamais. E, sem dúvida, Kafka quis alcançar aqui a transcendência do divino; é para o divino que o ato humano se constitui em verdade. Mas Deus não passa aqui do conceito do Outro levado ao extremo limite. Voltaremos a isso. Esta atmosfera dolorosa e fugaz do Processo, esta ignorância que, todavia, é vivida como ignorân-

---

* Respectivamente, *Der Prozess* (1925) e *Das Schloss* (1926). – Em português: *O processo*. São Paulo: Abril, 1979/Brasiliense, 1993; *O castelo*. São Paulo: Abril, 1985 [N.T.].

cia, esta opacidade total que só pode ser pressentida através de total translucidez, tudo isso nada mais é que a descrição de nosso ser-no-meio-do-mundo-para-outro. Assim, portanto, a situação, no e pelo seu transcender para o Outro, fixa-se e se organiza em *forma* à minha volta, no sentido em que os gestaltistas usam esse termo: há uma síntese dada, da qual sou a estrutura essencial; e esta síntese possui ao mesmo tempo a coesão ek-stática e o caráter do Em-si. Minha conexão com essas pessoas que conversam e eu espio está dada de relance, fora de mim, como substrato incognoscível da conexão que eu mesmo estabeleço. Em particular, meu próprio *olhar* ou conexão sem distância com essas pessoas é despojado de sua transcendência pelo fato mesmo de ser um *olhar-olhado*. As pessoas que *vejo*, com efeito, são fixadas por mim em objetos; sou, com relação a elas, tal como o Outro com relação a mim; ao olhá-las, avalio minha potência. Mas, se o Outro vê essas pessoas e me vê, meu olhar perde seu poder: eu não poderia transformar essas pessoas em objetos *para o Outro*, uma vez que já são objetos de seu olhar. Meu olhar manifesta simplesmente uma relação no meio do mundo entre o objeto-eu e o objeto-olhado, algo parecido com a atração que duas massas exercem uma sobre a outra à distância. À volta desse olhar se organizam, por um lado, os objetos: a distância entre eu e os objetos vistos *existe* no presente, mas está restringida, circunscrita e comprimida pelo meu olhar; o conjunto "distância-objetos" é como um fundo sobre o qual o olhar se destaca à maneira de um "isto" sobre fundo de mundo. Por outro lado, organizam-se minhas atitudes, que se revelam como série de meios utilizados para "manter" o olhar. Nesse sentido, constituo um todo organizado que *é* olhar; sou um objeto-olhar, ou seja, um complexo-utensílio dotado de finalidade interna e capaz de se colocar a si mesmo em relação de meio a fim para realizar uma presença a tal ou qual objeto Para-além da distância. Mas a distância *é dada a mim*. Enquanto sou visto, não estendo a distância; limito-me a *atravessá-la*. O olhar do Outro me confere a espacialidade. Captar-se como visto é captar-se como espacializador-espacializado.

Mas o Olhar do outro não é captado apenas como espacializador: também é *temporalizador*. A aparição do olhar do Outro se manifesta a mim por uma *Erlebnis* que, em princípio, seria-me-ia impossível adquirir na solidão: a da simultaneidade. Um mundo para um só Para-si não poderia conter a simultaneidade, mas somente copresenças, porque o Para-si se perde fora de si, por toda parte no mundo, e vincula todos os seres pela unidade de sua presença única. Ora, simultaneidade presume conexão temporal de dois existentes não vinculados por qualquer outra relação. Dois existentes que exercem um sobre o outro ação recíproca não são simultâneos, precisamente porque pertencem ao mesmo sistema. A simultaneidade não pertence, portanto, aos existentes do mundo; pressupõe a copresença ao mundo de dois presentes considerados como *presenças-a*. A presença de Pedro *ao* mundo é simultânea *à* minha presença. Nesse sentido, o fenômeno originário de simultaneidade é o fato de que esse vaso exista para Pedro *ao mesmo tempo* que existe para mim. Isso pressupõe, portanto, um fundamento de toda simultaneidade, que necessariamente tem de ser a presença à minha própria temporalização de um outro que se temporaliza. Mas, precisamente, enquanto o outro *se* temporaliza, temporaliza-*me* com ele: na medida em que ele se arremessa rumo a seu tempo próprio, eu lhe apareço no tempo universal. O *olhar do Outro*, na medida em que o apreendo, vem atribuir a *meu* tempo uma dimensão nova. Enquanto presente captado pelo Outro como *meu* presente, minha presença possui um lado de fora; esta presença que se presentifica *para mim*, para mim se aliena em um presente ao qual o Outro se faz presente; sou lançado no presente universal enquanto Outro se faz presença a mim. Mas o presente universal onde venho ocupar meu lugar é pura alienação de meu presente universal; o tempo físico flui rumo a uma pura e livre temporalização que não sou; o que se delineia no horizonte desta simultaneidade que vivencio é uma temporalização absoluta da qual estou separado por um nada.

Enquanto objeto espaçotemporal do mundo, enquanto estrutura essencial de uma situação espaçotemporal no mundo, ofereço-me às apreciações do Outro. Também capto esse fato pelo puro exercício do *cogito:* ser visto é captar-se como objeto desconhecido de apreciações incognoscíveis, em particular apreciações de valor. Mas, precisamente, ao mesmo tempo que, pela vergonha ou pelo orgulho, reconheço a exatidão dessas apreciações, não deixo de tomá-las pelo que são: um livre transcender do dado rumo a possibilidades. Um juízo é o ato transcendental de um ser livre. Assim, o ser-visto me constitui como um ser sem defesa para uma liberdade que não é a minha liberdade. Nesse sentido, podemos considerar-nos "escravos", na medida em que aparecemos ao Outro. Mas esta escravidão não é o resultado – histórico e susceptível de ser superado – de uma *vida*, na forma abstrata da consciência. Sou escravo na medida em que sou dependente em meu ser do âmago de uma liberdade que não é a minha e que é a condição mesmo de meu ser. Enquanto sou objeto de valores que vêm me qualificar sem que eu possa agir sobre esta qualificação ou sequer conhecê-la, estou na escravidão. Conjuntamente, enquanto sou instrumento de possibilidades que não são minhas possibilidades, cuja pura presença Para-além de meu ser só posso entrever, e que negam minha transcendência para constituir-me como meio rumo a fins que ignoro, estou *em perigo*. E esse perigo não é um acidente, mas a estrutura permanente de meu ser-Para-outro.

Chegamos ao fim desta descrição. Antes que possamos utilizá-la para descobrir o Outro, convém notar que tal descrição *foi constituída integralmente no plano do cogito*. Nada mais fizemos senão explicitar o sentido dessas reações subjetivas ao olhar do Outro: o medo (sentimento de estar em perigo frente à liberdade do Outro), o orgulho ou a vergonha (sentimento de ser finalmente o que sou, mas em outra parte, estando-aí para o Outro), o reconhecimento de minha escravidão (sentimento de alienação de todas as minhas possibilidades). Além disso, esta explicitação não é, de forma alguma, uma determinação conceitual de *conhecimentos* mais ou menos obscuros. Que cada um se reporte à própria experiência: não existe aquele que não tenha sido surpreendido um dia em atitude censurável ou simplesmente ridícula. A brusca modificação que então experimentamos não é, de modo algum, provocada pela irrupção de um conhecimento. É bem mais uma solidificação e uma estratificação brusca de mim mesmo, que deixam intatas minhas possibilidades e minhas estruturas "para-mim", mas que me empurram subitamente a uma nova dimensão de existência: a dimensão do *não revelado*. Assim, a aparição do olhar é captada por mim como surgimento de uma relação ek-stática de ser, da qual um dos termos sou eu, enquanto Para-si que é o que não é e não é o que é, e o outro termo também sou eu, mas fora de meu alcance, fora de minha ação, fora de meu conhecimento. E esse termo, estando precisamente em conexão com as infinitas possibilidades de um outro livre, é em si mesmo síntese infinita e inesgotável de propriedades não reveladas. Pelo olhar do Outro, eu *vivo* fixado no meio do mundo, em perigo, como irremediável. Mas não sei *qual* meu ser, nem *qual* meu sítio no mundo, nem *qual* a face que esse mundo onde sou se volta para o Outro.

Em consequência, podemos precisar o sentido do surgimento do Outro no e por seu olhar. De modo algum o Outro nos é dado como objeto. A objetivação do Outro seria o colapso de seu ser-olhar. Por outro lado, como vimos, o olhar do Outro é a desaparição mesmo dos *olhos* do Outro como objetos que manifestam o olhar. O Outro sequer poderia ser objeto visado no vazio no horizonte de meu ser Para-outro. A objetivação do Outro, como veremos, é uma defesa de meu ser, que me libera precisamente de meu ser-Para-outro, conferindo ao Outro um ser para-mim. No fenômeno do olhar, o Outro é, por princípio, aquilo que não pode ser objeto. Ao mesmo tempo, vemos que o Outro não poderia ser um *termo* da relação entre eu e eu mesmo que me faz surgir a mim mesmo como *não revelado*. O Outro tampouco poderia ser a meta de minha *atenção:* no surgimento do olhar do outro, se me fosse possível *prestar atenção* ao olhar ou ao Outro, só poderia estar *prestando atenção a objetos,* pois atenção é direção intencional rumo a objetos. Mas não se deve concluir daí que o Outro é uma condição abstrata, uma estrutura conceitual da relação ek-stática: não há aqui, com efeito, objeto realmente pensado, do qual o Outro pudesse ser uma estrutura universal e formal. O Outro é, decerto, a condição de meu ser-não-revelado. Mas é a condição concreta e individual disso. Não está comprometido em meu ser no meio do mundo como uma de suas partes integrantes, já que, precisamente, ele é o que transcende esse mundo no meio do qual sou não revelado; como tal, não poderia ser, portanto, nem objeto, nem elemento formal e constituinte de um objeto. Como vimos, não pode me aparecer como categoria unificadora ou reguladora de minha experiência, uma vez que vem a mim por encontro. Então, o que é?

Em primeiro lugar, o Outro é o ser ao qual não volto minha atenção. É aquele que me vê e que ainda não vejo; aquele que me entrega o que sou como *não revelado*, mas sem revelar-se a si mesmo; aquele que me está presente enquanto me visa e não enquanto é visado; é o polo concreto e fora de alcance de minha fuga, da alienação de meus possíveis e do fluir do mundo rumo a um outro mundo, mundo este que é *o mesmo* e, contudo, incomunicável com aquele. Mas o Outro não poderia ser distinto desta alienação e deste fluir; é o sentido e a direção destes; infesta este fluir, não como elemento *real* ou *categórico*, mas como presença que se fixa e se mundaniza *(mondanise)* caso eu tente "presentificá-la" e que nunca é tão presente e tão urgente como quando me descuido dela. Se estou totalmente entregue à minha vergonha, por exemplo, o Outro é a presença imensa e invisível que sustenta esta vergonha e a envolve por todo lado; é o meio de sustentação de meu ser-não-revelado. Vejamos o que se manifesta do Outro como *não revelável* através de minha experiência vivida do não revelado.

Em primeiro lugar, o *olhar do Outro*, como condição necessária de minha objetividade, é a destruição de toda objetividade para mim. O olhar do Outro me atinge através do mundo e não é somente transformação de mim mesmo, mas metamorfose total do *mundo*. Sou visto em um mundo visto. Em particular, o olhar do Outro – que é olhar-olhador e não olhar-olhado – nega minhas distâncias aos objetos e estende suas próprias distâncias. Esse olhar do Outro se mostra imediatamente como aquilo pelo qual a distância vem ao mundo no cerne de uma presença sem distância. Retrocedo, sou despojado de minha presença sem distância ao meu mundo e provido de uma distância pelo Outro: eis-me a quinze passos da porta, a seis metros da janela. Mas o Outro vem buscar-me para me constituir a certa distância dele. Ao me constituir a seis metros dele, é preciso que seja presente a mim sem distância. Assim, na própria experiência de minha distância às coisas e ao Outro, sinto a presença sem distância do Outro a mim. Qualquer um poderá reconhecer, nesta descrição abstrata, esta presença imediata e inflamadora do olhar do Outro que tantas vezes o cobriu de vergonha. Em outras palavras, na medida em que me experimento como olhado, é constatada para mim uma presença transmundana do Outro: não é enquanto está "no meio" de *meu* mundo que o Outro me olha, mas sim enquanto vem rumo ao mundo e a mim com toda sua transcendência, enquanto não está separado de mim por qualquer distância, qualquer objeto do mundo, real ou ideal, qualquer corpo do mundo, mas apenas por sua natureza de outro. Assim, a aparição do olhar do Outro não é aparição *no mundo:* nem no "meu" nem no "do Outro"; e a relação que me une ao Outro não poderia ser uma relação de exterioridade no interior do mundo; pelo olhar do Outro, tenho a prova concreta de que há um Para-além do mundo. O Outro está presente a mim, sem qualquer intermediário, como transcendência *que não é a minha.* Mas esta presença não é recíproca: é preciso toda a espessura do mundo para que eu seja presente ao Outro. Transcendência onipresente e incaptável, assentada sobre mim sem intermediário enquanto sou meu ser-não-revelado, e separada de mim pelo infinito do ser, enquanto sou mergulhado por esse olhar no bojo de um mundo completo, com suas distâncias e seus utensílios: tal é o olhar do Outro quando o experimento de imediato como olhar.

Mas, além disso, ao determinar minhas possibilidades, o Outro me revela a impossibilidade que sou de ser objeto, salvo para outra liberdade. Não posso ser objeto para mim mesmo porque sou o que sou; abandonado aos seus próprios recursos, o esforço reflexivo rumo à dissociação resulta em fracasso; sempre sou recuperado por mim. E quando afirmo ingenuamente que é possível que eu seja um ser objetivo sem me dar conta disso, pressuponho implicitamente, por isso mesmo, a existência do Outro; porque, como eu poderia ser objeto se não fosse para um sujeito? Assim, o Outro é para mim, antes de tudo, o ser para o qual sou objeto, ou seja, o ser *pelo qual* adquiro minha objetividade. Se posso conceber uma só de minhas propriedades ao modo objetivo é porque o Outro já está dado. E está dado, não como ser de meu universo, mas como sujeito puro. Assim, esse sujeito puro que, por definição, não posso *conhecer,* ou seja, posicionar como objeto, está sempre aí, fora de alcance e sem distância, quando tento captar-me como objeto. E, na prova do olhar, experimentando-me como objetidade *(objectité)* não revelada, experimento diretamente e com meu ser a inapreensível subjetividade do Outro.

Ao mesmo tempo, experimento sua infinita liberdade. Porque é para e por uma liberdade, e somente para e por ela, que meus possíveis podem ser limitados e determinados. Um obstáculo material não poderia determinar minhas possibilidades; é apenas ocasião para que me projete a outros possíveis, e não poderia conferir-lhes um *lado de fora*. Não é a mesma coisa ficar em casa porque está chovendo e ficar em casa porque me proíbem de sair. No primeiro caso, eu mesmo me determino a não sair, em consideração às consequências de meus atos: transcendo o obstáculo "chuva" rumo a mim mesmo e faço dele um instrumento. No segundo caso, são minhas próprias possibilidades de sair ou ficar que me são apresentadas como transcendidas e determinadas e que uma liberdade ao mesmo tempo prevê e previne. Não é por mero capricho se, costumeiramente, fazemos com a maior naturalidade e sem aborrecimento aquilo que nos teria irritado se fosse ordenado por outro. É porque o mando e a proibição exigem que façamos a prova da liberdade do Outro através de nossa própria escravidão. Assim, no olhar, a morte de minhas possibilidades me faz experimentar a liberdade do Outro; essa morte se realiza somente no cerne desta liberdade, e eu – inacessível a mim mesmo e, no entanto, eu mesmo – sou arremessado, deixado aí, no âmago da liberdade do outro. Em conexão com esta prova, meu pertencer ao tempo universal só pode surgir-me contido e realizado por uma temporalização autônoma; somente um Para-si que se temporaliza pode arremessar-me no tempo.

Assim, pelo olhar, experimento o Outro concretamente como sujeito livre e consciente que faz com que haja um mundo temporalizando-se rumo às suas próprias possibilidades. E a presença sem intermediário desse sujeito é a condição necessária de qualquer pensamento que tento formar a meu respeito. O Outro é esse eu-mesmo do qual nada me separa, absolutamente nada, exceto sua pura e total liberdade, ou seja, esta indeterminação de si-mesmo que somente ele tem-de-ser para e por si.

Agora, já sabemos o bastante para tentar explicar essas resistências inquebrantáveis que o bom-senso sempre opôs à argumentação solipsista. Tais resistências, com efeito, baseiam-se no fato de que o Outro me aparece como presença concreta e evidente, que de modo algum posso derivar de mim mesmo e de modo algum pode ser posta em dúvida nem tornar-se objeto de uma redução fenomenológica ou qualquer outra ἐποχή".

Com efeito: se me olham, tenho consciência de *ser* objeto. Mas esta consciência só pode se produzir na e pela existência do Outro. Quanto a isso, Hegel tinha razão. Só que esta *outra* consciência e esta *outra* liberdade nunca me são *dadas,* posto que, se o fossem, seriam conhecidas, logo, objetos, e eu deixaria de ser objeto. Tampouco posso extrair de meu próprio fundo o conceito ou a representação delas. Em primeiro lugar, porque não as "concebo" nem as "represento": tais expressões nos remeteriam outra vez ao "conhecer", que, por princípio, não se leva em consideração. Mas, além disso, toda prova concreta de liberdade que posso operar por mim mesmo é prova de *minha* liberdade; toda apreensão concreta de consciência é consciência (de) *minha* consciência; a própria noção de consciência remete somente a *minhas* consciências possíveis: com efeito, estabelecemos em nossa Introdução que a *existência* da liberdade e da consciência precede e condiciona sua *essência*; consequentemente, essas essências só podem subsumir exemplificações concretas de *minha* consciência ou *minha* liberdade. Em terceiro lugar, liberdade e consciência do Outro tampouco poderiam ser categorias que servissem à unificação de minhas representações. Certamente, como demonstrou Husserl, a estrutura ontológica de "meu" mundo requer que este seja também *mundo para outro*. Mas, na medida em que o Outro confere um tipo de objetividade particular aos objetos de *meu* mundo, é porque já está nesse mundo a título de objeto. Se é certo que Pedro, enquanto lê à minha frente, confere um tipo de objetividade particular à face do livro voltada para ele, tal objetividade é dada por princípio a uma face que posso ver (embora, como vimos, me escape precisamente enquanto é lida), uma face que pertence ao mundo onde estou e, por conseguinte, vincula-se Para-além da distância e por um nexo mágico ao objeto-Pedro. Nessas condições, o conceito de Outro, com efeito, pode ser determinado como forma vazia e utilizado constantemente como reforço de objetividade para o mundo que é meu. Mas a presença do Outro em seu olhar-olhador não poderia contribuir para reforçar o mundo; ao contrário, ela o desmundaniza, pois faz justamente com que o mundo me escape. O escapar do mundo de mim, sendo *relativo* e sendo escapar rumo ao objeto-Outro, reforça a objetividade; o escapar do mundo de mim, o escapar de mim mesmo de mim, quando é absoluto e se opera rumo a uma liberdade que não é a minha, é uma dissolução de meu conhecimento: o mundo se desintegra para reintegrar-se em mundo-lá, mas esta desintegração não me é dada; não posso conhecê-la ou sequer pensá-la. A presença a mim do outro-olhar, portanto, não é um conhecimento, nem uma projeção de meu ser, nem uma forma de unificação ou categoria. Simplesmente *é*, e não posso derivá-la de mim.

Ao mesmo tempo, não posso submetê-la à ἐποχή fenomenológica. Esta, com efeito, tem por finalidade colocar o mundo entre parênteses para descobrir a consciência transcendental em sua realidade absoluta. Que esta operação seja ou não possível em geral não cabe dizer aqui. Mas, no caso em questão, não poderia deixar o *Outro* fora de consideração, porque, enquanto olhar-olhador, ele não pertence precisamente ao mundo. Tenho vergonha de mim *frente* ao Outro, dizíamos. A redução fenomenológica deve ter por efeito deixar fora de consideração o objeto da vergonha para melhor destacar a própria vergonha, em sua absoluta subjetividade. Mas o Outro não é *objeto* da vergonha: os objetos são meu ato ou minha situação no mundo. Somente estes, a rigor, poderiam ser "reduzidos". O Outro sequer é uma condição objetiva de minha vergonha. E, no entanto, é como o próprio ser desta. A vergonha é revelação do Outro, não do modo como uma consciência revela um objeto, mas como um momento da consciência encerra lateralmente outro momento como sua motivação. Houvéssemos alcançado por meio do *cogito* a consciência pura, e não fosse tal consciência pura somente consciência (de ser) vergonha, a consciência do Outro ainda iria continuar a infestá-la enquanto presença inapreensível, e, por isso, escaparia a toda redução. Isso demonstra suficientemente que o Outro não deve ser procurado primeiro no mundo, e sim do lado da consciência, como uma consciência na qual e pela qual a consciência se faz ser o que é. Assim como minha consciência, captada pelo *cogito*, presta testemunho indubitável de si mesmo e de sua própria existência, certas consciências particulares – por exemplo, a "consciência-vergonha" – prestam ao *cogito* testemunho indubitável de si mesmo e da existência do Outro.

Mas, dir-se-á, não se trata simplesmente do fato de que o olhar do Outro é o *sentido* de minha objetividade-para-mim? Recairíamos com isso no solipsismo: quando me integrasse como objeto no sistema concreto de minhas representações, o sentido desta objetivação seria projetado fora de mim e hipostasiado como *Outro*.

Mas é preciso observar que:

1º) Minha objetidade para mim de modo algum é a explicitação do "Ich bin Ich"* de Hegel. Não se trata absolutamente de uma identidade formal, e meu ser-objeto ou ser-Para-outro é profundamente diferente de meu ser-para-mim. Com efeito, a noção de *objetidade*, como observamos na primeira parte, exige uma negação explícita. O objeto é aquilo que minha consciência não é, e, por conseguinte, aquilo que não tem os caracteres da consciência, pois o único existente que tem para mim os caracteres da consciência é a consciência que é *minha*. Assim, o eu-objeto-para-mim é um eu que *não é* para mim, ou seja, que não tem os caracteres da consciência. É consciência *degradada;* a objetivação é uma metamorfose radical e, ainda que eu pudesse me ver clara e distintamente como objeto, iria ver, não a representação adequada do que sou em mim e para mim mesmo – esse "monstro incomparável e preferível a tudo" de que fala Malraux –, mas a captação de meu ser-fora-de-mim pelo outro, ou seja, a captação objetiva de meu outro-ser, radicalmente diferente de meu ser-para-mim e que não se refere a este. Captar-me como *malvado,* por exemplo, não poderia ser referir-me ao que sou para mim, pois não sou nem posso ser malvado para mim mesmo. Primeiro, porque não *sou* malvado para mim mesmo, assim como não "sou" médico ou funcionário público. Sou, com efeito, ao modo do não ser o que sou e ser o que não sou. A qualificação de malvado, ao contrário, caracteriza-me como um *Em-si.* Em segundo lugar, porque, se eu pudesse *ser* malvado para mim, seria preciso que o fosse à maneira do *ter-de-ser,* ou seja, deveria captar-me e querer-me como malvado. Mas isso significaria que devo me descobrir querendo o que me aparece como o contrário de meu Bem, precisamente porque é o Mal, ou o contrário de meu Bem. Portanto, seria necessário expressamente que eu

---

* Em alemão: Eu sou eu [N.T.].

quisesse o contrário do que quero ao mesmo tempo e conforme a mesma relação, ou seja, que odiasse a mim mesmo, precisamente sendo eu mesmo. E, para realizar plenamente esta essência da maldade no terreno do Para-si, seria preciso que me assumisse como malvado, ou seja, que me aprovasse pelo mesmo ato com que me reprovo. Logo, vê-se que esta noção de maldade de forma alguma poderia obter sua origem de mim, enquanto eu sou eu. E seria inútil levar a seus extremos limites o ek-stase, ou desprendimento de mim, que me constitui para-mim; jamais lograria conferir-me a maldade ou sequer concebê-la estando entregue a meus próprios recursos. Porque *sou* meu desprendimento de mim, *sou* meu próprio nada; basta que eu seja meu próprio mediador entre mim e mim mesmo para que toda objetividade desapareça. Não devo *ser* esse nada que me separa do objeto-eu, porque é preciso que haja *apresentação* a mim do objeto que sou. Assim, eu não poderia conferir a mim qualquer qualidade sem a mediação de um poder objetivador, o qual não é meu próprio poder e não posso inventar ou forjar. Sem dúvida, isso não é novidade: há muito se dizia que o Outro me ensina o que sou. Mas os mesmos que sustentavam esta tese afirmavam, por outro lado, que extraímos o conceito de Outro de nós mesmos, por reflexão sobre meus próprios poderes e por projeção ou analogia. Permaneciam, pois, em um círculo vicioso do qual não podiam sair. De fato, o Outro não poderia ser o sentido de minha objetividade: é, sim, sua condição concreta e transcendente. Por isso, com efeito, essas qualidades de "malvado", "ciumento", "simpático ou antipático" etc., não são sonhos vazios: quando as emprego para qualificar o Outro, estou ciente de que pretendo alcançá-lo em seu ser. E, todavia, não posso vivê-las enquanto realidades minhas: se o Outro as atribui a mim, são admitidas pelo que sou para mim, mas, quando o Outro faz uma descrição de meu caráter, não me "reconheço", e, contudo, sei que "sou eu". Este estranho que me apresentam, eu o assumo em seguida, sem que deixe de ser um estranho. Isso porque não se trata de simples unificação de minhas representações subjetivas, ou de um "Eu" que eu sou, no sentido do "Ich bin Ich", ou de uma imagem vã que o Outro faz de mim e da qual é o único responsável: esse eu, incomparável ao eu que tenho-de-ser, continua sendo eu, mas metamorfoseado por um meio novo e adaptado a esse meio;

é um ser, *meu* ser, mas com dimensões de ser e de modalidades inteiramente novas; sou eu separado de mim por um nada intransponível, porque *sou* esse eu, mas não sou esse nada que me separa de mim. É o eu que sou por um ek-stase último que transcende todos os *meus ek-stases*, pois não é o ek-stase que tenho-de-ser. Meu ser Para-outro é uma queda através do vazio absoluto em direção à objetividade. E, como esta queda é *alienação*, não posso fazer-me objeto para mim, uma vez que em nenhum caso posso alienar-se de mim mesmo.

2º) Além disso, o Outro não me constitui como objeto para mim, e sim *para ele*. Em outras palavras, não serve de conceito regulador ou constitutivo para os *conhecimentos* que eu possa ter a meu respeito. A presença do Outro, portanto, não faz "aparecer" o eu-objeto: capto somente um escapar de mim rumo a... Mesmo quando a linguagem me revelou que o Outro me considera malvado ou ciumento, jamais terei uma intuição concreta de minha maldade ou meu ciúme. Jamais serão mais que noções fugazes, cuja natureza mesmo será a de escapar-me: não irei captar minha maldade, mas sim, a propósito de tal ou qual ato, irei escapar a mim, sentir minha alienação e meu fluir rumo a... um ser que só poderei pensar no vazio como malvado e, no entanto, *sentirei ser*, um ser que irei viver à distância, pela vergonha ou pelo medo.

Assim, meu eu-objeto não é conhecimento nem unidade de conhecimento, mas mal-estar, desprendimento vivido da unidade ek-stá-tica do Para-si, limite que não posso alcançar e, todavia, sou. E o Outro, através do qual esse eu *me advém*, não é conhecimento nem categoria, mas o *fato* da presença de uma liberdade estranha. Na verdade, meu desprendimento de mim e o surgimento da liberdade do Outro constituem uma só coisa; só posso senti-los e vivê--los juntos; sequer posso tentar conceber um sem o outro. O fato do Outro é incontestável e me alcança em meu âmago. Dele me dou conta pelo *mal-estar;* através dele estou perpetuamente *em perigo* em um mundo que é *esse* mundo e que, no entanto, só posso pressentir; e o Outro não me aparece como um ser que fosse primeiro constituído para encontrar-se comigo depois, mas como ser que surge em relação originária de ser comigo, tão indubitável como minha própria consciência e com igual *necessidade de fato*.

Contudo, subsistem numerosas dificuldades. Em particular, conferimos ao Outro, pela vergonha, uma presença indubitável. Ora, como vimos, é somente *provável* que o Outro me olhe. Esta casa de fazenda que, no alto da colina, *parece* olhar os franco-atiradores, está certamente ocupada pelo inimigo; mas não é absolutamente certo que os soldados inimigos estejam neste instante espiando pelas janelas. Não posso ter certeza de que este homem, cujos passos escuto atrás de mim, esteja de fato me olhando: seu rosto pode estar voltado para outro lado, seu olhar fixo no chão ou em um livro; enfim, de maneira geral, não é certo que olhos dirigidos a mim sejam olhos; podem ser somente "feitos à semelhança" de olhos reais. Em suma, o olhar, por sua vez, será que não irá tornar-se *provável* pelo fato de que posso constantemente supor estar sendo visto sem sê-lo? E toda a nossa certeza da existência do Outro não irá retomar, por isso mesmo, caráter puramente hipotético?

A dificuldade pode ser expressa nesses termos: por ocasião de certas aparições no mundo que me parecem manifestar um olhar, capto em mim mesmo certo "ser-visto", com suas estruturas próprias, que me remetem à existência real do Outro. Mas é possível que tenha me enganado: talvez os objetos do mundo que supunha serem olhos não fossem olhos; pode ser que os arbustos atrás de mim tenham sido agitados pelo vento; em resumo, talvez esses objetos concretos não manifestassem *realmente* um olhar. Nesse caso, que resulta de minha certeza de *ser visto?* Minha vergonha era, com efeito, *vergonha frente a alguém:* mas ninguém está aí. Por isso, será que não se torna *vergonha frente a ninguém,* ou seja, uma vez que coloquei alguém aí onde há ninguém, será que não se torna *falsa* vergonha?

Tal dificuldade não irá nos deter muito tempo, e sequer a teríamos citado não tivesse a vantagem de avançar nossa indagação e sublinhar com maior nitidez a natureza de nosso ser-Para-outro. Com efeito, ela confunde duas ordens de conhecimento distintas e dois tipos de ser incomparáveis. Sempre soubemos que o objeto-no-mundo só pode ser provável. Isso provém de seu próprio caráter de objeto. É provável que o transeunte seja um homem; e, se ele volta os olhos para mim, ainda que eu possa, a seguir, experimentar com certeza o *ser-visto,* não tenho como trasladar tal certeza à minha experiência do Outro-objeto. É uma certeza que só me revela, com efeito, o Outro-sujeito, presença transcendente ao mundo e condição real de meu ser-objeto. Em todo e qualquer caso, é portanto impossível transferir minha certeza do Outro-sujeito ao Outro-objeto que ocasionou esta certeza, e, reciprocamente, invalidar a evidência da aparição do Outro-sujeito a partir da probabilidade constitucional do Outro-objeto. Melhor dito, o *olhar*, como demonstramos, aparece sobre o fundo de destruição do objeto que o manifesta. Se esse transeunte gordo e feio que se aproxima, saltitante, de súbito me olha, nada mais resta de sua feiura, sua obesidade e seus passos; enquanto me sinto olhado, ele é pura liberdade mediadora entre eu e eu mesmo. Portanto, o ser-visto não pode *depender* do objeto que manifesta o olhar. E, posto que minha vergonha, como *Erlebnis* apreensível reflexivamente, presta testemunho do Outro assim como de si mesmo, não vou colocá-la novamente em questão quando se trata de um objeto do mundo que pode, por princípio, ser colocado em dúvida. Seria o mesmo que duvidar de minha própria existência porque as percepções que tenho de meu próprio corpo (quando vejo minha mão, por exemplo) estão sujeitas a erro. Portanto, se o *ser-visto* destacado em toda sua pureza não está vinculado ao *corpo do Outro*, da mesma forma que minha consciência de ser consciência, na pura realização do *cogito*, não está vinculada a *meu próprio corpo*, é preciso considerar a aparição de certos objetos, no campo de minha experiência – em particular, a convergência dos olhos do outro em minha direção –, como pura *advertência*, como ocasião pura de realizar meu *ser-visto*, da mesma forma como, para um platônico, as contradições do mundo sensível servem de ocasião para operar uma conversão filosófica. Em suma, o certo é que *sou visto;* o apenas provável é que o olhar esteja vinculado a tal ou qual presença intramundana. Por outro lado, isso não nos surpreende, porque, como vimos, jamais são *olhos* que nos veem, e sim o Outro como sujeito. Contudo, dir-se-á, permanece o fato de que posso descobrir ter-me enganado: estou reclinado frente ao buraco da fechadura; de repente, ouço passos. Sinto um *frisson* de vergonha: alguém me viu. Ergo-me, percorro com os olhos o corredor deserto: era um alarme falso. Respiro, aliviado. Nesse caso, não teria havido uma experiência que se autodestruiu?

Vejamos melhor. Teria sido meu ser-objetivo Para-outro que se revelou como erro? De modo algum. Tão longe está a existência do Outro de ser posta em dúvida que este falso alarme pode perfeitamente bem ter por consequência fazer-me abandonar o projeto. Se, ao oposto, persevero na ação, sentirei meu coração palpitar e estarei alerta ao menor ruído, ao menor ranger dos degraus da escada. Longe de ter desaparecido ao meu primeiro alarme, o Outro acha-se agora por toda parte, debaixo e acima de mim, nos aposentos vizinhos, e continuo a sentir profundamente meu ser-Para-outro; inclusive, pode ser que minha vergonha não desapareça: inclino-me para o buraco da fechadura tendo agora o rosto ruborizado, não deixo de *experimentar* meu ser-Para-outro; minhas possibilidades não cessam de "morrer", nem as distâncias de se desdobrar em minha direção a partir da escada onde "poderia" haver alguém, a partir desse canto escuro onde "poderia" esconder-se uma presença humana. Melhor ainda: se estremeço de vergonha ao menor ruído, se cada ranger dos degraus me anuncia um olhar, é porque já estou em estado de ser-visto. Desse modo, em suma, que é que apareceu enganosamente e se destruiu quando descobri o alarme falso? Não é o Outro-sujeito nem sua presença a mim: é a *facticidade* do outro, ou seja, a conexão contingente entre o outro e um ser-objeto em *meu* mundo. Assim, o duvidoso não é o Outro em si mesmo, mas o *ser-aí* do Outro, ou seja, este acontecimento histórico e concreto que podemos exprimir pelas palavras: "Há alguém neste quarto".

Essas observações nos permitirão ir mais longe. A presença do Outro no mundo, com efeito, não pode derivar analiticamente da presença a mim do Outro-sujeito, posto que esta presença originária é transcendente, ou seja, ser-para-além-do-mundo. Supus que o Outro estava presente no quarto, mas me enganei: não estava *aí*, estava "ausente". Portanto, o que é *ausência?*

A tomar-se a expressão "ausência" em seu uso empírico e cotidiano, é claro que não seria por mim empregada para designar qualquer espécie de "não-ser-aí". Em primeiro lugar, se não encontro meu maço de cigarros no lugar de costume, não direi que está *ausente*, embora, contudo, possa declarar que "deveria estar aí". Isso porque o lugar de um objeto material ou um instrumento, ainda que possa às vezes ser assinalado com precisão, não deriva da *natureza* destes. Tal natureza, quando muito, pode conferir--lhes um lugar, mas é por mim que a *localização* de um objeto se realiza. A realidade humana é o ser pelo qual uma *localização* vem aos objetos. E é somente a realidade humana, na medida em que é suas próprias possibilidades, que pode originariamente ocupar uma localização. Mas, por outro lado, tampouco direi que Aga Khan ou o Sultão do Marrocos estão ausentes deste apartamento, mas sim que Pedro, que costuma habitá-lo, está ausente dele por quinze minutos. Em suma, a ausência se define como um modo de ser da realidade humana com relação a lugares e localizações que ela mesma determinou por sua presença. A ausência não é um nada de conexões dotado de uma localização, mas, ao contrário, determino Pedro com relação a determinada localização dizendo que está ausente dela. Enfim, não falaríamos da ausência de Pedro com relação a um lugar da natureza, ainda que tenha costume de passar por ele. Mas, ao oposto, poderei lamentar sua ausência de um piquenique que "teve lugar" em uma região onde ele jamais esteve. A ausência de Pedro se define com relação a uma localização onde ele mesmo deveria determinar-se a estar, mas esta localização é em si delimitada como localização, não pelo sítio ou mesmo pelas relações solitárias entre o lugar e o próprio Pedro, mas pela presença de outras realidades humanas. É com relação a *outros homens* que Pedro está ausente. A ausência é um modo de ser concreto de Pedro com relação a Teresa: é um nexo entre realidades humanas, e não entre a realidade humana e o mundo. É com relação a Teresa que Pedro está ausente *desse lugar*. Portanto, a ausência é uma conexão de ser entre duas ou mais realidades humanas, conexão essa que necessita de uma presença fundamental dessas realidades umas às outras e, por outro lado, é somente uma das concretizações particulares desta presença. Estar ausente, para Pedro com relação a Teresa, é um modo particular de estar-lhe presente. A ausência, com efeito, só tem significação se todas as relações entre Pedro e Teresa são preservadas: ele a ama, é seu marido, assegura sua subsistência etc. Em particular, a ausência pressupõe a conservação da existência *concreta* de Pedro: a morte não é uma ausência. Por esse fato, a *distância* de Pedro a Teresa em nada modifica o fato fundamental de sua presença recíproca. Com efeito, se consideramos esta presença do ponto de vista de Pedro, vemos que significa, *ou bem* que Teresa é existente no meio do mundo como objeto-Outro, *ou bem* que ele se sente existir para Teresa como *sujeito-Outro*. No primeiro caso, a distância é fato contingente e nada significa com relação ao fato fundamental de que Pedro é aquele por quem "há" um mundo como Totalidade e que está presente sem distância a esse mundo como aquele por quem a distância existe. No segundo caso, onde quer que Pedro se sinta existir para Teresa sem distância, ela está *à distância* dele, na medida em que ela se afasta e desdobra uma distância entre ambos; o mundo inteiro os separa. Mas ele é sem distância para ela, na medida em que é objeto no mundo que ela faz chegar ao ser. Em nenhum caso, por conseguinte, o afastamento poderia modificar essas relações essenciais. Seja pequena ou grande a distância entre Pedro-objeto e Teresa-sujeito e entre Teresa-objeto e Pedro-sujeito, há espessura infinita de um mundo; entre Pedro-sujeito e Teresa-objeto e entre Teresa-sujeito e Pedro-objeto não há absolutamente distância. Assim, os conceitos empíricos de ausência e presença são duas especificações de uma presença fundamental de Pedro a Teresa e de Teresa a Pedro; não fazem senão expressá-la de uma ou outra maneira, e só têm sentido através dela. Em Londres, nas Índias, na América, em uma ilha deserta, Pedro está presente a Teresa, que permanece em Paris; não cessará de ser-lhe presente, salvo em sua morte. Isso porque um ser não está *situado* por sua relação com os lugares, por seu grau de longitude e seu grau de latitude: situa-se em um espaço humano, entre o "lado de Guermantes" e o "lado de Swann", e é a presença imediata de Swann ou da Duquesa de Guermantes que permite desdobrar este espaço "hodológico" onde se situa*. Ora, tal presença tem lugar na transcendência; é a presença a mim na transcendência de meu primo do Marrocos que me permite desdobrar entre ele e eu esse caminho que me situa-no-mundo e poderíamos denominar a rota do Marrocos. Esta rota, com efeito, nada

---

* "Lado de Guermantes" e "lado de Swann" são referências a *Em busca do tempo perdido*, de Proust. "Hodológico", expressão usada por Sartre em *Esboço de uma teoria das emoções* (do grego *hodós*: via, caminho), indica organização espacial de nosso meio em termos de atos e necessidades [N.T.].

mais é que a distância entre o Outro-objeto que eu poderia *perceber* em conexão com meu "ser-para" e o Outro-sujeito que está presente a mim sem distância. Assim, estou *situado* pela infinita diversidade das rotas que me conduzem a objetos de *meu* mundo, em correlação com a presença imediata dos sujeitos transcendentes. E, como o mundo me é dado de uma só vez, com todos os seus seres, essas rotas representam somente o conjunto dos complexos instrumentais que permitem fazer aparecer, a título de *"isto"* sobre fundo de mundo, um objeto-Outro que já está nele contido implícita e realmente. Mas essas observações podem ser generalizadas: não são somente Pedro, Renato ou Luciano que estão ausentes ou presentes com relação a mim sobre o fundo de presença originária, pois não apenas eles contribuem para me situar: situo-me também como europeu com relação a asiáticos ou negros, idoso com relação a jovens, juiz com relação a delinquentes, burguês com relação a operários etc. Em suma, é com relação a todo homem vivo que toda realidade humana é presente ou ausente sobre fundo de presença originária. E esta presença originária só pode ter sentido como ser-visto ou como ser-vendo, ou seja, desde que o Outro seja objeto para mim ou que eu seja objeto-Para-outro. O ser-Para-outro é um fato constante de minha realidade humana e o apreendo com sua necessidade de fato em qualquer pensamento, o menor que seja, que formo sobre mim mesmo. Onde quer que vá, o que quer que faça, não estarei mais que tomando minhas distâncias com relação a Outro-objeto, tomando caminhos rumo ao outro. Afastar-me, aproximar-me, descobrir tal ou qual objeto particular, é somente efetuar variações empíricas sobre o tema fundamental de meu ser-Para-outro. O Outro está presente a mim onde quer que seja, como aquilo pelo qual eu me torno objeto. Logo, posso perfeitamente me enganar sobre a presença empírica de um objeto-Outro que acabo de encontrar em minha rota. Posso perfeitamente crer que é Ana quem vem em minha direção no caminho e descobrir que é uma pessoa desconhecida: a presença fundamental de Ana a mim não se modificou. Posso perfeitamente crer que é um homem que me vigia na penumbra e descobrir que é um tronco de árvore confundido com um ser humano: minha presença fundamental a todos os homens, a presença a mim de todos os homens não se modificou. Porque não é a aparição de um homem como objeto no campo de minha experiência que me ensina que *existem* homens. Minha certeza da existência do outro independe dessas experiências, e é ela, ao contrário, que as torna possíveis. Então, o que me aparece e acerca do qual posso me enganar não é o Outro nem o nexo real e concreto entre o Outro e eu, mas um *isto* que *pode* representar um homem-objeto ou não representá-lo. O que é somente provável é a distância e a proximidade real do Outro, ou seja, que seu caráter de objeto e seu pertencer ao mundo que faço desvelar não sejam duvidosos, simplesmente na medida em que, pelo meu próprio surgimento, faço com que apareça um Outro. Somente que esta objetividade se fundamenta no mundo a título de "Outro em qualquer parte do mundo": o Outro-objeto é certo como aparição, correlativa da reassunção de minha subjetividade, mas nunca há certeza de que o Outro seja *este* objeto. E, igualmente, o fato fundamental, meu ser-objeto para um sujeito, é uma evidência do mesmo tipo da evidência reflexiva, mas não o é o fato de que, nesse momento preciso e para um outro singular, eu me destaque como *"isto"* sobre fundo de mundo em vez de ficar mergulhado na indistinção de um fundo. É indubitável que eu exista presentemente como objeto para um alemão, qualquer que seja*. Mas será que existo a título de europeu, francês, parisiense, na indiferenciação dessas coletividades, ou a título de ser *este* parisiense em torno do qual a população parisiense e a coletividade francesa se organizam de súbito para servir-lhe de fundo? Sobre tal ponto, jamais poderei obter mais do que conhecimentos prováveis, embora possam ser infinitamente prováveis.

Podemos captar agora a natureza do olhar: em todo olhar, há a aparição de um Outro-objeto como presença concreta e provável em meu campo perceptivo, e, por ocasião de certas atitudes deste Outro, determino-me a captar meu "ser-visto" pela vergonha, a angústia etc. Este "ser-visto" apresenta-se como a pura probabilidade de que eu seja neste momento esse *isto* concreto – probabilidade que só pode extrair seu sentido e sua natureza mesmo de provável de uma certeza fundamental de que o Outro está sempre presente a

---

* Embora seja sabido, convém lembrar que o livro foi escrito em plena França ocupada pelos alemães (1941/1942) [N.T.].

mim na medida em que sempre sou *Para-outro*. A prova de minha condição de homem, objeto para *todos* os outros homens vivos, lançado na arena debaixo de milhões de olhares e escapando-me a mim mesmo milhões de vezes, eu a realizo concretamente por ocasião do surgimento de um objeto em meu universo, se este objeto me indica ser provavelmente objeto, no presente, a título de *isto diferenciado* para uma consciência. É o conjunto do fenômeno que denominamos *olhar*. Cada olhar nos faz experimentar concretamente – e na certeza indubitável do *cogito* – que existimos para todos os homens vivos, ou seja, que há consciência(s) para quem existo. Colocamos "s" entre parênteses para deixar bem claro que o Outro-sujeito presente a mim em seu olhar não se dá em forma de pluralidade, ou tampouco como unidade (salvo em uma relação concreta com *um* Outro-objeto particular). A pluralidade, com efeito, só pertence aos objetos, vem ao ser pela aparição de um Para-si mundificador *(mondifiante)*. O ser-visto, fazendo surgir sujeito(s) para nós, coloca-nos em presença de uma realidade não numerada. Ao contrário, desde que *olho* aqueles que me olham, as *outras* consciências se isolam em multiplicidade. Se, por outro lado, desvio-me do olhar por ocasião de uma prova concreta, tento pensar *no vazio* a indistinção infinita da presença humana e busco unificá-la sob o conceito do sujeito infinito que jamais é objeto, obtenho uma noção puramente formal que se refere a uma série infinita de provas místicas da presença do Outro: a noção de Deus como sujeito onipresente e infinito *para quem* existo. Mas essas duas objetivações, tanto a objetivação concreta e enumeradora quanto a objetivação unificadora e abstrata, carecem de realidade experimentada, ou seja, da presença pré-numérica do Outro. Essas observações ficarão mais concretas em uma experiência que todos podem fazer: se ocorre de aparecermos "em público" para interpretar um papel ou dar uma conferência, não esquecemos o fato de que somos vistos e executamos o conjunto dos atos que viemos fazer *em presença* do olhar, ou melhor, tentamos constituir um ser e um conjunto de objetos *para* esse olhar. Mas não enumeramos o olhar. Enquanto falamos, atentos apenas às ideias que queremos desenvolver, a presença do Outro permanece indiferenciada. Seria falso unificá-la sob os rótulos de "classe", "auditório" etc.: temos, com efeito, consciência de um ser concreto e individualizado, com uma consciência coletiva; são imagens que poderão servir para traduzir depois nossa experiência, mas não corresponderão a ela nem pela metade. Mas tampouco captamos um olhar plural. Trata-se, sobretudo, de uma realidade impalpável, fugaz e onipresente, que realiza, frente a nós, o nosso eu não revelado e que colabora conosco na produção desse Eu que nos escapa. Se, ao contrário, quero verificar se meu pensamento foi bem compreendido e, por minha vez, olho o auditório, verei subitamente aparecerem *as* cabeças e *os* olhos. Objetivando-se, a realidade pré-numérica do Outro é decomposta e pluralizada. Mas desapareceu também o olhar. É a esta realidade pré-numérica e concreta, bem mais que a um estado de inautenticidade da realidade humana, que convém reservar o termo "se". Perpetuamente, onde quer que esteja, olha-*se* para mim. O *se* jamais é captado como objeto: desagrega instantaneamente.

Assim, o olhar nos colocou no encalço de nosso *ser-Para-outro* e nos revelou a existência indubitável deste Outro para o qual somos. Mas não poderia nos levar mais longe: devemos examinar agora a relação fundamental entre o Eu e o Outro, tal como revelou-se a nós, ou, se preferirmos, explicitar e determinar tematicamente tudo que se encerra nos limites dessa relação original, e indagar qual o *ser* deste ser-Para-outro.

Uma consideração capaz de nos ajudar em nossa tarefa e provém das precedentes observações é a de que o ser-Para-outro não é uma estrutura ontológica do Para-si: com efeito, não podemos pensar em derivar o ser-Para-outro do ser-Para-si como podemos derivar uma consequência de um princípio, nem, reciprocamente, o ser-Para-si do ser-Para-outro. Sem dúvida, nossa realidade-humana exige ser simultaneamente Para-si e Para-outro, mas nossas presentes investigações não visam a constituir uma antropologia. Talvez não fosse impossível conceber um Para-si totalmente livre de todo Para-outro e que existisse sem sequer suspeitar da possibilidade de ser um objeto. Só que esse Para-si não seria "homem". O que o *cogito* nos revela aqui é simplesmente uma necessidade de fato: acontece – e isso é indubitável – que nosso ser em conexão com seu ser-Para-si é também Para-outro; o ser que se revela à consciência reflexiva é Para-si-Para-outro; o *cogito* cartesiano não faz mais que afirmar a verdade absoluta de um *fato:* o da minha existência; da mesma forma, o *cogito* algo ampliado que aqui usamos nos revela como um fato a existência do Outro e minha existência Para-outro. É tudo que podemos dizer. Também meu ser-Para-outro, tal co-mo o surgimento ao ser de minha consciência, tem o caráter de acontecimento absoluto. Uma vez que este acontecimento é ao mesmo tempo historização (*historialisation*) – pois eu me temporalizo como presença ao Outro – e condição de toda história, vamos denominá-lo historiarização ante-histórica. E é a esse título, a título de temporalização ante-histórica da simultaneidade, que iremos tratar aqui esse acontecimento. Por ante-histórico não iremos entender um tempo anterior à história – o que não faria sentido –, mas um tempo que faz parte desta temporalização original que se historiariza fazendo a história possível. É como fato – como fato primeiro e perpétuo –, e não como necessidade de essência que iremos estudar o ser-para-outro.

Vimos anteriormente a diferença que separa a negação do tipo interno da negação externa. Em particular, observamos que o fundamento de todo conhecimento de determinado ser é a relação original pela qual, em seu surgimento mesmo, o Para-si tem-de-ser como não sendo *este* ser. A negação que o Para-si realiza assim é negação interna; o Para-si a realiza em sua plena liberdade, ou melhor, *é* esta negação na medida em que se escolhe como finitude. Mas a negação o religa indissoluvelmente ao ser que ele não é, e pudemos escrever que o Para–si inclui em seu ser o ser do objeto que ele não é, na medida em que está em questão em seu ser como não sendo *este* ser. Tais observações se aplicam sem mudança essencial à relação primeira do Para-si com o Outro. Se há um Outro em geral, é preciso, antes de tudo, que eu seja aquele que não é o Outro, e é nesta negação mesmo, operada por mim sobre mim, que eu me faço ser e o Outro surge como Outro. Esta negação que constitui meu ser e, como diz Hegel, me faz aparecer como *o Mesmo* frente ao Outro, constitui-me no terreno da ipseidade não tética como *"Eu-mesmo"*. Não há de se entender por isso que um *eu* venha a habitar nossa consciência, mas sim que a ipseidade se reforça surgindo como negação de outra ipseidade, e que esse reforço é captado positivamente como opção contínua da ipseidade por si mesma, como *a mesma* ipseidade e como *esta ipseidade mesma*. Um para-si que tivesse-de-ser seu si sem ser *si-mesmo* seria concebível. Mas, simplesmente, o Para-si que sou tem-de-ser o que é em forma de recusa do Outro, ou seja, como si mesmo. Assim, utilizando fórmulas aplicadas ao conhecimento do Não eu em geral, podemos dizer que o Para-si, como si mesmo, inclui o ser do Outro em seu ser, na medida em que está em questão em seu ser como não sendo Outro. Em outros termos, para que a consciência possa não ser Outro, e, portanto, para que possa "haver" Outro sem que esse "não ser" – condição do si mesmo – seja pura e simplesmente objeto da constatação de uma testemunha enquanto "terceiro homem", é necessário que tal consciência tenha-de-ser si mesmo e espontaneamente esse *não ser*, e também que se distinga livremente do Outro e dele se desprenda, escolhendo-se como um nada que simplesmente é Outro que não o Outro, e, desse modo, junte-se consigo no "si mesmo". E este desprendimento mesmo, que é o ser do Para-si, faz com que haja um Outro. Não significa que dê ao Outro seu ser, mas apenas que lhe dá o *ser-outro*, ou condição essencial do "há". E é evidente que, para o Para-si, o modo de ser-o-que-não-é-outro é integralmente trespassado pelo Nada; o Para-si é o que não é o Outro ao modo nadificador do "reflexo-refletidor"; o não-ser-outro jamais é *dado*, mas perpetuamente escolhido em uma ressurreição perpétua: a consciência não pode *não ser* Outro salvo enquanto é consciência (de) si como não sendo Outro. Assim, a negação interna, aqui como no caso da presença ao mundo, é um nexo unitário de ser: é necessário que o Outro seja presente por toda parte à consciência, e até mesmo que a atravesse inteiramente, para que a consciência possa escapar, precisamente *sendo nada*, a este Outro que ameaça fazê-la cair em cilada *(engluer)*. Se a consciência *fosse* bruscamente alguma coisa, a distinção entre si mesmo e o Outro desapareceria no cerne de uma indiferenciação total.

Só que esta descrição deve comportar uma adição essencial que irá modificar radicalmente seu alcance. Com efeito, quando a consciência se realizava como não sendo tal ou qual *isto* no mundo, a relação negativa não era recíproca: o *isto* visado não se fazia não ser a consciência; esta se determinava nele e por ele a não sê-lo, mas o *isto* permanecia, com relação a ela, em pura exterioridade de indiferença; porque, com efeito, conservava sua natureza de *Em-si*, e como *Em-si* se revelava à consciência na própria negação pela qual o Para-si se fazia ser negando-se ser Em-si. Mas, quando se trata do Outro, ao contrário, a relação negativa interna é uma relação de reciprocidade. O ser que a consciência tem-de--não-ser se define como ser que tem-de-não-ser esta consciência. Isso porque, com efeito, durante a percepção do *isto* no mundo, a consciência não diferia do *isto* somente por sua individualidade própria, mas também por seu modo de ser. Ela era *Para-si* frente ao *Em-si*. Ao contrário, no surgimento do Outro, ela não difere absolutamente do Outro quanto a seu modo de ser: o Outro é o que ela é, é Para-si e consciência, remete a possíveis que são os possíveis dele, é si mesmo por exclusão do Outro; não cabe aqui considerar tal oposição ao Outro em termos de pura determinação numérica. Não há neste ponto *duas* ou *muitas* consciências: a numeração pressupõe, com efeito, uma testemunha externa, e é pura e simples constatação de exterioridade. Só pode haver Outro para o Para-si em uma negação espontânea e pré-numérica. O Outro só existe para a consciência como *si denegado*. Mas, precisamente porque o Outro é um si, só pode ser si denegado por mim e para mim na medida em que é *si que me denega*. Não posso captar nem conceber uma consciência que não me capte. A única consciência que é sem me captar nem denegar em absoluto e concebível por mim não é uma consciência isolada em alguma parte exterior do mundo, mas sim a minha própria. Assim, o Outro que reconheço para denegar sê-lo é antes de tudo *aquele para quem meu Para-si é*. Aquele que me faço não ser, com efeito, não o é somente enquanto eu o denego como sendo eu, mas, precisamente, enquanto me faço não ser um ser que se faz não ser eu. Só que esta dupla negação, em certo sentido, é destruidora de si própria: ou bem, com efeito, faço-me não ser certo ser, e então este é objeto para mim e perco minha objetividade para ele, caso em que o Outro deixa de ser Outro-eu, ou seja, o sujeito que me faz ser objeto pela denegação de ser eu; ou bem este ser é efetivamente o Outro e se faz não ser eu, mas, em tal caso, converto-me em objeto para ele, e ele perde sua objetividade própria. Assim, originariamente, o Outro é o Não-eu-não-objeto. Quaisquer que sejam os processos ulteriores da dialética do Outro, se o Outro há de ser antes de tudo Outro, é aquele que, por princípio, não pode revelar-se no surgimento mesmo pelo qual nego sê-lo. Nesse sentido, minha negação fundamental não pode ser direta, pois não há nada sobre que possa recair. O que denego ser, finalmente, não pode ser mais que essa denegação de ser Eu, pela qual o outro me faz objeto; ou, se preferirmos, eu denego meu Eu denegado; determino-me como Eu-mesmo por denegação do Eu denegado; coloco esse eu denegado como Eu-alienado no surgimento mesmo pelo qual me desprendo do Outro. Mas, por isso mesmo, reconheço e afirmo não somente o Outro, mas a existência de meu Eu-Para-outro; porque, com efeito, não posso *não ser* Outro se não assumo meu ser-objeto para Outro. A desaparição do Eu alienado envolveria a desaparição do Outro pelo desmoronamento do Eu-mesmo. Escapo ao Outro deixando meu Eu alienado em suas mãos. Mas, posto que me escolho como desprendimento do Outro, assumo e reconheço como meu esse Eu alienado. Meu desprendimento do Outro, ou seja, meu Eu-mesmo, é, por estrutura essencial, assunção como *meu* desse Eu que o outro denega; inclusive, nada mais é *senão isso*. Assim, esse Eu alienado e denegado é ao mesmo tempo meu nexo com o Outro e símbolo de nossa separação absoluta. Com efeito, na medida em que sou Aquele que faz com que *haja* um Outro por afirmação de minha ipseidade, o Eu-objeto é meu, e eu o reivindico, pois a separação entre o Outro e eu jamais é dada, e sou perpetuamente responsável por ela em meu ser. Mas, na medida em que o Outro é corresponsável por nossa separação original, esse Eu me escapa, posto que é aquilo que o Outro se faz não ser. Assim, reivindico, como *meu* e para mim, um Eu que me escapa, e, como me faço não ser Outro, enquanto o Outro é espontaneidade idêntica à minha, é precisamente como Eu-que-me-escapa que reivindico esse Eu-objeto. Esse Eu-objeto é o Eu *que sou* na medida mesmo em que me escapa, e, ao contrário, iria recusá-lo como meu se pudesse coincidir comigo mesmo em pura ipseidade. Assim, meu ser-Para-outro, ou seja, meu Eu-objeto, não é uma imagem recortada de mim e vegetando em uma consciência alheia: é um ser perfeitamente real, *meu* ser como condição de minha ipseidade frente ao Outro e da ipseidade do Outro frente a mim. É meu *ser-fora:* não um ser passivamente padecido que me viesse de fora por conta própria, mas um "fora" assumido e reconhecido como *meu* "fora". De fato, é-me impossível negar o Outro de mim, a não ser enquanto o Outro é ele mesmo *sujeito*. Se eu denegasse imediatamente o Outro como puro objeto – ou seja, existente no meio do mundo –, não estaria denegando o *Outro*, mas sim um objeto que, por princípio, nada teria em comum com a subjetividade; eu ficaria sem defesa frente a uma assimilação total de mim pelo Outro, por não ter tomado minhas precauções no verdadeiro domínio do Outro, a subjetividade, que é também *meu* domínio. Não posso manter o Outro à distância sem aceitar um limite à minha subjetividade. Mas este limite não poderia vir de mim nem ser pensado por mim, pois não posso me limitar a mim mesmo, caso contrário seria uma totalidade finita. Por outro lado, segundo os termos de Spinoza, o pensamento só pode ser limitado pelo pensamento. A consciência só pode ser limitada por minha consciência. Limite entre duas consciências, enquanto produzido pela consciência limitante e assumido pela consciência limitada: eis, portanto, o que é meu Eu-objeto. E devemos entendê-lo nos dois sentidos da palavra "limite". Do lado do limitante, com efeito, o limite é captado como o conteúdo que me contém e me cerca, a faixa de vazio que me excetua como totalidade, colocando-me fora de jogo; do lado do limitado, está para todo fenômeno de ipseidade assim como o limite matemático está para a série que a ele tende, sem alcançá-lo jamais; todo ser que tenho-de-ser está para seu limite assim como uma curva assíntota está para a reta. Assim, sou uma totalidade destotalizada e indefinida, contida em uma totalidade finita que a cerca à distância e que sou fora de mim, sem poder jamais realizar ou sequer alcançar. Uma boa imagem de meus esforços para captar *a mim mesmo* e da inutilidade deles seria a desta esfera de que fala Poincaré e cuja temperatura decresce do centro à superfície: seres vivos tentam chegar à superfície desta esfera partindo do centro, mas o decréscimo da temperatura neles provoca uma contração continuamente crescente; tendem a tornar-se infinitamente planos à medida que se acercam do objetivo, e, por esse fato, são separados da superfície por uma distância infinita. Todavia, este limite fora de alcance que é meu Eu-objeto não é ideal: é um ser real. Este ser não é *Em-si*, pois não se produziu na pura exterioridade de indiferença; mas tampouco é *Para-si*, pois não é o ser que tenho-de-ser nadificando-me. É, precisamente, meu *ser-Para-outro*, este ser repartido entre duas negações de origens opostas e sentidos inversos; porque o Outro *não é* esse Eu do qual tem intuição, e *eu não tenho intuição* desse Eu que sou. Contudo, esse Eu, produzido por um e assumido pelo outro, toma sua realidade absoluta do fato de ser a única separação possível entre dois seres fundamentalmente idênticos quanto ao modo de ser e imediatamente presentes um ao outro, posto que, só a consciência podendo limitar a consciência, nenhum termo médio é con-cebível entre elas.

É a partir desta presença a mim do Outro-sujeito, na e por minha objetividade assumida, que podemos compreender a objetivação do Outro como segundo momento de minha relação com o Outro. Com efeito, a presença do Outro Para-além de meu limite não revelado pode servir de motivação para minha recuperação de mim mesmo enquanto livre ipseidade. Na medida em que me nego como Outro e que o Outro se manifesta primeiro, ele só pode manifestar-se como Outro, ou seja, como sujeito Para-além de meu limite, quer dizer, aquele que me limita. Nada pode me limitar, com efeito, a não ser o Outro. Este aparece, pois, como aquele que, em sua plena liberdade e sua livre projeção a seus possíveis, coloca-me de lado e me despoja de minha transcendência, recusando a "fazer com" (no sentido do alemão *mit-machen*). Assim, devo captar primeiro e unicamente, das duas negações, aquela pela qual não sou responsável, aquela que não vem a mim por mim. Mas, na própria apreensão desta negação, surge a consciência (de) mim como eu mesmo; ou seja, posso adquirir uma consciência explícita (de) mim enquanto sou responsável também por uma negação do outro que é minha própria possibilidade. É a explicitação da segunda negação, a que vai de mim ao Outro. Na verdade, ela já estava aí, porém disfarçada pela outra, uma vez que se perdia para que a outra aparecesse. Mas, precisamente, a outra negação é o motivo para que a nova apareça: pois, se há um Outro que me coloca de lado ao deixar minha transcendência como puramente contemplada, é porque me desprendo do Outro assumindo meu limite. E a consciência (de) este desprendimento *ou* consciência (de ser) *o mesmo* com relação ao Outro é consciência (de) minha livre espontaneidade. Por esse desprendimento mesmo, que põe o outro de posse de meu limite, já coloca o Outro de lado. Portanto, na medida em que tomo consciência (de) mim como de uma de minhas livres possibilidades, e que me projeto rumo a mim mesmo para realizar esta ipseidade, eis-me responsável pela existência do Outro: sou eu, pela afirmação de minha livre espontaneidade, que faço com que *haja* um Outro, e não simplesmente uma remissão infinita da consciência a si mesmo. O outro se encontra, pois, posto de lado, como aquele que depende de mim não ser, e, por isso, sua transcendência não é mais transcendência que *me transcende* rumo a si, e sim transcendência puramente contemplada, circuito de ipseidade simplesmente *dado*. E, como não posso realizar ao mesmo tempo as duas negações, a nova negação, embora tendo a outra por motivação, por sua vez a dissimula: o Outro me aparece como presença degradada. Isso porque, com efeito, o Outro e eu somos corresponsáveis pela existência do Outro, mas por duas negações de tal ordem que não posso experimentar uma sem imediatamente dissimular a outra. Assim, o Outro se converte agora naquilo que limito em minha própria projeção para o não-ser-Outro. Naturalmente, há de se entender aqui que a motivação dessa passagem é de ordem afetiva. Por exemplo, nada impediria que eu permanecesse fascinado por esse Não revelado, com seu mais-além, se eu não realizasse precisamente esse Não revelado no medo, na vergonha ou no orgulho. E, precisamente, o caráter afetivo dessas motivações atesta a contingência empírica dessas mudanças de pontos de vista. Mas tais sentimentos nada mais são que nosso modo de experimentar afetivamente nosso ser--Para-outro. O medo, com efeito, presume que eu apareça a mim mesmo como ameaçado, a título de presença no meio do mundo, não de Para-si que faz com que haja um mundo. O que está em perigo no mundo é o objeto que *eu* sou e que, como tal, devido à sua indissolúvel unidade de ser com o ser que tenho-de-ser, pode acarretar, com sua própria ruína, a ruína do Para-si que tenho--de-ser. O medo é, pois, descoberta de meu ser-objeto por ocasião do aparecimento de um Outro-objeto em meu campo perceptivo. Remete à origem de todo medo, que é a descoberta amedrontada de minha objetidade pura e simples enquanto superada e transcendida por possíveis que não são os meus. É arremessando-me em direção a meus próprios possíveis que irei escapar ao medo, na medida em que considere minha objetidade como não essencial. Isso só é possível se me apreendo enquanto responsável pelo ser do Outro. O Outro se torna então *aquilo que me faço não ser*, e suas possibilidades são possibilidades que denego e posso simplesmente contemplar, portanto, mortipossibilidades. Desse modo, transcendo minhas possibilidades presentes, ao considerá-las sempre passíveis de serem transcendidas pelas possibilidades do Outro, mas transcendo também as possibilidades do Outro, ao considerá-las do ponto de vista da única qualidade que ele possui sem ser sua possibilidade própria – seu caráter mesmo de outro, na medida em que faço com que haja um Outro – e ao considerá-las como possibilidades de me transcender que sempre posso transcender rumo a novas possibilidades. Assim, ao mesmo tempo, reconquistei meu ser-Para-si através de minha consciência (de) mim como centro de irradiação perpétua de infinitas possibilidades, e transformei as possibilidades do Outro em mortipossibilidades, impregnando-as com o caráter de *não-vivido-por-mim*, ou seja, de algo *simplesmente dado*.

Analogamente, a vergonha é apenas o sentimento original de ter meu ser do *lado de fora*, comprometido em outro ser e, como tal, sem qualquer defesa, iluminado pela luz absoluta que emana de um puro sujeito; é a consciência de ser irremediavelmente aquilo que sempre fui: "em suspenso" (*en sursis*), ou seja, à maneira do "ainda-não" ou do "não-mais". A vergonha pura não é sentimento de ser tal ou qual objeto repreensível, mas, em geral, de ser *um* objeto, ou seja, de reconhecer-*me* neste ser degradado, dependente e determinado que sou para o Outro. A vergonha é sentimento de *pecado original*, não pelo fato de que eu tenha cometido esta ou aquela falta, mas simplesmente pelo fato de ter "caído" no mundo, em meio às coisas, e necessitar da mediação do Outro para ser o que sou. O recato e, em particular, o medo de ser surpreendido em estado de nudez são apenas uma especificação simbólica da vergonha original: o corpo simboliza aqui nossa objetidade sem defesa. Vestir-se é dissimular sua objetidade, reclamar o direito de ver sem ser visto, ou seja, de ser puro sujeito. Por isso, o símbolo bíblico da queda, depois do pecado original, é o fato de que Adão e Eva "conhecem sua nudez". A reação à vergonha consistirá justamente em captar como objeto aquele que captava *minha* própria objetidade. Com efeito, a partir do momento que o Outro me aparece como objeto, sua subjetividade torna-se simples *propriedade* do objeto considerado, degrada-se e se define como "conjunto de *propriedades* objetivas que me eludem por princípio". O Outro-objeto "tem" uma subjetividade assim como esta caixa tem "um interior". E, com isso, eu me *recupero,* pois não posso ser *objeto para um objeto.* Não nego que o Outro continua em conexão comigo por seu "interior", mas a consciência que tem de mim, sendo consciência-objeto, aparece-me como pura interioridade sem eficácia; é uma propriedade entre outras deste "interior", algo comparável a uma película sensível na câmara escura de um aparelho fotográfico. Enquanto faço com que haja Outro, apreendo-me como fonte livre do conhecimento que o Outro tem de mim, e o Outro me aparece *repassado* em seu ser por este conhecimento que tem de meu ser, na medida em que o *impregnei* com o caráter de Outro. Este conhecimento assume então um caráter *subjetivo,* no novo sentido de "relativo", ou seja, permanece no sujeito-objeto como qualidade *relativa* ao ser-outro com que o impregnei. É um conhecimento que já não me *atinge,* uma imagem *de mim, nele.* Assim, a subjetividade se degradou em interioridade, a livre consciência em pura ausência de princípios, as possibilidades em propriedades, e o conhecimento pelo qual o outro me alcança em meu ser se desgastou em pura *imagem* de mim na "consciência" do Outro. A vergonha motiva a reação que a transcende e a suprime, enquanto encerra uma compreensão implícita e não tematizada do poder-ser-objeto do sujeito para o qual sou objeto. E esta compreensão implícita não é outra senão a consciência (de) meu "ser-eu-mesmo", ou seja, minha ipseidade reforçada. Com efeito, na estrutura expressa pela frase "Eu tenho vergonha de mim mesmo", a vergonha pressupõe um eu-objeto para o outro, mas também uma ipseidade que tem vergonha e é imperfeitamente expressa pelo "eu" da fórmula. Assim, a vergonha é apreensão unitária de três dimensões: "*Eu* tenho vergonha de *mim* frente ao *outro*".

Se uma dessas dimensões desaparece, a vergonha desaparece também. Todavia, se concebo o "se" impessoal como sujeito diante do qual tenho vergonha, na medida em que não pode tornar-se objeto sem dispersar-se em uma pluralidade de outros, e se o posiciono como unidade absoluta do sujeito que de modo algum pode fazer-se objeto, posiciono com isso a eternidade de meu ser-objeto e perpetuo minha vergonha. É a vergonha frente a Deus, ou seja, o reconhecimento de minha objetidade ante um sujeito que jamais pode converter-se em objeto; ao mesmo tempo, realizo no absoluto minha objetidade e a hipostasio: o posicionamento de Deus é acompanhado por uma reificação de minha objetidade; ou melhor, posiciono meu ser-objeto-para-Deus como mais real que meu Para-si; existo alienado e faço-me aprender por meu lado de fora aquilo que devo ser. É a origem do temor frente a Deus. As missas negras, profanações de hóstias, associações demoníacas etc., são outros tantos esforços para conferir o caráter de objeto ao Sujeito absoluto. Querendo o Mal pelo Mal, tento contemplar a transcendência divina – cuja possibilidade própria é o Bem – como transcendência puramente dada e que transcendo em direção ao Mal. Então, "faço Deus sofrer", "encolerizo-o" etc. Essas tentativas, que subentendem o *reconhecimento* absoluto de Deus como sujeito que não pode ser objeto, trazem em si sua própria contradição e se acham em perpétuo fracasso.

O orgulho, por sua vez, não exclui a vergonha original. É inclusive no terreno da vergonha fundamental, ou vergonha de ser objeto, que ele se edifica. É um sentimento ambíguo: no orgulho, reconheço o outro como sujeito pelo qual a objetidade vem a meu ser, mas igualmente reconheço-me como responsável por minha objetidade; enfatizo minha responsabilidade e a assumo. Em certo sentido, o orgulho, portanto, é antes de tudo resignação: para estar orgulhoso de *ser isto*, é necessário primeiramente que me tenha resignado a *não ser mais que isto*. Trata-se, pois, de uma primeira reação à vergonha, e já é uma reação de fuga e má-fé, porque, sem deixar de manter o Outro como sujeito, tento captar-me *afetando* o Outro com minha objetidade. Em resumo, há duas atitudes autênticas: aquela pela qual reconheço o Outro como sujeito pelo qual chego à objetidade – é a vergonha; e aquela pela qual apreendo-me como projeto livre pelo qual o Outro chega ao ser-outro – é o orgulho, ou afirmação de minha liberdade frente ao Outro-objeto. Mas o orgulho – ou vaidade – é um sentimento sem equilíbrio e de má-fé: procuro, na vaidade, agir sobre o Outro enquanto sou objeto; pretendo usar esta beleza, força ou alma que ele me confere, enquanto me constitui como objeto, para imbuí-lo passivamente, de rebote, de um sentimento de admiração ou amor. Mas esse sentimento, como sanção de meu ser-objeto, exijo ao mesmo tempo que o Outro o experimente enquanto sujeito, isto é, como liberdade. Com efeito, é a única maneira de conferir objetividade absoluta à minha força ou minha beleza. Assim, o sentimento que exijo do Outro traz em si mesmo sua própria contradição, pois com ele devo afetar o Outro enquanto livre. É um sentimento experimentado ao modo da má-fé, e seu desenvolvimento interno o conduz à desagregação. Com efeito, para desfrutar o meu ser-objeto que assumo, tento recuperar-me *como objeto;* e, como o Outro é a chave para isso, busco apoderar-me do Outro para que me entregue o segredo de meu ser. Assim, a vaidade me leva a apoderar-me do Outro e a constituí-lo como objeto, para perscrutar no âmago deste objeto e nele descobrir minha própria objetidade. Mas isso é matar a galinha dos ovos de ouro. Ao constituir o Outro como objeto, constituo-me como imagem no cerne do Outro-objeto; daí a desilusão da vaidade: nesta imagem que quis captar, para recuperá-la e fundi-la com meu ser, *não mais me reconheço*, e devo, queira ou não, imputá-la ao Outro como uma de suas propriedades subjetivas; liberado, a despeito de mim, de minha objetidade, permaneço só, frente ao Outro-objeto, em minha inqualificável ipseidade que tenho-de-ser, sem poder para sempre ser dispensado de minha função.

Vergonha, medo e orgulho são, portanto, minhas reações originárias, as diversas maneiras pelas quais reconheço o Outro como sujeito fora de alcance, e encerram uma compreensão de minha ipseidade que pode e deve servir-me de motivação para constituir o Outro como objeto.

Este Outro-objeto que de repente me aparece não permanece como pura abstração objetiva. Surge diante de mim com suas significações particulares. Não é somente o objeto cuja liberdade é uma *propriedade* como transcendência transcendida. É também "irado", "alegre", "atento", ou "simpático", "antipático", ou "avaro", "impulsivo" etc. Isso porque, com efeito, ao captar-me como eu mesmo, faço com que o Outro-objeto exista no meio do mundo. Reconheço sua transcendência, mas não a reconheço como transcendência transcendente, e sim como transcendência transcendida. Esta aparece, pois, como um transcender dos utensílios rumo a certos fins, na medida exata em que, em um projeto unitário de mim mesmo, eu transcendo esses fins, esses utensílios e esse próprio transcender dos utensílios realizado pelo outro, rumo a fins. Porque, com efeito, jamais me apreendo abstratamente como pura possibilidade de ser eu mesmo, mas vivo minha ipseidade em sua projeção concreta rumo a tal ou qual fim: só existo *comprometido*, e só tenho consciência (de) ser como tal. Por isso, só apreendo o Outro-objeto em um concreto e *comprometido* transcender de sua transcendência. Mas, reciprocamente, o comprometimento do Outro, que é seu modo de ser, aparece-me, enquanto transcendido por minha transcendência, como comprometimento *real*, como *enraizamento (enra-cinement)*. Em suma, enquanto existo *para-mim*, meu "comprometimento" em uma situação deve ser entendido no sentido em que se diz: "Estou comprometido com fulano, estou comprometido a saldar esta dívida etc." E é este comprometimento que caracteriza o Outro-sujeito, posto que se trata de um outro "eu-mesmo". Mas este comprometimento objetivado, quando capto o Outro como objeto, degrada-se e converte-se em um comprometimento-objeto, no sentido em que se diz: "A faca está profundamente encravada na ferida; o exército estava metido em um desfiladeiro"*. É preciso entender, com efeito, que o ser–no-meio-do mundo que vem ao Outro *por mim* é um ser real. Não é uma pura necessidade subjetiva que me faz conhecê-lo como existente no meio do mundo. Por outro lado, contudo, o Outro não perdeu-se por si mesmo nesse mundo. Mas eu é que o faço perder-se no meio do mundo que é meu, pelo simples fato de que o outro é para mim aquele que não tenho-de-ser, ou seja, pelo simples fato de que o mantenho fora de mim como realidade puramente contemplada e transcendida rumo a meus próprios fins. Assim, a objetividade não é a pura refração do Outro através de minha consciência; advém ao Outro por mim como qualificação real: faço com que o Outro seja no meio do mundo. Logo, o que capto como caracteres reais do Outro é um ser-em-situação: com efeito, eu o organizo no meio do mundo, enquanto ele organiza o mundo rumo

---

* Não faria sentido em português manter aqui o verbo "comprometer" como tradução para "engager", que também encerra em francês os sentidos de "entrar", "enfiar", "meter" [N.T.].

a si mesmo; apreendo-o como unidade objetiva de utensílios e obstáculos. Na segunda parte desta obra[39], explicamos que a totalidade dos utensílios é o correlato exato de minhas possibilidades. Como *sou* minhas possibilidades, a ordem dos utensílios no mundo é a imagem projetada no Em-si de minhas possibilidades, ou seja, daquilo que sou. Mas esta imagem mundana jamais pode ser decifrada por mim; a ela me adapto na e pela ação. O Outro, enquanto sujeito, encontra-se igualmente *comprometido em sua imagem*. Mas, ao contrário, enquanto o apreendo como objeto, é esta imagem mundana que me salta aos olhos: o Outro torna-se o instrumento que se define por sua relação com todos os demais instrumentos, é uma ordem de *meus* utensílios embutida na ordem que imponho a esses utensílios; captar o Outro é captar esta ordem-embutida e referi-la a uma ausência central ou "interioridade"; é definir esta ausência como escoamento congelado dos objetos de meu *mundo* rumo a um objeto definido de *meu* universo. E o sentido deste escoamento me é fornecido por esses objetos mesmos: é a disposição do martelo e dos pregos, do cinzel e do mármore – na medida em que transcendo tal disposição sem ser fundamento dela – que define o sentido desta hemorragia intramundana. Assim, o mundo me anuncia o Outro em sua totalidade e como totalidade. Decerto, esse anunciar permanece ambíguo. Mas isso porque capto a ordem do mundo rumo ao Outro como totalidade indiferenciada, sobre o fundo da qual aparecem algumas estruturas explícitas. Se me fosse possível explicitar todos os complexos-utensílios enquanto voltados para o Outro, ou seja, se pudesse captar não apenas o lugar que o martelo e os pregos ocupam nesse complexo de utensilidade, mas também a rua, a cidade, a nação etc., teria definido explicitamente e totalmente o ser do outro como objeto. Se me engano sobre uma intenção do Outro, não é de modo algum porque refiro seu gesto a uma subjetividade fora de alcance: esta subjetividade, em si e por si, não tem qualquer medida comum com o gesto, porque é transcendência Para-si, transcendência intransponível. Eu me engano porque organizo o mundo inteiro em torno desse gesto diferentemente de como ele se organiza de fato. Assim, o Outro, só pelo fato de aparecer como

---

39. Segunda Parte, capítulo III, § III.

objeto, é dado por princípio a mim como totalidade, estende-se inteiro através do mundo como potência mundana de organização sintética desse mundo. Simplesmente, não posso explicitar esta organização sintética, assim como não posso explicitar o próprio mundo enquanto é *meu* mundo. E a diferença entre o Outro-sujeito – ou seja, o Outro tal como é Para-si – e o Outro-objeto não é uma diferença entre o todo e a parte, ou entre o oculto e o revelado: porque o Outro-objeto é, por princípio, um todo coextensivo à totalidade subjetiva; nada está oculto, e, na medida em que os objetos remetem a outros objetos, posso ampliar indefinidamente meu conhecimento do Outro explicitando indefinidamente suas relações com os demais utensílios do mundo; e o ideal do *conhecimento* do Outro permanece como a explicitação exaustiva do sentido do escoamento do mundo. A diferença de princípio entre o Outro-objeto e o Outro-sujeito provém unicamente do fato de que o Outro-sujeito não pode, em qualquer hipótese, ser conhecido ou sequer concebido como tal: não existe o problema do conhecimento do Outro-sujeito, e os objetos do mundo não remetem à sua subjetividade; referem-se somente à sua objetidade no mundo como sentido – transcendido rumo à minha ipseidade – do escoamento intramundano. Assim, a presença do Outro a mim, como aquilo que constitui minha objetidade, é experimentada como totalidade-sujeito; e, se me volto para esta presença a fim de captá-la, apreendo de novo o Outro como totalidade: uma totalidade-objeto coextensiva à totalidade do mundo. E esta apreensão se faz de relance: é a partir do mundo inteiro que chego ao Outro-objeto. Mas não passam jamais de relações singulares que sobressaem em relevo como *formas* sobre fundo de mundo. À volta deste homem que não conheço e está lendo no metrô, o mundo inteiro está presente. E não é apenas seu corpo – como objeto no mundo – que o define em seu ser: é sua carteira de identidade, é a linha do metrô que ele tomou, é o anel que tem no dedo. Não a título de *signos* do que ele é – esta noção de signo nos remeteria, com efeito, a uma subjetividade que sequer posso conceber e na qual, precisamente, ele é nada, propriamente falando, posto que é o que não é e não é o que é –, mas a título de características reais de seu ser. Se somente *sei* que ele *é* no meio do mundo, na França, em Paris, lendo um livro, apenas posso *supor* que se trata de um estrangeiro, caso não veja sua carteira de identidade (isso significa: supor que está submetido a regulamentos especiais, que consta deste ou daquele registro oficial, que precisamos falar com ele em holandês ou italiano para dele obter este ou aquele gesto em particular, que o correio internacional remete-lhe por tal ou qual via postal cartas portando este ou aquele carimbo etc.). Contudo, esta carteira de identidade está dada a mim, por princípio, no meio do mundo. Não me escapa – desde que foi criada, está colocada na existência para mim. Simplesmente, existe em estado implícito, tal como cada ponto de um círculo que vejo como forma acabada; e seria necessário modificar a totalidade presente de minhas relações com o mundo para fazer com que a carteira de identidade apareça como um *isto* explícito sobre fundo de universo. Da mesma maneira, o ódio do Outro-objeto, tal como se manifesta a mim através de seus gritos, seu espernear e seus gestos ameaçadores, não é o *signo* de um ódio subjetivo e oculto: a nada mais remete do que a outros gestos e outros gritos. O ódio define o Outro, ele *é* o Outro. Sem dúvida, posso me enganar e tomar por verdadeira ira o que não passa de ira simulada. Mas é somente com relação a outros gestos e outros atos objetivamente apreensíveis que posso me enganar: por exemplo, engano-me se capto o movimento da mão dessa pessoa como intenção *real* de golpear. Ou seja, engano-me se o interpreto em função de um gesto objetivamente denunciador e que não será efetuado. Em suma, o ódio objetivamente captado é uma disposição do mundo em torno de uma presença-ausência intramundana. Quer dizer então que devemos dar razão aos behavioristas? Seguramente não, pois os behavioristas, embora interpretem o homem a partir de sua situação, perderam de vista sua característica principal, que é a transcendência-transcendida. O Outro, com efeito, é o objeto que não poderia ser limitado a si mesmo, objeto que só pode ser compreendido a partir de seu fim. E, sem dúvida, o martelo e a serra não são compreendidos de outro modo. Um e outro são captados por sua função, ou seja, seu fim. Mas isso porque, justamente, já são humanos. Só posso compreendê-los enquanto me remetem a uma organização-utensílio da qual o Outro é o centro, enquanto formam parte de um complexo integralmente transcendido rumo a um fim que eu, por minha vez, transcendo. Portanto, se podemos comparar o Outro a uma máquina, será na medida em que a máquina, como fato humano, já apresenta o vestígio de uma transcendência-transcendida, na medida em que os tecelões, em uma fiação, são explicados somente pelos tecidos que produzem; o ponto de vista behaviorista deve inverter-se, e esta inversão, além disso, deixaria intacta a objetividade do outro, porque o que é objetivo em primeiro lugar – aquilo que denominaremos significação, à maneira dos psicólogos franceses e ingleses, intenção, à maneira dos fenomenológicos, transcendência, como Heidegger, ou forma, como os gestaltistas – é o fato de que o Outro só pode definir-se por uma organização totalitária do mundo e é a chave desta organização. Portanto, se retorno do mundo ao Outro a fim de defini-lo, não será porque o mundo tenha condições de me fazer compreender o Outro, mas sim porque o objeto-Outro nada mais é que um centro de referência autônomo e intramundano de *meu* mundo. Assim, o medo objetivo que podemos apreender quando percebemos o Outro-objeto não é o conjunto das manifestações fisiológicas de desalinho que vemos ou medimos com o esfigmógrafo ou o estetoscópio: o medo é fuga, é o desfalecimento. E esses fenômenos mesmos não nos aparecem como pura série de *gestos*, mas como transcendência-transcendida: a fuga ou o desmaio não são somente esta corrida desenfreada pelo mato e esta queda brusca sobre as pedras do caminho; constituem uma desordem total da organização-utensílio que tinha o outro por centro. Esse soldado que foge tinha ainda há pouco o outro-inimigo na mira de seu fuzil. A distância entre o inimigo e ele estava medida pela trajetória de sua bala, e eu também podia captar e transcender esta distância como distância que se organizava em torno do centro "soldado". Mas, eis que o soldado joga seu fuzil ao fosso e trata de salvar-se. Imediatamente, a presença do inimigo o circunda e o oprime; o inimigo, que era mantido à distância pela trajetória das balas, salta sobre ele no instante em que a trajetória se desfaz; ao mesmo tempo, este país-de-fundo que defendia e no qual se apoiava, como se fosse um muro, subitamente gira, abre-se em leque e torna-se o país-de-frente, o horizonte acolhedor rumo ao qual ele corre para refugiar-se. Constato tudo isso objetivamente, e é precisamente *isto* que apreendo como *medo*. O medo não é senão uma conduta mágica tendente a suprimir por encantamento os objetos amedrontadores que não podemos manter à distância[40]. E é exatamente por seus resultados que apreendemos o medo, pois este nos é dado como novo tipo de hemorragia intramundana do mundo: a passagem do mundo a um tipo de existência mágica.

Devemos tomar cuidado, todavia, quanto ao fato de que o Outro só é objeto para mim na medida em que eu posso ser objeto para ele. O outro irá objetivar-se, portanto, como parcela não individualizada do "se" impessoal ou como "ausente", puramente representado por suas cartas ou notícias, ou como um *este* presente de fato, conforme eu mesmo tenha sido para ele elemento do "se", um "querido ausente" ou um *este* concreto. O que decide, em cada caso, o tipo de objetivação do outro e de suas qualidades é, ao mesmo tempo, minha situação no mundo e a situação dele, ou seja, os complexos-utensílios que cada um de nós organizou e os diferentes *istos* que aparecem a um e a outro sobre fundo de mundo. Tudo isso nos reconduz naturalmente à facticidade. É minha facticidade e a facticidade do outro que decidem se o Outro pode me *ver* e se eu posso ver *este* Outro em particular. Mas o problema da facticidade ultrapassa os limites desta exposição geral: iremos abordá-lo no decorrer do capítulo seguinte.

Assim, experimento a presença do Outro como quase-totalidade dos sujeitos em meu ser-objeto-para-Outro, e, sobre o fundo desta totalidade, posso experimentar mais particularmente a presença de um sujeito concreto, sem poder, todavia, especificá-la como sendo a de *tal* ou *qual* Outro. Minha reação de defesa à minha objetidade irá fazer com que o Outro compareça frente a mim a título de *tal ou qual objeto*. A esse título, ele me aparecerá como um "este", ou seja, sua quase totalidade subjetiva se degrada, tornando-se totalidade-objeto coexten-siva à totalidade do Mundo. Esta totalidade revela-se a mim sem referência à subjetividade do Outro: a relação entre o Outro-sujeito e o Outro-objeto de modo algum se compara à que se costuma estabelecer, por exemplo, entre o objeto da física e o objeto da percepção. O Outro–objeto revela-se a mim pelo que *é*, e não remete senão a si mesmo.

---

[40]. Cf. nosso *Esboço de uma teoria das emoções*.

Simplesmente, o Outro-objeto é tal como me aparece, no plano da objetidade em geral e em seu ser-objeto; sequer é concebível que eu possa referir um conhecimento qualquer que tenha dele à sua subjetividade, tal como a experimento por ocasião do olhar. O Outro-objeto é somente objeto, mas a minha apreensão dele inclui a compreensão de que poderei sempre e por princípio fazer dele outra *experiência*, colocando-me em outro plano de ser; esta compreensão é constituída, por um lado, pelo *saber* de minha experiência passada, que é, além disso, como vimos, o puro passado (fora de alcance e que tenho-de-ser) desta experiência, e, por outro lado, por uma apreensão implícita da dialética do Outro: O outro é, no presente, aquilo que me faço não ser. Mas, embora eu possa neste momento livrar-me dele e escapar-lhe, permanece à sua volta a possibilidade permanente de *fazer-se* Outro. Contudo, tal possibilidade, pressentida em uma espécie de embaraço e aflição que constitui a especificidade de minha atitude frente ao Outro-objeto, é, propriamente falando, *inconcebível:* primeiro, porque não posso conceber possibilidade que não seja *minha* possibilidade ou apreender transcendência a não ser transcendendo-a, ou seja, captando-a como transcendência–transcendida; segundo, porque esta possibilidade pressentida não é a possibilidade do Outro-objeto: as possibilidades do Outro-objeto são mortipossibilidades que remetem a outros aspectos objetivos do outro; a possibilidade própria de captar-me como objeto, sendo possibilidade do Outro-sujeito, não é para mim, presentemente, senão possibilidade de ninguém: é possibilidade absoluta – que só tem sua fonte em si mesmo – do surgimento, sobre fundo de nadificação total do Outro-objeto, de um Outro-sujeito que irei experimentar através de minha objetividade-Para-ele. Assim, o Outro-objeto é um instrumento explosivo que manejo com cuidado, porque antevejo em torno dele a possibilidade permanente de que o façam explodir e, com esta explosão, eu venha a experimentar de súbito a fuga do mundo para fora de mim e a alienação de meu ser. Meu cuidado constante é, portanto, conter o Outro em sua objetividade, e minhas relações com o Outro-objeto são feitas essencialmente de ardis destinados a fazê-lo permanecer como objeto. Mas basta um olhar do Outro para que todos esses artifícios desabem e eu experimente de novo a transfiguração do Outro. Assim, sou remetido da transfiguração à degradação e da degradação à transfiguração, sem poder jamais, seja formar uma visão de conjunto desses dois modos de ser do Outro – porque cada um deles basta a si mesmo e só remete a si mesmo –, seja ater-me firmemente a um deles – porque cada um tem instabilidade própria e se desmorona para que o outro surja de suas ruínas: só os mortos podem ser perpetuamente objetos sem converter-se jamais em sujeitos – porque morrer não é perder a própria objetividade no meio do mundo: todos os mortos estão aí, no mundo à nossa volta; morrer é perder toda possibilidade de se revelar como sujeito a um outro.

Nesse nível de nossa investigação, uma vez elucidadas as estruturas essenciais do ser-Para-outro, somos tentados, evidentemente, a levantar a questão metafísica: "Por que há outros?" A existência dos outros, como vimos, não é, com efeito, uma consequência que possa derivar da estrutura ontológica do Para-si. É um acontecimento primeiro, por certo, mas de ordem *metafísica,* ou seja, resultante da contingência do ser. É a propósito dessas existências metafísicas que coloco, por essência, a questão do *porquê.*

Sabemos bem que a resposta ao porquê só pode remeter-nos a uma contingência original, mas ainda falta provar que o fenômeno metafísico que consideramos é de uma contingência irredutível. Nesse sentido, a ontologia parece poder definir-se como explicitação das estruturas de ser do existente tomado como totalidade, e definiremos melhor a metafísica como a colocação em questão da existência do existente. É por isso que, em virtude da contingência absoluta do existente, estamos convictos de que toda metafísica deve concluir com um "é isto", ou seja, uma intuição direta desta contingência.

Será possível colocar a questão da existência dos outros? Esta existência será um fato irredutível ou deve derivar de uma contingência fundamental? São as perguntas prévias que podemos formular, de nossa parte, ao metafísico que questiona a existência dos outros.

Examinemos mais de perto a possibilidade da questão metafísica. O que nos aparece, antes de tudo, é o fato de que o ser-Para-outro representa o terceiro ek-stase do Para-si. O primeiro ek-stase, com efeito, é o projeto tridimensional do Para-si rumo a um ser que ele tem-de-ser ao modo de não sê-lo. Representa a primeira fissura, a nadificação que o próprio Para-si tem-de-ser, o desprendimento do Para-si de tudo aquilo que ele é, na medida em que este desprendimento é constitutivo de seu ser. O segundo ek-stase, ou ek-stase reflexivo, é desprendimento desse desprendimento mesmo. A cissiparidade reflexiva corresponde a um esforço vão para assumir um ponto de vista sobre a nadificação que o Para-si tem-de-ser, a fim de que esta nadificação, como fenômeno simplesmente dado, seja nadificação-*que-é*. Mas, ao mesmo tempo, a reflexão quer recuperar este desprendimento, que busca contemplar como puro dado, afirmando, sobre si mesmo, *ser* esta nadificação-que é. A contradição é flagrante: para poder captar minha transcendência, ser-me-ia necessário transcendê-la. Mas, exatamente, minha própria transcendência só pode transcender; eu a *sou*, e não posso servir-me dela para constituí-la como transcendência-transcendida: estou condenado a ser perpetuamente minha própria nadificação. Em uma palavra, a reflexão *é* o refletido. Porém, a nadificação reflexiva é mais avançada que a do puro Para-si como simples consciência (de) si. Na consciência (de) si, com efeito, os dois termos da dualidade "refletido-refletidor" tinham tal incapacidade para apresentar-se em separado que a dualidade permanecia perpetuamente evanescente e cada termo, ao posicionar-se para o outro, *convertia-se* no outro. Mas, no caso da reflexão, não ocorre o mesmo, posto que o "reflexo-refletidor" refletido existe para um "reflexo-refletidor" reflexivo. Refletido e reflexivo, portanto, tendem, cada um, à independência, e o nada que os separa tende a dividi-los mais profundamente que o nada que o Para-si tem-de-ser ao separar o reflexo do refletidor. Contudo, nem o reflexivo nem o refletido podem segregar esse nada separador, pois, se assim fosse, a reflexão seria um Para-si autônomo a apontar sobre o refletido, fazendo pressupor uma negação de exterioridade como condição prévia de uma negação de interioridade. Não pode haver reflexão se esta não for inteiramente um *ser*, um ser que tem-de-ser seu próprio nada. Assim, o ek-stase reflexivo acha-se no caminho de um ek-stase mais radical: o ser-Para-outro. O termo último da nadificação, o polo ideal, deveria ser, com efeito, a negação externa, ou seja, uma cissiparidade Em-si, ou exterioridade espacial de indiferença.

Com relação a esta negação de exterioridade, os três ek-stases dispõem-se na ordem que acabamos de expor, mas não podem alcançá-la de forma alguma; essa negação permanece, por princípio, ideal: com efeito, o Para-si não pode realizar por si mesmo, com relação a qualquer ser, uma negação que seja Em-si, sob pena de deixar ao mesmo tempo de ser-Para-si. A negação constitutiva do ser-Para-outro é, portanto, *negação interna*, uma nadificação que o Para-si tem-de-ser, tal como a nadificação reflexiva. Mas, aqui, a cissiparidade atinge a própria negação: já não é somente a negação que divide o ser em refletido e refletidor e, através dela, a díade refletido-refletidor que se divide em (refletido-refletidor) refletido e (refletido-refletidor) refletidor. Aqui, além disso, a negação se divide em duas negações internas e inversas, cada qual é negação de interioridade e que, no entanto, são separadas uma da outra por inapreensível nada de exterioridade. Com efeito, cada uma delas, esgotando-se em negar que um Para-si seja o outro, e totalmente comprometida neste ser que tem-de-ser, já não pode contar consigo mesmo para negar ser a negação inversa. Aqui, de súbito, surge o *dado*, não como resultado de uma identidade de ser-Em-si, mas como uma espécie de fantasma de exterioridade que nenhuma das duas negações tem-de-ser e, contudo, as separa. Na verdade, já encontrávamos esboçada esta inversão negativa no ser reflexivo. Com efeito, o reflexivo, como testemunha, é profundamente alcançado em seu ser por sua própria reflexibilidade, e, por isso, na medida em que se faz reflexivo, visa não ser o refletido. Mas, reciprocamente, o refletido é consciência (de) si como consciência refletida *de* tal ou qual fenômeno transcendente. Dizíamos que o refletido sabe-se olhado. Nesse sentido, visa, por sua vez, a não ser o reflexivo, porque toda consciência se define por sua negatividade. Mas esta tendência a um duplo cisma era retomada e dissimulada pelo fato de que, apesar de tudo, o reflexivo tinha-de-ser o refletido e o refletido tinha-de-ser o reflexivo. A dupla negação permanecia evanescente. No caso do terceiro ek-stase, presenciamos como que uma cissiparidade reflexiva mais avançada. As consequências podem surpreender-nos: por um lado, posto que as negações efetuam-se em interioridade, o outro e eu não podemos vir um ao outro de fora. É preciso que haja um *ser* "eu-outro" que tenha-de-ser a cissiparidade recíproca do Para-outro, exatamente como a totalidade "reflexivo-refletido" é um ser que tem-de-ser seu próprio nada; ou seja, minha ipseidade e a do outro são estruturas de uma só totalidade de ser. Assim, Hegel parece ter razão: o ponto de vista da totalidade é o ponto de vista do ser, é o *verdadeiro* ponto de vista. Tudo ocorre como se minha ipseidade, frente à do outro, fosse produzida e mantida por uma totalidade que impelisse ao extremo sua própria nadificação; o ser Para-outro parece ser o prolongamento da pura cissiparidade reflexiva. Nesse sentido, tudo ocorre como se os outros e eu assinalássemos o vão esforço de uma totalidade de Para-si para recuperar-se e conter o que *tem-de-ser* ao modo puro e simples do Em-si; este esforço para recuperar-se como objeto, levado aqui ao limite, ou seja, muito Para-além da cisão reflexiva, produziria resultado inverso do fim rumo ao qual projetar-se-ia esta totalidade: por seu esforço para ser consciência *de* si, a totalidade-Para-si constituir-se-ia frente *ao* si como consciência-si que não tem-de-ser o si de que é consciência; e, reciprocamente, o si-objeto, para *ser*, deveria experimentar-se como *sido* por e para uma consciência que ele não tem-de-ser se quiser ser. Assim nasceria o cisma do Para-outro; e esta divisão dicotômica repetir-se-ia ao infinito para constituir *as* consciências como fragmentos de uma explosão radical. "Haveria" *outros* em consequência de um fracasso inverso ao fracasso reflexivo. Na reflexão, com efeito, se não logro captar-me como objeto, mas somente como quase-objeto, é porque sou o objeto que quero captar; tenho-de-ser o nada que me separa de mim; não posso escapar à minha ipseidade nem adotar um ponto de vista sobre mim mesmo; assim, não chego a me realizar como ser, nem a captar-me na forma do "há"; a recuperação fracassa porque o recuperador é para si mesmo o recuperado. No caso do ser-Para-outro, ao contrário, a cisão é levada mais adiante: o (reflexo-refletidor) refletido distingue-se radicalmente do (reflexo--refle-tidor) refletidor, e, por isso, pode ser objeto para este. Mas, desta vez, a recuperação fracassa porque o recuperado *não é* o recuperador. Assim, a totalidade que não é o que é, sendo o que não é, por um esforço radical de desprendimento de si, produziria seu ser por toda parte como um alhures: a disseminação de ser--Em-si de uma totalidade despedaçada, sempre alhures, sempre à distância, jamais em si mesma, porém sempre mantida no ser pela perpétua explosão desta totalidade – tal seria o ser dos outros e de mim mesmo como Outro.

Mas, por outro lado, *em simultaneidade* com minha negação de mim mesmo, o Outro nega-se a si ser eu mesmo. Essas duas negações são igualmente indispensáveis ao ser-Para-outro e não podem ser reunidas por qualquer síntese. Não porque um nada de exterioridade as tenha separado na origem, mas sobretudo porque o Em-si iria recobrar cada uma com relação à outra, somente pelo fato de que cada uma *não é* a outra, sem ter-de-não-sê-la. Há aqui uma espécie de limite do Para-si que vem do próprio Para-si, mas que, enquanto limite, é independente do Para-si: reencontramos algo como a *facticidade*, e não podemos conceber de que modo a totalidade de que há pouco falamos poderia, no próprio cerne do desprendimento mais radical, produzir em seu ser um nada que ela de modo algum tem-de-ser. Parece, com efeito, que esse nada introduziu-se nesta totalidade para despedaçá-la, tal como, no atomismo de Leucipo, o não ser se introduz na totalidade de ser parmenideana para fazê-la explodir em átomos. Esse nada representa, portanto, a negação de toda totalidade sintética a partir da qual pretender-se-ia compreender a pluralidade das consciências. Sem dúvida, é inapreensível, já que não é produzido seja pelo outro, seja por mim, seja por um intermediário, uma vez estabelecido que as consciências experimentam-se mutuamente sem intermediário. Sem dúvida, onde quer que dirijamos a vista, só encontramos como objeto de nossa descrição uma pura e simples negação de interioridade. E, contudo, esse nada está aí, no fato irredutível de que há *dualidade* de negações. Não é, decerto, o *fundamento* da multiplicidade das consciências, porque, se preexistisse a esta multiplicidade, tornaria impossível todo *ser-para* outro; ao contrário, devemos concebê-lo como expressão desta multiplicidade: aparece com ela. Mas, como *nada* há que possa fundamentá-lo, seja consciência particular, seja totalidade despedaçada em consciências, ele surge como contingência pura e irredutível, como *o fato de que não é suficiente que eu negue a mim o Outro para que o Outro exista, mas é preciso também que o Outro me negue a si, em simultaneidade com minha própria negação.* É a *facticidade* do ser-Para-outro.

Assim, chegamos a esta conclusão contraditória: o ser-Para-outro só pode ser se *é-tendo-sido* por uma totalidade que se perde para que ele surja – o que nos levaria a postular a existência e a paixão do *espírito*. Mas, por outro lado, este ser-Para-outro só pode existir caso comporte um inapreensível não ser de exterioridade que nenhuma totalidade, sequer o *espírito*, pode produzir ou fundamentar. Em certo sentido, a existência de uma pluralidade de consciências não pode ser um fato primordial e nos remete a um fato originário de desprendimento de si que seria o fato do espírito; assim, a questão metafísica "por que existem *as* consciências?" receberia uma resposta. Mas, em outro sentido, a facticidade desta pluralidade parece ser irredutível, e, se considerarmos o espírito a partir do *fato* da pluralidade, ele se desvanece; a questão metafísica carece então de sentido: encontramos a contingência fundamental e só podemos responder com um "é assim". Desse modo, o ek-stase original aprofunda-se: parece que não podemos fazê-lo parte do nada. O Para-si nos surge como ser que existe enquanto não é o que é e é o que não é. A totalidade ek-stática do espírito não é simplesmente totalidade destotalizada, mas aparece-nos como ser destroçado, sobre o qual não podemos dizer que existe ou não existe. Assim, nossa descrição permitiu-nos satisfazer as condições prévias que havíamos imposto a toda teoria sobre a existência do Outro; a multiplicidade das consciências aparece-nos como *síntese* e não como *coleção*; mas trata-se de uma síntese cuja totalidade é inconcebível.

Significará que esse caráter antinômico da totalidade é irredutível? Ou, de um ponto de vista superior, podemos fazê-lo desaparecer? Deveríamos afirmar que o espírito é *o ser que é e não é*, assim como tínhamos afirmado que o Para-si é o que não é e não é o que é? A questão carece de sentido. Pressupõe, com efeito, que temos a possibilidade de *assumir um ponto de vista* sobre a totalidade, ou seja, de considerá-la vista do exterior. Mas é impossível, porque, exatamente, existo como eu mesmo sobre o fundamento desta totalidade e na medida em que estou comprometido nela. Nenhuma consciência, ainda que de Deus, poderia "ver o reverso", ou seja, captar a totalidade enquanto tal. Porque, se Deus é consciência, está integrado na totalidade. E se, por sua natureza, é um ser *Para-além da consciência*, ou seja, um Em-si que seria fundamento de si mesmo, a totalidade só pode aparecer-lhe ou como *objeto* – e, neste caso, carece da desagregação interna da totalidade como esforço subjetivo de recuperação de si ou como *sujeito* – caso em que, *não sendo* esse sujeito, só pode experimentá-lo sem conhecê-lo. Assim, não se pode conceber qualquer ponto de vista sobre a totalidade: a totalidade não tem "lado de fora", e a própria questão sobre o sentido de seu "reverso" é desprovida de significação. Não podemos ir mais longe.

Chegamos ao fim desta exposição. Constatamos que a existência do Outro é experimentada com evidência no e pelo fato de minha objetividade. E vimos também que minha reação à minha própria alienação para Outro se traduz pela apreensão do Outro como objeto. Em suma, o Outro pode existir para nós de duas formas: se o experimento com evidência, não posso conhecê-lo; se o conheço, se atuo sobre ele, só alcanço seu ser-objeto e sua existência provável no meio do mundo. Nenhuma síntese dessas duas formas é possível. Mas não podemos nos deter aqui: tanto este objeto que o Outro é para mim quanto este objeto que sou para o Outro manifestam-se *como corpo*. Portanto, que é meu corpo? Que é o corpo do Outro?

CAPÍTULO 2
O CORPO

O problema do corpo e de suas relações com a consciência é geralmente obscurecido pelo fato de começarmos considerando o corpo como certa *coisa* dotada de leis próprias e susceptível de ser definida do lado de fora, enquanto a consciência é alcançada pelo tipo de intuição íntima que lhe é própria. Com efeito: se, depois de ter captado *"minha"* consciência em sua interioridade absoluta, tento, por uma série de atos reflexivos, uni-la a certo objeto vivente, constituído por um sistema nervoso, um cérebro, glândulas, órgãos digestivos, respiratórios e circulatórios, cuja matéria é susceptível de ser analisada quimicamente em átomos de hidrogênio, carbono, azoto, fósforo etc., irei deparar com dificuldades insuperáveis: mas essas dificuldades provêm do fato de que tento unir minha consciência, não ao *meu* corpo, mas ao corpo dos *outros*. Com efeito, o corpo cuja descrição acabo de esboçar não é *meu* corpo tal como é *para mim*. Não vi e jamais verei meu cérebro, ou minhas glândulas endócrinas. Simplesmente, pelo que eu, homem, pude ver em dissecações de cadáveres humanos e pude ler em tratados de fisiologia, concluo que meu corpo é constituído exatamente como aqueles que me mostraram em mesas de dissecação ou observei representados a cores em livros. Sem dúvida, dir-se-á, os médicos que me trataram, os cirurgiões que me operaram puderam fazer a experiência direta desse corpo que não conheço por mim mesmo. Não nego, nem pretendo ser desprovido de cérebro, coração ou estômago. Mas, antes de tudo, importa escolher a *ordem* de nossos conhecimentos: partir das experiências que os médicos puderam fazer com meu corpo é partir da concepção de meu corpo *no meio do mundo* e tal como é para outro. Meu corpo, tal como é *para mim*, não me aparece no meio do mundo. Sem dúvida, puder ver a mim mesmo durante uma radioscopia: a imagem de minhas vértebras em uma tela. Mas eu estava, precisamente, *do lado de fora*, no meio do mundo; captava

um objeto inteiramente constituído, como um *isto* entre outros *istos*, e somente através de um raciocínio podia retomá-lo como *meu*: era, então, muito mais minha *propriedade* do que meu *ser*.
  É verdade que vejo e toco minhas pernas e minhas mãos. E nada me impede de imaginar um dispositivo sensível a ponto de permitir que um ser vivente possa ver um de seus olhos enquanto o olho visto dirija seu olhar para o mundo. Mas é preciso notar que, ainda nesse caso, sou o *Outro* com relação a meu olho: apreendo-o como órgão sensível, constituído no mundo dessa ou daquela maneira, mas não posso "vê-lo vendo", ou seja, captá-lo enquanto me revela um aspecto do mundo. Ou bem é coisa entre coisas, ou bem é aquilo pelo qual as coisas a mim se revelam. Mas não pode ser ambas ao mesmo tempo. Igualmente, vejo minha mão tocar os objetos, mas não a *conheço* em seu ato de tocá-los. É a razão fundamental pela qual a famosa "sensação de esforço" de Maine de Biran não tem existência real. Porque minha mão me revela a resistência dos objetos, sua dureza ou maciez, e não *ela mesmo*. Assim, não vejo minha mão de modo diferente de como vejo este tinteiro. Desprendo uma distância de mim a ela, e esta distância vem integrar-se nas distâncias que estabeleço entre todos os objetos do mundo. Quando um médico pega minha perna enferma e a examina, enquanto eu, semideitado na cama, vejo-o fazendo isso, não há qualquer diferença de natureza entre a percepção visual que tenho do corpo do médico e aquela que tenho de minha própria perna. Melhor dito, ambas não se distinguem, salvo a título de estruturas diferentes de uma mesma percepção global; e não há diferença de natureza entre a percepção que o médico tem de *minha* perna e aquela que eu mesmo tenho ao mesmo tempo. Sem dúvida, quando toco minha perna com o dedo, sinto minha perna ser tocada. Mas esse fenômeno de dupla sensação não é essencial: o frio ou uma injeção de morfina podem fazê-lo desaparecer; isso basta para mostrar que se trata de duas ordens de realidade essencialmente diferentes. Tocar e ser tocado, sentir que se toca e sentir que se é tocado, eis duas espécies de fenômenos que se costuma em vão tentar reunir sob o nome de "dupla sensação". De fato, são radicalmente distintos e existem em dois planos, incomunicáveis. Além do quê, quando toco minha perna, ou quando a vejo, transcendo-a rumo às minhas possibilidades próprias: seja, por exemplo,

para pôr as calças ou trocar um curativo em uma cicatriz. E, sem dúvida, posso, ao mesmo tempo, ajeitar minha perna de modo a poder "trabalhar" nela com mais comodidade. Mas isso em nada modifica o fato de que eu a transcendo rumo à pura possibilidade de "curar-me" e, por conseguinte, estou presente a ela sem que ela *seja eu* nem que eu *seja ela*. Assim, aquilo que faço existir aqui é a *coisa* "perna" e não a perna como *possibilidade que sou* de andar, correr ou jogar futebol. Portanto, na medida em que meu corpo indica minhas possibilidades no mundo, vê-lo ou tocá-lo é transformar essas possibilidades que são minhas em mortipossibilidades. Tal metamorfose deve necessariamente encerrar uma *cegueira* total quanto ao que o corpo é como possibilidade vivente de correr, dançar etc. E, decerto, a descoberta de meu corpo como objeto é de fato uma revelação de seu ser. Mas o ser que assim se revela a mim é seu *ser-Para-outro*. Que esta confusão leve a absurdidades é o que podemos ver claramente a propósito do famoso problema da "visão invertida". Conhecemos a questão colocada pelos fisiologistas: "Como podemos endireitar os objetos que se desenham invertidos sobre nossa retina?" Também conhecemos a resposta dos filósofos: "Não há problema. Um objeto está aprumado ou invertido com relação ao resto do universo. Perceber o universo inteiro invertido nada significa, pois seria necessário que estivesse invertido em relação a algo." Mas o que nos interessa particularmente é a origem desse falso problema: o fato de querer-se vincular *minha* consciência dos objetos com o corpo do *Outro*. Eis a vela, o cristalino, a imagem da vela invertida na tela da retina. Mas, precisamente, a retina entra aqui em um sistema físico, é *tela* e apenas isso; o cristalino é *lente* e nada mais que lente; ambos são homogêneos em seu ser junto com a vela, que completa o sistema. Portanto, escolhemos deliberadamente o ponto de vista físico, ou seja, o ponto de vista do exterior, para estudar o problema da visão; levamos em consideração um olho morto no meio do mundo visível para nos inteirarmos da visibilidade desse mundo. Então, como podemos nos surpreender depois com o fato de que a consciência, que é interioridade absoluta, recuse-se a deixar-se vincular a este objeto? As relações que estabeleço entre um corpo do Outro e objeto exterior são relações *realmente* existentes, mas têm por ser o ser do Para-outro; presumem um centro de escoamento intramundano do qual o conhecimento é uma propriedade *mágica* do tipo "ação à distância". Desde a origem se colocam na perspectiva do Outro-objeto. Assim, portanto, se queremos refletir a respeito da natureza do corpo, é preciso estabelecer em nossas reflexões uma ordem conforme à ordem do ser: não podemos continuar confundindo os níveis ontológicos e devemos examinar sucessivamente o corpo enquanto ser-Para-si e enquanto ser-Para-outro; e, para evitar absurdidades do gênero da "visão invertida", iremos nos compenetrar da ideia de que esses dois aspectos do corpo, estando em dois níveis de ser diferentes e incomunicáveis, são irredutíveis um ao outro. O Para-si deve ser todo inteiro corpo e todo inteiro consciência: não poderia ser *unido* a um corpo. Similarmente, o ser-Para-outro é todo inteiro corpo; não há aqui "fenômenos psíquicos" a serem unidos a um corpo; nada há *detrás* do corpo. Mas o corpo é todo inteiro "psíquico". São esses dois modos de ser do corpo que iremos estudar agora.

I
O CORPO COMO SER-PARA-SI:
A FACTICIDADE

À primeira vista, parece que nossas observações precedentes opõem-se aos dados do *cogito* cartesiano. "A alma é mais fácil de conhecer do que o corpo", dizia Descartes. Entendia com isso fazer uma distinção radical entre os fatos de pensamento acessíveis à reflexão e os fatos do corpo, cujo conhecimento deve ser garantido pela bondade divina. E, de fato, parece inicialmente que a reflexão só nos revela puros fatos de consciência. Sem dúvida, encontram-se nesse nível fenômenos que parecem compreender alguma conexão com o corpo: a dor "física", o mal-estar, o prazer etc. Mas esses fenômenos nem por isso deixam de ser *puros fatos de consciência*; haverá, pois, tendência a considerá-los *signos*, afecções da consciência *causadas* pelo corpo, sem se levar em conta que, desse modo, baniu-se irremediavelmente o corpo da consciência e que nenhum nexo poderá mais reunir esse corpo, que já é corpo-Para-outro, e a consciência, a qual, presume-se, o manifesta.

Da mesma forma, não devemos fazer disso nosso ponto de partida, e sim de nossa relação primeira com o Em-si: nosso ser--no-mundo. Sabemos que não há, de um lado, um Para-si, e, de outro, um mundo, como dois todos fechados, cujo modo de comunicação teremos de procurar depois. O Para-si é, por si mesmo, relação com o mundo; negando-se como ser, faz com que haja um mundo, e, transcendendo esta negação rumo às suas próprias possibilidades, descobre os "istos" como coisas-utensílios.

Mas, ao dizermos que o Para-si é-no-mundo, que a consciência é consciência *do* mundo, é preciso evitar entender que o mundo existe frente à consciência como uma multiplicidade indefinida de relações recíprocas que a consciência sobrevoaria sem perspectiva e contemplaria sem ponto de vista. *Para mim*, esse vaso está à esquerda da garrafa, um pouco para trás; *para Pedro*, está à direita, um pouco à frente. Não seria sequer concebível uma consciência que pudesse sobrevoar o mundo de tal modo que o vaso lhe fosse dado *ao mesmo tempo* à direita e à esquerda da garrafa, à frente e atrás dela. Não em decorrência de uma aplicação estrita do princípio de identidade, mas porque esta fusão de direita e esquerda, frente e atrás, motivaria o desvanecimento total dos *"istos"* no seio de uma indistinção primitiva. Igualmente, se o pé da mesa dissimula aos meus olhos os arabescos do tapete, não é em consequência de alguma limitação e imperfeição de meus órgãos visuais, mas porque um tapete que não estivesse dissimulado pela mesa, nem debaixo dela, nem sobre ela, nem ao lado dela, já não teria com ela relação de espécie alguma e não pertenceria mais ao "mundo" em que *há* a mesa: o Em-si que se manifesta com aspecto de *isto* retornaria à sua identidade de indiferença; o próprio espaço, como pura relação de exterioridade, desvanecer-se-ia. A constituição do espaço como multiplicidade de relações recíprocas só pode ser efetuada, com efeito, do ponto de vista abstrato da ciência: tal constituição não poderia ser vivida, nem sequer representada; o triângulo que traço no quadro-negro, para ajudar em meus raciocínios abstratos, está necessariamente à direita do círculo tangente desenhado ao seu lado, na medida em que *está* no quadro-negro. E meu esforço consiste em transcender as características concretas da figura traçada a giz, não levando em conta sua orientação com relação a mim, assim como não considero a espessura dos traços ou a imperfeição do desenho.

Assim, somente pelo fato de que *há* um mundo, esse mundo não poderia existir sem uma orientação unívoca com relação a mim. O idealismo insistiu justamente no fato de que a relação faz o mundo. Mas, como se colocava no terreno da ciência newtoniana, concebia esta relação como relação de reciprocidade. Assim, só alcançava conceitos abstratos de exterioridade pura, de ação e reação etc., e, por isso, não atingia o mundo e só fazia por explicitar o conceito-limite de objetividade absoluta. Tal conceito, em suma, reduzia-se ao de *"mundo deserto"*, ou "mundo sem homens", ou seja, a uma contradição, já que é pela realidade humana que há um mundo. Assim, o conceito de objetividade, que visava a substituir o Em-si da verdade dogmática por uma pura relação de conveniência recíproca entre representações, destrói-se a si mesmo caso levado às últimas consequências. Os progressos da ciência, por outro lado, levaram à rejeição desta noção de objetividade absoluta. O que um Broglie veio a chamar de "experiência" é um sistema de relações unívocas do qual o observador não está excluído. E, se a microfísica deve reintegrar o observador no seio do sistema científico, não é a título de pura subjetividade – noção esta que não teria mais sentido do que a da objetividade pura –, mas como relação original ao mundo, como um lugar, como aquilo rumo ao qual se orientam todas as relações consideradas. É assim, por exemplo, que o princípio de indeterminação de Heisenberg não pode ser considerado como invalidação ou como confirmação do postulado determinista. Simplesmente, em vez de ser pura conexão entre as coisas, encerra a relação original entre o homem e as coisas e seu lugar no mundo. É o que bem demonstra, por exemplo, o fato de que não se pode fazer crescer em quantidades proporcionais as dimensões de corpos em movimento sem modificar suas relações de velocidade. Se examino a olho nu, depois ao microscópio; o movimento de um corpo em direção a outro, ele me parecerá cem vezes mais rápido no segundo caso, porque, embora o corpo em movimento não tenha se aproximado mais do corpo a que se dirige, percorreu na mesma duração temporal um espaço cem vezes maior. Assim, a noção de velocidade já nada mais significa se não for velocidade em relação a dimensões dadas de corpos em movimento. Mas somos nós mesmos que determinamos essas dimensões pelo nosso próprio surgimento no mundo, e é preciso, de fato, que as determinemos, caso contrário elas já nada mais *seriam*. Assim, são relativas, não ao conhecimento que temos delas, mas ao nosso comprometimento primeiro no seio do mundo. É o que exprime perfeitamente a teoria da relatividade: um observador situado no cerne de um sistema não pode decidir, por qualquer experiência que seja, se o sistema está em repouso ou em movimento. Mas esta relatividade não é um "relativismo": não concerne ao *conhecimento*; melhor ainda, encerra o postulado dogmático segundo o qual o conhecimento nos oferece aquilo *que é*. A relatividade da ciência moderna visa o *ser*. O homem e o mundo *são* seres relativos, e o princípio de seu ser *é* a relação. Segue-se que a relação primeira vai da realidade humana ao mundo. Surgir, para mim, *é* estender minhas distâncias às coisas e, por causa disso, fazer com que haja coisas. Mas, por conseguinte, as coisas são precisamente "coisas-que-existem-à-distância-de-mim". Assim, o mundo me devolve esta relação unívoca que é meu ser, pela qual faço com que este ser se revele. O ponto de vista do conhecimento puro é contraditório: só existe o ponto de vista do conhecimento *comprometido*. Equivale a dizer que conhecimento e ação não passam de duas faces abstratas de uma relação original e concreta. O espaço real do mundo é o espaço que Lewin denomina "hodológico". Um conhecimento puro, com efeito, seria conhecimento sem ponto de vista, logo, conhecimento do mundo situado, por princípio, fora do mundo. Mas isso não faz sentido: o ser cognoscitivo seria somente conhecimento, posto que iria definir-se por seu objeto e seu objeto desvanecer-se-ia na indistinção total de relações recíprocas. Assim, o conhecimento só pode ser surgimento comprometido no determinado ponto de vista que *somos*. Ser, para a realidade humana, é *ser-aí*; ou seja, "aí, sentado na cadeira", "aí, junto a esta mesa", "aí, no alto desta montanha, com tais dimensões, tal direção etc." É uma necessidade ontológica.

Ainda é preciso compreender melhor esse argumento. Porque esta necessidade aparece entre duas contingências: por um lado, com efeito, se é necessário que eu seja em forma de ser-aí, é totalmente contingente que assim seja, porque não sou fundamento de meu ser; por outro lado, se é necessário que eu seja comprometido neste ou naquele ponto de vista, é contingente o fato de que só possa sê-lo em um desses pontos de vista, com exclusão de todos os outros. É esta dupla contingência, encerrando uma necessidade, que denominamos *facticidade* do Para-si. Descrevemo-la em nossa segunda parte. Mostramos então que o Em-si, nadificado e aniquilado no acontecimento absoluto que é a aparição do fundamento ou surgimento do Para-si, permanece no âmago do Para-si como sua contingência original. Assim, o Para-si é sustentado por perpétua contingência que ele recupera por conta própria e assimila sem poder suprimi-la jamais. Em parte alguma o Para-si a encontra em si mesmo, em parte alguma pode captá-la e conhecê-la, sequer pelo *cogito* reflexivo, porque a transcende sempre rumo às suas próprias possibilidades e só encontra em si mesmo o nada que tem-de-ser. E, contudo, essa contingência não cessa de impregná-lo, fazendo com que eu me apreenda ao mesmo tempo como totalmente responsável pelo meu ser e como totalmente injustificável. Mas esta injustificabilidade *(injustifiabilité)* tem sua imagem a mim devolvida pelo mundo em forma de unidade sintética de suas relações unívocas comigo. É absolutamente necessário que o mundo me apareça *em ordem*. E, nesse sentido, esta ordem *sou eu*, é esta imagem de mim que descrevemos no último capítulo de nossa segunda parte. Mas é totalmente contingente que seja *esta* ordem. Assim, o mundo aparece como composição necessária e injustificável da totalidade dos seres. Esta ordem absolutamente necessária e totalmente injustificável das coisas do mundo, esta ordem que eu mesmo sou, na medida em que meu surgimento faz esse mundo existir, e que me escapa, na medida em que não sou fundamento de meu ser nem fundamento de *tal* ser, esta ordem é o corpo, tal como é em nível do Para-si. Nesse sentido, poder-se-ia definir o corpo como *a forma contingente que a necessidade de minha contingência assume.* Nada mais é do que o Para-si; não se trata de um Em-si *no* Para-si, pois, neste caso, iria coagular tudo. É, isso sim, o fato de que o Para-si não é seu próprio fundamento, na medida em que esse fato se traduz pela necessidade de existir como ser contingente entre seres contingentes. Enquanto tal, o corpo não se distingue da situação do Para-si, uma vez que, para o Para-si, existir e situar-se constituem a mesma coisa; e, por outro lado, o corpo se identifica com o mundo inteiro, enquanto este é a situação total do Para-si e medida de sua existência. Mas uma situação não é puro dado contingente: muito pelo contrário, só se revela na medida em que o Para-si a transcende rumo a si. Por conseguinte, o corpo-Para-si jamais é um dado que eu possa conhecer: está aí, em qualquer parte, como aquilo que é transcendido; só existe na medida em que dele escapo nadificando-me; é aquilo que nadifico. É o Em-si transcendido pelo Para-si nadificador e que recaptura o Para-si nesse transcender mesmo. É o fato de que sou minha própria motivação sem ser meu próprio fundamento; o fato de que nada sou sem o ter-de-ser o que sou, e que, todavia, na medida em que tenho-de-ser o que sou, o sou sem ter-de-sê-lo. Em certo sentido, portanto, o corpo é uma característica necessária do Para-si: não é verdade que seja produto de uma decisão arbitrária de um demiurgo, nem que a união da alma e do corpo seja a aproximação contingente de duas substâncias radicalmente distintas; mas, ao contrário, advém necessariamente da natureza do Para-si o fato de que ele seja corpo, isto é, que seu escapar nadificador ao ser seja feito em forma de comprometimento no mundo. Todavia, em outro sentido, o corpo manifesta bem minha contingência, inclusive não é *senão* esta contingência: os racionalistas cartesianos tinham razão de ficar impressionados com esta característica; com efeito, o corpo representa a individualização de meu comprometimento no mundo. E Platão tampouco estava errado ao considerar o corpo como *aquilo que individualiza a alma*. Seria inútil, apenas, supor que a alma possa desgarrar-se desta individualização separando-se do corpo pela morte ou pelo pensamento puro, pois a alma *é* o corpo, na medida em que o Para-si *é* sua própria individualização.

Vamos captar melhor o alcance dessas observações se tentarmos aplicá-las ao problema do conhecimento sensível.

O problema do conhecimento sensível surge por ocasião do aparecimento no meio do mundo de certos objetos que denominamos *sentidos*. Havíamos constatado, em primeiro lugar, que o Outro tinha olhos e, em seguida, que fisiologistas, dissecando cadáveres, conheceram a estrutura desses objetos; distinguiram a córnea do cristalino e o cristalino da retina. Determinaram que o objeto cristalino se classificava em uma família de objetos particulares – as lentes – e que era possível aplicar ao objeto de seu estudo as leis da ótica geométrica que concernem às lentes. Dissecações mais precisas, efetuadas à medida que os instrumentos cirúrgicos se aperfeiçoavam, nos ensinaram que um feixe de nervos parte da retina para chegar ao cérebro. Tínhamos examinado ao microscópio nervos de cadáveres e determinado exatamente seu trajeto, seu ponto de saída e seu ponto de chegada. O conjunto desses conhecimentos, portanto, dizia respeito a certo objeto espacial chamado olho; encerrava a existência do espaço e do mundo; implicava, além disso, o fato de que podemos *ver* este olho, e tocá-lo, ou seja, o fato de que somos providos de um ponto de vista sensível sobre as coisas. Por fim, entre nosso conhecimento do olho e o próprio olho interpunham-se todos os nossos conhecimentos técnicos (a arte de fazer escalpelos e bisturis) e científicos (por exemplo, a ótica geométrica, que permite fabricar e utilizar microscópios). Em suma, entre eu e o olho que disseco interpõe-se o mundo inteiro, tal como faço com que este apareça pelo meu próprio surgimento. Posteriormente, exame mais acurado permitiu-nos estabelecer a existência de terminações nervosas diversas na periferia de nosso corpo. Chegamos inclusive a agir separadamente sobre certas terminações e realizar experiências em seres vivos. Vimo-nos então em presença de dois objetos do mundo: por um lado, o estimulante; por outro, o corpúsculo sensível ou a terminação nervosa livre que estimulávamos. O estimulante era um objeto físico-químico, corrente elétrica, agente mecânico ou químico, cujas propriedades conhecíamos com precisão e que podíamos fazer variar de intensidade ou duração de maneira definida. Portanto, tratava-se de dois objetos mundanos, e sua relação intramundana podia ser constatada por nossos próprios sentidos ou por meio de instrumentos. O conhecimento desta relação pressupunha, mais uma vez, todo um sistema de conhecimentos científicos e técnicos; em suma, a existência de um mundo e nosso surgimento original no mundo. Nossas informações empíricas nos permitiram, além disso, conceber uma relação entre o "interior" do Outro-objeto e o conjunto dessas constatações objetivas. Aprendemos, com efeito, que, agindo sobre certos sentidos, "provocávamos uma modificação" na consciência do Outro. Aprendemos isso *por meio da linguagem*, ou seja, através de reações significativas e objetivas do Outro. Um objeto físico (o estimulante), um objeto fisiológico (o sentido), um objeto psíquico (o Outro), manifestações objetivas de significação (a linguagem) – tais são os termos da relação objetiva que quisemos estabelecer. Nenhum deles podia nos permitir deixar o mundo dos objetos. Também servimos de sujeito para pesquisas de fisiologistas ou psicólogos. Se nos prestávamos a alguma experiência desse gênero, viamo-nos de súbito em um laboratório e percebíamos uma tela mais ou menos iluminada, ou então sentíamos pequenos choques elétricos, ou éramos tocados de leve por um objeto que não podíamos determinar exatamente, mas cuja presença global era possível captar no meio do mundo e contra nós. Em momento algum estávamos isolados do mundo; todos esses acontecimentos se passavam em um laboratório, no centro de Paris, no prédio sul da Sorbonne; e permanecíamos em presença do *Outro*, e o próprio sentido da experiência exigia que pudéssemos nos comunicar com ele pela linguagem. De vez em quando, o pesquisador indagava se a tela nos parecia mais ou menos iluminada, se a pressão que exerce sobre nossa mão nos parecia mais ou menos forte, e respondíamos – quer dizer, dávamos informações objetivas sobre as coisas que apareciam no meio de nosso mundo. Talvez um pesquisador inepto nos indagasse se "nossa sensação de luminosidade era mais ou menos forte, mais ou menos intensa". Por estarmos no meio de objetos, observando esses objetos, esta frase não teria sentido algum para nós se não houvéssemos aprendido de longa data a denominar "sensação de luminosidade" a luz objetiva tal como nos surge no mundo em dado instante. Respondíamos, assim, que a sensação de luminosidade era, por exemplo, menos intensa, mas com isso entendíamos que a tela estava, *em nossa opinião*, menos iluminada. E esse "em nossa opinião" não correspondia a nada real, porque, se *de fato* captávamos a tela como menos iluminada, era por um esforço para não confundir a objetividade do mundo *para nós* com uma objetividade mais rigorosa, resultante de medidas experimentais e de um acordo das mentes entre si. O que, de qualquer modo, não podíamos *conhecer* era certo objeto que o pesquisador observava concomitantemente: nosso órgão visual ou certas terminações tácteis. O resultado obtido ao fim da experiência só podia ser, portanto, uma relação estabelecida entre duas séries de *objetos*: aqueles que a nós se revelavam durante a experiência e aqueles que, ao mesmo tempo, revelavam-se ao pesquisador. A iluminação da tela pertencia a *meu* mundo; meus olhos como órgãos objetivos pertenciam ao mundo do pesquisador. A conexão entre essas duas séries, portanto, pretendia ser como uma ponte entre dois mundos; em caso algum podia ser uma tábua de correspondência entre o subjetivo e o objetivo.

Por que, com efeito, seria chamado de subjetividade o conjunto dos objetos luminosos, pesados ou odoríficos tais como me apareciam *nesse laboratório, em Paris, em um dia de fevereiro* etc.? E se, apesar de tudo, devíamos considerar este conjunto como subjetivo, por que reconhecer objetividade no sistema dos objetos que se revelavam simultaneamente ao pesquisador, no mesmo laboratório, nesse mesmo dia de fevereiro? Não há aqui dois pesos e duas medidas: em parte alguma encontramos algo que se dê como puramente *sentido*, como vivido por mim sem objetivação. Aqui, como sempre, sou consciente *do* mundo, e, sobre fundo de mundo, *de* certos objetos transcendentes: como sempre, transcendo o que me é revelado rumo à possibilidade que tenho-de-ser; por exemplo, a de responder corretamente ao pesquisador e permitir o êxito da experiência. Sem dúvida, essas comparações podem dar certos resultados objetivos: por exemplo, posso constatar que a água morna me parece fria quando nela ponho a mão depois de tê-la colocado na água quente. Mas tal constatação, designada pomposamente como "lei da relatividade das sensações", não concerne de modo algum às sensações. Trata-se, sim, de uma qualidade do objeto que me é revelada: a água morna *é* fria quando ponho nela minha mão aquecida. Simplesmente, uma comparação entre essa qualidade objetiva da água e uma informação igualmente objetiva – dada pelo termômetro – revela uma contradição. Esta contradição motiva de minha parte uma livre eleição da objetividade verdadeira. Denominarei subjetividade a objetividade que não escolhi. Quanto às *razões* da "relatividade das sensações", um exame mais profundo irá revelá-las em certas estruturas objetivas e sintéticas a que darei o nome de *formas* (Gestalt). A ilusão de Müller-Lyer, a relatividade dos sentidos etc., são outros tantos nomes dados a leis objetivas concernentes às estruturas dessas formas. Essas leis nada nos informam sobre *aparências*, mas concernem a estruturas sintéticas. Eu só intervenho aqui na medida em que meu surgimento no mundo faz nascer o *estabelecimento de relações* entre os objetos. Enquanto tais, estes se revelam como *formas*. A objetividade científica consiste em considerar as estruturas à parte, isolando-as do todo: a partir daí, elas aparecem com outras características. Mas em caso algum saímos do mundo existente. Do mesmo modo, podemos mostrar que o chamado "umbral da sensação", ou especificidade dos sentidos, reduz-se a puras determinações dos objetos enquanto tais.

Todavia, pretendeu-se que essa relação objetiva entre o estimulante e o órgão sensível transcender-se-ia rumo a uma relação entre o *objetivo* (estimulante-órgão sensível) e o subjetivo (sensação pura), sendo definido esse subjetivo pela ação que o estimulante exerceria sobre nós através do órgão sensível. O órgão sensível nos aparece afetado pelo estimulante; as modificações protoplásmicas e físico-químicas que surgem no órgão sensível, com efeito, não são produzidas por este órgão mesmo: vêm a ele *de fora*. Ao menos, assim o afirmamos para permanecer fiéis ao princípio de inércia que constitui a natureza inteira em exterioridade. Portanto, quando estabelecemos uma correlação entre o sistema objetivo "estimulante-órgão sensorial", que presentemente percebemos, e o sistema subjetivo, que para nós é o conjunto das propriedades internas do Outro-objeto, somos compelidos a admitir que a nova modalidade que acaba de aparecer nesta subjetividade, em conexão com a excitação do sentido, é também produzida por algo que não é ela mesma. Com efeito, caso se produzisse espontaneamente, seria de imediato cindida de qualquer vinculação com o órgão estimulado, ou, se preferirmos, a relação possível de ser estabelecida entre ambas seria *qualquer uma*. Portanto, iremos conceber uma unidade objetiva correspondente ao menor e mais breve dos estímulos perceptíveis e denominá-lo sensação. Iremos dotar de *inércia* esta unidade, ou seja, ela será pura exterioridade, porque, concebida a partir do *"isto"*, participará da exterioridade do Em-si. Projetada ao cerne da sensação, esta exterioridade quase a alcança em sua própria existência: a razão de seu ser e a ocasião de sua existência acham-se fora dela. Portanto, é *exterioridade a si mesmo*. Simultaneamente, sua razão de ser não reside em algum fato "interior", de natureza igual à sua, mas em um objeto real, o estimulante, e na mudança que afeta outro objeto real, o órgão sensível. Todavia, como permanece inconcebível que certo ser, existente em certo plano de ser e incapaz de sustentar-se no ser por si mesmo, possa ser determinado a existir por um existente que se mantém em um plano de ser radicalmente distinto, concebo, para sustentar a sensação e provê-la de ser, um meio homogêneo a ela e constituído também em exterioridade. Meio que denomino *mente* ou até, às vezes, *consciência*. Mas concebo esta consciência como consciência *do Outro*, ou seja, como objeto. Não obstante, uma vez que as relações que almejo estabelecer entre o órgão sensível e a sensação devem ser universais, decido que a consciência assim concebida deve ser também *minha* consciência, não *para o Outro*, mas *em-si*. Desse modo, determinei uma espécie de espaço interno no qual certas figuras denominadas sensações são formadas por ocasião de estímulos exteriores. Sendo este espaço passividade pura, declaro que *padece* de suas sensações. Mas, por isso, não entendo somente que se trata do meio interno que lhes serve de matriz. Inspiro-me, neste momento, em uma visão biológica do mundo, que extraio de minha concepção objetiva do órgão sensorial considerado, e presumo que este espaço interno *vive* sua sensação. Assim, a "vida" é uma conexão mágica que estabeleço entre um meio passivo e um modo passivo desse meio. A mente não produz suas próprias sensações e, por isso, estas se mantêm *exteriores* a ela; mas, por outro lado, delas a mente se apropria vivendo-as. A unidade do "vivido" e do "vivente" já não é, com efeito, justaposição espacial ou relação de conteúdo a continente: é uma inerência mágica. A mente *é* suas próprias sensações, permanecendo distinta delas. A sensação também se converte em um tipo particular de objeto: inerte, passivo e simplesmente vivido. Eis-nos obrigados a lhe conceder a subjetividade absoluta. Mas é preciso compreender a palavra "subjetividade". Não significa aqui o pertencer a um sujeito, ou seja, a uma ipseidade que se motiva espontaneamente. A subjetividade do psicólogo é de espécie muito diferente: manifesta, ao invés, a inércia e a ausência de toda transcendência. É subjetivo aquilo que não pode sair de si mesmo. E, precisamente, na medida em que a sensação, sendo pura exterioridade, só pode ser uma impressão na mente, na medida em que só pode ser si mesmo, só pode ser esta figura que um redemoinho formou no espaço psíquico, não é transcendência, mas aquilo que é pura e simplesmente padecido, a simples determinação de nossa receptividade: é subjetividade porque não é *apresentativo (présen-tative)* nem *representativo*. O subjetivo do Outro-objeto é pura e simplesmente uma caixa fechada. A sensação está dentro da caixa.

Tal a noção de *sensação*. Vemos sua absurdidade. Em primeiro lugar, é puramente inventada. Não corresponde a nada do que experimento em mim ou no Outro. Só captamos o universo objetivo; todas as nossas determinações pessoais pressupõem o mundo e surgem como relações com o mundo. A sensação presume que o homem já seja no mundo, posto que está dotado de órgãos sensíveis, e aparece no homem como pura cessação de suas relações com o mundo. Ao mesmo tempo, esta pura "subjetividade" se revela como a base necessária sobre a qual será preciso reconstruir todas essas relações transcendentes que sua aparição acaba de fazer desaparecer. Assim, encontramos esses três momentos de pensamento: 1º) Para estabelecer a sensação, deve-se partir de certo realismo: toma-se como válida nossa percepção do Outro, dos sentidos do Outro e dos instrumentos indutores; 2º) Mas, em nível da sensação, todo esse realismo desaparece: a sensação, pura modificação padecida, só nos presta informações sobre nós mesmos, pertence ao "vivido"; 3º) E, todavia, é a sensação que tomo por base de meu conhecimento do mundo exterior. Esta base não poderia ser o fundamento de um contato *real* com as coisas: não nos permite conceber uma estrutura intencional da mente. Iremos denominar *objetividade*, não uma conexão imediata com o ser, mas certos grupos de sensações que apresentem maior permanência ou regularidade, ou que estejam mais de acordo com o conjunto de nossas representações. Em particular, é assim que iremos definir nossa percepção do Outro, dos órgãos sensíveis do Outro e dos instrumentos indutores: trata-se de formações subjetivas de uma coerência particular, e isso é tudo. Nesse nível, não poderia ser o caso de explicar minha sensação pelo órgão sensível tal como o percebo no Outro ou em mim mesmo; ao invés, é o órgão sensível que explico como certa associação de minhas sensações. Pode-se ver o inevitável círculo vicioso. Minha percepção dos sentidos do

Outro serve-me de fundamento para uma explicação de sensações, em particular as *minhas*; mas, reciprocamente, minhas sensações assim concebidas constituem a única *realidade* de minha percepção dos sentidos do Outro. E, nesse círculo, o mesmo objeto: o órgão sensível do Outro não tem a mesma natureza nem a mesma verdade em cada uma de suas aparições. É primeiro *realidade* e, exatamente por ser realidade, fundamenta uma doutrina que o contradiz. Na *aparência*, a estrutura da teoria clássica da sensação é precisamente a do argumento cínico do Mentiroso, no qual, justamente porque o cretense diz a verdade, é apanhado mentindo. Mas, além disso, como acabamos de ver, uma sensação é subjetividade pura. De que modo pretendemos construir um objeto com a subjetividade? Nenhum agrupamento sintético pode conferir qualidade objetiva àquilo que, por princípio, é algo vivido. Se há de haver percepção de objetos no mundo, é necessário que, desde nosso próprio surgimento, estejamos em presença do mundo e dos objetos. A sensação, noção híbrida entre o subjetivo e o objetivo, concebida a partir do objeto e aplicada em seguida ao sujeito, existência bastarda sobre a qual não sabemos dizer se é de fato ou de direito, é um puro sonho de psicologia e deve ser deliberadamente rejeitada por toda teoria séria sobre as relações entre o mundo e a consciência.

Mas, se a sensação não passa de uma palavra, que acontece com os sentidos? Sem dúvida, admitir-se-á que jamais encontramos em nós mesmos esta impressão fantasma e rigorosamente subjetiva que é a sensação; pode-se reconhecer que só apreendo o verde desse caderno e dessa folhagem, jamais a sensação de verde ou sequer o "quase-verde" que Husserl coloca como a matéria hilética que a intenção anima em verde-objeto; sem dificuldade, admitiremos nossa convicção de que, supondo ser possível a redução fenomenológica – que ainda está para ser comprovada –, esta nos colocaria frente a objetos postos entre parênteses, como puros correlatos de atos posicionais, mas não frente a resíduos impressionáveis. Mas isso não impede que *os sentidos* permaneçam. *Eu vejo* o verde, toco esse mármore polido e frio. Um acidente pode me privar de um sentido inteiro: posso perder a vista, ficar surdo etc. Então, que será um sentido que não nos causa sensação?

A resposta é fácil. Em primeiro lugar, constatamos que o *sentido* está em toda parte, e em toda parte inapreensível. Este tinteiro sobre a mesa é-me dado imediatamente em forma de uma *coisa* e, contudo, revela-se a mim *pela vista*. Significa que sua presença é presença visível e que tenho consciência de que me está presente como visível, ou seja, consciência (de) vê-lo. Mas a vista, ao mesmo tempo que é *conhecimento* do tinteiro, furta-se a todo conhecimento: não há conhecimento da vista. Mesmo a reflexão não nos dará este conhecimento. Minha consciência reflexiva, com efeito, irá dar-me um conhecimento *de* minha consciência refletida do tinteiro, mas não o de uma atividade sensorial. É nesse sentido que devemos tomar a célebre fórmula de Augusto Comte: "O olho não pode ver-se a si mesmo". Seria admissível, com efeito, que outra estrutura orgânica, uma disposição contingente de nosso aparato visual, permitisse a um terceiro olhar *ver* nossos dois olhos enquanto veem. Não posso ver e tocar minha mão enquanto ela toca? Mas tomaria então o ponto de vista do Outro sobre meus sentidos: veria olhos-objetos; não posso ver o olho vendo, não posso tocar a mão enquanto esta toca. Assim, o sentido, enquanto Para-si, é algo inapreensível: não é a coleção infinita de minhas sensações, posto que jamais encontro senão objetos do mundo; por outro lado, se adoto sobre minha consciência um ponto de vista reflexivo, encontrarei minha consciência *de* tal ou qual coisa-no-mundo, não meu sentido visual ou tátil; enfim, se posso ver ou tocar meus órgãos sensíveis, tenho a revelação de puros objetos no mundo, não de uma atividade reveladora ou construtora. E, contudo, o sentido está aí: *há* a vista, o tato, o ouvido.

Mas, por outro lado, se considero o sistema de objetos *vistos* que me aparecem, constato que não se apresentam a mim em uma ordem qualquer: estão *orientados*. Assim, portanto, o sentido não pode se definir nem como ato apreensível nem como sucessão de estados vividos; resta-nos tentar defini-lo por seus objetos. Se a vista não é a soma das sensações visuais, não poderá ser o sistema dos objetos vistos? Nesse caso, é necessário voltar à ideia de *orientação* que acabamos de assinalar e tentar captá-la em sua significação.

Notemos, em primeiro lugar, que a orientação é uma estrutura constitutiva da coisa. O objeto aparece sobre fundo de mundo e se manifesta em relação de exterioridade com outros "istos" que acabam de aparecer. Assim, sua revelação implica a constituição complementar de um fundo indiferenciado, que é o campo perceptivo total, ou mundo. A estrutura formal desta relação entre forma e fundo é, portanto, necessária; em uma palavra, a existência de um campo visual, tátil ou aditivo é uma necessidade: o silêncio, por exemplo, é o campo sonoro de ruídos indiferenciados sobre o qual se destaca o som particular em que nos fixamos. Mas o nexo material entre um isto *em particular* e o fundo é, ao mesmo tempo, escolhido e dado. Escolhido, na medida em que o surgimento do para-si é negação explícita e interna de um isto *em particular* sobre fundo de mundo: eu *olho* o copo ou tinteiro. Dado, no sentido de que minha escolha se opera a partir de uma distribuição original dos *istos*, que manifesta a própria facticidade de meu surgimento. É necessário que o livro me apareça à direita ou à esquerda da mesa. Mas é contingente o fato de que me apareça precisamente à esquerda; e, por fim, sou livre para olhar, seja *o livro* sobre a mesa, seja *a mesa* sustentando o livro. É esta contingência entre a necessidade e a liberdade de minha escolha que denominamos *sentido*. Subentende que o objeto sempre me apareça integralmente a cada vez – vejo *o cubo, o tinteiro, o copo* – mas que esta aparição tenha sempre lugar em uma perspectiva particular que traduza suas relações com o fundo de mundo e com os outros *istos*. O que sempre ouço é *a nota do violino*. Mas é preciso que a ouça *através de uma porta* ou *pela janela aberta*, ou na sala de concerto: se não, o objeto já não seria no meio do mundo nem se manifestaria a um existente-que-surge-no-mundo. Mas, por outro lado, se é bem verdade que todos os *istos* não podem aparecer *ao mesmo tempo* sobre fundo de mundo e que a aparição de alguns deles provoca a fusão de alguns outros com o fundo, se é verdade que cada *isto* só pode se manifestar de uma única maneira *de cada vez*, embora exista para ele uma infinidade de maneiras de aparecer, essas regras de aparição não devem ser consideradas subjetivas ou psicológicas: são rigorosamente objetivas e emanam da natureza das coisas. Se o tinteiro me esconde um pedaço da mesa, isso não provém da natureza de meus sentidos, mas sim da natureza do tinteiro e da luz. Se o objeto diminui ao afastar-se, isso não deve ser explicado por não sei qual ilusão do observador, mas sim pelas leis rigorosamente externas da perspectiva. Assim, por tais leis objetivas, define-se um centro de referência rigorosamente objetivo: é o olho, por exemplo, na medida em que, em um esquema de perspectiva, constitui o ponto rumo ao qual todas as linhas objetivas vêm convergir. Assim, o campo perceptivo se refere a um centro objetivamente definido por esta referência e situado *no próprio campo* que se orienta à sua volta. Só que esse centro, como estrutura do campo perceptivo considerado, não é visto por nós: *somos o centro*. Assim, a ordem dos objetos do mundo nos devolve perpetuamente a imagem de um objeto que, por princípio, não pode ser objeto *para nós*, já que é aquilo que temos-de--ser. Assim, a estrutura do mundo pressupõe que não podemos *ver* sem *sermos visíveis*. As referências intramundanas só podem efetuar-se com objetos do mundo, e o mundo visto define perpetuamente um objeto visível, ao qual remete suas perspectivas e disposições. Este objeto aparece no meio do mundo e ao mesmo tempo que o mundo: é sempre dado como acréscimo a qualquer agrupamento de objetos, posto que se define pela orientação desses objetos; sem ele não haveria orientação alguma, pois todas as orientações seriam equivalentes; ele é o surgimento contingente de uma orientação no meio da infinita possibilidade de orientar o mundo, é *esta* orientação elevada ao absoluto. Mas, nesse nível, este objeto só existe para nós a título de indicação abstrata: é aquilo que tudo me indica e que, por princípio, não posso captar, já que é o que *sou*. Com efeito, o que sou não pode ser objeto para mim, na medida que *o* sou. O objeto que as coisas do mundo indicam e que sitiam à sua volta é, para si mesmo e por princípio, um não objeto. Mas o surgimento de meu ser, ao estender as distâncias *a partir de um centro*, pelo ato mesmo desse estender, determina um objeto que é si mesmo, na medida em que se faz indicar pelo mundo, e do qual, todavia, eu não poderia ter intuição como objeto, porque o sou – eu, que sou presença a mim como ser que é seu próprio nada. Assim, meu ser-no-mundo, só pelo fato de que *realiza* um mundo, faz-se indicar a si mesmo como ser-no-meio-do-mundo pelo mundo que realiza, e não poderia ser de outro modo, porque não há outra maneira de entrar em contato com o mundo a não ser *sendo do mundo*. Seria impossível para mim realizar um mundo no qual eu não seja e que fosse puro objeto de contemplação que o sobrevoasse. Mas, ao contrário, é preciso que me perca no mundo para que o mundo exista e eu possa transcendê-lo. Assim, dizer que entrei no mundo, que "vim ao mundo" ou que há um mundo, ou que tenho um corpo, é uma só e mesma coisa. Nesse sentido, meu corpo está por toda parte no mundo: está tanto lá adiante, no fato de que o poste luminoso esconde o arbusto que cresce na calçada, quanto no fato de que a mansarda, mais longe, acha-se acima das janelas do sexto andar, ou no fato de que o automóvel que passa ruma da direita para a esquerda, detrás do caminhão, ou de que a mulher atravessando a rua parece menor do que o homem sentado à varanda do bar. Meu corpo, ao mesmo tempo, é coextensivo ao mundo, está expandido integralmente através das coisas e concentrado nesse ponto único que todas elas indicam e que eu sou sem poder conhecê-lo. Isso nos permitirá compreender o que são os sentidos.

Um sentido não é dado *antes* dos objetos sensíveis: afinal, não é susceptível de aparecer ao Outro como objeto? Tampouco é dado *depois* deles: nesse caso, seria preciso supor um mundo de imagens incomunicáveis, simples cópias da realidade, sem que fosse concebível o mecanismo de sua aparição. Os sentidos são contemporâneos dos objetos: são inclusive as próprias coisas em pessoa, tais como a nós se revelam em perspectiva. Representam simplesmente uma regra objetiva dessa revelação. Assim, a vista não *produz sensações* visuais; tampouco é *afetada* por raios luminosos, mas é a coleção de todos os objetos visíveis na medida em que todas as relações objetivas e recíprocas entre estes se referem a certas grandezas – escolhidas e, ao mesmo tempo, padecidas como medidas – e a certo centro de perspectiva. Desse ponto de vista, o sentido de modo algum pode ser identificado com a subjetividade. Todas as variações capazes de serem verificadas em um campo perceptivo são, com efeito, variações *objetivas*. Em particular, o fato de ser possível suprimir a visão "fechando as pálpebras" é um fato *exterior* que não remete à subjetividade da apercepção. A pálpebra, com efeito, é um objeto percebido entre outros objetos e que esconde os outros objetos em consequência de sua relação objetiva com eles: *não ver mais* os objetos de meu quarto porque fechei os olhos é *ver* a cortina de minha pálpebra; da mesma maneira, se coloco minhas luvas sobre a toalha de mesa, *não ver mais* determinado desenho da toalha é precisamente *ver as luvas*. Igualmente, os *acidentes* que afetam um sentido pertencem sempre à região dos objetos: "vejo amarelo" porque tenho icterícia ou estou de óculos amarelos. Em ambos os casos, a razão do fenômeno não está em uma modificação subjetiva do sentido, nem mesmo em uma alteração orgânica, mas em uma relação objetiva entre objetos mundanos: nos dois casos, vemos "através" de alguma coisa, e a *verdade* de nossa visão é objetiva. Por último, se, de uma maneira ou de outra, o centro de referência visual é destruído (a destruição só pode provir do desenvolvimento do mundo segundo suas leis próprias, ou seja, expressando de certo modo minha facticidade), os objetos visíveis nem por isso se nulificam. Continuam existindo *para mim*, mas existem sem qualquer centro de referência como *totalidade visível*, sem aparição de qualquer *isto* particular, ou seja, na reciprocidade absoluta de suas relações. Assim, é o surgimento do Para-si no mundo que faz existir, ao mesmo tempo, o mundo como totalidade das coisas e os sentidos como a maneira objetiva com que se apresentam as qualidades das coisas. O fundamental é minha relação com o mundo, e essa relação define, ao mesmo tempo, o mundo e os sentidos, de acordo com o ponto de vista adotado. A cegueira, o daltonismo, a miopia representam originariamente *o modo como há* um mundo para mim, ou seja, definem meu sentido visual enquanto facticidade de meu surgimento. Por isso meu sentido pode ser conhecido e definido objetivamente para mim, mas no *vazio*, a partir do mundo: basta que meu pensamento racional e universalizador prolongue no abstrato as indicações que as coisas me revelam sobre *meu* sentido e *reconstitua* o sentido a partir desses sinais, assim como o historiador reconstitui uma personalidade histórica conforme os vestígios que a indicam. Mas, nesse caso, reconstrói o mundo no terreno da pura racionalidade, abstraindo-me do mundo pelo pensamento: sobrevoo o mundo sem vincular-me a ele, coloco-me na atitude de objetividade absoluta, e o sentido torna-se objeto entre objetos, um centro de referência *relativo* que pressupõe coordenadas. Mas, por isso mesmo, estabeleço em pensamento a relatividade absoluta do mundo, ou seja, a equivalência absoluta de todos os centros de referência. Destruo a mundanidade do mundo, sem me dar conta disso. Assim, o mundo, ao indicar perpetuamente o sentido que sou e convidando-me a reconstituí-lo, incita-me a eliminar a equação pessoal que sou, restituindo ao mundo o centro de referência mundano com relação ao qual o mundo se organiza. Mas, ao mesmo tempo, escapo – pelo pensamento abstrato – ao sentido que sou, ou seja, corto meus vínculos com o mundo coloco-me em estado de simples sobrevoo, e o mundo se desvanece na equivalência absoluta de suas infinitas relações possíveis. O sentido, com efeito, é nosso ser-no-mundo enquanto temos-de-sê-lo em forma de ser-no-meio-do-mundo.

Essas observações podem ser generalizadas; podem ser aplicadas a *meu corpo* todo, enquanto centro de referência total indicado pelas coisas. Em particular, nosso corpo não é somente o que, por muito tempo, denominou-se "a sede dos cinco sentidos"; é também o instrumento e a meta de nossas ações. É, inclusive, impossível distinguir a "sensação" da "ação", segundo os próprios termos da psicologia clássica: foi o que indicávamos ao notar que a realidade não se nos apresenta, seja como *coisa*, seja como *utensílio*, mas como coisa-utensílio. É por isso que podemos tomar como fio condutor, para nosso estudo do corpo enquanto centro de ação, os raciocínios que nos serviram para desvelar a verdadeira natureza dos sentidos.

A partir do momento em que se formula o problema da ação, com efeito, arrisca-se incidir em uma confusão de grave consequência. Quando pego essa caneta e a enfio no tinteiro, estou agindo. Mas, se olho Pedro, que, no mesmo instante, aproxima uma cadeira da mesa, constato que ele está agindo também. Portanto, há aqui um risco bem claro de se cometer o erro que denunciávamos a propósito dos sentidos, ou seja, interpretar *minha* ação, tal como *é-para-mim*, a partir da ação do Outro. Porque, com efeito, a única ação que posso *conhecer* no momento mesmo em que ocorre é a ação de Pedro. Vejo seu gesto e, ao mesmo tempo, determino sua meta: ele aproxima uma cadeira da mesa *para* poder sentar-se junto à mesa e escrever a carta que, como me disse, queria escrever. Assim, posso captar todas as posições intermediárias da cadeira e do corpo que a move como organizações instrumentais: são meios para atingir um fim perseguido. O corpo do Outro me aparece aqui, portanto, como instrumento em meio a outros instrumentos. Não somente como ferramenta para fazer ferramentas, mas também como *ferramenta para manejar ferramentas*, em suma, como máquina-ferramenta. Se interpreto o papel de *meu* corpo em relação à *minha* ação, à luz de meus conhecimentos do corpo do Outro, irei considerar-me, portanto, como dotado de certo instrumento, do qual posso dispor ao meu bel-prazer e que, por sua vez, irá dispor de outros instrumentos em função de determinado fim que persigo. Assim, eis-nos de volta à clássica distinção entre alma e corpo: a alma utiliza a ferramenta que é o corpo. O paralelismo com a teoria da sensação é completo: vimos, com efeito, que esta teoria partia do conhecimento do sentido do Outro e, em seguida, dotava-me de sentidos exatamente iguais aos órgãos sensíveis que eu percebia no Outro. Vimos também a dificuldade logo enfrentada por essa teoria: eu então percebo o mundo e, em particular, o órgão sensível do Outro através de meu próprio sentido – um órgão deformante, refringente meio que só pode me fornecer informações sobre suas próprias afecções. Assim, as consequências da teoria destroem a objetividade do próprio princípio que serviu para estabelecê-la. A teoria da ação, tendo estrutura análoga, encontra análogas dificuldades; com efeito, se tomo por ponto de partida o corpo do Outro, capto-o como instrumento e, desse modo, dele faço uso como instrumento: posso, com efeito, *utilizá-lo* para obter fins que não poderia alcançar sozinho; *comando* seus atos por ordens ou apelos; posso também provocar seus atos pelos meus próprios atos e, ao mesmo tempo, devo tomar precauções ante uma ferramenta de manejo particularmente perigoso e delicado. Com relação ao corpo do Outro, estou na complexa atitude do operário frente à sua máquina-ferramenta quando dirige os movimentos desta e, simultaneamente, evita ser apanhado por ela. E, novamente, para utilizar melhor em meu interesse o corpo do Outro, tenho necessidade de um instrumento que é meu próprio corpo, tal como, para perceber os órgãos sensíveis do Outro, tenho necessidade de outros órgãos sensíveis, que são os meus. Portanto, se concebo meu corpo à imagem do corpo do Outro, trata-se de um instrumento no mundo que devo manejar delicadamente e que é como que a chave para o manejo das demais ferramentas. Mas as minhas relações com este instrumento privilegiado só podem ser técnicas em si mesmo, e necessito de um instrumento para manejar este instrumento, o que nos remete ao infinito. Assim, portanto, se concebo meus órgãos sensíveis tal como os do Outro, eles requerem um órgão sensível para percebê-los; e, se apreendo meu corpo como instrumento similar ao corpo do Outro, ele exige um instrumento para manejá-lo; e, se nos recusamos a conceber esse recurso ao infinito, então precisamos admitir o paradoxo de um instrumento físico *manejado* por uma alma, o que, como sabemos, leva-nos a incidir em inextricáveis aporias. Vejamos melhor se podemos tentar aqui, tal como no caso das sensações, restituir ao corpo sua natureza-para-nós. Os objetos se revelam a nós no meio de um complexo de utensilidade no qual ocupam um *lugar* determinado. Este lugar não é definido por puras coordenadas espaciais, mas em relação a eixos de referência práticos. "O copo está sobre a mesinha" significa que é preciso cuidado para não derrubar o copo se movemos a mesa. O pacote de tabaco *está sobre* a lareira: quer dizer que precisamos atravessar uma distância de três metros se queremos ir do cachimbo ao tabaco, evitando certos obstáculos, como veladores, poltronas etc., dispostos entre a lareira e a mesa. Nesse sentido, a percepção de modo algum se distingue da organização prática dos existentes em *mundo*. Cada utensílio remete a outros utensílios: àqueles que são suas *chaves* e àqueles dos quais é a *chave*. Mas essas remissões não seriam captadas por uma consciência puramente contemplativa: para tal consciência, o martelo não remeteria aos pregos, mas estaria *junto* a eles; além disso, a expressão *junto a* perde todo sentido se não esboça um caminho que vai do martelo ao prego e *deve* ser transposto. O espaço original que a mim se desvela é espaço hodológico; é sulcado por caminhos e rotas, é instrumental e a *sede* das ferramentas. Assim, o mundo, desde o surgimento de meu Para-si, desvela-se como indicação de atos a fazer, atos esses que remetem a outros atos, esses a outros, e assim sucessivamente. Contudo, deve-se notar que, se percepção e ação, desse ponto de vista, são indiscerníveis, a ação se apresenta, não obstante, como certa eficácia do futuro que supera e transcende o puro e simplesmente percebido. Sendo aquilo a que meu Para-si é presença, o percebido revela-se a mim como copresença; é contato imediato, aderência presente, que se me resvala. Mas, como tal, oferece-se sem que eu possa captá-lo *no presente*. A coisa percebida é cheia de promessas e resvala de leve, e cada uma das propriedades que promete me revelar, cada abandono tacitamente consentido, cada remissão significativa aos outros objetos encerra o futuro. Assim, estou *em presença* de coisas que não passam de promessas, Para-além de uma inefável *presença* que não posso possuir e é o puro "ser-aí" das coisas, ou seja, aquilo que é meu, minha facticidade, meu corpo. A xícara está aí, sobre o pires; é-me dada presentemente com seu fundo, que *está aí*, que tudo indica e, no entanto, não posso ver. E, se quero vê-lo, ou seja, explicitá-lo, fazê-lo "aparecer-por-baixo-da-xícara", é preciso que eu pegue a xícara pela asa e a vire para baixo: o fundo da xícara está no fim de meus projetos, e tanto faz dizer que as outras estruturas da xícara o indicam como elemento indispensável da mesma ou dizer que elas o indicam a mim como a ação que fará com que me *aproprie* melhor da xícara em sua significação. Assim, o mundo, como correlato das possibilidades que *sou*, aparece, desde meu surgimento, como o enorme esboço de todas as minhas ações possíveis. A percepção se transcende naturalmente rumo à ação, ou melhor, só pode desvelar-se em e por projetos de ação. O mundo se desvela como um "vazio sempre futuro"*, pois somos sempre futuros para nós mesmos.

Contudo, é preciso observar que o futuro do mundo, assim revelado a nós, é estritamente objetivo. As coisas-instrumentos indicam outros instrumentos ou maneiras objetivas de usá-los: o prego é "para cravar" desta ou daquela maneira; o martelo, "para segurar pelo cabo"; a xícara, "para segurar pela asa" etc. Todas essas propriedades das coisas se desvelam imediatamente, e os gerúndios latinos traduzem-nas à perfeição. Sem dúvida, são correlatos de projetos não téticos que somos, mas desvelam-se somente como estruturas do mundo: potencialidades, ausências, utensilidades. Assim, o mundo me aparece como objetivamente articulado; jamais remete a uma subjetividade criadora, mas sim ao infinito dos complexos-utensílios.

Não obstante, ao remeter cada instrumento a outro e este a outro, todos acabam indicando um instrumento que é como que

---

* Em francês: *Creux toujours futur*, hemistíquio de Paul Valéry [N.T.].

sua *chave* comum. Esse centro de referência é necessário; porque se não, todas as instrumentalidades tornar-se-iam equivalentes e o mundo desapareceria pela total indiferenciação dos gerúndios. Cartago é *"delenda"* para os romanos, mas *"servanda"* para os cartagineses*. Sem relação com esses centros, Cartago nada mais é, reencontra a indiferença do Em-si, pois os dois gerúndios se anulam. Contudo, é preciso sublinhar que a *chave* jamais é *dada* a mim, mas somente "indicada no vazio *(creux)*". O que apreendo objetivamente na ação é um mundo de instrumentos que se embaraçam uns aos outros, e cada um deles, enquanto captado no próprio ato pelo qual a ele me adapto e o transcendo, remete a outro instrumento que irá me possibilitar utilizá-lo. Nesse sentido, o prego remete ao martelo, e o martelo à mão e ao braço que o utiliza. Mas é somente na medida em que faço o outro cravar os pregos que mão e braço se convertem por sua vez em instrumentos que utilizo e transcendo rumo à sua potencialidade. Nesse caso, a mão do outro me remete ao instrumento que me permitirá utilizá-la (ameaças-promessas-salário etc.). O termo primeiro está presente em toda parte, mas é somente *indicado*: não capto *minha* mão no ato de escrever, mas apenas a caneta que escreve; significa que utilizo a caneta para traçar letras, mas não *minha mão* para segurar a caneta. Com relação à minha mão, não estou na mesma atitude utilizadora *(utilisante)* que mantenho com relação à caneta; eu *sou* minha mão. Quer dizer, minha mão é a suspensão das remissões e seu ponto de chegada. A mão é somente a utilização da caneta. Nesse sentido, é ao mesmo tempo o termo incognoscível e inutilizável indicado pelo instrumento derradeiro da série "livro a escrever – letras a traçar no papel – caneta", e a orientação da série inteira: o próprio livro impresso refere-se à mão. Mas só posso captá-la – ao menos enquanto age – como perpétua remissão evanescente de toda a série. Assim, em um duelo de espada ou bastão, é o bastão que vigio com os olhos ou manejo; no ato de escrever, é a ponta da caneta que vejo, em ligação sintética com a linha ou o quadriculado traçado na folha de papel. Mas evaporou-se minha mão, perdida no sistema complexo de utensili-

---

* Em latim, respectivamente dos verbos *deleo* (*delenda esse*: ser destruída) e *servo* (salvanda esse: ser salva) [N.T.].

dade de modo a que esse sistema possa existir. É simplesmente o sentido e a orientação do sistema.

Assim, ao que parece, eis-nos frente à dupla necessidade contraditória: uma vez que todo instrumento só é utilizável – e mesmo apreensível – por meio de outro instrumento, o universo é uma remissão objetiva indefinida de ferramenta a ferramenta.
- Nesse sentido, a estrutura do mundo subentende que só podemos nos inserir no campo de utensilidade sendo nós mesmos utensílio; que não podemos *agir* sem *sermos agidos* (*être agis*). Só que, por outro lado, um complexo de utensilidade só pode desvelar-se pela determinação de um sentido cardinal desse complexo, e tal determinação é, em si mesmo, prática e ativa – cravar um prego, semear grãos. Nesse sentido, a própria existência do complexo remete imediatamente a um centro. Assim, esse centro é, ao mesmo tempo, uma ferramenta objetivamente definida pelo campo instrumental a ela referente e a ferramenta que não podemos *utilizar*, uma vez que seríamos remetidos ao infinito. Não empregamos este instrumento: nós o *somos*. Não nos é dado senão pela ordem-utensílio do mundo, pelo espaço hodológico, pelas relações unívocas ou recíprocas entre as máquinas, mas não poderia ser *dado* à minha ação: não preciso adaptar-me a ele nem adaptar a ele outra ferramenta, mas ele é minha adaptação mesmo às ferramentas, a adaptação que sou. Eis por que, se deixamos de lado a reconstrução analógica de meu corpo segundo o corpo do Outro, restam duas maneiras de captar o corpo. Primeiro, é *conhecido* e definido objetivamente a partir do mundo, mas *no vazio*; para isso, basta que o pensamento racionalista reconstitua o instrumento que sou a partir das indicações dadas pelos utensílios que emprego, mas, nesse caso, a ferramenta fundamental torna-se um centro de referência relativo que, por sua vez, pressupõe outras ferramentas para ser utilizado, e, ao mesmo tempo, a instrumentalidade do mundo desaparece, já que necessita, para desvelar-se, de uma referência a um centro absoluto de instrumentalidade; o mundo da ação converte-se no mundo *agido* da ciência clássica; a consciência sobrevoa um universo de exterioridade e já não pode *entrar no mundo* de modo algum. Na segunda maneira de captar o corpo, este é *dado concretamente* e na plenitude, como sendo a disposição mesma das coisas, enquanto o Para-si a transcende

rumo a uma nova disposição; nesse caso, o corpo está presente em toda ação, ainda que invisível – porque a ação revela o martelo e os pregos, o freio e o câmbio de velocidade, mas não o pé que freia ou a mão que martela – e é *vivido*, não *conhecido*. Isso explica por que a famosa "sensação de esforço", com que Maine de Biran tentava responder ao desafio de Hume, é um mito psicológico. Jamais temos a sensação de nosso esforço, mas tampouco temos sensações periféricas, musculares, ósseas, tendinosas ou cutâneas, pelas quais tentou-se substituí-la: percebemos a *resistência* das coisas. O que percebo quando quero levar à boca esse copo não é meu esforço, mas o *seu peso*, ou seja, sua resistência para entrar em um complexo-utensílio que fiz aparecer no mundo. Bachelard[41] critica com razão a fenomenologia por não levar bastante em conta o que denomina "coeficiente de adversidade" dos objetos. Está certo, e vale tanto para a transcendência de Heidegger como para a intencionalidade de Husserl. Mas é preciso compreender bem que a utensilidade vem em primeiro lugar: é em relação a um complexo de utensilidade original que as coisas revelam suas resistências e sua adversidade. O parafuso mostra-se grosso demais para ser enroscado na porca; o suporte, demasiado frágil para suportar o peso que quero sustentar; a pedra, muito pesada para ser erguida ao alto do muro etc. Outros objetos irão aparecer como ameaçadores para um complexo-utensílio já estabelecido: a tormenta e o granizo para a seara, a filoxera para a videira, o fogo para a casa. Assim, passo a passo e através dos complexos de utensilidade já estabelecidos, sua ameaça irá estender-se até o centro de referência que todos esses utensílios indicam, e essa ameaça, por sua vez, ira indicá-lo através deles. Nesse sentido, todo *meio* é, ao mesmo tempo, favorável e adverso, mas nos limites do projeto fundamental realizado pelo surgimento do Para-si no mundo. Assim, meu corpo é indicado originariamente pelos complexos-utensílios e secundariamente pelos aparatos destruidores. Eu *vivo* meu corpo em perigo, tanto face aos aparatos destruidores quanto face aos instrumentos dóceis. Meu corpo está por toda parte: a bomba que destrói *minha* casa atinge também meu corpo, na medida em que a casa já era uma indicação de meu corpo. Isso porque meu

---

41. BACHELARD. *L'Eau et les rêves.* Editions José Corti, 1942.

corpo estende-se sempre através da ferramenta que utiliza: acha-se na extremidade da bengala em que me apoio contra o solo; na extremidade do telescópio que me mostra os astros; na cadeira, na casa inteira – porque é minha adaptação a essas ferramentas.

 Assim, ao término dessas exposições, sensação e ação estão reunidas e constituem uma unidade. Renunciamos à ideia de nos dotar *primeiro* de um corpo para estudar *depois* a maneira como captamos ou modificamos o mundo através dele. Ao contrário, estabelecemos como fundamento da revelação do corpo como tal a nossa relação originária com o mundo, ou seja, nosso próprio surgimento no meio do ser. Longe de ser o corpo primeiro *para nós* e aquilo que nos revela as coisas, são as coisas-utensílios que, em sua aparição originária, indicam-nos nosso corpo. O corpo não é uma tela entre as coisas e nós: manifesta somente a individualidade e a contingência de nossa relação originária com as coisas-utensílios. Nesse sentido, definimos o sentido e o órgão sensível em geral como nosso ser no mundo enquanto temos-de-sê-lo em forma de ser-no-meio-do-mundo. Do mesmo modo, podemos definir a *ação* como nosso ser-no-mundo enquanto temos-de-sê-lo em forma de ser-instrumento-no-meio-do-mundo. Mas, se sou no meio do mundo, é porque fiz com que haja um mundo transcendendo o ser rumo a mim mesmo; e, se sou instrumento do mundo, é porque fiz com que haja instrumentos em geral pelo projeto de mim mesmo rumo a meus possíveis. Somente *em um mundo* pode haver um corpo, e uma relação primeira é indispensável para que esse mundo exista. Em certo sentido, o corpo é o que sou imediatamente; em outro sentido, estou separado dele pela espessura infinita do mundo; o corpo é-me dado por um refluxo do mundo rumo à minha facticidade, e a condição desse reflexo perpétuo é um perpétuo transcender.

 Podemos agora precisar a *natureza-para-nós* de nosso corpo. As observações precedentes nos permitiram concluir, com efeito, que o corpo é perpetuamente o *transcendido*. O corpo, com efeito, como centro de referência sensível, é isso *Para-além do que* eu sou, enquanto imediatamente presente ao copo ou à mesa, ou à árvore distante que percebo. A percepção, com efeito, só pode efetuar-se no próprio lugar onde o objeto é percebido *sem distância*. Mas, ao mesmo tempo, ela estende as distâncias, e o corpo é aquilo com relação ao qual o objeto percebido indica sua distância como uma propriedade absoluta de seu ser. Igualmente, como centro instrumental dos complexos-utensílios, o corpo só pode ser o *transcendido:* é aquilo que transcendo rumo a uma combinação nova dos complexos e que terei de transcender perpetuamente, qualquer que seja a combinação instrumental a que tenha chegado, pois toda combinação, uma vez que meu transcender a coagule em seu ser, indica o corpo como o centro de referência de sua imobilidade coagulada. Assim, o corpo, sendo o transcendido, é o Passado. É a presença imediata ao Para-si das coisas "sensíveis", na medida em que esta presença indica um centro de referência e está *já transcendida,* seja rumo à aparição de um novo *isto,* seja rumo a uma nova combinação de coisas-utensílios. Em cada projeto do Para-si, em cada percepção, o corpo está aí, é o Passado imediato enquanto ainda aflora no Presente que lhe foge. Significa que é, ao mesmo tempo, *ponto de vista* e *ponto de partida:* ponto de vista, ponto de partida que *sou* e, ao mesmo tempo, transcendo rumo ao que tenho-de-ser. Mas esse ponto de vista perpetuamente transcendido e que perpetuamente renasce no âmago do transcender, esse ponto de partida que não cesso de transpor e sou eu mesmo ficando para trás de mim, é a necessidade de minha contingência. É duplamente necessário. Primeiro, porque é a recuperação contínua do Para-si pelo Em-si e o fato ontológico que o Para-si só pode ser enquanto ser que não é seu próprio fundamento: ter um corpo é ser fundamento de seu próprio nada, mas não ser fundamento de seu ser; *sou* meu corpo na medida em que *sou; não sou* meu corpo na medida em que não sou o que sou; dele escapo por minha nadificação. Mas nem por isso dele faço um objeto, porque aquilo de que perpetuamente escapo é aquilo que *sou.* E o corpo, além disso, é necessário como obstáculo a ser transcendido para ser no mundo, ou seja, obstáculo que sou para mim mesmo. Nesse sentido, não difere da ordem absoluta do mundo, esta ordem que faço advir ao ser transcendendo-o rumo a um ser-por-vir, rumo ao ser-para-além-do-ser. Podemos captar claramente a unidade dessas duas necessidades: ser-Para-si é transcender o mundo e fazer com que haja um mundo transcendendo-o. Mas, transcender o mundo é precisamente não sobrevoá-lo, é comprometer-se nele para dele emergir, é necessariamente fazer-se ser *esta* perspectiva de transcender. Nesse sentido, a *finitude* é condição necessária do projeto original do Para-si. A condição necessária para que eu seja o que não sou e não seja o que sou, Para-além de um mundo que faço advir ao ser, é que haja perpetuamente um inapreensível algo dado no âmago da perseguição infinita que sou. Esse algo dado que sou sem ter-de-sê-lo – salvo ao modo do não ser – não posso captar nem conhecer, pois é por toda parte retomado e transcendido, utilizado para meus projetos, assumido. Mas, por outro lado, tudo me indica esse dado, todo transcendente o esboça em uma espécie de eco por sua própria transcendência, sem que eu jamais possa voltar-me para aquilo que me é indicado, porque *sou* o ser indicado. Em particular, não se deve entender o dado indicado como puro centro de referência de uma ordem estática das coisas-utensílios: ao contrário, sua ordem dinâmica, dependa ou não de minha ação, refere-se a esse dado segundo regras, e, por isso mesmo, o centro de referência é definido tanto em sua mudança como em sua identidade. Não poderia ser de outro modo, pois é ao negar que eu seja o ser que faço o mundo advir ao ser, e é a partir de meu passado, ou seja, projetando-me Para-além de meu ser próprio, que posso negar-me ser tal ou qual ser. Por esse ponto de vista, o corpo, ou seja, este inapreensível dado, é uma condição necessária de minha ação: com efeito, se os fins que persigo pudessem ser alcançados por desejo puramente arbitrário, se fosse suficiente desejar para obter, e se as regras definidas não determinassem o uso dos utensílios, eu jamais poderia distinguir em mim mesmo o desejo da vontade, nem o sonho do ato, nem o possível do real. Nenhum projeto de mim mesmo seria possível, posto que bastaria conceber para realizar; por conseguinte, meu ser-Para-si iria aniquilar-se na indistinção entre presente e futuro. Uma fenomenologia da ação mostraria, com efeito, que o ato pressupõe uma solução de continuidade entre a simples concepção e a realização, ou seja, entre um pensamento universal e abstrato, como "é necessário que o carburador do automóvel *não esteja sujo*", e um pensamento técnico e concreto dirigido para *este* carburador, tal como me aparece com suas dimensões absolutas e sua posição absoluta. A condição deste pensamento técnico, que não se distingue do ato que dirige, é minha finitude, minha contingência – em suma, minha facticidade. Ora, precisamente, eu sou *de fato* na medida em que tenho um passado, e esse passado imediato me remete ao Em-si primeiro, sobre cuja nadificação surjo pelo *nascimento*. Assim, o corpo como facticidade é o passado enquanto remete originariamente a um *nascimento*, ou seja, a uma nadificação primeira que me faz surgir do Em-si que sou de fato sem ter-de-sê-lo. Nascimento, passado, contingência, necessidade de um ponto de vista, condição de fato de toda ação possível sobre o mundo: assim é o *corpo*, tal como é *para mim*. Portanto, não se trata absolutamente de uma adição contingente à minha alma, mas, ao contrário, é uma estrutura permanente de meu ser e a condição permanente de possibilidade de minha consciência como consciência *do* mundo e como projeto transcendente rumo a meu futuro. Sob esse ponto de vista, devemos reconhecer que é totalmente contingente e absurdo o fato de que eu seja inválido, filho de funcionário público ou de operário, irascível e preguiçoso, e, ao mesmo tempo, que é *necessário*, todavia, o fato de que eu seja *isto* ou outra coisa, francês, alemão ou inglês etc., proletário, burguês ou aristocrata etc., inválido e fraco ou vigoroso, irascível ou de caráter conciliador, precisamente porque não posso *sobrevoar* o mundo sem que o mundo desapareça. Meu *nascimento*, na medida em que condiciona o modo como os objetos são revelados a mim (objetos de luxo ou primeira necessidade são mais ou menos *acessíveis*, certas realidades sociais aparecem-me como *interditas*, há barreiras e obstáculos em meu espaço hodológico); minha *raça*, na medida em que é indicada pela atitude do Outro frente a mim (revela-se depreciativa ou apreciativa, confiável ou não); minha *classe*, na medida em que se mostra pelo desvelar da comunidade social a que pertenço e na medida em que a ela se referem os lugares que frequento; minha *nacionalidade;* minha *estrutura fisiológica*, na medida em que os instrumentos a implicam através da própria maneira como se revelam resistentes ou dóceis e de seu próprio coeficiente de adversidade; meu *caráter;* meu *passado*, na medida em que tudo que vivi é indicado pelo próprio mundo como meu ponto de vista sobre o mundo – tudo isso, na medida em que é por mim transcendido na unidade sintética de meu ser-no-mundo, é *meu corpo*, como condição necessária da existência de um mundo e como realização contingente desta condição. Captamos agora, com toda clareza, a definição que havíamos dado do corpo em seu ser-para-nós: o corpo é a forma contingente que a necessidade de minha contingência assume. Jamais podemos captar esta contingência como tal, enquanto nosso corpo é *para nós*, porque somos escolha, e ser é, para nós, escolher-nos. Mesmo esta invalidez de que padeço, pelo próprio fato de vivê-la, eu a assumi, e a transcendo rumo a meus próprios projetos, constituo-a como o obstáculo necessário para meu ser; não posso ser enfermo sem me escolher inválido, ou seja, sem escolher a maneira como constituo minha invalidez (como "intolerável", "humilhante", "a ser dissimulada", "a ser revelada a todos", "objeto de orgulho", "justificativa para meus fracassos" etc.). Mas este corpo inapreensível é precisamente a necessidade de que *haja uma escolha*, ou seja, a necessidade de que eu não seja *tudo ao mesmo tempo*. Nesse sentido, minha finitude é condição de minha liberdade, pois não há liberdade sem escolha, e, assim como o corpo condiciona a consciência como pura consciência do mundo, minha finitude torna a consciência possível até mesmo em sua própria liberdade.

Falta entender o que o corpo é *para mim*, porque, precisamente por ser inapreensível, não pertence aos objetos do mundo, ou seja, a esses objetos que conheço e utilizo; todavia, por outro lado, uma vez que nada posso ser sem ser consciência do que sou, é preciso que o corpo seja dado de alguma maneira à minha consciência. Em certo sentido, sem dúvida, o corpo é aquilo que é indicado por todos os utensílios que capto, e apreendo-o sem conhecê-lo nas próprias indicações que percebo nos utensílios. Mas, se nos limitarmos a esta observação, não poderemos distinguir o corpo, por exemplo, do telescópio através do qual o astrônomo observa os planetas. Com efeito, se definimos o corpo como ponto de vista contingente sobre o mundo, devemos admitir que a noção de ponto de vista pressupõe uma dupla relação: uma relação com as coisas *sobre as quais o corpo é* ponto de vista, e uma relação com o observador *para o qual o corpo é* ponto de vista. Esta segunda relação é radicalmente diferente da primeira, quando se trata de corpo-ponto-de-vista; mas não se distingue verdadeiramente quando se trata de um ponto de vista no mundo (binóculo, belvedere, lupa etc.) que seja um instrumento objetivo distinto do corpo. Um viajante que contempla um panorama *de um* belvedere vê tanto o belvedere como o panorama: vê as árvores entre as colunas do belvedere, o teto do belvedere esconde-lhe o céu etc. Contudo, a "distância" entre o viajante e o belvedere é, por definição, menor que entre seus olhos e o panorama. E o *ponto de vista* pode aproximar-se do corpo até quase fundir-se com este, como se vê, por exemplo, no caso dos binóculos, lunetas, monóculos etc., que se tornam, por assim dizer, um órgão sensível suplementar. Em seu extremo limite – e se concebemos um ponto de vista absoluto – a distância entre o mesmo e aquele para quem é ponto de vista se aniquila. Significa que seria impossível retroceder de modo a "tomar distância" e constituir sobre o ponto de vista um novo ponto de vista. Como vimos, é precisamente isso que caracteriza o corpo. É o instrumento que não posso utilizar por meio de outro instrumento, ponto de vista sobre o qual não posso mais ter ponto de vista. Daí por que, com efeito, no cume desta colina, que denomino um "belo ponto de vista", assumo um ponto de vista no mesmo instante em que vejo o vale, e esse *ponto de vista sobre o ponto de vista* é meu corpo. Mas eu não poderia tomar ponto de vista sobre meu corpo sem uma remissão ao infinito. Só que, por esse fato, o corpo não poderia ser *para mim* transcendente e conhecido: a consciência espontânea e irrefletida já não é mais consciência *do* corpo. Seria melhor dizer, usando o verbo existir como transitivo, que a consciência *existe seu corpo*. Assim, a relação entre o corpo-ponto-de-vista e as coisas é uma relação *objetiva*, e a relação entre consciência e corpo uma relação *existencial*. Como entender esta última?

Em primeiro lugar, é evidente que a consciência só pode existir seu corpo como consciência. Assim, portanto, *meu* corpo é uma estrutura consciente de minha consciência. Mas, precisamente porque é o ponto de vista sobre o qual não poderia haver ponto de vista, não há, no plano da consciência irrefletida, consciência *do* corpo. O corpo pertence, pois, às estruturas da consciência não tética (de) si. Contudo, será possível identificá-lo pura e simplesmente com esta consciência não tética? Isso também não, porque a consciência não tética é consciência (de) si enquanto projeto livre rumo a uma possibilidade que é sua, ou seja, enquanto fundamento de seu próprio nada. A consciência não posicional é consciência (do) corpo tal como consciência de algo que ela sobrepuja e nadifica fazendo-se consciência, ou seja, como consciência de algo que ela é sem ter-de-sê-lo e *sobre o qual passa* para ser o que tem-de-ser. Em suma, a consciência (do) corpo é lateral e retrospectiva; o corpo é o *negligenciado*, o *"passado em silêncio"*, e, contudo, aquilo que ela *é*; inclusive, a consciência nada mais é do que corpo; o resto é nada e silêncio. A consciência do corpo é comparável à consciência do *signo*. O signo, além disso, é um aspecto do corpo, uma das estruturas essenciais do corpo. Ora, a consciência do signo existe, senão não poderíamos compreender a significação. Mas o signo é o *transcendido rumo à significação*, aquilo que se negligencia em benefício do sentido, que jamais é captado por si mesmo e Para-além do qual o olhar se dirige perpetuamente. A consciência (do) corpo, sendo consciência lateral e retrospectiva do que ela é sem ter-de-sê-lo, ou seja, de sua inapreensível contingência, daquilo a partir do que ela se faz escolha, é consciência não tética da maneira como *é afetada*. A consciência do corpo se confunde com a afetividade original. Ainda é preciso captar bem o sentido desta afetividade; e, para isso, impõe-se uma distinção. Com efeito, a afetividade, tal como nos é revelada pela introspecção, já é uma afetividade *constituída;* é consciência *do* mundo. Todo ódio é ódio *de* alguém; toda raiva é apreensão de alguém como odioso, injusto ou culpado; ter simpatia por alguém é "considerá-lo simpático" etc. Nesses diferentes exemplos, uma "intenção" transcendente se dirige para o mundo e o apreende como tal. Já existe, portanto, um transcender, uma negação interna; estamos no plano da transcendência e da escolha. Mas Scheler observou bem que esta "intenção" deve distinguir-se das qualidades afetivas puras. Por exemplo, se sinto "dor de cabeça", posso descobrir em mim uma afetividade intencional voltada para minha dor a fim de "sofrê-la", aceitá-la resignado ou rejeitá-la, valorizá-la (como injusta, merecida, purificadora, humilhante etc.) ou para dela escapar. Aqui, é a própria intenção que é afecção, ato puro e já projeto, pura consciência *de* alguma coisa. Não poderia ser o que devemos considerar consciência (do) corpo.

Mas, precisamente, tal intenção não poderia constituir o todo da afetividade. Sendo um transcender, esta pressupõe algo transcendido. É o que prova, aliás, o que Baldwin impropriamente denomina "abstratos emocionais". Com efeito, Baldwin estabeleceu que podemos realizar afetivamente em nós mesmos certas emoções sem experimentá-las concretamente. Por exemplo, se alguém me conta algum fato doloroso que acaba de sombrear a vida de Pedro, exclamarei: "Como ele deve ter sofrido!" Não *conheço* este sofrimento e, sem embargo, tampouco o *sinto* de fato. Esses intermediários entre o conhecimento puro e a afecção verdadeira são designados por Baldwin como "abstratos". Mas o mecanismo de tal abstração permanece bastante obscuro. *Quem* abstrai? Se, conforme a definição de Laporte, abstrair é pensar *à parte* estruturas que não podem *existir* separadas, é preciso, ou bem igualar os abstratos emocionais a puros conceitos abstratos de emoções, ou bem reconhecer que esses abstratos não podem *existir* enquanto tais como modalidades reais da consciência. Na verdade, os pretensos "abstratos emocionais" são intenções vazias, puros projetos de emoção. Ou seja, dirigimo-nos rumo à dor ou à vergonha, inclinamo-nos a elas; a consciência se transcende, mas *no vazio*. A dor está aí, objetiva e transcendente, mas carece de existência concreta. Seria melhor chamar essas significações sem matéria de *imagens* afetivas; sua importância para a criação artística e a compreensão psicológica é inegável. Mas o que importa aqui é o fato de que aquilo que as separa de uma vergonha real é a ausência do *"vivido"*. Existem, pois, qualidades afetivas puras que são superadas e transcendidas por projetos afetivos. Não iremos convertê-las, como Scheler, em não se sabe qual "hylé" levada pelo fluxo da consciência: para nós, trata-se simplesmente da maneira como a consciência *existe* sua contingência; é a própria textura da consciência enquanto esta transcende tal textura rumo às suas possibilidades próprias, a maneira como a consciência *existe* espontaneamente e ao modo não tético; é o que ela *constitui* tética mas implicitamente como ponto de vista sobre o mundo. Pode ser a dor pura, mas também pode ser o humor, como tonalidade afetiva não tética; o agradável puro, o desagradável puro – de modo geral, tudo que denominamos *cenestesia*. Tal "cenestesia" raramente aparece sem ser transcendida para o mundo por um projeto transcendente do Para-si; como tal, é muito difícil de ser estudada à parte. Todavia, existem algumas experiências privilegiadas em que podemos captá-la em sua pureza, em particular a chamada dor "física". Portanto, vamos nos dirigir a esta experiência para fixar conceitualmente as estruturas da consciência (do) corpo.

Os olhos me doem, mas devo terminar essa noite a leitura de uma obra filosófica. Leio. O objeto de minha consciência é o livro, e, através dele, as verdades por ele significadas. O corpo de modo algum é captado por si mesmo; é ponto de vista e ponto de partida: as palavras deslizam umas atrás das outras diante de mim, eu as *faço deslizar;* as de baixo da página, que ainda não vi, pertencem ainda a um fundo relativo, ou "fundo-página", que se organiza sobre o "fundo-livro" e sobre o fundo absoluto, ou fundo de mundo; mas, do fundo de sua indistinção, elas me chamam, possuem já o caráter de *totalidade friável*, dão-se como "a-deslizar-por-minha-vista". Em tudo isso, o corpo só é dado *implicitamente:* o movimento de meus olhos só aparece ao olhar de um observador. Por mim, capto teticamente apenas o surgimento fixo das palavras umas atrás das outras. Contudo, a sucessão das palavras no tempo objetivo é dada e conhecida através de minha temporalização própria. Seu movimento imóvel é dado através de um "movimento" de minha consciência; e esse "movimento" de consciência, pura metáfora que designa uma progressão temporal, é exatamente para mim o movimento de meus olhos: é impossível para mim distinguir o movimento de meus olhos da progressão sintética de minhas consciências sem recorrer ao ponto de vista do outro. Todavia, no próprio momento em que leio, *os olhos me doem*. Antes de tudo, notemos que esta dor pode ser *indicada* pelos objetos do mundo, ou seja, pelo livro que leio: as palavras podem destacar-se com mais dificuldade do fundo indiferenciado que constituem; podem oscilar, tremer, seu sentido pode mostrar-se com dificuldade; a frase que acabo de ler pode dar-se duas ou três vezes como "não compreendida" ou "a reler". Mas essas mesmas indicações podem faltar – por exemplo, no caso em que minha leitura "me absorve" e "esqueço" minha dor (o que de modo algum significa que esta tenha desaparecido, uma vez que, se venho a conhecê-la em um ato *reflexivo* posterior, dar-se-á como havendo estado sempre aí); mas, de qualquer modo, não é isso que nos interessa, e sim a busca pela maneira como a consciência *existe* sua dor. Porém, antes de tudo, dir-se-á: como a dor pode se dar como dor *nos olhos?* Não haverá nisso uma remissão intencional a um objeto transcendente, a meu corpo precisamente enquanto existe lá fora, no mundo? É inegável que a dor contém uma informação acerca de si mesma: é impossível confundir dor nos olhos com dor no dedo ou no estômago. Contudo, a dor é totalmente desprovida de intencionalidade. Entendamos bem: se a dor se dá como dor "nos olhos", não há nisso qualquer misterioso "signo local" e tampouco conhecimento. Somente que a dor *é precisamente os olhos* enquanto a consciência "os existe". E, como tal, distingue-se de qualquer outra dor por sua própria existência, não por um critério ou algo que lhe foi acrescentado. Decerto, a denominação "dor *nos olhos*" pressupõe todo um trabalho constitutivo que iremos descrever. Mas, no momento em que nos colocamos, não cabe ainda considerá-lo, porque não está feito: a dor não é encarada de um ponto de vista reflexivo, não se refere a um corpo-para-outro. É dor-olhos ou dor-visão; não se distingue de minha maneira de captar as palavras transcendentes. Para maior clareza na exposição é que a chamamos de dor nos olhos; mas ela, na consciência, não tem denominação, porque não é *conhecida*. Simplesmente, distingue-se inefavelmente e por seu próprio ser das outras dores possíveis.

Esta dor, contudo, não existe em parte alguma entre os objetos reais do universo. Não está nem à direita nem à esquerda do livro, nem entre as verdades que se revelam através do livro, nem em meu corpo-objeto (aquele que o outro vê, aquele que posso tocar parcialmente e parcialmente ver), nem em meu corpo-ponto-de-vista enquanto implicitamente indicado pelo mundo. Tampouco pode-se dizer que está em "superimpressão" ou, como um harmônico, "superposto" às coisas que vejo. São imagens que carecem de sentido. A dor, portanto, não está no espaço. Mas também não pertence ao tempo objetivo: ela se temporaliza, e é nesta e por esta temporalização que pode aparecer o tempo do mundo. Então, que é a dor? Simplesmente, a matéria translúcida da consciência, seu *ser-aí*, sua vinculação ao mundo; em resumo, a contingência própria do ato de leitura. A dor existe Para-além de toda atenção e todo conhecimento, pois desliza em cada ato de atenção e de conhecimento, é este ato mesmo, na medida em que este ato é, sem ser fundamento de seu ser.

Todavia, mesmo nesse plano de ser puro, a dor, como vinculação contingente ao mundo, só pode ser existida *(être existée)* não teticamente pela consciência caso seja transcendida. A consciência dolorosa é negação interna do mundo; mas, ao mesmo tempo, existe sua dor – quer dizer, si mesmo – como desprendimento de si. A dor pura, como simples vivido, não pode ser alcançada: pertenceria à espécie dos indefiníveis e indescritíveis, que são o que são. Mas a consciência dolorosa é projeto rumo a uma consciência ulterior que seria vazia de toda dor, ou seja, cuja contextura, cujo ser-aí, seria não doloroso. Este escapamento *lateral*, este desprendimento de si que caracteriza a consciência dolorosa, contudo, não constitui a dor como objeto psíquico: é um projeto não tético do Para-si; só o apreendemos através do mundo. Por exemplo, é dado na maneira como o livro aparece como "devendo ser lido em ritmo precipitado", na maneira como as palavras se empurram umas às outras, em uma ronda infernal e coagulada, na maneira como o universo inteiro é tomado de *inquietação*. Por outro lado – o que é próprio da existência corporal –, o inefável de que queremos escapar acha-se no bojo deste desprendimento mesmo e irá constituir as consciências que o transcendem; é a própria contingência, e o ser da fuga que almeja escapar-lhe. Em nenhuma outra parte chegaremos mais perto desta nadificação do Em-si pelo Para-si e da recuperação do Para-si pelo Em-si de que se nutre esta própria nadificação.

Que assim seja, dir-se-á. Mas você facilita as coisas escolhendo um caso em que a dor é precisamente dor no órgão em função, dor no olho quando olha, ou na mão quando segura. Porque, afinal, posso sofrer de uma lesão no dedo quando estou lendo. Nesse caso, seria difícil sustentar que minha dor é a contingência mesmo de meu "ato de ler".

Antes de tudo, notemos que, por mais absorto que esteja em minha leitura, nem por isso deixo de fazer o mundo advir ao ser; ou melhor: minha leitura é um ato que encerra em sua própria natureza a existência do mundo como fundo necessário. Não significa de modo algum que eu tenha menor consciência do mundo, e sim que tenho consciência dele *como fundo*. Não perco de vista as cores, os movimentos que me rodeiam, não cesso de ouvir sons; simplesmente eles se perdem na totalidade indiferenciada que serve de fundo à minha leitura. Correlativamente, meu corpo não deixa de ser indicado pelo mundo como ponto de vista total sobre a totalidade mundana, mas é o mundo como fundo que o indica. Assim, meu corpo não deixa de *ser existido* em totalidade, na medida em que é a contingência total de minha consciência. É ao mesmo tempo aquilo que a totalidade do mundo como fundo indica e a totalidade que eu existo afetivamente em conexão com a apreensão objetiva do mundo. Mas, na medida em que um *isto* particular se destaca como forma sobre fundo de mundo, indica correlativamente uma especificação funcional da totalidade corporal e, ao mesmo tempo, minha consciência existe uma forma corporal que se destaca sobre a totalidade-corpo que ela existe. O livro é lido, e, na medida em que existo e transcendo a contingência da visão, ou, se preferirmos, da leitura, *os olhos* aparecem como forma sobre fundo de totalidade corporal. Naturalmente, nesse plano de existência, os olhos não são o órgão sensorial visto pelo outro, mas somente a própria contextura da consciência de ver, enquanto tal consciência é uma estrutura de minha consciência mais ampla do mundo. Ter consciência, com efeito, é sempre ter consciência do mundo, e assim mundo e corpo estão sempre presentes, ainda que de modo diverso, à minha consciência. Mas esta consciência total do mundo é consciência do mundo como fundo para tal ou qual *isto* particular, e assim, do mesmo modo como a consciência se especifica em seu próprio ato de nadificação, há a presença de uma estrutura singular do corpo sobre fundo total de corporeidade. No momento que leio, não deixo portanto de ser um corpo, sentado em tal ou qual poltrona, a três metros da janela, em dadas condições de pressão e temperatura. E não deixo de *existir* esta dor em meu dedo indicador esquerdo, como não deixo de existir meu corpo em geral. Só que a existo enquanto se dissipa no fundo de corporeidade como uma estrutura subordinada à totalidade corporal. Não é ausente nem inconsciente: simplesmente faz parte desta existência sem distância da consciência posicional para si mesmo. Se, em certo momento, viro as páginas do livro, a dor em meu indicador, sem converter-se por isso em objeto de conhecimento, passará à categoria de contingência existida como forma sobre nova organização de meu corpo como fundo total de contingência. Tais comentários correspondem, por outro lado, à seguinte observação empírica: quando se lê, é mais fácil "distrair-se" de uma dor no dedo ou nos rins do que de uma dor nos olhos. Porque a dor nos olhos *é precisamente minha leitura*, e as palavras que leio me remetem a ela a cada instante, ao passo que minha dor no dedo ou nos rins, sendo apreensão do mundo como fundo, fica, como estrutura parcial, perdida no corpo como apreensão fundamental do fundo de mundo.

Mas, eis que deixo de ler, de repente, e agora fico absorto na *captação* de minha dor. Significa que dirijo sobre minha consciência presente, ou consciência-visão, uma consciência reflexiva. Assim, a textura atual de minha consciência refletida – em particular, minha dor – é apreendida e *posicionada* por minha consciência reflexiva. Devemos lembrar aqui o que dizíamos da reflexão: é uma captação totalitária e sem ponto de vista, um conhecimento extravasado por si mesmo e que tende a se objetivar, a projetar o conhecido à distância para poder contemplá-lo e pensá-lo. O movimento primeiro da reflexão é, portanto, para transcender a pura qualidade de consciência da dor rumo a um *objeto-dor*. Assim, restringindo-nos ao que denominamos reflexão cúmplice, a reflexão tende a fazer da dor algo *psíquico*. Este objeto psíquico apreendido através da dor é o *mal*. Um objeto que tem todas as características da dor, mas é transcendente e passivo. Uma realidade que possui seu tempo próprio – não o tempo do universo exterior nem o da consciência, mas o tempo psíquico. Então, tal objeto psíquico pode suportar apreciações e determinações diversas. Como tal, distingue-se da consciência mesmo e aparece através dela; mantém-se permanente, enquanto a consciência evolui, e é esta permanência mesmo que é condição da opacidade e da passividade do Mal. Mas, por outro lado, esse mal, enquanto captado através da consciência, possui todas as características de unidade, interioridade e espontaneidade da consciência, porém degradadas. É a individualidade psíquica que lhe confere tal degradação. Ou seja, o mal, em primeiro lugar, possui uma coesão absoluta e sem partes. Além disso, tem sua duração própria, já que está fora da consciência e possui um passado e um porvir. Mas esta duração, que não passa da projeção da temporalização original, é multiplicidade de interpenetração. Esse mal é "penetrante", "acariciador" etc. E essas características só visam a traduzir o modo como esse mal se delineia na duração: são qualidades melódicas. Uma dor que se dá por latejos seguidos de pausas é captada pela reflexão como pura alternância de consciências dolorosas e consciências não dolorosas: para a reflexão organizadora, as breves tréguas *fazem parte* do mal, tal como os silêncios fazem parte de uma melodia. O conjunto constitui o *ritmo* e o *procedimento* do mal. Mas, ao mesmo tempo que é objeto passivo, o mal, enquanto visto através de uma espontaneidade absoluta que é consciência, é projeção no Em-si desta espontaneidade. Enquanto espontaneidade passiva, é mágico: apresenta-se como prolongando-se a si mesmo, como inteiramente dono de sua forma temporal. Aparece e desaparece de maneira diferente dos objetos espaçotemporais: se não vejo mais a mesa, é porque virei o rosto; mas, se não sinto mais meu mal, é porque ele "se foi". De fato, produz-se aqui um fenômeno análogo ao que os psicólogos da forma denominam ilusão estroboscópica. A desaparição do mal, ludibriando os projetos do Para-si reflexivo, dá-se como movimento de retrocesso, quase como vontade. Há um animismo do mal: revela-se como um ser vivo dotado de forma, duração própria, hábitos próprios. Os enfermos têm com ele uma espécie de intimidade: quando aparece, não é como um fenômeno novo; dirá o enfermo que é "minha crise da tarde". Assim, a reflexão não vincula entre si os momentos de uma mesma crise, mas, passada uma jornada inteira, vincula as crises entre si. Todavia, esta síntese de reconhecimento tem um caráter especial: não visa a constituir um objeto que continue existindo mesmo quando não se dê à consciência (à maneira de um ódio, que permanece "adormecido" ou "no inconsciente"). Na verdade, quando o mal vai embora, desaparece definitivamente; "nada resta" do mal. Mas segue-se esta curiosa consequência: quando retorna, surge, em sua própria passividade, por uma espécie de geração espontânea. Por exemplo, sentimos suavemente "suas aproximações", ei-lo que "ressurge": "é ele". Assim, nem as primeiras dores, nem as demais, são apreendidas por si mesmas como textura simples e nua da consciência refletida: são os "avisos" do mal, ou melhor, o próprio mal, que nasce lentamente, como uma locomotiva que se põe lentamente em marcha. Mas, por outro lado, é preciso sublinhar que eu constituo o mal *com* a dor. Não significa absolutamente que apreendo o mal como causa da dor, mas, isso sim, que ocorre com cada dor concreta o mesmo que com uma nota de uma melodia: é, ao mesmo tempo, a melodia inteira e um "tempo" da melodia. Através de cada dor, capto o mal inteiro, e, sem embargo, este transcende todas, porque é a totalidade sintética de todas as dores, o tema que se desenvolve por elas e através delas. Mas a matéria do mal não se assemelha à de uma melodia: em primeiro lugar, é algo puramente vivido; não há qualquer distância entre a consciência refletida e a dor, nem entre a consciência reflexiva e a consciência refletida. Daí resulta que o mal é transcendente, mas sem distância. Está fora de minha consciência, como totalidade sintética e já prestes a estar *em outro lugar;* mas, por outro lado, está na minha consciência, nela penetra com todas as suas denteadas, com todas as suas notas, que *são minha consciência.*

Nesse nível, que foi feito do *corpo?* Houve, observemos, uma espécie de cisão no momento da projeção reflexiva: para a consciência irrefletida, a dor *era* o corpo; para a consciência reflexiva, o mal é distinto do corpo, tem sua forma própria, vem e vai. Ao nível reflexivo em que nos colocamos, ou seja, antes da intervenção do Para-outro, o corpo não é explícita e tematicamente dado à consciência. A consciência reflexiva é consciência *do* mal. Só que, se o mal tem uma forma que lhe é própria e um ritmo melódico que lhe confere uma individualidade transcendente, ele adere ao Para-si por sua matéria, posto que é desvelado através da dor e como unidade de todas as minhas dores do mesmo tipo. É *meu,* no sentido de que lhe dou sua matéria. Apreendo-o como sustentado e nutrido por certo meio passivo, cuja passividade é a exata projeção no Em-si da facticidade contingente das dores e é a *minha* passividade. Esse meio passivo não é captado por si mesmo, mas sim da maneira como a matéria da estátua é captada quando percebo sua forma e, no entanto, ela está aí: é a *passividade que corrói o mal* e lhe confere magicamente novas forças, tal como a terra conferia a Anteu. É meu corpo em novo plano de existência, ou seja, como puro correlato noemático de uma consciência reflexiva. Vamos denominá-lo *corpo psíquico.* Ainda não está *conhecido* de modo algum, pois a reflexão que busca captar a consciência dolorosa ainda não é cognoscitiva. É a afetividade em seu surgimento originário. Capta efetivamente o mal como objeto, mas como objeto afetivo. Dirigimo-nos primeiro à dor para detestá-la, para suportá-la com paciência, para apreendê-la como intolerável, às vezes para amá-la, para regozijar-nos com ela (se anuncia a libertação, a cura), para valorizá-la de alguma maneira. E, bem entendido, é o mal que valorizamos, ou melhor, que surge como correlato necessário da valorização. O mal, portanto, não é conhecido, mas *padecido*, e o corpo, analogamente, desvela-se pelo Mal, e a consciência o padece igualmente. Para enriquecer com estruturas cognoscitivas o corpo, tal como se dá à reflexão, será necessário recorrer ao *Outro;* não podemos abordar por ora a questão, pois é preciso primeiro elucidar as estruturas do corpo-Para-outro. Contudo, desde logo podemos observar que esse corpo psíquico, sendo a projeção, no plano do Em-si, da intracontextura da consciência, constitui a matéria implícita de todos os fenômenos da psique. Assim como o corpo originário era existido por cada consciência como sua própria contingência, o corpo psíquico é *padecido* como contingência do ódio ou do amor, dos atos e das qualidades, mas esta contingência tem novo caráter: enquanto existida pela consciência, era a recuperação da consciência pelo Em-si; enquanto padecida pela reflexão *no* mal, ódio ou empenho, é *projetada no* Em-si. Tal contingência representa, por isso, a tendência de cada objeto-psíquico, Para-além de sua coesão mágica, a dilacerar-se em exterioridade; representa, Para-além das relações mágicas que unem os objetos psíquicos entre si, a tendência de cada um deles a isolar-se em uma insularidade de indiferença: é, portanto, como um espaço implícito subentendendo a duração melódica do psíquico. O corpo, enquanto matéria contingente e indiferente de todos os nossos acontecimentos psíquicos, determina um *espaço psíquico*. Tal espaço não tem cima nem baixo, direita nem esquerda; é ainda sem partes, na medida em que a coesão mágica do psíquico vem combater sua tendência ao dilaceramento de indiferença. Nem por isso deixa de ser uma característica real da *psique*: não que a psique esteja *unida* a um corpo, mas sim que, sob sua organização melódica, o corpo é sua substância e sua perpétua condição de possibilidade. É o corpo que aparece logo que *designamos* o psíquico; é o corpo que se acha na base do mecanismo e do quimismo metafóricos a que recorremos para classificar e explicar os acontecimentos da psique; é o corpo que visamos e informamos nas imagens (consciências imaginantes) que produzimos a fim de visar e presentificar sentimentos ausentes; é o corpo, por último, que motiva e, em certa medida, justifica teorias psicológicas como a do inconsciente e problemas como o da conservação das lembranças.

Está claro que escolhemos a dor física a título de exemplo e que há mil outros modos, também contingentes, de existir nossa contingência. Em particular, quando nenhuma dor, nenhuma satisfação ou insatisfação precisa é "existida" pela consciência, o Para-si não deixa de projetar-se Para-além de uma contingência pura e, por assim dizer, não qualificada. A consciência não deixa de "ter" um corpo. A afetividade cenestésica é então pura captação não posicional de uma contingência incolor, pura apreensão de si como existência de fato. Esta perpétua captação por meu Para-si de um gosto *insípido* e sem distância, que me acompanha até em meus esforços para livrar-me dele e que é *meu* gosto, é o que descrevemos em outro lugar com o nome de *Náusea**. Uma náusea discreta e insuperável revela perpetuamente meu corpo à minha consciência: pode até ser que busquemos o aprazível ou a dor física para livrar-nos dela, mas, uma vez que a dor ou o aprazível são existidos pela consciência, manifestam por sua vez a sua facticidade e sua contingência, e é sobre fundo de náusea que se desvelam. Longe de tomarmos esse termo *náusea* como metáfora tomada de nossos mal-estares fisiológicos, é, ao contrário, sobre o fundamento desta náusea que se produzem todas as náuseas concretas e empíricas (náuseas ante a carne putrefata, o sangue fresco, os excrementos etc.) que nos impelem ao vômito.

II
O CORPO-PARA-OUTRO

Acabamos de descrever o ser de meu corpo *para-mim*. Nesse plano ontológico, meu corpo é tal como o descrevemos e *nada mais que isso*. Seria em vão procurar nele vestígios de um órgão fisiológico, de uma constituição anatômica e espacial. Ou bem é o centro de referência indicado em vazio pelos objetos-utensílios do mundo, ou bem é *a contingência existida pelo Para-si;* mais

---

* Referência a *La Nausée*. Gallimard, 1938. – Em português: *A náusea*. Lisboa: Europa-América/São Paulo: Difusão Europeia do Livro/Rio de Janeiro: Nova Fronteira [N.T.].

exatamente, esses dois modos de ser são complementares. Mas o corpo conhece os mesmos avatares do próprio Para-si: tem outros planos de existência. Existe também *para o Outro*. Devemos estudá-lo agora nesta nova perspectiva ontológica. Tanto faz estudar o modo como *meu* corpo aparece ao Outro quanto o modo como o corpo do Outro aparece a mim. Com efeito, estabelecemos que as estruturas de meu ser-Para-outro são idênticas às do ser do Outro para mim. Portanto, é a partir dessas últimas, por razões de comodidade, que iremos estabelecer a natureza do corpo-Para-outro (ou seja, do corpo do Outro).

Mostramos no capítulo precedente que o corpo não é o que primeiro manifesta o Outro a mim. Se, com efeito, a relação fundamental entre meu ser e o ser do Outro se reduzisse à relação entre meu corpo e o corpo do Outro, seria pura relação de exterioridade. Mas a minha relação com o outro é inconcebível se não for uma negação interna. Devo captar primeiramente o Outro como aquele para quem existo como objeto; a recuperação de minha ipseidade faz aparecer o outro como objeto em um segundo momento da historização ante-histórica; a aparição do corpo do Outro, portanto, não é o encontro primeiro, mas, ao contrário, não passa de um episódio de minhas relações com o Outro, e, mais especialmente, do que denominamos objetivação do Outro; ou, se preferirmos, o Outro existe para mim primeiro, e capto-o como corpo *depois;* o corpo do Outro é para mim uma estrutura secundária.

O Outro, no fenômeno fundamental da objetivação do Outro, aparece-me como transcendência transcendida. Ou seja, pelo simples fato de que me projeto rumo às minhas possibilidades, supero e transcendo sua transcendência, que é posta de lado; é uma transcendência-objeto. Capto esta transcendência no mundo, e, originariamente, como certa disposição das coisas-utensílios de *meu* mundo, na medida em que indicam *por acréscimo* um centro de referência secundário que está no meio do mundo e que não sou eu. Ao contrário das indicações que *me indicam*, essas indicações não são constitutivas da coisa indicadora: são propriedades laterais do objeto. O Outro, como vimos, não poderia ser um conceito constitutivo do mundo. Portanto, tais indicações têm, todas, uma contingência originária e o caráter de um *acontecimento*.

Mas o centro de referência que indicam é certamente *o Outro* como transcendência simplesmente contemplada ou transcendida. É decerto ao Outro que a disposição secundária dos objetos me remete, ao Outro como organizador ou beneficiário desta disposição, em suma, como instrumento que dispõe os utensílios com vistas a um fim que ele mesmo produz. Mas este fim, por sua vez, é transcendido e utilizado por mim, acha-se no meio do mundo e dele posso me servir para meus próprios fins. Assim, o Outro é indicado primeiramente pelas coisas como um instrumento. As coisas também me indicam como instrumento, e sou corpo, precisamente, na medida em que me faço indicar pelas coisas. Portanto, é o Outro como corpo que as coisas indicam por suas disposições laterais e secundárias. O fato, inclusive, é que não conheço utensílios que não se refiram secundariamente ao corpo do Outro. Mas, há pouco, eu não podia adotar qualquer ponto de vista sobre meu corpo enquanto designado pelas coisas. Meu corpo, com efeito, é o ponto de vista sobre o qual não posso ter qualquer ponto de vista, o instrumento que não posso utilizar por meio de qualquer instrumento. Quando, por meio do pensamento universalizador, eu tentava pensar meu corpo no vazio, como puro instrumento no meio do mundo, o resultado imediato era o desmoronamento do mundo enquanto tal. Ao contrário, pelo simples fato de que *não sou o Outro*, seu corpo aparece-me originariamente como ponto de vista sobre o qual posso adotar um ponto de vista, um instrumento que posso utilizar com outros instrumentos. O corpo do Outro é indicado pela ronda das coisas-utensílios, mas indica, por sua vez, outros objetos, e, finalmente, integra-se em *meu* mundo e indica *meu corpo*. Assim, o corpo do Outro é radicalmente diferente de meu corpo-para-mim: é a ferramenta que eu não sou e que utilizo (ou que me resiste, o que dá no mesmo). Apresenta-se a mim originariamente com certo coeficiente objetivo de utilidade e adversidade. Portanto, o corpo do Outro é o Outro mesmo como transcendência-instrumento. As mesmas observações se aplicam ao corpo do Outro como conjunto sintético de órgãos sensíveis. Não *descobrimos* no e pelo corpo do Outro a possibilidade que o Outro tem de nos conhecer. Tal possibilidade se desvela fundamentalmente no e por meu *ser-objeto-para* o Outro; ou seja, trata--se da estrutura essencial de nossa relação originária com o Outro.

E, nesta relação originária, a fuga de *meu* mundo rumo ao Outro é igualmente dada. Pela recuperação de minha ipseidade, transcendo a transcendência do Outro enquanto esta transcendência é permanente possibilidade de captar-me como objeto. Por esse fato, a transcendência do Outro torna-se transcendência puramente dada e transcendida rumo a meus próprios fins, transcendência que "está-aí", simplesmente, e o conhecimento que o Outro tem de mim e do mundo torna-se conhecimento-objeto. Ou seja, tal conhecimento é uma propriedade dada do Outro, propriedade que, por minha vez, posso *conhecer*. Na verdade, este conhecimento que adquiro permanece vazio, no sentido de que jamais conhecerei *o ato de conhecer*: sendo pura transcendência, este ato só pode ser captado por si mesmo em forma de consciência não tética ou pela reflexão dele resultante. Conheço somente o conhecimento como *ser-aí*, ou, se quisermos, *o ser-aí do conhecimento*. Assim, esta relatividade do órgão sensorial que se desvelava à minha razão universalizadora, mas não podia ser pensada – quando se tratava de meu próprio sentido – sem determinar o desmoronamento do mundo, é captada por mim *primeiramente* quando capto o Outro--objeto, e apreendo-a *sem perigo*, uma vez que, o Outro fazendo parte de meu universo, sua relatividade não poderia determinar o desmoronamento deste universo. Este sentido do Outro é *sentido conhecido como cognoscitivo*. Eis como se explica o erro dos psicólogos que definem *meu sentido* pelo sentido do Outro e conferem ao órgão sensível tal qual é para mim uma relatividade que pertence a seu ser-Para-outro, e, ao mesmo tempo, eis como este erro torna-se verdade se o restituímos ao seu próprio nível de ser depois de ter determinado a ordem verdadeira do ser e do conhecer. Assim, os objetos de meu mundo indicam lateralmente um centro-de-referência-objeto que é o Outro. Mas esse centro, por sua vez, aparece-me de um ponto de vista sem ponto de vista que é o meu, que é meu corpo ou minha contingência. Em uma palavra, para empregar uma expressão imprópria, mas de uso corrente, *conheço o Outro pelos sentidos*. Assim como o Outro é o instrumento que utilizo por meio do instrumento que sou e que nenhum outro instrumento pode utilizar, o Outro também é o conjunto de órgãos sensíveis que se revelam à minha *consciência sensível*; ou seja, é uma facticidade que aparece a uma facticidade. Assim, pode haver, em seu verdadeiro lugar na ordem do conhecer e do ser, um estudo dos órgãos sensíveis do outro tal como são sensorialmente conhecidos por mim. E este estudo levará na maior conta a função desses órgãos sensíveis, *que é conhecer*. Mas este conhecimento, por sua vez, será puro objeto para mim: daí, por exemplo, o falso problema da "visão invertida". De fato, originariamente, o órgão sensorial do Outro não é, de modo algum, um instrumento de conhecimento para o Outro; é, simplesmente, o conhecimento do Outro, seu puro ato de conhecer, na medida que este conhecimento existe à maneira de objeto em meu universo.

Todavia, ainda não definimos o corpo do Outro senão enquanto indicado lateralmente pelas coisas-utensílios de meu universo. Para dizer a verdade, isso não nos dá seu ser-aí de "carne e osso". Decerto, o corpo do Outro acha-se presente por toda parte, na própria indicação que as coisas-utensílios lhe dão, na medida em que se revelam utilizadas por ele e por ele conhecidas. Esta sala onde espero o dono da casa me revela, em sua totalidade, o corpo de seu proprietário: essa poltrona é poltrona-onde-ele-se-senta, essa mesa é mesa-na-qual-escreve, esta janela é janela por onde entra a luz-que-ilumina-os-objetos-que-vê. Assim, ele está esboçado por toda parte, e este esboço é esboço-objeto; um objeto pode, a qualquer momento, vir a preencher tal esboço com sua matéria. Mas isso não impede que o dono da casa ainda "não esteja aí". Está *em outro lugar*, está *ausente*.

Mas, justamente, vimos que a ausência é uma estrutura do *ser-aí*. Estar ausente é estar-em-outro-lugar-em-meu-mundo; é ser já dado para mim. Quando recebo uma carta de meu primo que está na África, seu ser-em-outro-lugar é-me dado concretamente pelas próprias indicações desta carta, e este ser-em-outro-lugar é ser-em-algum-lugar: já é o seu corpo. De outro modo não se explicaria que a carta da mulher amada pudesse comover sensualmente seu amante: todo o corpo da amada está presente como ausência nessas linhas e nesse papel. Mas, ser-em-outro-lugar, sendo um *ser-aí* com relação a um conjunto concreto de coisas--utensílios, em uma *situação concreta,* já é facticidade e contingência. O que define a contingência de Pedro e a minha não é somente nosso *encontro* de hoje; sua ausência de ontem definia igualmente nossas contingências e facticidades. E esta facticidade do ausente é implicitamente dada nas coisas-utensílios que o indicam; a brusca aparição do ausente nada acrescenta a ela. Assim, o corpo do Outro é sua *facticidade* como utensílio e como síntese de órgãos sensíveis, na medida em que ela se revela à minha facticidade. É dada a mim desde que o Outro existe para mim no mundo; a presença ou ausência do Outro em nada a altera.

Mas, eis que Pedro aparece e entra no meu quarto. Esta aparição não modifica em nada a estrutura fundamental de minha relação com ele: é contingência, mas também o era sua ausência. Os objetos indicam-no a mim: a porta que Pedro empurra indica uma presença humana ao abrir-se diante dele, da mesma forma como a poltrona onde se senta etc.; mas os objetos não deixam de indicá-lo, durante sua ausência. E, certamente, eu existo para ele, ele fala comigo; mas eu existia igualmente ontem, quando ele me enviou esse telegrama, agora em cima de minha mesa, para avisar-me de sua vinda. Contudo, há algo de novo: ele aparece agora sobre fundo de mundo como um *isto* que posso olhar, captar, utilizar diretamente. Que significa isso? Em primeiro lugar, que a facticidade do Outro, ou seja, a contingência de seu ser, é agora *explícita*, em vez de ser implicitamente contida nas indicações laterais das coisas-utensílios. É precisamente a facticidade que ele *existe* no e por seu Para-si; a facticidade que ele vive perpetuamente pela náusea como captação não posicional de uma contingência que ele é, como pura apreensão de si enquanto existência de fato. Em uma palavra: é a sua *cenestesia*. A aparição do Outro é revelação do gosto de seu ser como existência imediata. Só que não capto esse gosto como ele capta. Para ele, a náusea não é conhecimento; é apreensão não tética da contingência que ele *é*; é o transcender desta contingência rumo a possibilidades próprias do Para-si; é contingência existida, contingência padecida e denegada. É esta mesma contingência – e não outra – que presentemente capto. Só que *não sou* esta contingência. Transcendo-a rumo às minhas próprias possibilidades, mas esse transcender é transcendência *de um outro*. É inteiramente dada a mim, e sem apelação; é irremediável. O Para-si do Outro se desarraiga desta contingência e a transcende perpetuamente. Mas, na medida em que transcendo a transcendência do Outro, eu a coagulo; ela deixa de ser um recurso contra a facticidade; muito pelo contrário, participa por sua vez da facticidade, emana da facticidade. Assim, nada vem a se interpor entre a contingência pura do Outro como *gosto para si* e minha consciência. É precisamente *esse* gosto que capto, tal como é existido. Só que, apenas devido ao fato de minha alteridade, esse gosto aparece como um *isto* conhecido e dado no meio do mundo. Esse corpo do Outro é dado a mim como o Em-si puro de seu ser – Em-si entre outros Em-sis, que transcendo rumo às minhas possibilidades. Esse corpo do outro se revela, portanto, por duas características igualmente contingentes: está aqui e poderia estar em outro lugar, ou seja, as coisas-utensílios poderiam dispor-se de outra maneira com relação a ele, indicá-lo de outro modo; a distância entre a cadeira e seu corpo poderia ser outra – seu corpo é assim, mas poderia ser diferente, ou seja, capto sua contingência original em forma de uma configuração objetiva e contingente. Mas, na verdade, essas duas características constituem apenas uma. A segunda não faz mais que presentificar e explicitar para mim a primeira. O corpo do Outro é o puro fato da presença do Outro em *meu* mundo como um ser-aí que se traduz por um ser-como-isto. Assim, a existência mesma do Outro como outro-Para-mim implica que ele se desvele como ferramenta dotada da propriedade de conhecer, e que esta propriedade de conhecer esteja ligada a uma existência objetiva qualquer. É o que denominaremos necessidade que o Outro tem de ser contingente para mim. A partir do momento em que *há* um Outro, devemos concluir que é um instrumento provido de órgãos sensíveis quaisquer. Mas essas considerações servem apenas para assinalar a necessidade abstrata para o Outro de ter um corpo. Esse corpo do Outro, quando o encontro, é a revelação como objeto-Para-mim da forma contingente que a necessidade desta contingência assume. Todo Outro deve ter órgãos sensíveis, mas não necessariamente *esses* órgãos sensíveis; não precisa ter *um rosto* em particular e, afinal, não *este rosto*. Mas rosto, órgãos sensíveis, presença, tudo isso não é outra coisa senão a forma contingente da necessidade para o Outro de *existir* como pertencente a uma raça, uma classe, um meio etc., na medida em que esta forma contingente é transcendida por uma transcendência *que não tem–de-existi-la*. O que é *gosto* de si para o Outro converte-se para mim em *carne do Outro*. A carne é contingência pura da presença. Comumente é disfarçada pelas roupas, a maquilagem, o corte de cabelo ou de barba, a expressão etc. Mas, no decorrer de longo convívio com uma pessoa, chega sempre o instante em que todos esses disfarces se desfazem e me encontro em presença da *contingência pura de sua presença*; nesse caso, no rosto ou demais partes de um corpo, tenho a intuição pura da carne. Tal intuição não é somente conhecimento; é apreensão afetiva de uma contingência absoluta, e esta apreensão é um tipo particular de *náusea*.

O corpo do Outro é, portanto, a facticidade da transcendência-transcendida, na medida em que se refere à minha facticidade. Jamais capto o outro como corpo sem captar, ao mesmo tempo, de modo não explícito, meu corpo como o centro de referência indicado pelo Outro. Mas, igualmente, não poderíamos perceber o corpo do outro *como carne* a título de objeto isolado mantendo com os Outros *istos* puras relações de exterioridade. Isso só é verdade para o *cadáver*. O corpo do Outro como carne é imediatamente dado a mim como centro de referência de uma situação que se organiza sinteticamente à sua volta, e ele é inseparável desta situação; não cabe, pois, indagar como o corpo do Outro pode ser primeiramente corpo para mim e só depois entrar em situação: o Outro é-me dado originariamente como *corpo em situação*. Portanto, não há, por exemplo, corpo primeiro e ação depois. Mas o corpo é a contingência objetiva da ação do outro. Assim, reencontramos, em outro nível, uma necessidade ontológica que havíamos assinalado a propósito da existência de meu corpo para mim: a contingência do Para-si, dizíamos, só pode ser existida na e pela transcendência; é a recuperação perpetuamente transcendida e perpetuamente retomada do Para-si pelo Em-si sobre fundo de nadificação primeira. Aqui, de modo similar, o corpo do Outro como carne não poderia *inserir-se* em uma situação previamente definida, pois é precisamente a partir dele que há situação. Também aqui o corpo do Outro não poderia existir em e por uma transcendência. Só que esta transcendência é, de saída, transcendida; ela própria é objeto. Assim, o corpo de Pedro não é primeiro essa mão que pudesse depois segurar aquele copo: tal concepção tenderia a colocar o cadáver na origem do corpo vivo. Mas o corpo é o complexo mão-copo, na medida em que a *carne* da mão assinala a contingência original desse complexo. Longe de constituir um problema a relação entre o corpo e os objetos, jamais captamos o corpo fora desta relação. Assim, o corpo do outro é *significante*. A significação nada mais é que um movimento coagulado de transcendência. Um corpo é corpo na medida em que esta massa de carne que ele *é* se define pela mesa que olha, a cadeira que segura, a calçada onde anda etc. Mas, indo mais além, não poderíamos esgotar as significações que constituem o corpo pela referência às ações concertadas, à utilização racional dos complexos-utensílios. O corpo é totalidade das relações significantes com o mundo: nesse sentido, define-se também por referência ao ar que respira, à água que bebe, à carne que come. O corpo, com efeito, não poderia aparecer sem manter relações significantes com a totalidade do que é. Como a *ação*, a *vida* é transcendência-transcendida e significação. Não há diferença de natureza entre a vida concebida como totalidade e a ação. A vida representa o conjunto das significações que se transcendem rumo a objetos que não são posicionados como *istos* sobre fundo de mundo. A vida é o *corpo-fundo* do Outro, em oposição ao corpo-forma, na medida em que esse corpo-fundo pode ser captado, não mais pelo Para-si do outro a título implícito e não posicional, mas precisamente de modo explícito e objetivo por *mim:* aparece então como forma significante sobre fundo de universo, mas sem deixar de ser fundo para o Outro e precisamente *enquanto fundo*. Mas convém fazer aqui uma distinção importante: o corpo do Outro, com efeito, aparece "ao meu corpo". Significa que há uma facticidade de meu ponto de vista sobre o Outro. Nesse sentido, é preciso não confundir minha possibilidade de captar um órgão (braço, mão) sobre fundo de totalidade corporal com minha apreensão explícita do corpo do Outro ou certas estruturas desse corpo enquanto vividas pelo Outro como *corpo-fundo*. É que somente no segundo caso captamos o Outro como *vida*. No primeiro, com efeito, pode ocorrer que captemos como fundo o que para ele é forma. Quando olho sua mão, o resto do corpo se unifica em fundo, mas talvez seja precisamente sua fronte ou seu tórax o que para ele existe não teticamente como forma sobre um fundo em que seus braços e mãos tenham se diluído.

Daí resulta, bem entendido, que o ser do corpo do Outro é uma totalidade sintética para mim. Significa que: 1º) jamais poderia captar o corpo do Outro senão a partir de uma situação total que o indique; 2º) não poderia perceber isoladamente um órgão qualquer do corpo do Outro e sempre indico cada órgão singular a partir da totalidade da *carne* ou da *vida*. Assim, minha percepção do corpo do Outro é radicalmente diferente da minha percepção das coisas.

1º) O Outro se move entre os limites que aparecem em conexão imediata com seus movimentos e são os termos a partir dos quais indico a significação desses movimentos. Tais limites são, ao mesmo tempo, espaciais e temporais. Espacialmente, é o copo situado *à distância* de Pedro que é a significação de seu gesto atual. Assim, em minha própria percepção, vou do conjunto "mesa-copo-garrafa etc." ao movimento do braço de modo a me anunciar o que é tal movimento. Se o braço é visível e o copo oculto, percebo o movimento de Pedro a partir da ideia pura de *situação* e dos termos visados no vazio Para-além dos objetos que me escondem o copo, como significação do gesto. Temporalmente, capto sempre o gesto de Pedro na medida em que é presentemente revelado a mim a partir dos termos futuros rumo aos quais propende. Assim, conheço o presente do corpo por seu futuro, e, generalizando mais ainda, pelo futuro do mundo. Jamais será possível compreender o problema psicológico da percepção do corpo do Outro se não captarmos primeiro esta verdade essencial: o corpo do Outro é percebido de modo totalmente diferente dos demais corpos; porque, para percebê-lo, vamos sempre do que está fora dele, no espaço e no tempo, a ele mesmo; captamos sua atitude "a contrapelo" por uma espécie de inversão do tempo e do espaço. Perceber o Outro é fazer anunciar através do mundo aquilo que ele é.

2º) Jamais percebo um braço erguendo-se em um corpo imóvel: percebo Pedro-que-levanta-a-mão. E não se deve entender por isso que, por ato de juízo, eu relacione o movimento da mão a uma "consciência" que o provocasse, e sim que não posso captar o movimento da mão ou do braço salvo como estrutura temporal do corpo inteiro. Aqui, o todo é que determina a ordem e os movimentos das partes. Para nos convencermos de que efetivamente se trata aqui de uma percepção originária do corpo do Outro, basta lembrar o horror que pode suscitar a visão de um braço quebrado, que "não parece pertencer a um corpo", ou algumas dessas percepções rápidas em que vemos, por exemplo, a mão do Outro (cujo braço está oculto) trepar como uma aranha pelo batente de uma porta. Nesses diferentes casos, há a desintegração do corpo; e esta desintegração é captada como extraordinária. Conhecemos, por outro lado, as provas positivas arguidas com frequência pelos gestaltistas. É impressionante, com efeito, que a fotografia registre um grande aumento das mãos de Pedro quando ele as estende para a frente (porque a câmera as apreende em suas próprias dimensões e sem conexão sintética com a totalidade corporal) quando percebemos as mesmas mãos sem aumento aparente se as vemos a olho nu. Nesse sentido, o corpo aparece a partir da situação como totalidade sintética da *vida* e da *ação*.

Depois dessas observações, fica evidente que o corpo de Pedro de modo algum se distingue de Pedro-para-mim. Só existe para mim o corpo do Outro, com suas diferentes significações; ser objeto-Para-outro ou ser-corpo, duas modalidades ontológicas, são traduções rigorosamente equivalentes do ser-Para-outro do Para-si. Assim, as significações não remetem a um psiquismo misterioso; *são* esse psiquismo enquanto este é transcendência-transcendida. Sem dúvida, há uma criptologia do psíquico: certos fenômenos são "ocultos". Mas isso não significa absolutamente que as significações se refiram a um "Para-além do corpo". Referem-se ao mundo e a si mesmas. Em particular, essas manifestações emocionais, ou, de modo mais geral, os fenômenos impropriamente denominados *expressão*, de forma alguma *indicam* uma afecção oculta e vivida por algum psiquismo, que seria o objeto imaterial das investigações do psicólogo: esse franzir de cenho, esse rubor da face, essa tartamudez, esse leve tremor das mãos, esses olhares enviezados que parecem ao mesmo tempo tímidos e ameaçadores, tais fenômenos não *expressam* ira, mas *são* a ira. Mas é preciso deixar claro: em si mesmo, um punho cerrado nada é e significa nada. Contudo, também nunca percebemos *um punho cerrado*: percebemos um homem que, em certa situação, cerra o punho. Este ato significante, considerado em conexão com o passado e os possíveis, e compreendido a partir da totalidade sintética "corpo em situação", *é* a ira. A ira a nada mais remete senão a ações no mundo (golpear, insultar etc.), ou seja, a novas atitudes significantes do corpo. Não podemos sair disso: o "objeto psíquico" está inteiramente entregue à percepção e é inconcebível fora das estruturas corporais. Se até hoje não se levou isso em consideração, ou se aqueles que o sustentaram, como os behavioristas, não compreenderam muito bem o que queriam dizer e causaram escândalo, é porque acreditou-se que todas as percepções são do mesmo tipo. De fato, a percepção deve entregar-nos imediatamente o objeto espaçotemporal. Sua estrutura fundamental é a negação interna, e me entrega o objeto *tal como é*, não como uma imagem vã de alguma realidade fora de alcance. Mas, precisamente por isso, a cada tipo de realidade corresponde uma nova estrutura de percepção. O corpo é o objeto psíquico por excelência, *o único objeto psíquico*. Mas, se considerarmos que o corpo é transcendência-transcendida, sua percepção não poderia, *por natureza*, ser do mesmo tipo da percepção dos objetos inanimados. Não se deve entender com isso que a percepção tenha se enriquecido progressivamente, mas sim que é originariamente de outra estrutura. Assim, não é preciso recorrer ao hábito ou ao raciocínio por analogia para explicar como *compreendemos* as condutas expressivas: essas condutas se entregam originariamente à percepção como compreensíveis; seu sentido faz parte de seu ser, tal como a cor do papel faz parte do ser do papel. Portanto, não é necessário reportar-se a outras condutas para compreendê-las, do mesmo modo como não precisamos reportar-nos à cor da mesa, da folhagem ou de outros papéis a fim de perceber a cor da folha de papel à minha frente.

Todavia, o corpo do Outro é dado imediatamente a nós como aquilo que o Outro *é*. Nesse sentido, apreendemo-lo como aquilo que é perpetuamente transcendido rumo a um fim por cada significação particular. Tomemos, por exemplo, um homem que anda. Desde o começo, compreendo seu andar a partir de um conjunto espaçotemporal (rua-meio fio-calçada-lojas-automóveis etc.), no qual certas estruturas representam o sentido-porvir do andar. Percebo este andar indo do futuro ao presente – embora o futuro em questão pertença ao tempo universal e seja um puro "agora" que ainda não está-aí. O próprio andar, puro devir inapreensível e nadificante, é o *presente*. Mas esse presente é um transcender rumo a um termo futuro de *alguma coisa* que anda: Para-além do presente puro e inapreensível do movimento do braço, tentamos captar o substrato do movimento. Tal substrato, que jamais captamos como *é*, salvo no cadáver, está, contudo, sempre aí como o transcendido, *o passado*. Quando falo de um braço-em-movimento, considero esse braço que *estava em repouso* como substância do movimento. Sublinhamos, em nossa Segunda Parte, que tal concepção é insustentável: o que se move não pode ser o braço imóvel; o movimento é uma doença do ser. Não é menos verdade que o movimento psíquico se refere a dois termos, o termo futuro de seu *resultado* e o termo passado: o órgão imóvel que ele altera e transcende. E percebo precisamente o movimento-do-braço como uma perpétua e inapreensível remissão a um ser-passado. Este ser-passado (o braço, a perna, o corpo inteiro em repouso) não é visto por mim; jamais posso senão entrevê-lo *através* do movimento que o transcende e ao qual sou presença, tal como entrevemos um seixo no fundo do rio, através do movimento das águas. Todavia, esta imobilidade de ser, sempre *transcendida*, jamais *percebida*, à qual me refiro perpetuamente para denominar *aquilo que está* em movimento, é a facticidade pura, a pura *carne*, o puro *Em-si* como passado perpetuamente preterificado da transcendência-transcendida.

Esse puro Em-si, que só existe a título de *transcendido*, no e por esse transcender, cai na categoria de *cadáver* caso deixe de ser simultaneamente revelado e oculto pela transcendência-transcendida. A título de *cadáver*, ou seja, de *puro passado de uma vida*, de *simples rastro*, só é ainda verdadeiramente compreensível a partir do transcender que não mais o transcende: é *aquilo que foi transcendido rumo a situações perpetuamente renovadas*. Mas, por outro lado, na medida em que aparece no presente como puro Em-si, existe, com respeito aos demais "istos", na simples relação de exterioridade indiferente: o cadáver *não está mais em situação*. Ao mesmo tempo, desmorona, em si mesmo, em uma multiplicidade de seres que mantêm, uns com os outros, relações de pura exterioridade. A *anatomia* é o estudo da exterioridade que subentende sempre a facticidade, enquanto tal exterioridade jamais é perceptível, salvo no cadáver. A *fisiologia* é a reconstituição sintética do vivente a partir dos cadáveres. Desde o início, a fisiologia acha-se condenada a não compreender seja o que for da vida, posto que a concebe simplesmente como uma modalidade particular da morte, e vê a divisibilidade ao infinito do cadáver como dado primeiro e desconhece a unidade sintética do "transcender rumo a", para o qual a divisibilidade ao infinito é puro e simples *passado*. Sequer o estudo da vida no ser vivente, sequer as vivissecções, sequer o estudo da vida do protoplasma, sequer a embriologia ou o estudo do ovo poderiam encontrar a vida: o órgão que se observa está vivo, mas não está incorporado à unidade sintética de *uma vida*, e sim é compreendido a partir da anatomia, ou seja, a partir da morte. Portanto, seria enorme erro acreditar que o corpo do Outro que a nós se revela originariamente seja o corpo da anatomofisiologia. Erro tão grave quanto o de confundir nossos sentidos "para nós" com nossos órgãos sensoriais para o Outro. O corpo do Outro é a facticidade da transcendência-transcendida, na medida em que esta facticidade é perpetuamente *nascimento*, ou seja, refere-se à exterioridade de indiferença de um Em-si perpetuamente transcendido.

Tais considerações permitem explicar o que denominamos *caráter*. Deve-se notar, com efeito, que o caráter só tem existência distinta a título de objeto de conhecimento para o Outro. A consciência não conhece seu caráter – salvo determinando-se reflexivamente a partir do ponto de vista do Outro; ela existe seu caráter em pura indistinção, não tematicamente e não teticamente, na experiência que faz da própria contingência e na nadificação pela qual reconhece e transcende sua facticidade. Daí por que a pura descrição introspectiva de si não manifesta qualquer caráter: o herói de Proust "não tem" caráter diretamente apreensível; apresenta-se primeiro, enquanto consciente de si, como um conjunto de reações genéricas e comuns a todos os homens ("mecanismos" da paixão, emoções, ordem de aparição das lembranças etc.), no qual cada leitor pode reconhecer a si mesmo: isso porque essas reações pertencem à "natureza" geral do psíquico. Se chegamos (como tentou Abraham em seu livro sobre Proust) a determinar o caráter do herói proustiano (por exemplo, a propósito de sua fraqueza, de sua passividade, da singular conexão que estabelece entre amor e dinheiro), é porque interpretamos dados brutos: adotamos sobre eles um ponto de vista exterior, comparamo-los e tentamos extrair deles relações permanentes e objetivas. Mas isso requer um distanciamento: enquanto o leitor, seguindo a ótica geral da leitura, identifica-se com o herói do romance, o caráter de "Marcel" lhe escapa; melhor, não existe nesse nível. Só aparece se elimino a cumplicidade que me une ao escritor, se considero o livro, não mais como um confidente, mas como uma confidência, ou, melhor ainda: como um *documento*. Esse caráter, portanto, só existe em nível do Para-outro, e é por essa razão que as máximas e descrições dos "moralistas", ou seja, dos autores franceses que empreenderam a tarefa de constituir uma psicologia objetiva e social, não coincidem jamais com a experiência vivida do sujeito. Mas, se o caráter é essencialmente *para outro*, não poderia distinguir-se do corpo, tal como o descrevemos. Supor, por exemplo, que o temperamento é a *causa* do caráter, que o "temperamento sanguíneo" é a *causa* da irascibilidade, é colocar o caráter como entidade psíquica dotada de todos os aspectos da objetividade e, no entanto, subjetiva e *padecida* pelo sujeito. De fato, a irascibilidade do outro é conhecida de fora e, desde a origem, transcendida por minha transcendência. Nesse sentido, não se distingue do "temperamento sanguíneo", por exemplo. Em ambos os casos, captamos o mesmo rubor apoplético, os mesmos aspectos corporais, mas transcendemos diferentemente esses dados conforme nossos projetos: tratar-se-á de *temperamento* se encararmos este rubor como manifestação do *corpo-fundo*, ou seja, cindindo seus vínculos com a situação; se tentarmos compreender o rubor *a partir do cadáver*, poderemos delinear um estudo fisiológico e medicinal; ao contrário, se o encararmos a partir da situação global, o rubor será a própria ira, ou então uma promessa de ira, ou melhor, uma ira em promessa, isto é, uma relação permanente com as coisas-utensílios, uma potencialidade. Entre o temperamento e o caráter, portanto, há apenas uma diferença de razão, e o caráter se identifica com o corpo. É o que justifica as tentativas de muitos autores para instituir uma fisionomia como base dos estudos caracterológicos, e, em particular, os primorosos estudos de Kretschmer sobre o caráter e a estrutura do corpo. O caráter do outro, com efeito, é imediatamente dado à intuição como conjunto sintético. Isso não significa que possamos logo *descrevê-lo*. É preciso tempo para fazer surgir as estruturas diferenciadas, para explicitar certos dados que captamos de imediato afetivamente, para transformar esta indistinção global que é o corpo do outro em forma organizada. Poderemos nos equivocar, e será lícito também recorrer a conhecimentos gerais e discursivos (leis estabelecidas empírica ou estatisticamente acerca de outros sujeitos) de modo a *interpretar* o que vemos. Mas, de qualquer forma, trata-se apenas de explicitar e organizar o conteúdo de nossa intuição primeira, com vistas à previsão e à ação. Sem qualquer dúvida, é o que as pessoas querem dizer ao repetir que "a primeira impressão não engana". Desde o primeiro encontro, com efeito, o outro é dado por inteiro e imediatamente, sem véu nem mistério. Conhecer, neste caso, é compreender, descobrir e apreciar.

Todavia, o Outro é assim dado naquilo que *é*. O caráter não difere da facticidade, ou seja, da contingência originária. Logo, captamos o outro como *livre;* observamos mais atrás que a *liberdade* é uma qualidade objetiva do Outro como poder incondicionado de modificar as situações. Esse poder não se distingue do que constitui originariamente o outro, poder de fazer com que uma situação exista em geral: poder modificar uma situação, com efeito, é precisamente fazer com que uma situação exista. A liberdade objetiva do Outro nada mais é que transcendência-transcendida; é liberdade-objeto, como assentamos. Nesse sentido, o outro aparece como aquele que deve ser compreendido a partir de uma situação perpetuamente modificada. É o que faz com que o corpo seja sempre o *passado*. Nesse sentido, o caráter do Outro mostra-se a nós como o *transcendido*. Até mesmo a irascibilidade como promessa de ira é sempre promessa transcendida. Assim, o caráter revela-se como a facticidade do Outro enquanto acessível à minha intuição, mas também enquanto apenas *é* para ser transcendida. Nesse sentido, "ficar com raiva" é já transcender a irascibilidade pelo próprio fato de consenti-la, é dar-lhe um sentido; a ira aparecerá, portanto, como a recuperação da irascibilidade pela liberdade-objeto. Não significa que sejamos remetidos, com isso, a uma subjetividade, mas apenas que aquilo que aqui transcendemos não é só a facticidade do Outro, mas também sua transcendência, não só o seu ser, quer dizer, seu passado, mas também seu presente e seu porvir. Embora a ira do Outro me apareça sempre como livre-ira (o que é evidente pelo próprio fato de que a *julgo*), sempre posso transcendê-la, ou seja, estimulá-la ou tranquilizá-la; melhor ainda, é ao transcendê-la, e somente assim, que eu a apreendo. Logo, o corpo, sendo a facticidade da transcendência-transcendida, é sempre corpo-que-indica-para-além de si, simultaneamente no espaço (é a situação) e no tempo (é a liberdade-objeto). O corpo Para-outro é o objeto mágico por excelência. Assim, o corpo do Outro é sempre "corpo-mais-do-que-corpo", porque o Outro é dado a mim sem intermediário e totalmente no perpétuo transcender da facticidade. Mas esse transcender não me remete a uma subjetividade: é o fato objetivo de que o corpo – seja como organismo, caráter ou ferramenta – jamais me aparece sem *arredores* e deve ser determinado a partir desses arredores. O corpo do Outro não deve ser confundido com sua objetividade. A objetividade do Outro é sua transcendência como transcendida. O corpo é a facticidade desta transcendência. Mas corporeidade e objetividade do Outro são rigorosamente inseparáveis.

III
A TERCEIRA DIMENSÃO ONTOLÓGICA DO CORPO

Existo meu corpo: esta é sua primeira dimensão de ser. Meu corpo é utilizado e conhecido pelo Outro: esta, a segunda dimensão. Mas, enquanto *sou Para-outro*, o Outro desvela-se a mim como o sujeito para o qual sou objeto. Trata-se inclusive, como vimos, de minha relação fundamental com o Outro. Portanto, existo para mim como conhecido pelo Outro – em particular, na minha própria facticidade. Existo para mim como conhecido pelo Outro a título de corpo. Esta, a terceira dimensão ontológica de meu corpo. É a que vamos estudar agora; com ela, esgotaremos a questão dos modos de ser do corpo.

Com a aparição do olhar do Outro, experimento a revelação de meu ser-objeto, ou seja, de minha transcendência como transcendida. Um eu-objeto revela-se a mim como ser incognoscível, como fuga-para-o-Outro pela qual sou plenamente responsável. Mas, se não posso conhecer ou sequer conceber esse eu em sua realidade, ao menos não deixo de captar algumas de suas estruturas formais. Em particular, sinto-me alcançado pelo Outro em minha existência de fato; é por meu ser-aí-Para-outro que sou responsável. Este *ser-aí* é precisamente o corpo. Assim, o encontro com o Outro não me alcança somente em minha transcendência: na e pela transcendência que o Outro transcende, a facticidade que minha transcendência nadifica e transcende existe para o Outro, e, na medida que sou consciente de existir para o Outro, capto minha própria facticidade, não mais apenas em sua nadificação não tética, não mais somente *existindo-a*, mas em sua fuga rumo a um ser-no-meio-do-mundo. O choque do encontro com o Outro é, para mim, uma revelação no vazio da existência de meu corpo, lá fora, como um Em-si para o Outro. Assim, meu corpo não é dado meramente como o vivido puro e simples: esse próprio vivido, no e pelo fato contingente e absoluto da existência do Outro, estende-se lá fora em uma dimensão de fuga que me escapa. A profundidade de ser de meu corpo para mim é o perpétuo "fora" de meu "dentro" mais íntimo. Na medida em que a onipresença do Outro é o fato fundamental, a objetividade de meu ser-aí é uma dimensão constante de minha facticidade; existo minha contingência enquanto a transcendo rumo a meus possíveis e ela me escapa sorrateiramente rumo a um irremediável. Meu corpo está-aí não somente como ponto de vista que sou, mas também como ponto de vista sobre o qual são adotados atualmente pontos de vista que jamais poderei alcançar; meu corpo escapa de mim por todo lado. Significa, em primeiro lugar, que este conjunto de *sentidos,* que não podem captar-se a si mesmos, é dado como captado em outro lugar e por outros. Esta captação que assim se manifesta no vazio não tem o caráter de uma necessidade ontológica; não podemos derivá-la da própria existência de minha facticidade, mas é um fato evidente e absoluto; tem o caráter de uma necessidade de fato. Uma vez que minha facticidade é pura contingência e revela-se a mim não teticamente como necessidade de fato, o ser-Para-outro desta facticidade vem multiplicar a contingência desta facticidade: ela se perde e me foge em um infinito de contingência que me escapa. Assim, no momento mesmo em que *vivo* meus sentidos como esse ponto de vista íntimo sobre o qual não posso ter qualquer ponto de vista, o ser-Para-outro desses sentidos me infesta: meus sentidos *são*. Para o Outro, meus sentidos são tal como esta mesa ou esta árvore são para mim; estão no meio de *algum mundo;* são no e pelo escoamento absoluto de *meu* mundo rumo ao Outro. Assim, a relatividade de meus sentidos, que não posso pensar abstratamente sem destruir *meu* mundo, é ao mesmo tempo perpetuamente presentificada a mim pela existência do Outro; mas é uma pura e inapreensível presentificação *(apprésentation).* Da mesma forma, meu corpo é para mim o instrumento que sou e não pode ser utilizado por qualquer instrumento; mas, na medida em que o Outro, no encontro original, transcende meu ser-aí rumo às suas possibilidades, este instrumento que sou é presentificado a mim como instrumento submerso em uma série instrumental infinita, embora eu não possa, de modo algum, adotar um ponto de vista de sobrevoo sobre esta série. Meu corpo, enquanto alienado, escapa-me rumo a um ser-ferramenta-entre-ferramentas, rumo a um ser-órgão-sensível-captado-por-órgãos-sensíveis, e isso com uma destruição alienadora e um desmoronamento concreto de meu mundo, que escoa rumo ao Outro e que o Outro irá retomar em *seu* mundo. Por exemplo, quando um médico me ausculta, *percebo sua orelha,* e, na medida em que os objetos do mundo me indicam como centro de referência absoluto, esta orelha percebida indica certas estruturas como formas que eu existo sobre meu corpo-fundo. Essas estruturas são precisamente – e no mesmo surgimento de meu ser – o puro vivido, aquilo que existo e nadifico. Assim, temos aqui, em primeiro lugar, a conexão original entre a designação e o vivido: as coisas percebidas designam aquilo que eu "existo" subjetivamente. Mas, a partir do momento que, sobre o desmoronamento do objeto sensível "orelha", apreendo o médico auscultando os ruídos de meu corpo e sentindo meu corpo com o seu, o vivido designado converte-se em designado como *coisa fora de minha subjetividade,* em meio de um mundo que não é o meu. Meu corpo é designado como alienado. A experiência de minha alienação faz-se em e por estruturas afetivas, como a *timidez.* "Sentir-se enrubescer", "sentir-se transpirando" etc., são expressões impróprias que o tímido usa para explicar seu estado: o que ele quer dizer com isso é que tem consciência viva e constante de seu corpo tal como é, não para si mesmo, mas *para o Outro.* Esse constante mal-estar, que é a captação da alienação de meu corpo como irremediável, pode determinar psicoses como a ereutofobia; tais psicoses nada mais são que a captação metafísica e horrorizada da existência de meu corpo para o Outro. Diz-se comumente que o tímido se sente "embaraçado pelo próprio corpo". Na verdade, esta expressão é imprópria: eu não poderia ficar embaraçado pelo meu corpo tal como o existo. Meu corpo tal como é para o Outro é que poderia me embaraçar. Tampouco nesse caso a expressão é feliz, porque só posso ficar embaraçado por uma coisa concreta, presente no interior de meu universo e que me importune pelo emprego de outras ferramentas. Aqui, o embaraço é mais sutil, pois o que me importuna acha-se ausente; jamais encontro meu corpo-Para-outro como obstáculo; ao contrário, é porque nunca está aí, porque permanece inapreensível, que tal corpo pode ser *importuno*. Tento alcançá-lo, dominá-lo, servir-me dele como instrumento – posto que também se dá como *instrumento em um mundo* – a fim de conferir-lhe o molde e a atitude convenientes; mas, precisamente, está por princípio fora de alcance, e todos os atos que executo para apropriar-me dele, por sua vez, escapam-me e se coagulam à distância de mim como corpo-Para-outro. Assim, devo agir perpetuamente "às cegas", atirar ao acaso, sem jamais conhecer os resultados de meu tiro. Eis por que o empenho do tímido, após constatar a inutilidade de suas tentativas, consistirá em suprimir seu corpo-Para-outro. Quando almeja "não ter mais corpo", ser "invisível" etc., não é seu corpo-Para-si que pretende aniquilar, mas esta inapreensível dimensão do corpo-alienado.

Isso ocorre, com efeito, porque atribuímos ao corpo-Para-outro tanta realidade quanto ao corpo-Para-nós. Ou melhor, o corpo-Para-outro *é* o corpo-Para-nós, porém inapreensível e alienado. Parece então que o Outro cumpre por nós uma função para a qual somos incapazes e que, no entanto, cabe-nos executar: *ver-nos como somos*. A linguagem, ao nos revelar – no vazio – as principais estruturas de nosso corpo-Para-outro (enquanto o corpo existido é inefável), incita-nos a descarregar inteiramente nossa pretendida missão em cima do Outro. Resignamo-nos a nos ver pelos olhos do Outro; significa que tentamos conhecer o nosso ser pelas revelações da linguagem. Aparece assim todo um sistema de correspondências verbais, pelo qual fazemos com que nosso corpo seja designado tal como é para o Outro, utilizando essas designações para nomear nosso corpo tal como é para nós. É nesse nível que se produz a assimilação analógica entre o corpo do Outro e o meu. Com efeito, para que eu possa pensar que "meu corpo é para o outro como o corpo do Outro é para mim", é necessário que tenha encontrado o Outro, primeiro em sua subjetividade objetivadora, depois como objeto; é preciso, para julgar o corpo do Outro como objeto semelhante ao meu, que ele me tenha sido dado como objeto e que meu corpo, por sua vez, tenha desvelado a mim uma dimensão-objeto. Jamais a analogia ou a semelhança podem constituir *primeiramente* o objeto-corpo do Outro e a objetividade de meu corpo, mas, ao contrário, ambas as objetidades devem existir previamente de modo que possa intervir um princípio analógico. Aqui, portanto, é a linguagem que me ensina as estruturas Para-outro de meu corpo. É necessário entender, contudo, que não é no plano irrefletido que a linguagem, com suas significações, pode deslizar entre meu corpo e minha consciência que o existe. Nesse plano, a alienação do corpo rumo ao Outro e sua terceira dimensão de ser só podem ser experimentadas no vazio; não passam de um prolongamento da facticidade vivida. Nenhum conceito, nenhuma intuição cognitiva pode ajuntar-se a elas. A objetividade de meu corpo Para-outro não é objeto para mim, nem poderia constituir meu corpo como objeto: é experimentada como fuga do corpo eu que existo. Para que os conhecimentos que o Outro tem de meu corpo e que me comunica pela linguagem possam dar a meu corpo-para-mim uma estrutura de tipo particular, é preciso que se apliquem a um objeto e que meu corpo já seja objeto para mim. Portanto, é em nível da consciência reflexiva que esses conhecimentos podem intervir: não irão qualificar a facticidade enquanto puro *existido* (*existé*) da consciência não tética, mas sim a facticidade como quase-objeto apreendido pela reflexão. Tal estrato conceitual, ao inserir-se entre o quase-objeto e a consciência reflexiva, irá obter a objetivação do quase-corpo psíquico. A reflexão, como vimos, apreende a facticidade e a transcende rumo a um irreal, cujo esse é um puro *percipi* e que designamos como *psíquico*. Esse psíquico está constituído. Os conhecimentos conceituais que adquirimos em nossa história e provêm todos de nosso comércio com o Outro irão produzir um estrato constitutivo do corpo psíquico. Em uma palavra, enquanto padecemos reflexivamente nosso corpo, constituímo-lo em quase objeto pela reflexão cúmplice – assim, a observação provém de nós mesmos. Porém, tão logo *conhecemos* nosso corpo, ou seja, desde que o captamos em uma intuição puramente cognitiva, constituímo-lo por esta mesma intuição e com os conhecimentos do Outro, ou seja, tal como jamais poderia ser para nós por si mesmo. As estruturas cognoscíveis de nosso corpo psíquico, portanto, indicam simplesmente e no vazio sua perpétua alienação. Em vez de viver esta alienação, constituímo-la no vazio, transcendendo a facticidade vivida rumo ao quase-objeto que é o corpo-psíquico, e novamente transcendendo esse quase-objeto *padecido* rumo a caracteres de ser que, por princípio, não poderiam ser dados a mim e são simplesmente significados.

Voltemos, por exemplo, à nossa descrição da dor "física". Vimos como a reflexão constituía a dor em Mal, ao "padecê-la". Mas tivemos de interromper então nossa descrição, pois nos faltavam meios para ir mais longe. Agora podemos prosseguir: o Mal que padeço pode ser encarado em seu Em-si, ou seja, precisamente em seu ser-Para-outro. Nesse momento, eu o *conheço*, ou seja, viso-o em sua dimensão de ser que me escapa, na face que volta para os Outros, e meu visar impregna-se do saber que a linguagem me forneceu, ou seja, utilizo conceitos instrumentais que me chegam do Outro e que de modo algum eu teria podido formar sozinho ou pensar por mim mesmo em dirigir ao *meu* corpo. É por meio dos conceitos do Outro que *conheço* meu corpo. Mas segue-se daí que na própria reflexão adoto o ponto de vista do Outro sobre meu corpo; tento captá-lo como se eu fosse o Outro com relação a ele. É evidente que as categorias que então aplico ao Mal constituem-no *no vazio*, ou seja, em uma dimensão que me escapa. Por que falar então em *intuição*? É porque, apesar de tudo, o *corpo padecido* serve de núcleo, de matéria, para as significações alienadoras que o transcendem: é esse *Mal* que me escapa rumo a características novas, que estabeleço como limites e esquemas vazios de organização. É assim, por exemplo, que meu Mal, padecido como psíquico, irá me aparecer como mal *de estômago*. Naturalmente, a dor "de estômago" *é* o próprio estômago enquanto vivido dolorosamente. Enquanto tal, essa dor, antes da intervenção do estrato alienador cognitivo, não é signo local nem identificação. A gastralgia é o estômago presente à consciência como qualidade pura de dor. Enquanto tal, como vimos, o mal, por si mesmo – e sem operação intelectual de identificação ou discriminação – distingue-se de qualquer outra dor, de qualquer outro Mal. Só que, nesse nível, "o estômago" é algo inefável, que não poderia ser designado nem pensado: é somente esta forma padecida que se destaca sobre fundo de corpo existido. O saber objetivador que agora transcende o Mal padecido rumo ao *estômago* designado é o saber de certa natureza objetiva do estômago: sei que este tem forma de gaita de foles, é como um saco, produz sucos e diástases, é envolto por uma túnica muscular de fibras lisas etc. Também posso saber – porque um médico me disse – que está ulcerado. E novamente posso representar esta úlcera para mim com maior ou menor clareza. Posso encará-la como algo que corrói, como uma ligeira putrefação interna; posso concebê-la por analogia com os abcessos, a herpes febril, o pus, os cancros etc. Tudo isso, por princípio, provém de conhecimentos que adquiri dos Outros ou de conhecimentos que os Outros têm de mim. Em todo caso, isso não poderia constituir meu Mal enquanto o *desfruto*, mas sim na medida em que ele me escapa. O estômago e a úlcera convertem-se em direções de fuga, em perspectivas de alienação do objeto de que desfruto. É então que aparece um novo estrato de existência: havíamos transcendido a dor vivida rumo ao mal padecido; agora, transcendemos o mal rumo à *Enfermidade*. Enquanto *psíquica*, a Enfermidade é decerto bem diferente da enfermidade conhecida e descrita pelo médico: é um estado. Não se trata aqui de micróbios ou lesões teciduais, mas sim de uma forma sintética de destruição. Esta forma *me escapa por princípio;* revela-se de tempos em tempos por "acessos" de dor, por "crises" de meu Mal, mas permanece o resto do tempo fora de alcance, sem desaparecer. É então objetivamente discernível *para os Outros:* os Outros me ensinaram a seu respeito, os Outros podem diagnosticá-la; está presente para os Outros, mesmo quando não tenho qualquer consciência dela. É portanto, em sua natureza profunda, puro e simples *ser Para-outro*. E, quando não padeço essa enfermidade, falo e me conduzo a respeito dela como se fosse a respeito de um objeto que, por princípio, acha-se fora de alcance e do qual os Outros são os depositários. Não bebo vinho, caso tenha cólicas hepáticas, para não despertar minhas dores de fígado. Mas o meu objetivo preciso – não despertar minhas dores de fígado – de modo algum se distingue deste outro objetivo: obedecer às proibições do médico que me revelou essas dores. Assim, um outro é responsável por *minha enfermidade*. E, contudo, este objeto que me vem dos Outros conserva caracteres de espontaneidade degradada que provêm do que apreendo através de meu Mal. Nossa intenção não é descrever esse novo objeto, nem insistir sobre esses caracteres de espontaneidade mágica, de finalidade destrutiva, de potência maligna, sobre sua familiaridade comigo e suas relações concretas com meu ser (porque é, antes de tudo, *minha* enfermidade). Queremos apenas observar que, na própria enfermidade, o corpo é dado; assim como este era o suporte do mal, agora é a substância de enfermidade, aquilo que é destruído pela enfermidade, aquilo através do qual estende-se esta forma destrutiva. Assim, o estômago lesado está presente através da gastralgia como sendo a própria matéria de que é feita esta gastralgia. Está aí, presente à intuição, e o apreendo através da dor padecida, com seus caracteres. Apreendo-o como *aquilo que está corroído*, como "um saco em forma de gaita de foles" etc. Não o vejo, é certo, mas sei que é *minha dor*. Daí os fenômenos falsamente denominados "endoscopia". Na realidade, a dor mesmo nada me ensina sobre meu estômago, ao contrário do que pretende Sollier. Mas, na e pela dor, meu saber constitui um *estômago-Para-outro* que me aparece como uma ausência concreta e definida, com tantos caracteres objetivos quanto os que pude conhecer, nem mais nem menos. Mas, por princípio, o objeto assim definido é como o polo de alienação de minha dor; é, por princípio, aquilo que sou sem ter-de-sê-lo e sem poder transcender rumo a outra coisa qualquer. Assim, tal como um ser-Para-outro infesta minha facticidade não teticamente vivida, igualmente um ser-objeto-Para-outro, como uma dimensão de escape de meu corpo psíquico, infesta a facticidade constituída em quase-objeto pela reflexão cúmplice. Do mesmo modo, a pura náusea pode ser transcendida rumo a uma dimensão de alienação: irá então entregar-me meu corpo-Para-outro em seu "porte", seu "comportamento", sua "fisionomia"; irá então dar-se como *pesar* pelo meu rosto, por minha carne demasiado branca, por minha expressão demasiado rígida etc. Mas é preciso inverter os termos; não é *por* isso tudo que sinto pesar, mas sim a náusea é que é isso tudo como existido não teticamente. E é meu conhecimento que a prolonga rumo àquilo que ela é para o Outro. Porque é o Outro que capta minha náusea como *carne*, precisamente, e com o caráter nauseante de toda carne.

Não esgotamos com as observações precedentes a descrição das aparições de meu corpo. Falta descrever o que denominaremos um tipo *aberrante* de aparição. Com efeito, posso ver minhas mãos, tocar minhas costas, sentir o odor da minha transpiração. Nesse caso, minha mão, por exemplo, aparece-me como objeto entre outros objetos. Não é mais *indicada* pelos arredores como centro de referência; minha mão se organiza no mundo com os arredores, e é ela que, como estes, indica meu corpo como centro de referência. Faz parte do mundo. Da mesma maneira, já não é mais o instrumento que não posso manejar com instrumentos; pelo contrário, faz parte dos utensílios que descubro no meio do mundo; posso *utilizá-la* por meio de minha outra mão, por exemplo, como ocorre quando bato com a mão direita meu punho esquerdo, que segura uma amêndoa ou uma noz. Minha mão se integra então no sistema infinito dos utensílios utilizados. Nada há nesse novo tipo de aparição que possa nos inquietar ou fazer voltar às considerações precedentes. Todavia, era preciso mencioná-lo. Pode ser facilmente explicado, na condição de que o situemos *em seu lugar* na ordem das aparições do corpo, ou seja, na condição de que o examinemos em último lugar e como uma "curiosidade" de nossa constituição. Esta aparição de minha mão, com efeito, significa simplesmente que, em certos casos bem definidos, podemos adotar sobre nosso corpo o ponto de vista do Outro, ou, se preferirmos, que nosso próprio corpo pode nos aparecer como o corpo do Outro. Os pensadores que partiram desta aparição para constituir uma teoria geral do corpo inverteram radicalmente os termos do problema e ficaram expostos ao risco de nada compreender da questão. É preciso deixar bem claro, com efeito, que esta possibilidade de *ver* nosso corpo é um puro dado de fato, absolutamente contingente. Não poderia ser deduzida da necessidade do Para-si de "ter" um corpo, nem das estruturas de fato do corpo-Para-outro. Poderíamos conceber facilmente corpos que não pudessem adotar qualquer ponto de vista sobre si mesmos; parece inclusive ser o caso de certos insetos, que, embora providos de um sistema nervoso diferenciado e órgãos sensíveis, não podem utilizar esse sistema e esses órgãos para se conhecer. Portanto, trata-se de uma particularidade de estrutura que devemos mencionar sem tentar deduzi-la. Ter mãos, ter mãos que podem se tocar mutuamente: eis dois fatos que se acham no mesmo plano de contingência e, como tais, derivam da pura descrição anatômica ou da metafísica. Não poderíamos tomá-los como fundamento de um estudo da corporeidade.

Deve-se notar, além disso, que esta aparição do corpo não nos entrega o corpo enquanto age e percebe, mas sim enquanto é agido e percebido. Em suma, como sublinhamos no início deste capítulo, poderíamos conceber um sistema de órgãos visuais que permitisse a um olho ver o outro. Mas o olho visto seria visto enquanto coisa, não enquanto centro de referência. De modo similar, a mão que seguro com a outra não é captada enquanto mão segurada, mas sim enquanto objeto apreensível. Assim, a natureza de *nosso corpo para nós* nos escapa inteiramente, na medida em que podemos adotar sobre ele o ponto de vista do outro. Além disso, é preciso observar que, mesmo que a disposição dos órgãos sensíveis permita ver o corpo como aparece ao Outro, esta aparição do corpo como coisa-utensílio é muito tardia na criança; é, em qualquer caso, posterior à consciência (do) corpo propriamente dito e do mundo como complexo de utensilidade; é posterior à percepção do corpo do Outro. A criança sabia há muito tempo pegar, puxar, empurrar, segurar, antes de aprender a tocar e ver sua mão. Observações frequentes mostraram que a criança de dois meses não vê sua mão como sendo *sua* mão. Olha para ela, e, se ela se afasta de seu campo visual, vira o rosto e a procura com o olhar, como se não dependesse de si mesmo voltar a colocá-la ao alcance de sua vista. É por uma série de operações psicológicas e de sínteses de identificação e reconhecimento que a criança chegará a estabelecer tabelas de referências entre o corpo-existido e o corpo-visto. Ainda é preciso que já tenha anteriormente iniciado seu aprendizado do corpo do Outro. Assim, a percepção de meu corpo situa-se, cronologicamente, depois da percepção do corpo do Outro.

Considerada em seu próprio lugar e sua própria ocasião, em sua contingência original, essa captação de meu corpo não parece capaz de gerar problemas novos. O corpo é o instrumento que sou. É minha facticidade de ser "no-meio-do-mundo" enquanto a transcendo rumo a meu ser-no-mundo. É radicalmente impossível para mim, decerto, adotar um ponto de vista global sobre esta facticidade, porque, não fosse assim, eu deixaria de sê-la. Mas, que haverá de espantoso no fato de que certas estruturas de meu corpo, sem deixar de ser centro de referências para os objetos do mundo, ordenem-se de um ponto de vista radicalmente diferente, em comparação aos outros objetos, para indicar com estes tal ou qual de meus órgãos sensíveis como centro de referência parcial destacando-se como forma sobre o corpo-fundo? Que meu olho se veja a si mesmo, é impossível por natureza. Mas, que haverá de espantoso no fato de que minha mão toque meus olhos? Se isso devesse nos surpreender, seria por captarmos a necessidade para o Para-si de surgir como ponto de vista concreto sobre o mundo a título de obrigação ideal estritamente redutível a relações cognoscitivas entre os objetos e a simples regras para o desenvolvimento de meus conhecimentos, em vez de apreender aqui a necessidade de uma existência concreta e contingente no meio do mundo.

CAPÍTULO 3
AS RELAÇÕES CONCRETAS COM O OUTRO

Até agora, nada mais fizemos senão descrever nossa relação fundamental com o Outro. Esta relação permitiu-nos explicitar as três dimensões de ser de nosso corpo. E, embora a relação originária com o Outro anteceda a relação entre meu corpo e o corpo do Outro, pareceu-nos claramente que o conhecimento da natureza do corpo era indispensável a todo estudo das relações particulares entre meu ser e o ser do Outro. Estas, com efeito, pressupõem de ambas as partes a facticidade, ou seja, nossa existência como corpo no meio do mundo. Não que o corpo seja o instrumento e a causa de minhas relações com o Outro, mas ele constitui a significação dessas relações e assinala seus limites: é enquanto corpo-em-situação que capto a transcendência-transcendida do Outro, e é enquanto corpo-em-situação que me experimento em minha alienação em benefício do Outro. Agora podemos examinar essas relações concretas, pois estamos cientes do que nosso corpo é. Não são simples especificações da relação fundamental: embora cada uma inclua em si a relação originária com o Outro como sua estrutura essencial e seu fundamento, são modos de ser inteiramente novos do Para-si. Representam, com efeito, diferentes atitudes do Para-si em um mundo onde há o Outro. Logo, cada uma delas apresenta à sua maneira a relação bilateral: Para-si-Para-outro, Em-si. Se chegarmos a explicitar, portanto, as estruturas de nossas relações mais primitivas com o Outro-no-mundo, teremos concluído nossa tarefa; com efeito, interrogávamos, no início deste trabalho, sobre as relações entre o Para-si e o Em-si; mas agora sabemos que nossa tarefa é mais complexa: há a relação entre o Para-si e o Em-si *em presença do Outro*. Quando houvermos descrito esse fato concreto, estaremos em condições de tirar conclusões sobre as relações fundamentais entre esses três modos de ser e talvez possamos tentar uma teoria metafísica do ser em geral.

O Para-si como nadificação do Em-si se temporaliza como *fuga para*. Com efeito, transcende sua facticidade – ou ser *dado*, ou passado, ou corpo – rumo ao Em-si que ele seria se pudesse ser seu próprio fundamento. Isso pode ser traduzido em termos já psicológicos – e, por isso mesmo, impróprios, embora talvez mais claros – dizendo-se que o Para-si tenta escapar à sua existência de fato, ou seja, ao seu ser-aí, como Em-si, do qual não é de modo algum o fundamento, e que esta fuga ocorre rumo a um porvir impossível e sempre perseguido, no qual o Para-si fosse Em-si--Para-si, ou seja, um Em-si que fosse para si mesmo seu próprio fundamento. Assim, o Para-si é ao mesmo tempo fuga e perseguição; ao mesmo tempo, foge do Em-si e o persegue; o Para-si é perseguidor-perseguido. Mas recordemos, para amenizar o risco de uma interpretação psicológica das observações precedentes, que o Para-si não é *primeiro* para tentar *depois* alcançar o ser: em suma, não devemos concebê-lo como um existente dotado de tendências, assim como esse copo é provido de certas qualidades particulares. Esta fuga perseguidora não é um dado que se adicione ao ser do Para-si, mas o Para-si *é que é* esta fuga mesmo; tal fuga não se distingue da nadificação originária: dizer que o Para-si é perseguidor-perseguido é o mesmo que dizer que ele é à maneira de ter-de-ser o seu ser, ou que ele não é o que é e é o que não é. O Para-si não é o Em-si nem poderia sê-lo, mas é relação com o Em-si; é inclusive a única relação possível com o Em-si; cercado por todos os lados pelo Em-si, o Para-si não pode escapar-lhe, posto que é *nada* e porque *nada* o separa do Em-si. O Para-si é fundamento de toda negatividade e toda relação; *ele é a relação*.

Assim sendo, o surgimento do Outro alcança o Para-si em pleno âmago. Por e para Outro, a fuga perseguidora é coagulada em Em-si. O Em-si já vinha progressivamente recapturando-a; já essa fuga, ao mesmo tempo, era negação radical do fato, posicionamento absoluto do valor e estava trespassada de ponta a ponta pela facticidade: mas, pelo menos, a fuga escapava por meio da temporalização; pelo menos, seu caráter de totalidade-destotalizada lhe conferia um perpétuo "em outro lugar". Mas, agora, é esta totalidade mesmo que o Outro faz surgir diante de si, transcendendo-a rumo a seu próprio em-outro-lugar. É esta totalidade que se totaliza: para o Outro, sou irremediavelmente o que sou, e minha própria liberdade é um caráter dado a meu ser. Assim, o Em-si me recaptura até no futuro e me coagula integralmente em minha própria fuga, a qual se torna fuga prevista e contemplada, fuga *dada*. Mas esta fuga coagulada jamais é a fuga que sou para mim: é coagulada *lá fora*. Tal objetividade de minha fuga é por mim experimentada como uma alienação que não posso transcender nem conhecer. E, no entanto, apenas pelo fato de que eu a experimento e de que ela confere à minha fuga este Em-si do qual minha fuga foge, devo voltar-me para tal objetividade de minha fuga e tomar *atitudes* com relação a ela. Esta, a origem de minhas relações concretas com o Outro: são inteiramente comandadas por minhas atitudes com relação ao objeto que sou para o Outro. E, como a existência do outro me revela o ser que sou, sem que eu possa apropriar-me deste ser ou sequer concebê-lo, esta existência irá motivar duas atitudes opostas: o Outro me *olha* e, como tal, detém o segredo de meu ser e sabe o que *sou;* assim, o sentido profundo de meu ser acha-se fora de mim, aprisionado em uma ausência; o Outro leva vantagem sobre mim. Portanto, na medida em que fujo do Em-si que sou sem fundamentar, posso tentar negar este ser que me é conferido de fora; ou seja, posso voltar-me para o Outro a fim de, por minha vez, conferir-lhe objetividade, já que a objetividade do Outro é destruidora de minha objetividade para ele. Mas, por outro lado, na medida em que o Outro, como liberdade, é fundamento de meu ser-Em-si, posso tratar de recuperar esta liberdade e apoderar-me dela, sem privá-la de seu caráter de liberdade: com efeito, se pudesse apropriar-me desta liberdade que é fundamento de meu ser-Em-si, eu seria meu próprio fundamento. Transcender a transcendência do Outro, ou, ao contrário, incorporar em mim esta transcendência sem privá-la de seu caráter de transcendência – estas, as duas atitudes primitivas que adoto com relação ao Outro. E, também aqui, convém compreender as palavras prudentemente: não é verdade que eu primeiro seja e só depois "trate" de objetivar ou assimilar o Outro; mas sim que, na medida em que o surgimento de meu ser é surgimento em presença do Outro e que sou fuga perseguidora e perseguidor-perseguido, sou, na própria raiz de meu ser, projeto de objetivação ou de assimilação do Outro. Sou experiência do Outro: eis o fato originário. Mas esta experiência do Outro é, em si mesmo, atitude com relação ao Outro, ou seja, não posso *ser em presença do Outro* sem ser esta "em presença" na forma do ter-de--sê-lo. Assim, continuamos a descrever estruturas de ser do Para-si, ainda que a presença do Outro no mundo seja um fato absoluto e evidente por si, porém contingente, ou seja, impossível de deduzir das estruturas ontológicas do Para-si.

Essas duas tentativas que sou são opostas entre si. Cada uma delas é a morte da outra, ou seja, o fracasso de uma acarreta a adoção da outra. Assim, não há dialética de minhas relações com o Outro, mas círculo vicioso – embora cada tentativa se enriqueça com o fracasso da outra. Vamos estudar, portanto, uma e outra sucessivamente. Mas convém observar que, no próprio cerne de uma, a outra permanece sempre presente, precisamente porque nenhuma das duas pode ser sustentada sem contradição. Ou melhor: cada uma delas está na outra e engendra a morte da outra; assim, jamais podemos sair do círculo vicioso. Convém não esquecer essas observações ao abordar o estudo dessas atitudes fundamentais com relação ao Outro. Como tais atitudes se produzem e se destroem em círculo, é tão arbitrário começar por uma como pela outra. Porém, como é preciso escolher, vamos examinar primeiro as condutas pelas quais o Para-si tenta assimilar a liberdade do Outro.

I
A PRIMEIRA ATITUDE PARA COM O OUTRO: O AMOR, A LINGUAGEM, O MASOQUISMO

Tudo que vale para mim vale para o Outro. Enquanto tento livrar-me do domínio do Outro, o Outro tenta livrar-se do meu; enquanto procuro subjugar o Outro, o Outro procura me subjugar. Não se trata aqui, de modo algum, de relações unilaterais com um objeto-Em-si, mas sim de relações recíprocas e moventes. As descrições que se seguem devem ser encaradas, portanto, pela perspectiva do conflito. O conflito é o sentido originário do ser-Para-outro.

Se partimos da revelação inicial do Outro como *olhar*, devemos reconhecer que experimentamos nosso inapreensível ser-Para-outro na forma de uma *posse*. Sou possuído pelo Outro; o olhar do Outro modela meu corpo em sua nudez, causa seu nascer, o esculpe, o produz como *é*, o vê como jamais o verei. O Outro detém um segredo: o segredo do que sou. Faz-me ser e, por isso mesmo, possui-me, e esta possessão nada mais é que a consciência de meu possuir. E eu, no reconhecimento de minha objetidade, tenho a experiência de que ele detém esta consciência. A título de consciência, o Outro é para mim aquele que roubou meu ser e, ao mesmo tempo, aquele que faz com que "haja" um ser, que é o meu. Assim, tenho a compreensão desta estrutura ontológica; sou responsável por meu ser-Para-outro, mas não seu fundamento; meu ser-Para-outro me aparece, portanto, em forma de algo dado e contingente, pelo qual, todavia, sou responsável, e o Outro fundamenta meu ser na medida em que este ser *é* na forma do "há"; mas o Outro não é responsável por ele, embora o fundamente em completa liberdade, na e por sua livre transcendência. Portanto, na medida em que me desvelo a mim mesmo como responsável por meu ser, *reivindico* este ser que sou; ou seja, quero recuperá-lo, ou, em termos mais exatos, sou projeto de recuperação de meu ser. Quero estender a mão para apoderar-me deste ser que me é apresentado como *meu* ser, mas à distância, como a comida de Tântalo, e fundamentá-lo por minha própria liberdade. Porque, se em certo sentido meu ser-objeto é insuportável contingência e pura "posse" de mim por um Outro, em outro sentido este ser é como a indicação daquilo que eu precisaria recuperar e fundamentar para ser fundamento de mim mesmo. Mas isso só é concebível caso eu assimile a liberdade do Outro. Assim, meu projeto de recuperação de mim é fundamentalmente projeto de reabsorção do Outro. Todavia, tal projeto deve deixar intata a natureza do Outro. Significa que: 1º) Não deixo por isso de afirmar o Outro, ou seja, de negar que eu seja o Outro: sendo fundamento de meu ser, o Outro não poderia diluir-se em mim sem que meu ser-Para-outro desaparecesse. Logo, se projeto realizar a unidade com o Outro, significa que projeto assimilar a alteridade do Outro enquanto tal, como minha possibilidade própria. Com efeito, trata-se, para mim, de fazer-me ser adquirindo a possibilidade de adotar sobre mim o ponto de vista do Outro. Mas não se trata de adquirir uma pura faculdade abstrata de conhecimento. Não é da pura *categoria* do Outro que projeto me apropriar: tal categoria não é concebida, nem mesmo concebível. Mas, por ocasião da experiência concreta, padecida e ressentida do Outro, é este Outro concreto, como realidade absoluta, que almejo incorporar em mim mesmo, na sua alteridade. 2º) O Outro que pretendo assimilar não é, de forma alguma, o Outro-objeto. Ou, se preferirmos, meu projeto de incorporação do Outro não corresponde, de modo algum, a uma recuperação de meu Para-si como mim mesmo, nem a um transcender da transcendência do Outro rumo às minhas próprias possibilidades. Para mim, não se trata de fazer desaparecer minha objetividade objetivando o Outro, o que corresponderia a me *desembaraçar* de meu ser-Para-outro, mas sim, muito pelo contrário, de querer assimilar o Outro enquanto Outro-olhador, e tal projeto de assimilação comporta um reconhecimento ampliado de meu ser-visto. Em resumo, identifico-me totalmente com meu ser-visto a fim de manter à minha frente a liberdade olhadora do Outro, e, como meu ser-objeto é a única relação possível entre eu e o Outro, é somente este ser-objeto que pode me servir de instrumento para operar a assimilação a mim da *outra liberdade*. Assim, como reação ao fracasso do terceiro ek-stase, o Para-si quer identificar-se com a liberdade do Outro, como se fundamentasse o seu ser-Em-si. Ser o Outro para si mesmo – ideal sempre visado concretamente na forma de ser para si mesmo *este Outro* – é o valor primordial das relações com o Outro; significa que meu ser-Para-outro é infestado pela indicação de um ser-absoluto que seria si mesmo enquanto Outro e Outro enquanto si mesmo, e que, livremente dando a si o seu ser-si–mesmo como Outro e seu ser-Outro como si-mesmo, seria o próprio ser da prova ontológica, ou seja, Deus. Este ideal não poderia se realizar sem que eu superasse a contingência originária de minhas relações com o Outro, ou seja, o fato de que não há qualquer relação de negatividade interna entre a negação pela qual o Outro se faz Outro que não eu e a negação pela qual eu me faço Outro que não o Outro. Vimos que esta contingência é insuperável: é o *fato* de minhas relações com o Outro, tal como meu corpo é o *fato* de meu ser-no-mundo. A unidade com o Outro é, portanto, irrealizável de fato. Também o é *de direito*, porque a assimilação do Para-si e do Outro em uma única transcendência envolveria necessariamente a desaparição do caráter de alteridade do Outro. Assim, a condição para que eu projete a identificação do Outro comigo é a de que eu persista em minha negação de ser o Outro. Por fim, esse projeto de unificação é fonte de *conflito*, posto que, enquanto me experimento como objeto para o Outro e projeto assimilar o Outro na e por esta experiência, o Outro me apreende como objeto no meio do mundo e não projeta de modo algum identificar-me com ele. Portanto, seria necessário – já que o ser-Para-outro comporta uma dupla negação interna – agir sobre a negação interna pela qual o Outro transcende minha transcendência e me faz existir Para-outro, ou seja, *agir sobre a liberdade do Outro*.

Este ideal irrealizável, enquanto impregna meu projeto de mim mesmo em presença do Outro, não é assimilável ao amor, na medida em que o amor é um empreendimento, ou seja, um conjunto orgânico de projetos rumo a minhas possibilidades próprias. Mas é o ideal do amor, seu motivo e sua finalidade, seu valor próprio. O amor, como relação primitiva com o Outro, é o conjunto dos projetos pelos quais viso realizar este valor.

Esses projetos me colocam em conexão direta com a liberdade do Outro. É nesse sentido que o amor é conflito. Sublinhamos, com efeito, que a liberdade do Outro é fundamento de meu ser. Mas, precisamente porque existo pela liberdade do Outro, não tenho segurança alguma, estou em perigo nesta liberdade; ela modela meu ser e me *faz ser*, confere-me valores e os suprime, e meu ser dela recebe um perpétuo escapar passivo de si mesmo. Irresponsável e fora de alcance, esta liberdade proteiforme na qual me comprometi pode, por sua vez, comprometer-me em mil maneiras diferentes de ser. Meu projeto de recuperar meu ser só pode se realizar caso me apodere desta liberdade e a reduza a ser liberdade submetida à minha. Simultaneamente, é a única maneira pela qual posso agir sobre a livre negação de interioridade por meio de que o Outro me constitui em Outro, ou seja, a única maneira pela qual posso preparar os caminhos de uma futura identificação do Outro comigo. Talvez isso fique mais claro se meditarmos sobre a questão pelo aspecto puramente psicológico: por que o amante quer ser *amado?* Se o Amor, com efeito, fosse puro desejo de posse física, poderia ser, em muitos casos, facilmente satisfeito. Por exemplo: o herói de Proust, que instala sua amante em sua casa, pode vê-la e possuí-la a qualquer hora do dia, e soube deixá-la em total dependência material, deveria ficar livre da inquietação. Todavia, sabemos que, pelo contrário, acha-se atormentado por preocupações. É por sua consciência que Albertine escapa de Marcel, mesmo quando ele está a seu lado, e é por isso que ele só se tranquiliza quando a contempla dormindo. Não há dúvida, portanto, de que o amor deseja capturar a "consciência". Mas por que o deseja? E como?

Esta noção de "propriedade", pela qual tão comumente se explica o amor, não poderia ser primordial, com efeito. Por que iria eu querer apropriar-me do Outro não fosse precisamente na medida em que o Outro me faz ser? Mas isso comporta justamente certo modo de apropriação: é da liberdade do outro enquanto tal que queremos nos apoderar. E não por vontade de poder: o tirano escarnece do amor, contenta-se com o medo. Se busca o amor de seus súditos, é por razões políticas, e, se encontra um meio mais econômico de subjugá-los, adota-o imediatamente. Ao contrário, aquele que quer ser amado não deseja a servidão do amado. Não quer converter-se em objeto de uma paixão transbordante e mecânica. Não quer possuir um automatismo, e, se pretendemos humilhá-lo, basta descrever-lhe a paixão do amado como sendo o resultado de um determinismo psicológico: o amante sentir-se-á desvalorizado em seu amor e em seu ser. Se Tristão e Isolda ficam apaixonados por ingerir uma poção do amor, tornam-se menos interessantes; e chega até a ocorrer o fato de que a total servidão do ser amado venha a matar o amor do amante. A meta foi ultrapassada: o amante sente-se só, caso o amado tenha se transformado em autômato. Assim, o amante não deseja possuir o amado como se possui uma coisa; exige um tipo especial de apropriação. Quer possuir uma liberdade enquanto liberdade.

Mas, por outro lado, o amante não poderia satisfazer-se com esta forma eminente de liberdade que é o compromisso livre e voluntário. Quem iria se contentar com um amor que se desse como pura fidelidade juramentada? Quem se satisfaria se lhe dissessem: "Eu te amo porque me comprometi livremente a te amar e não quero me desdizer; eu te amo por fidelidade a mim mesmo"? Assim, o amante requer o juramento, e o juramento o exaspera. Quer ser amado por uma liberdade, e exige que tal liberdade, como liberdade, não seja mais livre. Quer, ao mesmo tempo, que a liberdade do Outro se determine a si própria a converter-se em amor – e isso, não apenas no começo do romance, mas a cada instante – e que esta liberdade seja subjugada *por ela mesmo*, reverta-se sobre si própria, como na loucura, como no sonho, para querer seu cativeiro. E este cativeiro deve ser abdicação livre e, ao mesmo tempo, acorrentada em nossas mãos. No amor, não é o determinismo passional que desejamos no Outro, nem uma liberdade fora de alcance, mas sim uma liberdade que *desempenhe o papel* de determinismo passional e fique aprisionada nesse papel. E, para si mesmo, o amante não exige ser a *causa*, mas sim a ocasião única e privilegiada desta modificação radical da liberdade. Com efeito, não poderia querer ser a causa sem fazer submergir de imediato o amado no meio do mundo como um utensílio que pode ser transcendido. Não é essa a essência do amor. No Amor, ao contrário, o amante quer ser "o mundo inteiro" para o amado: significa que se coloca do lado do mundo; é ele que resume e simboliza o mundo, é um *isto* que encerra todos os outros "istos"; é e aceita ser *objeto*. Mas, por outro lado, quer ser o objeto no qual a liberdade do Outro aceita se perder, o objeto no qual o Outro aceita encontrar, como sua segunda facticidade, o seu ser e sua razão de ser; quer ser o objeto-limite da transcendência, aquele rumo ao qual a transcendência do Outro transcende todos os outros objetos, mas ao qual não pode de modo algum transcender. E, por toda parte, o amante deseja o círculo da liberdade do Outro; ou seja, deseja que, a cada instante, no ato pelo qual a liberdade do Outro aceita este limite à sua transcendência, tal aceitação esteja *já* presente como móvel da aceitação considerada. É a título de meta já escolhida que o amante quer ser escolhido como meta. Isso nos permite captar a fundo o que o amante exige do amado: não quer *agir* sobre a liberdade do Outro, mas existir *a priori* como limite objetivo desta liberdade, ou seja, surgir ao mesmo tempo com ela e no seu próprio surgimento como o limite que ela deve aceitar para ser livre. Por esse fato, o que o amante exige é que a liberdade do Outro seja enviscada e empastada por si própria: este limite de estrutura, com efeito, é *algo dado*, e a única aparição do dado como limite da liberdade significa que a liberdade *se faz existir a si mesmo* no interior do dado como sendo sua própria proibição de transcendê-lo. E esta proibição é tida pelo amante *ao mesmo tempo* como vivida, ou seja, como padecida – em uma palavra, como facticidade – e como livremente consentida. Deve poder ser livremente consentida porque deve identificar-se com o surgimento de uma liberdade que se elege como liberdade. Mas deve ser somente vivida, porque deve ser uma impossibilidade sempre presente, uma facticidade que reflui sobre a liberdade do Outro até seu bojo; e isso se exprime psicologicamente pela exigência de que a livre decisão de me amar, antes tomada pelo amado, deslize como móvel enfeitiçado *no interior* de seu livre compromisso presente.

Captamos agora o sentido desta exigência: esta facticidade que deve ser limite de fato para o Outro, em minha exigência de ser amado, e que deve terminar sendo *sua própria* facticidade, é a *minha* facticidade. Na medida em que sou o objeto que o Outro faz vir ao ser é que devo ser o limite inerente à sua própria transcendência; de modo que o Outro, surgindo ao ser, faz-me ser como o inexcedível e o absoluto, não enquanto Para-si nadificador, mas como ser-Para-outro-no-meio-do-mundo. Assim, querer ser amado é impregnar o Outro com sua própria facticidade, é querer constrangê-lo a recriar-nos perpetuamente como condição de uma liberdade que se submete e se compromete; é querer, ao mesmo tempo, que a liberdade fundamente o fato e que o fato tenha preeminência sobre a liberdade. Se esse resultado pudesse ser alcançado, resultaria, em primeiro lugar, que eu estaria *em segurança* na consciência do Outro. Primeiro, porque o motivo de minha inquietação e minha vergonha é o fato de que me apreendo e me experimento em meu ser-Para-outro como aquele que pode sempre ser transcendido rumo a outra coisa, aquele que é puro objeto de juízo de valor, puro meio, pura ferramenta. Minha inquietação provém do fato de que assumo necessária e livremente este ser que um outro me faz ser em absoluta liberdade: "Sabe Deus o que sou para ele! Sabe Deus o que pensa de mim!" Isso significa: "Sabe Deus como o Outro me faz ser", e sou impregnado por este ser que temo encontrar um dia em uma curva de um caminho, que me é tão estranho e, todavia, é o *meu ser*, sabendo também que, apesar de meus esforços, não me encontrarei com ele jamais. Mas, se o Outro me ama, torno-me o *inexcedível*, o que significa que devo ser a meta absoluta; nesse sentido, estou a salvo da *utensilidade;* minha existência no meio do mundo converte-se no exato correlato de minha transcendência-para-mim, posto que minha independência é absolutamente salvaguardada. O objeto que o Outro deve me fazer ser é um objeto-transcendência, um centro de referência absoluto, em torno do qual se ordenam, como puros *meios*, todas as coisas-utensílios do mundo. Ao mesmo tempo, como limite absoluto da liberdade, ou seja, da fonte absoluta de todos os valores, estou protegido contra qualquer eventual desvalorização, sou o valor absoluto. E, na medida em que assumo meu ser-Para-outro, assumo-me como valor. Assim, querer ser amado é querer situar-se Para-além de todo sistema de valores, colocado pelo Outro como condição de toda valorização e como fundamento objetivo de todos os valores. Tal exigência constitui o tema usual das conversações entre amantes: ou bem, como em *La Porte Étroite**, a mulher que quer ser amada identifica-se com uma moral ascética de transcendência de si e almeja encarnar o limite ideal desse transcender, ou bem, como é mais comum, o amante exige que o amado, em seu favor, sacrifique em seus atos a moral tradicional, ansioso por saber se o amado trairia seus amigos por ele, "roubaria por ele", "mataria por ele" etc. Desse ponto de vista, meu ser deve escapar ao *olhar* do amado; ou melhor, deve ser objeto de um olhar de outra estrutura: não devo mais ser visto sobre fundo de mundo como um "isto" entre outros *istos*, mas o mundo deve se revelar a partir de mim. Com efeito, na medida em que o surgimento da liberdade faz com que um mundo exista, devo ser, como condição-limite desse surgimento, a própria condição do surgimento de um mundo. Devo ser aquele cuja função é fazer existir as árvores e a água, as cidades e os campos, os outros homens, para dá-los em seguida ao outro, que os dispõe

---

* Romance de André Gide (1909). – Em português: *A porta estreita*. Rio de Janeiro: Nova Fronteira, 1984 [N.T.].

em mundo, da mesma forma como a mãe, nas sociedades matrilineares, recebe os títulos nominativos e o nome de família, não para guardá-los, mas para transmiti-los imediatamente aos filhos. Em certo sentido, se devo ser amado, sou o objeto por intermédio do qual o mundo existirá para o outro; e, em outro sentido, sou o mundo. Em vez de ser um "isto" destacando-se sobre fundo de mundo, sou o objeto-fundo sobre o qual o mundo se destaca. Assim, fico tranquilo: o olhar do Outro já não mais me repassa de finitude; já não mais coagula meu ser como *aquilo que sou*, simplesmente; não poderei ser *visto* como feio, pequeno, covarde, posto que tais caracteres representam necessariamente uma limitação de fato de meu ser e uma apreensão de minha finitude como finitude. Decerto, meus possíveis permanecem como possibilidades transcendidas, mortipossibilidades; mas tenho todos os possíveis; sou todas as mortipossibilidades do mundo; com isso, deixo de ser o ser que se compreende a partir de outros seres ou a partir de seus atos; mas, na intuição amorosa que exijo, devo ser dado como uma totalidade absoluta a partir da qual todos os seres e todos os seus atos próprios devem ser compreendidos. Poder-se-ia dizer, deformando um pouco uma célebre fórmula estoica, que "o amado pode espernear o quanto quiser". O ideal do sábio e o ideal daquele que quer ser amado, com efeito, coincidem no fato de que um e outro querem ser totalidade-objeto acessível a uma intuição global que irá captar as ações no mundo do amado e do sábio como estruturas parciais interpretadas a partir da totalidade. E, assim como a sabedoria se propõe a ser como um estado que se alcançará por uma metamorfose absoluta, também a liberdade do Outro deve metamorfosear-se absolutamente para me dar acesso ao estado de amado.

Esta descrição poderia enquadrar-se bem, até aqui, na famosa descrição hegeliana das relações entre o amo e o escravo. O que o amo hegeliano é para o escravo, o amante quer ser para o amado. Mas a analogia termina aqui, porque o amo, em Hegel, só exige lateralmente, e, por assim dizer, implicitamente, a liberdade do escravo, enquanto que o amante exige *antes de tudo* a liberdade do amado. Nesse sentido, se devo ser amado pelo outro, devo ser livremente escolhido como amado. Sabemos que, na terminologia corrente do amor, o amado é designado com o termo *o eleito*. Mas essa escolha não deve ser relativa e contingente: o amante se exaspera e se julga desvalorizado quando pensa que o amante o escolheu *entre outros*. "Então, se eu não tivesse vindo a esta cidade, se não houvesse frequentado a casa de fulano, você não me teria conhecido, não teria me amado?" Tal pensamento aflige o amante: seu amor torna-se em amor entre outros, limitado pela facticidade do amado e por sua própria facticidade, ao mesmo tempo que pela contingência dos encontros; torna-se *amor no mundo*, objeto que pressupõe o mundo e pode, por sua vez, existir para Outros. O que o amante exige é por ele traduzido com palavras desajeitadas e contaminadas de "modos de coisa" (*"choisismes"*); diz ele: "Fomos feitos um para o outro", ou usa ainda a expressão "almas gêmeas". Mas é preciso interpretar assim: o amante bem sabe que o "serem feitos um para o outro" refere-se a uma escolha originária. Essa escolha pode ser a de Deus, enquanto ser que é escolha absoluta; mas Deus só representa aqui a passagem ao extremo limite dessa exigência do absoluto. Na verdade, o que o amante exige é que o amado dele faça a escolha absoluta. Significa que o ser-no-mundo do amado deve ser um ser-amante. Esse surgimento do amado deve ser livre escolha do amante. E, como o outro é fundamento de meu ser-objeto, dele exijo que o livre surgimento de seu ser tenha por fim único e absoluto a sua escolha de *mim*, ou seja, que tenha escolhido ser para fundamentar minha objetividade e minha facticidade. Assim, minha facticidade é "salva". Deixa de ser esse dado impensável e insuperável do qual fujo: é aquilo para o qual o Outro se faz existir livremente; é como uma meta que o Outro dá a si mesmo. Eu o impregnei de minha facticidade, mas, como é enquanto liberdade que ele foi impregnado, ele me devolve essa facticidade como facticidade recuperada e consentida: o Outro é o fundamento dessa facticidade para que ela constitua sua meta. A partir deste amor, portanto, capto de outro modo minha alienação e minha facticidade própria. Esta é – enquanto Para-outro – não mais um fato, mas um direito. Minha existência *é* por ser *reclamada*. Esta existência, enquanto a assumo, converte-se em puro benefício para mim. Sou porque me prodigalizo. Essas amadas veias em minhas mãos existem beneficamente. Que bom é ter olhos, cabelos, sobrancelhas, e esbanjá-los incansavelmente em um transbordamento de generosidade a esse desejo infatigável que o Outro faz-se livremente ser. Em vez de nos sentirmos, como antes de sermos amados, apreensivos por esta protuberância injustificada e injustificável que era a nossa existência, em vez de nos sentirmos "supérfluos", agora sentimos que esta existência é recuperada e querida em seus menores detalhes por uma liberdade absoluta, a qual nossa existência ao mesmo tempo condiciona e nós mesmos queremos com nossa própria liberdade. Este, o fundo da alegria do amor, quando existe: sentimos que nossa existência é justificada.

Ao mesmo tempo, se o amado pode nos amar, está prestes a ser assimilado por nossa liberdade: porque esse ser-amado que cobiçamos já é a prova ontológica aplicada a nosso ser-Para-outro. Nossa essência objetiva implica a existência do *Outro*, e, reciprocamente, é a liberdade do Outro que fundamenta nossa essência. Se pudéssemos interiorizar todo o sistema, seríamos nosso próprio fundamento.

Portanto, este é o verdadeiro objetivo do amante, na medida em que seu amor é um empreendimento, ou seja, um projeto de si mesmo. Esse projeto deve provocar um conflito. O amado, com efeito, capta o amante como Outro-objeto entre outros, ou seja, percebe o amante sobre fundo de mundo, transcende-o e utiliza-o. O amado é *olhar*. Não poderia, pois, utilizar sua transcendência para fixar um limite último a seus transcenderes, nem utilizar sua liberdade para que esta se subjugue a si mesmo. O amado não poderia querer amar. Portanto, o amante deve seduzir o amado; e seu amor não se distingue deste empreendimento de sedução. Na sedução, não tento de modo algum revelar ao Outro minha subjetividade: só poderia fazê-lo, além disso, *olhando* o Outro; mas, com esse olhar, faria desaparecer a subjetividade do Outro, quando é essa mesma subjetividade que pretendo assimilar. Seduzir é assumir inteiramente e como um risco a correr minha objetidade para o Outro, é colocar-me ante seu olhar e fazer com que ele me olhe, é correr o risco de *ser-visto*, de modo a tomar novo ponto de partida e apropriar-me do Outro na e por minha objetidade. Recuso-me a abandonar o terreno onde experimento minha objetidade; é nesse terreno que pretendo travar a luta, fazendo-me *objeto fascinante*. Em nossa segunda parte, definimos a fascinação como *estado:* ela é, dizíamos, a consciência não tética de ser o *nada* em presença do ser. A sedução busca ocasionar no outro a consciência de seu estado de nada (*néantité*) frente ao objeto sedutor. Pela sedução, busco constituir-me como uma plenitude de ser e fazer-me *reconhecido como tal*. Para isso, constituo-me como objeto significante. Meus atos devem *apontar* em duas direções. Por um lado, rumo àquilo que é erroneamente chamado de subjetividade, mas é sobretudo profundidade de ser objetivo e oculto; o ato não é feito somente para si mesmo, mas indica uma série infinita e indiferenciada de outros atos reais e possíveis que ofereço como constitutivos de meu ser objetivo e não percebido. Assim, tento guiar a transcendência que me transcende e remetê-la ao infinito de minhas mortipossibilidades, precisamente para ser o inexcedível, na medida justamente em que o único insuperável é o infinito. Por outro lado, cada um de meus atos tenta indicar a maior espessura de mundo possível e deve apresentar-me como relacionado com as mais vastas regiões do mundo, seja porque *apresento* o mundo ao amado e tento constituir-me como o intermediário necessário entre ele e o mundo, seja porque, simplesmente, manifesto por meus atos poderes variados ao infinito sobre o mundo (dinheiro, posição, relacionamentos etc.). No primeiro caso, tento constituir-me como um infinito de profundidade; no segundo identificar-me com o mundo. Através desses diferentes procedimentos, eu me *proponho* como inexcedível. Tal proposição não poderia ser autossuficiente; não passa de um assédio do Outro; não pode adquirir valor de fato sem o consentimento da liberdade do Outro, a qual deve cativar-se, reconhecendo-se como nada frente à minha absoluta plenitude de ser.

Dir-se-á que essas diversas tentativas de expressão *pressupõem* a linguagem. Não discordamos. Diremos melhor: elas *são* a linguagem, ou, se preferirmos, um modo fundamental da linguagem. Porque, se existem problemas psicológicos e históricos acerca da existência, da aprendizagem e da utilização de *tal ou qual* língua específica, não há qualquer problema particular referente ao que denominamos invenção da linguagem. A linguagem não é um fenômeno acrescentado ao ser-Para-outro: *é* originariamente o ser-Para-outro; ou seja, é o fato de uma subjetividade experimentar-se como objeto para o Outro. Em um universo de puros objetos, a linguagem não poderia de forma alguma ser "inventada", pois presume originariamente uma relação com outro sujeito; e, na intersubjetividade dos Para-outros, não é necessário inventá-la, posto que já é dada no reconhecimento do Outro. Pelo simples fato de, não importa o que faça, meus atos livremente concebidos e executados e meus projetos rumo a minhas possibilidades adquirirem lá fora um sentido que me escapa e experimento, eu *sou* linguagem. Nesse sentido – e somente nesse –, Heidegger tem razão ao declarar que *sou o que* digo[42]. Tal linguagem, com efeito, não é um instinto da criatura humana constituída. Tampouco é uma invenção de nossa subjetividade; mas também não devemos reconduzi-la ao puro "ser-fora-de-si" do "Dasein". Faz parte da *condição humana*; é originariamente a experiência que um Para-si pode fazer de seu ser-Para-outro, e, posteriormente, o transcender desta experiência e sua utilização rumo a possibilidades que são minhas possibilidades, ou seja, rumo às minhas possibilidades de ser isto ou aquilo para o Outro. A linguagem, portanto, não se distingue do reconhecimento da existência do outro. O surgimento do outro frente a mim como olhar faz surgir a linguagem como condição de meu ser. Essa linguagem primitiva não é forçosamente sedução; iremos deparar com outras formas de linguagem; assinalamos antes que não há somente uma atitude primitiva frente ao Outro, mas que duas atitudes se sucedem em círculo vicioso, cada uma comportando a outra. Mas, inversamente, a sedução não pressupõe qualquer forma anterior de linguagem: é integralmente realização da linguagem; significa que a linguagem pode revelar-se inteiramente de uma só vez pela sedução enquanto modo de ser primitivo de expressão. É claro que entendemos por linguagem todos os fenômenos de expressão, e não a palavra articulada, que constitui um mundo derivado e secundário cuja aparição pode ser objeto de um estudo histórico. Em particular, na sedução, a linguagem não intenta *dar a conhecer*, mas sim fazer experimentar.

---

42. A fórmula é de A. de Waehlens: *La Philosophie de Martin Heidegger*, Louvain, 1942, p. 99. Cf. também o texto de Heidegger que ele cita: "Diese Bezeugung meint nicht hier einen nachträglichen und bei her laufenden Ausdruck des Menschseins, sondern sie macht das Dasein des Menschen mit usw" (*Hölderlin und das Weses der Dichtung*, p. 6). ("Este testemunho não significa aqui uma expressão adicional e suplementar do ser do homem, mas constitui o Dasein do homem").

Mas, nesta tentativa primordial para encontrar uma linguagem fascinante, caminho às cegas, pois me oriento somente pela forma abstrata e vazia de minha objetidade para o Outro. Sequer posso conceber que efeitos terão meus gestos e atitudes, já que sempre serão retomados e fundamentados por uma liberdade que irá transcendê-los e só podem ter significação caso esta liberdade lhes confira uma. Assim, o "sentido" de minhas expressões sempre me escapa; jamais sei exatamente se significo o que quero significar ou sequer se *sou* significante; neste momento exato, eu precisaria ler o pensamento do Outro, o que, por princípio, é inconcebível. E, sem saber o que é que realmente exprimo para o Outro, constituo minha linguagem como um fenômeno incompleto de fuga para fora de mim mesmo. Uma vez que me expresso, não posso mais do que conjeturar sobre o sentido do que expresso, ou seja, em suma, o sentido do que sou, posto que, nesta perspectiva, exprimir e ser se identificam. O Outro está sempre aí, presente e experimentado como aquele que confere à linguagem seu sentido. Cada expressão, cada gesto, cada palavra é, de minha parte, um experimentar concreto da realidade alienadora do Outro. Não é apenas o psicopata – como, por exemplo, no caso das psicoses de influência[43] – que pode dizer: "Roubam-me o pensamento". O próprio fato da expressão é um roubo de pensamento, posto que o pensamento necessita do concurso de uma liberdade alienadora para constituir-se como objeto. Daí por que esse primeiro aspecto da linguagem – enquanto sou eu que a utilizo para o outro – é *sagrado*. O objeto sagrado, com efeito, é um objeto do mundo que indica uma transcendência Para-além do mundo. A linguagem me revela a liberdade daquele que me escuta em silêncio, ou seja, sua transcendência.

Mas, no mesmo momento, para o Outro, permaneço como objeto significante – aquilo que sempre fui. Não há qualquer caminho que, a partir de minha objetidade, possa indicar ao Outro minha transcendência. Atitudes, expressões e palavras jamais podem indicar-lhe senão outras atitudes, outras expressões e outras palavras.

---

43. Além disso, a psicose de influência, como a generalidade das psicoses, é experiência exclusiva e traduzida por mitos de um grande fato metafísico: aqui, o caso da alienação. Um louco não faz jamais senão realizar à sua maneira a condição humana.

Assim, a linguagem mantém-se para o Outro como simples propriedade de um objeto mágico – e ela própria como objeto mágico: é uma ação à distância cujo efeito o Outro conhece exatamente. Assim, a palavra é *sagrada* quando sou eu que a utilizo, e *mágica* quando o Outro a escuta. Não posso ouvir-me falar nem ver-me sorrir. O problema da linguagem é exatamente paralelo ao problema dos corpos, e as descrições válidas para um caso o são para o Outro.

Todavia, a fascinação, mesmo que devesse provocar no Outro um ser-fascinado, não poderia por si mesmo ocasionar o amor. Podemos ficar fascinados por um orador, um ator, um equilibrista; não significa que os ame. É verdade que não conseguimos desviar os olhos de cima deles; mas permanecem destacando-se sobre fundo de mundo, e a fascinação não posiciona o objeto fascinante como termo último da transcendência; muito pelo contrário, ela *é* transcendência. Então, quando o amado, por sua vez, irá converter-se em amante?

A resposta é simples: quando projetar ser amado. O Outro-objeto, em si mesmo, jamais tem suficiente força para ocasionar o amor. Se o amor tem por ideal a apropriação do Outro enquanto Outro, ou seja, enquanto subjetividade olhadora, este ideal só pode ser projetado a partir de meu encontro com o Outro-sujeito, e não com o Outro-objeto. A sedução não pode ornamentar o Outro-objeto que tenta me seduzir salvo com o caráter de objeto *precioso* "a ser possuído"; talvez venha a determinar que eu arrisque muito para conquistar esse Outro-objeto; mas tal desejo de apropriação de um objeto no meio do mundo não poderia ser confundido com amor. Portanto, o amor só poderia nascer no amado a partir da experiência que este faz de sua alienação e sua fuga para o outro. Mas, sendo assim, novamente o amado só irá transformar-se em amante caso projete ser amado, ou seja, se o que deseja conquistar não for um corpo, mas sim a subjetividade do Outro enquanto tal. Com efeito, o único meio que pode conceber para realizar esta apropriação é o de fazer-se amar. Assim, parece que amar, em sua essência, é o projeto de fazer-se amar. Daí esta nova contradição e esse novo conflito: cada um dos amantes é inteiramente cativo do outro, na medida em que pretende fazer-se amado por ele, com a exclusão de qualquer Outro; mas, ao mesmo tempo, cada qual exige do Outro um amor que não se reduza de modo algum ao "projeto de ser-amado". O que exige, com efeito, é que o Outro, sem buscar originariamente fazer-se amar, tenha uma intuição ao mesmo tempo contemplativa e afetiva de seu amado como limite objetivo de sua liberdade, como fundamento inelutável e escolhido de sua transcendência, como totalidade de ser e valor supremo. O amor assim exigido ao Outro nada pode *pedir:* é puro compromisso sem reciprocidade. Mas, precisamente, este amor não poderia existir salvo a título de exigência do amante; e é de modo completamente diverso que o amante é cativado: é cativo de sua própria exigência, na medida em que o amor é, com efeito, exigência de ser amado; o amante é uma liberdade que quer ser corpo e exige um lado de fora, logo, uma liberdade que imita a fuga rumo ao Outro, uma liberdade que, enquanto liberdade, requer sua alienação. A liberdade do amante, em seu próprio esforço para fazer-se amar pelo Outro como objeto, aliena-se desaguando no corpo-Para-outro, ou seja, produz-se surgindo na existência com uma dimensão de fuga para o Outro; é perpétua recusa de se colocar como pura ipseidade, porque esta afirmação de si como si mesmo envolveria o desmoronar do Outro como olhar e o surgir do Outro-objeto, logo, um estado de coisas em que a própria possibilidade de ser amado desaparece, posto que o Outro se reduz à sua dimensão de objetividade. Tal recusa, portanto, constitui a liberdade enquanto dependente do Outro, e o Outro como subjetividade torna-se, de fato, limite inexcedível da liberdade do Para-si, meta e fim supremo do Para-si, na medida em que detém a chave de seu ser. Reencontramos aqui o ideal do empreendimento amoroso: a liberdade alienada. Mas é aquele que quer ser amado, na medida em que quer que o amem, quem aliena sua liberdade. Minha liberdade se aliena em presença da pura subjetividade do Outro, que fundamenta minha objetividade; não poderia alienar-se, de modo algum, frente ao Outro-objeto. Nesta forma, com efeito, a alienação do amado, com que sonha o amante, seria contraditória, pois o amado só pode fundamentar o ser do amante transcendendo-o por princípio rumo a outros objetos do mundo; portanto, tal transcendência não pode constituir o objeto que ela transcende como objeto transcendido e, ao mesmo tempo, como objeto-limite de toda transcendência. Assim, no casal amoroso, cada qual quer ser o objeto para o qual a liberdade do Outro se aliena em uma intuição original; mas esta intuição, que seria o amor propriamente dito, não passa de um ideal contraditório do Para-si; igualmente, cada um só é alienado na medida exata que exige a alienação do Outro. Cada um quer que o Outro o ame, sem se dar conta de que amar é querer ser amado e que, desse modo, querendo que o Outro o ame, quer apenas que o Outro queira que ele o ame. Assim, as relações amorosas consistem em um sistema de remissões indefinidas, análogo ao puro "reflexo-refletido" da consciência, sob o signo ideal do *valor* "amor", ou seja, de uma fusão das consciências em que cada uma delas conservaria sua alteridade para fundamentar a outra. Pois, com efeito, as consciências estão separadas por um nada que é inexcedível por ser ao mesmo tempo negação interna de uma pela outra e um nada de fato entre as duas negações internas. O amor é um esforço contraditório para superar a negação de fato conservando a negação interna. Exijo que o Outro me ame e faço todo possível para realizar meu projeto: mas, se o outro me ama, decepciona-me radicalmente pelo seu próprio amor; eu exigia que ele fundamentasse meu ser como objeto privilegiado, mantendo-se como pura subjetividade frente a mim; e, assim que ele me ama, experimenta-me como sujeito e submerge em sua objetividade frente à minha subjetividade. O problema de meu ser-Para-outro permanece, pois, sem solução; os amantes permanecem cada um para si em uma subjetividade total; nada vem isentá-los de seu dever de fazer-se existir cada um para si; nada vem suprimir sua contingência ou salvá-los da facticidade. Ao menos cada um saiu ganhando por não mais estar em perigo na liberdade do Outro – mas isso de maneira muito diferente da que supõe: com efeito, não é porque o Outro o faz ser objeto-limite de sua transcendência, mas sim porque o experimenta como subjetividade e só quer experimentá-lo como tal. Ainda assim o ganho é perpetuamente posto em risco: em primeiro lugar, cada uma das consciências, a qualquer instante, pode libertar-se de suas amarras e, de repente, contemplar o Outro como *objeto*. Então, quebra-se o encanto; o Outro torna-se meio entre meios, e objeto Para-outro, como o amante deseja, mas objeto-ferramenta, objeto perpetuamente transcendido; a ilusão, o jogo de espelhos que constitui a realidade concreta do amor, cessa repentinamente. Em seguida, na experiência do amor, cada consciência busca colocar seu ser-Para-outro *a salvo* na liberdade do Outro. Isso pressupõe que o Outro esteja Para--além do mundo como pura subjetividade, como o absoluto pelo qual o mundo vem ao ser. Mas basta que os amantes sejam *vistos* juntos por um terceiro para que cada qual experimente a objetivação, não apenas de si, mas também do Outro. Ao mesmo tempo, o Outro já não é mais para mim a transcendência absoluta que me fundamenta em meu ser, mas sim transcendência-transcendida, não por mim, mas por um Outro; e minha relação originária com ele, ou seja, minha relação de ser amado com respeito ao amante, coagula-se em mortipossibilidade. Já não é mais a relação experimentada entre um objeto-limite de toda transcendência e a liberdade que o fundamenta, mas sim um amor-objeto que se aliena inteiramente rumo ao terceiro. Esta é a verdadeira razão pela qual os amantes buscam a solidão. É porque a aparição de um terceiro, seja quem for, é a destruição de seu amor. Mas a solidão de fato (estamos sós em nosso quarto) não é de forma alguma solidão *de direito*. Na verdade, ainda que ninguém nos veja, existimos para *todas* as consciências e temos consciência de existir para todas: daí resulta que o amor, enquanto modo fundamental de ser-Para-outro, tem em seu ser-Para-outro a raiz de sua destruição. Acabamos de definir a tríplice destrutibilidade do amor: em primeiro lugar, é essencialmente um logro e uma remissão ao infinito, posto que amar é querer que me amem, logo, querer que o outro queira que eu o ame. E uma compreensão pré-ontológica deste logro é dada no próprio impulso amoroso: daí a perpétua insatisfação do amante. Esta não procede, como geralmente se diz, da indignidade do ser amado, mas de uma compreensão implícita de que a intuição amorosa, enquanto intuição-fundamento, é um ideal fora de alcance. Quanto mais sou amado, mais perco meu *ser*, mais sou devolvido às minhas próprias responsabilidades, ao meu próprio poder ser. Em segundo lugar, o despertar do outro é sempre possível; a qualquer momento ele pode fazer-me comparecer como objeto: daí a perpétua insegurança do amante. Em terceiro lugar, o amor é um absoluto perpetuamente feito *relativo* pelos outros. Seria necessário estar sozinho no mundo com o amado para que o amor conservasse seu caráter de eixo de referência absoluto. Daí a perpétua vergonha do amante, ou seu orgulho, o que, neste caso, dá no mesmo.

Assim, foi em vão que tentei me perder no objetivo: minha paixão para nada serviu; o Outro – seja por si mesmo, seja pelos outros – devolveu-me à minha injustificável subjetividade. Tal constatação pode provocar um desespero total e uma nova tentativa para realizar a assimilação entre o Outro e eu. Seu ideal será o inverso daquele que acabamos de descrever: em vez de projetar absorver o Outro preservando a sua alteridade, irei projetar ser absorvido pelo Outro e perder-me em sua subjetividade para desembaraçar-me da minha. O empreendimento será traduzido no plano concreto pela atitude *masoquista:* uma vez que o Outro é o fundamento de meu ser-Para-outro, se eu fizer com que o Outro cuide de meu existir já não serei mais que um ser-Em-si fundamentado em seu ser por uma liberdade. Aqui, minha própria subjetividade é considerada obstáculo ao ato primordial pelo qual o Outro irá fundamentar-me em meu ser; trata-se, antes de tudo, de negá-la com *minha própria liberdade.* Portanto, tento comprometer-me inteiramente em meu ser-objeto; recuso-me a ser mais do que objeto; descanso no Outro; e, como experimento este ser-objeto na vergonha, quero e amo minha vergonha como signo profundo de minha objetividade; e, como o Outro me capta como objeto pelo *desejo* atual[44], quero ser desejado, faço-me objeto de desejo na vergonha. Tal atitude seria bastante similar à do amor se, em vez de procurar existir para o Outro como objeto-limite de sua transcendência, eu não me empenhasse, ao contrário, a fazer-me ser tratado como objeto entre outros, como instrumento a utilizar: com efeito, trata-se de negar *minha* transcendência, não a dele. Desta vez, não tenho de projetar o cativeiro de sua liberdade, mas, ao contrário, desejo que esta liberdade seja e se queira radicalmente livre. Assim, quanto mais venha a me sentir transcendido rumo a outros fins, mais irei desfrutar a abdicação da minha transcendência. A rigor, projeto ser nada mais que um *objeto,* ou seja, radicalmente um em *Em-si.* Mas, na medida em que uma liberdade que tenha absorvido a minha virá a ser o fundamento deste Em-si,

---

44. Cf. parágrafo seguinte.

meu ser voltará a ser fundamento de si mesmo. O masoquismo, tal como o sadismo[45], é assunção de culpabilidade. Sou culpado, com efeito, pelo simples fato de que sou objeto. Culpado frente a mim mesmo, posto que consinto em minha alienação absoluta; culpado frente ao Outro, pois lhe dou a ocasião de ser culpado, ou seja, de abortar radicalmente minha liberdade enquanto tal. O masoquismo é uma tentativa, não de fascinar o Outro por minha objetividade, mas de fazer com que eu mesmo me fascine por minha objetividade-Para-outro, ou seja, fazer com que eu me constitua em objeto pelo Outro, de tal modo que apreenda não teticamente minha subjetividade como um *nada*, em presença do Em-si que represento aos olhos do Outro. O masoquismo se caracteriza como uma espécie de vertigem: não a vertigem ante o precipício de rocha e terra, mas frente ao abismo da subjetividade do Outro.

Mas o masoquismo é e deve ser um fracasso em si mesmo: com efeito, para fazer-me fascinar por meu eu-objeto seria preciso que eu pudesse realizar a apreensão intuitiva deste objeto tal como é *para o Outro*, o que é, por princípio, impossível. Assim, o eu alienado, longe de que eu possa sequer começar a me fascinar por ele, permanece, por princípio, inapreensível. Em vão o masoquista se arrasta de joelhos, mostra-se em posturas ridículas, faz-se utilizar como simples instrumento inanimado; é *para o Outro* que será obsceno ou simplesmente passivo, é para o Outro que irá *padecer* essas posturas; para si, está eternamente condenado a *dá-las a si mesmo*. É na e por sua transcendência que ele se coloca como um ser a transcender; e quanto mais vier a tentar saborear sua objetividade, mais será absorvido pela consciência de sua subjetividade, até a angústia. Em particular, o masoquista que paga a uma mulher para que ela o açoite, trata-a como instrumento e, por isso, coloca-se em transcendência em relação a ela. Assim, o masoquista acaba por tratar o Outro como objeto e por transcendê-lo rumo à sua própria objetividade. Recorde-se, por exemplo, as tribulações de Sacher Masoch, que, para se fazer depreciado, insultado, reduzido a uma posição humilhante, via-se obrigado a utilizar o grande amor que lhe professavam as mulheres, ou seja,

---

[45]. Cf. parágrafo seguinte.

a agir sobre elas na medida em que elas se experimentavam como objeto para ele. Assim, de qualquer modo, a objetividade do masoquista lhe escapa, e pode até ocorrer, como geralmente ocorre, que, buscando captar sua própria objetividade, ele venha a encontrar a objetividade do Outro, o que libera, a despeito de si mesmo, a sua subjetividade. O masoquismo, portanto, é por princípio um fracasso. Isso em nada pode nos surpreender, se pensarmos que o masoquismo é um "vício" e que o vício é, por princípio, o amor do fracasso. Mas não vamos descrever aqui as estruturas próprias do vício. Basta sublinhar que o masoquismo é um perpétuo esforço para nadificar a subjetividade do sujeito fazendo com que seja reabsorvida pelo Outro, e que este esforço é acompanhado pela fatigante e deliciosa consciência do fracasso, a ponto de ser o próprio fracasso aquilo que o sujeito acaba buscando como sua meta principal[46].

II
A SEGUNDA ATITUDE PARA COM O OUTRO: A INDIFERENÇA, O DESEJO, O ÓDIO, O SADISMO

O fracasso da primeira atitude para com o Outro pode ser ocasião para que eu adote a segunda. Mas, para dizer a verdade, nenhuma das duas é realmente primordial: cada uma é uma reação fundamental ao ser-Para-outro como situação originária. Portanto, pode acontecer que, pela própria impossibilidade de me identificar com a consciência do Outro por intermédio de minha objetidade para ele, eu seja levado a me voltar deliberadamente para o outro e *olhá-lo*. Nesse caso, olhar o olhar do Outro é colocar-se a si mesmo em sua própria liberdade e tentar, do fundo desta liberdade, afrontar a liberdade do Outro. Assim, o sentido do pretendido conflito será deixar às claras a luta de duas liberdades confrontadas

---

46. Nos termos desta descrição, há pelo menos uma forma de exibicionismo que deve se classificar entre as atitudes masoquistas. Por exemplo, quando Rousseau exibe às lavadeiras "não o objeto obsceno, mas o objeto ridículo". Cf. *Confessions*, cap. III. – Em português: *As confissões*. Rio de Janeiro: Editora José Olympio, 1948 [N.T.].

enquanto liberdades. Mas esta intenção deve ser imediatamente motivo de decepção, porque, somente pelo fato de que me afirmo em minha liberdade frente ao Outro, faço do Outro uma transcendência-transcendida, ou seja, um objeto. É a história deste fracasso que vamos tentar descrever agora. Captamos o esquema diretor: sobre o Outro que me olha, aponto por minha vez o meu olhar. Mas um olhar não pode ser olhado: desde que olho em direção ao olhar, este se desvanece e não vejo mais do que olhos. Neste instante, o Outro torna-se um ser que eu possuo e que reconhece a minha liberdade. Parece que minha meta foi alcançada, já que possuo o ser que detém a chave de minha objetidade e posso fazê-lo experimentar de mil maneiras a minha liberdade. Mas, na realidade, tudo se desmoronou, pois o ser que sobrou nas minhas mãos é um Outro-objeto. Enquanto tal, ele perdeu a chave de meu ser-objeto e só possui de mim uma pura e simples imagem, a qual nada mais é que uma de suas afecções objetivas e não mais me atinge; e, se ele experimenta os efeitos de minha liberdade, se posso agir sobre seu ser de mil maneiras e transcender suas possibilidades com todas as minhas, isso ocorre na medida em que ele é objeto no mundo e, como tal, sem condições de reconhecer minha liberdade. Minha decepção é total, pois busco apropriar-me da liberdade do Outro e logo percebo que só posso agir sobre o Outro quando esta liberdade já se desmoronou ante meus olhos. Tal decepção será a mola propulsora de minhas tentativas posteriores para buscar a liberdade do Outro *através* do objeto que ele é para mim e para encontrar condutas privilegiadas que poderiam fazer com que eu me apropriasse desta liberdade através de uma apropriação total do corpo do Outro. Essas tentativas, como se pode supor, estão por princípio destinadas ao fracasso.

Mas também pode ocorrer que "olhar o olhar" seja minha reação originária ao meu ser-Para-outro. Significa que posso, em meu surgimento no mundo, escolher-me como aquele que olha o olhar do Outro e construir minha subjetividade sobre o desmoronar da subjetividade do Outro. É esta atitude que denominaremos *indiferença para com o Outro*. Trata-se, pois, de uma *cegueira* com relação aos outros. Mas o termo "cegueira" não deve nos induzir a erro: não padeço esta cegueira como um estado; *sou* minha própria cegueira diante dos Outros, e esta cegueira encerra uma compreensão implícita do ser-Para-outro, ou seja, da transcendência do Outro como olhar. Esta compreensão é simplesmente o que me determino a disfarçar. Pratico então uma espécie de solipsismo de fato; os Outros são essas formas que passam na rua, esses objetos mágicos capazes de agir à distância e sobre os quais posso agir por meio de determinadas condutas. Quase não lhes dou atenção; ajo como se estivesse sozinho no mundo; toco de leve "pessoas" como toco de leve paredes; evito-as como evito obstáculos; sua liberdade-objeto não passa para mim de seu "coeficiente de adversidade"; sequer imagino que possam me *olhar*. Sem dúvida, têm algum conhecimento de mim, mas este conhecimento não me atinge: são puras modificações de seu ser, que não passam deles para mim e estão contaminadas pelo que denominamos "subjetividade-padecida" ou "subjetividade-objeto", ou seja, traduzem o que eles são, não o que eu sou, e consistem no efeito de minha ação sobre eles. Essas "pessoas" são funções: o bilheteiro nada mais é que a função de coletar ingressos; o garçom nada mais é que a função de servir os fregueses. Partindo-se disso, será possível utilizá-las como for melhor aos meus interesses, caso conheça suas "chaves" e essas "palavras-chave" aptas a desencadear seus mecanismos. Daí esta psicologia "moralista" que o século XVII francês nos legou; daí esses tratados do século XVIII: *Moyen de parvenir,* de Beroalde de Verville, *Liaisons dangereuses**, de Laclos, *Traité de l'ambition,* de Hérault de Séchelles, que nos oferecem um conhecimento *prático* do Outro e a arte de agir sobre ele. Em tal estado de cegueira, ignoro concorrentemente a subjetividade absoluta do Outro enquanto fundamento de meu ser-Em-si e de meu ser-Para-outro, em particular de meu "corpo Para-outro". Em certo sentido, fico tranquilo; tenho "audácia", ou seja, não tenho consciência alguma do fato de que o olhar do Outro pode coagular minhas possibilidades e meu corpo; estou no estado oposto ao que chamamos de *timidez*. Sinto-me confortável, não fico perturbado comigo mesmo, porque não estou *lá fora,* não me sinto alienado. Este estado de cegueira pode perdurar por muito tempo, conforme a vontade de minha má-fé fundamental. Pode estender-se, com interrupções, durante

---

* Em português: *Ligações perigosas.* São Paulo: Editora Abril, 1971 [N.T.].

vários anos, por toda uma vida: há homens que morrem sem sequer suspeitar – salvo em breves e aterradoras iluminações – do que é o *Outro*. Porém, mesmo quando se está inteiramente imerso nesse estado, não deixamos de experimentar sua insuficiência. E, como em toda má-fé, é esse estado mesmo que nos fornece motivos para que o abandonemos: porque a cegueira a respeito do outro faz desaparecer, concorrentemente, toda apreensão vivida de minha *objetividade*. Todavia, o Outro enquanto liberdade e minha objetividade enquanto eu-alienado *estão aí*, despercebidos, não tematizados, mas dados em minha própria compreensão do mundo e de meu ser no mundo. O bilheteiro, ainda que considerado como pura função, remete-me, por sua própria função, a um ser-fora, embora este ser-fora não seja apreendido nem apreensível. Daí um sentimento perpétuo de falta e mal-estar. Isso porque meu projeto fundamental com relação ao Outro – qualquer que seja a atitude que adote – é duplo: por um lado, trata-se de me proteger contra o perigo que me faz correr meu ser-fora-na-liberdade-do-Outro, e, por outro lado, de utilizar o Outro para totalizar finalmente a totalidade-destotalizada que sou, de modo a fechar o círculo aberto e fazer com que eu seja, por fim, fundamento de mim mesmo. Mas, por um lado, a desaparição do Outro enquanto olhar me arremessa novamente em minha injustificável subjetividade e reduz meu ser a esta perpétua perseguição-perseguida rumo a um Em-si--Para-si inapreensível; sem o Outro, capto em plenitude e desnudez esta terrível necessidade de ser livre que constitui minha sina, ou seja, o fato de que não posso confiar a ninguém, salvo a mim mesmo, o cuidado de me fazer ser, ainda que não tenha escolhido ser e haja *nascido*. Mas, por outro lado, embora a *cegueira* com relação ao Outro me livre em aparência do temor de estar em perigo na liberdade do Outro, ela encerra, apesar de tudo, uma compreensão implícita desta liberdade. Coloca-me, pois, no último grau de objetividade, no momento mesmo em que posso me crer uma subjetividade absoluta e única, posto que sou visto sem sequer poder experimentar o fato de que sou visto e sem poder me defender, por meio deste experimentar, contra meu "ser-visto". Sou possuído sem poder voltar-me contra aquele que me possui. Na experiência direta do Outro enquanto olhar, defendo-me experimentando o Outro, e resta-me a possibilidade de transformar o Outro em objeto. Mas, se o Outro é objeto para mim *enquanto me olha*, então estou em perigo sem saber. Assim, minha *cegueira* é inquietação, por ser acompanhada da consciência de um "olhar errante" e inapreensível que ameaça me alienar sem que eu o saiba. Esse mal-estar deve ocasionar uma nova tentativa de apropriar-me da liberdade do Outro. Mas isso significa que irei voltar-me contra o objeto-Outro que me toca de leve e tentar utilizá-lo como instrumento de modo a alcançar sua liberdade. Só que, precisamente porque me dirijo ao *objeto* "Outro", não posso lhe pedir que preste contas de sua transcendência, e, estando eu no plano da objetivação do Outro, sequer posso conceber o que quero me apropriar. Assim, estou em uma atitude exasperante e contraditória com relação a este objeto em consideração: não apenas não posso obter dele o que quero, mas, além disso, esta investigação provoca um desaparecimento do próprio saber concernente ao que quero; comprometo-me em uma busca desesperada da liberdade do Outro e, no meio do caminho, *encontro-me comprometido* em uma busca que perdeu seu sentido; todos os meus esforços para devolver à busca o seu sentido só têm por efeito fazer com que tal sentido se perca mais ainda e provocar minha perplexidade e meu mal-estar, exatamente como quando tento reaver a lembrança de um sonho e essa lembrança se liquefaz entre meus dedos, deixando uma vaga e exasperante impressão de conhecimento total e sem objeto; ou exatamente como quando tento explicar o conteúdo de uma falsa reminiscência e a própria explicação faz com que ela se dissolva em translucidez.

Minha tentativa original de me apossar da subjetividade livre do Outro através de sua objetividade-para-mim é o *desejo sexual*. Talvez surpreenda ver citado em nível de atitudes primordiais que manifestam simplesmente nossa maneira originária de realizar o ser-Para-outro um fenômeno comumente classificado entre as "reações psicofisiológicas". Com efeito, para a maioria dos psicólogos, o desejo, como fato de consciência, acha-se em estreita correlação com a natureza de nossos órgãos sexuais, e é somente em conexão com um estudo aprofundado desses órgãos que o desejo poderá ser compreendido. Mas, tendo em vista que a estrutura diferenciada do corpo (mamífero, vivíparo etc.) e, por conseguinte, a estrutura particular do sexo (útero, trompas, ovários etc.) pertencem ao domínio da contingência absoluta e de forma alguma são da alçada da ontologia da "consciência" ou do *Dasein*, poderia parecer que ocorresse o mesmo com o desejo sexual. Assim como os órgãos sexuais constituem uma informação contingente e particular de nosso corpo, também o desejo correspondente seria uma modalidade contingente de nossa vida psíquica, ou seja, só poderia ser descrito em nível de uma psicologia empírica apoiada na biologia. É o que sugere claramente o nome de *instinto sexual*, reservado para o desejo e todas as estruturas psíquicas a ele referentes. O termo "instinto", com efeito, sempre qualifica formações contingentes da vida psíquica que têm o duplo caráter de ser coextensivas a toda duração desta vida – ou, em todo caso, de não derivar de nossa "história" – e de não poder ser deduzidas, sem embargo, da própria essência do psíquico. Por isso, as filosofias existenciais não acreditaram na necessidade de se preocupar com a sexualidade. Heidegger, em particular, a ela não dedica a menor alusão em sua analítica existencial, de sorte que seu *Dasein* nos aparece como assexuado. E, sem dúvida, pode-se considerar, com efeito, uma contingência para a "realidade humana" especificar-se como "masculina" ou "feminina"; sem dúvida, pode-se dizer que o problema da diferenciação sexual nada tem a ver com o da *Existência* (*Existenz*), posto que o homem, tal como a mulher, "existe", nem mais nem menos.

Tais razões não são em absoluto convincentes. Que a diferença sexual pertença ao domínio da facticidade, admitimos sem reservas. Mas significará isso que o "Para-si" seja sexual "por acidente", pela pura contingência de ter *tal ou qual* corpo? Poderemos aceitar que este vasto tema que é a vida sexual venha como um acréscimo à condição humana? À primeira vista, contudo, o desejo e seu inverso, o horror sexual, mostram-se como estruturas fundamentais do ser-Para-outro. Evidentemente, se a sexualidade tem origem no *sexo* enquanto determinação fisiológica e contingente do homem, não pode ser indispensável ao ser do Para-outro. Mas, não teremos o direito de indagar se, por acaso, o problema não será da mesma ordem daquele que encontramos a propósito das sensações e dos órgãos sensíveis? Diz-se que o homem é um ser sexual porque possui um sexo. E se for o contrário? E se o sexo não for mais que o instrumento e, por assim dizer, a *imagem* de uma sexualidade fundamental? E se o homem só possuir um sexo por ser originária e fundamentalmente um ser sexual, enquanto ser que existe no mundo em conexão com outros homens? A sexualidade infantil precede a maturação fisiológica dos órgãos sexuais; os eunucos, por assim serem, não deixam de sentir desejo. Nem muitos idosos. O fato de poder *dispor* de um órgão sexual apto a fecundar e buscar o prazer só representa uma fase e um aspecto de nossa vida sexual. Há um modo de sexualidade "com possibilidade de satisfação", e o sexo constituído representa e concretiza esta possibilidade. Mas existem outros modos da sexualidade, do tipo incapaz de satisfação, e, se levarmos em conta tais modalidades, é preciso reconhecer que a sexualidade, surgindo com o nascimento, só desaparece com a morte. Além disso, jamais a tumescência do pênis ou qualquer outro fenômeno fisiológico pode explicar ou provocar o desejo sexual – assim como a vasoconstrição ou a dilatação pupilar (nem a simples consciência dessas modificações fisiológicas) não podem explicar ou provocar o medo. Em um caso, como no outro, embora o corpo tenha importante papel a desempenhar, é preciso, para bem compreender, nos remetermos ao ser-no-mundo e ao ser-Para-outro: desejo um ser humano, não um inseto ou um molusco, e desejo-o na medida em que ele e eu estamos em situação no mundo e na medida em que ele é Outro para mim e sou *Outro* para ele. Logo, o problema fundamental da sexualidade pode ser assim formulado: a sexualidade será um acidente contingente vinculado à nossa natureza fisiológica ou uma estrutura necessária do ser-Para-si-Para-outro? Só pelo fato de que a questão pode ser colocada nesses termos, cabe à ontologia resolvê-la. E só poderá fazê-lo, precisamente, caso se preocupe em determinar e fixar a significação da existência sexual para o Outro. Ser sexuado, com efeito, significa – nos termos da descrição do corpo que ensaiamos no capítulo precedente – existir sexualmente para um Outro que existe sexualmente para mim, ficando bem entendido que este Outro não é forçosamente nem primordialmente *para mim* – nem eu para ele – um existente *heterossexual*, mas somente um ser sexuado em geral. Considerada do ponto de vista do Para-si, esta apreensão da sexualidade do Outro não poderia ser a pura contemplação desinteressada de suas características sexuais primárias ou secundárias. O outro não é *primeiramente* sexual para mim pelo fato de que eu concluo, a partir da distribuição de seu sistema piloso, da aspereza de suas mãos, do som de sua voz, de sua força, que ele é do sexo masculino. Trata-se de conclusões derivadas que se referem a um estado primordial. A apreensão primordial da sexualidade do Outro, enquanto vivida e padecida, não poderia ser senão o *desejo;* é desejando o Outro (ou descobrindo-me como incapaz de desejá-lo) ou captando seu desejo por mim que descubro seu ser-sexuado; e o desejo me revela, *ao mesmo tempo,* o *meu* ser-sexuado e o *seu* ser-sexuado, o *meu* corpo como sexo e o *seu* corpo como sexo. Eis-nos, pois, remetidos ao estudo do desejo de modo a tirar uma conclusão sobre a natureza e a categoria ontológica do sexo. Portanto, que é o desejo?

E, antes de tudo, há desejo *de quê?*

De saída, é necessário renunciar à ideia de que o desejo seria desejo de voluptuosidade ou desejo de suprimir uma dor. Não se vê como o sujeito poderia sair deste estado de imanência a fim de "atar" seu desejo a um objeto. Toda teoria subjetivista e imanentista irá fracassar ao tentar explicar por que desejamos *uma* mulher em particular e não simplesmente nossa satisfação. Convém, pois, definir o desejo por seu objeto transcendente. Mas seria totalmente inexato dizer que o desejo é desejo de "posse física" do objeto desejado, se por "possuir" se entende aqui "fazer amor com". Sem dúvida, o ato sexual liberta por um momento o desejo, e, em certos casos, pode ser explicitamente posto como o objetivo desejável do desejo – por exemplo, quando este é doloroso e fatigante. Mas, então, é preciso que o desejo mesmo seja o objeto que posicionamos como "a suprimir", e isso só poderia ser feito por meio de uma consciência reflexiva. Ora, o desejo é, por si mesmo, irrefletido; portanto, não poderia posicionar-se a si próprio como objeto a suprimir. Só um libertino representa seu desejo, trata-o como objeto, excita-o, deixa-o desperto, varia a forma de satisfação etc. Mas então, deve-se observar, é o desejo que se torna o desejável. O erro, aqui, provém do fato de que aprendemos que o ato sexual suprime o desejo. Portanto, uniu-se um conhecimento ao desejo, e, por razões exteriores à sua essência (procriação, caráter sagrado da maternidade, força excepcional do prazer provocado pela ejaculação, valor simbólico do ato sexual), adicionou-se de fora a voluptuosidade como satisfação normal do desejo. O homem comum, por preguiça de espírito e conformismo, também não pode conceber para seu desejo outra meta que não seja a ejaculação. É o que permitiu conceber o desejo como um instinto cuja origem e cujo fim são estritamente fisiológicos, posto que, no homem, por exemplo, teria por causa a ereção e por termo final a ejaculação. Mas o desejo não encerra em si, de modo algum, o ato sexual, não o posiciona tematicamente, sequer o esboça, como se vê quando se trata do desejo em crianças pequenas ou em adultos que ignoram a "técnica" do amor. Igualmente, o desejo não é desejo de alguma prática amorosa especial; é o que prova suficientemente a diversidade dessas práticas, variáveis conforme os grupos sociais. De maneira geral, o desejo não é desejo de *fazer*. O "fazer" intervém depois, agrega-se de fora ao desejo e requer uma aprendizagem: há uma técnica amorosa com seus fins próprios e seus meios. Assim, não podendo posicionar sua supressão como seu fim supremo nem eleger como objetivo último um ato em particular, o desejo é pura e simplesmente desejo de um objeto transcendente. Reencontramos aqui esta intencionalidade afetiva da qual falávamos nos capítulos precedentes e que foi descrita por Scheler e Husserl. Mas, qual é o objeto do desejo? Dir-se-á que o desejo é desejo de um *corpo*? Em certo sentido, não há como negar. Mas devemos entender corretamente. Decerto, o que nos perturba é o corpo: um braço ou um seio entrevisto, talvez um pé. Mas, antes de tudo, deve-se notar que jamais desejamos o braço ou o seio desnudo a não ser sobre o fundo de presença do corpo inteiro como totalidade orgânica. O corpo mesmo, como totalidade, pode estar encoberto; posso ver apenas um braço desnudo. Mas o corpo está aí; é aquilo a partir do qual apreendo o braço como braço; está tão presente, tão aderente ao braço que vejo, quanto os arabescos do tapete que o pé da mesa esconde estão aderentes e presentes aos arabescos visíveis a mim. E meu desejo não se engana: não se dirige a uma soma de elementos fisiológicos, mas a uma forma total; ou melhor: a uma forma *em situação*. Como veremos depois, uma atitude contribui bastante para provocar o desejo. Assim, com a atitude, mostram-se os arredores, e, em última instância, o mundo. E, de súbito, eis-nos nas antípodas do simples prurido fisiológico: o desejo posiciona o mundo, e deseja o corpo a partir do mundo e a bela mão a partir do corpo. Segue exatamente o processo, descrito no capítulo precedente, pelo qual captamos o corpo do Outro a partir de sua situação no mundo. Por outro lado, isso em nada pode nos surpreender, pois o desejo não é senão uma das grandes formas que o desvelar do corpo do Outro pode assumir. Mas, precisamente por isso, não desejamos o corpo como puro objeto material: o puro objeto material, com efeito, não está *em situação*. Assim, esta totalidade orgânica imediatamente presente ao desejo só é desejável na medida em que revela não apenas a vida, mas também a consciência adaptada. Todavia, como veremos, este ser-em-situação do Outro que o desejo desvela é de um tipo inteiramente original. Além disso, a consciência aqui considerada ainda é apenas uma *propriedade* do objeto desejado, ou seja, nada mais é que o sentido do escoamento dos objetos do mundo, precisamente na medida em que tal escoamento está cercado, localizado, e faz parte de *meu* mundo. Decerto, pode-se desejar uma mulher que dorme, porém na medida em que tal sono aparece sobre fundo de consciência. A consciência, portanto, permanece sempre no horizonte do corpo desejado: constitui seu *sentido* e sua unidade. Um corpo vivo enquanto totalidade orgânica em situação com a consciência no horizonte: este é o objeto ao qual *se dirige* o desejo. E o que o desejo quer deste objeto? Não podemos saber sem antes responder a uma questão preliminar: *quem* deseja?

Sem dúvida alguma, quem deseja *sou eu*, e o desejo é um modo singular de minha subjetividade. O desejo é consciência, já que só pode existir como consciência não posicional de si mesmo. Todavia, não se deve supor que a consciência desejosa só difira da consciência cognoscitiva, por exemplo, pela natureza de seu objeto. Para o Para-si, escolher-se como desejo não é produzir um desejo mantendo-se indiferente e inalterado, tal como a causa estoica produz seu efeito: é transladar-se a certo plano de existência, diferente, por exemplo, do plano de um Para-si que se elege como ser metafísico. Toda consciência, como vimos, mantém certa relação com sua própria facticidade. Mas essa relação pode variar de um modo de consciência para outro. A facticidade da consciência dolorosa, por exemplo, é facticidade descoberta em uma fuga perpétua. Não ocorre o mesmo com a facticidade do desejo. O homem que deseja *existe* seu corpo de uma maneira particular, e, por isso, coloca-se em um nível particular de existência. Com efeito, ninguém negará que o desejo não é apenas *apetite*, claro e translúcido *apetite* que visa certo objeto através de nosso corpo. O desejo é definido como *turvação*. E este termo pode nos servir para determinar melhor a natureza do desejo: contrapomos a água turva à água transparente, o olhar turvo ao olhar translúcido. A água turva continua sendo água, conserva a fluidez e as características essenciais da água; mas sua translucidez está "turva" por uma presença inapreensível que faz corpo com ela, que está por toda parte e em parte alguma, e que se mostra como um empastamento da água por ela mesma. Certamente, podemos explicar a turvação pela presença de finas partículas sólidas suspensas no líquido: mas esta é a explicação do *cientista*. Nossa apreensão originária da água turva apresenta-a como que alterada pela presença de uma *qualquer coisa* invisível, que não se distingue da água mesmo e se manifesta como pura resistência de fato. Se a consciência desejosa está *turva* é porque traz uma analogia com a água turva. Para precisar esta analogia, convém comparar o desejo sexual a outra forma de desejo, como, por exemplo, a fome. A fome, como o desejo sexual, pressupõe certo estado do corpo, definido, no caso, pelo empobrecimento do sangue, secreção salivar abundante, contrações das túnicas etc. Esses diversos fenômenos são descritos e classificados do ponto de vista do Outro. Manifestam-se, para o Para-si, como pura facticidade. Mas tal facticidade não *compromete* a natureza do Para-si, pois o Para-si foge imediatamente dela rumo a seus possíveis, ou seja, rumo a certo estado de fome-saciada que é o Em-si Para-si da fome, como sublinhamos em nossa Segunda Parte. Assim, a fome é puro transcender da facticidade corporal, e, na medida em que o Para-si toma consciência desta facticidade em forma não tética, toma imediatamente consciência dela enquanto facticidade transcendida. O corpo, aqui, é decerto o *passado*, o *ultrapassado*. No desejo sexual, certamente, podemos reencontrar esta estrutura comum a todos os apetites: um estado do corpo. O Outro pode notar diversas modificações fisiológicas (ereção do pênis, tumescência dos mamilos dos seios, alterações no sistema circulatório, elevação da temperatura etc.). E a consciência desejosa existe esta facticidade: é *a partir dela* – diríamos até: *através* dela – que o corpo desejado aparece como desejável. Todavia, se nos limitássemos a descrevê-lo assim, o desejo sexual apareceria como um desejo árido e claro, comparável ao desejo de beber ou comer. Seria pura fuga da facticidade rumo a outros possíveis. Ora, todos sabem que um abismo separa o desejo sexual dos outros apetites. Conhecemos este famoso dito: "Fazer amor com uma bela mulher quando temos desejo, tal como bebemos um copo d'água quando temos sede". Também sabemos o quão insatisfatória e mesmo chocante é essa sentença. Porque não se deseja uma mulher mantendo-se inteiramente fora do desejo: o desejo me *compromete;* sou cúmplice de meu desejo. Ou melhor: o desejo é integralmente queda na cumplicidade com o corpo. Basta que cada um consulte sua própria experiência: sabemos que, no desejo sexual, a consciência acha-se como que empastada; parece que nos deixamos invadir pela facticidade, que deixamos de fugir dessa facticidade e deslizamos rumo a um consentimento passivo ao desejo. Em outros momentos, parece que a facticidade invade a consciência em sua fuga mesmo e a torna opaca a si própria. É como que um soerguimento pastoso do *fato.* Igualmente, as expressões que empregamos para designar o desejo sublinham o bastante sua especificidade. Dizemos que o desejo *nos possui, nos absorve, nos penetra.* Pode-se imaginar as mesmas palavras para designar a fome? Teríamos ideia de uma fome que pudesse nos "absorver"? A rigor, isso só teria sentido para explicar as impressões de inanição. Mas, ao contrário, o mais tênue desejo sexual já absorve. Não podemos mantê-lo à distância, como no caso da fome, e "pensar em outra coisa", conservando, enquanto signo do corpo-fundo, uma tonalidade indiferenciada da consciência não tética, que seria o desejo. Mas *o desejo é consentimento ao desejo.* A consciência, entorpecida e absorta, desliza rumo a uma languidez comparável ao sono. Todos já puderam observar, fora isso, a aparição do desejo no Outro: de súbito, o homem que deseja assume uma tranquilidade pesada que assusta; seus olhos ficam parados e entreabertos, seus gestos ficam marcados por uma suavidade pesada e pastosa; muitos parecem adormecidos. E, quando se "luta contra o desejo", é precisamente a tal languidez que se resiste. Se logramos resistir, o desejo, antes de desaparecer, irá tornar-se todo árido e claro, semelhante à fome; e, depois, haverá um "despertar"; vamos nos sentir lúcidos, mas com a cabeça pesada e o coração palpitando. Naturalmente, todas essas descrições são impróprias: registram sobretudo a maneira como interpretamos o desejo. Contudo, indicam o fato primordial do desejo: no desejo, a consciência elege fazer existir sua facticidade em outro plano. Não mais foge da facticidade, mas tenta subordinar-se à sua própria contingência, enquanto apreende outro corpo – ou seja, outra contingência – como desejável. Nesse sentido, o desejo não é somente o desvelar do corpo do Outro, mas a revelação de meu próprio corpo. E isso, não na medida em que esse corpo é *instrumento* ou *ponto de vista*, mas na medida em que é pura facticidade, ou seja, simples forma contingente da necessidade de minha contingência. *Sinto* minha pele, meus músculos e minha respiração, não para transcendê-los *rumo a* alguma coisa, como na emoção ou no apetite, mas como um *datum* vivo e inerte, não simplesmente como instrumento dócil e discreto de minha ação sobre o mundo, mas como uma *paixão* pela qual estou comprometido no mundo e em perigo no mundo. O Para-si *não é* esta contingência; continua existindo-a, mas padece a vertigem de seu próprio corpo; ou, se preferirmos, tal vertigem é precisamente sua maneira de existir seu corpo. A consciência não tética deixa-se ir ao corpo, *quer ser* corpo e nada mais do que corpo. No desejo, o corpo, em vez de ser somente a contingência da qual foge o Para-si rumo a possibilidades que lhes são próprias, converte-se ao mesmo tempo no possível mais imediato do Para-si; o desejo não é somente desejo do corpo do Outro: é, na unidade de um mesmo ato, o projeto não teticamente vivido de atolar-se no corpo; assim, o derradeiro grau do desejo poderá ser o desvanecer, enquanto derradeiro grau de consentimento ao corpo. É nesse sentido que o desejo pode ser considerado desejo de um corpo por outro corpo. De fato, é um apetite voltado *para* o corpo do Outro, vivido como vertigem do Para-si ante seu próprio corpo; e o ser que deseja é a consciência *fazendo-se* corpo.

Mas, se é verdade que o desejo é uma consciência que se faz corpo para apropriar-se do corpo do Outro, apreendido como totalidade orgânica em situação com a consciência no horizonte, qual será a significação do desejo? Ou seja: por que a consciência se faz corpo – ou tenta fazer-se em vão –, e que espera do objeto de seu desejo? A resposta será fácil se pensarmos que, no desejo, faço-me carne *em presença do Outro para me apropriar da carne do Outro*. Significa que não se trata somente de captar ombros ou flancos ou de atrair um corpo contra mim: é necessário, além disso, captá-los com este instrumento particular que é o corpo, enquanto este empasta a consciência. Nesse sentido, quando capto esses ombros, pode-se dizer não apenas que meu corpo é um meio para tocar os ombros, mas também que os ombros do Outro constituem para mim um meio de descobrir meu corpo como revelação fascinante de minha facticidade, ou seja, como carne. Assim, o desejo é desejo de apropriação de um corpo, na medida em que esta apropriação me revela meu corpo como carne. Mas é *como carne* que viso esse corpo do qual quero me apropriar. Só que primordialmente o corpo do Outro não é carne para mim: aparece como forma sintética em ato; como vimos, não seria possível perceber o corpo do Outro como carne pura, ou seja, a título de objeto isolado mantendo relações de exterioridade com os demais istos. O corpo do Outro é originariamente corpo em situação; a carne, ao contrário, aparece como *contingência pura da presença*. Comumente, acha-se disfarçada por maquilagem, roupas etc.; sobretudo, é disfarçada pelos *movimentos:* nada menos "carnal" que uma dançarina, ainda que nua. O desejo é uma tentativa de despir o corpo de seus movimentos, assim como de suas roupas, e fazê-lo existir como pura carne; é uma tentativa de *encarnação* do corpo do Outro. É nesse sentido que as carícias são apropriação do corpo do Outro: evidentemente, se as carícias fossem apenas um suave toque, não poderia haver relação entre elas e o poderoso desejo que pretendem satisfazer; permaneceriam à superfície, como olhares, e não poderiam fazer com que eu *me apropriasse* do Outro. Sabemos o quão decepcionante é essa famosa frase: "Contato de duas epidermes". A carícia não quer ser simples *contato;* parece que o homem sozinho pode reduzi-la a um contato, e, então, ele perde o sentido próprio da carícia. Isso porque a carícia não é simples toque: é um *modelar*. Acariciando o Outro, faço nascer sua carne pela minha carícia, sob meus dedos. A carícia é o conjunto das cerimônias que *encarnam* o Outro. Mas, dir-se-á, o Outro já não estava encarnado? Para ser exato, *não*. A carne do Outro não existia explicitamente para mim, já que eu captava o corpo do Outro em situação; tampouco existia para o Outro mesmo, posto que ele a transcendia rumo às suas possibilidades e rumo ao objeto. A carícia faz nascer o Outro como carne para mim e para ele. E, por carne, não entendemos uma *parte* do corpo, como derme, tecido conjuntivo ou, precisamente, epiderme; não se trata tampouco e forçosamente do corpo "em repouso" ou adormecido, embora geralmente seja assim que revela melhor sua carne. Mas a carícia revela a carne despindo o corpo de sua ação, cindindo-o das possibilidades que o rodeiam: destina-se a descobrir sob a ação a teia de inércia – ou seja, o puro "ser-aí" – que sustenta o corpo; por exemplo, *segurando* e *acariciando* a mão do Outro, descubro, sob o *apertar* que esta mão *primeiramente* é, uma extensão de carne e osso que pode ser capturada; e, analogamente, meu olhar acaricia quando descobre, por sob o que primeiramente é o saltar das pernas da dançarina, a extensão arqueada de suas coxas. Assim, a carícia de modo algum difere do desejo: acariciar com os olhos e desejar são a mesma coisa: *o desejo se expressa pela carícia assim como o pensamento pela linguagem*. E, precisamente, a carícia revela a carne do Outro enquanto carne, tanto para mim como *para o outro*. Mas revela esta carne de maneira muito particular: segurar o Outro revela a este sua inércia e sua passividade de transcendência-transcendida; mas isso não é acariciá-lo. Na carícia, não é meu corpo enquanto forma sintética em ação que acaricia o Outro, mas é meu corpo de carne que faz nascer a carne do Outro. A carícia se destina a fazer nascer por meio do prazer o corpo do Outro, para o Outro e para mim, como passividade *apalpada*, na medida em que meu corpo faz-se carne para apalpar o corpo do Outro com sua própria passividade, ou seja, acariciando-se nele, mais do que o acariciando. Daí por que os gestos amorosos têm uma languidez que quase se diria estudada: não se trata tanto de *possuir* uma parte do corpo do Outro quanto de *levar* o próprio corpo contra o corpo do Outro. Nem de empurrar ou tocar, no sentido ativo, mas de *pôr contra*. Parece que *levo* o próprio braço como objeto inanimado e o *ponho* contra o flanco da mulher desejada; que meus dedos, que *faço passear* pelo seu braço, são inertes na extremidade de minha mão. Assim, a revelação da carne do Outro se faz por minha própria carne; no desejo e na carícia que o exprime, encarno-me para realizar a encarnação do Outro; e a carícia, *realizando* a encarnação do Outro, revela-me minha própria encarnação; ou seja, faço-me carne para induzir o Outro a realizar *Para-si* e *para mim* sua própria carne, e minhas carícias fazem minha carne nascer para mim, na medida em que é, para o Outro, *carne que o faz nascer como carne;* faço-o saborear minha carne por meio de sua carne, de modo a obrigá-lo a sentir-se carne. De sorte que a *posse* aparece verdadeiramente como *dupla encarnação recíproca*. Assim, no desejo, há uma tentativa de encarnação da consciência (aquilo que anteriormente chamamos de empastamento da consciência, consciência turva etc.) a fim de realizar a encarnação do Outro.

Falta determinar qual o *motivo* do desejo, ou, se preferirmos, seu sentido. Isso porque, se acompanhamos as descrições que tentamos fazer aqui, há muito ficou entendido que, para o Para-si, ser é escolher sua maneira de ser sobre fundo de uma contingência absoluta de seu ser-aí. Portanto, o desejo não *chega* à consciência tal qual o calor *chega* ao fragmento de ferro que aproximo da chama. A consciência se elege desejo. Para isso, decerto, deve ter um motivo: não desejo quem quer que seja, não importa quando. Mas demonstramos, na Primeira parte deste livro, que o motivo é suscitado a partir do passado e que a consciência, *voltando-se* para este, confere-lhe seu peso e seu valor. Logo, não há qualquer diferença entre a escolha do motivo do desejo e o sentido do surgimento – nas três dimensões ek-státicas da duração – de uma consciência que se faz desejosa. Tal desejo, como as emoções ou a atitude imaginária, ou, em geral, todas as atitudes do Para-si, tem uma significação que o constitui e o transcende. A descrição que acabamos de tentar não teria qualquer interesse se não nos levasse a colocar a seguinte questão: *por que* a consciência se nadifica em forma de desejo?

Uma ou duas observações preliminares irão nos ajudar a respondê-la. Em primeiro lugar, é preciso notar que a consciência desejosa não deseja seu objeto sobre fundo de mundo inalterado. Em outras palavras, não se trata de fazer aparecer o desejável como certo "isto" sobre fundo de um mundo que conservasse suas relações instrumentais conosco e sua organização em complexos de utensílios. Ocorre com o desejo o mesmo que com a emoção: sublinhamos em outra parte[47] que a emoção não é a apreensão de um objeto emocionante em um mundo inalterado: uma vez que corresponde a uma modificação global da consciência e de suas relações com o mundo, a emoção se traduz por uma alteração radical do mundo. Igualmente, o desejo é uma modificação radical do Para-si, já que este se faz ser em outro plano de ser, determina-se a existir seu corpo de modo diferente, a se fazer empastar por sua facticidade. Correlativamente, o mundo deve advir ao ser pelo Para-si de maneira nova: há um mundo do desejo. Com efeito, se meu corpo já não é mais sentido como instrumento que não pode ser utilizado por qualquer instrumento, ou seja, como organização sintética de meus atos no mundo, e se é vivido como carne, então é como remissões à minha carne que apreendo os objetos do mundo. Significa que me faço passivo em relação a eles e que é do ponto de vista desta passividade, na e por ela, que esses objetos a mim se revelam (pois a passividade é o corpo, e o corpo não deixa de ser ponto de vista). Os objetos constituem, então, o conjunto transcendente que me revela minha encarnação. Um contato é *carícia,* ou seja, minha percepção não é *utilização* do objeto e transcender do presente com vistas a um fim; na atitude desejosa, perceber um objeto é acariciar-me nele. Assim, sou menos sensível à forma do objeto e sua instrumentalidade do que à sua matéria (granulosa, lisa, tíbia, gordurosa, áspera etc.), e descubro em minha percepção desejosa algo como se fora a *carne* dos objetos. Minha camisa esfrega em minha pele e posso senti-la: aquilo que comumente é para mim o objeto mais remoto, converte-se no sensível imediato; o calor do ar, o sopro do vento, os raios de sol etc., tudo isso acha-se presente a mim de certa maneira, como que posicionado sem distância sobre mim e revelando minha carne por sua carne. Desse ponto de vista, o desejo não é somente empastamento de uma consciência por sua facticidade, mas correlativamente o enviscar de um corpo pelo mundo; e o mundo se faz *viscoso;* a consciência é tragada em um corpo que é tragado

---

47. Cf. nosso *Esboço de uma teoria das emoções.*

no mundo[48]. Assim, o ideal que aqui se propõe é o ser-no-meio-do-mundo; o Para-si tenta realizar um ser-no-meio-do-mundo como projeto último de seu ser-no-mundo; daí por que a voluptuosidade acha-se tão comumente vinculada à morte – que é também uma metamorfose ou "ser-no-meio-do-mundo"; conhecido é, por exemplo, o tema da "falsa morte", tão abundantemente desenvolvido em todas as literaturas.

Mas o desejo não é primeira nem principalmente uma relação com o mundo. O mundo só aparece aqui como fundo para as relações explícitas com o *Outro*. Comumente, é por ocasião da *presença* do Outro que o mundo se revela como mundo do desejo. De modo acessório, pode revelar-se dessa forma por ocasião da *ausência* de *tal ou qual* Outro, ou até por ocasião da *ausência* de *todo e qualquer* Outro. Mas já observamos que a ausência é uma relação existencial concreta entre o Outro e eu, que aparece sobre o fundo originário do ser-Para-outro. Decerto, posso, ao descobrir meu corpo na solidão, sentir-me bruscamente como carne, "sufocar" de desejo e captar o mundo como "sufocante". Mas esse desejo solitário é um apelo a *um* Outro em particular ou à presença do Outro indiferenciado. Desejo me revelar como carne por e para outra carne. Tento enfeitiçar o Outro e fazê-lo aparecer; e o mundo do desejo indica no vazio o *Outro* a quem apelo. Assim, o desejo não é absolutamente um acidente fisiológico, um prurido de nossa carne que, fortuitamente, poderia aferrar-nos na carne do Outro. Mas, muito pelo contrário, para que *haja* minha carne e a carne do Outro, é necessário que a consciência penetre previamente no molde do desejo. Esse desejo é um modo primitivo das relações com o Outro, que constitui o Outro como carne desejável sobre o fundo de um mundo de desejo.

Podemos agora explicitar o sentido profundo do desejo. Na reação primordial ao olhar do Outro, com efeito, constituo-me como olhar. Mas, se olho o olhar, a fim de me defender contra a

---

[48]. É claro ser necessário levar em conta aqui, como sempre, o coeficiente de adversidade das coisas. Esses objetos não são apenas "a acariciar". Mas, na perspectiva geral da carícia, podem aparecer também como "anticarícias", ou seja, como uma aspereza, uma cacofonia, uma rijeza, que nos melindram de modo intolerável, precisamente porque estamos em estado de desejo.

liberdade do Outro e de transcendê-la como liberdade, a liberdade e o olhar do Outro desmoronam: vejo *olhos*, vejo um ser-no-meio-do-mundo. Daí por diante, o Outro me escapa: queria agir sobre sua liberdade, apropriar-me dela, ou, ao menos, fazer-me reconhecido como liberdade pela liberdade do Outro, mas esta liberdade está morta, já não está de forma alguma *no mundo* em que encontro o Outro-objeto, pois sua característica é ser transcendente ao mundo. Por certo, posso *apoderar-me* do Outro, agarrá-lo, sacudi-lo; caso disponha de poder, posso constrangê-lo a tais ou quais atos, a tais ou quais palavras; mas tudo se passa como se quisesse apossar-me de um homem que fugiu, deixando apenas seu casaco em minhas mãos. Apodero-me de seu casaco, de seu despojo; jamais me aposso a não ser de um corpo, objeto psíquico no meio do mundo; e, embora todos os atos desse corpo possam ser interpretados em termos de liberdade, perdi inteiramente a chave desta interpretação: só posso agir sobre uma facticidade. Caso tenha conservado o *saber* de uma liberdade transcendente do Outro, tal saber me exaspera em vão, apontando uma realidade que está por princípio fora de meu alcance e revelando-me a todo instante o fato de que ela *me falta*, de que tudo quanto faço é feito "às cegas" e adquire seu sentido em outra parte, em uma esfera de existência da qual estou excluído por princípio. Posso fazer com que o Outro peça piedade ou implore perdão, mas irei sempre ignorar o que esta submissão significa para e na liberdade do Outro. Ao mesmo tempo, por outro lado, meu *saber* se altera: perco a exata compreensão do *ser-visto*, que é, como sabemos, a única maneira pela qual posso experimentar a liberdade do Outro. Assim, eis-me comprometido em um empreendimento do qual esqueci até o sentido. Acho-me perdido frente a este Outro que vejo e toco, mas do qual já não sei mais o que fazer. É como se eu conservasse a lembrança vaga de certo *Mais-além* daquilo que vejo e toco, um Mais-além que reconheço como precisamente aquilo de que quero me apropriar. É então que *faço-me desejo*. O desejo é uma conduta de encantamento. Uma vez que só posso captar o Outro em sua facticidade objetiva, trata-se de fazer submergir sua liberdade nesta facticidade: é necessário que sua liberdade fique "coagulada" na facticidade, como se diz do leite que foi "coalhado", de modo que o Para-si do Outro venha a aflorar à superfície de seu corpo e a estender-se por todo ele, para que eu, ao tocar esse corpo, toque finalmente a livre subjetividade do Outro. Este, o verdadeiro sentido da palavra *posse*. É certo que almejo *possuir* o corpo do Outro; mas almejo possuí-lo na medida em que ele mesmo é um "possuído", ou seja, na medida em que a consciência do Outro tenha se identificado com seu corpo. Eis o ideal impossível do desejo: possuir a transcendência do Outro enquanto pura transcendência e, ao mesmo tempo, enquanto *corpo;* reduzir o Outro à sua simples *facticidade,* por estar então no meio de meu mundo, mas fazendo com que tal facticidade seja uma presentificação perpétua de sua transcendência nadificadora.

Mas, na verdade, a facticidade do Outro (seu puro ser-aí) não pode ser dada à minha intuição sem uma modificação profunda de meu ser-próprio. Na medida em que transcendo rumo às minhas possibilidades próprias a minha facticidade pessoal, na medida em que existo minha facticidade em um impulso de fuga, transcendo também a facticidade do Outro, bem como, por outro lado, a *existência das coisas*. Em meu próprio surgimento, faço-as emergir à existência instrumental; seu ser puro e simples fica disfarçado pela complexidade das remissões indicativas que constituem sua *manejabilidade* (*maniabilité*) e sua *utensilidade*. Pegar uma caneta já é transcender meu ser-aí rumo à possibilidade de escrever, mas é também transcender a caneta como simples existente rumo à sua potencialidade, e transcender essa potencialidade, mais uma vez, rumo a certos existentes futuros que são as "palavras-a-serem-escritas" e, por fim, o "livro-a-ser-redigido". Daí por que o ser dos existentes acha-se comumente velado por sua função. Ocorre o mesmo com o ser do Outro: se o Outro me aparece como servente, como empregado, como funcionário, ou simplesmente como o transeunte que devo evitar ou como esta voz que fala no quarto contíguo e tento *compreender* (ou, ao contrário, quero esquecer porque "me impede de dormir"), não é somente sua transcendência extramundana que me escapa, mas também seu "ser-aí" enquanto pura existência contingente no meio do mundo. Isso porque, justamente, enquanto o trato como servente ou funcionário de escritório, transcendo-o rumo às suas potencialidades (transcendência-transcendida, mortipossibilidades) através do próprio projeto pelo qual transcendo e nadifico minha própria facticidade. Se quero voltar à sua simples presença e desfrutá-la *como presença*, é preciso que tente me reduzir à minha própria presença. Todo transcender de meu ser-aí, com efeito, é transcender do ser-aí do Outro. E, se o mundo está à minha volta enquanto situação que transcendo rumo a mim mesmo, então apreendo o Outro a partir de *sua situação*, ou seja, já enquanto centro de referência. Decerto, o Outro desejado deve ser captado também em situação: desejo uma mulher *no mundo*, de pé *junto a uma mesa*, nua *em um leito* ou sentada *ao meu lado*. Mas, se o desejo reflui da situação para o ser que está em situação, é para dissolver a situação e corroer as relações do Outro no mundo: o movimento desejoso que vai dos "arredores" à pessoa desejada é um movimento isolante que destrói os arredores e sitia a pessoa considerada a fim de destacar sua pura facticidade. Mas, justamente, isso só é possível se cada objeto que me remete à pessoa se coagular em sua pura contingência, indicando-me ao mesmo tempo essa contingência; e, por conseguinte, esse movimento de reversão ao ser do Outro é movimento de reversão a mim enquanto puro ser-aí. Destruo minhas possibilidades para destruir as do mundo e constituir o mundo como "mundo do desejo", ou seja, mundo desestruturado, que perdeu seu sentido e no qual as coisas ressaltam como fragmentos de matéria pura, como qualidades brutas. E, uma vez que o Para-si é escolha, isso só é possível caso me projete rumo a uma possibilidade nova: a de ser "absorvido por meu corpo tal como a tinta pelo mata-borrão", a de ser reduzido ao meu puro ser-aí. Esse projeto, na medida em que não é simplesmente concebido e posicionado tematicamente, mas também vivido, ou seja, na medida em que sua realização não se distingue de sua concepção, é a turvação. Com efeito, não devemos entender as precedentes descrições como se significassem que eu me coloco deliberadamente em estado de turvação com o propósito de recobrar o puro "ser-aí" do Outro. O desejo é um projeto vivido que não pressupõe qualquer deliberação prévia, mas que comporta em si mesmo seu sentido e sua interpretação. Uma vez que me arremesso rumo à facticidade do Outro e almejo afastar seus atos e suas funções para alcançá-lo em sua carne, realizo minha encarnação, já que não posso querer nem sequer conceber a encarnação do Outro se não for na e por minha própria encarnação; e até mesmo o esboço no vazio de um desejo (como quando "despimos distraidamente uma mulher com o olhar") é um esboço no vazio da turvação, porque só desejo com minha turvação, só dispo o Outro despindo-me a mim mesmo, só esboço a carne do Outro esboçando a minha.

Mas a minha *encarnação* não é somente a condição prévia da aparição do Outro *aos meus olhos* como carne. Meu objetivo é fazê-lo encarnar-se *a seus próprios olhos* como carne; é preciso que o arraste ao terreno da facticidade pura; é preciso que ele se resuma para si mesmo a não ser mais do que carne. Assim, ficarei seguro quanto às possibilidades permanentes de uma transcendência capaz de, a qualquer momento, transcender-me por todos os lados: a transcendência do Outro *já não será mais do que* isto; permanecerá encerrada nos limites de um objeto; além disso, e por causa disso, poderei tocá-la, apalpá-la, possuí-la. Outro sentido também de minha encarnação – ou seja, de minha turvação – é o de que se trata de uma linguagem mágica. Faço-me carne para fascinar o Outro por minha nudez e provocar seu desejo por minha carne, justamente porque esse desejo, no Outro, não será nada além de uma encarnação similar à minha. Assim, o desejo é um convite ao desejo. Só a minha carne sabe encontrar o caminho para a carne do Outro, e levo minha carne contra a dele para despertar no Outro o sentido da carne. Na carícia, com efeito, quando deslizo lentamente minha mão inerte contra o flanco do Outro, faço-o tatear minha carne, o que ele só pode conseguir tornando-se inerte: o frêmito de prazer que então o assola é precisamente o despertar de sua consciência de carne. Estender minha mão, afastá-la ou apertá-la, é voltar a ser corpo em ato; mas, ao mesmo tempo, é fazer com que minha mão se desvaneça como carne. Deixá-la deslizar insensivelmente ao longo do corpo do Outro, reduzi-la a um suave toque quase desprovido de sentido, a uma pura existência, a uma pura matéria algo macia, algo acetinada, algo áspera, é renunciar para si mesmo ser aquele que estabelece os pontos de referência e estende as distâncias, é fazer-se pura mucosa. Nesse momento, realiza-se a comunhão do desejo: cada consciência, ao encarnar-se, realizou a encarnação da outra, cada turvação fez nascer a turvação do Outro e incrementou-se na mesma medida. Em cada carícia, sinto minha própria carne e a carne do Outro através da minha, e tenho consciência de que esta carne que sinto e da qual me aproprio por minha carne é carne-sentida-pelo-outro. E não é por acaso que o desejo, mesmo visando o corpo inteiro, venha a alcançá-lo através das massas de carne menos diferenciadas, mais grosseiramente inervadas, menos capazes de movimento espontâneo: seios, nádegas, coxas, ventre, que são como que a imagem da facticidade pura. É por isso, também, que a verdadeira carícia é o contato de dois corpos em suas partes mais carnais, o contato de ventres e peitos: a mão que acaricia, apesar de tudo, está desligada, demasiado similar a uma ferramenta aperfeiçoada. Mas o desabrochar das carnes uma contra a outra e uma pela outra é o verdadeiro objetivo do desejo.

Todavia, o próprio desejo está condenado ao fracasso. Vimos, com efeito, que o coito, que comumente o termina, não é seu objetivo particular. Sem dúvida, muitos elementos de nossa estrutura sexual são a tradução necessária da natureza do desejo. Particularmente, a ereção do pênis e do clitóris. Tal estrutura nada mais é, com efeito, do que a afirmação da carne pela carne. Portanto, é absolutamente necessário que não se produza *voluntariamente*, ou seja, que não possamos usá-la como um instrumento, e sim que se trate, ao contrário, de um fenômeno biológico e autônomo cujo desabrochar autônomo e involuntário acompanha e significa a submersão da consciência no corpo. É preciso ficar bem claro que nenhum órgão isolado, preênsil e unido a músculos estriados pode ser um órgão sexual, um *sexo*; o sexo, se tivesse de aparecer como órgão, não poderia ser mais que uma manifestação da vida vegetativa. Mas a contingência ressurge se considerarmos que, justamente, *há* sexos e *tais* sexos. Em particular, a penetração do macho na fêmea permanece como uma modalidade perfeitamente contingente de nossa vida sexual, embora conforme a esta encarnação radical que o desejo almeja ser (note-se, com efeito, a passividade orgânica do sexo no coito: é o corpo inteiro que avança e recua, que *leva* o sexo à frente e retrocede; são as mãos que ajudam a introduzir o pênis; o próprio pênis aparece como instrumento que manipulamos, introduzimos, retiramos, utilizamos; igualmente, a abertura e a lubrificação da vagina não podem ser obtidas voluntariamente). Trata-se de uma contingência pura, tal como a volúpia sexual propriamente dita. Na verdade, é normal que o enviscar da consciência no corpo tenha seu resultado particular, ou seja, uma espécie de êxtase particular em que a consciência já não seja mais que consciência (do) corpo, e, por conseguinte, consciência reflexiva *da* corporeidade. Com efeito, o prazer – tal como uma dor muito aguda – motiva a aparição de uma consciência reflexiva que é *"atenção ao prazer"*. Só que o prazer é a morte e o fracasso do desejo. A morte do desejo porque não é apenas a satisfação deste, mas também seu arremate e seu fim. Por outro lado, isso não passa de uma contingência orgânica: *acontece* que a encarnação se manifeste pela ereção e a ereção cesse com a ejaculação. Mas, além disso, o prazer é a barragem do desejo, porque motiva a aparição de uma consciência reflexiva *de* prazer, cujo objeto vem a ser o gozo; ou seja, o prazer é *atenção à encarnação do Para-si refletido* e, ao mesmo tempo, esquecimento da encarnação do Outro. Isso já não pertence ao domínio da contingência. Sem dúvida, continua sendo contingente o fato de que a passagem à reflexão fascinada se opere por ocasião desse modo particular de encarnação que é o prazer – embora haja numerosos casos de passagem ao reflexivo sem intervenção do prazer –, mas o que constitui um perigo permanente para o desejo, enquanto tentativa de encarnação, é que a consciência, ao encarnar-se, perca de vista a encarnação do Outro, e que sua própria encarnação venha a absorvê-la a ponto de converter-se em seu objetivo último. Nesse caso, o prazer de acariciar se transforma em prazer de ser acariciado; o que o Para-si demanda, aqui, é sentir seu corpo desabrochar em si próprio até a náusea. Imediatamente, há ruptura de contato e o desejo perde seu objetivo. Até ocorre, comumente, que este fracasso do desejo venha a motivar uma passagem ao masoquismo, ou seja, que a consciência, captando-se em sua facticidade, exija ser captada e transcendida como corpo-Para-outro pela consciência do Outro: nesse caso, o Outro-objeto desmorona, o Outro-olhar aparece, e minha consciência é consciência desfalecida em sua carne ante o olhar do Outro.

Mas, inversamente, o desejo está na origem de seu próprio fracasso, na medida em que é desejo de *tomar* e de *apropriar-se*. Com efeito, não basta que a turvação faça nascer a encarnação do Outro: o desejo é desejo de se apropriar desta consciência encarnada. Portanto, prolonga-se naturalmente, não mais por *carícias*, mas por atos de preensão e penetração. A carícia só tinha por objetivo impregnar de consciência e liberdade o corpo do Outro. Agora, é preciso capturar esse corpo saciado, segurá-lo, penetrar nele. Mas, pelo simples fato de que, neste momento, procuro apossar-me dele, puxá-lo contra mim, agarrá-lo, mordê-lo, meu corpo deixa de ser carne e volta a ser o instrumento sintético *que sou eu*; e, ao mesmo tempo, *o Outro* deixa de ser encarnação: volta a converter-se em instrumento no meio do mundo, instrumento que apreendo a partir de sua situação. Sua consciência, que aflorava à superfície de sua carne e que eu tentava *saborear* com minha carne[49], desvanece ante meus olhos: conserva-se apenas como *objeto* com imagens-objetos em seu interior. Ao mesmo tempo, minha turvação desaparece: não significa que eu deixe de desejar, mas sim que o desejo perdeu sua matéria, tornou-se *abstrato;* é desejo de manusear e agarrar; obstino-me em agarrar, porém minha própria obstinação faz desaparecer minha encarnação: agora, transcendo novamente meu corpo rumo às minhas próprias possibilidades (aqui, a possibilidade de agarrar), e, igualmente, o corpo do Outro, transcendido rumo às suas potencialidades, cai do nível de *carne* ao nível de puro objeto. Esta situação implica a ruptura da reciprocidade de encarnação, que era precisamente o objetivo próprio do desejo: o Outro pode permanecer turvo, pode continuar sendo carne *para si mesmo*, e posso compreendê-lo, mas é uma carne que já não apreendo com a minha, uma carne que já não é mais senão *propriedade* de um Outro-objeto, e não a encarnação de um Outro-consciência. Assim, sou *corpo* (totalidade sintética em situação) frente a uma *carne*. Encontro-me novamente quase que na situação da qual tentava justamente sair por meio do desejo; ou seja, tento utilizar o objeto-Outro para que preste contas de sua transcendência, e, precisamente por ser *todo* objeto, ele me escapa com *toda* a sua transcendência. Chego a perder, de novo, a compreensão nítida daquilo que busco, e, no entanto, acho-me comprometido na busca. Agarro e me descubro no processo de agarrar, mas o que agarro em minhas mãos é *algo diferente* daquilo que queria agarrar; sinto isso e sofro por isso, mas sem

---

[49]. Doña Prouhèze: "Ele não conhecerá o sabor que tenho" (CLAUDEL, Paul: *Le Soulier de satin*, II jornada, 1924). [N. do T.: Em português: *O sapato de cetim*. Petrópolis: Vozes, 1970].

ser capaz de dizer o que queria agarrar, porque, juntamente com minha turvação, a própria compreensão de meu desejo me escapa; sou como um adormecido que, ao despertar, vê-se a ponto de crispar aos mãos sobre a borda do leito, sem se lembrar do pesadelo que provocou seu gesto. Esta situação está na origem do *sadismo*.

O sadismo é paixão, secura e obstinação. É obstinação porque é o estado de um Para-si que se capta como comprometido, sem compreender *em que* está comprometido e persiste em seu compromisso sem ter clara consciência do objetivo a que se propôs nem lembrança precisa do valor que atribuiu a esse compromisso. É secura porque aparece quando o desejo foi esvaziado de sua turvação. O sádico recuperou seu corpo enquanto totalidade sintética e centro de ação; recolocou-se na fuga perpétua de sua própria facticidade; faz experiência de si mesmo frente ao outro enquanto pura transcendência; tem horror à turvação *para si mesmo* e a considera um estado humilhante; pode até ocorrer, simplesmente, que não consiga *realizá-la* em si mesmo. Na medida em que se obstina friamente e é ao mesmo tempo obstinação e secura, o sádico é um apaixonado. Seu objetivo é, tal qual o do desejo, captar e subjugar o Outro, não somente enquanto Outro-objeto, mas enquanto pura transcendência encarnada. Mas, no sadismo, a ênfase é dada à apropriação instrumental do Outro-encarnado. Esse "momento" do sadismo na sexualidade, com efeito, é aquele em que o Para-si encarnado transcende sua encarnação a fim de se apropriar da encarnação do Outro. Assim, o sadismo é negação de ser encarnado e fuga de toda facticidade, e, ao mesmo tempo, empenho para apoderar-se da facticidade do outro. Mas, já que não pode nem quer realizar a encarnação do outro por meio da própria encarnação, e já que, por isso mesmo, não tem outro recurso senão tratar o Outro como objeto-utensílio, o sádico busca utilizar o corpo do Outro como ferramenta de modo a realizar no Outro uma existência encarnada. O sadismo é um esforço para encarnar o Outro pela violência, e esta encarnação "à força" já deve ser apropriação e utilização do Outro. O sádico procura – tal como o desejo – despir o Outro dos atos que o disfarçam. Procura descobrir a carne por baixo da ação. Mas, enquanto que o Para-si do desejo se perde em sua própria carne para revelar ao Outro o fato de ser carne, o sádico recusa a própria carne, ao mesmo tempo que dispõe de instrumentos para revelar à força sua carne ao Outro. O objeto do sadismo é a apropriação imediata. Mas o sadismo não tem saída, pois desfruta não somente a carne do outro, como também, em conexão direta com essa carne, sua própria não encarnação. *Quer* a não reciprocidade das relações sexuais; desfruta o fato de ser potência apropriadora e livre frente a uma liberdade aprisionada pela carne. Eis por que o sadismo quer presentificar a carne à consciência do Outro *de outro modo:* quer presentificá-la tratando o Outro como instrumento; presentifica-a por meio da dor. Na dor, com efeito, a facticidade invade a consciência e, por fim, a consciência reflexiva é fascinada pela facticidade da consciência irrefletida. Portanto, há de fato uma encarnação pela dor. Mas, ao mesmo tempo, a dor é procurada *por meio de instrumentos;* o corpo do Para-si torturador já nada mais é que um instrumento para provocar a dor. Assim, o Para-si, desde a origem, pode nutrir a ilusão de apoderar-se à maneira instrumental da liberdade do Outro, ou seja, de verter esta liberdade na carne, sem deixar de ser aquele que *provoca,* que agarra, que captura etc.

Quanto ao tipo de encarnação que o sadismo gostaria de realizar, trata-se precisamente daquilo que chamamos de *Obsceno*. O obsceno é uma *espécie* de ser-Para-outro pertencente ao *gênero* do desgracioso. Mas nem todo desgracioso é obsceno. Na *graça*, o corpo aparece como um psíquico em situação. Revela antes de tudo sua transcendência como transcendência-transcendida: está em ato e é compreendido a partir da situação e do fim perseguido. Cada movimento, portanto, é captado em um processo perceptivo que vai do futuro ao presente. Por isso, o ato gracioso tem, de um lado, a precisão de uma máquina bem ajustada, e, de outro, a perfeita imprevisibilidade do psíquico, posto que, como vimos, o psíquico é, para o Outro, o *objeto imprevisível*. O ato gracioso, portanto, é a cada instante perfeitamente compreensível, na medida em que levamos em consideração aquilo que, nele, está *transcorrido*. Melhor ainda: esta parte transcorrida do ato está subtendida por uma espécie de necessidade estética que provém de seu perfeito ajustamento. Ao mesmo tempo, o objetivo a alcançar ilumina o ato em sua totalidade; mas toda a parte futura do ato permanece imprevisível, embora possamos sentir, no próprio corpo em ato, que essa parte futura irá aparecer como necessária e ajustada quando transcorrer. É esta imagem movente da necessidade e da liberdade (como propriedade do Outro-objeto) que constitui a graça propriamente dita. Bergson deu uma boa descrição disso. Na graça, o corpo é o instrumento que manifesta a liberdade. O ato gracioso, enquanto revela o corpo como ferramenta de precisão, fornece-lhe a cada instante sua justificação de existir: a mão *é para* segurar e manifesta antes de tudo seu ser-para-segurar. Na medida em que é captada a partir de uma situação que requer a preensão, a mão aparece como sendo *exigida* em seu ser, como que *convocada*. Na medida em que manifesta sua liberdade pela imprevisibilidade de seu gesto, aparece na origem de seu ser: parece produzir-se a si mesmo ante a convocação justificadora da situação. Portanto, a graça figura a imagem objetiva de um ser que seria *fundamento de si mesmo para...* A facticidade é, pois, vestida e disfarçada pela graça: a nudez da carne está totalmente presente, mas não pode ser *vista*. De modo que o supremo coquetismo e o supremo desafio da graça consiste em exibir o corpo desvelado, sem outra vestimenta, sem outro véu além da própria graça. O corpo mais gracioso é o corpo desnudo cujos atos encobrem com uma veste invisível escondendo inteiramente sua carne, embora a carne esteja totalmente presente aos olhos dos espectadores. O desgracioso aparece, ao contrário, quando um dos elementos da graça é contrariado em sua realização. O movimento pode tornar-se *mecânico*. Nesse caso, o corpo sempre faz parte de um conjunto que o justifica, mas a título de puro instrumento; sua transcendência-transcendida desaparece e, com ela, a *situação* enquanto sobredeterminação lateral dos objetos-utensílios de *meu* universo. Também pode acontecer que os atos sejam bruscos e violentos: neste caso, é o ajustamento à situação que desmorona; a situação permanece, mas, entre ela e o *Outro* em situação, desliza algo como um vazio ou hiato. O Outro permanece livre, nesse caso, mas esta liberdade só é captada como pura *imprevisibilidade* e assemelha-se ao *clinâmen* dos átomos epicuristas, em suma, a um indeterminismo. Ao mesmo tempo, o fim continua posicionado, e é sempre a partir do devir que percebemos o gesto do Outro. Mas o desajuste traz consigo a consequência de que a interpretação em termos de devir é sempre demasiado vasta ou demasiado restrita: é uma interpretação *aproximativa*. Por conseguinte, a justificação do gesto e do ser do Outro é imperfeitamente realizada; em última instância, o desajeitado é injustificável; toda sua facticidade, que estava comprometida na situação, é absorvida por esta e reflui sobre ele. O desajeitado libera inoportunamente sua facticidade e a coloca de repente aos nossos olhos: ali, onde esperávamos captar uma chave da situação emanando espontaneamente da própria situação, deparamos de súbito com a contingência injustificável de uma presença inadaptada; somos colocados frente à existência de um existente. Todavia, se o corpo está integralmente no ato, a facticidade ainda não é carne. O *obsceno* aparece quando o corpo assume posturas que o despem inteiramente de seus atos e revelam a inércia de sua carne. A visão de um corpo desnudo, de costas, não é obscena. Mas certos meneios involuntários dos quadris são obscenos. Isso porque, nesse caso, somente as pernas estão em ato no corpo que anda, e os quadris parecem um coxim isolado conduzido pelas pernas, cujo balancear é pura obediência às leis da gravidade. Os quadris não poderiam justificar-se pela situação; são, pelo contrário, inteiramente destruidores de qualquer situação, pois têm a passividade da coisa e se deixam levar como uma coisa pelas pernas. De súbito, revelam-se como facticidade injustificável, são "supérfluos", como todo ser contingente. Isolam-se nesse corpo cujo sentido presente é o andar; estão nus, mesmo que algum tecido os vele, pois já não participam da transcendência-transcendida do corpo em ato; seu movimento balanceado, em vez de ser interpretado a partir do porvir, é interpretado e conhecido a partir do passado, como um fato físico. Tais observações, naturalmente, podem ser aplicadas aos casos em que todo o corpo se faz carne, seja por sabe-se lá que voluptuosidade de seus gestos, que não pode ser interpretada pela situação, seja por uma deformação de sua estrutura (por exemplo, a proliferação das células adiposas), que nos exibe uma facticidade superabundante em relação à presença efetiva que a situação exige. E esta carne revelada é especificamente obscena quando se expõe a alguém que não esteja em estado de desejo, *sem excitar seu desejo*. Um particular desajustamento que destrói a situação, ao mesmo tempo em que o apreendo e em que ele me oferece o desabrochar inerte da carne como uma brusca aparição sob a tênue veste dos gestos que a encobrem, quando não estou, em relação a esta carne, em estado de desejo: eis o que denominarei obsceno.

Vê-se logo o sentido da exigência sádica: a graça revela a liberdade como propriedade do Outro-objeto e remete, de modo obscuro, tal como fazem as contradições do mundo sensível, no caso da reminiscência platônica, a um Para-além transcendente, do qual só retemos nebulosa recordação e que só podemos alcançar por uma modificação radical de nosso ser, ou seja, assumindo resolutamente nosso ser-Para-outro. Ao mesmo tempo, a graça desvela e vela a carne do Outro, ou, se preferirmos, desvela-a para velá-la de imediato: a carne, na graça, é o Outro inacessível. O sádico visa destruir a graça para constituir *realmente* outra síntese do Outro: quer fazer aparecer a carne do Outro; na sua própria aparição, a carne será destruidora da graça, e a facticidade irá reabsorver a liberdade-objeto do Outro. Esta reabsorção não é nadificação: para o sádico, é o *Outro-livre* que se manifesta como carne; a identidade do *Outro-objeto* não é destruída através desses avatares; mas as relações entre a carne e a liberdade se invertem: na graça, a liberdade continha e velava a facticidade; na nova síntese a ser efetuada, é a facticidade que contém e mascara a liberdade. Portanto, o sádico visa fazer com que a carne apareça bruscamente e por meio de opressão, ou seja, pelo concurso, não de sua própria carne, mas de seu corpo enquanto instrumento. Visa fazer com que o Outro assuma atitudes e posições de tal ordem que seu corpo apareça com aspecto de *obsceno:* assim, permanece no plano da apropriação instrumental, já que faz nascer a carne agindo à força sobre o Outro – e o Outro torna-se um instrumento em suas mãos; o sádico *maneja* o corpo do Outro, pressiona seus ombros para inclNá-lo ao chão e fazer sobressair o dorso etc.; e, por outro lado, o objetivo desta utilização instrumental é imanente à própria utilização: o sádico trata o Outro como instrumento para fazer aparecer a carne do Outro; o sádico é o ser que apreende o Outro como instrumento cuja função é sua própria encarnação. O ideal do sádico, portanto, irá consistir em alcançar o momento em que o Outro será já carne sem deixar de ser instrumento, carne que haverá de nascer da carne; o momento em que as coxas, por exemplo, já se oferecem em uma passividade obscena e expansiva e continuam sendo instrumentos que se pode manejar, separar, curvar, a fim de ressaltar mais as nádegas e, por sua vez, encarná-las. Mas não nos iludamos: o que o sádico busca com tal tenacidade, o que almeja amassar com as mãos e submeter com os punhos é a liberdade do Outro: ela está aí, nesta carne; ela é esta carne, posto que há uma facticidade do Outro; portanto, é da liberdade que o sádico tenta se apropriar. Assim, o esforço do sádico consiste em enviscar o Outro em sua carne através da violência e da dor, apoderando-se do corpo do Outro pelo fato de tratá-lo como carne a ser nascida da carne; mas esta apropriação transcende o corpo de que se apropria, porque só quer possuí-lo na medida em que enviscou em si a liberdade do Outro. Eis por que o sádico irá exigir provas manifestas desta servidão da liberdade do Outro pela carne: seu propósito será fazer com que ele peça perdão, obrigará o Outro a se humilhar por meio da tortura e da ameaça, irá forçá-lo a renegar o que lhe é mais caro. Diz-se que assim é pelo apetite de dominar, pela vontade de poder. Mas esta explicação é vaga ou absurda. Seria necessário explicar primeiro a vontade de dominar. E, precisamente, esta vontade não poderia preceder o sadismo como seu fundamento, pois, do mesmo modo e no mesmo plano que ele, nasce da insegurança frente ao Outro. De fato, se o sádico se compraz em obter uma renegação pela tortura, é por uma razão análoga à que permite interpretar o sentido do *Amor*. Vimos, com efeito, que o Amor não exige a abolição da liberdade do Outro, mas a sua servidão enquanto liberdade, ou seja, a servidão da liberdade pela própria liberdade. Igualmente, o sadismo não procura suprimir a liberdade daquele a quem tortura, mas sim obrigá-la a identificar-se livremente com a carne torturada. Por isso, o momento do prazer, para o verdugo, é aquele em que a vítima renega ou humilha a si mesma. Com efeito, qualquer que seja a pressão exercida sobre a vítima, o ato de renegação permanece *livre*, é uma produção espontânea, uma resposta à situação; manifesta a realidade humana; qualquer que tenha sido a resistência da vítima e por mais tempo que tenha esperado antes de pedir perdão, ela poderia, apesar de tudo, esperar dez minutos, um minuto, um segundo mais. A vítima *decidiu* qual o momento em que a dor se tornou insuportável. Prova é que irá viver em seguida sentindo remorso e vergonha por sua renegação. Assim, é inteiramente responsável por ela. Mas, por outro lado, o sádico se considera, ao mesmo tempo, causador disso. Se a vítima resiste e se nega a pedir perdão, o jogo torna-se mais prazeroso: uma volta a mais no parafuso, uma torção suplementar, e as resistências acabarão por ceder. O sádico se coloca como aquele que dispõe de "todo o tempo do mundo". É calmo, não tem pressa, dispõe de seus instrumentos como um técnico, testa uns atrás dos outros, tal como um chaveiro testa diversas chaves em uma fechadura; saboreia esta situação ambígua e contraditória: de um lado, com efeito, faz o papel de quem, no cerne do determinismo universal, dispõe pacientemente dos meios com vistas a um fim que será alcançado automaticamente – tal como a fechadura se abrirá automaticamente quando o chaveiro encontrar a chave "certa"; por outro lado, este fim predeterminado só pode ser realizado com a livre e total adesão do Outro. Portanto, o fim permanece previsível e imprevisível, até o término e ao mesmo tempo. Para o sádico, o objeto realizado é ambíguo, contraditório e sem equilíbrio, já que é ao mesmo tempo efeito rigoroso de uma utilização técnica do determinismo e manifestação de uma liberdade incondicionada. E o espetáculo que se oferece ao sádico é o de uma liberdade que luta contra o desabrochar da carne e que, por fim, escolhe livremente deixar-se submergir na carne. No momento da renegação, obtém-se o resultado procurado: o corpo é todo carne ofegante e obscena; mantém-se na posição em que os verdugos o colocam, não aquela que teria adotado por si mesmo; as cordas que o amarram sustentam-no como coisa inerte e, por isso, ele deixa de ser o objeto que se move espontaneamente. E é justamente através da renegação que uma liberdade escolhe identificar-se com esse corpo, desfigurado e ofegante corpo que é a própria imagem da liberdade despedaçada e subjugada.

Essas poucas indicações não visam esgotar o problema do sadismo. Queremos apenas mostrar que o sadismo está como em germe no próprio desejo, como sendo o fracasso do desejo: com efeito, a partir do momento que busco *possuir* o corpo do Outro, o qual levei a encarnar por meio de minha encarnação, rompo a reciprocidade de encarnação transcendo meu corpo rumo às suas próprias possibilidades e me oriento na direção do sadismo. Assim, sadismo e masoquismo são os dois obstáculos do desejo, quer eu transcenda a turvação rumo a uma apropriação da carne do Outro, quer dê atenção somente à minha carne, inebriado que esteja por minha própria turvação, e nada mais exija do Outro senão ser o olhar que me ajude a realizar minha carne. Devido a esta inconsistência do desejo e sua perpétua oscilação entre esses dois obstáculos é que costumamos designar a sexualidade "nor-mal" como "sadomasoquista".

Todavia, o próprio sadismo, tal como a indiferença cega e como o desejo, encerra em si o princípio de seu fracasso. Em primeiro lugar, há incompatibilidade profunda entre a apreensão do corpo como carne e sua utilização instrumental. Se da carne faço um instrumento, ela me remete a outros instrumentos e a potencialidades, em suma, a um futuro, e é parcialmente justificada em seu *ser-aí* pela situação que criei à minha volta, tal como a presença de pregos e da tapeçaria a pregar na parede justifica a presença do martelo. De súbito, sua natureza de carne, ou seja, de facticidade inutilizável, cede lugar à da coisa-utensílio. O complexo "carne-utensílio", que o sádico tentou criar, desagrega-se. Tal desagregação profunda pode permanecer disfarçada enquanto a carne for instrumento para revelar a carne, pois constitui assim um utensílio com fim imanente. Mas, uma vez concluída a encarnação, quando tenho efetivamente à minha frente um corpo ofegante, já não sei mais como *utilizar* esta carne: nenhum objetivo poderá mais ser-lhe destinado, pois, precisamente, fiz com que aparecesse sua absoluta contingência. *"Está aí"*, e está aí *"para nada"*. Nesse sentido, posso apoderar-me dela enquanto carne; não posso integrá-la em um sistema complexo de instrumentalidade sem que sua materialidade de carne, sua "carnação" (*"carnation"*), escape-me imediatamente. Posso apenas permanecer impedido diante dela, em estado de assombro contemplativo, ou então encarnar-me por minha vez, deixar-me capturar pela turvação, a fim de me recolocar, ao menos, no terreno em que a carne se revela à carne em sua total carnação. Assim, o sadismo, no momento em que seu objetivo está para ser alcançado, cede lugar ao desejo. O sadismo é o fracasso do desejo, e o desejo o fracasso do sadismo. Só podemos sair do círculo vicioso através da satisfação e da pretensa "posse física". Nesta, com efeito, ocorre nova síntese do sadismo e do desejo: a turgescência do sexo manifesta a encarnação; o fato de "entrar em..." ou de ser "penetrada" realiza simbolicamente a tentativa de apropriação sádica e masoquista. Mas, se o prazer permite sair do círculo, isso ocorre porque mata ao mesmo tempo o desejo e a paixão sádica sem satisfazê-los.

Ao mesmo tempo e em nível totalmente diferente, o sadismo oculta um novo motivo de fracasso. Com efeito, busca apropriar-se da liberdade transcendente da vítima. Mas, precisamente, tal liberdade acha-se por princípio fora do alcance. E, quanto mais o sádico se obstina em tratar o Outro como instrumento, mais esta liberdade lhe escapa. Pode agir somente sobre a liberdade enquanto propriedade objetiva do Outro-objeto. Ou seja, sobre a liberdade no meio do mundo, com suas mortipossibilidades. Mas, sendo seu objetivo justamente recuperar seu ser-Para-outro, ele o perde por princípio, pois o único Outro com que lida é o Outro no mundo, o qual tem apenas "imagens em sua cabeça" do sádico obstinado que o acossa.

O sádico descobre seu erro quando a vítima *olha* para ele, ou seja, quando experimenta a alienação absoluta de seu ser na liberdade do Outro: constata então não somente que não recuperou seu "ser-fora", mas também que a atividade pela qual procura reavê-lo é, por sua vez, transcendida e coagulada como "sadismo" enquanto *habitus** e propriedade, com seu cortejo de mortipossibilidades, e que esta transformação ocorre pelo e para o Outro que pretende subjugar. Descobre então que não pode agir sobre a liberdade do Outro, ainda que o obrigando a humilhar-se e pedir perdão, porque é precisamente na e pela liberdade absoluta do Outro que um mundo vem a existir, um mundo em que há um sádico, instrumentos de tortura e cem pretextos para a humilhação e a renegação. Ninguém expressou melhor o poder do olhar da vítima sobre seus algozes do que Faulkner nas últimas páginas de *Luz em agosto*. Os "bons cidadãos" acabam de encurralar o negro Christmas e o castraram. Christmas agoniza:

"O homem que jazia no chão não se mexera. Jazia ali com os olhos abertos e vazios de tudo, exceto de consciência, e com uma coisa qualquer, uma sombra, em volta da boca. Durante um longo momento, fitou-os com olhos pacíficos, insondáveis, insuportáveis. E logo o rosto, depois o corpo todo, o homem todo, pareceu

---

* Em latim: condição, estado de uma coisa [N.T.].

desaprumar-se, cair sobre si mesmo, e dos quadris e das coxas, através da roupa rasgada, como numa respiração livre, manou um sangue preto. Parecia brotar de seu corpo, como brotam chispas de um foguete que sobe aos ares; e sobre aquela lufada negra, o homem pareceu elevar-se, pairando para todo o sempre dentro de suas memórias. Nunca, jamais lhes sairá do espírito a cena brutal, onde quer que presenciem velhos desastres e novas esperanças – em quaisquer vales amenos, ao lado de plácidas e tranquilizadoras correntes de idade provecta, nos semblantes reluzentes das crianças. *Lá estará ela, aquela recordação serena, meditativa, persistente, não esmaecida nem ameaçadora, mas toda sossego, toda triunfo*[50]. E outra vez, lá na cidade, amortecido pela parede, o grito da sirene de rebate ascendia rumo ao seu crescendo inacreditável, saindo já do domínio dos sentidos corpóreos da audição."*

Assim, esta explosão do olhar do Outro no mundo do sádico faz desmoronar o sentido e o objetivo do sadismo. Ao mesmo tempo, o sadismo descobre que era *esta liberdade* que queria subjugar e constata a inutilidade de seus esforços. Eis-nos remetidos uma vez mais do *ser-olhador* ao *ser-visto*; não saímos desse círculo vicioso.

Com essas observações, não quisemos esgotar a questão sexual, nem, sobretudo, a das atitudes com relação ao Outro. Quisemos, simplesmente, sublinhar que a atitude sexual é um comportamento primitivo com relação ao Outro. Obviamente, esse comportamento encerra necessariamente a contingência originária do ser-Para-outro e a de nossa própria facticidade. Mas não podemos admitir que esteja submetido desde sua origem a uma constituição fisiológica e empírica. Uma vez que "há" o corpo e "há" o *Outro*, reagimos pelo *desejo*, pelo *Amor* e pelas atitudes derivadas que mencionamos. Nossa estrutura fisiológica nada mais faz senão exprimir simbolicamente, e no terreno da contingência absoluta, a possibilidade permanente que somos de adotar uma ou outra dessas atitudes. Assim, poderíamos dizer que o Para-si é

---

50. Grifo meu.

* *Light in August* (1932). Usamos a tradução de Berenice Xavier para *Luz em agosto*. Nova Fronteira, 1983 [N.T.].

sexual em seu próprio surgimento frente ao Outro e que, através dele, a sexualidade vem ao mundo.

Evidentemente, não pretendemos afirmar que as atitudes com relação ao Outro se reduzam a essas atitudes sexuais que acabamos de descrever. Se nos ativemos a elas por tanto tempo, foi por dois objetivos: em primeiro lugar, porque são fundamentais, e, em segundo, porque todas as condutas complexas dos homens entre si não passam de enriquecimento dessas duas atitudes originárias (e de uma terceira, o ódio, que descreveremos em breve). Sem dúvida, as condutas concretas (colaboração, luta, rivalidade, emulação, comprometimento, obediência[51] etc.) são infinitamente mais delicadas de descrever, pois dependem da situação histórica e das particularidades concretas de cada relação entre o Para-si e o Outro: mas todas encerram, como seu esqueleto, as relações sexuais. Não devido à existência de certa "libido" que deslizasse por toda parte, mas simplesmente porque as atitudes que descrevemos são os projetos fundamentais pelos quais o Para-si *realiza* seu ser-Para-outro e tenta transcender esta situação de fato. Aqui não é o lugar de mostrar o que a piedade, a admiração, o desgosto, a inveja, a gratidão etc., podem conter de amor e desejo. Mas cada leitor poderá fazê-lo, reportando-se à experiência própria, bem como à intuição eidética dessas diversas essências. Naturalmente, não significa que essas diferentes atitudes sejam simples disfarces adotados pela sexualidade. Mas é preciso entender que a sexualidade nelas se integra enquanto seu fundamento, e que elas a implicam e a transcendem, tal como a noção de círculo implica e transcende a noção de segmento de reta em rotação em torno de uma das extremidades, que permanece fixa. Essas atitudes-fundamentos podem manter-se veladas, tal como um esqueleto se esconde pela carne que o rodeia: inclusive, é isso que comumente acontece; a contingência dos corpos, a estrutura do projeto original que sou, a história que historizo podem decidir que a atitude sexual permaneça comumente implícita, no interior de condutas mais complexas: em particular, não é frequente desejar explicitamente os Outros "do mesmo sexo". Mas, por detrás das proibições

---

51. Cf. também o amor maternal, a piedade, a bondade etc.

da moral e dos tabus da sociedade, permanece a estrutura originária do desejo, pelo menos nesta forma particular de turvação que denominamos repulsa sexual. E não devemos entender esta permanência do projeto sexual como se ficasse "em nós" em estado inconsciente. Um projeto do para-si só pode existir em forma consciente. Simplesmente, existe integrado em uma estrutura particular, na qual se dissolve. Foi o que os psicanalistas observaram ao fazer da afetividade sexual uma "tábula rasa" que extraia todas as suas determinações da história individual. Só que não devemos crer que a sexualidade seja originariamente *indeterminada*: na verdade, comporta todas as suas determinações desde o surgimento do Para-si em um mundo onde "há" Outros. O que é indeterminado e deve ser estabelecido pela história de cada um é o tipo de relação com o Outro, durante o qual a atitude sexual (desejo-amor, masoquismo-sadismo) irá manifestar-se em sua pureza explícita.

Precisamente porque essas atitudes são originárias é que as escolhemos para demonstrar o *círculo vicioso* das relações com o Outro. Por estarem integradas, com efeito, em *todas* as atitudes com relação aos Outros, envolvem em sua circularidade (*circularité*) a totalidade das condutas frente ao Outro. Assim como o Amor encontra seu fracasso em si mesmo e o Desejo surge da morte do Amor para desmoronar, por sua vez, e ceder lugar ao Amor, todas as condutas com relação ao Outro-objeto incluem em si uma referência implícita e velada a um Outro–sujeito, e esta referência significa sua morte; sobre a morte da conduta para com o Outro--objeto surge uma atitude nova que visa apoderar-se do Outro-sujeito, e esta, por sua vez, revela sua inconsistência e desmorona para dar lugar à conduta inversa. Assim, somos arremessados indefinidamente do Outro-objeto ao Outro-sujeito e vice-versa; o curso jamais se detém, e é este curso, com suas bruscas inversões de direção, que constitui nossa relação com o Outro. Qualquer que seja o momento em que nos considerem, estamos em uma ou outra dessas atitudes – insatisfeitos tanto com uma quanto com outra; podemos nos manter mais tempo ou menos tempo na atitude adotada, conforme nossa má-fé ou as circunstâncias particulares de nossa história; mas jamais ela será suficiente; sempre remete obscuramente à outra. Isso porque, com efeito, não poderíamos adotar uma atitude consistente em relação ao Outro, a não ser que este nos fosse revelado *ao mesmo tempo* como sujeito e como objeto, como transcendência-transcendente e como transcendência-transcendida, o que é impossível por princípio. Assim, sempre oscilando entre o ser-olhar e o ser-visto, caindo de um no outro por revoluções alternadas, estamos permanentemente, não importa a atitude adotada, em estado de instabilidade com relação ao Outro; perseguimos o ideal impossível da apreensão simultânea de sua liberdade e sua objetividade; para usar expressões de Jean Wahl, estamos, com relação ao Outro, ora em estado de trans-descendência (quando o apreendemos como objeto e o integramos no mundo), ora em estado de trans-ascendência (quando o experimentamos como uma transcendência que nos transcende); mas nenhum desses dois estados é suficiente para si mesmo; e jamais podemos nos colocar concretamente em um plano de igualdade, ou seja, um plano onde o reconhecimento da liberdade do Outro encerrasse o reconhecimento da nossa liberdade pelo Outro. O Outro é, por princípio, o inapreensível: foge de mim quando o busco e me possui quando dele fujo. Mesmo se quisesse agir segundo os preceitos da moral kantiana, tomando como fim incondicional a liberdade do Outro, esta liberdade iria converter-se em transcendência-transcendida pelo simples fato de ter sido por mim constituída como fim; e, por outro lado, eu só poderia agir em seu benefício utilizando o Outro-objeto como instrumento para realizar esta liberdade. Com efeito, será necessário que eu capte o Outro em situação como um objeto-instrumento; e meu único poder, então, será o de modificar a situação com relação ao Outro e o Outro com relação à situação. Assim, sou levado a esse paradoxo que constitui o risco de toda política liberal e que Rousseau definiu com uma palavra: devo "obrigar" o Outro a ser livre. Tal coerção, não sendo sempre exercida e não sendo, com maior frequência, exercida em forma de violência, nem por isso deixa de regular as relações dos homens entre si. Se ofereço consolo e tranquilidade, é para livrar a liberdade do Outro dos temores e pesares que a afligem; mas a consolação, tal como o argumento tranquilizador, é a organização de um sistema de meios para um fim destinado a *agir* sobre o Outro e, em consequência, integrá-lo por sua vez no sistema como coisa-utensílio. Mais ainda: quem consola opera uma distinção arbitrária entre liberdade, que ele identifica ao uso da Razão e à busca do Bem, e aflição, que lhe parece resultado de um determinismo psíquico. Portanto, age para apartar a liberdade da aflição, tal como separamos dois componentes de um produto químico. Só pelo fato de considerar a liberdade como apta a ser dividida, aquele que consola transcende essa liberdade e a coage, não podendo, no terreno em que se coloca, captar esta verdade: é a própria liberdade que *se faz* aflição e, por conseguinte, agir para livrar a liberdade da aflição é agir contra a liberdade.

Não se deve supor, porém, que uma moral da "permissividade" e da tolerância iria respeitar mais a liberdade do Outro: uma vez que existo, estabeleço um limite de fato à liberdade do Outro, *sou* este limite, e cada um de meus projetos delineia este limite à volta do Outro: a caridade, a permissividade, a tolerância – ou toda atitude abstencionista – são projetos meus que me comprometem e comprometem o Outro na sua aquiescência. Realizar a tolerância à volta do Outro é fazer com que ele seja arremessado à força em um mundo tolerante. É privá-lo por princípio dessas livres possibilidades de resistência corajosa, de perseverança, de afirmação de si, que ele teria oportunidade de desenvolver em um mundo de intolerância. Isso transparece mais ainda se levarmos em conta o problema da educação: uma educação severa trata a criança como instrumento, pois tenta submetê-la pela força a valores que ela não aceitou; mas uma educação liberal, mesmo utilizando outros procedimentos, também não deixa de fazer uma escolha *a priori* de princípios e valores, em nome dos quais a criança será tratada. Tratar a criança por persuasão e candura não significa coagi-la menos. Assim, o respeito à liberdade do Outro é uma palavra vã: ainda que pudéssemos projetar respeitar esta liberdade, cada atitude que tomássemos com relação ao Outro seria uma violação desta liberdade que pretendíamos respeitar. A atitude extrema, que seria a total indiferença frente ao Outro, tampouco é uma solução: estamos já lançados no mundo diante do Outro; nosso surgimento é livre limitação de sua liberdade, e nada, sequer o suicídio, pode modificar esta situação originária; quaisquer que sejam nossos atos, com efeito, cumprimo-los em um mundo onde já há o Outro e onde sou *supérfluo* com relação ao Outro.

É desta situação singular que parece ter origem a noção de culpabilidade e pecado. É diante do Outro que sou *culpado*. Culpado, em primeiro lugar, quando, sob seu olhar, experimento minha alienação e minha nudez como um decaimento que devo assumir; este, o sentido do famoso "eles descobriram que estavam nus" da Escritura. Culpado, além disso, quando, por minha vez, olho o Outro, porque, pelo próprio fato de minha afirmação de mim mesmo, constituo-o como objeto e instrumento, e faço com que lhe sobrevenha esta alienação que deve assumir. Assim, o pecado original é meu surgimento em um mundo onde há o Outro, e, quaisquer que sejam minhas relações ulteriores com o Outro, nada mais serão que variações sobre o tema original de minha culpabilidade.

Mas esta culpabilidade vem acompanhada de impotência, sem que tal impotência logre isentar-me de minha culpabilidade. Faça o que fizer *pela* liberdade do Outro, como vimos, meus esforços se reduzem a tratar o Outro como instrumento e estabelecer sua liberdade como transcendência-transcendida; mas, por outro lado, qualquer que seja o poder coercitivo de que disponha, jamais alcançarei o Outro salvo em seu ser-objeto. Jamais poderei fornecer à sua liberdade senão ocasiões para se manifestar, sem nunca lograr incrementá-la ou diminuí-la, dirigi-la ou possuí-la. Assim, sou culpado em relação ao Outro no meu próprio ser, porque o surgimento de meu ser confere ao Outro, a despeito dele mesmo, uma nova dimensão de ser; e, por outro lado, sou impotente para desfrutar minha culpa ou para repará-la.

Um Para-si que, ao historiarizar-se, experimentou essas diferentes vicissitudes, pode se determinar, com pleno conhecimento da inutilidade de seus esforços anteriores, a perseguir a morte do Outro. Esta livre determinação chama-se ódio. Implica uma resignação fundamental: o Para-si abandona sua pretensão de realizar uma união com o Outro; desiste de utilizar o Outro como instrumento para reaver seu ser-Em-si. Quer, simplesmente, reencontrar uma liberdade sem limites de fato, ou seja, desembaraçar-se de seu inapreensível ser-objeto-Para-outro e abolir sua dimensão de alienação. Isso equivale a projetar realizar um mundo onde não exista o Outro. O Para-si que odeia aceita não ser mais do que Para-si: instruído por suas diversas experiências sobre a impossibilidade de utilizar seu ser-Para-outro, continua preferindo ser apenas uma nadificação livre de seu ser, uma totalidade destotalizada, uma perseguição que estabelece seus próprios fins. Aquele que odeia projeta não mais ser objeto de forma alguma; e a ira apresenta-se como um posicionamento absoluto da liberdade do Para-si frente ao Outro. É por isso que, em primeiro lugar, a ira não rebaixa o objeto odiado. Pois coloca o debate em seu verdadeiro terreno: aquilo que odeio no Outro não é tal ou qual fisionomia, este ou aquele defeito, tal ou qual ação em particular. É a sua existência em geral, enquanto transcendência-transcendida. Eis por que a ira encerra um reconhecimento da liberdade do Outro. Só que este reconhecimento é abstrato e negativo: a ira só conhece o Outro--objeto, e concentra-se neste objeto. É este objeto que pretende destruir, de modo a suprimir conjuntamente a transcendência que o impregna. Esta transcendência é apenas pressentida, como um Para-além inacessível, uma perpétua possibilidade de alienação do Para-si que odeia. Portanto, jamais é *captada por si mesmo;* além disso, nem poderia sê-lo, salvo convertendo-se em objeto, mas eu a experimento como um caráter perpetuamente fugidio do objeto-Outro, como um aspecto "não dado", "não realizado", de suas qualidades empíricas mais acessíveis, como uma espécie de perpétua advertência a lembrar-me que "não é essa a questão". É por isso que odiamos através do psíquico revelado, mas não esse psíquico mesmo; e também porque acaba sendo indiferente odiar a transcendência do Outro através do que empiricamente denominamos seus vícios ou suas virtudes. O que odeio é a totalidade--psíquica inteira, na medida em que me remete à transcendência do Outro: não me rebaixo a ponto de odiar tal ou qual detalhe objetivo em particular. É o que distingue o odiar do detestar. E o ódio não surge necessariamente por ocasião de algum mal recém-sofrido por mim. Ao contrário, pode aparecer quando nos sentimos no direito de esperar recognição, ou seja, por ocasião de um benefício: a ocasião que solicita a ira é simplesmente o ato do Outro que me colocou em estado de *padecer* sua liberdade. Este ato é humilhante em si mesmo: é humilhante na medida em que é revelação concreta de minha objetidade instrumental diante da liberdade do Outro. Tal revelação obscurece de imediato, soçobra no passado e torna-se opaca. Mas, precisamente, deixa-me com o sentimento de que há "algo" a ser destruído para que eu me liberte. Além disso, é por esse motivo que a gratidão está tão próxima da ira: ser grato por um benefício é reconhecer que o Outro era inteiramente livre ao agir como fez. Nenhuma coação o determinou, sequer a do dever. Ele é inteiramente responsável pelo seu ato e pelos valores que presidiram a execução deste ato. Quanto a mim, não fui mais que o pretexto, a matéria sobre a qual foi exercida a ação do Outro. A partir deste reconhecimento, o Para-si pode projetar o amor ou a ira ao seu gosto: já não pode mais ignorar o Outro.

A segunda consequência dessas observações é a de que o ódio é ira de todos os Outros em um só Outro. O que almejo alcançar simbolicamente ao perseguir a morte de um Outro em particular é o princípio geral da existência do Outro. O Outro que odeio representa, na verdade, *os* Outros. E meu projeto de suprimi-lo é projeto de suprimir o Outro em geral, ou seja, de reconquistar minha liberdade não substancial de Para-si. Na ira, dá-se uma compreensão de que minha dimensão de ser-alienado é uma servidão *real* que vem a mim pelos Outros. O que se projeta é a supressão desta servidão. Eis por que a ira é um sentimento *lôbrego*, ou seja, um sentimento que visa a supressão de um Outro e que, enquanto projeto, projeta-se conscientemente contra a desaprovação dos Outros. Desaprovo o ódio que o Outro professa em relação a algum Outro; tal ódio me perturba, e busco suprimi-lo, porque, embora não se dirija explicitamente a mim, sei que me concerne e se realiza contra mim. E, com efeito, ele pretende me destruir, não na medida em que tentasse me suprimir, mas enquanto requer principalmente minha desaprovação para poder seguir adiante. O ódio exige ser odiado, na medida em que odiar o ódio equivale a um reconhecimento desinquieto da liberdade daquele que odeia.

Mas o ódio, por sua vez, é um fracasso. Seu projeto inicial, com efeito, consiste em suprimir as outras consciências. Porém, ainda que o conseguisse, ou seja, ainda que pudesse abolir o Outro no momento presente, não poderia fazer com que o Outro não houvesse sido. Melhor ainda: a abolição do Outro, por ser vivida como triunfo da ira, pressupõe o reconhecimento explícito de que o Outro *existiu*. Sendo assim, meu ser-Para-outro, deslizando ao passado, converte-se em uma dimensão irremediável de mim mesmo. É o que tenho-de-ser enquanto o havendo-sido. Portanto, não poderia livrar-me dele. Dir-se-á que, pelo menos, dele escapo pelo presente e dele escaparei pelo futuro: mas não. Aquele que, uma vez, foi Para-outro está contaminado em seu ser pelo resto de seus dias, mesmo que o Outro tenha sido inteiramente suprimido: não deixará de captar sua dimensão de ser-Para-outro como uma possibilidade permanente de seu ser. Não poderá reconquistar aquilo que alienou; inclusive, perdeu toda esperança de agir sobre esta alienação e volvê-la a seu favor, já que o Outro, destruído, levou para o túmulo a chave desta alienação. Aquilo que fui para o Outro fica estabelecido pela morte do Outro, e o serei irremediavelmente no passado; também o serei, e da mesma maneira, no presente, caso persevere na atitude, nos projetos e no modo de vida que foram julgados pelo Outro. A morte do Outro me constitui como objeto irremediável, exatamente como minha própria morte. Assim, em seu próprio surgimento, o triunfo da ira se transforma em fracasso. O ódio não permite sair do círculo vicioso. Representa simplesmente a última tentativa, a tentativa do desespero. Após o fracasso desta tentativa, só resta ao Para-si retornar ao círculo e deixar-se oscilar indefinidamente entre uma e outra das duas atitudes fundamentais[52].

III
O SER-COM (*MITSEIN*) E O NÓS

Sem dúvida, pode-se observar que nossa descrição é incompleta, pois não deixa lugar a certas experiências concretas em que nos descobrimos, não em conflito com o Outro, mas em comunidade com ele. E é verdade que dizemos frequentemente *NÓS*. A própria existência e o uso desta forma gramatical remetem necessariamente a uma experiência real do *Mitsein*. Nós pode ser sujeito, e, com esta forma, identifica-se a um plural do "eu". E, decerto, o paralelismo entre gramática e pensamento é, em

---

[52]. Essas considerações não excluem a possibilidade de uma moral da libertação e da salvação. Mas esta deve ser alcançada ao termo de uma conversão radical, que não podemos abordar aqui.

muitos casos, mais que duvidoso; inclusive, talvez fosse preciso revisar inteiramente a questão e estudar a relação entre linguagem e pensamento de forma inteiramente nova. Não é menos verdade que o NÓS sujeito não parece concebível salvo referindo-se, pelo menos, ao pensamento de uma pluralidade de sujeitos que se apreendam simultânea e mutuamente enquanto subjetividade, ou seja, enquanto transcendências-transcendentes, e não como transcendências-transcendidas. Se a palavra NÓS significar mais do que simples *flatus vocis**, denota um conceito que agrupa uma infinita variedade de experiências possíveis. E essas experiências surgem *a priori* em contradição com a experiência de meu ser-objeto Para-outro ou com a experiência do ser-objeto do Outro para mim. No Nós sujeito, ninguém é objeto. O Nós encerra uma pluralidade de subjetividades que se reconhecem mutuamente como tais. Todavia, este reconhecimento não constitui o objeto de uma tese explícita: o que é posicionado explicitamente é uma ação comum ou o objeto de uma percepção comum. Nós resistimos, Nós partimos para o ataque, "nós" condenamos o culpado, Nós vemos tal ou qual espetáculo. Assim, o reconhecimento das subjetividades é análogo ao reconhecimento da consciência não tética por si mesmo; ou melhor, deve ser operada *lateralmente* por uma consciência não tética cujo objeto tético é tal ou qual espetáculo do mundo. A melhor exemplificação do Nós pode ser dada pelo espectador de uma representação teatral, cuja consciência se esgota na captação do espetáculo imaginário, na previsão dos acontecimentos por esquemas antecedentes, na disposição dos seres imaginários como sendo o herói, o traidor, a prisioneira etc., espectador esse que, todavia, no próprio surgimento que o constitui como consciência *do* espetáculo, faz-se não teticamente consciência (de) ser *coespectador* do espetáculo. Todos conhecem, com efeito, este inconfessado mal-estar que nos oprime em um auditório semivazio, ou, ao contrário, este entusiasmo que se desencadeia e se revigora em um auditório repleto e entusiasta. Além disso, é certo que a experiência do nós-sujeito pode se manifestar em qualquer circunstância. Estou na varanda de um bar: observo os outros fregueses e me sei observado. Permanecemos aqui no caso mais

---

* Em latim: literalmente, "sopro de voz", significando expressão sem sentido [N.T.].

banal do conflito com o Outro (ser-objeto do Outro para mim, meu ser-objeto para o Outro). Mas, eis que, de súbito, ocorre um incidente de rua qualquer: por exemplo, uma leve colisão entre um triciclo e um táxi. De imediato, no próprio instante em que me torno espectador do incidente, experimento-me não-teticamente como comprometido em um *nós*. As rivalidades, os ligeiros conflitos anteriores desapareceram, e as consciências que fornecem a matéria do nós são precisamente as de todos os consumidores: Nós olhamos a ocorrência, Nós tomamos partido. É este unanimismo que um Romains quis descrever em *La vie unanime* ou em *Le vin blanc de la villette*. Eis-nos de volta ao *Mitsein* de Heidegger. Valeu a pena, então, tê-lo criticado anteriormente?[53]

Só devemos notar aqui que nunca cogitamos pôr em dúvida a *experiência* do Nós. Limitamo-nos a mostrar que tal experiência não poderia ser o fundamento de nossa consciência do Outro. Está claro, com efeito, que ela não poderia constituir uma estrutura ontológica da realidade-humana: demonstramos que a existência do Para-si no meio dos outros era, na origem, um fato metafísico e contingente. Além disso, claro está que o Nós não é uma consciência intersubjetiva, nem um ser novo que transcenda e englobe suas partes, tal como um todo sintético, à maneira da consciência coletiva dos sociólogos. O Nós é experimentado por uma consciência particular: não é necessário que *todos* os fregueses do bar sejam conscientes de ser Nós para que eu me experimente enquanto comprometido com eles em um Nós. Todos conhecem esse esquema trivial de diálogo: "*Nós* estamos muito descontentes"; "Mas não, meu caro, fale por você." Isso pressupõe haver consciências aberrantes do Nós – as quais não deixam de ser, por isso, consciências perfeitamente normais. Sendo assim, é necessário, para que uma consciência tome consciência de estar comprometida em um nós, que as demais consciências que entram em comunidade com ela tenham sido dadas previamente de outra maneira qualquer; ou seja, a título de transcendência-transcendente ou de transcendência-transcendida. O Nós é uma certa experiência particular que se produz, em casos especiais, sobre o fundamento do

---

53. Terceira parte, cap. 1.

ser-Para-outro em geral. O *ser-Para*-outro precede e fundamenta o *ser-com-o*-outro.

Além disso, o filósofo que pretende estudar o Nós deve tomar suas precauções e saber do que está falando. Com efeito, não há somente um Nós-sujeito: a gramática nos ensina que há também um Nós-complemento, ou seja, um Nós-objeto. Bem, depois de tudo que foi dito até aqui, é fácil compreender que o Nós de "Nós os olhamos" não poderia estar no mesmo plano ontológico do Nós de "eles nos olham". Não se trata, neste caso, de subjetividades *qua* subjetividades. Na frase "Eles *me* olham" pretendo indicar que me experimento como objeto para o outro, enquanto Eu alienado, enquanto transcendência-transcendida. Se a frase "Eles nos olham" deve indicar uma experiência real, é preciso que, nesta experiência, eu me experimente enquanto comprometido com os outros em uma comunidade de transcendências-transcendidas, de "Eus" alienados. O Nós, aqui, remete a uma experiência de *seres-objetos em comum*. Assim, há duas formas radicalmente diferentes da experiência do Nós, e as duas formas correspondem exatamente ao ser-olhador e ao ser-visto, que constituem as relações fundamentais entre o Para-si e o Outro. São essas duas formas do Nós que convém estudar agora.

A) O Nós-objeto

Começaremos examinando a segunda dessas experiências: com efeito, sua significação é mais fácil de captar, e talvez venha a nos servir de via de acesso ao estudo do Outro. Antes de tudo, devemos observar que o Nós-objeto nos precipita no mundo; experimentamos o Nós-objeto através da vergonha, enquanto alienação comunitária. É o que patenteia este episódio significativo no qual os galerianos definham de ódio e vergonha porque uma mulher bela e elegante vem visitar seu navio e testemunha seus andrajos, seu trabalho penoso e sua miséria. Trata-se de uma vergonha comum e uma alienação comum. Então, como é possível o fato de nos experimentarmos em comunidade com os outros enquanto objetos? Para responder, é necessário voltar aos caracteres fundamentais de nosso ser-Para-outro.

Até aqui, levamos em consideração o simples caso em que estou sozinho frente ao Outro, também sozinho. Nesse caso, eu o olho ou ele me olha, busco transcender sua transcendência ou experimento minha transcendência como transcendida, e sinto minhas possibilidades como mortipossibilidades. Formamos um *par* e estamos em *situação*, cada qual em relação ao Outro. Mas esta situação só tem existência objetiva para um ou para o Outro. Com efeito, não há *inverso* em nossa relação recíproca. Só que, em nossa descrição, não levamos em conta o fato de que minha relação com o Outro aparece sobre o fundo infinito de *minha* relação e de *sua* relação com *todos os Outros*. Ou seja, com a quase-totalidade das consciências. Somente por esse fato, minha relação com *este* Outro, que antes eu experimentava como fundamento de meu ser-Para-outro, ou a relação do Outro comigo, podem, a qualquer momento, e de acordo com os motivos que intervêm, ser experimentadas como *objetos para os Outros*. É o que se manifesta claramente no caso da aparição de um *terceiro*. Suponhamos, por exemplo, que o Outro me olha. Neste instante, experimento-me como inteiramente *alienado* e me assumo como tal. Aparece o Terceiro. Se ele me olha, experimento-os comunitariamente como "Eles" (eles-sujeitos) através de minha alienação. Como sabemos, este "eles" tende ao *se* (*on*) impessoal. Isso em nada altera o fato de que sou visto, em nada – ou quase nada – reforça minha alienação original. Porém, se o Terceiro olha o Outro que me olha, o problema é mais complexo. Com efeito, posso captar o Terceiro *não diretamente*, mas sim no Outro, que se torna Outro-visto (pelo Terceiro). Assim, a terceira transcendência transcende a transcendência que me transcende e, com isso, contribui para desarmá-la. Constitui-se aqui um estado metaestável que não tardará a decompor-se, seja porque me alio ao Terceiro para olhar o Outro, que se transforma então em *nosso* objeto – e experimento aqui o Nós-sujeito, do qual falaremos depois –, seja porque olho o Terceiro e, desse modo, transcendo esta terceira transcendência que transcende o Outro. Nesse caso, o Terceiro torna-se objeto em meu universo, suas possibilidades são mortipossibilidades, ele não poderia livrar-me do Outro. Todavia, ele olha o Outro que me olha. Segue-se daí uma situação que iremos chamar de indeterminada e não conclusiva, posto que sou objeto para o Outro, que é objeto para o Terceiro, que é objeto para mim. Somente a liberdade, sustentando-se em uma ou outra dessas relações, pode conferir uma estrutura a esta situação.

Mas também é possível que o Terceiro olhe o Outro *que eu olho*. Nesse caso, posso olhar para ambos e, assim, desarmar o olhar do Terceiro. O Terceiro e o Outro irão me aparecer então como Eles-objetos. Também posso captar no Outro o olhar do Terceiro, na medida em que, sem ver o Terceiro, capto nas condutas do Outro o fato de que ele se sabe visto. Nesse caso, *experimento no Outro e a propósito do Outro* a transcendência-transcendente do Terceiro. Eu a experimento* como uma alienação radical e absoluta do Outro. Este foge de meu mundo; não mais me pertence, é objeto para outra transcendência. Não perde, pois, seu caráter de objeto, mas torna-se ambíguo; escapa-me, não por sua transcendência própria, mas pela transcendência do Terceiro. Não importa o que eu possa captar nele e dele, agora é sempre *Outro;* tantas vezes Outro quantas Outros houver para percebê-lo e pensá-lo. Para reaver o Outro, é necessário que eu olhe o Terceiro e lhe confira objetidade. Isso, por um lado, nem sempre é possível; e, por outro lado, o próprio Terceiro pode ser visto por outros Terceiros, ou seja, ser indefinidamente Outro além daquele que vejo. Resulta daí uma inconsistência originária do Outro-objeto e uma perseguição ao infinito do Para-si que busca reapropriar-se desta objetidade. Como vimos, é esta a razão pela qual os amantes se isolam. Posso me experimentar como visto pelo Terceiro enquanto olho o Outro. Nesse caso, experimento minha alienação não posicionalmente, ao mesmo tempo em que posiciono a alienação do Outro. Minhas possibilidades de utilizar o Outro como instrumento são experimentadas por mim como mortipossibilidades, e minha transcendência, que se prepara para transcender o Outro rumo a meus próprios fins, recai na transcendência-transcendida. Deixo fugir a presa. Nem por isso o Outro se converte em sujeito, mas eu já não mais me sinto qualificado para a objetidade. O Outro se converte em um *neutro*, algo que pura e simplesmente está aí e com o que nada faço. Será o caso, por exemplo, se me

---

* No original, lê-se, por errata, *il l'éprouve* (*ele* a experimenta), em lugar de *je l'éprouve*, o que não faz sentido [N.T.].

surpreendem espancando e humilhando um homem franzino. A aparição do Terceiro me "desengancha"; o homem franzino já não é mais "homem-a-ser-espancado" nem "homem-a-ser-humilhado"; nada mais é do que existência pura, nada mais, sequer mesmo um "franzino"; ou, caso se torne assim novamente, o será pela interpretação do Terceiro: *irei saber pelo Terceiro* que *era* um homem franzino ("Você não tem vergonha de bater num fraco? etc."); a qualidade de ser franzino lhe será conferida aos meus olhos pelo Terceiro; não mais fará parte de *meu* mundo, mas de um universo em que estou, juntamente com o homem franzino, para o Terceiro.

Isso nos traz, por fim, ao caso que nos ocupa: estou comprometido em um conflito com o Outro. Aparece o Terceiro e abarca-nos a ambos com seu olhar. Experimento correlativamente minha alienação e minha objetidade. Estou lá fora, para o Outro, como objeto no meio de um mundo que não é "o meu". Mas o Outro, que eu olhava ou que me olhava, sofre a mesma modificação, e descubro esta modificação do Outro simultaneamente à que experimento. O Outro é objeto no meio do mundo do Terceiro. Esta objetidade, além disso, não é uma simples modificação de seu ser, que seria *paralela* à sofrida por mim, mas as duas objetidades vêm a mim e ao Outro em uma modificação global da *situação* em que estou e onde se encontra o Outro. Antes do olhar do Terceiro, havia uma situação circunscrita pelas possibilidades do Outro e na qual eu estava a título de instrumento, e uma situação inversa, circunscrita por minhas próprias possibilidades e que compreendia o Outro. Cada uma dessas situações era a morte do Outro, e só podíamos apreender uma objetivando (*objectivant*) a outra. Com a aparição do Terceiro, experimento a alienação de minhas possibilidades e, ao mesmo tempo, descubro que as possibilidades do Outro são mortipossibilidades. A situação não desaparece por causa disso, mas foge de meu mundo e do mundo do Outro; constitui-se no meio de um terceiro mundo em forma objetiva; nesse terceiro mundo, é vista, julgada, transcendida, utilizada, mas, ao mesmo tempo, produz-se um nivelamento das duas situações inversas: já não há estrutura de prioridade que vá de mim ao Outro, ou, inversamente, do Outro a mim, posto que nossas possibilidades, *para o Terceiro*, são igualmente mortipossibilidades. Significa que experimento de súbito a existência, no mundo do Terceiro, de uma situação-forma objetiva em que o Outro e eu figuramos a título de estruturas *equivalentes* e *solidárias*. Nesta situação objetiva, o conflito não nasce do livre surgimento de nossas transcendências, mas é constatado e transcendido pelo Terceiro como um dado de fato, que nos define e nos mantém juntos. A possibilidade que o Outro tem de agredir-me e a que tenho de me defender, longe de ser mutuamente excludentes, completam-se e se entranham uma na outra, implicam uma na outra para o Terceiro a título de mortipossibilidades, e é precisamente o que experimento a título não tético, sem ter *conhecimento* disso. Assim, o que experimento é um ser–fora, no qual estou organizado com o Outro em um todo indissolúvel e objetivo, um todo em que *já não me distingo* originariamente do Outro, mas que, em solidariedade com o Outro, ajudo a constituir. E, na medida em que assumo por princípio meu ser-fora para o Terceiro, devo assumir igualmente o ser-fora do Outro; o que assumo é a comunidade de equivalência pela qual existo comprometido em uma forma que, tal como o Outro, ajudo a constituir. Em suma, eu me assumo como comprometido *lá fora*, no Outro, e assumo o Outro como comprometido *lá fora*, em mim. E é esta assunção fundamental deste comprometimento que carrego à minha frente, sem apreendê-la; é este reconhecimento livre de minha responsabilidade, na medida em que encerra a responsabilidade do Outro, que constitui a experiência do Nós-objeto. Assim, o Nós-objeto jamais é *conhecido*, nesse sentido em que, por exemplo, uma reflexão nos permite o conhecimento de nosso Eu; jamais é *sentido*, à maneira como um sentimento nos revela um objeto concreto em particular como sendo antipático, detestável, perturbador etc. Tampouco é simplesmente *experimentado*, já que aquilo que se experimenta é a pura situação de solidariedade com o outro. Só se descobre o Nós-objeto pela assunção que fiz desta situação, ou seja, pela necessidade em que estou, no cerne de minha liberdade assumidora (*assumante*), de assumir *também* o Outro, por causa da reciprocidade interna da situação. Assim, posso dizer "Eu enfrento o Outro" na ausência do Terceiro. Mas, uma vez que este aparece, as possibilidades do Outro e as minhas são niveladas em mortipossibilidades, a relação torna-se recíproca e vejo-me forçado a experimentar o fato de que "nós nos enfrentamos". Com efeito, a fórmula "Eu o enfrento *e* ele me enfrenta" seria claramente insatisfatória: de fato, eu o enfrento porque ele me enfrenta, e reciprocamente; o projeto do embate germinou em sua mente como na minha e, para o Terceiro, unifica-se em um só projeto, comum a este *Eles-objeto* que ele abarca com seu olhar e constitui inclusive a síntese unificadora destes "Eles". Portanto, é enquanto apreendido pelo Terceiro como parte integrante do "Eles" que devo me assumir. E esse "Eles" assumido por uma subjetividade como sendo seu sentido-Para-outro converte-se no Nós. A consciência reflexiva não poderia captar esse Nós. Sua aparição coincide, ao contrário, com o desabamento do Nós; o Para-si se desprende e coloca sua ipseidade contra *os Outros*. Deve-se compreender, com efeito, que originariamente o pertencer ao Nós-objeto é sentida como uma alienação ainda mais radical do Para-si, já que este se vê compelido a assumir não somente o que é para o Outro, mas também uma totalidade que ele não é, embora dela faça parte integrante. Nesse sentido, o Nós é uma brusca experiência da condição humana como comprometida entre os Outros enquanto *fato* objetivamente constatado. O Nós-objeto, embora experimentado por ocasião de uma solidariedade concreta e centrada nesta solidariedade (ficarei envergonhada, precisamente, porque nós fomos surpreendidos quando nos enfrentávamos), tem uma significação que transcende a circunstância particular em que é experimentado e visa englobar meu pertencer como objeto à totalidade humana (menos a consciência pura do Terceiro) captada igualmente como objeto. Corresponde, pois, a uma experiência de humilhação e impotência: aquele que se experimenta constituindo um Nós com os outros homens e sente-se enviscado entre uma infinidade de existências estranhas está alienado radicalmente e sem recursos.

Certas situações parecem mais próprias que outras para suscitar a experiência do Nós. Em particular, o trabalho em comum: quando várias pessoas se experimentam como apreendidas pelo Terceiro enquanto trabalham solidariamente no mesmo objeto, o próprio sentido do objeto manufaturado remete à coletividade trabalhadora como um Nós. O gesto que faço e é requerido pela montagem a realizar tem sentido somente se precedido por tal ou qual gesto de meu vizinho e sucedido por tal ou qual outro gesto de outro trabalhador. Daí resulta uma forma de Nós mais facilmente acessível, uma vez que é exigência do próprio objeto e de suas potencialidades, bem como de seu coeficiente de adversidade, que remetem ao Nós-objeto dos trabalhadores. Portanto, experimentamo-nos enquanto apreendidos a título de Nós *através* de um objeto material "a criar". A materialidade deixa a sua marca em nossa comunidade solidária e nós nos aparecemos como uma disposição instrumental e técnica de meios, cada um dos quais ocupa seu lugar destinado a um fim. Mas, se algumas situações parecem assim empiricamente mais favoráveis ao surgimento do Nós, não se deve perder de vista o fato de que *toda* situação humana, sendo comprometimento no meio de Outros, é experimentada como nós a partir do momento em que aparece o terceiro. Se ando pela rua, atrás deste homem do qual só vejo as costas, tenho com ele o mínimo de relações técnicas e práticas que se pode conceber. Todavia, basta que um terceiro *me* olhe, olhe a calçada, olhe *o Outro*, para que eu esteja ligado a este pela solidariedade do Nós: nós andamos um atrás do outro pela Rua Blomet, em uma manhã de julho. Há sempre um ponto de vista a partir do qual diversos Para-si podem ser unidos no Nós por um olhar. Reciprocamente, assim como o olhar é somente a manifestação concreta do fato originário de minha existência para o Outro e, portanto, assim como me experimento existindo para o Outro fora de qualquer aparição singular de um olhar, tampouco é necessário que um olhar concreto nos fixe e atravesse para que possamos nos experimentar como integrados lá fora em um Nós. Basta que a totalidade-destotalizada "humanidade" exista para que uma pluralidade qualquer de indivíduos se experimente como Nós em relação a todo ou parte do resto dos homens, estejam estes presentes "em carne e osso" ou sejam reais, mas *ausentes*. Assim, sempre posso me captar, em presença ou na ausência de Terceiros, como pura ipseidade ou como integrado a um Nós. Isso nos leva a certos Nós especiais, em particular ao que se denomina "consciência de classe". A consciência de classe é, evidentemente, a assunção de um Nós particular, por ocasião de uma situação coletiva mais nitidamente estruturada do que de costume. Pouco importa definir aqui esta situação; o que nos interessará apenas é a natureza do Nós da assunção. Se uma sociedade, por sua estrutura econômica ou política, divide-se em classes oprimidas e classes opressoras, a situação das classes opressoras oferece às classes oprimidas a imagem de um Terceiro perpétuo que as considera e as transcende por sua liberdade. Não é absolutamente a dureza do trabalho, o baixo nível de vida ou os sofrimentos padecidos aquilo que irá constituir em classe a coletividade oprimida; com efeito, a solidariedade do trabalho – como veremos no parágrafo seguinte – poderia constituir em "Nós-sujeito" a coletividade trabalhadora, na medida em que esta – qualquer que fosse, além disso, o coeficiente de adversidade das *coisas* – se experimentasse transcendendo os objetos intramundanos rumo a seus próprios fins; o nível de vida é coisa totalmente relativa, que será diversamente apreciada conforme as circunstâncias (poderá ser *padecido, aceitado* ou reivindicado em nome de um ideal comum); os sofrimentos padecidos, se considerados em si mesmos, têm mais por efeito isolar do que reunir as pessoas que sofrem, e são, em geral, fontes de conflito. Por fim, a comparação pura e simples que os membros da coletividade oprimida podem fazer entre a dureza de sua condição e os privilégios de que desfrutam as classes opressoras não poderia bastar, em caso algum, para constituir uma consciência de classe; quando muito, provocará invejas individuais ou desesperos particulares; não tem a possibilidade de unificar ou fazer com que cada um assuma a unificação. Mas o conjunto desses caracteres, na medida em que constitui a *condição* da classe oprimida, não é simplesmente padecido ou aceito. Seria igualmente errôneo, contudo, dizer que, na origem, é captado pela classe oprimida como *imposto* pela classe opressora; ao contrário, longo tempo é necessário para construir e difundir uma *teoria* da opressão. E esta teoria terá apenas um valor *explicativo*. O fato primordial é que o membro da coletividade oprimida, que, enquanto simples pessoa, está comprometido em conflitos fundamentais com outros membros desta coletividade (amor, ódio, rivalidade de interesses etc.), capta sua condição e a dos outros membros desta coletividade enquanto vistas e pensadas por consciência que lhe escapam. O "amo", o "senhor feudal", o "burguês" ou o "capitalista" aparecem não somente como poderosos que comandam, mas, além disso e antes de tudo, como *terceiros,* ou seja, aqueles que estão fora da comunidade oprimida e *para quem* esta comunidade existe. É, portanto, *para eles* e *em sua liberdade* que a realidade da classe oprimida vai existir. Eles fazem-na nascer por seu olhar. É para eles e por eles que se descobre a identidade de minha condição e a dos outros oprimidos; é para eles que existo em situação organizada com outros e que meus possíveis, como mortipossibilidades, são rigorosamente equivalentes aos possíveis dos outros; é para eles que sou *um* trabalhador, e é por e na sua revelação como outro-olhar que me experimento como um entre outros. Significa que descubro o Nós em que estou integrado ou "a classe", *lá fora*, no olhar do Terceiro, e é esta alienação coletiva que assumo ao dizer Nós. Desse ponto de vista, os privilégios do terceiro e "nossos" fardos, "nossas" misérias, têm a princípio apenas um valor de *significação*; significam a independência do Terceiro com relação a Nós; apresentam-nos mais nitidamente nossa alienação; como não são por isso menos *suportados,* como, em particular, nosso trabalho, nossa fadiga, não são menos *sofridos,* é através deste sofrimento padecido que experimento meu ser-visto-como–coisa-com-prometida-em-uma-totalidade-de-coisas. É a partir de meu sofrimento e minha miséria que sou coletivamente captado com os outros pelo Terceiro, ou seja, a partir da adversidade do mundo, a partir da facticidade de minha condição. Sem o Terceiro, qualquer que fosse a diversidade do mundo, eu me captaria como transcendência triunfante; com a aparição do Terceiro, *eu* nos experimento o Nós como captado a partir das coisas e como coisas vencidas pelo mundo. Assim, a classe oprimida encontra sua unidade de classe no conhecimento que dela tem a classe opressora, e a aparição da consciência de classe no oprimido corresponde à assunção da vergonha em um Nós-objeto. Veremos no parágrafo seguinte o que pode ser a "consciência de classe" para um membro da classe opressora. O que nos interessa aqui, em todo caso, como bem demonstra o exemplo que acabamos de escolher, é que a experiência do Nós-objeto pressupõe a do ser-Para-outro, da qual é apenas uma modalidade mais complexa. Entra, portanto, a título de caso particular, no quadro de nossas precedentes descrições. Além disso, tal experiência encerra uma potência de desagregação, por ser vivida pela vergonha e porque o Nós se desmorona desde que o Para-si reivindique sua ipseidade frente ao Terceiro e o olhe por sua vez. Esta reivindicação individual da ipseidade, além do que, é somente uma das maneiras possíveis de suprimir o Nós-objeto. A assunção do Nós, em certos casos fortemente estruturados, como, por exemplo, a consciência de classe, subentende, não mais o projeto de livrar-se do Nós por uma retomada individual da ipseidade, mas o de livrar-se do Nós inteiro pela objetidade, transformando-o em Nós-sujeito. No fundo, trata-se de uma variação do projeto já descrito de transformar o olhador em olhado; é o trânsito usual de uma das duas grandes atitudes fundamentais do Para-si em relação ao Outro. A classe oprimida, com efeito, só pode se afirmar como Nós-sujeito em relação à classe opressora e a expensas desta, ou seja, transformando-a por sua vez em "eles-objetos". Simplesmente, a *pessoa*, comprometida objetivamente na classe, visa arrastar a classe inteira no e por seu projeto de reversão. Nesse sentido, a experiência do Nós-objeto remete à do Nós-sujeito, assim como a experiência de meu ser-objeto-para-o-outro me remete à experiência do ser-objeto-do-outro-para mim. Igualmente, vamos encontrar no que denominamos "psicologia das massas" arrebatamentos coletivos (boulangismo etc.)* que constituem uma forma particular de amor: a pessoa que diz Nós retoma então, no cerne da multidão, o projeto original do amor, porém não mais por sua própria conta; pede ao Terceiro que salve a coletividade inteira em sua própria objetidade, sacrificando sua liberdade. Aqui, como vimos mais atrás, o amor desenganado leva ao masoquismo. É o que se observa no caso em que a coletividade se precipita na servidão e exige ser tratada como objeto. Trata-se, ainda neste caso, dos múltiplos projetos individuais dos homens na multidão: a multidão foi constituída *como multidão* pelo olhar do líder ou do orador; sua unidade é uma unidade-objeto que cada um de seus membros lê no olhar do Terceiro que a domina, e cada um faz então o projeto de perder-se nesta objetidade, de renunciar inteiramente à sua ipseidade a fim de não ser mais do que um instrumento nas mãos do líder. Mas este instrumento em que quer se fundir já não é mais seu puro e simples Para-outro, mas sim a totalidade-objetiva-multidão. A materialidade monstruosa da multidão e sua realidade profunda (embora apenas experimentadas) são

---

* Referência ao movimento liderado pelo General Georges Boulanger (1837-1891) contra a Terceira República Francesa [N.T.].

fascinantes para cada um de seus membros; cada um deles exige ser submergido na multidão-instrumento pelo olhar do líder[54].

Nesses diferentes casos, vimos sempre constituir-se o nós-objeto a partir de uma situação concreta em que se achava submersa uma parte da totalidade-destotalizada "humanidade", com exclusão de outra. Somos Nós somente aos olhos dos outros, e é a partir do olhar dos outros que nos assumimos como Nós. Mas isto subendente poder existir um projeto abstrato e irrealizável do Para-si rumo a uma totalização absoluta de si mesmo e de *todos* os outros. Este esforço de recuperação da totalidade humana não pode ocorrer sem posicionar a existência de um Terceiro, distinto por princípio da humanidade e aos olhos de quem esta é inteiramente objeto. Esse Terceiro, irrealizável, é simplesmente o objeto do conceito-limite de alteridade. É o Terceiro que é Terceiro em relação a todos os agrupamentos possíveis, aquele que em caso algum pode entrar em comunidade com qualquer agrupamento humano, o Terceiro com relação ao qual nenhum Outro pode constituir-se como Terceiro; tal conceito se identifica com o de ser-olhador que jamais pode ser olhado, ou seja, com a ideia de Deus. Mas, caracterizando-se Deus como ausência radical, o esforço para realizar a humanidade como *nossa* é renovado sem cessar e sem cessar resulta em fracasso. Assim, o Nós humanista – enquanto Nós-objeto – propõe-se a cada consciência individual como um ideal impossível de atingir, embora cada um guarde a ilusão de poder chegar a ele ampliando progressivamente o círculo das comunidades a que pertence; esse Nós humanista mantém-se como um conceito vazio, mera indicação de uma possível extensão do uso vulgar do Nós. Toda vez que utilizamos o Nós nesse sentido (para designar a humanidade sofredora, a humanidade pecadora, para determinar um sentido objetivo da história, considerando o homem como um objeto que desenvolve suas potencialidades), limitamo-nos a indicar certa experiência concreta a ser feita *em presença* do Terceiro absoluto, ou seja, Deus. Assim, o conceito-limite de humanidade (enquanto totalidade do Nós-objeto) e o conceito-limite de Deus se implicam mutuamente e são correlatos.

---

54. Cf. os numerosos casos de recusa de ipseidade. O Para-si *se nega a emergir na angústia fora do Nós.*

B) O Nós-sujeito

É o mundo que anuncia nosso pertencer a uma comunidade-sujeito, especialmente a existência do mundo de objetos manufaturados. Tais objetos foram trabalhados por homens para eles-sujeitos, ou seja, para uma transcendência não individualizada e não numerada que coincide com o olhar indiferenciado que antes denominamos o "se" (*on*) impessoal, pois o trabalhador – servil ou não – trabalha em presença de uma transcendência indiferenciada e ausente, cujas livres possibilidades se limitam a esboçar no vazio sobre o objeto trabalhado. Nesse sentido, o trabalhador, qualquer que seja, experimenta no trabalho seu ser-instrumento para o Outro; o trabalho, quando não destinado estritamente aos fins próprios do trabalhador, é um modo de alienação. A transcendência alienadora é aqui o consumidor, isto é, o "se" cujos projetos o trabalhador se limita a prever. Portanto, quando emprego um objeto manufaturado, deparo nele com o esboço de minha própria transcendência; o objeto me indica o gesto a executar: devo girá-lo, empurrá-lo, puxá-lo, segurá-lo. Trata-se, além disso, de um imperativo hipotético; remete-me a um fim que é igualmente do mundo: *se* quero me sentar, *se* quero abrir a caixa etc. E este fim mesmo foi previsto, na constituição do objeto, como fim posto por uma transcendência qualquer. Pertence agora ao objeto como sua potencialidade mais própria. Assim, é verdade que o objeto manufaturado me anuncia o que sou como um "se" impessoal, ou seja, devolve-me a imagem de minha transcendência como a de uma transcendência qualquer. E, se deixo canalizar minhas possibilidades pelo utensílio assim constituído, experimento-me como transcendência qualquer: para ir da estação de metrô "Trocadéro" à "Sèvres-Babylone", troca-"se" de trem em "La Motte-Picquet". Essa troca é prevista, indicada nos gráficos etc.; se troco de linha em La Motte-Picquet, sou o "se" que troca. Decerto, diferencio-me de cada usuário do metrô tanto pelo surgimento individual de meu ser quanto pelos fins remotos que persigo. Mas esses fins últimos acham-se somente no horizonte de meu ato. Meus fins próximos são os fins do "se", e capto-me como intertrocável com qualquer de meus vizinhos. Nesse sentido, perdemos nossa individualidade real, pois o projeto que somos é precisamente o projeto que os outros são. Nesse corredor de metrô há apenas um único e mesmo projeto, há muito inscrito na matéria e onde vem penetrar uma transcendência vivente e indiferenciada. Na medida em que me realizo na solidão como transcendência qualquer, tenho somente a experiência do ser indiferenciado (se, sozinho em meu quarto, abro uma lata de conservas com o abridor adequado); mas, se esta transcendência indiferenciada projeta seus projetos quaisquer em conexão com outras transcendências experimentadas como presenças reais e igualmente absortas em projetos quaisquer idênticos aos meus, realizo então meu projeto como um entre mil projetos idênticos projetados por uma só transcendência indiferenciada; tenho então a experiência de uma transcendência comum e dirigida a um fim único, do qual não passo de uma particularização efêmera; insiro-me na grande corrente humana que, infatigavelmente, desde que existe um metrô, flui pelos corredores da estação "La Motte-Picquet-Grenelle". Mas é preciso notar:

1º) Esta experiência é de ordem psicológica e não ontológica. De modo algum corresponde a uma unificação real dos Para-si considerados. Também não procede de uma experiência imediata de sua transcendência enquanto tal (como no ser-visto), mas, sobretudo, é motivada pela dupla apreensão objetivadora do objeto transcendido em comum e dos corpos que rodeiam o meu. Em particular, o fato de estar comprometido com os outros em um ritmo comum, que contribuo a criar, é um motivo particularmente solicitador para que eu me capte como comprometido em um Nós-sujeito. É o sentido da marcha cadenciada dos soldados, e também o sentido do trabalho ritmado das equipes. Com efeito, é preciso observar que, nesse caso, o ritmo emana livremente de mim; é um projeto que realizo por minha transcendência; sintetiza um futuro com um presente e um passado, em uma perspectiva de repetição regular; sou eu quem produzo esse ritmo; mas, ao mesmo tempo, ele se funde com o ritmo geral de trabalho ou de marcha da comunidade concreta que me rodeia; só ganha sentido através da comunidade; é o que experimento, por exemplo, quando o ritmo que adoto está "descadenciado". Todavia, o envolvimento de meu ritmo pelo ritmo dos outros é apreendido "lateralmente"; não utilizo como instrumento o ritmo coletivo, tampouco o contemplo – no sentido em que poderia contemplar, por exemplo, dançarinos em um palco –, mas ele me circunda e me domina sem ser *objeto* para mim; não o transcendo rumo às minhas próprias possibilidades, mas verto minha transcendência em sua transcendência, e meu fim próprio – executar determinado trabalho, chegar a determinado lugar – é um fim do "se", que não se distingue do fim próprio da coletividade. Assim, o ritmo que faço nascer nasce em ligação comigo e lateralmente como ritmo coletivo; é *meu* ritmo na medida em que é o ritmo dos outros, e reciprocamente. Eis precisamente o motivo da experiência do Nós-sujeito: trata-se, finalmente, de *nosso ritmo*. Mas, como se vê, tal só é possível se, previamente, pela aceitação de um fim comum e de instrumentos comuns, eu me constituo como transcendência indiferenciada, rechaçando meus fins pessoais para além dos fins coletivos presentemente perseguidos. Assim, enquanto que, na experiência do ser-Para-outro, o surgimento de uma dimensão de ser concreta e real é a condição da própria experiência, a experiência do Nós-sujeito é um puro acontecimento psicológico e subjetivo em uma consciência singular, que corresponde a uma modificação íntima da estrutura desta consciência, mas não aparece sobre o fundamento de uma relação ontológica concreta com os outros e não realiza qualquer *"Mitsein"*. Trata-se apenas de uma maneira de me sentir no meio dos outros. E, sem dúvida, esta experiência poderá ser investigada como símbolo de uma unidade absoluta e metafísica de todas as transcendências; parece, com efeito, que suprime o conflito originário das transcendências, fazendo-as convergir rumo ao mundo; nesse sentido, o Nós-sujeito ideal seria o Nós de uma humanidade que se fizesse dona da terra. Mas a experiência do Nós permanece no terreno da psicologia individual e continua sendo simples símbolo da almejada unidade das transcendências; com efeito, não é, de forma alguma, apreensão lateral e real das subjetividades enquanto tais por uma subjetividade singular; as subjetividades continuam fora de alcance e radicalmente separadas. Mas são as coisas e os corpos, são as canalizações materiais de minha transcendência que me dispõem a captá-la como prolongada e apoiada pelas outras transcendências, sem que eu saia de mim nem os outros saiam de si; aprendo pelo mundo que faço parte de um Nós. Eis por que minha experiência do Nós-sujeito não comporta, de modo algum, uma experiência semelhante e correlata nos outros; eis por que, também, é tão instável, pois pressupõe organizações particulares no meio do mundo e desaparece com essas organizações. Na verdade, há no mundo uma multidão de formações que me indicam como um *qualquer*; em primeiro lugar, todos os utensílios, desde as ferramentas propriamente ditas até os imóveis, com seus elevadores, seus encanamentos de água ou de gás, sua eletricidade, passando pelos meios de transporte, as lojas etc. Cada fachada de loja, cada vitrine me devolve minha imagem como transcendência indiferenciada. Além disso, as relações profissionais e técnicas entre os outros e eu também me anunciam como um qualquer: para o garçom do bar, sou *o* freguês; para o bilheteiro do metrô, sou *o* passageiro. Por fim, o incidente de rua que ocorre de súbito frente à varanda do bar onde estou sentado também me indica como espectador anônimo e como puro "olhar que *faz existir* este incidente como algo lá fora". É igualmente o anonimato do espectador que indica a peça de teatro a que assisto ou a exposição de quadros que visito. E, certamente, faço-me um qualquer quando provo sapatos, desarrolho uma garrafa, entro em um elevador, rio no teatro. Mas a experiência desta transcendência indiferenciada é um acontecimento íntimo e contingente que só a mim concerne. Certas circunstâncias particulares que procedem do mundo podem agregar a impressão do ser-*nós*. Mas, de qualquer forma, só pode tratar-se de uma impressão puramente subjetiva e que só a mim compromete.

2º) A experiência do Nós-sujeito não pode ser primordial, não pode constituir uma atitude originária para com os outros, já que, ao contrário, pressupõe para se realizar um duplo reconhecimento prévio da existência do Outro. Com efeito, em primeiro lugar o objeto manufaturado só pode sê-lo caso remeta a produtores que o fizeram e a regras de uso determinadas por outros. Frente a uma coisa inanimada e não trabalhada, cujo modo de emprego eu mesmo determino e à qual estabeleço um uso novo (se, por exemplo, utilizo uma pedra como martelo), tenho consciência não tética de minha *pessoa*, ou seja, de minha ipseidade, de meus próprios fins e minha livre inventividade. As regras de uso, os "modos de emprego" dos objetos manufaturados, ao mesmo tempo rígidos e ideais como *tabus*, colocam-me, por estrutura essencial, em presença do Outro; e é porque o Outro me trata como uma transcendência indiferenciada que posso realizar-me como tal. Basta, por exemplo, esses grandes sinais colocados sobre as portas de uma estação ou uma sala de espera, nos quais estão escritas as palavras "saída" ou "entrada", ou ainda esses dedos indicadores que designam em cartazes um imóvel ou uma direção. Trata-se também de imperativos hipotéticos. Mas aqui a formulação do imperativo deixa transparecer claramente o Outro que fala e se dirige diretamente a mim. É bem *a mim* que se destina a frase impressa, a qual representa efetivamente uma comunicação imediata do Outro a mim: sou *visado*. Mas, se o Outro me visa, é na medida em que sou transcendência indiferenciada. Então, se para sair tomo a passagem designada como "saída", não a utilizo na liberdade absoluta de meus projetos *pessoais:* não constituo uma ferramenta por *invenção*, não transcendo a pura materialidade da coisa rumo a meus possíveis, mas entre o objeto e eu já deslizou uma transcendência humana que guia a minha transcendência; o objeto já está *humanizado*, significa o "reino humano". A "saída" – considerada como pura abertura que dá para a rua – é rigorosamente equivalente à entrada; não é seu coeficiente de adversidade ou sua utilidade visível que a designa como saída. Não me submeto ao próprio objeto quando o utilizo como "saída": acomodo-me à ordem humana; *reconheço* por meu ato mesmo a existência do Outro, estabeleço um diálogo com o Outro. Tudo isso foi dito muito bem por Heidegger. Mas a conclusão que ele esqueceu de tirar é a de que, para que o objeto apareça como manufaturado, é necessário que o Outro seja dado previamente de alguma outra maneira. Quem não tivesse já a experiência do Outro não poderia, de forma alguma, distinguir o objeto manufaturado da pura materialidade de uma coisa não trabalhada. Mesmo se devesse utilizá-lo conforme o modo de emprego previsto pelo fabricante, reinventaria esse modo de emprego e realizaria assim uma livre apropriação de uma coisa natural. Sair pela passagem denominada "saída" sem ter lido o cartaz ou sem conhecer o idioma é ser como o louco dos estoicos, que diz "é dia" em pleno dia, não em consequência de uma constatação objetiva, mas em virtude dos mecanismos interiores de sua loucura. Portanto, se o objeto manufaturado remete aos outros, e, com isso, à minha transcendência indiferenciada, é porque já conheço os outros. Assim, a experiência do Nós-sujeito se constrói sobre a experiência originária do Outro, e pode constituir somente uma experiência secundária e subalterna.

Mas, além disso, como vimos, captar-se como transcendência indiferenciada, ou seja, no fundo como pura exemplificação da "espécie humana", ainda não é apreender-se como estrutura parcial de um Nós-sujeito. Para isso é necessário, com efeito, descobrir-se como um *qualquer* no cerne de uma corrente humana qualquer. É preciso, pois, estar rodeado pelos outros. Vimos também que os outros não são absolutamente experimentados como sujeitos nesta experiência, ou tampouco captados como objetos. Não são posicionados *de forma alguma:* por certo, parto de sua existência de fato no mundo e da percepção de seus atos. Mas não capto *posicionalmente* sua facticidade ou seus gestos: tenho uma consciência lateral e não posicional de seus corpos como correlatos ao meu, de seus atos como expandindo-se em conexão com os meus, de tal sorte que não posso determinar se são meus atos que fazem nascer os deles ou os deles que fazem nascer os meus. Bastam essas breves observações para compreender que a experiência do Nós não pode capacitar-me a conhecer originariamente como Outros os Outros que fazem parte do Nós. Muito pelo contrário, é preciso que haja antes algum saber do que é o Outro para que uma experiência de minhas relações com o Outro possa ser realizada sob forma de *Mitsein*. O *Mitsein*, por si só, seria *impossível* sem prévio reconhecimento do que é o Outro: "sou com...", de acordo; mas, com *quem?* Além do que, mesmo se esta experiência fosse ontologicamente primordial, não se vê como seria possível, em uma modificação radical desta experiência, passar de uma transcendência totalmente indiferenciada à experiência de pessoas singulares. Se o Outro não fosse dado de outra forma, a experiência do Nós, rompendo-se, iria gerar apenas a apreensão de puros objetos-instrumentos no mundo circunscrito por minha transcendência.

Essas breves observações não pretendem esgotar a questão do Nós. Visam somente indicar que a experiência do Nós-sujeito não tem qualquer valor de revelação metafísica; depende estritamente das diversas formas do Para-outro e constitui apenas um enriquecimento empírico de algumas delas. É a isto, evidentemente, que se deve atribuir a extrema instabilidade desta experiência. Ela surge e desaparece caprichosamente, deixando-nos diante de Outros-objetos, ou bem ante um "se" impessoal que nos olha. Aparece como uma trégua provisória que se constitui no âmago do próprio conflito, e não como uma solução definitiva desse conflito. Em vão desejaríamos um Nós humano no qual a totalidade intersubjetiva tomasse consciência de si como subjetividade unificada. Semelhante ideal só poderia ser um sonho produzido por uma passagem ao limite e ao absoluto, a partir de experiências fragmentárias e estritamente psicológicas. Este mesmo ideal, além disso, subentende o reconhecimento do conflito das transcendências como estado original do ser-Para-outro. É o que explica um aparente paradoxo: uma vez que a unidade da classe oprimida provém do fato de que ela se experimenta como Nós-objeto frente a um *se* indiferenciado, que é o Terceiro ou a classe opressora, seríamos tentados a crer que, simetricamente, a classe opressora se captasse como Nós-sujeito frente à classe oprimida. Mas a fraqueza da classe opressora radica no fato de que, embora dispondo de aparelhos precisos e rigorosos de coerção, ela é, em si mesmo, profundamente anárquica. O "burguês" não se define somente como um certo *homo oeconomicus* dispondo de poder e privilégio precisos no âmago de uma sociedade de certo tipo: descreve-se a partir de seu interior como uma consciência que não reconhece seu pertencer a uma classe. Sua situação, com efeito, não lhe permite captar-se como comprometido em um Nós-objeto em comunidade com os outros membros da classe burguesa. Mas, por outro lado, a própria natureza do Nós-sujeito pressupõe que o burguês só faça experiências fugazes e sem alcance metafísico. O "burguês" geralmente nega a existência de classes, atribui a existência de um proletariado à ação de agitadores, a incidentes lamentáveis, a injustiças aptas a serem reparadas por medidas de detalhe; afirma a existência de uma solidariedade de interesses entre o capital e o trabalho; opõe à solidariedade de classe uma solidariedade mais vasta, a solidariedade nacional em que o operário e o patrão se integram em um Mitsein que suprime o conflito. Não se trata, como tão comumente se diz, de artimanhas ou de uma recusa idiota de ver a situação tal como é: mas o membro da classe opressora vê à sua frente, como um conjunto objetivo "eles-sujeitos", a totalidade da classe oprimida sem realizar correlativamente sua comunidade de ser com os demais membros da classe opressora; as duas experiências não são de modo algum complementares; com efeito, basta estar sozinho frente a uma coletividade oprimida para captá-la como objeto-instrumento e captar-me como negação--interna desta coletividade, ou seja, simplesmente como o Terceiro imparcial. É somente quando a classe oprimida, pela rebelião ou o brusco aumento de seus poderes, coloca-se frente aos membros da classe opressora como "se-olhar" que os opressores se experimentam como Nós. Mas isso ocorrerá no temor e na vergonha, e como um Nós-objeto.

Assim, não há qualquer simetria entre a experiência do Nós-objeto e a do Nós-sujeito. A primeira é a revelação de uma dimensão de existência real e corresponde a um simples enriquecimento da experiência originária do Para-outro. A segunda é uma experiência psicológica realizada por um homem histórico, imerso em um universo trabalhado e uma sociedade de tipo econômico definido; nada revela de particular, é uma *Erlebnis* puramente subjetiva.

Parece, portanto, que a experiência do Nós, embora real, não é de natureza a modificar os resultados de nossas investigações anteriores. Trata-se do Nós-objeto? É diretamente dependente do Terceiro, ou seja, de meu ser-Para-outro, e constitui-se sobre o fundamento de meu ser-fora-para-o-outro. Trata-se do Nós-sujeito? É uma experiência psicológica pressupondo, de um modo ou outro, que a existência do Outro enquanto tal nos tenha sido previamente revelada. Por isso, seria inútil que a realidade-humana tentasse sair desse dilema: transcender o Outro ou deixar-se transcender por ele. A essência das relações entre consciências não é o Mitsein, mas o conflito.

Ao final desta longa descrição das relações entre o Para-si e o Outro, adquirimos, pois, esta certeza: o Para-si não é somente um ser que surge como nadificação do Em-si que ele é a negação interna do Em-si que ele não é. Esta fuga nadificadora é inteiramente recapturada pelo Em-si e coagulada em Em-si uma vez que aparece o Outro. O Para-si, sozinho, é transcendente ao mundo, é o nada pelo qual *há* coisas. O Outro, ao surgir, confere ao Para-si um ser-Em-si-no-meio-do-mundo, como coisa entre coisas. Esta petrificação em Em-si pelo olhar do Outro é o sentido profundo do mito da Medusa. Avançamos, pois, em nossa investigação: queríamos determinar, com efeito, a relação originária entre o Para-si e o Em-si. Aprendemos, em primeiro lugar, que o Para-si é nadificação e negação radical do Em-si; agora, constatamos que, pelo simples fato do concurso do Outro e sem contradição alguma, é também totalmente Em–si, presente no meio do Em-si. Mas esse segundo aspecto do Para-si representa seu *lado de fora:* por natureza, o Para-si é o ser que não pode coincidir com seu ser-Em-si.

Tais observações poderiam servir de base para uma teoria geral do ser, que é precisamente a meta que perseguimos. Porém, ainda é muito cedo para esboçá-la: não basta, com efeito, descrever o Para-si como projetando simplesmente suas possibilidades Para-além do ser-Em-si. Esse projeto dessas possibilidades não determina ek-staticamente a configuração do mundo, mas modifica o mundo a cada instante. Se lemos Heidegger, por exemplo, chama a atenção, sob esse ponto de vista, a insuficiência de suas descrições hermenêuticas. Adotando sua terminologia, diremos que descreveu o *Dasein* como o existente que transcende os existentes rumo ao *ser* destes. E ser, aqui, significa o sentido ou a maneira de ser do existente. E é verdade que o Para-si é o ser pelo qual os existentes revelam sua maneira de ser. Mas Heidegger silencia sobre o fato de que o Para-si não é somente o ser que constitui uma ontologia dos existentes, mas também o ser pelo qual sobreveem modificações ônticas ao existente enquanto existente. Esta possibilidade perpétua de *agir,* ou seja, de modificar o Em-si em sua materialidade ôntica, em sua "carne", deve ser considerada, evidentemente, como uma característica essencial do Para-si; como tal, deve encontrar seu fundamento em uma relação originária entre o Para-si e o Em-si, relação essa que ainda não elucidamos. O que é *agir?* Por que o Para-si age? Como *pode* agir? Tais são as questões que devemos responder agora. Temos todos os elementos para uma resposta: a nadificação, a facticidade e o corpo, o ser-Para-outro, a natureza própria do Em-si. Convém interrogá-los novamente.

QUARTA PARTE
Ter, fazer e ser

Ter, fazer e ser são as categorias cardeais da realidade humana. Classificam em si todas as condutas do homem. O *conhecer*, por exemplo, é uma modalidade de *ter*. Essas categorias não carecem de conexões mútuas, e muitos autores insistiram em tais relações. Foi uma relação dessa espécie que Denis de Rougemont deixou clara ao escrever em seu artigo sobre Don Juan: "Ele não era suficientemente o seu próprio ser para poder ter". E é também semelhante conexão que transparece quando mostramos um agente moral que faz para se fazer e que se faz para ser.

Todavia, tendo triunfado na filosofia moderna a tendência antis-substancialista, a maioria dos pensadores tentou imitar no campo das condutas humanas aqueles predecessores que, em física, haviam substituído a substância pelo simples movimento. O objetivo da moral foi por longo tempo prover o homem com o meio de *ser*. Tal era a significação da moral estoica ou da Ética de Spinoza. Mas, se o ser do homem há de reabsorver-se na sucessão de seus atos, a meta da moral já não será elevar o homem a uma dignidade ontológica superior. Nesse sentido, a moral kantiana é o primeiro grande sistema ético que substitui o ser pelo fazer como valor supremo da ação. Os heróis de *L'Espoir** estão quase sempre no terreno do *fazer*, e Malraux nos mostra o conflito entre os velhos democratas espanhóis, que ainda tentam ser, e os comunistas, cuja moral se resolve em uma série de obrigações precisas e circunstanciadas, cada uma visando um *fazer* particular. Quem tem razão? O valor supremo da atividade humana é um *fazer* ou um *ser*? E, qualquer que seja a solução adotada, que será do *ter*? A ontologia deve poder informar-nos sobre esse problema; é, além disso, uma de suas tarefas essenciais, se o Para-si é o ser que se define pela *ação*. Portanto, não devemos concluir esta obra sem esboçar, em seus grandes traços, o estudo da ação em geral e das relações essenciais entre o *fazer*, o *ser* e o *ter*.

---

* MALRAUX, André. *L'Espoir* (1937), [N.T.].

CAPÍTULO 1
SER E FAZER: A LIBERDADE

I
A CONDIÇÃO PRIMORDIAL DA AÇÃO É A LIBERDADE

É estranho que se tenha podido argumentar interminavelmente sobre o determinismo e o livre-arbítrio, citando exemplos a favor de uma ou outra tese, sem tentar previamente explicitar as estruturas contidas na própria ideia de *ação*. O conceito de ato, com efeito, contém numerosas noções subordinadas que devemos organizar e hierarquizar: agir é modificar a *figura* do mundo, é dispor de meios com vistas a um fim, é produzir um complexo instrumental e organizado de tal ordem que, por uma série de encadeamentos e conexões, a modificação efetuada em um dos elos acarrete modificações em toda a série e, para finalizar, produza um resultado previsto. Mas ainda não é isso o que nos importa. Com efeito, convém observar, antes de tudo, que uma ação é por princípio *intencional*. O fumante desastrado que, por negligência, fez explodir uma fábrica de pólvora não *agiu*. Ao contrário, o operário que, encarregado de dinamitar uma pedreira, obedeceu às ordens dadas, agiu quando provocou a explosão prevista: sabia, com efeito, o que fazia, ou, se preferirmos, realizava intencionalmente um projeto consciente. Não significa, por certo, que devam ser previstas todas as consequências de um ato: o Imperador Constantino, ao estabelecer-se em Bizâncio, não previa que iria criar uma cidade de cultura e língua gregas, cuja aparição provocaria ulteriormente um cisma na Igreja cristã e contribuiria para debilitar o Império Romano. Contudo, executou um ato na medida em que realizou seu projeto de criar uma nova residência no Oriente para os imperadores. A adequação do resultado à intenção é aqui suficiente para que possamos falar de ação. Mas, se assim há de ser, constatamos que a ação implica necessariamente como sua condição o reconhecimento de um *desideratum*, ou seja, de uma falta objetiva, ou uma *negatividade*. A intenção de suscitar uma rival para Roma só pode advir a Constantino pela captação de uma falta objetiva: Roma carece de um contrapeso; a esta cidade profundamente pagã era preciso opor uma cidade cristã que, no momento, *fazia falta*. Criar Constantinopla só pode ser compreendido como *ato* se, primeiramente, a concepção de uma cidade nova precedeu a própria ação, ou, ao menos, esta concepção tenha servido de tema organizador a todos os trâmites ulteriores. Mas esta concepção não poderia ser a pura representação da cidade como *possível*, e sim a apreensão da mesma em sua característica essencial, que é a de ser um possível *desejável* e não realizado. Significa que, desde a concepção do ato, a consciência pode se retirar do mundo pleno do qual é consciência e abandonar o terreno do ser para abordar francamente o do não ser. Enquanto algo considerado exclusivamente em seu ser, a consciência é remetida perpetuamente do ser ao ser e não poderia encontrar no ser um motivo para descobrir o não ser. O sistema imperial, na medida em que sua capital é Roma, funciona positivamente e de certa maneira real que transparece facilmente. Dir-se-á que os impostos são mal cobrados, que Roma não está ao abrigo de invasores, que não tem a situação geográfica conveniente à capital de um império mediterrâneo ameaçado pelos bárbaros, que a corrupção dos costumes dificulta a difusão da religião cristã? Como não ver que todas essas considerações são *negativas*, ou sejam, visam aquilo que não é, e não aquilo que é? Dizer que 60% dos impostos previstos foram arrecadados pode passar, a rigor, por uma apreciação positiva da situação *tal qual é*. Dizer que são *mal* arrecadados é considerar a situação através de uma situação posta como fim absoluto e que, precisamente, *não é*. Dizer que a corrupção dos costumes entrava a difusão do cristianismo não é considerar esta difusão pelo que é, ou seja, uma propagação em ritmo que os informes dos eclesiásticos podem nos deixar em condições de determinar: é colocá-la em si mesmo como insuficiente, ou seja, padecendo de um nada secreto. Mas tal difusão só aparece desse modo, justamente, se a transcendermos rumo a uma situação-limite colocada *a priori* como valor – por exemplo, rumo a certo ritmo das conversões religiosas, a certa moralidade de massa; e esta situação-limite não pode ser concebida a partir da simples consideração do estado real das coisas, pois, assim como a jovem mais bela do mundo não pode dar mais do que *tem**, também a situação mais miserável só pode ser designada por si mesmo como é, sem qualquer referência a um nada ideal. Enquanto imerso na situação histórica, o homem sequer chega a conceber as deficiências e faltas de uma organização política ou econômica determinada, não porque "está acostumado", como tolamente se diz, mas porque a apreende em sua plenitude de ser e nem mesmo é capaz de imaginar que possa ser de outro modo. Pois é preciso inverter aqui a opinião geral e convir que não é a rigidez de uma situação ou os sofrimentos que ela impõe que constituem motivos para que se conceba outro estado de coisas, no qual tudo sairá melhor para todos; pelo contrário, é a partir do dia em que se pode conceber outro estado de coisas que uma luz nova ilumina nossas penúrias e sofrimentos e *decidimos* que são insuportáveis. O proletário de 1830 é capaz de se rebelar se lhe baixam os salários, pois concebe facilmente uma situação em que seu miserável nível de vida seja menos baixo do que aquele que querem lhe impor. Mas ele não retrata seus sofrimentos como intoleráveis: acomoda-se a eles, não por resignação, mas por lhe faltarem cultura e reflexão necessárias a fazê-lo conceber um estado social em que tais sofrimentos não existam. Consequentemente, *não age*. Apoderando-se de Lyon após uma rebelião, os proletários de Croix-Rousse não sabem o que fazer de sua vitória; voltam às suas casas, desorientados, e o exército não tem dificuldades em surpreendê-los. Seus infortúnios não lhes parecem "habituais", mas antes *naturais;* são, eis tudo; constituem a condição do proletário; não são postos em relevo, não são vistos com clareza, e, por conseguinte, são integrados pelo proletário ao seu ser; ele sofre, sem levar seu sofrimento em consideração ou conferir-lhe valor: sofrer e *ser* são a seu ver a mesma coisa; seu sofrimento é o puro teor afetivo de sua consciência não posicional, mas ele não o *contempla*. Portanto, esse sofrimento não poderia ser por si mesmo um *móbil* para seus atos. Exatamente o

---

* Provérbio francês [N.T.].

contrário: é ao fazer o projeto de modificá-lo que o sofrimento lhe parecerá intolerável. Significa que deverá ter tomado distância com relação a ele e operado uma dupla nadificação: por um lado, com efeito, será preciso que posicione um estado de coisas ideal como puro nada *presente;* por outro, que posicione a situação atual como nada em relação a este estado de coisas. Terá de conceber uma felicidade vinculada à sua classe como puro possível – ou seja, presentemente como certo nada; de outra parte, retornará sobre a situação presente para iluminá-la à luz desse nada e para nadificá-la, por sua vez, declarando: *"Não sou feliz".* Seguem--se duas importantes consequências: 1º) Nenhum estado de fato, qualquer que seja (estrutura política ou econômica da sociedade, "estado" psicológico etc.) é capaz de motivar por si mesmo qualquer ato. Pois um ato é uma projeção do Para-si rumo a algo que não é, e aquilo que é não pode absolutamente, por si mesmo, determinar o que não é. 2º) Nenhum estado de fato pode determinar a consciência a captá-lo como negatividade ou como falta. Melhor ainda: nenhum estado de fato pode determinar a consciência a defini-lo e circunscrevê-lo, pois, como vimos, continua sendo profundamente verdadeira a fórmula de Spinoza: *Omnis determinatio est negatio.* Bem, toda ação tem por condição expressa não somente a descoberta de um estado de coisas como "falta de...", ou seja, como negatividade, mas também – e previamente – a constituição em sistema isolado do estado de coisas em consideração. *Não há* estado de fato – satisfatório ou não – salvo por meio da potência nadificadora do Para-si. Mas esta potência de nadificação não pode se limitar a realizar um simples *recuo* com relação ao mundo. Com efeito, na medida em que a consciência está "investida" pelo ser, na medida em que simplesmente padece daquilo que é, deve ser englobada no ser: é a forma organizada proletário--achando-seu-sofrimento-natural que deve ser superada e negada para poder tornar-se objeto de uma contemplação reveladora. Significa evidentemente que é por puro desprendimento de si e do mundo que o proletário pode posicionar seu sofrimento como insuportável e, por conseguinte, *fazer dele o móbil* de sua ação revolucionária. Portanto, significa para a consciência a possibilidade permanente de efetuar uma ruptura com seu próprio passado, de desprender-se dele para poder considerá-lo à luz de um não ser e conferir-lhe a significação que *tem* a partir do projeto de um sentido que *não tem*. Em caso algum e de nenhuma maneira o passado, por si mesmo, pode produzir *um ato*, ou seja, o posicionamento de um fim que sobre ele se volta para iluminá-lo. Foi o que entreviu Hegel ao escrever que "o espírito é negativo", embora não pareça ter-se lembrado disso ao expor sua própria teoria da ação e da liberdade. Com efeito, uma vez que atribuímos à consciência esse poder negativo com relação ao mundo e a si mesmo, uma vez que a nadificação faz parte integrante do *posicionamento* de um fim, é preciso reconhecer que a condição indispensável e fundamental de toda ação é a liberdade do ser atuante.

Assim, podemos captar de início a deficiência dessas discussões fastidiosas entre deterministas e partidários da liberdade de indiferença. Esses últimos se preocupam em encontrar casos de decisão para os quais não existe qualquer motivo anterior, ou deliberações concernentes a dois atos opostos, igualmente possíveis e cujos motivos (e móbeis) têm rigorosamente o mesmo peso. A isso os deterministas facilmente respondem que não há ação sem motivo e que o gesto mais insignificante (erguer a mão direita em vez da esquerda etc.) remete a motivos e móbeis que lhe conferem sua significação. Não poderia ser de outro modo, já que toda ação deve ser *intencional:* com efeito, deve ter um fim, e o fim, por sua vez, refere-se a um motivo. Tal é, com efeito, a unidade dos três êxtases temporais: o fim ou temporalização de meu futuro implica um motivo (ou móbil), ou seja, remete a meu passado, e o presente é surgimento do ato. Falar de um ato sem motivo é falar de um ato ao qual faltaria a estrutura intencional de todo ato, e os partidários da liberdade, ao buscá-la no nível do ato em vias de execução, só poderiam acabar tornando-a absurda. Mas os deterministas, por sua vez, facilitam demais as coisas ao deter sua investigação na mera designação do motivo e do móbil. A questão essencial, com efeito, acha-se além da organização complexa "motivo-intenção-ato-fim": devemos indagar, com efeito, como um motivo (ou móbil) pode ser constituído como tal. Bem, acabamos de ver que, se não há ato sem motivo, não é absolutamente no sentido em que se diz que não há fenômeno sem causa. Para ser motivo, com efeito, o motivo deve ser *experimentado* como tal. Certamente, não significa, de modo algum, que deva ser tematicamente concebido e explicitado, como no caso da deliberação. Mas, ao menos, significa que o Para-si deve conferir-lhe seu valor de móbil ou motivo. E, como acabamos de ver, esta constituição do motivo como tal não poderia remeter a outro existente real e positivo, ou seja, a outro motivo anterior. Senão, a própria natureza do ato, enquanto comprometido intencionalmente no não ser, desvanecer-se-ia. O móbil só pode ser compreendido pelo fim, ou seja, pelo não existente; portanto, o móbil é, em si mesmo, uma negatividade. Se aceito um mísero salário, é sem dúvida por medo – e o medo é um móbil. Mas é *medo de morrer de fome;* ou seja, este medo só tem sentido fora de si, em um fim posicionado idealmente, que é a conservação de uma vida que apreendo como "em perigo". E este medo, por sua vez, só se compreende em relação ao valor que dou implicitamente a esta vida, ou seja, refere-se a esse sistema hierarquizado de objetos ideais que são os valores. Assim, o móbil ensina o que ele é por seres que "não são", por existências ideais e pelo devir. Assim como o futuro retorna ao presente e ao passado para iluminá-los, também é o conjunto de meus projetos que retrocede para conferir ao móbil sua estrutura de móbil. É somente porque escapo ao Em-si nadificando-me rumo às minhas possibilidades que este Em-si pode adquirir valor de motivo ou móbil. Motivos e móbeis só têm sentido no interior de um conjunto projetado que é precisamente um conjunto de não existentes. E este conjunto é, afinal, eu mesmo enquanto transcendência, eu mesmo na medida em que tenho de ser eu mesmo fora de mim. Se lembrarmos o princípio que há pouco estabelecemos, segundo o qual é a captação de uma revolução como possível que confere ao sofrimento do proletário seu valor de móbil, devemos concluir que é fugindo de uma situação rumo à nossa possibilidade de modificá-la que organizamos esta situação em complexos de motivos e móbeis. A nadificação pela qual tomamos distância com relação à situação se identifica ao ek-stase* pelo qual nos projetamos rumo a uma modificação desta situação. Resulta ser impossível, com efeito, encontrar um ato sem móbil, mas não devemos com isso concluir que o móbil seja a causa do ato; é parte integrante dele. Porque, uma vez que

---

* No original, por errata, lê-se *l'extase*. [N.T.]

o projeto já resolvido rumo a uma mudança não se distingue do ato, é em um único surgimento que se constituem móbil, ato e fim. Cada uma dessas três estruturas reclama as outras duas como sua significação. Mas a totalidade organizada das três já não mais se explica por qualquer estrutura singular, e seu surgimento como pura nadificação temporalizadora do Em-si identifica-se com a liberdade. É o ato que decide seus fins e móbeis, e o ato é expressão da liberdade.

Todavia, não podemos nos deter nessas considerações superficiais: se a condição fundamental do ato é a liberdade, precisamos tentar descrever a liberdade com maior precisão. Mas deparamos logo com uma séria dificuldade: descrever, comumente, é uma atividade de explicitação visando as estruturas de uma essência singular. Mas a liberdade não tem essência. Não está submetida a qualquer necessidade lógica; dela deve-se dizer o que Heidegger disse do *Dasein* em geral: "Nela, a existência precede e comanda a essência". A liberdade faz-se ato, e geralmente a alcançamos através do ato que ela organiza com os motivos, os móbeis e os fins que esse ato encerra. Mas, precisamente porque este ato tem uma essência, aparece-nos como *constituído;* se quisermos remontar à potência constitutiva, precisamos abandonar toda esperança de encontrar nele uma essência. Esta, com efeito, exigiria uma nova potência constitutiva, e assim infinitamente. Então, como descrever uma existência que se faz perpetuamente e se nega a ser confinada em uma definição? A própria denominação de "liberdade" é perigosa, caso subentendamos que a palavra remete a um conceito, como as palavras habitualmente fazem. Indefinível e inominável, a liberdade será também indescritível?

Encontramos análogas dificuldades ao querer descrever o ser do fenômeno e o nada. Mas elas não nos detiveram. Isso porque, com efeito, pode haver descrições que não visam a essência e sim o próprio existente, em sua singularidade. Certamente, eu não poderia descrever uma liberdade que fosse comum ao Outro e a mim; não poderia, pois, considerar uma essência da liberdade. Ao contrário, a liberdade é fundamento de todas as essências, posto que o homem desvela as essências intramundanas ao transcender o mundo rumo às suas possibilidades próprias. Mas se trata, de fato, de *minha* liberdade. Igualmente, além disso, quando descrevi a consciência, não podia tratar-se de uma natureza comum a certos indivíduos, mas só de *minha* consciência singular, a qual, como minha liberdade, está além da essência, ou – como mostramos várias vezes – para a qual *ser* é ter sido. Para alcançar esta consciência em sua existência mesmo, dispúnhamos precisamente de uma experiência particular: o *cogito*. Husserl e Descartes, como mostrou Gaston Berger[55], pedem ao *cogito* que lhes entregue uma *verdade de essência:* em um, alcançamos a conexão de duas naturezas simples, no outro, captamos a estrutura eidética da consciência. Mas, se a consciência deve fazer sua essência ser precedida por sua existência, ambos cometeram um erro. O que se pode pedir ao *cogito* é somente que nos descubra uma necessidade de fato. É também ao *cogito* que vamos nos dirigir para determinar a liberdade como liberdade que é a *nossa*, como pura necessidade de fato, ou seja, como um existente que é contingente, mas que *não posso* não experimentar. Com efeito, sou um existente que *aprende* sua liberdade através de seus atos; mas sou também um existente cuja existência individual e única se temporaliza como liberdade. Como tal, sou necessariamente consciência (de) liberdade, posto que nada existe na consciência a não ser como consciência não tética de existir. Assim, minha liberdade está perpetuamente em questão em meu ser; não se trata de uma qualidade sobreposta ou uma *propriedade* de minha natureza; é bem precisamente a textura de meu ser; e, como meu ser está em questão em meu ser, devo necessariamente possuir certa compreensão da liberdade. É esta compreensão que tentaremos explicitar agora.

O que poderá nos ajudar a alcançar a liberdade em seu bojo são algumas observações que fizemos a respeito no curso desta obra e que devemos resumir agora. Com efeito, estabelecemos desde nosso primeiro capítulo que, se a negação vem ao mundo pela realidade humana, esta deve ser um ser capaz de realizar uma ruptura nadificadora com o mundo e consigo mesmo; e tínhamos estabelecido que a possibilidade permanente desta ruptura se identifica com a liberdade. Mas, por outro lado, constatamos que

---

55. BERGER, Gaston. *Le Cogito chez Husserl et chez Descartes*, 1940.

tal possibilidade permanente de nadificar o que sou em forma de "ter-sido" implica para o homem um tipo de existência particular. Pudemos então determinar, a partir de análises como a da má-fé, que a realidade-humana é seu próprio nada. Ser, para o Para-si, é nadificar o Em-si que ele é. Nessas condições, a liberdade não pode ser senão esta nadificação. É através dela que o Para-si escapa de seu ser, como de sua essência; é através dela que constitui sempre algo diverso daquilo que se pode *dizer* dele, pois ao menos é aquele que escapa a esta denominação mesmo, aquele que já está além do nome que se lhe dá ou da propriedade que se lhe reconhece. Dizer que o Para-si tem de ser o que é, dizer que é o que não é não sendo o que é, dizer que, nele, a existência precede e condiciona a essência, ou inversamente, segundo a fórmula de Hegel, para quem *Wesen ist was gewesen ist* – tudo isso é dizer uma só e mesma coisa, a saber: que o homem é livre. Com efeito, somente pelo fato de ter consciência dos motivos que solicitam minha ação, tais motivos já constituem objetos transcendentes para minha consciência, já estão lá fora; em vão buscaria recobrá-los: deles escapo por minha própria existência. Estou condenado a existir para sempre Para-além de minha essência, Para-além dos móbeis e motivos de meu ato: estou condenado a ser livre. Significa que não se poderia encontrar outros limites à minha liberdade além da própria liberdade, ou, se preferirmos, que não somos livres para deixar de ser livres. Na medida em que o Para-si quer esconder de si seu próprio nada e incorporar o Em-si como seu verdadeiro modo de ser, também tenta esconder de si sua liberdade. O sentido profundo do determinismo é estabelecer em nós uma continuidade sem falha de existência Em-si. O móbil concebido como fato psíquico, ou seja, como realidade plena e dada, articula-se na visão determinista sem solução de continuidade com a decisão e o ato, concebidos igualmente como dados psíquicos. O Em-si se apoderou de todos esses "dados"; o móbil provoca o ato assim como a causa seu efeito; tudo é real, tudo é pleno. Assim, a recusa da liberdade só pode ser concebida como tentativa de nos captarmos como ser-Em-si; uma faz parelha com a outra; a realidade humana é um ser no qual sua liberdade corre risco, pois tenta perpetuamente negar-se a reconhecê-la. Psicologicamente, isso equivale, em cada um de nós, a um intento de tomar móbeis e motivos como *coisas*. Tentamos conferir-lhes permanência; busca-se dissimular o fato de que sua natureza e seu peso dependem a cada instante do sentido que lhes damos; tomamo-los por constantes: isso equivale a considerar o sentido que lhes dávamos há pouco ou ontem – o qual é irremediável, por ser *passado* – e extrapolá--lo, como caráter coagulado, no presente. Tento persuadir-me de que o motivo é como *era*. Assim, passará dos pés à cabeça de minha consciência passada à minha consciência presente, a qual irá habitar. Isso equivale a tentar conferir uma essência ao Para-si. Da mesma forma, os fins serão postos como transcendências, o que não é um erro. Mas, em lugar de ver nesses fins transcendências postas e mantidas em seu ser por minha própria transcendência, iremos supor que as encontro ao surgir no mundo: provêm de Deus, da natureza, de "minha" natureza, da sociedade. Esses fins pré-formados e pré-humanos irão definir, portanto, o sentido de meu ato antes mesmo que eu o conceba, assim como os motivos, enquanto puros dados psíquicos, irão provocá-lo sem que eu sequer me dê conta. Motivo, ato, fim, constituem um *continuum**, um *pleno*. Essas tentativas abortadas de sufocar a liberdade sob o peso do ser – tentativas que se desfazem ao surgir de súbito a angústia ante a liberdade – demonstram o suficiente que a liberdade coincide em seu fundo com o nada que está no âmago do homem. A realidade-humana é livre porque *não é o bastante*, porque está perpetuamente desprendida de si mesmo, e porque aquilo que foi está separado por um nada daquilo que é e daquilo que será. E, por fim, porque seu próprio ser presente é nadificação na forma do "reflexo-refletidor". O homem é livre porque não é si mesmo, mas presença a si. O ser que é o que é não poderia ser livre. A liberdade é precisamente o nada que é tendo sido no âmago do homem e obriga a realidade-humana a *fazer-se* em vez de *ser*. Como vimos, para a realidade-humana, ser é *escolher-se:* nada lhe vem de fora, ou tampouco de dentro, que ela possa *receber* ou *aceitar*. Está inteiramente abandonada, sem qualquer ajuda de nenhuma espécie, à insustentável necessidade de fazer-se ser até o mínimo detalhe. Assim, a liberdade não é *um* ser: é o ser do homem, ou

---

* Em latim: constante, ininterrupto. Em epistemologia, o que não comporta intervalos ou elementos atualmente distintos [N.T.].

seja, seu nada de ser. Se começássemos por conceber o homem como algo pleno, seria absurdo procurar nele depois momentos ou regiões psíquicas em que fosse livre: daria no mesmo buscar o vazio em um recipiente que previamente preenchemos até a borda. O homem não poderia ser ora livre, ora escravo: é inteiramente e sempre livre, ou não o é.

Essas observações, se soubermos utilizá-las, podem nos levar a novas descobertas. Em primeiro lugar, permitirão esclarecer as relações entre a liberdade e o que denominamos "vontade". Uma tendência bastante comum, com efeito, visa a assemelhar os atos livres e os atos voluntários, e a restringir a explicação determinista ao mundo das paixões. É, em suma, o ponto de vista de Descartes. A vontade cartesiana é livre, mas existem as "paixões da alma". Descartes tentará ainda uma interpretação fisiológica dessas paixões. Mais tarde, buscar-se-á instituir um determinismo puramente psicológico. As análises intelectualistas que um Proust, por exemplo, tentou realizar do ciúme ou do esnobismo podem servir de ilustração a esta concepção do "mecanismo" passional. Seria necessário então conceber o homem como simultaneamente livre e determinado; e o problema essencial seria o das relações entre esta liberdade incondicionada e os processos determinados da vida psíquica: de que modo tal liberdade irá dominar as paixões, como irá utilizá-las em seu próprio benefício? Uma sabedoria que vem da Antiguidade – a sabedoria dos estoicos – ensinará a acordar com as próprias paixões para que se possa dominá-las; em suma, irá aconselhar o homem a se conduzir em relação à afetividade como o faz com respeito à natureza em geral, quando a obedece a fim de melhor controlá-la. A realidade humana surge, pois, como um livre poder sitiado por um conjunto de processos determinados. Distinguir-se-ão atos inteiramente livres, processos determinados sobre os quais exerce poder a vontade livre, e processos que escapam por princípio à vontade humana.

Claro está que não poderíamos aceitar de modo algum semelhante concepção. Mas tentemos compreender melhor as razões de nossa recusa. Há uma objeção óbvia e que não vamos perder tempo em desenvolver: a de que semelhante dualidade incisiva é inimaginável no âmago da unidade psíquica. Como conceber, com efeito, um ser que fosse *uno* e que, todavia, constituir-se-ia, por um lado, como uma série de fatos determinados uns pelos outros, logo, existentes em exterioridade, e, por outro lado, como uma espontaneidade que se determina por si mesmo a ser e dependente apenas de si? *A priori*, esta espontaneidade não seria capaz de qualquer ação sobre um determinismo já *constituído;* sobre que poderia agir?; sobre o próprio objeto (o fato psíquico presente)? Mas como poderia modificar um Em-si que, por definição, é e só pode ser aquilo que é? Sobre a lei mesmo do processo? É contraditório. Sobre os antecedentes do processo? Mas isso equivale a agir sobre o fato psíquico presente para modificá-lo em si mesmo, ou a agir sobre ele para modificar suas consequências. E, em ambos os casos, deparamos com a mesma impossibilidade antes assinalada. Além disso, de que instrumento disporia esta espontaneidade? Se a mão pode pegar, é porque pode ser pega. A espontaneidade, estando por definição *fora de alcance*, não pode, por sua vez, *alcançar;* só pode produzir-se a si mesmo. E, se pudesse dispor de um instrumento especial, seria necessário, então, concebê-lo como uma natureza intermediária entre a vontade livre e as paixões determinadas, o que não é admissível. De modo diverso, bem entendido, as paixões não poderiam ter qualquer domínio sobre a vontade. Com efeito, é impossível a um processo determinado agir sobre uma espontaneidade, exatamente como é impossível aos objetos agir sobre a consciência. Também toda síntese entre dois tipos de existentes é impossível: não são homogêneos, cada um permanecerá em sua incomunicável solidão. O único nexo que uma espontaneidade nadificadora pode ter com os processos mecânicos é o de produzir-se a si mesmo por *negação interna a partir desses existentes*. Mas então, precisamente, tal espontaneidade só existirá na medida em que negue a si mesmo ser essas paixões. Doravante, o conjunto do πάθος* determinado será necessariamente captado pela espontaneidade como puro transcendente, ou seja, como o que está necessariamente *fora*, como o que ela *não é*. Esta negação interna só terá por efeito, portanto, fundamentar o πάθος *no mundo*, e tal πάθος existiria, para uma livre espontaneidade que fosse ao mesmo tempo vontade e consciência, como

---

* Em grego: *páthos*, afecção [N.T.].

um objeto qualquer no meio do mundo. Esta discussão mostra que são possíveis duas e somente duas soluções: ou bem o homem é inteiramente determinado (o que é inadmissível, em particular porque uma consciência determinada, ou seja, motivada em exterioridade, converte-se em pura exterioridade ela mesmo e deixa de ser consciência), ou bem o homem é inteiramente livre.

Mas essas observações ainda não são o que nos importa em particular. Têm somente um alcance negativo. O estudo da vontade, ao contrário, nos permitirá ir mais além na compreensão da liberdade. Eis por que o que nos impressiona antes de tudo é que, se a vontade há de ser autônoma, é impossível considerá-la como fato psíquico *dado*, ou seja, Em-si. Não poderia pertencer à categoria dos "estados de consciência" definidos pelo psicólogo. Aqui, como em todos os casos, constatamos que o estado de consciência é um mero ídolo da psicologia positiva. Se há de ser liberdade, a vontade é necessariamente negatividade e potência de nadificação. Mas, então, já não vemos mais por que reservar autonomia para a vontade. São mal concebidos, com efeito, esses buracos de nadificação que seriam as volições e que surgiriam na trama, já de resto densa e plena, das paixões e do πάθος em geral. Se a vontade é nadificação, é preciso que o conjunto do psíquico seja igualmente nadificação. Além disso – e logo voltaremos ao assunto –, de onde se deduz que o "fato" de paixão ou o puro e simples desejo não sejam nadificadores? A paixão não é, antes de tudo, projeto e empreendimento? Não posiciona justamente um estado de coisas como intolerável? E não está obrigada por isso mesmo a tomar distância com relação a esse estado e a nadificá-lo, isolando-o e considerando-o à luz de um fim, ou seja, de um não ser? E a paixão não tem seus fins próprios, que são reconhecidos precisamente no próprio momento em que ela os posiciona como não existentes? E se a nadificação é precisamente o ser da liberdade, como negar autonomia às paixões para outorgá-la à vontade?

Mas não é só: a vontade, longe de ser a manifestação única ou pelo menos privilegiada da liberdade, pressupõe, ao contrário, como todo acontecimento do Para-si, o fundamento de uma liberdade originária para poder constituir-se como vontade. A vontade, com efeito, coloca-se como decisão refletida em relação a certos fins. Mas esses fins não são criados por ela. A vontade é sobretudo uma maneira de ser em relação a ela: decreta que a perseguição a esses fins será refletida e deliberada. A paixão pode posicionar os mesmos fins. Por exemplo, frente a uma ameaça, posso fugir correndo, por medo de morrer. Esse fato passional não deixa de posicionar implicitamente como fim supremo o valor da vida. Outra pessoa na mesma situação, ao contrário, achará ser preciso permanecer no mesmo lugar, ainda que a resistência pareça a princípio mais perigosa do que a fuga: ele "aguentará firme". Mas seu objetivo, embora melhor compreendido e explicitamente posicionado, continua sendo o mesmo que no caso da reação emocional. Simplesmente, os meios para alcançá-lo estão mais claramente concebidos, alguns deles são rejeitados como duvidosos ou ineficazes, os demais são organizados com mais solidez. A diferença recai aqui sobre a escolha dos meios e o grau de reflexão e explicação, não sobre o fim. Todavia, aquele que foge é considerado "passional", e reservamos o epíteto de "voluntário" para o homem que resiste. Trata-se, pois, de uma diferença de atitude subjetiva com relação a um fim transcendente. Mas se não quisermos cair no erro que denunciávamos atrás, considerando esses fins transcendentes como pré-humanos e um limite *a priori* de nossa transcendência, vemo-nos obrigados a reconhecer que são a projeção temporalizadora de nossa liberdade. A realidade humana não poderia receber seus fins, como vimos, nem de fora nem de uma pretensa "natureza" interior. Ela os escolhe e, por essa mesma escolha, confere-lhes uma existência transcendente como limite externo de seus projetos. Desse ponto de vista – e se compreendemos claramente que a existência do Dasein precede e comanda sua essência –, a realidade humana, no e por seu próprio surgimento, decide definir seu ser próprio pelos seus fins. Portanto, é o posicionamento de meus fins últimos que caracteriza meu ser e se identifica ao brotar originário da liberdade que é minha. E esse brotar é uma *existência;* nada tem de essência ou propriedade de um ser que fosse engendrado conjuntamente com uma ideia. Assim, a liberdade, sendo assimilável à minha existência, é fundamento dos fins que tentarei alcançar, seja pela vontade, seja por esforços passionais. Não poderia, portanto, limitar-se aos atos voluntários. Mas as volições são, ao contrário, tal como as paixões, certas atitudes subjetivas através das quais procuramos atingir os fins posicionados pela liberdade original. Por liberdade original, claro está, não se deve entender uma liberdade *anterior* ao ato voluntário ou apaixonado, mas um fundamento rigorosamente contemporâneo da vontade ou da paixão e que estas *manifestam*, cada qual à sua maneira. Tampouco deve-se opor a liberdade à vontade ou à paixão, tal como o "eu profundo" de Bergson ao eu superficial: o Para-si é integralmente ipseidade e não poderia haver "eu-profundo", a menos que se entenda por isso certas estruturas transcendentes da psique. A liberdade nada é senão a *existência* de nossa vontade ou nossas paixões, na medida em que tal existência é nadificação da facticidade, ou seja, existência de um ser que é seu ser à maneira do ter-de-ser. Voltaremos a isso. Em todo caso, devemos lembrar que a vontade se determina na moldura de móbeis e fins já posicionados pelo Para-si em um projeto transcendente de si mesmo rumo a seus possíveis. Senão, como compreender a deliberação, que é apreciação dos meios com relação a fins já existentes?

Se esses fins já estão posicionados, o que falta decidir a cada instante é a maneira como irei me conduzir em relação a eles, ou, dito de outro modo, a atitude que vou tomar. Serei voluntário ou apaixonado? Quem pode decidir senão eu? Com efeito, se admitíssemos que as circunstâncias decidem por mim (por exemplo, poderia me mostrar voluntário frente a um perigo menor, mas, se o perigo aumentasse, recairia na paixão), estaríamos com isso suprimindo toda liberdade: seria absurdo, com efeito, declarar que a vontade é autônoma quando aparece, mas que as circunstâncias exteriores determinam rigorosamente o momento de sua aparição. Mas, por outro lado, como sustentar que uma vontade ainda inexistente possa decidir de pronto romper o encadeamento das paixões e surgir subitamente sobre os destroços deste encadeamento? Semelhante concepção nos levaria a considerar a vontade como um *poder* que ora se manifestasse à consciência, ora permanecesse oculto, mas que possuiria em todo caso a permanência e a existência "Em-si" de uma propriedade. É isso, precisamente, o inadimissível: todavia, é certo que a opinião comum concebe a vida moral como uma luta entre uma vontade-coisa e paixões-substâncias. Há nisso uma espécie de maniqueísmo psicológico absolutamente insustentável. Na verdade, não basta querer: é necessário querer querer. Tomemos por exemplo uma dada situação: posso reagir emocionalmente a ela. Mostramos em outro lugar[56] que a emoção não é uma tempestade fisiológica: é uma resposta adaptada à situação; é uma conduta cujo sentido e cuja forma são objeto de uma intenção da consciência que visa alcançar um fim particular por meios particulares. No medo, o desfalecimento, a cataplexia, visam suprimir o perigo suprimindo a consciência do perigo. Há *intenção* de perder consciência para abolir o mundo terrível no qual a consciência está comprometida e que advém ao ser pela consciência. Trata-se, pois, de condutas mágicas provocando satisfações simbólicas de nossos desejos e que revelam, ao mesmo tempo, um estrato mágico do mundo. Em oposição a tais condutas, a conduta voluntária e racional irá encarar tecnicamente a situação, rejeitar o mágico e empenhar-se em captar as séries determinadas e os complexos instrumentais que permitem resolver os problemas. Organizará um sistema de meios baseando-se no determinismo instrumental. De pronto, descobrirá um mundo técnico, ou seja, um mundo no qual cada complexo-utensílio remete a outro complexo mais amplo, e assim sucessivamente. Mas o que me fará decidir a escolher o aspecto mágico ou o aspecto técnico do mundo? Não poderia ser o mundo mesmo – o qual, para se manifestar, espera ser descoberto. É preciso, pois, que o Para-si, em seu projeto, escolha ser aquele pelo qual o mundo se revele como mágico ou racional, ou seja, aquele que deve, como livre projeto de si, dar a si a existência mágica ou a existência racional. O Para-si é *responsável* tanto por uma quanto por outra, porque ele só pode "ser" caso tenha se escolhido. Aparece, pois, como livre fundamento tanto de suas emoções quanto de suas volições. Meu medo é livre e manifesta minha liberdade; coloquei toda minha liberdade em meu medo, e escolhi-me medroso nessa ou naquela circunstância; em outra, existirei como voluntário e corajoso, e terei posto toda minha liberdade em minha coragem. Em relação à liberdade, não há qualquer fenômeno psíquico privilegiado. Todas as minhas "maneiras de ser" manifestam igualmente a liberdade, pois todas são maneiras de ser meu próprio nada.

---

56. SARTRE, J.-P. *Esboço de uma teoria das emoções*, 1939.

Isso ficará ainda melhor sublinhado pela descrição dos chamados "motivos e móbeis" da ação. Esboçamos esta descrição nas páginas precedentes: convém agora voltar a ela e retomá-la com maior precisão. Não se diz, com efeito, que a paixão é o *móbil* do ato – ou ainda que o ato passional é aquele que tem por móbil a paixão? E não surge a vontade como a decisão que sucede a uma deliberação a respeito de móbeis e motivos? Então, o que é um motivo? O que é um móbil?

Considera-se comumente como *motivo* a *razão* de um ato, ou seja, o conjunto das considerações racionais que o justificam. Se o governo decide por uma conversão de rendas, apresentará seus *motivos:* redução da dívida pública, saneamento do tesouro. É igualmente por *motivos* que os historiadores costumam explicar atos de ministros ou monarcas; ante uma declaração de guerra, serão procurados os motivos: a ocasião é propícia, o país atacado acha-se desorganizado por problemas internos, é hora de pôr fim a um conflito econômico que ameaça eternizar-se. Se Clóvis se converte ao catolicismo, enquanto tantos reis bárbaros são arianos, é porque vê nisso uma ocasião de obter os favores do episcopado, onipotente na Gália etc. Observe-se aqui que o motivo se caracteriza como uma apreciação objetiva da situação. O motivo da conversão de Clóvis é o estado político e religioso da Gália, é a relação de forças entre o episcopado, os grandes proprietários e o povo; o que motiva a conversão de rendas é o estado da dívida pública. Todavia, esta apreciação objetiva só pode ser feita à luz de um fim pressuposto e nos limites de um projeto do Para-si rumo a este fim. Para que o poder do episcopado se revele a Clóvis como motivo de uma conversão, ou seja, para que Clóvis possa encarar as consequências objetivas que tal conversão poderia ter, é necessário que, antes de tudo, ele tenha posicionado como fim a conquista da Gália. Se supomos outros fins para Clóvis, ele pode encontrar na situação do episcopado motivos para tornar-se ariano ou permanecer pagão. Pode inclusive não encontrar na consideração do estado da Igreja motivo algum para agir desta ou daquela maneira: nada achará então a esse respeito, deixará a situação do episcopado em estado de "não desvelada", em uma obscuridade total. Portanto, denominaremos *motivo* a captação objetiva de uma situação determinada, na medida em que esta situação se revela, à luz de certo fim, como apta a servir de meio para alcançar este fim.

O móbil, ao contrário, é considerado comumente como um fato subjetivo. É o conjunto dos desejos, emoções e paixões que me impele a executar certo ato. O historiador só procura móbeis, e em último recurso, quando os motivos não bastam para explicar o ato considerado. Ferdinand Lot, por exemplo, após mostrar que as razões em geral atribuídas à conversão de Constantino são insuficientes ou errôneas, escreve: "Por ficar estabelecido que Constantino tinha tudo a perder e, na aparência, nada a ganhar ao abraçar o cristianismo, só resta uma conclusão possível: a de que cedeu a um impulso repentino, de ordem patológica ou divina, como se preferir"[57]. Com isso, Lot abandona a explicação por motivos, o que lhe parece irrelevante, e prefere a explicação por móbeis. A explicação deve então ser procurada no estado psíquico – inclusive no "estado" mental – do agente histórico. Resulta, naturalmente, que o acontecimento torna-se inteiramente contingente, uma vez que outro indivíduo, com outras paixões e outros desejos, teria agido de modo diferente. O psicólogo, ao contrário do historiador, buscará de preferência os móbeis: em geral pressupõe, com efeito, que estão "contidos no" estado de consciência que provocou a ação. O ato racional ideal, pois, seria aquele para o qual os móbeis fossem praticamente nulos e inspirados unicamente por uma apreciação objetiva da situação. O ato irracional ou passional será caracterizado pela proporção inversa. Falta explicar a relação entre motivos e móbeis no caso trivial em que ambos existem. Por exemplo: posso aderir ao partido socialista por estimar que ele serve aos interesses da justiça e da humanidade, ou por acreditar que irá converter-se na principal força histórica nos anos seguintes à minha adesão: estes são os motivos. E, ao mesmo tempo, posso ter móbeis: sentimento de piedade ou caridade para com certas categorias de oprimidos, vergonha de estar "no lado bom da barricada", como disse Gide, ou ainda complexo de inferioridade, desejo de escandalizar meus familiares etc. O que queremos dizer ao afirmar que aderimos ao partido socialista por causa desses

---

[57]. LOT, Ferdinand. *La Fin du Monde Antique et le Début du Moyen Âge*. Renaissance du Livre, 1927, p. 35.

motivos e desses móbeis? Trata-se evidentemente de dois estratos de significações radicalmente distintos. Como compará-los, como determinar o papel de cada um deles na decisão considerada? Tal dificuldade, sem dúvida a maior suscitada pela distinção corrente entre motivos e móbeis, nunca ficou resolvida; poucos, inclusive, chegam sequer a entrevê-la. Isso porque equivale, em outra forma, a situar a existência de um conflito entre a vontade e as paixões. Mas, se a teoria clássica revela-se incapaz de determinar para o motivo e o móbil sua influência própria no simples caso em que ambos se juntam para uma única decisão, ser-lhe-á totalmente impossível* explicar e mesmo *conceber* um conflito entre motivos e móbeis em que cada grupo iria solicitar uma decisão em particular. Logo, temos de retomar tudo desde o início.

Na verdade, o motivo é objetivo: é o estado de coisas contemporâneo, tal como se revela a uma consciência. É *objetivo* o fato de que a plebe e a aristocracia romanas acham-se corrompidas na época de Constantino, ou que a Igreja Católica está pronta a favorecer um monarca que, nos tempos de Clóvis, a ajudara a triunfar sobre o arianismo. Todavia, este estado de coisas só pode se revelar a um Para-si, uma vez que, em geral, o Para-si é o ser pelo qual "há" um mundo. Melhor ainda: só pode se revelar a um Para-si que se escolhe desta ou daquela maneira, ou seja, a um Para-si que faz a sua individualidade. É necessário que o Para-si tenha se projetado desta ou daquela maneira, de modo a descobrir as implicações instrumentais das coisas-utensílios. Objetivamente, a faca é um instrumento feito de uma lâmina e um cabo. Posso captá-la objetivamente como instrumento para cortar ou talhar; mas, à falta de um martelo, posso captá-la, inversamente, como instrumento para martelar: posso me servir de seu cabo para cravar um prego, e tal captação não é menos *objetiva*. Quando Clóvis aprecia a ajuda que a Igreja pode lhe oferecer, não há certeza de que um grupo de prelados ou mesmo um bispo em particular o tenha sondado, sequer que um membro do clero tenha pensado claramente em uma aliança com um monarca católico. Os únicos fatos estritamente objetivos, os que um Para-si qualquer pode

---

* Sartre escreve *tout à fait possible* (totalmente possível), presumível errata [N.T.].

constatar, são o grande poder da Igreja sobre as populações da Gália e a inquietação da Igreja quanto à heresia ariana. Para que tais constatações se organizem em motivo de conversão, é preciso isolá-las do conjunto – e, para isso, nadificá-las – e transcendê-las rumo à sua potencialidade própria: a potencialidade da Igreja objetivamente captada por Clóvis será a de trazer seu apoio a um rei convertido. Mas tal potencialidade só pode se revelar se a situação for transcendida rumo a um estado de coisas que ainda não é, ou seja, rumo a um nada. Em suma, o mundo só dá conselhos se interrogado, e só podemos interrogá-lo para um fim bem determinado. Portanto, o motivo, longe de determinar a ação, só aparece no e pelo projeto de uma ação. É no e pelo projeto de instalar seu domínio em toda a Gália que o estado da Igreja do Ocidente aparece objetivamente a Clóvis como um motivo para sua conversão. Em outras palavras, a consciência que recorta o motivo no conjunto do mundo já possui sua estrutura própria, outorgou a si os seus fins, projetou-se rumo a seus possíveis e tem sua própria maneira de pender-se às suas possibilidades: esta maneira própria de se conservar em seus possíveis é aqui a afetividade. E esta organização interna que a consciência concede a si mesmo em forma de consciência não posicional (de) si é rigorosamente correlata ao recorte dos motivos no mundo. Bem, se refletirmos a respeito, temos de reconhecer que a estrutura interna do Para-si, pela qual este faz surgir no mundo motivos para agir, é um fato "irracional" no sentido histórico do termo. Com efeito, podemos com facilidade compreender racionalmente a utilidade técnica da conversão de Clóvis, na hipótese de que houvesse projetado conquistar a Gália. Mas não podemos fazer o mesmo quanto ao seu projeto de conquista. Este não pode "explicar-se". Devemos interpretá-lo como efeito da *ambição* de Clóvis? Mas, exatamente, o que é ambição senão propósito de conquistar? Como distinguir a ambição de Clóvis do projeto preciso de conquistar a Gália? Portanto, seria inútil conceber esse projeto original de conquista como se fosse "impelido" por um *móbil* preexistente, que seria a ambição. É verdade que a ambição é um móbil, posto que é inteiramente subjetividade. Mas, uma vez que não se distingue do projeto de conquistar, diremos que esse projeto primordial de suas possibilidades, à luz do qual descobre Clóvis um motivo para se converter, é precisamente o *móbil*. Então, tudo se esclarece e podemos entender as relações entre esses três termos: motivos, móbeis e fins. Lidamos aqui com um caso particular de ser-no-mundo: assim como é o surgimento do Para-si que faz com que haja um mundo, também, neste caso, é o seu próprio ser, na medida em que tal ser é puro projeto rumo a um fim, que faz com que *haja* certa estrutura objetiva do mundo merecedora do nome de motivo, à luz daquele fim. O Para-si, portanto, é consciência *desse* motivo. Mas esta consciência posicional *do* motivo é, por princípio, consciência não tética de si enquanto projeto rumo a um fim. Nesse sentido, é móbil, ou seja, experimenta-se não teticamente enquanto projeto mais ou menos áspero, mais ou menos apaixonado, rumo a um fim, no próprio momento em que se constitui como consciência reveladora da organização do mundo em motivos.

Assim, motivo e móbil são correlatos, exatamente como a consciência não tética (de) si é o correlato ontológico da consciência tética *do* objeto. Assim como a consciência tética *de* algo é consciência (de) si, o móbil nada mais é do que a captação do motivo, na medida em que tal captação é consciente (de) si. Mas daí resulta, evidentemente, que motivo, móbil e fim são os três termos indissolúveis do brotar de uma consciência viva e livre que se projeta rumo às suas possibilidades e se define por essas possibilidades.

Sendo assim, porque o móbil aparece ao psicólogo como conteúdo afetivo de um fato de consciência, na medida em que esse conteúdo determina outro fato de consciência, ou decisão? É porque o móbil, não sendo senão a consciência não tética de si, desliza ao passado com esta consciência mesmo, e deixa de ser vivo juntamente com esta. Assim que uma consciência se preterifica, torna-se o que tenho de ser na forma do "era". Daí, quando retorno à minha consciência de ontem, esta mantém sua significação intencional e seu sentido de subjetividade, mas, como vimos, está coagulada, acha-se lá fora, tal como uma coisa, já que o passado é Em-si. O móbil torna-se então aquilo *de que* há consciência. Pode me aparecer em forma e "saber"; vimos, com efeito, que o passado morto infesta o presente com o aspecto de um *saber;* é também possível que eu a ele retorne para explicitá-lo e formulá-lo, guiando-me pelo saber que ele é presentemente para mim.

Nesse caso, é objeto de consciência, é esta própria consciência *da qual* tenho consciência. Aparece, portanto – tal como minhas lembranças em geral –, ao mesmo tempo enquanto *meu* e enquanto transcendente. Comumente, estamos rodeados por esses móbeis aos quais "não mais nos adequamos", porque temos não apenas de decidir concretamente executar este ou aquele ato, mas também de executar as ações decididas na véspera, ou de ir ao encalço de empreendimentos em que estamos comprometidos; de modo geral, a consciência, a qualquer momento que se capte a si mesmo, apreende-se enquanto comprometida, e esta própria apreensão implica um saber dos móbeis do comprometimento, ou até uma explicação temática e posicional desses motivos. É óbvio que a captação do móbil remete em seguida ao motivo correlato a si, pois o móbil, ainda que preterificado e coagulado em Em-si, mantém ao menos como significação o fato de ter sido consciência de um motivo, ou seja, descoberta de uma estrutura objetiva do mundo. Mas, como o móbil é *Em-si* e o motivo objetivo, ambos se apresentam como uma díade sem diferença ontológica; com efeito, vimos que nosso passado se perde no meio do mundo. Eis por que os tratamos em pé de igualdade e por que podemos falar dos motivos *e* dos móbeis de uma ação, como se pudessem entrar em conflito ou concorrer uns e outros em determinada proporção para uma decisão.

Somente se o móbil é transcendente, constitui-se unicamente o ser irremediável que temos-de-ser à maneira do "era", se, como todo nosso passado, acha-se apartado de nós por uma espessura de nada, ele não pode agir, a menos que seja *retomado;* por si mesmo, carece de força. Portanto, é pelo próprio brotar da consciência comprometida que um valor e um peso serão conferidos aos móbeis e motivos anteriores. Não depende da consciência o fato de que estes sejam tendo sido, e à consciência cabe a missão de mantê-los em existência no passado. Eu quis isso ou aquilo: eis o que permanece irremediável e constitui mesmo a minha essência, posto que minha essência é o que sou tendo sido. Mas o sentido que esse desejo, esse medo, essas considerações objetivas sobre o mundo têm para mim quando presentemente me projeto rumo aos meus futuros, só a mim cabe decidir. E decido, precisamente, pelo próprio ato através do qual me projeto rumo a meus fins. A retomada dos móbeis anteriores – ou a recusa ou nova apreciação dos mesmos não se distingue do projeto pelo qual me destino a novos fins e pelo qual, à luz desses fins, capto-me descobrindo um motivo de apoio no mundo. Móbeis passados, motivos passados, motivos e móbeis presentes, fins futuros, organizam-se em uma indissolúvel unidade pelo próprio surgimento de uma liberdade que é Para-além dos motivos, móbeis e fins.

Daí resulta que a deliberação voluntária é sempre ilusória. Com efeito, como julgar motivos e móbeis aos quais precisamente confiro seu valor antes de qualquer deliberação e pela escolha que faço de mim mesmo? A ilusão provém aqui do fato de que nos esforçamos para tomar motivos e móbeis por coisas inteiramente transcendentes, que levanto com as mãos como se fossem pesos e que estariam dotadas de um peso como propriedade permanente, ao passo que, por outro lado, queremos ter conteúdos de consciência, o que é contraditório. Na verdade, motivos e móbeis só têm o peso a eles conferido pelo meu projeto, ou seja, a livre produção do fim e do ato conhecido a realizar. Quando delibero, os dados já estão lançados. E, se sou levado a deliberar, é simplesmente porque faz parte de meu projeto originário dar-me conta dos móbeis *por deliberação*, mais do que por essa ou aquela forma de descoberta (pela paixão, por exemplo, ou simplesmente pela ação, que revela o conjunto organizado dos motivos e fins, tal como minha linguagem me revela meu pensamento). Há, portanto, uma escolha da deliberação como procedimento que irá me anunciar aquilo que projeto e, por conseguinte, o que sou. E *a escolha* da deliberação é organizada com o conjunto móbeis-motivos-fim pela espontaneidade livre. Quando a vontade intervém, a decisão já está tomada, e a vontade não tem outro valor senão o de anunciadora.

O ato voluntário se distingue da espontaneidade não voluntária no fato de que a segunda é consciência puramente irrefletida dos motivos através do puro e simples projeto do ato. Para o móbil, no ato irrefletido, não há objeto *de per si*, mas simples consciência não posicional (de) si. A estrutura do ato voluntário, ao contrário, exige a aparição de uma consciência reflexiva que capte o móbil como quase-objeto, ou mesmo que o intencione como objeto psíquico através da consciência refletida. Neste último caso, o móbil, sendo captado por intermédio da consciência refletida, encontra-se como que separado; para retomar a célebre fórmula de Husserl, a simples reflexão voluntária, por sua estrutura de reflexividade (*réflexivité*), pratica a ἐποχη do motivo, mantém-nos em suspenso, coloca-o entre parênteses. Assim, o motivo pode esboçar uma aparência de deliberação apreciativa, pelo fato de que uma nadificação mais profunda separa a consciência reflexiva da consciência refletida, ou móbil, e pelo fato de que o móbil está em suspenso. Todavia, como se sabe, se o *resultado* da reflexão consiste em ampliar o hiato que separa o Para-si de si mesmo, tal não é, porém, seu *objetivo*. O objetivo da cisão reflexiva, como vimos, é *recuperar* o refletido, de modo a constituir esta irrealizável totalidade "Em-si-Para-si", que é o valor fundamental posto pelo Para-si no surgimento mesmo de seu ser. Logo, se a vontade é reflexiva por essência, seu objetivo não consiste tanto em decidir qual o fim a alcançar, pois, de qualquer forma, os dados já estão lançados; a intenção profunda da vontade recai sobretudo sobre *a maneira* de alcançar este fim já posicionado. O Para-si que existe no modo voluntário quer recuperar-se a si mesmo na medida em que decide e age. Não apenas quer ser levado a um fim, ou ser aquele que se escolhe como levado a tal fim: quer, além disso, recuperar-se enquanto projeto espontâneo rumo a esse ou aquele fim. O ideal da vontade é ser um "Em-si-Para-si" enquanto projeto rumo a certo fim: é, evidentemente, um ideal reflexivo, e o sentido da satisfação que acompanha um juízo como "fiz o que quis". Mas é evidente que a cisão reflexiva em geral tem seu fundamento em um projeto mais profundo do que ela, que denominamos "motivação", à falta de melhor termo, no capítulo III de nossa Segunda Parte. Agora que definimos o motivo e o móbil, é preciso dar o nome de *intenção* a esse projeto que subentende a reflexão. Portanto, na medida em que a vontade é um caso de reflexão, o fato de situar-se para agir no plano voluntário exige por fundamento uma intenção mais profunda. Não basta ao psicólogo descrever este ou aquele sujeito enquanto realiza seu projeto ao modo da reflexão voluntária; é necessário também que nos apresente a *intenção profunda* que faz com que o sujeito realize seu projeto ao modo da volição em vez de fazê-lo de outra maneira qualquer, ficando bem entendido, além disso, que a mesma realização teria sido alcançada por não importa qual modo de consciência, uma vez colocados os fins por um projeto originário. Assim, chegamos a uma liberdade mais profunda que a vontade, simplesmente sendo mais *exigentes* do que os psicólogos, ou seja, expondo a questão do *por que* onde eles se limitam a constatar o modo de consciência como volitivo.

Este breve estudo não busca esgotar a questão da vontade: ao contrário, seria conveniente tentar uma descrição fenomenológica da vontade em si mesmo. Não é nosso propósito: apenas esperamos ter mostrado que a vontade não é uma manifestação privilegiada da liberdade, mas um acontecimento psíquico de estrutura própria, que se constitui no mesmo plano dos demais e, nem mais nem menos do que estes, acha-se sustentado por uma liberdade originária e ontológica.

Ao mesmo tempo, a liberdade aparece como uma totalidade não analisável: motivos, móbeis e fins, assim como a maneira de captar motivos, móbeis e fins, são organizados de forma unitária nos quadros desta liberdade e devem ser compreendidos a partir dela. Significará então que devemos entender a liberdade como uma série de movimentos abruptos e caprichosos, comparáveis ao clinâmen epicurista? Sou livre para querer não importa o que, não importa quando? E, a cada instante, quando quero explicar esse ou aquele projeto, devo deparar com a irracionalidade de uma escolha livre e contingente? De tal modo pareceu que o reconhecimento da liberdade tinha por consequência essas perigosas concepções, em total contradição com a experiência, que pensadores de nível abandonaram a crença na liberdade: chegou-se até a afirmar que o determinismo – se tivermos cuidado de não confundi-lo com o fatalismo – era "mais humano" do que a teoria do livre-arbítrio; com efeito, se o determinismo põe em destaque o condicionamento rigoroso de nossos atos, ao menos oferece a *razão* de cada um deles; e, caso se limite rigorosamente ao psíquico e renuncie a buscar um condicionamento no conjunto do universo, mostra que a razão de nossos atos está em nós mesmos: agimos como somos, e nossos atos contribuem para nos fazer.

Consideremos mais de perto, contudo, alguns resultados seguros que nossa análise nos permitiu adquirir. Mostramos que a liberdade se identifica com o ser do Para-si: a realidade humana é livre na exata medida em que tem-de-ser seu próprio nada. Esse nada, como vimos, ela tem-de-sê-lo em múltiplas dimensões: primeiro, temporalizando-se, ou seja, sendo sempre à distância de si mesmo, o que significa que não pode deixar-se determinar jamais por seu passado para executar tal ou qual ato; segundo, surgindo como consciência de algo e (de) si mesmo, ou seja, sendo presença a si e não apenas si, o que subentende que nada existe na consciência que não seja consciência de existir, e que, em conseqüência, nada exterior à consciência pode motivá-la; por último, sendo transcendência, ou seja, não algo que *primeiramente* seja para colocar-se *depois* em relação como tal ou qual fim, mas, ao contrário, um ser que é originariamente projeto, ou seja, que se define por seu fim.

Assim, não tencionamos de forma alguma falar aqui de algo arbitrário ou caprichoso. Um existente que, como consciência, está necessariamente separado de todos os outros, pois estes só estão em conexão com ele na medida em que são *para ele;* um existente que decide sobre seu passado em forma de tradição à luz de seu futuro, em vez de deixá-lo pura e simplesmente determinar seu presente; um existente que se faz anunciar o que é por *outra coisa que não ele,* ou seja, por um fim que ele não é, um fim por ele projetado do outro lado do mundo – eis o que denominamos um existente livre. Não significa absolutamente que sou livre para me levantar ou sentar, entrar ou sair, fugir ou enfrentar o perigo, se entendemos por liberdade uma pura contingência caprichosa, ilegal, gratuita e incompreensível. Claro que cada um de meus atos, por menor que seja, é inteiramente livre, nesse sentido que acabamos de precisar; mas isso não significa que possa ser um ato *qualquer,* ou mesmo que seja imprevisível. Todavia, dir-se-á, se não podemos compreendê-lo *nem* a partir do estado do mundo *nem* a partir do conjunto do meu passado tomado como coisa irremediável, de que forma será possível que não seja gratuito? Vejamos melhor.

Para a opinião corrente, ser livre não significa apenas escolher-se. A escolha é considerada livre se for de tal ordem que houvesse podido sèr outra. Saio em excursão com amigos. Ao fim de várias horas de caminhada, aumenta minha fadiga, que acaba por tornar-se bastante penosa. A princípio, resisto, mas depois, de repente, entrego-me, desisto, jogo minha sacola à beira do caminho e caio ao lado dela. Irão reprovar minha atitude, entendendo-se com isso que eu era livre, ou seja, não apenas que nada nem ninguém determinou meu ato, mas também que eu poderia ter resistido à minha fadiga, fazer como meus companheiros e aguardar o momento próprio para descansar. Irei me defender dizendo que estava cansado *demais*. Quem tem razão? Ou melhor, a discussão não estará em bases erradas? Não resta dúvida de que eu podia ter agido de outro modo, mas o problema não é esse. Seria melhor formulado assim: podia eu ter agido de outro modo sem modificar sensivelmente a totalidade orgânica dos projetos que sou, ou então o fato de ter resistido à minha fadiga, em vez de permanecer como pura modificação local e acidental de meu comportamento, só podia produzir-se graças a uma transformação radical de meu ser-no-mundo – transformação, aliás, *possível?* Em outras palavras: eu podia ter agido de outro modo, mas *a que preço?*

Vamos responder a esta questão, primeiramente, por uma descrição *teórica* que irá nos permitir captar o princípio de nossa tese. Veremos depois se a realidade concreta não irá mostrar-se mais complexa e se, sem contradizer os resultados de nossa pesquisa teórica, não irá conduzir-nos a tornar tais resultados mais flexíveis e mais ricos.

Antes de tudo, notemos que a fadiga, por si mesmo, não poderia provocar minha decisão. Como vimos a propósito da dor física, a fadiga nada mais é do que a maneira como existe o meu corpo. Não é primariamente objeto de uma consciência posicional, mas sim a própria facticidade de minha consciência. Portanto, se caminho pelos campos, o que a mim se revela é o mundo em torno; é este o objeto de minha consciência, é aquilo que transcendo rumo a possibilidades que me são próprias – como, por exemplo, a de chegar no entardecer ao ponto que determinei de antemão. Só que, na medida em que capto essa paisagem com meus olhos, que estendem as distâncias, com minhas pernas, que escalam as encostas e, com isso, fazem surgir e desaparecer novas vistas e novos obstáculos, com minhas costas, que carregam a sacola, tenho em forma de fadiga uma consciência não posicional (de) esse corpo, que regula minhas relações com o mundo e significa meu comprometimento no mundo. Objetivamente, e em correlação com esta consciência não tética, os caminhos revelam-se como intermináveis, as encostas como *mais íngremes*, o sol como mais abrasador etc. Mas ainda não *penso* em minha fadiga, não a capto como quase-objeto de minha reflexão. Chega o momento, todavia, em que passo a considerá-la e a recuperá-la: é preciso dar uma interpretação a esta intenção. Tomemo-la, contudo, pelo que é. Não se trata de apreensão contemplativa de minha fadiga: como vimos a propósito da dor, eu *padeço* minha fadiga. Ou seja, uma consciência reflexiva se dirige à minha fadiga para vivê-la e para conferir-lhe um valor e uma relação prática comigo. É somente nesse plano que a fadiga me aparecerá como suportável ou intolerável. Nunca, em si mesmo, a fadiga será nada disso, mas é o Para-si reflexivo que, ao surgir, padece a fadiga como intolerável. Coloca-se aqui a questão essencial: meus companheiros de excursão estão em tão boa saúde como eu; são praticamente tão treinados quanto eu; de modo que, embora não seja possível *comparar* acontecimentos psíquicos que ocorrem em subjetividades diferentes, chego à conclusão habitual – e as testemunhas assim concluem após a consideração objetiva de nosso corpo-Para-outro – de que eles estão quase "tão cansados como eu". A que se deve então o fato de que padecem sua fadiga de modo diferente? Dir-se-á que a diferença decorre do fato de que "sou um fraco" e eles não. Mas, embora esta apreciação tenha um alcance prático inegável e se possa levá-la em conta quando se decidirem se irão ou não me convidar a outra excursão, não poderia satisfazer-nos neste caso. Como vimos, com efeito, ser ambicioso é projetar conquistar um trono ou honrarias; não é *algo dado* que impulsione a conquista, mas sim esta conquista mesmo. Igualmente, "ser um fraco" não poderia ser um algo dado de fato, e é somente um nome conferido à maneira como padeço minha fadiga. Portanto, se quero compreender em que condições posso padecer uma fadiga como intolerável, não devo recorrer a pretensos dados de fato, que se revelam apenas como uma escolha; é necessário tentar examinar essa escolha e verificar se ela não se explica na perspectiva de uma escolha mais ampla, na qual se integraria como estrutura secundária. Com efeito, se interrogo um de meus companheiros, ele me explicará que está cansado, é claro, mas que *ama* sua fadiga: entrega-se a ela como a um banho; ela lhe parece, de certo modo, o instrumento privilegiado para descobrir o mundo que o rodeia, para adaptar-se à aspereza pedregosa das trilhas, para descobrir o valor "montanhoso" das encostas; da mesma forma, é esta leve insolação em sua nuca e esse ligeiro zumbido nos ouvidos que irão lhe permitir realizar um contato direto com o sol. Enfim, a sensação de esforço, para ele, é a do cansaço vencido. Mas, como sua fadiga nada mais é que a paixão que ele suporta para que existam na plenitude o pó das trilhas, as queimaduras do sol e a aspereza dos caminhos, seu esforço, ou seja, essa suave familiaridade com uma fadiga que ama, à qual se entrega e que, todavia, comanda, mostra-se como uma maneira de se apropriar da montanha, de padecê-la ao extremo e ser o seu vencedor. Com efeito, veremos em nosso próximo capítulo o sentido da palavra "ter" e em que medida *fazer* é meio de se *apropriar*. Assim, a fadiga de meu companheiro é vivida em um projeto mais vasto de entrega confiante à natureza, de paixão consentida para que esta exista na plenitude, e, ao mesmo tempo, de dominação suave e de apropriação. É somente no e por esse projeto que a fadiga poderá ser compreendida e terá uma significação para ele. Mas esta significação e esse projeto mais vasto e mais profundo ainda são *Unselbstständig de per si*. Não são suficientes, pois pressupõem precisamente uma relação particular de meu companheiro com seu corpo, por um lado, e com as coisas, por outro. É facilmente compreensível, com efeito, que haja tantas maneiras de existir o próprio corpo quantos Para-sis existem, embora, naturalmente, certas estruturas originárias sejam invariáveis e constituam em cada qual a realidade-humana: iremos nos ocupar em outro lugar do que se tem impropriamente denominado relação entre indivíduo e espécie e as condições de uma verdade universal. Por ora, podemos compreender, por milhares de acontecimentos insignificantes, que há, por exemplo, certo tipo de fuga ante a facticidade, que consiste precisamente em entregar-se a ela, ou seja, em suma, retomá-la com confiança e amá-la, a fim de tentar reavê-la. Esse projeto originário de recuperação é, portanto, certa escolha que o Para-si faz de si mesmo diante do problema do ser. Seu projeto continua sendo uma nadificação, mas tal nadificação volta-se para o Em-si que ela nadifica e se traduz por uma valorização singular da facticidade. É o que exprimem notadamente as milhares condutas chamadas *de entrega*. Entregar-se à fadiga, ao calor, à fome e à sede, deixar-se cair com volúpia em uma cadeira ou uma cama, relaxar, tentar deixar-se sorver pelo próprio corpo, agora não mais aos olhos do Outro, como no masoquismo, mas na solidão original do Para-si – todos esses comportamentos jamais permitem limitar-se a si mesmos, e sentimos isso claramente, uma vez que, no Outro, irritam ou atraem: sua condição é um projeto inicial de recuperação do corpo, ou seja, uma tentativa de solução do problema do absoluto (do Em-si-Para-si). Esta forma inicial pode se limitar a uma tolerância profunda quanto à facticidade: o projeto de "fazer-se corpo" significará então uma feliz entrega a milhares de pequenas gulodices passageiras, a milhares de pequenos desejos, a milhares de fraquezas. Recorde-se, em *Ulisses**, de Joyce, o senhor Bloom aspirando com fruição, enquanto satisfaz necessidades naturais, "o odor íntimo que sobe de debaixo dele". Mas também é possível – e é o caso de meu companheiro – que, pelo corpo e pela complacência para com o corpo, o Para-si busque recuperar a totalidade do não consciente, ou seja, todo o universo enquanto conjunto de *coisas* materiais. Nesse caso, a desejada síntese do Em-si com o Para-si será a síntese quase panteísta da totalidade do Em-si com o Para-si que o recupera. O corpo, aqui, é um instrumento da síntese: perde-se na fadiga, por exemplo, para que este Em-si exista na sua plenitude. E, como é o corpo que o Para-si existe como *seu*, esta paixão do corpo coincide, para o Para-si, com o projeto de "fazer existir" o Em-si. O conjunto desta atitude – que é a de um de meus companheiros de excursão – pode ser traduzido pelo sentimento obscuro de uma espécie de missão: ele faz esta excursão porque a montanha que vai escalar e as florestas que vai atravessar *existem:* tem a missão de ser aquele através de quem o sentido delas será manifestado. E, com isso, tenta ser aquele que a fundamenta em sua própria existência. Voltaremos em nosso próximo capítulo a essa relação apropriativa entre o Para-si e o mundo, pois não dispomos ainda dos elementos necessários para elucidá-la plenamente. Em todo caso, o que parece evidente após nossa análise, é

---

* Em português: *Ulisses*. Rio de Janeiro: Civilização Brasileira, 1966 [N.T.].

que a maneira como meu companheiro *padece* sua fadiga exige necessariamente, para ser compreendida, uma análise regressiva que nos conduza a um projeto inicial. Tal projeto que esboçamos será desta vez *Selbstständig*? Certamente sim – e é fácil provar: com efeito, de regressão em regressão, alcançamos a relação original com sua facticidade e o mundo escolhido pelo Para-si. Mas essa relação original nada mais é do que o próprio ser-no-mundo do Para-si, na medida em que este ser-no-mundo é escolha; ou seja, alcançamos o tipo original de nadificação pelo qual o Para-si tem-de-ser seu próprio nada. A partir daqui, não se pode tentar qualquer interpretação, já que esta iria pressupor implicitamente o ser-no-mundo do Para-si, assim como todas as demonstrações que foram tentadas do Postulado de Euclides pressupunham implicitamente a adoção desse postulado.

Sendo assim, se aplico o mesmo método para interpretar a maneira como padeço minha fadiga, irei captar em mim, antes de tudo, uma desconfiança para com meu corpo – por exemplo, uma maneira de não querer "fazer o que quer que seja com ele...", de não levá-lo em consideração, o que é simplesmente uma das muitas maneiras possíveis para mim de *existir meu corpo*. Descobrirei sem dificuldades uma desconfiança análoga com relação ao Em-si, e, por exemplo, um projeto original de recuperar, *por intermédio dos outros*, o Em-si que nadifico, o que me remete a um dos projetos iniciais que enumeramos na parte precedente. Então, minha fadiga, em vez de ser padecida "com flexibilidade", será apreendida "com rijeza", como um fenômeno importuno, do qual quero me desvencilhar – e isso, simplesmente, porque encarna meu corpo e minha contingência bruta no meio do mundo, quando meu projeto é preservar meu corpo e minha presença no mundo pelos olhares do Outro. Sou também remetido ao meu projeto original, ou seja, a meu ser-no-mundo, na medida em que este ser é escolha.

Não nos iludimos sobre o quanto o método desta análise deixa a desejar. Pois, nesse domínio, tudo ainda está por se fazer: trata-se, com efeito, de extrair significações encerradas em um ato – por *todo* ato – e passar daí a significações mais ricas e profundas, até encontrar a significação que já não implica qualquer outra significação e que só remete a si mesmo. Esta dialética ascendente é praticada espontaneamente pela maioria das pessoas; podemos inclusive constatar que, no conhecimento de si ou do Outro, ocorre uma compreensão espontânea da hierarquia das interpretações. Um gesto remete a uma *Weltanschauung*, e *sentimos* que é assim. Mas ninguém tentou extrair sistematicamente as significações implicadas por um ato. Somente uma escola partiu da mesma evidência originária que nós: a escola freudiana. Para Freud, como para nós, um ato não pode limitar-se a si mesmo: remete imediatamente a estruturas mais profundas. E a psicanálise é o método que permite explicitar tais estruturas. Freud indaga, como nós, em que condições é possível que tal pessoa em particular tenha executado tal ação em particular. E, como nós, nega-se a interpretar a ação pelo momento antecedente, ou seja, conceber um determinismo psíquico horizontal. O ato lhe parece *simbólico*, ou seja, parece traduzir um desejo mais profundo, o qual só pode ser interpretado a partir de uma determinação inicial da libido do sujeito. Só que Freud busca constituir um determinismo vertical. Além disso, por esse subterfúgio, sua concepção vai necessariamente remeter ao passado do sujeito. A afetividade, para ele, está na base do ato, em forma de tendências psicofisiológicas. Porém, esta afetividade, em cada um de nós, é originariamente uma "tábula rasa": são as circunstâncias exteriores e, sem meias palavras, a *história* do sujeito que decidirão se tal ou qual tendência irá coagular sobre tal ou qual objeto. É a situação da criança no meio de sua família que determinará, nela, o nascimento do complexo de Édipo: em outras sociedades, compostas de famílias de outro tipo – como foi observado, por exemplo, entre os primitivos das ilhas do Coral do Pacífico – esse complexo não poderia se constituir. Além disso, são também as circunstâncias exteriores que decidirão se, na puberdade, esse complexo irá "resolver-se" ou, ao contrário, permanecer como polo da vida sexual. Desse modo, e por intermédio da história, o determinismo vertical de Freud permanece centrado em um determinismo horizontal. Decerto, um ato simbólico em particular expressa um desejo subjacente e contemporâneo, assim como tal desejo manifesta um complexo mais profundo, e isso na unidade de um mesmo processo psíquico; mas o complexo igualmente preexiste à sua realização simbólica, e é o passado que o constitui tal como é, segundo conexões clássicas: transferência, condensação etc., que encontramos mencionadas não apenas na psicanálise, mas em todas as tentativas de reconstrução determinista da vida psíquica. Em consequência, a dimensão do futuro não existe para a psicanálise. A realidade-humana perde um de seus ek-stases e deve ser interpretada unicamente por uma regressão rumo ao passado a partir do presente. Ao mesmo tempo, as estruturas fundamentais do sujeito, que são significadas por seus atos, não são significadas *para ele*, mas para uma testemunha objetiva que usa métodos discursivos para explicitar tais significações. Não se outorga ao sujeito qualquer compreensão pré-ontológica do sentido de seus atos. E isso é facilmente compreensível, pois, apesar de tudo, esses atos são apenas um efeito do passado – que, por princípio, está fora de alcance –, em vez de buscar inscrever seu objetivo no futuro.

Assim, devemos nos inspirar apenas no *método* psicanalítico, ou seja, devemos tentar extrair as significações de um ato partindo do princípio de que toda ação, por mais insignificante que seja, não é simples efeito do estado psíquico anterior nem resulta de um determinismo linear, mas, ao contrário, integra-se como estrutura secundária em estruturas globais e, finalmente, na totalidade que eu sou. Caso contrário, com efeito, eu deveria compreender-me seja como um fluxo horizontal de fenômenos, cada qual condicionado em exterioridade pelo precedente, seja como uma substância a sustentar o fluir, desprovido do sentido de seus modos. As duas concepções nos levariam a confundir o Para-si com o Em-si. Mas, se aceitarmos o método da psicanálise – voltaremos amplamente a isso no próximo capítulo –, devemos aplicá-lo *no sentido inverso*. Com efeito, concebemos todo ato como fenômeno *compreensível*, e não aceitamos, como Freud, o "acaso" determinista. Mas, em lugar de compreender o fenômeno considerado a partir do passado, concebemos o ato compreensivo como um retorno do futuro rumo ao presente. A maneira como padeço minha fadiga não depende, de forma alguma, do acaso da encosta que escalo ou da noite mais ou menos agitada que passei: esses fatores podem contribuir para constituir minha fadiga propriamente dita, mas não a maneira como a padeço. Mas recusamos a ver na fadiga, como faria um discípulo de Adler, uma expressão do complexo de inferioridade, por exemplo, no sentido de que tal complexo seria uma formação anterior. Não negamos que certa maneira exaltada e tensa de lutar contra a fadiga possa exprimir o que denominanos complexo de inferioridade. Mas o complexo de inferioridade *de per si* é um projeto de meu próprio Para-si no mundo, em presença do Outro. Como tal, é sempre transcendência, e, novamente como tal, maneira de escolher-se. Esta inferioridade contra a qual me debato e que, todavia, reconheço, foi *escolhida* por mim desde a origem; sem dúvida, é indicada por minhas diversas "condutas de fracassso", mas, precisamente, nada mais é do que a totalidade organizada de minhas condutas de fracasso, enquanto plano projetado, esquema geral de meu ser, e cada conduta de fracasso é *de per si* transcendência, posto que, a cada vez, transcendo o real rumo às minhas possibilidades: ceder à fadiga, por exemplo, é transcender o caminho que hei de andar, constituindo-lhe o sentido de "caminho muito difícil de percorrer". É impossível considerar seriamente o sentimento de inferioridade sem determiná-lo a partir do futuro e de minhas possibilidades. Mesmo constatações como "sou feio" ou "sou tolo" etc., são, por natureza, antecipações. Não se trata da pura constatação de minha feiura, mas da captação do coeficiente de adversidade que as mulheres ou a sociedade apresentam aos meus empreendimentos. E isso só pode ser descoberto pela e na escolha desses empreendimentos. Assim, o complexo de inferioridade é projeto livre e global de mim mesmo enquanto inferior frente ao Outro, é a maneira com que escolho assumir meu ser-Para-outro, a solução livre que dou à existência do Outro, esse escândalo insuperável. Assim, deve-se compreender minhas reações de inferioridade e minhas condutas de fracasso a partir do livre esboço de minha inferioridade enquanto escolha de mim mesmo no mundo. Estamos de acordo com os psicanalistas quanto ao fato de que toda reação humana é, *a priori*, compreensível. Mas criticamo-los por ter ignorado justamente esta "compreensibilidade" inicial ao tentar explicar a reação considerada por uma reação anterior, o que reintroduz o mecanismo causal: a compreensão deve ser definida de outro modo. É compreensível toda ação enquanto projeto de si mesmo rumo a um possível. É compreensível, antes de tudo, na medida em que oferece um conteúdo racional imediatamente captável –

coloco minha mochila no chão *para* descansar um instante –, ou seja, na medida em que captamos de imediato o possível que tal ação projeta e o objetivo que ela visa. É compreensível, em segundo lugar, na medida em que o possível considerado remete a outros possíveis, estes a outros, e assim sucessivamente até a última possibilidade que sou. E a compreensão se faz em dois sentidos inversos: por uma psicanálise regressiva, remontamos do ato considerado até meu último possível; por uma progressão sintética, tornamos a descer desse último possível até o ato considerado e captamos sua integração na forma total.

Esta forma, que denominamos nossa possibilidade última, não é *um* possível entre outros – ainda que fosse, como pretende Heidegger, a possibilidade de morrer ou de "não mais realizar uma presença no mundo". Com efeito, toda possibilidade singular articula-se em um conjunto. Ao contrário, a possibilidade última deve ser concebida como síntese unitária de todos os nossos possíveis atuais; cada um desses possíveis reside na possibilidade última em estado indiferenciado, até que uma circunstância em particular venha a colocá-lo em relevo, sem suprimir com isso o seu pertencer à totalidade. Com efeito, assinalamos em nossa segunda parte[58] que a apreensão perceptiva de um objeto qualquer se efetua sobre *fundo de mundo*. Queremos dizer com isso que aquilo que os psicólogos costumam chamar de "percepção" não pode se limitar aos objetos propriamente "vistos" ou "ouvidos" etc., em um determinado instante, mas sim que os objetos considerados remetem por implicações e significações diversas à totalidade do existente Em-si, *a partir do qual* são apreendidos. Assim, não é verdade que eu passe sucessivamente desta mesa ao quarto onde estou, e depois, saindo do quarto, passe ao vestíbulo, às escadas, à rua, de modo a conceber finalmente, como resultado de uma passagem ao extremo limite, o mundo enquanto suma de todos os existentes. Muito pelo contrário: não posso perceber qualquer coisa-utensílio salvo a partir da totalidade absoluta de todos os existentes, já que meu ser primordial é ser-no-mundo. Assim, encontramos nas coisas, na medida em que *"há" coisas,* um perpétuo chamado para o homem em direção à integração que faz com que, para captar

---

58. Segunda Parte, cap. III.

as coisas, desçamos da integração total e imediatamente realizada até esta ou aquela estrutura singular, que só pode ser interpretada em relação a esta totalidade. Mas, por outro lado, se *há* um mundo, é porque surgimos no mundo de uma vez e em totalidade. Com efeito, sublinhamos, nesse mesmo capítulo dedicado à transcendência, que o Em-si não é capaz, sozinho, de realizar qualquer unidade mundana. Mas o nosso surgimento é uma paixão, nesse sentido de que nos perdemos na nadificação para que um mundo exista. Assim, o fenômeno primordial do ser no mundo é a relação originária entre a totalidade do Em-si, ou mundo, e minha própria totalidade destotalizada: escolho-me integralmente no mundo integral. E, assim como venho *do* mundo a um "isto" em particular, venho de mim mesmo, enquanto totalidade destotalizada, ao esboço de uma de minhas possibilidades singulares, posto que só posso captar um "isto" em particular sobre fundo de mundo por ocasião de um projeto particular de mim mesmo. Mas, nesse caso, assim como não posso captar tal "isto" salvo sobre fundo de mundo, transcendendo-o rumo a tal ou qual possibilidade, também não posso projetar-me Para-além do "isto", rumo a tal ou qual possibilidade, salvo sobre fundo de minha última e total possibilidade. Assim, minha última e total possibilidade, enquanto integração originária de todos os meus possíveis singulares, e o mundo, enquanto totalidade que vem aos existentes pelo meu surgimento no ser, são duas noções rigorosamente correlatas. Só posso perceber o martelo (ou seja, esboçar o "martelar") sobre fundo de mundo; mas, reciprocamente, só posso esboçar este ato de "martelar" sobre fundo da totalidade de mim mesmo e a partir dela.

Assim, encontramos o ato fundamental de liberdade; e é este ato que confere seu sentido à ação em particular que levo em consideração em dado momento: este ato constantemente renovado não se distingue de meu ser, é escolha de mim mesmo no mundo e, ao mesmo tempo, descoberta do mundo. Isso nos permite evitar o risco do inconsciente com que a psicanálise deparava desde seu ponto de partida. Se nada há na consciência que não seja consciência de ser, seria possível objetar, com efeito, que tal escolha fundamental necessita ser escolha *consciente;* poderemos afirmar, precisamente, que somos conscientes, ao ceder à fadiga, de todas as implicações que este ato pressupõe? Responderemos que somos perfeitamente conscientes delas. Só que esta consciência mesmo deve ter por limite a estrutura da consciência em geral e da escolha que fazemos.

No que concerne a esta última, devemos insistir no fato de que não se trata, de modo algum, de uma escolha deliberada. E isso, não porque seja *menos* consciente ou *menos* explícita do que uma deliberação, mas, pelo contrário, porque é o fundamento de toda deliberação e porque, como vimos, uma deliberação requer uma interpretação a partir de uma escolha originária. Portanto, é necessário evitar a ilusão que transformaria a liberdade original em um *posicionamento* de motivos e móbeis como *objetos*, e depois em uma *decisão* a partir desses motivos e móbeis. Muito pelo contrário, uma vez que haja motivo e móbil, ou seja, apreciação das coisas e estruturas do mundo, já há posicionamento de fins e, por conseguinte, escolha. Mas isso não significa que a escolha profunda seja, portanto, inconsciente. Identifica-se com a consciência que temos de nós mesmos. Como sabemos, esta consciência só pode ser não posicional: é nós-consciência, pois não se distingue de nosso ser. E, uma vez que nosso ser é precisamente nossa escolha originária, a consciência (de) escolha é idêntica à consciência que temos (de) nós. É preciso ser consciente para escolher, e é preciso escolher para ser consciente. Escolha e consciência são uma só e mesma coisa. É o que muitos psicólogos pressentiram ao declarar que a consciência "é seleção". Mas, por não reduzir esta seleção a seu fundamento ontológico, eles permaneceram em um terreno em que a seleção aparecia como função gratuita de uma consciência, por outro lado, substancial. Em particular, é o que se poderia reprovar em Bergson. Mas, estando bem estabelecido que a consciência é nadificação, compreende-se que ter consciência de nós mesmos e escolher-nos são a mesma coisa. Isso explica as dificuldades que moralistas como Gide encontraram ao querer definir a pureza dos sentimentos. Que diferença há, perguntava Gide, entre um sentimento desejado e um sentimento *experimentado*[59]? Na verdade, não há qualquer diferença: "querer amar" e amar se identificam, pois amar é escolher-se como amante tomando

---

59. *Journal des faux-monnayeurs*, 1926. [N. do T.: Em português: *Os moedeiros falsos*. Rio de Janeiro: Vecchi, 1956; São Paulo, Editora Abril, 1985].

consciência de amar. Se o πάθος é livre, é escolha. Sublinhamos bastante – em particular no capítulo sobre a Temporalidade – que o *cogito* cartesiano deve ser distendido. Na verdade, como vimos, tomar consciência (de) si jamais significa tomar consciência do instante, pois o instante é apenas uma "visão do espírito", e, ainda que existisse, uma consciência que se captasse no instante já não captaria *nada*. Só posso tomar consciência de mim enquanto *tal* homem em particular comprometido em tal ou qual empreendimento, contando antecipadamente com tal ou qual êxito, receando tal ou qual resultado, e, pelo conjunto dessas antecipações, esboçando na íntegra sua *figura*. Efetivamente, é assim mesmo que me capto nesse momento em que escrevo; não sou a simples consciência perceptiva de minha mão que traça sinais no papel; estou muito à frente desta mão, indo até à conclusão do livro e até à significação desse livro – e da atividade filosófica em geral – em minha vida; e é nos limites desse projeto, ou seja, nos limites daquilo que sou, que se inserem certos projetos rumo a possibilidades mais restritas, como expor tal ideia dessa ou daquela maneira, parar de escrever por um momento ou folhear um livro no qual busco tal ou qual referência etc. Só que seria errôneo crer que a essa escolha global correspondesse uma consciência analítica e diferenciada. Meu projeto último e inicial – pois constitui as duas coisas ao mesmo tempo – é sempre, como veremos, o esboço de uma solução do problema do ser. Mas esta solução não é primeiro concebida e depois realizada: *somos* esta solução, fazemo-la existir pelo nosso próprio comprometimento, e, portanto, só podemos captá-la vivendo-a. Assim, somos sempre presentes na íntegra a nós mesmos, mas, precisamente porque somos presentes na íntegra, não podemos esperar ter uma consciência analítica e detalhada do que somos. Esta consciência, além disso, só poderia ser não tética.

Mas, por outro lado, o mundo nos devolve exatamente, por sua própria articulação, a imagem do que somos. Não que possamos – como já vimos – decifrar esta imagem, ou seja, detalhá-la e submetê-la à análise, mas porque o mundo nos aparece necessariamente como somos; com efeito, é transcendendo-o rumo a nós mesmos que o fazemos aparecer tal como é. Escolhemos o mundo – não em sua contextura Em-si, mas em sua significação – escolhendo a nós mesmos. Pois a negação interna, pela qual, ao negar que somos o mundo, fazemo-lo aparecer enquanto mundo, só pode existir se for ao mesmo tempo projeção rumo a um possível. É a própria maneira como me abandono ao inanimado, como me entrego a meu corpo – ou, ao contrário, como resisto a um e outro – que faz com que meu corpo e o mundo inanimado apareçam com seu valor próprio. Em consequência, também aqui desfruto a plena consciência de mim mesmo e de meus projetos fundamentais, e, desta vez, esta consciência é posicional. Só que, precisamente por ser posicional, o que me apresenta é a imagem transcendente do que sou. O valor das coisas, sua função instrumental, sua proximidade e seu afastamento reais (que não têm relação com sua proximidade e seu afastamento espaciais) nada mais fazem do que esboçar minha imagem, ou seja, minha escolha. Minhas roupas (uniforme ou terno, camisa engomada ou não), sejam desleixadas ou bem cuidadas, elegantes ou ordinárias, meu mobiliário, a rua onde moro, a cidade onde vivo, os livros que me rodeiam, os entretenimentos que me ocupam, tudo aquilo que é meu, ou seja, em última instância, o mundo de que tenho perpetuamente consciência – pelo menos a título de significação subentendida pelo objeto que vejo ou utilizo –, tudo me revela minha escolha, ou seja, meu ser. Mas a estrutura da consciência posicional é de tal ordem que não posso reduzir este conhecimento a uma captação subjetiva de mim mesmo, e ela me remete a outros objetos que produzo ou de que disponho em conexão com a ordem dos precedentes, sem poder me aperceber do fato de que, desse modo, imprimo cada vez mais minha figura no mundo. Assim, temos plenamente consciência da escolha que somos. E se objetarem que, de acordo com essas observações, seria necessário ter consciência, não de nosso *ser-escolhido,* mas sim de nosso *escolher-nos,* responderemos que esta consciência se traduz pelo duplo "sentimento" da angústia e da responsabilidade. Angústia, desamparo, responsabilidade, seja em surdina, seja em plena força, constituem, com efeito, a *qualidade* de nossa consciência na medida em que esta é pura e simples liberdade.

Propusemos há pouco uma questão: eu tinha cedido à fadiga, dizíamos, e, sem dúvida, *poderia* agir de outro modo, mas *a que preço?* Agora estamos em condições de responder. Nossa análise, com efeito, acaba de nos mostrar que este ato não era *gratuito.*

Decerto, não se explicava por um móbil ou um motivo concebido como conteúdo de um "estado" de consciência anterior; mas deveria ser interpretado a partir de um projeto original do qual era parte integrante. Sendo assim, torna-se evidente que não se pode supor que o ato teria conseguido se modificar sem pressupor, ao mesmo tempo, uma modificação fundamental de minha escolha original de mim mesmo. Esta maneira de ceder à fadiga e deixar-me cair à beira do caminho exprime certa rigidez inicial manifestada contra meu corpo e o Em-si inanimado. Situa-se nos limites de certa visão do mundo, na qual as dificuldades podem parecer "não valendo a pena serem suportadas", e na qual, precisamente, o móbil, sendo pura consciência não tética e, por conseguinte, projeto inicial de si rumo a um fim absoluto (certo aspecto do Em-si-Para-si), é captação do mundo (calor, lonjura da cidade, inanidade dos esforços etc.) enquanto *motivo* para interromper minha caminhada. Assim, esse *possível* – parar – só adquire *em teoria* seu sentido na e pela hierarquia dos possíveis que sou, a partir do possível último e inicial. Não significa que eu *deva necessariamente* parar, mas apenas que só posso negar-me a parar através de uma conversão radical de meu ser-no-mundo, ou seja, por uma brusca metamorfose de meu projeto inicial, isto é, por outra escolha de mim mesmo e de meus fins. Tal modificação, além disso, é sempre possível. A angústia que faz manifestar nossa liberdade à nossa consciência, quando essa possibilidade é desvelada, serve de testemunha desta perpétua modificabilidade (*modificabilité*) de nosso projeto inicial. Na angústia, não captamos simplesmente o fato de que os possíveis que projetamos acham-se perpetuamente corroídos pela nossa liberdade-por-vir, mas também apreendemos nossa escolha, ou seja, nós mesmos, enquanto *injustificável*, isto é, captamos nossa escolha como algo não derivado de qualquer realidade anterior e, ao contrário, como algo que deve servir de fundamento ao conjunto das significações que constituem a realidade. A injustificabilidade não é somente o reconhecimento subjetivo da contingência absoluta de nosso ser, mas ainda o da interiorização desta contingência e sua reassunção por nossa conta. Isso porque – como veremos – a escolha procedente da contingência do Em-si que ela nadifica transporta essa contingência ao plano da determinação gratuita do Para-si por si mesmo.

Assim, estamos perpetuamente comprometidos em nossa escolha, e perpetuamente conscientes de que nós mesmos podemos abruptamente inverter essa escolha e "mudar o rumo", pois projetamos o porvir por nosso próprio ser e o corroemos perpetuamente por nossa liberdade existencial: anunciamos a nós mesmos o que somos por meio do porvir e sem domínio sobre este porvir que permanece sempre *possível*, sem passar jamais à categoria de *real*. Assim, estamos perpetuamente submetidos à *ameaça* da nadificação de nossa atual escolha, perpetuamente submetidos à ameaça de nos escolhermos – e, em consequência, nos tornarmos – outros que não este que somos. Somente pelo fato de que nossa escolha é absoluta, ela é *frágil;* ou seja, estabelecendo nossa liberdade por meio dela, estabelecemos ao mesmo tempo a possibilidade perpétua de que nossa escolha se converta em um *aquém* preterificado por um *além* que serei.

Todavia, devemos entender com clareza que nossa atual escolha é de tal ordem que não nos oferece qualquer *motivo* para que a preterifiquemos por uma escolha ulterior. Com efeito, é ela que cria originariamente todos os motivos e móbiles que podem conduzir-nos a ações parciais, é ela que dispõe o mundo com suas significações, seus complexos-utensílios e seu coeficiente de adversidade. Essa mudança absoluta que nos ameaça do nosso nascimento à nossa morte permanece perpetuamente imprevisível e incompreensível. Mesmo se encararmos outras atitudes fundamentais como *possíveis,* jamais as consideramos a não ser pelo lado de fora, como os comportamentos do Outro. E, se tentamos relacionar nossas condutas a tais atitudes fundamentais, estas não perdem por isso seu caráter de exterioridade e de transcendências-transcendidas. Com efeito, "compreendê-las" já seria tê-las escolhido. Voltaremos ao assunto.

Além disso, não devemos representar a escolha original como "produzindo-se a si mesmo a cada instante"; seria voltar à concepção instantaneísta da consciência, da qual Husserl não pode sair. Uma vez que, ao contrário, é a consciência que se temporaliza, é necessário compreender que a escolha original estende o tempo e identifica-se com a unidade dos três ek-stases. Escolher-nos é nadificar-nos, ou seja, fazer com que um futuro venha a nos anunciar o que somos, conferindo um sentido ao nosso passado. Assim, não há uma sucessão de instantes separados por nadas, como em Descartes, e de tal ordem que minha escolha no instante t não possa agir sobre minha escolha do intante t^1. Escolher é fazer com que surja, com meu comprometimento, certa extensão finita de duração concreta e contínua, que é precisamente a que me separa da realização de meus possíveis originais. Assim, liberdade, escolha, nadificação e temporalização constituem uma única e mesma coisa.

Contudo, o *instante* não é uma vã invenção dos filósofos. Decerto, não há instante subjetivo quando me comprometo em minha tarefa; por exemplo, nesse momento em que escrevo, tratando de captar e pôr em ordem minhas ideias, não há para mim instantes, mas apenas uma perpétua perseguição-perseguida de mim mesmo rumo a fins que me definem (a explicitação das ideias que devem constituir a base desta obra), e, no entanto, estamos perpetuamente *ameaçados pelo instante*. Ou seja, somos de tal modo, pela própria escolha de nossa liberdade, que sempre podemos fazer aparecer o instante como ruptura de nossa unidade ek-stática. Então, o que é o instante? Acabamos de mostrar que o instante não poderia ser isolado do processo de temporalização de um projeto concreto. Mas tampouco poderia ser identificado ao termo inicial ou ao termo final (se existir) desse processo. Pois esses dois termos são incorporados do interior à totalidade do processo e fazem parte integrante dele. Portanto, têm apenas uma das características do instante: o termo inicial, com efeito, é agregado ao processo do qual é termo inicial pelo fato de constituir *seu* começo. Mas, por outro lado, é limitado por um nada anterior, pelo fato de ser *um* começo. O termo final se agrega ao processo que ele termina pelo fato de ser *seu* fim: a última nota pertence à melodia. Mas é seguido por um nada que o limita, pelo fato de ser *um* fim. Se a sua existência há de ser possível, o instante deve ser limitado por um duplo nada. Como demonstramos, isso não pode ser concebido de modo algum, caso deva ser posto anteriormente a todos os processos de temporalização. Mas, no próprio desenvolvimento de nossa temporalização, podemos produzir instantes se determinados processos surgem sobre o desmoronar de processos anteriores. O instante será então um começo *e* um fim. Em resumo, se o fim de um projeto coincide com o começo de outro projeto, irá surgir uma realidade temporal ambígua e limitada por um nada anterior, na medida em que é começo, e por um nada posterior, na medida em que é fim. Mas esta estrutura temporal só será concreta se o começo for dado como fim do processo por ele preterificado. Um começo que se dá como fim de um projeto anterior – assim deve ser o instante. Portanto, só existirá caso sejamos para nós mesmos começo e fim na unidade de um mesmo ato. Bem, é precisamente o que se produz no caso de uma modificação radical de nosso projeto fundamental. Com efeito, pela livre escolha desta modificação, temporalizamos um projeto que somos e, pelo futuro, fazemo-nos anunciar o ser que escolhemos; assim, o presente puro pertence à nova temporalização enquanto começo, e recebe do futuro recém-surgido sua natureza própria de começo. Com efeito, é o futuro sozinho que pode reverter ao presente para qualificá-lo, enquanto começo, caso contrário esse presente seria apenas uma espécie de presente qualquer. Assim, o presente da escolha pertence já, como estrutura integrada, à nova totalidade que se esboça. Mas, por outro lado, é impossível que essa escolha não se determine *em conexão* com o passado que ela tem-de-ser. Inclusive, tal escolha é, por princípio, decisão de captar enquanto passado a escolha à qual substitui. Um ateu convertido não é simplesmente um crente; é um crente que negou o ateísmo para si, um crente que preterificou em si o projeto de ser ateu. Assim, a nova escolha se dá como começo na medida em que é um fim, e como fim na medida em que é começo; acha-se limitada por um duplo nada, e, como tal, realiza uma ruptura na unidade ek-stática de nosso ser. Porém, o instante, em si mesmo, é apenas um nada, porque, para onde quer que olhemos, só vamos captar uma temporalização contínua, que será, conforme a direção de nosso olhar, ou bem a série acabada e fechada que acabou de passar, arrastando consigo seu termo final, ou bem a temporalização viva que começa e cujo termo inicial é capturado e arrastado pela possibilidade futura.

 Assim, toda escolha fundamental define a direção da perseguição-perseguida ao mesmo tempo que se temporaliza. Não significa que *dê um impulso inicial,* nem que haja algo como uma coisa adquirida, da qual possa me servir desde que me mantenha nos limites dessa escolha. Pelo contrário, a nadificação prossegue continuamente, e, por conseguinte, a reassunção livre e contínua da escolha é indispensável. Só que esta reassunção não se efetua *de instante em instante* enquanto retomo livremente minha escolha: isso porque, então, não há instante; a reassunção está tão intimamente agregada ao conjunto do processo que não tem, nem pode ter, qualquer significação instantânea. Mas, precisamente por ser livre e perpetuamente reassumida pela liberdade, minha escolha tem por limite a própria liberdade; ou seja, está assombrada pelo espectro do instante. Na medida em que *irei reassumir* minha escolha, a preterificação do processo será efetuada em perfeita continuidade ontológica com o presente. O processo preterificado permanece organizado com a nadificação presente em forma de um *saber*, ou seja, uma significação vivida e interiorizada, sem jamais ser *objeto* para a consciência que se projeta rumo a seus próprios fins. Mas, precisamente por ser livre, tenho sempre a possibilidade de posicionar como objeto meu passado imediato. Significa que, enquanto minha consciência anterior era pura consciência não posicional (do) passado, na medida em que se constituía como negação interna do real copresente, e fazia seu sentido ser anunciado a si por fins posicionados como "reassunções", agora, com a nova escolha, a consciência posiciona seu próprio passado com objeto, ou seja, o *avalia* e toma seus pontos de referência com relação a ele. Este ato de objetivação do passado imediato se identifica com a nova escolha de outros fins: contribui para fazer o instante brotar como ruptura nadificadora da temporalização.

A compreensão dos resultados obtidos por esta análise será mais fácil para o leitor se os compararmos a outra teoria da liberdade, a de Leibniz, por exemplo. Para Leibniz, como para nós, quando Adão colheu a maçã, teria sido *possível* que não a colhesse. Mas, para Leibniz, como para nós, as implicações desse gesto são tão numerosas e tão ramificadas que, em última análise, declarar que teria sido possível que Adão não colhesse a maçã equivale a dizer que teria sido possível outro Adão. Assim, a contingência de Adão identifica-se com sua liberdade, pois esta contingência significa que este Adão *real* está rodeado por uma infinidade de Adãos possíveis, cada um dos quais se caracteriza, com relação ao Adão real, por uma alteração ligeira ou profunda de todos os seus atributos, ou seja, em última análise, de sua substância. Para Leibniz, portanto, a liberdade exigida pela realidade humana é como a organização de três noções diferentes: é livre aquele que, 1º, racionalmente se determina a executar um ato; 2º, é de tal ordem que este ato se compreende plenamente pela própria natureza daquele que o executou; 3º, é contingente, ou seja, existe de tal modo que teriam sido possíveis outros indivíduos executando outros atos a propósito da mesma situação. Mas, devido à conexão necessária dos possíveis, outro gesto de Adão só teria sido possível para e por outro Adão, e a existência de outro Adão implicaria a existência de outro mundo. Reconhecemos, com Leibniz, que o gesto de Adão compromete a pessoa de Adão inteira, e que outro gesto seria compreendido à luz e nos limites de outra personalidade de Adão. Mas Leibniz incide em um necessitarismo (*nécessitarisme*) totalmente oposto à ideia de liberdade ao colocar no ponto de partida a própria fórmula da substância de Adão como uma premissa que conduzirá o ato de Adão enquanto uma de suas conclusões parciais; ou seja, ao reduzir a ordem cronológica a mera expressão simbólica da ordem lógica. Com efeito, daí resulta, por um lado, que o ato fica sendo rigorosamente necessitado pela própria essência de Adão; também a contingência, que torna possível a liberdade, segundo Leibniz, acha-se integralmente contido na essência de Adão. E esta essência não é escolhida pelo próprio Adão, mas por Deus. Também é verdade que o ato cometido por Adão emana necessariamente da essência de Adão e que, quanto a isso, depende do próprio Adão e de ninguém mais, o que constitui, decerto, uma condição da liberdade. Mas a essência de Adão é, para o próprio Adão, *algo dado:* Adão não a escolheu, não pode escolher ser Adão. Em consequência, não carrega, de forma alguma, a responsabilidade pelo seu ser. Pouco importa, por conseguinte, que se lhe possa atribuir a relativa responsabilidade pelo seu ato, uma vez que seu ser lhe é dado. Para nós, ao contrário, Adão não se define por uma essência, porque a essência é, para a realidade humana, posterior à existência. Adão se define pela escolha de seus fins, ou seja, pelo surgimento de uma temporalização ek-stática que nada tem em comum com a ordem lógica. Assim, a contingência de Adão exprime a escolha finita que ele fez de si mesmo. Mas, assim sendo, aquilo que lhe anuncia sua *pessoa* é futuro e não passado: Adão escolhe conhecer o seu ser através dos fins rumo aos quais se projeta – ou seja, pela totalidade de seus gostos, suas inclinações, seus ódios etc. –, na medida em que há uma organização temática e um *sentido* inerente a esta totalidade. Assim, evitamos cair na objeção que fizemos a Leibniz ao dizer: "É verdade que Adão escolheu colher a maçã, mas ele não escolheu ser Adão". Para nós, com efeito, é no nível da escolha de Adão por si mesmo, ou seja, da determinação da essência pela existência, que se coloca o problema da liberdade. Além disso, reconhecemos, com Leibniz, que outro gesto de Adão, ao implicar outro Adão, implica outro mundo; mas não entendemos por "outro mundo" uma organização tal dos compossíveis que outro Adão possível nele encontre seu lugar: simplesmente, a outro ser-no-mundo de Adão irá corresponder a revelação de outra face do mundo. Por último, para Leibniz, o gesto possível do outro Adão, estando organizado em outro mundo possível, preexiste por toda a eternidade, enquanto possível, à realização do Adão contingente e real. Também aqui, para Leibniz, a essência precede a existência, e a ordem cronológica depende da ordem eterna do lógico. Para nós, ao contrário, o possível é apenas pura e informe possibilidade de ser outro, na medida em que tal possível não é tendo existido (*n'est pas existé*) enquanto possível por um novo projeto de Adão rumo a possibilidades novas. Assim, o possível de Leibniz permanece eternamente como possível abstrato, ao passo que, para nós, o possível só aparece possibilizando-se, ou seja, vindo para anunciar a Adão o que ele é. Por conseguinte, a ordem da explicação psicológica em Leibniz vai do passado ao presente, na medida mesmo em que esta sucessão exprime a ordem eterna das essências; tudo está finalmente coagulado na eternidade lógica, e a única contingência é a do princípio, o que significa que Adão é um postulado do entendimento divino. Para nós, ao contrário, a ordem da interpretação é rigorosamente *cronológica;* não busca, de modo algum, *reduzir* o tempo a um encadeamento puramente lógico (*razão*) ou lógico-cronológico (*causa*, determinismo). Interpreta-se, portanto, a partir do futuro.

Mas, sobretudo, convém insistir que toda nossa análise precedente é puramente *teórica*. Só em *teoria* outro gesto de Adão não é possível salvo nos limites de um transtorno total dos fins pelos quais Adão se escolhe como Adão. Apresentamos as coisas desse modo – e por isso pudemos parecer leibnizianos – a fim de expor em princípio nossos pontos de vista com o máximo de simplicidade. Na verdade, a realidade é muito mais complexa. Pois, com efeito, a ordem de interpretação é puramente cronológica e não lógica; a *compreensão* de um ato a partir dos fins originais estabelecidos pela liberdade do Para-si não é uma *intelecção*. E a hierarquia descendente dos possíveis, desde o possível último e inicial até o possível derivado que pretendemos compreender, nada tem em comum com a série dedutiva que vai de um princípio à sua consequência. Em primeiro lugar, a conexão entre o possível derivado (resistir à fadiga ou entregar-se a ela) e o possível fundamental não é uma conexão de *dedutibilidade* (*déductibilité*). É uma conexão entre a totalidade e a estrutura parcial. A visão do projeto total permite "compreender" a estrutura singular considerada. Mas os gestaltistas mostraram que a pregnância* das formas totais não exclui a variabilidade de certas estruturas secundárias. Há certas linhas que posso acrescentar ou subtrair em determinada figura sem alterar seu caráter específico. Há outras, ao contrário, cuja adição encerra a desaparição imediata da figura e a aparição de outra. O mesmo se dá com respeito à relação entre os possíveis secundários e o possível fundamental, ou totalidade formal de meus possíveis. A significação do possível secundário considerado remete sempre, por certo, a significação total que eu sou. Mas outros possíveis teriam podido substituí-lo sem que se alterasse a significação total; ou seja, teriam podido sempre e igualmente indicar esta totalidade enquanto forma que permitisse compreendê-los – ou, na ordem ontológica da realização, igualmente ser projetados como meios para alcançar a totalidade, e à luz desta totalidade. Em resumo, a compreensão é a interpretação de uma conexão de fato, e não a captação de uma necessidade. Assim, a interpretação psicológica de nossos atos deve voltar frequentemente à noção estoica dos "indiferentes". Para aliviar minha fadiga, é indiferente sentar-me à beira do caminho ou dar mais cem passos a fim de parar na pousada que diviso à distância. Significa que a captação da forma complexa e global que escolhi como meu possível último

---

* Em francês: *prégnance*. Do alemão *Prägnanz*, designando na Teoria da Gestalt a predominância de uma forma privilegiada, mais estável e frequente entre todas as demais possíveis [N.T.].

não *basta* para justificar a escolha de um dos possíveis mais do que a de outro. Há aqui, não um ato desprovido de móbeis e motivos, mas uma invenção espontânea de móbeis e motivos que, situando-se nos limites de minha escolha fundamental, enriquece do mesmo modo esta escolha. Igualmente, cada "isto" deve aparecer sobre fundo de mundo e na perspectiva de minha facticidade, mas nem minha facticidade nem o mundo permitem compreender por que capto agora esse copo em vez desse tinteiro como forma destacando-se do fundo. Com relação a tais indiferentes, nossa liberdade é total e incondicional. Esse fato de escolher um possível indiferente e depois abandoná-lo por outro, além disso, não fará surgir o *instante* enquanto ruptura da duração; mas, ao contrário, todas essas livres escolhas – ainda que sucessivas e contraditórias – integram-se na unidade de meu projeto fundamental. Não significa, de modo algum, que devamos captá-las como gratuitas: com efeito, quaisquer que sejam, serão sempre interpretadas a partir da escolha original, e, na medida em que a enriqueçam e a concretizam, sempre irão trazer consigo seu próprio móbil, ou seja, a consciência de seu motivo, ou, se preferirmos, a apreensão da situação como articulada dessa ou daquela maneira.

Além disso, outro aspecto que irá tornar particularmente delicada a apreciação rigorosa da conexão entre o possível secundário e o possível fundamental é o de que não existe qualquer tabela de cálculos *a priori* a que pudéssemos nos referir de modo a determinar esta conexão. Mas, ao contrário, é o próprio Para-si que escolhe considerar o possível secundário como significativo do possível fundamental. Justamente onde temos a impressão de que o sujeito livre volta às costas a seu projeto fundamental, introduzimos frequentemente o coeficiente de erro do observador, ou seja, empregamos nossos próprios pesos e medidas para apreciar a relação entre o ato considerado e os fins últimos. Mas o Para-si, em sua liberdade, não inventa somente seus fins primários e secundários: inventa ao mesmo tempo todo o sistema de interpretação que permite suas interconexões. Portanto, em caso algum poderá tratar-se de estabelecer um sistema de compreensão universal dos possíveis secundários a partir dos possíveis primários, mas, em cada caso, o sujeito deve fornecer suas pedras de toque e seus critérios pessoais.

Por último, o Para-si pode tomar decisões voluntárias em oposição aos fins fundamentais que escolheu. Tais decisões só podem ser voluntárias, ou seja, reflexivas. Com efeito, só podem provir de um erro cometido de boa ou má-fé acerca dos fins que persigo, e este erro só pode ser cometido se o conjunto dos móbeis que eu sou for descoberto a título de objeto para a consciência reflexiva. A consciência irrefletida, sendo projeção espontânea de si rumo às suas possibilidades, jamais pode enganar-se acerca de si mesmo: com efeito, é preciso evitar considerar um erro acerca de si mesmo os erros de apreciação relativos à situação objetiva – erros esses que podem acarretar no mundo consequências absolutamente opostas às que pretendíamos obter, sem que tenha havido, todavia, desconhecimento desses fins propostos. A atitude reflexiva, ao invés, traz mil possibilidades de erro, não na medida em que capta o puro móbil – ou seja a consciência refletida – enquanto quase-objeto, mas na medida em que visa constituir através desta consciência refletida verdadeiros objetos psíquicos que, estes sim, são objetos apenas prováveis, como vimos no capítulo III da segunda parte, e podem inclusive ser falsos objetos. Portanto, é possível para mim, em função de erros acerca de mim mesmo, impor-me reflexivamente, ou seja, no plano voluntário, projetos que contradizem meu projeto inicial, sem, contudo, modificar fundamentalmente esse projeto inicial. Assim, por exemplo, se meu projeto inicial visa escolher-me como inferior no meio dos outros (o chamado complexo de inferioridade), e se a tartamudez é um comportamento que se compreende e interpreta a partir do projeto primordial, posso, por razões sociais e desconhecimento de minha própria escolha da inferioridade, decidir corrigir minha tartamudez. Posso inclusive *lográ-lo*, sem que, todavia, deixe de me sentir e me querer inferior. Com efeito, basta-me utilizar meios técnicos para obter um resultado. É o que se costuma denominar reforma voluntária de si. Mas esses resultados nada mais farão do que *deslocar* o defeito de que padeço: outro nascerá em seu lugar, a exprimir à sua maneira o fim total que persigo. Uma vez que pode causar surpresa esta ineficácia profunda do ato voluntário dirigido sobre si mesmo, vamos analisar mais de perto o exemplo escolhido.

Convém observar, antes de tudo, que a escolha dos fins totais, embora totalmente livre, não é necessária nem frequentemente operada com alegria. Não se deve confundir a necessidade que somos de nos escolher com a vontade de poder. A escolha pode ser efetuada com resignação ou mal-estar, pode ser uma fuga, pode realizar-se na má-fé. Podemos nos escolher fugidios, inapreensíveis, vacilantes etc.; podemos até escolher não nos escolher; nesses diferentes casos, os fins são colocados Para-além de uma situação de fato, e a responsabilidade por esses fins nos incumbe: qualquer que seja nosso ser, é escolha; e depende de nós escolher-nos como "ilustres" e "nobres", ou "inferiores" e "humilhados". Mas, precisamente, se escolhemos a humilhação como o próprio estofo de nosso ser, iremos nos realizar como humilhados, amargurados, inferiores etc. Não se trata de *dados* desprovidos de significação: aquele que se realiza como humilhado se constitui, com isso, como um *meio* de alcançar certos fins: a humilhação escolhida pode, por exemplo, ser identificada, tal como o masoquismo, a um instrumento destinado a nos desembaraçar da existência-Para-si; pode constituir um projeto de nos livrar-nos de nossa angustiante liberdade em proveito dos outros; nosso projeto pode ser o de tornar nosso ser-Para-si inteiramente absorvido por nosso ser-Para-outro. De qualquer forma, o "complexo de inferioridade" só pode surgir caso fundamentado por uma livre apreensão de nosso ser-Para-outro. Este ser-Para-outro, enquanto *situação*, irá agir a título de *motivo*, mas, para isso, é necessário que seja descoberto por um *móbil*, o qual nada mais é do que nosso livre projeto. Assim, a inferioridade sentida e vivida é o instrumento escolhido para nos tornar semelhantes a uma *coisa*, ou seja, para nos fazer existir como puro "fora" no meio do mundo. Mas é claro que deve ser vivida em conformidade com a *natureza* que lhe conferimos por meio da escolha, ou seja, com vergonha, ódio e amargura. Assim, *escolher* a inferioridade não quer dizer contentar-se suavemente com uma *aurea mediocritas**; é produzir e assumir as rebeliões e o desespero que constituem a revelação desta inferioridade. Por exemplo, posso insistir em me manifestar em certo tipo de trabalho e de obras *porque* nele sou inferior, ao passo que, em outro domínio, poderia sem dificuldade igualar-me à média. É este esforço infrutífero que escolhi por ser infrutífero: seja porque prefiro ser o último – mais do que perder-me na multidão –, seja

---

* Em latim: "caminho áureo do meio", designando bom-senso [N.T.].

porque escolhi o desalento e a vergonha como o melhor meio de alcançar o *ser*. Mas é lógico que só posso *escolher* como campo de ação o domínio no qual sou inferior caso essa escolha implique a *vontade* refletida de ser superior nesse domínio. Escolher ser um artista inferior é escolher necessariamente *querer* ser um grande artista, caso contrário a inferioridade não seria padecida nem reconhecida: com efeito, escolher ser um modesto artesão de forma alguma implica a busca da inferioridade; é um simples exemplo da escolha da finitude. Pelo contrário, a escolha da inferioridade implica a constante realização de um *desvio* entre o fim perseguido pela vontade e o fim alcançado. O artista que almeja ser grande e se escolhe inferior mantém intencionalmente este desvio; é como Penélope, e destrói de noite o que fez de dia. Nesse sentido, em suas realizações artísticas, mantém-se constantemente no plano *voluntário* e por isso ostenta uma energia desesperada. Mas sua vontade, em si mesmo, é de *má-fé*, ou seja, foge do reconhecimento dos verdadeiros fins escolhidos pela consciência espontânea e constitui falsos objetos psíquicos como *móbeis*, a fim de poder deliberar sobre esses móbeis e se decidir a partir deles (amor à glória, amor ao belo etc.). A vontade, aqui, de modo algum está oposta à escolha fundamental, mas, muito pelo contrário, só se compreende em seus fins e sua má-fé de princípio na perspectiva da escolha fundamental da inferioridade. Melhor ainda: se, a título de consciência reflexiva, a vontade constitui de má-fé falsos objetos psíquicos enquanto móbeis, em contrapartida, a título de consciência irrefletida e não tética (de) si, ela é consciência (de) ser de má-fé e, por conseguinte, consciência (do) projeto fundamental perseguido pelo Para-si. Assim, o divórcio entre consciência espontânea e vontade não é um dado de fato puramente constatado, mas, ao contrário, esta dualidade é projetada e realizada inicialmente por nossa liberdade fundamental; só pode ser concebida na e pela unidade profunda de nosso projeto fundamental, que é o de nos escolhermos inferiores. Mas, precisamente, esse divórcio subentende que a deliberação voluntária decide, com má-fé, compensar ou dissimular nossa inferioridade através de obras cujo objetivo profundo é, ao contrário, permitir-nos *medir* esta inferioridade. Assim, como se vê, nossa análise nos permite aceitar os dois níveis em que Adler situa o complexo de inferioridade: como ele, admitimos um reconhecimento fundamental desta inferioridade, e, como ele, admitimos um desenvolvimento frondoso e mal equilibrado de atos, obras e afirmações destinadas a compensar ou dissimular esse sentimento profundo. Mas: 1º) Recusamos conceber o reconhecimento fundamental como inconsciente: está tão longe de ser inconsciente que chega a constituir a má-fé da vontade. Com isso, não estabelecemos entre os dois níveis considerados a diferença entre o consciente e o inconsciente, mas sim a que separa a consciência irrefletida e fundamental da consciência refletida, sua tributária. 2º) O conceito de má-fé – como estabelecemos em nossa primeira parte – parece-nos que deve substituir os de censura, repressão e inconsciente utilizados por Adler. 3º) A unidade da consciência, tal como se revela ao *cogito*, é demasiado profunda para que possamos admitir esta cisão em dois níveis, a menos que tal unidade seja reassumida por uma intenção sintética mais profunda, que conduza de um nível a outro e os unifique. Consequentemente, captamos no complexo de inferioridade uma significação a mais: não apenas o complexo de inferioridade é reconhecido, mas este reconhecimento é *escolha;* não somente a vontade busca dissimular esta inferioridade com afirmações instáveis e frágeis, mas é atravessada por uma intenção mais profunda que *escolhe* precisamente a fragilidade e a instabilidade dessas afirmações, com a intenção de tornar mais sensível esta inferioridade da qual pretendemos fugir e que iremos experimentar com vergonha e sentimento de fracasso. Assim, aquele que sofre de *Minderwertigkeit** escolheu ser o verdugo de si mesmo. Escolheu a vergonha e o sofrimento, o que não significa, muito pelo contrário, que não deva experimentar satisfação quando estes se realizam com mais força.

Mas, por terem sido escolhidos de má-fé por uma vontade que se produz nos limites de nosso projeto inicial, nem por isso esses novos possíveis, em certa medida, realizam-se menos *contra* esse projeto inicial. Na medida em que queremos dissimular nossa inferioridade, precisamente para *criá-la,* podemos querer suprimir nossa timidez e nossa tartamudez, que manifestam no nível espontâneo nosso projeto inicial de inferioridade. Iremos empreender

---

* Em alemão: *Inferioridade*, da expressão: *Minderwertigkeits-komplex* (Complexo de inferioridade) [N.T.].

então um esforço sistemático e refletido para fazer desaparecer tais manifestações. Fazemos esta tentativa no mesmo estado de espírito dos pacientes que recorrem ao psicanalista. Ou seja, por um lado nos empenhamos em uma realização que, por outro lado, recusamos: assim, o paciente decide voluntariamente procurar o analista para ser curado de certos problemas que já não pode mais dissimular; e, só pelo fato de se entregar às mãos do médico, corre o risco de ser curado. Mas, por outro lado, se corre esse risco, é para se persuadir de que, em vão, fez todo o possível para ser curado e, portanto, é incurável. Logo, aborda o tratamento psicanalítico com má-fé e má vontade. Todos os seus esforços terão por objetivo fazer o tratamento fracassar, ao mesmo tempo que continua voluntariamente entregando-se a ele. Igualmente, os psicastênicos estudados por Janet *padecem* de uma obsessão que mantêm intencionalmente e da qual *querem* ser curados. Mas, precisamente, sua *vontade* de ser curados tem por objetivo afirmar essas obsessões como *sofrimentos*, e, em decorrência, realizá-las em toda sua força. O resultado é bem conhecido: o paciente não pode confessar suas obsessões, rola pelo chão, soluçante, mas não decide fazer a confissão requisitada. Seria inútil falar aqui de um confronto entre vontade e enfermidade: esses processos se desenrolam na unidade ek-stática da má-fé, em um ser que é o que não é e não é o que é. Da mesma forma, quando o psicanalista está a ponto de captar o projeto inicial do paciente, este abandona a terapia ou começa a mentir. Em vão tais resistências seriam explicadas por uma rebeldia ou uma inquietação inconsciente: de que modo o inconsciente poderia estar informado dos progressos da investigação psicanalítica, a menos que fosse, precisamente, uma consciência? Mas, se o paciente disputa o jogo até o final, é necessário que experimente uma cura parcial, ou seja, que produza em si mesmo a desaparição dos fenômenos mórbidos que o levaram a requerer ajuda médica. Assim, terá escolhido o mal menor: vindo para se persuadir de que é incurável, vê-se obrigado a partir simulando a cura, de modo a evitar captar seu projeto às claras e, em consequência, nadificá-lo e converter-se livremente em outro. Igualmente, os métodos que posso empregar para me curar da tartamudez e da timidez podem ser tentados de má-fé. Nem por isso deixo de ser obrigado a reconhecer sua eficácia. Nesse caso, timidez e tartamudez desaparecerão: é o mal menor. Uma autoconfiança artificial e volúvel virá substituí-las. Mas ocorre com tais curas o mesmo que se dá na cura da histeria por tratamento por choques elétricos. Sabe-se que esta terapia pode produzir a desaparição de uma contratura histérica da perna, mas, como se verá, a contratura irá ressurgir no braço algum tempo depois. Isso porque a cura da histeria só pode se produzir em totalidade, posto que a histeria é um projeto totalitário do Para-si. As terapias parciais logram apenas deslocar as manifestações. Assim, a cura da timidez ou da tartamudez é consentida e escolhida em um projeto que ruma à realização de outros problemas, como, por exemplo, precisamente a realização de uma autoconfiança vã e igualmente desequilibrada. Uma vez que, de fato, o surgimento de uma decisão *voluntária* encontra seu móbil na livre escolha fundamental de meus fins, tal decisão só pode produzir efeito aparente nesses fins; portanto, é somente nos limites de meu projeto fundamental que a vontade pode ser eficaz; e não posso me "livrar" de meu "complexo de inferioridade" exceto por uma modificação radical de meu projeto, modificação essa que não poderia de modo algum encontrar seus motivos e móbeis no projeto anterior sequer nos sofrimentos e vergonhas que experimento, pois estas têm por destinação expressa *realizar* meu projeto de inferioridade. Assim, enquanto estou "no" complexo de inferioridade, sequer posso conceber a possibilidade de sair dele, pois, mesmo que sonhe em sair, tal sonho tem a função precisa de me colocar em condições de experimentar ainda mais a abjeção de meu estado, e, portanto, só pode ser interpretado na e pela intenção inferiorizadora (*inferiorisante*). E todavia, a cada momento, capto essa escolha inicial como contingente e injustificável; portanto, a cada momento estou prestes a considerá-la de súbito *objetivamente* e, em decorrência, transcendê-la e preterificá-la, fazendo surgir o *instante* libertador. Daí a minha angústia, o temor que sinto de ser subitamente exorcizado, ou seja, de me tornar radicalmente outro; mas daí também o frequente surgimento de "conversões", que me fazem metamorfosear totalmente meu projeto original. Não estudadas pelos filósofos, essas conversões, ao contrário, inspiraram amiúde os literatos. Recorde-se o *instante* em que o Filoctetes de Gide abandona inclusive seu ódio, seu projeto fundamental, sua razão de ser e seu ser; recorde-se o *instante* em que Raskolnikov decide se denunciar. Esses instantes extraordinários e maravilhosos, nos quais o projeto anterior desmorona no passado à luz de um projeto novo que surge sobre suas ruínas e que apenas ainda se esboça, instantes em que a humilhação, a angústia, a alegria, a esperança, casam-se intimamente, instantes nos quais abandonamos para captar e captamos para abandonar – tais instantes em geral têm podido fornecer a imagem mais clara e mais comovedora de nossa liberdade. Mas constituem apenas uma entre outras de suas manifestações.

Assim apresentado, o "paradoxo" da ineficácia das decisões voluntárias parecerá mais inofensivo: equivale a dizer que, pela vontade, podemos nos construir inteiramente, mas que a vontade que preside esta construção encontra seu sentido no projeto original que pode aparentemente negar; que, por conseguinte, esta construção tem uma função totalmente distinta daquela que ostenta; e que, por último, só pode alcançar estruturas de detalhe e jamais irá modificar o projeto original do qual resulta, assim como as consequências de um teorema não podem voltar-se contra este e modificá-lo.

Ao término desta longa discussão, parece que conseguimos precisar um pouco nossa compreensão ontológica da liberdade. Convém agora retomar em uma visão de conjunto os diversos resultados obtidos.

1º) Um primeiro olhar sobre a realidade humana nos ensina que, para ela, ser se reduz a fazer. Os psicólogos do século XIX, que mostraram as estruturas motrizes das tendências, da atenção, da percepção etc., estavam certos. Só que o movimento propriamente dito é ato. Assim, não encontramos qualquer algo *dado* na realidade humana, no sentido em que o temperamento, o caráter, as paixões, os princípios da razão seriam elementos *dados*, adquiridos ou inatos, existindo à maneira das coisas. A única consideração empírica do ser-humano mostra-o como uma unidade organizada de condutas ou "comportamentos". Ser ambicioso, covarde ou irascível é simplesmente conduzir-se dessa ou daquela maneira em tal ou qual circunstância. Os behavioristas tinham razão ao considerar que o único estudo psicológico positivo devia ser o das condutas em situações rigorosamente definidas. Assim como os trabalhos de Janet e dos gestaltistas nos colocaram em condições de descobrir as condutas emocionais, também devemos falar de condutas perceptivas, posto que a percepção jamais é concebida fora de uma atitude com relação ao mundo. Inclusive a atitude desinteressada do sábio, como demonstrou Heidegger, é uma tomada de posição em relação ao objeto e, por conseguinte, uma conduta entre outras. Assim, a realidade humana não é primeiro para agir depois; mas sim que, para a realidade humana, ser é agir, e deixar de agir é deixar de ser.

2º) Mas, se a realidade-humana é ação, isso significa, evidentemente, que sua determinação à ação é, ela mesma, ação. Se recusarmos esse princípio, e se admitirmos que a realidade humana pode ser determinada à ação por um estado anterior do mundo ou de si mesmo, isso equivalerá a colocar algo *dado* na origem da série. Esses atos desaparecem então enquanto atos para dar lugar* a uma série de *movimentos*. É assim que a noção de conduta se destrói por si mesmo em Janet e nos behavioristas. A existência do ato implica sua autonomia.

3º) Além disso, se o ato não for puro *movimento*, deve definir-se por uma *intenção*. Como quer que se considere esta intenção, só pode ser um transcender do dado rumo a um resultado a obter. Com efeito, esse dado, sendo pura presença, não poderia sair de si. Precisamente porque é, é plena e unicamente o que é. Não poderia, portanto, justificar um fenômeno que extrai todo seu sentido de um resultado a alcançar, ou seja, de algo inexistente. Quando os psicólogos, por exemplo, fazem da tendência um estado de fato, não veem que lhe subtraem todo o caráter de *apetite* (*ad-petitio*). Com efeito, se a tendência sexual pode diferir do sono, por exemplo, isso só pode ocorrer pelo seu fim, e, precisamente, este fim não é. Os psicólogos deveriam perguntar-se qual pode ser a estrutura ontológica de um fenômeno de tal ordem que se faz anunciar a si mesmo aquilo que é por meio de algo que ainda não é. A intenção, que é a estrutura fundamental da realidade humana, não pode, portanto, em nenhum caso, ser explicada por algo

---

* No original, *faire face* (defrontar-se), evidente errata para *faire place* (dar lugar) [N.T.].

dado, ainda que se pretenda que dele emane. Mas, se quisermos interpretar a intenção pelo seu fim, é preciso acautelar-se para não conferir a este fim uma existência de algo *dado*. Com efeito, se pudéssemos admitir que o fim é dado anteriormente ao efeito de modo a alcançá-lo, seria então necessário conceder a este fim uma espécie de ser-Em-si no cerne de seu nada e uma virtude atrativa de tipo propriamente mágico. Além disso, não chegaríamos a compreender a conexão entre uma realidade humana dada e um fim dado melhor do que podemos compreender a conexão entre a consciência-substância e a realidade-substância nessas teses realistas. Se a tendência, ou o ato, deve ser interpretado pelo seu fim, é porque a intenção tem por estrutura *posicionar* seu fim fora de si. Assim, a intenção se faz ser escolhendo o fim que a anuncia.

4º) Sendo a intenção escolha do fim e revelando-se o mundo através de nossas condutas, é a escolha intencional do fim que revela o mundo, e o mundo se revela dessa ou daquela maneira (em tal ou qual ordem) segundo o fim escolhido. O fim, iluminando o mundo, é um estado *do* mundo a ser obtido e ainda não existente. A intenção é consciência tética *do* fim. Mas só pode sê-lo fazendo-se consciência não tética de sua possibilidade própria. Assim, meu *fim* pode ser uma boa refeição, se tenho fome. Mas essa refeição, projetada Para-além do caminho poeirento onde ando como sendo o *sentido* deste caminho (que vai *rumo* a um hotel onde a mesa está posta, os pratos preparados e onde me esperam etc.), só pode ser captada correlativamente ao meu projeto não tético rumo à minha própria possibilidade de consumi-la. Assim, por um surgimento duplo, mas unitário, a intenção ilumina o mundo a partir de um fim ainda não existente* e se define pela escolha de seu possível. Meu fim é certo estado objetivo do mundo, meu possível é certa estrutura de minha subjetividade; um se revela à consciência tética, o outro reflui sobre a consciência não tética para caracterizá-la.

5º) Se o dado não pode explicar a intenção, é necessário que esta, por seu próprio surgimento, realize uma ruptura com o dado, seja este qual for. Não poderia ser de outro modo, senão teríamos uma plenitude presente sucedendo, em continuidade,

---

* No original, por errata, lê-se *encore existante* (ainda existente) [N.T.].

outra plenitude presente, e não poderíamos prefigurar o devir. Esta ruptura, além disso, é necessária à *apreciação* do dado. Com efeito, jamais o dado poderia ser motivo para uma ação se não fosse apreciado. Mas esta apreciação só pode ser realizada por uma tomada de distância em relação ao dado, uma colocação entre parênteses do dado, que pressupõe justamente uma ruptura de continuidade. Além do que, a apreciação, se não for gratuita, deve se fazer à luz de alguma coisa. E essa alguma coisa que serve para apreciar o dado só pode ser o fim. Assim, a intenção, em um mesmo surgimento unitário, posiciona o fim, escolhe-se e aprecia o dado a partir do fim. Nessas condições, o dado é apreciado em função e alguma coisa que ainda não existe; é à luz do não ser que o ser-Em-si é iluminado. Resulta uma dupla coloração nadificadora do dado: por um lado, este é nadificado na medida em que a ruptura com ele faz com que perca toda a eficácia sobre a intenção; por outro lado, o dado sofre nova nadificação pelo fato de que tal eficácia lhe é devolvida a partir de um nada, a apreciação. A realidade humana, sendo ato, só pode ser concebida enquanto ruptura com o dado, em seu ser. Ela é o ser que faz com que *haja* algo dado ao romper com este e iluminá-lo à luz do ainda-não-existente.

6º) Esta necessidade de que o dado só apareça nos limites de uma nadificação que o revela identifica-se com a *negação interna* que descrevemos em nossa segunda parte. Seria inútil imaginar que a consciência pudesse existir sem o dado: seria então consciência (de) si mesmo como consciência de nada, ou seja, o nada absoluto. Mas, se a consciência existe a partir do dado, não significa em absoluto que o dado a condicione: a consciência é pura e simples negação do dado, existe como desengajamento de certo dado existente e como engajamento no rumo de certo fim ainda não existente. Mas, além disso, esta negação interna só pode ser o fato de um ser que é perpetuamente tomada de distância em relação a si mesmo. Se este ser não fosse sua própria negação, seria aquilo que é, ou seja, algo pura e simplesmente dado: devido a esse fato, não teria nenhuma conexão com qualquer *datum*, já que, por natureza, o dado não é senão aquilo que é. Assim, toda possibilidade de aparição de um mundo seria excluída. Para não *ser* um dado, é preciso que o Para-si se constitua perpetuamente como uma tomada de distância em relação a si, ou seja, abandone-se atrás de si enquanto *datum* que já não é mais. Esta característica do Para-si subentende que ele é o ser que não encontra *nenhum auxílio, nenhum ponto de apoio* naquilo que era. Mas, ao contrário, o Para-si é livre e pode fazer com que haja um mundo, porque é *o ser que tem-de-ser o que era à luz daquilo que será*. A liberdade do Para-si, portanto, aparece como sendo o seu *ser*. Mas, como esta liberdade não é um dado, nem uma propriedade, ela só pode ser escolhendo-se. A liberdade do Para-si é sempre *comprometida;* não se trata de uma liberdade que fosse poder indeterminado e preexistisse à sua escolha. Jamais podemos nos captar exceto enquanto escolha no ato de se fazer. Mas a liberdade é simplesmente o fato de que tal escolha é sempre incondicionada.

7º) Uma escolha dessa natureza, feita sem ponto de apoio e que dita a si mesmo seus motivos, pode parecer *absurda*, e, com efeito, o é. Isso porque a liberdade é *escolha* de seu ser, mas não *fundamento* de seu ser. Voltaremos no presente capítulo a essa relação entre a liberdade e a facticidade. Por ora, basta dizer que a realidade-humana pode escolher-se como bem entenda, mas não pode não escolher-se; sequer pode recusar-se a ser: o suicídio, com efeito, é escolha e afirmação – afirmação de ser. Por este ser que lhe é *dado*, a realidade-humana participa da contingência universal do ser, e, por isso mesmo, daquilo que denominamos absurdidade. Essa escolha é absurda, não por que careça de razão, mas porque não houve a possibilidade de não escolher. Qualquer que seja ela, a escolha é fundamentada e reassumida pelo ser, pois se trata da escolha que é. Mas deve-se observar que essa escolha não é absurda no sentido de que, em um universo racional, surgisse um fenômeno que não estivesse em conexão com os outros por quaisquer *razões;* é absurda no sentido de que a escolha é aquilo pelo qual todos os fundamentos e todas as razões vêm ao ser, aquilo pelo qual a própria noção de absurdo adquire um sentido. É absurda enquanto sendo Para-além de todas as razões. Assim, a liberdade não é pura e simplesmente a contingência na medida em que se volta rumo a seu ser para iluminá-lo à luz de seu fim; é perpétua fuga à contingência, é interiorização, nadificação e subjetivação da contingência, a qual, assim modificada, penetra integralmente na gratuidade da escolha.

8º) O projeto livre é fundamental, porque é meu ser. Nem a ambição, nem a paixão de ser amado, nem o complexo de inferioridade podem ser considerados projetos fundamentais. Ao contrário, é preciso que sejam compreendidos a partir de um primeiro projeto, reconhecido como aquele que já não pode ser interpretado a partir de nenhum outro, e que é total. Um método fenomenológico especial será necessário para explicitar esse projeto inicial. É o que denominamos psicanálise existencial. Falaremos disso em nosso próximo capítulo. Desde logo, podemos dizer que o projeto fundamental que sou é um projeto que não concerne às minhas relações com tal ou qual objeto em particular do mundo, mas sim a meu ser-no-mundo em totalidade, e que – uma vez que o próprio mundo só se revela à luz de um fim – esse projeto posiciona como fim certo tipo de relação que o Para-si quer manter com o ser. Esse projeto não é instantâneo, pois não pode estar "no" tempo. Tampouco é intemporal, a fim de, posteriormente, "dar o tempo a si mesmo". É por isso que rejeitamos a "escolha do caráter inteligível" de Kant. A estrutura da escolha subentende necessariamente que seja escolha no mundo. Uma escolha que fosse escolha *a partir de nada* ou *contra nada* seria escolha de nada e se nadificaria como escolha. Só há escolha fenomenal, desde que, todavia, entenda-se que o fenômeno neste caso é o absoluto. Mas, em seu próprio surgimento, a escolha se temporaliza, posto que faz com que um futuro venha iluminar o presente e constituí-lo enquanto presente ao conferir aos "data" Em-si a significação de *preteridade*. Entretanto, não se deve entender com isso que o projeto fundamental seja coextensivo à "vida" inteira do Para-si. Sendo a liberdade ser-sem-apoio e sem-trampolim, o projeto, para ser, deve ser constantemente renovado. Eu escolho a mim mesmo perpetuamente, e jamais a título de tendo-sido-escolhido, senão recairia na pura e simples existência do Em-si. A necessidade de me escolher perpetuamente identifica-se com a perseguição-perseguida que sou. Mas, precisamente por tratar-se de uma *escolha*, essa escolha, na medida em que se opera, designa em geral como possíveis outras escolhas. A possibilidade dessas outras escolhas não é explicitada nem posicionada, mas vivida no sentimento de injustificabilidade, e se exprime pelo fato da *absurdidade* de minha escolha e, por conseguinte, de meu ser.

Assim, minha liberdade corrói minha liberdade. Sendo livre, com efeito, projeto meu possível total, mas, com isso, posiciono o fato de que sou livre e de que posso sempre nadificar esse projeto primordial e preterificá-lo. Assim, no momento em que o Para-si supõe captar-se e, por um nada projetado, anunciar a si aquilo que ele é, escapa de si, uma vez que posiciona com isso sua própria possibilidade de ser outro que não si mesmo. Bastará que explicite sua injustificabilidade para fazer surgir o *instante*, ou seja, a aparição de um novo projeto sobre o desabamento do anterior. Todavia, como esse surgimento do novo projeto tem por condição expressa a nadificação do anterior, o Para-si não pode conferir uma nova existência a si mesmo: assim que arremessa no passado o projeto prescrito, tem-de-ser esse projeto na forma do "era" – o que significa que tal projeto prescrito pertence daqui por diante à situação do Para-si. Nenhuma lei de ser pode estipular o número *a priori* dos diferentes projetos que sou: a existência do Para-si, com efeito, condiciona sua essência. Mas é necessário consultar a história de cada um para se ter uma ideia singular acerca de cada Para-si singular. Nossos projetos particulares, concernentes à realização no mundo de um fim em particular, integram-se no projeto global que somos. Mas, precisamente porque somos integralmente escolha e ato, esses projetos parciais não são determinados pelo projeto global: devem ser, eles próprios, escolhas, e a cada um deles permite-se certa margem de contingência, imprevisibilidade e absurdo, embora cada projeto, na medida em que se projeta, sendo especificação do projeto global por ocasião de elementos particulares da situação, seja sempre compreendido em relação à totalidade de meu ser-no-mundo.

Com essas breves observações, cremos ter descrito a liberdade do Para-si em sua existência originária. Mas sublinhamos que esta liberdade requer algo dado, não como sua condição, mas por mais de uma razão: em primeiro lugar, a liberdade só se concebe como nadificação de algo dado (§ 5), e, na medida em que é negação interna e consciência, participa (§ 6) da necessidade que prescreve a consciência de ser consciência *de* alguma coisa. Além disso, liberdade é liberdade de escolher, mas não liberdade de não escolher. Com efeito, não escolher é escolher não escolher. Daí resulta que a escolha é fundamento do ser-escolhido, mas não fundamento do escolher. E daí a absurdidade (§ 7) da liberdade. Também aqui a liberdade nos remete a algo dado, o qual nada mais é senão a própria facticidade do Para-si. Por último, o projeto global, embora ilumine o mundo em sua totalidade, pode ser especificado por ocasião desse ou daquele elemento da situação, e, por conseguinte, da contingência do mundo. Todas essas observações nos levam, portanto, a um problema difícil: o das relações entre liberdade e facticidade. Além disso, deparamos com as objeções concretas que não deixarão de ser feitas: posso escolher ser alto, se sou baixo?; posso ter dois braços, se sou maneta? etc. – objeções que remetem justamente aos "limites" que minha situação de fato iria trazer à minha livre escolha de mim mesmo. Portanto convém examinar o outro aspecto da liberdade, seu "reverso": sua relação com a facticidade.

II
LIBERDADE E FACTICIDADE: A SITUAÇÃO

O argumento decisivo empregado pelo senso comum contra a liberdade consiste em nos lembrar de nossa impotência. Longe de podermos modificar nossa situação ao nosso bel-prazer, parece que não podemos modificar-nos a nós mesmos. Não sou "livre" nem para escapar ao destino de minha classe, minha nação, minha família, nem sequer para construir meu poderio ou minha riqueza, nem para dominar meus apetites mais insignificantes ou meus hábitos. Nasço operário, francês, sifilítico hereditário ou tuberculoso. A história de uma vida, qualquer que seja, é a história de um fracasso. O coeficiente de adversidade das coisas é de tal ordem que anos de paciência são necessários para obter o mais ínfimo resultado. E ainda é preciso "obedecer à natureza para comandá-la", ou seja, inserir minha ação nas malhas do determinismo. Bem mais do que parece "fazer-se", o homem parece "ser feito" pelo clima e a terra, a raça e a classe, a língua, a história da coletividade da qual participa, a hereditariedade, as circunstâncias individuais de sua infância, os hábitos adquiridos, os grandes e pequenos acontecimentos de sua vida.

Este argumento nunca perturbou profundamente os adeptos da liberdade humana: Descartes, o primeiro deles, reconhecia ao mesmo tempo que a vontade é infinita e que é preciso "dominar mais a nós mesmos do que a sorte". Pois convém fazer aqui certas distinções: muitos dos fatos enunciados pelos deterministas não podem ser levados em consideração. O coeficiente de adversidade das coisas, em particular, não pode constituir um argumento contra nossa liberdade, porque é *por nós*, ou seja, pelo posicionamento prévio de um fim, que surge o coeficiente de adversidade. Determinado rochedo, que demonstra profunda resistência se pretendo removê-lo, será, ao contrário, preciosa ajuda se quero escalá-lo para contemplar a paisagem. Em si mesmo – se for sequer possível imaginar o que ele é em si mesmo –, o rochedo é neutro, ou seja, espera ser iluminado por um fim de modo a se manifestar como adversário ou auxiliar. Também só pode manifestar-se dessa ou daquela maneira no interior de um complexo-utensílio já estabelecido. Sem picaretas e ganchos, veredas já traçadas, técnica de escalagem, o rochedo não seria nem fácil nem difícil de escalar; a questão não seria colocada, e o rochedo não manteria relação de espécie alguma com a técnica do alpinismo. Assim, ainda que as coisas em bruto (que Heidegger denomina "existentes em bruto") possam desde a origem limitar nossa liberdade de ação, é nossa liberdade mesmo que deve constituir previamente a moldura, a técnica e os fins em relação aos quais as coisas irão manifestar-se como limites. Mesmo se o rochedo se revela como "muito difícil de escalar" e temos de desistir da escalada, observemos que ele só se revela desse modo por ter sido originariamente captado como "escalável" (*gravissable*); portanto, é nossa liberdade que constitui os limites que irá encontrar depois. Decerto, após essas considerações, permanece um *residuum* inominável e impensável que pertence ao Em-si considerado e faz com que, em um mundo iluminado por nossa liberdade, determinado rochedo seja mais propício à escalagem e aquele outro não. Mas, longe de ser originariamente esse *resíduo* um limite da liberdade, esta surge como liberdade graças a ele – ou seja, graças ao Em-si em bruto, enquanto tal. O senso comum, com efeito, concordará conosco: o ser dito *livre* é aquele que pode *realizar* seus projetos. Mas, para que o ato possa comportar uma *realização*, é preciso que a simples projeção de um fim possível se distinga *a priori* da realização deste fim. Se bastasse conceber para realizar, estaria eu mergulhado em um mundo semelhante ao do sonho, no qual o possível não se distingue de forma alguma do real. Ficaria condenado, então, a ver o mundo se modificar segundo os caprichos das alterações *de* minha consciência, e não poderia praticar, em relação à minha concepção, a "colocação entre parênteses" e a suspensão de juízo que irão distinguir uma simples ficção de uma escolha real. Aparecendo desde o momento em que é simplesmente concebido, o objeto não seria nem escolhido nem desejado. Abolida a distinção entre o simples *desejo*, a *representação* que posso escolher e a *escolha*, a liberdade desapareceria com ela. Somos livres quando o termo último pelo qual fazemos anunciar a nós mesmos o que somos constitui um *fim*, ou seja, não um existente real, como aquele que, na suposição precedente, viria a satisfazer nosso desejo, mas sim um objeto que ainda não existe. Mas, em consequência, este *fim* só pode ser transcendente caso esteja separado de nós ao mesmo tempo que nos é acessível. Somente um conjunto de existentes reais pode nos separar deste fim – assim como este fim só pode ser concebido enquanto estado por-vir dos existentes reais que dele me separam. O fim nada mais é do que o esboço de uma ordem dos existentes, ou seja, o esboço de uma série de disposições a serem tomadas pelos existentes sobre o fundamento de suas relações atuais. Com efeito, o Para-si, devido à negação interna, ilumina os existentes em suas relações mútuas por meio do fim que posiciona, e projeta este fim a partir das determinações que capta ao existi-lo. Não há círculo vicioso, como vimos, pois o surgimento do Para-si se efetua de uma só vez. Mas, sendo assim, a ordem mesmo dos existentes é indispensável à própria liberdade. É por meio deles que a liberdade é separada do e reunida ao fim que persegue e lhe anuncia o que ela é. De sorte que as resistências que a liberdade desvela no existente, longe de constituir um perigo para ela, nada mais fazem do que permitir-lhe surgir como liberdade. Só pode haver Para-si livre enquanto comprometido em um mundo resistente. Fora deste comprometimento, as noções de liberdade, determinismo e necessidade perdem inclusive seu sentido.

É necessário, além disso, sublinhar com clareza, contra o senso comum, que a fórmula "ser livre" não significa "obter o que se quis", mas sim "determinar-se por si mesmo a querer (no sentido lato de escolher)". Em outros termos, o êxito não importa em absoluto à liberdade. A discussão que opõe o senso comum aos filósofos provém de um mal-entendido: o conceito empírico e popular de "liberdade", produto de circunstâncias históricas, políticas e morais, equivale à "faculdade de obter os fins escolhidos". O conceito técnico e filosófico de liberdade, o único que consideramos aqui, significa somente: autonomia de escolha. É preciso observar, contudo, que a escolha, sendo idêntica ao fazer, pressupõe um começo de realização, de modo a se distinguir do sonho e do desejo. Assim, não diremos que um prisioneiro é sempre livre para sair da prisão, o que seria absurdo, nem tampouco que é sempre livre para desejar sua libertação, o que seria um truísmo irrelevante, mas sim que é sempre livre para tentar escapar (ou fazer-se libertar) – ou seja, qualquer que seja sua condição, ele pode projetar sua evasão e descobrir o valor de seu projeto por um começo de ação. Nossa descrição da liberdade, por não distinguir o escolher do fazer, obriga-nos a renunciar de vez à distinção entre intenção e ato. Não é possível separar a intenção do ato, do mesmo modo como não se pode separar o pensamento da linguagem que o exprime; e, assim como acontece de nossa palavra nos revelar nosso pensamento, também nossos atos nos revelam nossas intenções, ou seja, permite-nos desempenhá-las, esquematizá-las, torná-las objetos em vez de nos limitarmos a vivê-las, ou seja, a tomar delas uma consciência não tética. Esta distinção essencial entre liberdade de escolha e liberdade de obter foi percebida certamente por Descartes, depois do estoicismo. Coloca um ponto-final em todas as discussões sobre "querer" e "poder" que ainda hoje opõem os defensores aos adversários da liberdade.

Nem por isso deixa de ser verdade o fato de que a liberdade encontra ou parece encontrar limites, em virtude do *dado* transcendido ou nadificado por ela. Mostrar que o coeficiente de adversidade da coisa e seu caráter de *obstáculo* (unido a seu caráter de utensílio) é indispensável à existência de uma liberdade corresponde a usar de um argumento como faca de dois gumes, porque, se nos permite estabelecer que a liberdade não é dirimida pelo dado, indica, por outro lado, algo como um condicionamento ontológico da liberdade. Não seria sensato dizer, como certos filósofos contemporâneos: sem obstáculo não há liberdade? E, como não podemos admitir que a liberdade cria por si mesmo seu obstáculo – o que é absurdo para quem tenha compreendido o que é uma espontaneidade –, parece haver aqui uma espécie de precedência ontológica do Em-si em relação ao Para-si. É preciso, pois, considerar as observações anteriores como simples tentativas de aplanar as dificuldades, e retomar desde o começo a questão da facticidade.

Estabelecemos que o Para-si é livre. Mas isso não significa que seja seu próprio fundamento. Se ser livre significasse ser seu próprio fundamento, seria necessário que a liberdade decidisse sobre a *existência* de seu ser. E tal necessidade pode ser entendida de duas formas. Em primeiro lugar, seria preciso que a liberdade decidisse acerca de seu ser-livre, ou seja, que fosse não somente escolha de um fim, mas escolha de si mesmo como liberdade. Portanto, haveria a pressuposição de que a possibilidade de ser-livre e a possibilidade de não ser livre existissem igualmente antes da livre escolha e uma delas, ou seja, antes da livre escolha da liberdade. Mas, uma vez que seria necessária então uma liberdade prévia que escolhesse ser livre, ou seja, no fundo, que escolhesse ser o que já é, seríamos remetidos ao infinito, pois ela teria necessidade de outra liberdade anterior que a escolhesse, e assim por diante. De fato, somos uma liberdade que escolhe, mas não escolhemos ser livres: estamos condenados à liberdade, como dissemos atrás, arremessados na liberdade, ou, como diz Heidegger, "em derrelição". E vemos que tal derrelição não tem outra origem salvo a própria existência da liberdade. Portanto, se definimos a liberdade como escapar ao dado, ao fato, há um *fato* do escapar ao fato. É a facticidade da liberdade.

Mas o fato de que a liberdade não é seu próprio fundamento pode ser ainda entendido de outro modo, que levará a conclusões idênticas. Com efeito, se a liberdade decidisse sobre a existência de seu ser, seria necessário não somente que fosse possível o ser como não livre, mas ainda que fosse possível minha inexistência absoluta. Em outras palavras, vimos que, no projeto inicial da liberdade, o fim se reverte sobre os motivos para constituí-los; mas, se a liberdade tem de ser seu próprio fundamento, o fim deve, além disso, reverter sobre a própria existência para fazê-la surgir. Pode-se ver o que resultaria disso: o Para-si se extrairia a si mesmo do nada para alcançar o fim a que se propõe. Esta existência legitimada pelo seu fim seria existência de *direito*, não de *fato*. E é verdade que, entre as mil maneiras que tem o Para-si de tentar arrancar-se de sua contingência original, há uma que consiste em tentar se fazer reconhecer pelo outro como existência de direito. Nós nos atemos aos nossos direitos individuais somente no âmbito de um vasto projeto que tenderia a nos conferir a existência a partir da função que cumprimos. Eis a razão pela qual o homem tenta tão frequentemente identificar-se à sua função e procura ver em si mesmo nada mais do que "o presidente do Tribunal de apelação", "o pagador geral do Tesouro" etc. Cada uma dessas funções, com efeito, tem sua existência justificada pelo seu fim. Ser identificado a uma delas é considerar sua própria existência como se estivesse a salvo da contingência. Mas esses esforços para escapar à contingência originária só fazem por estabelecer melhor a existência da mesma. A liberdade não pode decidir acerca de sua existência pelo fim que posiciona. Sem dúvida, ela só existe pela escolha que faz de um fim, mas não é senhora do fato de que *há* uma liberdade que, pelo seu fim, faz anunciar a si mesmo aquilo que é. Uma liberdade que produzisse sua própria existência perderia seu sentido mesmo de liberdade. Com efeito, a liberdade não é um simples poder indeterminado. Se assim fosse, seria nada ou Em-si; e é somente por uma síntese aberrante do Em-si e do nada que podemos concebê-la como um poder desnudo e preexistente às suas escolhas. A liberdade, por seu próprio surgimento, determina-se em um "fazer". Mas, como vimos, *fazer* pressupõe a nadificação de algo dado. Fazemos alguma coisa *de* alguma coisa. Assim, a liberdade é falta de ser em relação a um ser dado, e não surgimento de um ser pleno. E, se a liberdade é esse buraco no ser, esse nada de ser, como acabamos de dizer, ela pressupõe *todo o ser* para surgir no âmago do ser como um buraco. Portanto, não poderia determinar-se à existência a partir do nada, porque toda produção a partir do nada não poderia ser senão ser-Em-si. Além disso, demonstramos na primeira parte desta obra que o nada não pode aparecer em parte alguma a não ser no âmago do ser. Coincidimos aqui com as exigências do senso comum: empiricamente, só podemos ser livres em relação a tal estado de coisas e apesar deste. Dir-se-á que sou livre em relação a tal estado de coisas quando este não me constrange. Assim, a concepção empírica e prática da liberdade é inteiramente negativa; parte da consideração de uma situação e constata que esta situação me *deixa livre* para perseguir tal ou qual fim. Poderíamos até dizer que esta situação condiciona minha liberdade, no sentido de que *está aí para não me constranger*. Elimine-se a proibição de circular pelas ruas após o toque de recolher – e que significação poderá ter para mim a liberdade (conferida, por exemplo, por um salvo-conduto) de dar um passeio à noite?*

Assim, a liberdade é um ser menor que pressupõe o ser para eludi-lo. Não é livre para não existir, nem para não ser livre. Vamos captar a seguir a conexão entre essas duas estruturas: com efeito, como a liberdade é um escapar ao ser, não poderia produzir-se *junto* ao ser, lateralmente, em um projeto de sobrevoo; não podemos escapar de um cárcere no qual não fomos enclausurados. Uma projeção de si à margem do ser não poderia, de forma alguma, constituir-se como nadificação deste ser. A liberdade é um escapar a um comprometimento no ser, é nadificação de um ser que ela é. Não significa que a realidade-humana existe *primeiro* para ser livre *depois*. "Depois" e "primeiro" são termos criados pela própria liberdade. Simplesmente, o surgimento da liberdade se efetua pela dupla nadificação do *ser que ela é* e do ser no meio do qual ela é. Naturalmente, a liberdade não é este ser no sentido de ser Em-si. Mas ela faz com que *haja* este ser que é seu e está atrás de si, iluminando-o em suas insuficiências à luz do fim que escolheu: a liberdade tem *de ser* atrás de si este ser que não escolheu, e, precisamente na medida em que se reverte sobre ele para iluminá-lo, faz com que este ser que é seu apareça em relação com o *plenum* do ser, ou seja, exista no meio do mundo. Dissemos que a liberdade não é livre para não ser livre e que não é livre para não existir. Isso porque, com efeito, o fato de não poder não ser livre é a *facticidade* da liberdade, e o fato de não poder não existir é a sua *contingência*. Contingência e facticidade se identificam: há um ser cuja liberdade tem-de-ser em forma do *não ser* (ou seja, da nadificação). Existir como o *fato* da liberdade ou ter-de-ser um ser no meio do mundo é a mesma coisa, o que significa que a liberdade é originariamente *relação com o dado*.

---

* Pela singularidade do exemplo, voltamos a lembrar que o livro foi escrito na França ocupada pelos nazistas [N.T.].

Mas, qual a relação com o dado? Deve-se entender por isso que o dado (Em-si) condiciona a liberdade? Vejamos melhor: o dado não é *causa* da liberdade (pois o dado só pode produzir o dado) nem *razão* da liberdade (pois toda "razão" vem ao mundo pela liberdade). Tampouco é *condição necessária* da liberdade, já que estamos no terreno da pura contingência. Também não é uma *matéria indispensável* sobre a qual a liberdade deve exercer-se, posto que isso equivaleria a pressupor que a liberdade existe como forma aristotélica ou um Pneuma estoico, toda feita, e busca uma matéria a trabalhar. O dado não entra de forma alguma na constituição da liberdade, pois esta se interioriza como negação interna do dado. Simplesmente, é a pura contingência que a liberdade nega fazendo-se escolha; é a plenitude de ser que a liberdade colore de insuficiência e negatividade iluminando-a à luz de um fim que não existe; é *a liberdade mesmo* na medida em que esta existe – e que, não importa o que faça, não pode escapar à sua própria existência. O leitor compreendeu que esse dado nada mais é do que o Em-si nadificado pelo Para-si que tem-de-sê-lo; o corpo como ponto de vista sobre o mundo; o passado como *essência* que o Para-si era: três designações para uma só realidade. Por sua tomada de distância nadificadora, a liberdade faz com que se estabeleça, do ponto de vista do fim, um sistema de relações entre "os" Em-sis, ou seja, entre o *plenum* de ser que então se revela como *mundo* e o ser que ela tem-de-ser no meio desse *plenum*, o qual se revela como *um* ser, como *um* isto que ela tem-de-ser. Assim, por sua própria projeção rumo a um fim, a liberdade constitui como ser no meio do mundo um *datum* particular que ela tem-de-ser. A liberdade não o escolhe, pois isso seria escolher a própria existência, mas, pela escolha que faz de seu fim, ela faz com que esse *datum* se revele dessa ou daquela maneira, sob tal ou qual luz, em conexão com a descoberta do mundo mesmo. Assim, a própria contingência da liberdade e o mundo que, com sua contingência própria, circunda tal contingência irão aparecer à liberdade somente à luz do fim que ela escolheu, ou seja, não enquanto existentes em bruto, mas na unidade de iluminação de uma só nadificação. E a liberdade jamais pode retomar este conjunto como puro *datum*, pois seria necessário que o fizesse por fora de toda escolha e, portanto, que deixasse de ser liberdade.

Denominaremos *situação* a contingência da liberdade no *plenum* de ser do mundo, na medida em que esse *datum*, que está aí somente *para não constranger* a liberdade, só se revela a esta liberdade enquanto *já iluminado* pelo fim por ela escolhido. Assim, o *datum* jamais aparece ao Para-si como existente em bruto e Em-si; ele se descobre sempre *como motivo*, já que só se revela à luz de um fim que o ilumina. Situação e motivação se identificam. O Para-si se descobre comprometido no ser, investido pelo ser, ameaçado pelo ser; descobre o estado de coisas que o circunda como motivo para uma reação de defesa ou de ataque. Mas só pode fazer tal descoberta porque posiciona livremente o fim em relação ao qual o estado de coisas é ameaçador ou favorável. Tais observações devem nos mostrar que a *situação*, produto comum da contingência do Em-si e da liberdade, é um fenômeno ambíguo, no qual é impossível ao Para-si discernir a contribuição da liberdade e a do existente em bruto. Com efeito, assim como a liberdade é um escapar a uma contingência que ela tem-de-ser para dela escapar, também a situação é livre coordenação e livre qualificação de um dado em bruto que não se deixa qualificar de modo algum. Eis-me aos pés desse rochedo que me aparece como "não escalável". Significa que o rochedo me aparece à luz de uma escalada projetada – projeto secundário que extrai seu sentido a partir de um projeto inicial que é meu ser-no-mundo. Assim, o rochedo se destaca sobre fundo de mundo por efeito da escolha inicial de minha liberdade. Mas, por outro lado, minha liberdade não pode decidir se o rochedo "a escalar" irá servir ou não à escalada. Isso faz parte do ser em bruto do rochedo. Todavia, o rochedo só pode manifestar sua resistência à escalada se for integrado pela liberdade em uma "situação" cujo tema geral é a escalada. Para o simples viajante que atravessa a estrada e cujo livre projeto é pura ordenação estética da paisagem, o rochedo não se mostra nem como escalável, nem como não escalável: manifesta-se somente como belo ou feio. Assim, é impossível determinar em cada caso particular o que procede da liberdade e o que procede do ser em bruto do Em-si*. O dado em si mesmo, como *resistência* ou como *ajuda*, só se revela à luz da liberdade projetante. Mas a liberdade projetante

---

* No original, por errata, lê-se *Pour-soi* [N.T.].

organiza uma iluminação de tal ordem que o Em-si se mostra *como é,* ou seja, resistente ou favorável, ficando bem entendido que a resistência do dado não é diretamente admissível como qualidade Em-si do dado, mas somente como indicação, através de uma livre iluminação e uma livre refração, de um *quid** inapreensível. Portanto, é somente no e pelo livre surgimento de uma liberdade que o mundo desenvolve e revela as resistências que podem tornar irrealizável o fim projetado. O homem só encontra obstáculo no campo de sua liberdade. Melhor ainda: é impossível decretar *a priori* o que procede do existente em bruto ou da liberdade no caráter de obstáculo deste ou daquele existente particular. Aquilo que é obstáculo para mim, com efeito, não o será para outro. Não há obstáculo absoluto, mas o obstáculo revela seu coeficiente de adversidade através das técnicas livremente inventadas, livremente adquiridas; também o revela em função do valor do fim posicionado pela liberdade. Esse rochedo não será um obstáculo se almejo, a qualquer custo, chegar ao alto da montanha; irá me desencorajar, ao contrário, se livremente determinei limites ao meu desejo de fazer a escalada projetada. Assim, o mundo, por coeficientes de adversidade, revela-me a maneira como me atenho aos fins a que me destino, de sorte que jamais posso saber se me fornece informação a seu ou a meu respeito. Além disso, o coeficiente de adversidade do dado jamais é simples relação com minha liberdade enquanto puro brotar nadificador: é relação iluminada pela liberdade entre o *datum* que é o rochedo e o *datum* que minha liberdade tem-de-ser, ou seja, entre o contingente que ela não é e sua pura facticidade. Sendo igual o desejo de escalar, o rochedo será fácil para um alpinista atlético, difícil para outro, novato, mal treinado e de corpo franzino. Mas o corpo, por sua vez, só se revela bem ou mal treinado em relação a uma escolha livre. É porque estou aí e faço de mim o que sou que o rochedo desenvolve com relação a meu corpo um coeficiente de adversidade. Para o advogado que permanece na cidade e defende uma causa, com o corpo escondido sob sua toga, o rochedo não é difícil nem fácil de escalar: está fundido na totalidade "mundo", sem dela emergir de modo algum. E, em certo sentido, sou eu quem escolhe meu corpo como fran-

---

* Em latim: um que, alguma coisa [N.T.].

zino ao levá-lo a defrontar-se com dificuldades que eu mesmo faço nascer (alpinismo, ciclismo, esportes). Se não escolhi praticar esportes, se permaneço em cidades e se me ocupo exclusivamente de negócios ou trabalhos intelectuais, meu corpo de forma alguma será qualificado por esse ponto de vista. Assim, começamos a entrever o paradoxo da liberdade: não há liberdade a não ser em *situação*, e não há situação a não ser pela liberdade. A realidade humana encontra por toda parte resistências e obstáculos que ela não criou; mas essas resistências e obstáculos só têm sentido na e pela livre escolha que a realidade humana é. Mas, de modo a captar melhor o sentido dessas observações e delas extrair o proveito que oferecem, convém agora analisar à sua luz alguns exemplos precisos. O que temos denominado facticidade da liberdade é o dado que ela *tem-de-ser* e ilumina pelo seu projeto. Esse dado se manifesta de diversas maneiras, ainda que na unidade absoluta de uma só iluminação. É *meu lugar, meu corpo, meu passado, meus arredores*, na medida em que já determinados pelas indicações dos Outros, e, por fim, *minha relação fundamental com o Outro*. Vamos examinar sucessivamente e com exemplos precisos essas diferentes estruturas da situação. Mas jamais devemos esquecer que nenhuma delas aparece sozinha, e que, quando levamos uma em consideração isoladamente, só podemos fazê-la surgir sobre o fundo sintético das demais.

A) Meu lugar

Meu lugar se define pela ordem espacial e a natureza singular dos "istos" que a mim se revelam sobre fundo de mundo. É, naturalmente, o lugar que "habito" (meu "país", com seu solo, seu clima, suas riquezas, sua configuração hidrográfica e orográfica), mas também, mais simplesmente, a disposição e a ordem dos objetos que presentemente me aparecem (uma mesa, do outro lado da mesa uma janela, à esquerda da janela uma estante, à direita uma cadeira, e, atrás da janela, a rua e o mar) e que me indicam como sendo a própria razão de sua ordem. É impossível que eu não tenha um lugar, caso contrário eu estaria, em relação ao mundo, em estado de sobrevoo, e o mundo, como vimos anteriormente, não iria manifestar-se de forma alguma. Além disso, embora este lugar atual possa me ter sido destinado pela minha liberdade (eu "vim" a ele), só posso ocupá-lo em função daquele que ocupava anteriormente e seguindo caminhos traçados pelos próprios objetos. E este lugar anterior me remete a outro, este outro a outro, e assim sucessivamente, até a *contingência pura de meu lugar*, ou seja, aquele dentre meus lugares que já não remete a nada de *mim*: o lugar que me é destinado pelo nascimento. Com efeito, de nada serviria explicar este último lugar pelo lugar que minha mãe ocupava quando me colocou no mundo: a corrente está rompida, os lugares livremente escolhidos por meus pais não podem valer de modo algum como explicação de *meus* lugares; e, se consideramos um deles em sua conexão com meu lugar original – como quando se diz, por exemplo, "nasci em Bordeaux porque meu pai foi ali nomeado funcionário", ou "nasci em Tours porque meus avós tinham propriedades ali e minha mãe buscou abrigo com eles quando, durante a gravidez, soube da morte de meu pai" – é para ressaltar melhor até que ponto o nascimento e o lugar a que ele me destina são coisas contingentes *para mim*. Assim, nascer é, entre outras características, *ocupar seu lugar*, ou melhor, como acabamos de dizer, *recebê-lo*. E, uma vez que este lugar original será aquele a partir do qual irei ocupar novos lugares de acordo com regras determinadas, parece haver nesse ponto uma forte restrição à minha liberdade. A questão se complica, além disso, quando refletimos sobre ela: os partidários do livre-arbítrio, com efeito, mostram que, a partir de qualquer lugar presentemente ocupado, uma infinidade de outros lugares se oferece à minha escolha; os adversários da liberdade insistem no fato de que, por isso mesmo, uma infinidade de lugares é-me negada, e que, além disso, os objetos voltam em minha direção uma face que não escolhi e é excludente de todas as outras; e acrescentam que *meu lugar* está muito profundamente vinculado às demais condições de minha existência (regime alimentar, clima, etc.) para que não contribua a fazer de mim o que sou. Entre partidários e adversários da liberdade, a decisão parece impossível. Isso porque o debate não foi colocado em seu devido terreno.

    De fato, se quisermos situar a questão adequadamente, convém partir desta antinomia: a realidade humana recebe originariamente seu lugar no meio das coisas – a realidade humana é aquilo pelo qual algo como sendo um lugar vem às coisas. Sem realidade humana *não haveria* espaço nem lugar – e, todavia, esta realidade humana pela qual a localização vem às coisas recebe seu lugar entre as coisas sem ter domínio sobre isso. Na verdade, não há mistério nisso, mas a descrição deve partir da antinomia, a qual nos mostrará a exata relação entre liberdade e facticidade.

O espaço geométrico, ou seja, a pura reciprocidade das relações espaciais, é puro nada, como vimos. A única localização concreta que pode revelar-se a mim é a extensão absoluta, ou seja, justamente aquela que é definida por meu lugar considerado como centro, e para o qual as distâncias são calculadas absolutamente entre o objeto e eu, sem reciprocidade. E a única extensão absoluta é aquela que se desdobra a partir de um lugar que eu *sou* absolutamente. Nenhum outro ponto poderia ser escolhido como centro absoluto de referência, sob pena de ser arrastado imediatamente na relatividade universal. Se *há* uma extensão, nos limites da qual eu me apreendo como livre ou não livre, uma extensão que a mim se mostra como auxiliar ou adversa (separadora), só pode ser porque, antes de tudo, *existo meu lugar*, sem escolha, também sem necessidade, como puro fato absoluto de meu *ser-aí*. Sou *aí:* não aqui, mas *aí*. Eis o fato absoluto e incompreensível que está na origem da extensão, e, consequentemente, de minhas relações originais com as coisas (com estas coisas, mais do que com aquelas outras). Fato de pura contingência – fato absurdo.

Só que, por outro lado, este lugar *que sou* é uma relação. Relação unívoca, sem dúvida, mas relação ainda assim. Se me limito a *existir* meu lugar, não posso estar ao mesmo tempo em outra parte de modo a estabelecer essa relação fundamental; sequer posso ter uma compreensão obscura do objeto em relação ao qual se define meu lugar. Posso apenas existir as determinações interiores que, sem meu conhecimento, os objetos inapreensíveis e impensáveis que me circundam podem provocar em mim. Ao mesmo tempo, a própria realidade da extensão absoluta desaparece, e vejo-me afastado de tudo aquilo que se assemelhe a um lugar. Além disso, não sou livre nem não livre; sou puro existente, sem coerção, mas também sem qualquer meio de negar a coerção. Para que algo como uma extensão originariamente definida como meu lugar venha ao mundo e, ao mesmo tempo, defina-me rigorosamente, não basta somente que eu exista meu lugar, ou seja, que eu *tenha-de-ser-aí:* é preciso também que eu possa não ser completamente aí, de modo a poder ser lá, junto ao objeto situado a dez metros de mim e a partir do qual anuncio meu lugar a mim mesmo. A relação unívoca que define meu lugar se enuncia, com efeito, como relação entre algo que sou e algo que não sou. Essa relação, para revelar-se, deve ser estabelecida. Pressupõe, portanto, que estou em condições de efetuar as operações seguintes: 1º) *Escapar àquilo que sou e nadificá-lo,* de tal maneira que aquilo que sou, sem deixar de ser *existido,* possa revelar-se, contudo, como termo de uma relação. Essa relação, com efeito, é dada imediatamente, não na simples contemplação dos objetos (se tentássemos derivar o espaço da contemplação pura, poder-se-ia objetar que os objetos são dados com *dimensões* absolutas, e não com *distâncias* absolutas), mas é dada na contemplação de nossa ação imediata ("está vindo em nossa direção", "vamos evitá-lo", "corro atrás dele" etc.) e implica, como tal, uma compreensão daquilo que sou enquanto ser-aí. Mas, ao mesmo tempo, é preciso definir com exatidão aquilo que sou a partir do ser-aí de outros "istos". Sou, enquanto ser-aí, aquele em direção ao qual alguém vem correndo, aquele que ainda precisa escalar por uma hora antes de estar no topo da montanha, etc. Portanto, quando olho o topo da montanha, por exemplo, trata-se de um escapar a mim mesmo, acompanhado de um refluxo que eu opero a partir do cimo da montanha rumo a meu ser-aí, de modo a me *situar.* Assim, devo ser aquilo que "tenho-de-ser" pelo próprio fato de escapar a isso. Para que eu me defina pelo meu lugar, é preciso, antes de tudo, que eu escape de mim mesmo de modo a posicionar as coordenadas a partir das quais irei definir-me mais estritamente como centro do mundo. Convém observar que meu *ser-aí* não pode, de forma alguma, determinar o transcender que irá estabelecer e situar as coisas, posto que é *algo puramente dado,* incapaz de projetar, e, além disso, porque é necessário que o transcender seguido do refluxo já tenha determinado a estrita definição de meu ser-aí como sendo tal ou qual. 2º) *Escapar, por negação interna, aos "istos"-no-meio-do-mundo que não sou e pelos quais anuncio a mim mesmo aquilo que sou.* Como vimos, descobri-los e escapar deles é o efeito de uma única negação. Também aqui a negação interna é primordial e espontânea em relação ao *datum* como descoberto. Não se pode admitir que o dado *provoque* nossa apreensão; ao contrário, para que *haja* um "isto" que anuncie suas distâncias ao Ser-aí que *sou*, é preciso justamente que eu dele escape por pura negação. Nadificação, negação interna, reversão determinante sobre o ser-aí que sou: essas três operações identificam-se. São somente momentos de uma transcendência original que se arremessa rumo a um fim, nadificando-me, de modo que eu, pelo futuro, anuncie a mim aquilo que sou. Assim, é minha liberdade que vem me conferir *meu* lugar e, situando-me, defini-lo como tal; só posso ser rigorosamente *limitado* a *este* ser-aí que sou porque minha estrutura ontológica consiste em não ser o que sou e ser o que não sou.

Além disso, esta determinação da localização, que pressupõe a transcendência toda, só pode ocorrer em relação a um fim. É à luz do fim que meu lugar adquire significação. Porque jamais posso ser *simplesmente aí:* meu lugar é captado, precisamente, como um *exílio*, ou, ao oposto, como esse lugar natural, tranquilizador e favorito que Mauriac denominava *querência,* por comparação com o lugar ao qual o touro ferido sempre retorna na arena; é em relação ao que projeto fazer – em relação ao mundo em totalidade, e, portanto, a todo meu ser-no-mundo – que meu lugar me aparece como um auxiliar ou um impedimento. Estar no lugar é, antes de tudo, estar longe de... ou perto de... – ou seja, o lugar está dotado de sentido em relação a certo ser ainda não existente que se quer alcançar. É a acessibilidade ou a inacessibilidade deste fim que define meu lugar. Portanto, é à luz do não ser e do futuro que minha posição pode ser atualmente compreendida: ser-aí é não precisar dar mais do que um passo para alcançar o bule de chá, poder introduzir a pena no tinteiro estendendo o braço, precisar virar de costas para a janela se quero ler sem cansar a vista, ter de montar na bicicleta e suportar por duas horas a fadiga de uma tarde tórrida se quero encontrar meu amigo Pedro, tomar o trem e passar uma noite em claro se quero encontrar Ana. Ser-aí para um colonial é estar a vinte dias da França – ou, melhor ainda, se se trata de um funcionário público que aguarda uma viagem paga pelo governo, ser-aí é estar a seis meses e sete dias de Bordeaux ou de Étaples.

Ser-aí, para um soldado, é estar a cento e dez ou cento e vinte dias de sua dispensa; o futuro – um futuro projetado – intervém por todos os lados: é minha vida futura em Bordeaux ou Étaples, a dispensa futura do soldado, a palavra futura que vou escrever com a pena úmida de tinta, é tudo isso que significa meu lugar e me faz existir com abatimento, impaciência ou nostalgia. Ao contrário, se fujo de um grupo de homens ou da opinião pública, meu lugar é definido pelo tempo de que essas pessoas precisam para me descobrir nos confins do vilarejo onde me refugiei, para chegar a esse vilarejo etc. Em tal caso, este isolamento é que me anuncia meu lugar como sendo a meu favor. Aqui, estar no lugar é estar em segurança.

Essa escolha de meu fim penetra até mesmo nas relações puramente espaciais (alto e baixo, direita e esquerda etc.) de modo a conferir-lhes uma significação existencial. A montanha é "esmagadora" se permaneço a seus pés; ao contrário, se estou em seu topo, ela é retomada pelo próprio projeto de meu orgulho e simboliza a superioridade sobre os outros homens que a mim atribuo. O lugar dos rios, a distância até o mar, etc., entram em jogo e estão dotados de significação simbólica: constituído à luz de meu fim, meu lugar me recorda simbolicamente este fim em todos os seus detalhes, tanto como em suas conexões de conjunto. Voltaremos a isso quando quisermos definir melhor o objeto e os métodos da psicanálise existencial. A relação em bruto de *distância* aos objetos jamais pode se deixar captar à parte das significações e dos símbolos que são a nossa maneira mesmo de constituí-la. Tanto mais que essa relação em bruto não tem sentido em si mesmo, salvo com relação à escolha das técnicas que permitem medir e percorrer as distâncias. Determinada cidade situada a vinte quilômetros de meu vilarejo e em comunicação com ele por via férrea está muito mais próxima de mim do que um pico rochoso situado a quatro quilômetros, mas a dois mil e oitocentos metros de altura. Heidegger mostrou como as preocupações cotidianas designam lugares aos utensílios que nada têm em comum com a pura distância geométrica: meus óculos, diz, uma vez colocados sobre meu nariz, estão muito mais longe de mim do que o objeto que vejo através deles.

Assim, devemos dizer que a facticidade de meu lugar só me é revelada na e pela livre escolha que faço de meu fim. A liberdade é indispensável à descoberta de minha facticidade. Conheço esta facticidade a partir de todos os pontos do futuro que projeto, é com seus caracteres de impotência, contingência, fragilidade e absurdidade que ela me aparece a partir do futuro. É em relação ao meu sonho de conhecer Nova York que se mostra absurdo e doloroso, para mim, viver em Mont-de-Marsan. Mas, reciprocamente, a facticidade é a única realidade que a liberdade pode descobrir, a única que ela pode nadificar pelo posicionamento de um fim. Porque, se o fim pode iluminar a situação, é pelo fato de ser constituído como modificação projetada *desta* situação. O lugar aparece a partir das mudanças que projeto. Mas *mudar* implica justamente alguma coisa a mudar, algo que é precisamente o meu lugar. Assim, *a liberdade é a apreensão de minha facticidade.* Seria absolutamente inútil tentar definir ou descrever o *quid* desta facticidade *"antes"* que a liberdade se reverta sobre ela de modo a captá-la como uma determinada deficiência. Meu lugar, antes que a liberdade tenha circunscrito minha localização como uma falta de determinada espécie, "não é", propriamente falando, absolutamente nada, uma vez que não existe a própria extensão a partir da qual se compreende todo e qualquer lugar. Por outro lado, a questão mesmo é ininteligível, pois comporta um "antes" que não tem sentido: com efeito, é a própria liberdade que se temporaliza seguindo as direções do antes e do depois. Nem por isso deixa de ser verdade o fato de que esse *quid* em bruto e impensável é aquele sem o qual a liberdade não poderia ser liberdade. É a própria facticidade de minha liberdade.

É somente no ato pelo qual a liberdade descobriu a facticidade e captou-a como *lugar* que este lugar assim definido se manifesta como *entrave* aos meus desejos, como *obstáculo* etc. Caso contrário, como seria possível que fosse obstáculo? Obstáculo *para quê?* Restrição de *fazer o quê?* Atribui-se a seguinte réplica a um emigrante que estava para deixar a França com destino à Argentina após o fracasso de seu partido político: como alguém observou que a Argentina estava "muito longe", indagou – "longe de quê?" E é inegável que, se a Argentina configura-se "longínqua" àqueles que vivem na França, isso ocorre em relação a um projeto nacional implícito que valoriza seu lugar de franceses. Para o revolucionário internacionalista, a Argentina é um centro do mundo, como qualquer outro país. Mas se, precisamente, por um projeto primordial, constituímos previamente a terra francesa como nosso lugar absoluto – e se alguma catástrofe nos obriga a nos exilarmos – é em relação a esse projeto inicial que a Argentina aparecerá como "longínqua", como "terra do exílio"; é em relação a esse projeto que nos sentiremos expatriados. Assim, a própria liberdade cria os obstáculos de que padecemos. É ela mesmo que, posicionando seu fim – e escolhendo-o como inacessível ou dificilmente acessível –, faz aparecer nossa localização como resistência insuperável ou dificilmente superável aos nossos projetos. Também é ela que, estabelecendo as conexões espaciais entre os objetos como tipo primordial de relação de utensilidade, e decidindo a respeito das técnicas que permitem medir e franquear as distâncias, constitui sua própria *restrição*. Mas, precisamente, não poderia haver liberdade a não ser *restringida*, posto que liberdade é escolha. Toda escolha, como veremos, pressupõe eliminação e seleção: toda escolha é escolha da finitude. Assim, a liberdade não poderia ser verdadeiramente livre salvo constituindo a facticidade como sua própria restrição. Portanto, de nada serviria dizer que *não sou livre* para ir a Nova York pelo fato de ser um modesto funcionário público de Mont-de-Marsan. Ao contrário, é em relação a meu projeto de ir a Nova York que irei me *situar* em Mont-de-Marsan. Minha localização no mundo, a relação entre Mont-de-Marsan e Nova York ou a China seriam muito diferentes se, por exemplo, meu projeto fosse me tornar um abastado agricultor de Mont-de--Marsan. No primeiro caso, Mont-de-Marsan aparece sobre fundo de mundo, em conexão orgânica com Nova York, Melbourne e Shangai; no segundo, emerge sobre fundo de mundo indiferenciado. Quanto à importância *real* de meu projeto de ir a Nova York, somente eu decido: pode ser apenas um modo de me escolher descontente com Mont-de-Marsan; e, nesse caso, tudo está centrado em Mont-de-Marsan; simplesmente experimento a necessidade de nadificar perpetuamente meu lugar, de viver em perpétua tomada de distância em relação à cidade que habito – também pode ser um projeto no qual me comprometo inteiramente. No primeiro caso, irei captar meu lugar como obstáculo intransponível e usar simplesmente de um subterfúgio para defini-lo indiretamente no mundo; no segundo caso, ao contrário, os obstáculos não mais existirão, meu lugar não será um ponto de fixação, mas um ponto de partida: porque, para *ir* a Nova York, é preciso um ponto de partida, qualquer que seja. Assim, não importa o momento que se considere, irei me captar comprometido no mundo, em meu lugar contingente. Mas é precisamente este comprometimento que confere seu sentido a meu lugar contingente e que é minha liberdade. Decerto, ao nascer, *tomo um lugar*, mas sou responsável pelo lugar que tomo. Vê-se aqui, com maior clareza, a conexão inextricável de liberdade e facticidade na situação, posto que, sem a facticidade, a liberdade não existiria – como poder de nadificação e escolha – e, sem a liberdade, a facticidade não seria descoberta e sequer teria qualquer sentido.

B) Meu passado

Temos um passado. Sem dúvida, pudemos estabelecer que esse passado não determina nossos atos tal como o fenômeno anterior determina o fenômeno consequente; sem dúvida, mostramos que o passado carece de força para constituir o presente e prefigurar o porvir. Isso não impede que a liberdade, escapando de si rumo ao futuro, não possa atribuir a si mesmo um passado conforme seus caprichos, ou que, por razão ainda maior, não possa produzir-se sem passado. A liberdade tem-de-ser seu próprio passado, e esse passado é irremediável; parece inclusive, ao primeiro contato, que ela não pode modificá-lo de forma alguma: o passado é o que é, fora de alcance; é aquilo que nos infesta à distância, sem que possamos sequer virar o rosto para observá-lo. Se não determina nossas ações, ao menos o passado é de tal ordem que não podemos tomar uma nova decisão a não ser *a partir dele*. Se cursei a escola naval e me tornei oficial de Marinha, em qualquer momento em que me reassumo e me considero, estou comprometido; no próprio instante em que me capto, estou de guarda na ponte do navio onde sou imediato. Posso rebelar-me subitamente contra esse fato, pedir demissão, decidir me suicidar: essas medidas extremas são tomadas por causa do passado que é meu; se visam destruí-lo, é porque existe, e minhas decisões mais radicais não conseguem mais do que adotar uma posição negativa a respeito de meu passado. Mas, no fundo, isso significa reconhecer a imensa importância do passado como plataforma e ponto de vista; toda ação destinada a me separar de meu passado deve ser concebida a partir *desse mesmo passado,* ou seja, deve reconhecer, antes de tudo, que nasce *a partir* desse passado singular que pretende destruir; nossos atos nos perseguem, diz o provérbio. O passado é presente e funde-se insensivelmente com o presente: é a roupa que escolhi seis meses atrás, a casa que construí, o livro que comecei a escrever no último inverno, minha mulher, as promessas que lhe fiz, meus filhos; tudo que *sou,* tenho-de-sê-lo à maneira do tendo-sido. Assim, nunca será exagerada a importância do passado, pois, para mim, *Wesen ist was gewesen ist*: ser é tendo-sido. Mas reencontramos aqui o paradoxo precedentemente assinalado: não posso me conceber sem passado, ou melhor, sem passado eu sequer poderia pensar seja o que for a meu respeito, posto que penso acerca daquilo que *sou,* eu sou no passado; mas, por outro lado, sou o ser pelo qual o passado vem a si mesmo e ao mundo.

Examinemos mais de perto esse paradoxo: a liberdade, sendo escolha, é mudança. Define-se pelo fim que projeta, ou seja, pelo futuro que ela tem-de-ser. Mas, precisamente porque o futuro é *o-estado-que-ainda-não-é daquilo que é,* só pode ser concebido em estreita conexão com aquilo que é. E não é possível que aquilo que é ilumine aquilo que ainda não é: pois aquilo que é é *falta* e, consequentemente, só pode ser conhecido enquanto tal a partir daquilo que lhe falta. É o fim que ilumina aquilo que é. Mas, de modo a ir buscar o fim por-vir para, através dele, anunciar a si o que é aquilo que é, é necessário estar já Para-além daquilo que é, em uma tomada de distância nadificadora que faz surgir claramente aquilo que é estado de sistema isolado. Aquilo que é, portanto, só adquire sentido quando *transcendido* rumo ao porvir. Aquilo que é, portanto, é o passado. Vemos como o passado é indispensável à escolha do porvir, a título de "aquilo que deve ser mudado", e, consequentemente e ao mesmo tempo, como nenhum livre-transcender poderia efetuar-se exceto a partir de um passado – e também como, por outro lado, esta *natureza* mesmo de passado advém ao passado a partir da escolha original de um futuro. Em particular, o caráter irremediável chega ao passado a partir de minha própria escolha do futuro: se o passado é aquilo a partir do qual concebo e projeto um novo estado de coisas no futuro, então esse passado, em si mesmo, é aquilo que é *abandonado em seu lugar*, aquilo que, por conseguinte, acha-se fora de toda perspectiva de mudança; assim, para que o futuro seja realizável, é preciso que o passado seja irremediável.

Posso perfeitamente não existir; mas, se existo, não posso deixar de ter um passado. Tal é a forma que adquire aqui a "necessidade de minha contingência". Mas, por outro lado, como vimos, duas características existenciais qualificam antes de tudo o Para-si:

1º) Nada há na consciência que não seja consciência de ser;

2º) Meu ser está em questão em meu ser – o que significa que nada vem a mim que *não seja escolhido.*

Vimos, com efeito, que o Passado que fosse apenas *Passado* iria desmoronar em uma existência honorária, na qual perderia todo liame com o presente. Para que "tenhamos" um passado, é necessário que o conservemos em existência por nosso próprio projeto rumo ao futuro: não recebemos nosso passado, mas a necessidade de nossa contingência implica o fato de que não podemos não escolhê-lo. É o que significa o "ter-de-ser seu próprio passado"; vemos que esta necessidade, aqui encarada do ponto de vista puramente temporal, não se distingue, no fundo, da estrutura primordial da liberdade, que deve ser nadificação do ser que ela é, e, por esta nadificação mesmo, faz com que *haja* um ser que ela é.

Mas, se a liberdade é escolha de um fim em função do passado, reciprocamente o passado só é aquilo que é em relação ao fim escolhido. Há no passado um elemento imutável: tive coqueluche aos cinco anos de idade; e há um elemento variável por excelência: a significação do fato em bruto com relação à totalidade de meu ser. Porém, por outro lado, uma vez que a significação do fato passado penetra nesse passado de ponta a ponta (não posso "recordar" minha coqueluche de infância à parte de um projeto preciso que define sua significação), é impossível para mim, em última instância, distinguir a imutável existência em bruto do sentido variável que ela comporta. Dizer que "tive coqueluche aos cinco anos" pressupõe mil projetos, em particular a adoção do calendário como sistema de referência de minha existência individual –

logo, uma tomada de posição originária frente à ordem social – e a crença resoluta nos relatos feitos por terceiros a respeito de minha infância, crença essa acompanhada, certamente, por respeito ou afeto a meus pais, respeito esse que confere sentido à crença etc. Em si mesmo, o fato em bruto é; mas, à parte dos testemunhos do outro, de sua data, do nome técnico da enfermidade – conjunto de significações que dependem de meus projetos –, que pode *ser* esse fato em bruto? Assim, esta existência em bruto, *embora necessariamente existente e imutável*, representa como que o objetivo ideal e fora de alcance de uma explicação sistemática de todas as significações inclusas em uma recordação. Sem dúvida, há uma matéria "pura" da memória, no sentido em que Bergson fala da memória pura, mas quando ela se manifesta, é sempre no e por um projeto que comporta a aparição desta matéria em sua pureza.

Pois bem: a significação do passado acha-se estreitamente dependente de meu projeto presente. Não significa, de forma alguma, que eu possa variar conforme meus caprichos o sentido de meus atos anteriores, mas sim que, muito pelo contrário, o projeto fundamental que sou decide absolutamente acerca da significação que possa ter para mim e para os outros o passado que tenho-de-ser. Com efeito, só eu posso decidir a cada momento sobre o *valor* do passado: não é discutindo, deliberando e apreciando em cada caso a importância de tal ou qual acontecimento anterior, mas sim projetando-me rumo aos meus objetivos, que preservo o passado comigo e *decido* por meio da ação qual o seu sentido. Quem decidirá se aquela crise mística por que passei aos quinze anos "foi" puro acidente de puberdade ou, ao contrário, primeiro sinal de uma conversão futura? Eu mesmo, desde que decida – aos vinte ou trinta anos – converter-me. O projeto de conversão confere de uma só vez a uma crise de adolescência o valor de uma premonição antes não levada a sério. Quem decidirá se minha estada na prisão, depois de um furto, foi frutuosa ou deplorável? Eu mesmo, conforme venha a desistir de roubar ou me manter incorrigível. Quem pode decidir sobre o valor educativo de uma viagem, a sinceridade de um juramento de amor, a pureza de uma intenção passada etc.? Eu mesmo, sempre eu, conforme os fins pelos quais ilumino esses eventos passados.

Assim, todo meu passado está aí, insistente, urgente, imperioso; mas escolho seu sentido e as ordens que me dá pelo próprio projeto de meu fim. Sem dúvida, os compromissos que assumi pesam em mim; sem dúvida, o vínculo conjugal outrora assumido, a casa comprada e mobiliada no ano passado limitam minhas possibilidades e ditam minha conduta; mas isso ocorre precisamente porque meus projetos são de tal ordem que reassumo o vínculo conjugal, ou seja, precisamente porque não projeto a recusa desse vínculo, porque não o transformo em um "vínculo conjugal passado, ultrapassado, morto", mas sim porque, ao contrário, meus projetos, ao encerrar a fidelidade aos compromissos assumidos ou a decisão de levar uma "vida honrosa" de marido e de pai etc., vêm necessariamente iluminar o juramento conjugal passado e conferir-lhes seu valor sempre atual. Assim, a premência do passado vem do futuro. Se, à maneira do herói de Schlumberger[60], modifico súbita e radicalmente meu projeto fundamental, e se busco, por exemplo, livrar-me de um estado contínuo de felicidade, meus compromissos anteriores perderão toda sua premência. Estarão aí como essas torres e muralhas da Idade Média, que são inegáveis, mas não têm outro sentido além de recordar, como uma etapa anteriormente percorrida, uma civilização e um estado de existência política e econômica hoje ultrapassados e perfeitamente mortos. É o futuro que decide se o passado está vivo ou morto. O passado, com efeito, é originariamente projeto, como o surgimento atual de meu ser. E, na medida mesmo em que é projeto, é antecipação; seu sentido lhe chega do porvir que ele prefigura. Quando o passado penetra inteiramente no passado, seu valor absoluto depende da confirmação ou da invalidação das antecipações que ele era. Mas é precisamente de minha liberdade atual que depende confirmar o sentido dessas antecipações assumindo a responsabilidade por elas, ou seja, dando seguimento a elas, antecipando o mesmo porvir que elas antecipavam, ou então invalidá-las, simplesmente antecipando outro porvir. Neste caso, o passado desaba como uma espera desarmada e lograda: está "sem forças". Isso porque a única força do passado lhe vem do futuro: qualquer que seja a maneira como vivo ou avalio meu passado, só posso fazê-lo à luz

---

60. SCHLUMBERGER. *Un homme heureux*. N.R.F.

de um projeto de mim sobre o futuro. Assim, a ordem de minhas escolhas do porvir determinará uma ordem de meu passado, e tal ordem nada terá de cronológica. Haverá, em primeiro lugar, o passado *sempre vivo* e sempre confirmado: meu compromisso de amor, tais ou quais contratos de negócios, tal ou qual imagem de mim mesmo à qual permaneço fiel. Depois, haverá o passado ambíguo que deixou de me agradar e mantenho de soslaio: por exemplo, a roupa que visto – e que comprei em uma época em que queria estar na moda – agora me desagrada demais, e, por isso, o passado no qual eu a "escolhi" está verdadeiramente morto. Mas, por outro lado, meu projeto atual de economia é de tal ordem que preciso continuar a usar essa roupa em vez de comprar outra. Daí que ela pertence a um passado ao mesmo tempo morto e vivo, tal como essas instituições sociais que, criadas para determinado fim, sobreviveram ao regime que as estabeleceu porque fizeram-nas servir a fins totalmente diversos, por vezes até mesmo opostos. Passado vivo, passado semimorto, sobrevivências, ambiguidades, antinomias: o conjunto dessas camadas de preteridade é organizado pela unidade de meu projeto. É por esse projeto que se instala o sistema complexo de remissões que faz com que um fragmento qualquer de meu passado penetre em uma organização hierarquizada e polivalente, na qual, como na obra de arte, cada estrutura parcial indica, de diversas maneiras, várias outras estruturas parciais e a estrutura total.

Além disso, esta decisão acerca do valor, da ordem e da natureza de nosso passado é simplesmente a *escolha histórica* em geral. Se as sociedades humanas são históricas, isso não decorre simplesmente do fato de que têm um passado, mas sim do fato de que elas *reassumem* o passado a título de *monumento*. Quando o capitalismo norte-americano resolve entrar na guerra europeia de 1914-1918 por ver nela a ocasião de frutuosas operações, não é *histórico*: é somente utilitário. Mas quando, à luz de seus projetos utilitários, retoma as relações anteriores entre os Estados Unidos e a França e lhes confere o *sentido* de uma dívida de honra que os americanos terão de pagar aos franceses, torna-se histórico e, em particular, historiza-se pela famosa frase: "La Fayette, estamos aqui!" É óbvio que, se uma visão diferente de seus atuais interesses houvesse levado os Estados Unidos a colocar-se ao lado da Alemanha, não faltariam elementos passados a reassumir no plano monumental: por exemplo, poder-se-ia imaginar uma propaganda baseada na "irmandade de sangue", que levasse essencialmente em conta a proporção de alemães na emigração à América do século XIX. Seria inútil considerar tais referências ao passado como puros empreendimentos publicitários: com efeito, o fato essencial é que elas são *necessárias* para conquistar a adesão das massas e que, portanto, estas exigem um projeto político que ilumine e justifique seu passado; além disso, é evidente que o passado é *criado* desse modo: *houve* assim constituição de um passado comum França-América que *significava*, por um lado, os grandes interesses econômicos dos norte-americanos, e, por outro, as afinidades *atuais* entre dois capitalismos democráticos. Igualmente, por volta de 1938, vimos as novas gerações, preocupadas com os eventos internacionais então em preparo, iluminar bruscamente com nova luz o período 1918-1938 e denominá-lo "período entre duas guerras" antes mesmo que eclodisse a guerra de 1939. De repente, o período considerado passou a ser constituído em forma limitada, ultrapassada e renegada, ao passo que aqueles que o viveram, projetando-se rumo a um porvir em continuidade com seu presente e seu passado imediato, haviam-no experimentado como sendo o início de um progresso contínuo e ilimitado. O projeto atual, portanto, determina se um perído definido do passado está em continuidade com o presente ou é um fragmento descontínuo do qual emergimos e que se distancia. Assim, seria necessário uma história humana *finalizada* para que qualquer acontecimento, como, por exemplo, a tomada da Bastilha, pudesse receber um sentido definitivo. Com efeito, ninguém nega que a Bastilha foi tomada em 1789: eis o fato imutável. Mas, devemos ver este acontecimento um motim sem consequência, um ímpeto popular contra uma fortaleza semidesmantelada, que a Convenção, preocupada em criar um passado propagandístico para si mesmo, conseguiu transformar em uma ação esplendorosa? Ou será preciso considerá-lo como a primeira manifestação da força popular, pela qual esta se afirmou, adquiriu confiança e se pôs em condições de executar a marcha sobre Versalhes nas "Jornadas de Outubro"? Aquele que quisesse resolver a questão nos dias de hoje teria esquecido que o historiador é ele mesmo *histórico*, ou seja, que se historiza ao iluminar a "história" à luz de seus projetos e dos projetos de sua sociedade. Assim, deve-se dizer que o sentido do passado social está perpetuamente "em suspenso".

Pois bem: exatamente como as sociedades, a pessoa humana tem um passado *monumental* e *em suspenso*. É este perpétuo colocar em questão do passado que os sábios constataram bem cedo e que os trágicos gregos, por exemplo, expressaram por esse provérbio que constantemente aparece em suas peças: "Ninguém pode ser considerado feliz antes de sua morte". E a historização perpétua do Para-si é afirmação perpétua de sua liberdade.

Assim sendo, não se deve crer que o caráter "em suspenso" do passado apareça ao Para-si em forma de um aspecto vago e inacabado de sua história anterior. Ao contrário: tal como a escolha do Para-si, que este exprime à sua maneira, o Passado é captado pelo Para-si, a cada momento, como rigorosamente determinado. Igualmente, o Arco de Tito ou a Coluna de Trajano, qualquer que fosse, além disso, a evolução histórica de seu sentido, aparecem como realidades perfeitamente determinadas ao romano ou ao turista que os aprecia. E, à luz do projeto que o ilumina, o Passado se revela absolutamente coercitivo. O caráter suspensório do passado, com efeito, não é de forma alguma miraculoso: apenas expressa, em nível da preterificação e do Em-si, o aspecto projetivo e "à espera" que a realidade humana tinha antes de voltar-se para o passado. É por ter sido um livre projeto corroído por uma imprevisível liberdade que esta realidade-humana se torna, "no passado", tributária dos projetos posteriores do Para-si. Ao preterificar-se, ela se condena a esperar perpetuamente por esta homologação que esperava receber de uma liberdade futura. Assim, o passado está indefinidamente em suspenso, porque a realidade-humana "era" e "será" perpetuamente à espera. E espera e suspenso nada mais fazem senão afirmar ainda mais nitidamente a liberdade como seu constituinte originário. Dizer que o passado do Para-si está em suspenso, dizer que seu presente é uma espera, dizer que seu futuro é um livre projeto, ou que o Para-si nada pode ser sem ter-de-sê-lo ou é uma totalidade-destotalizada, significa a mesma coisa. Mas, precisamente, isso não encerra qualquer indeterminação em meu passado, tal como ele a mim se revela presentemente:

quer apenas colocar em questão os direitos que tem de ser definitiva minha atual descoberta de meu passado. Mas, assim como meu presente é espera de uma confirmação ou uma invalidação que nada permite prever, também o passado, envolvido nesta espera, mostra-se *preciso*, na mesma medida em que essa espera é *precisa*. Mas seu sentido, ainda que rigorosamente individualizado, é totalmente dependente desta espera, a qual, por sua vez, coloca-se na dependência de um nada absoluto, ou seja, de um livre projeto que ainda não é. Portanto, meu passado é uma proposição concreta e precisa que, *enquanto total*, espera ratificação. Decerto, é uma das significações que *O Processo*, de Kafka, tenta elucidar: esse caráter perpetuamente *processual* da realidade humana. Ser livre é ser perpetuamente *liberdade em julgamento*. Permanece o fato de que o passado – a nos atermos à minha livre escolha atual – é parte integrante e condição necessária de meu projeto, uma vez que tal escolha assim o determine. Um exemplo ajudará a compreender melhor esse ponto. O passado de um soldado aposentado sob a Restauração é ter sido um herói da retirada da Rússia. E o que explicamos até aqui permite compreender que esse pasado mesmo é uma livre escolha de futuro. É escolhendo não aderir ao governo de Luís XVIII e aos novos costumes, escolhendo desejar até o fim o retorno triunfal do Imperador, escolhendo até mesmo conspirar de modo a apressar esse retorno, e preferir estar aposentado, com meio soldo, do que na ativa, com soldo integral, que o veterano soldado de Napoleão escolhe para si um passado de herói de Beresina. Aquele que fez o projeto de aderir ao novo governo certamente não escolheu o mesmo passado. Mas, reciprocamente, se o veterano só recebe meio soldo, se vive em miséria quase indecente, exasperado e desejando o retorno do Imperador, é porque foi um herói da retirada da Rússia. Entendamos bem: esse passado não age antes de qualquer reassunção constituinte, e, de forma alguma, não se trata de determinismo: mas, uma vez escolhido o passado "soldado do Império", as condutas do Para-si *realizam* esse passado. Inclusive, não há qualquer diferença entre escolher esse passado e realizá-lo através de condutas. Assim, o Para-si, ao esforçar-se para fazer de seu passado de glória uma realidade intersubjetiva, constitui esta realidade aos olhos dos outros a título de objetividade-Para-outro (por exemplo, informes dos prefeitos sobre o perigo que esses velhos soldados representam). Tratado pelos outros como tal, o veterano age daqui por diante de maneira a se fazer digno de um passado que escolheu para compensar sua atual miséria decadência. Mostra-se intransigente, perde toda oportunidade de obter uma pensão: isso porque "não pode" desmerecer seu passado. Assim, escolhemos nosso passado à luz de certo fim, mas, a partir daí, ele se impõe e nos devora; não que tenha uma existência *de per si* e diferente daquela que temos-de-ser, mas simplesmente porque: 1º) é a materialização atualmente revelada do fim que somos; 2º) aparece no meio do mundo, para nós e para outro; nunca está só, mas submerge no passado universal e com isso se oferece à apreciação do outro. Assim como o geômetra é livre para criar essa ou aquela figura que o agrade, mas não pode conceber qualquer uma que não mantenha de imediato uma infinidade de relações com a infinidade de outras figuras possíveis, também nossa livre escolha de nós mesmos, fazendo surgir certa ordem avaliadora de nosso passado, faz aparecer uma infinidade de relações desse passado com o mundo e com o outro, e esta infinidade de relações apresenta-se a nós como *uma infinidade de condutas a adotar,* já que é no futuro que apreciamos nosso próprio passado. E somos *compelidos* a adotar essas condutas, na medida em que nosso passado aparece no âmbito de nosso projeto essencial. Querer esse projeto, com efeito, é querer o passado, e querer esse passado é querer realizá-lo por milhares de condutas secundárias. Logicamente, as exigências do passado são imperativos hipotéticos: "Se queres ter tal ou qual passado, aja de tal ou qual maneira". Mas, como o primeiro termo é escolha concreta e categórica, o imperativo também se transforma em imperativo categórico.

Mas, uma vez que a força compressora de meu passado é tomada emprestada de minha escolha livre e reflexiva, é impossível determinar *a priori* o poder coercitivo de um passado. Não é somente acerca do conteúdo desse passado e da ordem desse conteúdo que minha livre escolha decide, mas também acerca da adesão de meu passado à minha atualidade. Se, em uma perspectiva fundamental que ainda não determinamos, um de meus principais projetos é *progredir,* ou seja, estar sempre e a todo custo *mais avançado* em certo rumo do que estava na véspera ou uma hora antes, esse projeto progressivo envolve uma série de projetos *desgarrados* em relação a meu passado. É então que, do alto de meus progressos, olho o passado com uma espécie de piedade um tanto desdenhosa; um passado estritamente *objeto passivo* de apreciação moral e de juízo – "como eu era tolo então", ou "como eu era malvado!" –, aquilo que só existe porque posso dele me dissociar. Já não me envolvo mais com esse passado, nem quero me envolver. Não que ele deixe de existir, certamente, mas existe apenas enquanto *esse eu que já não sou*, ou seja, *este ser que tenho-de-ser enquanto eu que já não sou*. Sua função é ser aquilo que escolhi de mim para a ele me opor, o que me permite me avaliar. Um Para-si dessa natureza, portanto, escolhe-se sem solidariedade, consigo mesmo, o que não significa que tenha abolido seu passado, mas sim que o posiciona de modo a não ser solidário com ele, e, exatamente, afirmar sua total liberdade (aquilo que é passado é certo gênero de comprometimento com relação ao passado e certa espécie de tradição). Em troca, há Para-sis cujo projeto implica a rejeição do tempo e a estreita solidariedade com o passado. Em seu desejo de encontrar um terreno sólido, elegeram o passado, ao contrário, como aquilo que *são*, o resto nada mais sendo do que fuga indefinida e indigna de tradição. Escolheram *primeiramente* a rejeição da fuga, ou seja, *a rejeição do rejeitar;* o passado, por conseguinte, tem por função exigir-lhes fidelidade. Assim, veremos os primeiros (que escolhem o progredir) confessarem desdenhosamente e com facilidade uma falta cometida, ao passo que a mesma confissão será impossível para os demais (que escolhem o passado), a menos que tenham modificado deliberadamente seu projeto fundamental; estes últimos irão recorrer a toda má-fé do mundo e a todas as escapatórias que possam inventar de forma a evitar lesar esta fé depositada naquilo que é, a qual constitui uma estrutura essencial de seu projeto.

Assim, tal como a localização, o passado se integra à situação quando o Para-si, por sua escolha do futuro, confere à sua facticidade passada um valor, uma ordem hierárquica e uma premência a partir dos quais essa facticidade *motiva* seus atos e suas condutas.

C) Meus arredores

Não se deve confundir meus "arredores" (*entours*) com o lugar que ocupo e do qual falamos anteriormente. Os arredores são as coisas-utensílios que me circundam, com seus coeficientes próprios de adversidade e utensilidade. Decerto, ao ocupar meu lugar, eu fundamento a descoberta dos arredores, e, mudando de lugar – operação que realizo livremente, como vimos –, fundamento a aparição de novos arredores. Mas, reciprocamente, os arredores podem mudar ou serem mudados pelos outros sem que eu nada tenha a ver com sua mudança. Certamente, em *Matière et Mémoire**, Bergson sublinhou com acerto que uma modificação de meu lugar envolve a mudança total de meus arredores, ao passo que seria preciso considerar uma modificação total e simultânea de meus arredores para que pudéssemos falar de uma modificação de meu lugar; mas essa mudança global dos arredores é inconcebível. O que não impede que meu campo de ação seja perpetuamente perpassado por aparições e desaparições de objetos, nas quais em nada intervenho. De modo geral, o coeficiente de adversidade e de utensilidade dos complexos não depende unicamente de meu lugar, mas da potencialidade própria dos utensílios. Assim, desde que existo, sou lançado no meio de existências diferentes de mim, que desenvolvem à minha volta suas potencialidades, a meu favor e contra mim. Por exemplo: quero chegar de bicicleta à cidade vizinha, o mais rápido possível. Esse projeto subentende meus fins pessoais, a apreciação de meu lugar e da distância entre a cidade e meu lugar, e a livre adaptação dos meios (*esforços*) ao fim perseguido. Mas fura um pneu, o sol está forte demais, o vento sopra de frente etc., todos fenômenos que não havia previsto: são os arredores. Sem dúvida, manifestam-se no e pelo meu projeto principal; é por causa deste que o vento pode parecer vento contra ou vento a favor, ou que o sol se revela como calor propício ou incômodo. A organização sintética desses perpétuos "acidentes" constitui a unidade daquilo que os alemães denominam o meu

---

* *Matière et mémoire* (1896). – Em português: *Matéria e memória – Ensaio sobre a relação do corpo com o espírito*. São Paulo: Livraria Martins Fontes, 1990 [N.T.].
** Em alemão: mundo circundante [N.T.].

Umwelt**, e este *Umwelt* só pode se revelar nos limites de um projeto livre, ou seja, da escolha dos fins que sou. Todavia, seria simplório nos contentarmos com tal descrição. Se é verdade que cada objeto de meus arredores se faz conhecido em uma situação já revelada e que a soma desses objetos não pode por si só constituir uma situação, e se é verdade que cada utensílio se destaca sobre fundo de situação no mundo, nem por isso é menos certo o fato de que a transformação brusca ou a aparição brusca de um utensílio pode contribuir para uma radical mudança da situação: fure o pneu de minha bicicleta, e minha distância até a cidade vizinha muda de repente; é uma distância a ser agora contada por passos, e não pelos giros da roda. Por esse fato, posso ficar certo de que a pessoa que quero ver já terá tomado o trem quando eu chegar em sua casa, e tal certeza pode acarretar outras decisões de minha parte (voltar ao ponto de partida, mandar um telegrama etc.). Posso inclusive, por exemplo, estando convicto de não poder fechar com essa pessoa um acordo previsto, dirigir-me a outro e assinar outro contrato. Talvez até venha a abandonar inteiramente minha tentativa. Deverei então registrar um fracasso total de meu projeto? Nesse caso, direi que *não pude* prevenir Pedro a tempo, entrar em entendimento com ele etc. Este reconhecimento explícito de minha *impotência* não seria a mais nítida confissão dos limites de minha liberdade? Sem dúvida, minha liberdade de *escolher*, como vimos, não deve ser confundida com minha liberdade de *obter*. Mas não estará aqui em jogo minha própria escolha, já que a adversidade dos arredores é precisamente, em muitos casos, ocasião da mudança de meu projeto?

  Antes de abordar o fundo da questão, convém precisá-la e delimitá-la. Se as mudanças que advêm aos arredores podem envolver modificações nos meus projetos, isso só ocorre com duas reservas. A primeira: tais mudanças não podem acarretar o abandono de meu projeto principal, o qual, ao contrário, serve para medir a importância dos mesmos. Com efeito, se as mudanças são captadas como *motivos* para abandonar tal ou qual projeto, só pode ser à luz de um projeto mais fundamental; caso contrário, de forma alguma poderiam ser motivos, posto que o motivo é apreendido pela consciência-móbil, que é, por si mesmo, livre-escolha de um fim. Se as nuvens que cobrem o céu podem me incitar a renunciar ao projeto de excursão, deve-se isso ao fato de que são captadas em uma livre projeção na qual o valor da excursão está vinculado a determinado estado do céu, o que remete passo a passo ao valor de uma excursão em geral, à minha relação com a natureza e ao lugar que esta relação ocupa no conjunto das relações que mantenho com o mundo. A segunda reserva é a de que o objeto aparecido ou desaparecido não pode, em caso algum, *provocar* uma renúncia a um projeto, ainda que parcial. É preciso que este objeto, com efeito, seja apreendido como uma *falta* na situação original; é preciso, pois, que o *dado* de sua aparição ou desaparição seja nadificado, que eu tome distância "com relação a ele" e, consequentemente, que eu tome decisão a meu próprio respeito em sua presença. Como já mostramos, sequer os torqueses do carrasco nos dispensam de sermos livres. Não significa que seja sempre *possível* evitar a dificuldade, reparar o dano, mas simplesmente que a *própria impossibilidade* de prosseguir em certa direção deve ser livremente constituída; tal impossibilidade vem às coisas por nossa livre renúncia, em vez de nossa renúncia ser provocada pela impossibilidade da conduta a cumprir.

Dito isso, devemos reconhecer que a presença do dado, também neste caso, longe de constituir um obstáculo à nossa liberdade, é exigida pela própria existência dessa liberdade. A liberdade é certa liberdade que *eu* sou. Mas, que sou eu senão certa negação interna do Em-si? Sem este Em-si que nego, eu desvaneceria em nada. Em nossa introdução, observamos que a consciência pode servir de "prova ontológica" da existência de um Em-si. Com efeito, se há consciência *de* alguma coisa, é preciso que, originariamente, essa "alguma coisa" seja um ser *real*, ou seja, *não relativo à consciência*. Mas agora verificamos que esta prova tem alcance mais amplo: se estou em condições de poder *fazer* qualquer coisa em geral, é necessário que exerça minha ação sobre seres cuja existência é *independente* de minha existência em geral e, em particular, de minha ação. Minha ação pode me *revelar* aquela existência, mas não a condiciona. Ser livre é ser-livre-para-mudar. A liberdade, portanto, encerra a existência de arredores a modificar: obstáculos a transpor, ferramentas a utilizar. Por certo, é a liberdade que os revela como obstáculos, mas, por sua livre escolha, não pode fazer mais do que interpretar o *sentido* de seu ser.

É necessário que estejam simplesmente aí, em bruto, para que haja liberdade. Ser livre é *ser-livre-para-fazer* e *ser-livre-no-mundo*. Mas, sendo assim, a liberdade, ao reconhecer-se como liberdade para mudar, reconhece e prevê implicitamente em seu projeto original a existência independente do dado sobre o qual se exerce. É a negação interna que revela o Em-si como independente, e é esta independência que constitui no Em-si seu caráter de *coisa*. Mas, daí, o que a liberdade posiciona pelo simples surgimento de seu ser é o fato de existir *enquanto tendo a ver com outra coisa que não si mesmo*. Fazer é, precisamente, mudar aquilo que, para existir, não necessita de outra coisa que não si mesmo; é agir sobre aquilo que, por princípio, é indiferente à ação e pode prosseguir sem esta a sua existência ou seu porvir. Sem esta indiferença de exterioridade do Em-si, a própria noção de *fazer* perderia sentido (como demonstramos anteriormente, a propósito do desejo e da decisão), e, por conseguinte, a própria liberdade viria abaixo. Assim, o projeto mesmo de uma liberdade em geral é uma escolha que subentende a previsão e a aceitação de resistências, quaisquer que sejam. Não somente a liberdade constitui o âmbito no qual os Em-sis, indiferentes além do que, irão revelar-se como resistências, mas também seu próprio projeto, em geral, é projeto de *fazer* em um mundo resistente, através da vitória sobre suas resistências. Todo projeto livre, ao projetar-se, prevê a margem de imprevisibilidade devida à independência das coisas, precisamente porque esta independência é aquilo a partir do que uma liberdade se constitui. Uma vez que projeto ir ao vilarejo próximo para encontrar Pedro, o pneu que furou, o "vento contra", milhares de acidentes previsíveis e imprevisíveis aparecem em meu próprio projeto e constituem seu sentido. Também o pneu que fura inopinadamente e transtorna meus projetos vem *ocupar seu lugar* em um mundo prefigurado por minha escolha, já que, por assim dizer, jámais deixei de *esperá-lo como inopinado*. E mesmo se meu caminho foi interrompido por alguma razão que jamais passaria por minha mente, tal como uma inundação ou um desabamento, em certo sentido este algo imprevisível estava previsto: em meu projeto fora criada certa margem de indeterminação "para o imprevisível", tal como os romanos, em seus templos, reservavam um lugar para os deuses desconhecidos; e isso se dá, não pela experiência de "duros golpes" ou por prudência empírica, mas pela própria natureza de meu projeto. Assim, de certo modo, pode-se dizer que a realidade humana não é surpreendida por nada. Tais observações nos permitem pôr em evidência uma nova característica de uma livre escolha: todo projeto da liberdade é *projeto em aberto*, e não projeto fechado. Ainda que inteiramente individualizado, contém em si a possibilidade de suas modificações posteriores. Todo projeto implica sua estrutura a compreensão da *Selbstständigkeit* das coisas do mundo. É esta perpétua previsão do imprevisível, enquanto margem de indeterminação do projeto que sou, que permite compreender como o acidente ou a catástrofe, em lugar de me surpreender por seu caráter inédito e extraordinário, sempre me abate por certo aspecto de "já visto-já previsto", por sua própria evidência e uma espécie de necessidade fatalista que costumamos exprimir dizendo: "Isso tinha que acontecer". Jamais há no mundo algo que nos cause espanto, algo que surpreenda, a menos que nos tenhamos determinado a nos surpreender. E o tema original do surpreendente não é o fato de que tal ou qual coisa em particular exista nos limites do mundo, mas sobretudo o fato de que haja um mundo em geral, ou seja, de que eu esteja arremessado no meio de uma totalidade de existentes essencialmente indiferentes a mim. Isso porque, escolhendo um fim, escolho ter relações com esses existentes e o fato de que esses existentes tenham relações entre si: escolho o fato de entrarem em combinação de modo a anunciar a mim aquilo que sou. Assim, a adversidade da qual as coisas servem de testemunha para mim é prefigurada por minha liberdade como uma de suas próprias condições, e é em uma significação livremente projetada da adversidade em geral que tal ou qual complexo pode manifestar seu coeficiente individual de adversidade.

Mas, como sempre que se trata da situação, é necessário insistir no fato de que o estado de coisas descrito tem o seu reverso: se a liberdade prefigura a adversidade em geral, é como um modo de sancionar a exterioridade de indiferença do Em-si. Sem dúvida, a adversidade vem às coisas pela liberdade, mas isso na medida em que a liberdade ilumina sua própria facticidade como "ser-no-meio-de-um-Em-si-de-indi-ferença". A liberdade dá a si mesmo as coisas como sendo adversas, ou seja, confere às coisas uma significação que as torna coisas; mas isso ocorre assumindo o próprio dado que será significante, ou seja, assumindo-o para assim transcender seu exílio em meio a um Em-si indiferente. Reciprocamente, além disso, o dado contingente assim assumido não poderia sustentar sequer esta significação primeira, sustentação de todas as outras, "exílio no meio da indiferença", a não ser na e pela livre assunção do Para-si. Com efeito, esta é a estrutura primitiva da situação, que aparece aqui com toda clareza: é pelo transcender mesmo do dado rumo a seus fins que a liberdade faz existir o dado como sendo *este* dado *aqui* – anteriormente não haviam nem isto, nem aquilo, nem aqui –, e o dado assim *designado* não é formado de maneira qualquer, é existente em bruto, assumido para ser transcendido. Mas, ao mesmo tempo que a liberdade é transcender *deste dado--aqui*, ela se escolhe como sendo *este* transcender-*aqui* do dado. A liberdade não é um transcender qualquer de um dado qualquer, mas, assumindo o dado em bruto e conferindo-lhe seu sentido, ela escolhe a si mesmo de repente: seu fim é justamente *mudar este dado-aqui*, da mesma forma como o dado aparece como sendo este dado-aqui à luz do fim escolhido. Assim, o surgimento da liberdade é cristalização de um fim *através de algo dado*, e descoberta de algo dado à luz de um fim; essas duas estruturas são simultâneas e inseparáveis. Com efeito, veremos mais adiante que os valores universais dos fins escolhidos somente se desprendem por análise; toda escolha é escolha de uma mudança concreta a ser provocada em um dado concreto. Toda situação é concreta.

Assim, a adversidade das coisas e suas potencialidades em geral são iluminadas pelo fim escolhido. Mas só há fim para um Para-si que se assume como sendo abandonado aí no meio da indiferença. Por esta assunção, o Para-si *nada* traz de novo a essa derrelição contingente e em bruto, salvo uma *significação;* faz com que *haja* doravante uma derrelição, faz com que essa derrelição seja descoberta como situação.

No capítulo IV de nossa segunda parte, vimos que o Para-si, pelo seu surgimento, faz com que o Em-si venha ao mundo; de modo ainda mais genérico, o Para-si é o nada pelo qual "há" Em--si, ou seja, coisas. Também vimos que a realidade Em-si está aí, à mão, com suas *qualidades*, sem qualquer deformação ou adjunção. Simplesmente, estamos dela apartados por diversas rubricas de nadificação que instauramos por nosso próprio surgimento: mundo, espaço e tempo, potencialidades. Em particular, vimos que, embora existamos cercados por *presenças* (esse copo, este tinteiro, aquela mesa etc.), tais presenças são inapreensíveis enquanto tais, pois só oferecem seja o que for de si próprias ao cabo de um gesto ou um ato projetado por nós, ou seja, no futuro. Agora podemos compreender o sentido deste estado de coisas: não estamos apartados das coisas por nada, *salvo por nossa liberdade;* é a liberdade que faz com que *haja* coisas, com toda a indiferença, imprevisibilidade e adversidade que têm, e faz com que estejamos inelutavelmente apartados delas, pois é sobre fundo de nadificação que as coisas aparecem e se revelam vinculadas umas às outras. Assim, o projeto de minha liberdade *nada* agrega às coisas; faz com que *haja* coisas, ou seja, precisamente, realidades dotadas de um coeficiente de adversidade e de utilizabilidade (*utilisabilité*); faz com que as coisas se revelem *na experiência,* ou seja, destaquem-se sucessivamente sobre fundo de mundo no decorrer de um processo de temporalização; por último, faz com que as coisas se manifestem fora de alcance, independentes, separadas de mim pelo próprio nada que segrego e que sou. É porque a liberdade está condenada a ser livre, ou seja, não pode escolher-se como liberdade, que existem coisas, ou seja, uma plenitude de contingência no âmago da qual ela mesmo é contingência; é pela assunção desta contingência e pelo seu transcender que pode haver ao mesmo tempo uma *escolha* e uma organização de coisas em *situação;* e é a contingência da liberdade e a contingência do Em-si que se expressam *em situação* pela imprevisibilidade e a adversidade dos arredores. Assim, sou absolutamente livre e responsável por minha situação. Mas também jamais sou livre *a não ser em situação.*

D) Meu próximo

Viver em um mundo infestado pelo meu próximo não é somente poder encontrar o Outro a cada curva do caminho, mas também encontrar-me comprometido em um mundo cujos complexos-utensílios podem ter uma significação que não lhes foi primeiramente conferida pelo meu livre projeto. E é também, no meio desse mundo *já* dotado de sentido, deparar com uma significação que é *minha* e tampouco dei a mim mesmo, significação essa que descubro "já possuir". Portanto, quando perguntamos o que pode significar para nossa "situação" o fato original e contingente de existir em um mundo onde "há" também o Outro, o problema assim formulado exige que estudemos sucessivamente três categorias de realidade que entram em jogo para constituir minha situação concreta: os utensílios *já* significantes (a estação, o sinal da ferrovia, a obra-de-arte, o aviso de mobilização para o serviço militar), a significação que descubro como sendo *já minha* (minha nacionalidade, minha raça, meu aspecto físico), e, por último, o Outro como centro de referência ao qual tais significações remetem.

Tudo seria muito simples, com efeito, se eu pertencesse a um mundo cujas significações se revelassem simplesmente à luz de meus próprios fins. Com efeito, eu iria dispor as coisas em utensílios ou em complexos de utensílios nos limites de minha própria escolha de mim mesmo; é essa escolha que torna a montanha um obstáculo difícil de ultrapassar ou um ponto de observação da paisagem etc.; não seria colocado o problema de saber qual a significação que esta montanha pode ter *em si,* já que sou aquele pelo qual as significações vêm à realidade em si. Esse problema também seria bastante simplificado se eu fosse uma mônada sem portas nem janelas e apenas soubesse, de qualquer modo que fosse, que existiriam ou seriam possíveis outras mônadas, cada uma delas conferindo às coisas que vejo significações novas. Nesse caso, aquele que os filósofos quase sempre se limitam a examinar, bastaria para mim ter outras significações como *possíveis,* e, por fim, a pluralidade das significações correspondente à pluralidade das consciências simplesmente iria coincidir com a possibilidade sempre em aberto para mim de fazer *outra escolha* de mim mesmo. Vimos, porém, que esta concepção monadária esconde um solipsismo oculto, precisamente porque irá confundir a pluralidade das significações que posso atribuir ao real com a pluralidade dos sistemas significantes, cada um dos quais remete a uma consciência que eu não sou. E, além disso, no terreno da experiência concreta, tal descrição monadária mostra-se insuficiente: com efeito, existe em "meu" mundo algo além de uma pluralidade de significações possíveis; existem significações objetivas que a mim se mostram como significações que não foram criadas por mim. Eu, por quem as significações vêm às coisas, encontro-me comprometido em um mundo *já significante* e que me reflete significações não determinadas por mim. Pensemos, por exemplo, na inumerável quantidade de significações independentes de *minha* escolha e que descubro se vivo em uma cidade: ruas, casas, lojas, bondes e ônibus, sinais de direção, ruídos de aviso, música de rádio etc. Na solidão, decerto, eu descobria o existente em bruto e imprevisível – *esse* rochedo, por exemplo –, e me limitava, em suma, a fazer com que "houvesse" um rochedo, ou seja, *este* existente-*aqui*, e, fora dele, nada. Mas, ao menos, eu lhe conferiria sua significação de ser "a escalar", "a evitar", "a contemplar" etc. Quando, ao dobrar uma esquina, descubro uma casa, não é apenas um existente em bruto que revelo no mundo; já não faço somente com que "haja" um "isto" qualificado de tal ou qual maneira, mas a significação do objeto que então se revela resiste a mim e permanece independente de mim: descubro que o imóvel é um prédio de aluguel, o conjunto de escritórios da companhia de gás ou uma prisão, etc.; a significação, aqui, é contingente, independente de minha escolha, apresenta-se com a mesma indiferença da realidade mesmo do Em-si: fez-se *coisa* e não se distingue da *qualidade* do Em-si. Igualmente, o coeficiente de adversidade das coisas revela-se a mim antes de ser experimentado por mim; uma profusão de sinais me deixam de sobreaviso: "Reduza a velocidade. Curva perigosa", "Atenção: escola", "Perigo de morte", "Obras a cem metros", etc. Mas essas significações, estando profundamente impressas nas coisas e participando de sua exterioridade de indiferença – pelo menos na aparência –, não deixam de ser sinais de condutas a adotar que me concernem diretamente. Irei atravessar a rua na faixa de pedestres, entrarei em *tal ou qual* loja para comprar *tal ou qual* utensílio, cujo modo de usar está explicado com precisão em um guia que se oferece aos compradores, e depois usarei este utensílio – uma caneta, por exemplo – para preencher tal ou qual formulário nas condições determinadas. Com isso, não irei deparar com estreitos limites à minha liberdade? Se não sigo ponto a ponto as indicações dadas pelos outros, ficarei sem rumo, irei entrar na rua errada, perderei o trem etc. Além disso, tais sinais são quase sempre imperativos: "Entre aqui", "Saia aqui"; é isso o que significam as palavras "Entrada" e "Saída" colocadas acima das portas. Eu me submeto; os sinais acrescentam ao coeficiente de adversidade que faço surgir sobre as coisas um coeficiente propriamente humano de adversidade. Além do que, se me submeto a esta organização, dela dependo: os benefícios que me proporciona podem esgotar-se; uma crise interna, uma guerra, e eis que os produtos de primeira necessidade escasseiam, sem que eu nada tenha feito para isso. Sou espoliado, impedido de meus projetos, privado do necessário para realizar meus fins. E, sobretudo, como vimos, as instruções de uso, as designações, as ordens, as proibições, os sinais indicadores, dirigem-se a mim na medida em que sou um *qualquer;* na medida em que obedeço, entro na fila, submeto-me aos fins de uma realidade humana *qualquer* e realizo-os por meio de técnicas *quaisquer:* portanto, sou modificado em meu próprio ser, posto que *sou* os fins que escolhi e as técnicas que os realizam – fins quaisquer, técnicas quaisquer, realidade humana qualquer. Ao mesmo tempo, uma vez que o mundo só me aparece através das técnicas que utilizo, também o mundo é modificado. Esse mundo, visto através do uso que faço da bicicleta, do automóvel, do trem, de modo a percorrê-lo, revela-me um rosto rigorosamente correlato aos meios que utilizo, o rosto, portanto, *que oferece a todos.* Dir-se-á que a partir daí, evidentemente, minha liberdade me escapa por todos os lados: já não haveria *situação,* enquanto organização de um mundo significante à volta da livre escolha de minha espontaneidade; haveria um *estado de coisas* que me é imposto. É o que convém examinar agora.

    Não resta dúvida de que meu pertencer a um mundo habitado tem o valor de um *fato.* Remete, com efeito, ao fato original da presença do Outro no mundo, fato esse que, como vimos, não pode ser deduzido da estrutura ontológica do Para-si. E, embora esse fato nada mais faça senão consolidar mais profundamente nossa facticidade, tampouco emana dessa facticidade, na medida em que tal facticidade exprime a necessidade da contingência do Para-si; mas, sobretudo, é preciso dizer que o Para-si *existe de fato,* ou seja, que sua existência não pode ser identificada nem a uma realidade engendrada conforme a uma lei, nem a uma livre escolha; e, entre as características de fato desta "facticidade", ou seja, entre aquelas que não podem ser deduzidas ou demonstradas, mas apenas se "deixam ver", há uma que denominamos existência-no-mundo-em-presença-dos-outros. Se esta característica de fato deve ou não ser reassumida pela minha liberdade de modo a ser eficaz de maneira qualquer, é o que iremos discutir daqui a pouco. O certo é que, em nível das técnicas de apropriação do mundo, do próprio *fato* da existência do outro resulta o fato da propriedade coletiva das técnicas. A facticidade, portanto, exprime-se nesse nível pelo fato de minha aparição em um mundo que só se revela a mim por técnicas coletivas e já constituídas, que visam fazer-me captá-lo com um aspecto cujo sentido foi definido sem meu concurso. Essas técnicas irão determinar meu pertencer às coletividades: à *espécie humana*, à coletividade nacional, ao grupo profissional e familiar. É preciso inclusive salientar: à parte de meu ser-Para-outro – do qual falaremos adiante –, a única maneira positiva de que disponho para *existir meu pertencer de fato* a essas coletividades é o uso que faço constantemente das técnicas que delas procedem. O pertencer à *espécie humana*, com efeito, define-se pelo uso de técnicas muito elementares e genéricas: saber andar, saber segurar, saber julgar o relevo e o tamanho relativo dos objetos percebidos, saber falar, saber distinguir em geral o verdadeiro do falso etc. Mas não possuímos tais técnicas desta maneira abstrata e universal: saber falar não é saber pronunciar e compreender as palavras em geral, mas saber falar determinada língua e, com isso, manifestar seu pertencer à humanidade em *nível* da coletividade nacional. Além disso, saber falar uma língua não é ter um conhecimento abstrato e puro da língua tal como os dicionários e as gramáticas acadêmicas a definem: é torná-la minha através das deformações e as seleções provinciais, profissionais, familiares. Assim, pode-se dizer que a *realidade* de nosso pertencer ao humano é nossa *nacionalidade*, e que a realidade de nossa nacionalidade é nosso pertencer à família, à região, à profissão etc., no sentido de que a *realidade* da linguagem é a língua, e a realidade da língua o dialeto, a gíria, o jargão etc. E, reciprocamente, a *verdade* do dialeto é a língua, a *verdade* da língua a linguagem; significa que as técnicas concretas pelas quais se manifesta nosso pertencer à família, à localidade, remetem a estruturas mais abstratas e gerais que constituem como que sua significação e sua essência, e essas estruturas a outras, ainda mais genéricas, até chegarmos à essência universal e perfeitamente simples de uma ténica *qualquer*, pela qual um ser *qualquer* se apropria do mundo.

Assim, ser francês, por exemplo, é apenas a *verdade* de ser natural da Savoia. Mas ser da Savoia não é simplesmente habitar os altos vales da Savoia: é, entre milhares de outras coisas, praticar esqui no inverno, usar o esqui como meio de transporte. E, precisamente, esquiar conforme o método francês, e não o de Arlberg ou dos noruegueses[61]. Mas, posto que a montanha e as encostas nevadas só podem ser apreendidas através de uma técnica, ser natural da Savoia é, precisamente, descobrir o sentido *francês* das encostas de esquiar; com efeito, conforme utilizemos o método norueguês, mais adequado às encostas suaves, ou o método francês, mais propício às encostas íngremes, a mesma encosta mostrar-se-á mais íngreme ou mais suave, exatamente como um aclive parecerá mais ou menos íngreme ao ciclista, conforme pedale "em velocidade média ou baixa". Assim, o esquiador francês dispõe de uma "velocidade" francesa para descer os campos de esqui, e esta velocidade lhe revela um tipo particular de declives, onde quer que esteja; ou seja, os Alpes suíços ou bávaros, Telemark ou Jura irão oferecer-lhe sempre um sentido, dificuldades, um complexo de utensilidade ou de adversidade puramente franceses. Seria fácil mostrar, igualmente, que a maioria das tentativas para definir a classe operária limita-se a tomar por critério a produção, o consumo ou certo tipo de "Weltanschauung", dependente do complexo de inferioridade (Marx-Halbwachs-de Man); ou seja, em todos os casos, certas técnicas de elaboração ou apropriação do mundo, através das quais este oferece o que poderíamos denominar sua "fisionomia proletária", com suas oposições violentas, suas grandes massas uniformes e desérticas, suas zonas de trevas e suas paragens de luz, seus fins simples e urgentes que a iluminam.

Pois bem: ainda que meu pertencer a tal ou qual classe, a tal ou qual nação, não derive de minha facticidade enquanto estrutura ontológica do Para-si, é evidente que minha existência de fato, ou seja, meu nascimento e meu lugar, envolve minha apreensão

---

61. Estamos simplificando: há influências, interferências de técnica; o método de Arlberg prevaleceu na França por longo tempo. O leitor poderá facilmente restabelecer os fatos em sua complexidade.

do mundo e de mim mesmo através de certas técnicas. Logo, essas técnicas não escolhidas por mim conferem ao mundo suas significações. Aparentemente, não sou eu quem decide, a partir de meus fins, se o mundo me aparece com as oposições simples e fatiadas do universo "proletário" ou com as nuanças inumeráveis e ardilosas do mundo "burguês". Não somente estou arremessado frente ao existente em bruto: estou jogado em um mundo operário, francês, lorenense ou sulista, que me oferece suas significações sem que eu nada tenha feito para descobri-las.

Vejamos melhor. Acabamos de demonstrar que minha nacionalidade nada mais é senão a *verdade* de meu pertencer a uma província, a uma família, a um grupo profissional. Mas, devemos parar aqui? Se a língua é somente a *verdade* do dialeto, será o dialeto a realidade absolutamente concreta? O jargão profissional tal como "se" fala, a gíria alsaciana cujas leis podem ser determinadas por um estudo linguístico e estatístico – será esse o fenômeno primordial, aquele que encontra seu fundamento no fato puro, na contingência original? As pesquisas dos linguistas podem enganar nesse ponto: suas estatísticas esclarecem constantes deformações fonéticas ou semânticas de determinado tipo; permitem reconstituir a evolução de um fonema ou um morfema em dado período, parecendo assim que a *palavra* ou a *regra sintática* é uma realidade individual, com sua significação e sua história. E, de fato, os indivíduos parecem ter pouca influência na evolução da língua. Fatos sociais como invasões, grandes vias de comunicação, relações comerciais, parecem ser as causas essenciais das mudanças linguísticas. Mas tal impressão resulta do fato de não se colocar a questão no verdadeiro terreno do concreto; e também só se encontra aquilo que se procura. Por longo tempo os psicólogos ressaltaram que a *palavra* não é o elemento concreto da linguagem – sequer a palavra do dialeto, sequer a palavra familiar, com suas deformações particulares; a estrutura alimentar da linguagem é a *frase*. É somente no interior da frase, com efeito, que a palavra pode receber uma real função designativa; fora da frase, é apenas uma função proposicional (*propositionnelle*), quando não passa de simples rubrica destinada a agrupar significações absolutamente díspares. Quando aparece sozinha no discurso, a palavra assume um caráter "holofrásico", sobre o qual tem-se insistido bastante; não significa que possa, por si mesmo, limitar-se a um sentido preciso, mas sim que está integrada em um contexto, tal como uma forma secundária em uma forma principal. A palavra, portanto, tem apenas uma existência puramente *virtual* fora das organizações complexas e ativas em que se integra. Logo, não poderia existir "em" uma consciência ou um inconsciente *antes* do uso que dela se faz: a frase não é *feita de palavras*. Mas não se deve parar aí: Paulhan mostrou em Les Fleurs de Tarbes que certas frases inteiras, os "lugares comuns", exatamente como as palavras, não preexistem ao emprego que é feito delas. Lugares comuns se encaradas do lado de fora pelo leitor, que recompõe o sentido do parágrafo passando de uma frase a outra, essas frases perdem seu caráter banal e convencional se nos colocarmos no ponto de vista do autor, que via a *coisa a exprimir* e buscava ser o mais breve possível, produzindo um ato de designação ou de recreação sem demorar-se na consideração dos próprios elementos deste ato. Se assim é, nem as palavras, nem a sintaxe, nem as "frases feitas" preexistem ao uso que delas se faz[62]. Sendo a frase significante à unidade verbal, trata-se de um ato construtivo só concebível por uma transcendência que transcende e nadifica o dado rumo a um fim. Compreender a palavra à luz da frase é *exatamente* compreender qualquer que seja o dado a partir da situação e compreender a situação à luz dos fins originais. Compreender uma frase de meu interlocutor é, com efeito, compreender o que ele "quer dizer", ou seja, aderir a seu movimento de transcendência, lançar-me com ele rumo a possíveis, rumo a fins, e retornar em seguida ao conjunto dos meios organizados para compreendê-los por sua função e seu objetivo. Além disso, a linguagem falada, sempre é decifrada a partir da situação. As referências ao tempo, à hora, ao lugar, aos arredores, à situação da cidade, da província ou do país aparecem antes da palavra. Basta que eu tenha lido os jornais e *veja* a boa aparência e o ar preocupado de Pedro para compreender o "as coisas andam mal" com que recebe essa manhã. Não é sua saúde que "anda mal", pois tem a tez

---

62. Simplificamos deliberadamente: há influências, interferências. Mas o leitor poderá facilmente restabelecer os fatos em sua complexidade. [N.T.: Como alguns críticos notaram, esta nota, quase igual à anterior, deve estar repetida aqui por errata.]

vistosa, nem seus negócios, nem seu lar: é a situação de nossa cidade ou de nosso país. Eu *já sabia disso;* ao perguntar-lhe "como andam as coisas?", já esboçava uma interpretação de sua resposta, já me punha nos quatro cantos do horizonte, pronto para *voltar* de lá até Pedro, de modo a compreendê-lo. Escutar o discurso é "falar com", não simplesmente porque o imitamos para decifrá-lo, mas porque nos projetamos originariamente rumo aos possíveis e porque a compreensão deve se estabelecer a *partir do mundo.*

Mas, se a frase preexiste à palavra, somos remetidos ao *discursador* como fundamento concreto do discurso. Tal ou qual palavra bem pode parecer "viver" por si mesmo se a extraímos de frases de épocas diversas: esta vida emprestada assemelha-se ao punhal dos filmes fantásticos, que se crava por si mesmo na pera; é formada pela justaposição de instantâneos; é cinematográfica e se constitui no tempo universal. Mas, se as palavras parecem viver quando se projeta o filme semântico ou morfológico, não chegam ao ponto de constituir frases: não passam de vestígios da passagem das frases, assim como as trilhas não passam de vestígios da passagem de peregrinos e caravanas. A frase é um projeto que só pode ser interpretado a partir da nadificação de algo dado (o próprio dado que se quer *designar*), a partir de um fim posicionado (sua *designação,* que pressupõe outros fins, em relação aos quais é apenas um meio). Se nem o dado nem a palavra podem determinar a frase, mas, ao contrário, é a frase que se faz necessária para iluminar o dado e compreender a palavra, a frase é um momento da livre escolha de mim mesmo, e como tal é compreendida pelo meu interlocutor. Se a língua é a realidade da linguagem, se o dialeto ou o jargão são a realidade da língua, a realidade do dialeto é o *ato livre* de designação pelo qual me escolho como *designante.* E este ato livre não poderia ser apenas um *agregado* de palavras. Certamente, se fosse puro agregado de palavras em conformidade com receitas técnicas (as leis gramaticais), poderíamos falar de limites de fato impostos à liberdade do sujeito falante; tais limites seriam assinalados pela natureza material e fonética das palavras, o vocabulário da língua utilizada, o vocabulário pessoal do sujeito falante (as inúmeras palavras de que dispõe), o "espírito da língua" etc. Mas acabamos de demonstrar que não é assim que se passa. Sustentou-se recentemente[63] que há como que uma ordem viva das palavras, leis dinâmicas da linguagem, uma vida impessoal do *logos*; em suma, que a linguagem é uma *Natureza* e que o homem deve servi-la de modo a utilizá-la em alguns pontos, como faz com a Natureza. Mas é que, nesse caso, considerou-se a linguagem *uma vez morta*, ou seja, uma vez que *já foi falada*, e nela incutiu-se uma vida impessoal, uma força, afinidades e repulsões que, na verdade, foram tomadas de empréstimo da liberdade pessoal do Para-si que fala. Fez-se da linguagem *uma língua que fala sozinha*. Um erro que não deve ser cometido tanto com relação à linguagem quanto com relação a *todas as outras técnicas*. Se fizermos o homem surgir no meio de técnicas que se aplicam por si só, de uma língua que fala sozinha, de uma ciência que se faz por si mesma, de uma cidade que se constrói segundo suas próprias leis, e se coagularmos em Em-si as significações, nelas conservando uma transcendência humana, então o papel do homem será reduzido ao de um piloto que utiliza as forças determinadas dos ventos, as ondas do mar e as marés para dirigir um navio. Mas, pouco a pouco, cada técnica, para ser dirigida rumo a fins humanos, irá exigir outra técnica: por exemplo, para dirigir um barco é preciso falar. Assim, vamos chegar talvez à técnica das técnicas – a qual, por sua vez, irá se aplicar sozinha –, mas teremos perdido para sempre a possibilidade de encontrar o técnico.

Se, muito pelo contrário, é falando que fazemos com que haja palavras, não suprimimos com isso as conexões *necessárias e técnicas* ou as conexões *de fato* que se articulam no interior da frase. Melhor ainda: *fundamentamos* esta necessidade. Mas, para que tal necessidade apareça, precisamente para que as palavras mantenham relações entre si, para que se entrelacem – ou se rejeitem – mutuamente, é preciso que estejam unidas em uma síntese que não proceda de si próprias; suprimamos esta unidade sintética e o bloco "linguagem" se desintegra; cada palavra volta à sua solidão e, ao mesmo tempo, perde sua unidade, esfacelando-se entre diversas significações incomunicáveis. Assim, é no interior do projeto livre da frase que se organizam as leis da linguagem;

---

63. PARAIN, Brice. *Essai sur le logos platonicien.*

é falando que faço a gramática; a liberdade é o único fundamento possível das leis da língua. Além disso, para *quem* há leis da língua? Paulhan forneceu elementos para uma resposta: não é para quem fala, mas para quem escuta. Aquele que fala é apenas a escolha de uma *significação,* e só capta a ordem das palavras na medida em que *a* faz[64]. As únicas relações que o sujeito falante irá captar no interior desse complexo organizado são especificamente aquelas que ele mesmo estabeleceu. Se, posteriormente, descobrimos que duas ou mais palavras mantêm entre si não apenas *uma,* mas várias relações definidas, e que daí resulta uma multiplicidade de significações que se hierarquizam ou se opõem em uma única frase, em suma, se descobrimos a "parte do diabo", isso só pode ocorrer nessas duas condições seguintes: 1º) É preciso que as palavras tenham sido reunidas e apresentadas por uma livre conexão significante; 2º) É preciso que esta síntese seja vista *de fora,* ou seja, pelo *Outro,* e no decorrer de uma decifração hipotética dos sentidos possíveis dessa conexão. Nesse caso, com efeito, cada palavra, captada *previamente* como encruzilhada de significações, é vinculada a uma outra palavra captada igualmente como tal. E a conexão será *multívoca.* A apreensão do sentido *verdadeiro,* ou seja, expressamente desejado pelo falante, poderá deixar no esquecimento ou subordinar os demais sentidos, mas sem suprimi-los. Assim, a linguagem, livre projeto *para mim,* tem leis específicas *para o Outro.* E essas leis só podem atuar no interior de uma síntese original. Captamos, portanto, toda a diferença que separa o acontecimento "frase" de um acontecimento natural. O fato natural se produz segundo uma lei que ele manifesta, mas que é pura regra exterior de produção, do qual o fato em consideração não passa de um exemplo. A "frase", como acontecimento, contém em si a lei de sua organização, e é no interior do livre projeto de *designar* que podem surgir as relações legais entre as palavras. Com efeito, não pode haver leis da fala antes de falarmos. E toda fala é livre projeto de designação na dependência da escolha de um Para-si pessoal e deve ser interpretada a partir da situação

---

64. Estou simplificando: também podemos apreender nosso pensamento pela frase que pronunciamos. Mas isso porque é possível adotar a respeito da frase, em certa medida, o ponto de vista do outro, exatamente como no caso de nosso próprio corpo.

global desse Para-si. Primeiramente vem a situação, a partir da qual compreendo o *sentido* da frase, sentido esse que não deve ser considerado como algo dado, mas como um fim escolhido em um livre transcender de certos meios. Eis a única *realidade* que os trabalhos do linguista podem encontrar. A partir desta realidade, um trabalho de análise regressiva poderá elucidar certas estruturas mais genéricas, mais simples, que constituem como que esquemas legais. Mas esses esquemas, que irão valer, por exemplo, como leis do dialeto, são abstratos em si mesmos. Longe de presidir a constituição da frase e de ser o molde no qual esta se verte, tais esquemas não existem salvo na e por esta frase. Nesse sentido, a frase aparece como livre invenção dessas leis. Reencontramos aqui, simplesmente, a característica original de toda situação; é por seu próprio transcender do dado enquanto tal (o aparato linguístico) que o livre projeto da frase faz surgir o dado como sendo *este* dado (estas leis de sintaxe e de pronúncia dialetal). Mas o livre projeto da frase é precisamente o propósito de assumir *este dado-aqui;* não se trata de uma assunção qualquer, mas do apontar rumo a um fim ainda não existente através de meios existentes, aos quais confere justamente seu sentido de meio. Assim, a frase é ordenação de palavras que se tornam *estas palavras* somente em virtude de sua própria ordenação. É o que foi notado por linguistas e psicólogos, e sua perplexidade pode nos servir de contraprova: acreditaram, com efeito, ter descoberto um círculo vicioso na elaboração da fala, uma vez que, para falar, é preciso que o sujeito falante conheça seu próprio pensamento. Mas, como conhecer este pensamento, a título de realidade explicitada e fixada em conceitos, se não for, justamente, falando-o? Assim, a linguagem remete ao pensamento, e o pensamento à linguagem. Mas agora compreendemos que não há círculo vicioso, ou melhor, que esse círculo – do qual supôs-se escapar pela invenção de puros ídolos psicológicos, como a imagem verbal ou o pensamento sem imagens nem palavras – não é exclusivo da linguagem: é a característica da situação em geral. Nada mais significa senão a conexão ek-stática do presente, do futuro e do passado, ou seja, a livre determinação do existente pelo ainda-não-existente, e do ainda-não-existente pelo existente. Depois disso, será lícito descobrir esquemas operacionais abstratos que irão representar como que a verdade legal da frase: o esquema dialetal – o esquema da língua nacional –, o esquema linguístico em geral. Mas esses esquemas, longe de preexistir à frase concreta, são afetados por si mesmos de *Unselbstständigkeit* e só existem sempre encarnados e sustentados em sua própria encarnação por uma liberdade. Naturalmente, a linguagem é aqui apenas exemplo de uma técnica social e universal. O mesmo ocorreria com qualquer outra técnica: é o golpe do machado que revela o machado, o martelar que revela o martelo. Será possível descobrir em uma competição de esqui em particular o método francês de esquiar, e, neste método, a arte geral do esquiar enquanto possibilidade humana. Mas esta arte humana nada é por si mesmo; não existe *em potência*, mas se encarna e se manifesta na arte *atual* e concreta do esquiador. Isso nos permite esboçar uma solução para as relações entre o indivíduo e a espécie. É certo que, sem espécie humana, não há verdade; restaria apenas uma abundância irracional e contingente de escolhas individuais, às quais nenhuma lei poderia ser atribuída. Se algo como uma verdade existe, susceptível de unificar as escolhas individuais, é a espécie humana que pode fornecer. Mas, se a espécie é a verdade do indivíduo, não pode ser *algo dado* no indivíduo, senão incorremos em profunda contradição. Assim como as leis da linguagem são sustentadas e encarnadas pelo livre projeto concreto da frase, também a espécie humana – como conjunto de técnicas próprias para definir a atividade dos homens –, longe de preexistir a um indivíduo que a manifeste, do mesmo modo como tal ou qual queda em particular exemplifica a lei da gravidade, é o conjunto de relações abstratas sustentadas pela livre escolha individual. O Para-si, para escolher-se *pessoa*, faz com que exista uma organização interna que ele transcende rumo a si mesmo, e esta organização técnica interna é, nele, o nacional ou o humano.

Que assim seja, dir-se-á. Mas teríamos eludido o problema. Isso porque essas organizações linguísticas ou técnicas não foram criadas pelo Para-si com o objetivo de alcançar a si mesmo: ele as tomou do Outro. Admito que a regra de concordância dos particípios não existe à parte da livre conexão de particípios concretos com vistas a um fim de designação em particular. Mas, quando utilizo esta regra, aprendo dos Outros, e dela me sirvo porque os

Outros, em seus projetos pessoais, fizeram-na ser. Minha linguagem, portanto, é subordinada à linguagem do Outro, e, em última instância, à linguagem nacional.

    Não negamos esse fato. Também não pretendemos apresentar o Para-si como livre fundamento de seu ser: o Para-si é livre, mas *em condição*, e é essa relação entre a condição e a liberdade que queremos precisar com o nome de situação. Com efeito, o que acabamos de estabelecer não é senão uma parte da realidade. Mostramos que a existência de significações que não emanam do Para-si não poderia constituir um limite externo à liberdade deste. O Para-si não é primeiro homem para ser si mesmo depois, e não se constitui como si mesmo a partir de uma essência humana dada *a priori;* mas, muito pelo contrário, é em seu esforço para escolher-se como si mesmo pessoal que o Para-si mantém em existência certas características sociais e abstratas que fazem dele *um homem;* e as conexões necessárias que acompanham os elementos da essência humana só aparecem sobre o fundamento de uma livre escolha: nesse sentido, cada Para-si é responsável em seu ser pela existência de uma espécie humana. Mas precisamos esclarecer ainda o fato inegável de que o Para-si só pode escolher-se Para-além de certas significações das quais ele não é a origem. Cada Para-si, com efeito, só é Para-si escolhendo-se Para-além da nacionalidade e da espécie, assim como só fala escolhendo a designação Para-além da sintaxe e dos morfemas. Este "Para-além" é suficiente para assegurar sua total independência em relação às estruturas que ele transcende; mas isso não impede que o Para-si se constitua como *Para-além* em relação a *estas* estruturas-*aqui*. Que significa isso? Significa que o Para-si surge em um mundo que é mundo para outros Para-sis. Tal é o *dado*. E, por isso mesmo, como vimos, o sentido do mundo está *alienado* para o Para-si. Significa, justamente, que o Para-si se encontra em presença de *sentidos* que não vêm ao mundo por ele. O Para-si surge em um mundo que a ele se mostra como *já visto*, cultivado, explorado, trabalhado em todos os sentidos e cuja contextura mesmo já está definida por essas investigações; e, no próprio ato pelo qual estende seu tempo, o Para-si se temporaliza em um mundo cujo sentido temporal já está definido por outras temporalizações: é o fato da simultaneidade. Não se trata aqui de um limite à liberdade, mas sim do fato de que é *nesse mundo mesmo* que o Para-si deve ser livre; é levando em conta essas circunstâncias – e não *ad libitum** – que ele deve escolher-se. Mas, por outro lado, o Para-si, ao surgir, *não padece* a existência do Outro; está constrangido a manifestá-la em forma de uma escolha. Pois é através de uma escolha que irá captar o Outro como Outro-sujeito ou como Outro-objeto[65]. Na medida em que o Outro é para ele Outro-olhar, não pode tratar-se de *técnicas* ou significações estranhas; o Para-si se experimenta como objeto no Universo sob o olhar do Outro. Mas, uma vez que o Para-si, transcendendo o Outro rumo a seus próprios fins, faz dele uma transcendência-transcendida, o que era livre transcender do dado rumo a fins agora lhe aparece como conduta significante e dada no mundo (fixada em Em-si). O Outro-objeto torna-se um *indicador de fins*, e, por seu livre projeto, o Para-si se arremessa em um mundo no qual condutas-objetos designam fins. Assim, a presença do Outro como transcendência-transcendida é reveladora de complexos *dados* de meios a fins. E, como o fim determina os meios e os meios determinam o fim, o Para-si, por seu surgimento frente ao Outro-objeto, faz indicar a si mesmo fins no mundo; ele surge em um mundo povoado de fins. Mas se, desse modo, as técnicas e seus fins aparecem ao olhar do Para-si, deve-se notar que é pela livre tomada de posição do Para-si frente ao Outro que elas se convertem em *técnicas*. O Outro, por si só, não pode fazer com que seus projetos se revelem ao Para-si como técnicas; e, devido a isso, *para o Outro*, na medida em que se transcende rumo a seus possíveis, *não existe técnica*, e sim um *fazer* concreto que se define a partir de seu fim individual. O sapateiro que prega nova sola em um sapato não se sente "em vias de aplicar uma técnica": capta a situação como situação que exige tal ou qual ação, um remate de couro, ali, como couro que requer um prego etc. O Para-si, uma vez que toma posição em relação ao Outro, *faz surgir* as técnicas no mundo como *condutas do Outro enquanto transcendência-transcendida*. É nesse momento, e somente nele, que aparecem no mundo burgueses e proletários, franceses e ale-

---

* Em latim: conforme a vontade [N.T.].
65. Veremos adiante que o problema é mais complexo. Mas essas observações bastam por enquanto.

mães – homens, enfim. Logo, o Para-si é responsável pelo fato de que as condutas do Outro se revelem no mundo como técnicas. O Para-si não pode fazer com que o mundo onde surge seja atravessado por *tal* ou *qual técnica* (não pode fazer com que apareça em um mundo "capitalista" ou "regido pela economia natural", ou em uma "civilização parasitária"), mas faz com que aquilo que é vivido pelo Outro como projeto livre exista *por fora* como técnica, fazendo-se precisamente aquele pelo qual um lado de fora advém ao Outro. Assim, é escolhendo-se e historizando-se no mundo que o Para-si historiciza o próprio mundo e faz com que este fique *datado* por suas técnicas. A partir daí, precisamente porque as técnicas aparecem como objetos, o Para-si pode escolher apropriar-se delas. Surgindo em um mundo onde Pedro e Paulo falam de certa maneira, pegam a direita quando andam de bicicleta ou dirigem um carro etc., e constituindo como objetos significantes essas livres condutas, o Para-si faz com que haja um mundo em que *se* pega a direita, em que *se* fala francês etc.; faz com que as leis internas do ato do Outro, que estavam fundamentadas e sustentadas por uma liberdade comprometida em um projeto, convertam-se em regras objetivas de conduta-objeto, e essas regras tornam-se universalmente válidas para toda conduta análoga, enquanto que o suporte das condutas, ou agente-objeto, torna-se, além disso, *qualquer um*. Esta historiarização, que é efeito de sua livre escolha, de modo algum restringe sua liberdade; antes o contrário, é *nesse mundo mesmo*, e em nenhum outro, que sua liberdade está em jogo; é a propósito de sua existência nesse mundo mesmo que o Para-si se coloca em questão. Isso porque ser livre não é escolher o mundo histórico onde surgimos – o que não teria sentido –, mas escolher a si mesmo no mundo, não importa qual seja. Nesse sentido, seria absurdo supor que determinado *estado* das técnicas fosse restritivo para as possibilidades humanas. Sem dúvida, um contemporâneo de Duns Scotus ignora o uso do automóvel ou do avião, mas ele só aparece como ignorante do nosso ponto de vista, *nós* que o captamos privativamente a partir de um mundo onde o automóvel e o avião existem. Para ele, que não tem relação de espécie alguma com tais objetos e as técnicas referentes a estes, há uma espécie de nada absoluto, impensável e indecifrável. Semelhante nada não poderia *limitar de forma alguma* o

Para-si que escolhe a si mesmo: não poderia ser captado como uma falta, qualquer que seja o modo de considerá-lo. O Para-si que se historiza na época de Duns Scotus, portanto, nadifica-se no âmago de uma plenitude de ser, ou seja, de um mundo que, tal como o nosso, é *tudo aquilo que pode ser*. Seria absurdo declarar que faltou artilharia pesada aos albigenses para resistir a Simon de Montfort, pois o senhor de Trencavel ou o conde de Toulouse escolheram a si mesmos tais como foram, em um mundo onde a artilharia não tinha lugar; consideraram sua política naquele mundo; fizeram planos de resistência militar naquele mundo; escolheram ser simpatizantes dos cátaros *naquele mundo;* e, como foram somente aquilo que escolheram ser, *o foram absolutamente* em um mundo tão absolutamente pleno como o das Panzerdivisionen (Divisões Panzer) ou da R.A.F. (Royal Air Force)*. O que vale para técnicas tão materiais vale também para técnicas mais sutis: o fato de existir como senhor de segunda ordem de Languedoc nos tempos de Raimundo VI não é *determinante,* se nos colocarmos *no mundo feudal* em que esse nobre existe e se escolhe. Só aparece como privativo se cometemos o erro de considerar esta divisão entre a *Francia* e o *Midi* do ponto de vista atual da unidade francesa. O mundo feudal oferecia ao senhor vassalo de Raimundo VI infinitas possibilidades de escolha, tantas quanto as que possuímos hoje. Uma questão tão absurda como essa é comumente colocada à maneira de um sonho utópico: que teria sido de Descartes se houvesse conhecido a física contemporânea? Equivale a supor que Descartes possui uma natureza *a priori* mais ou menos limitada e alterada pelo estado da ciência de seu tempo, e que poderíamos transportar esta natureza em bruto para a época contemporânea, na qual ela iria reagir a conhecimentos mais amplos e precisos. Mas com isso esquecemos que Descartes é aquilo que escolheu ser, é uma escolha absoluta de si a partir de um mundo de conhecimentos e técnicas que tal escolha assume e ilumina ao mesmo tempo. Descartes é um absoluto desfrutando uma data absoluta e perfeitamente impensável em outra data, pois ele fez sua data fazendo-se a si mesmo. É ele, e nenhum outro, quem determinou o estado exato dos conhecimentos matemáticos imediatamente anteriores a

---

* Alusão a forças de guerra então em conflito [N.T.].

ele, não por uma vã recensão, que não poderia ser efetuada por qualquer ponto de vista nem com relação a qualquer eixo de coordenadas, mas estabelecendo os princípios da geometria analítica, ou seja, inventando precisamente o eixo de coordenadas que irá permitir definir o estado desses conhecimentos. Também nesse caso, é a livre invenção e o futuro que permitem iluminar o presente, é o aperfeiçoamento da técnica com vistas a um fim que permite avaliar o estado da técnica.

Assim, quando o Para-si se afirma frente ao Outro-objeto, descobre ao mesmo tempo as *técnicas*. A partir daí, pode apropriar-se delas, ou seja, *interiorizá-las*. Mas sucede de imediato: 1º) Utilizando uma técnica, ele as transcende rumo a seu fim, e está sempre Para-além da técnica que utiliza; 2º) Pelo fato de ser interiorizada, a técnica, que era pura conduta significante e coagulada de um Outro-objeto qualquer, perde seu caráter de técnica e se integra pura e simplesmente no livre transcender do dado rumo aos fins; é reassumida e sustentada pela liberdade que a fundamenta, exatamente como o dialeto ou a linguagem são sustentados pelo livre projeto da frase. O feudalismo, enquanto relação técnica de homem a homem, não existe: não passa de um puro abstrato, sustentado e transcendido por milhares de projetos individuais de tal ou qual homem, vassalo em relação a seu senhor. Com isso não pretendemos, de modo algum, chegar a uma espécie de nominalismo histórico. Não queremos dizer que o feudalismo é a soma das relações entre vassalos e suseranos. Pensamos, ao contrário, que é a estrutura abstrata dessas relações; todo projeto de um homem dessa época deve se realizar como um transcender rumo ao concreto desse momento abstrato. Portanto, não é necessário generalizar a partir de numerosas experiências de detalhe para estabelecer os princípios da técnica feudal: esta técnica existe necessária e completamente em cada conduta individual, e pode ser elucidada em cada caso. Mas ela não existe nessa conduta salvo para ser transcendida. Do mesmo modo, o Para-si não poderia ser uma pessoa, ou seja, não poderia escolher os fins que ele é, se não fosse homem, membro de uma coletividade nacional, de uma classe, de uma família etc. Mas estas são estruturas abstratas que ele sustenta e transcende através de seu projeto. O Para-si faz-se francês, sulista, operário, para ser *si mesmo* no horizonte dessas determinações. E, igualmente, o mundo que a ele se revela aparece dotado de certas significações correlatas às técnicas adotadas. Aparece como mundo-para-o-francês, mundo-para-o-operário etc., com todas as características imagináveis. Mas essas características não têm "Selbstständigkeit": antes de tudo, é o *seu* mundo, ou seja, o mundo iluminado pelos seus fins, que se revela como francês, proletário etc.

Todavia, a existência do Outro traz um limite de fato à minha liberdade. Com efeito, pelo surgimento do Outro, aparecem certas determinações que eu *sou* sem tê-las escolhido. Eis-me, com efeito, judeu ou ariano, bonito ou feio, maneta etc. Tudo isso, eu o sou *para o Outro*, sem esperanças de apreender o sentido que tenho *do lado de fora*, nem, por razão maior, de modificá-lo. Somente a linguagem irá me ensinar aquilo que sou, e, ainda assim, sempre como objeto de uma intenção vazia: a intuição disso jamais deixará de me ser negada. Se minha raça ou meu aspecto físico não fossem mais do que uma imagem no Outro ou a opinião do Outro a meu respeito, logo resolveríamos a questão; mas vimos que se trata de caracteres objetivos que me definem em meu ser-Para-Outro; a partir do momento em que outra liberdade que não a minha surge frente a mim, começo a existir em uma nova dimensão de ser, e, desta vez, não se trata para mim de conferir um sentido a existentes em bruto, nem de reassumir por minha conta o sentido que outros conferiram a certos objetos: sou eu mesmo quem me vê conferir um sentido, e não tenho o recurso de reassumir por minha conta esse sentido que tenho, pois este só poderia me ser dado a título de indicação vazia. Assim, alguma coisa de mim – segundo esta nova dimensão – existe à maneira do *dado*, pelo menos *para mim*, posto que este ser que sou é padecido, é sem *ser tendo existido*. Aprendo e padeço esse algo de mim nas e pelas relações que mantenho com os outros; nas e pelas condutas dos outros para comigo; encontro este ser na origem de milhares de proibições e milhares de resistências com que esbarro a cada instante: por ser *menor*, não terei tal ou qual direito; por ser *judeu*, em certas sociedades, estarei privado de certas possibilidades etc.* Contudo,

---

* O exemplo, como outros que se seguem, encerra, mais uma vez, a circunstância histórica em que a obra veio a lume [N.T.].

não posso, *de maneira alguma*, sentir-me judeu, menor ou pária; a tal ponto que posso reagir contra essas interdições declarando que a raça, por exemplo, é pura e simples imaginação coletiva, e que só existem indivíduos. Assim, deparo aqui, subitamente, com a alienação total de minha pessoa: sou alguma coisa que não escolhi ser: que irá resultar disso para a situação?

Acabamos de encontrar – é preciso reconhecer – um limite *real* à nossa liberdade, ou seja, uma maneira de ser que nos é imposta sem que nossa liberdade constitua seu fundamento. Mas deve-se entender o seguinte: o limite imposto não provém da *ação* dos outros. Em um capítulo precedente, observamos que até mesmo a tortura não nos despoja de nossa liberdade: é *livremente* que sucumbimos a ela. De maneira mais geral, o fato de se encontrar uma proibição em nosso caminho – "Entrada proibida aos judeus". "Restaurante judeu; entrada proibida aos arianos" – remete-nos ao caso acima considerado (as técnicas coletivas), e tal proibição só pode ter sentido sobre e pelo fundamento de minha livre escolha. Com efeito, segundo as livres possibilidades escolhidas, posso infringir a proibição, não levá-la em consideração, ou, pelo contrário, posso conferir-lhe um valor coercitivo que ela só pode ter devido ao peso que lhe concedo. Sem dúvida, a proibição conserva na íntegra seu caráter de "emanação de uma vontade alheia"; sem dúvida, tem como estrutura específica o fato de *me tomar por objeto* e manifestar com isso uma transcendência que me transcende. Mas permanece o fato de que tal proibição não se encarna em *meu* universo e só perde sua força própria de coerção nos limites de minha própria escolha, conforme eu prefira, em qualquer circunstância, a vida à morte, ou, ao oposto, em certos casos particulares, julgue preferível a morte a certos tipos de vida etc. O verdadeiro limite à minha liberdade está pura e simplesmente no próprio fato de que um Outro me capta como Outro-objeto, e também no fato, corolário do anterior, de que minha situação deixa de ser situação para o Outro e torna-se forma objetiva, na qual existo a título de estrutura objetiva. É esta objetivação alienadora de minha situação que constitui o limite permanente e específico de minha situação, assim como a objetivação de meu ser-Para-si em ser-Para-outro constitui o limite de meu ser. E são precisamente esses dois limites característicos que representam as fronteiras de minha liberdade. Em suma, pelo fato de existência do Outro, existo em uma situação que *tem um lado de fora*, e que, por esse mesmo fato, possui uma dimensão de alienação que não posso remover de forma alguma, do mesmo modo como não posso agir diretamente sobre ela. Este limite à minha liberdade, como se vê, é colocado pela pura e simples existência do outro, ou seja, pelo *fato* de que minha transcendência existe para uma transcendência. Assim captamos uma verdade de suma importância: vimos há pouco, permanecendo no âmbito da existência-Para--si, que somente minha liberdade podia limitar minha liberdade; agora vemos, ao incluir a existência do Outro em nossas considerações, que minha liberdade, nesse novo nível, também encontra seus limites na existência da liberdade do Outro. Assim em qualquer plano em que nos coloquemos, os únicos limites que uma liberdade encontra, ela os encontra na liberdade. Assim como pensamento, segundo Spinoza, só pode ser limitado pelo pensamento, também a liberdade só pode ser limitada pela liberdade, e sua limitação provém, como finitude interna, do *fato* de que ela não pode não ser liberdade, ou seja, de que se condena a ser livre; e, como finitude externa, do *fato* de que, sendo liberdade, ela existe para outras liberdades, as quais a apreendem livremente, à luz de seus próprios fins.

Isso posto, é preciso notar, antes de tudo, que esta alienação da situação não representa uma falha interna nem a introdução do dado como resistência em bruto na situação, tal qual eu a vivo. Muito pelo contrário, a alienação não é uma modificação interna nem uma mudança parcial da situação; não aparece no curso da temporalização; jamais a encontro *na* situação, e, em consequência, ela jamais se manifesta à minha intuição. Mas, por princípio, a alienação me escapa; constitui a própria exterioridade da situação, ou seja, seu ser-fora-para-o-Outro. Trata-se, portanto, de um caráter essencial de toda situação em geral; tal caráter não poderia agir sobre seu conteúdo, mas é aceito e recuperado pelo próprio ser que se *coloca em situação*. Assim, o sentido mesmo de nossa livre escolha consiste em fazer surgir uma situação que exprime tal escolha e da qual uma característica essencial é ser *alienada*, ou seja, existir como forma em si para o Outro. Não podemos escapar a esta alienação, pois seria absurdo sequer sonhar em existir de outro modo que não em situação. Esta característica não se manifesta por uma resistência interna, mas, ao contrário, é experimentada na e por sua própria inapreensibilidade. Portanto, trata-se, afinal, não de um obstáculo frontal que a liberdade encontra, mas de uma espécie de força centrífuga em sua própria natureza, uma fragilidade em sua constituição que faz com que tudo quanto a liberdade empreende sempre tenha uma face não escolhida por ela, uma face que lhe escapa e, para o outro, será pura existência. Uma liberdade que se quisesse como liberdade não poderia deixar de querer ao mesmo tempo esse caráter. Contudo, tal caráter não pertence à *natureza* da liberdade, posto que aqui não há natureza; além do que, mesmo se houvesse natureza, dela não poderíamos deduzir esse caráter, pois a existência dos outros é um fato totalmente contingente; mas vir ao mundo como liberdade frente aos outros é vir ao mundo como alienável. Se querer ser livre é escolher ser neste mundo frente aos outros, então aquele que assim se quiser também irá querer a *paixão* de sua liberdade.

Por outro lado, a situação alienada e meu próprio ser-alienado não são objetivamente descobertos e constatados por mim; em primeiro lugar, com efeito, acabamos de ver que, por princípio, tudo que é alienado só existe *para o Outro*. Mas, além disso, uma pura constatação, mesmo se possível, seria insuficiente. Com efeito, não posso *experimentar* esta alienação sem *reconhecer* ao mesmo tempo o Outro como transcendência. E este reconhecimento, como vimos, não teria sentido algum se não fosse *livre* reconhecimento da liberdade do Outro. Por este livre reconhecimento do Outro através da experiência de minha alienação, *assumo* meu ser-Para-outro, qualquer que possa ser, e o assumo precisamente porque é meu traço de união com o Outro. Assim, só posso captar o Outro como liberdade no livre projeto de captá-lo como tal (com efeito, sempre resta a possibilidade de que eu capte livremente o Outro como objeto), e o livre projeto de *reconhecimento* do Outro não difere da livre assunção de meu ser-Para-outro. Portanto, eis que minha liberdade, de certo modo, recupera seus próprios limites, pois só posso me captar como limitado pelo Outro na medida em que o Outro existe para mim, só posso fazer com que o Outro exista para mim como subjetividade reconhecida assumindo meu ser-Para-outro. Não há círculo vicioso: pela livre assunção deste ser-alienado que experimento, faço com que, de súbito, a transcendência do Outro exista para mim enquanto tal. É somente reconhecendo a *liberdade* dos antissemitas (não importa o uso que façam dela), e assumindo este *ser-judeu* que sou para eles, que o *ser-judeu* aparecerá como limite objetivo externo da situação; se, ao contrário, prefiro considerar os antissemitas como puros *objetos*, meu ser-judeu desaparecerá de imediato para dar lugar à simples consciência (de) ser livre transcendência inqualificável. Reconhecer os outros e, se sou judeu, assumir meu ser-judeu são a mesma coisa. Assim, a liberdade do Outro confere limites à minha situação, mas só posso *experimentar* esses limites caso reassuma este ser-Para-Outro que sou e lhe atribua um sentido à luz dos fins que escolhi. E, decerto, esta assunção mesmo é *alienada*, tem o seu lado de fora, mas é através desta assunção que posso experimentar meu ser-fora como tendo um lado de fora.

Sendo assim, como irei experimentar os limites objetivos de meu ser – judeu, ariano, feio, bonito, rei, funcionário público, Intocável* etc. – quando a linguagem me informou sobre quais deles são *meus* limites? Não poderia ser da mesma maneira como *capto* intuitivamente a beleza, a feiura, a raça do Outro, nem tampouco do modo como tenho consciência não tética (de) projetar-me rumo a tal ou qual possibilidade. Não que esses caracteres objetivos tenham de ser necessariamente *abstratos:* alguns o são, outros não. Minha beleza, minha feiura ou a insignificância de minhas feições são captadas pelo Outro em sua plena concretitude, e é esta concretitude que a linguagem do Outro irá me indicar: a ela irei me dirigir no vazio. Portanto, de modo algum se trata de uma abstração, mas sim de um conjunto de estruturas, algumas das quais são abstratas, mas cuja totalidade é um concreto absoluto; um conjunto que, simplesmente, é-me indicado como algo que me escapa por princípio. Tal conjunto, com efeito, é aquilo que *sou;* mas, como observamos no início de nossa segunda parte, o Para-si não pode *ser* nada. Para-mim, eu não sou professor ou garçom, assim como tampouco sou bonito ou feio, judeu ou ariano, espiritual, vulgar ou distinto. Vamos chamar de *irrealizáveis* tais características. É preciso evitar confundi-las com os *imaginários*.

---

* I. é, pária ou sudra, do sistema hindu de castas [N.T.].

Trata-se de existências perfeitamente reais; mas aqueles indivíduos para quem são realmente *dados* tais caracteres não *são* esses caracteres; e eu, que *sou* esses caracteres, não poso realizá-los: se me dizem que sou *vulgar*, por exemplo, habitualmente captei em outros, por intuição, a natureza da vulgaridade; desse modo, posso aplicar o termo "vulgar" à minha pessoa. Mas não posso vincular à minha pessoa a significação desse termo. Há aqui apenas a indicação de uma conexão a efetuar (mas que só poderá ser feita pela interiorização e a subjetivação da vulgaridade, ou pela objetivação da *pessoa*, duas operações que encerram o imediato desmoronar da realidade em questão). Assim, estamos rodeados de *irrealizáveis* até o infinito. Sentimos vivamente alguns deles como exasperantes ausências. Quem não sentiu profunda decepção por não poder, após longo exílio, *realizar* na sua volta que "*está* em Paris"? Os objetos estão aí e se oferecem familiares, mas eu sou apenas uma ausência, o puro nada necessário para que *haja* Paris. Meus amigos e meus próximos me oferecem a imagem de uma terra prometida ao dizer: "Finalmente! Você voltou! Está em Paris!" Mas o acesso a esta terra prometida está totalmente negado para mim. E, se a maioria das pessoas merece ser criticada por "usar dois pesos e duas medidas", conforme se trate dos outros ou de si mesmas, e se essa maioria, ao sentir-se culpada de uma falta que na véspera havia censurado no Outro, tende a dizer "não é a mesma coisa", isso ocorre porque, de fato, "não é a mesma coisa". Uma das ações, com efeito, é *objeto dado* de apreciação moral, e, a outra, pura transcendência que carrega sua justificação em sua própria existência, já que o seu ser é escolha. Por uma comparação dos *resultados*, podemos convencer a pessoa de que os dois atos têm "lados de fora" rigorosamente idênticos, mas nem a maior das boas vontades lhe permitirá *realizar* esta identidade: daí boa parte dos transtornos da consciência moral, em particular o desespero de não conseguir *verdadeiramente* se autodepreciar, de não poder se realizar como culpado, de sentir perpetuamente um desvio entre as significações exprimidas – "*sou* culpado, pequei" etc. – e a apreensão real da situação. Em suma, daí todas as angústias da "má consciência", ou seja, da consciência de má-fé, que tem por ideal julgar a si mesmo, isto é, tomar a seu respeito o ponto de vista do Outro.

Mas, se algumas espécies particulares de *irrealizáveis* causaram mais impressão do que outras, se foram objeto de descrições psicológicas, não devem nos impedir de constatar o fato de que os irrealizáveis são em número infinito, pois representam o inverso da situação.

Todavia, esses irrealizáveis não nos são apresentados somente como irrealizáveis: com efeito, para que tenham o caráter de irrealizáveis, é necessário que se desvelem à luz de algum projeto que vise realizá-los. E é exatamente, com efeito, aquilo que há pouco observávamos, quando mostramos o Para-si *assumindo* seu ser-para-o-Outro no e pelo próprio ato que *reconhece* a existência do Outro. Correlativamente, portanto, a tal projeto assuntivo, os irrealizáveis se desvelam como "a realizar". Antes de tudo, com efeito, a assunção se efetua na perspectiva de meu projeto fundamental: não me limito a receber passivamente a significação "feiura", "enfermidade", "raça" etc., mas, pelo contrário, só posso captar esses caracteres – a simples título de significação – à luz de meus próprios fins. É o que exprimimos – mas invertendo completamente os termos – ao dizer que o fato de ser de certa raça pode *determinar* uma reação de orgulho ou um complexo de inferioridade. Na verdade, a raça, a enfermidade, a feiura só podem *aparecer* nos limites de minha própria escolha da inferioridade ou do orgulho[66]; em outras palavras, só podem aparecer com uma significação que minha liberdade lhes confere; quer dizer, mais uma vez, que tais significações *são* para o Outro, mas que só podem ser para mim caso eu as *escolha*. A lei de minha liberdade, que faz com que eu não possa ser sem me escolher, também se aplica nesse ponto: não escolho ser para o Outro o que sou, mas só posso tentar ser para mim o que sou para o outro escolhendo-me tal como apareço ao Outro, ou seja, por meio de uma assunção eletiva. Um judeu não é *primeiro* judeu para ser envergonhado ou orgulhoso *depois;* mas é seu orgulho de ser judeu, sua vergonha ou sua indiferença que irá revelar a si mesmo seu ser-judeu; e este ser-judeu nada é além da livre maneira de assumi-lo. Embora disponha de uma infinidade de maneiras de assumir meu ser-Para-outro, simplesmente *não posso não assumi-lo;* reencontramos aqui

---

[66]. Ou de qualquer outra escolha de meus fins.

esta condenação à liberdade que definimos anteriormente como *facticidade;* não posso abster-me totalmente com relação àquilo que sou (para o Outro) – pois *recusar* não é abster-se, mas outro modo de assumir –, nem padecê-lo passivamente (o que, em certo sentido, dá no mesmo); no furor, na ira, no orgulho, na vergonha, na recusa nauseante ou na reivindicação jubilosa, é necessário que eu escolha ser o que sou.

Assim, os irrealizáveis se revelam ao Para-si como "irrealizáveis-a-realizar". Não perdem por isso seu caráter de *limites;* muito pelo contrário, é enquanto limites objetivos e externos que se apresentam ao Para-si como *a interiorizar.* Têm, portanto, um caráter nitidamente *obrigatório.* Com efeito, não se trata de um instrumento que se revela como "a utilizar" no movimento do livre projeto que sou. Aqui, o irrealizável aparece como limite dado *a priori* à minha situação (posto que sou tal ou qual para o Outro), e, consequentemente, como existente, sem esperar que eu lhe conceda a existência; e também aparece, *ao mesmo tempo,* como não podendo existir salvo no e pelo livre projeto pelo qual irei assumi-lo – assunção essa, evidentemente idêntica à organização sintética de todas as condutas que visam *realizar para mim* o irrealizável. Simultaneamente, uma vez que se dá a título de irrealizável, manifesta-se Para-além de todas as tentativas que posso fazer para realizá-lo. Portanto, que será senão precisamente um *imperativo* esse *a priori* que, para ser, requer meu comprometimento, colocando-se de saída Para-além de toda tentativa de realizá-lo? Com efeito, o irrealizável é *a interiorizar,* ou seja, provém de fora, como *já constituído;* mas, precisamente, a *ordem,* qualquer que seja, sempre se define como uma exterioridade reassumida em interioridade. Para que uma ordem seja ordem – e não *flatus vocis* ou puro dado de fato que tentamos simplesmente modificar –, é preciso que eu a reassuma com minha liberdade, dela fazendo uma estrutura de meus livres projetos. Mas, para que seja *ordem* e não livre movimento rumo a meus próprios fins, é necessário que ela preserve no próprio cerne de minha livre escolha o caráter de *exterioridade.* É a exterioridade que permanece como exterioridade até mesmo na e pela tentativa do Para-si para interiorizá-la. É precisamente a definição do *irrealizável a realizar,* e é por isso que se dá como um imperativo. Mas podemos ir mais longe na descrição deste irrealizável: trata-se, com efeito, de *meu* limite. Contudo, precisamente por ser *meu* limite, não pode existir como limite de um ser dado, mas como limite de *minha* liberdade. Significa que minha liberdade, escolhendo livremente, escolhe seus limites; ou, se preferirmos, a livre escolha de meus fins, ou seja, daquilo que sou para mim, comporta a assunção dos limites dessa escolha, quaisquer que sejam. Também aqui a escolha é escolha de finitude, como sublinhamos atrás; mas, em vez de ser finitude interna, ou seja, determinação da liberdade por si mesmo, a finitude assumida pela retomada dos irrealizáveis é finitude externa: escolho ter um ser à distância, que limita todas as minhas escolhas e constitui seus respectivos reversos, ou seja, escolho minha liberdade como limitada por outra coisa que não si própria. Ainda que me exaspere e tente por todos os meios recuperar esses limites – como vimos na parte precedente desta obra –, a mais enérgica das tentativas de recuperação necessita ser fundamentada na livre reassunção como *limites* dos limites que queremos interiorizar. Assim, a liberdade retoma por sua conta os limites irrealizáveis e faz com que estes ressurjam na situação ao escolher ser liberdade limitada pela liberdade do Outro. Em consequência, os limites externos da situação tornam-se *situação-limite*, ou seja, com a característica "irrealizável" são incorporados à situação *a partir do interior* como "irrealizáveis a realizar"; enquanto reverso escolhido e fugidiço de minha escolha, tais limites se convertem em um sentido de meu esforço desesperado por *ser*, embora situados Para-além deste esforço, exatamente como a morte – outro tipo de irrealizável ainda por considerar – torna-se situação-limite desde que tomada como um *acontecimento da vida,* apesar de apontar para um mundo onde minha presença e minha vida não mais se realizam, ou seja, um Para-além da vida. O fato de que *haja* um Para-além da vida, na medida em que só adquire sentido por e na minha vida e, todavia, permanece sendo irrealizável para mim; o fato de que haja uma liberdade Para-além de minha liberdade, uma situação Para-além de minha situação e para a qual aquilo que vivo como situação é dado como forma objetiva no meio do mundo: eis dois tipos de situação-limite que têm o caráter paradoxal de limitar minha liberdade por todos os lados e, contudo, de não ter outro sentido senão aquele que minha liberdade lhe confere. Para a classe, para a raça, para o corpo, para o Outro, para a função etc., existe um "ser-livre-para...". Através deste, o Para-si se projeta rumo a um de seus possíveis, o qual é sempre seu *último possível*, porque a possibilidade considerada é possibilidade de *ver a si mesmo*, ou seja, ser Outro que não si próprio de modo a se ver pelo lado de fora. Em um caso, como no Outro, há a projeção de si rumo a um "último", o qual, interiorizado por isso, torna-se sentido temático e fora de alcance de possíveis hierarquizados. Podemos "ser-para-ser-francês", "ser-para-ser-operário"; o filho de um rei pode "ser-para-reinar". Trata-se aqui de limites e *estados* negadores de nosso ser que temos de assumir, no sentido, por exemplo, em que o judeu sionista assume resoluto sua raça, ou seja, assume concretamente e de uma vez por todas a *alienação* permanente de seu ser; da mesma forma, o operário revolucionário, por seu próprio projeto revolucionário, assume um "ser-para-ser-operário". E poderemos observar, como Heidegger – embora as expressões "autêntico" e "inautêntico" que este emprega sejam dúbias e pouco sinceras devido ao seu conteúdo moral implícito –, que a atitude de recusa e de fuga, sempre possível, é, a despeito de si própria, livre assunção daquilo de que foge. Assim, o burguês se faz burguês negando que existam classes, assim como o operário se faz operário afirmando o contrário e realizando seu "ser-na-classe" por sua atividade revolucionária. Mas esses limites externos da liberdade, precisamente por serem externos e só se interiorizarem como irrealizáveis, jamais serão um obstáculo *real* para a liberdade, nem um limite padecido. A liberdade é total e infinita, o que não significa que *não tenha* limites, mas sim que *jamais os encontra*. Os únicos limites com os quais a liberdade colide a cada instante são aqueles que ela impõe a si mesmo e dos quais já falamos, a respeito do passado, dos arredores e das técnicas.

E) Minha morte

Depois que a morte pareceu constituir o inumano por excelência, já que era aquilo que há do outro lado do "muro", resolvemos considerá-la de repente de um ponto de vista totalmente oposto, ou seja, como um acontecimento da vida humana. Essa mudança é facilmente explicável: a morte é um *limite*, e todo limite (seja final ou inicial) é um *Janus bifrons**; quer o encaremos como aderente ao nada de ser que limita o processo considerado, quer, ao contrário, que o revelemos como aglutinado à série por ele terminada, seu ser pertence a um processo existente e, de certo modo, constitui sua significação. Assim, o acorde final de uma melodia, por uma de suas faces, olha em direção ao silêncio, ou seja, o nada de som que irá suceder à melodia; em certo sentido, tal acorde é feito de silêncio, posto que o silêncio que se seguirá já está presente nesse acorde de resolução como sendo a significação do mesmo. Mas, pela outra face, o acorde final adere a esse *plenum* de ser que é a melodia considerada: sem ele, esta melodia permaneceria pairando no ar, e esta indecisão final iria refluir de nota em nota para conferir a cada uma destas um caráter inacabado. A morte tem sido sempre considerada – com ou sem razão, o que ainda não podemos determinar – o termo final da vida humana. Enquanto tal, era natural que uma filosofia preocupada sobretudo em precisar a posição humana em relação ao inumano absoluto que a rodeia considerasse primeiramente a morte como uma porta aberta ao nada de realidade-humana, sendo esse nada, além disso, a cessação absoluta de ser ou a existência em uma forma não humana. Assim, podemos dizer que – em correlação com as grandes teorias realistas – houve uma concepção realista da morte, na medida em que esta apareceria como contato imediato com o não humano; com isso, a morte escapava ao homem, ao mesmo tempo que o moldava com o absoluto não humano. Não era possível, claro está, que uma concepção idealista e humanista do real suportasse a ideia de que o homem viesse a encontrar o inumano, ainda que como seu limite. Bastara então, com efeito, colocar-se do ponto de vista deste limite para iluminar o homem com uma luz não humana[67]. A tentativa idealista para *recuperar* a morte não foi originariamente obra de filósofos, mas de poetas como Rilke ou de romancistas como Malraux. Era suficiente considerar a morte como último termo *pertencente à série*. Se a série recupera assim o seu *terminus ad quem**, precisamente por

---

* Em latim: *Janos bifronte*, referência à divindade romana representada por dupla face [N.T.].
[67]. Cf., por exemplo, o platonismo realista de Morgan em *Sparkenbroke* (1936). – Em português. Porto Alegre: Editora Globo, 1942.

causa deste *ad* que indica sua interioridade, a morte como o fim da vida se interioriza e se humaniza; o homem já nada mais pode encontrar senão o humano; já não há mais *outro lado* da vida, e a morte é um fenômeno humano, fenômeno último da vida, mas ainda vida. Como tal, influencia em refluxo a vida inteira: a vida se limita com vida, torna-se, tal como o mundo einsteiniano, "finita mas ilimitada"; a morte se converte no sentido da vida, assim como o acorde de resolução é o sentido da melodia; nada há de milagroso nisso: a morte é um termo da série considerada, e, como se sabe, cada termo de uma série está sempre presente a todos os termos da mesma. Mas a morte assim recuperada não permanece simplesmente humana, mas torna-se *minha*; ao interiorizar-se, ela se individualiza; já não é mais o grande incognoscível que limita o humano, mas o fenômeno de *minha* vida pessoal que faz desta vida uma vida única, ou seja, uma vida que não recomeça, uma vida na qual não podemos ter uma segunda chance. Com isso, torno-me responsável por *minha* morte, tanto quanto por minha vida. Responsável, não pelo fenômeno empírico e contingente de meu trespasse, mas por esse caráter de finitude que faz com que minha vida, como minha morte, seja *minha* vida. É nesse sentido que Rilke se esforça para mostrar que o fim de cada homem assemelha-se à sua vida, porque toda a vida individual foi preparação para este fim; também nesse sentido, Malraux, em *Les Conquérants*, mostra que a cultura europeia, ao dar a certos asiáticos o sentido de sua morte, de súbito os compenetra desta verdade desesperante e inebriante segundo a qual "a vida é única". A Heidegger foi reservada a missão de dar forma filosófica a esta humanização da morte: com efeito, se o *Dasein* não *padece nada*, precisamente porque é projeto e antecipação, então deve ser antecipação e projeto de sua própria morte enquanto possibilidade de não mais realizar presença no mundo. Assim, a morte se converteu na possibilidade própria do *Dasein*, definindo-se o ser da realidade-humana como *Sein zum Tode***. Na medida em que o Dasein determina seu projeto rumo à morte, realiza a liberdade-para-morrer e constitui a si mesmo como totalidade pela livre escolha da finitude.

---

* Em latim: *limite para alguém* [N.T.].
** Em alemão: *Ser-para-a-morte* [N.T.].

À primeira vista, semelhante teoria não pode deixar de nos atrair: interiorizando a morte, serve aos nossos próprios desígnios; este limite aparente de nossa liberdade, ao interiorizar-se, é recuperado pela liberdade. Todavia, nem a comodidade dessas concepções, nem a incontestável parte de verdade que encerram devem nos desencaminhar. É preciso retomar desde o começo o exame da questão.

É certo que a realidade-humana, pela qual a mundanidade vem ao real, não poderia encontrar-se com o inumano; o próprio conceito de inumano é um conceito humano. Portanto, ainda que a morte, *Em-si*, fosse uma passagem a um absoluto não humano, é preciso abandonar qualquer esperança de considerá-la uma espécie de claraboia iluminando esse absoluto. A morte nada mais revela senão acerca de nós mesmos, e isso de um ponto de vista humano. Significará então que a morte pertence *a priori* à realidade humana?

Antes de tudo, devemos sublinhar o caráter absurdo da morte. Nesse sentido, deve ser rigorosamente afastada toda tentação de considerá-la um acorde de resolução no termo de uma melodia. Já foi dito muitas vezes que estamos na situação de um condenado entre condenados que ignora o dia de sua execução, mas vê serem executados a cada dia seus companheiros de cárcere. Não é totalmente exato: melhor seria comparar-nos a um condenado à morte que se prepara valentemente para o derradeiro suplício, toma todos os cuidados possíveis para desempenhar um bom papel no cadafalso e, no meio tempo, é levado por uma epidemia de gripe espanhola. É o que compreendeu a sabedoria cristã ao recomendar que devemos nos preparar para a morte como se esta pudesse sobrevir *a qualquer hora*. Desse modo, espera-se recuperar a morte metamorfoseando-a em *"morte esperada"*. Se, com efeito, o sentido de nossa vida converte-se em expectativa da morte, esta, ao sobrevir, nada mais pode senão colocar sua marca sobre a vida. No fundo, é o que há de mais positivo na "decisão resoluta" (*Entschlossenheit*) de Heidegger. Infelizmente, são conselhos mais fáceis de dar do que de seguir, não por causa de uma fragilidade natural da realidade-humana ou de um projeto originário de inautenticidade, mas sim por causa da própria morte. Com efeito, pode-se esperar *uma* morte em particular, mas não *a* morte. O jogo de prestidigitação realizado por Heidegger é bem fácil de descobrir: ele começa por individualizar a morte de cada um de nós, estabelecendo que é a morte de uma *pessoa*, de um indivíduo, a "única coisa que ninguém pode fazer por mim"; em seguida, utiliza esta individualidade incomparável que conferiu à morte a partir do *Dasein* de modo a individualizar o próprio *Dasein*: é projetando-se livremente rumo à sua possibilidade última que o *Dasein* terá acesso à existência autêntica e irá desgarrar-se da banalidade cotidiana para alcançar a unicidade insubstituível da pessoa. Mas há aqui um círculo vicioso: com efeito, como provar que a morte tem esta individualidade e o poder de conferi-la? Decerto, se a morte é descrita como *minha* morte, posso aguardá-la: é uma possibilidade caracterizada e distinta. Mas será *minha* a morte que virá me atingir? Em primeiro lugar, é perfeitamente gratuito dizer que "morrer é a única coisa que ninguém pode fazer por mim". Ou melhor, há aqui uma evidente má-fé no raciocínio: com efeito, se considerarmos a morte como possibilidade última e subjetiva, acontecimento que só concerne ao Para-si, é evidente que ninguém pode morrer por mim. Mas então decorre que nenhuma de minhas possibilidades, tomadas por esse ponto de vista – que é o do *cogito* –, seja em uma existência autêntica ou inautêntica, pode ser projetada por qualquer outro que não eu mesmo. Ninguém pode amar por mim, se entendermos por isso fazer esses juramentos que são *meus* juramentos, ou experimentar as emoções (por banais que sejam) que são *minhas* emoções. E o *"meus"* não se refere aqui, de modo algum, a uma personalidade conquistada na superação da banalidade cotidiana (o que permitiria a Heidegger retrucar afirmando que, precisamente, é necessário que eu seja "livre para morrer" de modo que um amor experimentado por mim seja *meu* amor e não o amor do "se" em mim); refere-se simplesmente, isso sim, a esta ipseidade que Heidegger reconhece expressamente em todo *Dasein* – exista à maneira autêntica ou inautêntica – quando declara que "Dasein ist je meines". Assim, por este ponto de vista, o amor mais banal é, tal como a morte, insubstituível e único: ninguém pode amar por mim. Ao contrário, se considerarmos meus atos no mundo do ponto de vista de sua função, sua eficiência e seu resultado, por certo o Outro pode fazer o que eu faço: se se trata de tornar esta mulher feliz, salvaguardar sua vida ou sua liberdade, proporcionar-lhe meios para garantir sua sobrevivência, ou simplesmente constituir com ela um lar, "dar-lhe filhos", enfim, se é *isto* que consideramos amar, então um outro poderá amar no meu lugar, poderá inclusive amar por mim; é o sentido mesmo desses sacrifícios, milhares de vezes relatados em romances sentimentais, que nos mostram o herói amoroso desejando a felicidade da mulher que ama e desaparecendo diante de seu rival porque este "saberá amá-la melhor do que eu". Aqui, o rival está especificamente incumbido de *amar por,* uma vez que amar é simplesmente definido como "fazer feliz pelo amor professado". E o mesmo ocorrerá com todas as minhas condutas. Minha morte *também* irá figurar nesta categoria: se morrer é morrer para dar um bom exemplo, para testificar, pela pátria etc., qualquer um pode morrer em meu lugar – tal como na canção em que se tira a sorte "para ver quem deve ser comido". Em resumo, não há qualquer virtude personalizadora (*personnalisante*) que seja peculiar à *minha* morte. Muito pelo contrário, a morte só se torna *minha* morte caso me coloque já na perspectiva da subjetividade: é minha subjetividade, definida pelo *cogito* pré-reflexivo, que faz de minha morte algo subjetivo insubstituível. Não é a morte que confere a meu Para-si a insubstituível ipseidade: neste caso, a morte não poderia se caracterizar como *minha* morte *pelo fato de ser morte,* e, consequentemente, sua estrutura essencial de morte não basta para torná-la este acontecimento personalizado e qualificado que podemos *esperar*.

Mas, além disso, a morte não poderia de forma alguma ser esperada, a menos que seja precisamente designada como *minha* condenação à morte (a execução que terá lugar dentro de oito dias; o desfecho de minha doença, que sei próximo e cruel etc.), porque nada mais é do que a revelação da absurdidade de toda espera, ainda que justamente de *sua* espera. Em primeiro lugar, com efeito, seria preciso distinguir cuidadosamente dois sentidos do verbo "esperar", que continuam sendo confundidos aqui*: *expectar* a morte não é *esperar* a morte. Só podemos esperar um acontecimento determinado, em vias de se realizar por processos

---

* Sartre distingue a voz reflexiva da não reflexiva do verbo *attendre*. Traduzimos *attendre* por *esperar* e *s'attendre à* por *expectar* (estar na expectativa) [N.T.].

igualmente determinados. Posso esperar a chegada do trem de Chartres, pois sei que saiu da estação de Chartres e que cada giro das rodas o aproxima da estação de Paris. Decerto, pode se atrasar, pode até ocorrer um acidente, mas nem por isso o processo em si, pelo qual irá se efetuar a chegada na estação, deixa de estar *"em andamento"*, e os fenômenos que podem retardar ou cancelar essa chegada apenas significam aqui que o processo não passa de um sistema relativamente fechado, relativamente isolado, na verdade imerso em um universo de "estrutura fibrosa", como diz Meyerson. Posso também dizer que espero Pedro e "estou na expectativa de que seu trem chegue atrasado". Mas, precisamente, a possibilidade de minha morte significa apenas que não sou biologicamente senão um sistema relativamente fechado, relativamente isolado; assinala somente o pertencer de meu corpo à totalidade dos existentes. É do mesmo tipo do atraso provável dos trens, e não do tipo da chegada de Pedro. Pertence à categoria do impedimento imprevisto, *inesperado*, que se deve sempre *levar em conta*, conservando seu caráter específico de inesperado, mas que não podemos *esperar*, posto que se perde por si mesmo no indeterminado. Mesmo admitindo, com efeito, que os fatores se condicionem rigorosamente, o que não está sequer comprovado e, portanto, requer uma opção metafísica, o número de tais fatores é infinito, e suas implicações infinitamente infinitas; seu conjunto não constitui um sistema, ao menos do ponto de vista considerado: o efeito em questão – minha morte – não poderia ser previsto para nenhuma data, nem, consequentemente, ser esperado. Enquanto escrevo tranquilamente neste escritório, talvez o estado do universo seja de tal ordem que minha morte tenha se acercado consideravelmente; talvez, ao contrário, tenha consideravelmente se distanciado. Se, por exemplo, espero uma ordem de mobilização militar para a guerra, posso considerar próxima a minha morte, ou seja, admitir que as chances de morte próxima aumentaram consideravelmente; mas é possível que, justamente, uma conferência internacional esteja sucedendo em segredo neste mesmo momento e tenha encontrado um meio de prolongar a paz. Desse modo, não posso dizer que o minuto que passa esteja me aproximando da morte. É verdade que a morte se acerca se levo em consideração, de maneira ampla, o fato de que minha vida é limitada. Mas, no interior desses limites, bastante elásticos (posso morrer centenário ou amanhã, aos 37 anos), não posso saber, com efeito, se a vida me aproxima ou me distancia desse termo. Isso porque há uma diferença considerável de *qualidade* entre a morte no limite da velhice e a morte que nos aniquila na maturidade ou na juventude. Esperar a primeira é aceitar o fato de que a vida seja uma realização *limitada*, uma maneira entre outras de escolher a finitude e designar nossos fins sobre o fundamento da finitude. Esperar a segunda seria o mesmo que esperar com a ideia de que minha vida é uma empresa *falida*. Se existissem somente mortes por velhice (ou por condenação explícita), eu poderia *esperar* a minha morte. Mas, precisamente, o próprio da morte é que ela pode sempre surpreender antes do tempo aqueles que a esperam para tal ou qual data. E, se a morte por velhice pode ser confundida com a finitude de nossa escolha e, por conseguinte, ser vivida como o acorde de resolução de nossa vida (dão-nos uma tarefa e *dão-nos tempo* para cumpri-la), a morte súbita, ao contrário, é de tal ordem que não poderia ser esperada de forma alguma, já que é indeterminada e, por definição, não permite ser esperada para qualquer data específica: com efeito, comporta sempre a possibilidade de que venhamos a morrer de surpresa antes da data esperada e, consequentemente, de que nossa espera seja, *como espera*, um engano; ou a possibilidade de que venhamos a *sobreviver* a esta data e, como não éramos senão esta espera mesmo, de que venhamos a sobreviver a nós mesmos. Além disso, como a morte súbita só difere qualitativamente da outra na medida em que *vivemos* uma ou outra, e como, biologicamente, ou seja, do ponto de vista do universo, ambas não diferem de modo algum no que diz respeito às suas causas e aos fatores que as determinam, a indeterminação de uma, com efeito, reflete-se na outra; isso significa que somente por cegueira ou má-fé podemos *esperar* uma morte por velhice. De fato, temos todas as chances de morrer antes de ter cumprido nossa tarefa, ou, ao contrário, de sobreviver a esta. Portanto, há um número muito escasso de chances de que nossa morte, como, por exemplo, a de Sófocles, apresente-se à maneira de um acorde de resolução. Mas, se é somente o *acaso* que determina o caráter de nossa morte, e, portanto, de nossa vida, sequer inclusive a morte que mais se assemelha a um desfecho de melodia pode ser esperada como tal; o acaso, ao determiná-la, dela subtrai todo caráter de fim harmonioso. Com efeito, um fim de melodia, para conferir seu sentido à melodia, deve emanar da própria melodia. Uma morte como a de Sófocles *parecerá*, portanto, com um acorde de resolução, mas sem *sê-lo*, assim como o conjunto de letras formado pela queda de cubos alfabéticos talvez venha a parecer uma palavra, sem sê-la. Assim, esta perpétua aparição do acaso no âmago de meus projetos não pode ser captada como *minha* possibilidade, mas sim, ao contrário, como nadificação de todas as minhas possibilidades, nadificação essa que *já não mais faz parte de minhas possibilidades*. Logo, a morte não é *minha* possibilidade de não mais realizar presença no mundo, mas *uma nadificação sempre possível de meus possíveis e que está fora de meus possíveis*.

Por outro lado, pode-se expressar esse fato de modo um tanto diferente partindo da consideração das significações. Como sabemos, a realidade humana é *significante*. Quer dizer que ela faz anunciar a si mesmo aquilo que é por aquilo que não é, ou, se preferirmos, ela é *porvir* para si própria. Portanto, se está perpetuamente comprometida em seu próprio futuro, somos levados a dizer que a realidade humana espera a confirmação desse futuro. Enquanto futuro, com efeito, o porvir é pré-esboço de um presente que *será*; nós nos entregamos às mãos desse presente que, sozinho, a título de presente, deve poder confirmar ou invalidar a significação pré-esboçada que sou. Uma vez que esse presente será livre reassunção do passado à luz de um novo futuro, não poderíamos *determiná-lo*, mas somente projetá-lo e esperá-lo. Por exemplo: o sentido de minha conduta atual é a admoestação que pretendo dirigir a determinada pessoa que me ofendeu gravemente. Mas, como posso saber se tal admoestação não irá se transformar em exasperadas e tímidas balbuciações, e se a significação de minha conduta presente não irá se converter *em passado?* A liberdade limita a liberdade, o passado extrai seu sentido do presente. Desse modo, como vimos, explica-se esse paradoxo segundo o qual nossa conduta atual nos é totalmente translúcida (*cogito* pré-reflexivo) e, *ao mesmo tempo*, totalmente disfarçada por uma livre determinação que devemos esperar: o adolescente é às vezes perfeitamente consciente do sentido místico de suas condutas e, outras vezes, deve remeter-se a todo seu futuro para decidir se está "passando por uma crise de puberdade" ou comprometendo-se verdadeiramente no rumo da devoção. Assim, nossa liberdade posterior, na medida em que não é nossa liberdade atual, mas sim o fundamento de possibilidades que ainda não somos, constitui como que uma opacidade em plena translucidez, algo como aquilo que Barrès denominava "o mistério em plena luz". Daí nossa necessidade de *esperar por nós mesmos*. Nossa vida nada mais é do que uma longa espera: em primeiro lugar, espera pela realização de nossos fins (estar comprometido em um empreendimento é esperar seu resultado); sobretudo, espera por nós mesmos (ainda que tal empreendimento se realize, ainda que eu tenha sabido como ser amado, como obter tal ou qual honraria, tal ou qual benefício, falta determinar o lugar, o sentido e o valor deste empreendimento em minha vida). Isso não decorre de um defeito contingente da "natureza" humana, de uma nervosidade que nos impediria de limitar-nos ao presente e poderia ser *corrigida* pela prática, mas sim da própria natureza do Para-si, que "é" na medida em que se temporaliza. É preciso também considerar nossa vida como constituída não somente de esperas, mas de esperas de esperas que, por sua vez, esperam esperas. Esta, a própria estrutura da ipseidade: ser si mesmo é vir a ser. Todas essas esperas comportam evidentemente uma referência a um último termo que seja *esperado* sem nada mais esperar. Um repouso que seja *ser* e não mais espera de ser. Toda a série é interrompida nesse último termo, o qual, por princípio, jamais é *dado* e constitui o valor de nosso ser, ou seja, evidentemente, uma plenitude do tipo "Em-si-Para-si". Por esse último termo efetuar-se-ia de uma vez por todas a reassunção de nosso passado; ficaríamos sabendo *para sempre* se tal ou qual experiência de juventude foi frutuosa ou nefasta, se tal ou qual crise de puberdade era simples capricho ou real pré-formação de meus comprometimentos posteriores; a curva de nossa vida estaria estabelecida para sempre. Em uma palavra, a conta seria fechada. Os cristãos tentaram dar à morte o caráter desse último termo. O padre Boisselot, em conversa privada comigo, deu a entender que o "juízo final" era precisamente este encerramento de contas, que faz com que não possamos ter nossa segunda chance e pelo qual, por fim, *somos* aquilo que *somos tendo sido*, irremediavelmente.

Mas há aqui um erro análogo ao que antes assinalamos em Leibniz, embora situado em outro extremo da existência. Para Leibniz, somos livres, posto que todos os nossos atos emanam de nossa essência. Contudo, basta que nossa essência não tenha sido escolhida por nós para que toda essa liberdade feita de detalhes dissimule uma total servidão: Deus escolheu a essência de Adão. Inversamente, se o encerramento da conta é que dá à nossa vida seu sentido e seu valor, pouco importa que todos os atos com os quais é feita a trama de nossa vida tenham sido livres: o próprio sentido desses atos nos escapa se não escolhemos, por nós mesmos, o momento em que a conta será fechada. Foi o que bem percebeu o libertino autor de uma anedota reproduzida por Diderot. Dois irmãos comparecem ao tribunal divino, no dia do juízo final. O primeiro diz a Deus: "Por que me fizestes morrer tão jovem?" E Deus responde: "Para te salvar. Se houvesses vivido mais, tu terias cometido um crime, como teu irmão". Então, por sua vez, o irmão pergunta: "Por que me fizestes morrer tão velho?" Se a morte não é livre determinação de nosso ser, não pode *terminar* nossa vida: um minuto a mais ou a menos talvez modifique tudo; se este minuto é acrescentado ou subtraído de minha conta, mesmo admitindo que eu o utilize livremente, o sentido de minha vida me escapa. Ora, a morte cristã provém de Deus: ele escolhe nossa hora; e, de modo geral, embora seja eu, temporalizando-me, quem faça com que haja minutos e horas em geral, sei claramente que o minuto de minha morte não é estabelecido por mim: as sequências do universo o determinam.

Sendo assim, já nem podemos sequer dizer que a morte confere à vida um sentido procedente do lado de fora: um sentido somente pode derivar da própria subjetividade. Como a morte não aparece no fundamento de nossa liberdade, só pode *tirar da vida toda significação*. Se sou espera de esperas de espera, e se, de súbito, o objeto de minha última espera e aqueleque espera são suprimidos, a espera recebe retrospectivamente o caráter de *absurdidade*. Por exemplo: esse jovem viveu trinta anos na espera de ser um grande escritor; mas tal espera, em si, não era suficiente: seria obstinação vaidosa e insensata, ou compreensão profunda de seu valor, de acordo com os livros que escrevesse. Seu primeiro livro foi publicado, mas, por si só, significa o quê? É um livro de principiante. Admitamos que seja bom: ainda assim, só adquire sentido pelo porvir. Se for único, é ao mesmo tempo inauguração e testamento: o autor não tinha senão este livro para escrever, acha-se limitado e sitiado por sua obra; não será "um grande escritor". Se o romance vier e se situar em uma série medíocre, é apenas um "acidente". Se for sucedido por outros livros melhores, pode-se classificar seu autor na primeira categoria. Mas eis que, justamente, a morte atinge o escritor no momento exato em que está ansiosamente se testando para saber "se tem estofo" para escrever outra obra, no momento em que está expectando ser um grande escritor. É o bastante para que tudo incida no indeterminado: não posso dizer que o escritor morto seja o autor de *um único* livro (no sentido de que só tinha um único livro para escrever) e tampouco que tenha escrito vários (já que, de fato, somente um livro foi publicado). Nada posso dizer: supondo-se Balzac morto antes de *Les Chouans*, restaria apenas o autor de alguns execráveis romances de aventuras. Mas, de súbito, a própria espera que esse jovem morto *foi*, esta espera de ser um grande homem, perde toda espécie de significação; não constitui cegueira obstinada e vaidosa, nem genuíno sentido de seu próprio valor, posto que nada, jamais, irá tomar uma decisão a respeito disso. Com efeito, de nada serviria tentar tal decisão levando em consideração os sacrifícios que o escritor suportou em nome de sua arte, a vida obscura e árdua que consentiu em levar: tantos autores medíocres tiveram força para fazer sacrifícios semelhantes. Ao contrário, o valor final dessas condutas permanece definitivamente em suspenso; ou, se preferirmos, o conjunto – certas condutas em particular, esperas, valores – recai de súbito no absurdo. Assim, a morte jamais é aquilo que dá à vida seu sentido: pelo contrário, é aquilo que, por princípio, suprime da vida toda significação. Se temos de morrer, nossa vida carece de sentido, porque seus problemas não recebem qualquer solução e a própria significação dos problemas permanece indeterminada.

Seria inútil recorrer ao suicídio para escapar a esta necessidade. O suicídio não pode ser considerado um fim de vida do qual eu seria o próprio fundamento. Sendo ato de minha vida, com efeito, requer uma significação que só o porvir pode lhe dar; mas, como é o último ato de minha vida, recusa a si mesmo este porvir; assim, mantém-se totalmente indeterminado. De fato, caso eu escape da morte, ou se "falho", não irei mais tarde julgar meu suicídio como uma covardia? O fato não poderá me demonstrar que outras soluções teriam sido possíveis? Mas, uma vez que essas soluções só podem ser meus próprios projetos, não podem aparecer a menos que eu continue vivendo. O suicídio é uma absurdidade que faz minha vida soçobrar no absurdo.

Essas observações, como se perceberá, não derivam da consideração da morte, mas, ao contrário, da consideração da vida; é porque o Para-si é o ser para o qual o ser está em questão em seu ser, é porque o Para-si é o ser que exige sempre um depois, que não há lugar algum para a morte no ser que é Para-si. Então, que poderia significar uma espera da morte, salvo a espera de um acontecimento indeterminado que irá reduzir toda espera ao absurdo, incluindo mesmo a da morte? A espera da morte destruiria a si mesmo, pois seria negação de toda espera. Meu projeto rumo a *uma* morte é compreensível (suicídio, martírio, heroísmo), mas não o projeto rumo à *minha* morte como possibilidade indeterminada de não mais realizar presença no mundo, pois tal projeto seria destruição de todos os projetos. Assim, a morte não poderia ser minha possibilidade própria; não poderia sequer ser uma de *minhas* possibilidades.

Além disso, a morte, na medida em que pode revelar-se a mim, não é apenas a nadificação sempre possível de meus possíveis – nadificação fora de minhas possibilidades – ou somente o projeto que destrói todos os projetos e destrói-se a si próprio, a impossível destruição de minhas esperas: ela é o triunfo do ponto de vista do Outro sobre o ponto de vista *que sou* sobre mim mesmo. Sem dúvida, é o que Malraux quer dizer, ao escrever em *L'Espoir* que a morte "transforma a vida em destino". A morte, com efeito, não é nadificação de minhas possibilidades a não ser pelo seu lado negativo: de fato, uma vez que sou minhas possibilidades somente pela nadificação do ser-Em-si que tenho-de-ser, a morte enquanto nadificação de uma nadificação é posicionamento de meu ser como *Em-si*, nesse sentido de que, para Hegel, a negação de uma negação é afirmação. Enquanto o Para-si está "em vida", transcende seu passado rumo a seu porvir, e o passado é aquilo que o Para-si tem-de-ser. Quando o Para-si "deixa de viver", esse passado não é igualmente extinto: a desaparição do ser nadificador não o atinge na parte de seu ser que é do tipo do Em-si; ele submerge no Em-si. Minha vida inteira é; isso não significa que seja uma totalidade harmoniosa, mas sim que deixou de ser seu próprio "em suspenso" e já não pode modificar-se pela simples consciência que tem de si mesmo. Muito pelo contrário, o sentido de um fenômeno qualquer desta vida fica determinado daqui por diante, não por ele mesmo, mas por esta totalidade em aberto que é a vida interrompida. Tal sentido, a título primário e fundamental, é *ausência de sentido*, como vimos. Mas a título secundário e derivado, milhares de furta-cores, milhares de irisações de sentidos relativos podem funcionar nesta absurdidade fundamental de uma vida "morta". Por exemplo: qualquer que tenha sido a derradeira inanidade, permanece o fato de que a vida de Sófocles foi feliz, a de Balzac prodigiosamente laboriosa etc. Naturalmente, tais qualificações gerais podem ser mais estritas: podemos arriscar uma descrição, uma análise, ao mesmo tempo que um relato desta vida. Iremos obter caracteres mais distintos: por exemplo, poderemos dizer de tal ou qual pessoa morta, como fez Mauriac a respeito de uma de sua heroínas, que ela viveu como uma "desesperada prudente"; poderíamos captar o sentido da "alma" de Pascal (ou seja, de sua "vida" interior) como "suntuosa e amarga", tal como Nietzsche a descrevia. Podemos chegar a qualificar tal ou qual episódio de "covardia" ou "indelicadeza", sem perder de vista, todavia, o fato de que só a cessação contingente deste "ser-em-perpétuo-em-suspenso" que é o Para-si vivo permite, sobre o fundamento de uma absurdidade radical, conferir o sentido relativo ao episódio considerado, e de que esse sentido é uma significação *essencialmente provisória*, cujo caráter provisório passou *acidentalmente* ao definitivo. Mas essas diferentes explicações do sentido da vida de Pedro, quando era Pedro mesmo que as operava em sua própria vida, tinham por efeito modificar a significação e a orientação desta, pois toda descrição da própria vida, quando tentada pelo Para-si, é projeto de si Para-além desta vida, e, uma vez que o projeto alterador está, ao mesmo tempo, aglomerado à vida que ele altera, a própria vida de Pedro metamorfoseava seu sentido temporalizando-se continuamente. Mas, agora que sua vida está morta, somente a *memória do Outro* pode impedir que ela atrofie até sua plenitude de Em-si, rompendo todas as suas amarras com o presente. A característica de uma vida morta é ser uma vida da qual o Outro se faz o guardião. Não significa apenas que o Outro retenha a vida do "desaparecido" efetuando uma reconstituição explícita e cognoscitiva da mesma. Muito pelo contrário, tal reconstituição não passa de uma das atitudes possíveis do Outro com relação à vida morta, e, em consequência, o caráter de "vida reconstituída" (no meio familiar, pelas recordações dos parentes, ou no meio histórico) é um destino particular que vem marcar certas vidas, com exclusão de outras. Daí resulta necessariamente que a qualidade oposta, "vida caída no esquecimento", também representa um destino específico e descritível que advém a certas vidas a partir do Outro. Ser esquecido é ser objeto de uma atitude do Outro e de uma decisão implícita do Outro. Com efeito, ser esquecido é ser apreendido resolutamente e para sempre como elemento dissolvido em uma massa (os "grandes senhores feudais do século XIII", os "burgueses Whigs do século XVII", os "funcionários soviéticos" etc.); não é, de forma alguma, *nulificar-se*, mas perder a existência pessoal para ser constituído com outros em existência coletiva. Isso mostra claramente o que queremos provar: o Outro não pode estar *primeiro* sem contato com os mortos para *depois* decidir (ou para que as circunstâncias decidam) ter tal ou qual relação com certos mortos em particular (aqueles que conheceu em vida, os "mortos famosos" etc.). Na realidade, a relação com os mortos – com *todos* os mortos – é uma estrutura essencial da relação fundamental que denominamos "ser-Para-outro". Em seu surgimento no ser, o Para-si deve tomar posição com relação aos mortos; seu projeto inicial os organiza em vastas massas anônimas ou em individualidades distintas; e determina o afastamento ou a proximidade absoluta tanto dessas massas coletivas como dessas individualidades; estende, temporalizando-se, distâncias temporais entre elas e si mesmo, assim como estende as distâncias espaciais a partir de seus arredores; fazendo-se anunciar pelo seu próprio fim aquilo que é, o Para-si determina a *importância* própria das coletividades ou individualidades desaparecidas; tal ou qual grupo estritamente anônimo e amorfo para Pedro será específico e estruturado para mim; tal outro, puramente uniforme para mim, deixará transparecer para João alguns de seus componentes individuais. Bizâncio, Roma, Atenas, a segunda Cruzada, a Convenção francesa, como tantas imensas necrópoles que posso ver de longe ou de perto, desatenciosa ou detalhadamente, submetem-se à posição por mim assumida, a posição que eu "sou"; a tal ponto que – por menos que se entenda isso adequadamente – não é impossível definir uma "pessoa" pelos seus mortos, ou seja, pelos setores de individualização ou de coletivização (*collectivisation*) que ela determinou na necrópole, pelas rotas e veredas que traçou, pelos ensinamentos que decidiu dar a si mesmo, pelas "raízes" que ali plantou. Por certo, os mortos nos escolhem, mas é preciso que os tenhamos escolhido primeiro. Reencontramos aqui a relação originária que une a facticidade à liberdade; escolhemos nossa atitude em relação aos mortos, mas é impossível não escolhermos uma que seja. A indiferença para com os mortos é uma atitude perfeitamente possível (encontraríamos exemplos entre os *heimatlos*, certos revolucionários ou os individualistas). Mas esta indiferença – que consiste em "re-morrer" os mortos – é uma conduta entre outras com relação a eles. Assim, por sua própria facticidade, o Para-si é jogado em uma total "responsabilidade" para com os mortos; vê-se obrigado a decidir livremente sua sorte. Em particular, quando se trata dos mortos que nos rodeiam, não é possível não decidirmos – explícita ou implicitamente – a sorte de suas realizações; isso é evidente quando se trata do filho que assume as empresas de seu pai, ou do discípulo que dá continuidade à escola e às doutrinas de seu mestre. Mas, embora o nexo seja menos claramente visível em bom número de circunstâncias, ocorre também em todos os casos nos quais o morto e o vivo considerados pertencem à mesma coletividade histórica e concreta. Sou eu, são os homens de minha geração que decidem acerca do sentido dos esforços e das realizações da geração anterior, seja retomando e prosseguindo suas tentativas sociais e políticas, seja efetuando decididamente uma ruptura e relegando os mortos à ineficácia. Como vimos, foi a América de 1917 que decidiu sobre o valor e o sentido dos feitos de La Fayette. Assim, por esse ponto de vista, aparece claramente a diferença entre a vida e a morte: a vida determina seu próprio sentido, porque está sempre em suspenso e possui, por essência, um poder de autocrítica e autometamorfose que faz com que se defina como um "ainda-

-não", ou, se preferirmos, como mudança daquilo que é. A vida morta tampouco cessa de mudar por ser morta, mas não se faz: é *feita*. Significa que, para ela, os dados estão lançados, e que, daqui por diante, irá sofrer suas mudanças sem ser, de forma alguma, responsável por estas. Não se trata apenas de uma totalização arbitrária e definitiva; além disso, trata-se de uma transformação radical: nada mais pode lhe *ocorrer* a partir do interior; está inteiramente fechada, e nada mais pode ser feito para penetrá-la; mas seu sentido não deixa de ser modificado pelo lado de fora. Até chegar a morte daquele apóstolo da paz, por exemplo, o sentido de suas realizações (loucura ou sentido profundo do real, êxito ou fracasso) estava em suas mãos: "Enquanto eu estiver aqui, não haverá guerra". Mas, na medida em que esse sentido transcende os limites de uma simples individualidade, na medida em que a pessoa anuncia a si mesmo aquilo que é por meio de uma situação objetiva a realizar (a paz na Europa), a morte representa uma total *espoliação:* é o Outro que espolia o apóstolo da paz do próprio sentido de seus esforços, e, portanto, de seu ser, incumbindo-se, a despeito de si mesmo e pelo seu próprio surgimento, de transformar em fracasso ou em êxito, em loucura ou em genial intuição, a própria empresa pela qual a pessoa anunciava a si mesmo aquilo que era, e pela qual a pessoa se constituía em seu ser. Assim, a própria existência da *morte* nos aliena totalmente, em nossa própria vida, em favor do Outro. Estar morto é ser presa dos vivos. Significa, portanto, que aquele que tenta captar o sentido de sua morte futura deve descobrir-se como futura presa dos outros. Há, pois, um caso de alienação que não levamos em consideração na seção desta obra dedicada ao Para-outro: as alienações que então estudamos, com efeito, eram aquelas que podemos nadificar transformando o Outro em transcendência-transcendida, assim como podemos nadificar nosso *lado de fora* pelo posicionamento absoluto e subjetivo de nossa liberdade; enquanto vivo, posso escapar àquilo que *sou* para o Outro revelando a mim mesmo, pelos meus fins livremente posicionados, que em nada *sou* e faço-me ser o que sou; enquanto vivo, posso desmentir o que o Outro descobre em mim projetando-me de imediato rumo a fins diferentes e, em qualquer caso, revelando que minha dimensão de ser-para-mim é incomensurável com minha dimensão de ser-Para-outro. Assim, escapo sem cessar de meu lado de fora e sou sem cessar reapreendido por este, sem que, "nesse combate dúbio", a vitória pertença a um ou a outro desses modos de ser. Mas o *fato da morte*, sem aliar-se precisamente a qualquer dos adversários nesse mesmo combate, dá a vitória final ao ponto de vista do Outro, transportando o combate e o prêmio para outro terreno, ou seja, suprimindo de súbito um dos combatentes. Nesse sentido, qualquer que seja a vitória efêmera obtida na luta contra o Outro e ainda que tenhamos nos servido do Outro para "esculpir nossa própria estátua", morrer é ser condenado a não existir a não ser pelo Outro e a ficar devendo a este seu sentido e o próprio sentido de sua vitória. Com efeito, se compartilharmos das concepções realistas expostas em nossa terceira parte, devemos reconhecer que minha *existência póstuma* não é a simples sobrevivência espectral, "na consciência do Outro", de simples representações a mim concernentes (imagens, lembranças etc.). Meu ser-Para-outro é um ser real, e, se permanece nas mãos do Outro como um casaco que abandono após minha desaparição, é a título de dimensão real de meu ser – dimensão essa convertida em minha única dimensão – e não de espectro inconsistente. Richelieu, Luís XV, meu avô, não são de modo algum a soma de minhas lembranças, nem mesmo a soma das lembranças e dos conhecimentos de todos aqueles que ouviram falar deles; são seres objetivos e opacos, reduzidos simplesmente à dimensão única de exterioridade. Com tal caráter, irão prosseguir sua história no mundo humano, mas jamais serão mais do que transcendências--transcendidas no meio do mundo; assim, a morte não somente desarma minhas esperas suprimindo definitivamente a *espera* e deixando no indeterminado a realização dos fins que anunciam a mim mesmo aquilo que sou, como também confere um sentido do lado de fora a tudo quanto vivo em subjetividade; ela reassume toda essa subjetividade que, enquanto "vivia", defendia-se contra a exteriorização, e a despoja de todo sentido subjetivo para entregá--la, ao contrário, a qualquer significação *objetiva* que o Outro possa lhe atribuir a seu bel-prazer. Convém observar, todavia, que tal "destino" assim conferido à *minha* vida permanece também em suspenso, pois a resposta à pergunta "qual será, em definitivo, o destino histórico de Robespierre?" depende da resposta a esta pergunta preliminar: "a história tem sentido?", ou seja, "a história deve se concluir ou somente *parar*?" Esta questão não está resolvida, e talvez seja irresolúvel, já que todas as respostas a ela dadas (incluindo a resposta do idealismo: "a história do Egito é a história da Egiptologia") são, por sua vez, históricas.

Assim, admitindo-se que minha morte possa ser revelada em minha vida, vemos que não poderia constituir-se em um puro estacar de minha subjetividade, o qual, sendo um acontecimento interior desta subjetividade, iria, afinal, concernir somente a esta. Se é verdade que o realismo dogmático comete o erro de encarar a morte como *estado de morte*, ou seja, algo transcendente à vida, nem por isso deixa de ser válido o fato de que a morte, tal como posso descobri-la como sendo *minha*, compromete necessariamente algo além de mim. Com efeito, na medida em que é a nadificação sempre possível de meus possíveis, a morte está fora de minhas possibilidades, e, por conseguinte, eu não poderia esperá-la, ou seja, arremessar-se rumo a ela como se fosse rumo a uma de minhas possibilidades. Portanto, a morte não poderia pertencer à estrutura ontológica do Para-si. Na medida em que constitui o triunfo do Outro sobre mim, remete a um fato, fundamental, decerto, mas totalmente contingente, como vimos, que é a existência do Outro. Não teríamos conhecimento *desta* morte se o Outro não existisse; sem o Outro, ela não poderia revelar-se a nós, nem, sobretudo, constituir-se como metamorfose de nosso ser em destino; seria, com efeito, a desaparição simultânea do Para-si e do mundo, do subjetivo e do objetivo, do significante e de todas as significações. Se a morte, em certa medida, pode revelar-se a nós como metamorfose dessas significações particulares que são *minhas* significações, deve-se ao fato da existência de um outro significante que assegura o restaurar das significações e dos signos. É por causa do Outro que minha morte constitui minha queda fora do mundo, a título de subjetividade, em vez de ser o aniquilamento da consciência e do mundo. Portanto, há na morte um inegável e fundamental caráter de *fato*, ou seja, uma contingência radical, tal como na existência do Outro. Tal contingência a subtrai de antemão de todas as conjeturas ontológicas. E meditar sobre minha vida considerando-a a partir de minha morte seria o mesmo que meditar sobre minha subjetividade adotando sobre ela o ponto de vista do Outro; vimos que isso não é possível.

Assim, devemos concluir, contra Heidegger, que a morte, longe de ser minha possibilidade própria, é *um fato contingente* que, enquanto tal, escapa-me por princípio e pertence originariamente à minha facticidade. Eu não poderia descobrir minha morte, nem esperá-la, nem tomar uma atitude com relação a ela, visto ser aquilo que se revela como o irrevelável, aquilo que desarma todas as esperas e que penetra em todas as atitudes, particularmente as que adotamos a seu respeito, para transformá-las em condutas exteriorizadas e coaguladas, cujo sentido é para sempre confiado a outros que não nós mesmos. A morte é um puro fato, como o nascimento; chega-nos de fora e nos transforma em lado de fora puro. No fundo, não se distingue em absoluto do nascimento, e é tal identidade entre nascimento e morte que denominamos facticidade.

Significará então que a morte traça os limites de nossa liberdade? Ao renunciar ao ser-para-a-morte de Heidegger, teremos renunciado para sempre à possibilidade de dar livremente a nosso ser uma significação pela qual sejamos responsáveis?

Muito pelo contrário: parece-nos que a morte, ao revelar-se a nós tal como é, libera-nos de sua pretensa coerção. É o que ficará mais claro por pouco que meditemos a respeito.

Antes de tudo, todavia, convém apartar radicalmente as duas ideias, comumente unidas, de morte e finitude. Em geral, parece se acreditar que é a morte que constitui e nos revela nossa finitude. Deste contágio resulta que a morte assume aspecto de necessidade ontológica e que a finitude, ao contrário, toma emprestado da morte seu caráter de contingência. Heidegger, em particular, parece ter edificado toda sua teoria do *"Sein-zum-Tode"* sobre a identificação rigorosa de morte e finitude; do mesmo modo, Malraux, quando nos diz que a morte nos revela a unicidade da vida, parece achar que é precisamente porque morremos que somos impotentes para ter nossa segunda chance e, portanto, finitos. Mas, considerando as coisas mais de perto, percebemos o erro da teoria: a morte é um fato contingente que pertence à facticidade; a finitude é uma estrutura ontológica do Para-si que determina a liberdade e só existe no e pelo livre projeto do fim que anuncia a mim mesmo aquilo que sou. Dito de outro modo, a realidade humana continuaria sendo finita, ainda que fosse imortal, porque se *faz* finita ao escolher-se humana. Ser finito, com efeito, é escolher-se, ou seja, anunciar a si mesmo aquilo que se é projetando-se rumo a um possível, com exclusão dos outros. Portanto, o próprio ato de liberdade é assunção e criação da finitude. Se eu me faço, faço-me finito e, por esse fato, minha vida é única. Consequentemente, mesmo se eu fosse imortal, ser-me-ia vedado "ter minha segunda chance"; é a irreversibilidade da temporalidade que me impede isso, e esta irreversibilidade nada é senão o caráter próprio de uma liberdade que se temporaliza. Por certo, se sou imortal e tive de me descartar do possível B para realizar o possível A, irá reaparecer a oportunidade de realizar esse possível descartado. Mas, pelo simples fato de que tal oportunidade irá surgir *depois* da oportunidade negada, já não será a mesma, e, então, eu me terei *feito finito* para toda a eternidade ao rejeitar irremediavelmente a primeira oportunidade. Por esse ponto de vista, tanto o imortal quanto o mortal nascem múltiplos e se fazem um só. Não é por ser temporalmente indefinida, ou seja, sem limites, que a "vida" do imortal será menos finita em seu próprio ser, porque se faz única. A morte nada tem a ver com isso; sobrevém "entretempo", e a realidade humana, ao revelar a si mesmo sua própria finitude, não descobre por causa disso a sua mortalidade.

Assim, a morte não é, em absoluto, estrutura ontológica de meu ser, ao menos na medida em que este é *Para-si;* o Outro é que é mortal em seu ser. Não há lugar algum para a morte no ser-Para-si; este não pode esperá-la, nem realizá-la, nem projetar-se em seu rumo; a morte não é de modo algum o fundamento de sua finitude, e, de modo geral, não pode ser fundamentada por dentro como projeto da liberdade original nem ser recebida de fora pelo Para-si como uma qualidade. Então, que será? Nada mais do que certo aspecto da facticidade e do ser-Para-outro, ou seja, nada mais do que algo *dado.* É absurdo que tenhamos nascido, é absurdo morrermos; por outro lado, esta absurdidade se apresenta como alienação permanente de meu ser-possibilidade, que já não é mais *minha* possibilidade, mas a do Outro. É, portanto, um limite externo e de fato de minha subjetividade! Porém, não estaremos reconhecendo aqui a descrição que havíamos tentado no parágrafo precedente? Este limite de fato que, por um lado, devemos confirmar, posto que nada nos penetra de fora e é necessário, em certo sentido, que *experimentemos* a morte para termos simplesmente condições de designá-la; este limite de fato que, por outro lado, jamais é encontrado pelo Para-si, posto que em nada é próprio *a este*, salvo na permanência indefinida de seu ser-Para-outro – que será tal limite senão, precisamente, um dos *irrealizáveis?* Que será, senão um aspecto sintético de nosso *avesso?* Mortal representa o ser presente que sou Para-outro; *morto* representa o sentido futuro de meu Para-si atual para o Outro. Trata-se, pois, de um limite permanente de meus projetos, e, como tal, este limite é para ser assumido. Portanto, é uma exterioridade que permanece exterioridade até na e pela tentativa do Para-si para realizá-la: é o que definimos acima como *irrealizável a realizar.* No fundo, não há diferença entre a escolha pela qual a liberdade assume sua morte como limite inapreensível e inconcebível de sua subjetividade e a escolha pela qual ela escolhe ser liberdade limitada pelo fato da liberdade do Outro. Assim, a morte não é *minha* possibilidade, no sentido anteriormente definido; é situação-limite, como avesso escolhido e fugidiço de minha escolha. Tampouco é *meu* possível, no sentido de que fosse meu fim próprio que anunciaria a mim mesmo o meu ser; mas, devido ao fato de ser inelutável necessidade de existir em outra parte como um fora e um Em-si, a morte é interiorizada como "última", ou seja, como sentido temático e fora de alcance dos possíveis hierarquizados. Assim, ela me impregna no próprio âmago de cada um de meus projetos como sendo o avesso inelutável destes. Mas, precisamente porque este "avesso" é a assumir, não como *minha* possibilidade, mas como a possibilidade de que já não haja mais possibilidades para mim, a morte não *me atinge.* A liberdade que é *minha liberdade* permanece total e infinita; não que a morte não a limite, mas porque a liberdade jamais encontra este limite, a morte não é, de forma alguma, um obstáculo para meus projetos; é somente um destino *desses projetos* em *outra parte.* Não sou "livre para morrer", mas sou um livre mortal. Escapando a morte de meus projetos por ser irrealizável, escapo eu mesmo da morte em meu próprio projeto. Sendo a morte aquilo que está sempre Para-além de minha subjetividade, em minha subjetividade não há lugar algum para ela. E esta subjetividade não se afirma *contra* a morte, mas independentemente dela, embora esta afirmação seja imediatamente alienada. Portanto, não poderíamos pensar a morte, nem esperá-la, nem nos armarmos contra ela; mas também nossos projetos, enquanto projetos – não devido à nossa cegueira, como diz o cristão, mas por princípio – são independentes dela. E, ainda que haja inúmeras atitudes possíveis frente a este irrealizável "a realizar além do mais", não cabe classificá-las em autênticas e inautênticas, posto que, justamente, sempre morremos "além do mais".

Essas diversas descrições referentes a meu lugar, meu passado, meus arredores, minha morte e meu próximo não têm a pretensão de ser exaustivas, nem sequer detalhadas. Seu objetivo é simplesmente nos permitir uma concepção mais clara do que constitui uma *"situação"*. Graças a elas, será possível definir mais precisamente este "ser-em-situação" que caracteriza o Para-si na medida em que é responsável por sua maneira de ser sem ser fundamento de seu ser.

1º) Sou um existente *no meio* de outros existentes. Mas não posso "realizar" esta existência no meio de outros, não posso captar como *objetos* os existentes que me circundam, nem captar a mim mesmo como existente *circundado,* nem sequer dar um sentido a esta noção de *"no meio de",* salvo se escolho a mim mesmo, não em meu ser, mas em minha maneira de ser. A escolha deste fim é escolha de um *ainda-não-existente.* Minha posição no meio do mundo, definida pela relação de utensilidade ou de adversidade entre as realidades que me circundam e minha própria facticidade, ou seja, a descoberta dos perigos que corro no mundo, dos obstáculos que nele posso encontrar, das ajudas que podem me ser oferecidas, à luz de uma nadificação radical de mim mesmo e de uma negação radical e interna do Em-si, operada do ponto de vista de um fim livremente posicionado – eis o que denominamos a *situação.*

2º) A situação só existe em correlação com o transcender do dado rumo a um fim. É a maneira como o dado que sou e o dado que não sou se revela ao Para-si que sou ao modo de não sê-lo. Quem diz *situação* diz, portanto, "posição apreendida pelo Para-si que está em situação". É impossível considerar uma situação pelo lado de fora: ela se coagula em *forma Em-si.* Em consequência, a situação não poderia ser designada nem como objetiva nem como subjetiva, ainda que as estruturas parciais desta situação (o copo que uso, a mesa em que me apoio etc.) possam e devam ser rigorosamente objetivas.

A situação não poderia ser *subjetiva*, pois não é nem a soma nem a unidade das *impressões* que as coisas nos causam: ela é *as próprias coisas* e eu mesmo entre as coisas; pois meu surgimento no mundo como pura nadificação de ser não traz outro resultado senão fazer com que *haja* coisas, e eu *nada* acrescento. Neste aspecto, a situação atraiçoa minha *facticidade*, ou seja, o fato de que as coisas *são aí* simplesmente como são, sem necessidade nem possibilidade de ser de outro modo, e de que eu *sou aí* entre elas.

Mas tampouco a situação poderia ser *objetiva*, no sentido de que seria algo puramente dado que o sujeito constatasse sem estar comprometido de modo algum no sistema assim constituído. De fato, a situação, pela significação mesmo do dado (significação sem a qual *não haveria* sequer algo dado), reflete ao Para-si a liberdade deste. Se a situação não é subjetiva nem objetiva, é porque não constitui um *conhecimento* nem sequer uma compreensão afetiva do estado do mundo por um sujeito; mas sim uma *relação de ser* entre um Para-si e o Em-si por ele nadificado. A situação é o sujeito inteiro (ele não é *nada* mais do que sua situação) e é também a "coisa" inteira (*não há* jamais nada mais do que as coisas). Se quisermos, é o sujeito iluminando as coisas pelo seu próprio transcender, ou são as coisas remetendo sua imagem ao sujeito. É a total facticidade, a contingência absoluta do mundo, de meu nascimento, de meu lugar, de meu passado, de meus arredores, do "fato" de meu próximo – e é minha liberdade sem limites enquanto aquilo que faz com que haja para mim uma facticidade. É esta vereda poeirenta e ascendente, esta sede ardente que sinto, essa recusa das pessoas de me dar algo para beber porque não tenho dinheiro ou não sou de seu país ou sua raça; é minha derrelição no meio dessas populações hostis, com esta fadiga de meu corpo que irá me impedir talvez de alcançar a meta a que me propus. Mas também é precisamente essa *meta*, não na medida em que a formulo clara e explicitamente, mas na medida em que está aí, por toda parte à minha volta, como aquilo que unifica e explica todos esses fatos, aquilo que os organiza em uma totalidade descritível, em vez de torná-los um pesadelo em desordem.

3º) Se o Para-si nada mais é do que sua situação, daí resulta que o ser-em-situação define a realidade-humana, dando conta tanto de seu *ser-aí* como de seu *ser-Para-além*. A realidade humana é, com efeito, o *ser que é sempre Para-além de seu ser-aí*. E a situação é a totalidade organizada do ser-aí interpretada e vivida no e pelo ser-Para-além. Portanto, não há situação privilegiada; entendemos com isso que não há situação em que o *dado* sufocasse sob seu peso a liberdade que o constitui como tal – nem, reciprocamente, situação na qual o Para-si fosse *mais livre* do que em outras. Isso não deve ser entendido no sentido desta "liberdade interior" bergsoniana de que Politzer troçava em *La fin d'une parade philosophique* e que simplesmente resultava no reconhecimento da independência da vida íntima e do coração do escravo em meio a seus grilhões. Quando dissemos que o escravo acorrentado é tão livre quanto seu amo, não queríamos nos referir a uma liberdade que permanecesse indeterminada. O escravo em seus grilhões é livre *para rompê-los;* significa que o próprio sentido de suas correntes lhe aparecerá à luz do fim que escolheu: continuar escravo ou arriscar o pior para livrar-se da servidão. Sem dúvida, o escravo não poderá obter as riquezas e o nível de vida do amo, mas tampouco são estes os objetos de seus *projetos:* pode apenas sonhar com a posse desses tesouros; sua *facticidade* é de tal ordem que o mundo lhe aparece com outra fisionomia e cabe-lhe posicionar e resolver outros problemas; em particular, é necessário fundamentalmente que ele se escolha no terreno da *escravidão* e, com isso, confira um sentido a esta obscura coerção. Se, por exemplo, escolhe a revolta, a escravidão, longe de ser *previamente* um obstáculo para esta revolta, só adquire seu sentido e seu coeficiente de adversidade pela própria revolta. Precisamente porque a vida do escravo que se revolta e morre durante a rebelião é uma vida livre, precisamente porque a situação iluminada por um livre projeto é plena e concreta, precisamente porque o problema urgente e capital desta vida é "alcançarei meu objetivo?", precisamente por tudo isso, a situação do escravo é *incomparável* à do senhor. Com efeito, cada uma delas só adquire seu sentido pelo Para-si em situação e a partir da livre escolha de seus fins. A comparação só poderia ser feita por um terceiro, e, por conseguinte, só teria lugar entre duas formas objetivas no meio do mundo;

além disso, seria estabelecida à luz do projeto livremente escolhido pelo terceiro: não há qualquer ponto de vista absoluto que se possa adotar para comparar situações diferentes; cada pessoa só realiza uma situação: *a sua*.

4º) Sendo iluminada pelos fins que são projetados somente a partir do *ser-aí* que eles iluminam, a situação apresenta-se eminentemente *concreta*. Decerto, contém e sustenta estruturas abstratas e universais, mas deve ser entendida como a *fisionomia singular* que o mundo nos oferece, como nossa oportunidade única e pessoal. Recordemos este apólogo de Kafka: um mercador vem defender sua causa no castelo; uma terrível sentinela lhe barra a entrada. Ele não ousa avançar, espera e morre esperando. Na hora de morrer, indaga à sentinela: "Por que eu era o único que esperava?" E a sentinela responde: "Esta porta foi feita só para você". Tal é, exatamente, o caso do Para-si, se acrescentarmos que, além disso, *cada um faz para si mesmo sua própria porta*. A concretitude da situação se traduz, em particular, pelo fato de que o Para-si *jamais* busca fins fundamentais abstratos e universais. Sem dúvida, como veremos no próximo capítulo, o sentido profundo da escolha é universal e, por isso, o Para-si faz com que exista uma realidade-humana como espécie. É preciso ainda *extrair* o sentido, que é *implícito;* e para tal irá nos servir a psicanálise existencial. E, uma vez extraído, o sentido terminal e inicial do Para-si aparecerá como um "Unselbstständig" que, para se manifestar, necessita de uma concretitude particular[67]. Mas o fim do Para-si, tal comoé vivido e perseguido no projeto pelo qual transcende e fundamenta o real, revela-se em sua concretitude ao Para-si como uma mudança particular da situação vivida (romper seus grilhões, ser rei dos francos, libertar a Polônia, lutar pelo proletariado). A princípio, ainda não se projetará lutar pelo proletariado em geral, mas o proletariado será visado através de tal ou qual grupo operário concreto ao qual a *pessoa* pertence. Isso porque, com efeito, o fim só ilumina o dado por ser escolhido como transcender *desse* dado. O Para-si não surge com um fim *totalmente dado*. Mas, ao "fazer" a situação, ele "se faz", e inversamente.

---

[67]. Cf. o capítulo seguinte.

5º) Assim como não é objetiva nem subjetiva, a situação não poderia ser considerada o livre efeito de uma liberdade, ou o conjunto de coerções padecidas por mim; provém da iluminação da coerção pela liberdade, que lhe confere seu sentido de coerção. Entre os existentes em bruto não poderia haver conexão; é a liberdade que fundamenta as conexões agrupando os existentes em complexos-utensílios, e é ela que projeta a *razão* das conexões, ou seja, seu próprio fim. Mas, precisamente porque, a partir daí, eu me projeto rumo a um fim através de um mundo de *conexões*, depara agora com sequências, séries conexas, complexos, e devo determinar-me a agir segundo leis. Essas leis e a maneira como as utilizo determinam o fracasso ou o êxito de minhas tentativas. Mas é pela liberdade que as relações legais vêm ao mundo. Assim, a liberdade encadeia-se no mundo como livre projeto rumo a fins.

6º) O Para-si é temporalização: significa que ele *não é;* ele "se faz". É a situação que informa sobre esta *permanência substancial* que reconhecemos nas pessoas ("ele não mudou", "continua o mesmo") e que a pessoa, em muitos casos, experimenta empiricamente como sendo sua. Com efeito, a livre perseverança em um único projeto não subentende permanência alguma; muito ao contrário, é uma perpétua renovação de meu comprometimento, como vimos. Mas as realidades envolvidas e iluminadas por um projeto que se desenvolve e se confirma apresentam, pelo contrário, a permanência do Em-si e, na medida em que reenviam nossa imagem a nós mesmos, sustentam-nos com sua perenidade; chega a ser frequente confundirmos sua permanência com a nossa. Em particular, a permanência do lugar e dos arredores, dos juízos alheios a nosso respeito, do nosso passado, *figuram* uma imagem degradada de nossa *perseverança*. Enquanto me temporalizo, sou sempre francês, funcionário público ou proletário *para o outro*. Este irrealizável tem o caráter de um limite invariável de minha situação. Igualmente, aquilo que denominamos temperamento ou caráter de uma pessoa e que nada mais é senão seu livre projeto enquanto é-Para-outro também surge, para o Para-si, como um irrealizável invariante. Alain percebeu acertadamente que o caráter é *juramento*. Quem diz "não sou acomodado" compromete-se livremente com a ira que contraiu e, ao mesmo tempo, interpreta livremente certos detalhes ambíguos de seu passado.

Nesse sentido, não há caráter: há apenas um projeto de si mesmo. Mas não devemos, contudo, ignorar o aspecto *"dado"* do caráter. É certo que, para o Outro, que me capta como Outro-objeto, *sou irado, hipócrita ou franco, covarde ou corajoso*. Este aspecto me é remetido pelo olhar do Outro: pela experiência desse olhar, o caráter, que era livre projeto vivido e consciente (de) si, torna-se um irrealizável *ne varietur** a assumir. Depende então não somente do Outro, mas da posição que adotei com relação ao Outro e de minha perseverança em manter tal posição: enquanto me deixar fascinar pelo olhar do Outro, meu caráter irá figurar aos meus próprios olhos, como irrealizável *"ne varietur"*, a permanência absoluta de meu ser – como dão a entender frases banais e pronunciadas diariamente, do tipo "tenho quarenta e cinco anos e não é agora que vou mudar". O caráter chega a constituir, comumente, aquilo que o Para-si tenta recuperar para converter-se no Em-si-Para-si que projeta ser. Todavia, é preciso observar que esta permanência do passado, dos arredores e do caráter não ostenta qualidades *dadas*; estas se revelam nas coisas somente em correlação com a continuidade de meu projeto. Por exemplo: seria inútil, após uma guerra ou um longo exílio, esperar encontrar inalterada tal ou qual paisagem montanhosa e fundamentar sobre a inércia e a aparente permanência dessas pedras a esperança de um renascimento do passado. Essa paisagem só revela sua permanência através de um projeto perseverante: essas montanhas têm um *sentido* no interior de minha situação – figuram, de um modo ou de outro, meu pertencer a uma nação em paz, dona de si mesmo, e que ocupa certo nível na hierarquia internacional. Se as revejo após uma derrota e durante a ocupação de uma parte do território, não poderão me mostrar a mesma fisionomia: isso porque eu mesmo tenho outros projetos, estou comprometido diferentemente no mundo.

Por fim, vimos que são sempre previsíveis desorganizações internas da situação devido a mudanças autônomas dos arredores. Tais mudanças jamais podem *provocar* uma mudança de meu projeto, mas podem, sobre o fundamento de minha liberdade, levar a uma simplificação ou uma complicação da situação. Por isso

---

* Em latim: para não variar, não variante [N.T.].

mesmo, meu projeto inicial irá revelar-se a mim com maior ou menor simplicidade. Porque uma pessoa jamais é simples ou complexa: a situação é que pode ser uma coisa ou outra. Com efeito, nada mais sou senão o projeto de mim mesmo Para-além de uma situação determinada, e esse projeto me pré-esboça a partir da situação concreta, assim como, além disso, ilumina a situação a partir de minha escolha. Portanto, se a situação se simplifica em seu conjunto, se ruínas, desabamentos, erosões, nela imprimiram um aspecto marcante, de traços grosseiros, com violentos contrastes, eu mesmo serei simples, porque minha escolha – a escolha que sou –, sendo apreensão *desta* situação-*aí*, não poderia deixar de ser simples. O surgir de novas complicações terá por efeito apresentar-me uma situação complicada, Para-além da qual irei encontrar-me complicado. É o que todos puderam constatar se observaram a simplicidade quase selvagem que os prisioneiros de guerra recuperavam após a extrema simplificação de sua situação; tal simplificação não podia modificar a significação dos próprios projetos desses prisioneiros; mas, sobre o fundamento mesmo de minha liberdade, trazia uma condensação e uma uniformização dos arredores, que se constituíam em e por uma apreensão mais nítida, mais rude e mais condensada dos fins fundamentais da pessoa cativa. Trata-se, em suma, de um metabolismo interno, e não de uma metamorfose global que também dissesse respeito à *forma* da situação. Todavia, são mudanças que descubro como sendo mudanças "em minha vida", ou seja, nos limites unitários de um mesmo projeto.

III
Liberdade e responsabilidade

Embora as considerações que se seguem interessem sobretudo aos moralistas, cremos que não seria inútil, depois dessas descrições e argumentações, voltar à liberdade do Para-si e tentar compreender o que representa para o destino humano o fato desta liberdade.

A consequência essencial de nossas observações anteriores é a de que o homem, estando condenado a ser livre, carrega nos ombros o peso do mundo inteiro: é responsável pelo mundo e por si mesmo enquanto maneira de ser. Tomamos a palavra "responsabilidade" em seu sentido corriqueiro de "consciência (de) ser o autor incontestável de um acontecimento ou de um objeto". Nesse sentido, a responsabilidade do Para-si é opressiva, já que o Para-si é aquele pelo qual se faz com que *haja* um mundo, e uma vez que também é aquele que *se faz ser*, qualquer que seja a situação em que se encontre, com seu coeficiente de adversidade próprio, ainda que insuportável; o Para-si deve assumi-la com a consciência orgulhosa de ser o seu autor, pois os piores inconvenientes ou as piores ameaças que prometem atingir minha pessoa só adquirem sentido pelo meu projeto; e elas aparecem sobre o fundo de comprometimento que eu sou. Portanto, é insensato pensar em queixar-se, pois nada alheio determinou aquilo que sentimos, vivemos ou somos. Por outro lado, tal responsabilidade absoluta não é resignação: é simples reivindicação lógica das consequências de nossa liberdade. O que acontece comigo, acontece por mim, e eu não poderia me deixar afetar por isso, nem me revoltar, nem me resignar. Além disso, tudo aquilo que me acontece é *meu;* deve-se entender por isso, em primeiro lugar, que estou sempre à altura do que me acontece, enquanto homem, pois aquilo que acontece a um homem por outros homens e por ele mesmo não poderia ser senão humano. As mais atrozes situações da guerra, as piores torturas, não criam um estado de coisas inumano; não há situação inumana; é somente pelo medo, pela fuga e pelo recurso a condutas mágicas que irei *determinar* o inumano, mas esta decisão é humana e tenho de assumir total responsabilidade por ela. Mas, além disso, a situação é *minha* por ser a imagem de minha livre escolha de mim mesmo, e tudo quanto ela me apresenta é *meu*, nesse sentido de que me representa e me simboliza. Não serei eu quem determina o coeficiente de adversidade das coisas e até sua imprevisibilidade ao decidir por mim mesmo? Assim, não há *acidentes* em uma vida; uma ocorrência comum que irrompe subitamente e me carrega não provém de fora; se sou mobilizado em uma guerra, esta guerra é *minha* guerra, é feita à minha imagem e eu a mereço. Mereço-a, primeiro, porque sempre poderia livrar-me dela pelo suicídio ou pela deserção: esses possíveis últimos são os que devem estar sempre presentes a nós quando se trata de enfrentar uma situação. Por ter deixado de livrar-me dela, eu a *escolhi;* pode ser por fraqueza, por covardia frente à opinião pública, porque prefiro certos valores ao valor da própria recusa de entrar na guerra (a estima de meus parentes, a honra de minha família etc.). De qualquer modo, trata-se de uma escolha. Essa escolha será reiterada depois, continuamente, até o fim da guerra; portanto, devemos subscrever as palavras de J. Romains: "Na guerra, não há vítimas inocentes"[68]. Portanto, se preferi a guerra à morte ou à desonra, tudo se passa como se eu carreasse inteira responsabilidade por esta guerra. Sem dúvida, outros declararam a guerra, e eu ficaria tentado, talvez, a me considerar simples cúmplice. Mas esta noção de cumplicidade não tem mais do que um sentido jurídico; só que, neste caso, tal sentido não se sustenta, pois *de mim* dependeu o fato de que esta guerra não viesse a existir para mim e por mim, e eu decidi que ela existisse. Não houve coerção alguma, pois a coerção não poderia ter qualquer domínio sobre uma liberdade; não tenho desculpa alguma, porque, como dissemos e repetimos neste livro, o próprio da realidade-humana é ser sem desculpa. Só me resta, portanto, reivindicar esta guerra como sendo minha. Mas, além disso, ela é *minha* porque, apenas pelo fato de surgir em uma situação que eu faço ser e de só poder ser revelada a mim caso eu me comprometa pró ou contra ela, não posso distinguir agora a escolha que faço de mim da escolha que faço da guerra: viver esta guerra é escolher-me através dela e escolhê-la através de minha escolha de mim mesmo. Não caberia encarar a guerra como "quatro anos de férias" ou "quatro anos em suspenso", ou como "recesso", já que o essencial de minhas responsabilidades se encontra em outra parte, na minha vida conjugal, familiar ou profissional. Nesta guerra que escolhi, escolho-me dia a dia, e, fazendo-me, faço-a minha. Se hão de ser quatro anos vazios, a responsabilidade é minha. Enfim, como assinalamos no parágrafo precedente, cada pessoa é uma escolha absoluta de si a partir de um mundo de conhecimentos e técnicas que tal escolha assume e ilumina; cada pessoa é um absoluto desfrutando uma data absoluta e totalmente impensável em outra data. Portanto, é uma perda de tempo perguntar que teria sido eu se esta guerra

---

68. ROMAINS, J. *Les hommes de bonne volonté;* "Prélude à Verdun".

não houvesse eclodido, posto que me escolhi como um dos sentidos possíveis da época que imperceptivelmente conduzia à guerra; não me distingo desta época mesmo, nem poderia, sem contradição, ser transportado a outra época. Assim, *sou* esta guerra que demarca e torna compreensível o período que a antecedeu. Nesse sentido, de forma a definir com maior nitidez a responsabilidade do Para-si, é necessário, à fórmula recém-citada – "não há vítimas inocentes" –, acrescentar esta outra: "Cada qual tem a guerra que merece". Assim, totalmente livre, indiscernível do período cujo sentido escolhi ser, tão profundamente responsável pela guerra como se eu mesmo a houvesse declarado, incapaz de viver sem integrá-la à *minha* situação, sem comprometer-me integralmente nessa situação e sem imprimir nela a minha marca, devo ser sem remorsos nem pesares, assim como sou sem desculpa, pois, desde o instante de meu surgimento ao ser, carrego o peso do mundo totalmente só, sem que nada nem ninguém possa aliviá-lo.

Todavia, esta responsabilidade é de um tipo muito particular. Pode-se me retorquir, com efeito, que "não pedi para nascer", o que é uma maneira ingênua de enfatizar nossa facticidade. Sou responsável por tudo, de fato, exceto por minha responsabilidade mesmo, pois não sou o fundamento de meu ser. Portanto, tudo se passa como se eu estivesse coagido a ser responsável. Sou *abandonado* no mundo, não no sentido de que permanecesse desamparado e passivo em um universo hostil, tal como a tábua que flutua sobre a água, mas, ao contrário, no sentido de que me deparo subitamente sozinho e sem ajuda, comprometido em um mundo pelo qual sou inteiramente responsável, sem poder, por mais que tente, livrar-me um instante sequer desta responsabilidade, pois sou responsável até mesmo pelo meu próprio desejo de livrar-me das responsabilidades; fazer-me passivo no mundo, recusar a agir sobre as coisas e sobre os outros, é também escolher-me, e o suicídio constitui um modo entre outros de ser-no-mundo. Contudo, encontro uma responsabilidade absoluta, devido ao fato de que minha facticidade, ou seja, neste caso, o fato de meu nascimento, é inapreensível diretamente e até mesmo inconcebível, pois esse fato de meu nascimento jamais me aparece em bruto, mas sempre através de uma reconstrução projetiva de meu Para-si; tenho vergonha de ter nascido, ou me assombro ou me regozijo com isso, ou, tentando livrar-me da vida, afirmo que vivo e assumo esta vida como sendo má. Assim, em certo sentido, *escolho* ter nascido. Essa escolha, em si mesmo, acha-se impregnada integralmente de facticidade, já que não posso não escolher; mas, por sua vez, esta facticidade só irá aparecer na medida em que eu vier a transcendê-la rumo a meus fins. Assim, a facticidade está por toda parte, porém inapreensível; jamais encontro senão a minha responsabilidade, daí por que não posso indagar *"por que* nasci?", maldizer o dia de meu nascimento ou declarar que não pedi para nascer, pois essas diferentes atitudes com relação ao meu nascimento, ou seja, com relação ao *fato* de que realizo uma presença no mundo, nada mais são, precisamente, do que maneiras de assumir com plena responsabilidade este nascimento e fazê-lo *meu;* também aqui só encontro comigo e meus projetos, de modo que, em última instância, minha derrelição, ou seja, minha facticidade, consiste simplesmente no fato de que estou condenado a ser integralmente responsável por mim mesmo. Sou o ser que é como ser cujo ser está em questão em seu ser. E este "é" de meu ser e como sendo presente e inapreensível.

Nessas condições, posto que todo acontecimento do mundo só pode revelar-se a mim como *ocasião* (ocasião *aproveitada, perdida, negligenciada* etc.), ou, melhor ainda, uma vez que tudo aquilo que nos ocorre pode ser considerado como uma *oportunidade,* ou seja, só pode nos aparecer como meio para realizar este ser que está em questão em nosso ser, e uma vez que os outros, enquanto transcendências-transcendidas, tampouco são mais do que *ocasi*ões e *oportunidades,* a responsabilidade do Para-si se estende ao mundo inteiro como mundo-povoado. É assim, precisamente, que o Para-si se apreende na angústia, ou seja, como um ser que não é fundamento de seu ser, nem do ser do outro, nem dos Em–sis que formam o mundo, mas que é coagido a determinar o sentido do ser, nele e por toda parte fora dele. Aquele que realiza na angústia sua condição de *ser* arremessado em uma responsabilidade que reverte até sobre sua derrelição já não tem remorso, nem pesar, nem desculpa; já não é mais do que uma liberdade que se revela perfeitamente a si mesmo e cujo ser reside nesta própria revelação. Mas, como sublinhamos no início desta obra, na maior parte do tempo fugimos da angústia na má-fé.

CAPÍTULO 2
FAZER E TER

I
A PSICANÁLISE EXISTENCIAL

Se é verdade que a realidade humana, como temos tentado estabelecer, anuncia-se e se define pelos fins que persegue, faz-se indispensável um estudo e classificação desses fins. Com efeito, no capítulo precedente, só consideramos o Para-si do ponto de vista de seu livre projeto, ou seja, do impulso pelo qual se arroja rumo a seu fim. Convém agora questionar este fim em si mesmo, pois *faz parte* da subjetividade absoluta, como seu limite transcendente e objetivo. Foi o que pressentiu a psicologia empírica ao admitir que um homem em particular se define por seus desejos. Mas devemos nos precaver aqui contra dois equívocos: em primeiro lugar, o psicólogo empírico, definindo o homem por seus desejos, permanece vítima da ilusão substancialista (*substantialiste*). Encara o desejo como existente *no* homem a título de "conteúdo" de sua consciência, e supõe que o sentido do desejo é inerente ao próprio desejo. Evita, assim, tudo que poderia evocar a ideia de uma transcendência. Mas, se desejo uma moradia, um copo d'água, um corpo de mulher, de que modo esse corpo, esse copo, esse imóvel poderiam residir em meu desejo, e de que modo meu desejo poderia ser outra coisa que não a consciência desses objetos como desejáveis? Portanto, evitemos considerar tais desejos como pequenas entidades psíquicas habitando a consciência: constituem a consciência mesmo em sua estrutura original projetiva e transcendente, na medida em que a consciência é, por princípio, consciência *de* alguma coisa.

Outro erro, que mantém profundas conexões com o primeiro, consiste em considerar terminada a investigação psicológica uma vez alcançado o conjunto concreto dos desejos empíricos. Assim, um homem seria definido pelo feixe de tendências que a observação empírica pode estabelecer. Naturalmente, o psicólogo nem sempre se limitará a efetuar a *soma* dessas tendências: ele se compraz em esclarecer seus parentescos, concordâncias e harmonias, e em tentar apresentar o conjunto dos desejos como uma organização sintética, na qual cada desejo atua sobre os demais e os influencia. Por exemplo, um crítico, querendo esboçar a "psicologia" de Flaubert, escreverá que ele "parece ter conhecido como estado normal, no início de sua juventude, uma exaltação contínua, produto do duplo sentimento de sua desmesurada ambição e sua força invencível... A efervescência de seu sangue jovem torna-se, *portanto*, uma paixão literária, como acontece por volta dos dezoito anos às almas precoces que encontram na energia do estilo ou nas intensidades de uma ficção certo modo de enganar a necessidade, que as atormenta, de muito agir e sentir em demasia"[69].

Há, nesse trecho, um empenho para reduzir a personalidade complexa de um adolescente a alguns desejos básicos, assim como o químico reduz os corpos compostos a mera combinação de corpos simples. Esses dados primários serão a ambição desmedida, a necessidade de agir muito e sentir demasiado; tais elementos, ao entrar em combinação, produzem uma exaltação permanente. Esta, nutrindo-se de numerosas e bem escolhidas leituras – como Bourget observa em algumas frases que não citamos –, tentará enganar a si mesmo exprimindo-se em ficções que irão satisfazê-la simbolicamente e canalizá-la. E aqui está, esboçada, a gênese de um "temperamento" literário.

Mas, em primeiro lugar, semelhante *análise* psicológica parte do postulado de que um fato individual se produz pela intersecção de leis abstratas e universais. O fato a ser explicado – neste caso, as tendências literárias do jovem Flaubert – resolve-se em uma combinação de desejos *típicos* e abstratos, tais como os encontramos no "adolescente em geral". O que há de concreto, aqui, é somente a combinação entre eles; por si sós não passam de esquemas. O abstrato é, pois, por hipótese, anterior ao concreto, e o

---

[69]. BOURGET, Paul. *Essais de psychologie contemporaine. G. Flaubert.*

concreto é apenas uma organização de qualidades abstratas; o individual é somente a intersecção de esquemas universais. Porém – outra absurdidade lógica de tal postulado –, vemos claramente, no exemplo escolhido, que ele deixa de explicar o que constitui precisamente a individualidade do projeto em consideração. O fato de que "a necessidade de sentir em demasia" – esquema universal – seja enganada e canalizada, tornando-se necessidade de escrever, não é a explicação da "vocação" de Flaubert: pelo contrário, é esse fato que seria necessário explicar. Sem dúvida, podemos invocar milhares de circunstâncias tênues e desconhecidas por nós que moldaram essa necessidade de sentir em forma de necessidade de agir. Mas, em primeiro lugar, isso equivale a renunciar à explicação e remeter-se precisamente ao indecifrável[70]. Ademais, tal método relega o puro individual, que foi banido da subjetividade de Flaubert, às circunstâncias exteriores de sua vida. Por fim, a correspondência de Flaubert comprova que, muito antes da "crise da adolescência", desde sua mais tenra infância, ele estava atormentado pela necessidade de escrever.

A cada etapa da descrição supracitada encontramos um hiato. Por que a ambição e o sentimento de sua força produzem em Flaubert uma *exaltação,* em vez de uma espera tranquila ou uma sombria impaciência? Por que esta exaltação se especifica em necessidade de agir demasiado e sentir em excesso? Ou melhor, para que serve essa necessidade que surge subitamente, por geração espontânea, no fim do parágrafo? E por que, em vez de buscar satisfazer-se em atos de violência, fugas, aventuras amorosas ou na libertinagem, tal necessidade escolhe, precisamente, satisfazer-se simbolicamente? E por que esta satisfação simbólica, que poderia, por outro lado, não pertencer à ordem artística (há também, por exemplo, o misticismo), encontra-se na *literatura,* e não na pintura ou na música? "Eu poderia ter sido um grande ator", escreveu Flaubert em algum lugar. Por que não tentou sê-lo? Em suma, não compreendemos nada; vimos uma sucessão de acasos, de desejos que irrompem enredados uns nos outros, sem que seja possível

---

[70]. Uma vez que, com efeito, a adolescência de Flaubert, até onde é possível conhecê-la, nada oferece de particular a este respeito, deve-se supor a ação de fatos imponderáveis que, por princípio, escapam ao crítico.

captar sua gênese. As *transições*, os vir-a-ser, as transformações, foram cuidadosamente escondidos de nós, e ficamos limitados a colocar em ordem esta sucessão invocando sequências empiricamente constatadas (necessidades de agir, que, no adolescente, antecede a necessidade de escrever), mas que, literalmente, são ininteligíveis. E pensar: isso é que se denomina psicologia. Leia-se, ao mero acaso, uma biografia qualquer: é o tipo de descrição que iremos encontrar, mais ou menos alternada com relatos de acontecimentos exteriores e alusões aos grandes ídolos explicativos de nossa época – hereditariedade, educação, meio, constituição fisiológica. Ocorre, contudo, nas melhores obras, que a conexão estabelecida entre o antecedente e o consequente, ou entre dois desejos concomitantes e em relação de ação recíproca, não é simplesmente concebida segundo o tipo de sequências regulares; às vezes, tal conexão é "compreensível", no sentido em que Jaspers a entende em seu tratado geral de psicopatologia*. Mas esta compreensão continua sendo uma captação de conexões *genéricas*. Por exemplo: pode-se captar a ligação entre castidade e misticismo, entre fraqueza e hipocrisia. Mas ignoramos sempre a relação concreta entre *esta* castidade (*esta* abstinência com relação a tal ou qual mulher, *este* embate contra tal ou qual tentação precisa) e o conteúdo individual do misticismo; exatamente como, por outro lado, a psiquiatria se satisfaz ao esclarecer as estruturas genéricas dos delírios e não busca compreender o conteúdo individual e concreto das psicoses (porque este homem supõe ser tal ou qual personalidade histórica, em vez de outra qualquer; porque seu delírio de compensação se satisfaz com estas ideias de grandeza, em vez de outras etc.).

Mas, sobretudo, essas explicações "psicológicas" nos remetem finalmente a inexplicáveis dados primordiais. São os corpos simples da psicologia. Dizem-nos, por exemplo, que Flaubert tinha uma "ambição desmedida", e toda a descrição supracitada se apoia nesta ambição original. Que assim seja. Mas esta ambição é um fato irredutível que de forma alguma satisfaz o pensamento. Isso porque a irredutibilidade, neste caso, não tem outra razão de ser

---

* JASPERS, Karl. *Allgemeine Psychopathologie* (1913). Em português: *Psicopatologia Geral*. Rio de Janeiro: Livraria Atheneu, 1973 [N.T.].

salvo impedir que a análise prossiga mais a fundo. No ponto em que o psicólogo se detém o fato considerado apresenta-se como primordial. É o que explica este estado turvo de resignação e insatisfação que sentimos na leitura desses ensaios psicológicos. Dizemos: "Bem, Flaubert era ambicioso. Ele era assim". Seria tão inútil indagar por que ele era assim quanto tentar saber por que era alto e ruivo: afinal, é necessário que nos detenhamos em algum lugar; trata-se da própria contingência de toda existência real. Esse penhasco está coberto de musgo, o rochedo vizinho, não. Gustave Flaubert tinha ambição literária e seu irmão Achile não. Assim é. Do mesmo modo, queremos conhecer as propriedades do fósforo e tentamos reduzi-las à estrutura das moléculas químicas que o compõem. Mas, por que há moléculas desse tipo? Assim é – eis tudo. A psicologia de Flaubert irá consistir em concentrar, se possível, a complexidade de suas condutas, sentimentos e gostos em algumas *propriedades*, bastante análogas às dos corpos químicos, e além das quais seria uma tolice querer remontar-se. E, todavia, sentimos obscuramente que Flaubert não "recebeu" sua ambição. Esta é significante, e, portanto, livre. Nem a hereditariedade, nem a condição burguesa, nem a educação podem explicá-la; muito menos ainda as considerações fisiológicas sobre o "temperamento nervoso" que estiveram em moda por algum tempo: o nervo não é *significante;* é uma substância coloidal que deve ser descrita em si mesmo e não se transcende para fazer conhecido a si próprio, através de outras realidades, aquilo que é. Não poderia, de modo algum, portanto, fundamentar uma significação. Em certo sentido, a ambição de Flaubert é um fato com toda sua contingência – e é verdade que é impossível avançar Para-além do fato –, mas, em outro sentido, essa ambição *se faz*, e nossa insatisfação* é garantia de que, Para-além desta ambição, poderíamos captar algo mais, algo como uma decisão radical, a qual, sem deixar de ser contingente, consistiria no verdadeiro irredutível psíquico. O que exigimos – e que jamais tentam nos proporcionar – é, pois, um *verdadeiro* irredutível, ou seja, um irredutível cuja irredutibilidade nos fosse *evidente,* e que não nos fosse apresentado como o postulado do psicólogo e o resultado de sua recusa ou incapacidade de ir

---

* No original, por errata, lê-se *satisfaction* (satisfação) [N.T.].

mais longe, mas sim cuja constatação produzisse em nós um sentimento de satisfação. E esta exigência não deriva desta incessante perseguição da causa, desta regressão ao infinito que se costuma descrever como constitutiva da investigação racional e, por conseguinte, longe de ser específica da pesquisa psicológica, encontrar-se-ia em todas as disciplinas e em todos os problemas. Não se trata da indagação ingênua de um "porquê" que não permitisse nenhum "por quê?" – mas, ao contrário, é uma exigência fundamentada em uma compreensão pré-ontológica da realidade humana e na recusa, vinculada a tal compreensão, de considerar o homem como sendo analisável e redutível a dados primordiais, a desejos (ou "tendências") determinados, suportados pelo sujeito tal como as propriedades o são por um objeto. Com efeito, se o considerarmos desse modo, será preciso escolher: *Flaubert*, o homem, que podemos amar ou detestar, reprovar ou celebrar, aquele que é o *outro* para nós, que atinge diretamente nosso ser próprio só pelo fato de ter existido, seria originariamente um substrato não qualificado desses desejos, ou seja, uma espécie de argila indeterminada que os receberia passivamente – ou então iria reduzir-se ao simples feixe dessas tendências irredutíveis. Em ambos os casos, o *homem* desaparece; já não mais encontramos *"aquele" ao qual ocorreu* tal ou qual sorte; ou então, buscando a *pessoa*, deparamos com uma substância metafísica, inútil e contraditória, ou o ser que procuramos se desvanece em uma poeira de fenômenos interligados por relações externas. Mas o que exigimos no próprio empenho para compreender o outro é, antes de tudo, não precisar recorrer jamais a esta ideia de substância, inumana por estar aquém do humano. Depois, exigimos que o ser considerado não se dissolva em poeira e que possamos nele descobrir esta unidade – da qual a substância não passa de uma caricatura –, unidade que há de ser unidade de responsabilidade, unidade amável ou odiosa, represensível ou louvável, em suma: *pessoal*. Esta unidade, que é o ser do homem considerado, é *livre unificação*. E a unificação não pode surgir *depois* de uma diversidade que ela unifica. *Ser*, para Flaubert, como para todo sujeito de "biografia" é unificar-se no mundo. A unificação irredutível que devemos encontrar, unificação que é Flaubert e que pedimos aos biógrafos para nos revelar, é, portanto, a unificação de um *projeto original*, unificação que deve revelar-se a nós como um *absoluto não substancial*. Assim, devemos renunciar aos detalhes irredutíveis e, tomando por critério a própria evidência, não nos determos em nossa investigação antes que fique evidente que não podemos nem devemos ir mais longe. Em particular, não devemos tentar reconstituir uma pessoa por suas inclinações, assim como, segundo Spinoza, não se deve tentar reconstituir a substância ou seus atributos pela soma de seus modos. Todo desejo apresentado como irredutível é de uma contingência absurda e envolve na absurdidade a realidade humana tomada em seu todo. Por exemplo, se digo que um de meus amigos "gosta de remar", proponho deliberadamente interromper a investigação nesse ponto. Mas, por outro lado, constituo um *fato* contingente que nada pode explicar e que, se tem a gratuidade da decisão livre, não possui de modo algum a autonomia desta. Com efeito, não posso considerar esta inclinação para o remo como o projeto fundamental de Pedro; ela traz em si qualquer coisa de secundário e derivado. Aqueles que assim descrevem um caráter por toques sucessivos quase dariam a entender que cada um desses toques – cada um dos desejos considerados – está vinculado aos demais por relações de pura contingência e simples exterioridade. Aqueles que tratarem de explicar esta afecção, pelo contrário, irão embrenhar-se pela via do que Comte denominava *materialismo*, ou seja, a explicação do superior pelo inferior. Dir-se-á, por exemplo, que o sujeito considerado é um esportista que gosta de exercícios violentos, e, além disso, um campestre que gosta em particular dos esportes ao ar livre. Assim, por sob o desejo a explicar, serão colocadas tendências mais genéricas e menos diferenciadas, que estão para aquela tendência assim como os gêneros zoológicos estão para a espécie. Desse modo, a explicação psicológica, quando não decide cessar de repente, constitui ora o destaque de puras relações de concomitância ou de sucessão constante, ora uma simples classificação. Explicar a tendência de Pedro para o remo é torná-la um membro da família das tendências para os esportes ao ar livre e conectar esta família à das tendências ao esporte em geral. Além disso, poderemos encontrar rubricas ainda mais genéricas e mais simplórias caso classifiquemos o gosto pelo esporte como um dos aspectos do amor ao risco, o qual, por sua vez, será apresentado como uma especificação da tendência fundamental ao jogo. É evidente que esta classificação pretensamente explicativa não tem mais valor nem interesse do que as classificações da antiga botânica: como estas, equivale a pressupor a anterioridade do ser do abstrato em relação ao concreto – como se a tendência ao jogo existisse primeiro em geral para depois especificar-se, por obra das circunstâncias, em amor ao esporte, este em tendência ao remo, e esta última, por fim, em desejo de remar em determinado rio, em condições tais e em uma estação do ano em particular; e, tal como aquelas classificações botânicas, esta classificação psicológica não logra explicar o enriquecimento concreto que a tendência abstrata por ela considerada experimenta em cada etapa. E como acreditar em um desejo de remar que seja *apenas* desejo de remar? Pode-se admitir verdadeiramente que se limite de modo tão simples a ser aquilo que é? Os moralistas mais perspicazes mostraram algo como um transcender do desejo por si mesmo; Pascal, por exemplo, supôs descobrir na caça, no jogo da pela ou em centenas de outras ocupações, a necessidades de diversão – ou seja, clarificava, em uma atividade que seria absurda se reduzida a si mesmo, uma significação que a transcende, isto é, uma indicação que remete à realidade do homem em geral e à sua condição. Igualmente, Stendhal, a despeito de suas ligações com os ideólogos, e Proust, apesar de suas tendências intelectualistas e analíticas, mostraram que o amor e o ciúme não poderiam reduzir-se ao estrito desejo de possuir *uma* mulher, mas visam apoderar-se do mundo inteiro *através* da mulher: este, o sentido da cristalização stendhaliana, e, precisamente por causa disso, o amor, tal como Stendhal o descreve, aparece como um modo de ser no mundo, ou seja, como uma relação fundamental do Para-si com o mundo e consigo mesmo (ipseidade) através de tal mulher em particular; a mulher representa apenas um corpo condutor situado no circuito. Tais análises podem ser inexatas ou não completamente verdadeiras: nem por isso deixam de nos fazer suspeitar da possibilidade de outro método que não o da pura descrição analítica. Ou, igualmente, o das observações dos romancistas católicos que vêm de imediato, no amor carnal, seu transcender rumo a Deus: em Don Juan, o "eterno insatisfeito"; no pecado, "um lugar vazio de Deus". Não se trata aqui de buscar um abstrato detrás do concreto: o impulso rumo a Deus não é *menos concreto* do que o impulso rumo a tal mulher em particular. Pelo contrário, trata-se de recobrar, sob aspectos parciais e incompletos do sujeito, a verdadeira concretitude, a qual só pode consistir na totalidade de seu impulso rumo ao ser e de sua relação original consigo mesmo, com o mundo e com o Outro, na unidade de relações *internas* e de um projeto fundamental. Este impulso só pode ser puramente individual e único; longe de apartar-nos da *pessoa*, como faz, por exemplo, a análise de Bourget ao constituir o individual pela soma de máximas genéricas, ele nos levará a encontrar, sob a necessidade de escrever – e de escrever *estes* livros em particular –, a necessidade de atividade em geral: pelo contrário, recusando igualmente a teoria da argila maleável e a do feixe de tendências, iremos descobrir a pessoa no projeto inicial que a constitui. É por esta razão que a irredutibilidade do resultado obtido se desvelará com evidência; não porque seja o mais pobre e abstrato, mas por ser o mais rico: a intuição, aqui, será a captação de uma plenitude individual.

Portanto, a questão se coloca mais ou menos nesses termos: se admitimos que a pessoa é uma totalidade, não podemos esperar reconstruí-la por uma adição ou uma organização das diversas tendências empiricamente nela descobertas. Mas, ao contrário, em cada inclinação, em cada tendência, a pessoa se expressa integralmente, embora segundo uma perspectiva diferente, um pouco como a substância spinozista se exprime inteira em cada um de seus atributos. Sendo assim, devemos descobrir em cada tendência, em cada conduta do sujeito, uma significação que a transcenda. Tais ciúmes *dados* e singulares, nos quais o sujeito se historiza em relação a determinada mulher, *significam*, para quem souber interpretá-los, a relação global com o mundo, pela qual o sujeito se constitui como um si-mesmo. Em outros termos, esta atitude *empírica* é por si mesmo a expressão da "escolha de um caráter inteligível". E não há mistério no fato de que assim seja – nem tampouco um plano inteligível que só nos fosse acessível somente pelo pensar, enquanto iríamos captar e conceituar unicamente o plano de existência empírica do sujeito: se a atitude empírica *significa* a escolha do caráter inteligível, isso se dá por- que ela *própria* é essa escolha. Com efeito, o caráter singular da escolha inteligível – voltaremos a isso – é que não poderia existir senão enquanto significação transcendente de cada escolha concreta e empírica: não se efetua primeiro em algum inconsciente ou no plano numênico para *depois* expressar-se em tal ou qual atitude observável, nem sequer tem preeminência *ontológica* sobre a escolha empírica, mas é, por princípio, aquilo que deve sempre destacar-se da escolha empírica como seu *Para-além* e como a infinidade de sua transcendência. Desse modo, se estou remando pelo rio, nada mais sou – nem aqui nem em outro mundo – do que esse projeto concreto de remar. Mas esse projeto mesmo, enquanto totalidade de meu ser, exprime minha escolha original em circunstâncias particulares; não passa da escolha de mim mesmo como totalidade nessas circunstâncias. É por isso que um método especial deve ter por objetivo destacar esta significação fundamental que o projeto comporta e que não poderia ser senão o segredo individual de seu ser-no-mundo. Portanto, é sobretudo por uma *comparação* entre as diversas tendências empíricas de um sujeito que iremos tentar descobrir e destacar o projeto fundamental comum a todas – e não por uma simples soma ou recomposição dessas tendências: em cada uma delas acha-se a pessoa na sua inteireza.

Naturalmente, há uma infinidade de projetos possíveis, assim como há uma infinidade de homens possíveis. Todavia, se for preciso reconhecer certos caracteres comuns entre eles e tentar classificá-los em categorias mais amplas, convém antes de tudo instituir investigações individuais nos casos que podemos estudar mais facilmente. Nessas investigações, seremos guiados pelo seguinte princípio: não nos determos salvo frente à irredutibilidade evidente, ou seja, jamais supor que alcançamos o projeto inicial até que o fim projetado apareça como o *próprio ser* do sujeito considerado. Eis por que não poderíamos nos deter nas classificações de "projeto autêntico" e "projeto inautêntico", como Heidegger pretende estabelecer. Além de que semelhante classificação está maculada por uma preocupação ética, a despeito de seu autor e em virtude de sua própria terminologia, ela se baseia, em suma, na atitude do sujeito para com sua própria morte. Mas, se a morte é angustiante, e se, em decorrência, podemos escapar da angústia ou arrojar-nos a ela resolutamente, é um truísmo dizer que isso ocorre porque temos apego à vida. Consequentemente, a angústia diante da morte, a decisão resoluta ou a fuga na inautenticidade não poderiam ser consideradas projetos fundamentais de nosso ser. Ao contrário, só poderão ser compreendidas sobre o fundamento de um projeto primordial de *viver*, ou seja, sobre uma escolha originária de nosso ser. Convém, portanto, transcender em cada caso os resultados da hermenêutica heideggeriana rumo a um projeto ainda mais fundamental. Com efeito, esse projeto fundamental não deve remeter a nenhum outro e deve ser concebido por si mesmo. Não poderia concernir, portanto, nem à morte nem à vida, nem a qualquer caráter em particular da condição humana: o projeto original de um Para-si *só pode visar o seu próprio ser;* o projeto de ser, o desejo de ser ou a tendência a ser não provém, com efeito, de uma diferenciação fisiológica ou uma contingência empírica; de fato, não se distingue do ser do Para-si. O Para-si, com efeito, é um ser o qual está em questão em seu ser em forma de projeto de ser. *Ser* Para-si é anunciar a si mesmo aquilo que se é por meio de um possível, sob o signo de um valor. Possível e valor pertencem ao ser do Para-si. Pois o Para-si se define ontologicamente como *falta de ser*, e o possível pertence ao Para-si como *aquilo que lhe falta*, assim como o valor impregna o Para-si como a totalidade de ser *faltada*. Aquilo que exprimimos em nossa segunda parte em termos de falta também pode se exprimir perfeitamente em termos de *liberdade*. O Para-si escolhe porque é falta; a liberdade identifica-se com a falta, pois é o modo de ser concreto da falta de ser. Ontologicamente, por conseguinte, tanto faz dizer que o valor e o possível existem como limites internos de uma falta de ser que só poderia existir enquanto falta de ser – ou que a liberdade, ao surgir, determina seu posível e, com isso, circunscreve *seu* valor. Assim, não podemos remontar-nos mais além, e encontramos o irredutível evidente ao atingir o *projeto de ser*, pois, evidentemente, é impossível remontar-se mais além do *ser*, e não há diferença alguma entre projeto de ser, possível e valor, de um lado, e *ser*, de outro. O homem é fundamentalmente *desejo de ser*, e a existência desse desejo não deve ser estabelecida por uma indução empírica; resulta de uma descrição *a priori* do ser do Para-si, posto que o desejo é falta, e o Para-si o ser que é para si mesmo uma de nossas tendências empiricamente observáveis consiste, portanto, no *projeto de ser;* ou, se preferirmos, cada tendência empírica existe com o projeto original de ser em uma relação de expressão e satisfação simbólica, tal como, em Freud, as tendências conscientes existem em relação aos complexos e à libido original. Não que, por outro lado, o desejo de ser *primeiro* seja para só *depois* expressar-se pelos desejos *a posteriori*, e sim que nada há à parte da expressão simbólica que encontra nos desejos concretos. Não há primeiro *um* desejo de ser e depois milhares de sentimentos particulares, mas sim que o desejo de ser só existe e se manifesta no e pelo ciúme, pela avareza, pelo amor à arte, pela covardia, pela coragem, as milhares de expressões contingentes e empíricas que fazem com que a realidade humana jamais nos apareça a não ser *manifestada* por *tal homem em particular*, por uma pessoa singular.

Quanto ao ser que é objeto desse desejo, sabemos *a priori* qual é. O Para-si é o ser que é para si mesmo sua própria falta de ser. E o ser que falta ao Para-si é o Em-si. O Para-si surge como nadificação do Em-si, e tal nadificação se define como projeto rumo ao Em-si: entre o Em-si nadificado e o Em-si projetado, o Para-si é nada. Assim, o objetivo e o fim da nadificação que eu sou é o *Em-si*. Logo, a realidade humana é desejo de ser Em-si. Mas o Em-si que ela deseja não poderia ser puro Em-si contingente e absurdo, comparável em todos os aspectos ao Em-si que ela encontra e nadifica. A nadificação, como vimos, assemelha-se, de fato, a uma revolta do Em-si que se nadifica contra sua contingência. Como vimos no capítulo acerca do corpo, dizer que o Para-si existe sua facticidade equivale a dizer que a nadificação é um vão esforço de um ser para fundamentar seu próprio ser, e que é o recuo fundador que provoca a ínfima defasagem pela qual o nada entra no ser. O ser que constitui o objeto de desejo do Para-si é, portanto, um Em-si que fosse para si mesmo seu próprio fundamento, ou seja, que fosse para sua facticidade aquilo que o Para-si é para suas motivações. Além disso, o Para-si, sendo negação do Em-si, não poderia desejar o puro e simples retorno ao Em-si. Aqui, como em Hegel, a negação da negação não poderia nos conduzir ao nosso ponto de partida. Mas, muito pelo contrário, aquilo que o Para-si requer do Em-si é precisamente a totalidade destotalizada "Em-si nadificado em Para-si"; em outros termos, o Para-si projeta ser *enquanto Para-si* um ser que seja o que é; enquanto ser que é o que não é e não é o que é, o Para-si projeta ser o que é; é enquanto consciência que o Para-si almeja ter a impermeabilidade e a densidade infinita do Em-si; é enquanto nadificação do Em-si e perpétua evasão da contingência e da facticidade que ele tenciona ser seu próprio fundamento. Daí por que o possível é projetado em geral como aquilo que falta ao Para-si para converter-se em Em-si-Para-si; e o valor fundamental que preside esse projeto é justamente o Em-si-Para-si, ou seja, o ideal de uma consciência que fosse fundamento de seu próprio ser-Em-si pela pura consciência que tomasse de si mesmo. É este ideal que podemos chamar de Deus. Pode-se dizer, assim, que o que torna mais compreensível o projeto fundamental da realidade humana é afirmar que o homem é o ser que projeta ser Deus. Quaisquer que possam ser depois os mitos e os ritos da religião considerada, Deus é antes de tudo "sensível ao coração" do homem como aquilo que o anuncia e o define em seu projeto último e fundamental. E, se o homem possui uma compreensão pré-ontológica do ser de Deus, esta não lhe é conferida nem pelos grandes espetáculos da natureza nem pelo poder da sociedade: é que Deus, valor e objetivo supremo da transcendência, representa o limite permanente a partir do qual o homem anuncia a si mesmo aquilo que é. Ser homem é propender a ser Deus; ou, se preferirmos, o homem é fundamentalmente desejo de ser Deus.

Porém, dir-se-á, sendo assim, se o homem em seu próprio surgimento é conduzido rumo a Deus como seu limite, se não pode escolher ser senão Deus, que acontece com a liberdade? Porque a liberdade nada mais é do que uma escolha que cria suas próprias possibilidades, ao passo que, aqui, parece que o projeto inicial de ser Deus que "define" o homem assemelha-se bastante a uma "natureza" humana ou a uma "essência". Responderemos dizendo precisamente que, se o *sentido* do desejo é, em última análise, o projeto de ser Deus, o desejo jamais é *constituído* por tal sentido, mas, ao contrário, representa sempre uma *invenção particular* de seus fins. Com efeito, esses fins são perseguidos a partir de uma situação empírica particular; e é inclusive esta perseguição que constitui em *situação* os arredores. O desejo de ser sempre se realiza como desejo de maneira de ser. E esse desejo de maneira de ser, por sua vez, exprime-se como o sentido de miríades de desejos concretos que constituem a trama de nossa vida consciente. Assim, encontramo-nos frente a arquiteturas simbólicas muito complexas e que estão, *pelo menos*, em três níveis. No desejo empírico, posso discernir uma simbolização de um desejo fundamental e concreto que é a *pessoa* e que representa a maneira como esta decidiu que o ser estará em questão em seu ser; e esse desejo fundamental, por sua vez, exprime concretamente e no mundo na situação singular que envolve a pessoa, uma estrutura abstrata e significante que é o desejo de ser em geral e deve ser considerada como a *realidade humana na pessoa*, como aquilo que constitui sua comunhão com o Outro, como aquilo que permite afirmar que há uma verdade do homem e não somente individualidades incomparáveis. A concretitude absoluta, e a completeza, a existência como totalidade, pertencem portanto ao desejo livre e fundamental, ou *pessoa*. O desejo empírico não passa de uma simbolização do mesmo: a ele remete e dele extrai seu sentido, mantendo-se parcial e redutível, pois é o desejo que não pode ser concebido *de per si*. Por outro lado, o desejo de ser, em sua pureza abstrata, é a *verdade* do desejo concreto fundamental, mas não existe a título de realidade. Assim, o projeto fundamental, ou pessoa, ou livre realização da verdade humana encontra-se por toda parte, em todos os desejos (com as restrições indicadas no capítulo precedente acerca dos "indiferentes", por exemplo); jamais é captado a não ser através dos desejos – assim como não podemos captar o espaço salvo através dos corpos que nos informam a seu respeito, ainda que o espaço seja uma realidade singular e não um conceito –; ou, se preferirmos, tal projeto fundamental equivale ao *objeto* de Husserl, que só se revela por *"Abschattungen"* e, todavia, não se deixa absorver por nenhuma *Abschattung*. Depois dessas observações, podemos compreender que a estrutura abstrata e ontológica "desejo de ser", se bem que representa a estrutura fundamental e *humana* da pessoa, não poderia ser um entrave à sua liberdade. Com efeito, como demonstramos no capítulo precedente, a liberdade é rigorosamente igual à nadificação: o único ser que podemos chamar de livre é o ser que nadifica seu ser. Sabemos, além disso, que a nadificação é *falta de ser* e não poderia ser de outro modo. A liberdade é precisamente o ser que se faz falta de ser. Mas, uma vez que o desejo, conforme estabelecemos, é idêntico à falta de ser, a liberdade só poderia surgir como ser que se faz desejo de ser, ou seja, como projeto-Para-si de ser *Em-si-Para-si*. Alcançamos aqui uma estrutura abstrata que de forma alguma poderia ser considerada a natureza ou a essência da liberdade, pois a liberdade é existência, e, nela, a existência precede a essência; a liberdade é surgimento imediatamente concreto e não se distingue de sua escolha, ou seja, da *pessoa*. Mas a estrutura considerada pode ser chamada de *a verdade* da liberdade, ou seja, é a significação humana da liberdade.

A verdade humana da pessoa deve poder ser estabelecida, como tentamos fazer, por uma fenomenologia ontológica – a nomenclatura dos desejos empíricos deve constituir o objeto de investigações propriamente psicológicas; a observação e a indução, e, se necessário, a experiência, poderão servir para preparar esta lista e indicar ao filósofo as relações compreensíveis que podem interligar diferentes desejos, diferentes comportamentos, clarificar certas conexões concretas entre "situações" experimentalmente definidas (e que, no fundo, originam-se de restrições aplicadas, em nome da positividade, à situação fundamental do sujeito no mundo) e o sujeito da experiência. Mas, para o estabelecimento e a classificação dos desejos fundamentais ou das *pessoas*, nenhum desses dois métodos é apropriado. Não se trata, com efeito, de determinar *a priori* e ontologicamente aquilo que aparece em toda a imprevisibilidade de um ato livre. Daí por que nos limitaremos aqui a indicar muito sumariamente as possibilidades de tal investigação e suas perspectivas: pertence a uma realidade humana em geral o fato de podermos submeter um homem qualquer a essa investigação, possibilidade essa a ser estabelecida por uma ontologia. Mas, em si mesmo, a investigação, bem como seus resultados, estão, por princípio, totalmente fora das possibilidades de uma ontologia.

Por outro lado, a pura e simples descrição empírica só pode fornecer-nos nomenclaturas e colocar-nos frente a pseudoirredutíveis (desejo de escrever ou de nadar, amor ao perigo, ciúme etc.). Com efeito, não convém catalogar a lista das condutas, tendências e inclinações, mas, outrossim, é preciso *decifrá-las*, ou seja, saber *interrogá-las*. Tal investigação só pode ser levada a cabo segundo as regras de um método específico. É este método que denominamos psicanálise existencial.

O *princípio* desta psicanálise consiste na assertiva de que o homem é uma totalidade e não uma coleção; em consequência, ele se exprime inteiro na mais insignificante e mais superficial das condutas – em outras palavras: não há um só gosto, um só tique, um único gesto humano que não seja *revelador*.

O *objetivo* da psicanálise é *decifrar* os comportamentos empíricos do homem, ou seja, clarificar ao máximo as revelações que cada homem contém e determiná-las conceitualmente.

Seu *ponto de partida* é a *experiência*; seu *ponto de apoio*, a compreensão pré-ontológica e fundamental que o homem tem da pessoa humana. Embora a maioria das pessoas possa, com efeito, negligenciar as indicações contidas em um gesto, uma palavra, uma expressão significativa, e equivocar-se a respeito da revelação que trazem, cada pessoa humana não deixa de possuir *a priori* o *sentido* do valor revelador dessas manifestações, nem de ser capaz de decifrá-las, na pior hipótese se bem auxiliada e conduzida. Neste como em outros casos, a verdade não é encontrada por acaso; não pertence a um domínio no qual seria preciso buscá-la sem jamais termos presciência dela, tal como podemos sair em busca das fontes do Nilo ou do Niger. Pertence *a priori* à compreensão humana, e o trabalho essencial é uma hermenêutica, ou seja, uma decifração, uma determinação e uma conceituação.

Seu *método* é comparativo: uma vez que, com efeito, cada conduta humana simboliza à sua maneira a escolha fundamental a ser elucidada, e uma vez que, ao mesmo tempo, cada uma delas disfarça essa escolha sob seus caracteres ocasionais e sua oportunidade histórica, é pela comparação entre tais condutas que faremos brotar a revelação única que todas elas exprimem de maneira diferente. A investigação primordial deste método nos é fornecida pela psicanálise de Freud e seus discípulos. Eis por que convém sublinhar aqui, com mais precisão, em que medida a psicanálise existencial irá inspirar-se na psicanálise propriamente dita, e em que medida irá diferir radicalmente dela.

Tanto uma como outra consideram todas as manifestações objetivamente discerníveis da "vida psíquica" como sustentando relações de simbolização a símbolo com as estruturas fundamentais e globais que constituem propriamente a *pessoa*. Tanto uma como outra consideram a inexistência de dados primordiais – inclinações hereditárias, caráter etc. A psicanálise existencial nada reconhece *antes* do surgimento original da liberdade humana; a psicanálise empírica postula que a afetividade primordial do indivíduo é uma cera virgem *antes* de sua história. A libido nada é à parte de suas fixações concretas, salvo uma possibilidade permanente de fixar-se não importa como sobre não importa o quê. Ambas as psicanálises consideram o ser humano como uma historiarização perpétua e procuram descobrir, mais do que dados estáticos e constantes, o sentido, a orientação e os avatares desta história. Por isso, ambas consideram o homem no mundo e não aceitam a possibilidade de questionar aquilo que um homem é sem levar em conta, antes de tudo, sua *situação*. As investigações psicanalíticas visam reconstituir a vida do sujeito desde o nascimento até o momento da cura; utilizam todos os documentos objetivos que possam encontrar: cartas, testemunhos, diários íntimos, informações "sociais" de todo tipo. E o que visam restaurar é menos um puro acontecimento psíquico do que uma estrutura dual: o acontecimento crucial da infância e a cristalização psíquica em torno dele. Ainda aqui, trata-se de uma *situação*. Cada fato "histórico", por esse ponto de vista, será considerado ao mesmo tempo como *fator* da evolução psíquica e como *símbolo* desta evolução. Pois, em si mesmo, nada é, e só age conforme a maneira como é assumido; e este modo mesmo de assumi-lo traduz simbolicamente a disposição interna do indivíduo.

Psicanálise empírica e psicanálise existencial buscam, ambas, uma atitude fundamental em situação que não poderia expressar-se por definições simples e lógicas, já que antecede a toda lógica, e que exige ser reconstruída segundo leis de sínteses específicas. A psicanálise empírica procura determinar o *complexo*, cuja própria designação indica a polivalência de todas as significações conexas. A psicanálise existencial trata de determinar a *escolha original*. Essa escolha, produzindo-se frente ao mundo e sendo escolha da posição no mundo, é totalitária como o complexo; é ela que *escolhe* a atitude da pessoa com relação à lógica e aos princípios; não se trata, portanto, de interrogá-la em conformidade com a lógica. A escolha original conglomera em uma síntese pré-lógica a totalidade do existente, e, como tal, é o centro de referências de uma infinidade de significações polivalentes.

Ambas as psicanálises consideram que o sujeito não está em posição privilegiada para proceder a essas investigações sobre si mesmo. Ambas se apresentam como um método estritamente objetivo, tratando como documentos tanto os dados da reflexão como os testemunhos do Outro. Sem dúvida, o sujeito *pode* efetuar sobre si uma investigação psicanalítica. Mas terá de renunciar de pronto a qualquer vantagem decorrente de sua posição particular e interrogar-se exatamente como se fosse um Outro. Com efeito, a psicanálise empírica parte do postulado da existência de um psiquismo inconsciente que, por princípio, furta-se à intuição do sujeito. A psicanálise existencial rejeita o postulado do inconsciente: o fato psíquico, para ela, é coextensivo à consciência. Mas, se o projeto fundamental é plenamente *vivido* pelo sujeito e, como tal, totalmente consciente, isso não significa em absoluto que deva ser ao mesmo tempo *conhecido* por ele, mas muito pelo contrário; nossos leitores talvez recordem o cuidado que tivemos em nossa Introdução para distinguir consciência de conhecimento. Decerto, como também vimos, a reflexão pode ser considerada um quase-conhecimento. Mas aquilo que ela capta a cada momento não é o puro projeto do Para-si tal como se expressa simbolicamente – e, em geral, de várias maneiras ao mesmo tempo – pelo comportamento concreto que ela, reflexão, apreende: é o comportamento concreto mesmo, ou seja, o desejo singular e datado, no frondoso emaranhado de sua característica. A reflexão capta ao mesmo tempo símbolo e simbolização, por certo, constitui-se inteiramente por uma compreensão pré-ontológica do projeto fundamental; ou melhor, na medida em que a reflexão é *também* consciência não tética de si enquanto reflexão, ela é esse mesmo projeto, do mesmo modo como a consciência não reflexiva. Mas nem por isso ela vem a dispor de instrumentos e técnicas necessárias para isolar a escolha simbolizada, fixá-la em conceitos e iluminá-la totalmente a sós. A reflexão é atravessada por uma luz forte, sem poder exprimir aquilo que esta luz clarifica. Não se trata de um enigma não decifrado, como supõem os freudianos: tudo está aí, luminoso; a reflexão desfruta tudo e tudo capta. Mas esse "mistério em plena luz" provém sobretudo do fato de que este desfrutar carece dos meios que ordinariamente permitem a *análise* e a *conceituação*. Um desfrutar que tudo apreende, tudo ao mesmo tempo, sem sombra, sem relevo, sem relação de grandeza; não porque essas sombras, valores e relevos existam em alguma parte e lhe estejam ocultos, mas sobretudo porque concerne a uma outra atitude humana estabelecê-los e porque só poderiam existir *por e para* o conhecimento. Não podendo servir de base para a psicanálise existencial, a reflexão a ela irá fornecer, portanto, simplesmente materiais em bruto acerca dos quais o psicanalista deverá tomar a atitude objetiva. Só assim poderá *conhecer* aquilo que *já compreende*. Daí resulta que os complexos extirpados das profundezas inconscientes, tal como os projetos revelados pela psicanálise existencial, serão apreendidos *do ponto de vista do Outro*. Por conseguinte, o *objeto* assim clarificado será articulado conforme as estruturas da transcendência-transcendida, ou seja, seu ser irá consistir no ser-Para-outro, ainda que psicanalista e sujeito da psicanálise sejam a mesma pessoa. Logo, o projeto iluminado por ambas as psicanálises só poderá ser a totalidade da pessoa, o irredutível da transcendência, tal como são *em seu ser-Para-outro*. O que escapa sempre a esses métodos de investigação é o projeto tal qual é para si mesmo, o complexo em seu próprio ser. Esse projeto-Para-si não pode ser senão *desfrutado;* há incompatibilidade entre a existência Para-si e a existência objetiva. Mas o objeto das psicanálises nem por isso deixa de ter a *realidade de um ser;* seu conhecimento pelo sujeito pode, além disso, contribuir para *iluminar* a reflexão, e esta pode converter-se então em um desfrutar que será quase-saber.

Terminam aqui as semelhanças entre as duas psicanálises. Com efeito, elas diferem na medida em que a psicanálise empírica determinou seu próprio irredutível, em vez de deixá-lo revelar-se por si mesmo em uma intuição evidente. A libido ou a vontade de poder constituem, de fato, um resíduo psicobiológico que não é evidente por si mesmo e não nos surge como *devendo ser* o termo irredutível da investigação. Em última instância, a experiência estabelece que o fundamento dos complexos é esta libido ou esta vontade de poder, e tais resultados da investigação empírica são completamente contingentes e não chegam a convencer: nada nos impede de conceber *a priori* uma "realidade humana" que não se expressasse pela vontade de poder e cuja libido não constituísse o projeto originário e indiferenciado. Ao contrário, a escolha à qual irá remontar-se a psicanálise existencial, precisamente por ser escolha, denuncia sua contingência originária, já que a contingência da escolha é o inverso de sua liberdade. Além disso, na medida em que se fundamenta sobre a *falta de ser*, concebida como caráter fundamental do ser, tal escolha recebe legitimação *como escolha*, e sabemos que não precisamos ir mais longe. Cada resultado, portanto, será plenamente contingente e, ao mesmo tempo, legitimamente irredutível. Mais ainda: permanecerá sendo sempre *singular*, ou seja, não iremos alcançar como objetivo derradeiro da investigação e fundamento de todos os comportamentos um termo abstrato e genérico, como a libido, por exemplo, que seria diferenciado e concretizado em complexos e depois em condutas detalhadas por ação de fatos exteriores e da história do sujeito, mas, pelo contrário, alcançaremos uma escolha que permanece única e que, desde a origem, é a concretitude absoluta: as condutas detalhadas podem exprimir ou *particularizar* essa escolha, mas não poderiam concretizá-la mais do que já é. Isso porque essa escolha nada mais é do que *o ser* de cada realidade humana; e tanto faz dizer que tal conduta em particular é ou que exprime a escolha original desta realidade humana, pois, para a realidade humana, não há diferença entre existir e escolher-se. Por esse fato, compreendemos que a psicanálise existencial não precisa remontar-se ao "complexo" fundamental, que é justamente a escolha de ser, e daí até uma abstração, como a libido, que viesse a explicá-lo. O complexo é escolha última, é escolha de ser e *constitui-se como tal*. Sua clarificação irá revelá-lo, a cada vez, como evidentemente irredutível. Resulta necessariamente que a libido e a vontade de poder não vão aparecer à psicanálise existencial nem como caracteres genéricos e comuns a todos os homens, nem como irredutíveis. Quando muito, será possível constatar-se, após a investigação, que elas exprimem em certos sujeitos, a título de conjuntos particulares, uma escolha fundamental que não poderia ser reduzida nem a uma, nem à outra. Vimos, com efeito, que o desejo e a sexualidade em geral exprimem um empenho originário do Para-si para recuperar seu ser alienado pelo Outro. A vontade de poder pressupõe também, originariamente, o ser-Para-outro, a compreensão do Outro e a escolha de se conquistar a própria salvação por meio do Outro. O fundamento desta atitude deve estar em uma escolha primordial que permita compreender a assimilação radical do ser-Em-si-Para-si ao ser-Para-outro.

O fato de que o termo último desta investigação existencial deva ser uma *escolha* distingue mais ainda a psicanálise cujo método e aspectos principais esboçamos: com isso, ela abandona a suposição de que haja um ação mecânica do meio sobre o sujeito considerado. O meio só poderia agir sobre o sujeito na medida exata em que este o compreende, ou seja, em que este o transforma em situação. Portanto, nenhuma descrição objetiva desse meio poderia nos servir. Desde a origem, o meio concebido como situação remete ao Para-si escolhedor, exatamente como o Para-si remete ao meio pelo seu ser no mundo. Renunciando a todas as causações mecânicas, renunciamos ao mesmo tempo a todas as interpretações *genéricas* do simbolismo considerado. Uma vez que nosso objetivo não poderia ser o de estabelecer leis empíricas de sucessão, não podemos constituir uma simbólica universal. Mas o psicanalista, a cada vez, terá de reinventar uma simbólica, em função do caso particular sob consideração. Se o ser é uma totalidade, não é concebível, com efeito, que possam existir relações elementares de simbolização (fezes = ouro, alfineteira = seio etc.) que mantenham uma significação constante em cada caso, ou seja, que permaneçam inalteradas quando passamos de um conjunto significante a outro. Ademais, o psicanalista jamais perderá de vista o fato de que a escolha é vivente e, por conseguinte, sempre pode ser *revogada* pelo sujeito estudado. Mostramos no capítulo precedente a importância do *instante*, que representa as abruptas mudanças de orientação e a tomada de uma nova posição em face de um passado imutável. A partir daí, deve-se estar sempre pronto para considerar que os símbolos mudam de significação e abandonar a simbólica utilizada até então. Assim, a psicanálise existencial deverá ser inteiramente flexível e adaptável às menores mudanças observáveis no sujeito: trata-se de compreender aqui o *individual e*, muitas vezes, até mesmo o instantâneo. O método que serviu a um sujeito, por essa razão, não poderá ser empregado em outro sujeito ou no mesmo sujeito em uma época posterior.

E, precisamente porque o objetivo da investigação deve ser a descoberta de uma *escolha*, e não de um *estado*, esta investigação deverá manter sempre em vista que seu objeto não é um dado soterrado nas trevas do inconsciente, mas sim uma determinação livre e consciente – determinação essa que sequer chega a ser uma habitante da consciência, mas que se identifica à própria consciência. A psicanálise empírica, na medida em que seu método vale mais do que seus princípios, acha-se muitas vezes à beira de uma descoberta existencial, embora sempre termine no meio do caminho. Quando se acerca assim da escolha fundamental, as resistências do sujeito desmoronam de súbito e este *reconhece* logo a imagem que lhe apresentam de si mesmo, como se estivesse se vendo em um espelho. Esse testemunho involuntário do sujeito é precioso para o psicanalista; este percebe o sinal de que alcançou seu objetivo; pode passar das investigações propriamente ditas à cura. Mas nada, nem em seus princípios, nem em seus postulados iniciais permite-lhe compreender ou utilizar tal testemunho. De onde viria o direito de fazê-lo? Se verdadeiramente o complexo é inconsciente, ou seja, se o signo está apartado do significado por uma barreira, de que modo poderia o sujeito *reconhecê-lo?* Será que o complexo inconsciente se reconhece a si mesmo? Mas não está privado de *compreensão?* E, se fosse preciso lhe conceder a faculdade de compreender os signos, não seria também necessário, ao mesmo tempo, fazer dele um inconsciente consciente? Com efeito, que é compreender senão ter consciência de que se compreendeu? Poder-se-ia dizer que, pelo contrário, o sujeito enquanto consciente é que reconhece a imagem apresentada? Mas de que modo o sujeito iria comparar tal imagem à sua verdadeira afecção, uma vez que esta se acha fora de seu alcance e jamais esteve na esfera de seu conhecimento? Quando muito, poderá o sujeito admitir que a explicação psicanalítica de seu caso é uma hipótese *provável*, que extrai sua probabilidade do número de condutas por ela explicadas. Logo, o sujeito se encontra, em relação a esta interpretação, na posição de um terceiro, a posição do próprio psicanalista, e não tem posição privilegiada a seu respeito. E, se ele *crê* na probabilidade da hipótese psicanalítica, esta simples crença, que permanece nos limites de sua consciência, poderá acarretar a ruptura das barreiras que bloqueiam as tendências inconscientes?

O psicanalista tem, sem dúvida, a imagem obscura de uma brusca coincidência entre o consciente e o inconsciente. Mas privou-se dos meios para conceber tal coincidência de modo positivo.

Contudo, a iluminação do sujeito é um fato. Há aqui uma intuição acompanhada de evidência. Esse sujeito, guiado pelo psicanalista, faz muito mais do que dar sua anuência a uma hipótese: ele toca e vê o que ele mesmo é. Isso não é verdadeiramente compreensível a menos que o sujeito jamais tenha deixado de ser consciente de suas tendências profundas; ou melhor, a menos que essas tendências não se distingam de sua própria consciência. Nesse caso, como vimos anteriormente, a interpretação psicanalítica não o faz *tomar consciência* daquilo que ele é: faz, sim, com que *tome conhecimento* de seu ser. Portanto, cabe à psicanálise existencial reivindicar como decisiva a intuição final do sujeito.

Esta comparação nos permite compreender melhor o que deve ser uma psicanálise existencial, caso possa existir. É um método destinado a elucidar, com uma forma rigorosamente objetiva, a escolha subjetiva pela qual cada pessoa se faz pessoa, ou seja, faz-se anunciar a si mesmo aquilo que ela é. Uma vez que o método busca uma *escolha de ser*, ao mesmo tempo que um *ser*, deve reduzir os comportamentos singulares às relações fundamentais, não de sexualidade ou de vontade de poder, mas sim de *ser*, que se expressam nesses comportamentos. Orienta-se desde a origem, portanto, rumo a uma compreensão do ser, e não deve partir rumo a outro objetivo que não o de encontrar o ser e a maneira de ser do ser frente a este ser. O método não pode se deter antes de alcançar tal objetivo. Utilizará a compreensão do ser que caracteriza o investigador na medida em que ele mesmo é realidade humana; e, como procura extrair o ser de suas expressões simbólicas, deverá reinventar a cada vez uma simbólica destinada a decifrá-las, tendo por base um estudo comparativo das condutas. O critério do êxito consistirá no número de fatos que sua hipótese permita explicar e unificar, assim como na intuição evidente da irredutibilidade do fim atingido. A esse critério acrescentar-se-á, em todos os casos em que isso seja possível, o testemunho decisivo do sujeito. Os resultados assim obtidos – ou seja, os fins últimos do indivíduo – poderão então ser objeto de uma classificação, e é sobre a comparação desses resultados que poderemos estabelecer considerações gerais sobre a realidade humana enquanto escolha empírica de seus próprios fins. As condutas estudadas por esta psicanálise não serão somente os sonhos, os atos falhos, as obsessões e as neuroses, mas também, e sobretudo, os pensamentos despertos, os atos realizados e adaptados, o estilo etc. Esta psicanálise ainda não encontrou o seu Freud; quando muito, pode-se encontrar seus prenúncios em certas biografias particularmente bem-sucedidas. Esperamos poder tentar alhures dois exemplos, acerca de Flaubert e de Dostoiévski. Mas aqui pouco nos importa que tal psicanálise exista ou não: para nós, o importante é que seja possível.

II
FAZER E TER: A POSSE

As informações que a ontologia pode adquirir sobre as condutas e sobre o desejo devem servir de princípios para a psicanálise existencial. Não significa que existam antes de toda especificação desejos abstratos e comuns a todos os homens, mas sim que os desejos concretos têm estruturas que emergem no estudo da ontologia, pois cada desejo, tanto o de comer ou de dormir como o de criar uma obra de arte, exprime toda a realidade humana. Com efeito, como mostramos em outro lugar[71], o conhecimento do homem deve ser totalizador: os conhecimentos empíricos e parciais são, nesse terreno, desprovidos de significação. Portanto, teremos concluído nossa tarefa se utilizarmos os conhecimentos adquiridos até aqui para estabelecer as bases da psicanálise existencial. De fato, a ontologia deve parar nesse ponto: suas últimas descobertas constituem os princípios primordiais da psicanálise. A partir daí, é necessário dispor de outro método, posto que o objeto é diferente. Que nos ensina a ontologia, portanto, acerca do desejo, na medida em que o desejo é o ser da realidade humana?

O desejo, como vimos, é falta de ser. Enquanto tal, é diretamente *sustentado no* ser do qual é falta. Este ser, já vimos, é

---

71. *Esboço de uma Teoria das Emoções* (1939).

o Em-si-Para-si, a consciência feita substância, a substância feita causa de si, o Homem-Deus. Assim, o ser da realidade humana não é originariamente uma substância, mas uma relação vivida: os termos dessa relação são o Em-si originário, coagulado em sua contingência e facticidade, e cuja característica essencial consiste no fato de que é, de que *existe*, e, por outro lado, o Em–si-Para-si, ou valor, que representa o Ideal do Em-si contingente e se caracteriza como estando Para-além de toda contingência e toda existência. O homem não é nem um nem outro desses seres, porque *não é:* o homem é o que não é e não é o que é; constitui a nadificação do Em-si contingente, na medida em que o si mesmo desta nadificação é sua fuga em avanço no rumo do Em-si causa de si. A realidade humana é puro empenho para fazer-se Deus, sem que tal esforço tenha qualquer substrato dado, sem que *nada* haja a esforçar-se assim. O desejo exprime este empenho.

Todavia, o desejo não é definido somente em relação ao Em-si--causa-de-si. É também relativo a um existente em bruto e concreto que denominamos comumente objeto do desejo. Este objeto será ora uma fatia de pão, ora um automóvel, ora uma mulher, ora um objeto ainda não realizado e, contudo, definido: como acontece quando o artista deseja criar uma obra de arte. Assim, o desejo exprime, por sua própria estrutura, a relação do homem com um ou vários objetos no mundo; é um dos aspectos do Ser-no-mundo. Por esse ponto de vista, parece a princípio que essa relação não é sempre do mesmo tipo. Somente para abreviar é que falamos em "desejo de alguma coisa". De fato, milhares de exemplos empíricos mostram que desejamos *possuir* tal ou qual objeto, ou *fazer* isso ou aquilo, ou *ser* alguém. Se desejo esse quadro, significa que desejo comprá-lo para dele me apropriar. Se desejo escrever um livro, ou passear, significa que desejo *fazer* esse livro, *fazer* este passeio. Se me arrumo, é porque desejo *ser* de boa aparência; estudo para *ser* culto etc. Assim, em princípio, as três grandes categorias da existência humana concreta nos aparecem em sua relação original: *fazer, ter, ser.*

É fácil constatar, porém, que o desejo de fazer não é irredutível. Fazemos o objeto para manter certa relação com ele. Essa relação nova pode ser imediatamente redutível ao *"ter"*. Por exemplo: corto um galho de árvore em forma de cajado ("faço" um cajado com um galho) para *ter* este cajado. O "fazer" se reduz a um meio para ter. É o caso mais frequente. Mas também pode suceder que minha atividade não apareça de imediato como redutível. Pode parecer gratuita, como no caso da pesquisa científica, do esporte, da criação estética. Contudo, nesses diferentes casos, o *fazer* tampouco é irredutível. Se crio um quadro, um drama, uma melodia, faço-o para estar na origem de uma existência concreta. E esta existência só me interessa na medida em que o vínculo de criação que estabeleço entre ela e eu me confere um direito de propriedade particular sobre tal existência. Não basta somente que exista tal quadro que tenho em mente; é preciso também que exista *por mim*. Em certo sentido, o ideal seria, evidentemente, mantê-lo no ser por uma espécie de criação contínua e, desse modo, fazê-lo *meu* como uma emanação perpetuamente renovada. Mas, em outro sentido, é necessário que ele se distinga radicalmente de mim, para que seja *meu* e não *eu;* como na teoria cartesiana das substâncias, haveria aqui o risco de que seu ser se reabsorvesse em meu ser por falta de independência e objetividade; assim, também é preciso que a obra criada por mim exista *em si mesmo*, ou seja, renove perpetuamente sua existência *por si própria*. Em decorrência, minha obra me aparece como certa criação contínua, mas coagulada no Em-si; ela traz indefinidamente minha "marca", ou seja, é indefinidamente "meu" pensamento. Toda obra de arte é um pensamento, uma "ideia"; seus caracteres são nitidamente mentais, na medida em que ela não passe de uma significação. Mas, por outro lado, esta significação, este pensamento que, em certo sentido, está perpetuamente em ato, como se eu o formasse perpetuamente, como se uma mente – mente essa que seria *minha* mente – concebesse tal pensamento sem descanso, sustenta-se *de per si* no ser, não cessa de estar em ato quando nele não penso no momento. Logo, estou com ele na dupla relação da consciência que o *concebe* e da consciência que o *encontra*. É precisamente essa dupla relação que exprimo ao dizer que tal pensamento é *meu*. Veremos o sentido disso quando precisarmos a significação da categoria "ter". E é para manter essa dupla relação na síntese de apropriação que eu *crio* minha obra. Com efeito, é esta síntese de eu e de não eu (intimidade, translucidez do pensamento, opacidade, indiferença do Em-si) aquilo que viso e que irá constituir precisamente a obra como propriedade minha. Nesse sentido, não somente as obras propriamente artísticas serão por mim apropriadas desta maneira, mas também este cajado que cortei do galho de árvore me pertencerá duplamente: em primeiro lugar, como um objeto de uso que está à minha disposição e que possuo como possuo minhas roupas ou meus livros; em segundo lugar, como minha obra. Assim, aqueles que preferem cercar-se de objetos usáveis que eles mesmos fabricaram cultivam o requinte da apropriação: reúnem em um só objeto e em um mesmo sincretismo a apropriação por gozo e a apropriação por criação. Deparamos com essa unidade de um mesmo projeto desde o caso da criação artística até o do cigarro que "é melhor quando eu mesmo enrolo". Encontraremos também esse projeto a propósito de um tipo de propriedade especial que parece constituir sua própria degradação e que denominamos *luxo*, pois, como veremos, o luxo não designa uma qualidade do objeto possuído, mas uma qualidade da posse.

Como mostramos no preâmbulo desta Quarta Parte, outra forma de apropriação é o *conhecer*. Daí por que a investigação científica nada mais é do que um empenho de apropriação. A verdade descoberta, tal como a obra de arte, é *meu* conhecimento; constitui o noema de um pensamento que só se descobre quando formo o pensamento e que, por isso mesmo, aparece, de certo modo, como que mantido por mim em existência. É por mim que uma face do mundo se revela, e é para mim que ela se revela. Nesse sentido, sou criador e possessor. Não que eu considere como pura representação o aspecto do ser que descubro, mas, muito pelo contrário, porque este aspecto que somente por mim se descobre é, real e profundamente. Posso dizer que eu o *manifesto*, no sentido em que Gide diz que "devemos sempre manifestar". Mas, no caráter de *verdade* de meu pensamento, ou seja, em sua objetividade, encontro uma independência análoga à da obra de arte. Este pensamento que formo e recebe de mim sua existência prossegue ao mesmo tempo sua existência por si só, na medida em que é *pensamento de todos*. É duplamente *eu*, posto que constitui o mundo enquanto a mim se revela e eu mesmo entre os outros, eu mesmo formando meu pensamento com a mente do Outro; e é duplamente fechado para mim, posto que é o ser que eu não sou (na medida em que se revela a mim) e é o pensamento de todos, pensamento este, desde sua aparição, destinado ao anonimato. Esta síntese de eu e não eu pode expressar-se aqui pelo termo *meu*. Porém, além disso, na própria ideia de descoberta ou de revelação, está incluída uma ideia de gozo apropriador. A visão é gozo; ver é *deflorar*. Se examinarmos as comparações comumente empregadas para exprimir as relações entre cognoscente e conhecido, vamos constatar que muitas delas se apresentam como uma espécie de *violação pela vista*. O objeto não conhecido mostra-se imaculado, virgem, comparável a uma *brancura*. Ainda não "liberou" seu segredo; o homem ainda não *"arrancou"* esse segredo. Todas as imagens insistem em afirmar a ignorância do objeto em relação às investigações e aos instrumentos que o visam; é inconsciente de ser percebido; ocupa-se de si, sem perceber o olhar que o espia, tal como uma mulher surpreendida no banho por um passante. Imagens mais surdas e precisas, como a das "profundezas invioláveis" da natureza, evocam mais nitidamente o coito. Arrancamos os véus da natureza, desvelamo-la (cf. *Le Voile de Saïs*, de Schiller); toda investigação compreende sempre a ideia de uma nudez que se descortina ao afastarmos os obstáculos que a encobrem, assim como Actéon afasta os ramos de árvore para ver melhor Diana no banho. E, por outro lado, o conhecimento é uma caçada. Bacon o denomina caçada de Pan. O investigador é o caçador que surpreende uma nudez branca e a viola com seu olhar. O conjunto dessas imagens também nos revela algo que iremos chamar de *complexo de Actéon*. Por outra parte, tomando esta ideia de caçada como fio condutor, vamos descobrir outro símbolo de apropriação, talvez ainda mais primitivo: pois caçamos para comer. A curiosidade, no animal, é sempre sexual ou alimentar. Conhecer é comer com os olhos[72]. Com efeito, podemos observar aqui, no que concerne ao conhecimento pelos sentidos, um processo inverso ao que se revelou a propósito da obra de arte. De fato, sublinhamos a respeito da obra de arte a relação de emanação coagulada que esta mantém com a mente. A mente a produz continuamente e, todavia, ela se conserva *de per si* e

---

72. Para a criança, conhecer é efetivamente comer; ela quer *saborear* aquilo que vê.

como que indiferente em relação a esta produção. Esta relação existe igualmente no ato de conhecimento. Mas não exclui o seu inverso: no conhecer, a consciência atrai seu objeto para si e o incorpora a si; o conhecimento é assimilação; as obras francesas de epistemologia fervilham de metáforas alimentares (absorção, digestão, assimilação). Assim, há um movimento de dissolução que vai do objeto ao sujeito conhecedor. O conhecido transforma-se em *mim*, torna-se meu pensamento e, com isso, consente receber sua existência somente de mim. Mas esse movimento de dissolução se coagula pelo fato de que o conhecido permanece no mesmo lugar, indefinidamente absorvido, comido, e indefinidamente intato, totalmente digerido e, contudo, totalmente lá fora, indigesto como um cascalho. Pode-se notar a importância que assume nas imaginações ingênuas o símbolo do "digerido indigesto", como o cascalho no estômago do avestruz ou Jonas no ventre da baleia. O símbolo representa um sonho de assimilação não destrutivo. O mal consiste no fato de que – como observou Hegel – o desejo destrói seu objeto (Nesse sentido, disse ele, o desejo é desejo de comer). Em reação contra esta necessidade dialética, o Para-si sonha com um objeto que pudesse ser inteiramente assimilado por mim, que fosse *eu* sem dissolver-se em mim, conservando sua estrutura de *Em-si,* pois justamente o que eu desejo é *este* objeto, e, se o como, já não o tenho mais, já não encontro senão comigo mesmo. Esta síntese impossível de assimilação e integridade conservada do objeto assimilado une-se em suas raízes mais profundas às tendências fundamentais da sexualidade. A posse carnal, com efeito, oferece-nos a imagem excitante e sedutora de um corpo perpetuamente possuído e perpetuamente novo, sobre o qual a posse não deixa qualquer vestígio. É o que simboliza profundamente a qualidade de "liso" ou "polido". Aquilo que é liso pode ser apanhado, apalpado, sem que por isso deixe de ser impenetrável e de escapar sob a carícia apropriadora, como água. Eis por que, nas descrições eróticas, tanto se costuma insistir na brancura lisa do corpo da mulher. Lisa: aquilo que se reconstitui sob a carícia, assim como a água se reconstitui à passagem da pedra que a atravessou. E, ao mesmo tempo, como vimos, o sonho do amante é identificar-se com o objeto amado, preservando-lhe sua individualidade: que o Outro seja eu, sem deixar de ser o Outro. Eis aqui, precisamente, o que encontramos na investigação científica: o objetoconhecido, tal como o cascalho no estômago do avestruz, está integralmente em mim, assimilado, transformado em mim mesmo, é totalmente *eu;* mas, ao mesmo tempo, é impenetrável, intransformável, inteiramente liso, na nudez indiferente de corpo amado e inutilmente acariciado. Mantém-se lá fora: conhecer é comer do lado de fora, sem consumir. Vemos aqui as correntes sexuais e alimentárias que se fundem e se interpenetram para constituir o complexo de Actéon e o complexo de Jonas; vemos as raízes digestivas e sensuais que se reúnem para dar origem ao desejo de conhecer. O conhecimento é, ao mesmo tempo, *penetração* e carícia *de superfície,* digestão e contemplação à distância de um objeto indeformável, produção de um pensamento por criação contínua e constatação da total independência objetiva deste pensamento. O objeto conhecido é *meu pensamento como coisa.* E é precisamente o que desejo profundamente ao me iniciar na investigação: captar meu pensamento como coisa e a coisa como meu pensamento. A relação sincrética que funde tendências tão diversas só poderia ser uma relação de *apropriação.* Daí por que o desejo de conhecer, por mais desinteressado que possa parecer, é uma relação de apropriação. O *conhecer* é uma das formas que pode ser assumida pelo *ter.*

Falta examinar um tipo de atividade que parece mostrar-se inteiramente gratuito: a atividade de *jogo* e as "tendências" a ela referentes. Pode-se descobrir no esporte uma tendência apropriadora? Decerto, é preciso observar antes de tudo que o jogo, em oposição ao "espírito de seriedade", parece a menos possessiva das atitudes: despe o real de sua realidade. Há seriedade quando se parte do mundo e se atribui mais realidade ao mundo do que a si mesmo; pelo menos, quando se confere a si mesmo uma realidade, mas na medida em que se pertence ao mundo. Não por acaso, o materialismo é sério; tampouco por acaso acha-se sempre e por toda parte como a doutrina favorita do revolucionário. Isto se dá porque os revolucionários são sérios. Eles se conhecem primeiro a partir do mundo que os oprime e querem mudar esse mundo opressor. Nesse ponto, acham-se de acordo com seus velhos adversários, os possessores, que também se conhecem e se apreciam a partir de sua posição no mundo. Assim, todo pensamento sério é espessado pelo mundo e coagula; é uma demissão da realidade humana em favor do mundo. O homem sério é "do mundo" e já não tem qualquer recurso em si mesmo; sequer encara mais a possibilidade de *sair* do mundo, pois deu a si próprio o tipo de existência do rochedo, a consistência, a inércia, a opacidade do ser-no-meio-do-mundo. É evidente que o homem sério enterra no fundo de si a consciência de sua liberdade; é de *má-fé,* e sua má-fé visa apresentá-lo aos próprios olhos como uma consequência: para ele, tudo é consequência e jamais há princípio; eis porque está tão atento às consequências de seus atos. Marx colocou o dogma primordial da seriedade ao afirmar a prioridade do objeto sobre o sujeito; e o homem é sério quando se toma por um objeto.

Com efeito, tal como a ironia kierkegaardiana, o jogo libera a subjetividade. Que é o jogo, de fato, senão uma atividade cuja origem primordial é o homem, cujos princípios são estabelecidos pelo homem e que não pode ter consequências a não ser conforme tais princípios? A partir do momento em que o homem se capta como livre e quer usar sua liberdade, qualquer que possa ser, além disso, sua angústia, sua atividade é de jogo: ele mesmo constitui, com efeito, o primeiro princípio, escapa à natureza naturada (*naturée*), estabelece o valor e as regras de seus atos e só admite pagar de acordo com as regras que colocou e definiu. Daí, em certo sentido, a "pouca realidade" do mundo. Parece, portanto, que o homem que joga, aplicado em descobrir-se como livre em sua própria ação, de forma alguma poderia se preocupar em *possuir* um ser do mundo. Seu objetivo, que ele visa através dos esportes, da mímica e dos jogos propriamente ditos, consiste em alcançar a si mesmo como um certo ser, precisamente o ser que está em questão em seu ser. Todavia, tais observações não têm por efeito mostrar que o desejo de *fazer* é, no jogo, algo irredutível. Ao contrário, ensinam que o desejo de fazer reduz-se a certo desejo de ser. O ato não é por si mesmo seu próprio objetivo: tampouco seu fim explícito representa tal objetivo e seu sentido profundo; mas o ato tem por função manifestar e presentificar *a ela mesma* a liberdade absoluta que constitui o próprio ser da pessoa. Esse tipo particular de projeto, que tem a liberdade como fundamento e objetivo, mereceria um estudo especial. Com efeito, diferencia-se radicalmente de todos os outros, por visar um tipo de ser radicalmente diferente. Seria necessário, de fato, explicar extensamente suas relações com o projeto de ser-Deus, que nos pareceu ser a estrutura profunda da realidade humana. Mas este estudo não pode ser feito aqui: pertence, com efeito, a uma *Ética*, e pressupõe que já tenhamos definido previamente a natureza e o papel da reflexão purificadora (nossas descrições só visaram até aqui a reflexão "cúmplice"); além disso, pressupõe uma tomada de posição necessariamente *moral* em relação aos valores que impregnam o Para-si. Não obstante, fica estabelecido que o desejo de jogar é, fundamentalmente, desejo de ser. Assim, as três categorias – "ser", "fazer", "ter" – se reduzem a duas, neste como nos demais casos: o "fazer" é puramente transitivo. Um desejo não pode ser, no fundo, senão desejo *de ser* ou desejo *de ter*. Por outro lado, raramente o jogo acha-se isento de qualquer tendência apropriadora. Deixo de lado o desejo de realizar uma performance ou bater um recorde, que pode agir como estimulante para o esportista; sequer me refiro ao desejo de "ter" um belo corpo e músculos harmoniosos, que pertence ao desejo de autoapropriação objetiva do ser-Para-outro próprio. Esses desejos nem sempre intervêm, e, além do que, não são fundamentais. Mas há no próprio ato esportivo um componente apropriador. O esporte, com efeito, é livre transformação de um meio mundo em elemento de sustentação da ação. Por isso, tal como a arte, o esporte é criador. O meio pode ser um campo de neve, um declive alpino: vê-lo já consiste em possuí-lo. Em si mesmo, já é captado pela visão como símbolo do ser[73]. Representa a exterioridade pura, a espacialidade radical; sua indiferenciação, sua monotonia e sua brancura manifestam a absoluta nudez da substância; é o Em-si que não passa de Em-si, o ser do fenômeno que de súbito se manifesta à parte de todo fenômeno. Ao mesmo tempo, sua imobilidade *sólida* exprime a permanência da resistência objetiva do Em-si, sua opacidade e sua impenetrabilidade. Contudo, este primeiro desfrutar intuitivo não me é suficiente. Este puro Em-si, similar ao *plenum* absoluto e inteligível da extensão cartesiana, fascina-me como a pura aparição do não eu; o que almejo então é precisamente que este Em-si esteja comigo em uma relação de emanação, sem deixar de ser Em-si. Este o sentido dos bonecos e bolas

---

[73]. Ver seção III, adiante.

de neve feitas pelas crianças: o objetivo é "fazer algo com esta neve", ou seja, impor a ela uma forma que adere tão profundamente à matéria que esta parece existir a bem daquela. Mas se me aproximo, se quero estabelecer um contato apropriador com o campo de neve, tudo se altera: sua escala de ser se modifica; existe polegada por polegada, em vez de existir por grandes espaços; e manchas, galharias e fendas vêm individualizar cada centímetro quadrado. Ao mesmo tempo, sua solidez dissolve-se em água: afundo na neve até os joelhos; se seguro a neve com as mãos, ela se liquefaz entre meus dedos, derrama-se e nada mais resta; o Em-si se transforma em nada. Meu sonho de apropriar-se da neve se desvanece ao mesmo tempo. Além disso, *não sei o que fazer* com esta neve que vim ver de perto: não posso apoderar-me do campo, sequer posso reconstituí-lo como esta totalidade substancial que se oferecia a meus olhos e que desmoronou brusca e duplamente. O sentido do esqui não é somente o de me permitir deslocamentos rápidos e a aquisição de uma habilidade técnica, nem o de me possibilitar *jogar*, aumentado ao meu capricho a velocidade ou as dificuldades do percurso; é também o de me permitir *possuir* esse campo de neve. Agora, *faço algo* com ele. Significa que, pela minha própria atividade de esquiar, modifico sua matéria e seu sentido. Pelo fato de que, agora, em minha própria caminhada, o campo de neve se me aparece como declive a descer, ele recobra uma continuidade e uma unidade que havia perdido. Agora, é tecido conjuntivo. Está compreendido entre dois limites: une o ponto de partida ao ponto de chegada; e, uma vez que, na descida, não o levo em consideração em si mesmo, polegada por polegada, e sim me atenho sempre ao ponto a alcançar, além da posição que ocupo, ele não se desagrega em uma infinidade de detalhes individuais, mas é *atravessado rumo ao* ponto a que me destino. Essa travessia não é somente uma atividade de deslocamento, mas também, e sobretudo, uma atividade sintética de organização e de conexão: estendo à minha frente o campo de esqui da mesma maneira como o geômetra, segundo Kant, só pode apreender uma linha reta traçando-a. Além disso, esta organização é marginal e não focal: o campo de neve não está unificado para si mesmo e em si mesmo; o objetivo estabelecido e claramente captado, o objeto de minha atenção, é o limite de chegada. O espaço nevado se condensa por debaixo, implicitamente; sua coesão é a do espaço em branco compreendido no interior de uma circunferência, por exemplo, quando olho a linha negra do círculo sem prestar explicitamente atenção à sua superfície. E, precisamente por mantê-lo à margem, implícito e subentendido, o campo adapta-se a mim, está em minhas mãos, e eu o transcendo rumo a seu fim, tal como o tapeceiro transcende o martelo que utiliza rumo a seu fim, que é pregar uma tapeçaria na parede. Nenhuma apropriação pode ser mais completa do que esta apropriação instrumental; a atividade sintética de apropriação é aqui uma atividade técnica de utilização. A neve surge como a matéria de meu ato, do mesmo modo que o emergir do martelo é pura completação do martelar. Ao mesmo tempo, escolhi certo ponto de vista para apreender este declive nevado: tal ponto de vista é uma determinada *velocidade*, que emana de mim, que posso aumentar ou diminuir como quiser, e que constitui o campo percorrido em objeto definido, inteiramente distinto do que seria em outra velocidade. A velocidade organiza os conjuntos a seu gosto; tal objeto faz parte ou não de um grupo particular, conforme eu tome ou não essa ou aquela velocidade (pensemos, por exemplo, na Provence vista "a pé", "de carro", "de trem", "de bicicleta"; oferece tantas feições diferentes, conforme a cidade de Béziers fique ou não a uma hora, uma manhã ou dois dias de distância de Narbonne, ou seja, conforme Narbonne se isole e se coloque por si mesmo em relação a seus arredores ou se constitua em grupo coerente com Béziers e Sète, por exemplo; nesse último caso, a *relação* de Narbonne *com o mar* é diretamente acessível à intuição; no Outro, essa relação é *negada* e só pode ser objeto de um conceito puro). Sou eu, portanto, que *dou forma* ao campo de neve pela livre velocidade que dou a mim mesmo. Mas, ao mesmo tempo, atuo sobre minha *matéria*. A velocidade não se limita a impor uma forma a uma matéria dado algures; ela *cria* uma matéria. A neve, que afundava sob meu peso quando eu caminhava, que se liquefazia quando eu tentava segurá-la, subitamente se solidifica sob a ação de minha velocidade; ela me conduz. Não que eu tenha perdido de vista sua leveza, sua não substancialidade, sua perpétua evanescência. Muito pelo contrário: são precisamente esta leveza, esta evanescência, esta secreta liquidez que me conduzem, ou seja, que se condensam e se fundem para me conduzir. Isso porque tenho uma relação especial de apropriação com a neve: o *deslizamento*. Essa relação será estudada em detalhes mais adiante. Por enquanto, podemos captar seu sentido. Ao deslizar, permaneço à superfície, como se diz. Não exatamente: decerto, somente roço a superfície, e este roçar, por si mesmo, merece todo um estudo. Mas nem por isso deixo de realizar uma síntese em profundidade; dou-me conta de que a camada de neve organiza-se em suas profundezas para me sustentar; o deslizamento é a ação *à distância*; garante meu domínio sobre a matéria, sem que eu precise me enterrar nesta matéria e enviscar-me nela para subjugá-la. Deslizar é o contrário de enraizar-se. A raiz já está meio assimilada à terra que a nutre, é uma concreção vivente da terra e só pode utilizar-se da terra fazendo-se terra, ou seja, submetendo-se em certo sentido à matéria que quer utilizar. O deslizar, ao contrário, realiza uma unidade material em profundidade sem penetrar além da superfície: é como um amo a quem se teme e que não precisa insistir, nem erguer a voz, para ser obedecido. Admirável imagem do poder. Daí o famoso conselho: "Deslizem, mortais, sem se apoiar"* que não significa "fiquem na superfície, não vão fundo nas coisas", mas, ao invés, "realizem sínteses em profundidade, sem comprometer-se". E o deslizar é precisamente apropriação porque a síntese de sustentação realizada pela velocidade só é válida para quem desliza e durante o tempo mesmo em que desliza. A solidez da neve só é válida para mim, e só para mim é sensível; é um segredo que a neve só confessa a mim e deixa de ser verdadeiro *por detrás de mim*. Portanto, esse deslizar realiza uma relação estritamente individual com a matéria, uma relação histórica; a matéria agrupa-se e solidifica-se para me conduzir e, por detrás de mim, recai, pasmada, em sua dispersão. Assim, pela minha passagem, realizei aquilo que é único *para mim*. O ideal do deslizar, portanto, será um deslizar que não deixe vestígio: é o deslizar sobre a água (barca, lancha a motor, sobretudo esqui náutico, o qual, embora o último a ser inventado, representa como que o limite rumo ao qual, por esse prisma, tendiam os esportes náuticos). O deslizar sobre a neve já não é tão perfeito; fica um vestígio atrás de mim;

---

* Provérbio francês [N.T.].

eu me comprometi, por mais levemente que seja. O deslizar sobre o gelo, que risca o gelo e encontra uma matéria já de todo organizada, é de qualidade muito inferior, e, se agrada apesar de tudo, é por outras razões. Daí a ligeira decepção que experimentamos sempre que vemos atrás de nós as marcas que nossos esquis deixaram sobre a neve: como seria melhor se esta se restaurasse à nossa passagem! Além disso, quando nos deixamos deslizar pelo declive, acostumamo-nos à ilusão de não deixar impressões; pedimos à neve para comportar-se como esta água que secretamente é. Assim, o deslizar aparece como idêntico a uma criação continuada: a velocidade, comparável à consciência e simbolizando aqui a consciência[74] faz nascer na matéria, enquanto dura, uma qualidade profunda que só permanece enquanto existe a velocidade, uma espécie de ajuntamento que vence sua exterioridade de indiferença e se desfaz como um molho de trigo atrás do móvel deslizante. Unificação informadora e condensação sintética do campo de neve, que se ajunta em uma organização instrumental e é *utilizado* como o martelo ou a bigorna, adaptando-se docilmente à ação, a qual a subentende e a preenche; ação contínua e criadora sobre a própria *matéria* da neve; solidificação da *massa nevada* pela ação do deslizar; identificação da neve com a água que carrega, dócil e sem memória, e com o corpo desnudo da mulher, que a carícia deixa intata e abalada até as profundezas – assim é a ação do esquiador sobre o real. Mas, ao mesmo tempo, a neve mantém-se impenetrável e fora de alcance; em certo sentido, a ação do esquiador nada mais faz do que desenvolver suas *potências*. O esquiador faz com que a neve *ofereça de si* o que pode oferecer; a matéria homogênea e sólida só lhe entrega solidez e homogeneidade por meio do ato esportivo, mas solidez e homogeneidade permanecem como propriedades florescidas na matéria. Esta síntese entre eu e não eu realizada aqui pela ação esportiva se expressa, como no caso do conhecimento especulativo e da obra de arte, através da afirmação do direito do esquiador sobre a neve. É *meu* campo de neve: atravessei-o centenas de vezes, e centenas de vezes nele fiz brotar, pela minha velocidade, esta força de condensação e de apoio; ele é *meu*.

---

[74]. Vimos, na Terceira parte, a relação do movimento com o "Para-si".

A tal aspecto da apropriação esportiva é preciso acrescentar este outro: a dificuldade vencida. Sendo em geral mais compreendido, iremos apenas insistir sobre ele. Antes de descer este declive nevado, tive de escalá-lo. E esta ascensão me mostrou outra feição da neve: a resistência. Senti esta resistência com minha fadiga, e pude medir a cada instante o progresso de minha vitória. Aqui, a neve se identifica ao *outro*, e as expressões correntes "subjugar", "vencer", "dominar" etc., indicam suficientemente que se trata de estabelecer, entre eu e a neve, a relação entre amo e escravo. Reencontraremos este aspecto de apropriação no *alpinismo*, na *natação*, na corrida de obstáculos etc. O pico sobre o qual se fincou uma bandeira é um pico que foi *apropriado*. Assim, um aspecto capital da atividade esportiva – e em particular dos esportes ao ar livre – é a conquista dessas enormes massas de água, de terra e de ar que parecem, *a priori*, indomáveis e inutilizáveis; e, em cada caso, a questão é possuir, não o elemento por si mesmo, mas o tipo de existência Em-si que se expressa por meio deste elemento: o que queremos possuir por sob as espécies da neve é a homogeneidade da substância; é da impenetrabilidade do Em-si e sua permanência intemporal que queremos nos apropriar por sob as espécies da terra ou da rocha etc. A arte, a ciência, o jogo, são atividades de apropriação, seja total ou parcialmente, e o que querem apropriar, Para-além do objeto concreto de sua busca, é o próprio ser, o ser absoluto do Em-si.

Assim, a ontologia nos ensina que o desejo é originariamente desejo *de ser* e se caracteriza como livre falta de ser. Mas ela nos ensina também que o desejo é relação com um existente concreto no meio do mundo e que este existente é concebido segundo o tipo do Em-si; ensina-nos que a relação do Para-si com este Em-si desejado é apropriação. Estamos, pois, em presença de uma dupla determinação do desejo: por um lado, o desejo se determina como desejo de ser um certo ser que é o *Em-si-Para-si* e cuja existência é ideal; por outro, o desejo se determina, na grande maioria dos casos[75] como relação com um Em-si contingente e concreto do

---

75. Salvo no caso preciso em que é simplesmente *desejo de ser*: desejo de ser feliz, de ser forte etc.

qual projeta apropriar-se. Haverá uma determinação superposta à outra? Essas duas características serão compatíveis? A psicanálise existencial só poderá ter convicção de seus princípios se a ontologia tiver definido previamente a relação entre esses dois seres – o Em-si concreto e contingente, ou objeto do desejo, e o Em-si-Para-si, ou ideal do desejo – e houver explicitado a relação que une a apropriação, como tipo de relação com o Em-si, e o próprio ser, como tipo de relação com o Em-si-Para-si. É o que devemos tentar agora.

Que significa *apropriar-se*, ou, se preferirmos, que entendemos por possuir um objeto em geral? Vimos a redutibilidade da categoria do *fazer*, que deixa entrever, ora o ser, ora o ter; ocorrerá o mesmo com a categoria do *ter*?

Em grande número de casos, vejo que possuir um objeto significa poder *usá-lo*. Contudo, não me contento com esta definição: ao tomar café, uso este pires e essa xícara, porém eles não são meus; inversamente, não posso "usar" esse quadro fixado na minha parede e, todavia, ele é *meu*. Tampouco importa que, em certos casos, eu tenha o direito de *destruir* aquilo que possuo; seria demasiado abstrato definir a propriedade por esse direito; e, além disso, em uma sociedade cuja economia é "dirigida", um patrão pode possuir sua fábrica sem ter o direito de fechá-la; na Roma imperial, o amo possuía seu escravo e não tinha o direito de condená-lo à morte. Por outro lado, que significa aqui *direito* de destruir, direito de usar? Noto que esse direito me remete ao social e que a propriedade parece definir-se nos limites da vida em sociedade. Mas também noto que o direito é puramente negativo e se reduz ao impedimento da destruição ou do uso do que me pertence pelo Outro. Sem dúvida, podemos tentar definir a propriedade como função social. Mas, antes de tudo, embora a sociedade confira de fato o *direito* de possuir, de acordo com certos princípios, não quer dizer que ela crie a relação de apropriação. Quando muito, a *legitima*. Muito pelo contrário, para que a propriedade possa ser erguida à categoria de *sagrada*, é necessário que exista previamente como relação espontaneamente estabelecida entre o Para-si e o Em-si concreto. E, se podemos supor para o porvir uma organização coletiva mais justa, em que a posse individual deixará de ser protegida e santificada – ao menos em certos limites –, isso não significa que o vínculo apropriador deixe de existir; com efeito, poderá permanecer, ao menos a título de relação *privada* entre o homem e a coisa. Assim, nas sociedades primitivas, onde o vínculo conjugal ainda não está legitimado e onde a transmissão hereditária ainda é matrilinear, esse vínculo sexual existe, ao menos, como uma espécie de concubinato. Logo, é preciso diferenciar posse e direito de posse. Pela mesma razão, devo rejeitar qualquer definição do tipo proudhoniano: "A propriedade é roubo" – definição que apenas tangencia a questão. É possível, com efeito, que a propriedade privada seja *produto* do roubo e que a permanência desta propriedade tenha *por efeito* a espoliação do Outro. Mas, quaisquer que sejam suas origens e efeitos, a propriedade não deixa de ser descritível e definível por si mesmo. O ladrão se considera proprietário do dinheiro que roubou. Trata-se, pois, de descrever a relação precisa entre o ladrão e o bem roubado, assim como a do proprietário legítimo com a propriedade "honestamente adquirida".

Se considero o objeto que possuo, vejo que a qualidade de *possuído* não o designa como pura denominação externa a assinalar sua relação de exterioridade comigo; muito ao contrário, esta qualidade o define profundamente, aparece a mim e aos outros como parte integrante de seu ser. A tal ponto que podemos definir certos homens das sociedades primitivas dizendo que são *possuídos;* por si mesmos, aparecem como *pertencentes a...* É o que caracteriza também as cerimônias fúnebres primitivas, nas quais os mortos eram enterrados com os objetos que lhes pertenciam. A explicação racional disso – "para que possam servir-se deles" – é evidentemente ulterior. É mais provável que, à época em que esse gênero de costumes apareceu espontaneamente, não parecia ser necessária qualquer explicação a respeito. Os objetos tinham esta qualidade singular de *ser dos* mortos. Constituíam um todo com eles; não se questionava o fato de enterrar-se o defunto sem os seus objetos usuais, assim como, por exemplo, não o enterravam sem uma de suas pernas. O cadáver, o copo com o qual bebia e a faca que usava *constituíam um só morto.* O costume de se queimar viúvas de Malabar é entendido perfeitamente no que tange a seu princípio: a mulher fora *possuída;* o morto a carrega, portanto, em sua morte;

ela está morta legalmente, e só resta ajudá-la a passar desta morte legal à morte de fato. Os objetos que não podem ser enterrados são enfeitiçados. O espectro nada mais é do que a materialização concreta do *"ser-possuído"* da casa e do mobiliário. Dizer que uma casa está enfeitiçada é dizer que nem o dinheiro nem o esforço poderão suprimir o fato metafísico e absoluto de *sua possessão* por um primeiro morador. É verdade que os espectros que enfeitiçam os solares são deuses lares degradados. Porém, que são esses deuses lares senão estratos de possessão que foram depositados um a um nas paredes e no mobiliário da casa? A própria expressão que designa a relação entre o objeto e seu proprietáro registra claramente a penetração profunda da apropriação: ser possuído é *ser de...* Significa que é *em seu ser* que o objeto possuído é alcançado. Vimos, além disso, que a destruição do possuidor envolve a destruição de direito do possuído e, inversamente, que a sobrevivência do possuído envolve a sobrevivência de direito do possuidor. O vínculo de posse é um vínculo interno de *ser*. Encontro o possuidor no e pelo objeto que ele possui. É esta, evidentemente, a explicação da importância das *relíquias;* e não compreendemos com isso somente as relíquias religiosas, mas também, e sobretudo, o conjunto das propriedades de um homem ilustre (Museu Victor Hugo, "objetos que pertenceram a Balzac, a Flaubert etc."); nas quais tentamos reencontrá-lo; as "lembranças" de um morto querido que parecem "perpetuar" sua memória.

Esse vínculo interno e ontológico entre o possuído e o possuidor (vínculo esse que se costuma tentar materializar através de costumes como o da marca com ferro candente) só poderia ser explicado por uma teoria "realista" da apropriação. Se é verdade que o realismo se define como uma doutrina que faz do sujeito e do objeto duas substâncias independentes e dotadas de existência para si e por si mesmo, então resultariam inconcebíveis tanto a apropriação quanto o conhecimento, que constitui uma de suas formas; ambas permanecerão como relações externas a unir temporariamente o sujeito ao objeto. Mas vimos que a existência substancial deve ser atribuída ao objeto conhecido. Ocorre o mesmo com a propriedade em geral: é o objeto possuído que existe em si mesmo e se define pela permanência, a atemporalidade em geral, a suficiência de ser – em suma, a substancialidade. Portanto, é ao lado do sujeito possuidor que devemos situar a *Unselbstständigkeit*. Uma substância não poderia apropriar-se de outra substância, e, se captamos nas coisas certa qualidade de *"possuídas"*, é porque, originariamente, a relação interna entre o Para-si e o Em-si que constitui sua propriedade tem origem na insuficiência de ser do Para-si. Evidentemente, o objeto possuído não é *realmente* afetado pelo ato de apropriação, da mesma forma como o objeto conhecido não é afetado pelo conhecimento: permanece intocável (salvo no caso em que o possuído é um ser humano, um escravo, uma prostituta etc.). Mas esta qualidade de possuído nem por isso deixa de afetá-lo *idealmente* em sua significação: em resumo, seu sentido consiste em refletir esta posse ao Para-si.

Se o possuidor e o possuído estão unidos por uma relação interna baseada na insuficiência de ser do Para-si, a questão é determinar a natureza e o sentido da *díade* assim formada. Com efeito, sendo sintética, a relação interna opera a unificação do possuidor e do possuído. Significa que o possuidor e o possuído constituem idealmente uma realidade única. Possuir é unir-se ao objeto possuído sob o signo da apropriação; querer possuir é querer unir-se a um objeto por meio dessa relação. Assim, o desejo de um objeto em particular não é simples desejo *deste* objeto, mas o desejo de unir-se ao objeto por uma relação interna, de forma a com ele constituir a unidade "possuidor-possuído". O desejo de *ter*, no fundo, é redutível ao desejo de estar, no que tange a certo objeto, em uma *relação de ser*.

Para determinar esta relação, hão de ser muito úteis as precedentes observações sobre as condutas do cientista, do artista e do esportista. Descobrimos, em cada uma dessas condutas, certa atitude apropriadora. E, em cada caso, a apropriação é marcada pelo fato de que o objeto nos aparecia ao mesmo tempo como emanação subjetiva de nós mesmos e como que em relação de exterioridade indiferente conosco. O *meu* apareceu-nos, pois, como uma relação de ser intermediária entre a interioridade absoluta do *eu* e do *não eu*. Em um só sincretismo, é o eu fazendo-se não eu e o não eu fazendo-se eu. Mas precisamos descrever melhor essa relação. No projeto de posse, encontramos um Para-si *Unselbstständig* apartado por um nada da possibilidade que ele é. Esta possibilidade é possibilidade de apropriar-se do *objeto*. Além disso, encontramos um *valor* que impregna o Para-si e representa como que a indicação ideal do ser total que iria realizar-se pela união na identidade do possível e do Para-si que é seu possível, ou seja, neste caso, o ser que iria realizar-se caso eu fosse, na unidade indissolúvel do idêntico, eu mesmo e minha propriedade. Assim, a apropriação seria uma relação de ser entre um Para-si e um Em-si concreto, e essa relação estaria impregnada pela indicação ideal de uma identificação entre esse Para-si e o Em-si possuído.

    Possuir é *ter para mim*, ou seja, ser o fim próprio da existência do objeto. Se a posse é inteira e concretamente dada, o possuidor constitui a *razão de ser* do objeto possuído. Possuo essa caneta, ou seja: essa caneta existe *para mim*, foi feita *para mim*. Originariamente, além disso, eu mesmo faço para mim o objeto que quero possuir. Meu arco, minhas flechas, significam objetos que fiz para mim. A divisão do trabalho obscureceu essa relação primordial sem eliminá-la. O *luxo* é uma degradação da relação; na forma primitiva do luxo, possuo um objeto que *fiz fazer* (*fait faire*) para mim, por pessoas *minhas* (escravos, criados nascidos na casa). O luxo é, pois, a forma de propriedade mais próxima da propriedade primitiva, aquela que, depois desta, melhor esclarece a relação de *criação* que a apropriação constitui originariamente. Essa relação, em uma sociedade em que a divisão do trabalho acha-se levada ao extremo, encontra-se dissimulada, mas não suprimida: o objeto que possui foi *comprado* por mim. O dinheiro representa minha força; constitui menos uma posse por si mesmo do que um instrumento para possuir. Daí por que, salvo no caso muito particular da avareza, o dinheiro se dilui ante a possibilidade de compra; é evanescente, feito para desvelar o objeto, a coisa concreta; não tem mais do que um ser transitivo. Mas, para *mim*, aparece como força criadora: comprar um objeto é um ato simbólico que equivale a criar o objeto. Por isso o dinheiro é sinônimo de poder; não somente porque é de fato capaz de buscar para nós aquilo que desejamos, mas sobretudo porque representa a eficácia de meu desejo enquanto tal. Precisamente porque é transcendido rumo à coisa, superado e simplesmente *implicado* nisso, representa meu vínculo mágico com o objeto. O dinheiro suprime a conexão *técnica* entre sujeito e objeto e torna o desejo imediatamente operante, tal como os desejos da lenda. Pare diante de uma vitrine, com dinheiro no bolso: os objetos expostos já são na maior parte seus. Assim, estabelece-se por meio do dinheiro um vínculo de apropriação entre o Para-si e a coleção total dos objetos do mundo. Através dele, o desejo, enquanto tal, é já informador e criador. Assim, por intermédio de uma degradação contínua, o vínculo de criação se mantém entre o sujeito e o objeto. Ter, antes de tudo, é *criar*. E o vínculo de propriedade que então se estabelece é um vínculo de criação contínua: o objeto possuído é por mim inserido na forma de *meus* arredores, sua existência é determinada pela minha situação e por sua integração nesta situação mesmo. *Minha* lâmpada não é somente esta ampola elétrica, este abajur, esse suporte de ferro batido: é certa potência de iluminar *esse* escritório, esses livros, esta mesa; é certo matiz luminoso de meu trabalho noturno, em conexão com meus hábitos de ler ou escrever tarde; é animada, colorida, definida pelo uso que faço dela; ela é este uso e não existe a não ser por isso. Isolada de meu escritório, de meu trabalho, colocada em um lote de objetos no chão de uma loja, acha-se radicalmente "extinta"; já não é mais *minha* lâmpada; sequer chega a ser uma lâmpada em geral: voltou à materialidade originária. Assim, sou responsável pela existência de minhas posses na ordem humana. Pela propriedade, elevo-as a certo tipo de ser funcional; e minha simples *vida* me surge como criadora, justamente porque, por sua continuidade, perpetua a qualidade de *possuído* em cada um dos objetos de minha posse: carrego ao ser, juntamente comigo, a coleção de meus arredores. Se tiram-nos de mim, eles morrem, tal como morreria meu braço se o arrancassem.

Mas a relação original e radical de criação é uma relação de emanação. As dificuldades encontradas pela teoria cartesiana da substância aí estão para que possamos descobrir essa relação. Aquilo que eu crio – se entendo por criar: fazer vir matéria e forma à existência – sou eu. O drama do criador absoluto, se existisse, seria a impossibilidade de sair de si, posto que sua criatura não poderia ser senão si mesmo: com efeito, de onde a criatura extrairia sua objetividade e sua independência, já que sua forma e sua matéria são *de mim?* Só uma espécie de inércia poderia isolá-la frente a mim; mas, para que esta inércia mesmo pudesse funcionar, seria preciso que eu a mantivesse na existência por uma criação contínua. Assim, na medida em que me apareço *criando* os objetos só pela relação de *apropriação*, esses objetos são *eu mesmo*. A caneta e o cachimbo, as roupas, o escritório, a casa, são *eu*. A totalidade de minhas posses reflete a totalidade de meu ser. *Sou* o que *tenho*. Quando toco este copo, esse bibelô, estou tocando *eu mesmo*. *Sou* a montanha que escalo, na medida em que a conquisto; e, quando chego ao cume, quando "adquiri", ao preço desses mesmos esforços, esse vasto ponto de vista sobre o vale e os cimos circundantes, eu *sou* o ponto de vista; o panorama sou eu dilatado até o horizonte, pois só existe por mim e para mim.

Mas a criação é um conceito evanescente que só pode existir por meio de seu movimento. Se o detemos, desaparece. Nos limites extremos de sua acepção, nadifica-se; ou bem só encontro minha pura subjetividade, ou bem encontro uma materialidade nua e indiferente que já não guarda qualquer relação comigo. A *criação* só pode ser concebida e mantida como passagem contínua de um termo a outro. É *necessário* que, no mesmo surgimento, o objeto seja totalmente eu e totalmente independente de mim. É isso que acreditamos realizar na posse. O objeto possuído, enquanto possuído, é criação contínua; mas, não obstante, permanece aí, existe por si, é Em-si; se lhe viro as costas, não deixa de existir por causa disso; se vou embora, ele me *representa* no meu escritório, no meu quarto, *neste* lugar do mundo. Desde sua origem, é impenetrável. Essa caneta é totalmente minha, a tal ponto, inclusive, que não a distingo do ato de escrever, que é *meu* ato. E, todavia, por outro lado, está intata: minha *propriedade* não a modifica; há apenas uma relação ideal entre ela e eu. Em certo sentido, desfruto minha propriedade se a transcendo rumo ao uso; mas, se quero contemplá-la, o vínculo de posse se desfaz e já não mais compreendo o que significa possuir. O cachimbo está aí, sobre a mesa, independente, indiferente. Se o pego com as mãos, apalpo-o, contemplo-o, *para* realizar esta apropriação; mas, justamente porque esses gestos se destinam a me dar o *gozo* desta apropriação, perdem seu objetivo, e já não tenho mais do que um pedaço de madeira inerte entre os dedos. É somente quando transcendo *meus* objetos rumo a um fim, quando os utilizo, que posso desfrutar sua posse. Assim, a relação de criação contínua encerra, como sua contradição implícita, a independência absoluta e Em-si dos objetos criados. A posse é uma relação mágica: *sou* esses objetos que possuo, mas que ficam lá fora, à minha frente; eu os crio como independentes de mim; aquilo que possuo sou *eu* fora de mim, à parte de toda subjetividade, como um Em-si que me escapa a cada instante e cuja criação a cada instante perpetuo. Mas, precisamente porque sou sempre fora de mim, em outra parte, como um incompleto que se faz anunciar seu ser pelo que não é, quando possuo me alieno em favor do objeto possuído. Na relação de posse, o termo forte é a coisa possuída; fora dela, sou apenas um nada possuidor, apenas pura e simples posse, um incompleto, um insuficiente, cuja suficiência e completeza estão neste objeto aí. Na posse, sou meu próprio fundamento na medida em que existo Em-si: com efeito, na medida em que a posse é criação contínua, capto o objeto possuído como fundamentado por mim em seu ser; mas, na medida em que, por um lado, a criação é emanação, este objeto se reabsorve em mim, nada é senão eu mesmo, e, por outro lado, é originariamente Em-si, é não eu, é eu frente a mim, objetivo, Em-si, permanente, impenetrável, existente em relação a mim na relação de exterioridade, de indiferença. Assim, sou fundamento de mim na medida em que existo como indiferente e Em-si com relação a mim. Bem, este é precisamente o projeto do Em-si-Para-si. Pois este ser ideal se define como um Em-si que, enquanto Para-si, seria seu próprio fundamento, ou como um Para-si cujo projeto original não seria uma maneira de ser, mas um ser, precisamente o ser-Em-si que ele é. Vemos que a apropriação não é senão o *símbolo* do ideal do Para-si, ou valor. A díade Para-si possuidor e Em-si possuído equivale ao ser que é para possuir a si mesmo e cuja posse é sua própria criação, ou seja, Deus. Assim, o possuidor visa desfrutar seu ser Em-si, de seu ser-fora. Pela posse, recupero um ser-objeto idêntico ao meu ser-Para-outro. Em consequência, o Outro não poderia me surpreender: o ser que ele quer fazer surgir e que é o eu-Para-outro, já constitui minha posse, e dele desfruto. Logo, a posse é, além disso, uma *defesa contra o Outro*. O meu sou eu como não subjetivo, na medida em que sou seu livre fundamento.

Todavia, nunca será demais insistir no fato de que esta relação é *simbólica* e *ideal*. Com a apropriação não satisfaço meu desejo originário de ser fundamento de mim mesmo, assim como o paciente de Freud não satisfaz seu complexo de Édipo por sonhar que um soldado mata o Czar (ou seja, seu pai). Por isso, a *propriedade* aparece ao proprietário simultaneamente como algo dado de uma só vez, no eterno e exigindo a infinidade do tempo para realizar-se. Nenhum ato de *utiliza*ção realiza verdadeiramente o gozo apropriador, mas remete a outros atos apropriadores, cada qual só tem um valor de encantamento. Possuir uma bicicleta é poder olhá-la primeiro, e, depois, tocá-la. Mas o tocar se revela insuficiente *de per si*; falta usar a bicicleta para passear. E isso nos leva a utilizações maiores e mais completas, a longas incursões através da França. Mas essas viagens, em si mesmas, decompõem-se em milhares de comportamentos apropriadores, cada um dos quais remete aos demais. Por último, como era de se prever, basta estender uma cédula de dinheiro para que a bicicleta me pertença, mas será preciso minha vida inteira para realizar esta posse; é decerto o que sinto ao adquirir o objeto: a posse é um empreendimento que a morte sempre deixa inacabado. Agora captamos seu sentido: é impossível realizar a relação simbolizada pela apropriação. Em si mesmo, a apropriação nada contém de concreto. Não é uma atividade real (como comer, beber, dormir etc.) que, adicionalmente, poderia servir de símbolo a um desejo em particular. Ao contrário, só existe a título de símbolo; é seu simbolismo que lhe confere sua significação, sua coesão, sua existência. Portanto, não se poderia encontrar na posse um gozo positivo à parte de seu valor simbólico; ela é apenas a indicação de uma suprema satisfação de posse (a do ser que seria seu próprio fundamento), que se acha sempre Para-além de todas as condutas apropriadoras destinadas a realizá-la. É precisamente o reconhecimento da impossibilidade que tem de *possuir* um objeto que leva o Para-si a um violento desejo de *destruí-lo*. Destruir é reabsorver em mim, é manter com o ser-Em-si do objeto destruído uma relação tão profunda quanto a da criação. As chamas que incendeiam a fazenda na qual pus fogo realizam pouco a pouco a fusão da fazenda comigo mesmo: aniquilando-se, ela se converte em *mim*. De súbito, reencontro a relação de ser da criação, mas invertida: *sou* o fundamento da fazenda que incendeia;

sou esta fazenda, posto que destruo seu ser. A destruição realiza a apropriação – talvez mais aguçadamente do que a criação –, pois o objeto destruído já não está aí para mostrar-se impenetrável. Tem a impenetrabilidade e a suficiência de ser do Em-si que ele é *tendo sido*; mas, ao mesmo tempo, tem a invisibilidade e a translucidez do nada que eu sou, posto que *já não é*. Esse copo que quebrei e que "estava" sobre esta mesa, ainda está em seu lugar, mas como uma transparência absoluta; vejo todos os seres através dele; é o que os cineastas tentaram representar por meio da fusão: o objeto destruído assemelha-se a uma consciência, malgrado tenha a irreparabilidade do Em-si. Ao mesmo tempo, ele é positivamente meu, porque só o fato de que eu tenha-de-ser o que era impede que o objeto destruído se aniquile: eu o recrio ao me recriar; assim, destruir é recriar assumindo-se como único responsável pelo ser daquilo que existia *para todos*. A destruição, portanto, deve situar-se entre as condutas apropriadoras. Além disso, muitas condutas apropriadoras têm, entre outras, uma estrutura de destrutibilidade: utilizar é usar. *Usando* minha bicicleta, ela se torna *usada*, ou seja, a criação contínua apropriadora é marcada por uma destruição parcial. Este desgaste pode nos cansar, por razões estritamente utilitárias, mas, na maioria dos casos, produz uma alegria secreta, quase um desfrutar: isso porque *provém de nós*, que *consumimos*. Observe-se como esta expressão de "consumo" designa ao mesmo tempo uma destruição apropriadora e um gozo alimentar. Consumir é aniquilar e comer; é destruir incorporando. Se ando na minha bicicleta, posso ficar aborrecido por gastar os pneus, já que é difícil conseguir outros; mas a imagem de satisfação que represento com meu corpo é a de uma apropriação destrutiva, uma "criação-destruição". Ao deslizar, conduzindo-me, a bicicleta, por seu próprio movimento, é criada e torna-se minha; mas esta criação se imprime profundamente no objeto pelo desgaste leve e contínuo que ela lhe comunica e é como que a marca de ferro candente do escravo. O objeto é meu porque foi usado por mim; o desgaste do *meu* é o reverso de minha vida[76].

---

[76]. Brummell compunha sua elegância jamais usando roupas que não fossem um pouco gastas. Tinha horror ao novo: aquilo que é novo "endominga", porque não é de ninguém.

Essas observações permitirão compreender melhor o sentido de certos sentimentos ou comportamentos ordinariamente considerados irredutíveis; por exemplo, a *generosidade*. De fato, o *dom* é uma forma primitiva de destruição. Sabe-se, por exemplo, que o *potlatch** comporta a destruição de enormes quantidades de mercadorias. Essas destruições são um desafio ao Outro; elas o encadeiam. Nesse nível, é indiferente que o objeto seja destruído ou dado a Outro: de uma maneira ou de outra, o *potlatch* é destruição e encadeamento do Outro. Destruo o objeto tanto ao dá-lo quanto ao aniquilá-lo; suprimo sua qualidade de ser *meu* que o constituía profundamente em seu ser, removo-o de minha vista e o constituo – em relação à minha mesa, ao meu quarto – como *ausente;* somente eu irei conservar-lhe o ser espectral e transparente dos objetos *passados,* porque sou aquele por quem os seres mantêm uma existência honorária depois de seu aniquilamento. Assim, a generosidade é, antes de tudo, função destrutiva. O ímpeto de dar que, em certos momentos, domina determinadas pessoas é, antes de tudo, ímpeto de destruir, *equivale* a uma atitude de furor, a um *"amor"* acompanhado de destruição de objetos. Mas este ímpeto de destruir que reside no fundo da generosidade não é outra coisa senão um ímpeto de possuir. Desfruto uma maneira superior de tudo que abandono, de tudo que dou, pelo fato mesmo de doar; o dom é um gozo áspero e breve, quase sexual: dar é gozar possessivamente do objeto dado, é um contato destrutivo-apropriador. Mas, ao mesmo tempo, o dom enfeitiça aquele a quem damos, obriga-o a recriar, a manter no ser, por uma criação contínua, esse algo meu que já não quero mais, aquilo que acabo de possuir até o aniquilamento e do qual, por fim, não resta mais do que uma imagem. Dar é subjugar. Este aspecto do dom não nos interessa aqui, pois concerne sobretudo às relações com o Outro. O que queríamos sublinhar é que a generosidade não é irredutível: dar é apropriar-se por meio da destruição, utilizando esta destruição para subjugar o Outro. Portanto, a generosidade é um sentimento estruturado pela existência do Outro e que registra uma preferência pela *apropriação por meio da destruição.*

---

* Festa dos índios norte-americanos, com grande distribuição e destruição de presentes [N.T.].

Desse modo, nos leva rumo ao *nada* mais ainda do que ao Em-si (trata-se de um nada de Em-si que, evidentemente, é ele mesmo Em-si, mas que, enquanto nada, pode simbolizar o ser que é seu próprio nada). Logo, se a psicanálise existencial encontra a prova da *generosidade* de um sujeito, deve buscar mais longe seu projeto originário e indagar por que o sujeito escolheu apropriar-se por destruição, mais do que por criação. A resposta a esta questão descobrirá a relação originária com o ser, relação essa que constitui a *pessoa* estudada.

Tais observações tinham apenas por objetivo esclarecer o caráter *ideal* do vínculo apropriador e a função simbólica de toda conduta apropriadora. Há que se acrescentar que o símbolo não é decifrado pelo próprio sujeito. Não que a simbolização seja armada em um inconsciente, mas sim que deriva da própria estrutura do ser-no-mundo. Vimos, com efeito, no capítulo dedicado à transcendência, que a ordem dos utensílios no mundo é a imagem projetada no Em-si de minhas possibilidades, ou seja, daquilo que sou, mas que jamais posso decifrar esta imagem mundana, já que isso iria requerer nada menos do que a cisão reflexiva que me permitisse ser para mim mesmo um esboço de objeto. Desse modo, sendo o circuito de ipseidade não tético e, por conseguinte, permanecendo não temática a identificação do que sou, este "ser-Em-si" de mim mesmo que o mundo me devolve está necessariamente encoberto ao meu *conhecimento*. Só posso adaptar-me na e pela ação aproximativa que faz nascer esse conhecimento. De sorte que possuir não significa de modo algum saber que se está com o objeto possuído em uma relação identificadora (*identifiant*) de criação-destruição, mas sim, precisamente, *estar nessa relação,* ou, melhor ainda, *ser essa relação.* E o objeto possuído tem para nós uma qualidade imediatamente apreensível e que o transforma inteiramente – a qualidade de ser *meu;* mas esta qualidade é em si mesmo rigorosamente indecifrável: revela-se na e pela ação, manifesta ter uma significação particular, mas se desvanece sem revelar sua estrutura profunda e sua significação quando queremos tomar distância em relação ao objeto e contemplá-lo. Essa tomada de distância, com efeito, é por si mesmo destruidora da conexão apropriadora: no instante precedente, eu estava comprometido em uma totalidade ideal e, precisamente por estar comprometido em meu ser, não podia conhecê-lo; no instante seguinte, a totalidade rompeu-se e não posso descobrir seu sentido nos fragmentos desconexos que antes a compunham, tal como se vê nesta experiência contemplativa chamada despersonalização por que passam certos pacientes a despeito de seus esforços para resistir. Portanto, somos obrigados a recorrer à psicanálise existencial para que nos revele, em cada caso particular, a significação desta síntese apropriadora cujo sentido geral e abstrato acabamos de determinar por meio da ontologia.

Resta determinar em geral a significação do objeto possuído. Tal investigação deve completar nossos conhecimentos sobre o projeto apropriador. Que é, pois, aquilo de que buscamos nos apropriar?

Por um lado, e em abstrato, é fácil verificar que visamos originariamente possuir não tanto a maneira de ser do objeto quanto o próprio ser deste objeto. Com efeito, é a título de representante concreto do ser-Em-si que desejamos nos apropriar do objeto, ou seja, queremos captar-nos como fundamento de seu ser na medida em que o objeto é, idealmente, nós mesmos. Por outro lado, empiricamente, queremos que o objeto apropriado jamais valha *para e de per si* nem pelo seu uso individual. Nenhuma apropriação singular tem sentido à parte de seus prolongamentos indefinidos; a caneta que possuo vale por todas as canetas; é a classe das canetas que possuo na figura desta. Mas, além disso, possuo nesta caneta a possibilidade de escrever, de traçar linhas de determinada forma e cor (pois contamino o próprio instrumento e a tinta que uso): essas linhas, suas cores, seu sentido, estão condensados na caneta, assim como o papel, sua resistência especial, seu cheiro etc. A propósito de *toda* posse realiza-se a síntese cristalizadora que Stendhal descreveu apenas em relação ao caso do amor. Cada objeto possuído, que se destaca sobre fundo de mundo, manifesta o mundo inteiro, tal como a mulher amada manifesta o céu, a praia, o mar que a rodeavam quando apareceu. Apropriar-se deste objeto, portanto, é apropriar-se do mundo simbolicamente. Cada um pode reconhecer isso reportando-se à experiência própria; de minha parte, citarei um exemplo pessoal, não para provar a questão, mas para orientar a investigação do leitor.

Há alguns anos, decidi parar de fumar. O início foi duro, e, na verdade, eu não me preocupava tanto por perder o *gosto* do tabaco quanto por perder o *sentido* do ato de fumar. Produziu-se toda uma cristalização: eu fumava nas casas de espetáculo, ao trabalhar pela manhã, à noite depois do jantar, e parecia-me que, deixando de fumar, eu iria privar o espetáculo de seu interesse, o jantar de seu sabor, o trabalho matinal de seu frescor e vivacidade. Qualquer que fosse o acontecimento inesperado que irrompesse aos meus olhos, parecia-me que, fundamentalmente, ele ficaria empobrecido a partir do momento em que não mais pudesse acolhê-lo fumando. Ser-suscetível-de-ser-encon-trado-por--mim-fumando; esta, a qualidade concreta que se havia difundido universalmente sobre as coisas. Parecia-me que tal qualidade seria por mim exterminada e que, no meio deste empobrecimento universal, valia um pouco menos a pena viver. Pois bem: fumar é uma reação apropriadora destruidora. O tabaco é um símbolo do ser "apropriado", já que é destruído ao ritmo de minha respiração em um modo de "destruição contínua", passa a meu interior e sua mudança em mim se manifesta simbolicamente pela conversão em fumaça do sólido consumido. A conexão entre a paisagem vista fumando e esse pequeno sacrifício crematório era de tal ordem que, como vimos, este constituía como que o símbolo daquela. Significa, pois, que a reação de apropriação destruidora do tabaco valia simbolicamente por uma destruição apropriadora do mundo inteiro. Através do tabaco que eu fumava, era o mundo que ardia, fumegava, reabsorvia-se em vapor para incorporar-se em mim. Para manter minha decisão, tive de realizar uma espécie de descristalização, ou seja, sem exatamente me dar conta disso, reduzi o tabaco a não ser senão si mesmo: uma erva que se queima; suprimi seus vínculos simbólicos com o mundo; persuadi-me de que nada perderia da peça de teatro, da paisagem, do livro que lia, se os considerasse sem meu cachimbo; ou seja, voltei-me para outros modos de posse desses objetos que não fosse o desta cerimônia sacrificatória. Uma vez persuadido disso, meu mal-estar reduziu-se a muito pouca coisa: lamentava o fato de não mais sentir o odor do fumo, o calor do cachimbo entre os dedos etc. Mas, de súbito, meu mal-estar ficou aplacado e bem suportável.

Logo, o que desejamos nos apoderar fundamentalmente em um objeto é seu ser e é o mundo. Esses dois objetivos da apropriação constituem na realidade apenas um. Busco possuir, detrás do fenômeno, o ser do fenômeno. Mas este ser, muito diferente do fenômeno de ser, como vimos, é o ser-Em-si, e não somente o ser de alguma coisa em particular. Não que haja aqui uma passagem ao universal, e sim porque, sobretudo, o ser considerado em sua nudez concreta torna-se de súbito o ser da totalidade. Assim, a relação de posse surge-nos claramente: possuir é querer possuir o mundo através de um objeto em particular. E, uma vez que a posse se define como empenho para captar-se a título de fundamento de um ser, na medida em que este ser consiste idealmente em nós mesmos, todo projeto possessório visa constituir o Para-si como fundamento do mundo, ou totalidade concreta do Em-si, na medida em que esta totalidade é, enquanto totalidade, o próprio Para-si existente ao modo do Em-si. Ser-no-mundo é projetar possuir o mundo, ou seja, captar o mundo total como aquilo que falta ao Para-si para tornar-se Em-si-Para-si; é comprometer-se em uma totalidade, que é precisamente o ideal, ou valor, ou totalidade totalizada, que seria idealmente constituída pela fusão entre o Para-si, enquanto totalidade destotalizada que tem-de-ser o que é, e o mundo, enquanto totalidade do Em-si, que é o que é. Com efeito, deve-se bem entender que o Para-si não tem por projeto fundamentar um ser de razão, ou seja, um ser que ele primeiro concebesse – forma e matéria – para depois conferir-lhe a existência: tal ser, de fato, seria um puro abstrato, um universal; sua concepção não poderia ser anterior ao ser-no-mundo, mas, ao contrário, iria pressupô-lo, tal como iria pressupor a compreensão pré-ontológica de um ser eminentemente concreto e de antemão presente, que é o "aí" do ser-aí primordial do Para-si, ou seja, o ser do mundo; o Para-si não existe para pensar primeiro o universal e determinar-se em função de conceitos: ele é sua escolha, e sua escolha não poderia ser abstrata, caso contrário o próprio ser do Para-si seria abstrato. O ser do Para-si é uma aventura individual, e a escolha precisa ser escolha individual de ser concreto. Isso vale, como vimos, para a *situação* em geral. A escolha do Para-si é sempre escolha da situação concreta em sua incomparável singularidade. Mas isso também vale para o sentido ontológico dessa escolha. Ao dizermos que o Para-si é projeto de *ser*, não significa que o ser-Em-si que ele projeta ser constitua uma estrutura comum a todos os existentes de determinado tipo: seu projeto, como vimos, não é de forma alguma uma concepção. Aquilo que projeta ser lhe aparece como uma totalidade eminentemente concreta: é *este* ser. E, sem dúvida, podemos prever nesse projeto possibilidades de um desenvolvimento universalizador; mas isso da mesma maneira como aludimos a um amante dizendo que ele ama todas as mulheres ou toda mulher em uma. Este ser concreto do qual projeta ser o fundamento, não podendo ser *concebido*, como acabamos de ver, pelo fato de ser concreto, tampouco poderia ser *imaginado*, pois o imaginário é nada, e este ser é eminentemente ser. É necessário que *exista*, isto é, que seja *encontrado*, mas que esse encontro se identifique com a escolha feita pelo Para-si. O Para-si é um encontro-escolha, ou seja, define-se como escolha de fundamentar o ser do qual é encontro. Significa que o Para-si, enquanto empreendimento individual, é escolha *desse mundo*, enquanto totalidade de ser individual; não o transcende rumo a uma universalidade lógica, mas sim rumo a um novo "estado" concreto do mesmo mundo, no qual o ser seria Em-si fundamentado pelo Para-si; ou seja, transcende o mundo rumo a um ser-concreto-para-além-do-ser-concreto-existente. Assim, o ser-no-mundo é projeto de posse desse mundo, e o valor que impregna o Para-si é a indicação concreta de um ser individual constituído pela função sintética *desse* Para-si-*aqui* e *desse* mundo-*aqui*. O ser, com efeito, onde quer que seja, de onde quer que venha ou de qualquer modo que seja considerado, seja como Em-si, seja como Para-si, seja como o ideal impossível do Em-si-Para-si, consiste, na sua contingência primordial, em uma aventura individual.

 Desse modo, podemos definir as relações que unem as categorias do ser e do ter. Vimos que o desejo pode ser originariamente desejo de ser ou desejo de ter. Mas o desejo de ter não é irredutível. Ao passo que o desejo de ser recai diretamente sobre o Para-si e projeta conferir-lhe sem intermediário a dignidade de Em-si-Para-si, o desejo de ter visa o Para-si, sobre, no e através do mundo. É pela apropriação do mundo que o projeto de ter visa realizar o mesmo valor que o desejo de ser. Daí por que esses dois desejos, que podemos distinguir por análise, são inseparáveis na realidade: não encontramos desejo de ser salvo acompanhado por um desejo de ter, e reciprocamente; trata-se, no fundo, de duas direções da atenção quanto a um mesmo objetivo, ou, se preferirmos, de duas interpretações de uma só situação fundamental, uma delas tendendo a conferir o ser ao Para-si, sem volta, a outra estabelecendo o circuito da ipseidade, ou seja, intercalando o mundo entre o Para-si e seu ser. Quanto à situação originária, trata-se da falta de ser que eu sou, ou seja, que me faço ser. Mas, precisamente, o ser do qual me faço falta é rigorosamente individual e concreto: é o ser que *já existe* e no meio do qual surjo como *sua* falta. Assim, o próprio nada que sou é individual e concreto, sendo *esta* nadificação e não outra.

Todo Para-si é livre escolha; cada um de seus atos, do mais insignificante ao mais considerável, traduz essa escolha e dela emana; é o que temos chamado de nossa liberdade. Agora captamos o *sentido* dessa escolha: é escolha de ser, seja diretamente, seja por apropriação do mundo, ou, antes, as duas coisas juntas. Assim, minha liberdade é escolha de ser Deus, e todos os meus atos, todos os meus projetos, traduzem essa escolha e a refletem de mil e uma maneiras, pois há uma infinidade de maneiras de ser e de ter. A psicanálise existencial tem por objetivo encontrar, através desses projetos empíricos e concretos, a maneira original que cada um tem de escolher seu ser. Falta explicar, dir-se-á, por que escolho possuir o mundo através de tal ou qual *isto* em particular. Poderíamos responder que nisso consiste precisamente o que é próprio da liberdade. Contudo, o objeto mesmo não é irredutível. Visamos seu *ser* através de sua maneira de ser, ou qualidade. E a qualidade – em particular a qualidade material: a fluidez da água, a densidade da pedra etc. –, sendo maneira de ser, nada mais faz do que presentificar o ser de uma determinada maneira. Portanto, o que escolhemos é uma certa maneira como o ser se revela e se faz possuir. O amarelo e o vermelho, o sabor do tomate ou do purê de ervilhas, o rugoso e o liso não são para nós, de forma alguma, dados irredutíveis: traduzem simbolicamente aos nossos olhos uma determinada maneira que o ser tem de se mostrar, e reagimos com desagrado ou com desejo, conforme o modo como vemos o ser aflorar de uma forma ou de outra à superfície dos objetos. A psicanálise existencial deve extrair o *sentido ontológico* das qualidades. Somente assim – e não por considerações acerca da sexualidade – iremos explicar, por exemplo, certas constantes das "imaginações" poéticas (o "geológico" em Rimbaud, a fluidez da água em Poe), ou simplesmente os *gostos* de cada um, esses famosos gostos que não se discutem, como se costuma dizer, sem levar em conta que eles simbolizam à sua maneira toda uma "Weltanschauung", toda uma escolha de ser, e que provém daí a *evidência* que tais gostos têm aos olhos de quem os adota. Convém, portanto, que esbocemos aqui essa tarefa particular da psicanálise existencial, a título de sugestão para investigações ulteriores. Pois não é em nível do gosto pelo doce ou amargo etc., que a escolha livre mostra-se irredutível, e sim em nível da escolha do aspecto do ser que se revela *através* e *pelo* doce, amargo etc.

III
Da qualidade como reveladora do ser

Trata-se, simplesmente, de tentar uma psicanálise das *coisas*. Foi o que G. Bachelard ensaiou com muito talento em seu livro *L'Eau et les rêves*. Há grandes promessas nesta obra; em particular, uma verdadeira descoberta, a da "imaginação material". Na verdade, o termo *imaginação* não é conveniente, ou tampouco esta tentativa de buscar por detrás das coisas e de sua matéria gelatinosa, sólida ou fluida as "imagens" que projetaríamos nelas. Como demonstramos em outro lugar[77], a percepção nada tem em comum com a imaginação: ao contrário, ambas são inversas e mutuamente excludentes. Perceber não é de forma alguma reunir imagens com sensações: essa tese, de origem associacionista, deve ser inteiramente descartada; e, por conseguinte, a psicanálise não tem de investigar imagens, e sim explicar *sentidos* realmente pertencentes às coisas. Sem dúvida alguma, o sentido "humano" do *pegajoso*, do *viscoso* etc., não pertence ao Em-si. Mas, como vimos, tampouco lhe pertencem as potencialidades, e, todavia, são elas que constituem o mundo. As significações *materiais*, o sentido humano dos cumes nevados, do granuloso, do apertado, do gorduroso etc., são tão *reais* como o mundo, nem mais, nem menos, e vir ao mundo é surgir no meio dessas significações. Mas,

---

77. *O imaginário*, 1940.

sem dúvida, trata-se de uma simples diferença de terminologia; e Bachelard parece mais ousado, revelando o fundo de seu pensamento, quando, em seus cursos, fala de psicanalisar as plantas, ou quando intitula uma de suas obras *Psychanalyse du Feu*. Trata-se, com efeito, de aplicar, *não ao sujeito*, mas às coisas, um método de decifração objetiva que não pressupõe qualquer remissão prévia ao sujeito. Por exemplo, quando quero determinar a significação objetiva da neve, constato, por exemplo, que ela se funde a determinadas temperaturas e que esta fusão da neve constitui sua morte. Trata-se, simplesmente, de uma constatação objetiva. E, quando quero determinar a significação de tal fusão, é necessário que eu a compare a outros objetos situados em outras regiões de existência, mas igualmente a objetivos, igualmente transcendentes – ideias, amizades, pessoas –, a respeito das quais também posso dizer que *se fundem**; sem dúvida, obteríamos desse modo certa relação vinculando entre si determinadas formas de ser. A comparação entre a neve fundente e certas outras fusões mais misteriosas (por exemplo, o conteúdo de alguns mitos antigos: o alfaiate dos contos de Grimm pega uma fatia de queijo, finge que é uma pedra e a aperta com tanta força que o soro do leite goteja; seus assistentes supõem que ele fez gotejar uma pedra, que espremeu o líquido) podem nos informar a respeito de uma liquidez secreta dos sólidos, no sentido em que Audiberti, bem inspirado, falou da negrura secreta do leite. Esta liquidez, que deverá ser comparada, por sua vez, ao suco de frutas e ao sangue humano – que é também algo como nossa liquidez secreta e vital – nos remete a certa possibilidade permanente do *compacto granuloso* (designando certa qualidade de ser do *Em-si puro*) de metamorfosear-se em *fluidez homogênea e indiferenciada* (outra qualidade de ser do Em-si puro). E captamos aqui, desde sua origem e com toda sua significação ontológica, a antinomia do contínuo e do descontínuo, polos femininos e masculinos do mundo,

---

* Sartre cita quatro exemplos intraduzíveis: "O dinheiro *funde-se* nas minhas mãos; estou nadando e *fundo-me* na água; certas ideias – no sentido de significações sociais objetivas – crescem como "bola de neve" e outras *se fundem;* como ele emagreceu, como ele *se fundiu*". Em nota de rodapé, cita também a "moeda fundente" de Daladier [N.T.].

78. De certa animalidade; é exatamente o que Scheler denomina os *valores vitais*.

cujo desenrolar dialético iremos observar subsequentemente até a teoria dos quanta e a mecânica ondulatória. Assim, poderemos chegar a decifrar o sentido secreto da neve, que constitui um sentido ontológico. Mas, em tudo isso, onde está a relação com o subjetivo ou a imaginação? Tudo que fizemos foi comparar estruturas rigorosamente objetivas e formular a hipótese que pode unificá-las e agrupá-las. Daí por que, neste caso, a psicanálise recai sobre as coisas em si mesmo, e não sobre os homens. Também daí por que eu ficaria mais desconfiado do que Bachelard, neste nível, em recorrer às imaginações materiais dos poetas, sejam eles Lautréamont, Rimbaud ou Poe. Decerto, é fascinante investigar o "Bestiário de Lautréamont". Porém, com efeito, se nesta investigação retornarmos ao subjetivo, só iremos encontrar resultados verdadeiramente significativos caso consideremos Lautréamont em sua preferência originária e pura pela animalidade[78] e determinemos *previamente* o sentido objetivo da animalidade. Se, com efeito, Lautréamont *é o que prefere*, é necessário saber previamente a natureza daquilo que prefere. E, por certo, bem sabemos que ele "colocará" na animalidade algo distinto e mais rico do que eu coloco. Mas esses enriquecimentos subjetivos que nos informam sobre Lautréamont estão polarizados pela estrutura objetiva da animalidade. Eis por que a psicanálise existencial de Lautréamont pressupõe uma decifração do sentido objetivo do *animal*. Igualmente, há muito tempo penso em estabelecer um *lapidário* de Rimbaud. Mas, que sentido teria isso se não houvéssemos estabelecido previamente a significação do geológico em geral? Porém, dir-se-á, uma significação pressupõe o homem. Não discordamos. Só que o homem, sendo transcendência, estabelece o significante pelo seu próprio surgimento, e o significante, devido à estrutura mesmo da transcendência, é uma remissão a outros transcendentes que pode ser decifrada sem necessidade de recurso à subjetividade que a estabeleceu. A energia potencial de um corpo é uma qualidade objetiva desse corpo que deve ser calculada objetivamente levando-se em conta unicamente circunstâncias objetivas. E, todavia, esta energia só pode vir habitar um corpo em um mundo cuja aparição é correlata à de um Para–si. Igualmente, iremos descobrir por uma psicanálise rigorosamente objetiva outras potencialidades mais profundamente enraizadas na matéria das coisas e que permanecem inteiramente transcendentes, ainda que correspondam a uma escolha ainda mais fundamental da realidade-humana, uma escolha do *ser*.

Isso nos leva a precisar o segundo ponto em que diferimos de Bachelard. É verdade, com efeito, que toda psicanálise deve ter seus princípios *a priori*. Em particular, deve saber *o que procura*, senão como poderia encontrá-lo? Mas, como o objetivo de sua investigação não poderia ser estabelecido em si mesmo pela psicanálise, sob pena de círculo vicioso, é preciso que seja objeto de um postulado – quer o busquemos na experiência, quer o estabeleçamos por meio de alguma outra disciplina. A libido freudiana é, evidentemente, um simples postulado; a vontade de poder adleriana parece uma generalização sem método dos dados empíricos – e decerto é preciso que não tenha método, já que ela é que permite lançar as bases de um método psicanalítico. Bachelard parece reportar-se a seus antecessores; o postulado da sexualidade parece dominar suas investigações; em outras ocasiões, somos remetidos à *Morte*, ao traumatismo do nascimento, à vontade de poder; em suma, sua psicanálise parece mais segura de seu método do que de seus princípios, e sem dúvida conta com os resultados para esclarecê-la a respeito do objetivo preciso de sua investigação. Mas isso é botar o carro adiante dos bois: jamais as consequências permitirão estabelecer o princípio, assim como a soma dos modos finitos não permitirá captar a substância. Portanto, parece-nos ser necessário abandonar aqui esses princípios empíricos ou esses postulados que fariam do homem, *a priori*, uma sexualidade ou uma vontade de poder, e também ser conveniente estabelecer rigorosamente o objetivo da psicanálise a partir da ontologia. Foi o que tentamos no parágrafo precedente. Vimos que a realidade humana, muito antes de poder ser descrita como *libido* ou vontade de poder, é *escolha de ser*, seja diretamente, seja por apropriação do mundo. E vimos que – quando a escolha recai sobre a apropriação – cada *coisa* é escolhida, em última análise, não por seu potencial sexual, mas conforme a maneira como *entrega* o ser, a maneira pela qual o ser aflora em sua superfície. Uma psicanálise das *coisas* e de sua *matéria*, portanto, deve preocupar-se antes de tudo em estabelecer o modo em que cada coisa constitui o símbolo *objetivo* do ser e a relação entre a realidade humana e este ser. Não negamos que seja preciso descobrir depois todo um simbolismo sexual na natureza, mas trata-se de um estrato secundário e redutível que pressupõe uma psicanálise das estruturas pré-sexuais. Assim, consideraríamos o estudo de Bachelard sobre a água, rico em visões engenhosas e profundas, como um conjunto de sugestões, uma coleção preciosa de materiais que deveriam ser utilizados agora por uma psicanálise consciente de seus princípios.

O que a ontologia pode ensinar à psicanálise, com efeito, é antes de tudo a origem *verdadeira* das significações das coisas e sua relação *verdadeira* com a realidade-humana. Só ela, com efeito, pode situar-se no plano da transcendência e captar com um único olhar o ser-no-mundo com seus dois termos, porque só ela se situa originariamente na perspectiva do *cogito*. É ainda a ideia de facticidade e a de situação que irão nos permitir compreender o simbolismo existencial das coisas. Vimos, com efeito, que é teoricamente possível e praticamente impossível distinguir entre a facticidade e o projeto que a constitui em situação. Tal constatação deve nos ser útil aqui: com efeito, vimos não ser necessário crer que o *isto*, na exterioridade de indiferença de seu ser e independentemente do surgimento de um Para-si, tenha qualquer significação que seja. Por certo, sua *qualidade*, como vimos, nada mais é do que seu ser. O amarelo do limão, dizíamos, não é um modo subjetivo de apreensão do limão: *é o próprio limão*. Mostramos também[79] que o limão inteiro está estendido através de suas qualidades e que cada uma destas se estende através das outras; foi justamente o que denominamos *isto*. Cada qualidade do ser é todo o ser; é a presença de sua contingência absoluta, é sua irredutibilidade de indiferença. Todavia, desde nossa segunda parte, insistimos a respeito da inseparabilidade, na própria qualidade, do projeto e da facticidade. Com efeito, escrevemos: "Para que haja qualidade, é preciso que *haja* ser para um nada que, por natureza, não seja ser...; a qualidade é o ser inteiro desvelando-se nos limites do *há*". Assim, desde a origem, não podemos atribuir a significação da qualidade ao ser *Em-si*, pois, para que haja qualidades, é

---

[79]. Segunda Parte, capítulo 3, § III.

necessário já o "há", ou seja, a mediação nadificadora do Para-si. Mas compreendemos facilmente, a partir dessas observações, que a significação da qualidade indica, por sua vez, algo como um reforço do "há", posto que, justamente, nele nos apoiamos para transcender o "há" rumo ao ser tal qual é absolutamente e Em-si. Nesse sentido, em cada apreensão de qualidade há um esforço metafísico para escapar à nossa condição, para perfurar a escama de nada do "há" e penetrar até o Em-si puro. Mas só podemos, evidentemente, captar a qualidade como símbolo de um ser que nos escapa totalmente, embora esteja totalmente aí, à nossa frente; em resumo, só podemos fazer funcionar o ser revelado como símbolo do ser Em-si. Significa, justamente, que se constitui uma nova estrutura do "há", a camada significativa, embora esta camada se revele na unidade absoluta de um mesmo projeto fundamental. É o que chamaremos de teor metafísico de toda revelação intuitiva do ser; e é isso, precisamente, que devemos alcançar e desvelar pela psicanálise. Qual é o teor metafísico do amarelo, do vermelho, do liso, do enrugado? Qual é – questão a ser colocada *depois* dessas questões elementares – o coeficiente metafísico do limão, da água, do azeite etc.? Quantos problemas a psicanálise deve resolver se pretende um dia compreender por que Pedro gosta de laranjas e tem horror à água, por que saboreia tomates com prazer e se recusa a comer vagens, por que vomita se for obrigado a engolir ostras ou ovos crus.

Também mostramos, contudo, o erro que seria acreditar, por exemplo, que "projetamos" nossas disposições afetivas *sobre* a coisa, para iluminá-la ou colori-la. Em primeiro lugar, com efeito, vimos há muito que um sentimento não é, de forma alguma, uma disposição interior, mas uma relação objetivadora e transcendente que indica a si mesmo, pelo seu objeto, aquilo que é. Mas não é tudo: um exemplo nos mostrará que a explicação pela *projeção* (sentido do famoso "uma paisagem é um estado d'alma") constitui uma petição de princípio. Tomemos, por exemplo, esta qualidade em particular que denominamos o *viscoso*. Decerto, significa para o adulto europeu uma multidão de caracteres *humanos* e *morais* que podem ser reduzidos facilmente a relações de ser. Um aperto de mão é viscoso, um sorriso é viscoso, um pensamento ou um sentimento podem ser viscosos. A opinião comum sustenta que eu tive previamente a experiência de certas condutas e certas atitudes morais que me desagradam e condeno, e que, por outro lado, tenho a intuição sensível do viscoso. Posteriormente, eu teria estabelecido uma conexão entre tais sentimentos e a viscosidade, e o viscoso funcionaria como símbolo de toda uma classe de sentimentos e atitudes humanas. Portanto, eu teria enriquecido o viscoso projetando sobre ele meu saber acerca desta categoria humana de condutas. Porém, como aceitar esta explicação por projeção? Se supomos ter captado primeiro os sentimentos como qualidades psíquicas puras, de que modo poderíamos captar sua relação com o viscoso? O sentimento captado em sua pureza qualitativa só poderia revelar-se como certa disposição puramente inextensa, censurável por sua relação com certos valores e determinadas consequências; em caso algum poderá "formar uma imagem", a menos que a imagem tenha sido dada primeiro. E, por outro lado, se o viscoso não estiver originariamente carregado de um sentido afetivo, se somente aparecer como certa qualidade material, não se vê como poderia ser jamais eleito para representante simbólico de certas unidades psíquicas. Em suma, para estabelecer clara e conscientemente uma relação simbólica entre a viscosidade e a baixeza pegajosa de certos indivíduos, seria necessário que captássemos já a baixeza na viscosidade e a viscosidade em certas baixezas. Segue-se, pois, que a explicação por projeção nada explica, já que pressupõe o que pretendia explicar. Além disso, mesmo livrando-se desta objeção de princípio, iria deparar com outra, proveniente da experiência e não menos grave: a explicação por projeção, com efeito, subentende que o sujeito projetante tenha chegado pela experiência e a análise a certo conhecimento da estrutura e dos efeitos das atitudes que irá classificar como viscosas. Nesta concepção, com efeito, o recurso à viscosidade de modo algum enriquece, como um *conhecimento*, nossa experiência da baixeza humana; quando muito, serve de unidade temática, de rubrica picturial a conhecimentos já adquiridos. Por outro lado, a viscosidade propriamente dita, e considerada em estado isolado, poderá parecer-nos nociva na prática (pois as substâncias viscosas grudam nas mãos e nas roupas, e também mancham), mas não *repugnante*. Com efeito, o asco que provoca só poderia ser explicado pela contaminação desta qualidade física com certas qualidades morais. Portanto, deveria haver algo como uma aprendizagem do valor simbólico do viscoso. Mas a observação nos ensina que as crianças pequenas demonstram repulsa diante do viscoso, como se este já estivesse contaminado pelo psíquico; e nos ensina também que as crianças, desde que aprendem a falar, *compreendem* o valor das palavras "delicado", "baixo" etc., aplicadas à descrição de sentimentos. Tudo ocorre como se surgíssemos em um universo onde os sentimentos e os atos estivessem carregados de materialidade, ostentassem uma textura substancial, fossem *verdadeiramente* delicados, chatos, viscosos, baixos, elevados etc., e onde as substâncias materiais tivessem originariamente uma significação psíquica que as fizessem repugnantes, horríveis, atraentes etc. Nenhuma explicação por projeção ou por analogia é admissível neste caso. E, para resumir, é impossível extrair o valor de símbolo psíquico do viscoso partindo da qualidade em bruto do "isto", bem como é impossível projetar esta significação sobre o *isto* a partir de um *conhecimento* das atitudes psíquicas consideradas. Então, como conceber esta imensa simbólica universal que se traduz pelas nossas repugnâncias, nossos ódios e simpatias, nossas atrações por objetos cuja materialidade deveria, por princípio, manter-se não significante? Para progredirmos neste estudo, é preciso abandonar certo número de postulados. Em particular, não devemos postular já *a priori* que a atribuição da viscosidade a tal ou qual sentimento seja apenas uma imagem e não um conhecimento; devemos também recusar a admitir, antes de informação mais ampla, que seja o psíquico o que permite informar simbolicamente a matéria psíquica e que haja prioridade de nossa experiência de baixeza humana sobre a captação do "viscoso" como significante.

Voltemos ao projeto original. É projeto de apropriação. Compele o *viscoso*, portanto, a revelar o seu ser; o surgimento do Para-si no ser, sendo apropriador, faz com que o viscoso percebido seja "viscoso a possuir", ou seja, o vínculo originário entre eu e o viscoso é o fato de que eu projeto ser fundamento de seu ser, na medida em que o viscoso constitui eu mesmo idealmente. Desde a origem, portanto, o viscoso aparece como um possível eu-mesmo a fundamentar; desde a origem é *psiquizado* (*psychisé*). Não significa, de modo algum, que eu o dote de uma alma, à maneira do animismo primitivo, nem de virtudes metafísicas, mas somente que sua própria materialidade revela-se a mim como dotada de uma significação psíquica, a qual, além disso, identifica-se com o valor simbólico que o viscoso tem em relação ao ser Em-si. Esta maneira apropriadora de *entregar* ao viscoso todas as suas significações pode ser considerada um *a priori* formal, embora constitua livre projeto e se identifique com o próprio ser do Para-si; pois, com efeito, não depende originariamente da maneira de ser do viscoso, mas só de seu ser-aí em bruto, de sua pura existência encontrada; seria semelhante para qualquer outro encontro, na medida em que é simples projeto de apropriação, em que não se distingue em nada do puro "há", e, conforme a encaremos de um modo ou de outro, é pura liberdade ou puro nada. Mas é precisamente nos limites desse projeto apropriador que o viscoso se revela e desenvolve sua viscosidade. Portanto, tal viscosidade constitui *já* – desde a aparição primordial do viscoso – resposta a uma pergunta, constitui já *dom de si;* o viscoso aparece já como esboço de uma fusão do mundo comigo; e o que me ensina do mundo, seu caráter de *ventosa que me aspira,* já constitui uma réplica a uma interrogação concreta: responde com seu próprio ser, com sua maneira de ser, com toda sua matéria. E a resposta que dá é plenamente adaptada à questão e, ao mesmo tempo, opaca e indecifrável, posto que rica de toda sua indizível materialidade. É clara, na medida em que se adapta exatamente à pergunta*: o viscoso se deixa captar como aquilo que me falta, permite ser apalpado por uma investigação apropriadora; é a tal esboço de apropriação que deixa revelar sua viscosidade. É opaca porque, precisamente, se a forma significante é despertada no viscoso pelo Para-si, é com toda sua viscosidade que ela vem preenchê-la. Devolve-nos, portanto, uma significação plena e densa, e esta significação nos entrega o *ser-Em-si,* na medida em que o viscoso é presentemente aquilo que manifesta o mundo, e o *esboço de nós mesmos,* na medida em que a apropriação delineia algo como que um ato fundador do viscoso. O que se volta para nós então, como uma qualidade objetiva, é uma *natureza* nova, nem material (e física) nem psíquica, mas que transcende a oposição do psíquico e do físico, revelando-se a nós como a expressão ontológica do mundo inteiro,

---

* No original, por errata, lê-se "resposta" [N.T.].

ou seja, uma natureza que se oferece como rubrica para classificar todos os *istos* do mundo, trate-se de organizações materiais ou de transcendências-transcendidas. Significa que a apreensão do viscoso como tal criou para o Em-si do mundo, ao mesmo tempo, uma maneira particular de se mostrar; maneira essa que simboliza o ser em seus próprios termos; ou seja, enquanto perdura o contato com o viscoso, tudo se passa para nós como se a viscosidade fosse o sentido do mundo inteiro, isto é, o único modo de ser do ser-Em-si, da mesma forma como, para os primitivos do clã do lagarto, todos os objetos *são* lagartos. Qual pode ser, no exemplo escolhido, o modo de ser simbolizado pelo viscoso? Vejo, em primeiro lugar, que é a homogeneidade e a imitação da liquidez. Uma substância viscosa, como o piche, é um fluido aberrante. Parece-nos, em primeiro lugar, manifestar o ser por toda parte fugidio e por toda parte semelhante a si mesmo, ser que escapa por todos os lados e sobre o qual, todavia, é possível flutuar, ser sem perigo e sem memória que se converte eternamente em si mesmo, sobre o qual não se deixa marcas e que não poderia nos marcar, ser que desliza e sobre o qual se desliza, ser que pode ser possuído pelo deslizamento (bote, lancha, esqui aquático etc.) e que não possui jamais, já que rola sob nós, ser que é eternidade e temporalidade infinita, por ser mudança perpétua sem nada que mude, e que, por esta síntese de eternidade e temporalidade, melhor simboliza uma fusão possível do Para-si como pura temporalidade com o Em-si como eternidade pura. Mas, em seguida, o viscoso se revela essencialmente ambíguo, porque, nele, a fluidez existe como que em câmara lenta; o viscoso é empastamento da liquidez, ou seja, representa em si um triunfo nascente do sólido sobre o líquido, isto é, uma tendência do Em-si de indiferença, representado pelo sólido puro, a coagular a liquidez, ou seja, a absorver o Para-si que deveria fundamentá-lo. O viscoso é a agonia da água; apresenta-se como fenômeno em vir-a-ser, não tem permanência na mudança da água, mas, ao contrário, representa como que um corte operado em uma mudança de estado. Esta instabilidade coagulada do viscoso desencoraja a posse. A água é mais fugidiça, mas podemos possuí-la em sua própria fuga, enquanto fugidiça. O viscoso foge em uma fuga espessa que tanto se assemelha à da água quanto o voo pesado e raso da galinha se assemelha ao do falcão. E esta fuga mesmo não pode ser possuída, pois se nega enquanto fuga. Quase chega a ser uma permanência sólida. Nada testemunha melhor esse caráter ambíguo de "substância entre dois estados" do que a lentidão com que o viscoso se funde consigo mesmo: uma gota d'água que toca a superfície de um lençol d'água transforma-se instantaneamente em lençol d'água; não captamos essa operação como uma absorção quase bucal da gota pelo lençol, mas sim, sobretudo, como uma espiritualização e uma desindividualização de um ser singular que se dissolve por si mesmo no grande todo de onde saiu. O símbolo do lençol d'água parece desempenhar um papel muito importante na constituição dos esquemas panteístas; revela um tipo particular de relação do ser com o ser. Mas, se consideramos o viscoso (embora tenha conservado misteriosamente *toda* fluidez em câmara lenta, não deve ser confundido com os purês, em que a fluidez, esboçada, sofre bruscas rupturas, bruscas interrupções, e a substância, após um esboço de vazamento, aglomera-se de súbito aos trambolhões), constatamos que apresenta uma histerese constante no fenômeno da transmutação em si mesmo: o mel que escorre de minha colher sobre o mel contido no pote começa esculpindo a superfície, destaca-se em relevo sobre ela, e sua fusão com o todo se apresenta como um mergulho, um afundamento que aparece às vezes com *desinflar* (pense-se na importância, para a sensibilidade infantil, do funileiro que manuseia tripas de boi, "soprando-as" como vidro até que as películas desinflam, deixando escapar um gemido lamentoso), e também como a queda, o achatamento dos seios um tanto flácidos de uma mulher que se deita de costas. Com efeito, há no viscoso que se funde em si mesmo uma resistência visível, como a recusa do indivíduo que não quer aniquilar-se na totalidade do ser, e, ao mesmo tempo, uma flacidez levada à extrema consequência: pois o mole não é senão um aniquilamento que se detém no meio do caminho; o mole é aquilo que melhor imagem nos oferece de nossa própria potência destrutiva e seus limites. A lentidão do desaparecimento da gota viscosa no âmago do todo mostra-se primeiro como *moleza*, posto que constitui algo similar a um aniquilamento retardado que parece querer ganhar tempo; mas esta moleza vai até o fim: a gota se atola na camada viscosa. Desse fenômeno irão nascer diversas características do viscoso: em primeiro lugar, o fato de ser *mole* ao tato. Se jogamos água ao solo, ela *escorre*. Se jogamos uma substância viscosa, ela se estira, se achata, é *mole;* se tocamos o viscoso, ele não escapa: cede. Há na inapreensibilidade mesmo da água uma rijeza implacável que lhe confere um sentido secreto de *metal;* em última instância, é tão incompressível como o aço. O viscoso é compressível. Portanto, logo de saída dá a impressão de um ser que podemos *possuir*. E possuir duplamente: sua viscosidade, sua aderência a si, impede-o de fugir, e, portanto, posso pegá-lo com as mãos e separar certa quantidade de mel ou piche do resto do pote, *criando* com isso um objeto individual por criação contínua; mas, ao mesmo tempo, a moleza desta substância, que se esmaga nas minhas mãos, dá-me a impressão de que *destruo* perpetuamente. É uma boa imagem de uma destruição-criação. O viscoso é *dócil*. Só que, no momento mesmo em que suponho possuí-lo, é *ele* que me possui, por uma curiosa inversão. Aqui aparece seu caráter essencial: sua moleza feita ventosa. Se o objeto que tenho na mão é sólido, posso soltá-lo quando quiser; sua inércia simboliza para mim meu poder total: eu o fundamento, mas ele não me fundamenta; é o Para-si que acolhe em si mesmo o Em-si e o eleva à dignidade de Em-si, sem comprometer-se, permanecendo sempre como poder assimilador e criador; é o Para-si que absorve o Em-si. Em outras palavras, a posse afirma a primazia do Para-si no ser sintético "Em-si-Para-si". Mas eis que o viscoso inverte os termos: o Para-si fica subitamente *comprometido*. Separo as mãos, quero largar o viscoso e ele adere a mim, me sorve, me aspira; seu modo de ser não é nem a inércia tranquilizadora do sólido, nem um dinamismo como o da água, que se exaure fugindo de mim: é uma atividade mole, babosa e feminina de absorção; vive obscuramente entre meus dedos, e sinto uma espécie de vertigem; atrai-me como poderia atrair-se o fundo de um precipício. Há uma espécie de fascinação tátil do viscoso. Já não sou mais senhor da *cessação* do processo de apropriação: este continua. Em certo sentido, é como uma docilidade suprema do possuído, uma fidelidade canina que *se dá* mesmo quando não o queremos mais; e, em outro sentido, sob esta docilidade, há uma sub-reptícia apropriação do possuidor pelo possuído. Vemos aqui o símbolo que subitamente se revela: existem posses venenosas; há a possibilidade de que o Em-si absorva o Para-si, ou seja, e que um ser se constitua à maneira inversa do "Em-si-para-si", um ser no qual o Em-si venha a atrair o Para-si à sua contingência, à sua exterioridade de indiferença, à sua existência sem fundamento. Neste instante, capto de súbito a armadilha do viscoso: é uma fluidez que me retém e me compromete; não posso *deslizar* sobre esse viscoso, pois todas as suas ventosas me retêm; ele tampouco pode deslizar sobre mim, mas me agarra como uma sanguessuga. Contudo, o deslizamento não está simplesmente *negado*, como no caso do sólido, mas sim *degradado:* o viscoso parece ceder a mim e convidar-me a ele, pois uma camada de viscoso em repouso não é sensivelmente distinta de uma camada de líquido muito denso; só que é uma armadilha: o deslizamento é *sugado* pela substância deslizante e deixa vestígios sobre mim. O viscoso aparece como um líquido visto em um pesadelo, líquido em que todas as propriedades viessem a se animar em uma espécie de vida e se voltassem contra mim. O viscoso é a vingança do Em-si. Vingança adocicada e feminina, que será simbolizada, em outro nível, pela qualidade do *açucarado*. Por isso, o açucarado, enquanto *doçura* – doçura indelével, que perdura indefinidamente na boca e sobrevive à deglutição –, completa perfeitamente a essência do viscoso. O viscoso açucarado é o ideal do viscoso; simboliza a morte açucarada do Para-si (a vespa que se enfia na geleia e se afoga). Mas, ao mesmo tempo, o viscoso sou *eu,* só pelo fato de que esbocei uma apropriação da substância viscosa. Esta sucção do viscoso que sinto em minhas mãos delineia uma espécie de *continuidade* entre a substância viscosa e eu. Essas longas e moles colunas de substância que caem de mim até a camada viscosa (quando, por exemplo, enfio a mão na camada e depois a retiro) simbolizam algo como uma sangria de mim mesmo rumo ao viscoso. E a histerese que constato na fusão da base dessas colunas com a camada simboliza algo como a resistência de meu ser à absorção no Em-si. Se entro na água, mergulho e me deixo levar, não experimento qualquer mal-estar, pois não tenho, em grau algum, temor de me dissolver nela: permaneço um sólido em sua fluidez. Se entro no viscoso, sinto que irei me perder, ou seja, diluir-me nele, precisamente porque o viscoso é uma instância da solidificação. O *pastoso*, por esse ponto de vista, apresentaria o mesmo aspecto do viscoso, mas não fascina, não compromete, por ser inerte. Na própria apreensão do viscoso, há substância pegajosa, comprometedora e sem equilíbrio, tal como a obsessão de uma *metamorfose*. Tocar o viscoso é correr o risco de diluir-se em viscosidade.

Mas esta diluição já é aterradora *de per si*, porque consiste na absorção do Para-si pelo Em-si como tinta pelo mata-borrão. Mas, *além disso*, ainda mais aterrador do que sermos metamorfoseados em coisa, é o fato de tratar-se precisamente de uma metamorfose *em* viscoso. Mesmo se pudesse conceber uma liquefação de mim mesmo, ou seja, uma transformação de meu ser em água, não me sentiria afetado além da conta, pois a água é o símbolo da consciência: seu movimento, sua fluidez, esta solidariedade não solidária de seu ser, sua fuga perpétua etc., tudo nela me recorda o Para-si, a tal ponto que os primeiros psicólogos que sublinharam o caráter de *duração* da consciência (James, Bergson) compararam-na muito frequentemente a um rio. O rio é o que melhor evoca a imagem da interpenetração constante das partes de um todo e sua perpétua dissociabilidade e disponibilidade. Mas o viscoso oferece uma imagem horrível: para uma consciência, é horrível de *per si tornar-se viscosa*. Pois o ser do viscoso é aderência mole, com ventosas por todas as partes, solidariedade e cumplicidade dissimulada de cada uma com as demais, esforço vago e mole de cada uma para individualizar-se, seguido de uma recaída, um aplanamento esvaziado de individualidade, sugado em todas as partes pela substância. Uma consciência que *se tornasse viscosa* seria transformada, portanto, pelo empastamento de suas ideias. Desde nosso surgimento no mundo, temos obsessão pela ideia de uma consciência que quisesse lançar-se rumo ao futuro, a um projeto de si, e que, no próprio momento em que tivesse consciência de ter chegado lá, se sentisse retida sub-reptícia e invisivelmente pela sucção do passado e devesse assistir à sua lenta diluição nesse passado do qual foge, à invasão de seu projeto por milhares de parasitas, até perder-se finalmente, por completo. Desta horrível condição a melhor imagem nos é dada pelo "roubo do pensamento" encontrado nas psicoses de influência. Mas, que traduz no plano ontológico este temor a não ser justamente a fuga do Para-si frente ao Em-si da facticidade, ou seja, precisamente a temporalização? O horror do viscoso é o horror de que o tempo se torne viscoso, de que a facticidade progrida contínua e insensivelmente até absorver o Para-si que *a existe*. É o temor, não da morte, não do Em-si puro, não do nada, mas de um tipo de ser particular, que não tem mais existência real do que o *Em-si-Para-si* e está somente *representado* pelo viscoso. Um ser ideal que rejeito com todas as minhas forças e me obceca tanto quanto o *valor* me obceca em meu ser: um ser ideal em que o Em-si não fundamentado tem prioridade sobre o Para-si e que denominaremos *Antivalor*.

Assim, no projeto apropriador de viscoso, a viscosidade se revela de súbito como símbolo de um antivalor, ou seja, de um tipo de ser não realizado, mas ameaçador, que perpetuamente obcecará a consciência como o perigo constante do qual foge, e, por esse fato, transforma repentinamente o projeto de apropriação em projeto de fuga. Apareceu alguma coisa que não resulta de qualquer experiência anterior, mas somente da compreensão pré-ontológica do Em-si e do Para-si e que é propriamente o *sentido* do viscoso. Em certo sentido, é uma experiência, pois a viscosidade é uma descoberta intuitiva; e, em outro sentido, é como a invenção de uma aventura do ser. A partir daí, aparece ao Para-si certo perigo novo, um modo de ser ameaçador e a evitar, uma categoria concreta com a qual irá se deparar onde quer que seja. O viscoso não simboliza qualquer conduta psíquica, *a priori:* manifesta certa relação do ser consigo mesmo, e esta relação está originariamente *psiquizada,* porque eu a descobri em um esboço de apropriação e a viscosidade me devolveu minha imagem. Assim, acho-me enriquecido, desde meu primeiro contato com o viscoso, por esquema ontológico, Para-além da distinção entre o psíquico e o não psíquico, válido para interpretar o sentido de ser de todos os existentes de determinada categoria, categoria essa que surge, por outro lado, como uma moldura vazia *antes* da experiência com as diferentes espécies de viscosidade. Lancei-a no mundo pelo meu projeto original frente ao viscoso; é uma estrutura objetiva do mundo, ao mesmo tempo que um antivalor; ou seja, determina um setor no qual virão dispor-se os objetos viscosos. A partir daí, cada vez que um objeto vier a manifestar para mim essa relação de ser, trata-se de um aperto de mãos, um sorriso ou um pensamento, será captado por definição como viscoso: ou seja, Para-além de sua contextura fenomenal, que me aparecerá como constituinte do grande setor ontológico da viscosidade, junto com o piche, a cola, o mel etc. E, reciprocamente, na medida em que o *isto* de que quero me apropriar representa o mundo inteiro, o viscoso, desde meu primeiro contato intuitivo, aparece-me rico de uma multidão de significações obscuras e remissões que o transcendem. O viscoso se revela *de per si* como "muito mais do que viscoso"; desde sua aparição, transcende todas as distinções entre o psíquico e o físico, entre o existente em bruto e as significações do mundo: constitui um sentido possível do ser. A primeira experiência que a criança pode fazer do viscoso a enriquece, portanto, psicológica e moralmente: ela não terá necessidade de esperar a idade adulta para descobrir o gênero de baixeza aglutinante que denominamos figurativamente "viscoso": está aí, junto dela, na própria viscosidade do mel ou da cola. O que dissemos sobre o viscoso vale para todos os objetos que cercam a criança: a simples revelação de sua matéria amplia o horizonte da criança até os extremos limites do ser e, ao mesmo tempo, dota-a de um conjunto de *chaves* para decifrar o ser de todos os fatos humanos. Não significa que ela *conheça* na origem as "feiuras" da vida, os "caracteres", ou, ao contrário, as "belezas" da existência. Simplesmente encontra-se em poder de todos os *sentidos de ser* dos quais feiuras e belezas, condutas, traços psíquicos, relações sexuais etc., jamais serão mais do que exemplificações particulares. O pegajoso, o pastoso, o vaporoso etc., buracos na areia e na terra, cavernas, a luz, a noite etc., revelam à criança modos de ser pré-psíquicos e pré-sexuais que ela depois passará a vida explicitando. Não há criança "inocente". Em particular, reconhecemos de bom grado, com os freudianos, as inumeráveis relações que certas matérias e formas que cercam as crianças mantêm com a sexualidade. Mas, com isso, não entendemos que um instinto sexual já constituído tenham-nas carregado de significação sexual. Ao contrário, parece-nos que essas matérias e formas são captadas *de per si* e revelam à criança modos de ser e relações do Para-si com o ser que irão esclarecer e moldar sua sexualidade. Para citar apenas um exemplo, muitos psicanalistas ficaram impressionados com a atração que todas as espécies de *buracos* exercem sobre a criança (buracos na areia, na terra, grutas, cavernas, anfractuosidades), e explicaram esta atração seja pelo caráter anal da sexualidade infantil, seja pelo choque pré-natal, seja inclusive por um pressentimento do ato sexual propriamente dito. Não poderíamos aceitar nenhuma dessas explicações: a do "trauma do nascimento" é altamente fantasiosa. A que compara o buraco ao órgão sexual feminino pressupõe na criança uma experiência que não poderia ter ou um pressentimento injustificável. Quanto à sexualidade "anal" da criança, não pensamos em negá-la, mas, para que pudesse iluminar e carregar de simbolismo os buracos que ela encontra no campo perceptivo, seria necessário que a criança captasse seu ânus como um buraco; ou melhor, seria preciso que a apreensão da essência do buraco, do orifício, correspondesse à sensação que seu ânus lhe provoca. Mas demonstramos o bastante o caráter subjetivo do "corpo para mim" para compreendermos a impossibilidade de que a criança venha a captar uma parte qualquer de seu corpo como estrutura objetiva do universo. É para o Outro que o ânus aparece como orifício. Não poderia ser vivido como tal; sequer os cuidados íntimos que a mãe presta à criança poderiam revelá-lo por este aspecto, pois o ânus, zona erógena, zona de dor, não está provido de terminações nervosas táteis. Ao contrário, é por meio do Outro – pelas palavras que a mãe emprega para designar o corpo da criança – que esta aprende que seu ânus é um *buraco*. Portanto, é a natureza objetiva do buraco percebido no mundo que irá iluminar para a criança a estrutura objetiva e o sentido da zona anal e irá atribuir um *sentido* transcendente às sensações erógenas que, até então, a criança se limitava a *"existir"*. Em si mesmo, o *buraco* é o símbolo de um modo de ser que a psicanálise existencial deve esclarecer. Não podemos insistir aqui nesse ponto. Todavia, podemos ver logo que o buraco se apresenta originariamente como um nada "a preencher" com minha própria carne: a criança não pode abster-se de pôr seu dedo ou o braço inteiro no buraco. Este me apresenta, pois, a imagem vazia de mim mesmo; não me cabe senão enfiar-me nele a fim de me fazer existir no mundo que me espera. O ideal do buraco, portanto, é a escavação que se modelará cuidadosamente sobre minha carne, de maneira que, comprimindo-me e adaptando-me estreitamente nela, contribuirei para fazer existir a plenitude de ser no mundo. Assim, tapar o buraco é originariamente fazer o sacrifício de meu corpo para que a plenitude de ser exista, ou seja, sofrer a paixão do Para-si para modelar, aperfeiçoar e preservar a totalidade do Em-si[80]. Captamos aqui, em sua origem, uma das tendências mais fundamentais da realidade humana: a tendência a *preencher*. Iremos encontrar esta tendência no adolescente e no adulto; passamos boa parte de nossa vida a tapar buracos, preencher vazios, realizar e fundamentar simbolicamente o pleno. A partir de suas primeiras experiências, a criança reconhece que ela mesma tem orifícios. Quando põe o dedo na boca, tenta fechar os buracos do seu rosto, espera que o dedo se funda com os lábios e o palato e *tape* o orifício bucal, assim como se tapa com cimento a fenda de uma parede; ela busca a densidade, a plenitude uniforme e esférica do ser de Parmênides; e, se chupa o dedo, é precisamente para diluí-lo, transformá-lo em uma pasta grudenta que irá obturar o buraco de sua boca. Esta tendência é certamente uma das mais fundamentais entre aquelas que servem de base ao ato de comer: o alimento é a "massa" que obturará a boca; comer, entre outras coisas, é se "encher". É somente a partir daí que podemos passar à sexualidade: a obscenidade do sexo feminino é a de qualquer coisa que seja *escancarada;* é um *chamado de ser*, como o são, aliás, todos os buracos; em si, a mulher chama uma carne estranha que deve transformá-la em plenitude de ser por penetração e diluição. E, inversamente, a mulher sente sua condição como um chamado, precisamente porque é "esburacada". É a verdadeira origem do complexo adleriano. Sem dúvida alguma, o sexo é boca, e boca voraz que engole o pênis – o que bem pode levar à ideia de castração: o ato amoroso é castração do homem; mas, antes de tudo, o sexo é buraco. Portanto, trata-se aqui de uma contribuição *pré-sexual* que se converterá em um dos componentes da sexualidade como atitude humana empírica e complexa, mas que, longe de extrair sua origem do ser-sexuado, nada tem em comum com a sexualidade fundamental cuja natureza explicamos na Terceira Parte. Nem por isso a experiência do buraco, quando a criança vê a realidade, deixa de incluir o pressentimento ontológico da experiência sexual em geral; é com sua carne que a criança tapa o buraco, e o buraco, antes de toda especificação sexual, é uma espera obscena, um apelo à carne.

---

80. Seria preciso observar também a importância da tendência inversa, a de cavar buracos, que exigiria de *per si* uma análise existencial.

Captamos a importância que a elucidação dessas categorias existenciais, imediatas e concretas, irá assumir para a psicanálise existencial. A partir daí, captamos projetos bastante genéricos da realidade humana. Mas o que principalmente interessa à psicanálise é determinar o projeto livre da pessoa singular a partir da relação individual que a une a esses diferentes símbolos do ser. Posso gostar de contatos viscosos, sentir horror aos buracos etc. Não significa que o viscoso, o gorduroso, o buraco etc., tenham perdido para mim sua significação ontológica geral, mas, ao contrário, que me determino de tal ou qual maneira em relação a eles *por causa* desta significação. Se o viscoso é de fato o símbolo de um ser no qual o Para-si é absorvido pelo Em-si, então que serei eu, que, ao contrário dos outros, gosto do viscoso? A que projeto fundamental de mim mesmo encontro-me remetido, se quero explicar este gosto por um Em-si sugador e ambíguo? Assim, os *gostos* não ficam como dados irredutíveis; se soubermos interrogá-los, revelam os projetos fundamentais da pessoa. Até as preferências alimentares têm um sentido. Percebe-se isso se refletirmos sobre o fato de que cada gosto se apresenta, não como um *datum* absurdo que deveríamos relevar, mas como um valor evidente. Se me agrada o gosto do alho, parece-me irracional que os outros possam não gostar. Comer, com efeito, é apropriar-se por destruição, é, ao mesmo tempo, *entupir-se* de certo ser. E este ser é dado como uma síntese de temperatura, densidade e sabor propriamente dito. Em uma palavra, esta síntese significa *certo ser;* e, quando comemos, não nos limitamos a *conhecer,* mediante o paladar, determinadas qualidades deste ser; ao degustá-las, apropriamo-nos delas. O paladar é assimilação; o dente revela, pelo próprio ato de mascar, a densidade do corpo que transforma em bolo alimentar. Também a intuição sintética do alimento é, em si mesmo, destruição assimiladora. Revela-me o ser com o qual vou fazer minha carne. Assim sendo, o que aceito ou rejeito com repulsa é o próprio ser deste existente, ou, se preferirmos, a totalidade do alimento me propõe certo modo de ser do ser que aceito ou rejeito. Tal totalidade está organizada como uma forma, na qual as qualidades de densidade e temperatura, menos intensas, apagam-se por trás do sabor propriamente dito que as *exprime*. O "açucarado", por exemplo, *exprime* o viscoso, quando comemos uma colher de mel ou de melado, assim como uma função analítica exprime uma curva geométrica. Significa que todas as qualidades que não sejam o sabor propriamente dito, reunidas, fundidas, enterradas no sabor, representam como que a *matéria* deste (esse biscoito de chocolate, que primeiro resiste ao dente, bruscamente cede e se desfaz: sua resistência inicial, depois seu esfarelar, *são* chocolate). Por outro lado, essas qualidades se unem a certas características temporais do sabor, ou seja, a seu modo de temporalização. Determinados sabores se dão de imediato, alguns são como estopins de ação retardada, outros se entregam por etapas, alguns vão diminuindo lentamente até desaparecer, outros desaparecem no momento mesmo em que supomos possuí-los. Tais qualidades se organizam com a densidade e a temperatura; além disso, expressam, em outro plano, o aspecto visual do alimento. Se como um bolo cor-de-rosa, o gosto é rosado; o leve perfume açucarado e a untuosidade do creme de manteiga *são* o rosado. Assim, como rosado da mesma forma que vejo açucarado. Compreende-se que, com isso, o sabor recebe uma arquitetura complexa e uma matéria diferenciada; é esta matéria estruturada – que nos apresenta um tipo de ser singular – que podemos assimilar ou rejeitar com náuseas, segundo nosso projeto original. Portanto, não é em absoluto indiferente gostar de ostras ou moluscos, caracóis ou camarões, por pouco que saibamos deslindar a significação existencial desses alimentos. De modo geral, não há paladar ou inclinação irredutível. Todos representam certa escolha apropriadora do ser. Cabe à psicanálise existencial compará-los e classificá-los. Aqui, a ontologia nos abandona; ela simplesmente nos capacitou a determinar os fins últimos da realidade humana, seus possíveis fundamentais e o valor que a impregnam. Cada realidade humana é ao mesmo tempo projeto direto de metamorfosear seu próprio Para-si em Em-si-Para-si e projeto de apropriação do mundo como totalidade de ser-Em-si, sob as espécies de uma qualidade fundamental. Toda realidade humana é uma paixão, já que projeta perder-se para fundamentar o ser e, ao mesmo tempo, constituir o Em-si que escape à contingência sendo fundamento de si mesmo, o *Ens causa sui* que as religiões chamam de Deus. Assim, a paixão do homem é inversa à de Cristo, pois o homem se perde enquanto homem para que Deus nasça. Mas a ideia de Deus é contraditória, e nos perdemos em vão; o homem é uma paixão inútil.

CONCLUSÃO

I
EM-SI E PARA-SI: ESBOÇOS METAFÍSICOS

Podemos agora concluir. Desde nossa introdução, descobrimos a consciência como um apelo ao ser, e mostramos que o *cogito* remetia imediatamente a um ser-Em-si *objeto* da consciência. Mas, depois da descrição do Em-si e do Para-si, pareceu-nos difícil estabelecer um vínculo entre ambos, e receamos ter incidido em um dualismo insuperável. Esse dualismo ainda nos ameaça, de outra maneira: com efeito, na medida em que se pode dizer que o Para-si é, nos deparamos com dois modos de ser radicalmente distintos: o do Para-si, que tem-de-ser o que é, ou seja, que é o que não é e não é o que é, e o do Em-si, que é o que é. Perguntamos então se a descoberta desses dois tipos de ser não resultou no estabelecimento de um hiato a cindir o Ser, enquanto categoria geral pertencente a todos os existentes, em duas regiões incomunicáveis, em cada uma das quais a noção de Ser deve ser tomada em uma acepção original e singular.

Nossas investigações nos permitiram responder à primeira dessas questões: o Para-si e o Em-si estão reunidos em uma conexão sintética que nada mais é do que o próprio Para-si. Com efeito, o Para-si não constitui senão a pura nadificação do Em-si; é como um buraco de ser no âmago do Ser. Conhecemos esta divertida ficção com a qual certos divulgadores costumam ilustrar o princípio de conservação de energia: dizem eles que, se ocorresse de um único dos átomos que constituem o universo ser aniquilado, resultaria uma catástrofe que iria estender-se ao universo inteiro, e seria, em particular, o fim da Terra e do sistema solar. Tal imagem pode nos servir aqui: o Para-si aparece como uma diminuta nadificação que se origina no cerne do Ser; e basta esta nadificação para que *ocorra* ao Em-si uma desordem total. Essa desordem é o mundo. O Para-si não tem outra realidade senão a de ser a nadificação do ser. Sua única qualificação lhe advém do fato de ser nadificação do Em-si individual e singular, e não de um ser em geral. O Para-si não é o nada em geral, mas uma privação singular; constitui-se em privação *deste ser-aqui*. Portanto, não cabe interrogar a respeito da maneira como o Para-si pode se unir ao Em-si, já que o Para-si não é, de forma alguma, uma substância autônoma. Enquanto nadificação, é tendo sido pelo Em-si; enquanto negação interna, faz-se anunciar pelo Em-si aquilo que não é, e, por conseguinte, aquilo que tem-de-ser. Se o *cogito* conduz necessariamente para fora de si, se a consciência é um declive deslizante no qual não podemos nos instalar sem sermos de imediato precipitados para fora, para o ser-Em-si, isso sucede porque a consciência não tem *de per si* qualquer suficiência de ser como subjetividade absoluta, e remete de saída à coisa. Não há ser para a consciência à parte desta obrigação precisa de ser intuição reveladora de alguma coisa. Que significa isso senão que a consciência é o *Outro* platônico? Conhecemos as belas descrições que o Estrangeiro do *Sofista** oferece deste Outro, o qual só pode ser captado "como em um sonho" e não tem outro ser salvo o seu ser-Outro; ou seja, que só desfruta um ser emprestado; que, considerado em si mesmo, se desvanece e só retoma uma existência marginal se fixarmos seus olhares no ser; que se esgota sendo Outro que não si mesmo e Outro que não o ser. Parece inclusive que Platão percebeu o caráter dinâmico que a alteridade do Outro apresentava em relação a si mesmo, pois, em certos textos, vê nisso a origem do movimento. Mas ele podia ter ido ainda mais longe: veria então que o Outro, ou não-ser relativo, só pode ter semelhante existência a título de consciência. Ser Outro que não o ser é ser consciência (de) si na unidade dos ek-stases temporalizadores. E, de fato, que poderá ser a alteridade, senão a contradança do refletido e do refletidor que descrevemos no cerne do Para-si, já que a única maneira pela qual o Outro pode existir como Outro é ser consciência (de) ser Outro? A alteridade, com efeito, é negação interna, e só uma

---

* *Sofista*. – Em português: Porto Alegre: Editora Globo, Reeditado na coleção *Os Pensadores*. São Paulo: Editora Abril, 1972 [N.T.].

consciência pode constituir-se como negação interna. Qualquer outra concepção da alteridade equivaleria a colocá-la como Em-si, ou seja, a estabelecer entre ela e o ser uma relação externa, o que exigiria a presença de uma testemunha para constatar que o Outro é Outro que não o Em-si. E, por outra parte, o Outro não poderia ser Outro sem emanar do ser; a esse respeito, é relativo ao Em-si, mas tampouco poderia ser Outro sem *fazer-se outro*, caso contrário sua alteridade tornar-se-ia algo dado, logo um *ser* suscetível de ser considerado Em-si. Enquanto relativo ao Em-si, o Outro está afetado pela facticidade; enquanto faz-se a si mesmo, é um absoluto. Foi o que sublinhamos ao dizer que o Para-si não é fundamento de seu ser-como-nada-de-ser, mas que fundamenta perpetuamente seu nada-de-ser. Assim, o Para-si é um absoluto *Unselbstständig*, aquilo que temos chamado de um absoluto não substancial. Sua realidade é puramente *interrogativa*. Se é capaz de colocar questões, deve-se a que ele mesmo está sempre em *questão;* seu ser jamais é *dado*, mas *interrogado,* já que está sempre separado de si pelo nada da alteridade; o Para-si está sempre em suspenso porque seu ser é um perpétuo em suspenso. Caso pudesse alguma vez encontrar seu ser, a alteridade desapareceria ao mesmo tempo, e, com ela, os possíveis, o conhecimento, o mundo. Assim, o problema *ontológico* do conhecimento se resolve pela afirmação da primazia ontológica do Em-si sobre o Para-si. Mas isso faz surgir de imediato uma interrogação *metafísica*. O surgimento do Para-si a partir do Em-si, com efeito, não se compara de forma alguma à gênese *dialética* do Outro platônico a partir do ser. Para Platão, de fato, ser e Outro são *gêneros*. Mas vimos, ao contrário, que o ser é uma aventura individual. E, igualmente, a aparição do Para-si é o acontecimento absoluto que advém ao ser. Portanto, há lugar aqui para um problema metafísico que pode ser assim formulado: por que o Para-si surge a partir do ser? Chamamos de metafísico, com efeito, o estudo dos processos individuais que deram origem a *esse* mundo-aqui como totalidade concreta e singular. Nesse sentido, a metafísica está para a ontologia assim como a história está para a sociologia. Vimos que seria absurdo indagar por que o ser é Outro; que a questão só poderia ter sentido nos limites de um Para-si e pressupõe inclusive a prioridade ontológica do nada sobre o ser, quando, ao contrário, demonstramos a prioridade ontológica do ser sobre o nada; tal pergunta só poderia ser feita em consequência de uma combinação com uma pergunta exteriormente análoga e, contudo, muito diferente: por que *há* ser? Mas sabemos agora ser preciso distinguir cuidadosamente essas duas questões. A primeira é desprovida de sentido: todos os "porquês", com efeito, são posteriores ao ser e o pressupõem. O ser é – sem razão, sem causa e sem necessidade; a própria definição do ser nos apresenta sua contingência originária. A segunda questão já respondemos, pois não se coloca no terreno metafísico, mas no da ontologia: "há" ser porque o Para-si é tal que faz com que haja ser. O caráter de *fenômeno* vem ao ser pelo Para-si. Mas, se as indagações sobre a origem do ser ou a origem do mundo são desprovidas de sentido ou recebem uma resposta no próprio setor da ontologia, não se dá o mesmo quanto à origem do Para-si. Com efeito, o Para-si é de tal ordem que tem o direito de voltar-se para sua própria origem. O ser pelo qual o porquê chega ao ser tem o direito de colocar seu próprio porquê, posto que ele próprio é uma interrogação, um porquê. A esta questão a ontologia não poderia responder, pois se trata aqui de explicar um acontecimento e não de descrever as estruturas de um ser. Quando muito, a ontologia pode observar que o nada que é tendo sido pelo Em-si não constitui um simples vazio desprovido de significação. O sentido do nada da nadificação consiste em ser tendo sido para fundamentar o ser. A ontologia nos fornece duas informações que podem servir de base para a metafísica: a primeira é que todo processo de fundamento de si é ruptura do ser-idêntico do Em-si, tomada de distância do ser com relação a si mesmo e aparição da presença a si, ou consciência. É somente fazendo-se Para-si que o ser poderia aspirar a ser causa de si. A consciência como nadificação do ser aparece, pois, como um estágio de uma progressão rumo à imanência da causalidade, ou seja, rumo ao ser causa de si. Só que a progressão para aí, em consequência da insuficiência de ser do Para-si. A temporalização da consciência não é um progresso ascendente rumo à dignidade do *"causa sui"*, mas um escoamento de superfície cuja origem, ao contrário, é a impossibilidade de ser causa de si. Também o *ens causa sui* subsiste como o *faltado*, como a indicação de um impossível transcender *vertical*, o qual, por sua própria não existência, condiciona o movimento horizontal da consciência; do mesmo modo, a atração vertical que a lua exerce sobre o oceano tem por efeito o deslocamento horizontal que é a maré. A outra indicação que a metafísica pode extrair da ontologia é que o Para-si é *efetivamente* projeto perpétuo de fundamentar a si mesmo enquanto ser e perpétuo fracasso desse projeto. A presença a si com as diversas direções de sua nadificação (nadificação ek-stática das três dimensões temporais, nadificação geminada da díade refletido-refletidor) representa o primeiro surgimento desse projeto; a reflexão representa o redobramento do projeto, que se volta sobre si para fundamentar-se ao menos enquanto projeto, e o agravamento do hiato nadificador pelo fracasso desse mesmo projeto; o "fazer" e o "ter", categorias cardeais da realidade humana, reduzem-se de modo imediato ou mediato ao projeto de ser; enfim, a pluralidade de uns e outros *pode* ser interpretada como uma derradeira tentativa da realidade humana para fundamentar-se, resultando na separação radical entre o ser e a consciência de ser.

Assim, a ontologia nos ensina: 1º) que, *se* o Em-si devesse se fundamentar, sequer poderia tentá-lo a menos que se fizesse consciência; ou seja, que o conceito de *causa sui* encerra o de presença a si, isto é, a da descompressão de ser nadificadora; 2º) que a consciência é *de fato* projeto de se fundamentar, ou seja, de alcançar a dignidade do Em-si-Para-si, ou Em-si-causa-de-si. Mas não poderíamos nos valer disso. Nada permite afirmar, no plano ontológico, que a nadificação do Em-si em Para-si tenha por significação, desde a origem e no próprio cerne do Em-si, o projeto de ser causa de si. Muito pelo contrário, a ontologia esbarra aqui com uma profunda contradição, posto que é pelo Para-si que a possibilidade de um fundamento vem ao mundo. Para ser projeto de fundamentar *a si mesmo*, seria necessário que o Em-si fosse originariamente presença a si, ou seja, que fosse já consciência. A ontologia, portanto, limitar-se-á a declarar que *tudo se passa como se* o Em-si, em um projeto de fundamentar a si mesmo, se concedesse a modificação do Para-si. Compete à metafísica formar as *hipóteses* que irão permitir conceber esse processo como o acontecimento absoluto que vem coroar a aventura individual que é a existência do ser. É evidente que tais hipóteses permanecerão como hipóteses, pois não poderíamos alcançar nem a sua confirmação nem a sua invalidação ulterior. O que constituirá sua *validade* é somente a possibilidade que venham a nos conceder de unificar os dados da ontologia. Tal unificação não deverá constituir-se, naturalmente, na perspectiva de um sobrevir histórico, já que a temporalidade vem ao ser pelo Para-si. Logo, não teria sentido algum perguntar o que era o ser *antes* da aparição do Para-si. Mas nem por isso a metafísica precisa renunciar a tentar determinar a natureza e o sentido desse processo ante-histórico e fonte de toda história que é a articulação da aventura individual (ou existência do Em-si) com o acontecimento absoluto (ou surgimento do Para-si). Em particular, cabe ao metafísico a tarefa de decidir se o movimento é ou não uma primeira "tentativa" do Em-si para se fundamentar e quais são as relações entre o movimento, enquanto "doença do ser", e o Para-si, enquanto doença mais profunda, levada até a nadificação.

Falta encarar o segundo problema, que formulamos desde nossa introdução: se o Em-si e o Para-si constituem duas modalidades do *ser*, não haverá um hiato no próprio cerne da ideia de ser, e sua compreensão não irá cindir-se em duas partes incomunicáveis pelo fato de que sua extensão é constituída por duas classes radicalmente heterogêneas? Que haverá de comum, com efeito, entre o ser que é o que é e o ser que é o que não é e não é o que é? O que pode nos ajudar aqui, sem embargo, é a conclusão de nossas investigações precedentes; com efeito, acabamos de mostrar que o Em-si e o Para-si não são justapostos. Muito pelo contrário, o Para-si sem o Em-si é uma espécie de abstração: não poderia existir, assim como não pode existir cor sem forma e som sem volume e timbre; uma consciência que fosse consciência *de* nada seria um nada absoluto. Mas, se a consciência está vinculada ao Em-si por uma relação *interna*, não significará que se articula com este para constituir uma totalidade, e não será a esta totalidade que se dá a denominação de *ser* ou realidade? Sem dúvida, o Para-si é nadificação, mas, a título de nadificação, é; e é em unidade *a priori* com o Em-si. Desse modo, os gregos costumavam distinguir a realidade cósmica, que denominavam τὸ πᾶν, da totalidade constituída por esta e pelo vazio infinito que a rodeava, totalidade que chamavam de τὸ ὅλον. Decerto, pudemos denominar o Para-si um nada e declarar que "*nada* há fora do

Em-si", salvo um reflexo desse nada, que é polarizado e definido pelo Em-si, na medida em que constitui o nada *deste Em-si*. Mas aqui, como na filosofia grega, uma questão se impõe: a que denominaremos *real*, a que atribuiremos o *ser?* Ao cosmo, ou ao que denominamos atrás τὸ ὅλον? Ao Em-si puro, ou ao Em-si rodeado por essa tira de nada que designamos com o nome de Para-si?

Mas, se devemos considerar o ser total como constituído pela organização sintética do Em-si e do Para-si, não iremos deparar novamente com a dificuldade que queríamos evitar? Esse hiato que descobrimos no conceito de ser, não o reencontraremos agora no próprio existente? Com efeito, que definição dar a um existente que, enquanto Em-si, seria o que é, e, enquanto Para-si, seria o que não é?

Se quisermos resolver essas dificuldades, é preciso levar em conta o que exigimos de um existente para considerá-lo uma totalidade: é necessário que a diversidade de suas estruturas seja mantida em uma síntese unitária de tal sorte que cada uma delas, encarada à parte, não passe de um abstrato. E, certamente, a consciência, considerada à parte, é apenas uma abstração, mas o próprio Em-si não necessita do Para-si para ser: a "paixão" do Para-si somente faz com que "haja" Em-si. O *fenômeno* do Em-si, sem a consciência, é um abstrato, mas não o seu *ser*.

Se quiséssemos conceber uma organização sintética de tal ordem que o Para-si fosse inseparável do Em-si e que, reciprocamente, o Em-si fosse indissoluvelmente vinculado ao Para-si, seria necessário fazê-lo de tal modo que o Em-si recebesse sua existência da nadificação que o faria tomar consciência de si. Que significa isso, senão que a totalidade indissolúvel de Em-si e Para-si só é concebível sob a forma de ser "causa de si"? É este ser, e nenhum outro, que poderia valer absolutamente como esse ὅλον de que falamos há pouco. E, se podemos levantar a questão do ser do Para-si articulado ao Em-si, deve-se a que nos definimos *a priori* por uma compreensão pré-ontológica do *ens causa sui*. Sem dúvida, este *ens causa sui* é *impossível*, e seu conceito, como vimos, encerra uma contradição. Nem por isso deixa de ser certo que, como levantamos a questão do ser do ὅλον situando-nos no ponto de vista do *ens causa sui*, temos de nos colocar nesse ponto de vista para examinar as credenciais desse ὅλον. Com efeito, não foi pelo simples fato do surgimento do Para-si que o mesmo apareceu? E o Para-si não é originariamente projeto de ser causa de si? Desse modo, começamos a captar a natureza da realidade total. O ser total, aquele cujo conceito não fosse cindido por um hiato e que, contudo, não excluísse o ser nadificador-nadificado do Para-si, aquele cuja existência fosse síntese unitária do Em-si e da consciência, este ser ideal seria o Em-si fundamentado pelo Para-si e idêntico ao Para-si que o fundamenta, ou seja, o *ens causa sui*. Mas, precisamente porque nos situamos no ponto de vista deste ser ideal para julgar o ser *real* que denominamos ὅλον, devemos constatar que o real é um esforço abortado para alcançar a dignidade de causa-de-si. Tudo se passa como se o mundo, o homem e o homem-no-mundo não chegassem a realizar mais do que um Deus faltado. Tudo se passa, portanto, como se o Em-si e o Para-si se apresentassem em estado de *desintegração* em relação a uma síntese ideal. Não que a integração jamais *tenha tido lugar* algum dia, mas precisamente o contrário, porque é sempre indicada e sempre impossível. É o perpétuo fracasso que explica a indissolubilidade do Em-si e do Para-si e, ao mesmo tempo, sua relativa independência. Igualmente, quando é rompida a unidade das funções cerebrais, produzem-se fenômenos que apresentam uma autonomia relativa e, ao mesmo tempo, só podem manifestar-se sobre fundo de desagregação de uma totalidade. É tal fracasso que explica o hiato que encontramos ao mesmo tempo no conceito de ser e no existente. Se é impossível passar da noção de ser-Em-si à de ser-Para-si e reuni-las em um gênero comum, é porque a *passagem de fato* de uma à outra e sua reunião não podem operar-se. Sabemos que, para Spinoza e para Hegel, por exemplo, uma síntese interrompida antes da sintetização (*synthétisation*) completa, ao fixar os termos em uma relativa dependência e, ao mesmo tempo, em uma independência relativa, constitui-se imediatamente como erro. Por exemplo, é na noção de esfera que, para Spinoza, encontra sua justificação e seu sentido a rotação de um semicírculo em torno de seu diâmetro. Mas, se imaginarmos que a noção de esfera esteja por princípio fora de alcance, o fenômeno de rotação do semicírculo torna-se *falso;* decapitaram-no; a ideia de rotação e a ideia de círculo dependem uma da outra, sem poderem unir-se em uma síntese que as transcenda e justifique: uma permanece irredutível à outra. É precisamente o que sucede aqui. Diremos, pois, que o ὅλον considerado está, tal como uma noção decapitada, em perpétua desintegração. E é a título de conjunto desintegrado que se nos apresenta em sua ambiguidade; ou seja, podemos insistir *ad libitum* sobre a dependência dos seres considerados ou sobre sua independência. Há aqui uma passagem que não se opera, um curto-circuito. Reencontramos nesse nível aquela noção de totalidade destotalizada que já tínhamos estudado a propósito do próprio Para-si e das consciências do Outro. Mas é uma terceira espécie de destotalização. Na totalidade simplesmente destotalizada da reflexão, o reflexivo *tinha-de-ser* o refletido, e o refletido tinha-de-ser o reflexivo. A dupla negação permanecia evanescente. No caso do Para-outro, o (reflexo-refletidor) refletido distinguia-se do (reflexo-refletidor) refletidor pelo fato de que cada um *tinha-de-não-ser* o Outro. Assim, o Para-si e o outro-Para-si constituem um ser no qual cada um confere o ser-Outro ao Outro fazendo-se Outro. Quanto à totalidade do Para-si e do Em-si, tem por característica o fato de que o Para-si se faz o *Outro* em relação ao Em-si, mas o Em-si não é, em absoluto, Outro que não o Para-si em seu ser: pura e simplesmente, é. Se a relação do Em-si com o Para-si fosse a recíproca da relação do Para-si com o Em-si, recairíamos no caso do ser-Para-outro. Mas, precisamente, não é o caso, e esta ausência de reciprocidade é que caracteriza o ὅλον de que falamos há pouco. Nesta medida, não é absurdo levantar a questão da totalidade. Com efeito, quando estudamos o Para-outro, constatamos a necessidade de que houvesse um ser "eu-outro" que tivesse de ser a cissiparidade reflexiva do Para-outro. Mas, ao mesmo tempo, este ser "eu-outro" nos aparecia como só podendo existir caso comportasse um inapreensível não ser de exterioridade. Indagávamos então se o caráter antinômico da totalidade seria em si mesmo um irredutível, e se deveríamos posicionar a mente como o ser que é e que não é. Mas pareceu-nos que a questão da unidade sintética das consciências carecia de sentido, pois pressupunha que tivéssemos a possibilidade de adotar um ponto de vista sobre a totalidade; porém, existimos sobre o fundamento desta totalidade e como que comprometidos nela.

Mas, se não podemos "adotar ponto de vista sobre a totalidade", deve-se a que o Outro, por princípio, nega-se a ser eu, assim como eu me nego a ser ele. É a reciprocidade da relação que me impede para sempre de captá-lo em sua integridade. Muito pelo contrário, no caso da negação interna Para-si-Em-si, a relação não é recíproca, e sou ao mesmo tempo um dos termos da relação e a própria relação. Capto o ser, *sou* captação do ser, não sou *senão* captação do ser; e o ser que capto não se põe *contra* mim para captar-me por sua vez*: é aquele que é captado. Simplesmente, seu *ser* não coincide de modo algum com seu ser-captado. Em certo sentido, portanto, posso levantar a questão da totalidade. Existo aqui, por certo, como *comprometido* nesta totalidade, mas posso ser *consciência exaustiva* da mesma, posto que sou ao mesmo tempo consciência *do* ser e consciência (de) mim. Só que esta questão da totalidade não pertence ao setor da ontologia. Para a ontologia, as únicas regiões de ser que podem ser elucidadas são as do Em-si, do Para-si e da região ideal da "causa de si". Não faz diferença para a ontologia considerar o Para-si articulado com o Em-si como uma *dualidade* seccionada ou como um ser desintegrado. Cabe à metafísica decidir o que será melhor para o conhecimento (em particular para a psicologia fenomenológica, a antropologia etc.): tratar de um ser que denominaremos *fenômeno* e estará provido de duas dimensões de ser, a dimensão Em-si e a dimensão Para–si (por esse ponto de vista, haveria *apenas* um fenômeno: o mundo), do mesmo modo como, na física einsteiniana, considerou-se vantajoso falar de um *acontecimento* concebido como dotado de dimensões espaciais e uma dimensão temporal e localizado em um espaço-tempo determinado; ou se será preferível, a despeito de tudo, conservar a antiga dualidade "consciência-ser". A única observação que a ontologia pode arriscar aqui é a de que, no caso em que pareça útil empregar a nova noção de fenômeno, como totalidade desintegrada, será preciso falar *ao mesmo tempo* em termos de imanência e de transcendência. O risco, com efeito, seria incidir no puro imanentismo (idealismo husserliano) ou no puro transcendentalismo, que encarasse o *fenômeno* como uma nova espécie de *objeto*. Mas a imanência será sempre limitada

---

* No original, lê-se, por errata, minha vez (*mon tour*) [N.T.].

pela dimensão de Em-si do fenômeno, e a transcendência por sua dimensão de Para-si.

Depois de haver decidido sobre a questão da origem do Para-si e da natureza do fenômeno de mundo é que a metafísica poderá abordar diversos problemas de importância primordial, em particular o concernente à ação. Com efeito, a ação deve ser considerada *ao mesmo tempo* no plano do Para-si e no do Em-si, pois se trata de um projeto de origem imanente, que determina uma modificação no ser do transcendente. De nada serviria declarar, com efeito, que a ação modifica somente a aparência fenomenal da coisa: se a aparência fenomenal de uma xícara pode ser modificada até o aniquilamento da xícara enquanto xícara, e se o ser da xícara nada mais é do que sua *qualidade*, a ação considerada deve ser capaz de modificar o próprio ser da xícara. O problema da ação, portanto, pressupõe a elucidação da eficácia transcendente da consciência, e nos coloca no rumo de sua verdadeira relação de ser com o ser. Também nos revela, em decorrência das repercussões do ato no mundo, uma relação de ser com o ser que, embora captada em exterioridade pelo físico, não é nem a exterioridade pura, nem a imanência, mas nos remete à noção de *forma* gestaltista. Portanto, é a partir daqui que poderemos tentar uma metafísica da natureza.

II
Perspectivas morais

A ontologia não pode formular *de per si* prescrições morais. Consagra-se unicamente àquilo que é, e não é possível derivar imperativos de seus indicativos. Deixa entrever, todavia, o que seria uma ética que assumisse suas responsabilidades em face de uma *realidade humana em situação*. Com efeito, revelou-nos a origem e a natureza do *valor;* vimos que o valor é a *falta* em relação à qual o Para-si determina a si mesmo em seu ser como *falta*. Pelo fato de que o Para-si *existe,* como vimos, surge o valor para obsedar seu ser-Para-si. Segue-se daí que as diversas tarefas do Para-si podem ser objeto de uma psicanálise existencial, pois todas elas visam produzir a síntese faltada da consciência e do ser sob o signo do valor, ou causa de si. Assim, a psicanálise existencial é uma *descrição moral*, já que nos oferece o sentido ético dos diversos projetos humanos; ela nos indica a necessidade de renunciar à psicologia do interesse, como também a toda interpretação utilitária da conduta humana, revelando-nos a significação *ideal* de todas as atitudes do homem. Tais significações acham-se Para-além do egoísmo e do altruísmo, Para-além também dos chamados comportamentos *desinteressados*. O homem se faz homem para ser Deus, pode-se dizer, e a ipseidade, considerada por esse ponto de vista, pode parecer um egoísmo; mas, precisamente porque não há qualquer medida comum entre a realidade humana e a causa de si que pretende ser, pode-se dizer também que o homem se perde para que a causa de si exista. Consideraremos então toda a existência humana com uma paixão, o tão famoso "amor-próprio" não sendo mais do que um meio escolhido livremente entre outros para realizar esta paixão. Mas o resultado principal da psicanálise existencial deve ser fazer-nos renunciar ao *espírito de seriedade*. O espírito de seriedade tem por dupla característica, com efeito, considerar os valores como dados transcendentes, independentes da subjetividade humana, e transferir o caráter de "desejável" da estrutura ontológica das coisas para sua simples constituição material. Para o espírito de seriedade, de fato, o *pão* é desejável, por exemplo, porque é necessário viver (valor inscrito no céu inteligível) e porque é nutritivo. O resultado do espírito de seriedade, o qual, como se sabe, reina sobre o mundo, consiste em fazer com que a idiossincrasia empírica das coisas beba, como um mata-borrão, os valores simbólicos destas: destaca a opacidade do objeto e o coloca, em si mesmo, como um desejável irredutível. Também já estamos no plano da moral, mas, concorrentemente, no plano da má-fé, pois é uma moral que se envergonha de si mesmo e não ousa dizer seu nome; obscureceu todos os seus objetivos para livrar-se da angústia. O homem busca o ser às cegas, ocultando de si mesmo o projeto livre que constitui esta busca; faz-se de tal modo que seja *esperado* pelas tarefas dispostas ao longo de seu caminho. Os objetos são exigências mudas, e ele nada mais é em si do que a obediência passiva a essas exigências.

A psicanálise existencial irá revelar ao homem o objetivo real de sua busca, que é o ser como fusão sintética do Em-si com o Para-si; irá familiarizá-lo com sua paixão. Na verdade, existem muitos homens que praticaram em si mesmos esta psicanálise e não esperaram para conhecer seus princípios, de forma a servir-se dela como meio de libertação e salvamento. Muitos homens sabem, com efeito, que o objetivo de sua busca é o ser; e, na medida em que possuem este conhecimento, abstêm-se de se apropriar das coisas por si mesmas e tentam realizar a apropriação simbólica do ser-Em-si das mesmas. Mas, na medida em que tal tentativa ainda compartilha do espírito de seriedade e em que ainda podem supor que sua missão de fazer existir o Em-si-Para-si acha-se inscrita nas coisas, esses homens estão condenados ao desespero, pois descobrem ao mesmo tempo que todas as atividades humanas são equivalentes – já que todas tendem a sacrificar o homem para fazer surgir a causa de si – e que todas estão fadadas por princípio ao fracasso. Assim, dá no mesmo embriagar-se solitariamente ou conduzir os povos. Se uma dessas atividades leva vantagem sobre a outra, não o será devido ao seu objetivo real, mas por causa do grau de consciência que possui de seu objetivo ideal; e, nesse caso, acontecerá que o quietismo do bêbado solitário prevalecerá sobre a vã agitação do líder dos povos.

Mas a ontologia e a psicanálise existencial (ou a aplicação espontânea e empírica que os homens sempre fizeram dessas disciplinas) devem revelar ao agente moral que ele é *o ser pelo qual os valores existem*. É então que sua liberdade tomará consciência de si mesmo e se descobrirá, na angústia, como única fonte do valor, e como o nada pelo qual o *mundo* existe. Uma vez que a liberdade venha a descobrir a busca do ser e a apropriação do Em-si como seus *possíveis*, irá captar pela e na angústia que são possíveis somente sobre fundo de possibilidade de outros possíveis. Mas, até então, embora os possíveis possam ser escolhidos e revogados *ad libitum*, o tema que constituía a unidade de todas as escolhas de possíveis era o valor, ou presença ideal do *ens causa sui*. Que será da liberdade, se retroceder sobre este valor? Irá levá-lo consigo, não importa o que faça, e, em seu próprio reverter-se ao Em-si-Para-si, será recapturada por detrás por esse mesmo valor que pretende contemplar? Ou então, pelo simples fato de captar-se como liberdade com respeito a si mesmo, poderá pôr um ponto-final ao reino do valor? Será possível, em particular, que a liberdade se tome a si mesma como valor, enquanto fonte de todo valor, ou deverá definir-se necessariamente em relação a um valor transcendente que a obseda? E, no caso em que pudesse querer-se a si mesmo como seu próprio possível e seu valor determinante, que significaria isso? Uma liberdade que se quer como liberdade constitui, com efeito, um ser–que-não-é-o-que-é e que é-o-que-não-é que escolhe, como ideal de ser, o ser-o-que-não-é e o não-ser-o-que-é. Escolhe, portanto, não o *recuperar-se*, mas o fugir de si, não o coincidir consigo mesmo, mas o estar sempre à distância de si. Como entender este ser que quer impor respeito, estar à distância de si? Trata-se da má-fé ou de outra atitude fundamental? E podemos *viver* esse novo aspecto do ser? Em particular, a liberdade, ao tomar-se a si mesma como fim, escapará a toda *situação*? Ou, pelo contrário, permanecerá situada? Ou irá situar-se tanto mais precisamente e tanto mais individualmente quanto mais vier a se projetar na angústia, enquanto liberdade em condição, e quanto mais vier a reivindicar em maior grau sua responsabilidade, a título de existente pelo qual o mundo advém ao ser? Todas essas questões, que nos remetem à reflexão pura e não cúmplice, só podem encontrar sua resposta no terreno da moral. A elas dedicaremos uma próxima obra*.

---

* O prometido tratado de moral nunca foi concluído. Inicialmente, intitulava-se *L'Homme*. No imediato pós-guerra, Sartre chegou a escrever cerca de duas mil páginas, mas abandonou o projeto em 1949. Retomou-o em 1964, já sob luzes marxistas, e novamente deixou-o inacabado para redigir sua obra sobre Flaubert, *L'Idiot de la famille*. Postumamente, em 1983, a Gallimard publicou *Cahiers pour une morale*, com 583 páginas de textos escritos entre 1945 e 1948, incluindo excertos incompletos [N.T.].

BIBLIOGRAFIA DE SARTRE
COMPILADA POR PAULO PERDIGÃO

(Textos editados em volumes, por ordem cronológica de publicação)

L'magination. Paris: F. Alcan, 1936 [reed. Paris: Presses Universitaires de France, 1949. - Em português: *A imaginação.* São Paulo: Difusão Europeia do Livro/Abril Cultural].

La transcendance de l'ego – Esquisse d'une description phénoménologique. Paris, Recherches Philosophiques, 1937, reed. Paris, Philosophique Vrin, 1965. (*Publicação em volume do ensaio escrito em 1934.*)

La nausée. Paris, Gallimard, 1938 (março). (Em português: *A Náusea.* Lisboa, Europa-América; São Paulo, Difusão Europeia do Livro; Rio de Janeiro, Nova Fronteira.)

Le mur. Paris, Gallimard, 1939 (janeiro). (Em português: *O muro.* Rio de Janeiro, Civilização Brasileira; Rio de Janeiro, Nova Fronteira.) (*Coletânea de contos: "Le mur", "La chambre", "Érostrate", "Intimité", "L'enfance d'un chef".*)

Esquisse d'une théorie des émotions. Paris, Hermann Collection, 1939 (dezembro). (Em Português: *Esboço de uma teoria das emoções.* Rio de Janeiro, Zahar.)

L'Imaginaire – Psychologie phénoménologique de l'imagination. Paris, Gallimard, 1940 (fevereiro). (Em português: *O Imaginário – Psicologia Fenomenológica da Imaginação.* São Paulo, Ática.)

Les Mouches. Paris, Gallimard, 1943 (abril). (Em português: *As Moscas.* Lisboa, Presença; São Paulo, Martins Fontes.)

L'être et le néant – Essai d'ontologie phenoménologique. Paris, Gallimard, 1943 (junho). (Em português: *O ser e o nada – Ensaio de ontologia fenomenológica.* Petrópolis, Vozes.)

Hui clos. Paris, Gallimard, 1945 (março).

L'âge de raison. Paris, Gallimard, 1945 (março). (Em português: *A idade da razão*. São Paulo, Difusão Europeia do Livro; São Paulo, Abril; Rio de Janeiro, Nova Fronteira.) (*Primeira parte da trilogia "Les chemins de la liberté".*)

Le sursis. Paris, Gallimard, 1945 (agosto). (Em português: *Sursis*. São Paulo, Difusão Europeia do Livro; Rio de Janeiro, Nova Fronteira.) (*Segunda parte da trilogia "Les chemins de la liberté".*)

L'Existentialisme est un humanisme. Paris, Éditions Nagel, 1946 (março). (Em português: *O existencialismo é um humanismo*. Petrópolis: Vozes, 2012). (*Conferência realizada em 29 de outubro de 1945*.)

La putain respectueuse. Paris, Éditions Nagel, 1946 (outubro), reed. Paris, Gallimard, 1947. (Em português: *A prostituta respeitosa*. Rio de Janeiro, Civilização Brasileira.)

Morts sans sépulture. Paris, Lausanne-Marguerat, 1946 (novembro), reed. Paris, Gallimard, 1947. (Em português: *Mortos sem sepultura*. Lisboa, Presença.)

Réflexions sur la question juive. Paris, P. Morihien, 1946 (novembro), reed. Paris, Gallimard, 1954. (Em português: *Reflexões sobre o racismo*. São Paulo, Difusão Europeia do Livro.)

L'homme et les choses. Paris, Seghers, 1947 (janeiro), reed. Paris, Gallimard, 1947. In: *Situations I*). (*Ensaio sobre Francis Ponge escrito em 1944*.)

Baudelaire. Paris, Gallimard, 1947.

Théâtre, I. Paris, Gallimard, 1947. (*Coletânea de peças escritas entre 1943 e 1946: "Les mouches"; "Huis clos", Morts sans sépulture", "La putain respectueuse"*.)

Les jeux son faits. Paris, Éditions Nagel, 1947 (setembro). (Em português: *Os dados estão lançados*. Lisboa, Presença.)

Situations I. Paris, Gallimard, 1947 (outubro). (Em português: *Situações I*. Lisboa, Europa-América). (*Coletânea de ensaios escritos entre 1938 e 1945 sobre Faulkner, Dos Passos, Paul Nizan, Husserl, Mauriac, Nabokov, Denis de Rougement, Giradoux, Camus, Maurice Blanchot, Georges Bataille, Brice Parain, Jules Renard, Francis Ponge e Descartes*.)

Visages. Paris, Seghers, 1948 (janeiro). (*Dois ensaios escritos em 1939.*)

Situations II. Paris, Gallimard, 1948 (maio). (Em português: *Situações II.* Lisboa, Europa-América.) (*Coletânea de ensaios escritos entre 1945 e 1947: "Présentation de Temps Modernes", "La nationalisation de la littérature", "Qu'est-ce que la littérature?".*)

Les mains sales. Paris, Gallimard, 1948 (junho). (Em português: *As mãos sujas.* Lisboa, Europa-América.)

L'engrenage. Paris, Éditions Nagel, 1948 (novembro). (Em português: *A engrenagem.* Lisboa, Presença.)

Orphée noir. Paris, Presses Universitaires de France, 1948, reed. Paris, Gallimard, 1949. (Em português: *Orfeu negro.* In: *Reflexões sobre o racismo.* São Paulo, Difusão Europeia do Livro.)

Entretiens sur la politique (com ROUSSET, David & ROSENTHAL, Gérard). Paris, Gallimard, 1949 (março).

Situations III. Paris, Gallimard, 1949 (junho). (Em português: *Situações III.* Lisboa, Europa-América.) (*Coletânea de ensaios escritos entre 1944 e 1946: "La république du silence", "Paris sur l'occupation", "Qu'est-ce qu'un collaborateur?", "La fin de la guerre", "Individualisme et conformisme aux États-Unis", "Villes d'Amérique", "New York ville coloniale", "Présentation", "Matérialisme et révolution", "Orphée noir", "La recherche de l'absolu", "Les mobiles de Calder".*)

La mort dans l'âme. Paris, Gallimard, 1949 (agosto). (Em português: *Com a morte na alma.* São Paulo, Difusão Europeia do Livro; Rio de Janeiro, Nova Fronteira). (*Terceira parte da trilogia "Les chemins de la liberté".*)

Nourritures. Paris, J. Damase, 1949 (setembro). (*Fragmento de novela escrita em 1938).*

Le Diable et le bon Dieu. Paris, Gallimard, 1951 (outubro). (Em português: *O Diabo e o bom Deus.* São Paulo, Difusão Europeia do Livro; Rio de Janeiro, Nova Fronteira.)

Saint Gênet, comédien et martyr. Paris, Gallimard, 1952 (junho). (Em português: *Saint Genet, Ator e Mártir,* Petrópolis: Vozes, 2002.)

L'affaire Henri Martin. Paris, Gallimard, 1953 (outubro). (*Comentário a uma coletânea de ensaios de diversos autores.*)

Kean. Paris, Gallimard, 1954 (fevereiro). (Em português: *Kean.* Lisboa, Presença.) *(Adaptação de peça de Alexandre Dumas.)*

Nekrassov. Paris, Gallimard, 1956.

Les séquestrés d'Altona. Paris, Gallimard, 1960. (Em português: *Os sequestrados de Altona.* Lisboa, Europa-América; São Paulo, Martins Fontes.)

Critique de la raison dialectique – tome I: théorie des ensembles pratiques. Paris, Gallimard, 1960 (abril). (Em português: *Crítica da Razão Dialética – Tomo I: Teoria dos Conjuntos Práticos.* Rio de Janeiro, DP & A Editora.)

Huracán sobre el azúcar. Buenos Aires, Uno, 1960, reed. *Sartre on Cuba.* Nova York, Ballantine Books, 1961. (Em português: *Furacão sobre Cuba.* Rio de Janeiro, Editora do Autor.)

Sartre visita Cuba. Havana, Ediciones R., 1960 (outubro). *(Inclui o texto "Huracán sobre el azúcar".)*

Marxisme et existentialisme – controverse sur la dialectique. Paris, Plon, 1962. (Em português: *Existencialismo e marxismo – controvérsia sobre a dialética.* Rio de Janeiro, Tempo Brasileiro). (*Debate com Roger Garaudy, Jean Hippolite, Jean-Pierre Vigier e Jean Orcel.*)

Bariona ou le fils du tonnerre. Paris, Atélier Anjou-Copies, 1962 (*Texto da peça escrita em 1940.*)

Les mots. Paris, Gallimard, 1964 (janeiro). (Em português: *As palavras.* São Paulo, Difusão Europeia do Livro; Rio de Janeiro, Nova Fronteira.)

Situations IV. Paris, Gallimard, 1964. (Em português: *Situações IV.* Lisboa, Europa-América). (*Coletânea de ensaios escritos entre 1948 e 1963: "Portrait d'un inconnu", "L'artiste et sa conscience", "Des rats et des hommes", "Gide vivant", Réponse à Albert Camus", "Paul Nizan", "Merleau-Ponty", "Le séquestré de Venise", "Les peintures de Giacometti", "La peintre sans privilèges", "Masson", "Doigts et non-doigts", "Un parterre de capucines", "Venise, de ma fenêtre".*)

Situations V – colonialisme et néo-colonialisme. Paris, Gallimard, 1964. (Em português: *Situações V – colonialismo e neocolonialismo.* Rio de Janeiro, Tempo Brasileiro). (*Coletânea de ensaios escri-*

tos entre 1954 e 1963: "D'une Chine à l'autre", "Le colonialisme est un système", "Portrait du colonisé précédé du portrait du colonisateur", "Vous êtes formidables", "Nous sommes tous des assassins", "Une victoire", "Le prétendant", "La constitution du mépris", "Les grenouilles qui demandent un roi", "L'analyse du référendum", "Les somnambules", "Les damnés de la Terre", "La pensée politique de Patrice Lumumba".)

Situations VI – problèmes du marxisme. Paris, Gallimard, 1964. (Em português: *Situações VI – problemas do marxismo*. Lisboa, Europa-América). (*Coletânea de ensaios escritos entre 1950 e 1954: "Portrait de l'aventurier", "Faux savants ou faux lièvres", "Sommes-nous en démocratie?", "La fin de l'espoir", "Les communistes et la paix".*)

Qu'est-ce que la littérature? Paris, Gallimard, 1964. (*Republicação em volume do ensaio escrito em 1947 e publicado em Situations II.*)

Les troyennes. Paris, Collection du Théâtre National Populaire, 1965 (março), reed. Paris, Gallimard, 1966. (Em português: *As troianas*. São Paulo, Difusão Europeia do Livro.) (*Adaptação da peça de Eurípedes.*)

Situations VII – problèmes du marxisme II. Paris, Gallimard, 1965. (Em português: *Situações VII – problemas do marxismo*. Lisboa, Europa-América; *O fantasma de Stalin*. Rio de Janeiro, Paz e Terra*) (*Coletânea de ensaios escritos entre 1955 e 1962: "Réponse à Claude Lefort", "Opération 'Kanapa'", "Le réformisme et les fétiches", "Réponse à Pierre Naville", "Le fantôme de Staline", "Quand la Police frappe les trois coups...", "La démilitarisation de la culture", "Discussion sur la critique à propos de 'L'enfance d'Ivan'".*)

Morale e società. Roma, Riuniti/Instituto Gramsci, 1966. (Em português: *Moral e sociedade*. Rio de Janeiro, Paz e Terra). (*Inclui o texto de Sartre "Determinação e liberdade", reunido a mais sete ensaios de pensadores que participaram de um congresso internacional organizado pelo Instituto Gramsci, em Roma, em março de 1964.*)

Question de méthode. Paris, Gallimard, 1967. (Em português: *Questão de método*. São Paulo, Difusão Europeia do Livro; São Paulo,

---

* Ensaio publicado à parte.

Abril Cultural.) (*Republicação em volume do ensaio contido em "Critique de la raison dialectique" e escrito em 1957.*)

Les communistes ont peur de la révolution. Paris, J. Didier, 1969. (*Reúne entrevistas de 1966 a 1968.*)

L'idiot de la famille – Gustave Flaubert de 1821 à 1857, Paris, Gallimard, 1971-72. 3v.

Situations VIII – autor de 68. Paris, Gallimard, 1972. (Em português: publicado apenas *Em defesa dos intelectuais.* São Paulo, Ática*.) (*Coletânea de ensaios: "Il n'y a plus de dialogue possible", "Un américain écrit à Sartre", "Sartre répond", "Le crime", "Lettre au président de la République et réponse", "Sartre à de Gaulle", "Douze hommes sans colère", "Tribunal Russel, discours inaugural", "De Nuremberg à Stockholm", "Le génocide", "L'alibi", "Refusons le chantage", "Achever la gauche ou la guérir", "Le choc en retour", "Les Bastilles de Raymond Aron", "L'idée neuve de mai 1968", "Les communistes ont peur de la révolution", "Il n'y a pas de bon gaullisme", "Le mur'au lycée", "La jeunesse piégée", "Masses, spontanéité, parti", "Le peuple brésilien sous le feu croisé des bourgeois", "L'affaire Geismar", "Le tiers monde commence en banlieue", "Toute la vérité", "Intervention à la conférence de presse du comité, le 27 janvier 1970", "Premier procès populaires à lens", "Interview", "Israël, la gauche et les arabes", "Plaidoyer pour les intellectuels", "L'ami du peuple".*)

Situations IX – mélanges. Paris, Gallimard, 1972. (*Coletânea de ensaios: "Les écrivains en personne", "L'écrivain et sa langue", "L'anthropologie", "Sartre par Sartre", "Palmiro Togliatti", "L'universel singulier", "Mallarmé (1842-1898)", "Saint Georges et le dragon", "Le socialisme qui venait du froid", "Je-tu-il", "Coexistences", "L'homme au magnétophone", "Dialogue psychanalytique", "Réponse à Sartre, par J.-B. Pontalis", "Réponse à Sartre, par Bernard Pingaud".*)

Un théâtre de situations. Paris, Gallimard, 1973. (*Reúne ensaios e entrevistas de Sartre sobre teatro.*)

---

* Tradução de *"Plaidoyer pour les intellectuels",* reunindo três conferências dadas no Japão em 1966.

On a raison de se révolter (Com VICTOR, Pierre [Bernard-Henry Lévy] & GAVI, Philippe). Paris, Gallimard, 1974.

Situations X – politique et autobiographie. Paris, Gallimard, 1976. (*Coletânea de ensaios: "Le procès de Burgos", "Les maos en France", "Justice et État", "Élections, piège à cons", "Sur 'L'idiot de la famile'", "Simone de Beauvoir interroge Jean-Paul Sartre", "Autoportrait à soixante-dix ans".*)

Sartre. Paris, Gallimard, 1977. (*Texto integral do filme realizado em fevereiro e março de 1972 por Alexandre Astruc e Michel Contat, "Sartre par lui-même", reunindo entrevistas com Sartre.*)

***

Obras póstumas (até março de 1997)

Les carnets de la drôle de guerre. Paris, Gallimard, 1983 (março). (Em português: *Diário de uma guerra estranha.* Rio de Janeiro, Nova Fronteira). (Escrito entre novembro de 1939 e março de 1940.)

Cahiers pour une morale. Paris, Gallimard, 1983 (março). (*Escrito em 1947 e 1948.*)

Lettres au Castor et à quelques autres. Paris, Gallimard, 1983. (*Dois volumes abarcando correspondência de 1926 a 1963.*)

Le scenario Freud. Paris, Gallimard, 1984 (abril). (Em português: *Freud, além da alma: roteiro para um filme.* Rio de Janeiro, Nova Fronteira). (*Escrito em 1959 e 1960.*)

Critique de la raison dialectique – tome II: l'inteligibilité de l'histoire. Paris, Gallimard, 1985 (novembro). (*Escrito em 1958.*)

Sartre no Brasil: a conferência de Araraquara. Rio de Janeiro, Paz e Terra, 1986. (*Edição bilíngue – português e francês – com o texto inédito da conferência de Sartre realizada na Faculdade de Filosofia de Araraquara, São Paulo, em 4 de setembro de 1960.*)

Mallarmé – la lucidité et sa face d'ombre. Paris, Gallimard, 1986. (*Escrito em 1952.*)

Vérité et existence. Paris, Gallimard, 1989. (Em português: *Verdade e existência.* Rio de Janeiro, Nova Fronteira.) (*Escrito em 1948.*)

Écrits de jeunesse. Paris, Gallimard, 1990 (outubro). (*Textos escritos entre 1922 e 1928.*)

L'Espoir maintenant – les entretiens de 1980. Verdier, Lagrasse, 1991. (Edição em volume da última entrevista de Sartre, feita por Benny Lévy, originariamente publicada no jornal "Le nouvel observateur" em 10, 17 e 20 de março de 1980.). (Em português: *A esperança agora*, Rio de Janeiro, Nova Fronteira: *O testamento de Sartre*. Porto Alegre, L&PM Editores.)

La Reine Albemarle, ou le dernier touriste. Paris, Gallimard, 1991. (Excertos inéditos, reunidos a outros já publicados, de livro inacabado escrito por Sartre em 1952 sobre sua viagem à Itália no ano anterior.)

Les carnets de la drôle de guerre. Paris, Gallimard, 1995 (fevereiro). (*Reedi-ção do livro publicado em 1983, com acréscimo de novos diários, escritos entre setembro e outubro de 1939.*)

***

Obs.: *Para uma bibliografia o mais exaustiva possível até 1969 (incluindo, além dos livros, conferências, entrevistas, cartas, prefácios etc.), consultar* Les écrits de Sartre *de Michel Contat e Michel Rybalka, editado pela Gallimard em 1970. Os mesmos autores lançaram* Sartre: bibliographie 1980-1992 *(Paris, CNRS Éditions, 1993), relacionando obras e artigos publicados no mundo sobre o filósofo nos doze anos seguintes à sua morte.*

ÍNDICE ONOMÁSTICO

ABRAHAM, Karl (1877-1925). Psicanalista alemão, 465

ADLER, Alfred (1870-1937). Psiquiatra austríaco, 601, 620

ALAIN (Émile-Auguste Chartier) (1868-1951). Filósofo francês, 22, 23, 101, 718

ANSELMO, Santo, 19

ARISTÓTELES (384-322 aC), 151

BACHELARD, Gaston (1884-1962). Filósofo francês, 435, 779, 781, 783

BACON, Francis (1561-1626). Filósofo inglês, 752

BALDWIN, James M. (1861-1934). Psicólogo americano, 442s.

BALZAC, Honoré de (1799-1850). Escritor francês, 703, 705, 764

BARRÈS, Maurice (1862-1923). Escritor francês, 701

BERGER, Gaston (1896-1960). Filósofo francês, 576

BERGSON, Henri-Louis (1859-1941). Filósofo francês, 53, 90, 168, 169, 172, 198, 200, 583, 605, 792

BERKELEY, George (1685-1753). Filósofo irlandês, 19, 76, 209

BIRAN, Maine de (1766-1824). Filósofo francês, 409, 435

BORGO, Conde Pozzo di (1764-1842). Diplomata córsico, 233

BOULANGER, Georges (1837-1891). Militar francês, 556

BOURGET, Paul (1852-1935). Escritor francês, 726, 733

BRENTANO, Franz (1838-1917). Filósofo alemão, 70

BROGLIE, Louis Victor (1892-1987). Físico francês, 413

BRUMMELL, Goerge Bryan ("Beau") (1778-1840). "Dandy" inglês, 771

CÉZANNE, Paul (1839-1906). Pintor francês, 263

CHARDONNE, Jacques (1884-1968). Escritor francês, 105

CHEVALLIER, Gabriel (1895-1969). Escritor francês, 172, 173

CLAPARÈDE, Édouard (1873-1940). Psicólogo suíço, 167, 169

CLAUDEL, Paul (1868-1955). Poeta e dramaturgo francês, 526

CLÓVIS (c. 466-511). Soberano frâncico, 585, 587, 588

COMTE, Augusto (1798-1857). Filósofo francês, 424, 731

CONSTANTINO (274-337). Imperador romano, 569, 570, 586

COUSIN, Victor (1792-1867). Filósofo francês, 127

COUTURAT, Louis Alexandre (1868-1914). Lógico francês, 155

DALADIER, Édouard (1884-1970). Político francês, 780

DESCARTES, René (1596-1650). Filósofo e matemático francês, 19, 34, 43, 68, 69, 125, 133, 138, 139, 145, 158, 168, 169, 194, 196, 197, 200, 225, 326, 343, 344, 411, 576, 579, 610, 630, 633, 681

DIDEROT, Denis (1713-1784). Filósofo francês, 702

DILTHEY, Wilhelm (1833-1911). Filósofo alemão, 310

DOSTOIEVSKI, Fiodor (1821-1881). Escritor russo, 78, 748

DUHEM, Pierre (1861-1916). Filósofo francês, 15

DUNS SCOTUS, João (c. 1266-1308). Teólogo escocês, 680

EINSTEIN, Albert (1879-1955). Físico alemão, 291

EPICURO (341-270 a.C.). Filósofo grego, 160

EUCLIDES (?-c. 300 a.C.). Geômetra grego, 599

FAULKNER, William (1897-1962). Escritor americano, 535

FILIPE II (1527-1598). Soberano francês, 132

FITZGERALD, George (1881-1901). Físico irlandês, 291

FLAUBERT, Gustave (1821-1880). Escritor francês, 726-730, 748, 764

FREUD, Sigmund (1856-1939). Psicanalista austríaco, 98, 100, 102, 600, 601, 736, 740, 748, 770

GIDE, André (1869-1951). Escritor francês, 108, 361, 586, 605, 622, 751

GRIMM, Jacob (1785-1863) e Wilhelm (1786-1859). Escritores alemães, 780

HALBWACHS, Maurice (1877-1945). Matemático francês, 670

HAMELIN, Octave (1856-1907). Filósofo francês, 54

HEGEL, Georg Wilhelm Friedrich (1770-1831). Filósofo alemão, 54-59, 62, 69, 81, 115, 120, 128, 130, 176, 181, 224, 261, 319, 323-335, 343, 344, 369, 383, 404, 490, 573, 577, 704, 736, 753, 806

HEIDEGGER, Martin (1889-1976). Filósofo alemão, 14, 18, 23, 25, 34, 35, 43, 59-62, 64, 68, 69, 74, 89, 96, 125, 133, 139, 163, 186, 187, 208, 256, 279, 334-341, 398, 435, 494, 507, 546, 562, 566, 575, 603, 624, 631, 634, 645, 692, 694-696, 711, 734

HEISENBERG, Werner (1901-1976). Físico alemão, 413

HUGO, Victor (1802-1885). Escritor francês, 764

HUME, David (1711-1776). Filósofo escocês, 195, 435

HUSSERL, Edmund (1859-1938). Filósofo alemão, 14, 17, 19, 20, 25, 28, 30-33, 43, 44, 69, 71, 111, 125-127, 138, 139, 159, 168, 182, 221, 246, 263, 269, 319-323, 326, 334, 335, 349, 352, 369, 423, 435, 510, 576, 592, 609, 738

JAMES, William (1842-1910). Filósofo americano, 167

JANET, Pierre (1859-1947). Psicólogo francês, 624

JASPERS, Karl (1883-1969). Filósofo alemão, 728

JOYCE, James (1882-1941). Escritor irlandês, 598

KAFKA, Franz (1883-1924). Escritor austríaco, 361, 656, 717

KANT, Immanuel (1724-1804). Filósofo alemão, 44, 47, 64, 112, 134, 188, 193, 195-200, 209, 216, 310-313, 315, 316, 320, 321, 323, 628, 757

KESSEL, Joseph (1898-1979). Escritor francês, 108

KIERKEGAARD, Sören (1813-1855). Filósofo dinamarquês, 74, 151, 328

KRETSCHMER, E. (1888-1964). Psiquiatra alemão, 466

LACLOS, Chordelos de (1741-1803). Escritor francês, 504

LA FAYETTE (1757-1834). Estadista francês, 653, 707

LALANDE, André (1867-1963). Lógico francês, 342

LAPLACE, Pierre (1749-1827). Astrônomo francês, 186

LAPORTE, Jean (1896-1957). Lógico francês, 43, 54, 443

LAUTRÉAMONT (1847-1870). Poeta francês, 781

LAWRENCE, D.H. (1885-1930). Escritor inglês, 105

LE SENNE, René (1882-1954). Filósofo francês, 54

LEFEBVRE, Henri (1910-1991). Filósofo francês, 54

LEIBNIZ, Gottfried (1646-1716). Filósofo alemão, 36, 134, 154, 155, 200, 209, 318, 612-614, 702

LEUCIPO (séc. V a.C.). Filósofo grego, 405

LEWIN, Kurt (1890-1947). Psicólogo americano, 414

LOT, Ferdinand (1886-1952). Historiador francês, 586

LUÍS XV (1710-1774). Soberano francês, 709

LUÍS XVIII (1755-1824). Soberano francês, 656

MALEBRANCHE, Nicolas de (1638-1715). Filósofo francês, 341

MALRAUX, André (1901-1976). Escritor francês, 175, 371, 568, 693, 704, 711

MAN, Henri de (1885-1953). Filósofo francês, 670

MARX, Karl (1818-1883). Filósofo alemão, 325, 670

MAURIAC, François (1885-1970). Escritor francês, 105, 644, 705

MEYERSON, Émile (1859-1933). Filósofo francês, 202, 288, 698

MILL, John Stuart (1806-1873). Filósofo inglês, 240

MONTFORT, Simon de (1165-1218). Militar francês, 681

MORGAN, Charles (1894-1958). Escritor inglês, 693

MÜLLER-LYER, Franz (1857-1916). Psiquiatra e sociólogo alemão, 419

NAPOLEÃO BONAPARTE (1769-1821). Imperador francês, 233, 655

NEWTON, Isaac (1642-1727). Físico francês, 413

NIETZSCHE, Friedrich (1844-1900). Filósofo alemão, 14, 705

PARMÊNIDES (c. 515 a.C.). Filósofo grego, 796

PARAIN, Brice (1897-1967). Escritor francês, 674

PASCAL, Blaise (1623-1662). Filósofo francês, 705, 732

PAUL, Hermann, 111

PAULHAN, François (1856-1931). Filósofo francês, 672, 675

PIAGET, Jean (1896-1980). Psicólogo suíço, 23

PLATÃO (c. 428-348 a.C.). Filósofo grego, 70, 137, 416, 800, 801

POE, Edgar Allan (1809-1849). Escritor americano, 779, 781

POINCARÉ, Jules-Henri (1854-1912). Matemático francês, 15, 199, 387

POLITZER, Georges (1903-1942). Filósofo francês, 716

PROUDHON, Pierre-Joseph (1809-1865). Escritor francês, 763

PROUST, Marcel (1871-1922). Escritor francês, 14, 16, 170, 195, 235, 241-242, 466, 465, 732

RAIMUNDO VI (1156-1222). Soberano francês, 681

RICHELIEU (1585-1642). Estadista francês, 709

RILKE, Rainer Maria (1875-1926). Poeta alemão, 693, 694

RIMBAUD, Arthur (1854-1891). Poeta francês, 778, 781

ROBESPIERRE, Maximilien de (1758-1794). Revolucionário francês, 709

ROMAINS, Jules (1885-1946). Escritor francês, 546, 722

ROUGEMONT, Denis de (1906-1985). Escritor suíço, 568

ROUSSEAU, Jean-Jacques (1712-1778). Filósofo francês, 252

SACHER MASOCH, 501

SARMENT, Jean (1897-1973). Dramaturgo francês, 105

SCHELER, Max (1874-1928). Filósofo alemão, 94, 149, 442, 443, 510

SCHILLER, Johann (1759-1805). Poeta alemão, 752

SCHLUMBERGER, Jean (1877-1968). Escritor francês, 652

SCHOPENHAUER, Arthur (1788-1860). Filósofo alemão, 317

SÉCHELLES, Hérault de (1759-1794). Magistrado e político francês, 504

SÓCRATES (c. 470-399 a.C.). Filósofo grego, 58

SÓFOCLES (c. 496-406 a.C.). Dramaturgo grego, 175, 700

SPAIER, 70

SPINOZA, Baruch (1632-1677). Filósofo holandês, 21, 44, 57, 58, 128, 129, 143, 154, 219, 228, 261, 310, 387, 568, 572, 685, 731, 806

STEKEL, Wilhelm (1868-1940). Psicanalista austríaco, 102

STENDHAL (Marie-Henri Beyle) (1783-1842). Escritor francês, 116, 732, 774

TAINE, Hippolyte-Adolphe (1828-1893). Filósofo francês, 70

VALÉRY, Paul (1871-1945). Escritor francês, 52, 110, 116

WAEHLENS, Alphonse de (1911-1990). Psicólogo francês, 494

WAHL, Jean (1888-1974). Filósofo francês, 74, 539

WATSON, John (1878-1958). Psicólogo americano, 315

WELLINGTON, Duque de (1769-1852). Estadista inglês, 52

ZENÃO DE ELEIA (c. 495-c. 430 a.C.). Filósofo grego, 292

ÍNDICE TERMINOLÓGICO

A

À DISTÂNCIA DE SI - Déséloignant
APODICTICIDADE - Apodicticité
APRESENTATIVO - Présentative
ASSUMIDOR - Assumant

C

CARÁTER INCOMPLETO - Incomplétude
CARNAÇÃO - Carnation
CIRCULARIDADE - Circularité
COLETIVIZAÇÃO - Collectivisation
COMPROMETER - Engager
COMPROMETIMENTO - Engagement

D

DEDUTIBILIDADE - Déductibilité
DIASPÓRICO - Diasporique
DIZER RESPEITO A - Respectabilité

E

É TENDO SIDO - Est été
EGOLOGIA - Égologie
EM SUSPENSO - Sursis
ENFRAQUECIMENTO - Fléchissement
ENRAIZAMENTO - Enracinement
ESCALÁVEL - Gravissable
ESPACIALIDADE - Spatialité
ESPACIALIZADOR - Spatialisant
ESPACIALIZAR - Spatialiser
ESTADO DE NADA - Néantité
EX-CÊNTRICO - Ex-centrique

F

FALTADO - Manqué
FALTANTE - Manquant
FLUÊNCIA - Écoulement
FUTURIZADOR - Futurant

H

HISTORIZAÇÃO - Historialisation
HISTORIZAR - Historialiser

I

IDENTIFICADOR - Identifiant
IMPRESSIONÁVEL - Impressionnelle
INDUBITABILIDADE - Indubitabilité
INFERIORIZADOR - Infériorisant
INJUSTIFICABILIDADE - Injustifiabilité
INSTANTANEÍSTA - Instantanéiste
INSTRUMENTALIDADE - Instrumentalité
INTERCAMBIABILIDADE - Interchangeabilité
IRREFLETIDO - Irréfléchi

M

MANEJABILIDADE - Maniabilité
MASSIVIDADE - Massivité
MEDIATIZAR - Médiatiser
MODIFICABILIDADE - Modificabilité
MODO DE COISA - Choisisme
MUNDANIDADE - Mondanité
MUNDANIZAR - Mondaniser
MUNDIFICADOR - Mondifiant

N

NADIFICAÇÃO - Néantisation
NADIFICADOR - Néantisant
NADIFICAR - Néantiser
NATURADO - Naturé

NECESSITARISMO – Nécessitarisme
NEGATIVIDADE – Négativité

O

OBJETIDADE – Objectité
OBJETIVADOR – Objectivant
OBJETIVAR – Objectiver

P

PERSONALIZADOR – Personnalisant
PERTENCER-A-MIM – Moiité
POSSIBILIZAÇÃO – Possibilisation
POSSIBILIZAR – Possibiliser
POTENCIALIZADOR – Potentialisant
PRESENTIFICAÇÃO – Présentification, apprésentation
PRESENTIFICADOR – Présentificant
PRESENTIFICAR – Présentifier
PRETERIDADE – Passéité
PRETERIFICAÇÃO – Passéification
PRETERIFICAR – Passéifier
PROBABILIZAR – Probabiliser
PROPOSICIONAL – Propositionnelle
PSIQUIZAR – Psychiser

R

REFLETIDO – Réfléchi, Réflété
REFLETIDOR – Reflétant, Réflechissant
REFLEXIVIDADE – Réflexivité
REFLEXIVO – Réflexif
REFLEXO – Reflet, Réflexe
RELACIONAL – Relationnel

S

SINTETIZAÇÃO – Synthétisation
SOLIDARIZADOR – Solidarisant
SUBJETIVIZAR – Subjectiviser
SUBSTANCIALISTA – Substantialiste
SUPÉRFLUO – De trop

T

TEMATIZADOR – Thématisant
TEMPORALIZAÇÃO – Temporalisation
TEMPORALIZADOR – Temporalisant

U

UTENSILIDADE – Ustensilité
UTILIZABILIDADE – Utilisabilité
UTILIZADOR – Utilisant

Conecte-se conosco:

 facebook.com/editoravozes

 @editoravozes

 @editora_vozes

 youtube.com/editoravozes

 +55 24 2233-9033

www.vozes.com.br

Conheça nossas lojas:

www.livrariavozes.com.br

Belo Horizonte – Brasília – Campinas – Cuiabá – Curitiba
Fortaleza – Juiz de Fora – Petrópolis – Recife – São Paulo

  Vozes de Bolso

EDITORA VOZES LTDA.
Rua Frei Luís, 100 – Centro – Cep 25689-900 – Petrópolis, RJ
Tel.: (24) 2233-9000 – E-mail: vendas@vozes.com.br

Confira outros títulos da coleção em

livrariavozes.com.br/colecoes/pensamento-humano

ou pelo Qr Code